ARTS D'INTERIEURS

ENCYCLOPÉDIE

DES

OUVRAGES DE DAMES

PAR

THÉRÈSE DE DILLMONT

ARMAND COLIN

DMC

Illustration de couverture :
Marquoir « Toile Jouy »
Création Véronique ENGINGER pour DMC

ISBN : 2-200-21315-8

ARMAND COLIN Editeur, 103, bd Saint-Michel, 75240 Paris Cedex 05

Thérèse de Dillmont

Thérèse de Dillmont (1846-1889)

Thérèse de Dillmont

Theresa Maria Josephavon Dillmont naquit à Vienne en 1846 dans une famille de l'aristocratie. Dès son enfance, elle témoigne d'une habileté exceptionnelle pour la broderie et d'une curiosité insatiable pour tout ce qui y touche. Admise à l'Académie de broderie de Vienne, créée par l'Impératrice Marie-Thérèse, elle se fait remarquer par ses dons brillants. A Paris, où elle est venue avec la directrice de l'Académie visiter une exposition de broderie, elle fit la connaissance de Jean Dollfuss de DMC. Une sympathie et une communauté de vues les rapprocha, qui eut pour conséquence l'installation de Thérèse à Donarch, petite ville d'Alsace près de Mulhouse, où elle fonda sa propre école de broderie en collaboration étroite avec DMC.

De nombreux magasins de mode et d'ouvrages de dames furent ouverts sous son nom, déjà célèbre, à Vienne, Paris, Berlin et Londres entre 1884 et 1887.

La consécration suprême fut pour Thérèse la publication de son *Encyclopédie des ouvrages de dames* en 1884, immédiatement traduite et diffusée dans dix-sept pays. Dans cet ouvrage, elle rassemble le résultat de nombreuses années de recherches et d'études où elle s'était entièrement consacrée à sa passion. Pas un détail ne manque, tout est fait pour la plus grande clarté des explications. Outre les indications techniques pour l'exécution des points, d'innombrables modèles de travaux et de motifs sont proposés, inspirés aussi bien de broderies populaires que d'ouvrages des différentes époques et de divers pays conservés dans des musées ou des collections privées, ou encore imaginés par Thérèse et ses élèves.

En 1889, Thérèse épouse Josef Friedrich Scheuermann. Elle meurt un an après, à quarante-six ans. Son atelier fut repris par Alice Morowska.

Avant-Propos
de la première édition

Jusqu'à ce jour il n'existait aucune publication contenant un recueil complet des ouvrages connus sous le nom de travaux à l'aiguille ou d'ouvrages de dames.

Désireuse de combler cette lacune, nous nous sommes décidée à publier dans la présente *Encyclopédie* le résumé de connaissances acquises par une pratique constante, et nous avons la satisfaction de pouvoir ainsi offrir aux dames et aux jeunes filles qui ont du goût pour ce genre de travaux le moyen de s'instruire par elles-mêmes dans tout ce qui y a trait.

L'ouvrage présenté aujourd'hui au public est, d'ailleurs, le fruit de persévérantes recherches et d'un travail qui, pour répondre complètement au but que nous nous étions proposé, devait nous imposer des efforts peu ordinaires. Pour permettre d'en mesurer l'étendue, il suffira de faire remarquer que dans les figures qui servent à compléter les explications du texte, l'ouvrage modèle, la gravure, les clichés, tout est entièrement neuf et que rien n'a été emprunté à des publications antérieures. Aussi, n'est-ce que grâce aux soins particuliers donnés aux illustrations que nous sommes parvenus à obtenir des dessins d'une exécution parfaite et qui, ne laissant rien à désirer sous le rapport de la fidélité de la reproduction, concourent, au degré voulu, à la clarté et à l'intelligibilité des explications.

Malgré la sollicitude vouée à ces détails, un travail comme celui-ci n'aurait pas échappé à une certaine aridité d'aspect ou de caractère, si nous nous étions bornée à un simple exposé théorique. Nous croyons avoir heureusement évité cet écueil en enrichissant notre ouvrage d'un grand nombre de modèles, dont les uns ont été spécialement composés en vue de cette publication, et dont les autres, copiés sur des objets d'art d'une grande pureté de style, ont été empruntés aux pays et aux époques qui ont produit les ouvrages les plus remarquables par leur valeur et par leur perfection artistique. Au premier abord, la reproduction de quelques-uns des dessins peut paraître soumise à des difficultés considérables, mais par une lecture attentive et une observation rigoureuse de nos indications et de nos conseils, on arrivera bien vite à se convaincre que ces modèles sont généralement d'une facilité d'exécution vraiment surprenante.

AVANT-PROPOS

S'il nous a été donné de réunir dans ce recueil une aussi grande quantité de beaux dessins, nous le devons, en partie, à la libéralité avec laquelle certaines collections particulières ont été mises à notre disposition. Nous y avons puisé largement, tant au point de vue des modèles que des divers genres de broderie que nous y avons rencontrés. Que les bienveillants possesseurs de ces richesses artistiques nous permettent de leur témoigner ici toute notre reconnaissance.

Par les indications qui accompagnent les modèles, nous nous sommes attaché à faciliter à nos lectrices le choix des couleurs et des matériaux à employer, n'ignorant pas que ce choix est souvent, pour un grand nombre d'entre elles, un sujet d'hésitations et de difficultés. A ce propos, nous croyons devoir faire remarquer que l'exécution des modèles contenus dans cette publication sera toujours facilitée et rendue plus parfaite par l'emploi des articles de Coton, de Lin et de Soie, portant la marque D.M.C. ; en effet, une longue expérience nous a prouvé que les produits de cette marque sont de qualité tout à fait supérieure.

Pour clore ces quelques réflexions, nous nous permettons d'exprimer l'espoir que ce recueil sera accueilli avec faveur par le public auquel il s'adresse. Ce sera la meilleure récompense des soins que nous y avons consacrés.

THÉRÈSE DE DILLMONT

Bande aux points devant, croisé et de boutonnière.

La Couture à la main

La couture à la main. — La plupart des personnes qui ouvriront l'*Encyclopédie des Ouvrages de Dames* se diront, en voyant le titre de ce chapitre, que ces détails de couture à la main sont superflus, aujourd'hui surtout où la machine remplace si souvent la main. En réalité, parmi les ouvrages de dames, il n'en est pas de plus important que la couture proprement dite, qui est la base de tous les autres travaux à l'aiguille.

Une main qui exécute bien les différents genres de couture surmonte aisément les difficultés que présente n'importe quel ouvrage d'agrément.

Quelles que soient du reste les conditions de fortune dans lesquelles on se trouve placé, il sera toujours utile de savoir bien coudre, car si d'une part, la connaissance de la couture permet d'apprécier la valeur d'un ouvrage exécuté par des mains étrangères, d'autre part on sera à même de produire un travail solide et durable lorsqu'on se trouvera dans la nécessité de l'exécuter soi-même.

Maintien. — Avant de passer à l'explication des points et des coutures, nous ferons observer que, quel que soit le genre d'ouvrage qui vous occupera, il faudra soigner votre maintien. Nous pouvons affirmer par une longue expérience qu'il n'existe aucun genre de couture, ni de broderie, obligeant à se tenir mal.

Pour éviter ce travers, il faut, pour la couture, que la hauteur de la chaise soit bien proportionnée à celle de la table. Les bras doivent tenir l'ouvrage à une hauteur suffisante pour qu'on ne soit pas obligé de baisser la tête, qui doit rester droite autant que possible et peut, tout au plus, se pencher légèrement en avant.

Il ne faut jamais fixer l'ouvrage au genou; la position que prend le corps est disgracieuse et peu hygiénique. L'ouvrage doit être épinglé à une pelote (plomb) assez lourde pour ne pas céder lorsqu'on tire le brin.

Aiguilles. — Pour coudre, il ne faut employer que des aiguilles de premier choix et bien trempées. Pour voir si elles sont de bonne trempe, il suffit d'en casser une entre les doigts. Si la trempe est bonne, une résistance assez forte se fera sentir avant la rupture, et la cassure sera nette. Si, au contraire, l'aiguille se brise comme du verre ou se plie comme du fer, elle devra être rejetée comme mauvaise. Il ne faut jamais coudre avec des aiguilles courbées, on exécute alors des points irréguliers. Le chas ou trou de l'aiguille doit être bien poli, pour ne pas érailler ou couper le brin.

Les coutures de la lingerie se font avec des aiguilles courtes ou demi-longues; les autres ouvrages, avec des aiguilles longues. L'aiguille doit être choisie un peu plus grosse que le fil à coudre, afin de préparer à ce dernier un passage suffisamment ouvert dans l'étoffe.

Il est bon de mettre dans les paquets d'aiguilles un peu d'amiante en poudre, afin de les préserver de la rouille. Il sera également bon d'en conserver dans une petite boîte, dans laquelle les personnes qui oxydent les aiguilles en les touchant pourront, de temps en temps, tremper leurs doigts. On pourra se confectionner aussi une petite pelote, qu'on remplira d'émeri fin et qui servira à rendre le poli aux aiguilles rouillées.

Ciseaux. — Il convient d'avoir à sa disposition deux paires de ciseaux pour travailler: une grande paire, avec une branche pointue et une branche arrondie (cette dernière est à tenir toujours au-dessus de l'étoffe lorsqu'on taille) et une petite paire pour couper les fils et enlever de petites parties d'étoffe. Les anneaux des ciseaux devront être ronds et aussi larges que possible, car les anneaux trop petits fatiguent la main et laissent sur les doigts des empreintes difficiles à faire disparaître. Ces ciseaux serviront aussi pour la plupart des ouvrages décrits dans les chapitres suivants.

Dé. — Le dé nickelé est préférable au dé en os, qui est trop fragile, et au dé en argent, dont les trous sont souvent trop peu profonds. Un bon dé doit être léger, un peu arrondi à son extrémité et ne pas avoir de bord saillant à l'entrée du doigt.

Longueur de l'aiguillée. — Pour la couture, l'aiguillée n'aura pas plus de 50 centimètres de longueur; pour faufiler et bâtir, elle pourra être plus longue.

Il vaut mieux couper le fil que de le rompre, ce qui l'affaiblit.

Arrêt du fil au chas de l'aiguille (fig. 1). — Lorsque le fil n'est plus bien long et qu'on ne veut pas encore le renouveler, on peut l'arrêter au chas de l'aiguille par une boucle.

Quant aux nœuds, qu'il s'agisse de n'importe quel genre d'ouvrage, ils doivent être presque imperceptibles, tout en étant faits très soigneusement. Il n'est pas aussi indifférent qu'on pourrait le croire de faire entrer le fil dans l'aiguille par l'un ou l'autre bout de l'aiguillée; il est même important d'enfiler toujours le bout détaché de la bobine. Lorsqu'on enfile le bout opposé, le brin devient pelucheux et perd de son brillant.

Fournitures. — Pour faufiler, il faut employer un fil peu tordu, tel que le Coton à bâtir D·M·C, qui est fabriqué tout spécialement pour ce travail. Pour la couture, on se sert du Fil d'Alsace D·M·C, en pelotes, du Fil à coudre D·M·C, du Câblé 6 fils D·M·C et de l'Alsa D·M·C Nos 40 et 60; le Retors d'Alsace

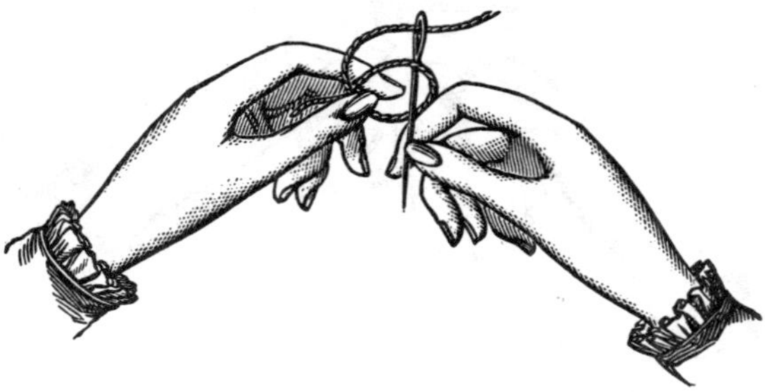

Fig. 1. Arrêt du fil au chas de l'aiguille.

D·M·C No 30, monté sur bobines, et le Cordonnet d'Alsace D·M·C Nos 60 et 80, sur bobines et en «fusées», fils de coton brillants, peuvent aussi remplacer la soie à coudre (*).

Position des mains pour la couture avec plomb (fig. 2). — La main gauche tient l'étoffe fixée au plomb, sans s'appuyer ni sur la table, ni sur le plomb. Le pouce et l'index de la main droite saisissent l'aiguille à la moitié de sa longueur, tandis que le troisième doigt, muni du dé, est posé contre l'aiguille et la pousse assez en avant dans l'étoffe pour que l'index et le pouce puissent la reprendre devant le point et la retirer avec le fil; celui-ci passant alors entre le quatrième et le cinquième doigt, forme autour de ce dernier une boucle qu'on laisse glisser graduellement, pour empêcher qu'il ne se produise des nœuds dans le fil à coudre, que nous appellerons ci-dessous «brin» pour le distinguer des fils du tissu.

Position des mains pour la couture sans plomb (fig. 3). — Lorsqu'on ne peut faire usage d'un plomb, il ne faut pas pour cela rouler l'ouvrage sur l'index de la main gauche, mais le tenir seulement du pouce et de l'index et le laisser tomber

(*) Voir à la fin du dernier chapitre la liste des fils de coton, de lin, de rayonne et de soie, portant la marque D·M·C.

librement par-dessus les autres doigts. Cependant, s'il est indispensable de tendre légèrement l'étoffe, on la serrera entre le quatrième et le cinquième doigt. De cette manière on ne risque ni de froncer ni de détirer la couture.

Des points. — Il y a quatre genres de points qui servent à faire les différentes sortes de couture : le point devant, dit aussi point glissé, le point-arrière, le point d'ourlet et le point de surjet.

Point devant (fig. 4). — Le point devant étant le plus simple, est aussi le premier qu'on enseigne aux enfants. Il se fait en

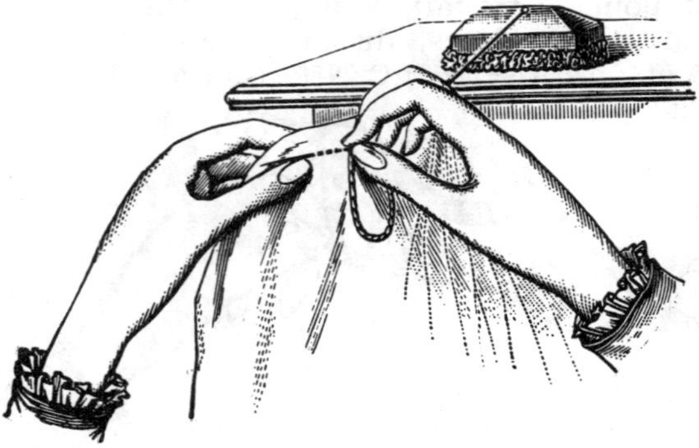

Fig. 2. Position des mains pour la couture avec plomb.

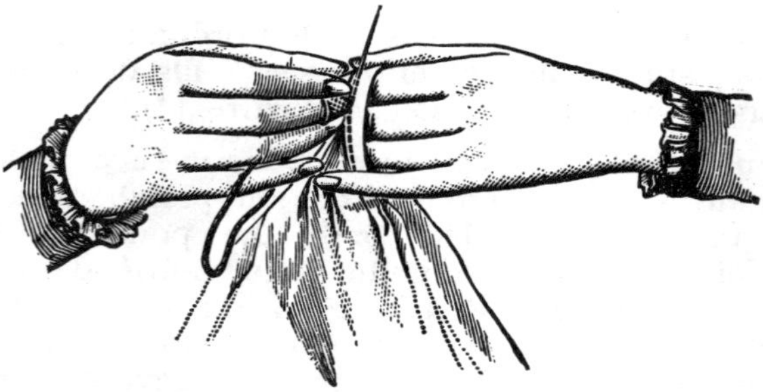

Fig. 3. Position des mains pour la couture sans plomb.

piquant toujours l'aiguille dans l'étoffe deux à quatre fils en avant du point qu'on vient de former. Quand le tissu le permet, on relève plusieurs points à la fois sur l'aiguille avant de tirer le brin. Ce point est employé pour faire les coutures simples, les fronces, et pour assembler des étoffes légères.

Point-arrière (fig. 5). — Allant de droite à gauche, on prend six fils de tissu sur l'aiguille, puis on la pique en arrière à deux fils du point d'où sort le brin, pour la faire ressortir à une distance double, en avant du premier point. Cette couture, ainsi que les coutures piquées, se fait généralement à la machine.

Point piqué (fig. 6). — On appelle ainsi une file d'arrière-points ne laissant aucun intervalle entre eux ; on fait toujours rentrer l'aiguille dans l'orifice de sortie du point précédent, et on la retire, à une distance égale, en avant du point suivant.

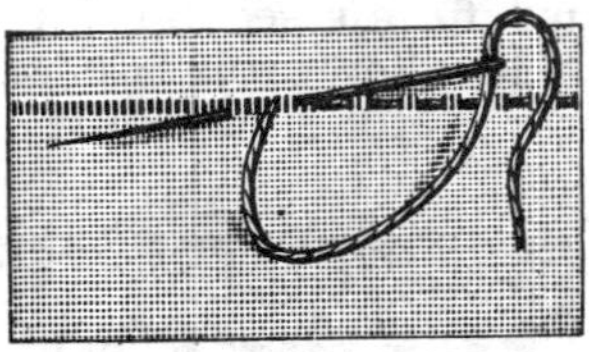

Fig. 4. Point devant.

Ce point doit être exécuté avec une régularité parfaite, et on y arrive en comptant les fils du tissu ; on en prend deux ou trois, selon leur grosseur, pour former un point. Pour la lingerie, on retire un fil du tissu à la place qu'occupera la couture, si celle-ci doit être exécutée à fil droit. Le fil enlevé est remplacé par la série des points. Faut-il suivre une ligne en biais, ou bien encore travailler sur des tissus épais, on prépare la couture au moyen de faufils de couleur tranchant sur la nuance du fond.

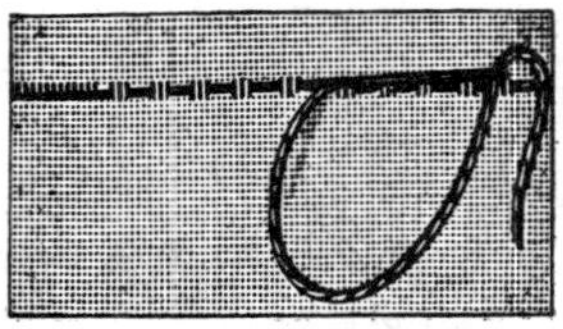

Fig. 5. Point-arrière.

Ourlet piqué (fig. 7). — Le point piqué décrit ci-dessus sert à faire ce genre de couture. On prépare d'abord le rempli, puis on enlève un fil du tissu pour les points, à une distance de deux ou trois fils au-dessus du rempli. L'aiguille doit passer par la triple couche d'étoffe. L'endroit de l'ouvrage se trouve du côté où la couture a été exécutée.

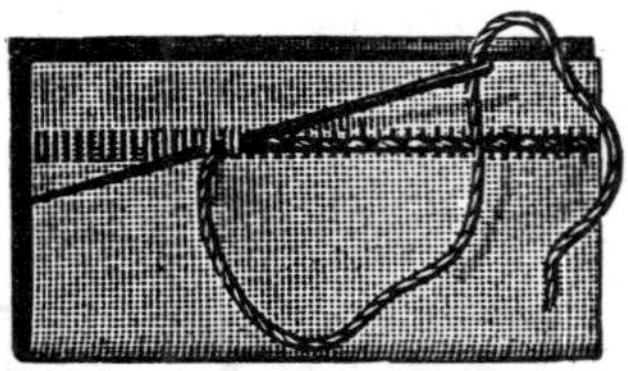

Fig. 6. Point piqué.

Point d'ourlet et ourlet simple (fig. 8). — Pour faire de beaux ourlets, il faut d'abord préparer l'étoffe à fil droit. Si on travaille des tissus apprêtés comme la toile, le nanzouk ou le calicot, on enlève d'abord l'excédent d'apprêt en frottant le tissu entre les doigts. On fait un premier rempli de 2 millimètres de largeur tout au plus, sur toute la longueur de la pièce ; puis on revient au point de départ pour faire un second pli de la même largeur. Le bord coupé se trouve alors renfermé entre deux plis de l'étoffe. On ne faufile que les ourlets dépassant la largeur de 1 centimètre, et on ne donne au premier rempli que les dimensions strictement nécessaires pour empêcher que le tissu ne s'effile. Le point d'ourlet se fait en prenant l'étoffe du dessous à la distance d'un fil de l'ourlet, puis en introduisant l'aiguille légèrement en biais dans l'étoffe supérieure et en la faisant sortir

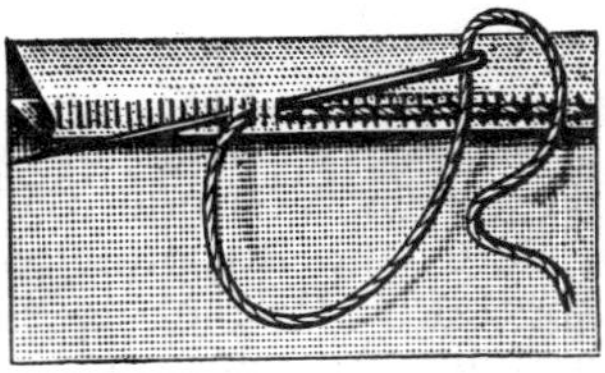

Fig. 7. Ourlet piqué.

deux fils au-dessus du pli. On laissera un intervalle de deux fils entre chacun des points suivants. Ces points devront former une ligne absolument droite. Il y a des personnes qui retirent un fil au second pli d'un ourlet pour arriver plus facilement à le plier droit. Ce procédé toutefois n'est pas à recommander, car l'étoffe, affaiblie déjà par le pliage, s'use encore plus vite lorsqu'on enlève des fils. Les étoffes de laine, ne conservant pas le pli, ne peuvent guère être préparées que sur la longueur de deux ou trois points de faufil. On emploie aussi le point d'ourlet pour les coutures appelées rouleautés. L'aiguille ne doit pénétrer que dans l'étoffe du dessous et dans le rempli du milieu, sans paraître du côté tourné vers la main gauche.

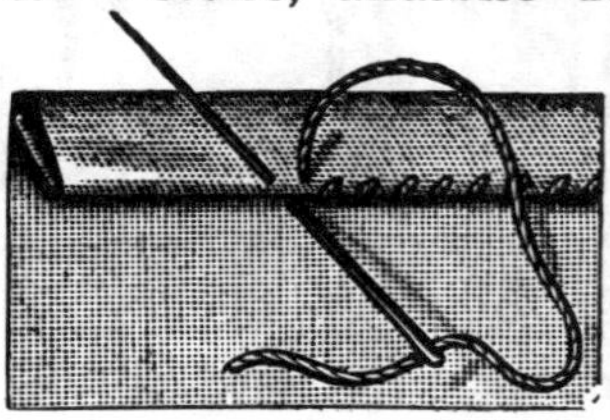

Fig. 8.
Point d'ourlet et ourlet simple.

Ourlets avec points d'ornement (fig. 9 et 10). — Dans la lingerie, où l'ourlet ne doit pas simplement arrêter les bords d'un tissu, mais où il sert en même temps de garniture, on le travaille avec une rivière à jour, dans le genre de celles que nous donnons dans le chapitre « Les Jours sur Toile » (*), ou bien on le garnit de différents points de broderie exécutés avec des fils de couleur.

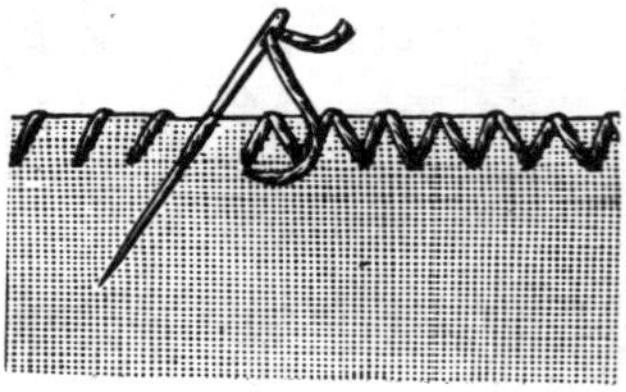

Fig. 9.
Ourlet avec point d'ornement.

Avant de commencer la broderie en couleur, on ourle le tissu d'après les indications données pour la fig. 8. Pour la broderie, on choisit des couleurs claires qui rehaussent l'effet des points.

Comme fournitures, nous conseillons, pour les toiles fortes, par exemple: le Coton perlé D·M·C, le Coton à broder D·M·C, qualité spéciale, et le Lin floche D·M·C dans les gros numéros; pour les tissus fins et transparents, les numéros fins de Coton perlé D·M·C, de Coton à broder D·M·C, qualité spéciale et de Lin floche D·M·C, la Rayonne à broder D·M·C, ainsi que le Mouliné spécial D·M·C et la Soie de Perse D·M·C; ces deux derniers articles peuvent être dédoublés à volonté.

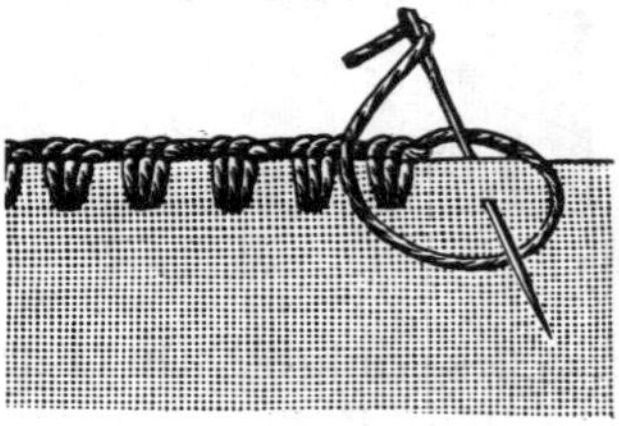

Fig. 10.
Ourlet avec point d'ornement.

L'exécution de l'ourlet fig. 9 se fait comme suit: on prend l'endroit de l'ouvrage — l'ourlet tourné vers le haut — dans

(*) Voir à la fin du volume, la liste des publications de la Bibliothèque D·M·C, contenant une grande variété de modèles pour tous les genres d'ouvrages.

la main gauche et, commençant à gauche, on entre le fil exactement dans le bord du rempli, puis revenant sur l'endroit de l'ouvrage, on saute six fils, on conduit l'aiguille sur l'envers de l'ouvrage, on revient sur l'endroit, on saute six fils, et ainsi de suite. De cette façon, on recouvre tout l'ourlet de points venant de gauche à droite.

Le second rang de points est travaillé en sens inverse, soit de droite à gauche. L'aiguille devra entrer et sortir aux mêmes endroits de l'étoffe que pour le premier rang, et les points se croiseront juste à l'extrémité du rempli, formant ainsi le même ornement des deux côtés de l'ourlet.

L'ourlet fig. 10 doit également être commencé à gauche sur l'endroit de l'ouvrage. Après avoir introduit le fil dans le haut du rempli, on fait trois points de boutonnière (voir les fig. 40 et 41) qui se rencontrent dans le bas au même point de l'étoffe; puis en sautant huit fils du tissu, on exécute un deuxième point triple, et ainsi de suite. Ces points triples rassemblés formeront éventail.

On trouvera encore trois autres ourlets d'ornement aux fig. 217 à 220 du chapitre « La Broderie sur Toile ».

Fig. 11. Couture rabattue plate.

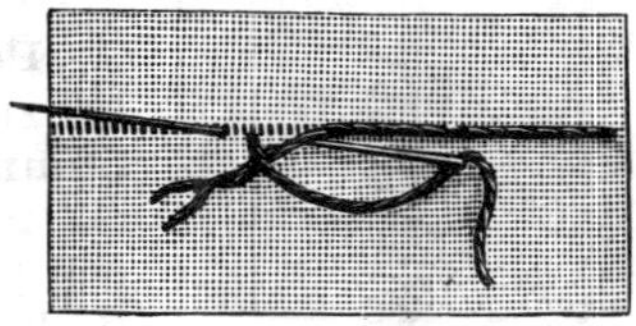

Fig. 12. Renouveler le brin.

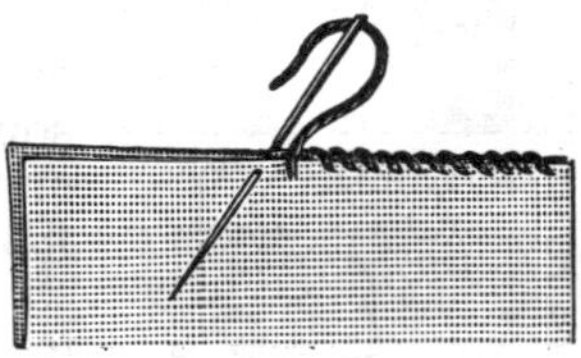

Fig. 13.
Point de surjet pour lingerie.

Couture rabattue plate (fig. 11). — On réunit deux étoffes, coupées à fil droit ou en biais, on les faufile bord à bord, laissant un peu plus de 1 à 2 centimètres pour le rempli; on coud sur la ligne tracée par le faufil avec des arrière-points ou des points piqués. Puis on enlève avec les ciseaux, très régulièrement, la moitié du rempli intérieur, on dispose le pli resté le plus large comme pour l'ourlet simple, et on le coud comme celui-ci avec des points d'ourlet. Au fur et à mesure qu'on avance, il faut avoir soin d'aplatir avec l'index le dessous de la couture. Cette couture, achevée, sera toute plate. On peut aussi, avant de rabattre l'ourlet, déployer l'étoffe et lisser la couture à l'endroit avec le dé ou à l'aide des ciseaux. C'est un avis donné aux jeunes personnes encore novices dans l'art de coudre.

Couture rabattue ronde. — On prépare la première couture comme il est dit dans le paragraphe précédent, puis on coupe le rempli intérieur, jusqu'à la largeur de quatre fils. Le rempli extérieur, resté dans sa largeur première, est roulé avec le pouce de la main gauche, de manière à renfermer le rempli coupé. Après avoir fixé le brin dans la couture, on fait quatre ou cinq points d'ourlet; on roule le rempli, puis on fait une nouvelle série de points, et ainsi de suite. Cette couture doit former à l'envers un bourrelet très régulier, semblable à une ganse ronde, qui serait fixée sur la première couture.

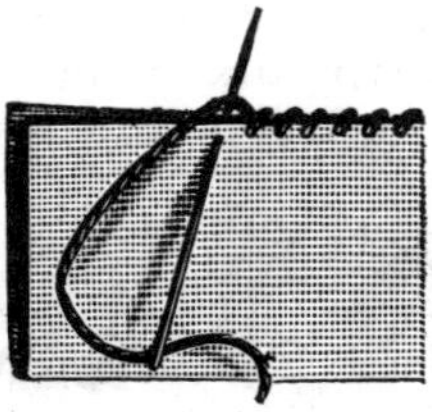

Fig. 14. Point de surjet pour confection.

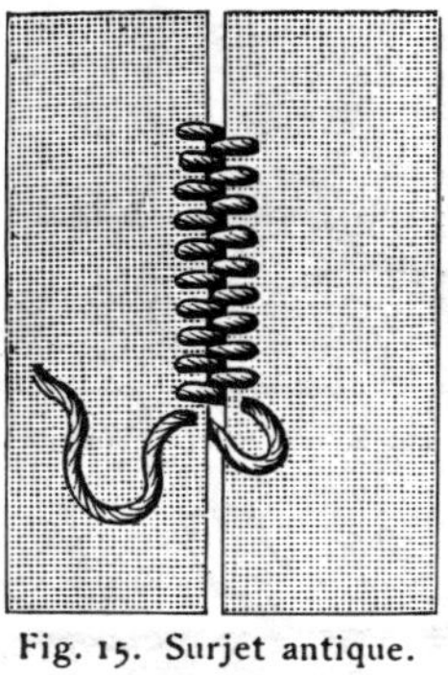

Fig. 15. Surjet antique.

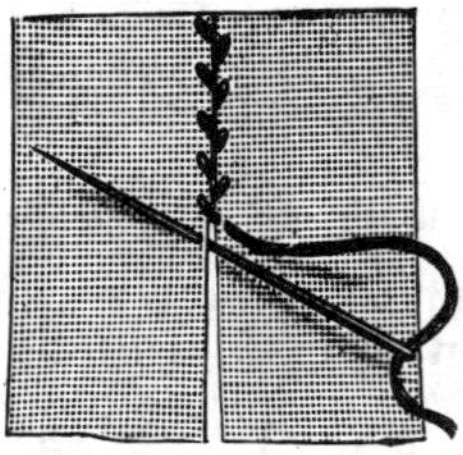

Fig. 16. Surjet antique.

Renouveler le brin (fig. 12). — On ne fait point de nœuds au fil pour les coutures de lingerie. Pour l'ourlet, on fait entrer les deux extrémités du brin sous le rempli. Quand on renouvelle le brin dans les coutures à arrière-points ou à points piqués, on réunit la fin et le commencement de l'aiguillée suivante, on les couche de droite à gauche, puis en les maintenant du pouce, on fait les points par-dessus les deux bouts, de manière à les faire serpenter entre les points.

Point de surjet pour lingerie (fig. 13). Le surjet s'emploie pour réunir deux lisières. Comme il arrive assez facilement que l'une ou l'autre lisière est trop peu soutenue, il est prudent, avant de commencer le point, de les fixer par un faufil ou par des épingles placées à petite distance les unes des autres.

Pour faire un surjet, on pique l'aiguille en venant de derrière, de droite à gauche, sous le premier fil des deux lisières. Le point suivant est fait à une distance de deux fils de tissu.

Il ne faut pas trop tirer le brin, afin que les points aient un peu de jeu. Lorsque le surjet est terminé, on l'aplatit à l'envers avec le dé; les deux lisières doivent se toucher sans cependant chevaucher, c'est-à-dire sans reposer l'une sur l'autre.

Point de surjet pour confection (fig. 14). Pour les confections et le rapiécetage, on fait aussi le surjet en travaillant de droite à gauche, mais alors l'aiguille entre d'abord dans la lisière tournée vers l'ouvrière. Il est recommandé de le bâtir, comme le premier, et de ne tenir l'étoffe que du pouce et de l'index, pour éviter de soutenir l'un ou l'autre côté.

Surjets antiques (fig. 15 et 16). — Après avoir préparé les lisières comme pour les surjets précédents, on introduit, de dessous, l'aiguille avec le brin, d'abord à gauche, sous deux fils de la lisière, puis on revient à droite pour faire le même point, on retourne à gauche, et ainsi de suite, ne laissant toujours qu'un intervalle de deux fils du tissu entre les points. De cette façon, les fils s'entrecroisent entre les deux lisières et le surjet reste plat dès le début.

Ce genre de couture se pratiquait autrefois partout où le tissu n'était pas d'une largeur suffisante pour l'emploi auquel on le destinait et qu'on voulait dissimuler l'assemblage des lés.

Pour assembler la toile pour draps de lit, on fait une couture analogue, fig. 16, pour laquelle on oblique un peu les points.

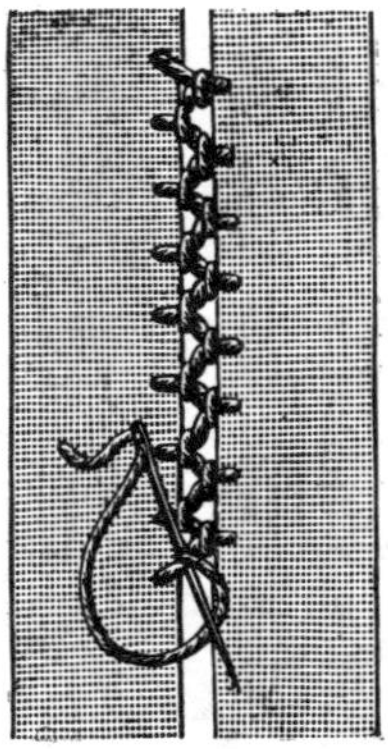

Fig. 17. Couture de raccord ajourée au point noué.

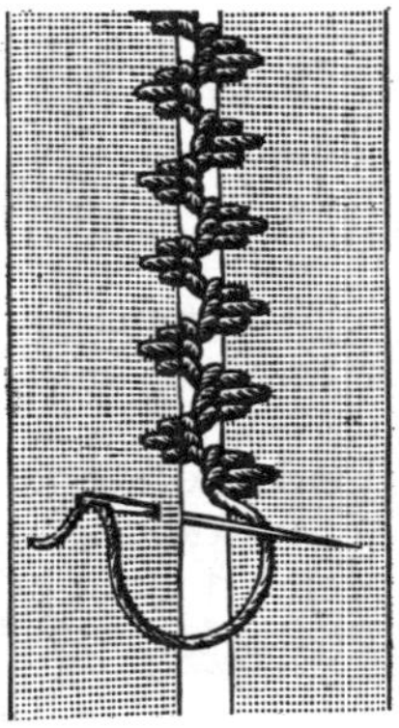

Fig. 18. Couture de raccord ajourée au point de feston.

Coutures de raccord ajourées (fig. 17, 18, 19). — Les coutures de raccord ajourées sont destinées au même emploi que les surjets des fig. 15 et 16, c'est-à-dire que l'on s'en sert pour raccorder des tissus trop étroits destinés à la confection du linge de table ou de la literie.

Ces points demandent un fil résistant et de forte torsion : à côté des gros numéros du Câblé 6 fils D·M·C, nous recommandons le Fil d'Alsace D·M·C, le Lin pour dentelles D·M·C, le Fil à dentelles D·M·C, le Cordonnet spécial D·M·C ; ces deux derniers articles existant en couleurs dans certains numéros, ils sont tout indiqués pour les travaux sur des tissus de couleur.

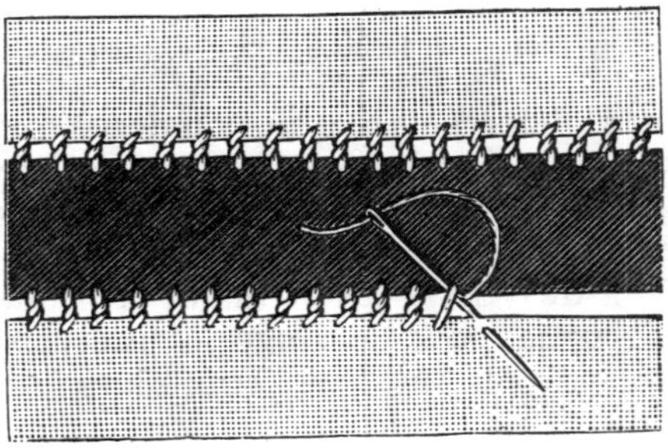

Fig. 19.
Couture de raccord ajourée avec brides au point de surjet.

On place l'ouvrage droit devant soi, de façon que les deux lisières soient parallèles, puis, après avoir fixé le brin dans la partie gauche, on introduit l'aiguille dans le tissu à droite, à deux fils du bord, pour la faire ressortir au-dessus du brin ; on forme ensuite une petite boucle et, en serrant le brin, on ferme cette boucle qui formera alors un nœud. Puis, revenant à la partie gauche, on fait le même point à une distance de trois fils, on passe à droite, on saute de nouveau trois fils, on forme un nœud, et ainsi de suite. Les points de droite présentent ainsi la contre-partie de ceux de gauche.

La couture représentée par la fig. 18 est formée de groupes de trois points de feston, qui sont posés alternativement sur l'un et l'autre des bords des tissus à raccorder. Le premier et le troisième point sont travaillés par-dessus deux fils, le point du milieu par-dessus quatre; les groupes sont espacés de cinq fils de tissu.

La couture représentée par la fig. 19 se prête tout particulièrement à la garniture de la lingerie de couleur. On peut agrandir à volonté cet entre-deux en ajoutant deux ou plusieurs bandes d'étoffes de couleur sur les bords du tissu blanc. Pour l'entre-deux, on choisit un ruban en couleur ou une étoffe qu'on prend double et qu'on remplie aux bords. On ajoute ces bandes

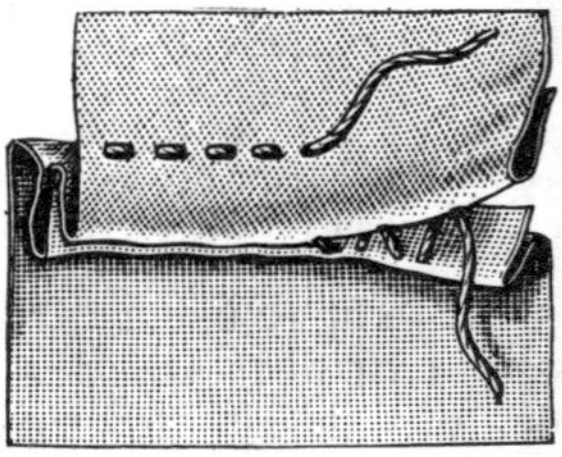

Fig. 20. Couture double ou couture anglaise.

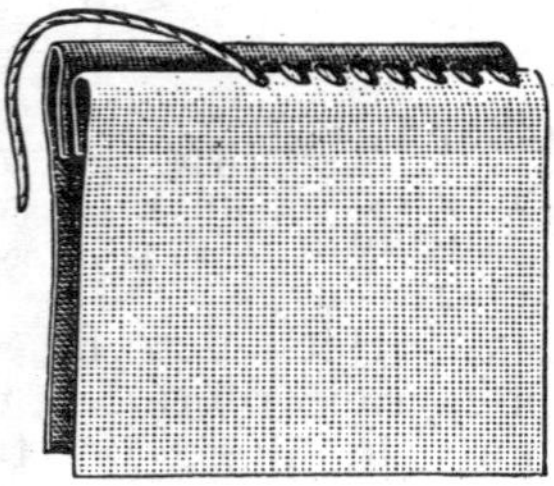

Fig. 21. Couture double ourlée en voie d'exécution.

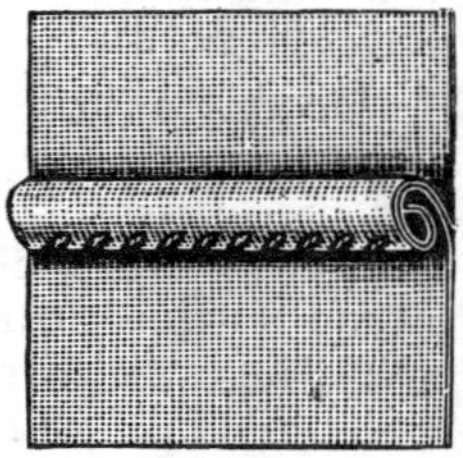

Fig. 22. Autre couture double ourlée, déployée.

aux lisières du tissu par deux rangs de petites brides à points de surjet, pour lesquelles on emploiera du Fil d'Alsace D·M·C, de l'Alsa D·M·C, du Cordonnet d'Alsace D·M·C, du Fil à dentelles D·M·C ou du Lin pour dentelles D·M·C; lorsqu'on travaille sur des tissus de couleur comme le veut si souvent la mode actuelle pour la lingerie fine et même pour le linge de maison ou de table, on emploiera le Cordonnet spécial D·M·C et le Fil à dentelles D·M·C, en couleurs unies ou ombrées. Il est prudent de fixer l'ourlet et l'entre-deux bien parallèlement sur de la toile cirée, afin d'éviter de froncer l'un ou l'autre des tissus. On commence les rangs de brides à gauche dans le bord du tissu et non dans le bord du petit entre-deux à ajouter. On travaille de façon que l'aiguille pénètre dans l'entre-deux à une distance de deux fils du bord pour sortir à droite du brin, puis on passe une fois par-dessus le brin tendu, formant ainsi une bride au point de surjet, et l'on sort l'aiguille dans le bord du tissu à droite, à trois fils de distance de la sortie du premier point. Il est nécessaire de laisser partout le même intervalle et de placer toujours les brides bien verticales. Le second côté doit être exécuté de la même manière.

Couture double ou couture anglaise (fig. 20). — On réunit souvent par une couture double les étoffes qui s'effilent aisément. On pose les deux tissus bord à bord, les envers l'un sur l'autre; puis on fait une couture à points devant à quelques millimètres des lisières. Cette première couture faite, on retourne l'ouvrage, on le replie exactement sur la première couture en cachant ainsi les bords. Puis on fait une seconde couture à points devant au-dessous de la première, en ayant soin de ne laisser paraître nulle part les fils du bord coupé.

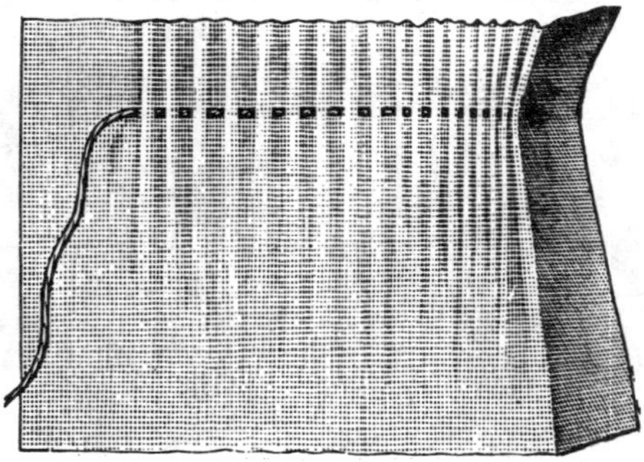

Fig. 23. Fronces. Premier rang.

Cette couture est généralement employée pour les confections en tissus légers que l'on ne pourrait border d'une autre manière.

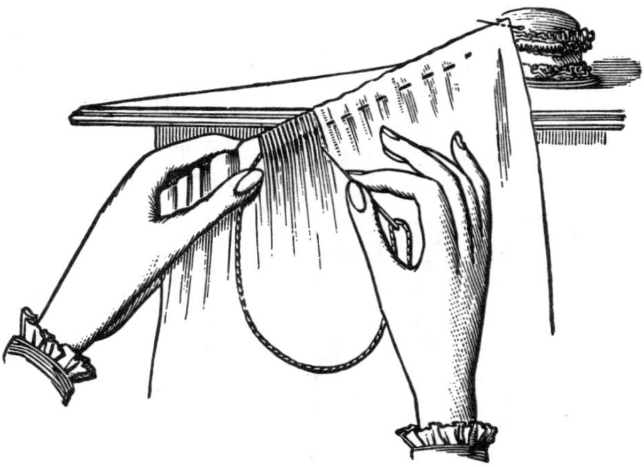

Fig. 24. Régularisation des fronces.

Coutures doubles ourlées (fig. 21 et 22). — On fait d'abord un rempli sur les deux bords, puis on les pose l'un sur l'autre de façon que la partie placée du côté de l'index dépasse un peu la seconde partie, voisine du pouce, fig. 21. Au lieu de faire entrer l'aiguille de bas en haut, on l'introduit d'abord dans celle des deux étoffes qui dépasse l'autre, et on la fait descendre, en obliquant un peu, dans la seconde. Cette couture sert à fixer la doublure des confections.

La fig. 22 explique une autre couture double, par laquelle on assemble deux étoffes dans le même sens; on fait un rempli comme pour l'ourlet simple et on le coud comme celui-ci, avec cette différence qu'il faut passer l'aiguille par six épaisseurs d'étoffe.

Fronces. Premier rang (fig. 23). — On fait des fronces pour toute espèce de lingerie et de confection. Elles sont une suite de points devant, très réguliers et exécutés en ligne droite. On prend toujours trois ou quatre fils du tissu sur l'aiguille et on en laisse autant dessous, mais au lieu de tendre l'étoffe de la main gauche, on la pousse sur l'aiguille, ce qui produit les fronces. On ne retire l'aiguille qu'après avoir fait cinq ou six fronces.

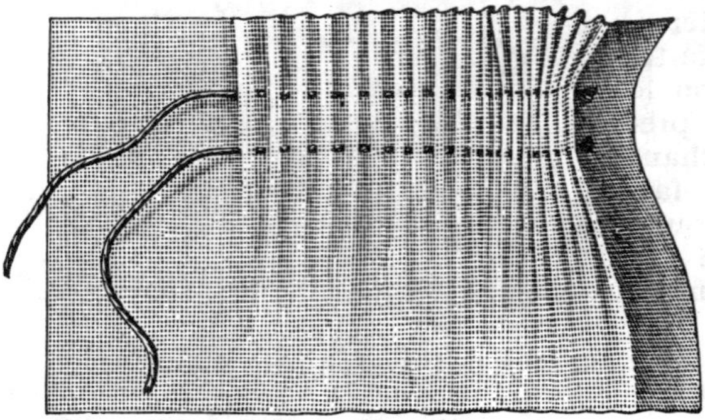

Fig. 25. Fronces. Second rang.

Régularisation des fronces (fig. 24). — Arrivé au bout de la partie qui doit être froncée, on lâche le brin qui a servi à froncer, et en tenant l'ouvrage entre le pouce et l'index de la main gauche, on prend une aiguille de grosseur moyenne et on la fait passer verticalement entre chacun des plis, pour les fixer. En régularisant les fronces, on les fait passer sous le pouce qui les retient. Les autres doigts restent au-dessous de la partie à froncer et la soutiennent.

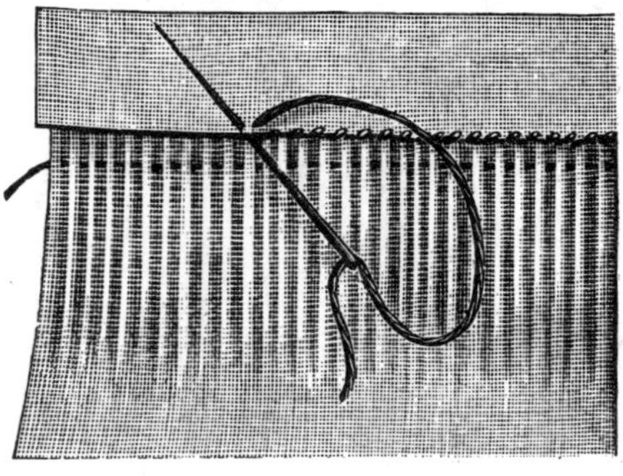

Fig. 26. Montage des fronces.

Fronces. Second rang (fig. 25). — La régularisation des fronces une fois terminée, on fait passer un second brin à 1 ou 2 centimètres de distance du premier, selon la nature du tissu et celle de l'objet. Ce brin a pour but de relever les plis préparés.

Montage des fronces (fig. 26). — Pour monter un empiècement ou un poignet, on fait glisser les fronces sous la bande jusqu'à la moitié de l'espace compris entre les deux brins. Avant de coudre les fronces, il faut les répartir très régulièrement sur toute la longueur qu'elles doivent occuper. Puis on coud chaque pli séparément avec un point d'ourlet, en ne faisant passer l'aiguille que dans les fils supérieurs des petits plis.

Ornementation des fronces « Smock ». — La recherche des moyens pour fixer solidement et, en même temps, agrémenter les lourdes fronces des tissus, a donné naissance à la méthode toute particulière d'ornementation des fronces que nous allons décrire et qui est connue sous le nom de « Smock ».

On rencontre ce genre d'ouvrage dans les costumes nationaux des Magyares et des peuples slaves, ainsi qu'en Angleterre, où son usage s'est maintenu jusqu'à nos jours. C'est aussi de ce dernier pays que lui vient sa dénomination de « Smock ». Il existe une grande variété de dessins, mais leur exécution est presque toujours la même; il suffit d'avoir l'explication d'un seul dessin pour être à même d'exécuter tous ceux qui se présenteront. Quand la broderie est terminée, on enlève les fils auxiliaires qui retiennent les fronces. Comme fournitures pour la broderie, on se sert d'un fil fort et résistant, tel que le Coton à broder D·M·C, qualité spéciale, le Coton perlé D·M·C, le Lin floche D·M·C ou la Rayonne à broder D·M·C.

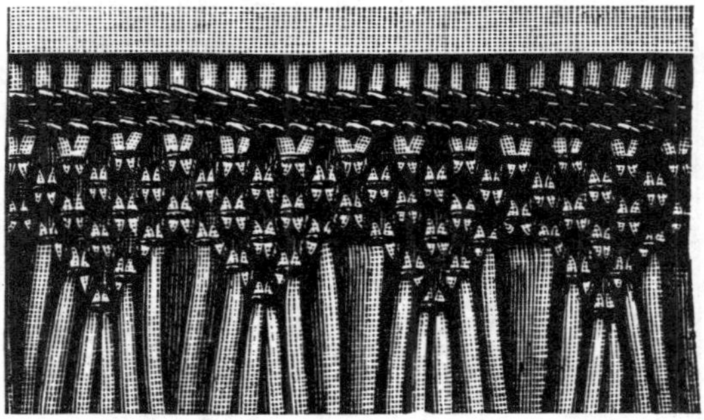

Fig. 27. Smock en points-arrière et points lancés.

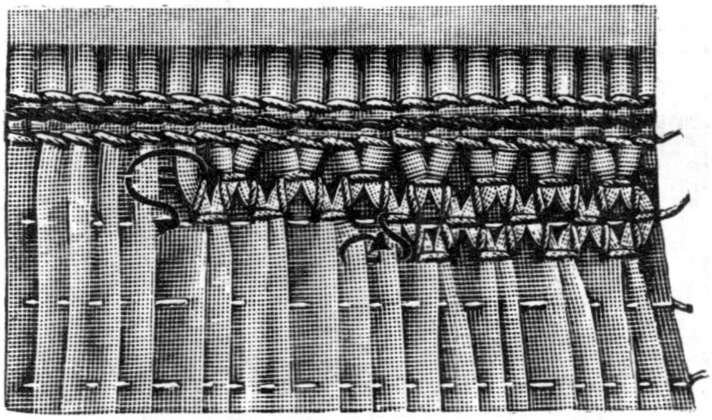

Fig. 28. Détail pour l'exécution du Smock fig. 27.

Smock en points-arrière et points lancés (fig. 27 et 28). On prépare l'étoffe d'après les indications données par les fig. 23 à 25. Après le premier rang de fronces, on exécute encore autant de rangs qu'en demande le Smock que l'on veut exécuter, en sautant chaque fois 1 centimètre d'étoffe.

Les trois rangs horizontaux qui forment le talon de la bordure doivent être travaillés de gauche à droite. On commence par le troisième rang du haut, on passe le brin par-dessus deux fronces, on revient sous une fronce, on passe le brin par-dessus deux fronces et on revient sous une fronce, et ainsi de suite, en ayant toujours soin que l'aiguille sorte au-dessus du point déjà terminé, de façon à donner aux points une direction un peu oblique.

Après ces trois rangs de points vient le Smock proprement dit, qui se fait de droite à gauche. On conduit, au premier fil auxiliaire qui suit, l'aiguille sous deux fronces et on revient encore une fois avec un arrière-point ; puis, en montant de ½ centimètre vers le haut, on saisit de nouveau deux fronces — dont la première est fixée au bas par le premier arrière-point, alors que la seconde est encore ouverte — on les fixe avec un arrière-point, on descend à la première ligne, on fait un arrière-point, et ainsi de suite. Le fil de la broderie reste toujours sur l'endroit de l'ouvrage.

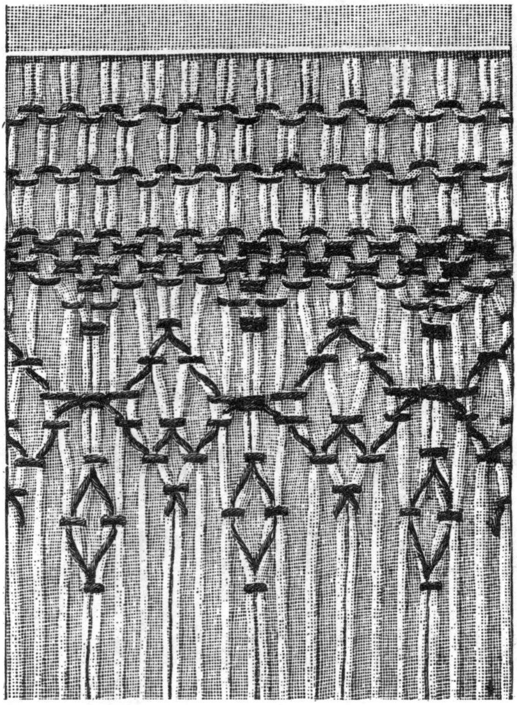

Fig. 29.
Smock avec points lancés horizontaux et obliques.

Le second rang est continué tout près du tour précédent, le troisième tout près du second, et ainsi de suite. A partir du deuxième rang, on supprime l'arrière-point du côté où il touche à la bordure terminée. Au dernier rang, on exécute les dents qui sont à répartir également sur toute la longueur de l'objet ; on les fait en allant et en revenant sans interrompre la marche des points, comme on peut le voir à la fig. 27.

Smock avec points lancés horizontaux et obliques (fig. 29 et 30). — Préparer pour ce modèle un fond de fronces de douze rangs distancés de 1 centimètre.

Les motifs du Smock sont formés principalement par des points lancés horizontaux, reliés parfois par des points obliques. Commencer par deux rangs de points horizontaux contrariés auxquels vient se joindre un troisième rang triple terminé par des dents. Les losanges demandent pour leur exécution deux rangs. Commencer exactement en dessous de la pointe de la première dent et par-dessus deux fronces avec un point horizontal allant de droite à gauche, que l'on serre fortement, sortir l'aiguille à droite de ce point, lancer le fil vers la droite par-dessus deux fronces, conduire l'aiguille sous la première fronce vers la gauche, faire un point oblique par-dessus la fronce, revenir vers la gauche, faire un point horizontal par-dessus deux fronces, et ainsi de suite; voir la fig. 29.

On commence la partie inférieure des losanges au même point de départ et on procède comme pour la partie supérieure, mais en dessinant l'angle aigu en bas, à l'opposé du premier angle obtenu. Les petits losanges intermédiaires peuvent être travaillés séparément ou à la suite des dents inférieures des grands losanges.

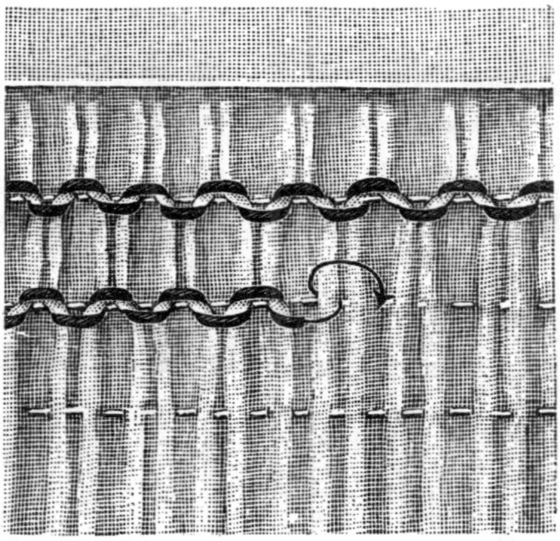

Fig. 30.
Détail pour l'exécution du Smock fig. 29.

La fig. 30 enseigne l'exécution de ce Smock composé de points horizontaux; elle représente deux froncés couverts d'un point horizontal et montre de quelle manière l'aiguille doit traverser obliquement l'une des fronces pour pouvoir exécuter le point horizontal suivant. En piquant l'aiguille une fois de haut en bas et une fois de bas en haut, on obtient des rangs de points et de fronces intervertis.

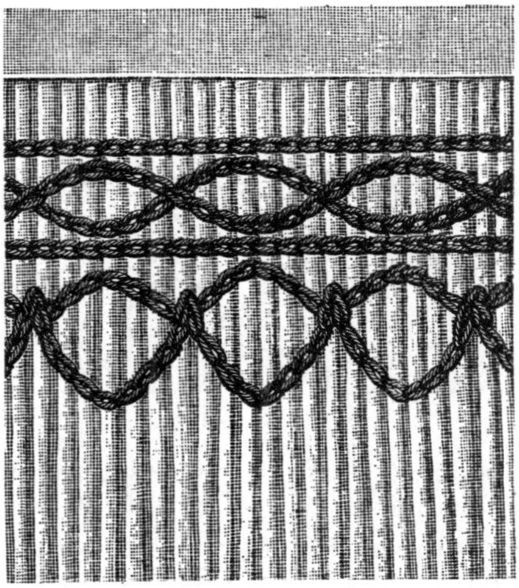

Fig. 31. Smock au point de chaînette.

Smock au point de chaînette (fig. 31 et 32). — Ce Smock est exécuté entièrement au point de chaînette; il demande quatre rangs de fronces distancés de 1 centimètre.

Commencer le travail en haut et à gauche par les deux rangs horizontaux au point de chaînette; exécuter ensuite entre ces deux lignes la rivière composée de deux lignes ondulées se croisant l'une l'autre en formant des ovales réguliers, allongés chaque fois sur sept fronces.

La fig. 32 montre d'une part l'exécution de ces lignes ondulées et d'autre part le passage de l'aiguille, pour le point de chaînette, au travers des fils supérieurs des fronces; l'exécution du point de chaînette même est enseignée dans le chapitre « La Broderie sur Toile », voir la fig. 256. Pour faire le motif dentelé du bas, on commence par une ligne ondulée que l'on coupe régulièrement par un rang d'ogives renversées.

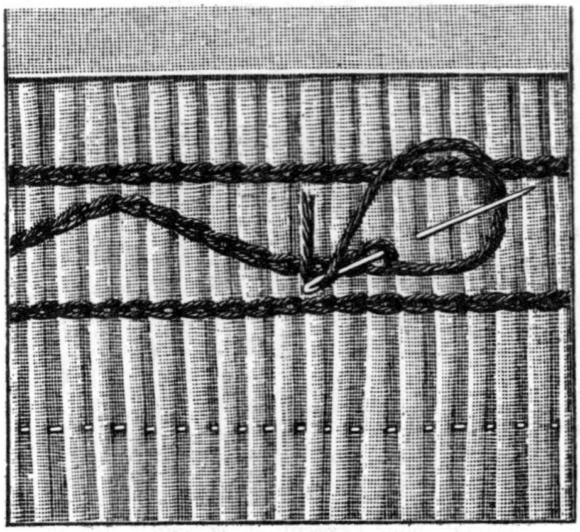

Fig. 32. Détail pour l'exécution du Smock fig. 31.

Point roulé (fig. 33). Pour froncer les tissus très légers, on fait souvent des ourlets roulés au lieu d'ourlets simples. On roule le bord du tissu entre le pouce et l'index, en avançant vers la gauche; on pousse ce rouleau sur l'aiguille, on fait ressortir celle-ci derrière le rouleau et après chaque point on la pique de nouveau dans l'étoffe devant le rouleau. Comme dans le point devant, on ne tire le brin qu'après avoir fait plusieurs

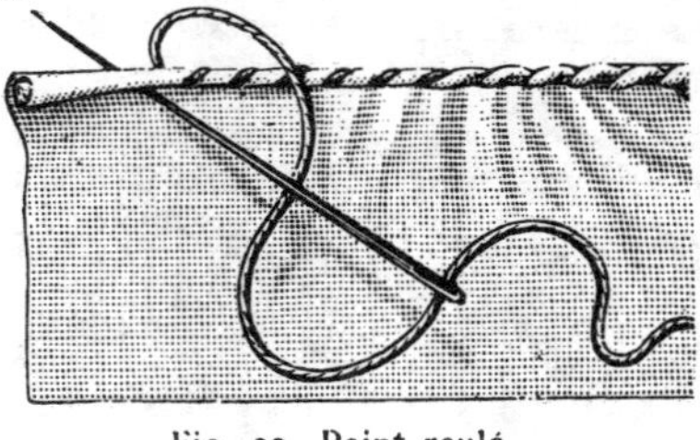

Fig. 33. Point roulé.

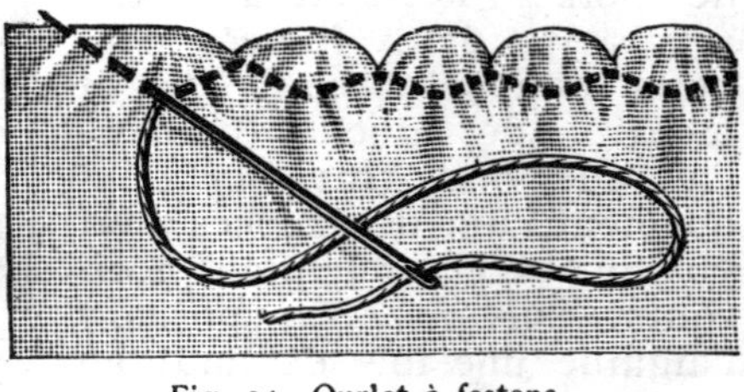

Fig. 34. Ourlet à festons.

points. L'étoffe, toujours un peu repoussée sur l'aiguille par la main gauche, se fronce tout naturellement.

Ourlet à festons (fig. 34). — Pour pouvoir utiliser l'ourlet comme garniture ou ornement d'un ouvrage, on replie le bord sur une largeur de 2 à 3 centimètres du côté de l'envers. Puis on fait des points devant, en montant et en descendant, ainsi que le montre la figure. Les petits festons se forment d'eux-mêmes lorsqu'on tend le fil, surtout dans la percale et la batiste.

Attache d'une ganse ronde (fig. 35). — Pour attacher les ganses rondes, on prend du fil très fort, du Câblé 6 fils D·M·C, du Fil d'Alsace D·M·C, du Fil à dentelles D·M·C ou du Cordonnet spécial D·M·C dans les numéros moyens. On ne doit jamais tendre les ganses; il faut au contraire les soutenir un peu, parce qu'elles se rétrécissent toujours à la première lessive. Elles doivent être fixées très solidement au bas des ourlets et ne pas être tordues pendant la couture, chose facile à éviter si l'on s'applique à faire couler en ligne droite la tresse formée par les fils de la ganse. On se sert du point d'ourlet pour fixer la ganse à l'étoffe.

Fig. 35. Attache d'une ganse ronde.

Attache des galons (fig. 36). — On attache les galons sur l'endroit de l'objet, à 2 millimètres du bord, au moyen d'arrière-points exécutés tout près de la lisière du galon. Puis on rabat le galon à moitié sur l'envers de l'ouvrage et on le coud avec des points d'ourlet. Les galons devront être soutenus à la première couture, pour leur permettre de se rétrécir dans la lessive sans faire froncer l'objet qu'ils garnissent.

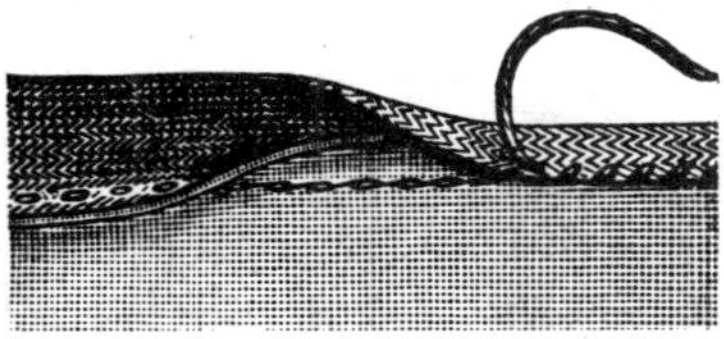

Fig. 36. Attache des galons.

Pour terminer plus vite un ouvrage, on fait souvent la première course à la machine, ou bien on plie le galon à la moitié de sa largeur, pour y faire entrer l'étoffe qui est à border, et on le fixe par une seule couture mécanique.

Le travail manuel est toujours préférable, car les doigts peuvent mieux diriger et soutenir peu à peu le galon.

Attache des rubans au gros linge (fig. 37 et 38). — Les rubans d'attache pour gros linge de maison sont ordinairement fixés au coin de la pièce. On prend les deux bouts d'un ruban, long de 15 à 16 centimètres, on fait un repli aux deux bouts, on les pose l'un à côté de l'autre, de telle sorte que la boucle pliée forme un triangle. Puis on coud les deux bouts à l'envers de la pièce, sans laisser d'espace entre eux, sur trois côtés, avec de petits points d'ourlet; le quatrième côté touchant l'ourlet sera fixé

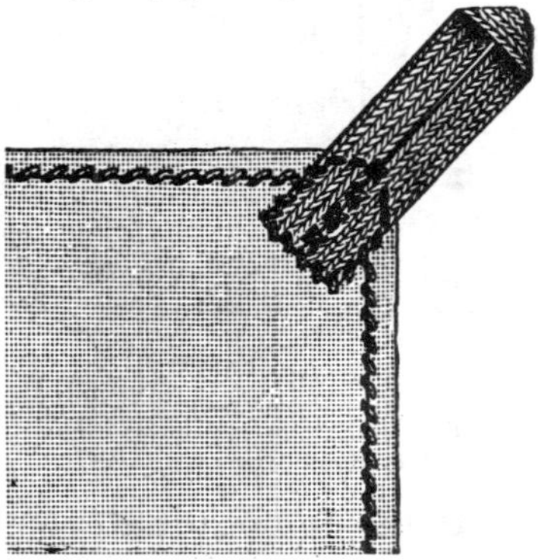

Fig. 37. Attache des rubans au coin de la pièce (gros linge).

par des points de piqûre. On fait quelques points croisés à la rencontre des deux galons.

On peut encore prendre sur le bord le milieu de la pièce, y appliquer un ruban long de 16 centimètres, en fixant séparément chaque bout du ruban, comme il est dit plus haut.

Attache des rubans à la lingerie fine (fig. 39). — Pour la lingerie fine, on faufile le ruban à l'envers de la

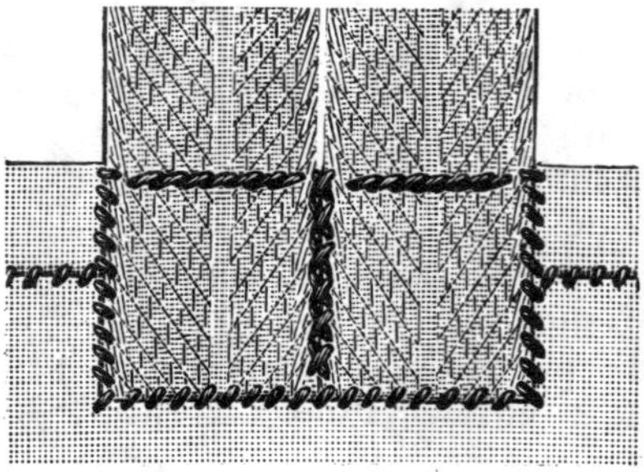

Fig. 38. Attache des rubans au milieu de la pièce (gros linge).

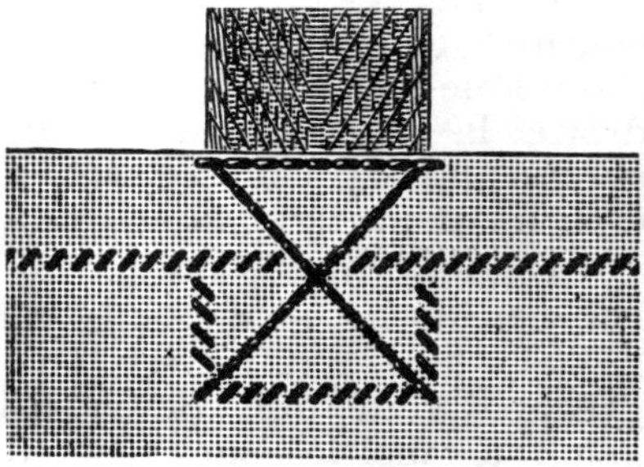

Fig. 39. Attache des rubans à la lingerie fine.

pièce; puis on fait à l'endroit une croix de points piqués et, sur l'envers, des points d'ourlet pour en fixer les bords. On peut aussi remplacer les points d'ourlet par des points piqués.

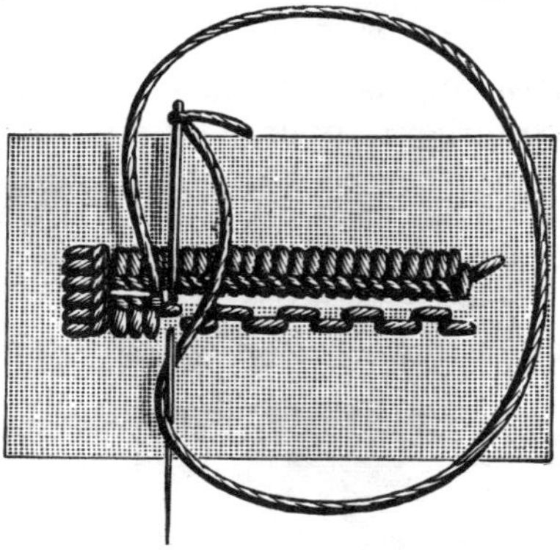

Fig. 40. Point de boutonnière et boutonnière pour lingerie.

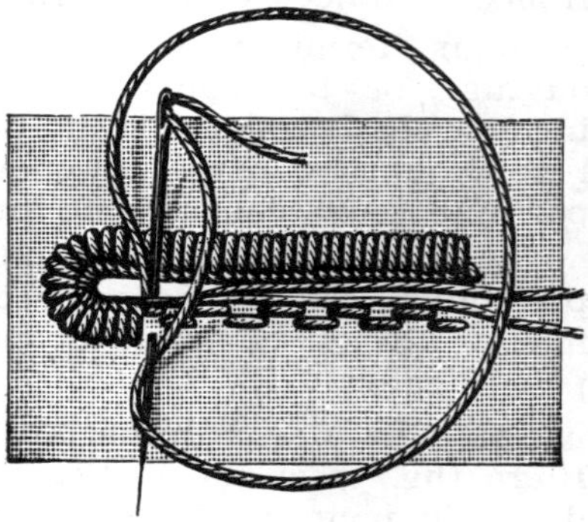

Fig. 41. Boutonnière pour confection.

Point de boutonnière et boutonnière pour lingerie (fig. 40). Pour pouvoir faire une boutonnière, il faut faire dans l'étoffe une entaille, en rapport avec la grandeur du bouton qui doit y passer. Avant de couper dans l'étoffe, on fait deux rangs de points devant, se complétant l'un l'autre, sur la longueur que doit occuper la boutonnière. On laissera deux ou trois fils d'intervalle entre les rangs de points; l'entaille se fait sur cette ligne.

On travaille de gauche à droite et l'on pique l'aiguille de façon que le chas soit dirigé vers la fente, tandis que la pointe se trouve en dessous de la boutonnière. On passe le fil de droite à gauche sous la pointe de l'aiguille, que l'on retire ensuite vers le côté opposé de la boutonnière. Le point doit être serré aussi près que possible contre le bord de la fente.

Lorsque le premier côté est terminé, on fait à l'extrémité de la fente une petite barre ou bride transversale, pour laquelle on jette trois ou quatre fils sur la largeur de la boutonnière; on recouvre ces fils de points de boutonnière. Le second bord de la fente s'achève comme le premier. Une bride à l'autre extrémité achève la boutonnière. On se sert pour la confection des boutonnières pour lingerie du Fil d'Alsace D·M·C, du Câblé 6 fils D·M·C, du Fil à dentelles D·M·C, du Cordonnet spécial D·M·C et de l'Alsa D·M·C, fils tordus et très

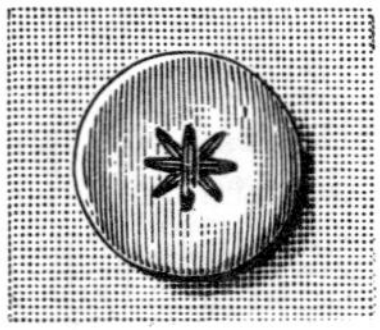

Fig. 42.
Attache des boutons en toile.

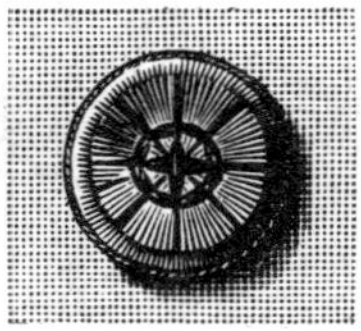

Fig. 43.
Attache des boutons en fil.

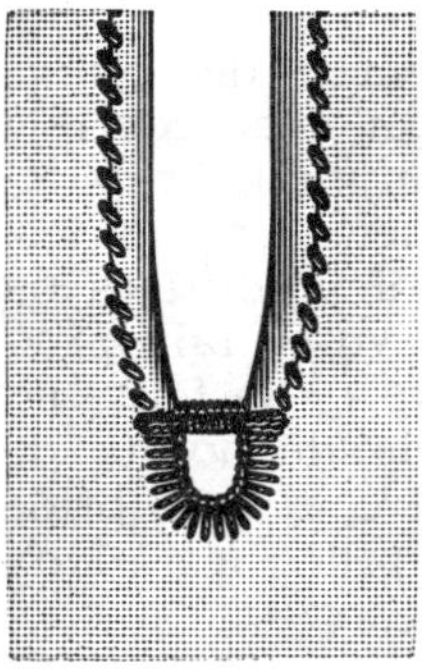

Fig. 44.
Bordage d'une fente par un ourlet.

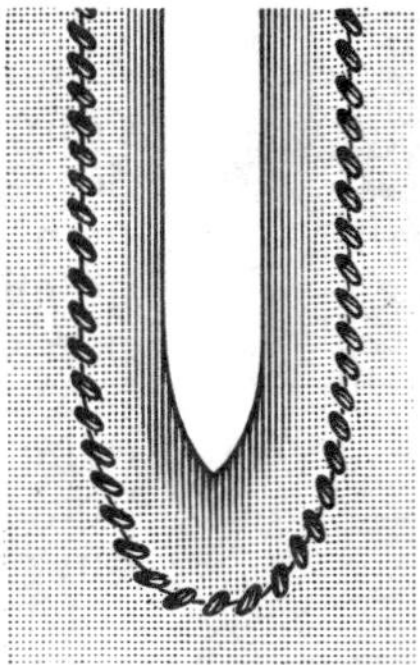

Fig. 45.
Bordage d'une fente par un biais étroit.

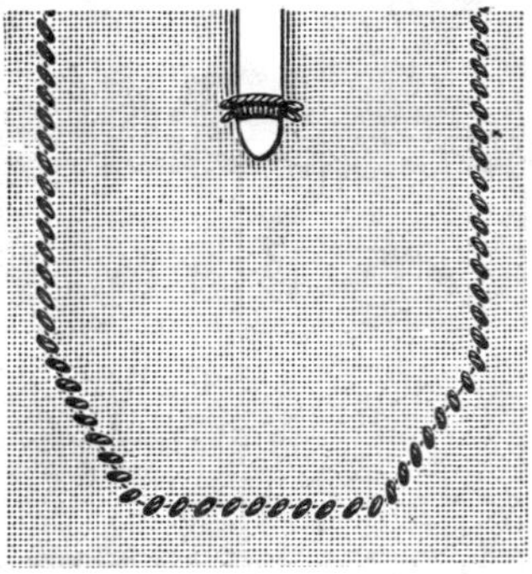

Fig. 46.
Bordage d'une fente par une bande large.

solides. Ces trois derniers articles existent aussi en couleurs, ce qui les rend utilisables pour la lingerie moderne.

Boutonnière pour confection (fig. 41). — On prépare la boutonnière pour confection comme la boutonnière de lingerie; lorsqu'on la fait dans un tissu qui s'effile facilement, on arrête les fils, sitôt la fente pratiquée, au moyen de gomme arabique.

On ne fait qu'une seule barre transversale à l'extrémité de la boutonnière. On continue les points du côté où vient reposer le bouton, on les serre très peu et en demi-cercle. Il est même avantageux de faire suivre sous les points un ou deux gros fils-bourdon ou une ganse très fine, que l'on tend un peu, une fois la boutonnière achevée. Ce fil-bourdon donne plus de solidité aux boutonnières et empêche les points de se détendre. Comme fournitures nous recommandons tout spécialement l'Alsa D·M·C et le Cordonnet d'Alsace D·M·C qui sont livrés dans une grande variété de nuances.

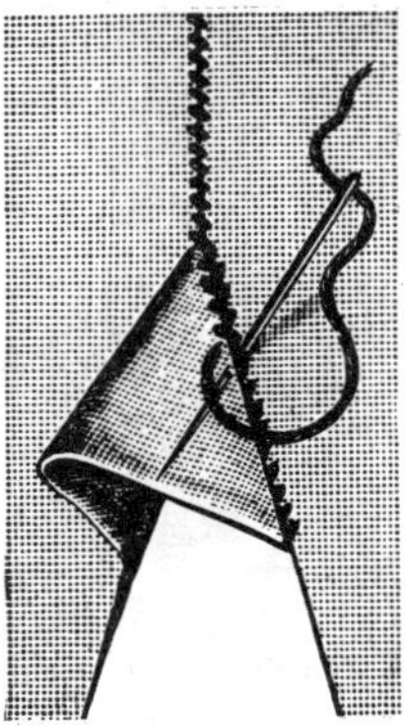

Fig. 47. Arrêt d'une fente par un gousset.

Attache de boutons (fig. 42 et 43). — Pour fixer un bouton en toile, on fait quelques points à la place qu'il doit occuper, puis on pique l'aiguille de bas en haut au travers du bouton. De ce point central, on fait rayonner à distance très régulière une série de points.

Pour d'autres boutons en fil, on fait au milieu un petit cercle d'arrière-points, on passe le brin entre l'étoffe et le bouton, on le tourne plusieurs fois autour des points, puis on l'arrête dans le cercle formé par les arrière-points.

Fig. 48. Passepoil.

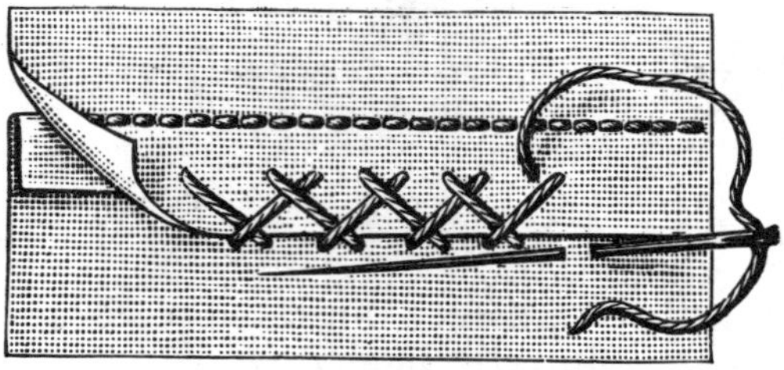

Fig. 49. Point croisé.

Bordage des fentes (fig. 44, 45, 46, 47). — Aucune partie des objets de lingerie n'est susceptible de se déchirer aussi rapidement que les fentes, qu'elles soient ourlées ou bordées. Aussi fait-on à l'extrémité de la fente un demi-cercle de points de boutonnière et une bride qui en relie les deux côtés, fig. 44.

La fig. 45 montre une fente bordée, à l'envers, d'un biais étroit ; la fig. 46, une fente bordée d'une large bande à fil droit.

Lorsque deux lisières se trouvent former la fente, il est superflu de les border, mais on prend un petit carré d'étoffe, on replie les bords coupés et on coud les deux côtés du morceau avec des points de surjet à la lisière, fig. 47; puis on fait le même repli sur les deux autres côtés, que l'on coud exactement sur les premières coutures avec des points d'ourlet.

Passepoil (fig. 48). — On appelle ainsi des bandes larges de 2 à 3 centimètres, coupées en biais, qu'on assemble par les petits côtés au moyen de points devant. On pose une ganse sur la bande, on replie l'étoffe sur une largeur de 5 millimètres et on la fixe par un faufil très serré. Puis on bâtit la bande sur la pièce à garnir en tournant la ganse vers soi, les bords coupés vers le dehors, après quoi on fait des arrière-points tout près du premier faufil. On tourne ensuite l'ouvrage et on rabat la bande sur l'envers, on y fait un rempli comme pour l'ourlet et on la fixe avec des points d'ourlet.

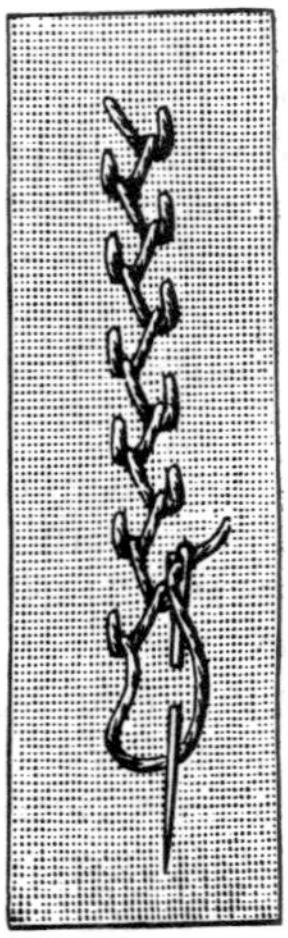

Fig. 50. Point d'arêtes simple.

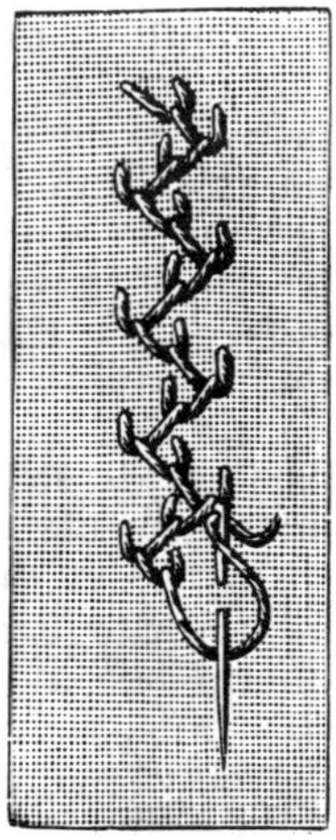

Fig. 51. Point d'arêtes double.

Point croisé (fig. 49). — Pour empêcher certains tissus de s'effiler et pour rendre plus nettes les coutures qui ont un bord coupé, on les recouvre d'un surjet très espacé ou de points croisés appelés aussi «couture croisée» ou «points de chausson». Ces points se font de gauche à droite. L'aiguille entre de droite à gauche dans la partie repliée, relève quelques fils du tissu, puis descend sur la partie à laquelle le bord doit être fixé. On laisse ½ centimètre d'espace entre les points et on relève de nouveau quelques fils, en dirigeant toujours l'aiguille de droite à gauche. Lorsque ce point se fait dans de la doublure, le fil ne devra jamais paraître sur l'endroit de l'ouvrage même.

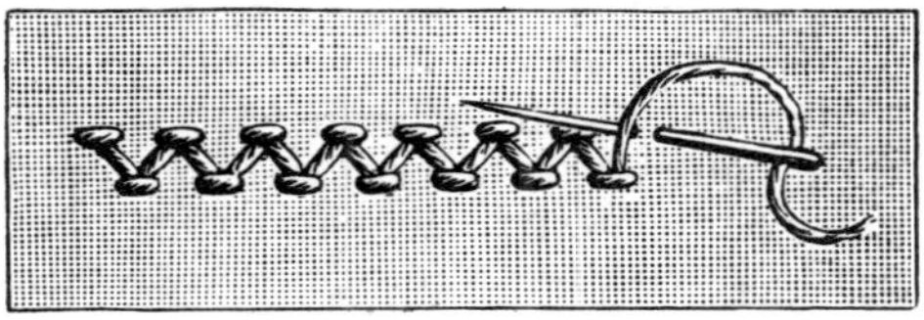

Fig. 52. Point de chevrons.

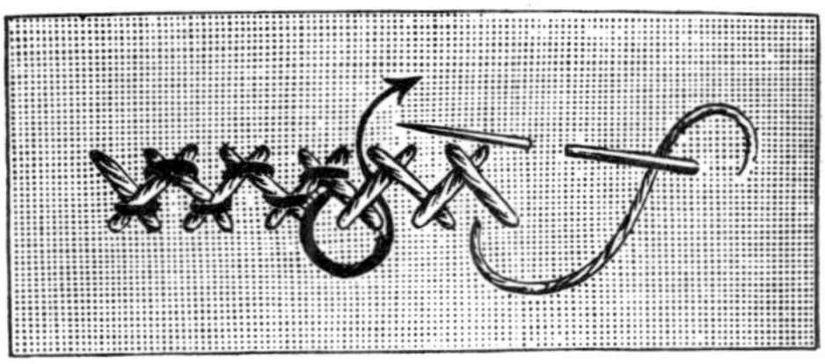

Fig. 53. Point croisé avec points entrelacés.

Points d'ornement pour lingerie (fig. 50, 51, 52, 53). — Pour rompre la monotonie d'une étoffe unie, on peut broder un point d'ornement. Les points de ce genre peuvent être travaillés soit en blanc, soit en couleurs. Comme fils à employer nous recommandons le Coton perlé D·M·C, le Lin floche D·M·C et la Rayonne à broder D·M·C.

La fig. 50 montre l'exécution du point d'arêtes simple; on le travaille verticalement; la largeur du point peut être changée à volonté, mais doit toujours rester la même pour toute la longueur du point. Après avoir introduit l'aiguille à gauche dans le tissu, on tend le fil légèrement avec le pouce de la main gauche et l'on fait à droite un point vertical par-dessus trois fils en saisissant la boucle de fil retenue par le pouce, puis, passant vers la gauche, on fait le même point en introduisant l'aiguille à la hauteur de la boucle du dernier point. En plaçant ainsi alternativement un point vers la droite et un autre vers la gauche, on produit le point d'arêtes simple. Le dernier point doit être fixé par un point de piqûre.

La fig. 51 nous montre le point d'arêtes double. Les points se font de la même manière que pour le point d'arêtes simple, avec la seule différence que l'on place toujours deux points vers la droite et deux points vers la gauche.

Le point de la fig. 52 se travaille horizontalement; on le commence à gauche avec un point horizontal par-dessus quatre fils, puis, revenant de deux fils vers la gauche — donc au centre du point — on fait un point oblique vers la droite par-dessus quatre fils, puis, passant l'aiguille sous deux fils vers la gauche, on exécute le point horizontal du bas, on revient au milieu pour lancer le deuxième point oblique vers le haut, puis on recommence le premier point horizontal déjà décrit.

Le point de la fig. 53 se fait en deux rangs. Le premier rang montre le point croisé (voir fig. 49) travaillé sur huit fils de hauteur et quatre fils de largeur. Le second rang qui est à exécuter en fil de couleur tranchant sur le précédent, est formé par des points horizontaux, entrelacés dans les fils du point croisé sans traverser le tissu, comme l'indique notre gravure.

Bordure au point de chainette.

La machine à coudre et à broder
La Couture et la Broderie à la machine

C'est au milieu du XVIIIe siècle que furent tentés les premiers essais de construction d'une machine à coudre.

En 1755, l'Anglais F. Weisenthal prenait un brevet pour un appareil muni d'une aiguille à deux pointes, percée d'un trou dans son milieu; cette aiguille pouvait traverser et retraverser un tissu sans qu'il fût nécessaire de la retourner. De 1755 à 1846, Thomas Saint, J. Duncan, J.-A. Dodge, B. Thimonnier et Walter Hunt poursuivirent avec persévérance des études sur la machine à coudre; ils prirent des brevets et contribuèrent tous à faire avancer la solution du problème, mais sans arriver encore à des résultats pratiques. Ce n'est que vers 1850, avec E. Howe et I. M. Singer, que la nouvelle machine, après de nombreuses vicissitudes, devint un outil pratique et que son emploi commença à se généraliser peu à peu.

Depuis lors de nombreux perfectionnements sont venus modifier la machine primitive et en ont fait l'instrument à peu près parfait dont on ne saurait plus se passer aujourd'hui.

Nous nous bornerons ici à donner une description sommaire de la machine et de ses accessoires.

La machine à coudre. — Toute machine à coudre se compose de deux parties essentielles :

La partie supérieure, comprenant le support de l'aiguille et le mécanisme qui fait mouvoir cette dernière verticalement ; la partie inférieure, qui comprend la navette et son mouvement. Le fil se déroulant de la bobine, passe à travers l'aiguille après avoir reçu une tension convenable au moyen d'un petit appareil très important, dit « tendeur ». L'aiguille, dans son mouvement de descente, fait passer le fil à travers le tissu et le conduit vis-à-vis de la navette, où un petit mouvement vertical lui fait faire une boucle dans laquelle s'engagent la navette et son fil ; l'aiguille, en remontant, forme le point, tandis qu'une griffe fait avancer l'ouvrage en réglant la longueur du point.

Les premières machines ne travaillaient qu'avec un seul fil, sans navette, formant ainsi un point dit « de chaînette », fig. 54, dont le grand défaut est de se défaire trop facilement dès qu'un point de couture vient à se casser. La machine sans navette n'est plus guère employée, sauf pour certains travaux spéciaux de broderie et de coutures provisoires qu'il est utile de pouvoir défaire rapidement.

Les machines modernes travaillent avec deux fils ; elles sont munies de navettes contenant un fil qui, assemblé avec celui de l'aiguille, constitue le point dit « de piqûre » ou « de navette », fig. 55.

On distingue deux genres de navettes : la navette longue et la navette ronde, dite « circulaire » ou « centrale ». La première contient une petite bobine allongée, sur laquelle le fil est enroulé ; un mouvement de va-et-vient horizontal fait passer navette et fil à travers la boucle du fil fourni par l'aiguille au-dessous du tissu, et le point se forme à chaque passage de l'aiguille. La navette longue est encore beaucoup employée, mais on lui préfère la navette centrale, qui est munie d'une bobine circulaire de dimensions assez grandes pour pouvoir contenir une grande quantité de fil ; elle est fixée sur un axe sur lequel elle se tourne et, ne faisant pas d'autre mouvement, elle permet une tension plus régulière du fil inférieur.

Accessoires. — A mesure que la machine à coudre se perfectionnait, on cherchait à augmenter le nombre de ses emplois, et l'on a inventé successivement plusieurs appareils très ingénieux, destinés à faciliter certains travaux préparatoires, tels que le rempliage des ourlets, le faufilage des lacets de bordure, etc. Il suffit d'un peu de pratique pour en obtenir de très bons résultats. Les plus couramment employés sont :

L'**ourleur**, qui sert à remplier l'étoffe mécaniquement. On a des ourleurs invariables pour ourlets larges et pour ourlets étroits et des ourleurs variables, à l'aide desquels on peut donner à l'ourlet la largeur voulue, en déplaçant à volonté une plaque de réglage.

Le **bordeur** au moyen duquel on borde un tissu avec un lacet. Pour s'en servir, on place le lacet plié dans l'appareil, puis le tissu dans le pli du lacet, de façon qu'il touche bien le fond du pli; puis on exécute la couture en faisant attention que l'étoffe reste constamment dans le pli du lacet.

Le **soutacheur**, qui sert à fixer une soutache à plat sur une étoffe, suivant un dessin donné. Dans ce but, on introduit la soutache dans l'appareil et on la coud sur les lignes du dessin, en faisant tourner l'étoffe, afin d'avoir toujours devant soi la partie à soutacher.

Le **fronceur**, à l'aide duquel on peut, sans travail préliminaire, froncer une étoffe et la fixer à une bande ou à un biais uni. L'étoffe destinée à être froncée se place sous l'appareil; l'autre est glissée dans la fente horizontale du fronceur, puis on commence la couture.

Force motrice. — Les machines à coudre peuvent être mues à la main, avec le pied, ou au moyen d'une force étrangère, sans que les organes de couture de la machine en soient modifiés. La force la plus commode est donnée par le moteur électrique qui peut être utilisé partout où l'on dispose d'éclairage électrique. Le moteur électrique a aussi l'avantage d'occuper très peu de place; la machine à coudre peut être placée comme autrefois sur une table ou dans un coin quelconque, et on peut la déplacer à volonté sans grand effort.

Le mécanisme à manipuler est des plus simples; il suffit d'actionner un levier, celui-ci met la machine en marche et permet de régler la vitesse pendant le travail, laissant à l'ouvrière l'entière disposition de ses mains.

La machine mue à l'électricité est surtout utile dans les ateliers.

La couture à la machine. — La couture à la machine est devenue une nécessité absolue de la vie quotidienne. Quoique la couture à la main soit, de son côté, indispensable pour certains travaux, on utilise la machine à coudre pour la confection des vêtements, de tous les genres de lingerie et d'objets usuels en tissus fins ou épais, en cuir, etc. Elle est d'une grande importance pour le raccommodage, le rapiéçage et les reprises, même pour réparer les objets au tricot ou les bas tissés.

Sans vouloir entrer dans un cours complet de couture à

la machine, nous pensons être utile à nos lectrices en leur donnant quelques conseils pratiques qu'on ignore trop souvent, ce qui fait qu'on attribue à la machine ou aux fournitures employées, un mauvais résultat qui ne provient en réalité que d'un manque d'expérience ou de l'oubli de certains principes.

Des points. — Comme nous l'avons dit, on peut exécuter à la machine deux points différents : le point de chaînette, fig. 54, et le point de piqûre, fig. 55.

Fig. 54. Point de chaînette.

Point de chaînette (fig. 54). — Ce point est peu employé pour la couture, parce qu'il se défait trop facilement ; il est utilisé pour faire certaines broderies et coutures d'ornement. Sur l'endroit de l'étoffe, le point de chaînette présente le même aspect que le point de piqûre, tandis qu'à l'envers de l'étoffe apparaît le point de chaînette proprement dit. Aussi lorsqu'on voudra exécuter avec ce point une couture d'ornement ou une broderie, on décalquera le dessin et on fera la couture sur l'envers du tissu, afin que le point de chaînette apparaisse à l'endroit. Le point de chaînette est très élastique, ce qui offre un avantage pour la couture de certaines étoffes très élastiques elles-mêmes.

Point de piqûre (fig. 55). — Fait par les machines à deux fils, ce point est à double face, c'est-à-dire pareil à l'envers et à l'endroit du tissu ; il est employé pour la confection des vêtements et de la lingerie et peut servir aussi pour exécuter des broderies. Sur certaines machines le point de piqûre doit être exécuté avec deux fils de grosseurs différentes, dont le plus fin est enroulé sur la navette ; sur d'autres, la même grosseur peut être employée pour les deux fils.

Fig. 55. Point de piqûre.

Pour faire une belle et bonne couture, il est essentiel d'avoir :

Une machine bien entretenue ;
De bonnes fournitures ;
Une bonne tension du fil.

Entretien de la machine. — Une machine bien construite doit marcher avec facilité et sans bruit, lorsqu'elle est bien entretenue. Pour cela il faut l'huiler régulièrement dans toutes ses parties sujettes à des frottements, parties indiquées par des trous de graissage.

Il est important d'employer une huile spéciale de bonne qualité, qu'on peut se procurer dans toutes les drogueries. La machine arrêtée, on la tiendra toujours à l'abri de la poussière.

Pendant la marche et suivant les tissus qu'on travaille, il se produit souvent un duvet d'étoffe qui entre peu à peu dans les organes de la machine et en empêche le bon fonctionnement; il arrive aussi que, après un long arrêt, l'huile s'est épaissie; dans ces deux cas il faut procéder à un nettoyage complet. On commence par introduire dans les trous de graissage un peu de térébenthine, puis on fait marcher la machine pendant un instant; on nettoie ensuite les engrenages avec de la térébenthine ou du pétrole, on essuie et on graisse à nouveau avec l'huile spéciale.

Aiguilles. — On doit toujours s'assurer, avant de commencer un travail, que les aiguilles sont bien affilées et exemptes de toute piqûre de rouille; il est nécessaire de tenir toujours ses aiguilles de rechange un peu grasses afin d'empêcher la formation de la rouille. On aura soin également de bien proportionner la grosseur de l'aiguille aux tissus et fils employés.

Fournitures. — Pour coudre à la machine, on emploie en général des fils de coton enroulés sur bobines. Ces fils sont le plus souvent des *câblés 6 fils* ou des *retors 3 fils;* les câblés sont faits par la réunion de 6 fils simples tordus ensemble 2 par 2, puis réunis et tordus en sens inverse; les fils retors sont faits par la réunion de 3 fils simples tordus une fois.

Suivant l'aspect extérieur du fil, on distingue encore les fils *non glacés* et les fils *glacés*; les premiers sont les plus employés, ils sont plus souples et se prêtent mieux à tous les genres de couture; les fils glacés sont plus durs et servent à la couture des étoffes fortement apprêtées.

Nous pouvons recommander tout particulièrement, pour coudre à la machine, le Fil à coudre D·M·C et le Câblé 6 fils D·M·C. Comme fil de couleur on se servira de l'Alsa D·M·C, fil de coton très brillant qui est teint en couleurs solides et peut, grâce à sa solidité et à son aspect soyeux, remplacer dans beaucoup de cas les soies à coudre. Il en est de même du Cordonnet d'Alsace D·M·C, retors 2 brins à torsion gauche, très souple, destiné à la couture des tissus fins (*).

(*) Voir à la fin du dernier chapitre, la liste des fils de coton, de lin, de rayonne et de soie, portant la marque D·M·C.

Dans les machines à deux fils, on prendra toujours la même qualité de fil pour la bobine et la navette.

Tension du fil (fig. 56 et 57). — Pour coudre sans rupture de fil et obtenir une belle couture, une bonne tension du fil est d'une grande importance. La tension se règle au moyen d'une vis spéciale placée sur le côté de la machine. Dans une couture au point de piqûre les deux fils doivent se rencontrer au milieu de l'épaisseur des deux tissus, voir fig. 55 ; dans ce cas, la couture a une belle apparence, elle est élastique et solide. Si le fil de la bobine est trop tendu, fig. 56, ou s'il n'est pas assez tendu, fig. 57, on obtient des coutures irrégulières et peu solides.

Fig. 56.
Tension trop forte du fil de la bobine.

En donnant une bonne tension au fil, on évitera presque toujours les ruptures du fil qui sont si désagréables et qu'on attribue trop souvent à la qualité du fil, tandis qu'elles proviennent d'un mauvais réglage de la tension.

La broderie et la reprise à la machine. — Les machines à coudre à bobines circulaires peuvent être utilisées pour la broderie et pour la reprise. A cet effet il suffit de faire quelques substitutions d'accessoires. Nous n'entendons pas donner un traité complet de la broderie et de la reprise à la machine, toute personne pouvant s'adresser pour obtenir les explications dont elle a besoin au marchand qui lui a vendu sa machine.

Nous nous bornons à donner quelques indications qui seront complétées plus loin dans d'autres chapitres.

Fig. 57.
Tension trop faible du fil de la bobine.

Différents genres de broderies et de dentelles pouvant être exécutés à la machine. — La broderie à la machine se développe de plus en plus et pénètre non seulement dans les ateliers spéciaux et le commerce, mais aussi dans la famille. Ce genre de travail n'est pas uniquement une distraction agréable ; il offre encore aux personnes moins fortunées la possibilité de gagner leur vie. Presque tous les genres de broderies à la main peuvent être faits à la machine à coudre. On peut exécuter ainsi la broderie sur blanc, c'est-à-dire le plumetis et la broderie anglaise, pour la garniture de la lingerie de corps et de table, pour la literie, les rideaux, les stores, les brise-bise et pour les objets d'une certaine dimension demandant une décoration importante. La broderie de couleurs a su conquérir un vaste champ d'emplois. Selon le fil choisi, on peut travailler sur tous les genres d'étoffe, toiles, soieries ou draps.

La broderie sur filet et la broderie sur tulle n'offrent pas de difficulté pour le travail à la machine. L'exécution est facile et rapide et donne des ouvrages d'un bel effet et d'une grande solidité. Aussi sont-ils employés — en dehors des petits objets de fantaisie — pour la décoration d'objets d'intérieur importants: les rideaux, les stores, les couvertures de lit et de berceau, surtout avec des motifs au point de toile et au point de reprise qui sont d'un aspect luxueux. Enfin nous citerons les jours sur toile travaillés à la machine, depuis les rivières les plus simples jusqu'aux motifs compliqués, qui rivalisent de richesse avec les dentelles à l'aiguille. Leur emploi est le même que celui des jours à la main: garnitures d'objets de lingerie, couvertures, tapis, etc.

Sauf les rivières à jour, tous les ouvrages doivent être exécutés dans un métier. Ce métier spécial a beaucoup d'analogie avec le tambour à broder, fig. 103; il consiste en deux cerceaux de bois, entrant l'un dans l'autre; ils doivent être assez minces pour que l'on n'éprouve aucune difficulté à les glisser sous l'aiguille de la machine une fois l'étoffe tendue entre les deux.

Fournitures. — On choisira les fournitures suivant le genre de broderie ou de dentelle que l'on se propose d'exécuter; le Retors d'Alsace D·M·C, sur bobines, le Cordonnet d'Alsace D·M·C et l'Alsa D·M·C, en blanc et en écru, seront choisis pour les ouvrages au point de reprise et pour les jours; le Retors d'Alsace D·M·C, sur bobines, et le Cordonnet d'Alsace D·M·C, conviennent pour les broderies sur blanc, l'Alsa D·M·C, le Retors d'Alsace D·M·C et le Cordonnet d'Alsace D·M·C, en couleurs, pour les broderies au passé, pour le point d'armes, etc.

Les fils mentionnés ci-dessus serviront pour la bobine dans les broderies à simple face; pour la navette, on emploiera le Câblé 6 fils D·M·C N° 150.

Pour exécuter des broderies à double face on doit forcément utiliser le même fil pour la bobine et pour la navette.

Hygiène. — On a déjà beaucoup discuté et écrit au sujet des inconvénients qui peuvent résulter pour la santé de l'emploi de la machine à coudre, mue avec le pied. Nous sommes persuadée qu'il en est de cet exercice comme de beaucoup d'autres : si l'on n'en abuse pas, loin de nuire à la santé, ils sont salutaires ; mais, si l'on dépasse la mesure de ses forces et se fatigue de trop, il peut en résulter à la longue de graves inconvénients.

Travailler à la machine pendant deux ou trois heures par jour, ne peut nuire à la santé d'une personne bien portante ; et, dans les ateliers, les atteintes à la santé ne sont plus à craindre grâce à l'utilisation de l'électricité.

Spécimens de reprises satinées et damassées.

Le Raccommodage

Le raccommodage des robes et de la lingerie est un travail ingrat, mais cependant très nécessaire et dont la connaissance ne devrait être étrangère à aucune femme.

Il n'y a pas moins de mérite à réparer des dommages causés par l'usure ou par un accident, qu'à confectionner d'une façon irréprochable des ouvrages neufs.

Il existe deux manières de raccommoder, toutes les deux courantes, la reprise et le rapiéçage. Repriser c'est remplacer les fils affaiblis d'un tissu par des fils nouveaux, diversement entre-croisés, de façon à reproduire le plus fidèlement possible le tissage de l'étoffe endommagée. Rapiécer, c'est remplir exactement, avec un morceau si possible du même tissu, un vide produit dans l'étoffe d'un objet par une déchirure. Lorsqu'il s'agit d'un raccommodage délicat, qui doit être invisible, on l'appelle parfois stoppage.

La reprise. — Il y a lieu de faire une reprise lorsqu'une partie du tissu s'est amincie jusqu'à la transparence ou lorsqu'à certains endroits les fils ont été détruits par usure ou par accident, tandis que le reste de l'étoffe est encore en bon état.

Si la surface usée présente une certaine étendue, on l'enlève. Le travail de la reprise peut être exécuté à la main ou à l'aide de la machine à coudre. Pour cette dernière reprise nous conseillons toutefois — suivant le cas — l'emploi du pied pour reprise, qui simplifie beaucoup certains travaux.

Aiguilles. — Il existe des aiguilles spéciales pour les reprises; elles ont un chas très allongé permettant d'y loger les brins plats qui servent à repriser.

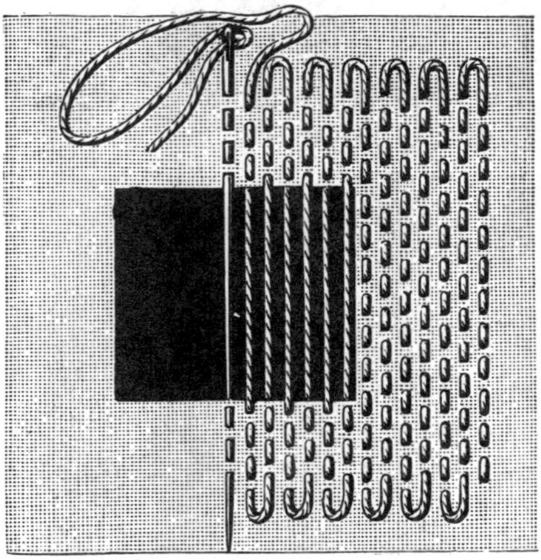

Fig. 58. Reprise de toile à fils droits. Pose des fils de chaîne.

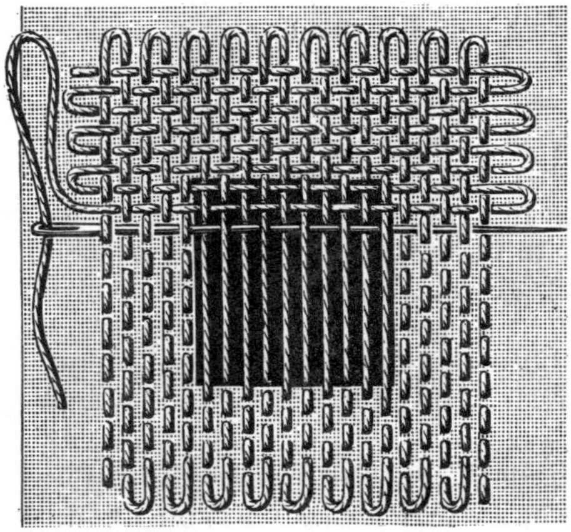

Fig. 59. Reprise de toile à fils droits. Pose des fils de trame.

Fournitures. — Comme la reprise idéale serait celle qui se confondrait absolument avec l'étoffe environnante, il arrive que l'on utilise, pour réparer, le propre fil de trame du tissu. Ceci n'est d'ailleurs possible que lorsque ce fil de trame est suffisamment résistant et qu'il se sépare facilement du tissu. Dans le cas contraire, ou si l'objet à repriser ne vaut pas que l'on se donne tant de peine, on choisit le fil qui s'assortit le mieux avec le tissu

On emploie, pour la plupart des reprises, le Repriser spécial D·M·C, le Repriser superfin D·M·C, qualité spéciale, ou le Coton à repriser mat D·M·C (*). Pour les reprises du gros linge de maison, lequel, vu l'usage qu'on en fait, n'est jamais d'une blancheur aussi éclatante que le linge fin, il est préférable de prendre du coton écru. Ces cotons sont formés de plusieurs brins peu tordus et simplement réunis, de sorte que l'on peut, à défaut de la grosseur voulue, se composer un fil approprié à l'épaisseur du tissu, en ajoutant ou en retranchant quelques brins.

Pour les reprises plus délicates dans le linge damassé, et dans la batiste de lin, où le fil de coton trancherait

(*) Voir à la fin du dernier chapitre, la liste des fils de coton, de lin, de rayonne et de soie, portant la marque D·M·C.

trop sur le fond de toile, on se sert avantageusement du Lin floche D·M·C.

Les numéros fins du Coton floche à broder D·M·C, qualité spéciale, conviennent tout particulièrement pour les reprises dans la batiste de coton et les autres tissus fins et transparents.

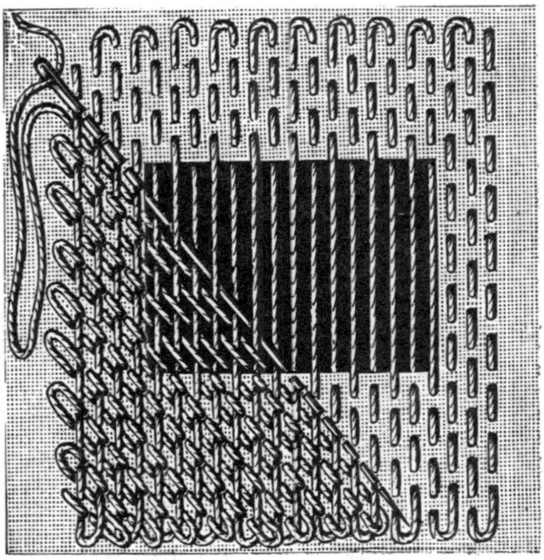

Fig. 60. Reprise de toile à fils biaisés.

Des différents genres de reprises. — Il existe quatre genres de reprises: 1° la reprise de toile, 2° la reprise satinée ou croisée, 3° la reprise damassée et 4° la reprise perdue.

1° **Reprise de toile** (fig. 58, 59, 60). — Toutes les reprises doivent être exécutées sur l'envers de l'étoffe. On prépare d'abord les fils de chaîne. Il ne faut pas trop tirer le brin; il doit au contraire former au retour une petite boucle, qui puisse suivre peu à peu, et qui empêchera que le brin nouveau ne fasse froncer l'étoffe après la lessive.

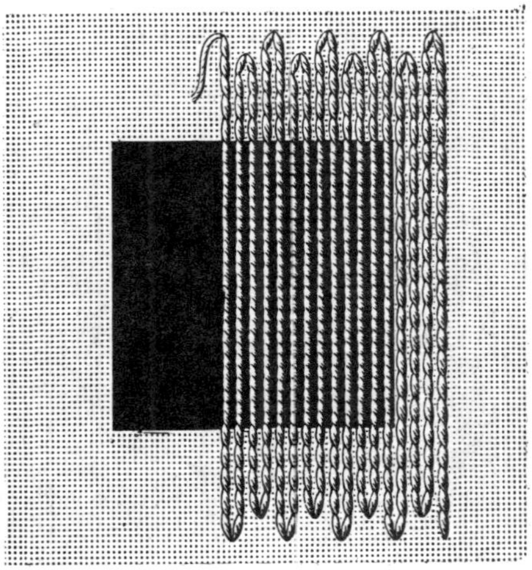

Fig. 61. Reprise de toile à la machine. Première pose des fils.

On fait partir les premiers points de la reprise d'une distance d'environ 1 centimètre de la place usée; on fait une série de petits points devant, par-dessus deux ou tout au plus trois fils du tissu, on lance le brin à travers le vide, si une partie de l'étoffe est enlevée, et on fait les mêmes points, en nombre égal, sur le côté opposé entre les fils correspondants. Au retour, l'aiguille relève les fils sur lesquels elle avait passé à l'aller, et passe pardessus ceux qu'elle avait relevés.

La trame se fait de la même manière, seulement on ne relève et on n'abaisse jamais qu'un seul fil de la chaîne. Les fils, dans les deux sens, doivent être serrés exactement comme ceux du tissu que l'on répare, car la reprise achevée doit ressembler autant que possible en épaisseur et en apparence au reste de l'étoffe jusqu'à être pratiquement invisible. On a augmenté avec intention l'écartement des fils dans les gravures pour démontrer plus clairement la marche de la reprise. On fait quelquefois la reprise en partant de l'un des coins de la place à repriser. Il en résulte un tissu composé de fils en biais dans un fond à fil droit.

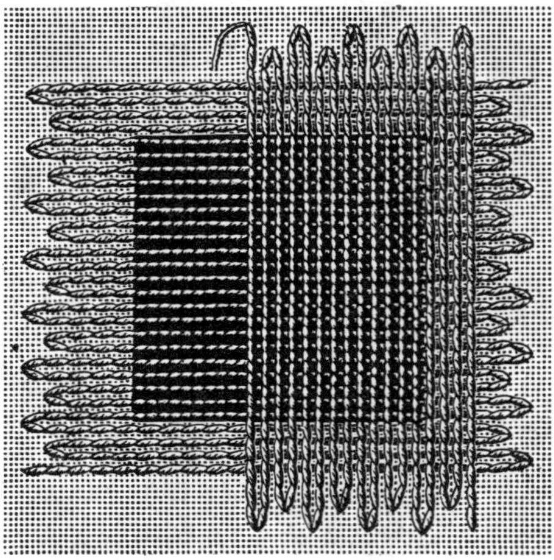

Fig. 62. Reprise de toile à la machine. Deuxième pose des fils.

Reprise de toile à la machine (fig. 61, 62, 63). — Pour le linge de maison nous donnons la préférence à la reprise à la machine qui livre un travail bien régulier et solide tout en permettant d'économiser du temps et de ménager les yeux de l'ouvrière.

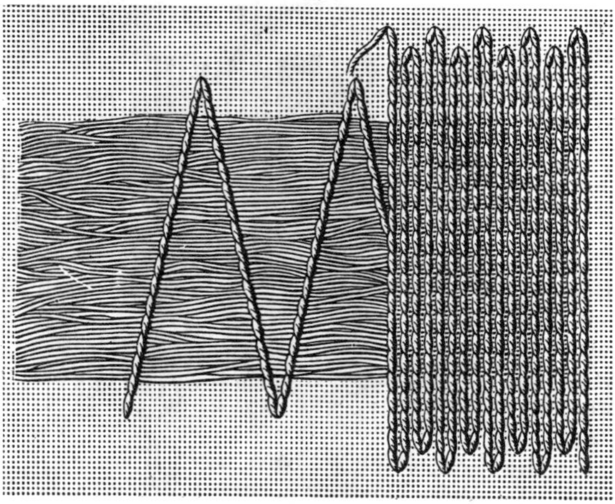

Fig. 63. Reprise de toile à la machine faite par-dessus une couche de fil floche.

Dans ce cas, on exécute le travail dans le métier, sans utiliser le pied pour reprise; on emploie le même fil pour la bobine et pour la navette. La reprise elle-même est toujours exécutée dans le sens vertical, comme la reprise à la main; on fait simplement tourner le métier pour changer la direction des fils et obtenir leur croisement.

La fig. 61 montre en agrandissement la première pose des fils; dans la fig. 62 l'ouvrage est déjà tourné et l'on voit la deuxième pose des fils verticaux se croisant avec les premiers, qui se trouvent placés horizontalement.

Une manière de simplifier la reprise de toile, qui demande l'emploi du métier et du pied pour reprise, consiste à remplacer les fils de la chaîne par une couche de Repriser spécial D·M·C ou de Lin floche D·M·C de grosseur appropriée, retenue d'abord par un rang de points de piqûre en zigzag, puis croisée avec des fils verticaux comme pour la reprise sur toile ordinaire; voir la fig. 63.

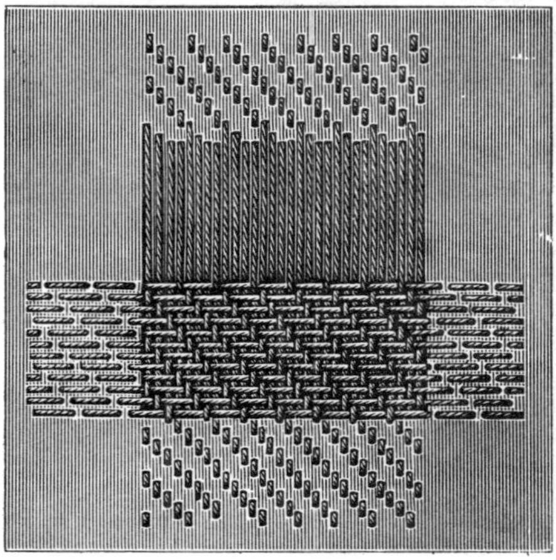
Fig. 64. Reprise satinée.

Ce genre de reprise allant très vite est tout indiqué pour remplacer des surfaces d'une certaine importance. Pour combler les vides dans la toile de grosseur moyenne et la percale on prendra du Retors d'Alsace D·M·C N° 100 ou du Cordonnet d'Alsace D·M·C N° 80; le Retors d'Alsace D·M·C N° 60 et le Cordonnet d'Alsace D·M·C N° 80 serviront pour les piqués et la toile forte, le Retors d'Alsace D·M·C N° 50 et le Cordonnet d'Alsace D·M·C N° 60 pour le gros damas et le molleton.

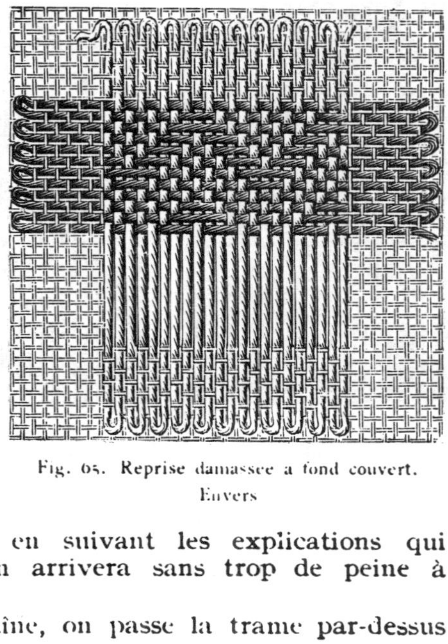
Fig. 65. Reprise damassée à fond couvert. Envers

2° **Reprise satinée** (fig. 64). — Ce genre de reprise s'emploie pour raccommoder des étoffes croisées ou façonnées. Le croisement des fils varie d'un tissu à l'autre; nous ne pouvons décrire ici tous les tissus qui rentrent dans cette catégorie, mais en suivant les explications qui accompagnent la fig. 64, on arrivera sans trop de peine à imiter un tissu quelconque.

Après avoir établi la chaîne, on passe la trame par-dessus

trois fils et on en relève un. Dans les passages suivants, on avance toujours d'un fil, dans la même direction. Ou bien encore on passe par-dessus un fil de chaîne et on en relève deux. On avance dans les passages suivants d'un fil ou de deux, selon le travail de l'étoffe sur laquelle on fait la reprise.

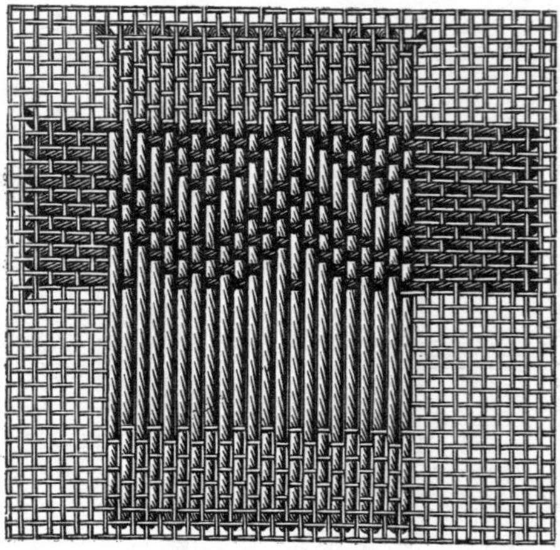

Fig. 66.
Reprise damassée à fond couvert. Endroit.

3° **Reprise damassée** (fig. 65, 66, 67, 68, 69, 70). — On prépare la chaîne pour cette reprise comme pour les précédentes; le dessin se produit par le changement des fils que l'on baisse ou qu'on relève. La fig. 65 représente l'envers d'une reprise, la fig. 66 la même reprise vue à l'endroit; la fig. 67 montre une reprise achevée. Lorsque les étoffes

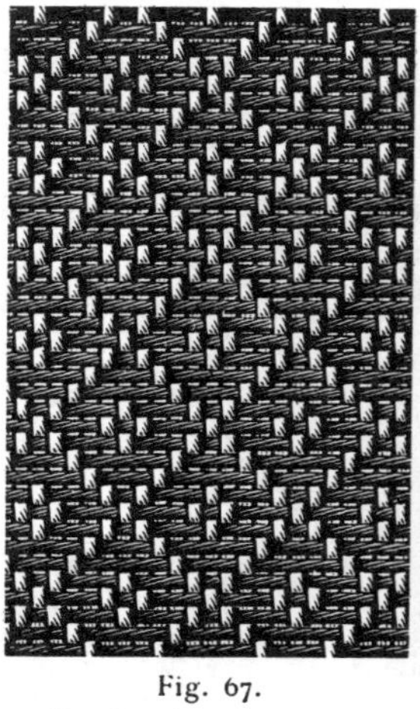

Fig. 67.
Reprise damassée à fond couvert.

Fig. 68.
Reprise damassée sur fond fait à l'aiguille

Fig. 69.
Reprise damassée sur fond fait à l'aiguille.

se composent de fils de plusieurs couleurs, on fait généralement la chaîne avec un fil clair, la trame en fil de couleur en suivant le dessin même de l'étoffe damassée.

Les fig. 68 et 69 représentent deux modèles de reprise, comme on la faisait autrefois dans les couvents. La chaîne et la trame sont faites tout d'abord avec un fil assez fin, puis on imite le dessin avec un fil plus fort que celui qui a servi à faire le canevas, ou avec des fils de couleur. La reprise que présente la fig. 70 est travaillée en blanc et en une couleur tranchant sur le blanc. En suivant les indications que donne la figure, on arrivera à imiter un tissu à carreaux.

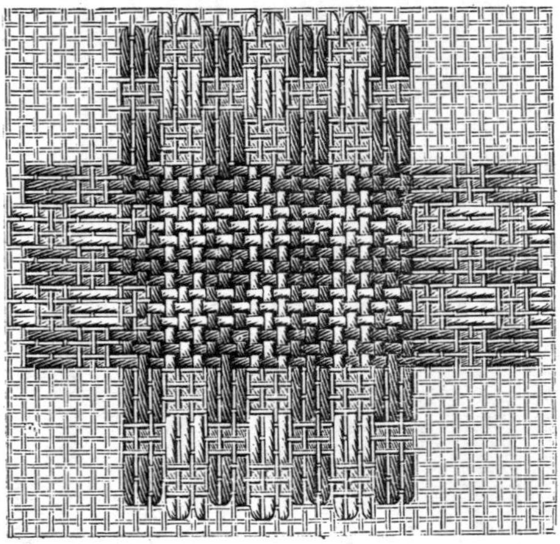

Fig. 70. Reprise damassée en fils de couleur.

4° **Reprise perdue** (fig. 71). — On emploie cette reprise lorsqu'on a à réparer un accroc et que l'on peut encore en rapprocher les bords. On ne coupera pas les fils rompus qui doivent remplacer la chaîne.

Après avoir bâti les deux bords — l'envers tourné vers l'extérieur — sur un morceau de moleskine ou de toile cirée, on les relie par des petits points allant et revenant.

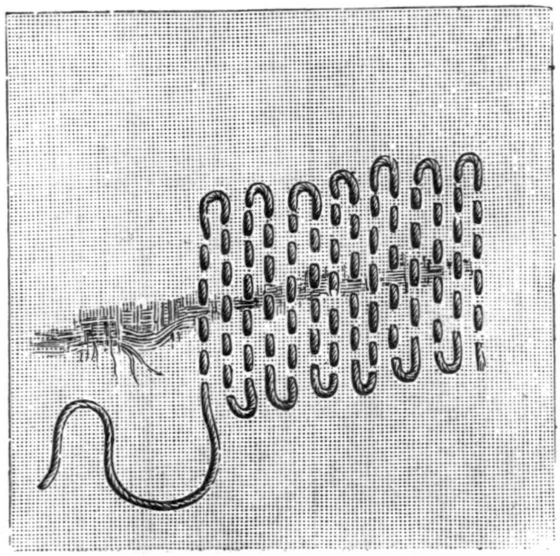

Fig. 71. Reprise perdue.

Reprise perdue à la machine (fig. 72). — Pour exécuter la reprise perdue à la machine on se sert du pied pour reprise, sans monter l'objet dans le métier à broder. Pour des tissus légers on fixe la pièce sur du papier à calquer, puis on réunit les deux bords de l'étoffe par une couture en zigzag très serrée.

Comme fournitures on prendra pour les tissus de couleur l'Alsa D·M·C N° 60, le Retors d'Alsace D·M·C N° 50, sur bobines ou le Cordonnet d'Alsace D·M·C N° 80.

On remarquera que sur notre gravure, fig. 72, nous avons utilisé un fil très gros afin que le travail de la reprise soit très visible. Dans la réalité, on choisit au contraire un fil d'une extrême finesse pour qu'il reste invisible.

Reprise perdue dans le drap (fig. 73). — Malgré son incontestable utilité et son importance, l'art de faire une reprise

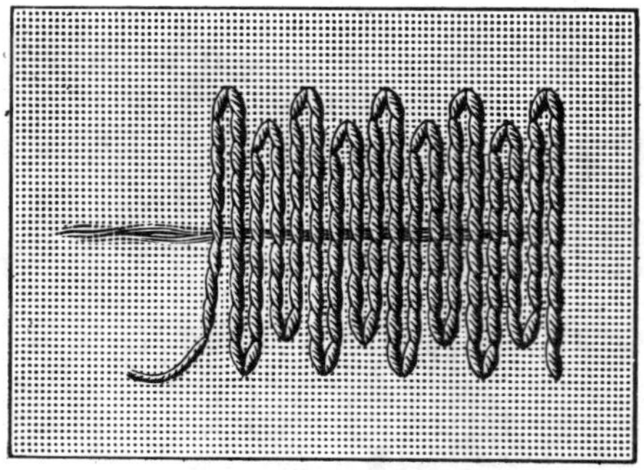

Fig. 72. Reprise perdue à la machine.

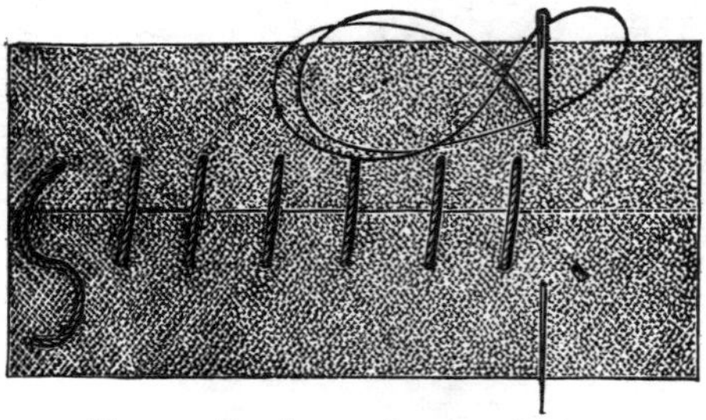

Fig. 73. Reprise perdue dans le drap.

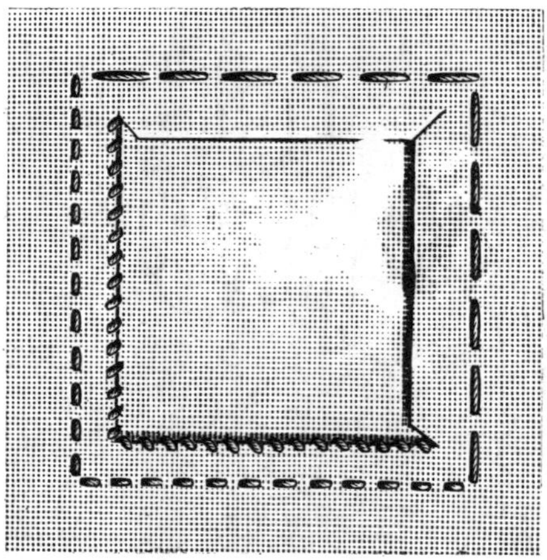

Fig. 74. Pièce posée avec une couture rabattue.

invisible dans le drap n'est connu que de peu de personnes. Ce genre de stoppage est un travail minutieux qui exige beaucoup de patience et de régularité, mais qui est très facile à comprendre.

On prend une aiguille très fine et on se sert de cheveux qui sont plus forts que les fils tirés du drap et moins visibles que la soie ou tout autre brin. Les cheveux roux ou blancs sont plus forts que les autres. Inutile de faire remarquer qu'ils doivent être soigneusement dégraissés avant leur emploi.

On coupe d'abord le drap sur l'endroit avec un rasoir en une ligne absolument droite. Les ciseaux enlèveraient trop du duvet qui doit retomber sur la couture et la rendre invisible. Lorsque les bords sont préparés, on y applique le morceau à ajouter au fond et on le fixe par des points de surjet assez espacés. Puis on prend une aiguille, on enfile le cheveu par la racine, on la fait entrer à 2 ou 3 millimètres du bord et, sans la faire ressortir à l'envers de l'étoffe, on la fait passer dans l'épaisseur même du drap. Le cheveu est donc enfermé pour ainsi dire entre deux couches d'étoffe.

L'aiguille traverse la partie faufilée et reparaît de l'autre côté de la couture, à 2 ou 3 millimètres du second bord, Pour le retour de l'aiguille, on la fait entrer exactement dans l'ouverture par laquelle on l'a fait sortir. On oblique légèrement l'aiguille dans le drap pour l'empêcher de prendre la même voie qu'elle avait suivie, ce qui détruirait le premier point. Il ne faut pas trop tirer le cheveu, qui doit toujours conserver un peu de jeu.

Lorsque la couture est achevée, on la repasse sur une planche nue, en bois dur, en posant un linge humide sur l'envers de la reprise.

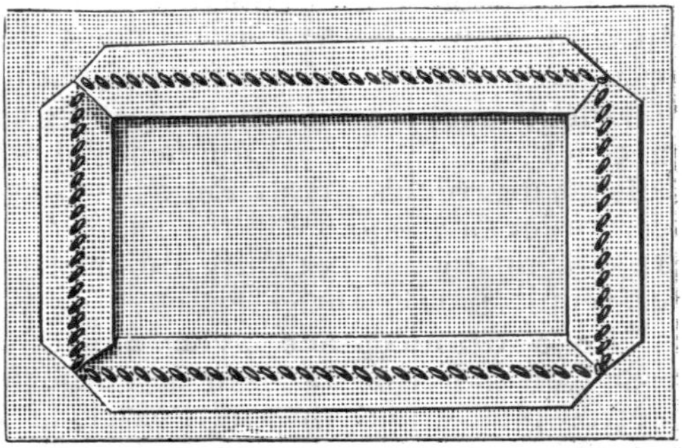

Fig. 75. Pièce posée avec un surjet.

Du rapiéçage. — Comme il est dit plus haut, on doit couper la partie d'un objet trop usé ou trop déchiré pour être réparé au moyen d'une reprise, et remplacer cette partie par une pièce nouvelle.

Si la nouvelle pièce doit être appliquée à un objet de lingerie, on choisira un tissu un peu plus léger que celui qui a servi à la confection de l'objet, car le tissu primitif aura sûrement perdu de son épaisseur et de sa résistance par l'usage prolongé. On coupe le morceau à poser en lui donnant la forme exacte du vide qu'il doit combler et des dimensions de 2 à 3 centimètres plus grandes, dans tous les sens, afin de pouvoir faire un rempli de chaque côté.

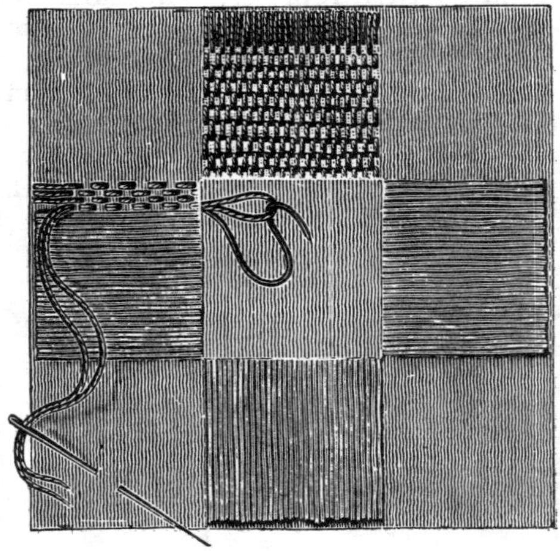

Fig. 76. Pose d'une pièce avec des fils coulés.

Les bords du trou qu'on a l'intention de boucher doivent être coupés à fil droit comme pour tous les autres rapiéçages; on fixe la nouvelle pièce par une couture rabattue ou par un surjet.

Pièce posée avec une couture rabattue (fig. 74). — Le rapiéçage peut se faire à la main ou à la machine; pour le travail à la machine, employer tout naturellement le pied pour couture. On bâtit la nouvelle pièce de telle sorte que les bords dépassent un peu ceux du vide produit par la partie enlevée.

Les arrière-points seront faits sur l'objet même, ce qui facilitera beaucoup l'exécution des coins. On rabat ensuite l'ourlet sur le morceau neuf. Il faut éviter de faire froncer les tissus dans les coins ; au moyen d'une petite entaille dans le rempli de l'ourlet, on arrive à poser la pièce correctement.

Les arrière-points doivent être poussés assez loin au-delà du coin, pour que le dernier point de la couture terminée et le premier point de la couture suivante forment un angle droit.

Pièce posée avec un surjet (fig. 75). — Lorsqu'on pose une pièce à l'aide d'un surjet, on fait d'abord un repli aux deux parties, puis on les réunit. Pour empêcher les bords de s'effiler, on peut les border au point de feston, fig. 77, ou de couture croisée, fig. 49, ou bien aussi faire un ourlet aux deux pièces avant de les réunir par le surjet.

Pose d'une pièce avec des fils coulés (fig. 76). — On prend un morceau du tissu de l'objet endommagé de 5 à 6 centimètres plus grand que ne l'exige le vide qui doit être comblé. On effile le tissu des quatre côtés, de façon à ne laisser au milieu de la pièce qu'un carré d'un nombre de fils égal à celui des fils à remplacer, et on bâtit ce carré à fil droit sur le vide à remplir.

On prend une aiguille très fine, on y enfile un brin de fil fin par les deux bouts, puis on la fait entrer dans l'un des coins de la partie à repriser, exactement en regard du premier fil effilé ; on fait quelques points coulés vers l'extérieur, on fait ressortir l'aiguille et on entraîne le brin de fil jusqu'à moitié de sa longueur ; on fait entrer dans la boucle formée par le fil fin le premier des fils effilés et alors seulement on retire la seconde moitié du brin de fil, en entraînant en même temps le fil d'étoffe passé dans la boucle. On renouvelle la même opération pour les autres effilés jusqu'à ce qu'on les ait fait passer tous sur les quatre côtés de la pièce.

Bande. — Broderie anglaise au plumetis et au point d'armes.

La Broderie sur Blanc

Autrefois le genre de broderie que nous allons décrire était connu sous le nom de « broderie de blanc ». Cette appellation n'est plus tout à fait exacte; en effet, le travail en question s'exécute de nos jours aussi bien avec des fils de couleur qu'avec des fils blancs; aussi le désignerons-nous par l'expression mieux appropriée de « broderie sur blanc ».

La broderie sur blanc s'emploie non seulement pour la garniture de la lingerie et des objets de toilette mais encore pour la literie, le linge de table et pour des objets d'ameublement, tels que coussins, couvertures, rideaux, stores, etc. Selon le mode d'exécution, on en distingue plusieurs espèces. Nous commencerons par nous occuper de la plus simple, qui est la broderie en relief au point de feston et au plumetis; nous parlerons ensuite de la broderie genre suisse avec ses fonds à jour, des broderies Madère, Renaissance et Richelieu avec leurs dessins fortement ajourés, puis de la broderie vénitienne, imitation des dentelles de Venise, qui peut être considérée comme la partie la plus artistique de la broderie sur blanc. A la fin de ce chapitre, nous présenterons encore à nos lectrices un genre de broderie danoise, connu sous le nom de « Hedebo », les broderies valaques de la Moravie, ainsi que la broderie «Piqué», beaucoup employée au XVIIIe siècle comme garniture de lingerie et de robes.

Toutes les sortes de broderie sur blanc peuvent être exécutées à la machine à coudre. Nous recommandons tout spécialement le travail à la machine, plus rapide, pour la confection des grands objets brodés au plumetis ou en broderie anglaise.

Travail préparatoire. — On monte généralement les broderies sur de la toile cirée ou sur un métier. Seules des brodeuses très habiles pourront entreprendre de faire de la broderie sans la monter; lorsqu'on n'a pas l'habitude de ce travail, il arrive assez souvent que l'on fait froncer l'étoffe en serrant trop les points.

Veut-on cependant se passer de toile cirée et de métier, on applique l'endroit destiné à être brodé, à plat sur l'index, tout en ayant soin de maintenir l'étoffe à fil droit; faute de cette précaution, le travail terminé aurait des contours déformés. Les trois autres doigts fixent la pièce, le pouce repose sur l'ouvrage même, en dehors du contour du dessin, lequel est tourné vers la brodeuse. C'est toujours la ligne extérieure d'un dessin, tracé en lignes doubles, qui doit être dirigée vers la paume de la main.

Décalque des dessins. — On trouve généralement les dessins de broderie tout calqués; cependant, comme il est souvent nécessaire de reproduire, d'agrandir ou de diminuer des dessins, il est indispensable de pouvoir soi-même exécuter ce travail, sur lequel nous donnons au dernier chapitre toutes les indications nécessaires.

Fournitures. — Les différents genres de broderies sur blanc exigent l'emploi de fournitures diverses; nous ne pourrions mieux faire que de recommander les articles de la marque D·M·C (*), remarquables par leur régularité, leur force et le grand assortiment de couleurs lavables dans lesquelles ils sont livrés.

Les broderies en relief seront faites avec le Coton à broder D·M·C, qualité spéciale; dans certains cas, on emploiera le Coton floche à broder D·M·C, qualité spéciale, fil moins tordu que le premier et qui, tout en couvrant rapidement le tissu, donne un travail parfaitement uni.

Pour la broderie du linge de corps et des vêtements d'enfants, qui demandent souvent l'emploi de fils de couleur, on utilisera le Coton à broder D·M·C, qualité spéciale, qui se fait en un très grand nombre de nuances. Nous recommandons aussi l'emploi de ce coton en blanc pour les broderies dans lesquelles, en dehors du travail en relief, on fait encore des points d'ornement, comme c'est le cas pour les monogrammes, chiffres, etc. Pour la lingerie de cuisine, marquée habituellement avec un point simple, nous conseillons d'employer le Lin floche D·M·C ou bien le Coton à marquer D·M·C, qualité spéciale. Les broderies connues sous le nom de broderies « suisses » sont travaillées avec un fil particulièrement fin; les parties en relief avec les numéros fins du Coton floche à broder D·M·C, qualité spéciale, et les points

(*) Voir à la fin du dernier chapitre la liste des fils de coton, de lin, de rayonne et de soie, portant la marque D·M·C.

de dentelle avec le Fil à dentelles D·M·C, le Fil d'Alsace D·M·C ou le Lin pour dentelles D·M·C.

Le rembourrage des broderies en relief se fera en Coton à repriser D·M·C, qualité spéciale, dans la couleur de la broderie.

Les broderies qui présentent des figures détachées, contournées de points de feston et réunies par des brides festonnées, comme la broderie Renaissance, la broderie Richelieu et la broderie vénitienne, demandent l'emploi de différents genres de fils. Les contours au point de feston se font en Coton à broder D·M·C, qualité spéciale, tandis que les brides de raccord et les points d'ornement, s'il y en a, sont faits en Fil d'Alsace D·M·C ou en Fil à dentelles D·M·C.

Pour les broderies de Madère il existe un fil spécial appelé Coton à broder D·M·C, qualité spéciale, couleur Madeira. Ce fil, qui est légèrement teinté en bleu-vert, donne à ces broderies l'aspect des broderies originales.

Les broderies « Hedebo » doivent être travaillées en fil de lin ; on prendra du Lin floche D·M·C pour le travail en relief et du Lin pour dentelles D·M·C pour l'exécution des parties ajourées.

Les broderies « Piqué » se travaillent aussi bien en coton qu'en lin. Nous recommandons d'employer pour les points de remplissage un fil ouvert comme le Coton à repriser D·M·C, qualité spéciale, le Mouliné spécial D·M·C et le Lin floche D·M·C ; pour les contours, par contre, un fil bien tordu comme le Cordonnet spécial D·M·C et le Lin pour dentelles D·M·C.

Tracé et remplissage des dessins. — Pour bien faire la broderie, il est essentiel de suivre exactement les lignes du dessin ; si l'on n'a pas soin de tracer correctement et à petits points les contours dessinés, le travail en peut recevoir une apparence négligée.

On prend, pour bâtir, du coton un peu plus gros que celui qu'on a choisi pour la broderie elle-même et on le fixe dans l'étoffe par quelques points devant, jamais par un nœud. Tout le tracé se continue au même point.

On remplit l'espace entre deux tracés par des points devant, en allant et en revenant aussi souvent qu'il le faut pour que la broderie, qui sera exécutée ensuite, soit bien ronde et bien en relief. Ce travail préparatoire est clairement expliqué dans les fig. 93 à 97.

Faut-il renouveler le brin dans un feston, on le fait au dernier point en faisant sortir le fil entre l'avant-dernier et le dernier point, puis on continue le feston, ou tout autre genre de point, par-dessus les deux bouts de fil.

Le plumetis. — On désigne sous le nom de « plumetis » la manière de broder des motifs fortement rembourrés au moyen de points droits ou obliques, posés en travers des points du

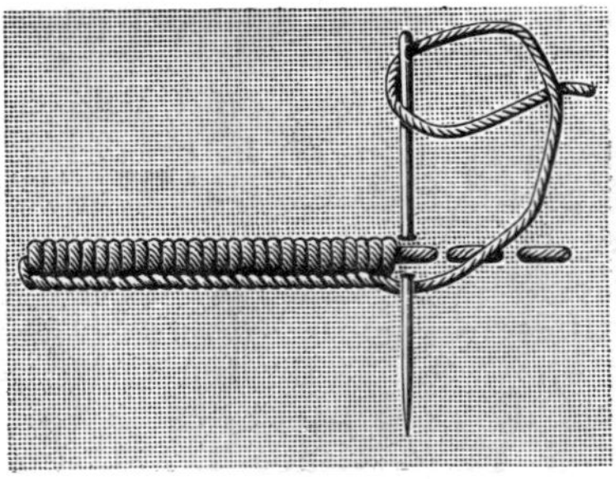

Fig. 77.
Point de feston ou point de languette.

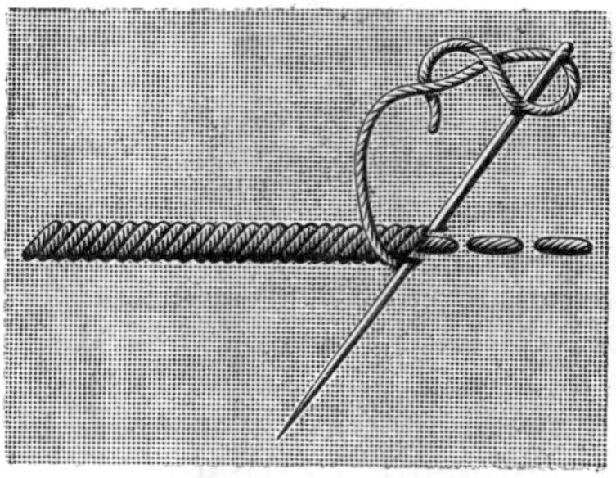

Fig. 78. Cordonnet oblique.

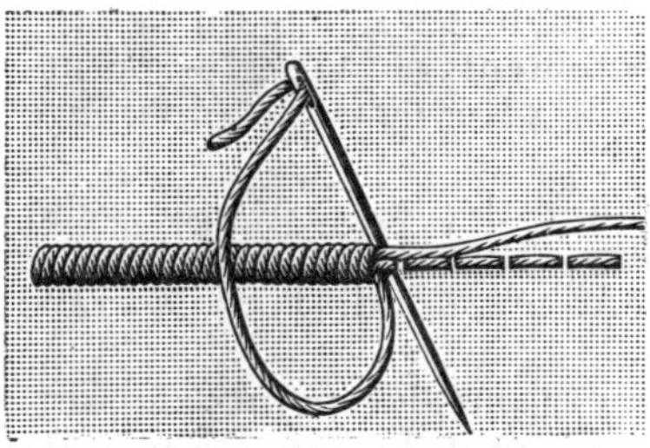

Fig. 79. Cordonnet droit.

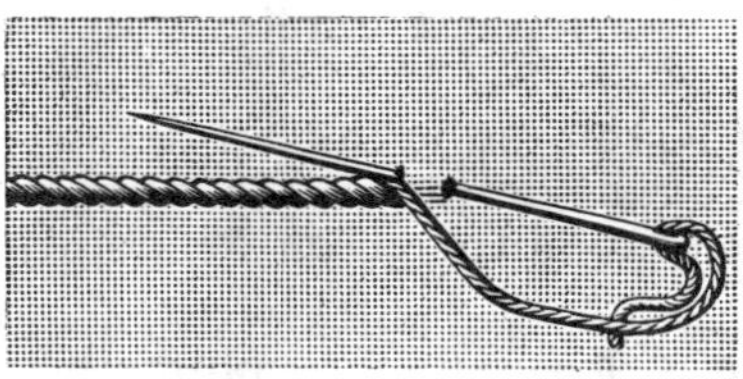

Fig. 80.
Point coulé ou point de tige.

rembourrage, qu'on nomme points plats ou points lancés. Le plumetis est principalement employé pour broder des fleurs, des feuilles, des chiffres et des monogrammes.

Point de feston ou point de languette (fig. 77). — Le point de feston se fait de gauche à droite. Le fil passe sous le pouce de la main gauche, placé en dehors de la ligne tracée. L'aiguille pénètre dans l'étoffe au-dessus des points du tracé et en ressort au-dessous de ces points. On serre le point sans toutefois faire froncer le tissu. Les points suivants, exécutés de la même manière, doivent être très réguliers et rapprochés autant que possible les uns des autres.

Cordonnet oblique (fig. 78). Le cordonnet oblique se fait également de gauche à droite par-dessus un tracé simple. On introduit l'aiguille au-dessus du tracé et on la fait ressortir sous le tracé. Lorsqu'il s'agit de faire des lignes très fines et très délicates, l'aiguille ne doit relever que les fils qui se trouvent sous le tracé.

Cordonnet droit (fig. 79). — Ce point se fait également de gauche à droite par-dessus un tracé simple; pour lui donner plus de relief, on pose sur la ligne tracée un fil rond et tordu, que l'on recouvre ensuite de points verticaux placés l'un à côté de l'autre. Ce genre de cordonnet est employé principalement pour la broderie de lettres et monogrammes.

Point coulé ou point de tige (fig. 80). — Le point coulé ou point de tige se fait sans tracé. On passe l'aiguille sous 1 ou sous 2 fils horizontaux et sous 4 et 6 fils verticaux, de façon que le dernier point dépasse toujours de la moitié le premier point. Les contours des monogrammes, des initiales, des chiffres et les dessins pour nappes, serviettes, etc., imprimés sur toile, se font ordinairement au point coulé.

Point de piqûre ou point de sable (fig. 81). — Ce point, dirigé de droite à gauche, sert également au remplissage des pleins dans les broderies sur étoffe fine, et surtout sur batiste. On peut le faire plus ou moins clairsemé. Exécuté tel qu'il est représenté dans la gravure, il est appelé point de piqûre, et il se nomme point de sable lorsque les points sont moins rapprochés.

Point de piqûre croisé ou point d'ombre (fig. 82 et 83). — Ce point demande à être fait sur des tissus très transparents, laissant entrevoir à l'endroit le point croisé à l'envers.

On introduit l'aiguille comme pour le point piqué ordinaire, on la passe sous le tissu, en la faisant obliquer un peu vers le second contour du dessin, et on la retire presque en face du premier point. Après avoir fait un point piqué, on fait remonter de nouveau l'aiguille sous l'étoffe et on la fait sortir à la distance voulue pour faire un nouveau point.

L'entre-croisement des fils et un autre mode d'exécution de ce point se trouvent représentés dans la fig. 83; l'envers de ce point de broderie peut aussi servir comme endroit dans bien des cas.

Nous reviendrons encore une fois sur ce point de piqûre croisé dans les chapitres « Les Jours sur Toile » et « Les Dentelles brodées ».

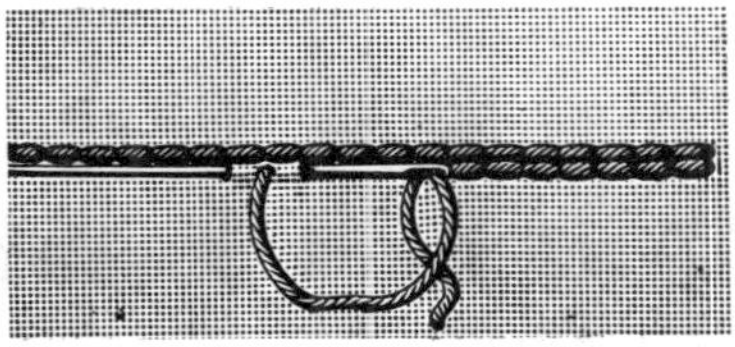

Fig. 81. Point de piqûre ou point de sable.

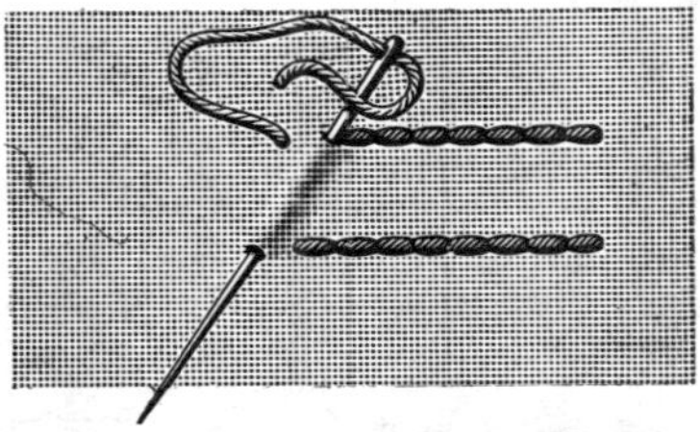

Fig. 82. Point de piqûre croisé. Endroit

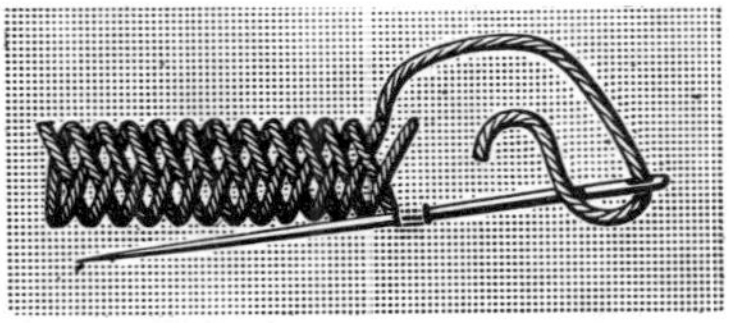

Fig. 83. Point de piqûre croisé. Envers.

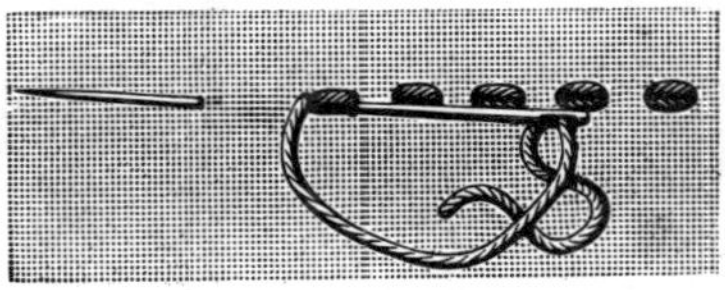

Fig. 84. Point d'armes simple.

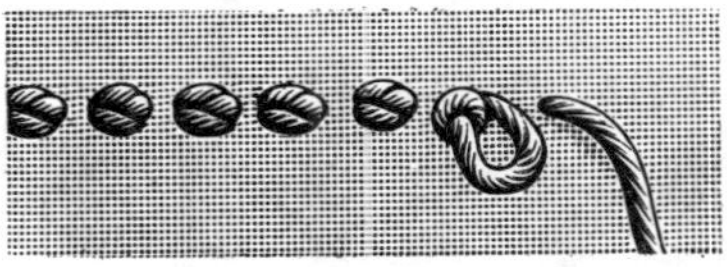

Fig. 85. Point d'armes noué.

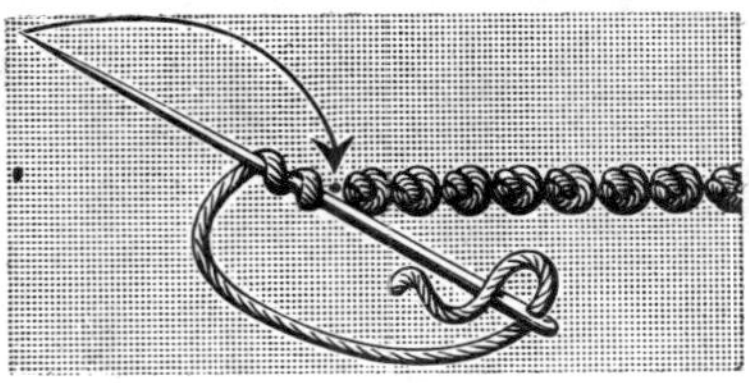

Fig. 86. Point d'armes tortillé.

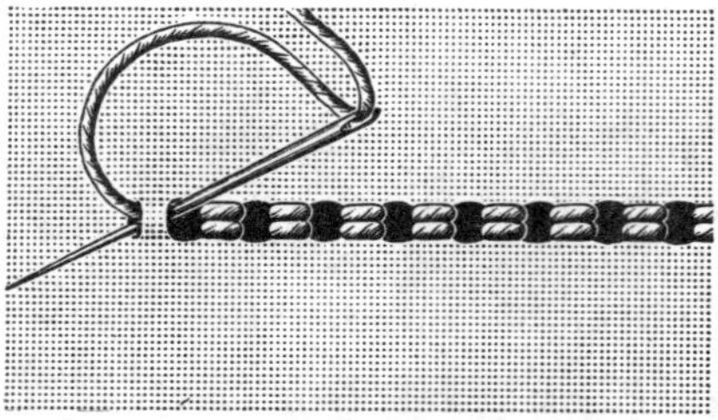

Fig. 87. Point belge.

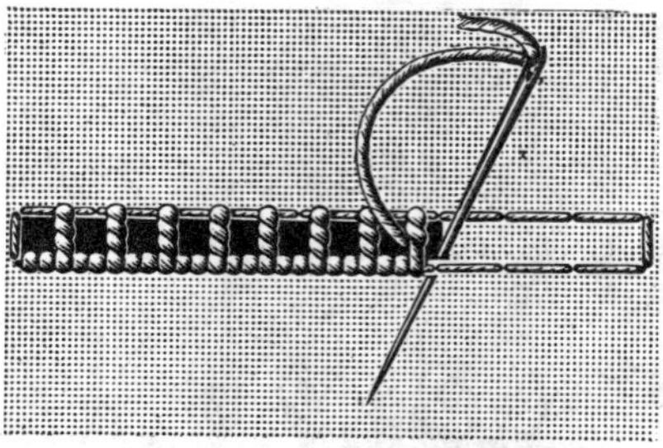

Fig. 88. Point échelle. Première partie du jour

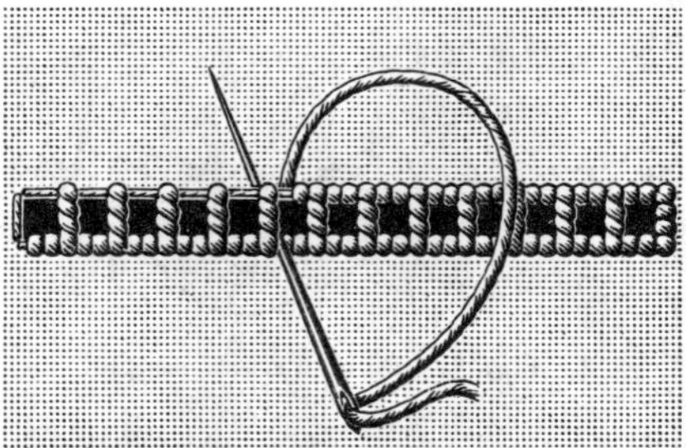

Fig. 89. Point échelle. Achèvement du jour.

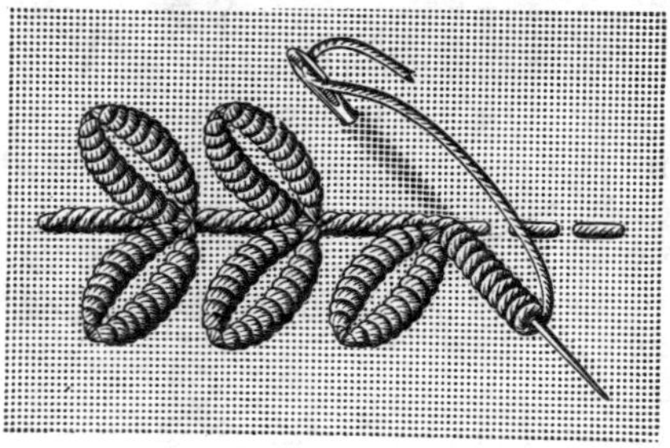

Fig. 90. Point de poste.

Point d'armes simple (fig. 84). — Le point d'armes simple est fait de deux points piqués pour lesquels l'aiguille passe deux fois par le même chemin.

Point d'armes noué (fig. 85). — Le point d'armes noué se compose d'un point de chaînette et d'un point de piqûre et produit à peu près le même effet que le point d'armes tortillé. Après avoir introduit le fil dans le tissu, on fait rentrer l'aiguille au même endroit de l'étoffe, pour la faire ressortir à une petite distance du premier point, et cela de façon que la petite bouclette de fil se trouve sous la pointe de l'aiguille. Cette bouclette est ensuite fixée par un petit point de piqûre, et le point est achevé.

Point d'armes tortillé (fig. 86). — Lorsqu'on a affermi l'aiguillée, on place l'aiguille tout près de la sortie du fil de l'étoffe, on tourne le fil deux fois autour de l'aiguille, on tient le fil pendant cette opération du pouce de la main gauche, puis on retourne la pointe de l'aiguille de gauche à droite, en suivant la direction indiquée par la flèche et on la fait rentrer dans l'étoffe, à la place marquée par le point noir.

Point belge (fig. 87). — Ce point peut être travaillé en lignes droites ou en lignes courbes. C'est un rang de jours formés par des arrière-points fortement serrés par-dessus un certain nombre de fils du tissu.

Point échelle (fig. 88 et 89.) Comme le point précédent, le point échelle peut être travaillé en lignes droites ou en lignes courbes. Préparer le tracé des deux lignes parallèles par deux rangs de points devant, puis travailler de la gauche vers la droite. On pique les trous de l'échelle avec un petit couteau spécial. Piquer le premier trou, puis surjeter le bord inférieur avec deux points verticaux; piquer ensuite le deuxième trou qui complète la première barrette de l'échelle. Conduire le fil vers le haut, le piquer dans le bord supérieur, revenir sur ce fil avec des points de cordonnet, faire deux points verticaux sur le bord inférieur, piquer le troisième trou et ainsi de suite, jusqu'à la fin du rang. Border ensuite le bord supérieur par deux points de surjet dans chaque trou.

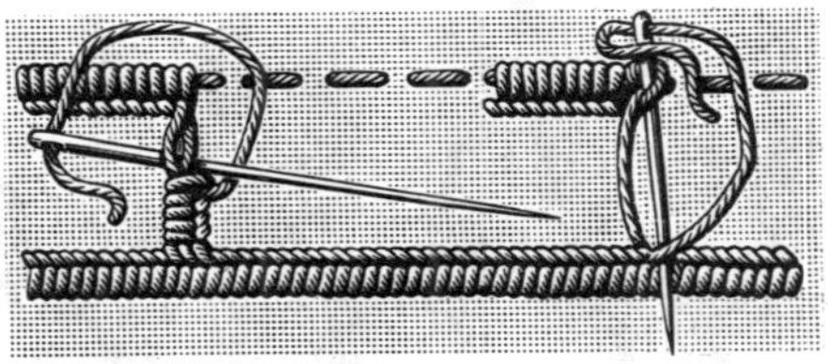
Fig. 91. Brides festonnées.

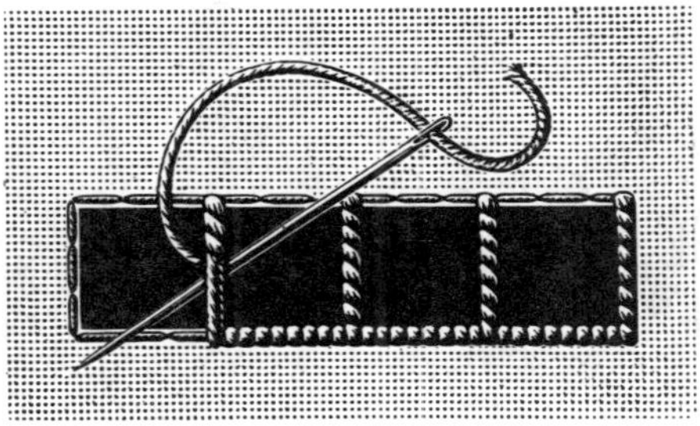
Fig. 92. Brides cordonnées.

Point de poste (fig. 90). Le point de poste, qui est très recherché pour l'exécution de petites fleurs et de petites feuilles, et qui dans ce genre de dessin remplace souvent le plumetis,

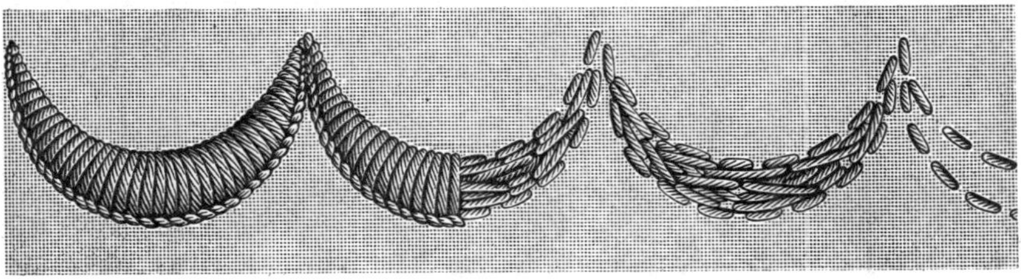
Fig. 93. Grands festons ronds.

a une certaine analogie avec le point d'armes. La gravure montre cinq folioles terminées et une sixième en voie d'exécution.

On fait entrer l'aiguille à l'extrémité de la feuille, puis on la conduit sous l'étoffe vers la tige, où on la fait sortir jusqu'à la moitié de sa longueur. On met le pouce de la main gauche sur le chas de l'aiguille et, de la main droite, on tourne le fil autour de la pointe de l'aiguille aussi souvent qu'il est nécessaire pour couvrir l'espace sous lequel elle a passé. Puis on avance le pouce gauche sur les spirales ainsi formées, au travers desquelles on fait passer l'aiguille et le reste de l'aiguillée, on ramène la pointe de l'aiguille vers le bout de la feuille et on la fait ressortir à la place indiquée pour le point suivant.

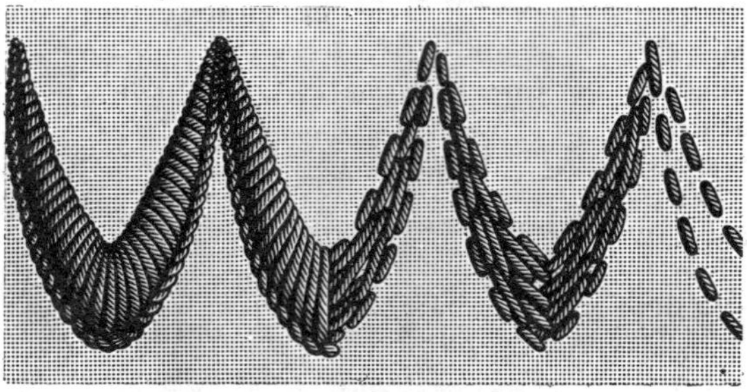

Fig. 94. Grands festons pointus.

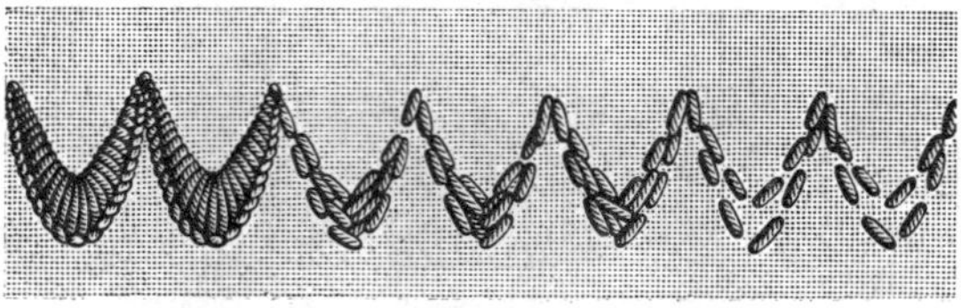

Fig. 95. Petits festons pointus.

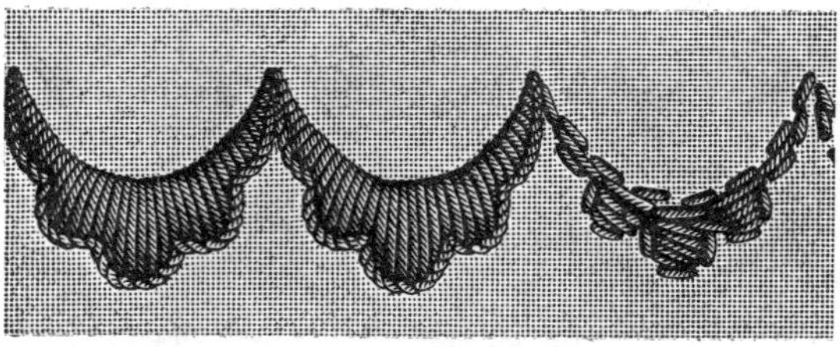

Fig. 96. Festons de roses a dents rondes.

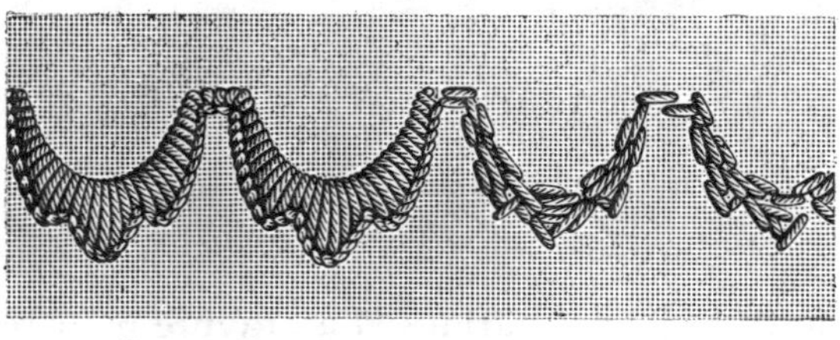

Fig. 97. Festons de roses à dents pointues.

Brides festonnées (fig. 91). — Lorsqu'un dessin est orné de brides à jour, on trace d'abord les contours du feston, puis on achève le feston d'un côté. Arrivé au second côté, on arrête les points à la place marquée pour une bride, on lance le fil vers le premier feston, on le passe de dessous en dessus par une des boucles du feston, ainsi qu'on le voit dans la figure. La seconde partie de la figure montre que les points de feston pour la bride se font par-dessus trois fils lancés entre les deux bords sans pénétrer dans l'étoffe, qui sera coupée entre les deux brides horizontales, une fois l'ouvrage terminé.

Les brides festonnées sont employées dans la broderie Renaissance, la broderie Richelieu et la broderie vénitienne.

Brides cordonnées (fig. 92). — Les brides cordonnées sont employées dans la broderie dite anglaise. Leur exécution ressemble à celle du point échelle avec cette différence, cependant, qu'on fait l'entaille sur toute la longueur de la forme dans le milieu du tissu et qu'on replie le bord du tissu sur l'envers. Pour faire les brides on tend trois fils à travers l'espace vide et on les couvre de points de cordonnet en revenant au point de départ.

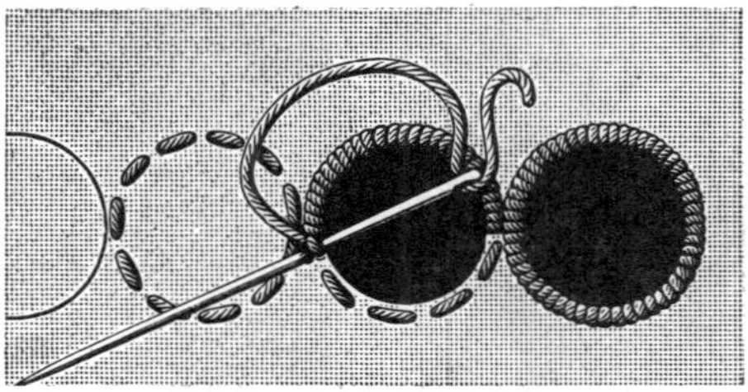

Fig. 98. Œillets au point de cordonnet.

Différentes sortes de festons (fig. 93, 94, 95). — Le tracé et le remplissage sont les mêmes que ceux que nous avons expliqués au commencement de ce chapitre. Le point de feston se fait aussi de la manière décrite précédemment, avec la seule

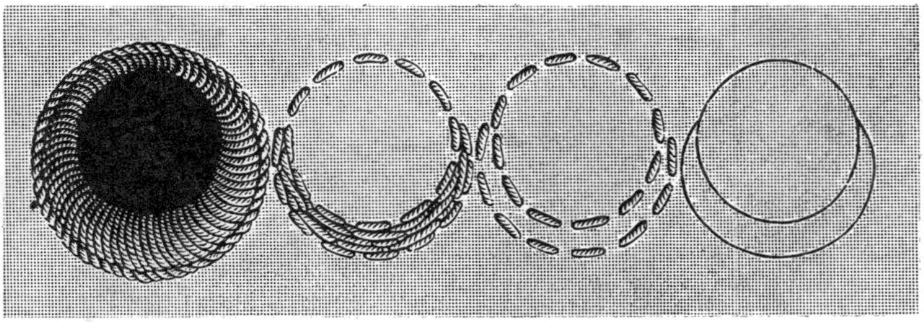

Fig. 99. Œillets ombrés au point de feston.

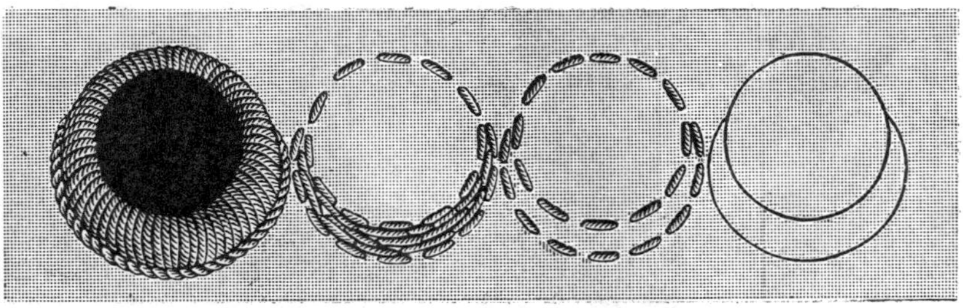

Fig. 100. Œillets ombrés au point de feston et au point de cordonnet.

différence que l'on allonge ou que l'on raccourcit les points selon la forme et la largeur des festons.

Dans les festons à pointes, il est nécessaire de resserrer les points dans le bord intérieur et de leur laisser un peu plus de jeu dans le bord extérieur, pour bien arriver à la pointe du feston qui doit être très exactement formée.

Festons de roses (fig. 96 et 97). — On appelle ainsi de grands festons composés de plusieurs petits festons ronds ou

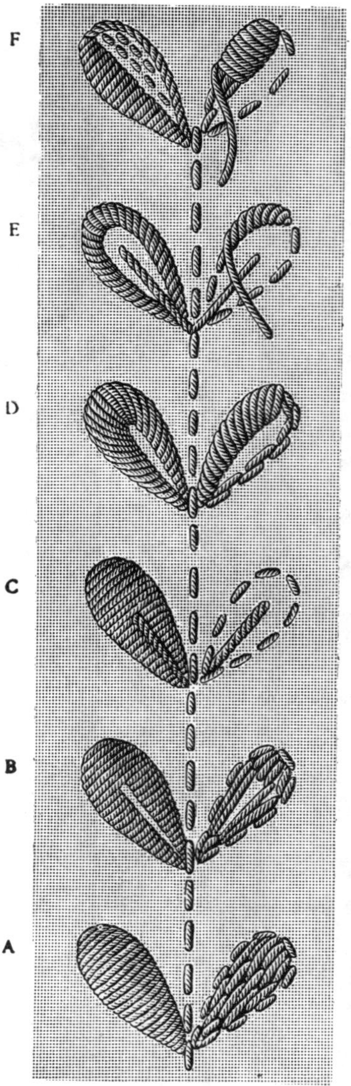

Fig. 101.
Six manières de faire les feuilles.

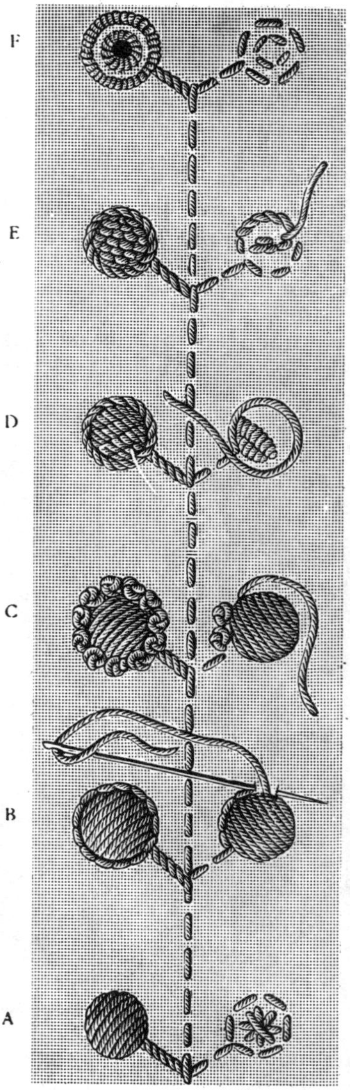

Fig. 102.
Six manières de faire les pois.

pointus. La fig. 96 nous montre une série de festons de roses à dents arrondies, la fig. 97, une série de festons de roses à dents pointues, réunis dans le haut, les uns aux autres, par une bride droite.

Œillets (fig. 98, 99, 100). — On trace d'abord le contour de l'œillet par de petits points devant, on enlève avec des ciseaux bien pointus l'étoffe qui se trouve à l'intérieur, puis on surfile

Fig. 103. Tambour à broder.

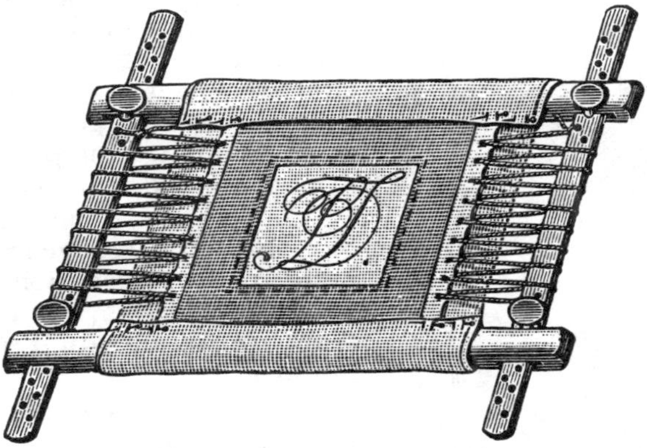

Fig. 104. Métier ordinaire à broder.

le bord coupé de points très serrés. Lorsqu'il s'agit de faire toute une file d'œillets, on ne trace que la moitié des ronds en passant de l'un à l'autre, au point de contact des œillets. Au retour le tracé se croise avec le premier. Le surfilé se fait de la même manière que le tracé. Le fil étant croisé quatre fois entre les œillets, ceux-ci sont beaucoup plus durables que lorsqu'on achève chaque œillet séparément et que l'on passe sous l'étoffe de l'un à l'autre.

On brode les œillets ombrés avec des points très courts dans le haut et plus longs dans le bas.

Ces ronds sont souvent entièrement garnis au point de feston; souvent aussi on n'en festonne que la moitié inférieure et on surfile la moitié supérieure, comme cela est indiqué dans la fig. 100.

Fig. 105. Lettre X.

Fig. 106. Lettre B.

Fig. 107. Lettre C.

Six manières de faire les feuilles (fig. 101). Après avoir tracé le dessin, on remplit l'intérieur d'autant de points qu'on peut en placer, puis on commence à broder la feuille par le haut, lettre A, en la recouvrant de points plats très serrés, exécutés de droite à gauche. La feuille B est fendue au milieu et brodée au point de plumetis droit. La feuille C, fendue comme la précédente, a une nervure faite au point de cordonnet. La feuille D est brodée au plumetis oblique un peu large. La feuille E est faite au plumetis oblique mais très étroit, avec une nervure au point de cordonnet, et la feuille F est brodée moitié au point de plumetis droit et moitié au point de sable avec contour cordonné.

Fig. 108. Lettre P.

On pourra donc choisir l'un ou l'autre de ces genres de broderie pour l'exécution de toute espèce de dessin, qu'il soit fait d'après nature ou qu'il soit de pure fantaisie.

Fig. 109. Vignette avec monogramme H B et couronne,

Six manières de faire les pois (fig. 102). — Les pois bien faits contribuent tout particulièrement à l'embellissement d'un ouvrage, surtout lorsqu'on fait usage de différents points de broderie. Le pois A est fait au point de plumetis simple. Des points croisés en rosace servent de remplissage; le pois B est également brodé au plumetis, et, de plus, serti de points de piqûre. Le pois C est serti de points d'armes; le pois D est composé de plusieurs points de poste, plus ou moins longs, qui sont sertis de points coulés. Le pois E se compose de points de sable sertis de points de cordonnet, et le pois F d'un petit œillet au centre et d'un cordonnet pour sertissage.

Métiers à broder (fig. 103 et 104). — Les initiales, les monogrammes, les couronnes et tous les dessins à lignes fines et délicates, qui exigent un travail très exact, ne peuvent guère être faits à la perfection que montés sur un métier.

Fig. 110. Lettre O.

Le métier de forme ronde, nommé tambour à broder, est le plus généralement employé. Il est composé de deux cerceaux en bois qui s'emboîtent l'un dans l'autre et dont le plus petit est muni d'un support pouvant être fixé à une table au moyen d'une vis. On pose sur le petit cerceau la pièce à broder, par-dessus laquelle on presse le grand en veillant à ce que l'étoffe soit solidement prise entre les deux et que le dessin se trouve bien au milieu.

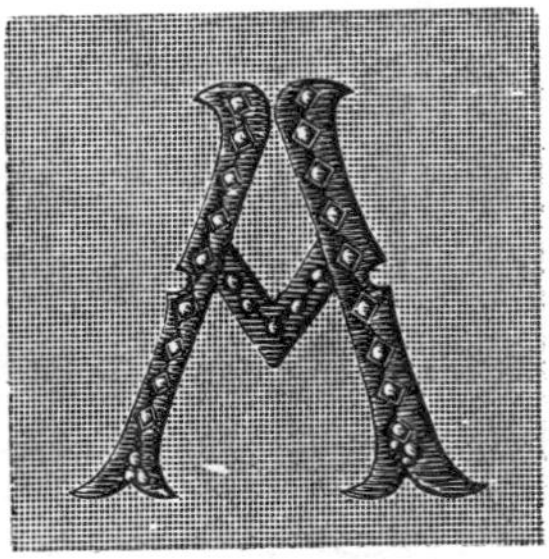
Fig. 111. Lettre A.

Les tambours ne se prêtent cependant qu'à l'exécution d'ouvrages de dimensions limitées ; les grands objets exigent l'emploi de métiers ordinaires à tapisserie.

On y coud un morceau d'étoffe très solide, par exemple du coutil, on le tend régulièrement et très fortement ; puis on découpe dans cette étoffe un carré assez grand pour y laisser paraître en entier le dessin qu'on veut broder.

Fig. 112. Lettre D.

Après avoir posé la pièce à fil droit sous l'ouverture, où on la maintient d'abord par des épingles, on l'y fixe par un faufil très serré. Le reste de la pièce est drapé et épinglé à la surface du métier pour ne pas gêner les mouvements de la main.

Lettres et monogrammes. Broderie en relief. — La broderie en relief ou au plumetis est, comme nous l'avons dit plus haut, beaucoup employée pour marquer le linge.

Suivant le goût de la brodeuse et le temps qu'elle entend consacrer au travail, les chiffres peuvent être exécutés de très nombreuses manières.

Pour la broderie des lettres et monogrammes, nous recommandons tout particulièrement le Coton à broder D·M·C, qualité spéciale, et le Coton floche à broder D·M·C, qualité spéciale.

Fig. 113. Lettre E.

Lettre X (fig. 105). — Cette petite lettre toute simple est faite au plumetis fortement rembourré.

Lettre B (fig. 106). — Quoique cette lettre ne soit pas beaucoup plus grande que la précédente, elle se prête à une exécution plus riche, que l'on obtiendra, par exemple, en recourant au point coulé et, pour les parties larges, au plumetis.

Lettre C (fig. 107). — Les chiffres de cette dimension permettent l'emploi de plusieurs genres de points, en fendant les ombres de la lettre. On appelle « broderie fendue » la broderie qui consiste à diviser les ombres d'un motif. Dans la gravure nous voyons côte à côte du plumetis, du point de piqûre et du point de cordonnet.

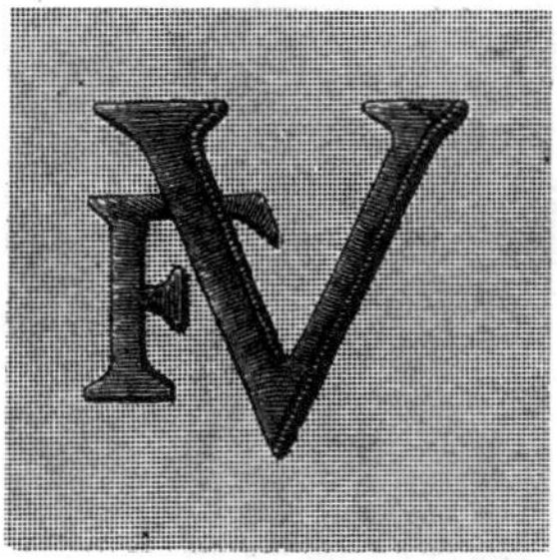

Fig. 114. Monogramme F V.

Lettre P (fig. 108). — Cette lettre, de caractère italien, se prête à l'exécution en deux couleurs, la plus claire pour les lignes principales au plumetis, la plus foncée pour les ornements au point de cordonnet droit.

Vignette avec monogramme H B et couronne (fig. 109). — Cette figure montre la façon dont on peut enrichir des monogrammes au moyen de vignettes. Nous avons fait exécuter un motif à ruban flottant. D'après ce modèle on n'aura pas de difficulté à en copier d'autres. Toute la broderie du monogramme est exécutée au plumetis sans ornement comme on peut le voir dans la gravure.

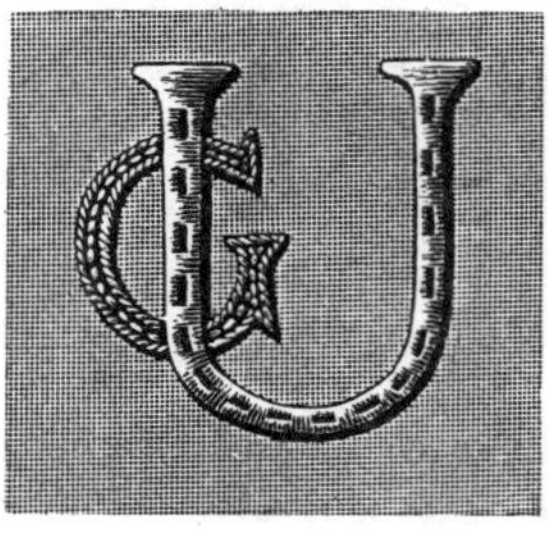

Fig. 115. Monogramme G U.

Lettre O (fig. 110). — Les lettres de ce genre sont plus difficiles à exécuter que les précédentes. Arrivé dans la partie unie jusqu'au point où l'ornement s'en détache, on mène le fil vers la pointe, et, en commençant par de petits points, on revient jusqu'aux points abandonnés, où ceux de la feuille doivent se confondre avec les premiers.

Lettre A (fig. 111). — La broderie est fendue de manière à former au milieu de la fente de petits carrés, qui sont

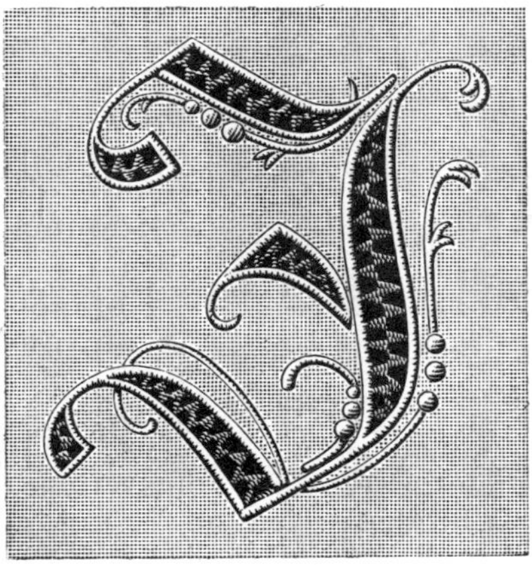

Fig. 116. Lettre J.

Fig. 117. Lettre R.

remplis par des points d'armes. Ici l'emploi de deux couleurs est tout indiqué quand la lettre n'est pas entièrement blanche.

Lettre D (fig. 112). — Les contours de cette lettre sont exécutés au point de cordonnet droit; les parties larges sont garnies de triangles au point plat et de triangles au point de sable.

Fig. 118. Lettre K.

Fig. 119. Lettre J.

Lettre E (fig. 113). — La lettre E, en caractère anglais simple, est posée sur un fond richement ornementé de couleur vive. La lettre est brodée au plumetis et en couleur claire, les ornements au point de cordonnet droit, en couleur foncée.

Monogramme F V (fig. 114). — Autrefois les artistes peintres et les tapissiers de gobelins signaient leurs œuvres d'initiales, rarement de noms entiers. Nous reproduisons ici un monogramme composé des lettres F et V, relevé sur des documents datant du XVIe siècle. Conformément au caractère raide de ces lettres, l'exécution est faite au plumetis droit avec ombres au point de cordonnet droit.

Fig. 120. Lettre N.

Fig. 121. Lettre M.

Monogramme G U (fig. 115). — Quoique de même origine que le monogramme fig. 114, celui de la présente gravure est d'une exécution plus riche. La lettre U est travaillée en « broderie fendue », tandis que la lettre G montre les contours au point coulé avec remplissage au point de piqûre.

Fig. 122. Lettre J.

Lettre J (fig. 116). — Cette lettre est brodée à la manière suisse avec des jours dans les pleins de la lettre. Après avoir établi les contours au moyen d'un cordonnet très serré, on enlève l'étoffe de l'intérieur et l'on réunit les bords par le petit entre-deux, fig. 938. On apportera un soin particulier à bien arrondir les pois et à bien former les ramages qui ornent la lettre.

Lettre R (fig. 117). — Le fond formant le corps de la lettre est finement ajouré. Après avoir terminé les jours, on exécute les contours au point de cordonnet droit, puis on coupe l'étoffe sous les points ajourés.

Lettre K (fig. 118). — Cette lettre peut encore être classée au nombre des initiales de manuscrit. Le fond de la lettre est resté à nu dans la gravure; aux contours doubles au point de cordonnet, on pourra substituer un point de fantaisie ou le point de piqûre croisé.

Lettre J (fig. 119). — Ici la lettre comme les ornements sont exécutés au moyen d'un point de cordonnet. Dans la lettre et dans l'encadrement, le cordonnet est plus vigoureux que les ornements. Si la lettre est exécutée sur tissu blanc, on pourra utiliser du coton écru ou Gris-Fumée 822 (*) pour le fond au point de sable; le reste sera blanc.

Fig 123. Lettre R.

Lettre N (fig. 120). — Notre gravure montre comment, au moyen de points auxiliaires et de dessins finement exécutés, on peut donner de la richesse et de la valeur aux caractères les plus simples. Il semblerait tout indiqué de broder au plumetis le fond étoilé de la lettre N. Néanmoins, nous recommandons vivement de le traiter de la manière qui apparaît sur le dessin, en y faisant des œillets. L'ouvrage exigera ainsi plus de soins et de patience, mais la lettre compacte ressortira plus franchement sur le tissu ajouré que sur un fond plein.

Fig. 124. Lettre O.

Lettre M (fig. 121). — Cette lettre avec ornements de style Holbein peut aussi bien être exécutée en blanc sur fond foncé que dans les couleurs utilisées pour la broderie du modèle, soit un rose très tendre,

(*) Ces numéros désignent des couleurs qui se trouvent sur les cartes de couleurs des articles portant la marque D·M·C. Ces cartes peuvent être consultées chez tous les merciers et marchands d'ouvrages de dames.

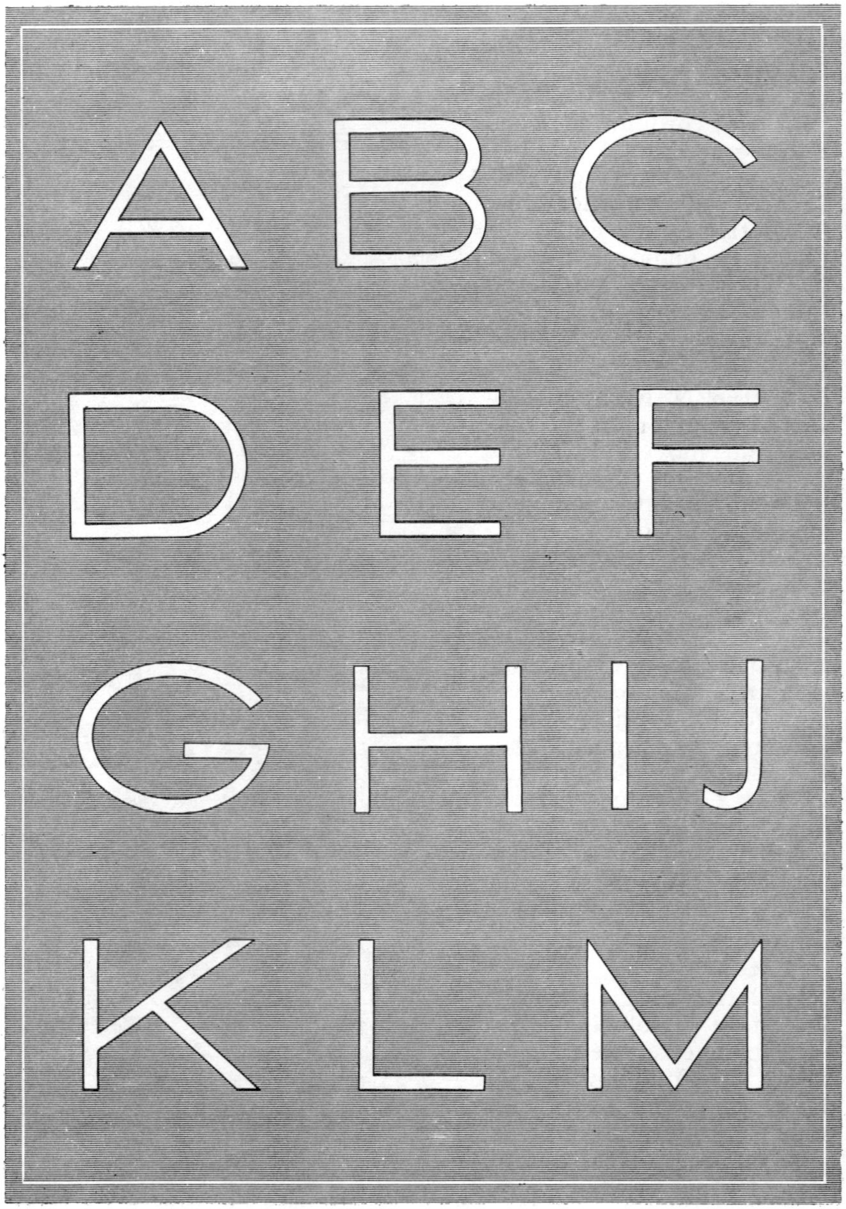

Fig. 125. Alphabet pour monogrammes. Serie des lettres A a M.

Fig. 120. Alphabet pour monogrammes. Série des lettres N à Z.

Rouge-Géranium 353 pour la lettre, un rouge foncé, Rouge-Cardinal 347, pour les fleurons, la barre et le contour, et un bleu clair, Bleu-Indigo 334, pour le fond.

Lettre J (fig. 122). — Les chiffres de cette dimension ne se trouvent généralement que dans les livres ecclésiastiques, missels, etc. Étant donnée la richesse du dessin, l'exécution peut être simple. Notre gravure représente le chiffre exécuté au plumetis, au point de cordonnet et au point coulé.

Lettre R (fig. 123). — Les contours de la lettre sont exécutés au point de cordonnet droit et le corps est rempli de lignes diagonales du même point. Un cadre en ligne double enferme la lettre; le fond est couvert de petites étoiles au plumetis.

Lettre O (fig. 124). — Dans la lettre O, les contours foncés sont brodés au point de cordonnet droit, les ornements au plumetis, le remplissage tout à fait plat à points empiétants en blanc (voir les fig. 301 et 303) qui se détachent du fond couvert de points de sable.

Alphabet pour monogrammes (fig. 125 et 126). — On éprouve souvent des difficultés à trouver des monogrammes pour marquer la lingerie. Pour les résoudre nous donnons ici un alphabet de lettres simples qui permettra de composer soi-même des chiffres quelles que soient les initiales. Cet alphabet est de grandeur moyenne. On pourra à volonté agrandir les lettres ou les diminuer.

A cette occasion nous recommandons encore une fois à nos lectrices de se guider pour ces modifications sur les indications qu'elles trouveront dans le dernier chapitre.

Nous joignons plusieurs exemples de monogrammes exécutés de différentes manières avec les lettres de cet alphabet.

Monogramme composé des lettres P et M (fig. 127). — Les deux lettres sont exécutées entièrement au plumetis.

Monogramme composé des lettres L et B (fig. 128). — La lettre L est au plumetis et la lettre B a des contours cordonnés étroits et un remplissage de pois au plumetis.

Monogramme composé des lettres K et H (fig. 129). — H est fait au plumetis, K est travaillé en contours cordonnés avec trois rangs de points de piqûre contrariés comme remplissage.

Monogramme composé des lettres D et N (fig. 130). — Les deux lettres sont exécutées en contours cordonnés larges, séparés par un rang de points de piqûre en couleur.

Alphabets pour monogrammes (fig. 131, 132, 133, 134, 135, 136). — Nos planches représentent des lettres comprimées à dessein, un peu massives, pour l'encadrement

Fig. 127.
Monogramme composé des lettres P et M.
Fournitures : Coton à broder D·M·C, qualité spéciale, No 30, en blanc.

Fig. 128.
Monogramme composé des lettres L et B.
Fournitures : Coton à broder D·M·C, qualité spéciale, No 35, en blanc.

Fig. 129.
Monogramme composé des lettres K et H.
Fournitures : Coton floche à broder D·M·C, qualité spéciale, No 16 et Fil à dentelles D·M·C, No 70, en blanc.

Fig. 130.
Monogramme composé des lettres D et N.
Fournitures: Coton floche à broder D·M·C, qualité spéciale, No 16, en blanc et Coton à broder D·M·C, qualité spéciale, No 25, en Rouge-Turc 321.

des lettres allongées de la quatrième et de la cinquième planche.

L'entrelacement des lettres demandera quelque attention; on fera bien de se guider pour cela sur les exemples qui suivent

Fig. 131. Alphabet pour monogrammes. Serie des lettres extérieures A à H,

Fig. 132. Alphabet pour monogrammes. Serie des lettres extérieures J à Q.

Fig. 133. Alphabet pour monogrammes. Série des lettres extérieures R à Y.

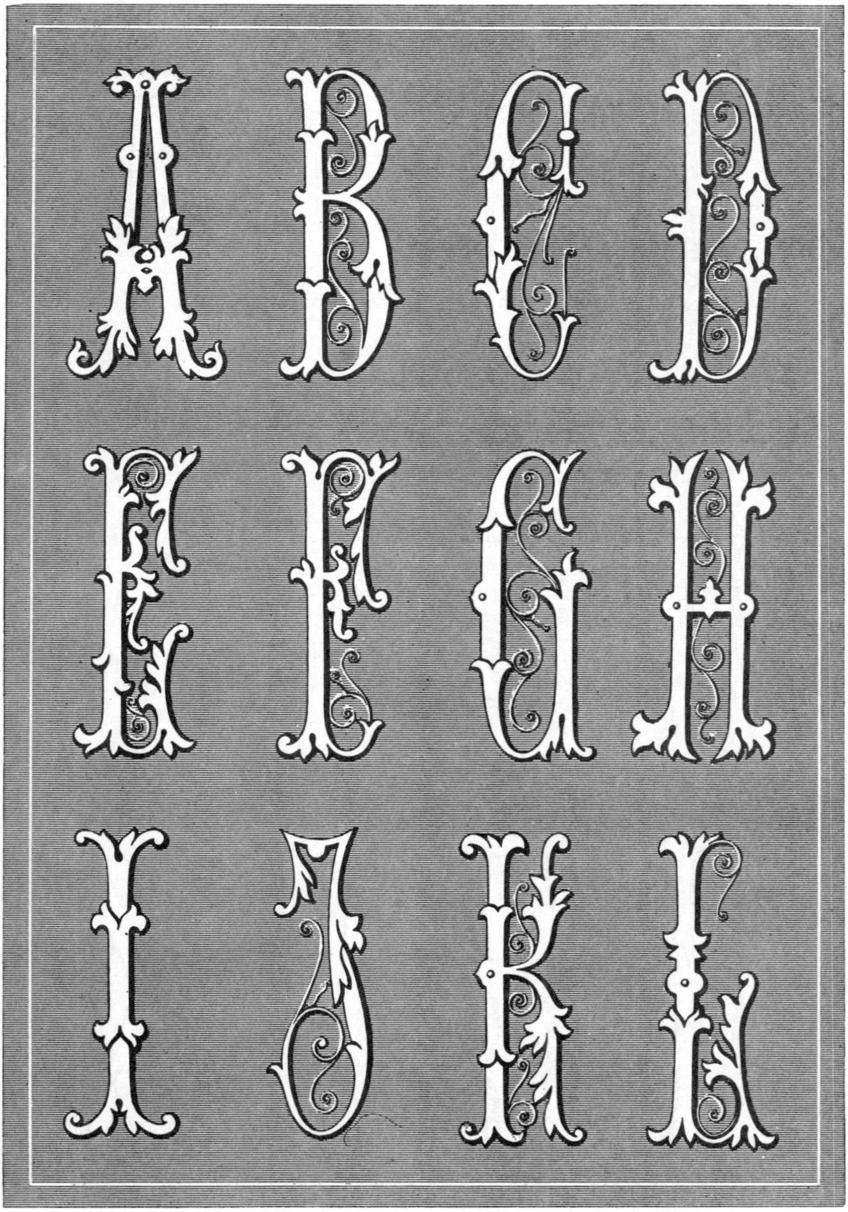

Fig. 134. Alphabet pour monogrammes. Série des lettres intérieures A à L.

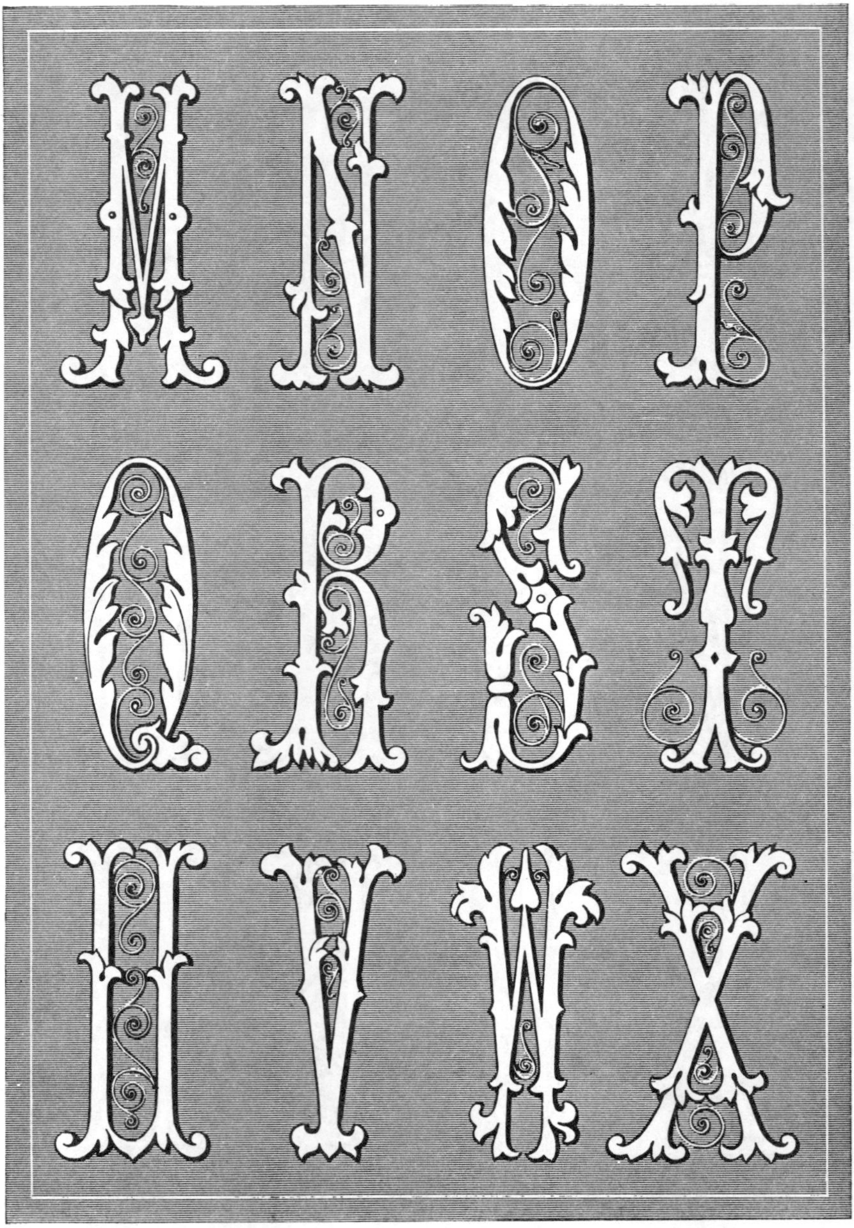

Fig. 135. Alphabet pour monogrammes. Série des lettres intérieures M à X.

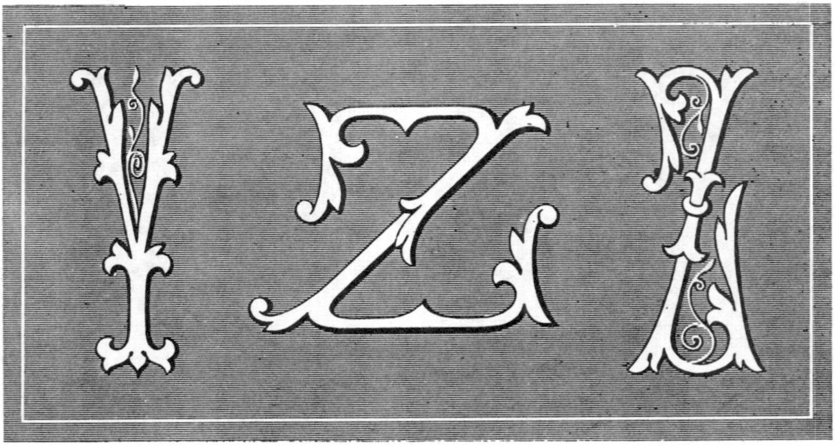

Fig. 136. Alphabets pour monogrammes.
Dernières lettres intérieures et dernière lettre extérieure.

les alphabets et qui indiquent aussi aux lectrices les genres de points les mieux appropriés à la broderie des chiffres.

Monogramme composé des lettres A et D (fig. 137). — Ici la lettre A est brodée en bleu clair et ombrée de rouge; la lettre D est brodée de rayures transversales, la partie gauche en bleu clair et blanc, la partie droite en bleu clair et bleu foncé.

Pour les petits ornements, les deux derniers tons peuvent être employés indistinctement.

Monogramme composé des lettres V et S (fig. 138). — Pour grand deuil et demi-deuil, le mouchoir blanc n'étant pas admis, ces deux lettres ont été brodées dans les couleurs deuil, pour en faire connaître l'emploi. Les lettres sont toutes deux brodées en gris et serties de noir.

Monogramme composé des lettres R et C (fig. 139). Les deux lettres se distinguent ici par la différence du mode d'exécution. La lettre R, brodée au plumetis, est sertie de points de cordonnet obliques, tandis que le C est dépourvu de sertissage et que la partie large, entre les deux cordonnets très serrés des bords, est brodée en rayures obliques au point de sable et au plumetis.

Monogramme composé des lettres G et E (fig. 140.) Pour la lettre E, en broderie au plumetis, on s'est servi du Coton à broder D·M·C, qualité spéciale, blanc; pour la broderie des points de fantaisie de la lettre G, on a employé le Coton floche à broder D·M·C, qualité spéciale, écru, très fin, qui par sa nuance, fait trancher le G sur l'E; en outre, il adoucit un peu la couleur rouge du sertissage.

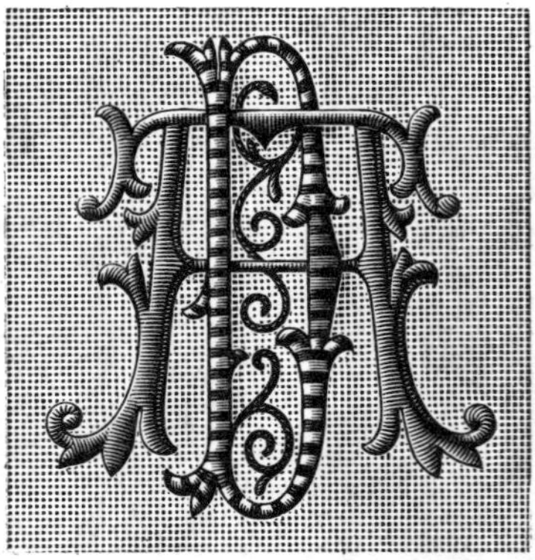

Fig. 137.
Monogramme composé des lettres A et D extraites des alphabets pour monogrammes.
Fournitures : Coton à broder D·M·C, qualité spéciale, No 50.
Couleurs : Bleu-Indigo 334 et 311, Rouge-Turc 321 et blanc.

Fig. 138.
Monogramme composé des lettres V et S extraites des alphabets pour monogrammes.
Fournitures : Coton à broder D·M·C, qualité spéciale, No 50.
Couleurs : Gris-Cendre 318 et Noir grand-teint 310.

Fig. 139.
Monogramme composé des lettres R et C extraites des alphabets pour monogrammes.
Fournitures : Coton à broder D·M·C, qualité spéciale, No 50.
Couleurs : Blanc et Rouge-Ecarlate 816.

Fig. 140.
Monogramme composé des lettres G et E extraites des alphabets pour monogrammes.
Fournitures : Coton à broder D·M·C, qualité spéciale, No 50, en blanc et Rouge-Turc 321 ; Coton floche à broder D·M·C, qualité spéciale, No 80, en écru.

Couronnes. — Nous donnons à la suite des lettres et monogrammes quelques exemples de couronnes brodées allant avec les chiffres représentés dans les pages précédentes.

Dans ces exemples, on verra les différentes manières de broder les couronnes, des plus simples aux plus ornementées, en utilisant tous les points décrits jusqu'ici.

Fig. 141. Couronne de noble.

Les détails des couronnes seront exécutés avec la plus grande précision, surtout les parties figurant les pierreries et les perles. On n'emploiera des couleurs pour la couronne que lorsque le monogramme lui-même sera brodé en couleurs.

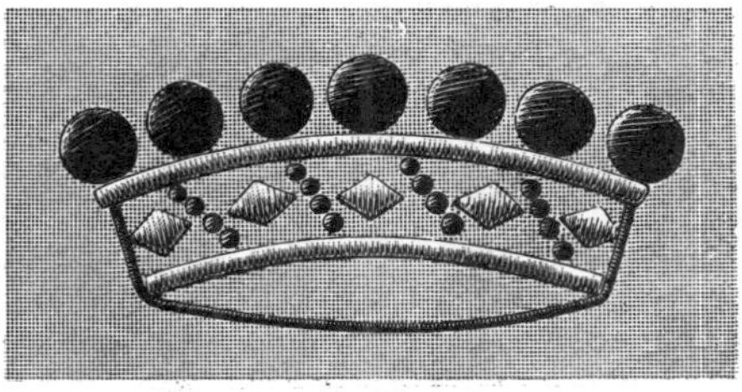
Fig. 142. Tortil de baron.

Couronne de noble (fig. 141). — Cette couronne est brodée en blanc. On bourrera fortement les boules, afin qu'elles soient brodées bien en relief et qu'elles se détachent comme des perles du tissu de fond. La partie supportant les boules est remplie de points de sable.

Tortil de baron (fig 142). — Ce modèle est entièrement travaillé au plumetis en deux couleurs nettement opposées.

Fig. 143. Couronne de comte.

Couronne de comte (fig. 143). — Exécutée en une seule couleur, cette couronne est travaillée au plumetis et au point de cordonnet droit; l'espace entre le bandeau et les boules est orné d'un point ajouré.

Fig. 144. Couronne princière.

Couronne princière (fig. 144). — Le motif de la couronne princière est classique; c'est la couronne adoptée par les princes de tous les pays. On la brodera en blanc uni ou en plusieurs couleurs, selon l'objet qu'elle devra orner. Le fond sur lequel reposent les mèches d'hermine pourra être couvert de points d'armes, de points de sable ou de points empiétants; voir les fig. 81, 86 et 301.

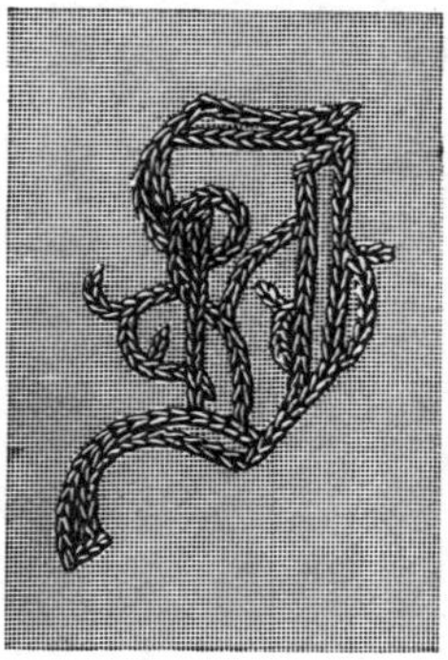

Fig. 145. Lettre J.

Fig. 146. Lettre G.

Lettres et monogrammes en broderie de fantaisie. — Si l'on a l'intention de broder des lettres simples, d'une exécution plus rapide, on peut les exécuter au point de chaînette, au point coulé, au point croisé, selon le goût de chacun. L'exécution des lettres au moyen de points tout à fait simples se recommande surtout pour le linge de maison qui ne comporte pas un travail coûteux et principalement pour les draps et tapis de tous genres.

Fig. 147.
Monogramme G W.

Lettre J (fig. 145). — Lorsqu'on ne peut disposer de beaucoup de temps ou qu'on n'a pas de métier sous la main pour broder le chiffre, on pourra l'exécuter au point de chaînette ordinaire ; voir les fig. 256, 281 et 282.

Plus le coton sera fin, les points petits et réguliers, plus on obtiendra un bel effet avec cette manière très simple de marquer le linge, surtout si l'on se sert de coton de couleur.

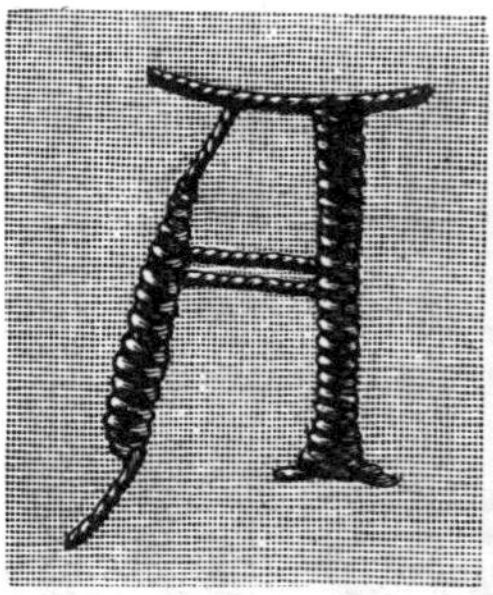

Fig. 148. Lettre A.

Lettre G (fig. 146). — Voici un exemple montrant comment on pourra exécuter de grandes lettres au moyen de points de dentelle. Après avoir établi le contour par un double rang de points coulés, on garnit l'espace intérieur de petites roues au point de reprise (voir les fig. 711 et 712), pour lesquelles on se servira de Fil d'Alsace D·M·C ou de Fil à dentelles D·M·C.

Monogramme G W (fig. 147). — Comme composition et exécution, tous les caractères de ce genre sont de la plus grande simplicité, et cependant, rendus en broderie, ils feront un excellent effet. Nous recommandons le point de chaînette simple, fig. 256, ou le point de chaînette avec points de surjet, fig. 257, pour l'exécution de monogrammes de ce genre.

Lettre A (fig. 148). — Cette lettre appartient aux caractères gothiques anciens ; elle est travaillée en deux couleurs. La plus claire sert pour le point coulé et le point de piqûre croisé qui remplissent le corps de la lettre ; avec la plus foncée, on exécute les points de piqûre qui sont brodés dans les croisements du point de piqûre croisé.

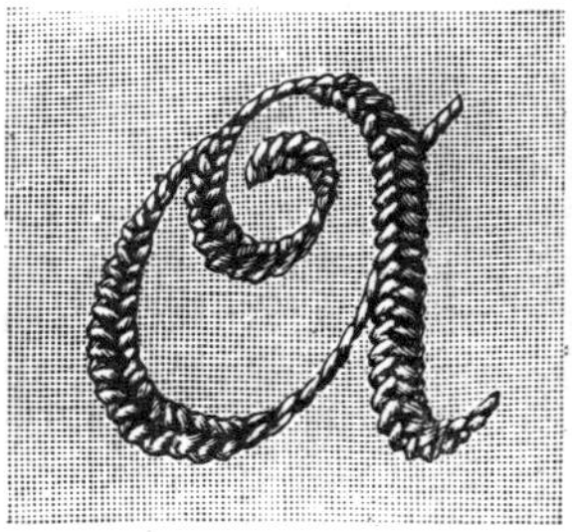
Fig. 149. Lettre A.

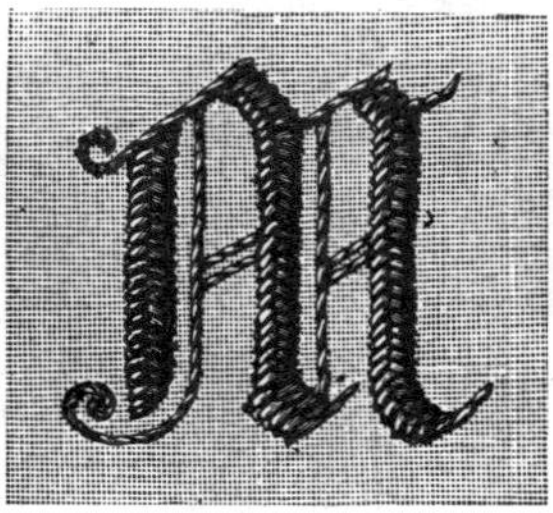
Fig. 150. Lettre M.

Lettre A (fig. 149). — Cette lettre en ronde est entièrement brodée au point de piqûre croisé, fig. 83, avec un fil de couleur.

Lettre M (fig. 150). — Notre gravure montre un exemple de gothique moderne exécuté au point de piqûre croisé et au point coulé.

Lettre A (fig. 151). — Les contours de cette lettre sont exécutés au point natté avec un fil de teinte moyenne ; le remplissage est fait avec un fil blanc en points plats empiétants, tandis que l'ornement entrelacé est brodé au point de chaînette avec un fil de couleur foncée.

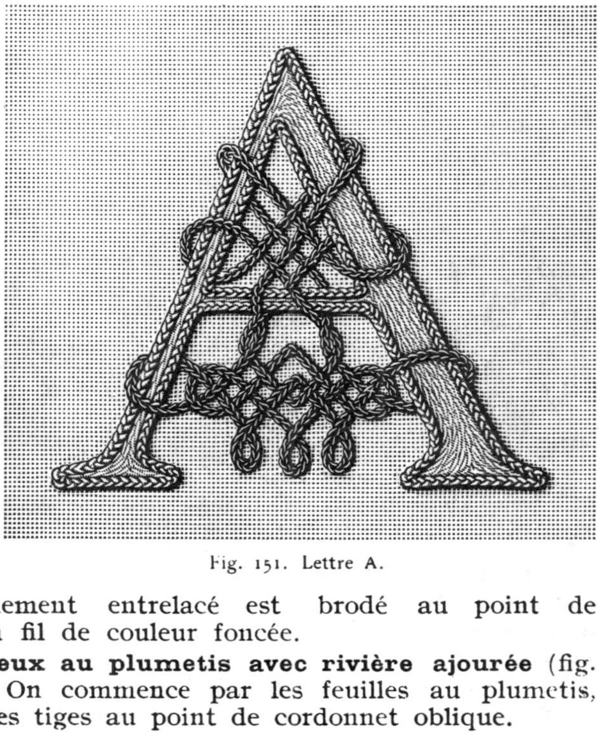
Fig. 151. Lettre A.

Petit entre-deux au plumetis avec rivière ajourée (fig. 152 et 153). — On commence par les feuilles au plumetis, puis on exécute les tiges au point de cordonnet oblique.

Les deux lignes qui bordent la rivière à jour sont travaillées au point de cordonnet droit; voir la fig. 79. Lorsque toute la broderie est terminée, on commence la rivière pour laquelle il n'est pas nécessaire d'enlever des fils; les jours se forment par le resserrement de certaines parties de l'étoffe. Comme on peut le voir dans la fig. 153, la rivière à jour demande 6 fils de hauteur; commençant à droite, dans le bas, on fait deux points de piqûre de gauche à droite par-dessus 6 fils du tissu, puis suivent deux points sur 6 fils de hauteur et 3 fils de largeur inclinés vers la droite, après quoi on exécute encore deux points de piqûre horizontaux dans le haut, pour revenir à la première ligne avec deux points en biais sur 6 fils de hauteur et 3 fils de largeur, inclinés vers la droite. Continuer ainsi en serrant fortement les points, et les jours se produiront d'eux-mêmes.

Fig. 152. Petit entre-deux au plumetis avec rivière ajourée.
Fournitures : Coton à broder D·M·C, qualité spéciale, en blanc.

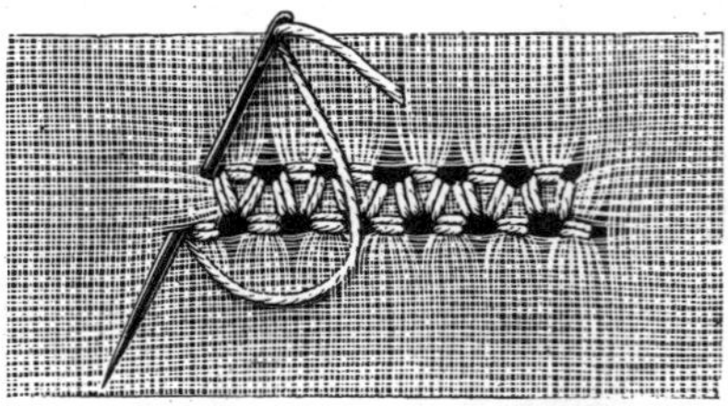

Fig. 153. Exécution de la rivière ajourée.

Bordure au plumetis et au point de sable avec roues ajourées (fig. 154). — Malgré la finesse du dessin, l'exécution de cette bordure, destinée à des mouchoirs, n'est pas difficile.

Fig. 154. Bordure au plumetis et au point de sable avec roues ajourées.
Fournitures : Coton à broder D·M·C, qualité spéciale, Fil d'Alsace D·M·C ou Fil à dentelles D·M·C, en blanc.

Les petites fleurs à six pétales qui entourent la roue à jour, sont travaillées au plumetis à points droits, les fleurs à cinq pétales, dans les branches, à points obliques avec nervure.

Les feuilles sont contournées au moyen du point de cordonnet droit et remplies de points de sable. Ces points de sable comblent aussi les vides dans la grande fleur. Pour l'exécution de la roue, dont les bords sont également faits au point de cordonnet, nous renvoyons au chapitre « Les Dentelles à l'Aiguille ». La gravure montre, en outre, des semis d'œillets au point de cordonnet. Nous recommandons comme fournitures pour cette broderie le Coton à broder D·M·C, qualité spéciale; pour les

Fig. 155. Fleur au plumetis avec fonds ajourés.
Fournitures: Coton floche à broder D·M·C, qualité spéciale, Nos 35 et 70, Fil d'Alsace D·M·C ou Fil à dentelles D·M·C, en blanc.

roues, le Fil d'Alsace D·M·C ou le Fil à dentelles D·M·C, en blanc.

Fleur au plumetis avec fonds ajourés (fig. 155). — Ce genre de broderie au plumetis avec jours est connu sous le nom de « broderie suisse ».

Avant de commencer le plumetis, on exécute les fonds ajourés, dont on trouvera l'explication au chapitre « Les Jours sur Toile », fig. 821 et 823. Les jours terminés, on fait les œillets au point de cordonnet droit, puis on commence à rembourrer tous les motifs pour le plumetis.

Comme fournitures nous recommandons, pour les fonds

Fig. 156. Bordure en broderie de Madère.
Fournitures : Coton à broder D·M·C, qualité spéciale, couleur Madeira (Coton spécial pour la broderie de Madère).

Fig. 157. Bordure en broderie de Madère.
Fournitures : Coton à broder D·M·C, qualité spéciale, couleur Madeira (Coton spécial pour la broderie de Madère).

ajourés, le Fil d'Alsace D·M·C ou le Fil à dentelles D·M·C; pour le rembourrage des motifs, le Coton floche à broder D·M·C, qualité spéciale, N° 35 et le N° 70 pour le plumetis.

Deux bordures en broderie de Madère (fig. 156 et 157). Autrefois les broderies uniquement composées d'œillets étaient connues sous le nom de broderies anglaises; de nos jours on a substitué à ce terme celui de broderies de Madère. Les ouvrages originaires de ces îles, exécutés comme la broderie anglaise, au simple point de cordonnet, se distinguent des autres par la grande régularité des points et par le soin extrême apporté à leur exécution; l'étoffe y est si bien prise par les points, qu'après le plus long usage, la broderie ne devient jamais pelucheuse.

Le motif fig. 156 est terminé par de petits œillets ombrés, celui de la fig. 157 par des œillets unis avec bord festonné.

Nos deux modèles conviendront particulièrement pour la garniture de taies d'oreiller et de lingerie.

Fig. 158. Carré en broderie anglaise.

Fournitures : Coton à broder D·M·C, qualité spéciale, en blanc.

Carré en broderie anglaise (fig. 158). — Les broderies ajourées sur blanc, où les contours cordonnés sont reliés par des brides également cordonnées, sont connues sous le nom de broderie anglaise.

Les motifs à dessins simples ne doivent pas être trop larges à cause de leur emploi pratique.

Au temps de la Renaissance ce genre de broderie sur blanc ornait des surfaces de toile unie raccordées avec des motifs de dentelle à l'aiguille ou de filet brodé. Notre carré, fig. 158, est brodé au plumetis sur un fond de batiste avec des parties ajourées en broderie anglaise. Il est composé pour être employé avec des carrés Reticella ou des carrés de filet Richelieu.

Terminer d'abord le plumetis, puis exécuter les parties ajourées d'après les explications données à la fig. 92.

Fig. 159. Bordure en broderie Renaissance.
Fournitures: Coton à broder D·M·C, qualité spéciale, ou
Coton floche à broder D·M·C, qualité spéciale, en blanc ou écru.

Fig. 160. Bordure en broderie Richelieu.
Fournitures: Coton à broder D·M·C, qualité spéciale, ou
Coton flcohe à broder D·M·C, qualité spéciale, en blanc ou écru.

Il faut prendre, pour le traçage et la broderie, du Coton à broder D·M·C, qualité spéciale, N° 60, en blanc.

Bordure en broderie Renaissance (fig. 159). — Ce terme a été adopté pour caractériser les broderies dont les figures à bords festonnés sont raccordées par des brides sans picots. Le feston se fait sur un simple tracé et partout de la même largeur, excepté sur le bord extérieur, où on peut le faire un peu plus large.

Bordure en broderie Richelieu (fig. 160). — Les broderies du genre de la broderie Renaissance, dont les brides de raccord — contrairement à celles que nous avons décrites précédemment — sont ornées de picots, sont désignées sous le nom de broderies Richelieu.

On les emploie généralement, de même que les broderies Renaissance, comme garniture de literie et de linge de table, où elles remplacent les dentelles aux fuseaux.

Fig. 161. Bordure en broderie valaque.
Fournitures: Cordonnet spécial D·M·C et Coton à broder D·M·C, qualité spéciale, en blanc.

Bordure en broderie valaque (fig. 161). — La bordure fig. 161 est un bel exemple des travaux rustiques des Valaques de la Moravie. C'est une bordure à festons qui garnit la lingerie fortement froncée des paysannes, particulièrement les cols et les manchettes. L'exécution spéciale de ces dentelles brodées produit l'effet le plus délicat. On n'enlève le tissu dans les parties ajourées et en dehors des festons qu'après avoir terminé complètement la broderie. Calquer le dessin sur de la grosse batiste ou de la toile fine à fils espacés, tracer les différents contours et exécuter les brides de raccord en conduisant un fil de Cordonnet spécial D·M·C N° 15, d'un contour à l'autre selon le modèle; ces fils ne seront pas surbrodés. Les parties compactes sont exécutées en partie au point de cordonnet, en partie au point de feston.

Enfin remplir les feuilles au point de sable. On se sert du Coton à broder D·M·C, qualité spéciale, N° 25 comme fourniture pour la broderie de blanc.

Motif en broderie vénitienne (fig. 162). — Les festons très rehaussés, appelés actuellement festons vénitiens ou broderie vénitienne, sont des copies sur étoffe de dentelles vénitiennes, lesquelles se distinguent par des contours festonnés à haut relief. Dans la broderie l'étoffe remplace les jours à l'aiguille de la dentelle ; rarement cependant le fond reste à nu. Pour donner à cet ouvrage plus de ressemblance avec l'original, on recouvre

Fig. 162. Motif en broderie vénitienne.

l'intérieur du dessin de points de fantaisie du genre de ceux que montre notre gravure.

Les brides se font sans ou avec picots. Ces derniers sont expliqués en détail au chapitre « Les Dentelles à l'Aiguille » ; voir les fig. 918 à 923.

Il est indispensable de bourrer autant que possible l'espace que doit recouvrir le feston. A cet effet, on fixe par des points de surjet un peu espacés, six à huit fils de Coton à repriser D·M·C, qualité spéciale, N° 25, qui doivent être posés sur le tissu comme une ganse ronde.

Lorsque les contours deviennent plus larges et que les fils ne remplissent plus suffisamment le feston, on en ajoute successivement de nouveaux, de même qu'on en réduit le nombre si le feston devient plus étroit.

L'étoffe sous les brides ne doit être coupée que lorsque la broderie est entièrement achevée.

Entre-deux en broderie vénitienne (fig. 163). — La gravure fig. 163 représente un entre-deux en broderie vénitienne destiné à la garniture de nappes, taies, draps de lit, etc. Comme fond on emploie une toile fine dont les fils doivent toutefois pouvoir être comptés. Le Coton à repriser D·M·C sert à rembourrer les parties en relief, le point de feston se fait avec du Coton à broder D·M·C, qualité spéciale. Les brides et les points de remplissage demandent un fil tordu, tel que le Fil d'Alsace D·M·C ou le Fil à dentelles D·M·C.

L'explication des différents points est donnée au chapitre « Les Dentelles brodées ».

Bordure en broderie danoise « Hedebo » (fig. 164). — Les paysannes danoises garnissent leur linge de riches broderies de blanc ajourées; ce travail, qui est désigné sous le nom de broderie Hedebo, est peu connu en dehors du pays d'origine, les ouvrages, destinés uniquement à l'usage personnel, n'étant que peu entrés dans le commerce. Notre gravure fig. 164 montre une bordure

Fig. 163.
Entre-deux en broderie vénitienne.
Fournitures :
Coton à broder D·M·C, qualité spéciale, Coton à repriser D·M·C qualité spéciale et Fil d'Alsace D·M·C ou Fil à dentelles D·M·C, en blanc.

Fig. 164. Bordure en broderie danoise « Hedebo ».
Fournitures : Lin floche D·M·C et Lin pour dentelles D·M·C.

qui termine un essuie-mains. Elle pourra aussi servir pour petites nappes, chemins de table, etc.

On commence l'ouvrage par les petits carrés à jour, qui sont faits à fils comptés et qui divisent toute la bordure en carrés et triangles, puis on calque le dessin pour les figures à broder.

Ici aussi on commence par les fonds à jour, dont on trouvera un grand choix au chapitre « Les Dentelles brodées » parmi

Fig. 165. Bordure en broderie « Piqué ».

Fournitures : Cordonnet spécial D·M·C, Coton à repriser D·M·C, qualité spéciale, ou Mouliné spécial D·M·C et Fil d'Alsace D·M·C, en écru.

les fig. 851 à 868, et à la fin seulement on brode les figures au plumetis, après les avoir rembourrées. Une petite rivière à jour termine la bordure sur les quatre côtés.

Bordure en broderie « Piqué » (fig. 165). — On désigne sous le nom de broderie « Piqué » un genre de broderie sur blanc exécutée sur une étoffe forte et résistante, dans laquelle les contours sont marqués par une ganse ou un point de cordonnet, et où les figures sont couvertes de différents points de remplissage qui doivent imiter un tissu façonné. On l'emploie généralement aujourd'hui pour la garniture de couvertures de tout genre, de vêtements d'enfants et d'autres objets divers.

La bordure représentée par la gravure montre toutes les parties du dessin remplies de points damassés dont on trouvera l'explication au chapitre « Les Dentelles brodées », fig. 843 à 850.

Les ganses qui entourent les motifs sont faites au crochet par une chaînette de mailles en l'air. Comme fond on a employé pour notre modèle de la futaine unie, et pour l'exécution des points damassés du Mouliné spécial D·M·C N° 25, écru. Les ganses au crochet sont faites avec du Cordonnet spécial D·M·C N°s 1 et 3; pour les fixer on s'est servi de Fil d'Alsace D·M·C N° 100, ces deux fils également en écru.

Modèles d'ouvrages. — En dehors des ouvrages décrits ci-dessus, on trouvera un grand choix de modèles pour la broderie sur blanc dans les publications suivantes de la Bibliothèque D·M·C: *Alphabets et Monogrammes, 1re et 2me Séries, Alphabet de la Brodeuse, Monogrammes et Alphabets combinables, Motifs pour Broderies, 5me Série, Broderies tchéco-slovaques, Broderies turques.*

De plus, on trouvera dans *L'ABC de la Couture*, petit traité destiné aux enfants, l'explication des principaux points (*).

Bordure au point de croix à double face. — Dessin réservé.

La Broderie sur Toile

Les broderies de ce genre font depuis des siècles l'objet d'une industrie domestique chez les populations rurales des différents pays. Leur origine se reconnaît facilement à la forme du dessin et aux nuances employées pour la broderie. Les ouvrages italiens, grecs et espagnols du XVe au XVIIe siècle sont généralement brodés en une seule couleur, en rouge pourpre; ceux d'origine orientale, au contraire, montrent une grande variété de nuances mélangées avec des fils d'or et d'argent. Les broderies paysannes des peuples slaves, hongrois et suédois se distinguent également par la richesse des couleurs: ce sont principalement le rouge, le bleu et le jaune qui y dominent.

De notre temps, les broderies sur toile, adaptées au goût moderne, sont en grande faveur auprès des dames s'occupant d'ouvrages manuels, grâce à la variété des points et des dessins, d'une exécution relativement facile.

On distingue deux groupes de broderies sur toile: le premier comprend toutes les broderies où le travail se fait à fils comptés, d'après un modèle brodé ou dessiné sur papier quadrillé, le deuxième, celles où le dessin est préalablement décalqué, puis exécuté librement, sans souci des fils du tissu (*).

La broderie ne recouvre jamais entièrement le fond de toile, qui reste visible entre les parties brodées du dessin.

(*) Voir, à la fin du dernier chapitre, la liste des publications de la Bibliothèque D·M·C qui se rapportent aux broderies à fils comptés et aux broderies d'après tracé.

Les broderies sur toile peuvent s'exécuter à la machine tout aussi bien que les broderies sur blanc. Pour certaines d'entre elles on utilise même le guide-fil.

Tissus. — La plupart des broderies anciennes, surtout celles qui sont d'origine italienne, sont exécutées sur une toile très fine. Un travail aussi minutieux demande plus de temps et de persévérance qu'on n'en veut généralement consacrer aujourd'hui aux ouvrages d'agrément. Pour répondre aux exigences du jour, des tissus sont fabriqués avec des fils très ronds et espacés, qui permettent de compter aisément les points et de reproduire les dessins avec plus de facilité.

Les tissus de lin sont ou blancs, ou de couleur crème, ou encore franchement écrus.

Il existe aussi des tissus de coton et de lin en couleurs; on les préfère souvent aux tissus blancs ou crèmes pour des ouvrages au point coulé et au point lancé, tels que housses de coussins, tapis de table, panneaux, stores, etc.

Travail préparatoire. — Les broderies sur toile de petites dimensions et travaillées avec des points courts et simples, peuvent être exécutées sans être montées dans le métier. Par contre, lorsqu'il s'agit d'ouvrages exigeant des points compliqués, des points de remplissage sur de grandes surfaces, ou des points composés de fils tendus et de points de surjet, il est nécessaire de les monter dans un métier à broder; voir fig. 104. Le travail sera toujours plus net et le tissu ne pourra ni se tirer, ni se chiffonner.

Pour monter un ouvrage dans un métier, on procède comme suit: fixer sur deux côtés opposés de l'ouvrage un ruban ou une bande de tissu au moyen d'arrière-points, puis faire un rempli d'un demi-centimètre sur les deux autres bords de l'étoffe qui sont restés libres et coudre ces derniers aux sangles fixées aux deux rouleaux du métier à broder au moyen de points de surjet, en ayant soin de tendre fortement la pièce d'étoffe à broder. Monter ensuite le métier, en glissant les deux règles garnies de trous dans les passages ménagés aux deux extrémités des rouleaux, tendre fortement le tissu et fixer les règles au moyen de chevilles en bois ou en fer. Tendre enfin le tissu dans l'autre sens, en passant de chaque côté une grosse ganse ou ficelle dans les rubans ou bandes d'étoffe cousus à l'ouvrage et par-dessus les règles ou montants du métier.

Broderies sur toile à fils comptés. Jalonnement des points (fig. 166). — Avant de commencer une broderie à fils comptés, il faut jalonner les points avec un fil de couleur. Ce jalonnement s'exécute généralement, comme dans la fig. 166, alternativement par-dessus et par-dessous dix fils; on le fait sur deux côtés, c'est-à-dire sur la longueur et sur la largeur du tissu (lignes *aa*, *bb* et *cc*). Après quoi deux lignes perpendiculaires *dd* et *ee*, partant du milieu des premières sont marquées ; leur intersection déterminera le point central. Si le modèle comprend un motif de milieu ou si le dessin doit être renversé dans un angle, on tracera encore une ligne diagonale partant du point extrême de l'angle et se dirigeant vers le centre. Il est essentiel de ne retirer cet échafaudage qu'après avoir fait au moins la

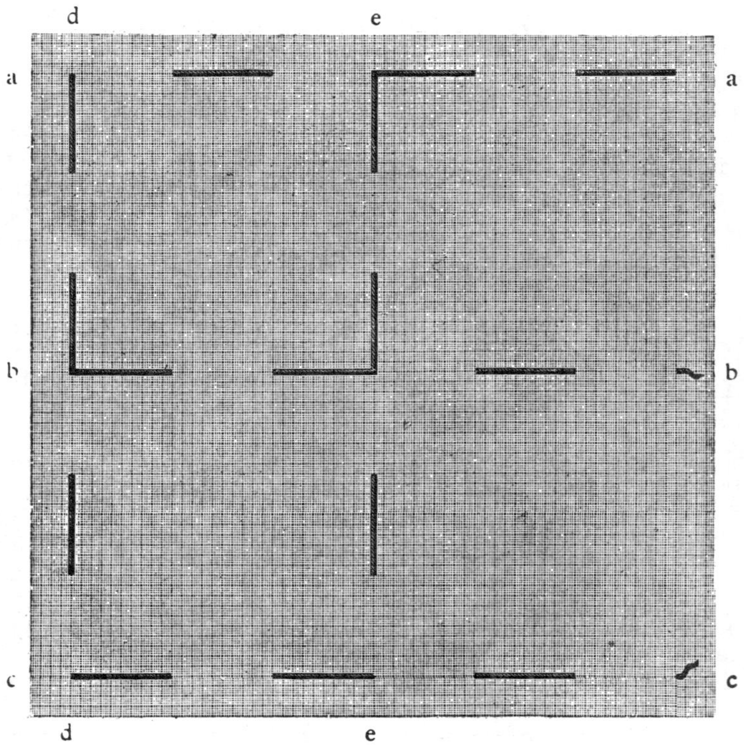

Fig. 166. Jalonnement des points.

moitié du travail ; il sera aussi d'un grand secours pour les reproductions successives d'un dessin.

Fournitures. — Les broderies sur toile étant principalement utilisées pour des objets qui nécessitent un fréquent blanchissage, on fera bien de les exécuter avec des fils qui supportent le plus possible la lessive.

Ce sont en première ligne les fils de coton, de lin, de soie et de rayonne de la marque D·M·C qui répondent à cette exigence.

Pour les ouvrages au point de croix, au point quadrillé et au point de traits, à exécuter sur un tissu dur et raide, on choisit généralement des fils de torsion moyenne, tels que le Coton à broder D·M·C, qualité spéciale, et le Coton perlé D·M·C.

Pour les ouvrages sur toile ou étamine, étoffes molles et souples, exécutés au point de croix, au point natté et au point plat, on préfère un fil floche; nous recommandons pour cet usage le Retors à broder D·M·C, le Lin floche D·M·C, la Rayonne à broder D·M·C, ainsi que le Mouliné spécial D·M·C et la Soie de Perse D·M·C, qui étant composés de 6 brins, peuvent être dédoublés ou renforcés à volonté, suivant la grosseur de la toile à broder.

Les points. — Le point de croix simple, tel qu'il est représenté dans la fig. 167, est le plus généralement employé. Il fait cependant moins d'effet que les points à double face, qui excitent notre admiration lorsque nous avons l'occasion de les remarquer sur les beaux ouvrages que l'on rencontre encore çà et là, et dont on aime toujours à s'inspirer.

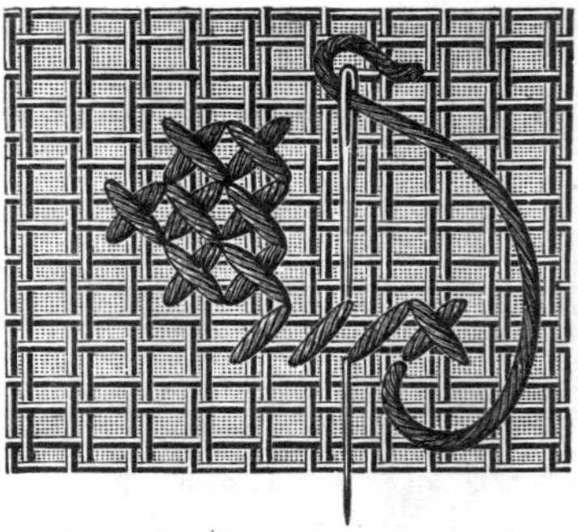

Fig. 167. Point de croix simple sur canevas auxiliaire.

A côté du point de croix et de ses nombreuses variantes, le point de traits et le point quadrillé à double face, appelé également point Holbein, sont très appréciés.

Actuellement on interprète volontiers les dessins de points de croix au point plat ou point lancé. Ce point, qui est «lancé» par-dessus plusieurs fils du tissu, fait avancer le travail plus rapidement que le point de croix; aussi s'en sert-on beaucoup pour les ouvrages de fantaisie.

Comme on s'en rendra compte par les gravures qui suivent, un travail est rarement exécuté avec un seul point. Dans beaucoup d'ouvrages le point de croix est mêlé au point de traits et au point gobelin, au point d'étoiles, au point natté, etc.

La beauté des dessins est considérablement rehaussée par l'emploi de différents genres de points.

Point de croix simple sur canevas auxiliaire (fig. 167). Le point de croix simple est formé de deux points obliques, posés en travers l'un de l'autre et se croisant en leur milieu. Si le tissu employé permet de compter les fils, on y travaille le point directement; si, au contraire, le tissu est trop serré, on le recouvre d'un canevas auxiliaire, par-dessus lequel on brode le motif. Une fois l'ouvrage terminé, on retire le canevas fil par fil.

Il ne sera pas inutile de rappeler que si le point de croix est exécuté sur tissu auxiliaire, ce dernier doit être bâti à fil droit et dans le même sens que l'étoffe de fond, et faufilé à une distance

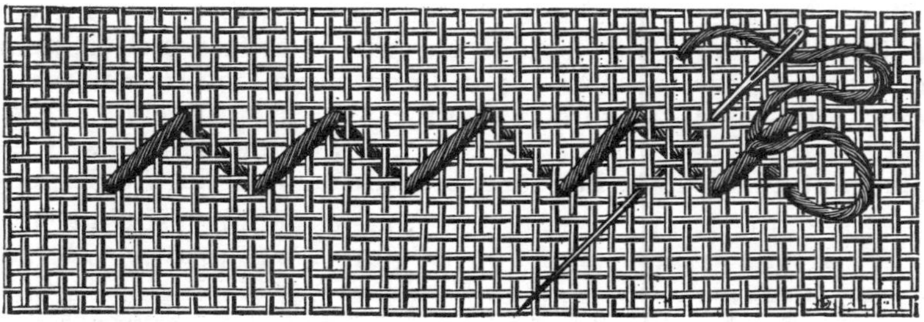

Fig. 168. Point de croix à double face, exécuté en quatre rangs. Premier aller et point auxiliaire pour le retour.

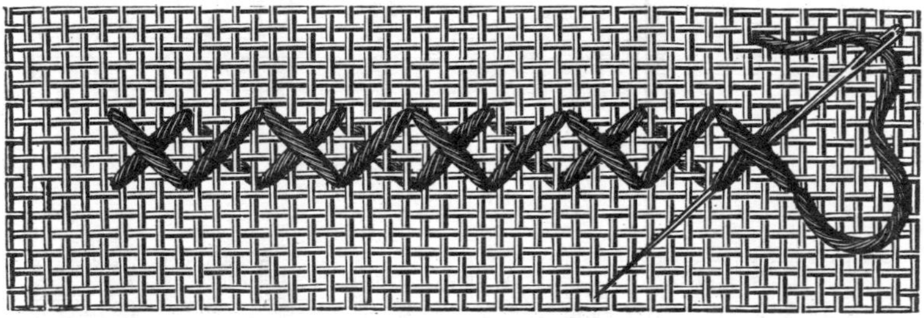

Fig. 169. Point de croix à double face, exécuté en quatre rangs. Premier et second aller ainsi que premier retour terminés. Point auxiliaire pour le deuxième retour.

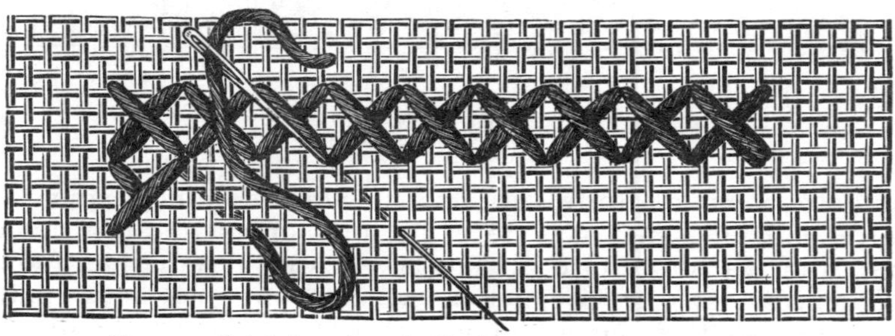

Fig. 170. Point de croix à double face, exécuté en quatre rangs. Deux allers et deux retours terminant une ligne. Commencement d'une nouvelle ligne.

suffisante du bord pour permettre de saisir et de retirer les brins de canevas, une fois la broderie terminée.

Pour bien former le point de croix, l'aiguille doit entrer et sortir par le passage qu'elle s'est frayé en premier lieu.

Point de croix à double face (fig. 168, 169, 170, 171, 172). Pour exécuter un dessin réservé au point de croix à double face, on le travaille en files de lignes droites, en deux allers et deux retours. En allant de gauche à droite, on introduit le fil sans y faire de nœud; on fait quelques petits points, qui sont recouverts ensuite par la première moitié du premier point. On passe toujours l'aiguille, en la dirigeant vers la droite, par-dessus 4 fils du tissu ou du canevas dans le sens de la hauteur et de la largeur, jusqu'au bout de la file de points.

Arrivé au dernier point, on ramène le fil jusqu'au milieu de ce dernier point, d'où on le fait sortir; avec un point

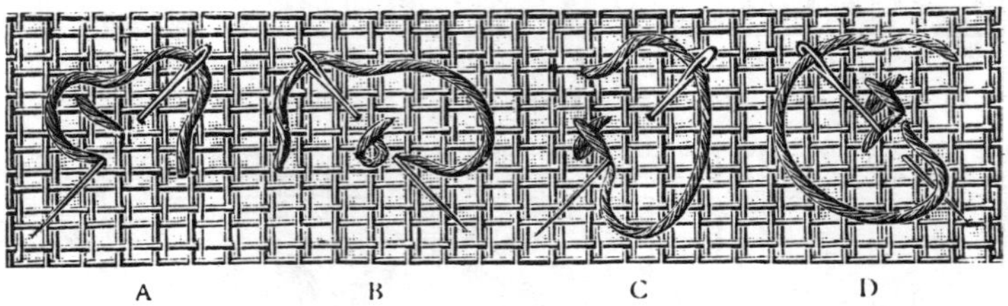

Fig. 171. Dispositions diverses pour faire le point de croix à double face à points isolés.

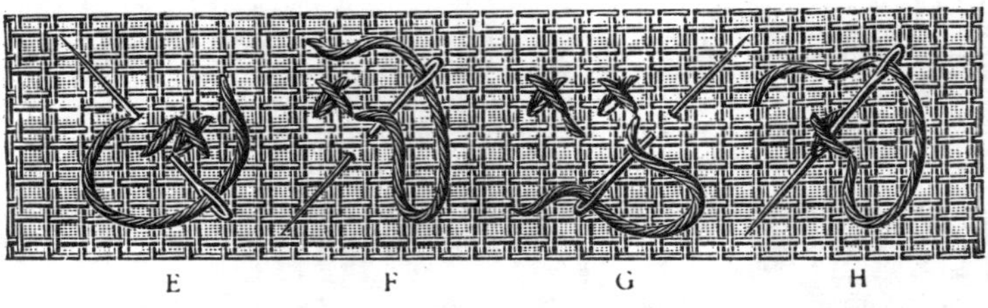

Fig. 172. Dispositions diverses pour faire le point de croix à double face à points isolés.

auxiliaire vers la droite, on revient vers le milieu pour faire rentrer l'aiguille au-dessus de 2 fils, puis on passe au deuxième rang, qui va de droite à gauche et qui termine les points commencés dans le premier aller. Souvent les deux points auxiliaires sont recouverts d'un point long, comme l'indiquent les fig. 169 et 170. Après le dernier point du premier retour, on ramène de nouveau le fil vers la droite pour le deuxième aller, lequel comble par une demi-croix les vides laissés par les deux premiers rangs de points.

Dans le point auxiliaire, qui aide à revenir sur le quatrième rang, le fil sera double à l'endroit et à l'envers. La fig. 170 fait voir comment on passe à une file suivante.

La méthode que nous venons d'exposer pour faire le point de croix à double face ne peut être appliquée aux dessins en lignes brisées, qui se composent principalement de points isolés.

Les fig. 171 et 172 donnent l'explication de la marche des points pour ce genre de broderie.

Dans la fig. 171 le détail A indique le point d'entrée du fil dans l'étoffe et la position de l'aiguille pour le premier point; le détail B, le premier demi-point de croix terminé, avec un point auxiliaire vers la droite, la sortie du fil à droite et la pose de l'aiguille pour le troisième point, terminant la croix; le détail C montre, à l'état achevé, le point commencé en B et la pose de l'aiguille pour arriver à un point vers la droite; le détail D, un point de croix terminé et le commencement d'un autre point placé dessous.

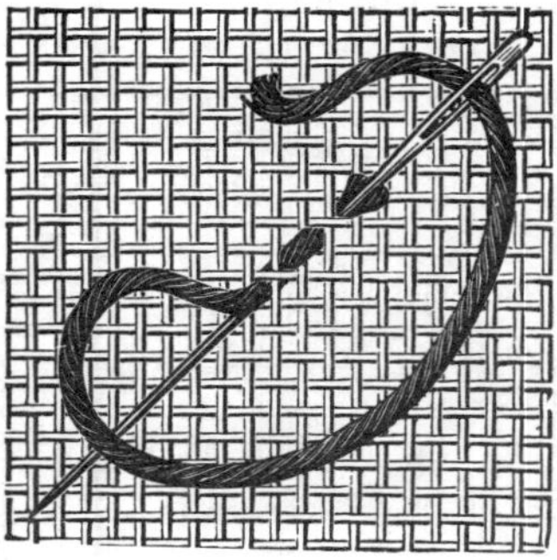

Fig. 173.
Point de croix italien à double face.
Introduction du fil et position de l'aiguille pour le premier point.

Dans la fig. 172 le détail E représente la manière de continuer les points vers la gauche, le détail F, un point auxiliaire pour arriver à une croix isolée, à droite, le détail G, des points auxiliaires entre deux croix isolées et le détail H, un second et dernier point auxiliaire pour finir la croix. Cette manière de broder à double face exige une certaine pratique et de plus une attention extrême afin de placer correctement les points et d'éviter des points superflus qui défigureraient l'ouvrage.

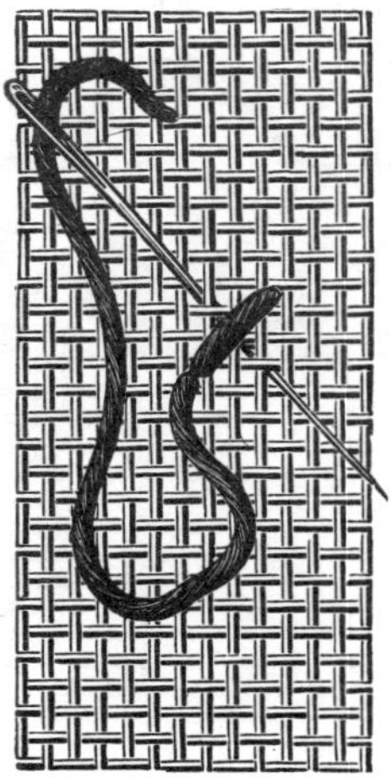

Fig. 174.
point de croix italien à double face.
Position de l'aiguille pour le deuxieme point.

Point de croix italien à double face (fig. 173, 174, 175, 176). — Des points de croix à double face, séparés les uns des autres par des points horizontaux et verticaux, forment le point italien à double face. Les points inférieurs et les points supérieurs doivent tous être inclinés dans le même sens, comme le sont les points dans le point de croix simple. Le point italien s'exécute en un aller et un retour. La fig. 173 indique la manière de fixer le fil ainsi que la pose de l'aiguille de droite à gauche pour le premier point; la fig. 174, la pose de l'aiguille de gauche à droite, pour former la croix à l'envers et le point vertical à gauche, à l'endroit; la fig. 175, la pose de l'aiguille pour faire un point horizontal à double face au bas de la croix, après quoi on continue suivant la fig. 173. Dans la fig. 176 on trouve l'explication du retour du fil qui complète les doubles croix et les traits. Les traits verticaux manquant à l'aller sont complétés par les points du retour.

Dans le rang suivant, les points horizontaux complètent vers le haut les points du rang inférieur.

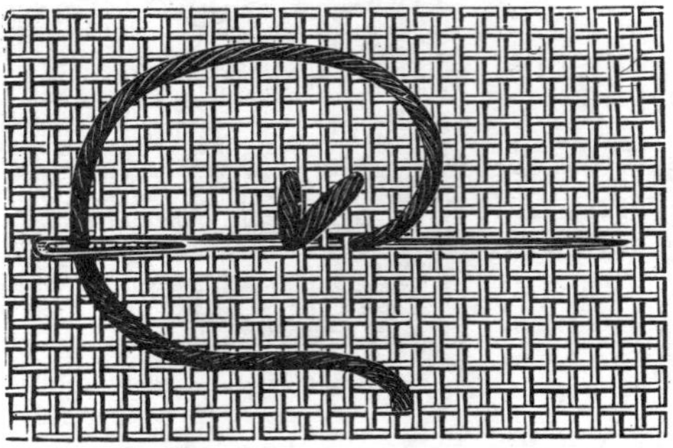

Fig. 175. Point de croix italien à double face. Position de l'aiguille pour le troisième point.

Pour faire un rang final, on fait passer l'aiguille de gauche à droite par-dessous et par-dessus les fils du fond sortant du dernier point de croix, avant de la faire passer sous le point vertical indiqué dans la fig. 176. Ce point de broderie, exécuté sur un tissu à fils espacés, produit un effet de transparence des plus heureux ; seulement il faut tirer assez fortement son fil en travaillant.

Fig. 176. Point de croix italien à double face. Deuxième rang achevant le point de croix.

Point de croix monténégrin à double face (fig. 177, 178, 179). — Les peuples slaves répandus dans les contrées méridionales de l'est de l'Europe, et surtout les habitants du Monténégro, ont une préférence marquée pour le point représenté par la fig. 179 et qui, jusqu'ici, n'avait été décrit dans aucun traité d'ouvrages de dames Ce sont encore des points de croix séparés par des points verticaux, mais faits à l'endroit par-dessus 2 fils obliques, tandis que l'envers présente un point de croix ordinaire, suivi toujours d'un trait vertical intermédiaire, comme à l'endroit.

Un gros brin rehaussera la beauté et la richesse de cette broderie, il couvrira mieux les fils du tissu ainsi que le point vertical qui, dans les broderies slaves, est entièrement perdu entre les points de croix.

On commence, comme le montre la fig. 177, lettre A, par un grand point qui passe de gauche à droite par-dessus 4 fils horizontaux et 8 fils verticaux, puis on ramène l'aiguille de droite à gauche sous 4 fils, et on la retire pour la repiquer, de gauche à droite sous les 4 premiers fils du canevas. Ces deux points terminés, vient le troisième point, indiqué par la lettre B; il traverse verticalement les premiers points, après quoi on recommence par le premier point.

Les fils forment à l'envers des points de croix séparés par des points verticaux, et le changement régulier des fils prête un charme tout particulier au côté formant l'envers de ce point.

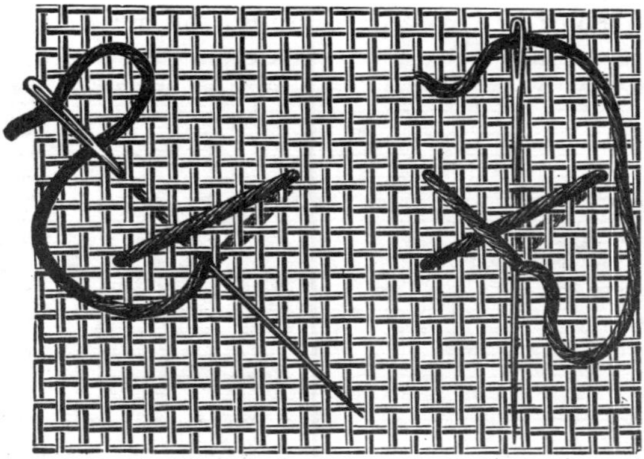

Fig. 177. Point de croix monténégrin à double face. Premier et second points obliques et point transversal. Endroit.

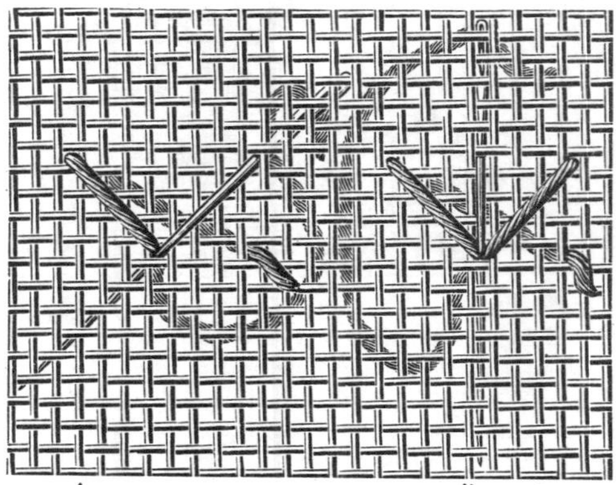

Fig. 178. Point de croix monténégrin à double face. Premier et second points obliques et point transversal. Envers.

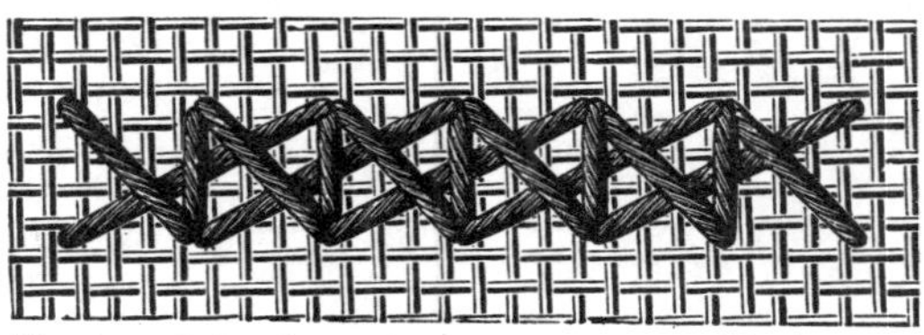
Fig. 179. Point de croix monténégrin à double face. Série de points terminés.

Point natté slave (fig. 180, 181, 182, 183, 184, 185, 186, 187). — Le point natté slave, dit aussi point tressé, a beaucoup d'analogie avec le point monténégrin, mais il est plus facile à exécuter que celui-ci et ne demande guère plus de temps et d'attention que le point de croix ordinaire.

Généralement ce point est travaillé pardessus 3 et 6 fils, comme on peut s'en rendre compte par la fig. 180, pour l'arrondir, il est indispensable de le commencer, dès le début, par-dessus un nombre pair de fils du tissu.

En faisant un rang droit, le premier point devrait être mené, dans le sens de la largeur, par-dessus 8 fils; mais pour arriver à arrondir le point, on ne conduira d'abord le fil, dans les deux sens, que pardessus 4 fils, fig. 181, établissant ainsi, de suite, le premier point de sertissage vers la gauche; ce point est suivi d'un demi-point, après lequel l'aiguille revient à la sortie du premier point. Dans la fig. 182 le demi-point est terminé et caché par les points suivants; le cinquième point qui s'arrête au 5me fil est commencé et l'aiguille est dirigée obliquement et de gauche à droite sous 3 fils de tissu. Dans la fig. 183 l'aiguille revient vers la gauche en sens horizontal sous 4 fils, de sorte que le point de sertissage de droite est terminé en même temps que l'on passe au point du haut. Dans la fig. 184 l'aiguille passe droit et de haut en bas sous 4 fils, puis, suivant la direction indiquée par la flèche, elle passe en sens oblique par-dessus 2 fils et revient sous 2 fils. Dans la fig. 185 on voit d'abord la position de l'aiguille pour le point de sertissage vertical, et le pointillé marquant un point de croix et un point long pour former la natte. La fig. 186 nous montre une baie terminée et sertie de tous les côtés.

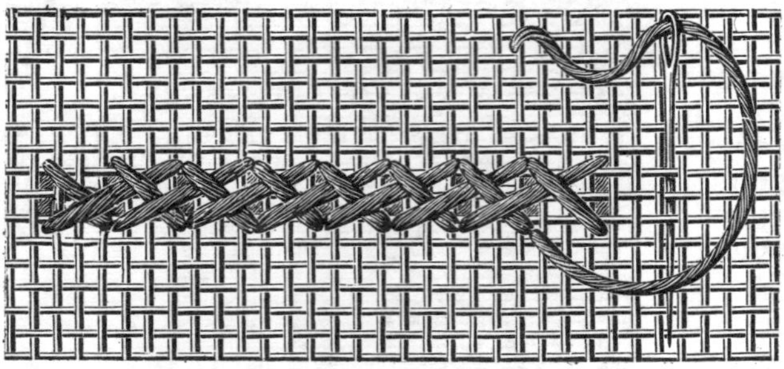

Fig. 180. Point natté slave. Travaillé en rang horizontal.

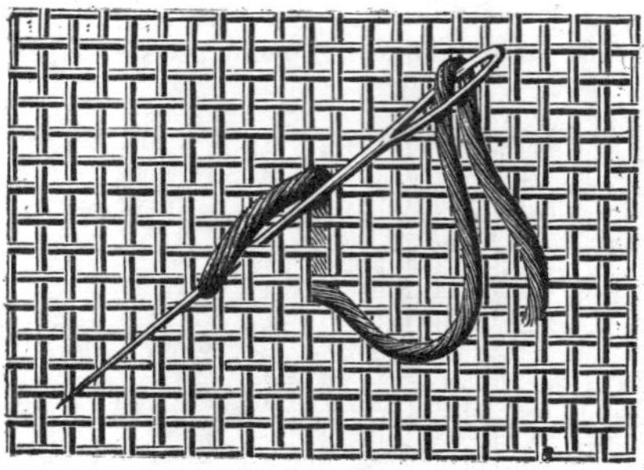

Fig. 181. Point natté slave.
Point de sertissage de gauche, demi-point de retour et position de l'aiguille pour le point suivant.

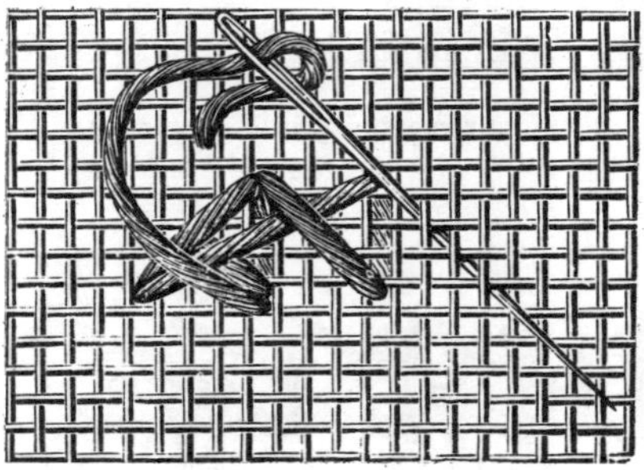

Fig. 182. Point natté slave.
Position de l'aiguille pour le demi-point et pour le point de sertissage de droite.

Le point natté slave peut aussi être travaillé en rang oblique, comme cela arrive pour les lignes serpentines brisées et les tiges de feuilles ou de fleurs. La fig. 187 montre la manière d'exécuter le point en biais par-dessus 2 fils.

Point biais slave (fig. 188 et 189). — Dans les broderies slaves on rencontre souvent comme point de remplissage le point biais slave, qui couvre bien le fond et accélère considérablement le travail. Comme son nom l'indique, ce point est lancé en biais, par-dessus 2 et 4 fils du tissu.

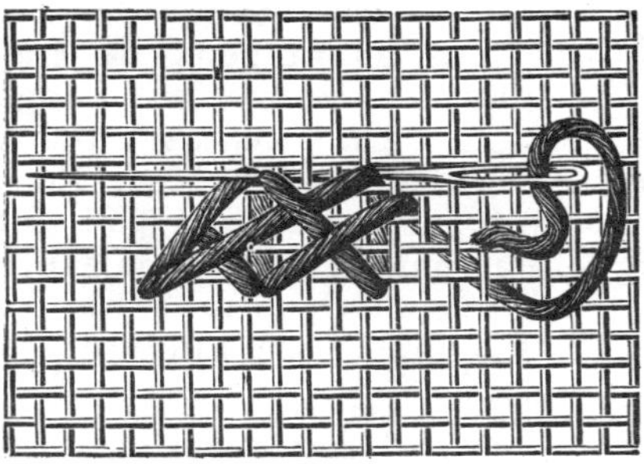

Fig. 183. Point natte slave.
Point de sertissage vers la droite et position de l'aiguille pour un point de sertissage vers le haut.

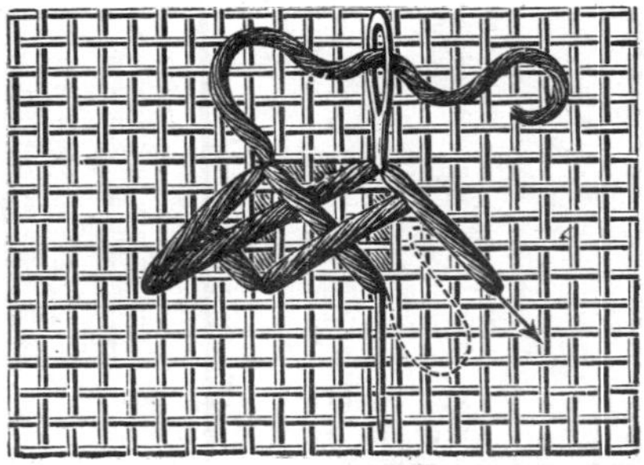

Fig. 184. Point natté slave.
Position de l'aiguille pour revenir à la ligne inférieure et pointillé marquant le demi-point de droite.

Fig. 185. Point natte slave.
Point de sertissage de droite et commencement d'un second rang de points.

Fig. 186. Point natté slave.
Baie encerclée au moyen de points de sertissage.

Selon les motifs à remplir, il est travaillé tantôt en rangs horizontaux, tantôt en rangs verticaux et même en rangs obliques.

La fig. 188 montre la manière de l'exécuter en rangs horizontaux; on lance le fil par-dessus 4 fils du tissu en largeur et 2 fils du tissu en hauteur avec 2 fils d'intervalle et de sorte que les points empiètent de 2 fils sur les points précédents.

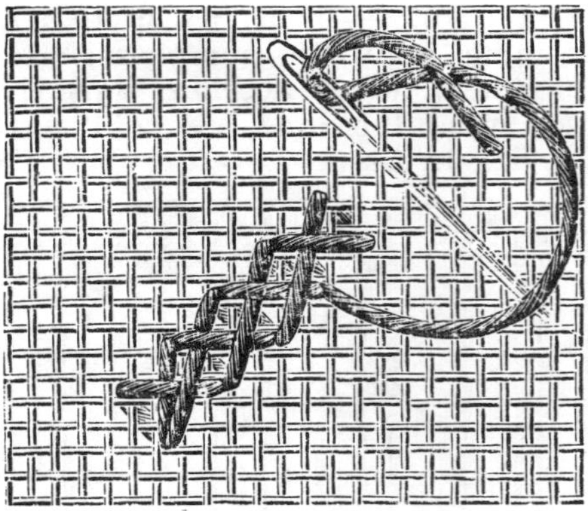

Fig. 187. Point natté slave.
Travaillé en rang oblique.

Fig. 188. Point biais slave.
Travaillé en rangs horizontaux.

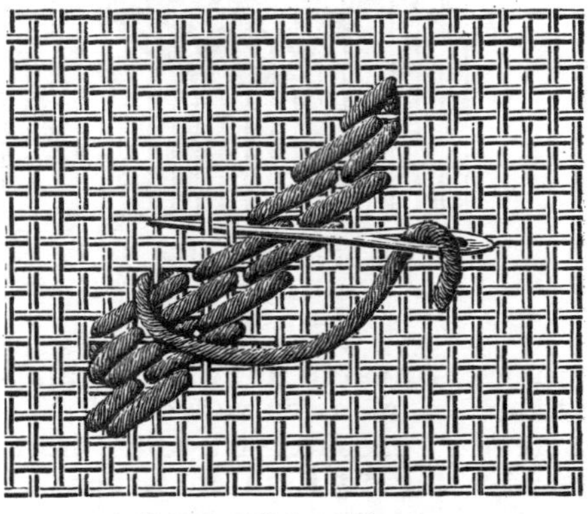

Fig. 189. Point biais slave.
Travaillé en rangs obliques

Pour exécuter le point biais slave en rangs verticaux, on surbrode 4 fils du tissu en hauteur et 2 fils du tissu en largeur.

Il arrive cependant qu'il est plus avantageux de travailler ce point en rangs obliques. Dans ce cas le point est également lancé sur l'endroit par-dessus 2 et 4 fils du tissu, mais à l'envers on saute en sens horizontal 2 fils du tissu, ainsi que l'indique la fig. 189.

Point natté espagnol à double face (fig. 190 et 191). — Rapidité d'exécution et richesse d'effet, tels sont les avantages que présente ce point. Il peut servir pour les ouvrages qui, tout en ayant une certaine apparence, doivent être faits dans un temps relativement court. On fait le point natté espagnol en un aller et un retour. Tout modèle de broderie de point de croix peut être copié de cette manière, seulement il faut combler par des points courts les vides que laissent les points longs.

Le point espagnol se compose de points lancés par-dessus 5 et 3 fils, qui avancent toujours de 3 fils en largeur. Les fig. 190 et 191 indiquent clairement la manière d'exécuter ce point qui est aussi facile qu'agréable à faire.

Certaines imitations de tapis d'Orient, travaillées sur grosse toile, nous font voir un genre de point similaire, dans lequel les fils sont cependant bien plus serrés que dans le point espagnol; voir, au chapitre « La Tapisserie », le point de tricot, fig. 407.

Point quadrillé à double face (fig. 192 et 193). — Le point quadrillé (point Holbein), le point de traits, également appelé point de lignes, et le point de sertissage se font tous d'après les mêmes principes.

Quoique tous ces points à double face soient de la même famille et d'une exécution assez facile, une personne novice dans ce genre de travail aura à s'exercer pendant quelque temps pour ne pas se trouver quelquefois arrêtée dans la marche que doivent suivre les points.

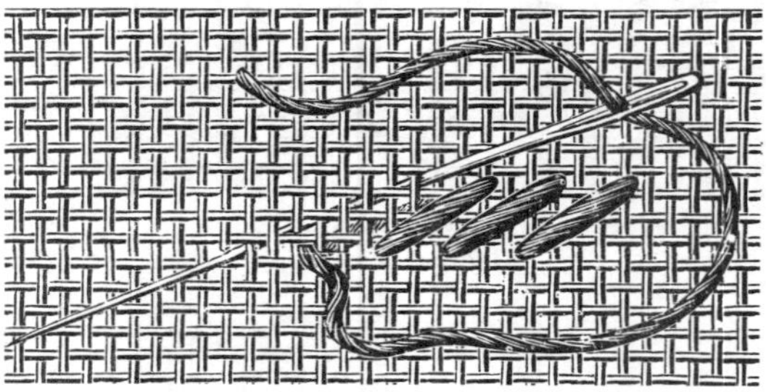

Fig. 190. Point natté espagnol à double face. Premier rang.

La fig. 192 explique comment l'aiguille passe alternativement et par degrés par-dessus et par-dessous les fils du tissu, la fig. 193, comment, au retour, les fils restés en blanc des deux côtés à l'aller sont recouverts successivement au retour.

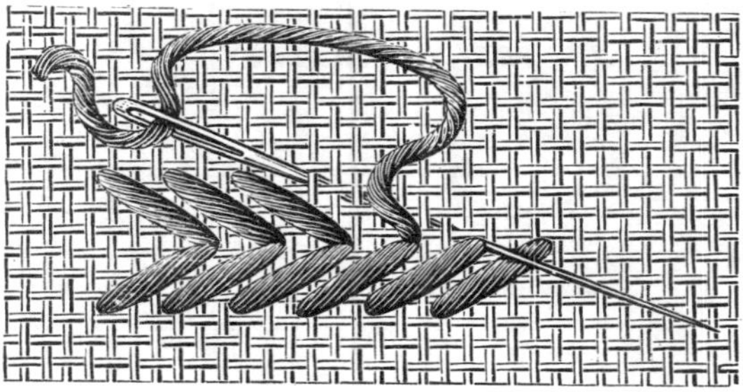

Fig. 191. Point natté espagnol à double face. Deuxième rang.

La grande difficulté du point de lignes est de distribuer les points de l'aller de manière à assurer la marche continue des points du retour. On fera bien, avant d'entreprendre un ouvrage de ce genre, d'étudier la voie la plus directe pour revenir sans arrêt sur le premier rang, sans avoir à faire de points inutiles à l'envers. Lorsqu'on passe obliquement sur le tissu, comme l'exigent souvent les dessins, on suit le même ordre que si l'on recouvre les fils droits d'un tissu.

Point bosniaque (fig. 194). — Ce point de remplissage se compose de points droits et de points obliques, il est travaillé en aller et retour. Les points droits sont posés à l'aller et les points obliques au retour.

La fig. 194 montre les points verticaux posés par-dessus 2 fils de tissu avec 2 fils d'intervalle pour faire la rangée horizontale,

Fig. 192. Point quadrillé à double face.
Premier rang.

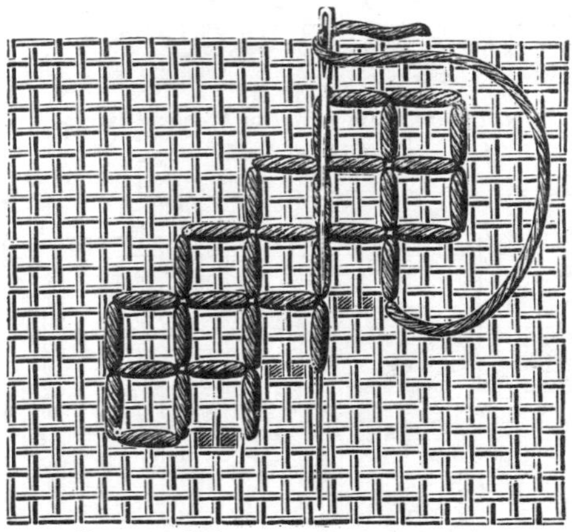

Fig 193. Point quadrillé à double face.
Deuxième rang.

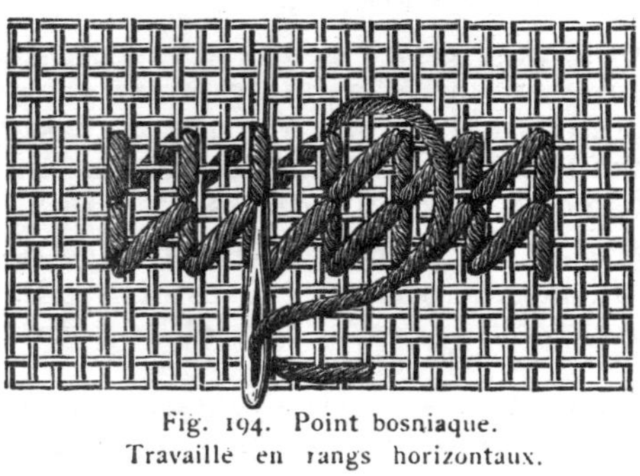

Fig. 194. Point bosniaque.
Travaillé en rangs horizontaux.

et l'exécution des points obliques qui relient les points verticaux.

Dans le cas où le motif demande les points travaillés en rangs verticaux, on remplace nécessairement les points verticaux par des points horizontaux.

Point triangulaire turc à double face (fig. 195, 196, 197, 198, 199, 200, 201). — Les broderies turques offrent, parmi les jolis points qui les distinguent, un point tout particulier, paraissant, au premier abord, d'exécution pénible mais qui en réalité est d'un travail très simple.

Quoiqu'il ressemble au point de lignes sur fils droits, les Orientaux le font d'ordinaire en lignes diagonales, et chaque rang est composé de deux allers et de deux retours de points. Dans le premier aller, fig. 195, l'aiguille passe toujours, en hauteur et en largeur, par-dessus et par-dessous 2 fils en ligne diagonale. Au retour on fait passer l'aiguille sous l'étoffe et le point à l'endroit, on la fait sortir au bas du point, puis on fait un arrière-point oblique vers le haut, par-dessus 2 fils horizontaux et 2 fils verticaux, on passe l'aiguille horizontalement sur 2 fils vers la gauche, pour la faire sortir de nouveau près du point supérieur et la faire rentrer encore une fois près du point inférieur, en formant ainsi un second poin oblique, après quoi on mène le fil au bas du point vertical. Quatre fils se rencontrent toujours dans l'ouverture pratiquée par l'aiguille. Le troisième et le quatrième rang se font aussi en une couleur tranchant sur celle des deux premiers rangs et formant avec ceux-ci un rang complet de points.

Les fig. 197 à 199 montrent le même point disposé pour des rangs en ligne droite.

Dans la fig. 199 le brin foncé indique les deux premiers rangs, le brin clair le troisième et le quatrième rang.

Quand on l'emploie comme point de remplissage pour des surfaces importantes, le mode d'exécution change.

Surbroder d'abord les parties à remplir par un point quadrillé et recouvrir ce point avec des points obliques.

La fig. 200 fait voir l'exécution du point quadrillé qui diffère du point quadrillé, fig. 192 et 193, en ce qu'il produit à l'envers des points obliques.

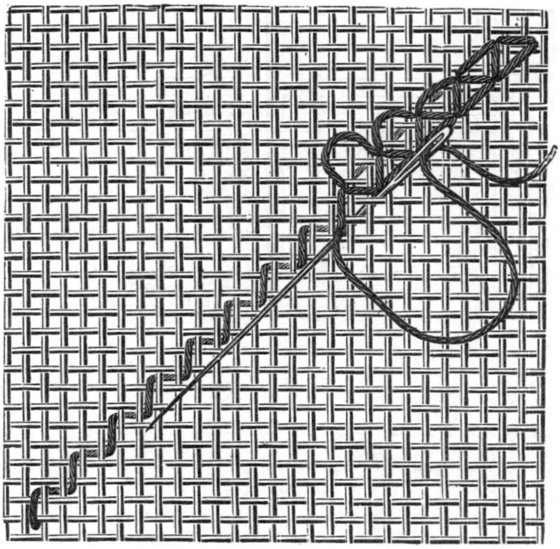

Fig. 195. Point triangulaire turc à double face, exécuté en lignes obliques. Premier aller et premier retour formant un demi-rang de points.

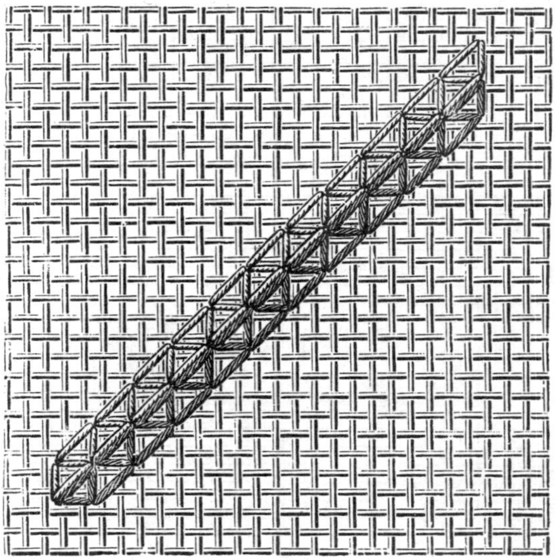

Fig. 196. Point triangulaire turc à double face, exécuté en lignes obliques. Deux allers et deux retours formant le rang complet.

Fig. 197. Point triangulaire turc à double face, exécuté en lignes horizontales. Premier aller.

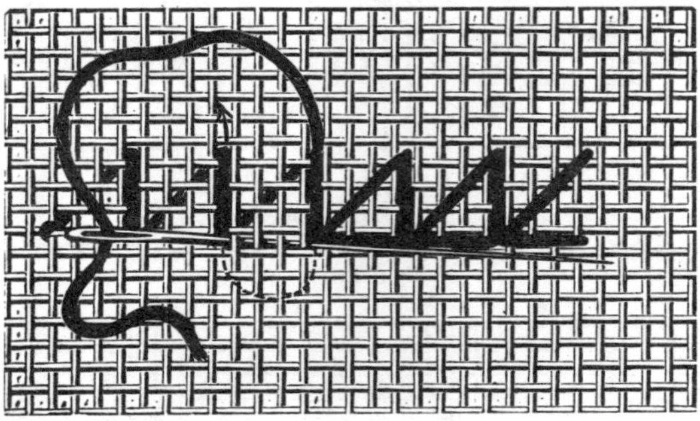

Fig. 198. Point triangulaire turc à double face, exécuté en lignes horizontales. Premier retour.

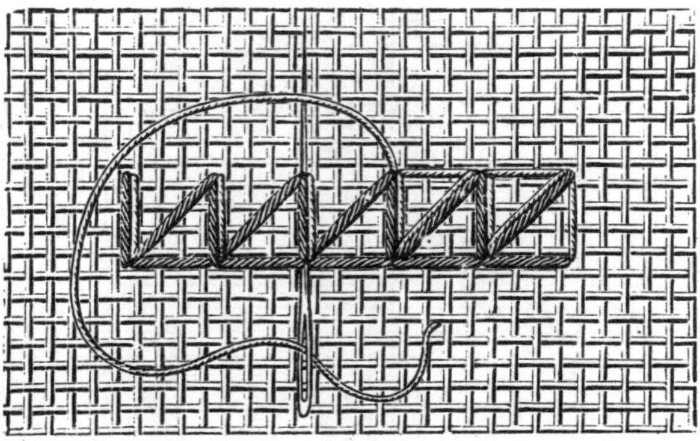

Fig. 199. Point triangulaire turc à double face, exécuté en lignes horizontales. Premier et deuxième aller et premier retour terminés, deuxième retour en voie d'exécution.

Quand la surface est entièrement couverte par ce quadrillage, exécuter la série de points obliques, fig. 201, qui donnent à l'envers un fond quadrillé.

Point œillet « point oka » (fig. 202 et 203). Dans les broderies rustiques du peuple roumain et de quelques peuples slaves on rencontre parfois un point très intéressant appelé « point oka », ce qui veut dire « point œil »; il est travaillé en rangs doubles. On commence par une rangée de points verticaux sur 3 fils du tissu, séparés par un intervalle de 3 fils, lancés alternativement vers le haut et vers le bas, de façon à obtenir sur l'envers des points horizontaux; voir la fig. 202.

Le deuxième rang entrelace des points horizontaux dans les points verticaux, de sorte que plusieurs rangs superposés forment un ensemble d'œillets; voir la fig. 203.

Il est indispensable que les points horizontaux de l'endroit soient placés exactement dans le même ordre que ceux de l'envers.

Fig. 200. Point triangulaire turc à double face pour remplissage. Exécution du point quadrillé.

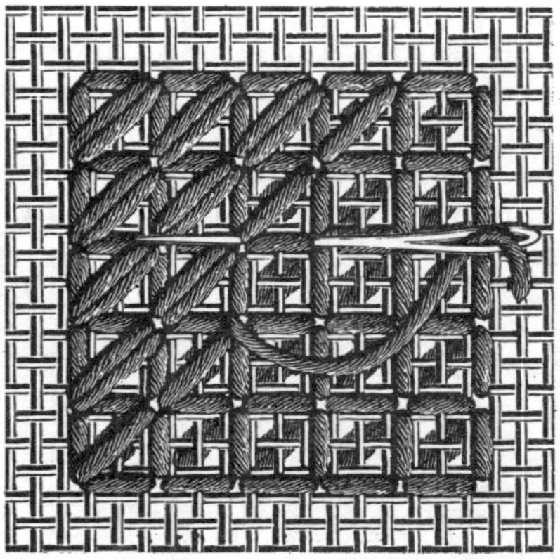

Fig. 201. Point triangulaire turc à double face pour remplissage. Exécution des points obliques.

Fig. 202. Point œillet « point oka ». Exécution du rang de points verticaux et du rang de points entrelacés.

Fig. 203. Point œillet « point oka ». Trois rangées de points terminées.

Lorsqu'il s'agit d'exécuter les lignes d'une certaine longueur, on commencera le premier et le deuxième rang au même point de départ, mais dans les petits motifs on fera le premier rang de points en aller et le deuxième en retour.

Entre-deux à simple face (fig. 204, 205, 206, 207, 208). — Commençant par un simple point de croix, fait dans les deux sens par-dessus 3 fils, on dirige l'aiguille vers le haut et on la passe, 3 fils au-dessus du premier point, sous le même nombre de fils du tissu, fig. 204. Puis revenant à la ligne du premier point, on passe l'aiguille sous 6 fils, fig. 205, et l'on fait un autre point de croix après lequel on ajoute un point vers le bas, fig. 206 et 207, suivi encore d'un point de croix, après lequel on recommence la série de points comme à la fig. 204.

La fig. 208 nous montre en grandeur naturelle une partie de l'entre-deux exécuté avec du Mouliné spécial D·M·C.

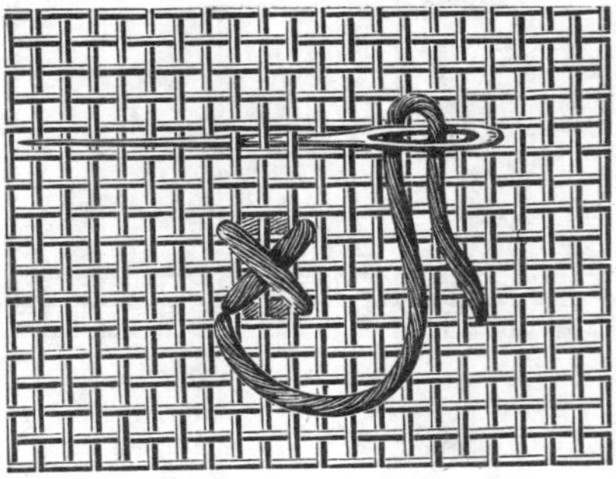

Fig. 204. Entre-deux à simple face. Premier point de croix et position de l'aiguille pour le point supérieur.

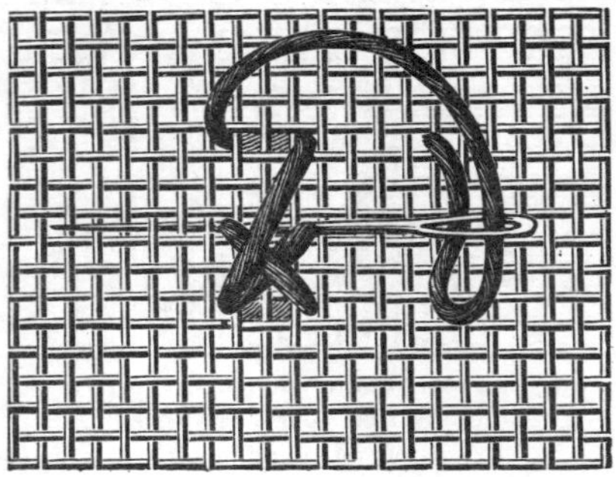

Fig. 205. Entre-deux à simple face. Position de l'aiguille pour terminer le point supérieur et pour revenir au point de croix.

Fig. 206. Entre-deux à simple-face. Deuxième point de croix terminé et position de l'aiguille pour le point inférieur.

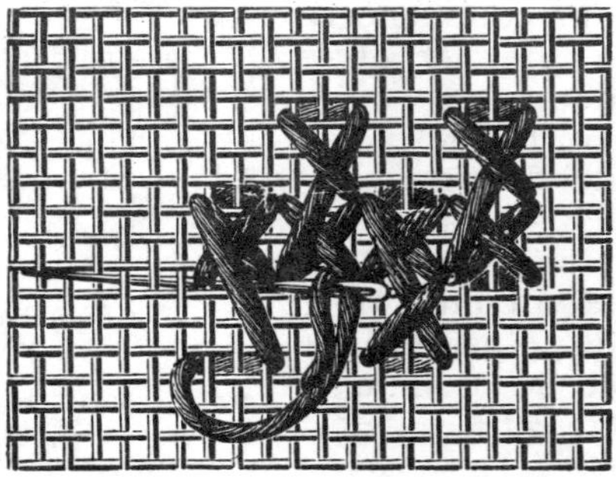

Fig. 207. Entre-deux à simple face. Série de points terminés et position de l'aiguille pour revenir au point de croix.

Entre-deux à double face avec envers au point quadrillé (fig. 209, 210, 211, 212, 213, 214, 215). — La fig. 214 représente un entre-deux à double face, tout indiqué pour compléter les broderies faites elles-mêmes à double face. La fig. 209 explique le premier point et le passage du fil, de gauche à droite, sous 3 fils verticaux et 3 fils horizontaux, ainsi que le deuxième point vers la gauche par-dessus 6 fils et la position de l'aiguille pour commencer le troisième point. Les fig. 210 et 211 montrent le deuxième et le troisième point terminés, la marche du quatrième point et le retour de l'aiguille pour le point suivant; la fig. 212, le premier point horizontal inférieur exécuté par-dessus 6 fils et le point de retour sous 3 fils; la fig. 213, le onzième point terminé et la continuation pour le douzième point. La fig. 214 montre toute une série de points à l'endroit et la fig. 215, l'envers de l'ouvrage offrant un dessin tout différent de celui de l'endroit, mais qui peut aller avec toute broderie à double face.

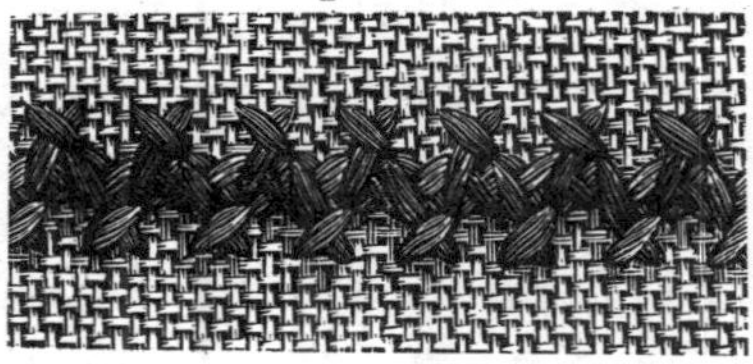

Fig. 208. Entre-deux à simple face.

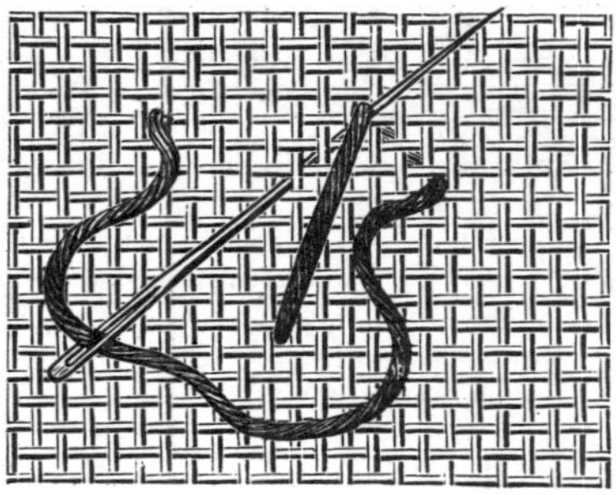

Fig. 209. Entre-deux à double face avec envers au point quadrillé. Premier point terminé, pose de l'aiguille pour le deuxième point.

Ces entre-deux peuvent être exécutés sur n'importe quel genre de tissu; toutefois les points qui les forment doivent être faits dans les deux sens sur un nombre de fils divisible par 3; ainsi on pourra lancer le premier point soit par-dessus 6, 9 ou 12 fils, mais jamais on n'arrivera à le faire sur 8, 10 ou 14 fils.

Entre-deux à points de feston (fig. 216). — On fait d'abord, par-dessus 4 fils, et à 6 fils de distance de la sortie de l'aiguille, un point de feston vers le haut, que l'on serre assez fortement; puis on renouvelle le même point vers le bas, de façon que deux points se rencontrent dans la même ouverture. Après avoir fait, dans les deux sens, cinq points pareils, on saute 6 fils de tissu et l'on recommence un autre groupe de points de feston.

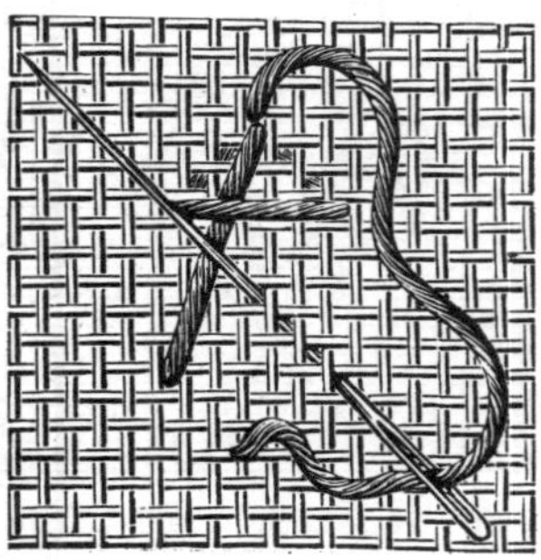

Fig. 210. Entre-deux à double face avec envers au point quadrillé. Deuxième point terminé, pose de l'aiguille pour le troisième point.

Différents ourlets pour broderies (fig. 217, 218, 219, 220). — On termine les broderies de couleur non seulement par des ourlets à jours et des rivières, mais aussi par des ourlets ornés de différents genres de points, et même lorsque le tissu est bordé d'une belle lisière, on peut les faire directement sur celle-ci.

Si donc l'on veut copier les deux genres de points représentés dans les fig. 217 et 218 le long d'un bord coupé, on préparera d'abord un ourlet roulé ordinaire, dans un tissu fin, et un ourlet plat, dans un tissu plus gros. Cet ourlet préparé, on fait trois points de feston légèrement espacés — dans la fig. 217 ils le sont de 2 fils — puis, sautant un nombre de fils double de celui qu'on a laissé entre les points, on passe au groupe suivant. Dans la fig. 218 l'ornementation de l'ourlet est formée par deux points embrassant seulement la largeur de l'ourlet et introduits tous deux dans la même ouverture, et par deux points plus longs, séparés des premiers par 4 fils, auxquels succèdent trois fois deux autres points pareils aux premiers.

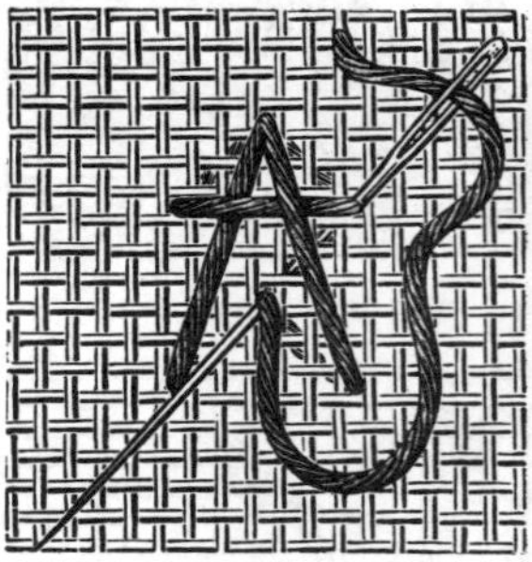

Fig. 211.
Entre-deux à double face avec envers au point quadrillé. Troisième point terminé, pose de l'aiguille pour le quatrième point.

Fig. 212.
Entre-deux à double face avec envers au point quadrillé. Quatrième point terminé, pose de l'aiguille pour le cinquième point.

Un autre ourlet, aussi original que joli, est celui qui est reproduit dans les fig. 219 et 220. On commence par enrouler environ 1 centimètre de toile aussi fortement que le permet le tissu, on ramène le fil de derrière par devant et, sautant 9 fils, on fait neuf points, en n'avançant cependant que de 1 fil. Chaque point est fortement serré et tous doivent s'aligner. On fera bien de tirer un fil le long de l'ourlet pour obtenir une ligne strictement droite. Le tissu devra être entièrement couvert par les points; on y arrivera le plus facilement en employant un fil floche comme le Mouliné spécial D·M·C, le Lin floche D·M·C, la Rayonne à broder D·M·C ou la Soie de Perse D·M·C.

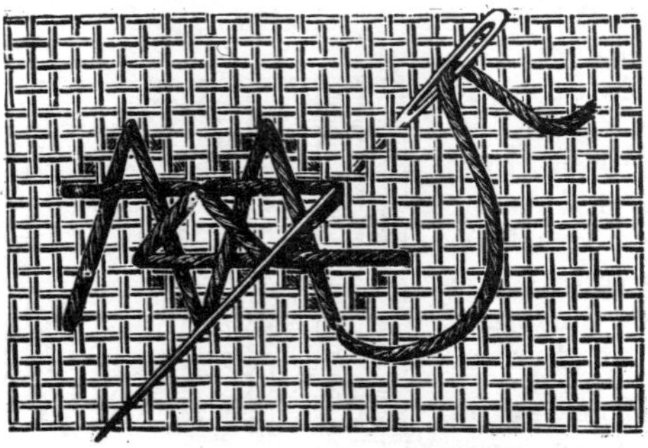

Fig. 213. Entre-deux a double face avec envers au point quadrillé.
Série de points terminés pose de l'aiguille pour le douzième point.

Bordure au point de croix. Motif gothique (fig. 221). Nous devons ce joli dessin, d'un vrai caractère gothique, à une visite que nous avons faite au musée national de Munich, où nous l'avons découvert dans un amas de vieux débris mis au rebut. Les lignes simples et gracieuses de ce motif le rendent

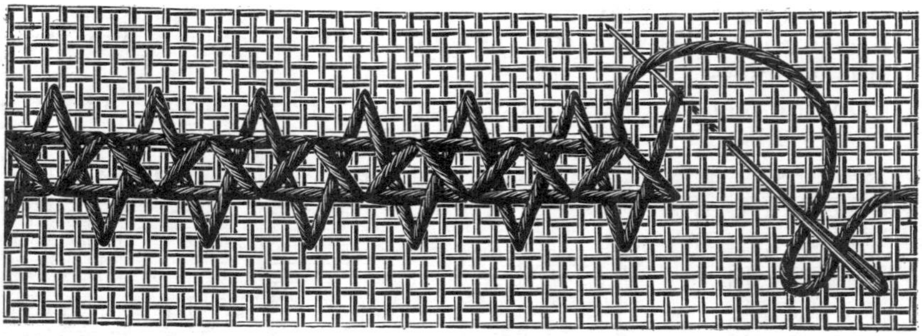

Fig. 214. Entre-deux à double face avec envers au point quadrillé. Endroit.

Fig. 215. Entre-deux à double face avec envers au point quadrillé. Envers.

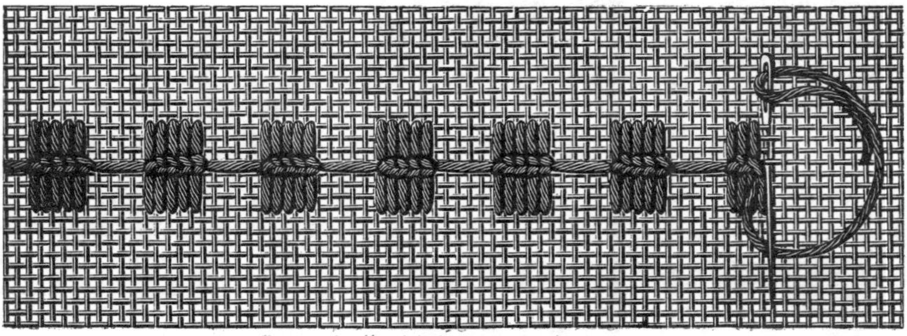

Fig. 216. Entre-deux à points de feston.

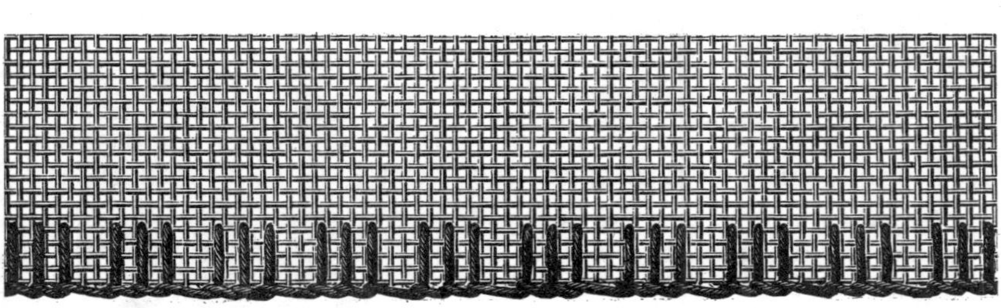

Fig. 217. Lisière ou ourlet orné de points de feston simples.

propre à être reproduit sur des tapis de table, sur des serviettes, sur des couvertures de lit, sur des rideaux et sur une foule d'autres objets.

On complétera cette broderie par de larges franges, exécutées avec les fils du tissu même, ou par des franges nouées; voir

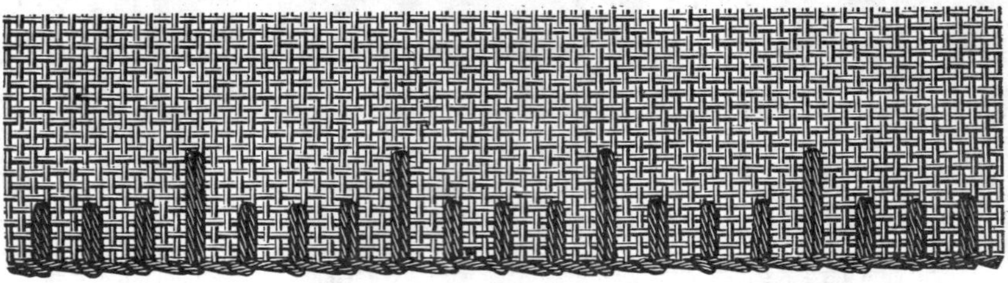

Fig. 218. Lisière ou ourlet orné de points de feston doubles.

les chapitres « Le Macramé » et « La Garniture des ouvrages ».

Le dessin peut être reproduit en une seule nuance ou en deux tons d'une même couleur, comme le montre la fig. 221, dont tous les points de croix extérieurs doivent être exécutés avec le fil de la nuance foncée.

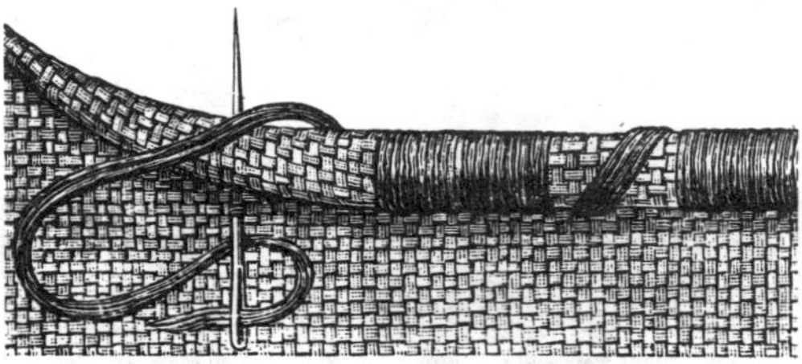

Fig. 219. Ourlet roulé et brodé. Détail agrandi.

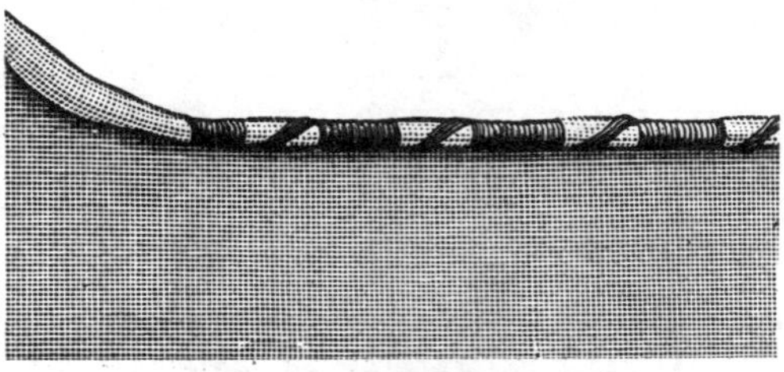

Fig. 220. Ourlet roulé et brodé. Grandeur naturelle.

Bordure au point de croix en camaïeu. Motif chinois (fig. 222). Ce motif chinois, traduit au point de croix, formait l'encadrement d'un riche vêtement de mandarin. Il est très intéressant et rencontrera certainement un bon accueil auprès de nos lectrices. Il offre, pour des têtières de tout genre, un joli sujet que nous recommandons d'exécuter, en trois tons bleus bien marqués, sur une étamine légèrement teintée. L'ouvrage sera terminé par une petite dentelle aux fuseaux.

Semis et bordure au point de croix et au point de traits. Motifs roumains (fig. 223 et 224). — Ces deux jolis motifs, d'origine roumaine, sont remarquables par la distribution tout particulièrement harmonieuse des couleurs.

Le rouge vif y domine, à côté d'un bleu moyen et d'un vert, auxquels s'ajoutent des points isolés en jaune vif et en jaune d'or.

Fig. 221. Bordure au point de croix. Motif gothique.
Fournitures : Coton à broder D·M·C, qualité spéciale, Coton perlé D·M·C, Rayonne à broder D·M·C ou Lin floche D·M·C.
Explication des couleurs : ✖ Bleu de France 797 ou Brun-Cachou 434,
✖ Bleu de Sèvres 799 ou Brun-Cachou 436.

Le semis, fig. 223, est composé de fleurs rouges, vertes et bleues. Les fleurs rouges sont complétées par des points verts ou bleus; les fleurs vertes et les fleurs bleues sont rehaussées de points rouges.

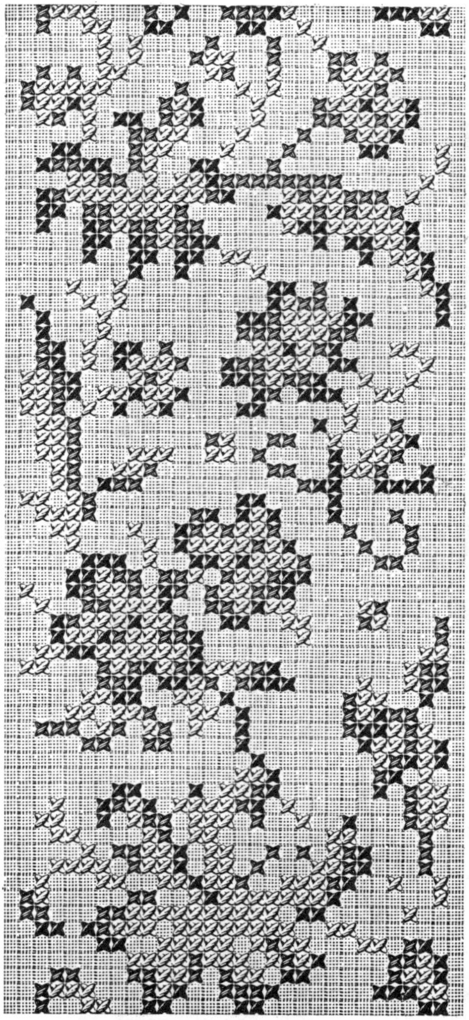

Fig. 222. Bordure au point de croix.

Fournitures : Coton à broder D·M·C, qualite spéciale, Coton perlé D·M·C ou Lin floche D·M·C.

Explication des couleurs :

Bleu-Indigo 312 ou Bleu-Myosotis 824,

Bleu-Indigo 334 ou Bleu-Myosotis 826,

Bleu d'Azur 3325 ou Bleu-Myosotis 827 (*).

Toutes ont leur centre formé de quatre points jaune vif. Elles sont disposées en rangs obliques, un rang sur deux étant fait de fleurs rouges. Les autres rangs présentent alternativement une fleur bleue et une verte.

La bordure, fig. 224, comprend deux parties principales. Dans la plus large, faite de motifs de forme carrée, le jaune d'or est employé pour marquer le calice et la tige des quatre œillets placés aux angles et encadrant la croix qui occupe le milieu. La plus étroite est une suite de fleurs rapprochées, du même modèle que celles du semis. Les deux parties sont séparées par un entre-deux de trois croix de hauteur, qui peut aussi être travaillé à points lancés verticaux, exécutés par-dessus un nombre correspondant de fils. Ce ruban, où l'on fait alterner les couleurs employées dans le fond, est bordé de chaque côté par une file de points de traits. Dans les espaces libres réservés de part et d'autre du ruban ainsi brodé, serpentent deux rangées de points de traits.

Les motifs des fig. 223 et 224 conviendront tout particulièrement pour la garniture de tapis de table, dont ils décoreront respectivement le milieu et la bordure.

(*) Ces numéros désignent des couleurs qui se trouvent sur les cartes de couleurs des articles portant la marque D·M·C. Ces cartes peuvent être consultées chez tous les merciers et marchands d'ouvrages de dames.

Bordure au point de croix. Motif grec (fig. 225). — Pour l'exécution de ces figures simples et compactes, le point natté que nous avons expliqué par la gravure fig. 180 se prête le mieux. Toutes les lignes donnant le ton le plus foncé sont brodées en Noir grand-teint 310; les feuilles en gradins sont remplies jusque près de la tige, dont le commencement se reconnaît aisément au changement des types des points de croix, l'une de rouge clair, l'autre de rouge foncé. Il en

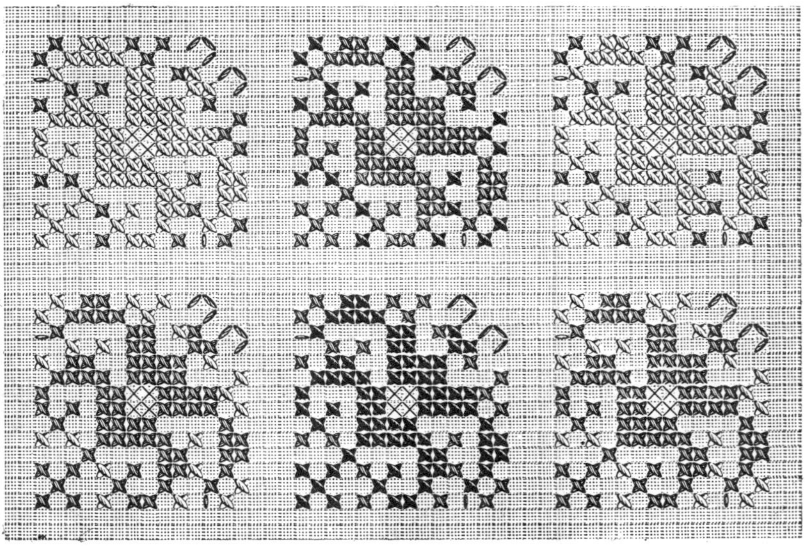

Fig. 223. Semis au point de croix et au point de traits. Motif roumain.

Fournitures : Coton perlé D·M·C, Lin floche D·M·C ou Rayonne à broder D·M·C.

Explication des couleurs : Bleu de Sèvres 798, Rouge-Turc 321, Vert-Scarabée 3346, Jaune-Safran 725.

résulte que deux feuilles claires et deux feuilles foncées sont toujours opposées l'une à l'autre.

Dans l'original, la traverse qui raccorde les feuilles est exécutée en brun, tandis que la figure isolée qui sépare les feuilles est brodée en bleu pâle.

La partie extérieure de la figure est comblée au moyen de points bruns; les points de croix doubles se font partout en Rayonne à broder D·M·C, Jaune d'Or 783.

Pour les S de la petite bordure finale on emploie deux tons de bleu; le bleu foncé pour les points extérieurs et le bleu clair pour remplir. Les petites figures à barres qui raccordent les S sont alternativement serties de noir avec remplissage de rouge clair, et serties de rouge foncé avec remplissage de brun. Vu le choix restreint de types que nous avons à

Fig. 224. Bordure au point de croix et au point de traits. Motif roumain.
Fournitures: Coton perlé D·M·C, Lin floche D·M·C ou Rayonne à broder D·M·C.
Explication des couleurs : Bleu de Sèvres 798, Rouge-Turc 321, Vert-Scarabée 3346, Jaune d'Or 780, Jaune-Safran 725.

notre disposition, le bleu foncé et le rouge foncé sont représentés par le même type de croix.

Nous recommandons ce dessin tout spécialement pour la garniture d'objets de toilette ; dans ce cas, on exécutera la broderie sur une bande de toile ou d'étamine pour pouvoir mieux manier l'ouvrage.

Fig. 225. Bordure au point de croix. Motif grec.

Fournitures : Mouliné spécial D·M·C ou Lin floche D·M·C et Rayonne à broder D·M·C.

Explication des couleurs : ■ Noir grand-teint 310, ■ Rouge-Géranium 350 et Bleu-Indigo 312, ■ Rouge-Géranium 352, ■ Brun-Cachou 437, ✕ Bleu d'Azur 3325, ✳ Rayonne à broder D·M·C en Jaune d'Or 783.

Coins au point de traits (fig. 226 et 227). — Ces deux charmants sujets avec coins peuvent garnir toute espèce de petits objets en toile, tels que: cols pour dames et enfants, serviettes à thé, mouchoirs en toile surfine, et peuvent être faits suivant le goût et la fantaisie de chacun en une seule ou en deux couleurs. Nous rappelons ici le conseil donné pour les fig. 192 et 193 de bien étudier avant de commencer le travail la voie que les points doivent suivre pour faire ensuite la broderie sans interruption.

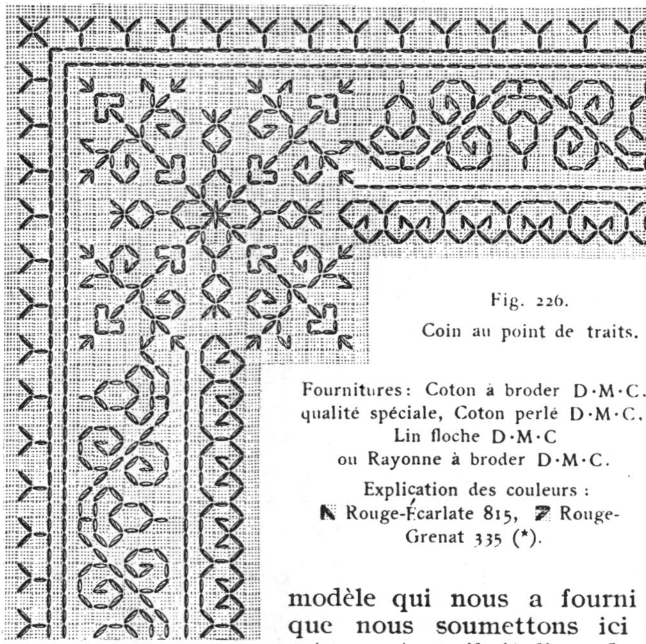

Fig. 226.
Coin au point de traits.

Fournitures: Coton à broder D·M·C. qualité spéciale, Coton perlé D·M·C, Lin floche D·M·C ou Rayonne à broder D·M·C.

Explication des couleurs : Rouge-Écarlate 815, Rouge-Grenat 335 (*).

Si l'on préfère les broder en deux couleurs, on fera l'intérieur avec une nuance plus claire et les petites bordures à l'extérieur avec une nuance plus foncée, comme indiqué dans les gravures.

Bordure au point de traits (fig. 228). — Le modèle qui nous a fourni la jolie bande que nous soumettons ici à nos lectrices est un travail italien des mieux réussis, quoique, à en juger par le dessin qui rappelle la feuille de trèfle, la rose et le chardon, on serait porté à lui attribuer une origine anglaise.

Tout nous prouve que l'original avait été exécuté avec le rouge pourpre le plus vif; mais ce rouge a tellement passé qu'il ne ressemble plus aujourd'hui qu'au Brun-Cachou 436 ou au Rouge-Maroquin 3329 de la carte de couleurs D·M·C.

Vu l'effet harmonieux que ce rouge passé au jaune produit sur la toile blanche, on recommande tout spécialement de choisir de préférence l'une des teintes citées. Elles seules imprimeront

(*) Ces numéros désignent des couleurs qui se trouvent sur les cartes de couleurs des articles portant la marque D·M·C. Ces cartes peuvent être consultées chez tous les merciers et marchands d'ouvrages de dames.

à l'ouvrage nouveau ce caractère distingué qui est le propre de toutes les broderies anciennes.

Lorsqu'on emploiera ce dessin comme garniture pour dessus de servante ou dessus de buffet, nous conseillons de le terminer par une large rivière à jour, qu'on choisira au chapitre « Les Jours sur Toile ».

Fond à bandes obliques au point de traits (fig. 229). On exécute ce dessin avec le point de traits à double face ou avec le simple point de piqûre. L'original de ce dessin est brodé, par exception, au point de traits à simple face et au moyen d'un brin très floche. Comme ce dessin, exécuté sur un tissu plus fort, prendra certaines dimensions, il ne pourra être reproduit que sur des objets assez grands, comme coussins et panneaux, et en une seule couleur.

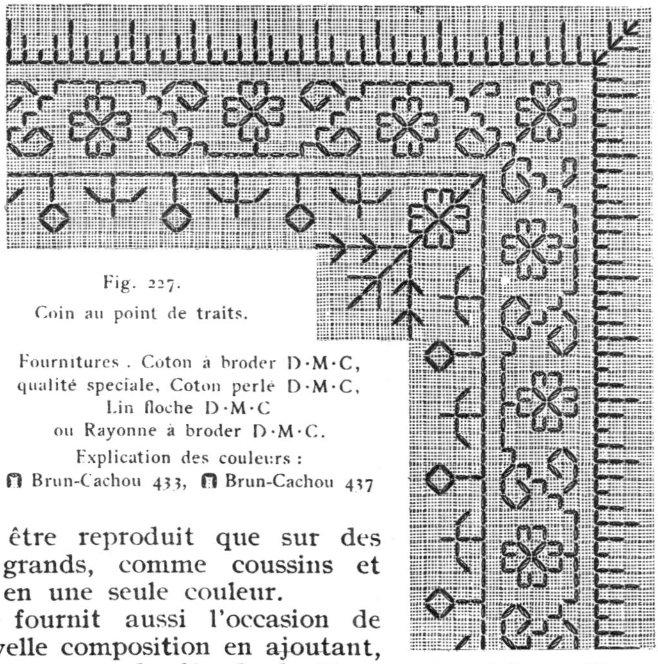

Fig. 227.
Coin au point de traits.

Fournitures : Coton à broder D·M·C, qualité spéciale, Coton perlé D·M·C, Lin floche D·M·C ou Rayonne à broder D·M·C.
Explication des couleurs :
■ Brun-Cachou 433, ■ Brun-Cachou 437

Ce dessin fournit aussi l'occasion de faire une nouvelle composition en ajoutant, par exemple, une seconde file de feuilles sur le côté supérieur de la tige oblique. Dans ce cas on fera remonter les motifs et on les contrariera, de sorte qu'une feuille se trouvera au-dessus d'une fleur, et une fleur au-dessus d'une feuille.

Semis au point de croix, au point de diable et au point de traits (fig. 230). — Ce dessin est une combinaison de points de diable, de points de traits et de points de croix. Ces points produisent un ensemble charmant qui peut être reproduit sur tous les objets susceptibles d'être ornés d'une broderie.

Pour les points de croix, qui sont employés pour les parties denses du dessin, on se servira d'une seule nuance et on emploiera la Rayonne à broder D·M·C, en Jaune d'Or 783, pour exécuter les points de traits et pour les étoiles.

Ce dessin peut être employé comme fond pour petit tapis ou coussin; on le terminera par une petite bordure brodée ou

Fig. 228. Bordure au point de traits.
Fournitures : Coton à broder D·M·C, qualité spéciale, Coton perlé D·M·C, Lin floche D·M·C ou Rayonne à broder D·M·C, en Brun-Cachou 436 ou Rouge-Maroquin 3329.

par une bande d'étoffe. Pour dessous d'assiettes on ne prendra qu'un seul motif, lequel sera alors posé dans chaque coin.

Bordure au point de croix, au point quadrillé et au point de traits. Motif kutzo-valaque (fig. 231). — Un ouvrage valaque,

Fig. 229. Fond à bandes obliques au point de traits.

Fournitures : Coton à broder D·M·C, qualité spéciale, Coton perlé D·M·C, Lin floche D·M·C ou Rayonne à broder D·M·C, en Rose tendre 899 ou Violet-Scabieuse 395.

exécuté sur une toile rustique, singulier dans les formes et dans le choix des couleurs, a donné l'idée de la charmante broderie représentée ici. Aux couleurs très vives ont été substitués des tons doux.

Le sertissage au point quadrillé et au point de traits se fait en rouge foncé, Rouge-Écarlate 815, et en vert, Vert-Scarabée 3347.

Fig. 230. Semis au point de croix, au point de diable et au point de traits.
Fournitures : Coton perlé D·M·C, Coton à broder D·M·C, qualité spéciale, ou Lin floche D·M·C et Rayonne à broder D·M·C.
Explication des couleurs : ⊠ Rouge-Grenat 309 ou Gris-Cendre 414,
✳ Rayonne à broder D·M·C, en Jaune d'Or 783.

Pour le remplissage au point de croix on prendra alternativement le Bleu-Indigo 311, le Rouge-Grenat 309, le Vert-Scarabée 3347 et le Jaune d'Or 782.

Fig. 231. Bordure au point de croix, au point quadrillé et au point de traits. Motif kutzo-valaque.

Fournitures : Mouliné spécial D·M·C, Lin floche D·M·C ou Rayonne à broder D·M·C.

Explication des couleurs : ✖ Bleu-Indigo 311, ✖ Rouge-Grenat 309, ✖ Jaune d'Or 782, ✖ ✖ Vert-Scarabée 3347, ✖ Rouge-Écarlate 815.

Le dessin est traduit ici au point de croix, au point quadrillé et au point de traits, exécution facile, qui peut être entreprise par des personnes peu exercées. A celles qui voudront rehausser encore l'effet de ce charmant motif, nous conseillons de remplacer le point de croix par le point biais slave, fig. 188 et 189, qui changera de direction suivant les formes du dessin.

Fig. 232. Motif en broderie d'Assise.
Fournitures : Coton à broder D·M·C, qualité spéciale, en Bleu-Indigo 324 et Noir grand-teint 310.

Nous recommandons de faire ce dessin sur un tissu de couleur — rouge ou brun foncé — en bande; on emploiera alors la broderie pour garnir des rideaux ou des portières, des tapis de table, des panneaux, lambrequins, etc. Ces objets seront confectionnés en drap ou peluche, puis on y ajoutera la broderie, que l'on pourra encore garnir d'une frange de fantaisie.

Motif en broderie d'Assise (fig. 232). — Ces broderies de couleurs sur toile à dessins réservés, aux contours foncés sur un fond couvert de points de croix en couleur claire, sont inspirées des anciennes broderies italiennes, soigneusement conservées dans les églises d'Assise depuis les XIIIe et XIVe siècles. La confection de ces broderies est devenue une industrie locale et domestique depuis le début de notre siècle, à Assise même.

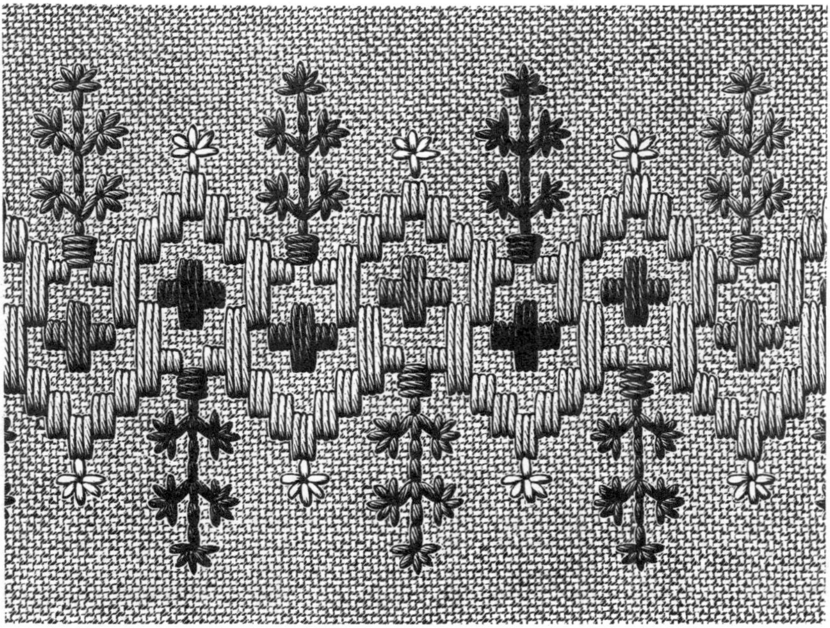

Fig. 233. Bordure. Motif italien à points lancés.

Fournitures : Soie de Perse D·M·C, en Jaune-Orange 1114. Jaune-Paille 1262, Vert-Réséda 1020, Bleu-Indigo 1011 et Rouge ancien 1041 ;
Mouliné spécial D·M·C, Lin floche D·M·C ou Rayonne à broder D·M·C, en Jaune d'Or 782, Jaune-Crème 579, Vert-Scarabée 3347, Bleu-Indigo 334 et Rouge-Grenat 309.

Commencer par l'exécution des contours ornementés en deux rangs de points devant se complétant l'un l'autre. Ces points devant sont lancés tantôt verticalement, tantôt horizontalement, parfois obliquement, en raison des diverses directions des lignes qu'ils doivent dessiner, mais ils sont toujours faits par-dessus trois fils du tissu.

Le fond est fait en rangées horizontales de points de croix exécutés en aller et retour.

Lorsque les points des contours ne sont placés qu'horizontalement et verticalement, les points de remplissage sont toujours des points de croix entiers. Là où le contour comprend des points obliques, on a forcément des vides dans le fond, entre les points de croix et les points obliques ; on remplit ces vides triangulaires qui déparent l'ouvrage par de petits points en biais, comme on le voit par exemple sur la gravure fig. 232, autour de la tête de la chimère.

Notre modèle est travaillé sur un fond de toile blanche avec du Coton à broder D·M·C, qualité spéciale, N° 16 en Noir

Fig. 234. Bordure slovaque a points lances et au point de traits.
Fournitures : Soie de Perse D·M·C. en Jaune-Paille 1262 et Jaune-vieil-Or 1268
Rayonne a broder D·M·C. Lin floche D·M·C
ou Mouliné special D·M·C. en Jaune-Crème 579 et Jaune d'Or 782.

grand-teint 310 pour les contours et en Bleu-Indigo 334 pour le remplissage du fond.

Ce motif, employé isolément peut garnir des napperons, des pelotes, des abat-jour et des sacs de tout genre. On peut en former des bordures larges pour tapis, panneaux, essuie-mains, etc. en le répétant entre deux rivières.

Bordure. Motif italien à points lancés (fig. 233). — La beauté des dessins italiens, exécutés au point lancé sur toile fine, consiste dans le choix heureux des nuances de la broderie.

Dans notre modèle, la ligne serpentine est brodée en jaune d'or, et les petites fleurs qui la touchent en jaune clair. Les petites croix et les petits arbres sont travaillés alternativement en rouge, vert et bleu.

Nous recommandons ce dessin pour la garniture d'objets de toilette, tels que tabliers, cols, robes d'enfants, etc., exécuté

Fig. 235. Couverture en broderie marocaine.
Fournitures : Coton perlé D·M·C, Coton à broder D·M·C, qualité spéciale, Mouliné spécial D·M·C, Lin floche D·M·C ou Rayonne à broder D·M·C, en Rouge-Grenat 309, Rouge-Écarlate 815 ou Rouge-Géranium 350.

sur un galon de toile ou d'étamine, que l'on pourra terminer par un picot au crochet.

Bordure slovaque à points lancés et au point de traits (fig. 234). — Le dessin que nous présentons ici à nos lectrices est copié d'une manchette que portent les paysannes de Moravie. Les motifs de la rivière sont sertis de points quadrillés ajourés — dont on trouvera l'explication au chapitre « Les Jours sur Toile », fig. 775 — et ceux des fleurettes, de points de traits ; ils sont remplis de points lancés horizontaux ou verticaux. La broderie est travaillée à points comptés sur toile crème ; comme fournitures, on emploiera de la Soie de Perse D·M·C, en deux nuances de jaune. Cette soie peut être avantageusement remplacée par la Rayonne à broder D·M·C, le Mouliné spécial D·M·C ou le Lin floche D·M·C.

Lorsqu'on emploiera ce modèle comme garniture d'objets de toilette, on exécutera la broderie sur l'objet même par-

Fig. 236. Broderie marocaine.
Quart d'un des motifs de la fig. 235.

dessus un canevas auxiliaire et non sur un galon de tissu.

Couverture en broderie marocaine (fig. 235, 236, 237, 238). Ce genre d'ouvrage, qui porte le nom de son pays d'origine, peut être rangé aussi, suivant son mode d'exécution, dans la classe des ouvrages au point de reprise ou dans celle des points damassés. Le dessin net des motifs réservés en toile nue, se découpant sur un fond brodé à points lancés contrariés, caractérise les broderies marocaines.

Pour faire le dessin de la couverture, fig. 235, on saute toujours 5 fils et on relève le 6me fil.

Dans le retour, on relève le 3me des 5 fils que l'on a sautés dans l'aller, et l'on procède de la même manière sur toute la surface de l'ouvrage, à moins que les lignes du dessin n'exigent une dérogation à cette règle, comme, par exemple, dans certaines

Fig. 237. Broderie marocaine.
Bordure et entre-deux extérieurs de la fig. 235.

parties de la bordure fig. 237, où l'on voit les fils lancés parfois par-dessus 6 fils, et dans la bordure fig. 238, où les points sont disposés assez arbitrairement, pour arriver à faire ressortir nettement le dessin.

La fig. 236 représente le quart d'un des motifs qui font l'ensemble du dessin fig. 235.

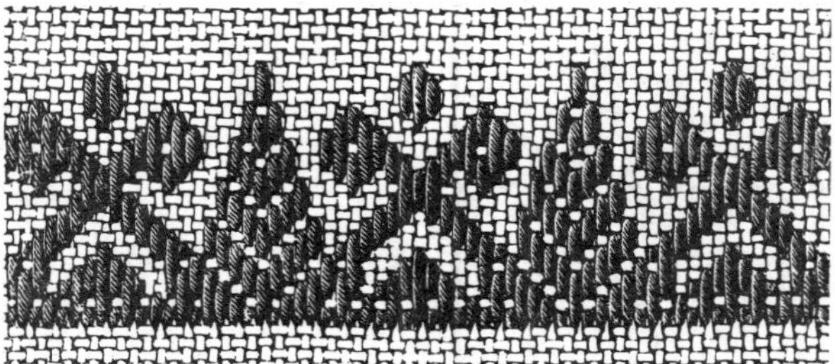

Fig. 238. Broderie marocaine.
Petite bordure pouvant servir à border la fig. 235.

On réunira donc quatre de ces parties pour faire un motif entier et, en commençant l'ouvrage par son milieu, on ira jusqu'au point où l'on voudra ajouter l'une des deux petites bordures, fig. 237 et 238, car ce fond peut être interrompu n'importe où.

La plupart des tissus de lin et de coton peuvent servir de fond à ce bel ouvrage ; on assortira les fournitures en conséquence. Le Coton perlé D·M·C sera employé sur les gros tissus, tandis que la Rayonne à broder D·M·C, le Coton à broder D·M·C,

Fig. 239. Fond en broderie de Rhodes.

Fournitures : Coton perlé D·M·C, Mouliné spécial D·M·C, Lin floche D·M·C
ou Rayonne à broder D·M·C,
en Rouge-Géranium 350, Rouge-Grenat 335 ou Rouge-Turc 321.

Fig. 240. Broderie de Rhodes. Partie du fond fig. 239.

qualité spéciale, le Mouliné spécial D·M·C et le Lin floche D·M·C se recommandent plutôt pour la broderie sur tissus plus fins

Fond en broderie de Rhodes (fig. 239 et 240). — Son nom en indique le lieu de provenance: l'Ile de Rhodes. Ce genre de broderie y fut en vogue aux XVIe et XVIIe siècles. L'exécution est celle de la broderie marocaine, fig. 235, mais les motifs des modèles sont brodés et c'est, cette fois, le fond qui reste à nu. Les broderies originales sont presque exclusivement exécutées en une seule couleur, un rouge moyen, relevée parfois de petits motifs en bleu clair ou vert clair.

Fig. 241. Motif floral au point triangulaire turc.
Fournitures: Rayonne à broder D·M·C ou Coton perlé D·M·C, en Rouge-Maroquin 896 et 3329, Vert-Scarabée 3345, Brun-Rouge 923, Jaune-Mandarine 743 et Bleu de Ciel 747 et 518.

La fig. 239 représente, avec une certaine réduction, une partie d'une couverture en broderie de Rhodes, travaillée sur toile blanche avec du Coton perlé D·M·C No 5 en Rouge-Géranium 350; ce coton peut, au besoin, être remplacé par du Mouliné spécial D·M·C No 25, du Lin floche D·M·C No 16 ou de la Rayonne à broder D·M·C No 30.

La fig. 240, détail du fond fig. 239, montre le changement fréquent de la direction des points de la broderie, ce qui produit des effets de lumière particulièrement chatoyants.

Motif floral au point triangulaire turc (fig. 241). — Le motif floral fig. 241, copié d'un essuie-mains décoratif turc, est une application du point triangulaire turc, enseigné par les gravures fig. 195 à 201.

On a employé comme tissu une fine gaze de lin et comme fournitures pour la broderie, de la Rayonne à broder D·M·C Nº 60. La grande fleur est faite en Rouge-Maroquin 896 et 3329; les tiges, les feuilles minces, le centre de la fleur et les petites branches, en Vert-Scarabée 3345; les pois foncés en Brun-Rouge 923 et Jaune-Mandarine 743, tandis que la vasque est en Bleu de Ciel 747 et 518. Ces deux mêmes tons de bleu sont employés pour les petites fleurs surmontées de carrés en points lancés obliques brodés en jaune.

Bordure en broderie arabe (fig. 242 et 243). — La bordure fig. 242 fournit un exemple des riches broderies polychromes des rideaux et panneaux algériens. Deux rangs de points devant se complétant l'un l'autre, en noir, servent de contours aux motifs. Le remplissage est fait avec un point oblique de couleurs vives. Ce point s'exécute comme le premier rang du point natté espagnol, fig. 190, et donne également une broderie à double face.

Commencer par l'exécution des contours en Rayonne à broder D·M·C Nº 60 en Noir grand-teint 310. Nous ferons observer que les points obliques

Fig. 242. Bordure en broderie arabe.

Fournitures : Rayonne à broder D·M·C ou Coton perlé D·M·C, en Noir grand-teint 310; Rayonne à broder D·M·C ou Mouliné spécial D·M·C, en Rouge-Turc 321, Bleu-Indigo 311, Violet-Scabieuse 395, Vert-Scarabée 3346, Jaune-Crème 579, Jaune-Orange 444, Brun-Noisette 423 et Gris-Cendre 415.

du remplissage sont tantôt en rangs horizontaux, tantôt en rangs verticaux, vont tantôt de la gauche vers la droite, tantôt de la droite vers la gauche; ils s'adaptent toujours aux motifs à remplir. La gravure explicative, fig. 243, enseigne comment broder en rang horizontal de la droite vers la gauche.

Prendre de la Rayonne à broder D·M·C N° 30 pour le remplissage des motifs. Les feuilles fortement dentelées sont en Rouge-Turc 321, le grand motif du milieu en Bleu-Indigo 311, les petits motifs du centre en Jaune-Crème 579. La petite feuille montante est brodée en Violet-Scabieuse 395 et les tiges en Vert-Scarabée 3346. Prendre du Jaune-Orange 444 pour le centre de la fleur à six pétales; du Jaune-Crème 579, du Brun-Noisette 423 et du Gris-Cendre 415 alternativement pour les pétales. Les trois dernières nuances que nous venons de citer sont employées régulièrement dans les autres petits motifs restants.

Fig. 243. Exécution du point de remplissage de la bordure, fig. 242.

Bordure en broderie caucasienne (fig. 244, 245, 246, 247). — Les ouvrages du Caucase exécutés en plusieurs couleurs sur un fond de toile fine, montrent toujours des contours noirs au point quadrillé et au point de traits. L'intérieur des motifs est entièrement recouvert d'un point de remplissage, de manière que la broderie ressemble presque à un tissu de couleurs. Ces broderies sont donc d'une exécution très minutieuse, mais la finesse de l'ouvrage terminé et la richesse des couleurs récompensent amplement l'ouvrière de la peine qu'elle s'est donnée. Pour notre bordure, fig. 244, on commence par les contours en soie noire, puis on remplit le fond avec le point expliqué par la fig. 245.

Ce point est travaillé en un rang double en allant et en revenant. On commence par un point horizontal par-dessus

5 fils du tissu, on relève le 6me fil, on saute 5 fils et ainsi de suite. En revenant, on achève le point en faisant également des points horizontaux par-dessus 5 fils avec 1 fil d'intervalle, mais les points sont placés en sens inverse.

Nous ferons encore remarquer que pour le rang de retour on fait entrer l'aiguille tout contre les points du premier

Fig. 244. Bordure en broderie caucasienne.

Fournitures : Soie de Perse D·M·C, en Noir 1187, Bleu-Indigo 1010, aune-Paille 1262, 1265, Jaune-vieil-Or 1268, Rose ancien 1004, Gris-Cendre 1165, Violet-Scabieuse 1251 et Vert-Réséda 1020; Mouliné spécial D·M·C, Lin floche D·M·C ou Rayonne a broder D·M·C, en Noir grand-teint 310, Bleu-Indigo 334, Jaune-Crème 579, Vert-Scarabée 3347, Jaune d'Or 782, Brun-Cachou 435, Rouge-Géranium 351, Vert-Perruche 907 et Rouge-Feu 946.

rang. Le premier rang double terminé, on saute en hauteur un fil du tissu et l'on commence le rang suivant, et ainsi de suite, jusqu'à ce que toute la figure soit remplie.

Comme on peut le voir dans la gravure de la bordure, le point de remplissage est travaillé tantôt en lignes horizontales, tantôt en lignes verticales, selon les parties à remplir.

Pour le nuançage nous conseillons le Vert-Réséda 1020 et le Rose ancien 1004 pour les grandes figures foncées de la bordure, le Gris-Cendre 1165 et le Jaune-vieil-Or 1268 pour le centre de ces figures ; les quatre petits carrés à l'intérieur des figures intermédiaires sont remplis en Gris-Cendre 1165 et en Jaune-Paille 1265, les triangles clairs dans le haut et dans le bas en Jaune-Paille 1262, les petites feuilles détachées en Violet-Scabieuse 1251.

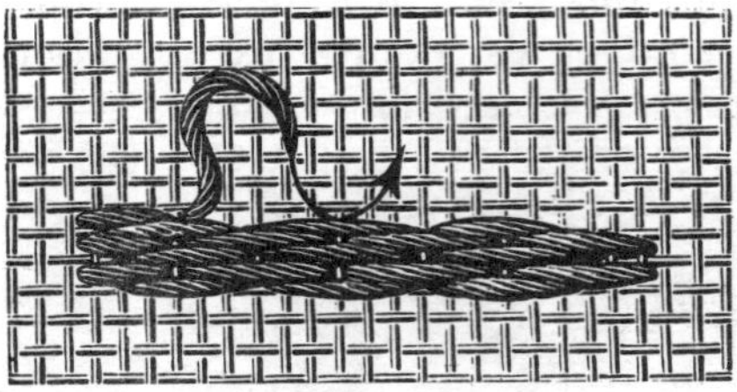

Fig. 245. Point de remplissage employé pour la bordure fig. 244.

Le Bleu-Indigo 1010 sert à remplir le fond de la bordure large du milieu, le Jaune-vieil-Or 1268 sera pris pour le fond des petites bordures du bord. Les petites figures de ces bordures étroites sont faites alternativement en Violet-Scabieuse 1251, Gris-Cendre 1165 et Vert-Réséda 1020.

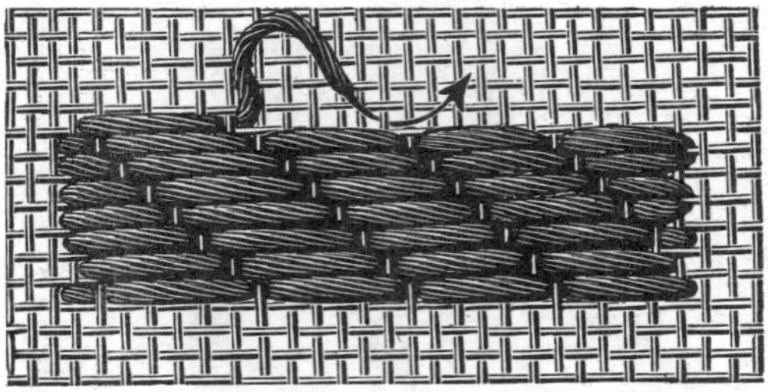

Fig. 246. Autre point de remplissage avec points horizontaux à rayures obliques.

Ce genre de bordure, combiné avec un fond moins rempli, sert à garnir des tapis, des coussins ou des panneaux.

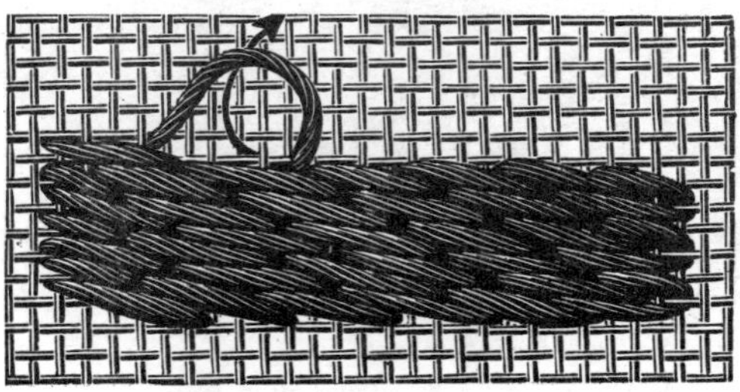

Fig. 247. Autre point de remplissage à points obliques empiétants.

Dans les fig. 246 et 247, nous donnons encore deux autres points de remplissage, que l'on rencontre également dans les broderies caucasiennes.

Le point fig. 246 est composé de points horizontaux pardessus 5 fils du tissu avec 1 fil d'intervalle ; dans les rangs suivants, le point est avancé de 1 fil vers la gauche, de sorte que le fond forme un dessin à rayures obliques.

Le point fig. 247 recouvre entièrement le tissu du fond ; il est composé de rangées horizontales de points obliques empiétants. On le travaille également en rangs horizontaux par-dessus 6 fils en hauteur et 1 fil en largeur, puis on revient obliquement sous 2 fils pour recommencer le point décrit ci-dessus.

Des points du même genre sont expliqués dans le chapitre « Le Filet »; voir les fig. 757 à 760.

Bordure en broderie magyare à points lancés avec rivières à jour (fig. 248). — Cette bordure, d'origine magyare, garnissait

Fig. 248. Bordure en broderie magyare à points lancés avec rivières à jour.
Fournitures : Coton perlé D·M·C ou Lin floche D·M·C, en blanc.

un drap en toile écrue; la broderie même était travaillée avec un fil de lin blanc. Le point ajouré, qui divise la bande en carrés et triangles, est expliqué au chapitre « Les Jours sur Toile »; voir la fig. 776.

Les triangles sont remplis d'une demi-étoile à points lancés et d'une bande avec petits carrés réservés.

L'intérieur des carrés est garni d'une étoile à points lancés avec des rayons au point de piqûre double; autour de l'étoile on place encore huit petits carrés pour remplir le vide.

Pour terminer la bande, on ajoute dans le haut et dans le bas une petite rivière à jour, que l'on choisira au chapitre « Les Jours sur Toile ».

Exécuté en blanc sur blanc, ce genre de broderie s'emploie

Fig. 249. Bordure en broderie yougoslave à points lancés.
Fournitures : Coton perlé D·M·C, Mouliné spécial D·M·C, Lin floche D·M·C ou Rayonne à broder D·M·C, en Rouge-Turc 321, Bleu-Myosotis 826, Vert-Scarabée 3347 et Brun-Cachou 436.

pour la garniture de la literie; en blanc sur un fond écru ou jaunâtre, pour le linge de table.

Bordure en broderie yougoslave à points lancés (fig. 249). Les Slaves ont l'habitude de confectionner les tabliers et les sacs ornés qui font partie de leur costume national d'un tissu de couleurs qu'ils tissent eux-mêmes à la main; les ravissants motifs de ce tissu se traduisent facilement en broderie. Nous donnons dans la fig. 249 une de ces bordures, copiée sur un sac et traduite en broderie sur toile au point lancé. On l'emploiera pour la garniture de sacs, coussins, tabourets, etc. Notre modèle est travaillé avec des points lancés verticaux, par-dessus quatre fils du tissu, et en quatre couleurs.

La nuance qui, dans la gravure, se présente toute foncée est du bleu foncé, la moyenne, du rouge, la claire, du vert, et la toute claire, du brun.

Bordure en broderie bulgare (fig. 250). — Nous donnons ici en exemple une bordure bulgare relevée sur une chemise

Fig. 250. Bordure en broderie bulgare.
Fournitures : Coton perlé D·M·C, en Noir grand-teint 310 ; Mouliné spécial D·M·C, en Bleu-Indigo 311, Rouge-Géranium 349, Vert-Cuivre 830 et Brun-Noisette 422.

de femme de Doupnitza. Le talon est fait d'une bordure étroite au point biais slave. Les motifs principaux remplis au point biais slave, contournés avec deux rangs de points devant se complétant l'un l'autre, sont placés au-dessus. Les motifs secondaires sont brodés au point de croix et au point lancé.

Commencer le travail par la rivière au point biais slave, voir les fig. 188 et 189, avec du Mouliné spécial D·M·C N° 25, Bleu-Indigo 311 et Rouge-Géranium 349.

Exécuter ensuite les contours des motifs importants en Coton perlé D·M·C N° 8, Noir grand-teint 310. Passer alors au remplissage des parties foncées en Mouliné spécial D·M·C N° 25, Bleu-Indigo 311 et Rouge-Géranium 349 pour les parties plus claires faites au point biais slave ou à points lancés. La bande verticale rayée obliquement, au centre des grands motifs, est brodée en Vert-Cuivre 830 et Brun-Noisette 422; cette dernière nuance est employée aussi pour les petits ornements clairs.

Cette bordure, de même que les autres broderies slaves, convient surtout à la garniture des objets de lingerie.

Fig. 251. Broderie au point bouclé.

Fournitures : Mouliné spécial D·M·C, en Vert-Mousse 935, Bleu-Indigo 823, Brun-Rouge 918, Vert-Cyprès 803, Bleu-Indigo 311 et Gris-Fumée 644.

Broderie au point bouclé (fig. 251, 252, 253, 254). — On rencontre au Schleswig, dans la région de Viöl, de jolis coussins décorés de motifs bouclés, tissés à même la toile, et que l'on peut très facilement traduire en broderie.

La fig. 251 représente une broderie de ce genre en Mouliné spécial D·M·C N° 25 quadruplé, sur un fond de toile vert-jaune.

L'exécution du point bouclé ressemble beaucoup au point de Malte simple, fig. 287 et 288, et au point noué simple, fig. 408 à 410. On le fait aussi par-dessus un moule ou une grosse aiguille à tricoter. Les bouclettes mesurent environ 8 millimètres de longueur et le point horizontal qui les arrête doit avoir la même longueur; selon le tissu qui sert de fond les points sont lancés par-dessus 6 à 8 fils. On fait les rangs de points les uns après les autres à partir du bas. Le nombre des fils distants entre les rangs doit être le même que celui des fils recouverts par le point horizontal. Il y a au commencement et à la fin de chaque rang une petite mèche dont la longueur ne doit pas dépasser celle des bouclettes. Deux des mèches se toucheront forcément là où les couleurs changent.

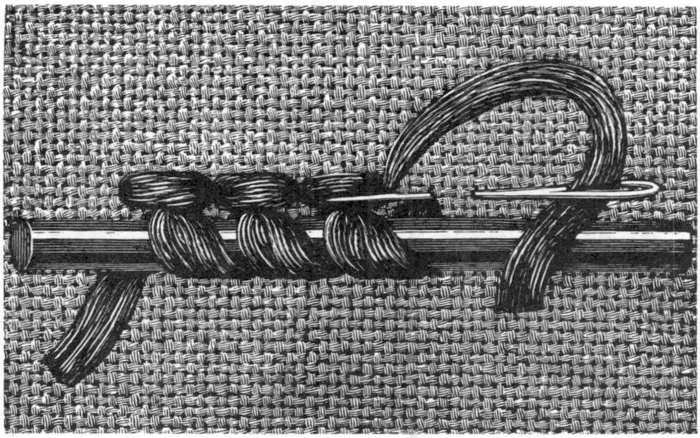

Fig. 252. Point bouclé.
Manière de faire les boucles.

Fig. 253. Point bouclé.
Trois rangs de boucles terminées.

La fig. 252 enseigne la manière d'exécuter le point bouclé à l'aide d'un moule, avec des points horizontaux allongés par-dessus 8 fils du tissu, une distance de 8 fils étant laissée entre les rangs. La fig. 253 représente trois rangs de points terminés en deux nuances.

On exécute la broderie d'après le dessin schématique, fig. 254, qui indique le nuançage; chaque signe correspond à un point horizontal.

Broderies sur toile exécutées d'après tracé. — Pour les broderies qui sont exécutées indépendamment des fils du tissu formant le fond, le dessin est préalablement décalqué sur l'étoffe. On brode ensuite, en suivant les

Fig. 254. Dessin de la broderie, fig. 251.

Explication des signes des couleurs : ■ Vert-Mousse 935, ▣ Bleu-Indigo 823, ✖ Brun-Rouge 918, ◘ Vert-Cyprès 803, ⊡ Bleu-Indigo 311, ▥ Gris-Fumée 644.

contours du dessin, les différents points qu'exige le modèle.

Selon le caractère du dessin, on peut ou bien broder seulement les contours, ou remplir les différents motifs, ou bien encore faire l'un et l'autre.

Lorsqu'on ne voudra broder que les contours, on choisira l'un ou l'autre des différents points qui imitent les ganses et les lacets, à moins qu'on ne préfère se servir d'une ganse nouée ou crochetée, ou bien d'un lacet tissé.

Si le dessin doit être entièrement recouvert, on emploiera le point plat ou point lancé, ou bien les différents genres de couture croisée, appelée aussi point russe ou point de Mossoul, ou encore le point roman, le point d'arêtes, etc.

Les modèles avec contours brodés et points de remplissage réunissent tous les genres de points comme on le verra par les gravures qui suivent.

Un genre à part est représenté par les broderies de Malte où les motifs du dessin sont formés par de petites houppes.

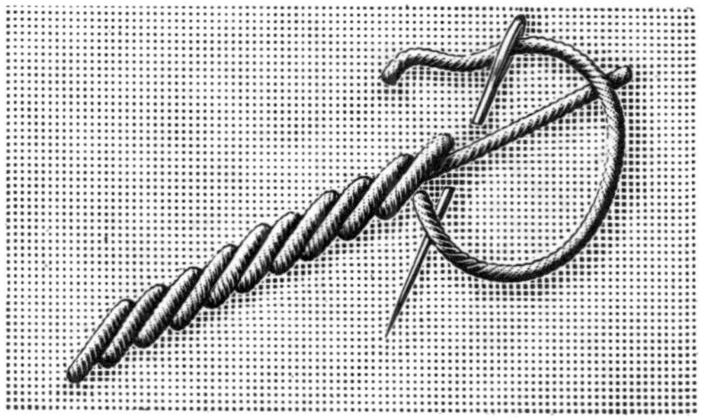

Fig. 255. Point coulé en relief.

Fournitures. — Pour l'exécution du point coulé, du point de chaînette, etc., on prend un fil de torsion moyenne, tel que le Coton perlé D·M·C, le Retors à broder D·M·C ou le Coton à broder D·M·C, qualité spéciale, et même, dans quelques rares cas, comme pour le point perlé par exemple, du Cordonnet spécial D·M·C.

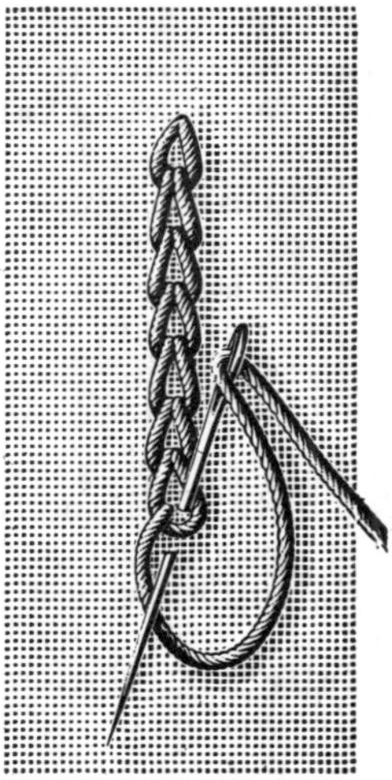

Fig. 256. Point de chainette simple.

Fig. 257. Point de chainette avec point de surjet.

Le point plat, la couture croisée et d'autres points de remplissage demandent un fil floche, tel que le Mouliné spécial D·M·C, le Lin floche D·M·C, la Rayonne à broder D·M·C ou la Soie de Perse D·M·C.

Des dessins riches exigent quelquefois aussi l'emploi de fils d'or et d'argent.

Les points. — Le point le plus souvent employé dans la broderie sur toile suivant tracé est le point plat, exécuté comme dans la broderie sur blanc — broderie en relief au plumetis — avec la seule différence qu'on supprime

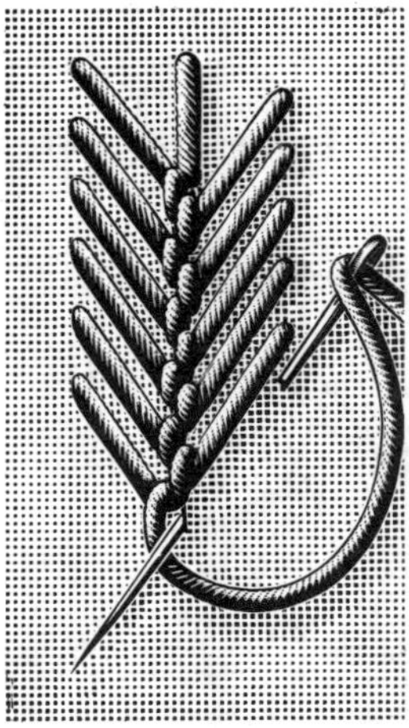
Fig. 258. Point d'arêtes.

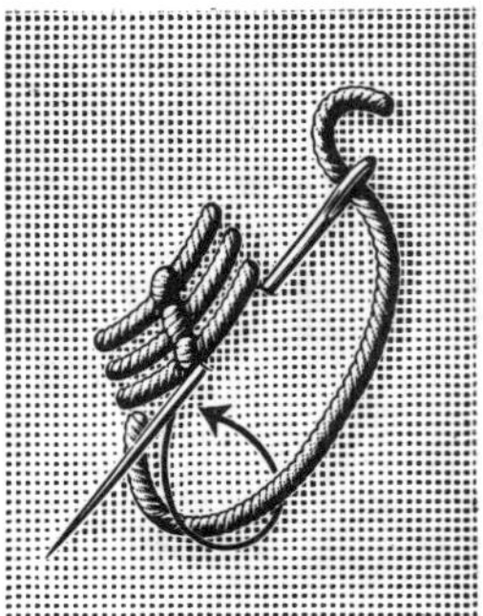
Fig. 259. Point roman.

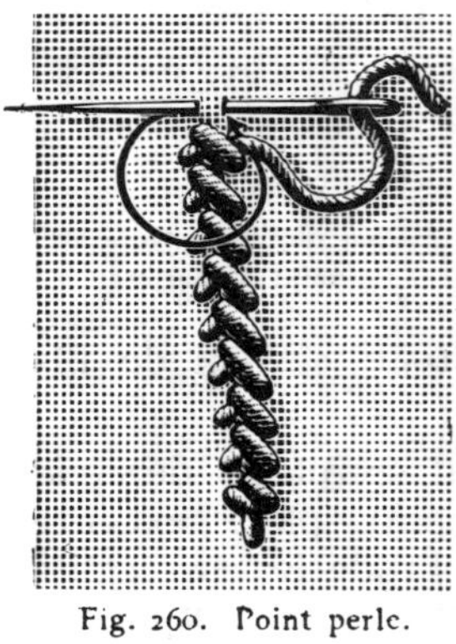
Fig. 260. Point perle.

le rembourrage, la broderie restant plate.

Nous avons aussi indiqué au chapitre « La Broderie sur Blanc » la manière de faire le point coulé ou point de tige, fig. 80. Le même chapitre contient l'explication de la couture croisée; voir les fig. 82 et 83.

Nous ajoutons ici l'explication d'une série de points qui pourront servir, soit pour broder des contours, soit pour le remplissage des figures.

Point coulé en relief (fig. 255). — On prend du fil très fort, par exemple du Coton perlé D·M·C N° 3, ou les gros numéros du Cordonnet spécial D·M·C, on l'applique sur la ligne du dessin et on le recouvre de points de cordonnet obliques, fig. 78, pour lesquels on choisira, suivant le genre de tissu sur lequel on brode, ou le même numéro de fil que celui que l'on recouvre, ou un numéro plus fin.

Point de chaînette simple (fig. 256). — Après avoir fait sortir le fil à un point déterminé, on repique l'aiguille dans le tissu au point de sortie même du brin, en laissant une petite boucle à l'endroit du tissu, et on la fait ressortir à une distance de 3 à 4 fils du premier point. On retient la boucle de fil avec le pouce de la main gauche et on la passe sous la pointe de l'aiguille puis on serre le fil, et le point est terminé. Après, on rentre l'aiguille de nouveau au dernier point de sortie, on forme la boucle et ainsi de suite; la dernière boucle est arrêtée par un arrière-point.

On emploie ce point en remplacement du point coulé pour broder de petits motifs, composés uniquement de contours, ou pour contourner de grands motifs brodés au point plat ou avec d'autres points de remplissage.

Nous aurons encore souvent l'occasion de revenir sur ce genre de point.

Point de chaînette avec points de surjet (fig. 257). — Après avoir terminé le point de chaînette comme nous venons de l'expliquer, on lance avec un fil de couleur tranchante, un point de surjet par-dessus chaque point, sans traverser le tissu du fond; voir la fig. 257. Le point terminé présente l'aspect d'une ganse ronde.

Point d'arêtes (fig. 258). — Ce point a beaucoup de ressemblance avec le point d'ornement, fig. 50; il est également composé de deux points de feston dont l'un est fait vers la droite et l'autre vers la gauche; toutefois les points obliques sont beaucoup plus longs vers l'extérieur et les fils intérieurs forment une nervure verticale et non une ligne serpentine. Dans la broderie sur toile on emploie le point d'arêtes le plus souvent pour le remplissage de feuilles, auquel il se prête merveilleusement, vu la nervure qu'on obtient.

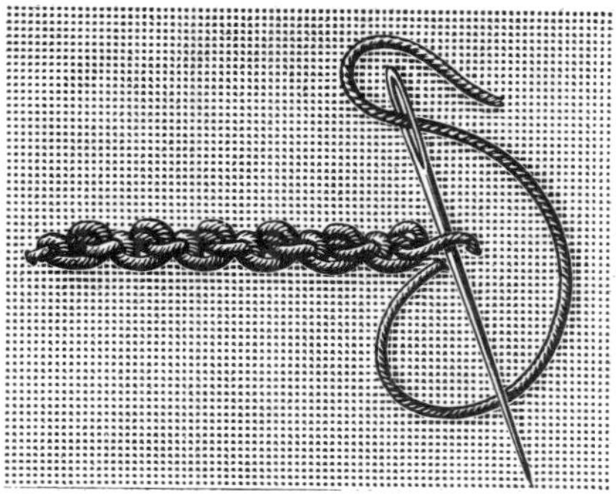

Fig. 261. Point de feston italien.

Point roman (fig. 259). — Le point roman consiste en points exécutés dans le sens de la largeur et entrecoupés par un arrière-point légèrement obliqué.

On l'emploie aussi bien pour broder des bandes étroites que pour remplir des surfaces plus larges; voir la fig. 273.

Malgré la clarté de la gravure nous donnerons une explication détaillée de la marche des points.

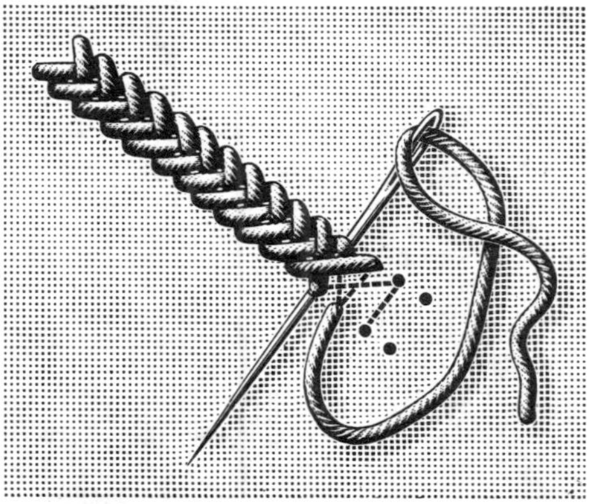

Fig. 262. Point de vannerie sur toile.

Sortez l'aiguille à gauche, 2 ou 3 fils au-delà de la ligne que vous avez à suivre en brodant, en vous guidant toujours, quant au nombre de fils de tissu à prendre, d'après l'étoffe et les fournitures employées; faites rentrer l'aiguille à droite à la même distance en avant et ressortez au milieu de la largeur du point; puis passant votre aiguille par-dessus le premier point, rentrez-la 1 ou 2 fils en avant de sa sortie pour la faire reparaître de nouveau à côté du point de départ du premier point.

Point perlé (fig. 260). — On rencontre très fréquemment ce point sur les anciennes broderies sur toile.

Contrairement au procédé adopté pour le plus grand nombre de points, celui-ci se travaille en remontant et on relève avec l'aiguille quelques fils du tissu; on tire l'aiguillée, puis on passe encore une fois, en suivant la direction de la flèche, sous le fil posé en premier lieu et l'on fait un nœud bien serré.

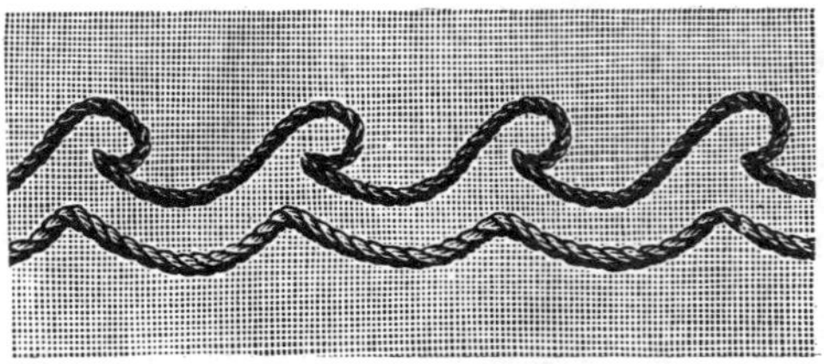

Fig. 263. Bordure au point coulé.

Fournitures : Coton perlé D·M·C, Coton à broder D·M·C, qualité spéciale, Lin floche D·M·C ou Rayonne à broder D·M·C, en Rouge-Turc 321 et Noir grand-teint 310.

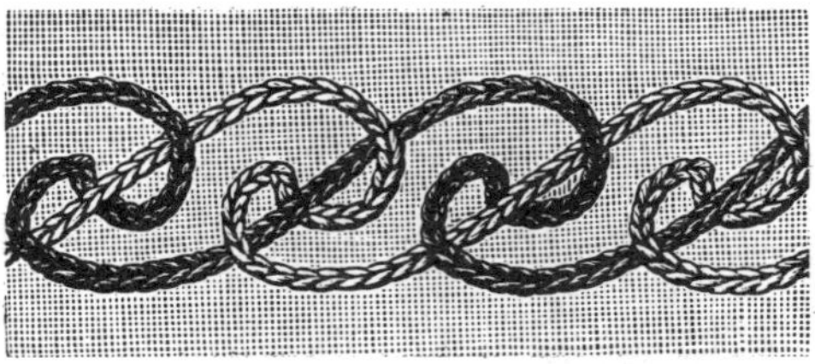

Fig. 264. Bordure au point de chainette simple.

Fournitures : Coton perlé D·M·C, Coton à broder D·M·C, qualité spéciale, Lin floche D·M·C ou Rayonne à broder D·M·C, en Brun-Cachou 435 et Bleu-Indigo 312.

Fig. 265. Bordure au point de chainette avec points de surjet.

Fournitures : Coton perlé D·M·C, Coton à broder D·M·C, qualité spéciale, Lin floche D·M·C ou Rayonne à broder D·M·C, en Brun-Cachou 435, Bleu-Indigo 312 et Rouge-Géranium 351.

Point de feston italien (fig. 261). — Commencer par un point oblique lancé de la gauche en haut vers la droite et sortir l'aiguille à gauche en dessous de ce point. Exécuter par-dessus le point oblique deux points de feston — sans traverser le tissu — puis introduire l'aiguille dans le tissu à droite, à la même hauteur, et à une petite distance du premier point oblique. Revenir en bas à gauche, faire deux points de feston par-dessus le fil libre et ainsi de suite.

Ce point peut être employé tel quel comme point d'ornement ou remplir des bandes étroites dont les bords seront préalablement brodés au point coulé. On obtient un remplissage rapide de bandes plus larges si on le fait en gros fil doublé.

Point de vannerie sur toile (fig. 262). — Ce point a une certaine analogie avec le point natté slave, fig. 180; il peut être fait sur toute espèce de tissus, à fils comptés ou en suivant un tracé, large ou étroit, avec du fil fin ou gros, à points très serrés ou plus espacés.

On introduit l'aiguille dans l'étoffe, on fait un

point oblique descendant de gauche à droite et, selon l'étoffe et la matière employée, passant sous 3 à 6 fils du tissu, puis revenant vers la droite, on fait à la ligne un second point oblique vers le haut de la même largeur que le premier, puis un troisième point sortant de la même ouverture par laquelle a passé le premier point descendant vers la droite, puis un point remontant et ainsi de suite. Le pointillé dans la gravure indique clairement la suite des points.

Trois petites bordures en point divers (fig. 263, 264, 265). — Nous donnons ici trois petites bordures destinées à la

Fig. 266. Fleur au point plat.

Fournitures : Coton à broder D·M·C, qualité spéciale, Coton perlé D·M·C, Lin floche D·M·C ou Rayonne à broder D·M·C, en Rouge-Écarlate 815 et Jaune-Safran 725.

garniture de petites serviettes, de tabliers et de robes, qui représentent le genre de dessin appelé dessin de lignes.

La fig. 263 représente une petite bande exécutée au point coulé en deux nuances, la fig. 264, un autre dessin au point de chaînette simple, et la fig. 265, le même dessin au point de chaînette avec points de surjet.

Fleur au point plat (fig. 266). — Cette fleur représente le genre de broderie appelée broderie magyare. Les paysannes des environs de Mezökövesed emploient cette broderie pour garnir leurs vêtements ainsi que leur linge de maison.

Le fond est en toile fine, la broderie en rouge vif avec quelques feuilles en jaune. La direction des points est clairement indiquée dans la gravure, la broderie ne demande pas d'autres explications.

Des fleurs de ce genre rangées sur une ligne sinueuse ou placées aux angles, conviendront avant tout pour la garniture du linge

Fig. 267. Bordure et fleur au point plat, au point coulé et au point de chaînette.
Fournitures : Coton perlé D·M·C ou Rayonne à broder D·M·C, en Noir grand-teint 310, Rouge-Écarlate 815, Jaune d'Or 783, Bleu-Indigo 322 et Jaune-Crème 579.

de table et de maison, mais aussi pour l'ornement de coussins, de tabliers, etc.

Bordure et fleur au point plat, au point coulé et au point de chaînette (fig. 267). — Ce motif offre un bon exemple des broderies slaves (de la Moravie) que les paysannes emploient pour garnir leurs manchettes, leurs châles et leurs bonnets; il doit être exécuté en rouge, noir, jaune, bleu et crème, couleurs caractéristiques des broderies de ce pays. La broderie est travaillée sur un fond de toile bleu foncé.

On commence la broderie par les œillets cordonnés avec du coton jaune, puis on exécute les pétales de la fleur au point plat, en rouge. Les feuilles dentelées remontantes, ainsi que les deux petites feuilles au bas de la tige, sont brodées en crème. Dans la bordure on fait alterner des fleurs bleues avec centre noir et des fleurs rouges avec centre bleu; les feuilles sont brodées une fois en jaune et une fois en crème. Après avoir terminé le point plat, on brode le point de remplissage; dans la pomme on fait alterner le bleu, le crème, le jaune, le rouge et le noir.

La pomme elle-même, ainsi que le cœur dans le bas, sont sertis alternativement de points coulés et de points de chaînette, en rouge; l'intérieur de la pomme est serti de noir. Toutes les autres parties, au point coulé et au point de chaînette, de la fleur et de la bordure sont brodées en jaune, à l'exception des nervures de la feuille jaune de la bordure qui est en bleu.

Fig. 268. Bordure en broderie serbo-croate.
Fournitures : Coton perlé D·M·C, en Bleu-Indigo 311, Rouge-Cardinal 347 et Vert-Pistache 319; Rayonne à broder D·M·C, en Jaune d'Or 783.

Les œillets dans les fleurs sont entourés de trois rangs de points de chaînette en noir. Deux rangs de points de chaînette — bleu et noir — terminent la bordure dans le haut, et trois rangs — bleu, jaune et noir — la terminent dans le bas. Pour l'exécution du point de chaînette, voir les fig. 256, 281 et 282.

Bordure en broderie serbo-croate (fig. 268). — Les paysannes qui habitent la Croatie tissent souvent leurs tabliers avec des fils de couleur mélangés de fils d'or et d'argent. Nous donnons comme exemple de dessin la bordure, fig. 268, qui a été brodée avec du Coton perlé D·M·C bleu, vert et rouge, et avec de la Rayonne à broder D·M·C en jaune.

L'encadrement de chaque losange est composé de deux lignes au point coulé en fil de couleur, qui sont séparées par un fil de rayonne jaune d'or cousu avec des points de surjet.

L'intérieur est garni d'œillets en rayonne jaune avec un point d'armes au centre. Dans les bandes obliques sont fixées de petites paillettes d'or.

Fig. 269. Bordure au point de Mossoul.
Fournitures:
Coton perlé D·M·C, Lin floche D·M·C ou Rayonne à broder D·M·C, en Noir grand-teint 310, Vert-Scarabée 3345 et 3347, Rouge-Écarlate 815, Jaune d'Or 82 et Rouge-Framboise 3687.

On peut varier à volonté la largeur de cette bande : soit en la terminant par les dents, soit en faisant un entre-deux, on obtiendra toujours une belle garniture pour robes d'été ou autres objets de toilette ou de fantaisie.

Bordure au point de Mossoul (fig. 269). — Ce genre de broderie, originaire de la Perse, a une grande analogie avec le point expliqué dans la fig. 83. Cependant, au lieu de faire sortir l'aiguille dans la direction indiquée dans la fig. 83, on la ramène, comme on peut le voir dans la gravure, dans l'espace compris entre les contours du dessin et derrière le fil formant le point suivant.

Avant de faire les pleins des dessins, on trace les contours par des points coulés ou par une ganse fine, fixée sur l'étoffe par des points de surjet invisibles sur la surface.

Ce joli motif, s'adaptant aux emplois les plus divers, est composé de feuilles à sept lobes, brodées alternativement en vert foncé et en vert clair, de fleurettes à trois feuilles, brodées de rouge-écarlate et à l'intérieur de jaune d'or, et de petites feuilles brodées de rouge-framboise. Le sertissage de toutes les parties du dessin se fait en noir grand-teint.

Fleur au point de Mossoul (fig. 270). — Ici le point est fait d'après les indications données au chapitre « La Broderie sur Blanc » pour la fig. 83, les points sont suffisamment espacés pour que le tissu apparaisse à travers.

Comme fournitures on choisira le Coton perlé D·M·C. Le Coton perlé rouge et noir est employé pour les huit pétales de la grande fleur dans le haut, le Coton perlé bleu, pour les boutons à trois feuilles des deux côtés de la tige. Les petites feuilles pointues paraissent en vert et le cœur de la fleur et des boutons en jaune-safran.

Toutes les figures importantes sont serties d'un cordonnet d'or fixé invisiblement par

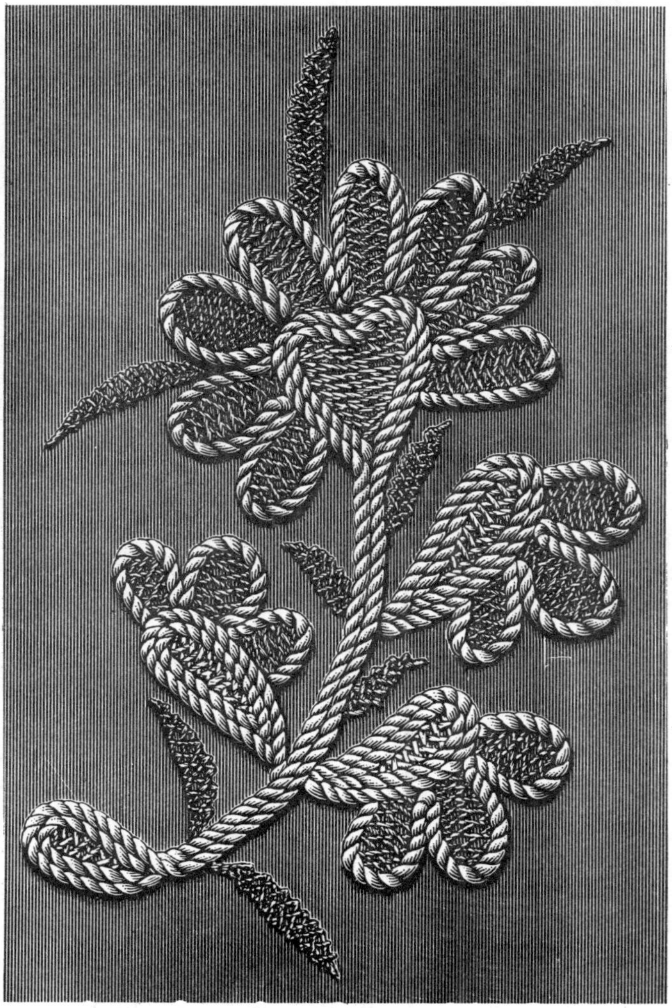

Fig. 270. Fleur au point de Mossoul.

Fournitures : Coton perlé D·M·C ou Rayonne à broder D·M·C, en Noir grand-teint 310, Vert-Pistache 367, Rouge-Grenat 309, Bleu-Myosotis 826 et Jaune-Safran 726; Cordonnet d'or et Alsa D·M·C, en Jaune d'Or 783 (*).

(*) Ces numéros désignent des couleurs qui se trouvent sur les cartes de couleurs des articles portant la marque D·M·C. Ces cartes peuvent être consultées chez tous les merciers et marchands d'ouvrages de dames.

des points de surjet faits avec de l'Alsa D·M·C Jaune d'Or 783.

Cette sorte de fleur se prête à la formation de grands fonds, tels qu'on les emploie pour garnir des

Fig. 271. Bordure au point plat contrarié et au point coulé.

Fournitures : Soie de Perse D·M·C, en Noir 1187, Vert-Myrte 1295, Jaune-Orange 1115, Bleu-Indigo 1010, Rose ancien 1003 et Jaune-Paille 1263 ; Mouliné spécial D·M·C, Lin floche D·M·C ou Rayonne à broder D·M·C, en Noir grand-teint 310, Vert-Scarabée 3346, Jaune-Safran 725, Bleu d'Azur 3325, Brun-Cachou 435 et Jaune-Crème 579.

panneaux, des coussins, des têtières, etc.

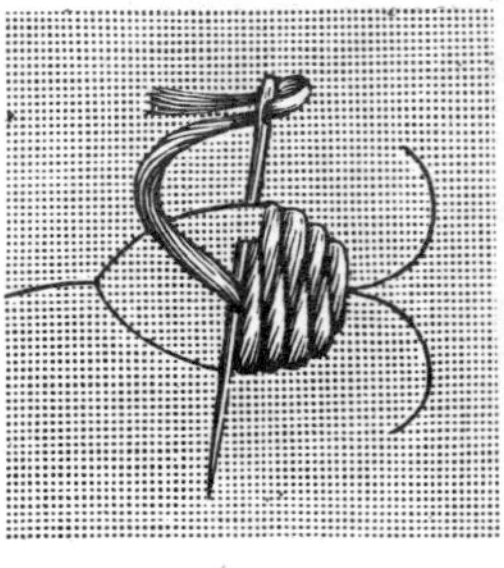

Fig. 272. Exécution du point plat contrarié.

Bordure au point plat contrarié et au point coulé (fig. 271 et 272). — Cette bordure réunit les caractéristiques des broderies croates, exécutées sur un fond de toile fine avec de la soie de couleur et servant en général à garnir les châles des paysannes. Les motifs sont remplis par des points plats contrariés, dont l'exécution est expliquée par la fig. 272.

Le sertissage et les tiges sont faits au point coulé simple. La nuance la plus foncée est le noir; la plus claire, un jaune clair; les grandes feuilles des fleurs demandent alternativement du rouge et du vert. Du bleu, du jaune, du rouge et du vert sont distribués également dans les autres parties de la fleur. Cette fleurette est utilisable pour des fonds, comme celle de la figure précédente.

Bordure au point roman (fig. 273). — L'ouvrage que représente la fig. 273 est exécuté, en grande partie, au

Fig. 273. Bordure au point roman.

Fournitures : Coton perlé D·M·C, Mouliné spécial D·M·C, Lin floche D·M·C ou Rayonne à broder D·M·C, en Rouge-Grenat 309 (*).

point roman, fig. 259. L'original, très bien conservé encore aujourd'hui, malgré son ancienneté, a été confectionné avec un fil d'un rouge assez vif, sur une étoffe légèrement crémée.

En utilisant pour la broderie du Coton perlé D·M·C, en

(*) Ces numéros désignent des couleurs qui se trouvent sur les cartes de couleurs des articles portant la marque D·M·C. Ces cartes peuvent être consultées chez tous les merciers et marchands d'ouvrages de dames.

Rouge-Grenat 309, on sera certain d'arriver à reproduire fidèlement l'ouvrage ancien qui a servi de modèle.

Le point roman est employé partout où les lignes du dessin sont plus espacées; là où elles se rétrécissent, comme dans les effilés le long des branches et dans les déchiquetures des fleurs, c'est le point plat qu'on emploie.

Le motif détaché peut servir à la composition d'un dessin

Fig. 274. Oiseau en broderie moyen âge au point de figures.
Fournitures : Lin floche D·M·C ou Mouliné spécial D·M·C, en blanc et écru.

de bande ou de fond; en l'employant comme bande, on pourra tirer du sujet principal la fleur du milieu, en prolonger les tiges et la transporter entre les grands bouquets.

On pourra encore opposer les figures pied à pied et en former ainsi une bordure fort riche, qui décorera heureusement toute espèce de meubles et de rideaux.

Oiseau en broderie moyen âge au point de figures (fig. 274 et 275). — Au moyen âge, on cultivait dans le Sud de l'Allemagne et en Suisse un genre particulier de broderie exécutée en une sorte de point lancé avec points de surjet allongés qui, d'après les motifs représentés par la broderie (personnages, animaux, oiseaux bibliques, figures de saints), était nommé point de figures.

La broderie était presque toujours employée pour orner des rideaux. On la travaillait sur toile avec un fil de lin blanc ou écru, peu tranchant sur le fond; l'effet de la broderie se faisant voir seulement lorsque la pièce est tendue vers la lumière, les figures se détachent en foncé sur le fond plus ou moins transparent.

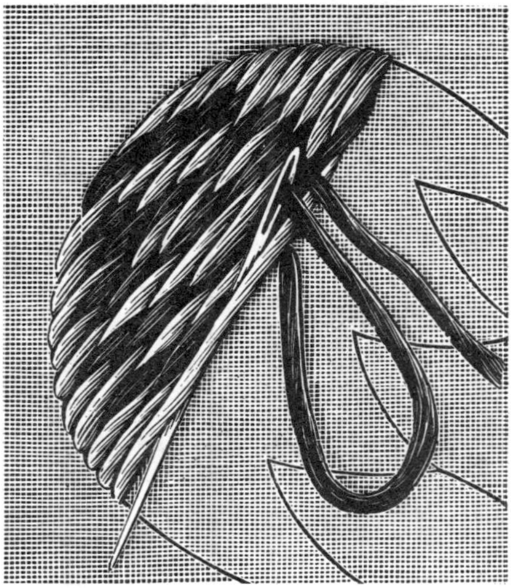

Fig. 275. Exécution du point de figures.

Cette broderie s'employait avantageusement dans les compositions en style roman, où une riche ornementation encadre des figures isolées d'animaux ou d'oiseaux. De nos jours, on l'a adoptée pour la broderie de panneaux et de tapis de table de salle à manger, fumoir et véranda. Nous donnons un spécimen de ce genre de broderie ancienne avec l'oiseau, fig. 274.

Le point même, pour lequel on choisit un fil gros et floche, se fait en un aller et un retour. On tend un fil par-dessus toute la surface à broder, puis on le recouvre de longs points un peu obliqués, en ne faisant que des petits points sur l'envers de l'ouvrage. Pour mieux faire voir la marche des points, nous avons donné la gravure en deux nuances. Le fil tendu à l'aller est marqué en clair, et les points de surjet obliqués du retour en foncé; voir la fig. 275.

Le premier et le dernier de ces points ne doivent jamais toucher aux contours. La première série de points terminée, on tend un second fil tout près du premier, on le recouvre de points obliqués et ainsi de suite, jusqu'à ce que toute la figure soit remplie. Dans des surfaces d'une certaine dimension, ici les ailes, la poitrine, on peut donner plus de longueur aux points; la tête et les pieds demandent, par contre, des points courts.

Fig. 276. Bordure avec contours en lacet et remplissage avec points divers.
Fournitures : Lacet superfin D·M·C, Retors d'Alsace D·M·C et
Coton à broder D·M·C, qualité spéciale, en Rouge-Geranium 351.

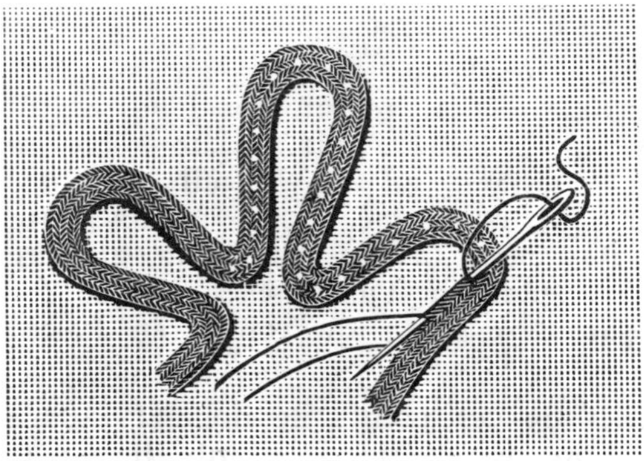

Fig. 277. Manière de froncer le lacet pour former les courbes.

Les effets de lumière et d'ombre sont produits uniquement par la direction et la longueur différentes des points.

Nous recommandons à nos lectrices de consulter souvent la gravure, afin d'arriver à une direction exacte des points dans toutes les parties de l'oiseau.

Broderies avec lacet. — Les deux motifs suivants sont classés parmi les ouvrages où la broderie est remplacée par un petit lacet.

Dans la bordure, fig. 276, le lacet remplace les contours brodés, tandis que le bouquet, fig. 278, montre l'emploi du lacet pour confectionner des fleurs et des épis.

Fig. 278. Fleurs en lacet et broderie.
Fournitures : Lacet superfin D·M·C, en blanc, écru, Brun-Cachou 436, Bleu-Myosotis 826; Coton perlé D·M·C, en écru, Jaune-Orange 444, Bleu-Myosotis 826, Vert-Mousse 934 et 470, Vert-Pistache 319, 320 et 369 et Rayonne à broder D·M·C, en Rouge-Maroquin 3329.

Bordure avec contours en lacet et remplissage avec points divers (fig. 276 et 277). — En suivant le tracé, on coud du Lacet superfin D·M·C entre les contours, au moyen de petits arrière-points en Retors d'Alsace D·M·C N° 50, piqués d'une façon aussi peu visible que possible au milieu du lacet. Là où le dessin décrit des courbes, on coudra le lacet sur la ligne extérieure, puis on le froncera vers la ligne intérieure; de cette façon l'excédent de longueur du lacet disparaît et il ne reste que l'ampleur nécessaire au dessin; voir la fig. 277.

Après avoir terminé tous les contours, on exécute les points de remplissage avec du Coton à broder D·M·C, qualité spéciale, N° 20.

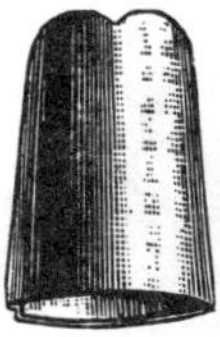

Fig. 279. Dé pour le crochet sur métier.

L'intérieur des fleurs et des feuilles est rempli de points d'arêtes, fig. 258; la tige est recouverte de couture croisée, fig. 83, et dans l'intérieur des fleurs, on place finalement une araignée au point de reprise.

Ce genre de broderie exécuté en couleurs, est recommandé pour la garniture de linge de table, serviettes de toilette, tapis, panneaux, etc., qui sont soumis à un fréquent lavage.

Fleurs en lacet et broderie (fig. 278). — Dans le bouquet que représente notre gravure, le lacet remplace avantageusement la broderie au passé, parce que la confection des fleurs exécutées avec le lacet prend moins de temps.

Pour copier le bouquet, fig. 278, on prendra pour les épis

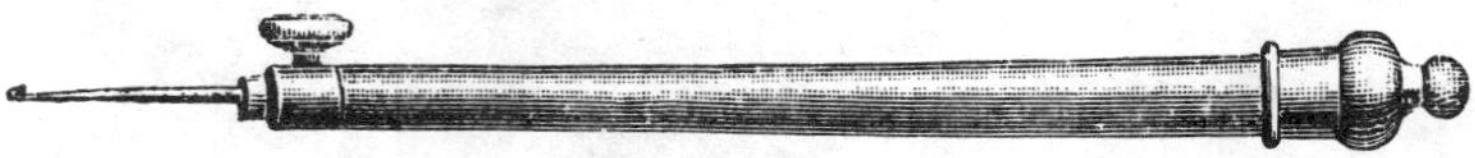

Fig. 280. Crochet pour broder sur métier.

du Lacet superfin D·M·C, écru et couleur Brun-Cachou 436, pour les marguerites du lacet blanc et pour les bluets du lacet Bleu-Myosotis 826.

Quant à l'exécution des fleurs elles-mêmes, c'est tout ce qu'il y a de plus simple.

On prend une aiguille à tapisserie, dans laquelle on enfile le lacet, et on la fait passer par l'étoffe, et de l'envers sur l'endroit, à la base de l'un des pétales des fleurs. On prépare une aiguille à coudre, enfilée d'un fil de grosseur et de couleur s'accordant avec le lacet, on la pique de l'envers sur l'endroit à la place qu'occupera l'extrémité du pétale; on mène le lacet jusqu'à ce point et on fait deux points par-dessus le lacet; on reporte ce dernier de nouveau vers l'intérieur de la fleur, on le passe à travers l'étoffe et on le ressort à la distance nécessaire pour faire le pétale suivant. On ne fera donc en tout pour chaque pétale que trois à quatre points.

On remarquera que les points de lacet sont plus espacés dans la marguerite que dans le bluet, où il suffit de replier le lacet sans le faire passer par l'étoffe et de le fixer par un point sur l'endroit en bas et en haut.

Les épis sont encore plus vite faits; un seul point dans le lacet replié imite la barbe des épis; des points coulés cachent le point

Fig. 281. Première pose des mains pour le crochet sur métier.

de jonction des bouts de lacet et se continuent encore pour les tiges.

Des points d'armes tortillés, fig. 86, exécutés avec du coton jaune dans les marguerites et avec du coton bleu foncé dans les bluets, marquent les étamines.

Les autres petits détails du dessin sont faits avec le point de plumetis ou avec la broderie au passé dans les couleurs qui se trouvent citées au bas de la figure et que l'on distribuera sans peine pour les différentes parties. Nous ajouterons seulement que la Rayonne à broder D·M·C N° 60, en Rouge-Maroquin 3329 est destinée à l'exécution du petit nœud qui lie les tiges des fleurs.

Ce charmant petit sujet, d'une exécution très rapide, sert de garniture pour toutes sortes d'objets, tels que couvertures de livres, sachets, pelotes, dessous de lampe, etc.

Crochet sur métier (fig. 279, 280, 281, 282). — Les ouvrages de grandes dimensions, qui demandent un grand assortiment de couleurs, ne sont pas faits au point de chaînette à l'aiguille, mais au point de chaînette au crochet.

Fig. 282. Deuxième pose des mains pour le crochet sur métier.

On ne peut le faire que sur un métier de dimension en rapport avec l'objet que l'on a l'intention de confectionner.

Les mailles ou points de chaînette que l'on produit au moyen du crochet exigent l'emploi d'un outil spécial, tel qu'on le voit dans la fig. 280, où le crochet est vissé au manche, comme c'est le cas pour l'aiguille à piquer, sur laquelle nous reviendrons plus tard.

On monte sur l'index de la main droite une sorte de dé, fig. 279, formé par une petite feuille de laiton enroulée, mais non soudée, afin qu'elle puisse s'adapter à chaque doigt; ce dé reste ouvert par le haut, comme celui des tailleurs; il présente sur le côté une petite encoche qui, pendant le travail, sera placée au dessus de l'ongle. Le dé étant légèrement coupé en biais à son sommet, la partie qui recouvre le côté

Fig. 283. Branche en crochet sur métier, genre turc.
Fournitures : Rayonne à broder D·M·C, en Jaune-Mandarine 743 et Gris-Cendre 415 ; Coton perlé ombré D·M·C, en Vert-Scarabée 92, Bleu grand-teint 93, Brun-Acajou 69 et Gris 53.

extérieur du doigt est un peu plus longue que la partie inférieure. Ce dé contribue pour beaucoup à accélérer les mouvements descendants et remontants que l'on opère en brodant une étoffe au crochet.

Après avoir fixé le fil, on passe le crochet à travers le tissu tendu, en le faisant mouvoir, pour ainsi dire, dans l'encoche qui est pratiquée au haut du dé, la vis tournée du côté du pouce, on jette sur le crochet le fil que l'on tient de la main gauche sous le métier, et on ramène le crochet à la surface de l'ouvrage, en pressant en même temps l'étoffe du dé qui est sur l'index, afin d'empêcher celle-ci d'être soulevée par le crochet qui revient et qui ramène par le même mouvement une maille chaînette, fig. 281 et 282.

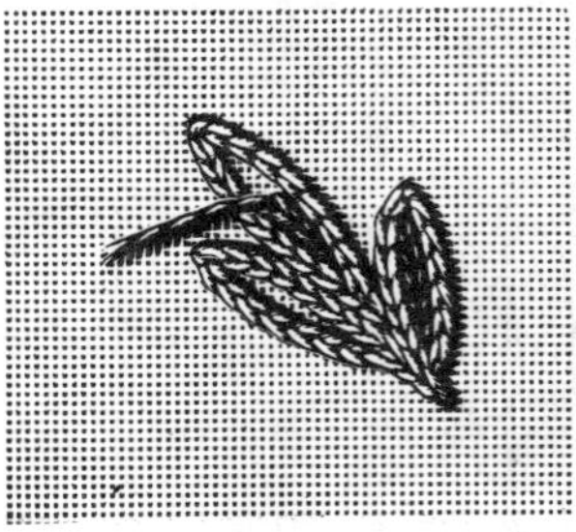

Fig. 284.
Exécution des épis.

La seule difficulté que présente ce genre d'ouvrage est analogue à celles que l'on éprouve aux premiers essais de frivolité et de macramé, où l'on a une tendance à confondre les mouvements des mains.

En n'oubliant pas que les deux actions, retirer le crochet et presser l'étoffe vers le bas, doivent se faire simultanément, on acquerra bien vite une grande habileté qui permettra de faire de charmants ouvrages en un temps relativement très court.

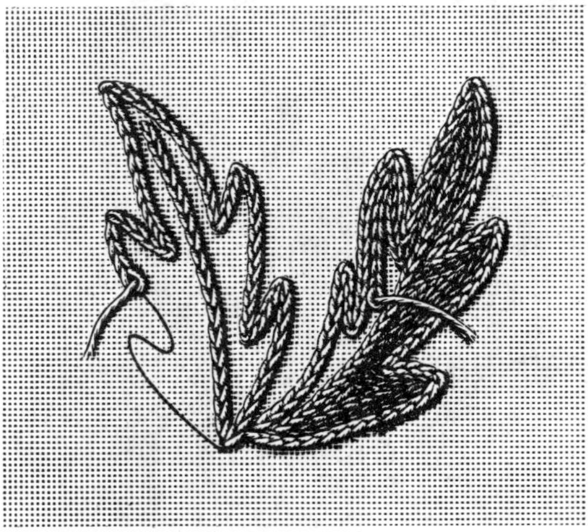

Fig. 285. Exécution des feuilles dentelées.

Pour ce genre d'ouvrage, on emploie de préférence un fil fortement tordu, afin que le crochet ne puisse le diviser. Parmi les fils D·M·C, ce sont le Fil d'Alsace, l'Alsa, le Retors d'Alsace, le Fil à dentelles et le Coton perlé que nous recommandons tout particulièrement.

Branche en crochet sur métier, genre turc (fig. 283, 284, 285). — Cette branche, composée de feuilles et d'épis, a été copiée sur un modèle de voile turc moderne travaillé en or et argent.

Nous venons d'expliquer la manière de faire le crochet sur métier; il nous reste encore à ajouter qu'on doit toujours commencer par les contours, puis faire les nervures, s'il y en a, et à la fin seulement exécuter le remplissage.

La fig. 284 montre une partie d'un épi; les contours sont terminés et on a commencé le remplissage.

La fig. 285 nous enseigne la manière de faire les feuilles

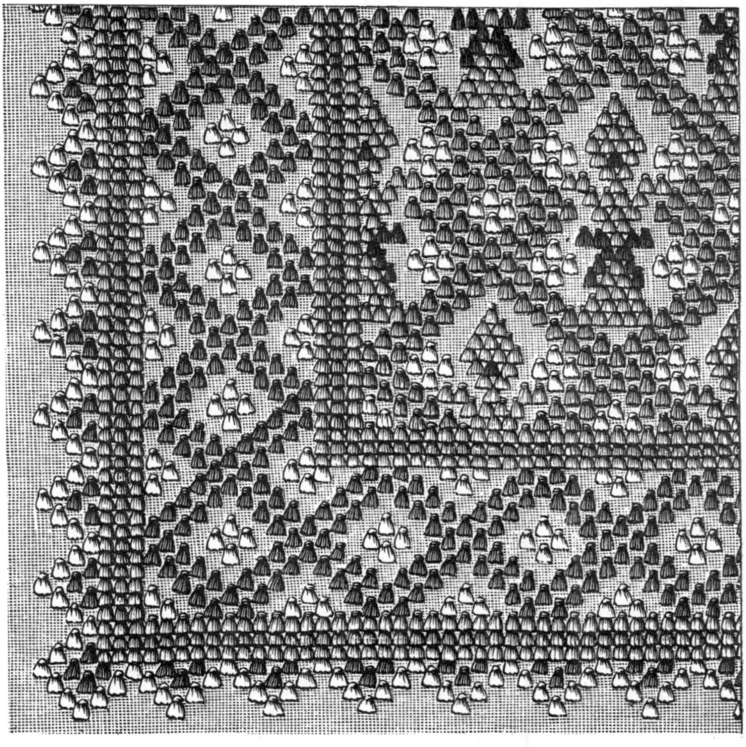

Fig. 286. Bordure avec fond en broderie au point de Malte simple, dit aussi point de houppes.

Fournitures: Mouliné spécial D·M·C, Alsatia D·M·C, Lin floche D·M·C ou Rayonne à broder D·M·C, en Bleu-Indigo 312, Vert-Perruche 906, Jaune d'Or 782 et Jaune-Crème 579.

dentelées; la feuille de droite a sa moitié droite terminée; dans la partie gauche, on voit l'exécution du remplissage qui se fait en deux rangs et en zigzags, en suivant les contours extérieurs. La feuille de gauche indique encore une fois l'exécution des contours et des nervures. Les grandes feuilles avec contours en Rayonne à broder D·M·C N° 60 en Jaune-Mandarine 743 et les nervures en Gris-Cendre 415 sont remplies de Coton perlé ombré D·M·C N° 8, en Vert 92 et Bleu 93, et les petites feuilles de Coton perlé ombré D·M·C N° 8 en Vert 92 et Gris 53; les épis montrent des contours en Rayonne à broder D·M·C N° 60 alternativement en Jaune-Mandarine 743 et Gris-Cendre 415 avec du Coton perlé ombré D·M·C N° 8 en Brun-Acajou 69 et Gris 53 comme remplissage. Le Coton perlé ombré employé pour le remplissage contraste avec la luminosité des contours en Rayonne à broder et il donne de délicats effets de dégradés qu'on obtiendrait moins facilement avec les teintes d'une même gamme de couleur en Coton perlé uni.

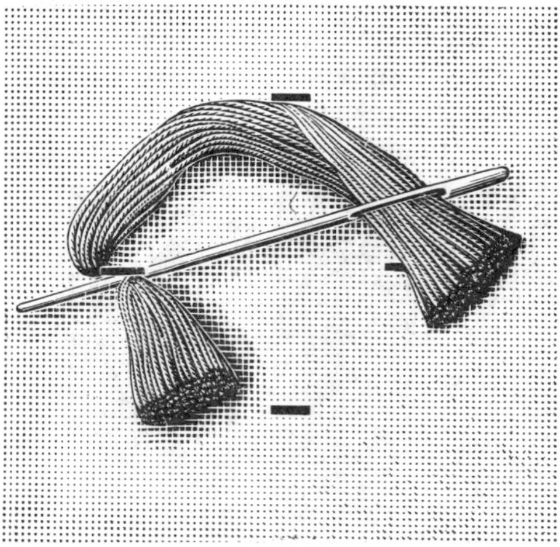

Fig. 287.
Point de Malte simple, dit aussi point de houppes. Manière de faire les petites houppes.

Fig. 288.
Point de Malte simple, dit aussi point de houppes. Quatre petites houppes terminées.

Ce genre de crochet sur métier ne s'emploie que pour des objets de grand luxe. On confectionne des petites bordures pour terminer des voiles, des jabots, des nœuds ou des cols; d'autres dessins de plus grandes dimensions servent à la garniture de châles, d'éventails, de devants de robes, etc.

Broderie de Malte. Les habitants de l'île de Malte ont un genre de broderie tout à part, qu'ils emploient pour garnir leurs objets d'intérieur.

Le dessin est formé par de petites houppes, que l'on

peut exécuter de deux manières différentes : il y a des houppes simples et des houppes doubles. Les houppes du point de Malte simple retombent sur le tissu comme une succession de petits glands sans grand relief. Le point de Malte double forme par contre des rangées de grosses boucles rondes et gonflées, rappelant plutôt des pompons, garnies de deux mèches courtes et fournies qui s'épanouissent de part et d'autre de la boucle centrale. Nous présentons à nos lectrices deux modèles avec les deux différents genres de points, auxquels nous ajoutons tous les détails et toutes les explications nécessaires.

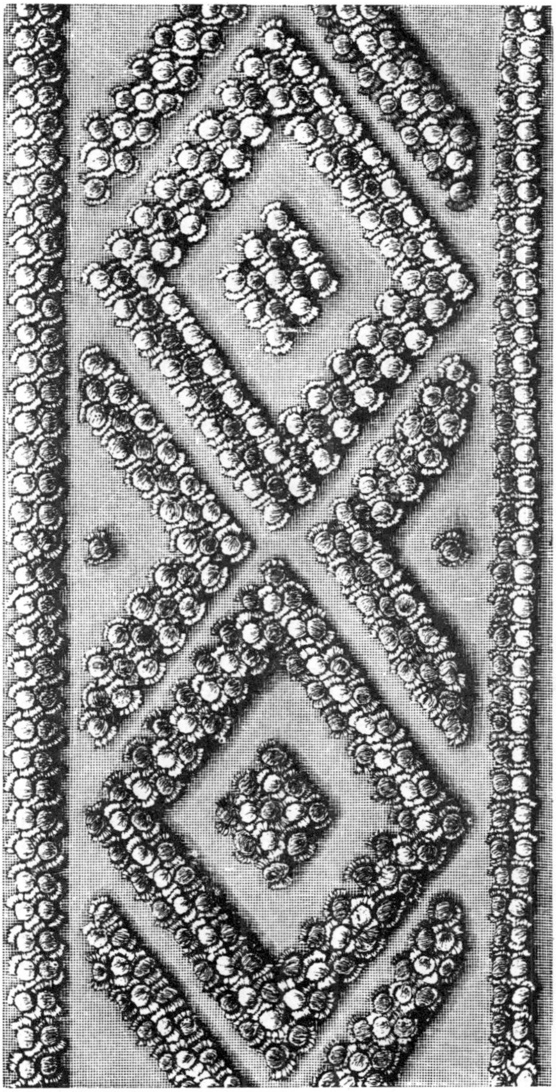

Fig. 289. Bordure en broderie au point de Malte double.
Fournitures : Mouliné spécial D·M·C, Lin floche D·M·C ou Rayonne à broder D·M·C, en Jaune d'Or 782, Vert-Scarabée 3346, Bleu de France 796 et Rouge-Écarlate 815.

Bordure avec fond en broderie au point de Malte simple, dit aussi point de houppes (fig. 286, 287, 288). Nous recommandons ce genre de broderie avec les houppes retombantes pour rideaux, portières et panneaux, ouvrages de grandes dimensions, pour lesquels, par son exécution très facile et rapide, elle semble avant tout destinée.

Le tissu qui sert de fond doit être très solide; une étoffe légèrement teintée en rose ou en jaune est préférable aux étoffes écrues.

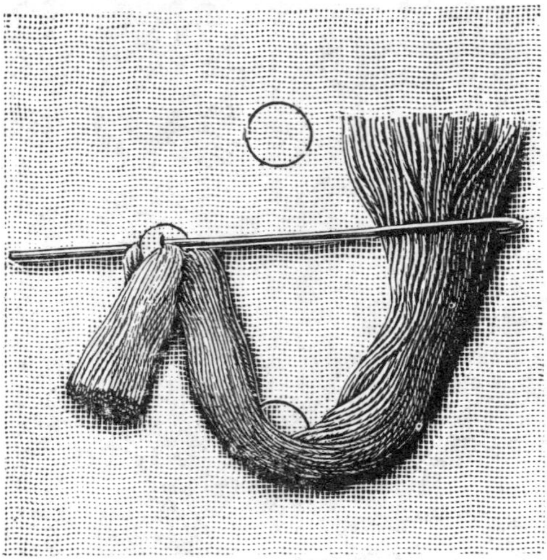

Fig. 290. Point de Malte double. Premier détail.

Après avoir tracé le dessin, en marquant d'un trait horizontal la place de chaque houppe, on commence la broderie dans le bas de l'objet.

L'exécution du point, qui rappelle le point de Smyrne simple (voir au chapitre «La Tapisserie» les fig. 408 et 409) est très facile; on compte, suivant la grosseur du tissu, 4 à 6 fils de largeur par point. La direction du point, qui fixe la houppe dans le haut, est toujours horizontale.

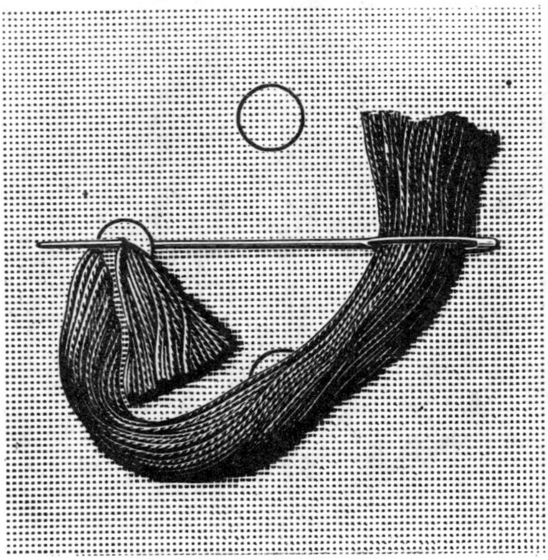

Fig. 291. Point de Malte double. Deuxième détail.

Comme fournitures on emploie l'Alsatia D·M·C ou un fil floche, tel que le Mouliné spécial D·M·C, le Lin floche D·M·C ou la Rayonne à broder D·M·C, dont on prendra 6 à 12 fils pour une aiguillée. On commence le point au milieu du trait horizontal tracé sur l'endroit de l'ouvrage où on laisse dépasser une mèche de fil de 1 à 2 centimètres de longueur, puis on fait ressortir l'aiguille à 2 ou 3 fils de distance à gauche, on conduit le fil par-dessus la mèche pour faire rentrer l'aiguille à une distance de quelques fils à droite du centre du point, puis finalement on revient au milieu du point où l'on coupe le fil à la longueur de la première petite mèche, et le point est terminé

Notre gravure, fig. 287, indique la manière de faire les petites houppes; dans la fig. 288 on peut voir quatre petites houppes terminées. La bordure avec les petits triangles extérieurs est travaillée en vert et crème, les lignes droites qui les bordent, en bleu et jaune. Dans le fond, on a employé le bleu pour le quadrillage, le jaune et le vert pour les fleurs de lys et le crème et le vert pour les petits losanges qui remplissent les vides.

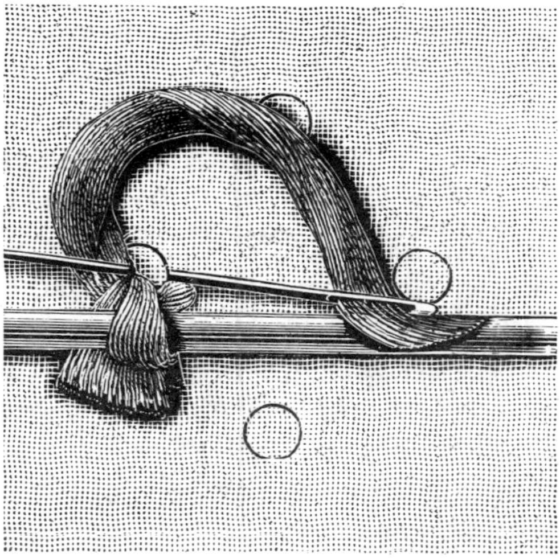

Fig. 292. Point de Malte double.
Troisième détail.

Bordure en broderie au point de Malte double (fig. 289, 290, 291, 292, 293). — La fig. 289 représente la bordure d'un rideau brodé sur étamine avec du Mouliné spécial D·M·C, dans les couleurs Jaune d'Or 782, Vert-Scarabée 3346, Bleu de France 796 et Rouge-Écarlate 815, que l'on disposera comme suit: les lignes horizontales qui terminent la bordure se font en vert et en jaune; les grands losanges dans la bordure sont travaillés dans les mêmes couleurs, les angles en bleu et en rouge.

Fig. 293. Point de Malte double.
Quatre points terminés.

Pour faire le point, prenez une grosse mèche de Mouliné spécial D·M·C, passez-la sous 2 à 3 fils verticaux du tissu et de droite à gauche, fig. 290. Revenez en arrière et passez l'aiguille sous les 2 ou 3 fils qui se trouvent devant le premier point. La mèche enfilée passe ainsi sous celle que vous aviez réservée; le point doit être assez fortement serré.

Faites une seconde fois le premier point, fig. 291, en faisant au milieu une boucle par-dessus un moule et de la même longueur que la mèche que vous aviez réservée. Refaites le deuxième point, en passant par-dessus la boucle, fig. 292, et coupez enfin la mèche enfilée à la longueur de la boucle.

Dans la gravure, fig. 293, on voit quatre points terminés en grandeur naturelle.

Modèles d'ouvrages. — En dehors des ouvrages décrits ci-dessus on trouvera un grand choix de modèles pour la broderie sur toile dans les publications suivantes de la Bibliothèque D·M·C: *Alphabet de la Brodeuse, Point de Croix · Nouveaux Dessins,* 6 séries, *Point de Marque,* 5 séries, *Broderies d'Assise, Broderies Colbert, Motifs pour Broderies,* 7 séries, *Motifs de Broderie copte, Motifs précolombiens, Broderies tchéco-slovaques, Broderies yougoslaves,* 2 séries, *Broderies turques, Broderies bulgares, Broderies marocaines, Ornements et lingerie d'Église.*

De plus, *L'ABC de la Couture,* petit traité destiné aux enfants, donne l'explication des principaux points (*).

Bordure. Broderie au passé, genre Louis XVI.

La Broderie sur Soie et Velours

A la vue de riches étoffes de soie, de velours et de peluche aux tons chauds et aux effets chatoyants ou bien de tissus brochés d'or et d'argent, nous sommes volontiers disposés à croire que nulle ornementation n'est capable d'augmenter la richesse de ces étoffes. Et pourtant, les exigences du luxe mondain aussi bien que celles des pompes religieuses ont de tout temps cherché à rehausser par de riches broderies la valeur de ces tissus.

Nous réunissons dans ce chapitre les genres de travail le plus souvent employés dans la broderie en fils de couleur sur soie et velours. Ils se rapprochent du reste de ceux dont il a été question au chapitre « La Broderie sur Toile ».

Nous commencerons par le genre le plus connu qui est la broderie au passé et qui se subdivise en broderie au passé non nuancée, broderie au passé nuancée, broderie au passé à double face, appelée aussi broderie au passé chinoise, et peinture à l'aiguille. Puis viendront les broderies au point d'armes, la broderie orientale au point natté et la broderie arabe.

Si nous nous servons pour ces différents genres de points de la dénomination de « Broderie sur Soie et Velours » il n'est pas dit, pour cela, qu'on ne puisse pas tout aussi bien les appliquer aux tissus modernes en lin, coton et laine. Dans le cas où l'on se proposerait de reproduire un des modèles du présent chapitre sur un tissu autre que de la soie ou du velours. il faudrait naturellement l'exécuter avec des fournitures en harmonie avec le tissu choisi.

Quelques-uns des points employés ayant déjà été expliqués dans les chapitres précédents, nous ne manquerons pas de renvoyer aux figures y relatives.

Tous les genres de broderies au passé et la broderie au point d'armes peuvent être faits à la machine. On obtient avec un peu de soin des broderies au passé à double face; le point d'armes est traduit par une sorte de point de sable travaillé en spirales.

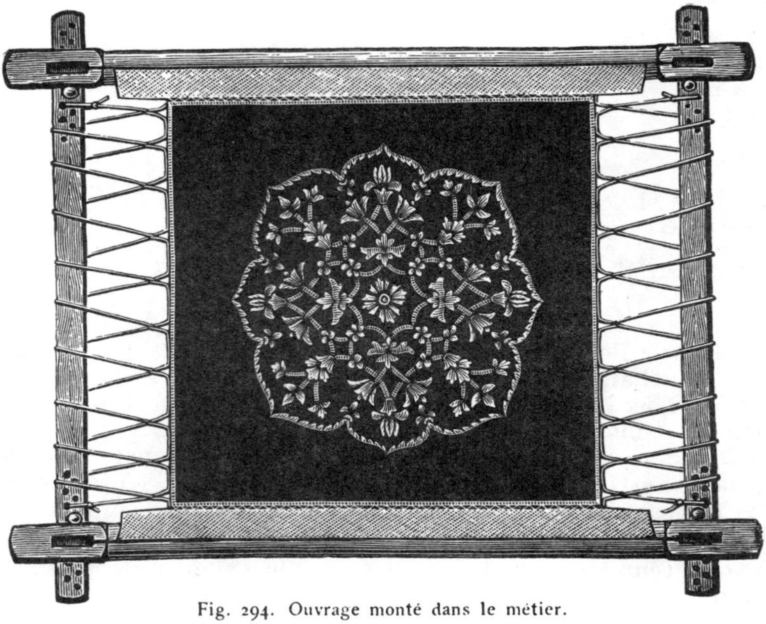

Fig. 294. Ouvrage monté dans le métier.

Tissus. — Les originaux de nos modèles sont tous exécutés sur un fond de soie ou de velours.

Nous recommandons en première ligne les tissus de soie épais, tels que le satin, le reps et le velours à fils courts. On évitera d'employer des tissus minces, qui ont tendance à se détirer pendant le travail, ainsi que la peluche, où les points se perdraient facilement dans la toison et exigeraient toujours un rembourrage.

Les broderies destinées à l'usage ecclésiastique sont souvent travaillées sur un fond de brocart en or et en argent; nous conseillons toutefois d'éviter autant que possible ces étoffes à fils de métal qui endommagent facilement les fils employés pour la broderie. Lorsqu'on voudra avoir une broderie sur fond de brocart, nous conseillons de faire la broderie même sur un fond de toile, de découper les figures brodées et de les appliquer ensuite sur le fond d'or ou d'argent; voir le chapitre « La Broderie-Application ».

Fig. 295. Bordure en broderie au passé non nuancée.

Fournitures : Soie de Perse D·M·C, en Bleu-Indigo 1009, 1010, 1011, 1012 ; Rayonne à broder D·M·C ou Lin floche D·M·C, en Bleu-Indigo 334, 322, 312, 311 (*)

Fournitures. — Dans le choix des fournitures il importe de tenir compte du genre de broderie à exécuter et de la finesse du dessin. Ainsi, la broderie au passé, les broderies chinoises et la peinture à l'aiguille demandent un fil floche, tel que la Soie de Perse D·M·C, qui peut être dédoublée à volonté.

La broderie moderne au passé, la broderie au point d'armes exigent, par contre, un fil plus gros, tel que la Rayonne à broder D·M·C ou le Retors à broder D·M·C.

Lorsqu'on exécutera les ouvrages en coton ou lin, on remplacera la soie véritable par la Rayonne à broder D·M·C, le Mouliné spécial D·M·C ou le Lin floche D·M·C; le Coton à broder

(*) Ces numéros désignent des couleurs qui se trouvent sur les cartes de couleurs des articles portant la marque D·M·C. Ces cartes peuvent être consultées chez tous les merciers et marchands d'ouvrages de dames.

D·M·C, qualité spéciale, le Coton perlé D·M·C, le Retors à broder D·M·C, l'Alsa D·M·C et le Retors d'Alsace D·M·C serviront pour la broderie au point d'armes.

Appareil et montage. Travail préparatoire (fig. 294). — Nous recommandons de toujours se servir, pour faire les broderies, d'un métier solide et construit d'après le modèle indiqué par notre gravure, fig. 294. Les rouleaux du métier devront être bien polis afin que les inégalités du bois ne marquent pas dans le tissu lorsqu'on aura à y fixer de grandes pièces exigeant l'enroulage de l'étoffe.

Fig. 296. Exécution de la broderie au passé non nuancée pour la bordure fig. 295.

On monte dans le métier un morceau d'étoffe blanche ou écrue, de la manière expliquée au chapitre précédent.

C'est sur ce fond bien tendu qu'on applique l'étoffe que l'on veut broder; après l'avoir placée à fil droit, on la coud au moyen de points d'ourlet sur la doublure, en ayant soin de donner à l'étoffe supérieure une tension plus forte

Fig. 297. Bordure en broderie chinoise à simple face.

Fournitures : Soie de Perse D·M·C, en Vert-Réséda 1020, 1024, Vert-Lierre 1416, 1182, 1184, Vert doré 1385, Rose ancien 1002, 1005, 1006, 1007 et Bleu-Paon 1192, ou Rayonne à broder D·M·C, en Vert-Pistache 367, 368, Vert-Perruche 906, 904, Vert-Scarabée 3348, Vert-Absinthe 217, Rouge-Maroquin 896, 3329, Rouge-Écarlate 498, 814 et Bleu de Ciel 518.

qu'à l'autre afin d'empêcher la première de gondoler sur la doublure une fois la broderie démontée; puis on décalque le dessin.

Avant de commencer la broderie, il est prudent de se procurer un croquis colorié, d'après lequel on exécutera les points. Ce croquis est essentiel pour toutes les personnes peu exercées et leur permet d'éviter de grosses erreurs de nuançage.

Bordure en broderie au passé non nuancée (fig. 295 et 296). — Ce dessin est exécuté au point plat ordinaire et au point coulé. Chaque figure doit être commencée par la pointe. Les feuilles en deux parties devront être brodées une moitié après l'autre, en ayant soin que la nervure forme une ligne bien égale. Généralement les points sont posés plus ou moins obliquement, comme on peut le voir dans la gravure explicative, fig. 296.

Fig. 298. Bouquet en broderie chinoise à simple face.

Fournitures : Soie de Perse D·M·C, en Rouge ancien 1035, 1037, 1040, Gris-Cendre 1165, 1166, 1167, Vert-Réséda 1019, 1021, 1024, Vert-Perruche 1372, 1375, Vert doré 1385, 1145 et Blanc-Neige 1219, ou Rayonne à broder D·M·C, en Rouge-Maroquin 896, 3329, Rouge-Écarlate 498, Gris-Cendre 415, 318, 317, Vert-Scarabée 3348, 3346, 3345, Vert-Perruche 907, 904, Vert-Absinthe 219, 217 et Blanc-Neige.

Si l'on est obligé de changer peu à peu la direction des points suivant la forme du motif à exécuter, il est prudent de faire quelques petits points auxiliaires venant du contour extérieur jusque vers le milieu du motif. Ces points, qui seront toujours cachés en partie par les points de longueur normale qui suivront, permettent de reproduire des formes recourbées sans que les points arrivent à être superposés dans les contours intérieurs.

Les pois sont commencés juste au milieu. On termine d'abord une moitié, puis l'autre; de cette manière on arrive le plus facilement à reproduire des pois tout à fait ronds.

Notre bordure est travaillée dans une seule couleur, mais dans quatre tons dégradés. Le point coulé, dont l'explication est répétée par la fig. 296, est en bleu très foncé; les trois bleus suivants sont employés simultanément pour les fleurs et les feuilles brodées au point plat, comme on peut le voir dans la gravure.

Ce modèle convient pour terminer des petits tapis et des couvertures, ouvrages auxquels on ne veut pas consacrer trop de temps. Dans ce cas on brodera la bande séparément et sur un tissu autre que celui de l'objet même (*).

Bordure en broderie chinoise à simple face (fig. 297). Toutes les parties de ce motif sont recouvertes au moyen du

Fig. 299. Bordure en broderie chinoise à double face.
Fournitures : Soie de Perse D·M·C, en Bleu-Indigo 1009, 1010, 1011, 1012 et Blanc azuré 1186 : Rayonne à broder D·M·C, Mouliné spécial D·M·C ou Lin floche D·M·C, en Bleu-Indigo 334, 322, 312, 311 et Blanc-Neige.

point au passé ou point plat non nuancé; la direction des points est indiquée par la gravure. Quant à la disposition des couleurs, il nous suffira de dire que les grandes fleurs sont exécutées en quatre teintes de rose, les feuilles en bleu foncé et vert doré et en cinq nuances de vert vif également distribuées.

Travaillée sur un ruban de soie, cette bordure pourra être employée comme garniture d'objets de toilette.

Bouquet en broderie chinoise à simple face (fig. 298). L'exécution de la broderie est la même que pour la bordure, fig. 297. Les chrysanthèmes sont brodés en trois rouges, de même que les petites fleurs rondes à cinq pétales. Les grandes fleurs, genre campanules, sont exécutées en trois nuances de gris-cendre; le calice est en rouge.

(*) Nous rappelons ici notre publication « La Broderie au Passé » qui contient une série de 27 dessins de broderies au passé, avec un texte explicatif et les calques des dessins.

Fig. 300. Bordure en broderie au passé nuancée.

Fournitures : Soie de Perse D·M·C, en Rouge ancien 1254, 1035, 1382, 1037, 1039, Bleu-Indigo 1009, 1010, 1011, 1307, Vert-Lierre 1416, 1181, 1182, 1183 et Jaune-vieil-Or 1268, 1269, 1296, 1297;
Rayonne à broder D·M·C, Mouliné spécial D·M·C ou Lin floche D·M·C, en Rouge-Géranium 352, 351, 350, Rouge-Turc 321, Rouge-Écarlate 815, Bleu de Sèvres 800, 799, 798, Bleu de France 797, Vert-Perrüche 907, 906, 905, 904, Jaune-Safran 725 et Jaune d'Or 783, 782, 780.

Les feuilles sont couvertes de vert-réséda, de vert-perruche et de vert doré, quelques pointes sont brodées en gris-cendre foncé. Différentes autres nuances sont distribuées dans les petites feuilles et dans les tiges.

La branche claire retombante est exécutée en blanc.

Ce bouquet peut être employé pour une petite pelote, un sachet ou un buvard; quatre bouquets posés chacun dans un coin donnent une jolie garniture pour coussins et petits tapis.

Fig. 301. Exécution de la broderie au passé nuancée pour la bordure fig. 300.

Bordure en broderie chinoise à double face (fig. 299). — Avant de nous occuper de la broderie au passé nuancée, nous allons donner un motif de broderie chinoise à double face. Ce genre de broderie nous est venu de la Chine et du Japon, où on l'emploie pour la garniture des vêtements. L'original de notre gravure est exécuté sur un fond de soie foncée épaisse; toutefois pour cette broderie sans envers, c'est-à-dire pareille des deux côtés, on peut sans inconvénient se servir de tissus transparents.

L'exécution de la broderie est moins difficile qu'on ne le croit au premier abord. On recouvre toutes les formes au moyen du point plat, seulement il faut avoir bien soin que les points se suivent très régulièrement. Dans tous les cas on tâchera d'éviter de revenir dans les parties déjà terminées et de sauter d'une figure à l'autre sans arrêter d'abord le fil. Lorsqu'on commence la broderie, on fixe d'abord le fil par quelques points dans l'intérieur d'un motif à recouvrir; ce dernier achevé, le fil sera fixé dans la broderie terminée sans que les points soient dérangés.

La bordure est travaillée avec de la Soie de Perse D·M·C, dédoublée à 1 brin, en quatre nuances de bleu-indigo; seules quelques petites feuilles très claires sont brodées en blanc.

Ces broderies à double face se prêtent merveilleusement à l'ornementation d'objets de toilette, où l'envers d'une broderie serait disgracieux. Nous citons ici comme objets à garnir : les châles, les nœuds de cravate, les cols et manchettes et les éventails.

Bordure en broderie au passé nuancée (fig. 300 et 301). Le genre le plus développé de broderie au passé est la broderie

Fig. 302. Bouquet japonais en peinture à l'aiguille.

Fournitures : Soie de Perse D·M·C, en Bleu-Paon 1190, 1192, 1194, Bleu-Indigo 1010, 1012, Vert doré 1144, 1145, 1146, Jaune-Paille 1267, Jaune-vieil-Or 1269, Rouge ancien 1036, 1038 et Blanc azuré 1186 : Rayonne à broder D·M·C, Mouliné spécial D·M·C ou Lin floche D·M·C, en Bleu-Myosotis 827, 813, 826, Bleu-Indigo 312, 336, Vert-Perruche 907, 906, 904, Brun-Cachou 437, Jaune-Mandarine 740, Rouge-Géranium 351, 350 et Blanc-Neige.

nuancée, à l'aide de laquelle on arrive à reproduire les ornements les plus compliqués, tant stylisés qu'imitant la nature.

Notre gravure représente une bordure de fleurs stylisées, brodée sur une soie à rayures fines, avec un fil légèrement tordu, au point de passé « empiétant ». L'exécution de la broderie est montrée par la gravure explicative, fig. 301.

On commence toujours la broderie par la nuance la plus claire et, en suivant exactement les contours, on recouvre une partie de chaque figure de points plats dirigés vers l'intérieur.

Ces points doivent être de longueurs différentes. Le rang de points suivant, brodé avec un fil plus foncé, « empiète » sur les points clairs du rang précédent, de sorte que les nuances se noient l'une dans l'autre. De cette manière on ajoute une nuance après l'autre jusqu'à ce que la figure soit entièrement recouverte.

Nous recommandons aux commençantes de consulter souvent la gravure, afin qu'elles arrivent à poser les points bien exactement comme la gravure l'indique; cela contribuera beaucoup à la réussite de l'ouvrage.

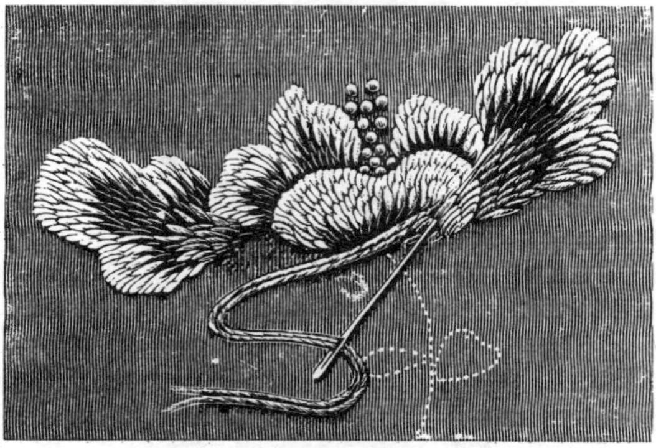

Fig. 303. Exécution d'une fleur du bouquet fig. 302.

Les tiges et les ramages sont brodés au point coulé. Quant aux couleurs, on emploiera le rouge pour les grandes fleurs, le bleu pour le calice et le vert et le jaune pour les tiges et les feuilles.

La broderie au passé nuancée s'emploie le plus souvent pour la garniture de grands tapis, couvertures, panneaux et rideaux

Bouquet japonnais en peinture à l'aiguille (fig. 302 et 303). On appelle peinture à l'aiguille le genre de broderie au passé nuancée qui permet de reproduire, aussi fidèlement que par la peinture, toutes sortes d'ornements, fleurs naturelles, oiseaux, etc.

Le bouquet, fig. 302, est exécuté d'après une peinture japonaise, en Soie de Perse D·M·C, dédoublée à deux brins, au moyen du point de passé empiétant et du point plat simple.

En commençant par la nuance la plus claire — ici le blanc — on ajoute comme nous l'avons déjà expliqué, une nuance après l'autre, en faisant sortir le fil de la partie déjà brodée et en descendant dans l'étoffe non encore couverte, jusqu'à ce que toute la figure soit remplie. Pour arriver à une bonne direction de points, il est prudent de commencer chaque figure au milieu et de terminer ensuite un côté après l'autre. Les étamines sont travaillées au point d'armes tortillé; voir la fig. 86 du chapitre « La Broderie sur Blanc ». La grande fleur du milieu est nuancée en rouge, la fleur montante en blanc et vert, avec un calice en bleu et rouge. Les boutons sont brodés en bleu et jaune, les tiges en bleu moyen et les feuilles en vert vif. Ce bouquet pourra servir aux mêmes emplois que celui de la fig. 298.

Bouquet de fleurs des champs en peinture à l'aiguille (fig. 304). — Ce ravissant modèle, qui se prête avant tout à la garniture de sachets et de bonbonnières, est brodé avec de la Soie de Perse D·M·C, dédoublée à deux brins.

Les pavots sont brodés en violet, les œillets en rose ; pour les grandes feuilles on a choisi un vert doré, et un vert vif pour les herbes et les tiges ; les épis sont nuancés en jaune.

Fig. 304. Bouquet de fleurs des champs en peinture a l'aiguille.

Fournitures : Soie de Perse D·M·C, en Violet-Scabieuse 1248, 1410, 1249, 1250, Rose ancien 1002, 1003, 1004, 1005, 1006, Vert-Réséda 1019, 1021, 1023, 1024, Jaune-Paille 1266, Jaune-vieil-Or 1268, 1296, Vert-Lierre 1416, 1181, 1183, 1184, Vert-Jaune 1404, 1278 et Blanc-Crème 1220 ; Rayonne à broder D·M·C, Mouliné spécial D·M·C ou Lin floche D·M·C, en Rouge-Framboise 3689, 3688, 3687, Rose tendre 776, 3326, 899, Rouge-Grenat 335, 309, Vert-Scarabée 3348, 3347, 3346, 3345, Jaune-Safran 725, Jaune d'Or 782, 780, Vert-Perruche 907, 906, 905, 904, Brun-Cachou 436, 434 et Jaune-Crème 579.

Papillon en peinture à l'aiguille (fig. 305). — Ici la broderie entière sera exécutée avec un seul brin de Soie de Perse D·M·C, ce qui permettra d'arriver à une dégradation plus fine des différentes nuances.

Les deux grandes ailes du papillon sont presque entièrement teintées en bleu, du plus clair au plus foncé, avec une rayure blanche sur le bord extérieur, interrompue par des points en noir. Tout près du corps se trouvent un pois rouge foncé et quelques taches triangulaires en rose, serties de blanc.

Les petites ailes inférieures, brodées dans une gamme complète de rouge, sont ornées de rayures noires, avec des points blancs et des croissants en vert, placés tout près du bord.

Le corps du papillon est blanc avec des rayures horizontales en noir, les pattes sont blanches, les yeux noirs, la trompe rouge

Fig. 305. Papillon en peinture a l'aiguille.

Fournitures : Soie de Perse D·M·C, en Bleu-Indigo 1009. 1010, 1307, 1013, Rouge ancien 1035, 1255, 1036, 1039, Vert-Lierre 1182, 1184, Noir 1187 et Blanc azure 1186.

et les antennes blanches et recouvertes de points noirs. Nous recommandons de consulter souvent la gravure pour arriver à une direction des points bien exacte, ce qui est très important dans la peinture à l'aiguille.

On peut employer ce papillon pour garnir de petits objets de fantaisie, des sacs à ouvrages, sacs à bonbons, sachets, etc.

Bouquet en broderie au point d'armes tortillé (fig. 306 et 307). — C'est dans les broderies chinoises et japonaises que nous rencontrons le plus souvent le point d'armes, lequel se prête admirablement à la dégradation des couleurs et permet d'exécuter très facilement des broderies nuancées.

Généralement, dans les broderies japonaises, nous voyons le dessin au point d'armes contourné d'un fil d'or fixé visiblement ou invisiblement au moyen de points de surjet, avec un fil de

Fig. 306. Bouquet en broderie au point d'armes tortillé.
Fournitures : Rayonne à broder D·M·C No 60 ou Coton perlé D·M·C No 8, en Bleu d'Azur 775, Bleu-Indigo 334, 311, Vert-Scarabée 3348, 3346, Vert-Pistache 367, Brun-Cachou 437, Brun-Rouge 921, 919, Rose tendre 3326, Rouge-Grenat 335 et Rouge-Ecarlate 498 ; Alsa D·M·C No 40, en Vert doré 581 et fil d'or fin.

couleur tranchante. L'exécution du point d'armes tortillé est expliquée au chapitre «La Broderie sur Blanc», fig. 86.

Après avoir serti tous les contours avec un fil d'or fin, fixé au moyen de points de surjet avec l'Alsa D·M·C, en Vert doré 581, on exécute le remplissage au point d'armes, en plaçant toujours les points dans la même direction. Là où une nuance touche à l'autre, on brode alternativement un point

Fig. 307. Exécution d'une feuille du bouquet fig. 306.

clair et un point foncé, afin de mieux dissimuler le changement de nuance; voir la gravure explicative, fig. 307.

Les deux grands fruits sont brodés en brun-rouge et brun-cachou, l'un en plus clair, l'autre en plus foncé, les feuilles en différents verts et bleus mélangés, les tiges et les vrilles toutes en bleu pâle et les fleurs en bas à gauche en trois tons de rouge.

Fig. 308. Bordure au point d'armes hindou.
Fournitures: Rayonne à broder D·M·C No 30 ou Coton perlé D·M·C No 5, en Violet-Scabieuse 397, Jaune d'Or 783, Brun-Rouge 919 et Vert-Émeraude 909.

Ce genre de broderie se recommande pour des objets où la broderie repose sur un fond de carton ou de bois, par exemple pour des boîtes à bijoux, des boîtes à gants, écrins, etc.

Fig. 309 Exécution de la bordure au point d'armes hindou.

Bordure au point d'armes hindou (fig. 308 et 309). — On voit souvent sur les vêtements des Hindoues des bordures brodées au passé ou au point d'armes. Avec la fig. 308 nous présentons à nos lectrices une bande de ce genre, brodée au point d'armes hindou.

Il est visible sur la gravure que les points d'armes ne sont pas ronds comme dans les broderies chinoises et japonaises, mais plutôt allongés.

La fig. 309 enseigne l'exécution du point. Sortir l'aiguille à l'endroit voulu, retenir le fil avec le pouce gauche, glisser l'aiguille sous le fil, faire tourner l'aiguille sur elle-même vers le haut et la faire rentrer dans le tissu à 2 millimètres environ de son point de sortie. La faire ressortir un peu plus loin, vers la droite et exécuter le point suivant de la même façon. On obtient ainsi de petits points d'armes ronds, précédés d'un point oblique. Le travail terminé paraît avoir été fait avec des ganses car il présente une certaine épaisseur et des rayures régulières.

L'envers est couvert de points courts légèrement biaisés.

La broderie est exécutée sur un fond de satin violet foncé avec de la Rayonne à broder D·M·C N° 30. Le corps de l'oiseau, certains pois et l'entourage des feuilles sont faits en Violet-Scabieuse 397; les tiges, les pattes de l'oiseau et la ligne ondulée de la bordure sont en Jaune d'Or 783; l'œil, le bec, la partie foncée de la queue de l'oiseau et la nervure foncée des feuilles montantes sont en Brun-Rouge 919; les nervures des feuilles retombantes et les pois foncés sont en Vert-Émeraude 909. L'aile commence par un rang de points en Vert-Émeraude 909, continue par le Jaune d'Or 783 et est enfin remplie avec du Brun-Rouge 919.

Fig. 310. Fleurettes au point de poste.
Fournitures : Coton perlé ombre D·M·C No 5, en Rose clair 62, Rouge-Framboise 99, Rose brillant 48, et Mouliné spécial ombré D·M·C No 25, en Vert-Scarabée 92.

Fleurettes au point de poste (fig. 310). — Pour les objets de fantaisie garnis de petites fleurettes isolées ou en semis, nous recommandons une exécution rapide au point de poste; voir la fig. 90 du chapitre « La Broderie sur Blanc ».

Nous donnons avec la fig. 310 un petit bouquet de roses dont les fleurs sont brodées au point de poste en Coton perlé ombré D·M·C N° 5. Nous nous sommes servis du Rose clair 62 pour la rose pâle de gauche, du Rouge-Framboise 99 pour la rose foncée à droite et du Rose brillant 48 pour la fleur du bas. Commencer au centre par la partie la plus foncée du fil ombré et travailler en rond avec des points de plus en plus longs jusqu'à la grandeur voulue pour la rose.

Les feuilles sont exécutées en broderie au passé simple avec du Mouliné spécial ombré D·M·C N° 25, en Vert-Scarabée 92, dédoublé à 2 brins. Commencer à la pointe de chaque feuille avec la partie claire du fil ombré et travailler d'abord la foliole de gauche, puis celle de droite, de façon que la partie gauche de chaque feuille soit plus claire que celle de droite.

Fig. 311. Fond au point natté oriental et au point de chaînette.
Fournitures : Rayonne à broder D·M·C Nos 30 et 60 ou Coton perlé D·M·C Nos 5 et 8, en Bleu-Indigo 312, Brun-Noisette 424 et Jaune d'Or 783.

Fond au point natté oriental et au point de chaînette (fig. 311 et 312). — C'est un des points les plus anciens; il fut importé d'Asie en Europe au moyen âge. On ne peut pas s'en servir pour remplir des motifs, car il forme de soi-même les modèles, comme on le voit dans notre gravure, fig. 311.

Les points se font presque entièrement sur l'endroit du tissu, en deux couches de points entrelacés. Commencer par tendre un quadrillage de fils très soigneusement entre-croisés et dépassant légèrement les coins; voir le côté gauche de la fig. 312.

On conduit ensuite le fil comme pour le point d'esprit oblique, fig. 701, très régulièrement et par-dessus les fils du réseau sans traverser le fond d'étoffe; voir le côté droit de la fig. 312.

Fig. 312. Exécution du point natté oriental.

Les tiges sont faites au point de chaînette.

Lorsqu'on aura bien compris la marche du travail, il sera facile de broder le joli fond de la fig. 311 que nous avons copié sur un vêtement hindou. Nous l'avons brodé sur du satin rouge grenat avec de la Rayonne à broder D·M·C N° 30, en Brun-Noisette 424 pour les points clairs, en Bleu-Indigo 312 pour les points moyens et en Jaune d'Or 783 pour les points foncés. Ce genre de broderie donnant un travail très souple, est tout indiqué pour la garniture des objets de toilette et de lingerie.

Points d'Orient (fig. 313, 314, 315). — Nous appelons les trois points qui suivent points d'Orient parce qu'on les retrouve dans la plupart des broderies orientales, et il est plus que probable que nous les devons aux peuples de l'Asie, qui ont excellé, de tout temps, dans l'art de la broderie.

Ces points ne peuvent être utilisés que pour les dessins d'une

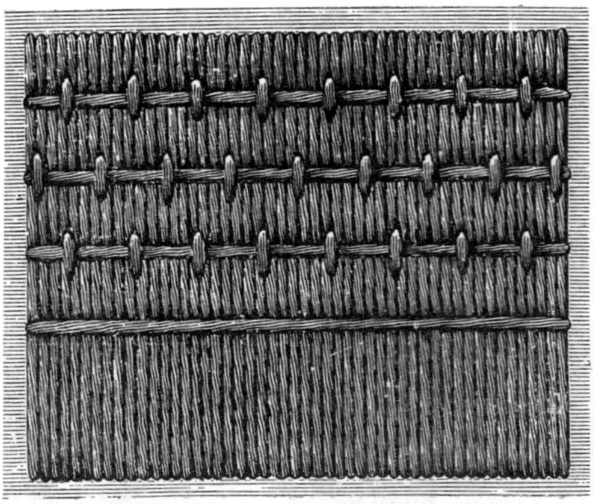

Fig. 313. Premier point d'Orient

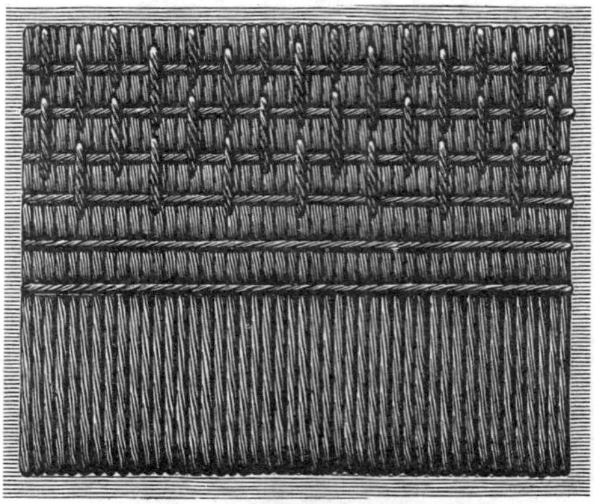

Fig. 314. Deuxième point d'Orient.

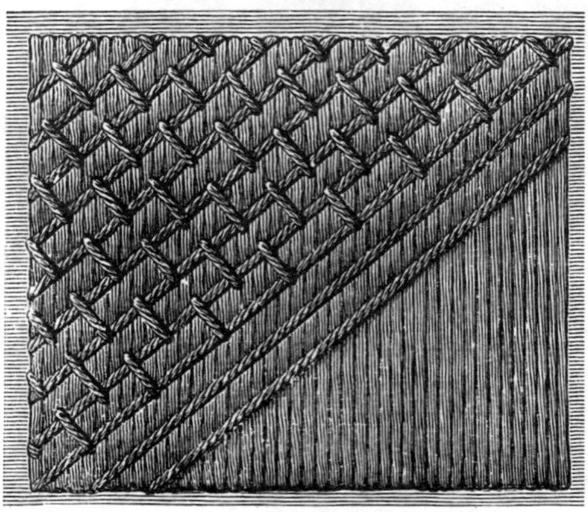

Fig. 315. Troisième point d'Orient.

certaine dimension et sont exécutés à grands traits. Lorsqu'ils sont faits avec une seule nuance et sertis ensuite par un contour bien visible, ce genre de broderie se nomme « broderie arabe ». Si au contraire ces points sont travaillés avec des nuances dégradées et si les motifs du dessin ne sont pas contournés, ce genre de broderie porte le nom de « broderie Renaissance », qu'on ne doit toutefois pas confondre avec la broderie Renaissance sur blanc (fig. 159).

On pose d'abord les points dans le sens de la longueur. Si le brin employé est doux, soyeux, on peut faire ressortir l'aiguille à côté du dernier point, afin d'économiser le brin et pour ne pas trop alourdir la broderie. Mais si le brin a une forte torsion, s'il a une tendance à vriller, on devra faire passer l'aiguillée sous l'étoffe et la ramener à la ligne de départ du premier point, de façon que tous les fils de la première pose qui forment le fond soient lancés du haut vers le bas. La même marche est à suivre pour les fig. 314, 315, 316 et 317.

Lorsque tous les fils verticaux sont posés, on tend un fil en ligne horizontale, que l'on retient par des points isolés, laissant entre eux un espace de six fils verticaux. Sur les fils transversaux, les points d'arrêt alternent avec ceux qui ont été posés en premier lieu, ainsi que l'indique la fig. 313.

Pour faire le point représenté dans la fig. 314, on commence par faire le même fond que pour le dessin précédent. Les fils horizontaux sont un peu plus rapprochés les uns des autres que dans la fig. 313 ; les points d'arrêt sont lancés par-dessus deux fils horizontaux. Dans la fig. 315, les seconds points sont lancés obliquement par-dessus les fils du fond ; les points d'arrêt sont faits dans le même sens.

Fig. 316. Point natté.

Point natté (fig. 316). Après avoir préparé les fils en longueur, on exécute une espèce de natté par les points suivants. On passe trois fois le brin alternativement par-dessous et par-dessus 3 brins de fond. Pour faire cet ouvrage correctement, on doit ramener le fil, par-dessous, à son point de départ ; il faut donc toujours faire le point de droite à gauche.

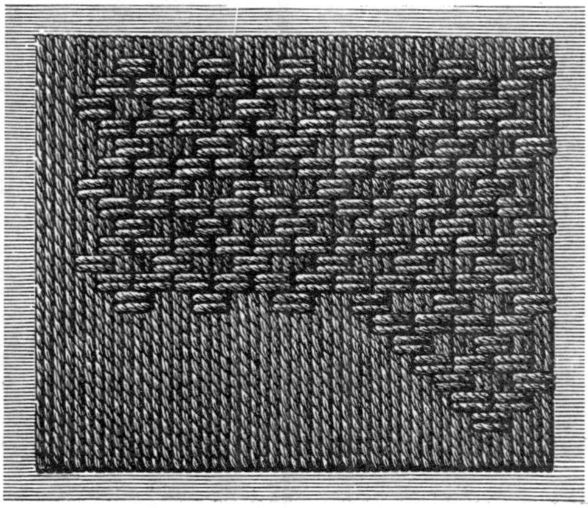

Fig. 317. Point de mosaïque.

Point de mosaïque (fig. 317). — Les broderies antiques, minutieusement exécutées, nous montrent souvent ce joli point occupant des surfaces en remplacement d'étoffes appliquées.

Ce point exige le même travail préparatoire que les quatre points précédents. Chaque point sera fait séparément et passera par le tissu de fond, afin que les fils formant le dessin se gonflent légèrement, au lieu d'être plats comme dans tous les exemples précédents.

Bordure en broderie arabe (fig. 318). — Pour le dessin de cette bordure, nous nous sommes inspirés d'un dessin caucasien moderne. La broderie est exécutée au moyen de deux points orientaux différents et avec le point natté ; voir les fig. 314, 315, 316. L'ornement placé sur un fond de velours bleu foncé est brodé avec de la Soie de Perse D·M·C et contourné de cordonnet d'or et de cordonnet d'argent. Les points de remplissage, exécutés d'après

Fig. 318. Bordure en broderie arabe.

Fournitures : Soie de Perse D·M·C, en Vert-Lierre 1184, Vert-Jaune 1278, Brun-Cannelle 1215, Brun-Acajou 1446, Vert-Réséda 1019 et Blanc-Neige 1219 ou
Rayonne à broder D·M·C, en Vert-Scarabée 3345, Jaune d'Or 782, Brun-Rouge 923 et 919, Vert-Absinthe 217 et Blanc-Neige ; fil d'or et d'argent, cordonnet d'or et d'argent ;
Alsa D·M·C No 60, en Jaune d'Or 783 et Gris-Cendre 415.

les fig. 314 et 315, sont travaillés avec 3 brins de soie, recouverts avec du fil d'or qui est retenu par des points d'arrêt en fil d'argent. Le point natté, fig. 316, est brodé entièrement en soie.

Pour la disposition des points, consulter la gravure.

Le nuançage se fait comme suit : dans la petite bordure, les grandes feuilles sont en vert-jaune, les petites en brun-rouille et les deux bandes étroites en brun-rouge pâle. Le lacet étroit, qui serpente à travers la bordure large, est en vert-jaune, le second lacet, retournant sur lui-même, en brun-rouille, la petite feuille à l'intérieur, en vert foncé, et les grandes feuilles retombantes, en vert clair. Les feuilles montantes sont brodées en brun-rouge pâle et la petite figure placée au-dessus, en vert clair ; le calice en soie blanche, placé en-dessous des feuilles brun-rouge pâle, repose sur une figure en vert foncé.

Fig. 319. Motif en broderie Renaissance nuancée.
Fournitures : Mouliné spécial ombré D·M·C No 25 et Coton perlé ombré D·M·C No 8, en Rose clair 62, Rouge 57, Brun et Rouge 75 et Gris 53.

Après avoir rempli toutes les parties du dessin, on exécute le grillage avec du cordonnet d'or, et les ornements qui le garnissent avec du cordonnet d'argent. Les petits demi-cercles sont exécutés avec du cordonnet d'or. Pour finir, on sertit encore tous les motifs avec du cordonnet d'or que l'on fixe invisiblement avec de l'Alsa D·M·C, en Jaune d'Or 783 ; voir aussi le chapitre « La Broderie d'Or », fig. 324.

Ce beau dessin, avec ses motifs dentelés, est recommandé tout spécialement pour l'ornementation de lambrequins de tout genre. On prendra la petite bordure dans le haut, de façon que les dents soient dirigées vers le bas.

Motif en broderie Renaissance nuancée (fig. 319). — Au XVIIIe siècle, dans l'Allemagne du Sud et en Suisse, les broderies d'église étaient souvent exécutées avec des points qui rappellent ceux des broderies arabes en fils de soie richement nuancés, tendus et surbrodés.

Autrefois le nuançage se faisant avec plusieurs tons d'une même gamme de couleur, on devait couvrir la surface successivement avec chacun des tons différents et dissimuler le changement des fils en piquant dans ceux qui étaient déjà tendus; de plus, il fallait veiller à ce que les nuances des fils que l'on employait pour surbroder fussent bien les mêmes que celles des fils de dessous. Actuellement on dispose d'un grand assortiment de nuances ombrées et le travail est beaucoup moins minutieux et compliqué. Avec la fig. 319 nous donnons un motif détaché dont les surfaces sont d'abord couvertes avec du Mouliné spécial ombré D·M·C N° 25, puis surbrodées avec du Coton perlé ombré D·M·C N° 8. Le point dont nous nous sommes servis est expliqué par la fig. 313. Mais nos lectrices doivent savoir qu'en renouvelant le fil, il faut veiller à ce qu'un fil clair ne touche pas directement un fil foncé, qu'un fil foncé ne doit jamais être fixé par un fil clair et vice versa, pour que l'effet final reste suffisamment régulier et fondu.

Les pétales extérieurs de la grande fleur et le pois du centre sont brodés en Rose clair 62; la feuille du milieu, les deux feuilles de côté et les trois pois touchant la tige sont en Rouge 57; la feuille pentalobée est en Brun et Rouge 75; la tige, le centre de la feuille pentalobée et la grande feuille trilobée inférieure sont en Gris 53.

Modèles d'ouvrages. — En dehors des ouvrages décrits ci-dessus, on trouvera un grand choix de modèles pouvant être exécutés sur soie et velours dans les publications suivantes de la Bibliothèque D·M·C: *La Broderie au Passé, Motifs pour Broderies, 1re, 2me et 5me Séries, Broderies tchéco-slovaques, Broderies yougoslaves, 1re et 2me Séries, Broderies turques, Ornements et lingerie d'Église* (*).

Bande en broderie avec fils d'or et d'argent, cannetille et paillettes.

La Broderie d'Or

Si l'on compare les différents genres de travaux à l'aiguille au point de vue de l'effet qu'ils produisent, le premier rang revient incontestablement à la broderie exécutée avec des fils d'or ou d'argent et désignée généralement sous le nom de « broderie d'or ».

On retrouve, à travers les siècles passés, un très fréquent emploi des somptueuses broderies d'or. Elles sont en honneur dans l'Extrême-Orient depuis les temps les plus reculés de l'histoire, et l'on y rencontre des ouvrages inimitables, d'un style très particulier. Les Byzantins les répandaient avec profusion sur leurs vêtements profanes et sacerdotaux. Enfin elles furent très appréciées par les Orientaux aux Indes, en Perse, dans les pays de l'Asie Mineure et des Balkans soumis à l'autorité musulmane.

Au XVIIe et au commencement du XVIIIe siècle, cet art difficile était cultivé principalement en Espagne, en Italie, en France et en Allemange, où la broderie d'or fut adoptée, à cette époque, pour la décoration des ornements et vêtements d'église. Depuis le XVIIIe siècle elle n'a été exercée que par les personnes qui en avaient fait leur profession. On s'y livrait rarement dans les maisons particulières, car chacun appréhendait de faire des essais dans un genre qui exigeait, selon les opinions d'autrefois, un apprentissage de neuf ans pour arriver à la perfection.

Etant donné que, de nos jours, on emploie volontiers dans un même ouvrage, différents genres de broderie et que, dans les ouvrages artistiques, l'or est utilisé à l'instar des autres fournitures, on arrive tout naturellement à s'intéresser davantage à la broderie d'or, et cela même dans les milieux où les ouvrages de dames sont une récréation.

On arrive même à obtenir différents genres de cette technique au moyen de la machine à coudre.

Nous espérons que, grâce à nos gravures et à nos explications, nos lectrices pourront se dispenser de faire un apprentissage de cinq années, qu'exigent encore aujourd'hui les corps de métiers de certains pays.

L'effet de la broderie d'or est produit par les différentes manières de couvrir de fil de métal des motifs plus ou moins fortement rembourrés.

Tissus. — La broderie d'or demande comme fond des étoffes fortes et résistantes. On emploie généralement les différents genres de soie, de velours et de brocart, mais on peut également se servir de drap et de cuir, selon la destination de l'ouvrage.

Fournitures. — Pour l'exécution de cette broderie, nous recommandons en première ligne les fils d'or et d'argent qu'on trouve dans le commerce dans différentes grosseurs. Pour mieux faire ressortir les contours d'un dessin, on en sertit les motifs avec du cordonnet d'or ou d'argent.

De la cannetille d'or et d'argent, des paillettes, des folioles et des pierres de couleurs servent encore à rehausser l'effet des broderies.

Suivant le genre de point que l'on exécutera, il faudra encore, à côté du fil d'or ou d'argent, un fil de couleur pour le fixer; on emploiera ici l'Alsa D·M·C, en Jaune d'Or 783 ou en Gris-Cendre 762. Le même article servira pour fixer les fils de métal avec des points de surjet en couleur tranchante.

Outils. — L'accessoire le plus indispensable pour la broderie d'or est un métier à broder bien fort, pour monter les ouvrages; voir la fig. 294.

Il faut en outre, pour certains genres de points, une broche sur laquelle on monte le fil, puis un poinçon de très petit calibre et un casier à fournitures pour la cannetille et les paillettes.

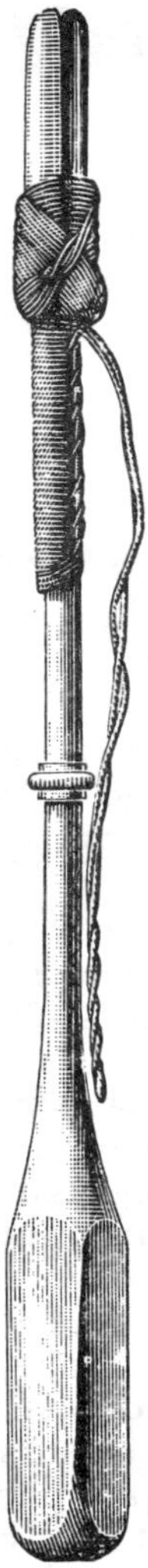

Fig. 320. La broche. Grandeur réduite.

La broche (fig. 320). — La broche, nommée aussi fuseau, est un instrument en bois dur, de 23 centimètres de long, qui sert à enrouler les fils de métal, puis à les diriger pendant le travail sans qu'ils puissent souffrir du contact de la main.

On recouvre d'abord la tige et la partie inférieure de la fourche d'un fil double de Coton perlé D·M·C, jaune ou gris. On termine cette garniture par une boucle, à laquelle on attache le fil d'or ou d'argent que l'on enroule sur la tige. Le fil est généralement monté en double sur la broche.

En travaillant on conduit et reconduit le fil d'or par-dessus le motif et on l'attache au moyen d'un ou de deux points. On se sert encore du poinçon.

Le poinçon (fig. 321). — Cet outil est composé d'un manche métallique et d'une aiguille à coudre vissée dans le manche. Le manche est creusé pour recevoir le chas d'une aiguille à coudre de grosseur appropriée. On resserre au moyen de la

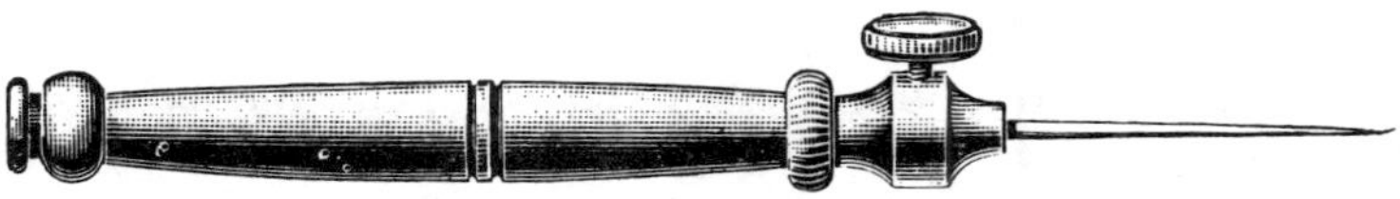

Fig. 321. Le poinçon. Grandeur naturelle.

vis et la plus grande partie de la pointe de l'aiguille reste ainsi libre.

Au moyen de ce poinçon, que l'on fait pénétrer à l'endroit où le point doit entrer ou sortir, on prépare un passage à l'aiguille.

On peut se dispenser de préparer le trou à l'aiguille dans des matières très souples; mais dans les tissus brochés, dans la peluche, dans la peau et dans les cuirs, où chaque point défectueux laisse une trace déparant l'ouvrage, il est indispensable de marquer au préalable l'endroit où doit être placé le point.

Casier à fournitures. — On taille dans une planchette ou dans un carton très épais autant de compartiments que l'on compte employer de sortes de fournitures, car on se sert non seulement de fils d'or ou d'argent, mais encore de perles de différentes formes, de paillettes et folioles de grandeur variée et de cannetille mate ou brillante.

La cannetille, à elle toute seule, exige souvent plusieurs compartiments; on la coupe en différentes longueurs, selon le dessin que l'on veut exécuter; les bouts de même longueur sont placés dans un même compartiment. Le fond du casier doit être recouvert de gros drap non foulé; sur ce fond pelucheux, les fournitures restent immobiles, elles ne jouent pas, de sorte que l'aiguille, pouvant y pénétrer, les relève plus facilement que sur un fond plus résistant.

Travail préparatoire. — Quel que soit le genre de broderie d'or et quel que soit le tissu sur lequel elle doit être exécutée, on fixera avant tout, dans le métier, un morceau d'étoffe comme doublure. Sur cette dernière, on coudra ensuite, en le tendant autant que possible, le tissu destiné à être brodé, comme nous l'avons expliqué dans le chapitre « La Broderie sur soie et velours ». Après y avoir tracé le dessin, on pourra immédiatement commencer la broderie pour les genres qui ne demandent pas de rembourrage, c'est-à-dire pour les différents genres de broderie plate.

Pour les figures à broder en relief, le rembourrage sera exécuté d'après les explications données au chapitre « La Broderie sur Blanc », pour la broderie vénitienne, fig. 162.

On se servira pour ce travail d'un fil doux et floche, tel que le Mouliné spécial D·M·C ou le Retors à broder D·M·C N° 4, en jaune ou en gris; voir aussi la gravure, fig. 328.

A la place du rembourrage brodé, on peut aussi employer les formes découpées en carton ou en cuir, mais comme le découpage de ces formes demande beaucoup de soins et d'exactitude, nous recommandons plutôt à nos lectrices le rembourrage brodé, qui leur causera moins de peine et de travail.

Les différents genres de broderie d'or. — Selon le mode d'exécution, on distingue les genres suivants de broderie d'or:

1° la broderie genre chinois;

2° la broderie sur fond de cordes;

3° la broderie piquée;

4° la broderie à fils couchés;

5° les broderies de fantaisie, avec paillettes et cannetille.

1° **La broderie genre chinois** comprend toutes les broderies où les motifs sont couverts par des fils d'or ou d'argent couchés l'un à côté de l'autre et fixés soit visiblement, soit invisiblement, au moyen de points de surjet faits avec un fil de la couleur du fil métallique ou de couleur différente.

2° **La broderie sur fond de cordes.** — Dans ce genre de broderie, les fils de métal sont conduits par-dessus un rembourrage fait avec une corde et fixés au moyen de points de surjet, comme dans la broderie chinoise. Ces deux genres de broderie ne demandent pas beaucoup de fournitures en métal, parce que le fil qui forme la couche métallique reste toujours sur l'endroit de l'ouvrage.

3° **La broderie piquée.** — On appelle « broderie piquée » le genre de broderie d'or dans lequel toutes les parties du dessin sont couvertes de points plats, piqués dans le tissu. Dans ce travail le fil passe aussi sur l'envers de l'ouvrage.

Ces trois premiers genres de broderie d'or peuvent être exécutés avec ou sans rembourrage, selon le dessin et les motifs à remplir.

4° **La broderie à fils couchés.** — Cette broderie demande toujours un rembourrage. Le fil est conduit en allant et en revenant par-dessus ce dernier, et chaque fois qu'il est amené, on le fixe par un point de piqûre au bas du rembourrage. On se sert pour ce travail, de la broche sur laquelle on monte le fil, afin de mieux pouvoir le diriger.

5° **Ouvrages de fantaisie avec paillettes et cannetille.** — Les broderies d'or à l'exécution desquelles on ne peut pas consacrer beaucoup de temps, sont travaillées avec des paillettes et de la cannetille; souvent même on ajoute des imitations de perles et de pierreries de couleur. On rencontre aussi certaines parties en broderie de fantaisie dans la broderie d'or proprement dite; nous donnons, chaque fois que cela se présente dans l'un de nos modèles, l'explication des différents points en question.

La broderie d'or travaillée avec la machine à coudre. — Avec l'aide de la machine à coudre on peut exécuter tous les genres de broderies d'or où le fil de métal ne repose que sur la surface du tissu sans être piqué à travers, tel que la broderie genre chinois, la broderie sur fond de cordes et à fils couchés.

1° **Broderie genre chinois.** — Lorsque les motifs ne sont remplis qu'avec un seul fil, on peut prendre le fil d'or comme fil de la navette et le fil fin qui sert pour fixer le fil de métal comme fil de la bobine. Dans ce cas le travail doit être exécuté l'envers tourné vers le haut. Si les motifs, au contraire, sont couverts d'un fil d'or double, il faut prendre le fil fin à la fois pour la navette et la bobine et conduire les fils de métal librement, sur l'endroit, par-dessus le tissu.

2° et 3° **La broderie sur fond de cordes** ainsi que **la broderie à fils couchés** ne peuvent être travaillées que sur l'endroit de l'objet; pour ce dernier genre nous recommandons l'emploi du guide-fil.

Bordure en broderie d'or avec ganse et paillettes (fig. 322, 323, 324). — Copiée sur une broderie du XVIIIe siècle, cette bordure représente le type de ces broderies d'or, où l'effet est produit par une grosse ganse fixée invisiblement sur le fond; elle est considérée comme le plus facile des différents genres de broderie avec fils de métal. La beauté de la broderie dépend ici du choix du dessin. Il faut que les motifs puissent être brodés sans interruption, comme c'est le cas dans notre bordure; car si l'on était obligé de faire passer fréquemment la grosse ganse à travers l'étoffe, on risquerait de l'abîmer et l'aspect de l'ouvrage en souffrirait.

Après avoir tracé le dessin, on en suit les contours avec du

Fig. 322. Bordure en broderie d'or avec ganse et paillettes.
Fournitures : Cordonnet d'or et Alsa D·M·C No 60, en Jaune d'Or 783 et Rouge-Grenat 3367 (*).
Paillettes, cannetille et pierres rouges, voir la figure.

(*) Ces numéros désignent des couleurs qui se trouvent sur les cartes de couleurs des articles portant la marque D·M·C. Ces cartes peuvent être consultées chez tous les merciers et marchands d'ouvrages de dames.

Cordonnet d'or, en passant entre chaque tour de la ganse un point de surjet avec de l'Alsa D·M·C N° 60, en Jaune d'Or 783, fixé invisiblement. Au commencement et à la fin de chaque tour, on pique la ganse dans l'étoffe, après l'avoir enfilée dans une aiguille à tapisserie de la grosseur nécessaire.

Après avoir suivi tous les contours avec du Cordonnet d'or, on garnit l'intérieur des petites fleurs de paillettes isolées, fixées par un petit morceau de cannetille, piqué au milieu de la paillette, comme l'indique notre gravure, fig. 323.

Fig. 323.
Remplissage des petites fleurs pour la bordure fig. 322.

L'exécution des nervures dans les feuilles demande plus d'attention. Après avoir fixé la première paillette par un point de piqûre, on sort l'aiguille tout près, on en enfile une seconde et un morceau de cannetille pour repiquer dans le trou de la première paillette. De cette façon la deuxième paillette couvrira à moitié la première. On fera de même avec une troisième et une quatrième paillette, et, en continuant ainsi, on obtiendra les nervures de paillettes, comme le montre encore clairement la gravure, fig. 324.

Les pierres rouges placées isolement dans toutes les parties de la bordure, sont fixées au moyen de deux points de piqûre en fil rouge, qui sont placés dans les deux trous perforés dans la pierre; voir la fig. 323. Cette bordure large convient pour la garniture de chasubles, chapes ou autres ornements d'église.

Fig. 324.
Exécution des nervures des feuilles pour la bordure fig. 322.

Insecte en broderie d'or, genre chinois (fig. 325). — Ce motif, emprunté à la garniture d'une robe de femme chinoise, est brodé sur un fond de soie bleu-gris avec un fil d'or retenu par des points de surjet en Alsa D·M·C N° 40, Jaune-Mandarine 745. Le fil d'or simple assez gros, retenu par des points verticaux distancés d'environ 2 millimètres, est conduit des contours vers l'intérieur, en rangs plus ou moins rapprochés; voir aussi le détail explicatif, fig. 329. L'œil est brodé au plumetis avec de l'Alsa D·M·C N° 40, en Vert-Cuivre 829.

Papillon en broderie d'or et d'argent, genre chinois (fig. 326). — Ce papillon représente le type des broderies d'or chinoises, et par le genre de dessin et par le mode d'exécution.

Tous les motifs sont brodés avec un fil d'or ou d'argent

Fig. 325. Insecte en broderie d'or, genre chinois.
Fournitures : Fil d'or gros, Alsa D·M·C No 40, en Jaune-Mandarine 745 et Vert-Cuivre 829.

pris double et retenu par des points de surjet en différentes couleurs, ce qui adoucit le brillant des fils de métal et leur donne un reflet tout particulier.

Pour l'exécution de la broderie nous renvoyons nos lectrices aux fig. 329 et 336 où tous les détails et explications sont largement donnés, et nous nous bornons ici à indiquer les couleurs qui se trouvent employées dans la broderie.

Le corps, les antennes et les pieds sont brodés en or et vert-cuivre, les yeux en or et noir.

Les parties importantes des grandes ailes de devant sont également en or, brodées de rouge, la petite partie de l'aile à droite, en or et jaune-mandarine, la partie claire de l'aile gauche en argent et vert.

L'aile inférieure à droite est brodée en argent et vert, l'aile

Fig. 326. Papillon en broderie d'or et d'argent, genre chinois.
Fournitures : Fils d'or et d'argent gros, Alsa D·M·C No 40, en Violet-Scabieuse 397, Vert-Pistache 319, Vert-Cuivre 830, Noir grand-teint 310, Rouge-Grenat 3367 et Jaune-Mandarine 740.

à gauche en or et jaune-mandarine. La continuation des ailes, en forme de queue, est en or et argent, brodée en violet. Les points ronds à l'intérieur des ailes en or sont en argent et vert; ceux dans les ailes en argent, en or et jaune-mandarine. Avant d'entreprendre l'exécution de ce papillon, il faut bien consulter la gravure pour arriver à guider les fils métalliques dans la direction voulue.

Ce papillon et l'insecte, fig. 325, servent à compléter des sujets ou des semis genre chinois; ils peuvent aussi être employés isolément comme garniture de petit buvard, écran, pelote, éventail, etc.

Bordure en broderie piquée d'or et d'argent (fig. 327, 328, 329). — Une broderie ancienne du XVIIe siècle a inspiré la bordure, fig. 327, qui est un exemple de broderie piquée d'or.

Comme nous l'avons déjà dit dans l'introduction de ce chapitre,

Fig. 327. Bordure en broderie piquée d'or et d'argent.
Fournitures : Fils d'or et d'argent gros, Mouliné spécial D·M·C No 25 et Alsa D·M·C No 40, en Jaune d'Or 783 et Gris-Cendre 762.

cette broderie est du point plat, exécuté avec du fil de métal, généralement par-dessus des formes rembourrées. Ce rembourrage est fait avec un fil de coton gros et souple. Nous avons employé du Mouliné spécial D·M·C No 25, qui est retenu par des points de surjet faits avec 1 seul brin de ce coton. Après avoir recouvert le dessin de plusieurs couches de coton — couches qui doivent diminuer de largeur au fur et à mesure qu'elles s'élèvent — il faut égaliser toutes les irrégularités au moyen de points lancés exécutés avec 2 brins de Mouliné spécial D·M·C, puis on recouvre tout le motif de points plats dans la direction opposée à celle qu'aura la broderie d'or; voir la fig. 328. Les parties fines du dessin ne seront rembourrées qu'avec 2 brins de Mouliné spécial D·M·C. Par-dessus ce rembourrage on travaille la broderie métallique de la même manière que la broderie au passé non nuancée; voir la fig. 329. Il est prudent d'employer des aiguilles bien grosses qui préparent un passage assez grand pour le fil de métal et ménagent ainsi l'étoffe, souvent fragile.

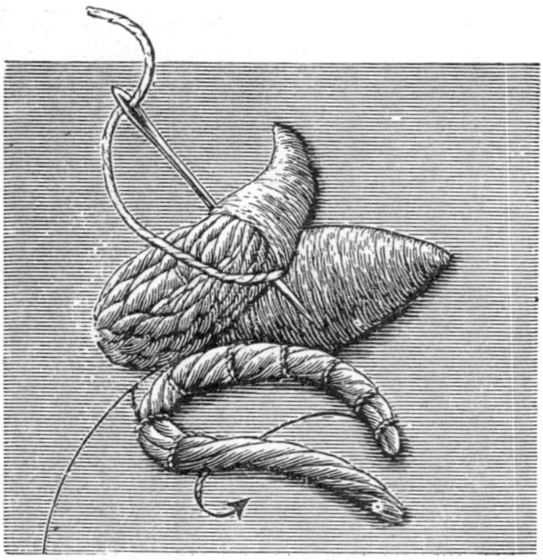

Fig. 328.
Exécution du rembourrage pour la bordure fig. 327.

Dans notre bordure, fig. 327, les petites feuilles, les boutons et les parties épaisses de la ligne serpentine sont exécutés avec un gros fil d'argent; les grandes feuilles et les calices avec un gros fil d'or.

Comme on peut le voir dans la gravure, les points sont tous placés obliquement; ils ne sont droits que dans les lignes du bord brodées avec du fil d'or.

Pour arriver plus facilement à produire des bandes bien droites, on colle à la place du rembourrage brodé une bandelette en carton raide.

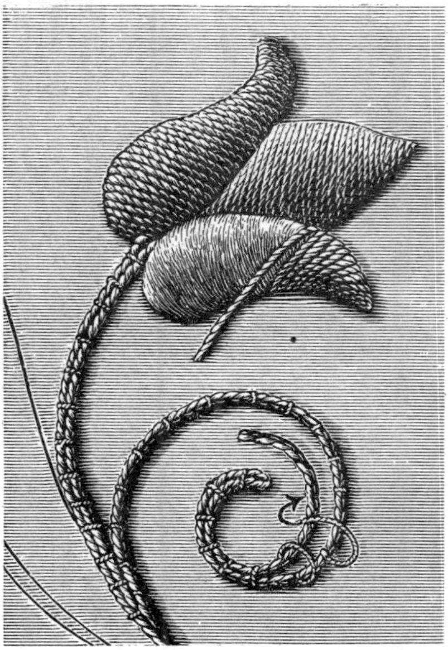

Fig. 329.
Exécution de la broderie piquée et des tiges pour la bordure fig. 327.

Les tiges et les volutes sont exécutées avec deux fils d'or parallèles, retenus par des points de surjet en Alsa D·M·C N° 40, Jaune d'Or 783. Là où une petite branche ou tige se détache de la tige principale, on fait aller un seul fil jusqu'à la fin de la tige, puis on le replie à la pointe et on le fait revenir tout près du premier, de façon que la broderie paraisse être exécutée avec un fil double, comme nous l'expliquons aussi par la gravure, fig. 329.

Les points de piqûre qui fixent les fils d'or sont placés

Fig. 330. Motif en broderie d'or et d'argent à fils couchés et sur fond de cordes.
Fournitures: Fils d'or et d'argent fins, moyens et gros ; Alsa D·M·C No 40, en Gris-Cendre 762 et Jaune d'Or 783 ; Cordonnet spécial D·M·C No 1, en écru.

en revenant, aux mêmes endroits que les points de piqûre de l'aller.

On peut employer cette bordure pour orner des buvards, dessous de lampe, etc.

Motif en broderie d'or et d'argent à fils couchés et sur fond de cordes (fig. 330, 331, 332, 333, 334). — Nous donnons ici un exemple de broderie sur cordes et de broderie à fils couchés. Cette méthode demande moins de fournitures que la broderie piquée, parce que, comme nous l'avons dit plus haut, les fils de métal restent toujours sur l'endroit de l'ouvrage.

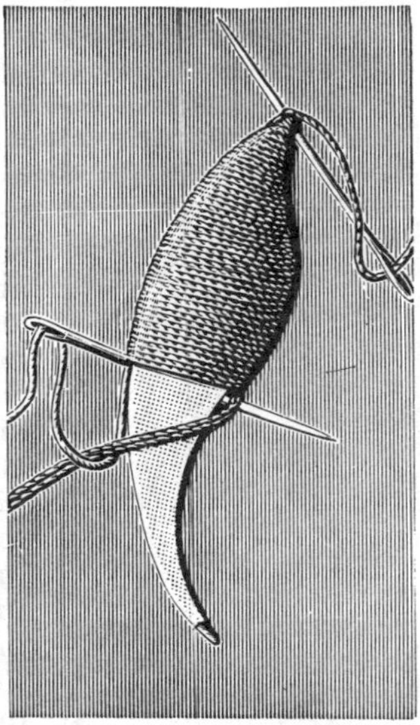

Fig. 331. Feuille à fils couchés, travaillée avec un fil double pour le motif fig. 330.

Les feuilles en trois parties sont travaillées à fils couchés, en argent, pris double; le travail est expliqué par la fig. 331. Ce genre de broderie se fait par-dessus des formes en carton que l'on peut préparer soi-même. Après avoir calqué le dessin sur carton blanc, on découpe les formes avec un couteau bien aiguisé, afin d'obtenir des bords bien lisses, puis on les fixe sur l'étoffe avec de la colle forte. Si la broderie est faite en fil d'or, on prendra du carton de couleur jaune. S'il s'agit de bandes de carton d'une certaine longueur, on les fixera encore au moyen de points de surjet isolés placés le long des bandes; les formes moins importantes, les petites feuilles, par exemple, sont fixées par un point à l'extrémité de la feuille; voir les fig. 331 et 332. Le fil d'argent est pris double et enroulé sur la broche, puis on enfile dans une grosse aiguille un fil d'Alsa, que l'on rend encore plus glissant en le cirant. Après avoir fixé l'argent et le fil tout près de l'extrémité de la feuille, on commence la broderie en couchant les fils d'argent en travers de la forme, on les fixe sur un côté opposé par un point de piqûre, puis on reconduit les fils d'argent — toujours au moyen de la broche — sur le premier côté, on les fixe de nouveau par un point de piqûre, qui les retient, et on continue ainsi à recouvrir toute la forme, comme le montre la fig. 331. Les petites pointes fines sont brodées au point plat, ce qui est également expliqué dans la gravure. Là où les feuilles touchent à une tige, on termine ces

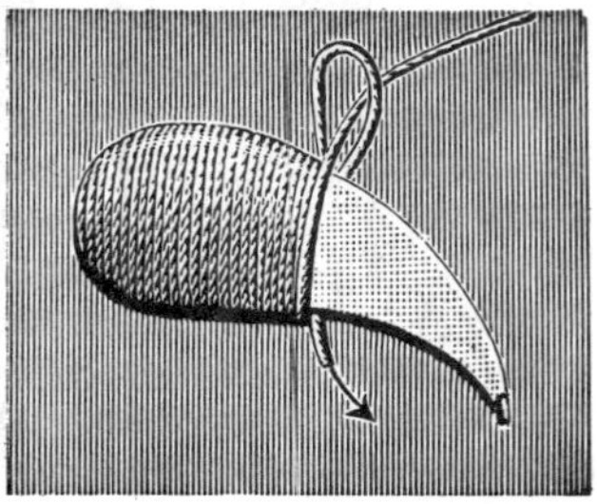

Fig. 332. Feuille à fils couchés, travaillée avec un fil simple pour le motif fig. 330.

pointes une fois la tige terminée, afin de mieux pouvoir dissimuler la réunion de la tige à la feuille, brodées de manières différentes. Dans notre dessin, les pétales sont travaillés en un fil d'or fin simple, à points couchés par-dessus des formes découpées en carton jaune; voir la fig. 332.

Les tiges épaisses des fleurs et les feuilles qui s'y rattachent sont travaillées en un gros fil d'argent; le lien entre les deux branches se fait avec un fil d'or fin pris double, brodé sur cordes. Pour ce travail, avant de broder avec le fil d'or, on recouvre tout le dessin de points horizontaux espacés, exécutés avec une grosse ficelle ou une ganse, par-dessus lesquels vient ensuite la broderie. La manière de placer les ficelles est montrée par la fig. 333; comme ficelle ou ganse, on prendra du Cordonnet spécial D·M·C N° 1, en écru, que l'on aura soin de bien cirer, afin de le rendre plus raide. Ce fil sera tendu ensuite comme indiqué dans la gravure. Ceci fait, on prend le fil d'or ou d'argent double, on le place en longueur par-dessus les ficelles, où on le fixe après chaque deuxième point de ficelle par un point de piqûre bien serré fait avec de l'Alsa D·M·C N° 40 de la couleur correspondante. Arrivé à la fin du motif, on revient avec le fil; les points dans les rangs suivants sont placés chaque fois entre les points du rang précédent. Pour arriver à bien remplir les formes, on fera bien de commencer la broderie juste au milieu des cordes et de remplir successivement un côté après l'autre; voir aussi la gravure explicative, fig. 334. Dans les dessins de plus grande dimension on peut former de jolis modèles de fonds avec les différentes manières de placer les points de piqûre.

Fig. 333. Pose des ficelles pour le motif fig. 330.

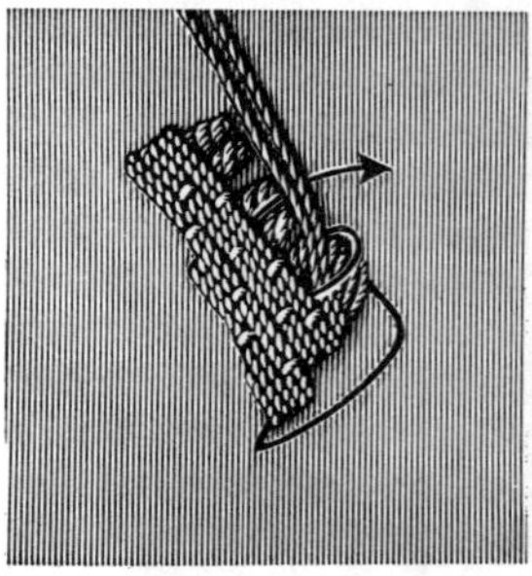

Fig. 334. Manière de fixer les fils d'argent par-dessus les ficelles pour le motif fig. 330.

Un ornement isolé est souvent employé pour garnir des petites pelotes ou buvards; en composant un grand semis on peut s'en servir pour panneaux et tapis, pour ornements d'église, bannières, lambrequins, etc.

Bordure avec fond en broderie d'or et d'argent, genre chinois, sur fond de cordes, à fils couchés et avec cannetille (fig. 335, 336, 337). — Ce dessin, copié sur une très riche broderie

Fig. 335. Bordure avec fond en broderie d'or et d'argent, genre chinois, sur fond de cordes, à fils couchés et avec cannetille.

Fournitures : Fils d'or et d'argent gros, fil d'or moyen, Cordonnet d'or, cannetille d'or et d'argent mate ; Mouliné spécial D·M·C No 25 et Alsa D·M·C No 40, en Jaune d'Or 783 et Gris-Cendre 762 : Cordonnet spécial D·M·C No 1, en écru.

italienne du XVIIe siècle, réunit plusieurs genres de broderie d'or et montre les effets variés des différents points.

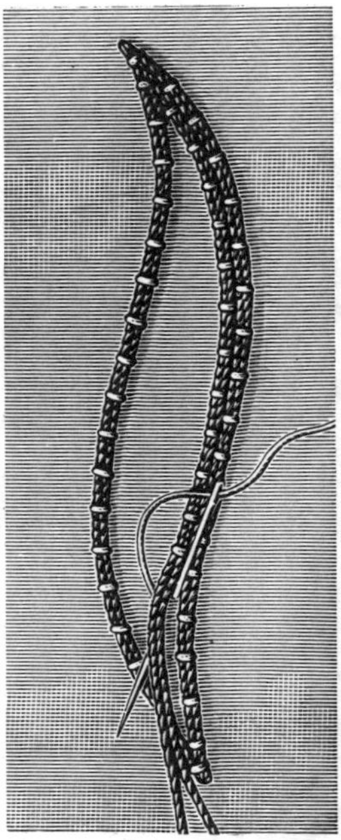

Fig. 336.
Manière de remplir une feuille pour le fond fig. 335.

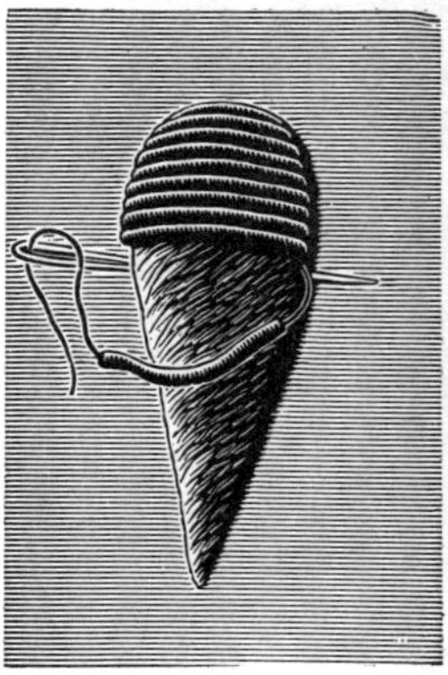

Fig. 337.
Broderie avec cannetille pour le fond fig. 335.

Nous avons déjà expliqué dans les figures précédentes l'exécution de la plupart des points; il nous reste à indiquer la manière de broder des motifs non rembourrés avec des fils doubles, c'est-à-dire la broderie d'or, genre chinois. Le détail, fig. 336, nous montre une feuille pointue brodée de cette manière. Pour arriver à bien former la pointe, on commence par un des côtés de la feuille; on conduit le fil extérieur jusqu'à la pointe, le fil intérieur à quelques millimètres de la pointe, puis on replie les deux fils et on revient en arrière. Les fils doubles sont fixés au moyen de points de piqûre plus ou moins distancés, suivant la grosseur des fils. Pour les points de piqûre, on emploie l'Alsa D·M·C. On remplit de cette manière successivement toute la feuille, en intervertissant les points de piqûre. Lorsqu'on a de grands motifs à couvrir, on peut varier les dessins, en plaçant méthodiquement les points de piqûre d'après un modèle quelconque.

La broderie avec cannetille est déjà plus compliquée. Après avoir fortement rembourré les motifs d'après la manière expliquée par la fig. 328, on enfile de l'Alsa D·M·C N° 40 dans une aiguille à coudre bien fine et on la fait sortir tout près du motif rembourré, puis on coupe de petits morceaux de cannetille qui correspondent à la largeur du motif à broder, on enfile un morceau de cannetille, on introduit l'aiguille sur le côté opposé du motif et on la fait ressortir sur le premier côté, comme le montre la fig. 337. Si la longueur du morceau de cannetille est exacte, il doit juste couvrir la largeur du motif.

Les personnes peu au courant de ce travail auront, au début, de la difficulté à couper les longueurs exactes des bouts de cannetille, mais avec un peu d'exercice elles y arriveront facilement. Dans la bordure du dessin, fig. 335, les volutes sont travaillées en broderie sur fond de cordes, en un fil d'or de grosseur moyenne; les pétales extérieurs avec le même article, à fils couchés avec un seul fil; le pétale intérieur est recouvert de cannetille d'or, les deux petites feuilles retombantes, de cannetille d'argent. Les grandes feuilles du fond et les petits pois clairs de la bordure supérieure sont travaillés en un gros fil d'argent; les volutes, en un gros fil d'or, à la manière chinoise; les petites feuilles sont brodées à fils couchés, en un seul fil d'or de grosseur moyenne.

Fig. 338. Fond en broderie de fantaisie en or, avec galons aux fuseaux et paillettes-folioles.

Fournitures : Fil d'or fin et folioles en or, suivant la figure, Alsa D·M·C No 60, en Jaune d'Or 783.

Les ornements en relief, gravés en clair dans notre figure, sont recouverts de cannetille d'argent. Toutes les autres lignes et volutes sont garnies de Cordonnet d'or, fixé invisiblement avec de l'Alsa D·M·C.

Nous conseillons de commencer par les motifs brodés à la manière chinoise; ensuite on exécutera les parties à fils couchés et la broderie sur fond de cordes; puis on coudra le cordonnet, et tout à la fin seulement, on exécutera la broderie avec cannetille, qui est la partie la plus délicate de l'ouvrage.

Ce beau dessin de grande dimension est destiné à des broderies d'église. La petite bordure qui le termine dans le bas peut être employée isolément comme garniture d'objets de toilette et d'ameublement.

Fond en broderie de fantaisie en or, avec galons aux fuseaux et paillettes-folioles (fig. 338). — On commence par les petites rosaces, composées de folioles, et l'on fixe d'abord les huit paillettes longues qui forment le cercle extérieur, en les retenant chacune par deux points de piqûre, passés dans les deux trous perforés aux extrémités de chaque foliole. Pour arriver à les placer bien régulièrement, on fixe d'abord les deux paillettes verticales, puis les deux paillettes horizontales et ensuite les quatre paillettes obliques ; la petite paillette du centre sera posée en dernier lieu.

Après avoir brodé toutes les rosaces, on attache d'une manière aussi peu visible que possible les galons à picots exécutés avec un fil d'or fin, qui divisent le fond en losanges. Il est prudent de faufiler à grands points ces galons sur l'étoffe du fond, pour éviter de faire des lignes courbes.

L'explication pour l'exécution du galon à picots, qui est fait avec des fuseaux, se trouve au chapitre « Les Dentelles aux fuseaux », fig. 1067 ; voir aussi «La Garniture des Ouvrages », fig. 1120.

Ce dessin, vu le peu de difficultés d'exécution qu'il présente, pourra être employé pour orner des coussins de canapé, des devants de robe et d'autres objets de toilette.

Bordure en broderie-application avec sertissage de ganses et points d'ornement.

La Broderie-Application

La broderie-application consiste à fixer sur un fond d'étoffe des morceaux d'une étoffe différente.

Cette manière de produire des ouvrages polychromes était déjà connue au moyen âge, avant qu'on n'eût à sa disposition toutes les fournitures pour la broderie au passé.

Cette dénomination est également appliquée à un genre de broderie persane, originaire de Recht, qui est en réalité un travail d'incrustation. Les motifs aux contours très compliqués sont découpés et introduits dans les vides préparés d'avance dans un fond de tissu. On les réunit à ce fond au moyen d'une couture dissimulée par un ou plusieurs rangs de points de chaînette. Ces derniers, exécutés avec des soies aux vives couleurs, sont aussi employés pour accentuer les détails des motifs incrustés. Parfois on les remplace par des ganses métalliques faites avec des fils ou des bandes étroites en or ou argent.

Les étoffes appliquées sont collées sur le tissu du fond, puis bordées soit au moyen de ganses cousues le long des contours, soit par un point de broderie qui réunit les deux couches d'étoffe. Des fils d'or et d'argent, des paillettes et de la cannetille, employés pour des points d'ornement, rehaussent encore l'effet de ces broderies.

Nous reproduisons aussi dans ce chapitre un modèle de broderie-application avec lacets, où le dessin est formé par différentes largeurs de lacets, en remplacement d'étoffe découpée.

Les ouvrages en broderie-application peuvent être exécutés également avec l'aide de la machine à coudre. Éviter cependant

Fig. 339. Bordure en broderie-application avec sertissage de ganses.

Fournitures : Coton perlé D·M·C Nos 5 et 8, Lin floche D·M·C Nos 8 et 16 ou Rayonne à broder D·M·C Nos 30 et 60, en Brun-Cachou 437 et Bleu-Myosotis 826, et Alsa D·M·C No 60, en Bleu-Myosotis 826.

autant que possible des motifs terminés par des bandes droites qui causent des difficultés de montage aux personnes peu exercées dans ce travail.

Le fixage du contour des appliques avec des ganses ou avec une broderie au passé doit être fait comme pour le travail à la main. L'aspect du travail à la machine ne diffère presque pas du travail à la main.

Tissus. — La broderie-application peut être exécutée sur soie, velours, brocart, peluche, toile et cuir ; les étoffes à appliquer devant remplacer la broderie, il faudra les choisir de façon qu'elles se détachent sur le fond.

On peut aussi, pour rehausser l'effet de la broderie, employer, pour les parties à appliquer, des genres d'étoffe différents, comme on le verra, du reste, par les modèles que nous donnons.

Fournitures. — Comme nous l'avons dit plus haut, les étoffes appliquées sont fixées le plus souvent au moyen de ganses, mais on peut aussi employer le sertissage brodé au point plat.

Pour faire les ganses nous recommandons à nos lectrices de se servir du rouet à cordons, fig. 1106, à l'aide duquel on peut fabriquer soi-même les ganses nécessaires dans n'importe quelle grosseur.

Fig. 340. Fond avec bordure en broderie-application avec sertissage de ganses et points d'ornement.

Fournitures : Coton perlé D·M·C No 5, Lin floche D·M·C No 8 ou Rayonne à broder D·M·C No 30, en Jaune-Crème 579, Noir grand-teint 310 et Vert-Perruche 906 ; Soie de Perse D·M·C, en Jaune-Orange 1113 et Vert doré 1146, et Rayonne à broder D·M·C No 60, en Jaune d'Or 783 (*).

(*) Ces numéros désignent des couleurs qui se trouvent sur les cartes de couleurs des articles portant la marque D·M·C. Ces cartes peuvent être consultees chez tous les merciers et marchands d'ouvrages de dames.

Comme fournitures pour les ganses (voir au chapitre « La Garniture des Ouvrages » la manière de faire les ganses et cordons), on emploie un fil légèrement tordu, le Coton perlé D·M·C, le Lin floche D·M·C ou la Rayonne à broder D·M·C (*).

Pour fixer les ganses on prendra de l'Alsa D·M·C et pour les points d'ornement du Mouliné spécial D·M·C ou une soie floche, la Soie de Perse D·M·C ou la Rayonne à broder D·M·C.

On se servira également de la soie et de la rayonne pour le sertissage brodé au point plat.

Travail préparatoire. — La plupart des étoffes que l'on applique doivent être doublées de papier de soie très fin, avant que l'on ne commence le travail.

Pour coller le papier sur l'étoffe, on prépare d'abord une colle d'amidon de froment (toute autre matière ne sèche pas assez vite), on l'étend sur le papier à l'aide d'un pinceau, et l'on écarte soigneusement tous les petits grumeaux qui auraient pu rester dans la colle. La colle d'amidon ne devra pas contenir plus d'eau qu'il ne le faut absolument pour que les deux couches; l'étoffe et le papier, s'unissent parfaitement; la première ne devra jamais présenter des taches d'humidité.

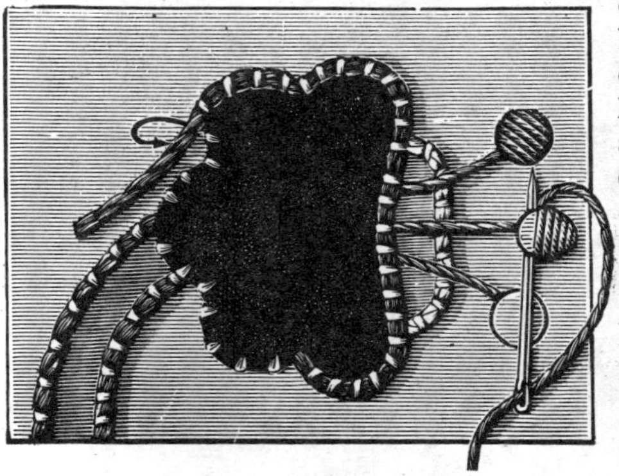

Fig. 341. Exécution d'une fleur pour le fond avec bordure fig. 340.

Sitôt la colle uniformément étendue sur le papier, on y applique le tissu, que l'on frotte dans le sens de la trame, avec un linge propre, pour faire sortir l'air, qui pourrait être encore retenu par-ci par-là, et qui ferait gondoler le tissu.

Cette première opération terminée, on pose sur une planche de bois droite et lisse plusieurs feuilles de papier qui ne devront avoir aucun pli, on y pose l'étoffe doublée de papier, on la recouvre de plusieurs autres feuilles de papier, que l'on presse finalement avec une seconde planche, sur laquelle on mettra encore des pierres ou des pièces de fer très pesantes.

On laisse l'étoffe sous presse jusqu'à ce qu'elle soit complètement sèche.

Au moyen de ce procédé on peut utiliser des tissus même assez légers pour la broderie-application; les velours de n'importe

(*) Voir à la fin du dernier chapitre, la liste des fils de coton, de lin, de rayonne et de soie, portant la marque D·M·C.

quelle qualité et les peluches ne souffriront nullement; inutile de craindre qu'ils ne moirent en sortant de la presse.

Pendant que les tissus sèchent, on transporte le dessin complet sur le fond destiné à recevoir l'application. Sur l'étoffe doublée de papier déjà séchée, on ne dessinera que les parties qui doivent être appliquées; puis on les découpe à l'aide de ciseaux bien

Fig. 342. Bordure en broderie-application avec sertissage de ganses et points d'ornement.

Fournitures : Lin floche D·M·C No 8 ou Coton perlé D·M·C No 5, en Jaune-Crème 579 et Vert doré 580 ; Soie de Perse D·M·C, en Jaune-Paille 1262, Vert-Réséda 1020 et Rouge ancien 1041 ; Rayonne à broder D·M·C No 30, en Jaune d'Or 783.

aiguisés, car les bords des motifs découpés ne devront en aucun cas être pelucheux ou effilés.

Le fond, monté sur un métier, sera placé sur une planche ou une table, de telle façon que l'étoffe seule y repose; le métier débordera sur les quatre côtés.

On met encore une fois de la colle sur l'envers des motifs découpés et détachés, et on les applique sur les lignes correspondantes du fond.

Ce deuxième collage doit être fait le plus rapidement possible, pour arriver à presser en même temps avec une planche toutes les pièces appliquées.

Avant de commencer le sertissage des motifs appliqués, on fixe les bords de ces derniers au moyen de points de surjet sur le tissu du fond; ces points seront recouverts plus tard par le sertissage et resteront par conséquent invisibles.

Le sertissage. — Les ganses qui sertissent les parties appliquées sont fixées sur le bord des figures par des points invisibles sur la surface (voir le chapitre « La Broderie d'Or », fig. 324), ou bien aussi par des points surjetés visibles et en couleur vive. Dans les deux cas on les poussera suffisamment sur le bord découpé, pour qu'elles le couvrent entièrement et empêchent les étoffes appliquées de s'effiler à la longue; car si ce défaut se produisait sur une broderie-application, ce serait un ouvrage mal fait.

Fig. 343.
Exécution du sertissage et des points d'ornement pour la bordure fig. 342.

Si l'on veut sertir de points brodés les étoffes appliquées, on fera sortir l'aiguille à proximité immédiate du bord découpé, et on avancera le point de 1 à 2 millimètres sur l'étoffe.

Bordure en broderie-application avec sertissage de ganses (fig. 339). Notre gravure, fig. 339, montre une de ces broderies d'origine espagnole où le fond et l'étoffe appliquée ont le même dessin.

Le fond est en soie bleue; l'application en velours vieil-or, sertie de ganse Brun-Cachou 437, qui est fixée invisiblement. Tout près de cette ganse brune on place, pour atténuer la transition à la soie bleue, une ganse fine en Bleu-Myosotis 826, fixée au moyen de points de surjet avec l'Alsa D·M·C de la même couleur.

Les ganses sont confectionnées au moyen du rouet à cordons. Pour les ganses brunes, on prend 2 fils doubles de Coton perlé D·M·C N° 5, de Lin floche D·M·C N° 8 ou de Rayonne à broder D·M·C N° 30, en Brun-Cachou 437, on les tourne d'abord à droite, puis à gauche. Les ganses bleues sont composées de 3 fils simples de Coton perlé D·M·C N° 8, de Lin floche D·M·C N° 16 ou de Rayonne à broder D·M·C N° 60, et demandent également la première torsion vers la droite, la seconde vers la gauche.

Fig. 344. Bordure étroite en broderie-application avec sertissage au point plat.

Fournitures : Soie de Perse D·M·C, en Vert-Myrte 1140 et Rouge ancien 1041 ou Rayonne à broder D·M·C No 60, en Vert-Pistache 367 et Rouge-Écarlate 815.

Ce dessin convient tout particulièrement pour la garniture de meubles, tapis, rideaux, portières et panneaux de tout genre.

Fond avec bordure en broderie-application avec sertissage de ganses et points d'ornement (fig. 340 et 341). — Le fond de ce dessin est du satin blanc-ivoire; dans la bordure, les deux bandes horizontales et les feuilles recourbées sont coupées dans du velours grenat foncé; le calice clair de la fleur dans du satin blanc-neige; l'intérieur de la fleur et la tige formant croix dans de la soie vert-de-gris. Tous les motifs sont contournés de ganses fixées par des points de surjet visibles. Le velours rouge est serti de ganse noire; le satin blanc, de ganse crème, et la soie verte, de ganse verte.

Fig. 345. Exécution du sertissage au point plat pour la bordure fig. 344.

Quant au dessin du fond, toutes les fleurs appliquées sont en velours grenat avec du satin blanc à l'intérieur; les tiges, ainsi que les figures ovales en forme de navette, sont en soie verte.

Après avoir fixé tous les motifs par quelques points sur le tissu du fond, on exécute le point russe qui orne l'intérieur des figures ovales et la bande horizontale qui réunit les tiges des fleurs avec de la Rayonne à broder D·M·C N° 60, en Jaune d'Or 783, puis on commence le sertissage avec les ganses, que l'on fixe également avec des points de surjet en jaune.

Finalement on brode les tiges des

étamines en Soie de Perse D·M·C verte, et les étamines elles-mêmes, en soie jaune; voir la fig. 341.

Ici, comme dans la bordure, les motifs en velours grenat sont sertis de noir, le blanc de crème et le vert de vert.

Les ganses sont composées de 2 fils simples de Coton

Fig. 346. Fond en broderie-application avec sertissage au point de piqûre.
Fournitures : Coton perlé D·M·C No 8, en Vert-Scarabée 3347.

perlé D·M·C N° 5, avec première torsion à droite et deuxième torsion à gauche.

Le modèle que nous donnons pourra servir pour tapis de tout genre; afin d'avoir moins de travail, on se contentera de broder seulement la bordure, qu'on ajoutera à un fond d'étoffe.

Le dessin du fond seul se prête à la confection de coussins et de housses de meubles.

Bordure en broderie-application avec sertissage de ganses et points d'ornement (fig. 342 et 343). — Les motifs appliqués, en satin blanc, jaune et rouge, se détachent avantageusement du fond en velours noir.

Le sertissage est exécuté au moyen de ganses jaune d'or et blanc ivoire fixées invisiblement. On distingue facilement ces deux nuances dans la gravure.

La ganse, à l'extérieur des figures, est sertie d'un fil entier de Soie de Perse D·M·C, rouge foncé, fixé par des points de surjet également en rouge; il contribue à faire ressortir le dessin sur le fond en velours; voir la fig. 343.

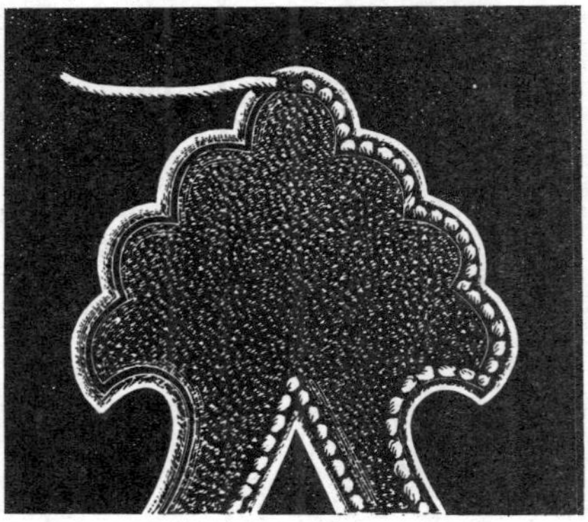

Fig. 347.
Exécution du sertissage au point de piqûre pour le fond fig. 346.

Les tiges larges, en satin jaune, sont garnies de nervures au point coulé, en soie jaune; les grandes feuilles rouges, de nervures en soie rouge. Le fond de velours est enrichi de points isolés en Rayonne à broder D·M·C N° 30, en Jaune d'Or 783.

Les ganses sont faites en Lin floche D·M·C N° 8, avec 3 fils simples; la première torsion est donnée vers la droite, la deuxième vers la gauche.

Cette bordure convient à la garniture de grands ornements d'église et d'objets de décoration intérieure. Lorsque l'objet en question est de grande dimension, on brodera la bordure isolément et on l'appliquera, une fois terminée, sur l'objet à garnir.

Bordure étroite en broderie-application avec sertissage au point plat (fig. 344 et 345). — Voici un exemple où les étoffes appliquées sont fixées au moyen d'un contour au point plat.

Le fond est en velours rouge, le dessin en satin vieil-or.

Après avoir fixé invisiblement tous les motifs, on exécute le contour au point plat, tel que l'explique la fig. 345. Il faut avoir bien soin que la longueur des points reste la même sur toute la longueur de la broderie. La tige est brodée en vert, les feuilles en rouge, avec de la Soie de Perse D·M·C.

Lorsque les contours seront terminés, on brodera les nervures des feuilles, qui devront être légèrement rembourrées.

Cette petite bordure a des emplois très variés. On s'en servira pour la garniture de buvards, boîtes à gants, porte-journaux, etc.

Fig. 348. Couverture en broderie-application avec lacets.
Fournitures : Lacet superfin D·M·C Nos 2, 8, 16 et 28, Fil d'Alsace D·M·C No 150 et Coton perlé D·M·C No 3, en écru.

Fond en broderie-application avec sertissage au point de piqûre (fig. 346 et 347). — Voici un nouveau genre de broderie-application.

Le fond est en velours vert-émeraude et les applications en cuir jaune, fixées par des points de piqûre avec un fil brillant en vert.

On reporte le dessin sur cuir jaune (cuir danois); on découpe les motifs à une petite distance des contours, puis on

Fig. 349. Partie de la bordure de la fig. 348. Réduite de moitié.

calque le dessin sur le velours et l'on y colle les motifs en cuir.

Le Coton perlé D·M·C N° 8, Vert-Scarabée 3347, est employé pour les contours au point de piqûre, dont nous donnons l'explication par la fig. 347.

Une fois tous les contours brodés, la broderie est terminée.

La réunion du velours et du cuir dans cet ouvrage indique

clairement son emploi pour dessus de chaises et de tabourets. Travaillé avec du cuir suédois, on pourra aussi s'en servir pour la confection de petits sachets et buvards.

Couverture en broderie-application avec lacets (fig. 348 et 349). — Ce dessin a été exécuté d'après une couverture de selle du XVIIIe siècle ; tous les motifs du dessin sont formés avec des Lacets superfins D·M·C, écrus, en quatre largeurs différentes.

Après avoir calqué le dessin sur toile rose, on faufile les lacets larges sur toute la couverture — les lacets étroits n'ont pas besoin de faufilage — puis on les coud bien soigneusement au moyen d'arrière-points avec du Fil d'Alsace D·M·C N° 150, invisibles autant que possible. Lorsqu'on aura à coudre des motifs arrondis, on fixera d'abord le bord extérieur du lacet, puis le bord intérieur, légèrement froncé ; voir aussi « La Broderie sur Toile », fig. 277.

Dans les coins, replier le lacet à l'endroit indiqué par le dessin, et retenir ce repli par quelques points, comme nous l'expliquons pour la broderie avec contours en lacet, au chapitre « La Broderie sur Toile ».

Les grands pleins dans la bordure sont quadrillés au moyen de lacets étroits et garnis de petites étoiles au point de chaînette. Dans les branches qui remplissent l'intérieur de la couverture, les grandes feuilles montrent des nervures au point plat, tandis que les petites feuilles et le centre des fleurs sont garnis de point d'armes en Coton perlé D·M·C N° 3, écru.

Pour mieux faire voir l'effet de ce genre de broderie, nous donnons, en dehors de la petite vue de la couverture, une partie de la bordure réduite de moitié, par laquelle on peut facilement se rendre compte du travail.

Bordure, dessin iris en broderie au petit point.

La Tapisserie

L'origine de la tapisserie remonte à la plus haute antiquité; elle a été, de tout temps, une des occupations favorites de la femme.

On comprend aujourd'hui sous le nom de tapisserie tous les genres de broderie à fils comptés où les points recouvrent entièrement le tissu sur lequel on exécute l'ouvrage. Il y a une grande variété d'ouvrages en tapisserie, parmi lesquels toutes les broderies sur canevas au point de croix, au petit point, au point gobelin, à points lancés; les broderies au point de Hongrie, ainsi que les ouvrages au point noué, au point de tricot, etc.

Nous commencerons ce chapitre par quelques indications sur les tissus et fournitures à employer, puis nous passerons en revue les différents points de tapisserie, en indiquant la manière de les exécuter, et nous terminerons par quelques dessins simples pour fonds, bordures et tapis (*).

Tissus. — Le tissu sur lequel sont exécutés les ouvrages de tapisserie se nomme canevas. Il existe en deux genres bien différents: un canevas uni, qui est tissé à fils simples et un canevas façonné, où les fils sont réunis deux par deux. Ces deux sortes de canevas sont fabriquées dans différentes grosseurs.

(*) Voir, à la fin du volume, la liste des publications de la Bibliothèque D·M·C contenant une grande variété de modèles pour tous les genres d'ouvrages.

Selon le point que l'on voudra broder, on donnera la préférence à l'un ou l'autre des canevas ; cependant, on peut exécuter presque tous les genres de points sur l'un et sur l'autre.

Pour les tapis à points noués, on préfère un fond en toile au fond de canevas, parce que les fils souples de la toile peuvent être mieux serrés les uns contre les autres que les fils de canevas, qui sont toujours raides.

Travail préparatoire. — Les ouvrages de tapisserie peuvent être faits au métier ou sans métier à la main ; dans ce dernier cas on posera un plomb sur le canevas, afin qu'il ne puisse se déformer.

Avant de commencer un ouvrage, on jalonne les points ; les renseignements pour ce jalonnement sont donnés au chapitre « La Broderie sur Toile » ; voir la fig. 166.

Aiguilles. — Les aiguilles dont on se sert pour la tapisserie sont longues, fortes et sans pointe, avec un chas allongé et suffisamment ouvert pour qu'on puisse y loger facilement le fil. On peut se les procurer dans chaque magasin d'ouvrages de dames et de mercerie, où elles sont en vente sous le nom d'aiguilles pour tapisserie.

Fournitures. — Pendant longtemps la laine et la soie ont seules été employées pour faire la tapisserie, mais aujourd'hui les fils de coton jouent un grand rôle dans les ouvrages de ce genre. La soie, toujours sans rivale pour les ouvrages d'une grande richesse, ne se recommande guère pour des objets destinés à un fréquent et long usage ; en raison de sa délicatesse et de sa fragilité naturelles elle offre trop peu de résistance aux influences extérieures et aux injures du temps. La laine, tout en étant plus solide que la soie, a le grand inconvénient de servir de refuge aux mites qui la détruisent, tandis que le coton, moins cher que la soie, offre l'avantage de n'être exposé à aucune destruction ; de plus, une fois terni par un long usage, il reprend sa beauté première à l'aide des procédés souvent les plus simples.

Parmi les articles de coton qui se prêtent aux ouvrages de tapisserie, nous recommandons tout particulièrement deux articles, le Mouliné spécial D·M·C et le Coton perlé D·M·C, qui sont remarquables par leur souplesse et leur effet brillant et qui se font aussi en teintes ombrées.

Le Mouliné spécial D·M·C est un fil floche qui remplace avantageusement la laine et la soie là où il s'agit de produire de grands fonds unis et lisses.

Avec le Coton perlé D·M·C, dans les Nos 3, 5 et 8, on obtient des points produisant un bel effet de relief et on l'emploie de préférence là où, par la formation du point, plusieurs fils arrivent à s'entre-croiser.

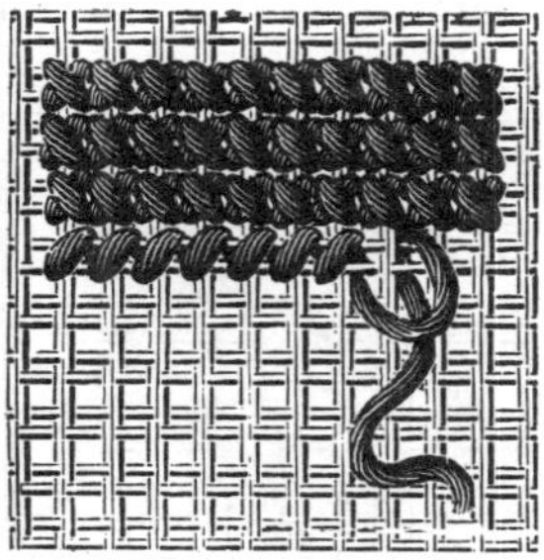

Fig. 350.
Point de croix simple.

En dehors de ces deux sortes de coton, qui peuvent dans beaucoup de cas remplacer avantageusement la soie et la laine, nous citons encore, pour les ouvrages plus simples, le Retors à broder D·M·C, le Lin floche D·M·C et le Coton à broder D·M·C, qualité spéciale. Dans le cas d'ouvrages riches, où l'on voudra exécuter la broderie tout en soie, on emploiera la Soie de Perse D·M·C ou même la Rayonne D·M·C. Dans tous les cas, on aura soin de choisir des fournitures qui permettent de faire des points recouvrant entièrement le canevas, les fils de ce dernier ne devant pas être visibles entre les rangées de points.

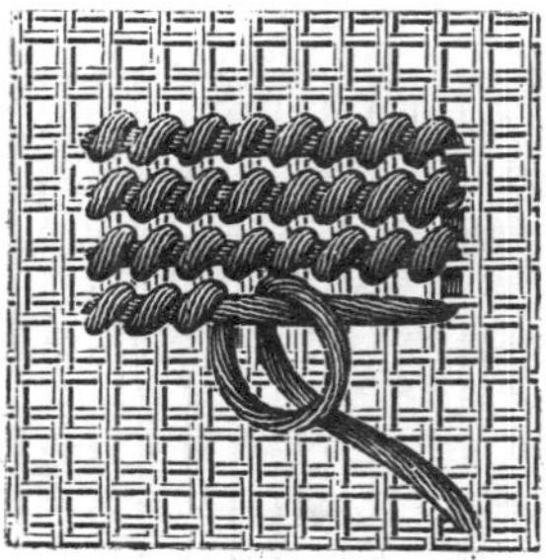

Fig. 351.
Demi-point de croix.

Point de croix simple (fig. 350). — Le point de croix simple, appelé aussi point de marque, est la base de tous les points de tapisserie. Il se fait en un aller et un retour. Dans l'aller on lance le fil en sens oblique, de gauche à droite, par-dessus 1 fil double du canevas, puis on fait passer l'aiguille verticalement sous 1 fil double transversal. Dans le retour, on fait le même point de droite à gauche; ces fils croisés forment le point de croix.

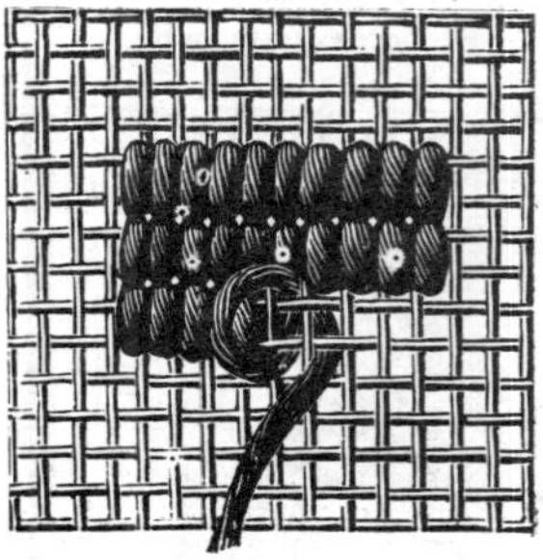

Fig. 352.
Point gobelin droit.

Demi-point de croix (fig. 351). — Lorsque le brin est trop gros par rapport au canevas, pour faire le point de croix complet, on ramène le fil de droite à gauche sur toute la ligne que doivent occuper les points, et l'on fait par-dessus ce fil le demi-point de croix. Ce genre de point est généralement employé pour l'achèvement des tapisseries échantillonnées.

Point gobelin droit (fig. 352). — Ce point est toujours travaillé en rangs horizontaux. On lance le fil en sens vertical par-dessus 2 fils du tissu et on laisse chaque fois 1 fil du tissu entre les points.

Point gobelin oblique (fig. 353 et 354). — On exécute le point gobelin oblique sur canevas uni par-dessus 1 fil vertical et 2 fils horizontaux. Lorsqu'on a monté l'ouvrage dans un métier, on peut faire ce point en allant et en revenant, mais lorsque la pièce n'est pas montée, on retourne l'ouvrage et on fait ressortir l'aiguille derrière le dernier point. Lorsqu'on fait le même point sur du canevas façonné, on devra prendre une aiguille un peu forte, qui puisse bien séparer les fils du canevas et empêcher que le brin ne s'éraille.

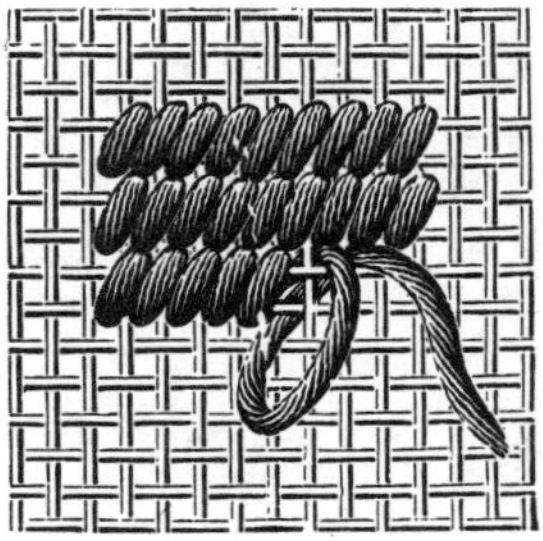

Fig. 353.
Point gobelin oblique sur canevas uni.

Le point gobelin droit ainsi que le point gobelin oblique se prêtent tout particulièrement à la reproduction des vieux dessins de gobelins; ils permettent, en effet, d'obtenir des copies ayant une grande ressemblance avec les originaux anciens.

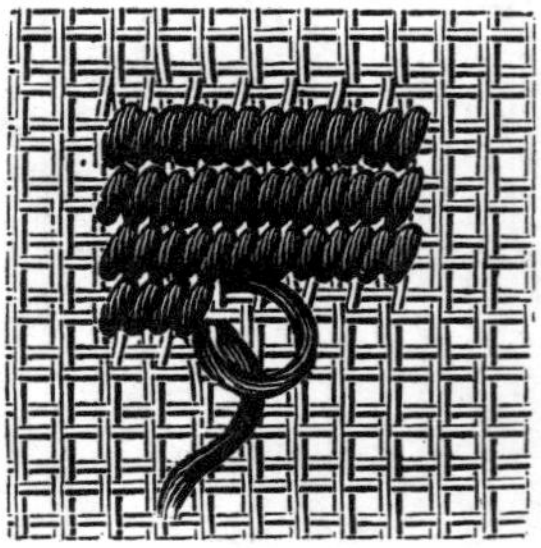

Fig. 354.
Point gobelin oblique sur canevas façonné.

Point à côtes (fig. 355.) — Ce point est une imitation du reps. On le fait en lignes verticales par-dessus 1 fil transversal et 2 fils verticaux.

Petit point (fig. 356). — Ce point n'est autre chose que le premier point du point de croix, exécuté par-dessus 1 seul fil. La gravure montre un retour de droite à gauche. Si les points doivent être très uniformes, il faut faire avancer le fil sur l'envers de 2 fils de canevas.

Le petit point se fait d'habitude concurremment avec d'autres genres de points. Ainsi on fera au petit point des fleurs, des feuilles délicates, les chairs dans les dessins à personnages, et le reste au point de croix ou autres points analogues.

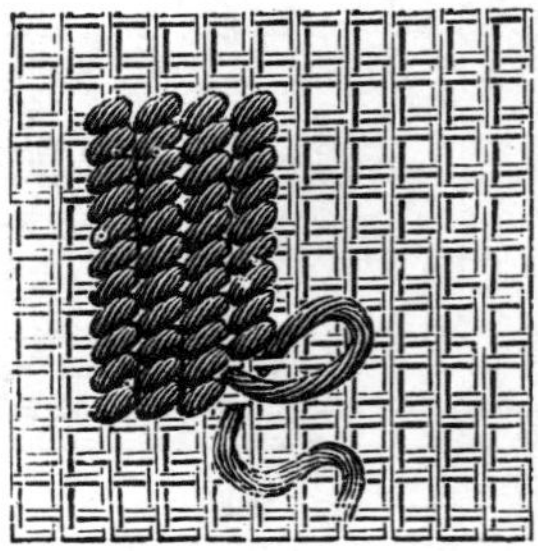

Fig. 355. Point à côtes sur canevas façonné.

Point gobelin large (fig. 357). — On recouvre 2 fils verticaux et 3 fils horizontaux. Les points suivants avancent toujours d'un fil de canevas.

Point gobelin empiétant (fig. 358). — Pour remplir des fonds d'une certaine dimension, nous recommandons le point gobelin empiétant qui est composé de points obliques sur 5 fils de hauteur et 1 fil de largeur, 1 fil de tissu restant entre les points.

La seconde rangée de points commencera seulement 4 fils en dessous de la première rangée; les points dépasseront donc dans le haut en prenant encore le dernier fil du tissu de la rangée supérieure et formeront ainsi des points empiétants.

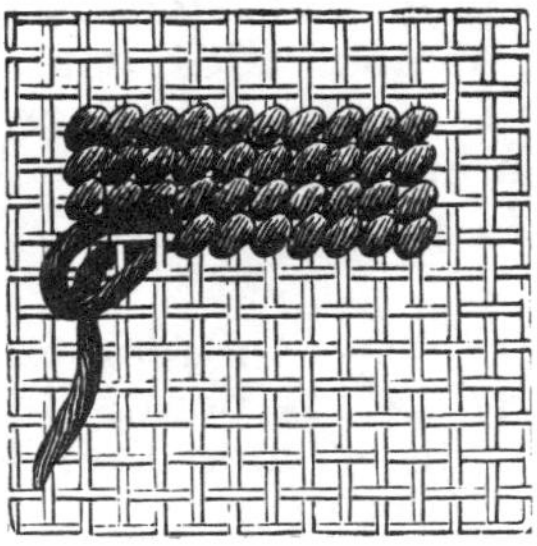

Fig. 356.
Petit point.

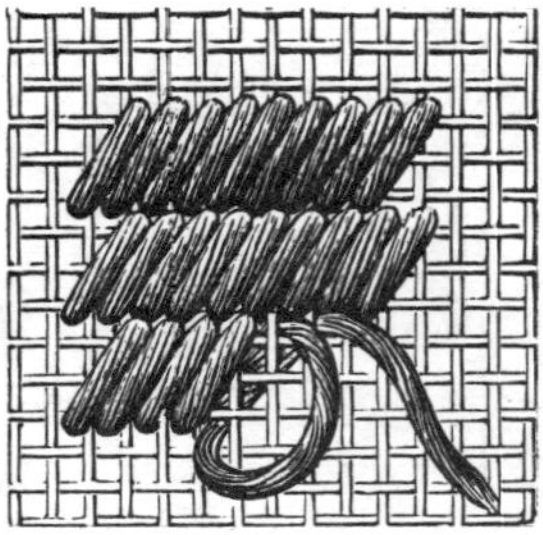

Fig. 357.
Point gobelin large.

Point de croix allongé (fig. 359). On exécute des points de croix par-dessus 1 et 2 fils doubles ou par-dessus 2 et 4 fils simples. C'est un point qui se recommande surtout pour le remplissage des pleins, parce que, recouvrant toujours un nombre double de fils du canevas, il n'exige que la moitié du temps nécessaire pour le point de croix ordinaire. On varie avec succès ce point en contrariant les croix, c'est-à-dire en faisant monter un point d'un rang de canevas et descendre le point suivant à la hauteur du premier.

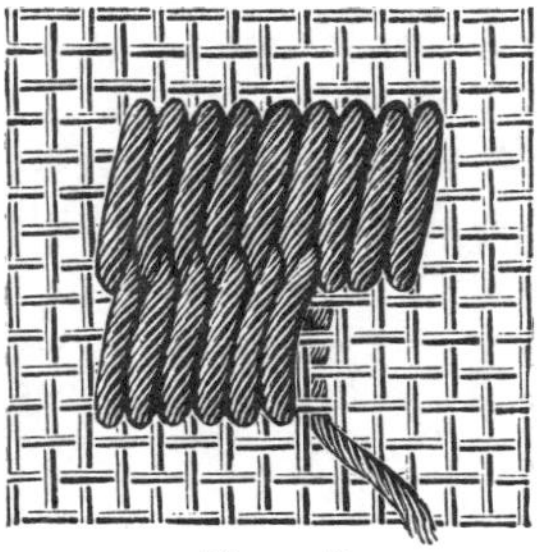

Fig. 358.
Point gobelin empiétant.

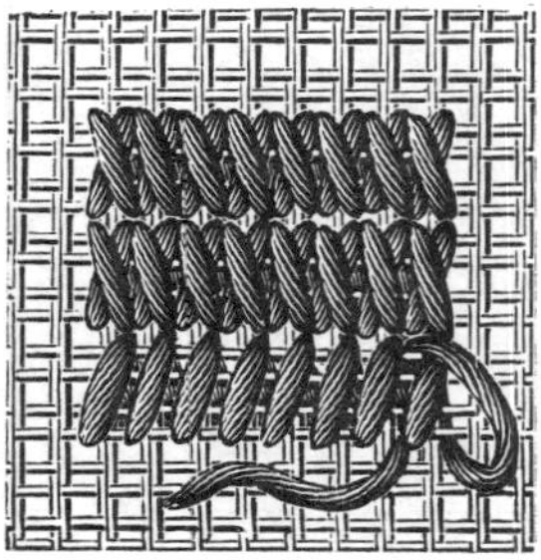

Fig. 359.
Point de croix allongé.

Point de croix allongé avec point de piqûre (fig. 360). Après avoir exécuté un point de croix d'après les explications données pour le point fig. 359, c'est-à-dire par-dessus 4 fils en hauteur et 2 fils en largeur, on le retient au milieu par un point de piqûre horizontal, par-dessus 2 fils du tissu.

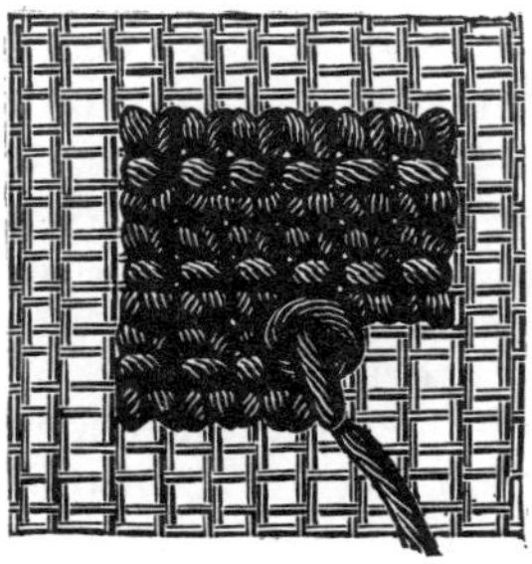

Fig. 360.
Point de croix allongé avec point de piqûre.

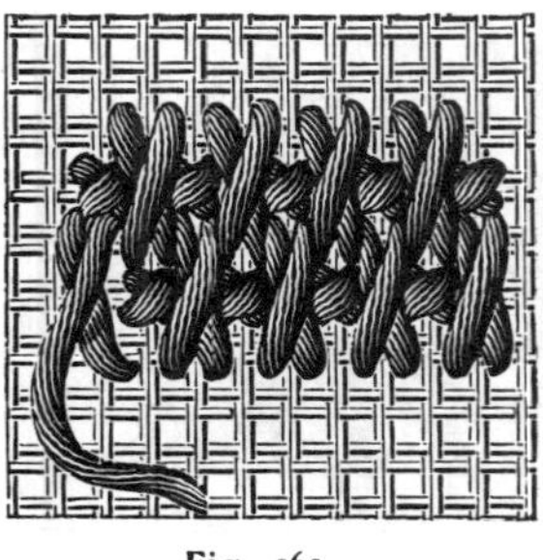

Fig. 361.
Point double.

Point double (fig. 361). — On fait un point de croix ordinaire par-dessus chaque seconde intersection des fils; puis on fait un second rang de points, entre les points du premier rang, mais par-dessus 1 et 3 fils doubles, de sorte qu'un point dépasse des deux côtés le premier point. Dans les rangs suivants, un point normal est opposé à un point long et un point long à un point normal.

Fig. 362.
Point de riz.

Point de riz (fig. 362). — On remplit d'abord tout le fond de grands points de croix par-dessus 4 et 4 fils et alors seulement on exécute les points de riz.

Ce sont des points qui passent par-dessus les extrémités des quatre branches du point de croix et qui, se rencontrant dans l'espace existant entre les points, y forment une autre croix.

On emploie, pour le premier point, un fil assez gros et, pour le second point, un fil plus fin, de couleur différente.

Fig. 363.
Point contrarié.

Point contrarié (fig. 363). — Ce point se fait en points de croix ordinaires et en points de croix droits. On commence à travailler de gauche à droite; on conduit le fil par-dessus 4 fils verticaux et entre 2 fils horizontaux, de haut en bas, comme le montre le dernier rang de points de la figure.

Dans le retour on croise les premiers fils et on fait passer le brin, toujours en ligne droite, sous les 2 fils du canevas.

Dans le deuxième aller et dans le deuxième retour, les points sont opposés aux premiers. On se sert de fil d'or pour ces seconds points. Pour remplacer le fil de métal, employer de la Rayonne à broder D·M·C en Jaune d'Or 782.

Fig. 364.
Point de nattes.

Point de nattes (fig. 364). — C'est un point qui demande d'être exécuté avec une certaine attention lorsqu'on veut le faire en allers et retours. Si l'on n'était pas disposé à y consacrer une application suffisante, il vaudrait mieux ramener le fil chaque fois au point de départ. On conduit le fil par-dessus 4 fils en largeur et 2 fils en hauteur vers le bas, et sur l'envers, de droite à gauche sous 2 fils, comme l'indique du reste la gravure.

Point de fougères (fig. 365). — On exécute ce point par rangs successifs; le fil passe par-dessus 2 fils doubles, dans le sens de la hauteur et dans le sens de la largeur, et court de droite à gauche, horizontalement, sous 1 fil double du milieu, dans le bas, et remonte en biais, sur 2 fils doubles dans le haut, vers la droite; voir aussi la gravure.

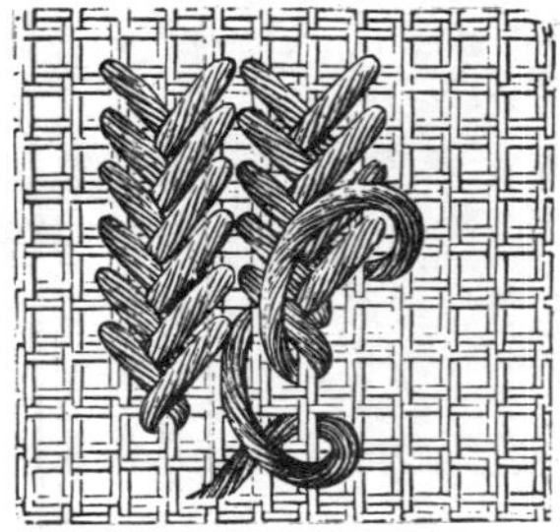

Fig. 365.
Point de fougères.

Point de tige (fig. 366). — On oblique le point par-dessus 2 ou 4 fils dans le sens de la hauteur et de la largeur et on le ramène sous 1 ou 2 fils au-dessus du point de départ du premier point. Le second rang de points est exécuté dans le sens contraire, puis, les rangs terminés, on ajoute, entre deux rangs de points, une file d'arrière-points en une couleur différente.

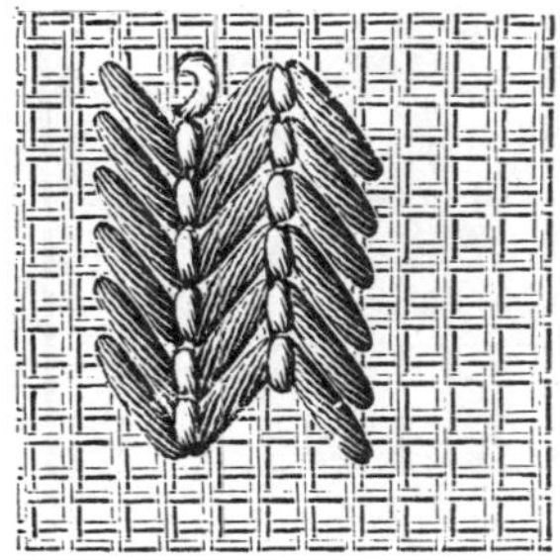

Fig. 366.
Point de tige.

Point d'arêtes (fig. 367). — Ce point diffère du point précédent en ce qu'on fait passer le fil par-dessus 3 fils ou 6 fils et qu'on arrête le brin par un arrière-point exécuté par-dessus le dernier croisement du canevas. Ces points d'arêtes se font suivant l'inclinaison du point long tantôt de gauche à droite, tantôt de droite à gauche.

Point de tissage (fig. 368). — On passe d'abord un fil en diagonale par-dessus le nombre de fils sur lesquels on veut broder, puis on recouvre ce fil lancé de points de surjet. Dans le cas où l'on se servirait de canevas façonné pour exécuter ce point, on ferait entrer et sortir le brin entre les fils réunis du fond. Dans les rangs suivants, les points seront contrariés, ce qui donnera à la surface brodée l'apparence d'une étoffe croisée.

Fig. 367.
Point d'arêtes.

Point cachemire (fig. 369). — Pour imiter cette étoffe en tapisserie, on fait successivement un point par-dessus 1 croisement de canevas et deux points par-dessus 2 croisements, dans le sens de la hauteur et de la largeur.

Point de Florence (fig. 370). — Ce point se produit en travaillant en lignes obliques et en passant régulièrement le fil par-dessus 1 ou 2 fils doubles du canevas.

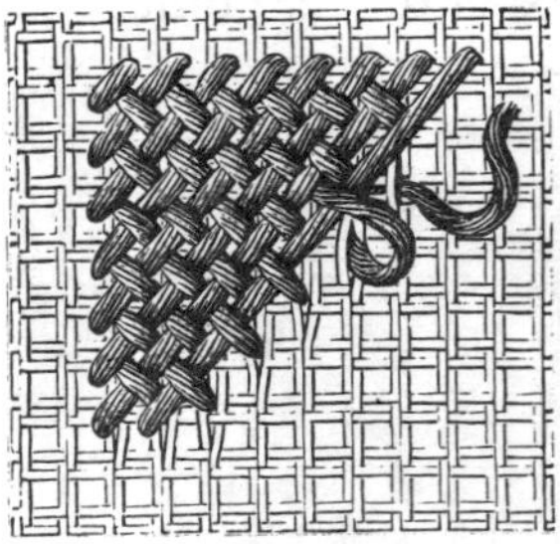

Fig. 368.
Point de tissage.

Fig. 369.
Point cachemire.

Point de mosaïque (fig. 371). Le premier rang de ce point se compose d'un point court et d'un point long exécutés en sens oblique ; dans le second rang on complète le dessin en ajoutant le deuxième point court. Le troisième rang se fait de nouveau comme le premier.

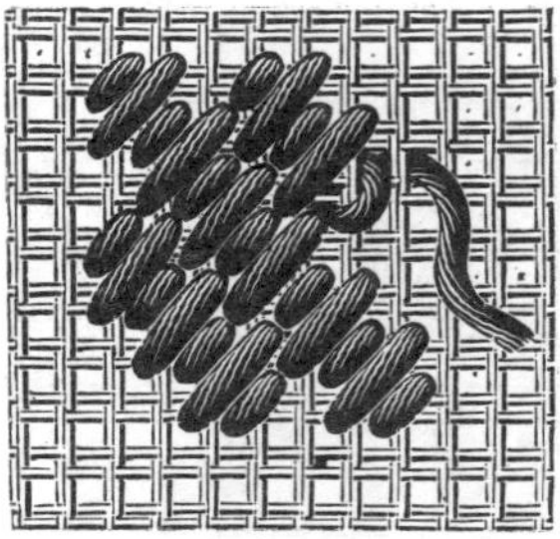

Fig. 370.
Point de Florence.

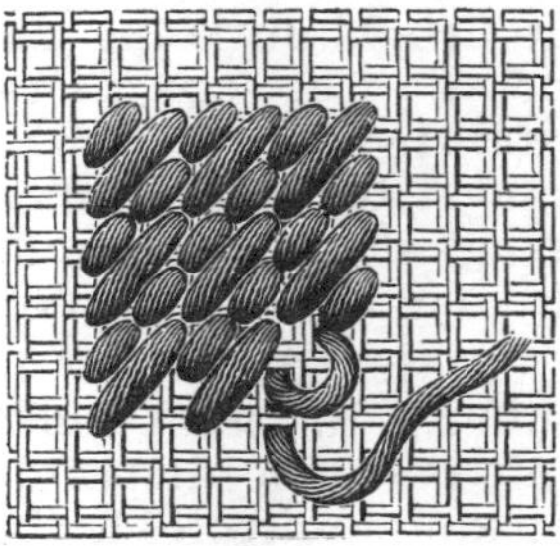

Fig. 371.
Point de mosaïque.

Point hongrois (fig. 372). — Pour bien montrer l'exécution de ce point, nous le présentons exécuté en deux nuances, mais lorsqu'on s'en servira comme fond de remplissage il ne faudra le travailler que dans une seule couleur. Ce point se fait en rangs horizontaux, l'un empiétant sur l'autre, de façon que le tissu soit entièrement recouvert.

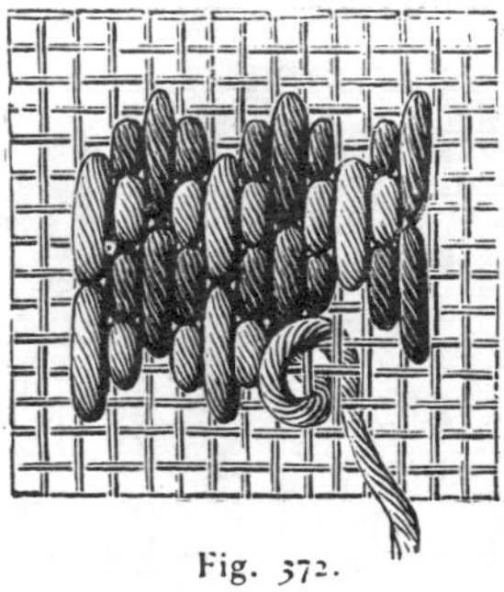

Fig. 372.
Point hongrois.

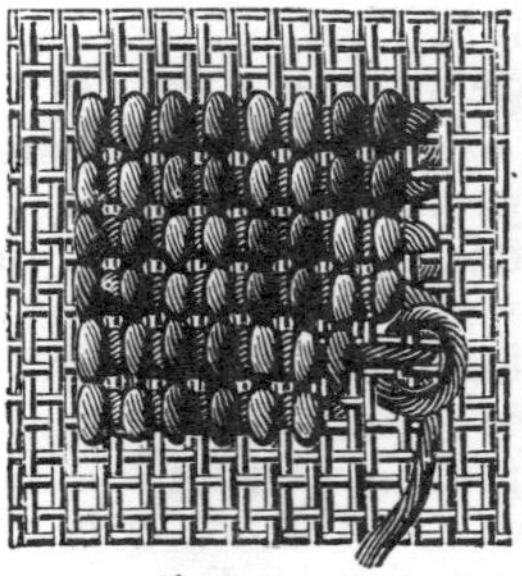

Fig. 373.
Point Renaissance.

On commence par un point vertical sur 2 fils du tissu, on fait suivre un point par-dessus 4 fils, qui dépasse le premier point en haut et en bas d'un fil, puis on termine avec un point vertical par-dessus 2 fils et, après avoir sauté en largeur 2 fils du tissu, on fait suivre un second groupe de points et ainsi de suite. La gravure indique comment, dans le second rang, les points longs sont placés juste au milieu de deux groupes de points, de manière que tous les points se touchent.

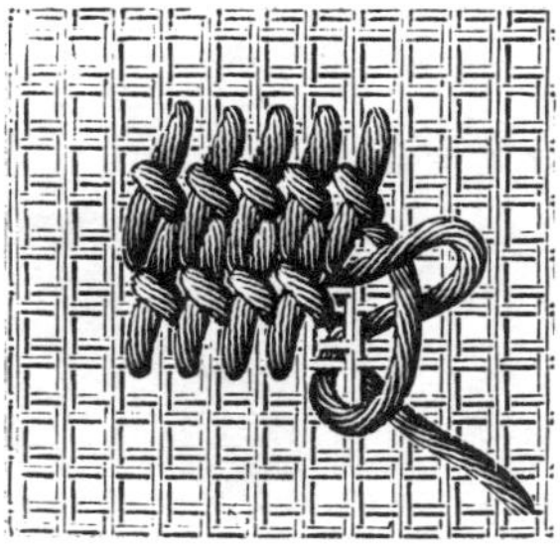

Fig. 374. Point noué.

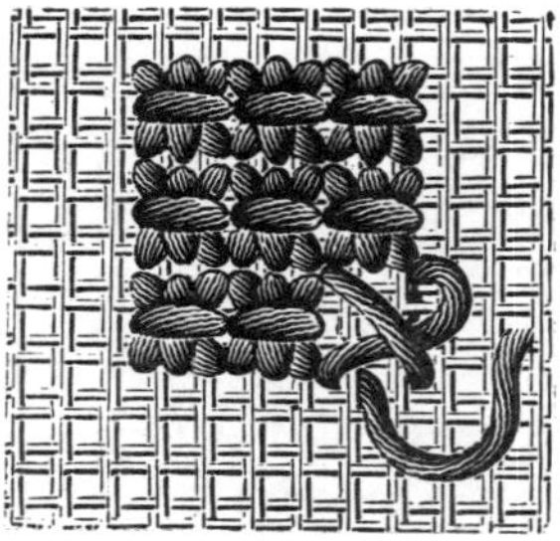

Fig. 375. Croix de Smyrne ou point de diable.

Point Renaissance (fig. 373). — Ce point est recommandé pour des ouvrages d'une certaine dimension.

On commence par un point horizontal par-dessus 2 fils doubles, que l'on fixe à gauche et au milieu par un point de piqûre vertical exécuté par-dessus 1 fil double; puis on descend au fil double suivant et l'on exécute encore un point horizontal avec deux points de piqûre. Cette série de points correspond à un carré d'un modèle dessiné (type de tapisserie). Pour faire ressortir chaque groupe de points, nous les avons travaillés dans deux nuances différentes.

Fig. 376. Point d'étoiles.

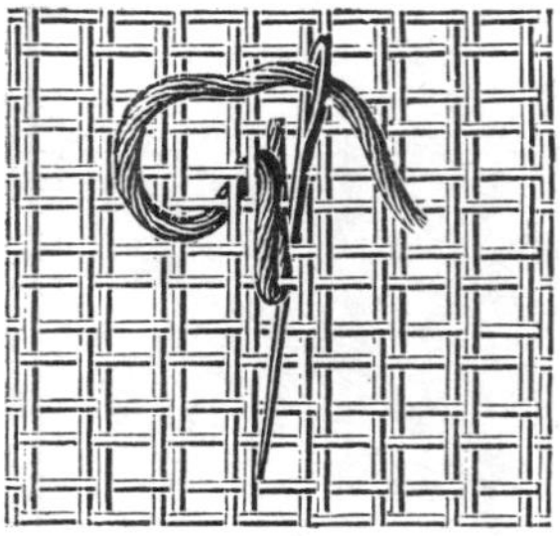

Fig. 377. Point de France. Premier point à gauche.

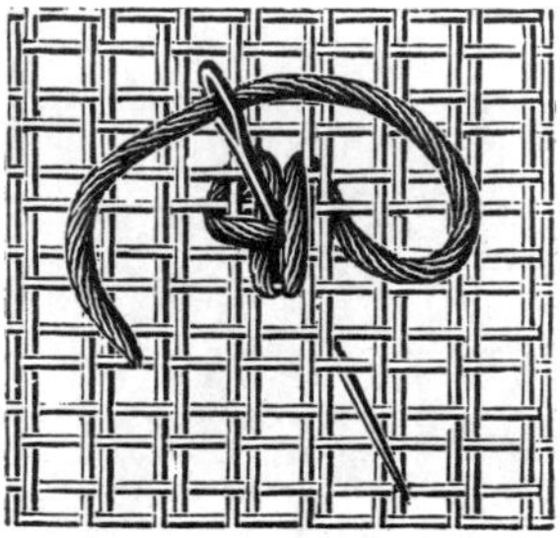

Fig. 378. Point de France. Point à droite.

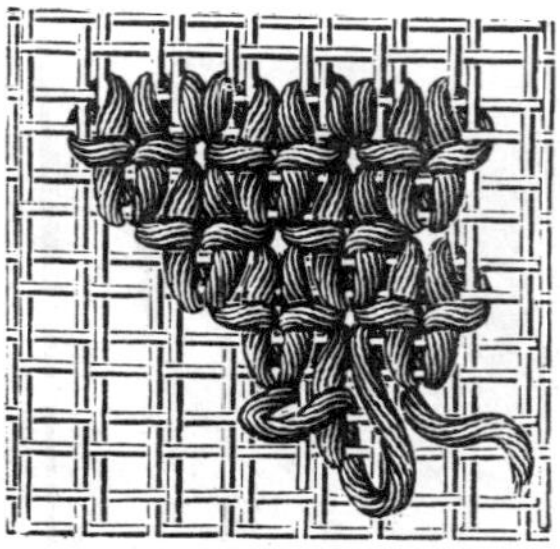

Fig. 379. Point de France. Série de points terminés.

Point noué (fig. 374). — On mène le fil par-dessus 2 fils en largeur et 6 fils en hauteur, puis on ramène l'aiguille verticalement 4 fils plus bas, on la fait rentrer 2 fils plus haut, derrière le point précédemment fait, donc par-dessus les fils du milieu, après quoi on fait descendre l'aiguille à la ligne des points.

Dans les rangs suivants les points prennent 4 fils vers le bas et empiètent sur 2 fils du premier rang.

Croix de Smyrne ou point de diable (fig. 375). — On prépare d'abord un simple point de croix par-dessus 4 fils en largeur et en hauteur. Puis on fait par-dessus le point oblique un autre point de croix droit. Le même point peut également être exécuté par-dessus 6 et 8 fils; lorsqu'on brode sur plus de 4 fils, on augmente aussi en proportion le nombre des points.

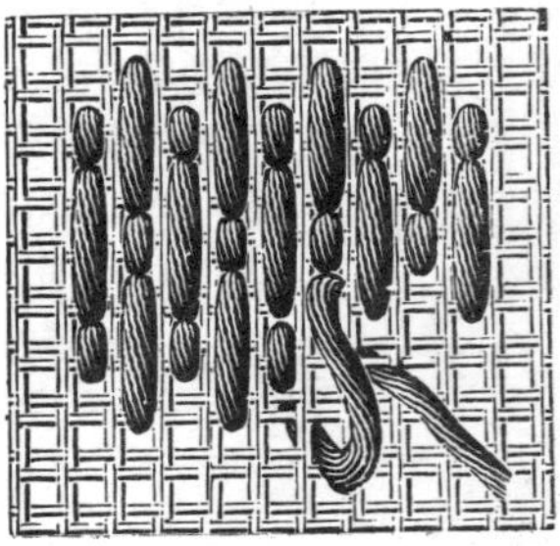

Fig. 380.
Point de Paris.

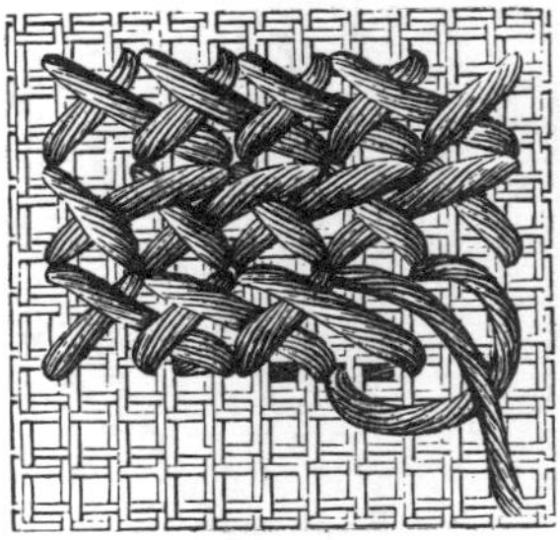

Fig. 381.
Point grec.

Point d'étoiles (fig. 376). — Chaque petite étoile est composée de huit points qui se rencontrent dans le même centre.

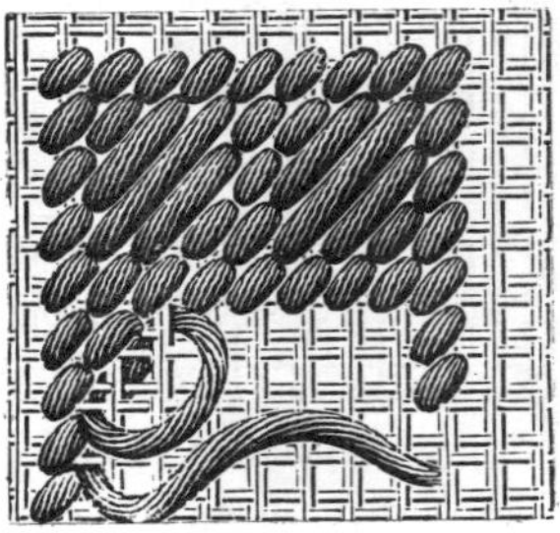

Fig. 382.
Point écossais.

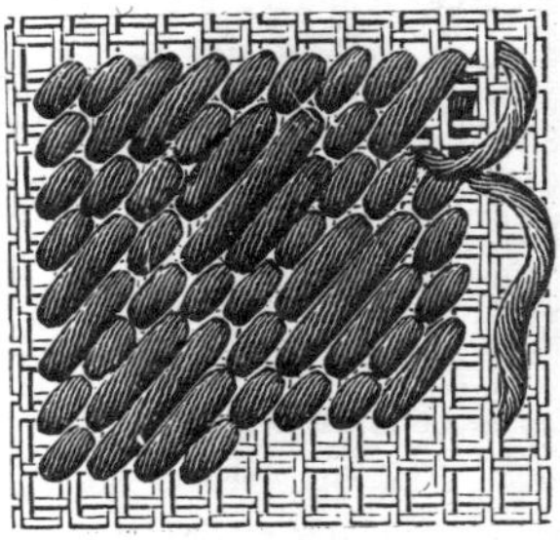

Fig. 383.
Point mauresque.

On commence par un point oblique par-dessus 1 fil double, en descendant de droite à gauche, on monte verticalement sous le fil double, puis on exécute un point vertical sur l'endroit de l'ouvrage, ensuite on fait suivre un point oblique venant du coin à gauche, puis un point horizontal, et ainsi de suite jusqu'à ce que l'étoile soit terminée. Pour arriver à des étoiles bien régulières, il convient de les travailler en rangs horizontaux

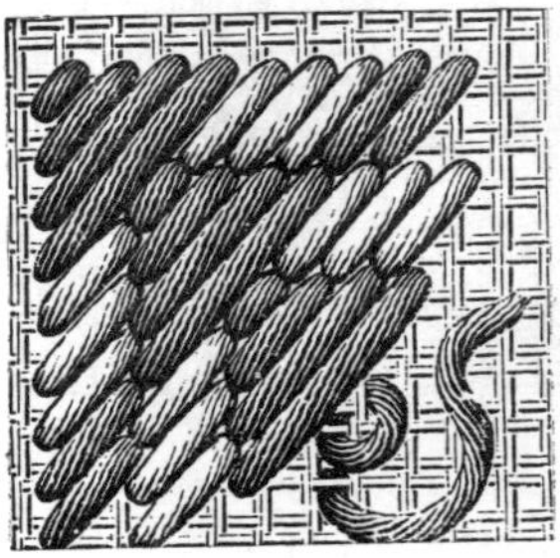

Fig. 384.
Point d'Orient.

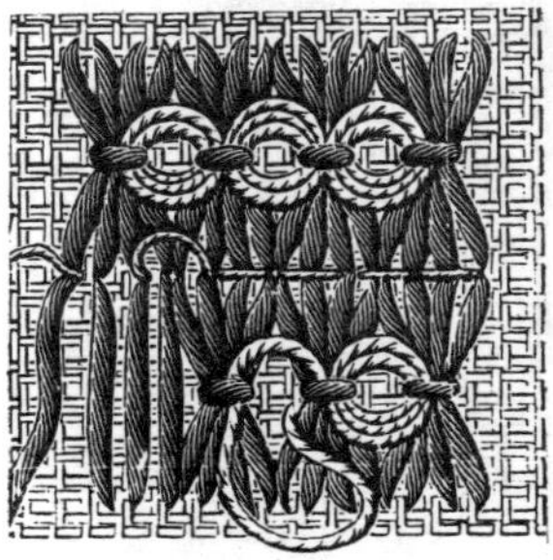

Fig. 385.
Point de coquilles.

et de commencer chaque groupe de points dans la même direction. Le point d'étoiles est employé aussi isolément dans les fonds ; voir les fig. 858, 861, 862 et 865 du chapitre « Les Dentelles brodées ».

Point de France (fig. 377, 378, 379). — On introduit le fil de l'envers sur l'endroit, puis on le remonte par-dessus 4 fils simples ou 2 fils doubles ; on passe l'aiguille à gauche sous 1 fil double, fig. 377, puis on revient dans l'espace recouvert par le premier point, on fait entrer l'aiguille au milieu des 4 fils et on la conduit vers le bas, à côté du premier point. On exécute ensuite à droite le même point que celui qu'on fait à gauche.

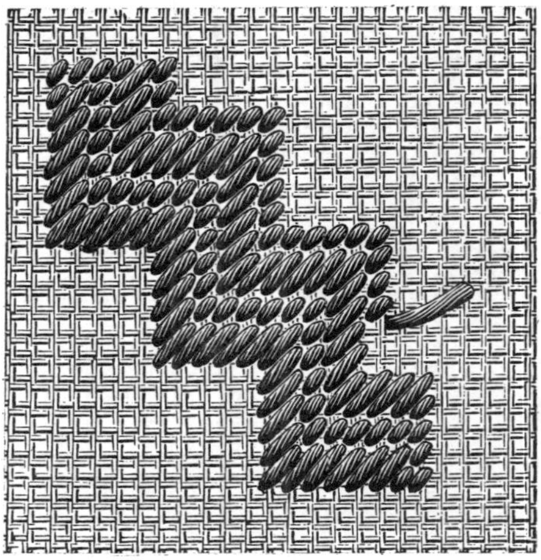

Fig. 386. Point Jacquard.

Après avoir terminé un point, on conduit l'aiguille sous 1 fil en ligne oblique, fig. 378, au point suivant. Tout le dessin s'exécute en lignes obliques.

Point de Paris (fig. 380). C'est un point que l'on exécute ordinairement sur du canevas de soie, mais qui peut aussi être reproduit sur les différents tissus de coton et de lin.

Fig. 387. Point byzantin.

Il s'approprie parfaitement à tous les fonds et convient surtout lorsqu'on veut voir percer le tissu à travers les points, comme le montre la figure. Les points sont lancés par-dessus 1 et 3 fils doubles ou par-dessus 2 et 6 fils simples du canevas.

Point grec (fig. 381). — Le point connu sous cette dénomination diffère du point de croix simple par l'inclinaison des fils et par la manière de le commencer. On fait le premier point de bas en haut et de gauche à droite par-dessus 2 fils doubles, on ramène l'aiguille à l'envers, horizontalement sous

2 fils doubles, puis on fait un second point oblique vers le bas, pour terminer le point de croix, de gauche à droite, à une distance de 4 fils doubles au-delà du point de sortie du premier point et l'on termine la croix; puis on sort l'aiguille en sautant, sur l'envers, horizontalement, 2 fils doubles. Les points suivants sont pareils aux précédents.

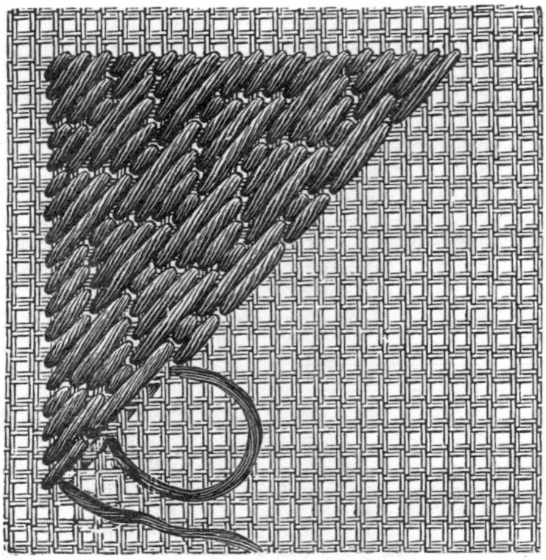

Fig. 388. Point de Milan.

On peut indistinctement raccorder les rangs par le côté court ou par le côté long du point; les Slaves donnent la préférence aux rangs suivis, les points courts touchant les points longs, tandis que bien des broderies grecques nous font voir les points courts raccordés aux courts et, dans les rangs suivants, les points longs raccordés aux longs.

Un gros fil est préférable à un fil fin, attendu que ce point n'a de valeur que lorsqu'il couvre entièrement le tissu.

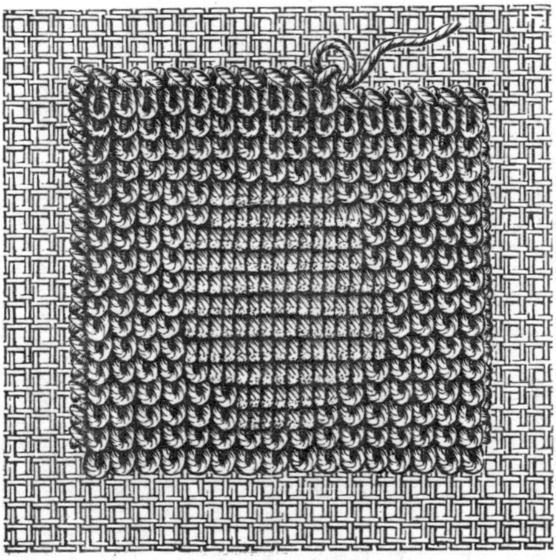

Fig. 389. Point de velours épinglé et point de velours rasé.

Point écossais (fig. 382). Le point écossais est formé de carreaux composés de points obliques conduits par-dessus 1, 2, 3, 2 et 1 fils doubles, et séparés les uns des autres par une file de demi-points de croix.

Point mauresque (fig. 383). — Au lieu de sertir les carrés sur les quatre côtés, on les fait suivre en ligne oblique non interrompue de sorte que ces points forment des marches. Des demi-points de croix, par-dessus 1 fil double, séparent les lignes de carrés.

Point d'Orient (fig. 384). — On fait quatre points dont le premier est lancé par-dessus 1 croisement de fils de canevas, le second par-dessus 2 croisements, le troisième par-dessus 3 croisements, le quatrième par-dessus 4 croisements. Ces quatre points forment des triangles, superposés les uns aux autres.

Le vide qui se produit aux bords des rangs est comblé par des points obliques.

Point de coquilles (fig. 385). — On lance le fil par-dessus 6 fils doubles dans le sens de la hauteur et on le fait remonter par-dessus le même nombre de fils, ne laissant entre eux que l'espace d'un fil double de canevas. Après avoir fait le quatrième point, on fait redescendre ou remonter, puis sortir l'aiguille derrière le 3me fil double dans le sens de la longueur et entre le 2me et le 3me fil dans le sens de la largeur; ensuite on fait un arrière-point par-dessus 1 fil double pour réunir les quatre points longs, ce qui leur donne l'aspect d'un faisceau de fils de broderies à jour.

Dans les arrière-points on fait passer en rond, deux fois, un fil de couleur tranchant sur le fond pour former les coquilles sur les points de dessous. Des points de piqûre horizontaux par-dessus 2 fils doubles garnissent l'espace entre deux files de points de fond.

Fig. 390. Fond en lignes en zigzag à points lancés.

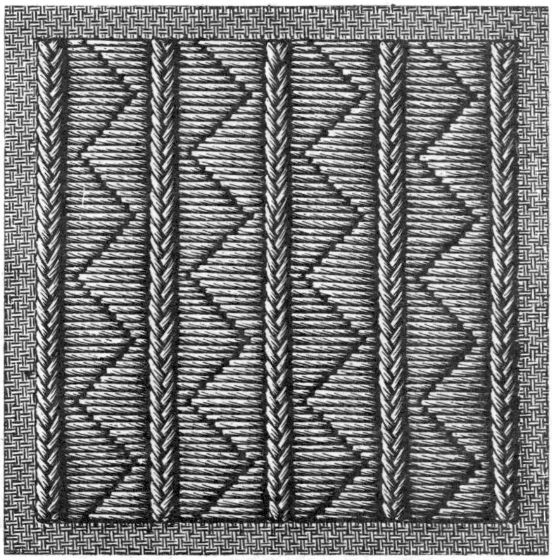

Fig. 391. Fond en bandes verticales à points lancés et au point natté.

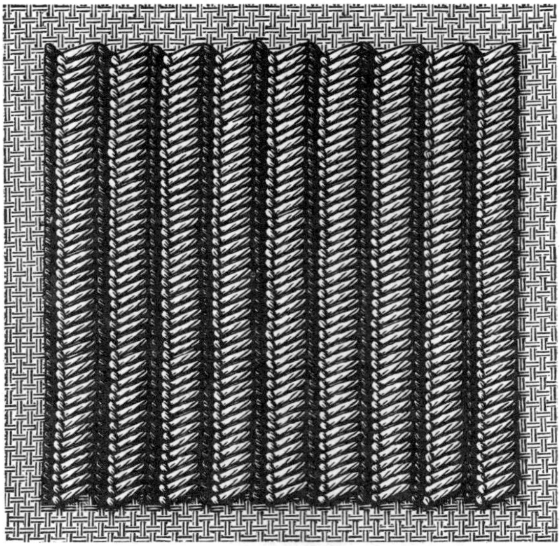

Fig. 392. Fond en bandes verticales au point d'arêtes et au petit point.

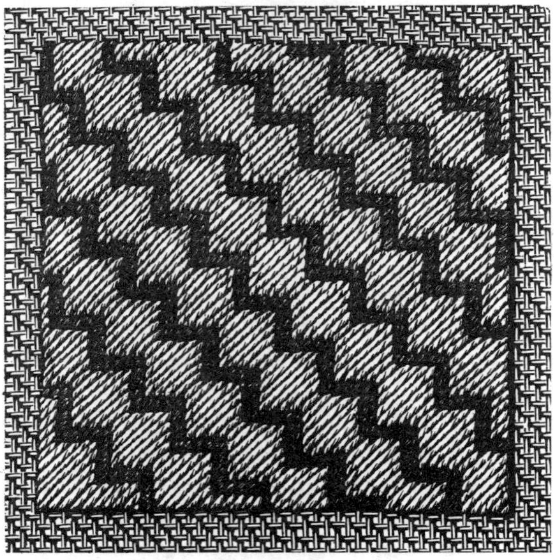

Fig. 393. Fond en biais à points lancés et au petit point.

Point Jacquard (fig. 386). — Lorsqu'on doit remplir de grandes surfaces unies, il est préférable de choisir des points qui, tout en étant unis, forment pourtant un fond façonné.

Le point Jacquard et ceux que nous décrirons ensuite sont de ces jolis points qui donnent à la broderie l'apparence d'une étoffe brochée.

La première file de points est composée de six points obliques dans le sens de la hauteur et de six points dans le sens de la largeur, par-dessus 2 fils doubles. Pour la seconde file, on fait autant de points que pour la première sur 1 seul fil double.

Point byzantin (fig. 387). — On fait le même nombre de points qu'au dessin précédent, avec cette différence que les deux files de points se font sur 2 fils doubles ou sur 4 fils simples.

Point de Milan (fig. 388). — Ce joli fond est produit par de petits triangles composés de quatre points et opposés les uns aux autres. Dans le premier rang oblique, on fait en descendant un arrière-point alternativement par-dessus 1 et par-dessus 4 croisements de canevas, dans le second rang, on fait en remontant un arrière-point par-dessus 3 et 2 croisements de canevas, dans le troisième rang en descendant, par-dessus 3 et 2 croisements de canevas, dans le quatrième rang en remontant, par-dessus 1 et 4 croisements de canevas. Les points longs du rang suivant sont posés devant le petit point et le petit point devant le point long du dernier rang.

Fig. 394. Fond en carrés à points lancés.

Point de velours épinglé et point de velours rasé (fig. 389). — Ce point, qui sert à imiter les tapis d'Orient et que l'on appelle aussi point Astrakan, est composé de boucles, arrêtées chacune par un point de croix. Les boucles se font plus facilement et plus régulièrement par-dessus un moule en bois ou en os, ou bien encore par-dessus une large baleine.

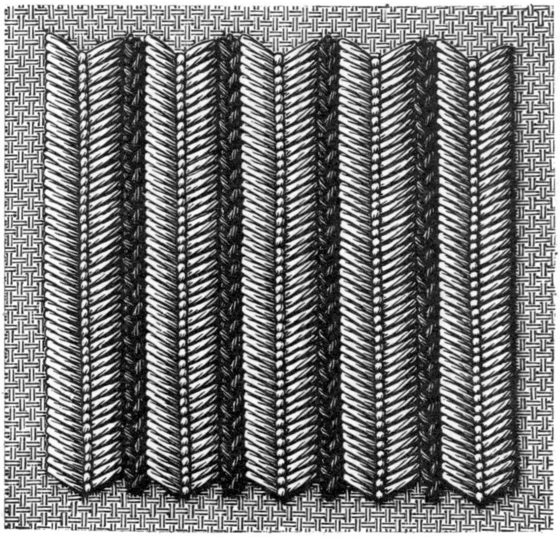

Fig. 395. Fond en bandes verticales au point de tige et au point natté.

La manière de faire ce point si simple est clairement indiquée dans la figure.

On peut le changer à volonté en un autre, en ouvrant les boucles, ce qui donne à la broderie un aspect velouté.

Dans la gravure il n'y a que les boucles du milieu que l'on voit ouvertes, car on peut employer les deux manières dans un seul et même objet. Ainsi on pourra exécuter en velours épinglé et en velours rasé le dessin représenté dans les fig. 414 et 415. La première manière servira à faire les parties de l'intérieur, la seconde, les bords.

Fonds de tapisserie. — Nous faisons suivre l'explication des points d'une petite série de fonds qui peuvent être employés lorsqu'il s'agit de couvrir de grandes surfaces.

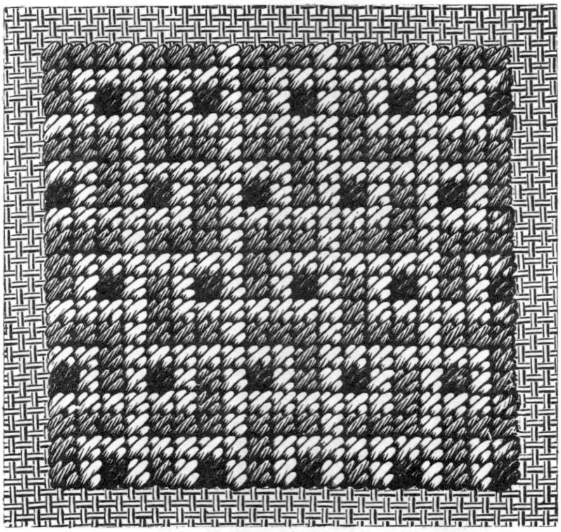

Fig. 396. Fond au point de mosaïque.

Fournitures : Coton perlé D·M·C, Mouliné spécial D·M·C, Lin floche D·M·C ou Rayonne a broder D·M·C, en Vert-Scarabée 3346, Rouge-Grenat 309 et Brun-Cachou 437 (*).

En général ces fonds se font en une seule couleur, ou bien encore dans deux tons d'une même couleur, suivant le dessin pour lequel le fond est destiné.

Comme fournitures on peut se servir de fil floche ou de fil peu tordu; le choix dépendra du point qu'on voudra faire.

Nous recommandons ici de nouveau le Mouliné spécial D·M·C, le Lin floche D·M·C, le Coton perlé D·M·C, le Retors à broder D·M·C, la Rayonne à broder D·M·C ou la Soie de Perse D·M·C.

Fond en lignes en zi zag à points lancés (fig. 390). — Le dessin se compose de lignes en zigzag. Les bandes larges sont travaillées par-dessus 6 fils du tissu, les bandes étroites ne prennent que 2 fils. Chaque rayure demande neuf points plats qui sont posés obliquement.

Lorsqu'on voudra travailler ce fond en deux nuances, on choisira la plus claire pour les bandes larges, la plus foncée pour les bandes étroites.

(*) Ces numéros désignent des couleurs qui se trouvent sur les cartes de couleurs des articles portant la marque D·M·C. Ces cartes peuvent être consultées chez tous les merciers et marchands d'ouvrages de dames.

Fond en bandes verticales à points lancés et au point natté (fig. 391). — Les bandes à points lancés prennent douze fils du tissu. Chaque bande est composée de deux rangs de points horizontaux, formant une ligne en zigzag, dont le point le plus petit s'étend sur deux fils du tissu, le plus long sur dix. Le point natté demande trois fils en largeur; cependant les points n'avancent que sur deux fils en hauteur.

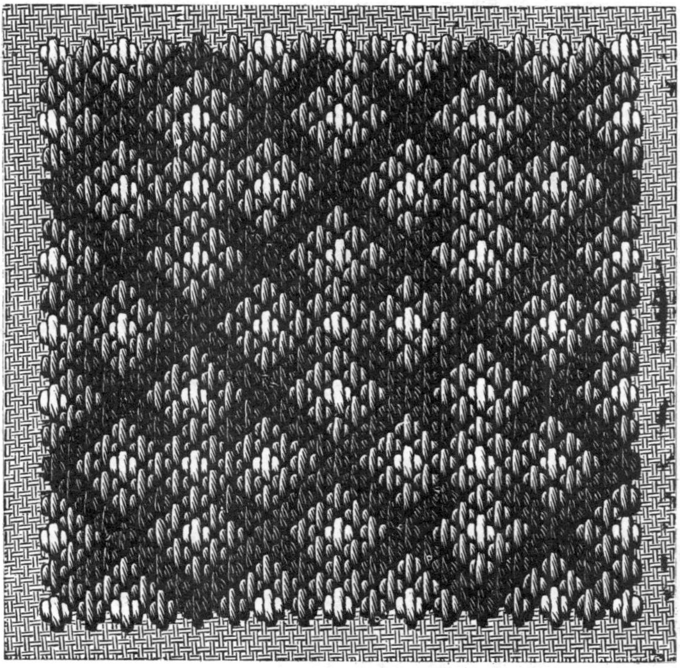

Fig. 397. Fond au point hongrois.

Fournitures : Coton perlé D·M·C, Mouliné spécial D·M·C, Lin floche D·M·C ou Rayonne à broder D·M·C, en Vert-Perruche 906, Rouge-Géranium 350 et Jaune-Crème 579 ; Soie de Perse D·M·C, en Vert-Lierre 1183, Rouge ancien 1038 et Jaune-Paille 1262.

Fond en bandes verticales au point d'arêtes et au petit point (fig. 392). — Les bandes claires sont formées d'une demi-rangée de points d'arêtes travaillés sur quatre fils de largeur et deux fils de hauteur. Les lignes foncées, qui séparent les bandes au point d'arêtes, sont brodées au petit point par-dessus un fil du tissu.

Fond en biais à points lancés et au petit point (fig. 393). On commence par les lignes foncées en zigzag au petit point par-dessus un fil du tissu. Lorsque les lignes foncées sont

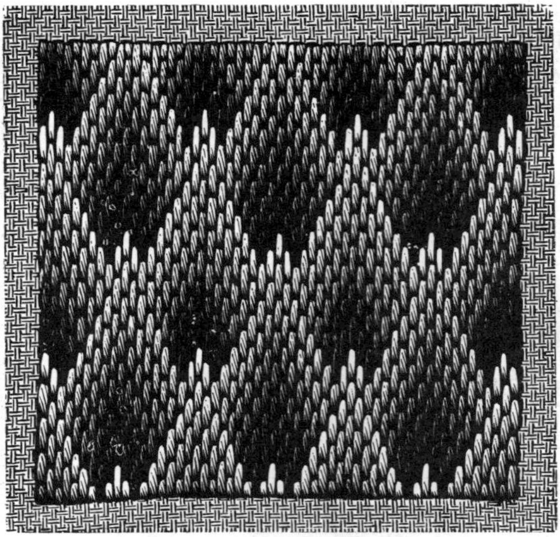

Fig. 398. Fond au point de Hongrie.
Fournitures : Mouliné spécial D·M·C ou Rayonne à broder D·M·C, en Noir grand-teint 310, Jaune-Crème 579, Rose tendre 776, 3326, Rouge-Grenat 335, 309 et Brun-Cachou 738, 437, 435, 434, 433.

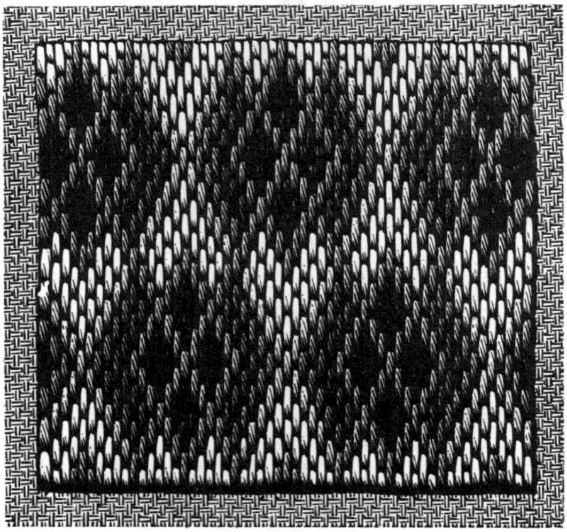

Fig. 399. Fond au point de Hongrie.
Fournitures : Mouliné spécial D·M·C ou Rayonne à broder D·M·C, en Rouge-Géranium 350, Noir grand-teint 310 Vert-Scarabée 3345, 3347, 3348 et Jaune-Crème 579.

terminées, on remplit le fond de points plats obliques, dont le plus petit s'étend sur deux fils, le plus long sur six fils du tissu.

Fond en carrés à points lancés (fig. 394). — Chaque carré demande neuf points lancés obliques, dont le plus petit prend un fil, le plus grand, celui du milieu, cinq fils du tissu.

La gravure montre clairement la disposition des nuances.

Fond en bandes verticales au point de tige et au point natté (fig. 395). — Le point de tige est exécuté sur huit fils de largeur et trois fils de hauteur; le point natté demande deux fils en largeur et en hauteur.

Nous conseillons de prendre la couleur claire pour les bandes larges au point de tige, la couleur foncée pour le point natté.

Fond au point de mosaïque (fig. 396). Ce petit fond simple se recommande pour la garniture de petits objets exécutés par des enfants.

Il est brodé au point de mosaïque, fig. 371 ; les triangles en vert vif, les points noirs en rouge foncé et le fond en brun.

Fond au point hongrois (fig. 397). Ce modèle est brodé au point hongrois, que nous avons expliqué par la fig. 372.

Quant à la disposition des couleurs, les figures entrelacées sont brodées en vert et jaune clair, le fond en rouge.

Point de Hongrie. Ce genre de broderie, où chaque figure du dessin est travaillée dans une seule couleur, mais avec toute la série de tons, est connu sous le nom de « point de Hongrie ».

Les quatre dessins suivants, qui se distinguent par la richesse des couleurs, sont employés pour des coussins de tout genre, où ils remplacent les tissus de couleur.

Comme fournitures on se sert d'un fil tout à fait floche, tel que le Mouliné spécial D·M·C, le Retors à broder D·M·C, le Lin floche D·M·C, la Rayonne à broder D·M·C ou la Soie de Perse D·M·C.

Fond au point de Hongrie (fig. 398). — On commence les figures pointues par les cinq points noirs,

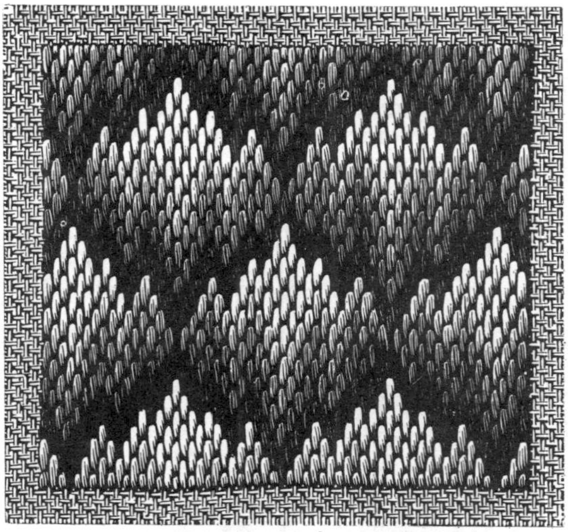

Fig. 400. Fond au point de Hongrie.

Fournitures: Mouliné spécial D·M·C ou Rayonne à broder D·M·C, en Noir grand-teint 310, Bleu d'Azur 3325 Bleu-Indigo 334, 312, 336 et Brun-Cachou 434, 435, 436, 437

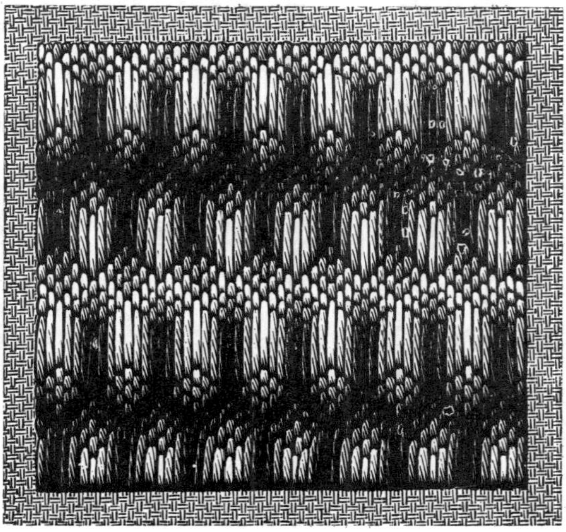

Fig. 401. Fond au point de Hongrie.

Fournitures : Mouliné spécial D·M·C ou Rayonne à broder D·M·C, en Noir grand-teint 310, Vert-Scarabée 3345, 3346, 3347, 3348, Rose tendre 776, 899 et Rouge-Grenat 309.

qui sont lancés par-dessus 4 fils en hauteur. A ces cinq points noirs, on ajoute ensuite cinq rangs en couleur — une série de rouge, une série de brun — dans lesquels le nombre de points augmente toujours de deux, pour terminer la figure avec trois points en crème à la pointe.

Fig. 402. Fond en broderie moyen âge à points lancés contrariés.

Fournitures : Coton perlé D·M·C, Mouliné spécial D·M·C, Lin floche D·M·C ou Rayonne à broder D·M·C, en Violet-Scabieuse 396, Bleu-Indigo 311, Vert-Perruche 906, Brun-Cachou 437 et Rouge-Géranium 350 :
Soie de Perse D·M·C. en Brun-Bois de Rose 1202, Bleu-Outremer 1058, Vert doré 1145, Jaune-vieil-Or 1268 et Rouge ancien 1038.

Fond au point de Hongrie (fig. 399). — Les lignes obliques qui croisent tout le dessin et qui sertissent les losanges en noir, sont brodées en rouge; les triangles, qui touchent aux losanges, sont travaillés en trois verts, le fond en crème. Tous les points sont posés verticalement par-dessus 4 fils du tissu.

Fond au point de Hongrie (fig. 400). — Les lignes foncées, qui forment le contour des figures, sont brodées en noir, avec des points lancés verticalement par-dessus 4 fils du tissu.

Le remplissage des figures se fait alternativement avec quatre nuances de brun et quatre nuances de bleu.

Fond au point de Hongrie (fig. 401). — La ligne horizontale en noir demande alternativement un point lancé par-dessus 8 fils et trois points lancés par-dessus 2 fils. On fait suivre cette ligne noire, vers le haut, de quatre rangs dégradés de vert et de trois rangs dégradés de rose, vers le bas. Les nuances les plus claires se rencontrent ainsi au milieu.

Fond en broderie moyen âge à points lancés contrariés (fig. 402 et 403). — La disposition de ce dessin, avec ses oiseaux et petits arbres très naïfs de composition, indique l'ancienneté de cette pièce qui est à ranger parmi les ouvrages de tapisserie du XIVe siècle.

La broderie est exécutée sur un canevas uni, en soie floche, avec des points verticaux par-dessus 4 fils du tissu, travaillés en rangs horizontaux, tel que le montre la gravure explicative, fig. 403.

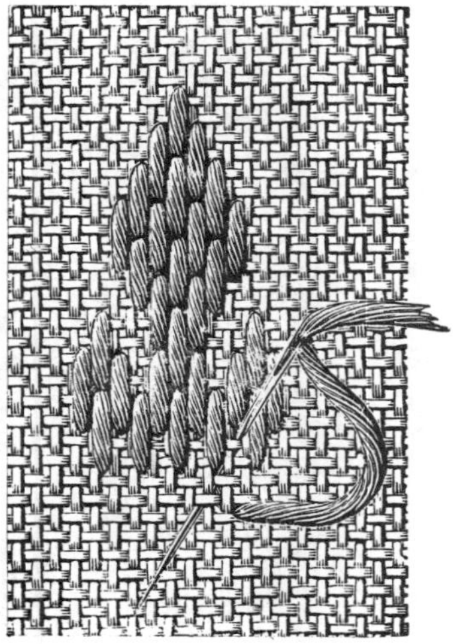

Fig. 403.
Détail du fond fig. 402.

On commence par le petit arbre entre les oiseaux, qui sera brodé en Vert-Perruche 906; puis viennent les oiseaux en Violet-Scabieuse 396, et les fleurettes foncées en Bleu-Indigo 311.

Les octogones clairs sont remplis de points en brun clair (Brun-Cachou 437); le reste du fond sera couvert de Rouge-Géranium 350.

Fond en tapisserie moderne au demi-point de croix (fig. 404). — Le cadre de notre livre ne nous a pas permis de donner au présent chapitre toute l'importance que nous eussions désirée. Nous aurions voulu pouvoir mettre sous les yeux de nos lectrices quelques dessins modernes intéressants, dans le genre de celui qui est représenté par la fig. 404.

Les fleurs et les feuilles stylisées sont la base de ce genre de dessins et conviennent tout particulièrement pour les travaux en tapisseries au demi-point de croix et au petit point. Nous en avons réuni quelques-uns, avec divers autres motifs

Fig. 404. Fond en tapisserie moderne au demi-point de croix.

Fournitures : Coton perlé D·M·C ou Mouliné spécial D·M·C, en Brun-Noisette 422 et Bleu-Gris 593, ou en Jaune-Mandarine 745 et Rouge-Cardinal 358.

pour tapisserie, dans différentes publications dont on trouvera la liste à la fin du volume.

Bordure au petit point (fig. 405). — Cette bordure composée de nielles ouvertes et en boutons, est entièrement brodée au petit point, fig. 356, avec du Coton perlé D·M·C; elle ne présente donc pas de difficultés d'exécution.

Les fleurs sont serties de rouge foncé, Rouge-Écarlate 815, et remplies de rose clair, Rouge-Framboise 3687; les calices et les tiges sont brodés en vert, Vert-Scarabée 3345, et le fond nous montre un jaune passé, du Brun-Cachou 738.

Ce dessin est tout particulièrement recommandé pour la garniture de panneaux et de portières. Employée pour orner des

Fig. 405. Bordure au petit point.

Fournitures : Coton perlé D·M·C, Mouliné spécial D·M·C, Lin floche D·M·C ou Rayonne à broder D·M·C, en Rouge-Framboise 3687, Rouge-Écarlate 815, Vert-Scarabée 3345 et Brun-Cachou 738.

tapis de table, cette bordure sera exécutée au point de croix sur une toile de couleur crème où le fond restera à nu.

Broderies imitant les tapis d'Orient. — Ci-après nous donnons quelques points de broderie avec lesquels on arrive à imiter, à s'y méprendre, les tapis orientaux.

Le point de chaînette et le point de tricot sont employés pour la reproduction des tapis de Sumac, tandis que le point noué simple et le point noué double — dit aussi point de Smyrne — servent à copier les tapis à points noués.

Point de chaînette (fig. 406). — On trouve, dans certains musées, des broderies très intéressantes, décorant des tentures, des panneaux à personnages, etc., pour l'exécution desquelles on avait choisi le point de chaînette.

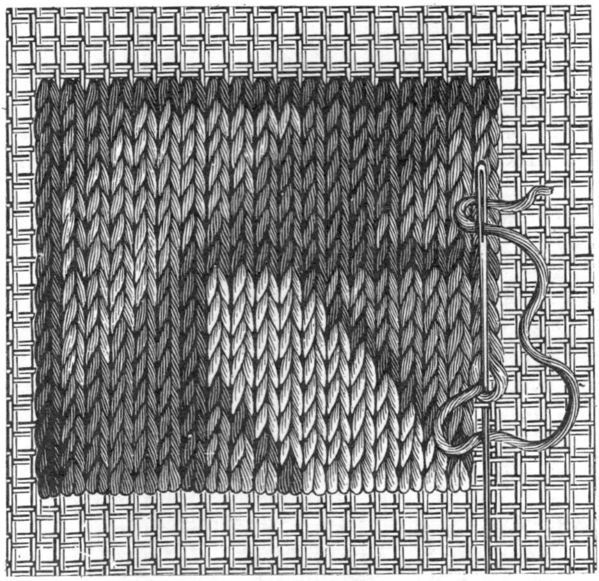

Fig. 406. Point de chainette.

Ce genre de point est des plus avantageux pour les dessins à plusieurs couleurs, car on arrive mieux à les fondre les unes dans les autres. Le premier point est toujours complété par le second, et sa forme même contribue à adoucir le contraste des couleurs.

Fig. 407. Point de tricot.

On aura vu par l'explication que nous en avons donnée par la fig. 256, qu'on ne peut faire le point de chaînette en allers et en retours, comme d'autres genres de points; on commence tous les rangs du même côté et on les termine immédiatement. On ne peut non plus continuer et achever une couleur, comme cela se pratique dans les broderies au point de croix; on est obligé de continuer la ligne commencée et de changer le brin chaque fois que l'on arrive à une autre couleur.

Point de tricot (fig. 407). — Ce point est la traduction brodée des tapis de Sumac et se recommande pour tous les dessins qui exigent un grand choix de couleurs. Ce point a beaucoup d'analogie avec le point natté espagnol, fig. 190 et 191, et se fait, comme celui-ci, en deux rangs; les points sont posés obliquement par-dessus 2 fils doubles en largeur et 1 demi-fil double en hauteur. Le second rang doit être exécuté en sens opposé et il complète le point. Lorsqu'on voudra copier au point de tricot un modèle imprimé en types carrés, on comptera comme point la partie gauche où les deux demi-points se rencontrent.

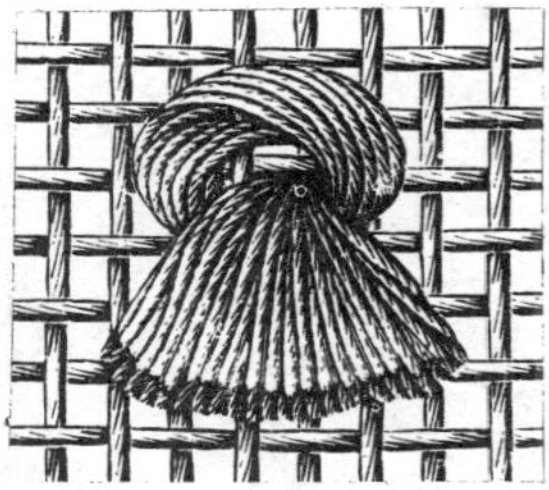

Fig. 408.
Point noué simple.
Point ouvert.

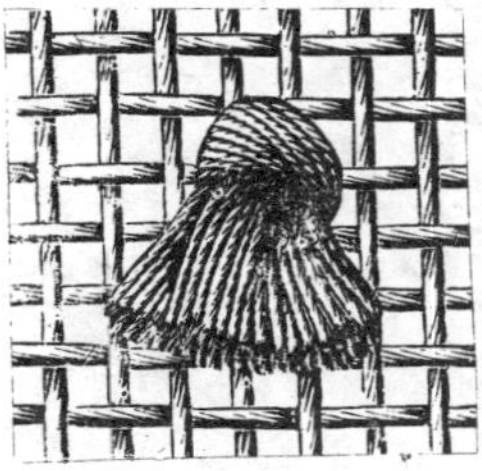

Fig. 409.
Point noué simple.
Point serré.

Il est prudent de se munir, pour ce point, d'une certaine quantité d'aiguilles afin de pouvoir enfiler séparément chaque couleur avec laquelle on aura à travailler. On fera de même pour le point de chaînette décrit ci-dessus.

Ftg. 410. Point noué simple.
Série de points exécutés par-dessus un moule.

Le point noué simple (fig. 408, 409, 410). — Les tapis orientaux noués avec toison courte sont imités au moyen du point noué simple, qui ressemble beaucoup au point de Malte simple, fig. 287 et 288. Ici également chaque point est composé de deux petites mèches de fil, qui sont retenues dans l'étoffe par un point de piqûre.

Pour économiser du fil et pour simplifier la régularisation de la toison, on emploie une sorte de moule qui, d'un côté, peut aussi être terminé par une petite lame, et par-dessus ce moule, on lance le fil qui doit produire les boucles à couper. Lorsqu'on a terminé un rang de points, on retire le moule de manière que la lame, s'il y en a une traversant les boucles, les ouvre juste dans le haut; si le moule est sans lame, on ouvre les boucles avec des ciseaux.

Dans la fig. 408 nous montrons agrandi un point isolé, encore ouvert, dans la fig. 409 un point isolé, serré, tandis que dans le

Fig. 411. Bordure persane en broderie au point noué simple.

Fournitures : Lin floche D·M·C, Mouliné spécial D·M·C ou Alsatia D·M·C, en Rouge-Écarlate 304, Rouge-Géranium 352, Bleu-Myosotis 813, Bleu-Indigo 312, Vert doré 580, Jaune-Blé 712, Jaune-Mandarine 741, Violet-Scabieuse 327 et Vert-Scarabée 3346.

Fig. 412. Exécution du point noué double, dit point de Smyrne.

détail fig. 410, nous montrons quelques points exécutés par-dessus le moule.

Comme on peut le voir par ces explications, chaque point demande un carré d'étoffe de 2 fils de haut sur 2 fils de large.

Fig. 413. Bordure en broderie au point noué double, dit point de Smyrne.
Fournitures : Mouliné spécial D·M·C ou Alsatia D·M·C,
en Jaune-Crème 579, Brun-Noisette 422, Gris-Fumée 642, Bleu-Indigo 334,
Brun-Tête de Nègre 801 et Noir grand-teint 310 (*).

(*) Ces numéros désignent des couleurs qui se trouvent sur les cartes de couleurs des articles portant la marque D·M·C. Ces cartes peuvent être consultées chez tous les merciers et marchands d'ouvrages de dames.

Bordure persane en broderie au point noué simple (fig. 411). — Notre bordure, qui a été dessinée d'après une broderie

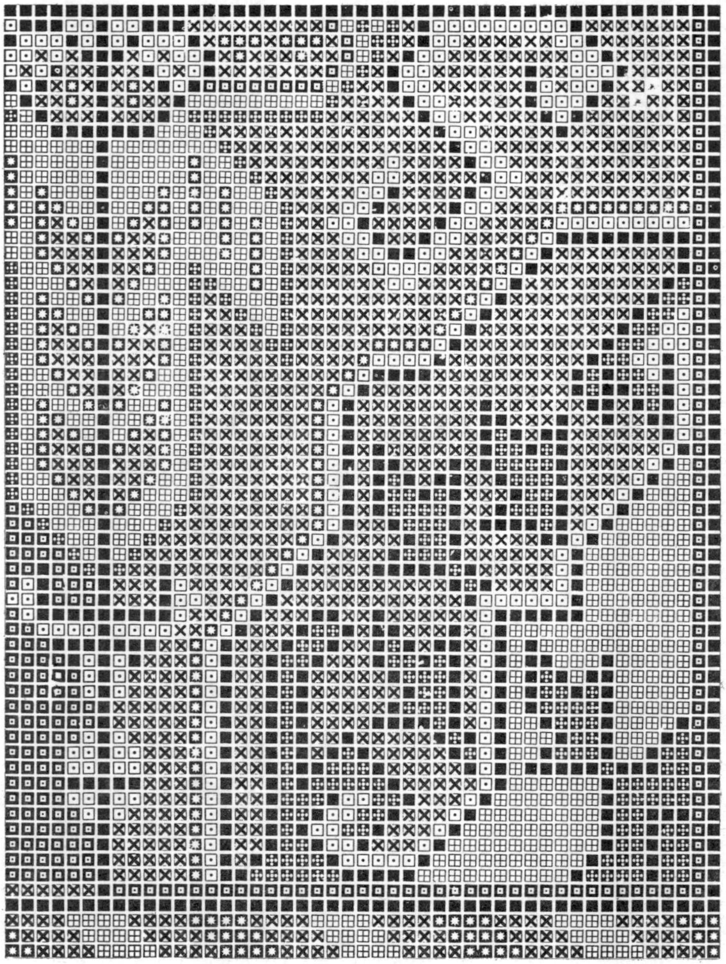

Fig. 414. Partie d'un dessin pour tapis.

Fournitures Mouliné spécial D·M·C. Coton perlé D·M·C. Rayonne à broder D·M·C ou Soie de Perse D·M·C. Explication des signes des couleurs — Pour le coton : ■ Noir grand-teint 310, ✕ Rouge-Cardinal 346. ⊞ Rouge-Écarlate 902, ▣ Bleu-Indigo 823, ⊞ Bleu-Indigo 312, ▣ Vert-Pistache 319, ⊡ Brun-Noisette 423.

Pour la Rayonne à broder : ■ Noir grand-teint 310, ✕ Rouge-Turc 321, ⊞ Rouge-Écarlate 814. ▣ Bleu-Indigo 823, ⊞ Bleu-Indigo 312, ▣ Vert-Pistache 367. ⊡ Brun-Noisette 423.

Pour la Soie de Perse : ■ Noir 1187, ✕ Rouge ancien 1038, ⊞ Rouge ancien 1041, ▣ Bleu Indigo 1012, ⊞ Bleu-Indigo 1011, ▣ Vert-Myrte 1140, ⊡ Brun-Noisette 1354.

persane du XVIIe siècle, a été travaillée au point noué simple. La hauteur de la toison est de cinq millimètres.

Comme fournitures on a choisi du Lin floche D·M·C N° 16, dont on a pris huit fils pour faire les points. Les palmettes sont serties une fois de rouge, une fois de crème, et remplies avec deux tons de bleu ou de rouge avec un centre jaune; les feuilles dentelées sont brodées en deux verts et en rouge clair. Le vert foncé sert aussi pour les lignes de raccord entre les palmettes et les petites fleurs formant colonne; ces dernières sont serties de bleu et remplies de rouge et de jaune.

Les petites bordures du haut et du bas sont serties à l'intérieur

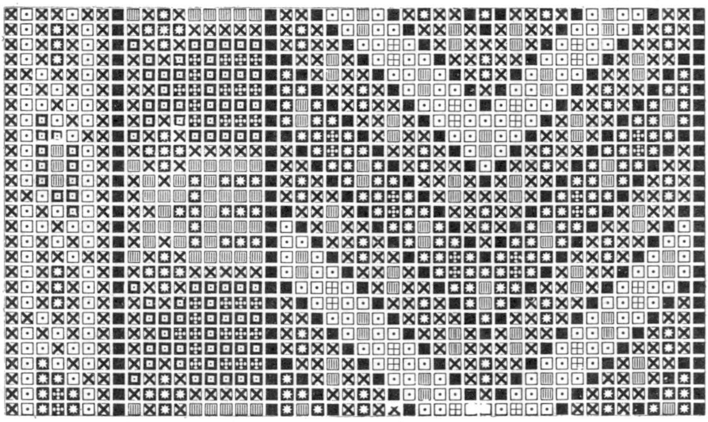

Fig. 415. Bordure du dessin pour tapis fig. 414.

Explication des signes des couleurs qui ne sont pas mentionnés au bas de la fig. 414.

Pour le coton et la Rayonne à broder : ▦ Brun-Noisette 420.

Pour la Soie de Perse : ▦ Brun-Noisette 1356.

de vert, à l'extérieur de jaune et remplies de rouge et de crème; un violet foncé sert de fond.

Le point noué double, dit point de Smyrne (fig. 412). — Ce point sert à imiter les tapis orientaux à longue toison. L'exécution de ce point rappelle le point de Malte double, fig. 290 à 293. On le travaille en rangs horizontaux, chaque point demandant 4 fils du tissu en largeur; 4 fils restent aussi en hauteur entre les rangs de points.

La marche de l'ouvrage est clairement indiquée par la fig. 412.

Après avoir terminé un rang de points, on aura soin de les couper soigneusement à la hauteur demandée. Toutes les irrégularités de la toison qui se présenteront, une fois la broderie terminée, devront être égalisées à l'aide des ciseaux.

Bordure en broderie au point noué double, dit point de Smyrne (fig. 413). — Cette bordure, qui convient tout particulièrement comme bord d'une descente de lit, est brodée au point noué double en six nuances. La nuance ultra claire est du Jaune-Crème 579; la nuance très claire, du Brun-Noisette 422; la nuance claire, du Gris-Fumée 642; la moyenne, du Bleu-Indigo 334; la foncée, du Brun-Tête de Nègre 801, et la plus foncée, du Noir grand-teint 310. Comme fournitures on emploiera du Mouliné spécial D·M·C N° 25, pris en quintuple, ou 10 fils d'Alsatia D·M·C N° 30.

La hauteur de la toison est ici de 1 ½ centimètre.

Partie d'un dessin avec bordure pour tapis (fig. 414 et 415). — Nous ne pouvons, vu l'espace restreint dont nous disposons, reproduire ici plus du quart de ce dessin pour tapis. Les couleurs devront être choisies dans les teintes les plus douces.

Une ligne noire sépare les quatre quarts du dessin. De ces quatre parties, le quart supérieur de droite et le quart inférieur de gauche seront remplis de bleu, tandis que le quart supérieur de gauche doit être exécuté suivant le modèle de la fig. 414.

Après avoir ajouté au fond la bande large, fig. 415, on répète la petite bordure, en nuances rouges, bleues et vertes.

Dans cette dernière on variera avec beaucoup de succès la couleur de fond des différents motifs détachés qui la composent.

Modèles d'ouvrages. — En dehors des ouvrages décrits ci-dessus, on trouvera un grand choix de modèles pour la tapisserie dans les publications suivantes de la BIBLIOTHÈQUE D·M·C: *Motifs pour Broderies, 1re et 2me Séries, Motifs de Broderie copte* et *Ornements et lingerie d'Église* (*).

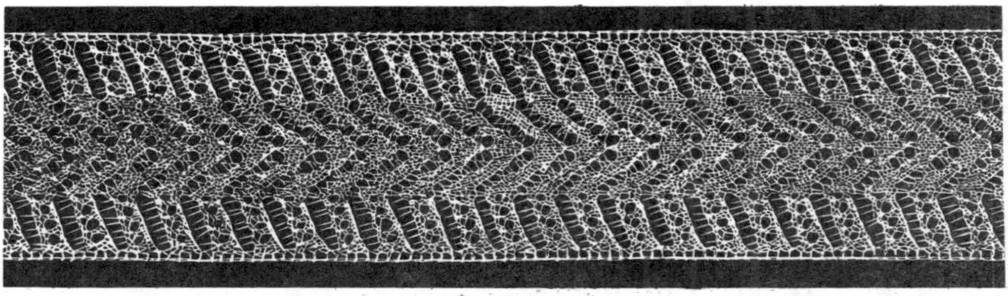

Entre-deux. — Dessin de tricot ajouré.

Le Tricot

De tous les ouvrages féminins, le tricot est un des plus anciens et des plus perfectionnés et il n'est guère possible d'inventer de nouvelles mailles ou de nouveaux dessins. Cependant on rencontre dans certains pays des travaux rustiques présentant des motifs caractéristiques très intéressants, mais peu connus, où l'on peut puiser de nouveaux modèles.

L'emploi principal du tricot a été de tout temps la confection des bas.

Cependant, en dehors des bas, une foule d'autres objets sont susceptibles d'être faits au tricot ; ce sont les brassières, les cache-cols, les écharpes, les fichus, les couvre-pieds, les couvertures de lit et de berceau, les gants, les dentelles, etc., etc.

Le tricot se compose de mailles que l'on forme au moyen d'un fil et de deux aiguilles.

Pour faire des ouvrages cylindriques, on se sert généralement de quatre ou de cinq aiguilles, afin d'avoir plus de facilité à manier le travail. Depuis quelque temps, on utilise également une aiguille circulaire à deux pointes, en métal, permettant de travailler sans interrompre les tours. Cette aiguille, avec laquelle on ne risque pas de laisser échapper des mailles, est aussi recommandée pour tricoter des bandes larges.

Les mailles que l'on forme dans le tricot sont rattachées les unes aux autres sans solution de continuité, de sorte qu'il en résulte un ouvrage très élastique, qui convient tout spécialement à des objets d'habillement devant tenir chaud et prenant bien la forme du corps.

Aiguilles. — Les aiguilles à tricoter, qu'elles soient en acier, en buis ou en os, doivent toujours avoir une grosseur proportionnée au fil employé.

Fournitures. — Les fils doux et soyeux, moyennement tordus, sont les plus recommandables pour les ouvrages au tricot; cependant certains travaux exigent, au contraire, l'emploi d'un brin fortement tordu.

Pour la confection d'objets d'habillement, où le tricot doit pour ainsi dire remplacer l'étoffe tissée, on choisira le Retors d'Alsace D·M·C, le Retors spécial pour mercerie D·M·C, l'Alsatia D·M·C, le Crochet floche D·M·C, le Retors pour tricot D·M·C, le Coton perlé D·M·C ou le Coton à tricoter D·M·C, qualité spéciale. Nous recommandons tout particulièrement ces trois derniers articles. Le Coton perlé D·M·C est présenté en pelotes de 50 grammes dans les Nos 3, 5 et 8; le Retors pour tricot D·M·C et le Coton à tricoter D·M·C, qualité spéciale, sont également disponibles en pelotes de 50 grammes dans le No 4. Le Crochet floche D·M·C, fabriqué en pelotes de 20 grammes, est un fil de 6 brins légèrement tordu. Les couvertures et housses, ainsi que les grosses dentelles et entre-deux peuvent aussi être travaillés avec le Lin à tricoter et à crocheter D·M·C, le Retors pour tricot D·M·C, le Coton pour crochet D·M·C, le Perlé ombré D·M·C et le Cordonnet spécial D·M·C. Les ouvrages de dentelles enfin, exigent un fil fortement tordu, faisant bien ressortir le dessin ajouré des modèles. Nous recommandons ici tout particulièrement le Fil d'Alsace D·M·C, le Fil à dentelles D·M·C, le Cordonnet spécial D·M·C, le Lin à tricoter et à crocheter D·M·C, le Lin pour dentelles D·M·C et l'Alsatia D·M·C, dans les numéros fins.

Position des mains pour le tricot. — On passe le fil par-dessus le cinquième doigt de la main droite, autour duquel on l'enlace, puis on l'amène sous les doigts du milieu jusque par-dessus l'index qui doit être posé tout près de l'ouvrage. Le troisième doigt et le pouce tiennent l'ouvrage. La main gauche joue un rôle assez passif; elle ne fait qu'avancer successivement les mailles vers l'aiguille que tient la main droite. Celle-ci, par un léger mouvement de l'index, forme les mailles.

En Allemagne on monte le fil sur la main gauche, ce qui permet d'accélérer considérablement les mouvements de la main.

Afin de ne pas faire de mailles irrégulières, on ne laissera dépasser les extrémités des aiguilles que de 1 à 1 ½ centimètre. En tricotant on fera bien d'éviter tout mouvement exagéré des bras qui, en les fatiguant, rendrait tout travail prolongé impossible.

Montage des mailles. — On désigne par montage des mailles, l'action qui consiste à former la série de mailles qui servira de base à l'ouvrage.

Il y a quatre manières de monter les mailles:

1° Le montage croisé, qui peut se faire de quatre façons différentes;

2° Le montage tricoté;

3° Le montage glissé, qui se fait de deux manières;

4° Le montage à picots.

1° a. **Montage croisé simple avec un fil simple** (fig. 416). — Pour faire le montage on passe le fil sous la main gauche et on en forme une boucle autour du pouce, de telle sorte que le fil joue entre le pouce et l'index. Un bout de fil, de longueur en rapport avec le nombre de mailles à monter, doit être réservé du côté du pouce. On fait entrer l'aiguille par le bas dans la boucle passée autour du pouce, puis on la passe, de droite à gauche, sous la partie du fil qui se trouve entre l'index et le pouce, après quoi on ramène l'aiguille par la boucle qui est sur le pouce; on lâche la boucle et on la serre contre l'aiguille.

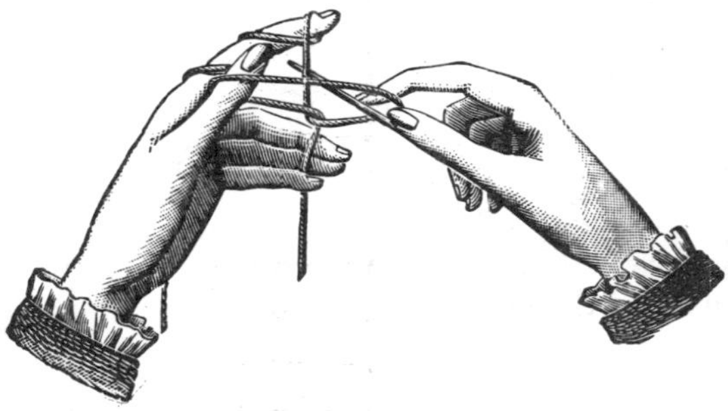

Fig. 416. Montage croisé simple avec un fil simple.

Pour les mailles suivantes on pose le fil de manière que le bout du fil se trouve placé du côté extérieur du pouce. On introduit l'aiguille sous le fil le plus rapproché de la pointe et on achève la maille comme la première.

On prend généralement deux aiguilles pour monter ce genre de mailles, on retire l'une des deux aiguilles avant de tricoter, ce qui produit des mailles un peu lâches par lesquelles l'aiguille du second tour passe aisément.

1° b. **Montage croisé simple avec un fil triple.** — On procède de la même manière que pour le montage précédent, avec cette différence cependant, que l'on se prépare un fil triple, que l'on fait passer par la boucle formée par le retour du fil.

Puis on fait passer le fil simple par la main gauche et le fil triple autour du pouce, comme à la fig. 416, et on fait les mêmes mailles qu'au montage précédent.

Le fil triple produit une chaîne au bas des mailles.

1° c. **Montage croisé double avec un fil triple** (fig. 417). On peut exécuter ce montage avec un fil simple ou avec un fil triple. Notre gravure indique l'emploi de ce dernier.

La première maille se fait comme celle des montages précédents; seulement on maintient la boucle sur le pouce et on y fait entrer l'aiguille une seconde fois. On saisit le fil en arrière et on monte une seconde maille sur l'aiguille. C'est alors seulement que le pouce laisse tomber la boucle.

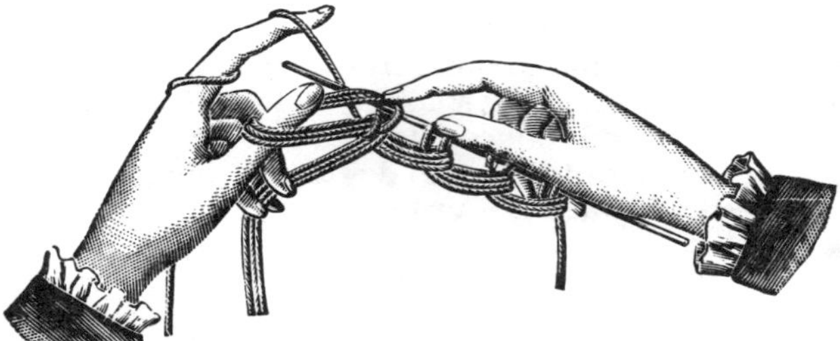

Fig. 417. Montage croisé double avec un fil triple.

Pour ce genre de montage on fait d'un coup deux mailles très rapprochées.

1° d. **Montage croisé formant chaîne** (fig. 418). — On commence toujours par la maille expliquée dans la fig. 416; pour la seconde maille et pour chaque deuxième maille suivante on fait passer le bout du fil à l'intérieur de la main, de façon qu'il se trouve placé entre le pouce et l'index; les autres mailles se forment de nouveau de la manière expliquée dans la fig. 416.

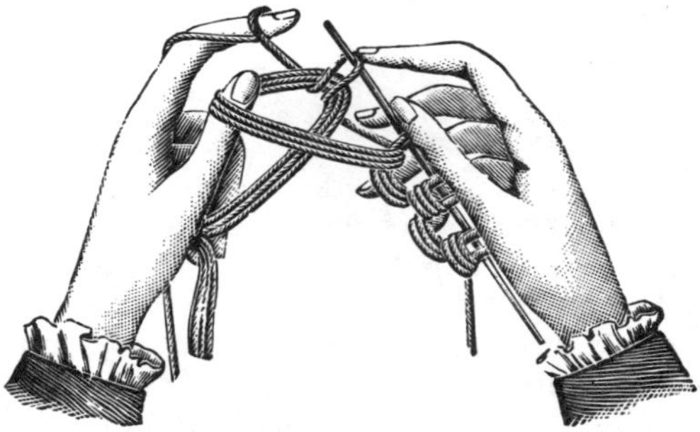

Fig. 418. Montage croisé formant chaine.

2° **Montage à mailles tricotées** (fig. 419). — Faites d'abord une maille croisée simple, puis prenez le fil et l'aiguille dans la main gauche et une seconde aiguille dans la main droite, passez la seconde aiguille par la maille sur l'aiguille à gauche, mettez le fil sur l'aiguille à droite, retirez-le sous forme de maille par la maille sur l'aiguille à gauche. Puis reportez cette maille sur l'aiguille à gauche, sur laquelle se trouvent alors deux mailles; faites de nouveau passer l'aiguille dans la dernière maille et formez une boucle comme la première fois et ainsi de suite.

On utilise ce genre de montage pour les objets que l'on commence par un bord double, parce que ces mailles se relèvent avec plus de facilité que d'autres. On n'emploiera cependant pas ce procédé lorsque le montage devra former directement le bord ; les mailles resteraient toujours trop ouvertes.

3° a. **Montage à simples mailles glissées** (fig. 420). — On commence par une boucle simple montée sur l'aiguille, on place le fil sur la main gauche, comme pour la manière allemande, mais on ne le passe cependant qu'une seule fois autour de l'index.

On fait entrer l'aiguille, de bas en haut, sous le fil qui se trouve sur le côté extérieur de l'index ; on retire le doigt de la boucle qui est montée alors sur l'aiguille ; on reprend le fil sur le doigt et on passe de nouveau l'aiguille par la boucle, et ainsi de suite.

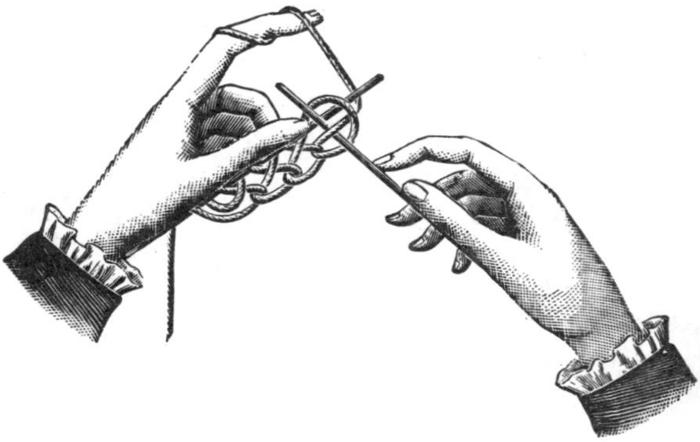

Fig. 419. Montage à mailles tricotées.

3° b. **Montage à doubles mailles glissées** (fig. 421). — Formez, pour commencer, une maille de montage simple, faites passer votre fil, en sens inverse, par-dessus l'index, de manière que le croisement du fil se fasse entre la main et le corps de la tricoteuse, et non extérieurement. Passez l'aiguille de bas en haut sous le fil intérieur et glissez ce fil sous forme de boucle sur l'aiguille. Continuez le montage en faisant passer l'aiguille tantôt sous le fil devant, tantôt sous le fil en arrière.

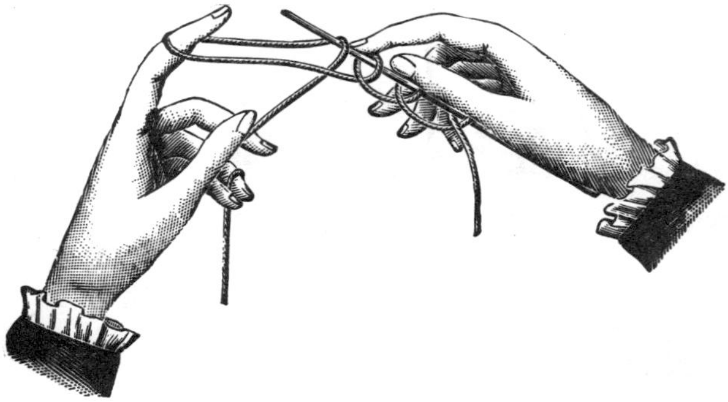

Fig. 420. Montage à simples mailles glissées.

Ce montage se recommande surtout pour l'exécution du tricot à jour où l'on est forcé de faire souvent plusieurs augmentations de suite.

4° **Montage à picots** (fig. 422). — Montez deux mailles par le montage croisé simple, tournez l'ouvrage, mettez le fil sur l'aiguille, passez-la dans la première maille, de droite à gauche, glissez la maille sur l'aiguille à droite; tricotez à l'endroit la seconde maille et rabattez la première maille sur la seconde; tournez l'ouvrage et continuez à monter ces mailles jusqu'à ce que la longueur nécessaire soit obtenue.

On relève alors sur un côté, avec une aiguille auxiliaire, les picots qui se sont produits et on les tricote comme toutes les autres mailles.

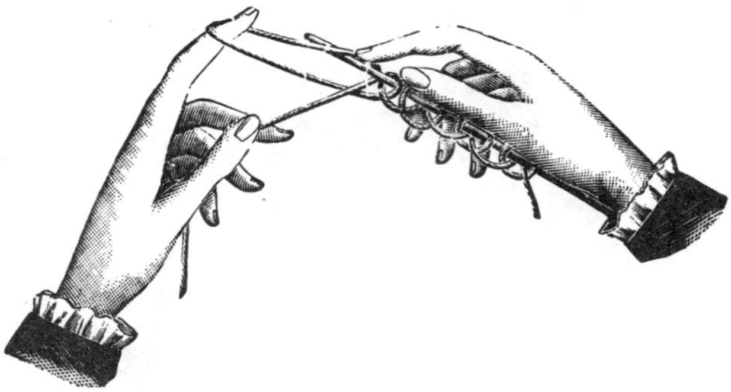

Fig. 421. Montage à doubles mailles glissées.

On peut encore apporter une autre variation dans ce montage en procédant de la manière suivante: après avoir monté les mailles comme à la fig. 422, on jette le fil sur l'aiguille et on tricote deux mailles ensemble.

Mailles. — Par les différentes manières d'enlacer les fils, on produit les différents genres de mailles dont nous expliquons ci-après celles qui sont le plus souvent employées.

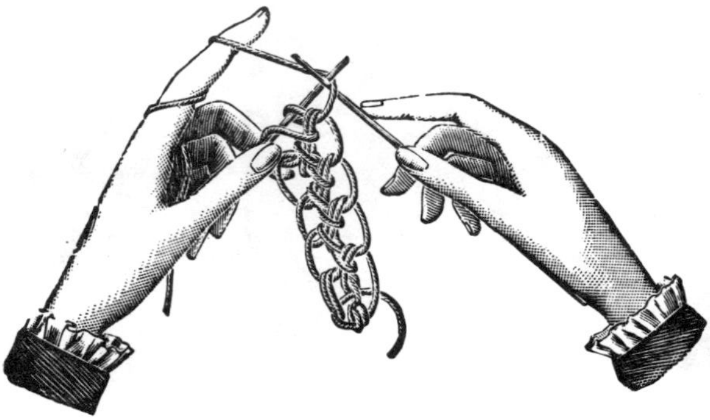

Fig. 422. Montage à picots.

Mailles à l'endroit (fig. 423). — La maille à l'endroit ou maille unie est celle que l'on forme le plus facilement; elle est aussi la première que l'on enseigne aux enfants. Elle se fait comme suit: passez l'aiguille dans la main droite, de bas en haut, par la partie antérieure de la maille sur l'aiguille qui est dans la main gauche; montez le fil de droite à gauche sur l'aiguille, retirez-la avec le fil par la maille, et laissez tomber la maille de l'aiguille gauche.

Les mailles à l'endroit servent à la confection d'objets devant avoir une apparence bien unie. L'envers présente un aspect tout différent de celui de l'endroit. Les rangs d'un tricot fait avec des mailles à l'endroit forment des rayures verticales imitant le natté.

Mailles à l'envers (fig. 424). — On peut aussi exécuter à dessein un tricot à l'envers; la maille tricotée ainsi est nommée maille à l'envers. Pour la former, jetez le fil sur l'aiguille placée dans la main gauche, faites entrer l'aiguille de droite, de haut en bas, derrière le fil antérieur de l'aiguille de gauche, passez le fil de bas en haut autour de l'aiguille de droite, retirez l'aiguille

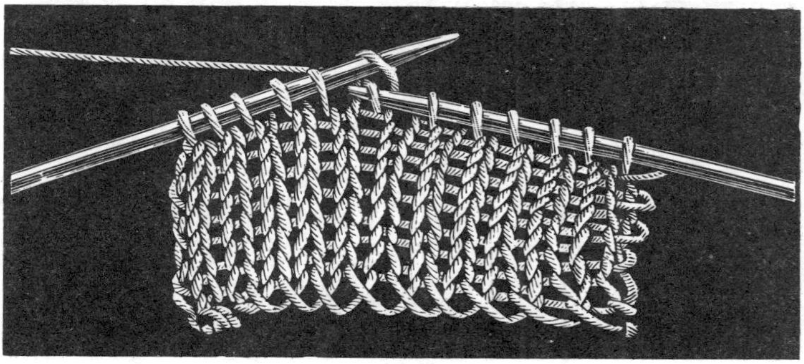

Fig. 423. Mailles à l'endroit.

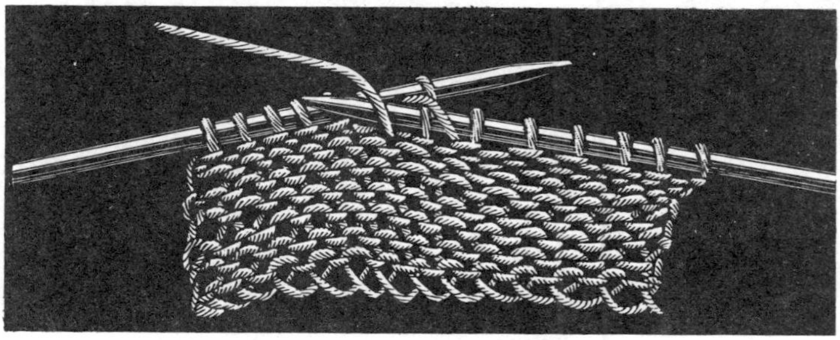

Fig. 424. Mailles à l'envers.

avec le fil par la maille sur l'aiguille de gauche, puis laissez tomber cette dernière maille.

La maille à l'envers s'utilise dans le tricot genre piqué et pour marquer certaines lignes dans les tricots unis, comme par exemple pour les coutures dans les bas.

Les mailles à l'envers forment des raies horizontales.

Mailles à l'endroit prises par derrière (fig. 245). — Faites entrer l'aiguille de droite à gauche sous la partie postérieure de la maille; laissez le fil derrière l'aiguille, puis passez-le de droite à gauche par-dessus l'aiguille et retirez-le par la maille.

Dans les mailles à l'endroit prises par derrière, les fils sont croisés au lieu de se trouver les uns à côté des autres comme dans le tricot à l'endroit.

Mailles à l'envers prises par derrière (fig. 426). — Faites entrer l'aiguille dans la partie postérieure de la maille, de bas en haut, et tricotez la maille comme toute autre maille à l'envers.

On n'utilise la maille à l'envers prise par derrière que dans certains dessins de tricot à jour.

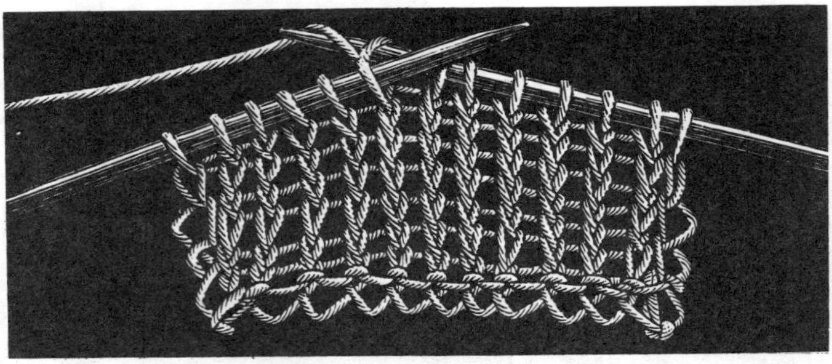

Fig. 425. Mailles a l'endroit prises par derrière.

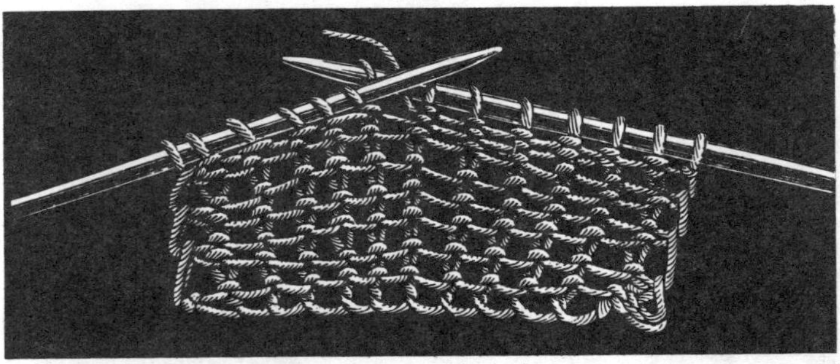

Fig. 426. Mailles à l'envers prises par derrière.

Mailles jetées (fig. 427). — Ces mailles forment des éclaircies dans le tricot uni. Elles sont employées pour faire des dessins à jour ou des augmentations.

Pour faire une maille jetée, ou comme on l'appelle encore plus souvent, un jeté, on passe le fil par-dessus l'aiguille; au tour suivant, on tricote cette boucle comme toute autre maille.

Le nombre des mailles est augmenté d'une maille par chaque jeté. Dans les ouvrages où le chiffre de mailles doit toujours rester le même, il faudra donc rétrécir d'autant de mailles que l'on a fait de jetés.

Ces jetés ne peuvent se faire qu'associés à d'autres mailles.

Mailles-mouches (fig. 428). — Ces mailles formant mouche dans le tricot uni se font comme suit : tricotez une maille à l'endroit, mais ne descendez pas la maille de l'aiguille de gauche ; reportez la boucle que vous avez formée avec l'aiguille de droite sur l'aiguille de gauche, puis tricotez cette boucle comme une maille unie.

Renouvelez le même procédé quatre à cinq fois, en faisant toujours sortir les mailles nouvelles de la même maille de gauche.

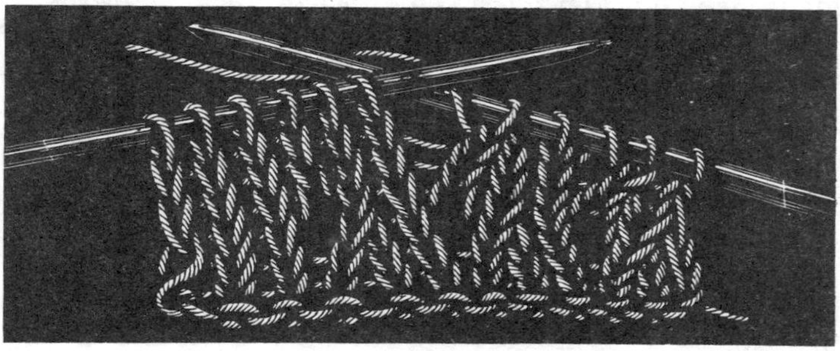

Fig. 427. Mailles jetées.

Fig. 428. Mailles-mouches.

Lorsque 5 boucles se trouvent sur l'aiguille à droite, abandonnez la maille sur l'aiguille de gauche et rabattez les 4 premières boucles sur la dernière.

Mailles-chaînette. — On forme généralement une chaîne de mailles lorsqu'on fait un ouvrage en bandes. Cette chaîne a pour but d'égaliser et de consolider les bords tricotés et, en même temps, de préparer des mailles à relever.

On peut faire la chaîne de deux manières. Dans la première on tricote la dernière maille qui se trouve sur une aiguille ; on tourne l'ouvrage ; on fait entrer l'aiguille dans cette dernière maille, comme pour une maille prise par derrière et on la fait glisser sur l'aiguille sans la tricoter. Le fil se trouve placé derrière l'aiguille.

Dans la seconde manière de faire la chaîne, on tricote toutes les mailles sur une aiguille jusqu'à la dernière, on met le fil sur l'aiguille, comme pour une maille à l'envers, on fait passer la maille sur l'aiguille à droite, on tourne l'ouvrage et on fait une maille unie pour commencer.

Dénomination des mailles. — Les genres de mailles qui précèdent peuvent servir à en former bien d'autres encore que l'on trouve souvent indiquées dans les descriptions des ouvrages au tricot. Nous donnons ici toutes les dénominations qui seront employées dans les descriptions qui vont suivre et nous revenons en même temps sur une partie des mailles décrites précédemment.

Jeté simple ou augmentation, représenté dans la fig. 427. Jeter le fil une fois sur l'aiguille de droite.

Jeté double ou deux augmentations. — Jeter le fil deux fois autour de l'aiguille de droite.

Diminution à l'endroit ou rétrécie à droite avec deux mailles. — Passer l'aiguille par deux mailles et les tricoter à l'endroit comme une seule maille.

On fait cette rétrécie lorsque les mailles réunies doivent être inclinées vers la droite.

Diminution à l'envers ou rétrécie à l'envers avec deux mailles. — Tricoter ensemble et à l'envers deux mailles.

Cette rétrécie se fait lorsqu'on veut la rendre bien visible sur un tricot uni ou à l'envers dans les tricots en bandes, lorsque la rétrécie doit être inclinée à l'endroit vers la droite.

Diminution à l'endroit avec trois mailles. — Pour obtenir un effet satisfaisant de pointe nette, on ne rassemble pas les trois mailles en une seule maille, on procède comme suit: glisser la première maille de l'aiguille de gauche sur l'aiguille de droite, faire une diminution à l'endroit avec les deux mailles suivantes et rabattre la maille glissée sur la diminution.

Diminution à l'envers avec trois ou plusieurs mailles. Il arrive aussi qu'on rassemble dans une diminution plus de deux mailles. On peut faire ainsi des diminutions à l'envers avec trois ou plusieurs mailles; cela sera indiqué au fur et à mesure dans le texte explicatif de chaque modèle.

Diminution à l'endroit prise par derrière. — Prendre deux mailles par derrière et les tricoter à l'endroit en même temps. On fait cette maille lorsque la diminution doit être inclinée vers la gauche.

Diminution à l'envers prise par derrière. — Prendre deux mailles par derrière et les tricoter ensemble à l'envers.

Cette rétrécie à l'envers s'emploie dans les tricots en bandes, lorsqu'à l'endroit la maille doit être inclinée vers la gauche.

Mailles croisées. — Croiser les mailles, c'est les tricoter en renversant leur ordre habituel, commencer par les plus éloignées sur l'aiguille de gauche pour finir par les mailles placées primitivement en avant. Il est nécessaire pour cela d'avoir une aiguille auxiliaire: pour croiser quatre mailles, monter deux mailles sur l'aiguille auxiliaire et laisser cette aiguille pendre à l'intérieur de l'ouvrage; tricoter deux autres mailles, puis les deux mailles sur l'aiguille auxiliaire.

Maille glissée ou non tricotée. — Faire passer une maille de l'aiguille de gauche à l'aiguille de droite, sans la tricoter.

Mailles rabattues. — Laisser glisser une maille de l'aiguille de gauche sur l'aiguille de droite, sans la tricoter; tricoter la maille suivante; passer l'aiguille de gauche dans la maille glissée et la rabattre sur la maille tricotée. On peut rabattre ainsi de deux à trois mailles par-dessus une maille tricotée.

Chaîne de mailles. — Pour empêcher les mailles de se défaire, on les arrête l'ouvrage terminé, de la manière suivante:

Tricoter deux mailles à l'endroit, rabattre la première maille sur la seconde, tricoter la maille suivante, rabattre de nouveau la maille en arrière, et ainsi de suite. Cette chaîne de mailles ne devra être ni trop lâche, ni trop serrée; elle doit, au contraire, être tout aussi élastique que le tricot qu'elle termine. Parfois, pour former les dents des dentelles, on rabat de la même façon un certain nombre de mailles; c'est ce que nous appelons « rabattre des mailles en chaîne ».

Fournitures pour bas. — Les bas peuvent être confectionnés avec la soie, la laine, le coton ou le lin. Nous ne pouvons guère discuter ici les qualités particulières de l'un ou de l'autre de ces fils, les habitudes de chacun décideront du choix à faire. Mais nous pouvons recommander tout particulièrement, parmi les articles de coton et de lin, le Retors pour mercerie D·M·C et le Lin à tricoter et à crocheter D·M·C, ainsi que les fils brillants tels que le Retors d'Alsace D·M·C, le Retors spécial pour mercerie D·M·C et l'Alsatia D·M·C pour confectionner cet article de toilette. Pour renforcer le talon et la pointe employer le Coton perlé D·M·C N° 12.

Ce qui nous engage encore à recommander ces articles, c'est qu'on peut se les procurer dans un très grand nombre de nuances solides.

Composition d'un bas. — Un bas se compose de cinq parties: 1° du bord; 2° du genou; 3° du mollet; 4° du talon; 5° du pied.

1° Le bord peut être fait à jour ou avec une lisière double, appelée aussi bord à dents de chat; voir les fig. 429 et 430.

2° et 3° Le genou et le mollet, c'est-à-dire la partie du bas comprise entre le bord et le talon, sont généralement travaillés en tricot uni avec une couture; les bas d'enfants et les bas de sport, toutefois, se font avec dessins ou à côtes.

4° Le talon se fait en allers à l'endroit et en retours à l'envers; on le forme d'après le pied par des diminutions qui se font à la fin du talon.

5° Le pied est fait en tricot uni. A partir du talon, on fait des diminutions pour supprimer les mailles superflues. Puis on tricote la longueur voulue jusqu'à la pointe, sans couture.

Pour donner à ces différentes parties d'un bas les proportions voulues, on observera bien les indications suivantes:

Le bord ne compte jamais lorsqu'on prend la longueur d'un bas. Le bord terminé, on fait au commencement de l'aiguille qui est la première dans le tour, une couture avec une ou deux mailles à l'envers. Souvent aussi on voit un dessin étroit, en mailles à l'envers, remplacer la couture simple. Cette couture marque le milieu d'un bas.

Pour les bas courts ordinaires, on tricote, à partir du bord, une longueur suffisante pour faire un angle droit lorsque le bas est replié d'un côté.

Pour les bas dépassant les genoux, on tricote une longueur et demie, c'est-à-dire une fois et demie la largeur du bas plié; puis on commence les diminutions pour former le mollet. On rabat, derrière la couture, la deuxième maille sur la troisième et, avant la couture des trois dernières mailles, on fait une diminution à l'endroit avec la troisième dernière et l'avant-dernière maille.

On répète ces diminutions d'abord trois ou quatre fois après 12 tours, puis invariablement après 8 tours, jusqu'à ce que le mollet ait une longueur égale à une fois et demie la largeur du genou et, comme largeur, les trois quarts seulement de celle du genou. Pour la partie inférieure du mollet, la cheville, qui se fait sans diminutions, on tricote une longueur égale à la moitié de la largeur du genou.

Avant de commencer le talon, il faut additionner les mailles sur les quatre aiguilles, sans compter les mailles de la couture.

On répartit alors sur l'aiguille à gauche et à droite de la couture, deux mailles en plus du quart du nombre total des mailles.

Si le talon doit bien s'ajuster à la forme du pied, il doit être aussi long que large.

Pour donner plus de solidité aux talons et aux pointes des bas, on ajoute au coton employé du Coton perlé D·M·C N° 12.

Pour la partie comprise entre le talon et la pointe, le cou-de-pied, on continue à diminuer jusqu'à ce qu'il ne reste plus sur chaque aiguille que le nombre de mailles employé pour la confection de la cheville, moins deux.

Puis on fait un bout au tricot uni, de la largeur de la cheville, pour commencer immédiatement après la pointe du bas, qui devra avoir le quart de la longueur de tout le pied.

Cette manière de mesurer les dimensions d'un bas est ce qu'il y a de plus sûr pour arriver à lui donner une bonne forme, et cependant nous conseillons de compter en outre les tours, afin d'aboutir à un travail irréprochable.

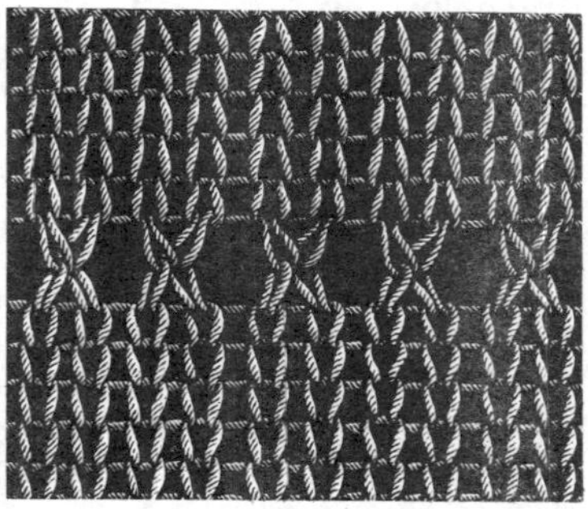

Fig. 429. Bord à dents de chat. Bord ouvert.

Le nombre de mailles à monter pour un bas dépendra toujours de la grosseur du coton employé.

Bord à dents de chat (fig. 429 et 430). — Le bord le plus simple pour bas, mais en même temps le plus solide, est celui qui forme des dents de chat.

Après avoir monté les mailles, on tricote, selon la grosseur du coton employé, 6 à 10 tours unis, puis on fait un tour dans lequel alternent: 1 jeté et 1 diminution. On répète le même nombre de tours unis, puis on prend une aiguille auxiliaire, on relève les boucles provenant du montage, en nombre égal à celui des mailles sur une aiguille. On tourne cette aiguille vers l'intérieur du tricot et on l'appose contre l'aiguille extérieure, puis on passe l'aiguille de la main droite par 1 maille sur chacune des aiguilles juxtaposées et on tricote les 2 mailles ensemble.

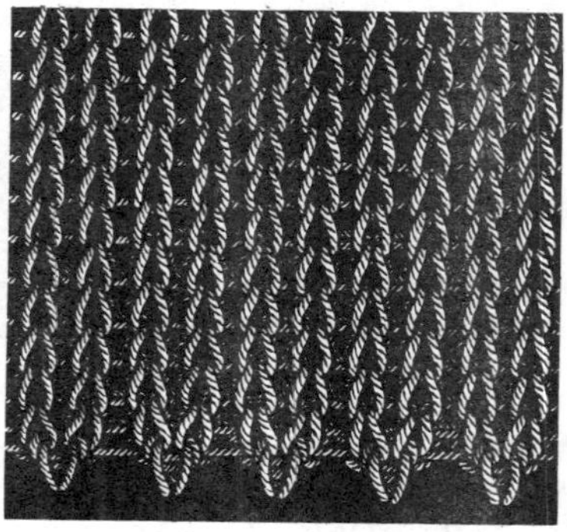

Fig. 430. Bord à dents de chat. Bord replié.

On fera en sorte que les côtes de tricot soient bien alignées des deux côtés, sinon les dents de chat ne formeront pas des pointes droites.

Talon ordinaire (fig. 431). — La manière suivante de faire et de terminer le talon est la plus simple; aussi est-elle le plus généralement employée. Elle se fait avec ou sans couture au bord.

Après avoir partagé les mailles et en avoir mis 2 de plus sur les aiguilles du talon, on fait, suivant la grosseur du fil, de 15 à 20 coutures. Pour faire la couture du bord, tricotez à l'endroit dans le rang à l'envers, les 3 premières mailles de l'aiguille de droite, et les 3 dernières mailles de l'aiguille de gauche.

Lorsque le nombre voulu de coutures est terminé, finissez l'aiguille de droite et ne tricotez que le tiers des mailles sur l'aiguille de gauche. Admettons qu'il y ait 24 mailles sur une aiguille, tricotez-en 8, glissez la suivante, tricotez-en une autre, rabattez la maille glissée, tricotez encore 2 mailles simples, tournez l'ouvrage, glissez la 1re maille et continuez à tricoter à l'envers encore 8 mailles de la seconde aiguille ; faites 1 diminution à l'envers avec la 9me et la 10me maille, faites encore 2 mailles à l'envers, tournez l'ouvrage à droite et glissez la 1re maille sur l'aiguille de droite.

Par ces rétrécies successives après les 8 mailles le tricot forme une natte des deux côtés du talon.

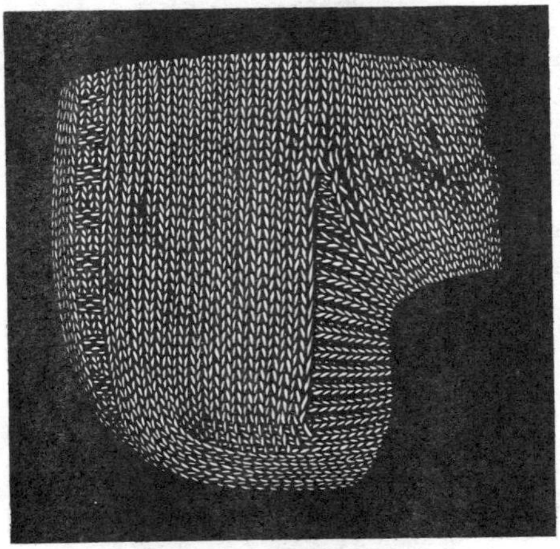

Fig. 431. Talon ordinaire.

Il est indispensable de commencer les diminutions dans tous les talons formés d'une manière analogue sur l'endroit du tricot et de faire la dernière diminution sur l'envers afin de pouvoir continuer le tricot à l'endroit, une fois le talon fini.

Lorsqu'on a rétréci toutes les mailles jusqu'aux coutures, on relève les boucles sur les côtés du talon avec une aiguille auxiliaire.

On les tricote sur l'aiguille gauche du talon, puis on tricote successivement les mailles qu'on avait réservées pour le cou-de-pied, on relève les boucles de la chaîne à droite et on les monte sur la quatrième aiguille. Dans le tour suivant on tricote toutes les mailles de la première aiguille, à l'exception des 4 dernières ; on fait 1 diminution avec la 1re et la 2me maille ; les 2 dernières mailles doivent être tricotées à l'endroit. Au commencement de la quatrième aiguille on fait 2 mailles unies, puis 1 rétrécie rabattue avec la 3me et la 4me maille.

On continue ces diminutions interrompues par 2 tours unis jusqu'à ce que le nombre de mailles soit égal sur les quatre aiguilles.

Talon à échelons (fig. 432). — Le partage des mailles terminé, faites d'abord 12 à 14 coutures. Puis tricotez, de la deuxième aiguille, autant de mailles que vous avez fait de coutures ; tournez l'ouvrage, commencez l'aiguille par la même couture que celle que vous avez faite en premier lieu. Tricotez autant de mailles de la seconde aiguille que vous en avez pris de la première.

Faites autant de coutures que vous en avez fait dans la première partie du talon. Lorsque les coutures sont finies, relevez des deux côtés les mailles de la chaîne ; faites 1 diminution en tricotant ensemble la dernière maille de la petite partie et la 1re maille de la grande partie ; tournez l'ouvrage ; glissez la 1re maille, tricotez jusqu'au second côté et faites de nouveau 1 diminution, comme à la première partie.

Lorsque vous aurez rétréci toutes les mailles, relevez la chaîne des premières coutures et commencez les diminutions pour le cou-de-pied. Le talon, formé de cette façon, n'exige pas plus de travail ; il se moule bien sur le pied et s'use moins vite que toute autre espèce de talon.

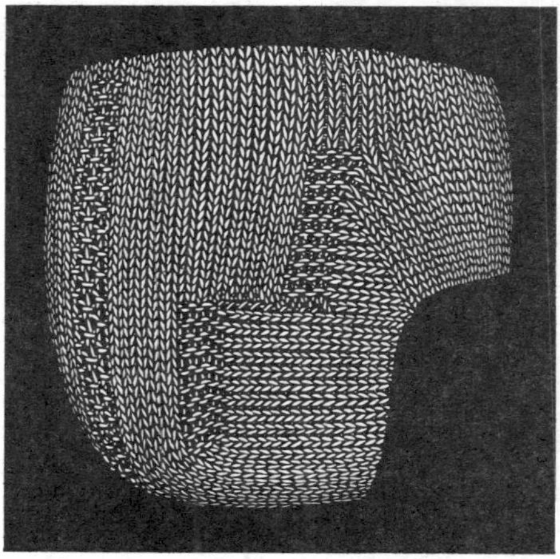

Fig. 432. Talon à échelons.

Talon tricoté à l'endroit (fig. 433). — Les personnes qui n'aiment pas le tricot à l'envers trouveront dans les deux modèles suivants le moyen de tricoter les talons entièrement à l'endroit.

Tricotez les mailles de l'aiguille après la couture, montez deux aiguilles auxiliaires et sur chacune 8 mailles de plus que vous n'en comptez sur une aiguille de la cheville, liez les mailles de la troisième aiguille à celles de la quatrième et tricotez-la à l'endroit. Puis continuez le 1er tour tout uni.

2me tour — 1 diminution avec la 1re et la 2me maille et 1 diminution avec la 9me et la 10me maille de la première aiguille auxiliaire ; 1 diminution avec la 10me et la 9me dernière maille et 1 diminution avec l'avant-dernière et la dernière maille de la seconde aiguille auxiliaire.

3me, 5me, 7me, 10me, 11me, 13me, 14me, 16me, 17me, 19me et 20me tours — tricot uni.

4me tour — 1 diminution avec la 1re et la 2me maille, 1 diminution avec la 7me et la 8me maille de la première aiguille auxiliaire et 1 diminution avec la 8me et la 7me dernière maille et 1 diminution avec l'avant-dernière et la dernière maille de la seconde aiguille auxiliaire.

6me tour — 1 diminution avec la 1re et la 2me maille, 1 diminution avec la 5me et la 6me maille de la première aiguille auxiliaire, ainsi que 1 diminution avec la 6me et la 5me dernière maille et l'avant-dernière et la dernière maille de la seconde aiguille auxiliaire.

8me tour — 1 diminution avec la 1re et la 2me maille, 1 diminution avec la 3me et la 4me maille de la première aiguille auxiliaire, 1 diminution avec la 4me et la 3me dernière maille, 1 diminution avec l'avant-dernière et la dernière maille de la seconde aiguille auxiliaire.

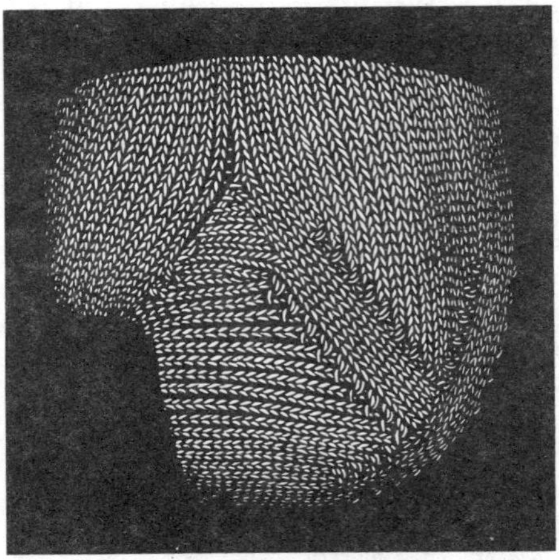

Fig. 433. Talon tricoté à l'endroit.

9me tour — après les 2 dernières rétrécies, rétrécissez à l'envers : la 4me et la 3me maille avant la fin de la première et de la troisième aiguille, et la 3me et la 4me maille au commencement de la deuxième et de la quatrième aiguille.

12me, 15me et 18me tours — rétrécissez comme au 9me tour.

21me tour — au commencement de chaque aiguille 2 mailles unies ; 1 diminution à l'envers avec les 2 mailles suivantes ; 1 diminution à l'envers avec la 4me et la 3me maille avant la fin de chaque aiguille ; tricot uni pour les dernières mailles.

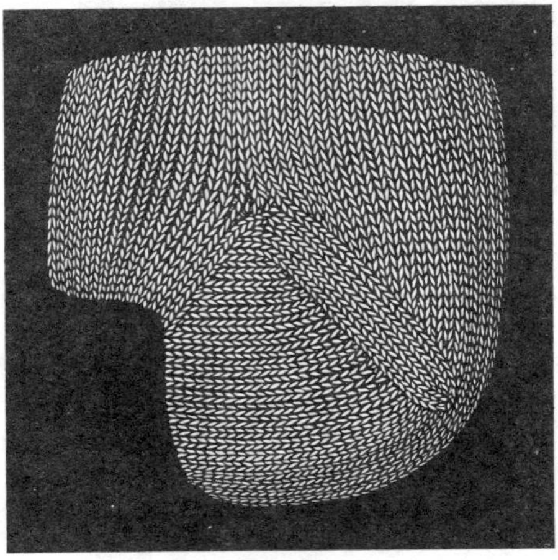

Fig. 434. Autre talon tricoté à l'endroit.

On continue ces diminutions interrompues par 2 tours unis jusqu'à ce que les diminutions à l'envers se rencontrent. Après les 2 tours unis, faites 1 tour avec 1 diminution à l'envers par-dessus les rétrécies, ajoutez encore 4 tours unis, répartissez les mailles qui vous restent d'après la largeur de la semelle sur deux aiguilles et arrêtez à l'envers par une chaîne.

Relevez maintenant les boucles des mailles auxiliaires et faites dans les tours unis suivants : 1 diminution avec la dernière et la 1re maille de la première et de la seconde aiguille, 1 diminution avec la dernière et la 1re maille de la troisième et de la quatrième aiguille.

Avec les autres mailles en plus, on fait des rétrécies à l'envers; puis on tricote 2 tours unis par-dessus chaque tour dans lequel se trouve une rétrécie.

Autre talon tricoté à l'endroit (fig. 434). — C'est encore à l'aide d'un montage auxiliaire que l'on arrive à faire le talon, fig. 434, entièrement à l'endroit.

En admettant que vous ayez 20 mailles sur chaque aiguille, montez 28 mailles sur chacune des aiguilles auxiliaires; puis faites 1 diminution avec la 4me et la 3me maille à la fin de la première et de la troisième aiguille, 1 diminution avec la 3me et la 4me maille de la deuxième et de la quatrième aiguille, de sorte que 4 mailles unies se trouvent entre 2 diminutions.

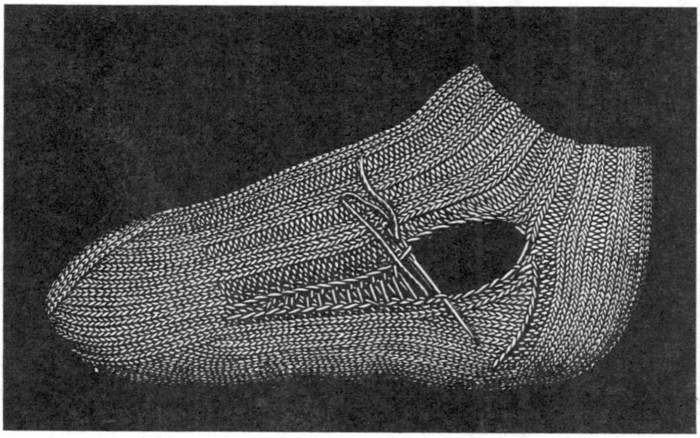

Fig. 435. Bas à l'italienne.

Continuez à diminuer en tricotant 2 tours unis après chaque diminution, jusqu'à ce qu'il ne reste plus que 6 mailles sur chaque aiguille. Puis faites encore 1 diminution avec la 1re et la dernière maille de chaque aiguille, faites 1 tour uni par-dessus, et finissez avec une chaîne sur l'envers du talon. Relevez ensuite les boucles des mailles auxiliaires et faites le cou-de-pied.

Bas à l'italienne (fig. 435). — Le talon, la semelle et la pointe d'un bas sont les plus exposés à l'usure, tandis que la partie supérieure du cou-de-pied reste presque toujours intacte.

En Grèce et en Italie, on a trouvé moyen d'économiser, en partie, le coton et l'ouvrage et de faciliter en même temps le renouvellement des parties endommagées.

Après avoir terminé le talon de l'une ou de l'autre façon décrite précédemment, on abandonne les aiguilles qui ont servi à faire le talon, et on continue à tricoter le dessus en allers et en retours, jusqu'à ce que la longueur nécessaire soit obtenue.

Une chaîne devra être maintenue sur tous les bords, de même qu'une couture étroite.

Dans la semelle, que l'on fait après avoir terminé la partie supérieure du bas, les diminutions se font immédiatement après et devant la couture. Lorsque les deux pièces comptent le même nombre de rangs, on les joint et on commence la pointe du bas. La fente restée ouverte sur les deux côtés est fermée par des points qui raccordent les boucles des chaînes. On aura soin de réunir toujours les boucles directement opposées.

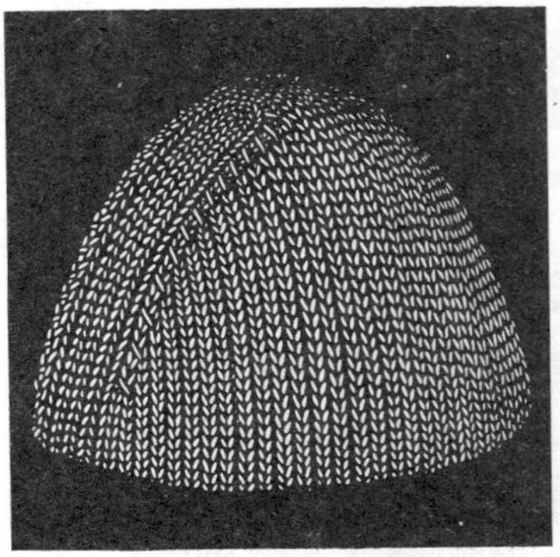

Fig. 436. Pointe de bas.

Arrivé au moment où l'une ou l'autre partie est usée, on défait les points sur les côtés, et on a toute facilité à remettre les nouvelles pièces.

Pointe de bas (fig. 436). — Pour la description de cette partie du bas nous commençons également par la pointe la plus facile à tricoter et la plus souvent employée.

Avant de commencer n'importe quel genre de pointe, répartissez bien en quatre parties égales les mailles que vous avez sur les aiguilles.

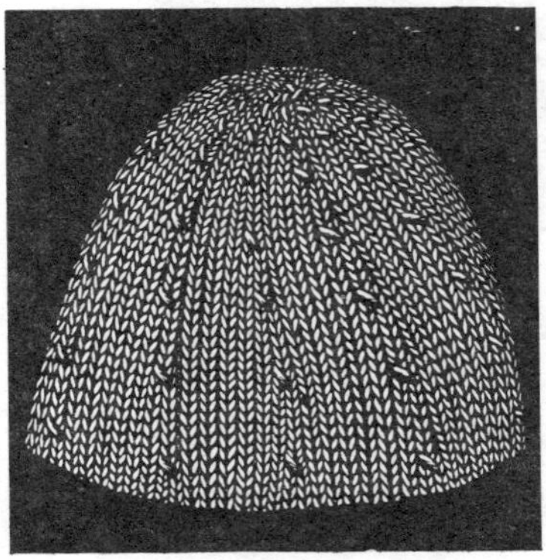

Fig. 437. Pointe de bas.

Faites 1 diminution avec la 4me et la 3me maille avant la fin de la première et de la troisième aiguille, et tricotez en uni les 2 dernières mailles ainsi que les 2 premières mailles de la deuxième et de la quatrième aiguille, et faites 1 diminution en rabattant la 3me maille sur la 4me.

Faites au commencement 2 tours unis après chaque tour avec des rétrécies; plus tard seulement 1 tour.

Lorsque vous n'avez plus que 4 mailles sur une aiguille réunissez-les sur deux, dans le sens de la largeur du bas, et tricotez-les, 2 à 2, sur l'envers du bas.

Pointe de bas (fig. 437). — Répartissez les mailles par 8, 10 ou 12. En admettant qu'elles soient divisibles par 10, vous tricotez 8 mailles unies; vous rétrécissez la 9me et la 10me, vous tricotez de nouveau 8 mailles, vous faites encore 1 rétrécie, et ainsi de suite sur tout le tour.

Puis faites autant de tours unis que vous avez laissé de mailles entre 2 rétrécies. Dans les tours de diminution suivants vous aurez 1 maille de moins entre 2 rétrécies, de sorte qu'au second tour il vous reste 7 mailles d'intervalle, et vous tricotez 7 tours unis et ainsi de suite jusqu'à la 7me rétrécie, où il reste 2 mailles suivies de 2 tours. Lorsqu'il n'y a plus que 4 mailles sur une aiguille, passez-les à l'envers du bas et arrêtez-les par une chaîne de mailles.

Pointe de bas (fig. 438). — Commencez les diminutions par les 2 premières mailles de chaque aiguille, en rabattant la 1re sur la 2me maille.

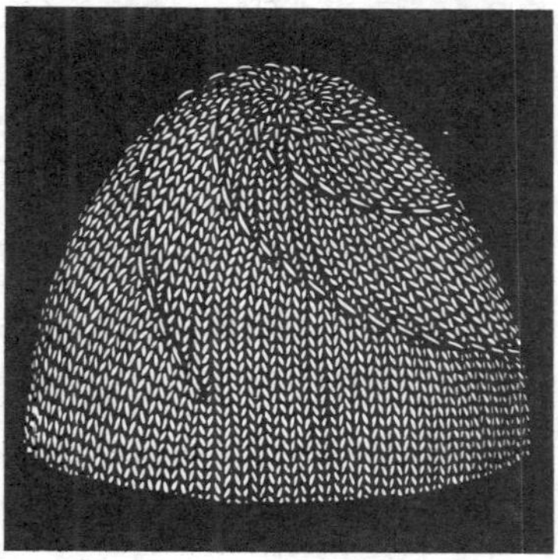

Fig. 438. Pointe de bas.

Faites 1 tour uni par-dessus chaque rang à rétrécies.

Dans les tours suivants, vous faites la diminution au 2me tour avec la 3me et la 4me maille, au 3me tour avec la 5me et la 6me, au 4me avec la 7me et la 8me maille de sorte que finalement les rétrécies forment une espèce de spirale. On termine comme pour toute autre pointe.

Pointe de bas (fig. 439). — Nous donnons ici encore un autre genre de pointe, non moins jolie et tout aussi agréable à exécuter que les premières.

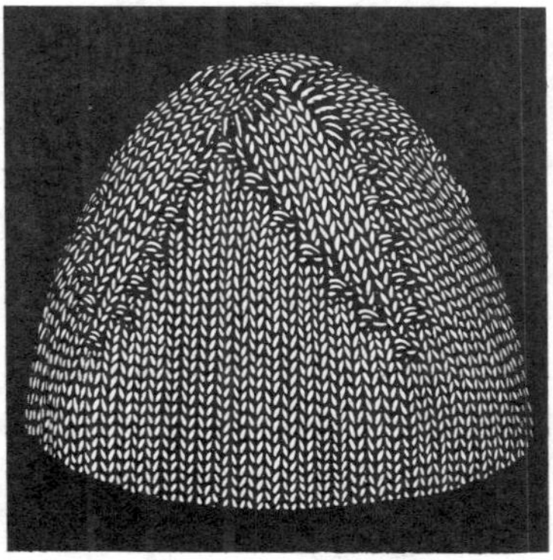

Fig. 439. Pointe de bas.

1er tour — 1 diminution à l'envers avec les 2 premières mailles de chaque aiguille.

2me et 3me, 5me et 6me, 8me et 9me, 11me et 12me, 14me et 15me, 17me et 18me tours — unis.

4me tour — 1 maille unie, 1 diminution avec la 2me et la 3me maille et avec les 2 dernières sur chaque aiguille.

7me tour — tricotez en uni les 2 premières mailles, faites 1 diminution avec la 3me et la 4me maille et avec les 2 dernières.

Dans les tours suivants avec diminution, vous prenez toujours 1 maille unie en plus.

Lorsque les deux coutures se rencontrent, vous rabattez la dernière maille de chaque aiguille sur la 1re maille de l'aiguille voisine; tricoter les mailles entre les rétrécies en uni. Continuer à rétrécir ainsi jusqu'aux dernières mailles.

Ravaudage du tricot. — On ravaude les objets tricotés en reconstruisant les mailles du tricot au moyen d'un fil et d'une aiguille. Lorsque les brins ne sont pas encore déchirés, mais qu'ils menacent de l'être bientôt, on peut renforcer ces mailles faibles en faisant des mailles auxiliaires.

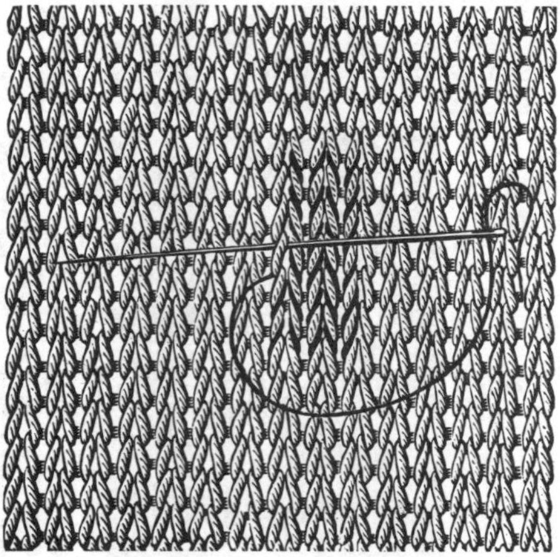

Fig. 440. Ravaudage des mailles exécuté en rangs verticaux.

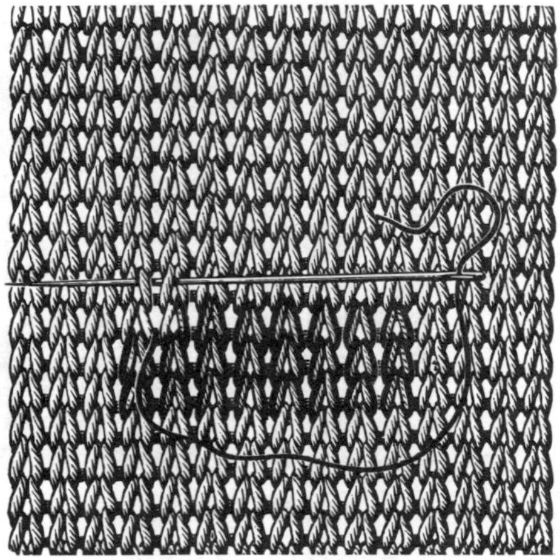

Fig. 441. Ravaudage des mailles exécuté en rangs horizontaux.

Fournitures pour le ravaudage des bas. — Le fil que l'on emploie pour raccommoder les bas devra toujours être un peu plus fin que celui qui a servi à établir le premier ouvrage. Pour ce motif, on prendra de préférence du Repriser spécial D·M·C, du Repriser superfin D·M·C, qualité spéciale ou du Mouliné spécial D·M·C, car, si le coton de grosseur voulue venait à manquer, ces fils, composés de plusieurs fils non tordus, permettraient toujours de disposer soi-même le brin pour la reprise dans la grosseur proportionnée à celle du premier fil.

Ravaudage des mailles (fig. 440 et 441). — Le simple ravaudage peut se faire de deux manières. Dans la fig. 440, on sort l'aiguille entre 2 fils horizontaux, puis, passant par-dessus 1 fil vertical, on la remonte et on la fait rentrer pour la ressortir entre les mailles horizontales suivantes.

Le second rang de boucles se fait au retour, et on prend 2 fils à gauche sur l'aiguille, on passe par-dessus 1 fil vers le bas, on relève le fil sur l'aiguille, et ainsi de suite.

Dans la fig. 441 on sort l'aiguille, on la mène par-dessus 1 fil vers la droite et par-dessus 2 fils dans le sens de la hauteur, on relève les 2 fils à gauche, on passe par-dessus 2 fils horizontaux vers le bas et par-dessus 1 fil vers la droite, et on fait rentrer l'aiguille à l'endroit de sa sortie; puis on prend 2 fils vers la gauche sur l'aiguille, on passe par-dessus 1 fil à droite et par-dessus 2 fils horizontaux vers le haut, etc.

Pour le rang suivant on tourne l'ouvrage de manière que la partie achevée soit dirigée vers le haut; puis on passe par-dessus 1 fil horizontal vers le bas, on sort l'aiguille entre 2 fils écartés, et on passe de nouveau par-dessus 2 fils horizontaux vers le bas, on relève 2 fils à gauche, on passe par-dessus 2 fils vers le haut et par-dessus 1 fil à droite, on relève 2 fils, et ainsi de suite.

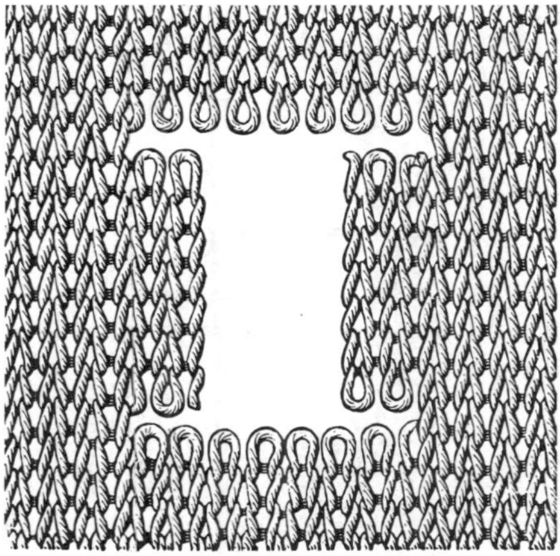

Fig. 442. Ravaudage. Dégagement des mailles.

Dégagement des mailles (fig. 442). — Si les fils d'un tricot sont entièrement usés, on est forcé de faire des mailles nouvelles et de défaire les mailles anciennes sur tout l'espace usé. On coupe les fils usés, et on dégage les mailles horizontales; sur les côtés verticaux, on coupe les fils de manière que les mailles fassent bord et qu'il se produise un trou carré dans l'angle duquel on dégage de 2 à 4 mailles, que l'on replie sur l'envers de l'ouvrage, où on les arrête au moyen de quelques points.

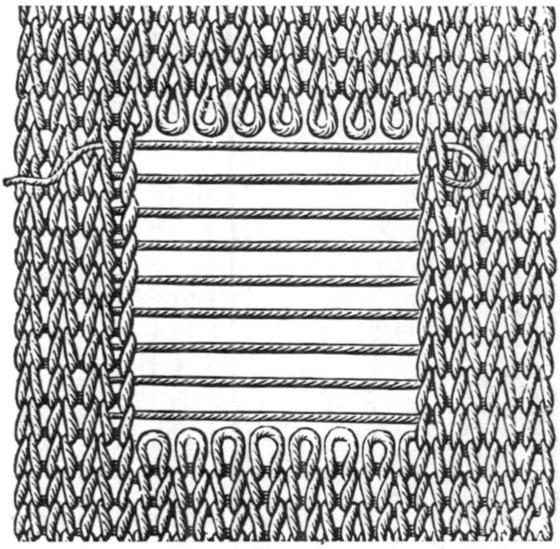

Fig. 443. Ravaudage de mailles à l'endroit sur fils tendus horizontalement. Pose des fils.

Nous recommandons de se servir d'une boule à raccommoder pour exécuter les ravaudages décrits plus loin; on sera plus certain de ne pas trop serrer les points.

Ravaudage de mailles à l'endroit sur fils tendus horizontalement (fig. 443 et 444). — Tendez, sur l'envers de l'ouvrage, un fil en ligne horizontale dans chaque rang de mailles que vous avez à remplacer; conduisez le fil 1 ou 2 mailles au delà du bord. Lorsque vous avez établi ce fond, faites passer l'aiguille à l'endroit près de la maille la plus proche de la partie intacte à gauche. Puis, vous dirigeant vers le bas, prenez le fil horizontal le plus proche, de bas en haut, de telle façon que le fil avec lequel vous travaillez soit placé à gauche de l'aiguille, et recouvrez ainsi tous les fils que vous avez tendus.

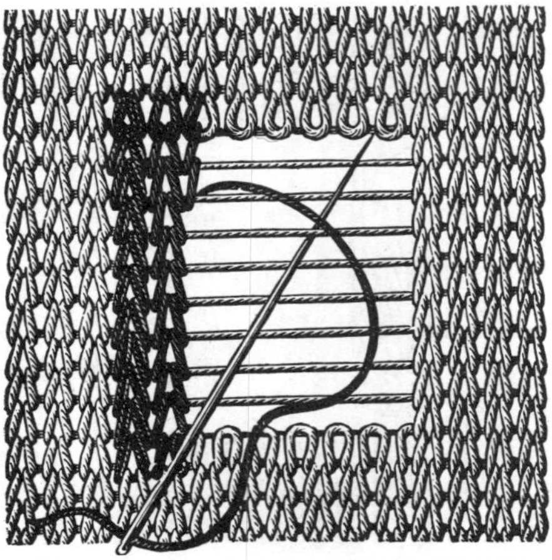

Fig. 444. Ravaudage de mailles à l'endroit sur fils tendus horizontalement. Recouvrement des fils.

Lorsque vous avez pris le dernier fil, passez l'aiguille, de haut en bas, à gauche de la maille la plus proche, et faites-la revenir à droite de la maille par laquelle vous l'avez fait entrer.

Pour faire, en remontant, la seconde moitié de la maille, on placera le fil aussi à gauche de l'aiguille, fig. 444. Arrivé au dernier fil, passez l'aiguille dans la maille par laquelle elle est sortie, et conduisez le fil 1 maille vers la droite, pour commencer le troisième demi-rang.

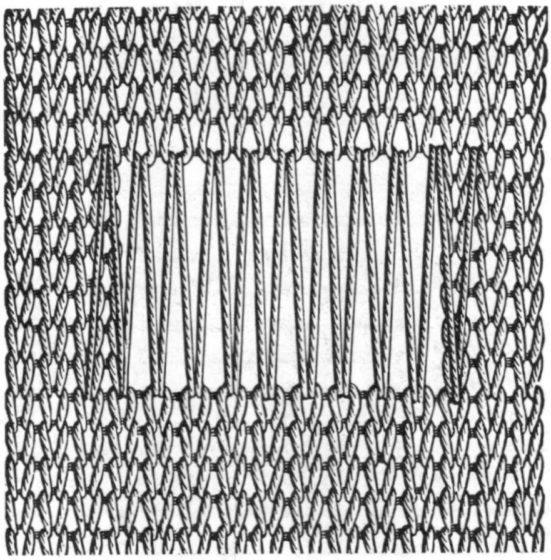

Fig. 445. Ravaudage de mailles à l'endroit sur fils tendus obliquement. Pose des fils.

Ravaudage de mailles à l'endroit sur fils tendus obliquement (fig. 445 et 446). — Comme on peut s'en rendre compte par la gravure, on aura à relever toutes les mailles dégagées et, en outre, quelques-unes des deux côtés du vide.

Le nombre et la longueur des fils à poser doivent correspondre à ceux des fils enlevés. Puis on fixe à l'endroit de l'ouvrage un fil un peu plus fin que celui qui a servi à la confection du tricot; on fait quelques mailles sur les mailles existantes et dans le rang à compléter.

Conduisez l'aiguille, de bas en haut, dans la 1re maille

dégagée, passez-la sous 2 fils sortant d'une maille et rentrez-la dans la même maille entre les 2 fils biaisés, pour ressortir, de bas en haut, par la maille suivante, et ainsi de suite. La nouvelle boucle doit être proportionnée à la dimension des mailles tricotées. A la fin d'un rang on fait, comme au commencement, quelques points au delà du vide. Le retour s'opère comme l'aller, avec la seule différence que vous renversez l'ouvrage.

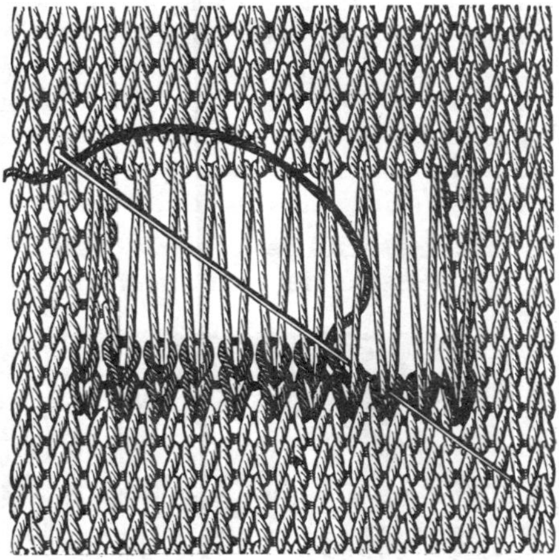

Fig. 446. Ravaudage de mailles à l'endroit sur fils tendus obliquement. Recouvrement des fils.

Ravaudage de mailles à l'envers sur fils tendus obliquement (fig. 447). — On pose les fils auxiliaires, que l'on recouvre ensuite de points horizontaux, comme pour le ravaudage des mailles à l'endroit. Les points qui embrassent 2 fils tendus obliquement se font en rangée double et sont contrariés.

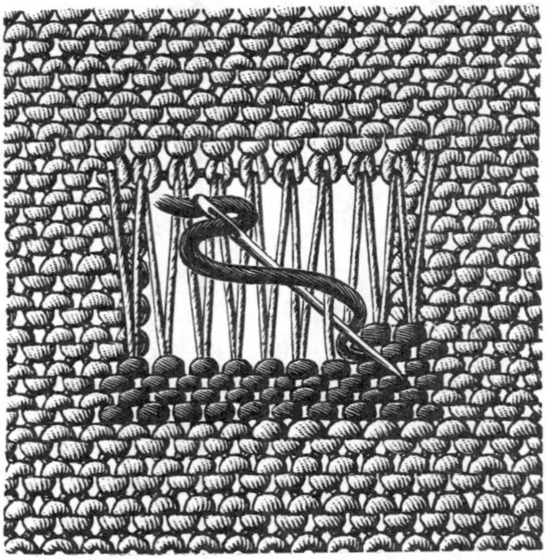

Fig. 447. Ravaudage de mailles à l'envers sur fils tendus obliquement.

Ravaudage d'un dessin à côtes sur fils tendus obliquement (fig. 448). — Il arrive souvent que des objets de tricot avec un dessin à côtes ont besoin d'être raccommodés; dans ce cas, on tâchera de faire un ravaudage invisible, afin que le dessin se continue sans interruption. Nous choisissons comme exemple le ravaudage du tricot à côtes composé de 2 mailles à l'endroit et 2 mailles à l'envers, qui est le plus employé pour la confection des objets de toilette. Le ravaudage se fait de nouveau par-dessus des fils tendus obliquement; les mailles à l'endroit et les mailles à l'envers sont faites dans l'ordre indiqué par le dessin, d'après les indications données par les fig. 446 et 447. Notre gravure montre le passage des mailles à l'envers aux mailles à l'endroit

Ravaudage d'un modèle ajouré (fig. 449 et 450). — Dans le cas plus compliqué d'un dessin ajouré, il est indispensable de reproduire autant que possible les mailles et leur disposition dans le modèle. Nous avons choisi, comme exemple le fond, fig. 469. On dégage soigneusement les mailles, on fixe à l'envers les différents fils provenant des mailles dégagées, fig. 449, puis on tend à l'endroit les fils obliques nécessaires et les fils déjà entrelacés pour reformer les brides tricotées des ajours, fig. 450. Ensuite on fait les mailles par-dessus les fils tendus en respectant le dessin des mailles et leur nombre exact.

Remmaillage des mailles à l'endroit (fig. 451). — Lorsqu'il y a nécessité de remplacer une partie du tricot par une pièce nouvellement tricotée, on rattache la nouvelle pièce à l'ancienne avec une aiguille à coudre et en se servant du fil du tricot.

Fig. 448. Ravaudage d'un dessin à côtes sur fils tendus obliquement.

Pour remmailler il faut d'abord dégager les mailles et les monter sur des aiguilles à tricoter, afin d'empêcher qu'elles ne se défassent. Les mailles que l'on doit rejoindre doivent se trouver directement opposées les unes aux autres. Puis on conduit l'aiguille, de bas en haut, dans la première maille libre de la partie supérieure, on fait glisser la maille de l'aiguille à tricoter, on fait entrer l'aiguille à coudre, de haut en bas, dans la maille inférieure, directement en regard de la maille supérieure, et de bas en haut, dans la maille voisine, et on ne serre le fil qu'autant qu'il le faut pour que la maille nouvellement formée soit égale aux mailles du tricot.

On passe ensuite l'aiguille dans la partie supérieure, de haut en bas, par la maille qui avait déjà été prise une première fois, on fait sortir l'aiguille par la maille voisine, on serre le fil, on redescend vers la partie inférieure, et ainsi de suite.

Remmaillage des mailles à l'envers (fig. 452). — La gravure enseigne la manière de remmailler à l'envers. On prépare l'ouvrage comme pour un remmaillage à l'endroit, puis on ramène l'aiguille vers le haut et on la passe de bas en haut dans la première maille de la partie supérieure, puis de haut en bas dans la maille voisine, on répète les mêmes mouvements dans la partie inférieure, ensuite on revient vers le haut et on continue toujours de même.

Dans nos deux gravures explicatives du remmaillage, nous avons exagéré à dessein l'espace entre les deux pièces de tricot à réunir pour que le passage de l'aiguille et la formation des mailles soient plus visibles.

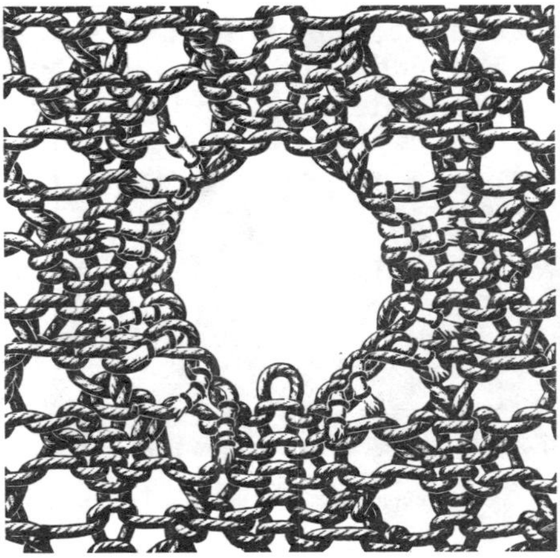

Fig. 449. Ravaudage d'un modèle ajouré. Dégagement des mailles.

Fond de tricot piqué (fig. 453). — Les modèles qui vont suivre peuvent servir à la confection de couvertures, de gilets et autres articles; on pourra donc, selon le besoin, prendre l'une ou l'autre des grosseurs du Retors spécial pour mercerie D·M·C, de l'Alsatia D·M·C, du Retors pour tricot D·M·C, du Coton perlé D·M·C, du Crochet floche D·M·C, du Coton à tricoter D·M·C, qualité spéciale ou du Lin à tricoter et à crocheter D·M·C. La description de tous les fonds suivants est basée sur des ouvrages tricotés en bandes.

Monter un nombre de mailles divisible par 6 plus 5 m. pour les bords.

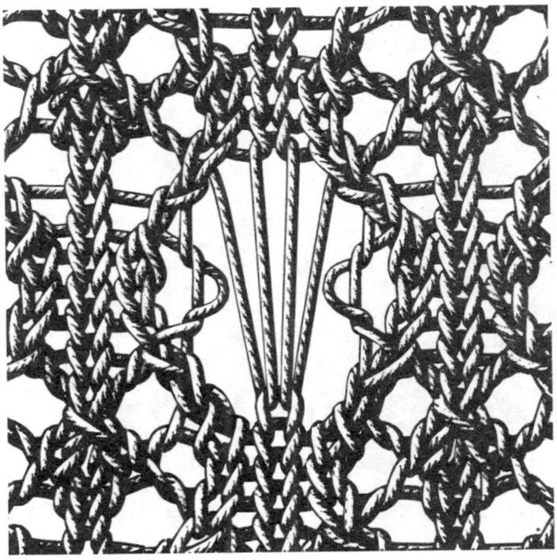

Fig. 450. Ravaudage d'un modèle ajouré. Pose des fils.

1re, 3me et 5me aiguille — glisser 1 m., 1 m. à l'endroit, * 1 m. à l'endroit prise par derrière, 5 m. à l'envers; reprendre à *, 1 m. à l'endroit prise par derrière, 2 m. à l'endroit.

2me, 4me et 6me aiguille — glisser 1 m., 1 m. à l'endroit, * 1 m. à l'envers prise par derrière, 5 m. à l'endroit; reprendre à *, 1 m. à l'envers prise par derrière, 2 m. à l'endroit.

7me, 9me et 11me aiguille — glisser 1 m., 1 m. à l'endroit,

* 3 m. à l'envers, 1 m. à l'endroit prise par derrière, 2 m. à l'envers; reprendre à *, 1 m. à l'envers, 2 m. à l'endroit.

8me, 10me et 12me aiguille — glisser 1 m., 1 m. à l'endroit, * 3 m. à l'endroit, 1 m. à l'envers prise par derrière, 2 m. à l'endroit; reprendre à *, 3 m. à l'endroit.

Reprendre à partir de la 1re aiguille.

Fond de tricot piqué (fig. 454). — Monter un nombre de mailles divisible par 14 plus 5 m. pour les bords.

Fig. 451. Remmaillage des mailles à l'endroit

1re et 4me aiguille — glisser 1 m., 1 m. à l'endroit, * 1 m. à l'endroit, 1 m. à l'envers, 1 m. à l'endroit, 1 m. à l'envers, 7 m. à l'endroit, 1 m. à l'envers, 1 m. à l'endroit, 1 m. à l'envers; reprendre à *, 3 m. à l'endroit.

2me et 3me aiguille — glisser 1 m., 1 m. à l'endroit, * 1 m. à l'envers, 1 m. à l'endroit, 1 m. à l'envers, 1 m. à l'endroit, 7 m. à l'envers, 1 m. à l'endroit, 1 m. à l'envers, 1 m. à l'endroit; reprendre à *, 1 m. à l'envers, 2 m. à l'endroit.

Reprendre à partir de la 1re aiguille.

Bande au tricot pour couvertures, dessin piqué (fig. 455). On peut exécuter très diversement ces bandes pour couverture, ne prendre qu'un seul fil ou choisir deux fils très différents: par exemple, le Retors pour tricot D·M·C — fil mat qui tout en n'étant pas brillant a des couleurs d'une vive intensité — et le Coton à tricoter D·M·C, qualité spéciale, brillant, qui joue avec les reflets et les ombres. Ces deux fils s'harmonisent très bien et leur rapprochement rend évidents leur aspect et leurs qualités si soigneusement étudiés.

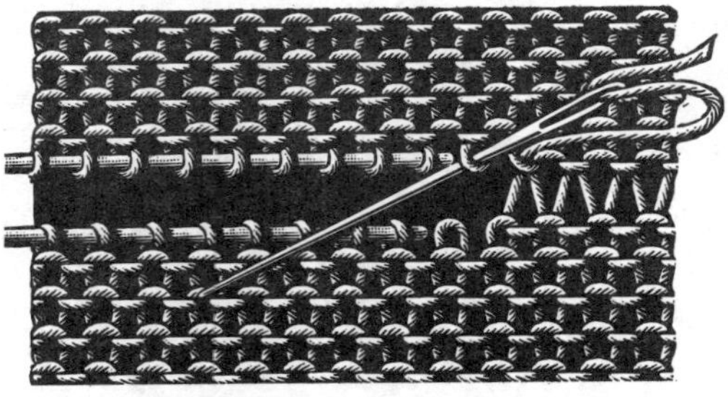

Fig. 452. Remmaillage des mailles à l'envers.

Monter 28 mailles.

1re aiguille — glisser 1 m., 2 m. à l'endroit, 1 jeté, 2 m. à l'endroit, 1 m. à l'envers, 1 m. à l'endroit, 2 m. à l'envers, 5 m. à l'endroit, 2 m. à l'envers, 1 m. à l'endroit, 1 m. à l'envers, 1 m. à l'endroit, 1 m. à l'envers, 1 m. à l'endroit, 1 m. à l'envers, 1 m. à l'endroit, 1 m. à l'envers, 1 m. à l'endroit, 1 jeté, 3 m. à l'endroit.

2me aiguille — glisser 1 m., 2 m. à l'envers, 1 diminution à l'envers, 1 m. à l'envers, 1 m. à l'endroit, 1 m. à l'envers, 1 m. à l'endroit, 1 m. à l'envers, 1 m. à l'endroit, 1 m. à l'envers, 2 m. à l'endroit, 5 m. à l'envers, 2 m. à l'endroit, 1 m. à l'envers, 1 m. à l'endroit, 1 m. à l'envers, 1 m. à l'endroit, 1 diminution à l'envers, 3 m. à l'envers.

3me aiguille — glisser 1 m., 2 m. à l'endroit, 1 jeté, 2 m. à l'endroit, 1 m. à l'envers, 1 m. à l'endroit, 1 m. à l'envers, 1 m. à l'endroit, 2 m. à l'envers, 5 m. à l'endroit, 2 m. à l'envers, 1 m. à l'endroit, 1 m. à l'envers, 1 m. à l'endroit, 1 m. à l'envers, 1 m. à l'endroit, 1 m. à l'envers, 1 m. à l'endroit, 1 jeté, 3 m. à l'endroit.

Fig. 453. Fond de tricot piqué.

4me aiguille — glisser 1 m., 2 m. à l'envers, 1 diminution à l'envers, 1 m. à l'envers, 1 m. à l'endroit, 1 m. à l'envers, 1 m. à l'endroit, 1 m. à l'envers, 2 m. à l'endroit, 5 m. à l'envers, 2 m. à l'endroit, 1 m. à l'envers, 1 m. à l'endroit, 1 m. à l'envers, 1 m. à l'endroit, 1 m. à l'envers, 1 m. à l'endroit, 1 diminution à l'envers, 3 m. à l'envers.

5me aiguille — glisser 1 m., 2 m. à l'endroit, 1 jeté, 2 m. à l'endroit, 1 m. à l'envers, 1 m. à l'endroit, 1 m. à l'envers, 1 m. à l'endroit, 1 m. à l'envers, 1 m. à l'endroit, 2 m. à l'envers, 5 m. à l'endroit, 2 m. à l'envers, 1 m. à l'endroit, 1 m. à l'envers, 1 m. à l'endroit, 1 m. à l'envers, 1 m. à l'endroit, 1 jeté, 3 m. à l'endroit.

6me aiguille — glisser 1 m., 2 m. à l'envers, 1 diminution à l'envers, 1 m. à l'envers, 1 m. à l'endroit, 1 m. à l'envers, 2 m. à l'endroit, 5 m. à l'envers, 2 m. à l'endroit, 1 m. à l'envers,

1 m. à l'endroit, 1 m. à l'envers, 1 m. à l'endroit, 1 m. à l'envers, 1 m. à l'endroit, 1 m. à l'envers, 1 m. à l'endroit, 1 diminution à l'envers, 3 m. à l'envers.

7me aiguille pareille à la 5me = 8me aiguille pareille à la 4me = 9me aiguille pareille à la 3me = 10me aiguille pareille à la 2me.

Reprendre à partir de la 1re aiguille.

On raccorde les bandes par un point de crochet quelconque; on en trouvera plusieurs types parmi les ouvrages expliqués dans le chapitre suivant.

Carreau au tricot, dessin piqué (fig. 456). — Monter sur 4 aiguilles chaque fois 2 m. Répéter trois fois toutes les explications terminées par *.

Fig. 454. Fond de tricot piqué.

1er tour — 1 jeté, 1 m. à l'endroit, 1 jeté, 1 m. à l'endroit *.

2me tour — 1 jeté, 3 m. à l'endroit, 1 jeté, 1 m. à l'endroit *.

3me tour — 1 jeté, 1 m. à l'envers, 3 m. à l'endroit, 1 m. à l'envers, 1 jeté, 1 m. à l'endroit *.

4me tour — 1 jeté, 2 m. à l'envers, 3 m. à l'endroit, 2 m. à l'envers, 1 jeté, 1 m. à l'endroit *.

5me tour — 1 jeté, 3 m. à l'envers, 3 m. à l'endroit, 3 m. à l'envers, 1 jeté, 1 m. à l'endroit *.

6me tour — 1 jeté, 4 m. à l'envers, 3 m. à l'endroit, 4 m. à l'envers. 1 jeté, 1 m. à l'endroit *.

7me tour — 1 jeté, 5 m. à l'envers, 3 m. à l'endroit, 5 m. à l'envers, 1 jeté, 1 m. à l'endroit *.

8me tour — 1 jeté, 2 m. à l'endroit, 4 m. à l'envers, 3 m. à l'endroit, 4 m. à l'envers, 2 m. à l'endroit, 1 jeté, 1 m. à l'endroit *.

9me tour — 1 jeté, 4 m. à l'endroit, 3 m. à l'envers, 3 m. à l'endroit, 3 m. à l'envers, 4 m. à l'endroit, 1 jeté, 1 m. à l'endroit *.

10me tour — 1 jeté, 6 m. à l'endroit, 2 m. à l'envers, 3 m. à l'endroit, 2 m. à l'envers, 6 m. à l'endroit, 1 jeté, 1 m. à l'endroit *.

11me tour — 1 jeté, 8 m. à l'endroit, 1 m. à l'envers, 3 m. à l'endroit, 1 m. à l'envers, 8 m. à l'endroit, 1 jeté, 1 m. à l'endroit *.

12me tour — 1 jeté, 1 m. à l'endroit, croiser 2 m. (c'est-à-dire, tricoter d'abord la seconde maille et puis seulement la première), 5 m. à l'endroit, 2 m. à l'envers, 3 m. à l'endroit, 2 m. à l'envers, 5 m. à l'endroit, croiser 2 m., 1 m. à l'endroit, 1 jeté, 1 m. à l'endroit *.

13me tour — 1 jeté, 1 m. à l'envers, 7 m. à l'endroit, 3 m. à l'envers, 3 m. à l'endroit, 3 m. à l'envers, 7 m. à l'endroit, 1 m. à l'envers 1 jeté, 1 m. à l'endroit *.

14me tour — 1 jeté, 2 m. à l'envers, 1 m. à l'endroit, croiser

Fig. 455. Bande au tricot pour couvertures, dessin piqué.
Fournitures : Coton à tricoter D·M·C, qualité spéciale, No 4, Retors pour tricot D·M·C No 4 ou Retors spécial pour mercerie D·M·C Nos 10 à 15.

2 m., 3 m. à l'endroit, 4 m. à l'envers, 3 m. à l'endroit, 4 m. à l'envers, 3 m. à l'endroit, croiser 2 m., 1 m. à l'endroit, 2 m. à l'envers, 1 jeté, 1 m. à l'endroit *.

15me tour — 1 jeté, 3 m. à l'envers, 5 m. à l'endroit, 5 m. à l'envers, 3 m. à l'endroit, 5 m. à l'envers, 5 m. à l'endroit, 3 m. à l'envers, 1 jeté, 1 m. à l'endroit *.

16me tour — 1 jeté, 4 m. à l'envers, 1 m. à l'endroit, croiser 2 m., 3 m. à l'endroit, 4 m. à l'envers, 3 m. à l'endroit, 4 m. à l'envers, 3 m. à l'endroit, croiser 2 m., 1 m. à l'endroit, 4 m. à l'envers, 1 jeté, 1 m. à l'endroit *.

17me tour — 1 jeté, 5 m. à l'envers, 7 m. à l'endroit, 3 m. à l'envers, 3 m. à l'endroit, 3 m. à l'envers, 7 m. à l'endroit, 5 m. à l'envers, 1 jeté, 1 m. à l'endroit *.

18me tour — 1 jeté, 2 m. à l'endroit, 4 m. à l'envers, 1 m. à l'endroit, croiser 2 m., 5 m. à l'endroit, 2 m. à l'envers, 3 m. à l'endroit, 2 m. à l'envers, 5 m. à l'endroit, croiser 2 m., 1 m. à l'endroit, 4 m. à l'envers, 2 m. à l'endroit, 1 jeté, 1 m. à l'endroit *.

19me tour — 1 jeté, 4 m. à l'endroit, 3 m. à l'envers, 9 m à l'endroit, 1 m. à l'envers, 3 m. à l'endroit, 1 m. à l'envers, 9 m. à l'endroit, 3 m. à l'envers, 4 m. à l'endroit, 1 jeté, 1 m. à l'endroit *.

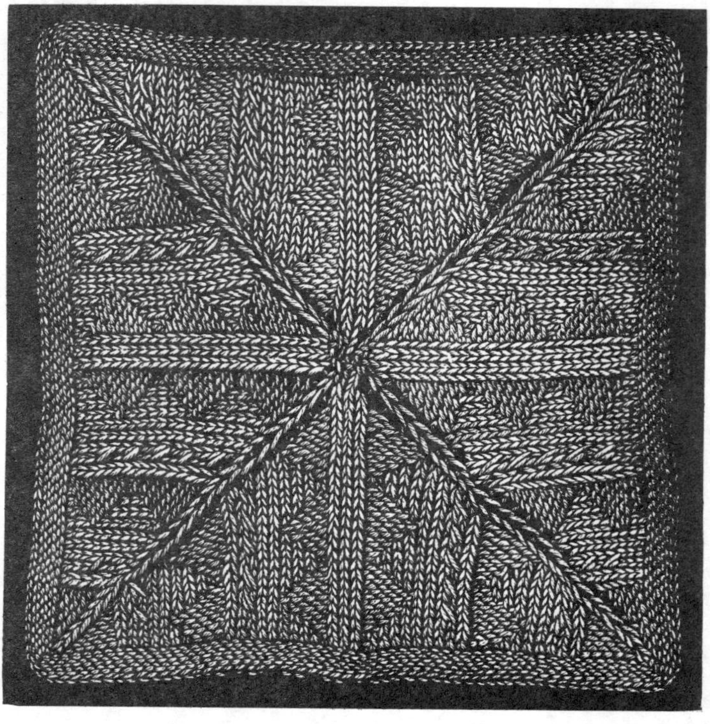

Fig. 456. Carreau au tricot, dessin piqué.

Fournitures : Alsatia D·M·C No 15 ou 20, ou Lin à tricoter et à crocheter D·M·C Nos 4, 6 ou 8, en blanc ou écru.

20me tour — 1 jeté, 6 m. à l'endroit, 2 m. à l'envers, 1 m. à l'endroit, croiser 2 m., 5 m. à l'endroit, 2 m. à l'envers, 3 m. à l'endroit, 2 m. à l'envers, 5 m. à l'endroit, croiser 2 m., 1 m. à l'endroit, 2 m. à l'envers, 6 m. à l'endroit, 1 jeté, 1 m. à l'endroit *.

21me tour — 1 jeté, 8 m. à l'endroit, 1 m. à l'envers, 7 m. à l'endroit, 3 m. à l'envers, 3 m. à l'endroit, 3 m, à l'envers, 7 m. à l'endroit, 1 m. à l'envers, 8 m. à l'endroit, 1 jeté, 1 m. à l'endroit *.

22me tour — 1 jeté, 1 m. à l'endroit, croiser 2 m., 5 m. à

l'endroit, 2 m. à l'envers, 1 m. à l'endroit, croiser 2 m., 3 m. à l'endroit, 4 m. à l'envers, 3 m. à l'endroit, 4 m. à l'envers, 3 m. à l'endroit, croiser 2 m., 1 m. à l'endroit, 2 m. à l'envers, 5 m. à l'endroit, croiser 2 m., 1 m. à l'endroit, 1 jeté, 1 m. à l'endroit *.

23me tour — 1 jeté, 1 m. à l'envers, 7 m. à l'endroit, 3 m. à l'envers, 5 m. à l'endroit, 5 m. à l'envers, 3 m. à l'endroit, 5 m. à l'envers, 5 m. à l'endroit, 3 m. à l'envers, 7 m. à l'endroit, 1 m. à l'envers, 1 jeté, 1 m. à l'endroit *.

24me tour — 1 jeté, 2 m. à l'envers, 1 m. à l'endroit, croiser 2 m., 3 m. à l'endroit, 4 m. à l'envers, 1 m. à l'endroit, croiser 2 m., 3 m. à l'endroit, 4 m. à l'envers, 3 m. à l'endroit, 4 m. à l'envers, 3 m. à l'endroit, croiser 2 m., 1 m. à l'endroit, 4 m. à l'envers, 3 m. à l'endroit, croiser 2 m., 1 m. à l'endroit, 2 m. à l'envers, 1 jeté, 1 m. à l'endroit *.

Fig. 457. Tricot anglais simple ou point de brioche.

Fig. 458. Tricot anglais double.

25me tour — 1 jeté, 3 m. à l'envers, 5 m. à l'endroit, 5 m. à l'envers, 7 m. à l'endroit, 3 m. à l'envers, 3 m. à l'endroit, 3 m. à l'envers, 7 m. à l'endroit, 5 m. à l'envers, 5 m. à l'endroit, 3 m. à l'envers, 1 jeté, 1 m. à l'endroit *.

26me tour — 1 jeté, 4 m. à l'envers, 1 m. à l'endroit, croiser 2 m., 3 m. à l'endroit, 4 m. à l'envers, 1 m. à l'endroit, croiser 2 m., 5 m. à l'endroit, 2 m. à l'envers, 3 m. à l'endroit, 2 m. à l'envers, 5 m. à l'endroit, croiser 2 m., 1 m. à l'endroit, 4 m. à l'envers, 3 m. à l'endroit, croiser 2 m., 1 m. à l'endroit, 4 m. à l'envers, 1 jeté, 1 m. à l'endroit *.

27me tour — 1 jeté, 5 m. à l'envers, 7 m. à l'endroit, 3 m. à l'envers, 9 m. à l'endroit, 1 m. à l'envers, 3 m. à l'endroit, 1 m. à l'envers, 9 m. à l'endroit, 3 m. à l'envers, 7 m. à l'endroit, 5 m. à l'envers, 1 jeté, 1 m. à l'endroit *.

Terminer le carreau par 3 tours de m. à l'envers et rabattre en chaîne toutes les m.

Tricot anglais simple ou point de brioche (fig. 457). — Ce point de tricot très simple, très élastique, se prête à la confection de toutes sortes d'objets d'habillement, on l'emploie de préférence pour la confection de cache-cols et écharpes. Le tricot anglais simple se fait en 2 aiguilles.

Monter un nombre de mailles divisible par 2.

1re aiguille — 1 jeté, entrer l'aiguille dans la maille suivante, comme pour former une maille à l'envers, faire passer la maille de l'aiguille de gauche sur celle de droite, 1 m. à l'endroit, 1 jeté, glisser 1 m. comme précédemment, et ainsi de suite.

Fig. 459. Tricot tunisien avec mailles obliques.

2me aiguille — 1 jeté, glisser 1 m., tricoter ensemble à l'endroit le jeté et la maille glissée.

Répéter toujours la 2me aiguille.

Lorsqu'on confectionne un objet cylindrique il faut faire alternativement 1 tour avec diminution à l'endroit et 1 tour avec diminution à l'envers.

Tricot anglais double (fig. 458). — Le tricot anglais double se fait en quatre aiguilles.

Monter un nombre de mailles divisible par 2.

1re aiguille — 1 jeté, glisser 1 m. comme au tricot précédent, 1 m. à l'endroit.

Fig. 460. Tricot tunisien avec mailles horizontales.

2me aiguille — 1 m. à l'envers, glisser le jeté de l'aiguille gauche à l'aiguille droite, 1 m. à l'envers.

3me aiguille — 1 diminution à l'envers, glisser 1 m., 1 jeté.

4me aiguille — glisser le jeté, 2 m. à l'envers.

5me aiguille — glisser 1 m., 1 jeté, 1 diminution à l'envers.

Reprendre depuis la 2me aiguille.

Tricot tunisien. — Ces points sont recommandés tout spécialement pour la confection des objets qui sont destinés à être brodés, puisque les mailles forment un quadrillé très régulier, pouvant servir de fond pour la broderie. Les deux points doivent être commencés sur l'envers de l'ouvrage.

Tricot tunisien avec mailles obliques (fig. 459). —
1re aiguille — 1 jeté, glisser 1 m.
2me aiguille — 1 diminution à l'endroit prise par derrière.

Tricot tunisien avec mailles horizontales (fig. 460).

1re aiguille — glisser 1 m., 1 jeté.

2me aiguille — 1 diminution à l'endroit prise par derrière.

Fond de tricot piqué avec mouchets en couleur (fig. 461). — Le fond se compose de mailles à l'endroit et de mailles à l'envers; certaines mailles, travaillées avec un fil de couleur, forment les mouchets.

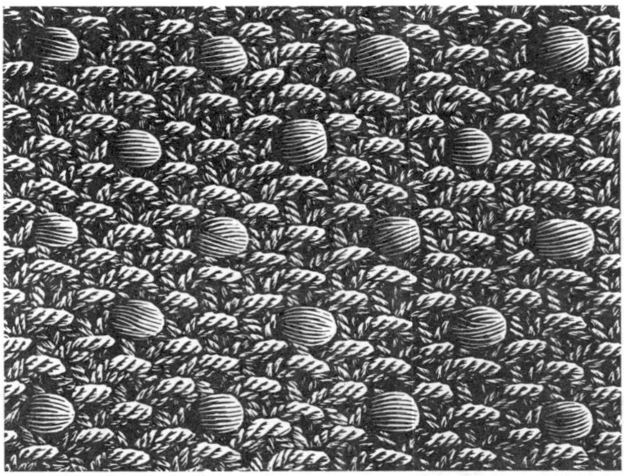

Fig. 461. Fond de tricot piqué avec mouchets en couleur.
Fournitures : Cordonnet spécial D·M·C No 3, en écru, et Mouliné spécial D·M·C No 25, en Rouge-Turc 321.

Monter un nombre de mailles divisible par 4 plus 5 m. pour les bords.

1re, 2me, 4me, 5me, 6me et 8me aiguille — avec le fil écru : glisser 1 m., 1 m. à l'endroit, * 1 m. à l'endroit, 1 m. à l'envers, 1 m. à l'endroit, 1 m. à l'envers; reprendre à *, 3 m. à l'endroit.

Fig. 462. Fond de tricot natté.

3me aiguille — avec le fil écru : glisser 1 m., 1 m. à l'endroit, * 1 m. à l'endroit — avec le fil de couleur : 1 m. à l'envers — avec le fil écru : 1 m. à l'endroit, 1 m. à l'envers; reprendre à *, 3 m. à l'endroit. A la fin de l'aiguille couper le fil de couleur.

7me aiguille — avec le fil écru : glisser 1 m., 1 m. à l'endroit,

* 1 m. à l'endroit, 1 m. à l'envers, 1 m. à l'endroit — avec le fil de couleur : 1 m. à l'envers ; reprendre à *, 3 m. à l'endroit. A la fin de l'aiguille couper le fil de couleur.

Reprendre à partir de la 1re aiguille.

Fond de tricot natté (fig. 462). — Les ouvrages au tricot exécutés avec un point genre natté sont généralement associés à un autre tricot à mailles simples et servent à confectionner des couvertures de lit, couvertures de berceau, etc.

Pour faire le point natté, on est obligé de croiser les mailles, c'est-à-dire qu'on tricote d'abord la seconde maille et puis la première maille sur l'aiguille de gauche. Lorsqu'on croise deux ou plusieurs mailles dans quelques tours, les points de tricot forment peu à peu une natte telle qu'on la voit dans la fig. 462.

Monter un nombre de mailles divisible par 6 plus 6 m. pour les bords.

Fig. 463. Fond de tricot au point turc.

1re et 3me aiguille — glisser 1 m., 1 m. à l'endroit, * 2 m. à l'envers, 4 m. à l'endroit ; reprendre à *, 2 m. à l'envers, 2 m. à l'endroit.

2me, 4me et 6me aiguille — glisser 1 m., 1 m. à l'endroit, * 2 m. à l'endroit, 4 m. à l'envers, reprendre à *, 4 m. à l'endroit.

5me aiguille — glisser 1 m., 1 m. à l'endroit, * 2 m. à l'envers, glisser 2 m. sur une aiguille auxiliaire et laisser cette aiguille pendre à l'intérieur de l'ouvrage ; tricoter 2 autres mailles à l'endroit, puis les 2 m. sur l'aiguille auxiliaire ; reprendre à *, 2 m. à l'envers, 2 m. à l'endroit.

Reprendre à partir de la 1re aiguille.

On peut aussi faire une natte double, avec 6 mailles ; dans ce cas, on croisera les mailles alternativement à droite et à gauche.

Fond de tricot au point turc (fig. 463). — Ce point se fait en une seule aiguille. — 1 jeté, rabattre 1 m., 1 jeté, rabattre 1 m., et ainsi de suite.

Fond de tricot ajouré avec deux sortes de fil (fig. 464). Les points de tricot exécutés avec des fils de grosseurs différentes sont ceux avec lesquels on peut établir les plus jolis modèles pour couvertures, châles, rideaux, etc.

Pour arriver à bien faire le modèle ci-contre et le suivant, il est indispensable de se servir de fortes aiguilles.

Monter un nombre de mailles divisible par 8 plus 4 m. pour les bords.

1re et 11me aiguille — avec le gros fil: glisser 1 m., 1 m. à l'endroit, * 8 m. à l'envers; reprendre à *, 2 m. à l'endroit.

2me aiguille — glisser 1 m., 1 m. à l'endroit, * 4 m. à l'endroit, 2 jetés, 4 m. à l'endroit; reprendre à *, 2 m. à l'endroit.

3me aiguille — avec le fil fin: glisser 1 m., * 1 diminution à l'endroit, 1 jeté, 1 diminution à l'endroit, 1 jeté, glisser 1 m., laisser tomber le jeté double, glisser 1 m., 1 diminution à l'endroit, 1 jeté; reprendre à *, 1 diminution à l'endroit, 1 jeté, 1 m. à l'endroit.

4me, 6me et 8me aiguille — glisser 1 m., 1 m. à l'endroit, * 3 m. à l'envers, glisser 2 m., 3 m. à l'envers; reprendre à *, 2 m. à l'endroit.

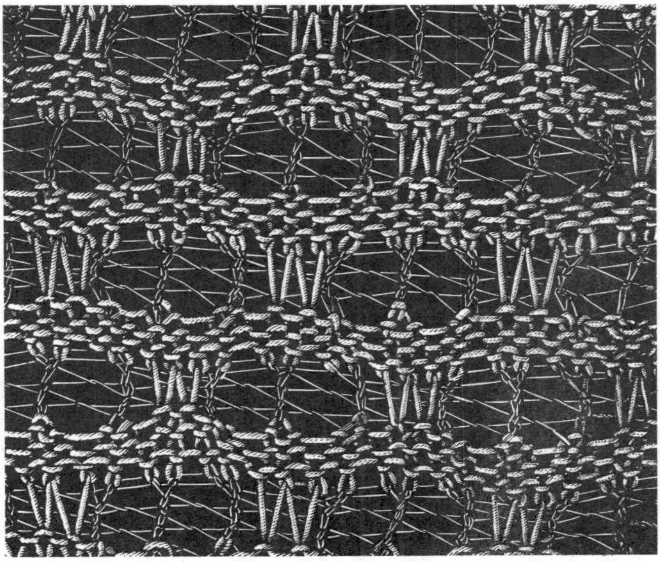

Fig. 464. Fond de tricot ajouré avec deux sortes de fil.
Fournitures : Alsatia D·M·C No 15 et Cordonnet spécial D·M·C No 60 ou 80, en blanc ou écru.

5me et 7me aiguille glisser 1 m., * 1 diminution à l'endroit, 1 jeté, 1 diminution à l'endroit, 1 jeté, glisser 2 m., 1 diminution à l'endroit, 1 jeté; reprendre à *, 1 diminution à l'endroit, 1 jeté, 1 m. à l'endroit.

9me, 10me, 19me et 20me aiguille — avec le gros fil: glisser 1 m., à l'endroit.

12me aiguille glisser 1 m., 1 m. à l'endroit, * 1 jeté, 8 m. à l'endroit, 1 jeté; reprendre à * de manière à avoir 2 jetés, 2 m. à l'endroit.

13me aiguille avec le fil fin: glisser 1 m., 1 m. à l'endroit,

* laisser tomber le jeté, glisser 1 m., faire trois fois: 1 diminution à l'endroit et 1 jeté; glisser 1 m., laisser tomber le jeté; reprendre à *, 2 m. à l'endroit.

14me, 16me et 18me aiguille — glisser 1 m., 1 m. à l'endroit, * glisser 1 m., 6 m. à l'envers, glisser 1 m., reprendre à *, 2 m. à l'endroit.

15me et 17me aiguille — glisser 1 m., 1 m. à l'endroit, * glisser 1 m., faire trois fois: 1 diminution à l'endroit et 1 jeté; glisser 1 m., reprendre à *, 2 m. à l'endroit. Reprendre à partir de la 1re aiguille.

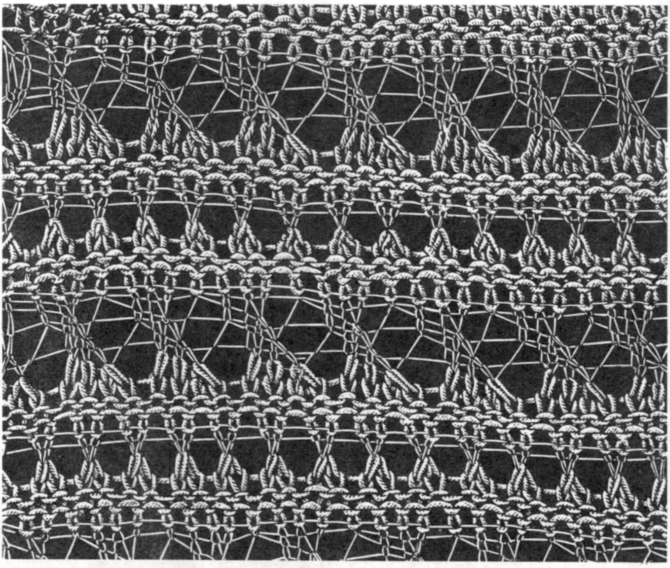

Fig. 465. Fond de tricot ajouré avec deux sortes de fil.
Fournitures : Alsatia D·M·C No 15 et Cordonnet spécial D·M·C No 60 ou 80, en blanc ou écru.

Fond de tricot ajouré avec deux sortes de fil (fig. 465). Monter un nombre de mailles divisible par 4 plus 4 m. pour les bords.

1re, 2me, 11me et 12me aiguille — avec le gros fil: glisser 1 m., 1 m. à l'endroit, * 4 m. à l'envers; reprendre à *, 2 m. à l'endroit.

3me aiguille — avec le fil fin: glisser 1 m., 1 m. à l'endroit, * 1 jeté, rabattre 1 m., 2 m. à l'endroit; reprendre à *, 2 m. à l'endroit.

4me, 6me, 8me et 14me aiguille — glisser 1 m., 1 m. à l'endroit, * 4 m. à l'envers; reprendre à *, 2 m. à l'endroit.

5me aiguille — glisser 1 m., 1 m. à l'endroit, * 1 m. à l'endroit, 1 jeté, rabattre 1 m., 1 m. à l'endroit; reprendre à *, 2 m. à l'endroit.

7me aiguille — glisser 1 m., 1 m. à l'endroit, * 2 m. à l'endroit, 1 jeté, rabattre 1 m.; reprendre à *, 2 m. à l'endroit.

9me, 10me, 15me et 16me aiguille — avec le gros fil : glisser 1 m., à l'endroit.

13me aiguille — avec le fil fin : glisser 1 m., 1 m. à l'endroit *, 1 diminution à l'endroit, 1 jeté, 1 diminution à l'endroit, 1 jeté ; reprendre à *, 2 m. à l'endroit.

Reprendre à partir de la 1re aiguille.

Fond de tricot ajouré (fig. 466). — Monter un nombre de mailles divisible par 9 plus 7 m. pour les bords.

1re aiguille — glisser 1 m., 1 m. à l'endroit, * 1 jeté, glisser 1 m., 1 diminution à l'endroit, rabattre la m. glissée, 1 jeté, 1 m. à l'endroit, 1 jeté double, 4 m. à l'endroit, 1 jeté double, 1 m. à l'endroit ; reprendre à *, 1 jeté, glisser 1 m., 1 diminution à l'endroit, rabattre la m. glissée, 1 jeté, 2 m. à l'endroit.

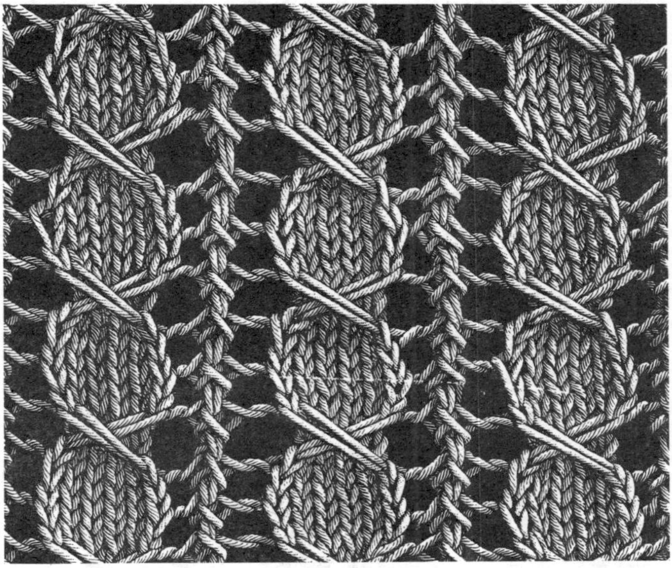

Fig. 466. Fond de tricot ajouré.

2me aiguille — glisser 1 m., 1 m. à l'endroit, * 3 m. à l'envers, glisser la m. suivante, laisser tomber le jeté double, 4 m. à l'envers = tourner = 4 m. à l'endroit = tourner = 4 m. à l'envers, laisser tomber le jeté double, glisser la m. suivante ; reprendre à *, 3 m. à l'envers, 2 m. à l'endroit.

3me aiguille — glisser 1 m., 1 m. à l'endroit, * 1 jeté, glisser 1 m., 1 diminution à l'endroit, rabattre la m. glissée, 1 jeté, laisser tomber la m. glissée, tricoter d'abord et par-devant les autres mailles la maille qui suit le second jeté double, puis les 4 autres mailles à l'endroit, relever en dernier la maille tombée et la tricoter à l'endroit sur l'endroit de l'ouvrage ; reprendre à *, 1 jeté, glisser 1 m., 1 diminution à l'endroit, rabattre la m. glissée, 1 jeté, 2 m. à l'endroit.

4me et 6me aiguille — glisser 1 m., 1 m. à l'endroit, * 9 m. à l'envers; reprendre à *, 3 m. à l'envers, 2 m. à l'endroit.

5me aiguille — glisser 1 m., 1 m. à l'endroit, * 1 jeté, glisser 1 m., 1 diminution à l'endroit, rabattre la m. glissée, 1 jeté, 6 m. à l'endroit; reprendre à *, 1 jeté, glisser 1 m., 1 diminution à l'endroit, rabattre la m. glissée, 1 jeté, 2 m. à l'endroit.

Reprendre à partir de la 1re aiguille.

Fond de tricot ajouré (fig. 467). — Monter un nombre de mailles divisible par 14 plus 7 mailles pour les bords.

Fig. 467. Fond de tricot ajouré.

1re et 3me aiguille — glisser 1 m., * rabattre 1 m., 1 jeté, 1 m. à l'endroit prise par derrière, 1 jeté, 1 diminution à l'endroit, 9 m. à l'endroit; reprendre à *, rabattre 1 m., 1 jeté, 1 m. à l'endroit prise par derrière, 1 jeté, 1 diminution à l'endroit, 1 m. à l'endroit.

2me, 4me, 6me, 8me, 10me, 12me et 14me aiguille — glisser 1 m., 1 m. à l'endroit, * 1 m. à l'envers, 1 m. à l'envers prise par derrière, 12 m. à l'envers; reprendre à *, 1 m. à l'envers, 1 m. à l'envers prise par derrière, 1 m. à l'envers, 2 m. à l'endroit.

5me aiguille — glisser 1 m., * rabattre 1 m., 1 jeté, 1 m. à l'endroit prise par derrière, 1 jeté, 1 diminution à l'endroit, 2 m. à l'endroit, 1 diminution à l'endroit, 1 jeté, 1 m. à l'endroit, 1 jeté, rabattre 1 m., 2 m. à l'endroit: reprendre à *, rabattre 1 m., 1 jeté, 1 m. à l'endroit prise par derrière, 1 jeté, 1 diminution à l'endroit, 1 m. à l'endroit.

7me aiguille — glisser 1 m., * rabattre 1 m., 1 jeté, 1 m. à l'endroit prise par derrière, 1 jeté, 1 diminution à l'endroit, 1 m. à l'endroit, 1 diminution à l'endroit, 1 jeté, 3 m. à l'endroit,

1 jeté, rabattre 1 m., 1 m. à l'endroit; reprendre à *, rabattre 1 m., 1 jeté, 1 m. à l'endroit prise par derrière, 1 jeté, 1 diminution à l'endroit, 1 m. à l'endroit.

9me aiguille — glisser 1 m., * rabattre 1 m., 1 jeté, 1 m. à l'endroit prise par derrière, 1 jeté, 2 diminutions à l'endroit, 1 jeté, 5 m. à l'endroit, 1 jeté, rabattre 1 m.; reprendre à *, rabattre 1 m., 1 jeté, 1 m. à l'endroit prise par derrière, 1 jeté, 1 diminution à l'endroit, 1 m. à l'endroit.

11me aiguille — glisser 1 m., * rabattre 1 m., 1 jeté, 1 m. à l'endroit prise par derrière, 1 jeté, 1 diminution à l'endroit, 2 m. à l'endroit, 1 jeté, rabattre 1 m., 1 m. à l'endroit, 1 diminution à l'endroit, 1 jeté, 2 m. à l'endroit; reprendre à *, rabattre 1 m., 1 jeté, 1 m. à l'endriot prise par derrière, 1 jeté, 1 diminution à l'endroit, 1 m. à l'endroit.

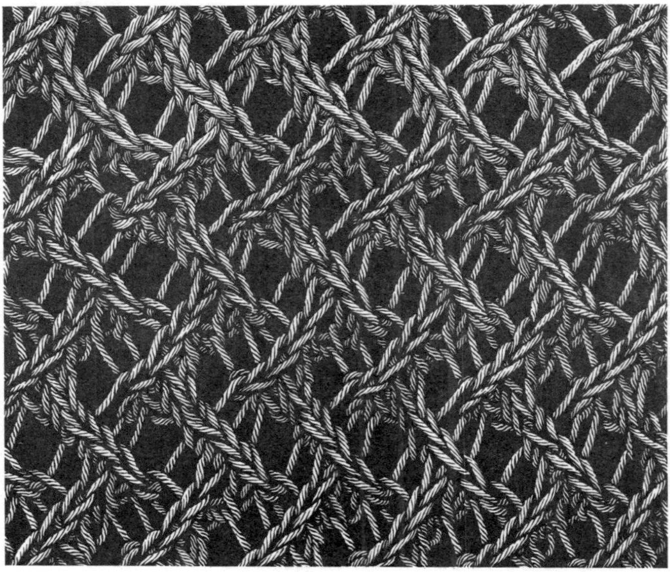

Fig. 468. Fond de tricot ajouré.

13me aiguille—glisser 1 m., * rabattre 1 m., 1 jeté, 1 m. à l'endroit prise par derrière, 1 jeté, 1 diminution à l'endroit, 3 m. à l'endroit, 1 jeté, glisser 1 m., 1 diminution à l'endroit, rabattre la m. glissée, 1 jeté, 3 m. à l'endroit; reprendre à *, rabattre 1 m., 1 jeté, 1 m. à l'endroit prise par derrière, 1 jeté, 1 diminution à l'endroit, 1 m. à l'endroit.

Reprendre à partir de la 1re aiguille.

Fond de tricot ajouré (fig. 468). — Les modèles que présentent les fig. 468 et 469 conviennent tout spécialement aux fichus, châles, capelines, etc. Suivant la grosseur du coton on se servira d'aiguilles en ivoire ou en acier; les dernières sont recommandées pour les fils fins.

Monter un nombre de mailles divisible par 4 plus 4 m. pour les bords.

1re aiguille — glisser 1 m., 1 m. à l'endroit, * 1 jeté, rabattre 1 m., 2 m. à l'endroit; reprendre à *, 2 m. à l'endroit.

2me aiguille — glisser 1 m., 1 m. à l'endroit, * 1 m. à l'envers, 1 diminution à l'envers prise par derrière, 1 jeté, 1 m. à l'envers; reprendre à *, 2 m. à l'endroit.

3me aiguille — glisser 1 m., 1 m. à l'endroit, * 2 m. à l'endroit, 1 jeté, rabattre 1 m.; reprendre à *, 2 m. à l'endroit.

4me aiguille — glisser 1 m., * 1 diminution à l'envers prise par derrière, 1 jeté, 2 m. à l'envers; reprendre à *, 1 m. à l'envers, 2 m. à l'endroit.

Fig. 469. Fond de tricot ajouré.

5me aiguille — glisser 1 m., 1 m. à l'endroit, * 1 m. à l'endroit, 1 diminution à l'endroit, 1 jeté, 1 m. à l'endroit; reprendre à *, 2 m. à l'endroit.

6me aiguille — glisser 1 m., 1 m. à l'endroit, * 2 m. à l'envers, 1 jeté, 1 diminution à l'envers; reprendre à *, 2 m. à l'endroit.

7me aiguille — glisser 1 m., * 1 diminution à l'endroit, 1 jeté, 2 m. à l'endroit; reprendre à *, 3 m. à l'endroit.

8me aiguille — glisser 1 m., 1 m. à l'endroit, * 1 jeté, 1 diminution à l'envers, 2 m. à l'envers; reprendre à *, 2 m. à l'endroit.

Reprendre à partir de la 1re aiguille.

Fond de tricot ajouré (fig. 469). — Monter un nombre de mailles divisible par 6 plus 5 m. pour les bords.

1re aiguille — glisser 1 m., 1 m. à l'endroit, * 1 m. à l'endroit, 1 jeté, rabattre 1 m., 1 m. à l'endroit, 1 diminution à l'endroit, 1 jeté; reprendre à *, 3 m. à l'endroit.

2me, 4me, 6me, 8me, 10me et 12me aiguille — glisser 1 m., 1 m. à l'endroit, à l'envers et les 2 dernières m. à l'endroit.

3me aiguille — glisser 1 m., 1 m. à l'endroit, * 2 m. à l'endroit, 1 jeté, 3 m. à l'endroit, 1 jeté, 1 m. à l'endroit; reprendre à *, 3 m. à l'endroit.

5me aiguille — glisser 1 m., 1 m. à l'endroit, 1 diminution à l'endroit, * 1 jeté, rabattre 1 m., 1 m. à l'endroit, 1 diminution à l'endroit, 1 jeté, glisser 1 m., 1 diminution à l'endroit, rabattre la m. glissée; reprendre à *, 1 jeté, rabattre 1 m., 1 m. à l'endroit, 1 diminution à l'endroit, 1 jeté, rabattre 1 m., 2 m. à l'endroit.

7me aiguille — glisser 1 m., 1 m. à l'endroit, * 1 m. à l'endroit, 1 diminution à l'endroit, 1 jeté, 1 m à l'endroit, 1 jeté, rabattre 1 m.; reprendre à *, 3 m. à l'endroit.

Fig. 470. Fond de tricot ajouré.

9me aiguille — glisser 1 m., 1 m. à l'endroit, * 2 m. à l'endroit, 1 jeté, 3 m. à l'endroit, 1 jeté, 1 m. à l'endroit; reprendre à *, 3 m. à l'endroit.

11me aiguille — glisser 1 m., 1 m. à l'endroit, * 1 m. à l'endroit, 1 diminution à l'endroit, 1 jeté, glisser 1 m., 1 diminution à l'endroit, rabattre la m. glissée, 1 jeté, rabattre 1 m.; reprendre à *, 3 m. à l'endroit.

Reprendre à partir de la 1re aiguille.

Fond de tricot ajouré (fig. 470). — Monter un nombre de mailles divisible par 14 plus 5 m. pour les bords.

1re aiguille — glisser 1 m., 1 m. à l'endroit, * 1 m. à l'endroit, 1 jeté, 2 m. à l'endroit, 3 m. à l'envers, 1 diminution à l'envers avec 3 m., 3 m. à l'envers, 2 m. à l'endroit, 1 jeté; reprendre à *, 3 m. à l'endroit.

2me aiguille — glisser 1 m., 1 m. à l'endroit, * 4 m. à l'envers, 7 m. à l'endroit, 3 m. à l'envers; reprendre à *, 1 m. à l'envers, 2 m. à l'endroit.

3me aiguille — glisser 1 m., 1 m. à l'endroit, * 2 m. à l'endroit, 1 jeté, 2 m. à l'endroit, 2 m. à l'envers, 1 diminution à l'envers avec 3 m., 2 m. à l'envers, 2 m. à l'endroit, 1 jeté, 1 m. à l'endroit; reprendre à *, 3 m. à l'endroit.

4me aiguille — glisser 1 m., 1 m. à l'endroit, * 5 m. à l'envers, 5 m. à l'endroit, 4 m. à l'envers; reprendre à *, 1 m. à l'envers, 2 m. à l'endroit.

5me aiguille — glisser 1 m., 1 m. à l'endroit, * 3 m. à l'endroit, 1 jeté, 2 m. à l'endroit, 1 m. à l'envers, 1 diminution à l'envers avec 3 m., 1 m. à l'envers, 2 m. à l'endroit, 1 jeté, 2 m. à l'endroit; reprendre à *, 3 m. à l'endroit.

6me aiguille — glisser 1 m., 1 m. à l'endroit, * 6 m. à l'envers, 3 m. à l'endroit, 5 m. à l'envers; reprendre à *, 1 m. à l'envers, 2 m. à l'endroit.

7me aiguille — glisser 1 m., 1 m. à l'endroit, * 4 m. à l'endroit, 1 jeté, 2 m. à l'endroit, 1 diminution à l'envers avec 3 m., 2 m. à l'endroit, 1 jeté, 3 m. à l'endroit; reprendre à *, 3 m. à l'endroit.

8me aiguille — glisser 1 m., 1 m. à l'endroit, * 7 m. à l'envers, 1 m. à l'endroit, 6 m. à l'envers; reprendre à *, 1 m. à l'envers, 2 m. à l'endroit.

9me aiguille — glisser 1 m., 1 m. à l'endroit, 1 diminution à l'envers avec 2 m., * 3 m. à l'envers, 2 m. à l'endroit, 1 jeté, 1 m. à l'endroit, 1 jeté, 2 m. à l'endroit, 3 m. à l'envers * *, 1 diminution à l'envers avec 3 m.; reprendre à *, à la dernière répétition ne travailler que jusqu'à **, 1 diminution à l'envers avec 2 m., 2 m. à l'endroit.

10me aiguille — glisser 1 m., 1 m. à l'endroit, * 4 m. à l'endroit, 7 m. à l'envers, 3 m. à l'endroit; reprendre à *, 3 m. à l'endroit.

11me aiguille — glisser 1 m., 1 m. à l'endroit, 1 diminution à l'envers avec 2 m., * 2 m. à l'envers, 2 m. à l'endroit, 1 jeté, 3 m. à l'endroit, 1 jeté, 2 m. à l'endroit, 2 m. à l'envers **, 1 diminution à l'envers avec 3 m.; reprendre à *, à la dernière répétition ne travailler que jusqu'à **, 1 diminution à l'envers avec 2 m., 2 m. à l'endroit.

12me aiguille — glisser 1 m., 1 m. à l'endroit, * 3 m. à l'endroit, 9 m. à l'envers, 2 m. à l'endroit; reprendre à *, 3 m. à l'endroit.

13me aiguille — glisser 1 m., 1 m. à l'endroit, 1 diminution à l'envers avec 2 m., * 1 m. à l'envers, 2 m. à l'endroit, 1 jeté, 5 m. à l'endroit, 1 jeté, 2 m. à l'endroit, 1 m. à l'envers **, 1 diminution à l'envers avec 3 m.; reprendre de *, à la dernière répétition ne travailler que jusqu'à **, 1 diminution à l'envers avec 2 m., 2 m. à l'endroit.

14me aiguille — glisser 1 m., 1 m. à l'endroit, * 2 m. à l'endroit, 11 m. à l'envers, 1 m. à l'endroit; reprendre à *, 3 m. à l'endroit.

15me aiguille — glisser 1 m., 1 m. à l'endroit, 1 diminution à l'envers avec 2 m., * 2 m. à l'endroit, 1 jeté, 7 m. à l'endroit, 1 jeté, 2 m. à l'endroit **, 1 diminution à l'envers avec 3 m.; reprendre à *, à la dernière répétition ne travailler que jusqu'à **, 1 diminution à l'envers avec 2 m., 2 m. à l'endroit.

16me aiguille — glisser 1 m., 1 m. à l'endroit, * 1 m. à l'endroit, 13 m. à l'envers; reprendre à *, 3 m. à l'endroit.

Reprendre à partir de la 1re aiguille.

Dentelle au tricot (fig. 471). — On choisit généralement un fil bien net et tordu pour les dentelles tricotées, afin que le dessin se détache nettement sur le fond. On obtiendra de jolis effets en terminant les petits ouvrages au tricot par une dentelle du même genre. Nous avons choisi de préférence des modèles qui, tout en étant très faciles, peuvent être classés parmi les plus jolies dentelles au tricot.

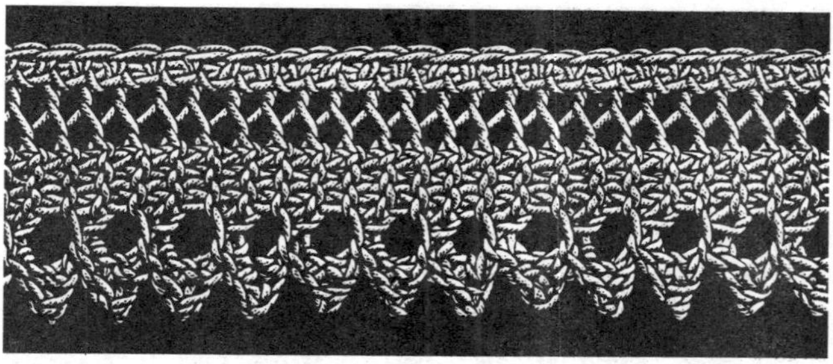

Fig. 471. Dentelle au tricot.
Fournitures : Alsatia D·M·C Nos 25 à 40, Cordonnet spécial D·M·C Nos 30 à 50, Fil à dentelles D·M·C Nos 30 à 70, Fil d'Alsace D·M·C Nos 30 à 50, Lin pour dentelles D·M·C Nos 25 à 50 ou Lin à tricoter et à crocheter D·M·C Nos 25 à 50, en blanc ou écru.

Monter 9 mailles.

1re aiguille — glisser 1 m., 2 m. à l'endroit, 1 jeté, 1 diminution à l'endroit, 2 m. à l'endroit, 1 jeté double, 2 m. à l'endroit.

2me aiguille — glisser 1 m., 2 m. à l'endroit, 1 m. à l'envers, 4 m. à l'endroit, 1 jeté, 1 diminution à l'endroit, 1 m. à l'endroit.

3me aiguille — glisser 1 m., 2 m. à l'endroit, 1 jeté, 1 diminution à l'endroit, 6 m. à l'endroit.

4me aiguille — rabattre 2 m. en chaîne, 5 m. à l'endroit, 1 jeté, 1 diminution à l'endroit, 1 m. à l'endroit.

Reprendre à partir de la 1re aiguille.

Dentelle au tricot (fig. 472). — Monter 10 mailles.

1re aiguille — glisser 1 m., 2 m. à l'endroit, 1 jeté, 1 diminution à l'endroit, 1 m. à l'endroit, 2 jetés, 1 diminution à l'endroit, 2 jetés, 1 diminution à l'endroit.

2me aiguille — glisser 1 m., 1 m. à l'endroit, 1 m. à l'envers, 2 m. à l'endroit, 1 m. à l'envers, 3 m. à l'endroit, 1 jeté, 1 diminution à l'endroit, 1 m. à l'endroit.

3me aiguille — glisser 1 m., 2 m. à l'endroit, 1 jeté, 1 diminution à l'endroit, 3 m. à l'endroit, 2 jetés, 1 diminution à l'endroit, 2 jetés, 1 diminution à l'endroit.

4me aiguille — glisser 1 m., 1 m. à l'endroit, 1 m. à l'envers, 2 m. à l'endroit, 1 m. à l'envers, 5 m. à l'endroit, 1 jeté, 1 diminution à l'endroit, 1 m. à l'endroit.

5me aiguille — glisser 1 m., 2 m. à l'endroit, 1 jeté, 1 diminution à l'endroit, 5 m. à l'endroit, 2 jetés, 1 diminution à l'endroit, 2 jetés, 1 diminution à l'endroit.

6me aiguille — glisser 1 m., 1 m. à l'endroit, 1 m. à l'envers, 2 m. à l'endroit, 1 m. à l'envers, 7 m. à l'endroit, 1 jeté, 1 diminution à l'endroit, 1 m. à l'endroit.

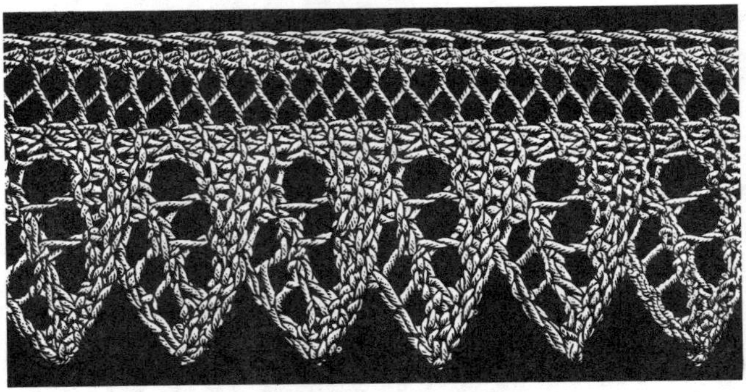

Fig. 472. Dentelle au tricot.

Fournitures : Alsatia D·M·C Nos 15 à 25, Fil à dentelles D·M·C Nos 30 à 90, Fil d'Alsace D·M·C Nos 30 à 60, Lin pour dentelles D·M·C Nos 20 à 40 ou Lin a tricoter et à crocheter D·M·C Nos 20 à 40, en blanc ou écru.

7me aiguille — glisser 1 m., 2 m. à l'endroit, 1 jeté, 1 diminution à l'endroit, 11 m. à l'endroit.

8me aiguille — rabattre 6 m. en chaîne, 6 m. à l'endroit, 1 jeté, 1 diminution à l'endroit, 1 m. à l'endroit. Reprendre à partir de la 1re aiguille.

Dentelle au tricot (fig. 473). — Monter 13 mailles.

1re aiguille — glisser 1 m., 1 m. à l'envers, 1 diminution à l'envers, 1 jeté, 9 m. à l'endroit.

2me aiguille — glisser 1 m., 8 m. à l'endroit, 1 jeté, 2 m. à l'endroit, 1 m. à l'endroit prise par derrière, 1 m. à l'endroit.

3me aiguille — glisser 1 m., 2 m. à l'envers, 1 jeté, 1 diminution à l'envers, 1 jeté, 9 m. à l'endroit.

4me aiguille — glisser 1 m., 8 m. à l'endroit, 1 jeté, 1 diminution à l'endroit, 1 jeté, 2 m. à l'endroit, 1 m. à l'endroit prise par derrière, 1 m. à l'endroit.

5me aiguille — glisser 1 m., 2 m. à l'envers, 1 jeté, 1 diminution à l'envers, 1 jeté, 1 diminution à l'envers, 1 jeté, 9 m. à l'endroit.

6me aiguille — glisser 1 m., 8 m. à l'endroit, 1 jeté, 1 diminution à l'endroit, 1 jeté, 1 diminution à l'endroit, 1 jeté, 2 m. à l'endroit, 1 m. à l'endroit prise par derrière, 1 m. à l'endroit.

7me aiguille — glisser 1 m., 2 m. à l'envers, 1 jeté, 1 diminution à l'envers, 1 jeté, 1 diminution à l'envers, 1 jeté, 1 diminution à l'envers, 1 jeté, 9 m. à l'endroit.

8me aiguille — glisser 1 m., 8 m. à l'endroit, 1 jeté, 1 diminution à l'endroit, 1 jeté, 1 diminution à l'endroit, 1 jeté, 1 diminution à l'endroit, 1 jeté, 2 m. à l'endroit, 1 m. à l'endroit prise par derrière, 1 m. à l'endroit.

9me aiguille — glisser 1 m., 2 m. à l'envers, 1 jeté, 1 diminution à l'envers, 1 jeté, 1 diminution à l'envers, 1 jeté, 1 diminution à l'envers, 1 jeté, 1 diminution à l'envers, 1 jeté, 9 m. à l'endroit.

10me aiguille — rabattre 8 m. en chaîne, 10 m. à l'endroit, 1 m. à l'endroit prise par derrière, 1 m. à l'endroit.

Reprendre à partir de la 1re aiguille.

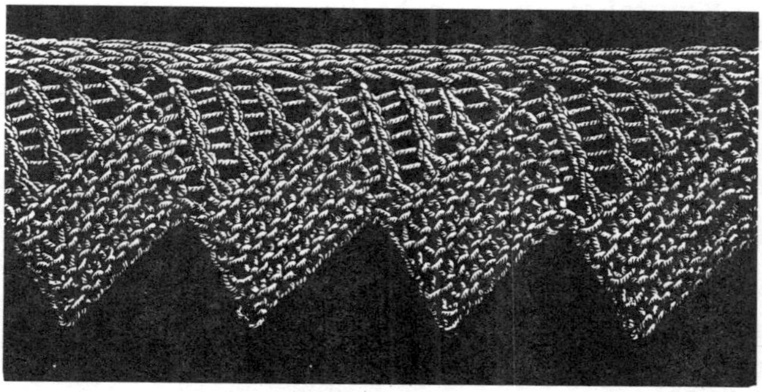

Fig. 473. Dentelle au tricot.

Fournitures : Retors spécial pour mercerie D·M·C Nos 15 à 50, Alsatia D·M·C Nos 15 à 40, Fil à dentelles D·M·C Nos 30 à 70, Fil d'Alsace D·M·C Nos 30 à 60, Lin pour dentelles D·M·C Nos 16 à 50 ou Lin à tricoter et à crocheter D·M·C Nos 16 à 50, en blanc ou écru.

Dentelles de Syrmie (fig. 474). — Les femmes de la Syrmie, pays situé entre Novisad et Belgrade, garnissent aujourd'hui comme aux temps passés, leurs robes et leur lingerie de dentelles tricotées, d'un genre à part, appelées « Jours de Syrmie ». L'aspect particulier de ce tricot ajouré provient des grands jours obtenus par le rassemblement des jetés de plusieurs rangs qui forment des brides épaisses, irrégulièrement surjetées. Ces jetés sont doubles, précédés et suivis d'une diminution à l'envers.

Dans le 1er rang, la 1re diminution à l'envers se fait avec 2 mailles ordinaires, puis viennent 2 jetés et la 2me diminution à l'envers avec les 2 mailles suivantes.

Dans le 2me rang, la 1re diminution se fait avec la maille sortie de la diminution inférieure et le 1er des 2 jetés ; la 2me diminution se fait avec le 2me jeté et la maille provenant de la 2me diminution inférieure.

Au 3me rang, la 1re diminution est faite avec la maille provenant de la 1re diminution inférieure, et l'aiguille est conduite sous les 2 jetés inférieurs superposés pour former la diminution à l'envers.

La 2me diminution à l'envers est faite comme les diminutions à l'envers ordinaires.

Suivant les dessins, on peut exécuter encore 1 ou 2 rangs où l'aiguille, pour former la 1re diminution, doit être conduite sous 3 ou 4 jetés inférieurs superposés.

La fig. 474 fait voir la 1re diminution du 3me rang, où l'aiguille est conduite sous les jetés des 2 rangs inférieurs.

Nous donnons de ce genre spécial d'ouvrage au tricot deux modèles, un de dentelle et un d'entre-deux, voir les fig. 475 et 477, qui seront certainement très appréciés.

Dentelle au tricot (fig. 475). — Monter 17 mailles.

1re et 3me aiguille — faire deux fois: 1 jeté et 1 diminution à l'envers; 9 m. à l'endroit, faire deux fois: 1 jeté et 1 diminution à l'envers.

Fig. 474. Dentelles de Syrmie. Manière d'exécuter les jours.

2me et 4me aiguille — faire deux fois: 1 jeté et 1 diminution à l'envers; 11 m. à l'endroit, 1 jeté, 1 diminution à l'envers.

5me aiguille — 1 jeté, 1 diminution à l'envers, 1 jeté, 2 m. à l'endroit, 1 diminution à l'envers, 2 jetés, 1 diminution à l'envers, 5 m. à l'endroit, faire deux fois: 1 jeté et 1 diminution à l'envers.

6me aiguille — faire deux fois: 1 jeté et 1 diminution à l'envers; 5 m. à l'endroit, 1 diminution à l'envers, 2 jetés, 1 diminution à l'envers, 3 m. à l'endroit, 1 jeté, 1 diminution à l'envers.

7me aiguille — 1 jeté, 1 diminution à l'envers, 1 jeté, 3 m. à l'endroit, 1 diminution à l'envers pour laquelle on introduit l'aiguille sous les 2 jetés inférieurs, 2 jetés, 1 diminution à l'envers, 5 m. à l'endroit, faire deux fois: 1 jeté et 1 diminution à l'envers.

8me aiguille — faire deux fois: 1 jeté et 1 diminution à l'envers; 5 m. à l'endroit, 1 diminution à l'envers pour laquelle on introduit l'aiguille sous les 3 jetés inférieurs, 2 jetés, 1 diminution à l'envers, 4 m. à l'endroit, 1 jeté, 1 diminution à l'envers.

9me aiguille — 1 jeté, 1 diminution à l'envers, 1 jeté, 2 m. à l'endroit, 1 diminution à l'envers, 2 jetés, 1 diminution à l'envers pour laquelle on introduit l'aiguille sous les 4 jetés inférieurs, 1 diminution à l'envers, 2 jetés, 1 diminution à l'envers, 3 m. à l'endroit, faire deux fois: 1 jeté et 1 diminution à l'envers.

10me aiguille — faire deux fois: 1 jeté et 1 diminution à l'envers; 3 m. à l'endroit, faire deux fois: 1 diminution à l'envers, 2 jetés et 1 diminution à l'envers; 3 m. à l'endroit, 1 jeté, 1 diminution à l'envers.

11me aiguille — 1 jeté, 1 diminution à l'envers, 1 jeté, 3 m. à l'endroit, faire deux fois: 1 diminution à l'envers pour laquelle on introduit l'aiguille sous les 2 jetés inférieurs, 2 jetés et

Fig. 475. Dentelle au tricot.

Fournitures: Fil à dentelles D·M·C Nos 30 à 90, Fil d'Alsace D·M·C Nos 30 à 70, Cordonnet spécial D·M·C Nos 20 à 70, Alsatia D·M·C Nos 25 à 40, Lin pour dentelles D·M·C Nos 16 à 50 ou Lin à tricoter et à crocheter D·M·C Nos 16 à 50, en blanc ou écru.

1 diminution à l'envers; 3 m. à l'endroit, faire deux fois: 1 jeté et 1 diminution à l'envers.

12me aiguille — faire deux fois: 1 jeté et 1 diminution à l'envers; 3 m. à l'endroit, faire deux fois: 1 diminution à l'envers pour laquelle on introduit l'aiguille sous les 3 jetés inférieurs, 2 jetés et 1 diminution à l'envers; 4 m. à l'endroit, 1 jeté, 1 diminution à l'envers.

13me aiguille — faire deux fois: 1 jeté et 1 diminution à l'envers; faire deux fois: 1 diminution à l'envers, 2 jetés et 1 diminution à l'envers pour laquelle on introduit l'aiguille sous les 4 jetés inférieurs; 1 diminution à l'envers, 2 jetés, 1 diminution à l'envers, 1 m. à l'endroit, faire deux fois: 1 jeté et 1 diminution à l'envers.

14me aiguille — faire deux fois: 1 jeté et 1 diminution à

l'envers; 1 m. à l'endroit, faire trois fois: 1 diminution à l'envers, 2 jetés et 1 diminution à l'envers; 2 m. à l'endroit, 1 jeté, 1 diminution à l'envers.

15me aiguille — faire deux fois: 1 jeté et 1 diminution à l'envers; faire trois fois: 1 diminution à l'envers pour laquelle on introduit l'aiguille sous les 2 jetés inférieurs, 2 jetés et 1 diminution à l'envers; 1 m. à l'endroit, faire deux fois: 1 jeté et 1 diminution à l'envers.

16me aiguille — faire deux fois: 1 jeté et 1 diminution à l'envers; 1 m. à l'endroit, faire trois fois: 1 diminution à l'envers pour laquelle on introduit l'aiguille sous les 3 jetés inférieurs, 2 jetés et 1 diminution à l'envers; 2 m. à l'endroit, 1 jeté, 1 diminution à l'envers.

17me aiguille — faire deux fois: 1 jeté et 1 diminution à l'envers; 1 diminution à l'envers pour laquelle on introduit l'aiguille sous les 4 jetés inférieurs, faire deux fois: 1 diminution à l'envers, 2 jetés et 1 diminution à l'envers pour laquelle on introduit l'aiguille sous les 4 jetés inférieurs; 3 m. à l'endroit, faire deux fois: 1 jeté et 1 diminution à l'envers.

18me aiguille — faire deux fois: 1 jeté et 1 diminution à l'envers; 3 m. à l'endroit, faire deux fois: 1 diminution à l'envers, 2 jetés et 1 diminution à l'envers; 3 m. à l'endroit, 1 jeté, 1 diminution à l'envers.

19me aiguille — faire deux fois: 1 jeté et 1 diminution à l'envers; 1 m. à l'endroit, faire deux fois: 1 diminution à l'envers pour laquelle on introduit l'aiguille sous les 2 jetés inférieurs, 2 jetés et 1 diminution à l'envers; 3 m. à l'endroit, faire deux fois: 1 jeté et 1 diminution à l'envers.

20me aiguille — faire deux fois: 1 jeté et 1 diminution à l'envers; 3 m. à l'endroit, faire deux fois: 1 diminution à l'envers pour laquelle on introduit l'aiguille sous les 3 jetés inférieurs, 2 jetés et 1 diminution à l'envers; 3 m. à l'endroit, 1 jeté, 1 diminution à l'envers.

21me aiguille — faire deux fois: 1 jeté et 1 diminution à l'envers; 1 m. à l'endroit, 1 diminution à l'envers pour laquelle on introduit l'aiguille sous les 4 jetés inférieurs, 1 diminution à l'envers, 2 jetés, 1 diminution à l'envers pour laquelle on introduit l'aiguille sous les 4 jetés inférieurs, 5 m. à l'endroit, faire deux fois: 1 jeté et 1 diminution à l'envers.

22me aiguille — faire deux fois: 1 jeté et 1 diminution à l'envers; 5 m. à l'endroit, 1 diminution à l'envers, 2 jetés, 1 diminution à l'envers, 4 m. à l'endroit, 1 jeté, 1 diminution à l'envers.

23me aiguille — faire deux fois: 1 jeté et 1 diminution à l'envers; 2 m. à l'endroit, 1 diminution à l'envers pour laquelle on introduit l'aiguille sous les 2 jetés inférieurs, 2 jetés, 1 diminution à l'envers, 5 m. à l'endroit, faire deux fois: 1 jeté et 1 diminution à l'envers.

24me aiguille — faire deux fois: 1 jeté et 1 diminution à l'envers; 5 m. à l'endroit, 1 diminution à l'envers pour laquelle on introduit l'aiguille sous les 3 jetés inférieurs, 2 jetés, 1 diminution à l'envers, 4 m. à l'endroit, 1 jeté, 1 diminution à l'envers.

25me aiguille — faire deux fois: 1 jeté et 1 diminution à l'envers; 2 m. à l'endroit, 1 diminution à l'envers pour laquelle on introduit l'aiguille sous les 4 jetés inférieurs, 1 diminution à l'envers, 5 m. à l'endroit, faire deux fois: 1 jeté et 1 diminution à l'envers.

Reprendre à partir de la 2me aiguille.

Entre-deux au tricot (fig. 476). — Monter 24 mailles.

1re aiguille — glisser 1 m., 2 m. à l'endroit, 1 jeté, 1 diminution à l'endroit, 1 m. à l'endroit, 1 m. mouche, 3 m. à l'endroit,

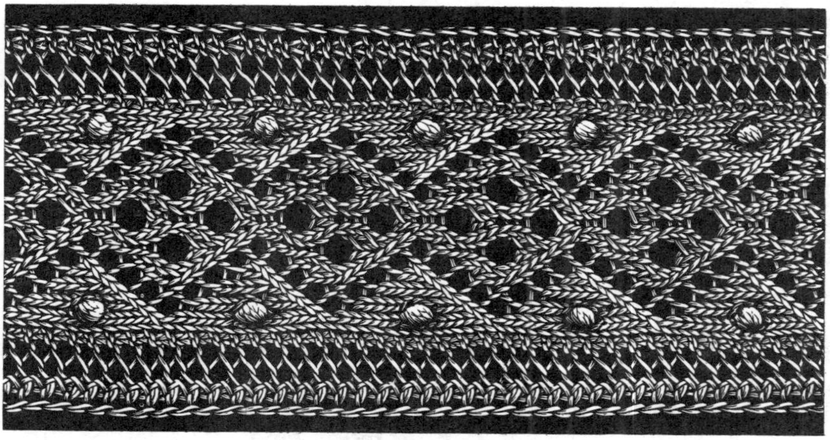

Fig. 476. Entre-deux au tricot.

Fournitures : Retors spécial pour mercerie D·M·C Nos 15 à 50, Alsatia D·M·C Nos 15 à 40, Fil à dentelles D·M·C Nos 30 à 90, Fil d'Alsace D·M·C Nos 30 à 100, Lin pour dentelles D·M·C Nos 12 à 50 ou Lin à tricoter et à crocheter D·M·C Nos 12 à 50, en blanc ou écru.

1 jeté, rabattre 1 m., 1 diminution à l'endroit, 1 jeté, 3 m. à l'endroit, 1 m. mouche, 3 m. à l'endroit, 1 jeté, 1 diminution à l'endroit, 1 m. à l'endroit.

2me, 4me, 8me, 12me et 16me aiguille — glisser 1 m., 2 m. à l'endroit, 1 jeté, 1 diminution à l'endroit, 14 m. à l'envers, 2 m. à l'endroit, 1 jeté, 1 diminution à l'endroit, 1 m. à l'endroit.

3me aiguille — glisser 1 m., 2 m. à l'endroit, 1 jeté, 1 diminution à l'endroit, 3 m. à l'endroit, 1 diminution à l'endroit, 1 jeté, 4 m. à l'endroit, 1 jeté, rabattre 1 m., 5 m. à l'endroit, 1 jeté, 1 diminution à l'endroit, 1 m. à l'endroit.

5me aiguille — glisser 1 m., 2 m. à l'endroit, 1 jeté, 1 diminution à l'endroit, 2 m. à l'endroit, 1 diminution à l'endroit, 1 jeté,

1 m. à l'endroit, 1 diminution à l'endroit, 2 jetés, rabattre 1 m., 1 m. à l'endroit, 1 jeté, rabattre 1 m., 4 m. à l'endroit, 1 jeté, 1 diminution à l'endroit, 1 m. à l'endroit.

6me et 14me aiguille — glisser 1 m., 2 m. à l'endroit, 1 jeté, 1 diminution à l'endroit, 6 m. à l'envers, 1 m. à l'endroit, 7 m. à l'envers, 2 m. à l'endroit, 1 jeté, 1 diminution à l'endroit, 1 m. à l'endroit.

7me aiguille — glisser 1 m., 2 m. à l'endroit, 1 jeté, 1 diminution à l'endroit, 1 m. à l'endroit, 1 diminution à l'endroit, 1 jeté, 8 m. à l'endroit, 1 jeté, rabattre 1 m., 3 m. à l'endroit, 1 jeté, 1 diminution à l'endroit, 1 m. à l'endroit.

9me aiguille — glisser 1 m., 2 m. à l'endroit, 1 jeté, deux fois 1 diminution à l'endroit, 1 jeté, 1 m. à l'endroit, 1 diminution à l'endroit, 2 jetés, rabattre 1 m., 1 diminution à l'endroit, 2 jetés, rabattre 1 m., 1 m. à l'endroit, 1 jeté, rabattre 1 m., 2 m. à l'endroit, 1 jeté, 1 diminution à l'endroit, 1 m. à l'endroit.

10me aiguille — glisser 1 m., 2 m. à l'endroit, 1 jeté, 1 diminution à l'endroit, 4 m. à l'envers, 1 m. à l'endroit, 3 m. à l'envers, 1 m. à l'endroit, 5 m. à l'envers, 2 m. à l'endroit, 1 jeté, 1 diminution à l'endroit, 1 m. à l'endroit.

11me aiguille — glisser 1 m., 2 m. à l'endroit, 1 jeté, 1 diminution à l'endroit, 2 m. à l'endroit, 1 jeté, rabattre 1 m., 6 m. à l'endroit, 1 diminution à l'endroit, 1 jeté, 4 m. à l'endroit, 1 jeté, 1 diminution à l'endroit, 1 m. à l'endroit.

13me aiguille — glisser 1 m., 2 m. à l'endroit, 1 jeté, 1 diminution à l'endroit, 3 m. à l'endroit, 1 jeté, rabattre 1 m., 1 diminution à l'endroit, 2 jetés, rabattre 1 m., 1 diminution à l'endroit, 1 jeté, 5 m. à l'endroit, 1 jeté, 1 diminution à l'endroit, 1 m. à l'endroit.

15me aiguille — glisser 1 m., 2 m. à l'endroit, 1 jeté, 1 diminution à l'endroit, 4 m. à l'endroit, 1 jeté, rabattre 1 m., 2 m. à l'endroit, 1 diminution à l'endroit, 1 jeté, 6 m. à l'endroit, 1 jeté, 1 diminution à l'endroit, 1 m. à l'endroit.

Reprendre à partir de la 1re aiguille.

Entre-deux au tricot (fig. 477). — Monter 24 mailles.

1re aiguille — faire deux fois: 1 jeté et 1 diminution à l'envers; faire deux fois: 1 diminution à l'envers, 2 jetés et 1 diminution à l'envers; 8 m. à l'endroit, faire deux fois: 1 jeté et 1 diminution à l'envers.

2me aiguille — faire deux fois: 1 jeté et 1 diminution à l'envers; 8 m. à l'endroit, faire deux fois: 1 diminution à l'envers, 2 jetés et 1 diminution à l'envers; faire deux fois: 1 jeté et 1 diminution à l'envers.

3me aiguille — faire deux fois: 1 jeté et 1 diminution à l'envers; faire deux fois: 1 diminution à l'envers pour laquelle on introduit l'aiguille sous les 2 jetés inférieurs, 2 jetés et

1 diminution à l'envers; 8 m. à l'endroit, faire deux fois: 1 jeté et 1 diminution à l'envers.

4me aiguille — faire deux fois: 1 jeté et 1 diminution à l'envers; 8 m. à l'endroit, faire deux fois: 1 diminution à l'envers pour laquelle on introduit l'aiguille sous les 3 jetés inférieurs, 2 jetés et 1 diminution à l'envers; faire deux fois: 1 jeté et 1 diminution à l'envers.

5me aiguille — faire deux fois: 1 jeté et 1 diminution à l'envers; 1 jeté, faire deux fois: 1 diminution à l'envers pour laquelle on introduit l'aiguille sous les 4 jetés inférieurs, 1 diminution à l'envers et 2 jetés; 1 diminution à l'envers, 6 m. à

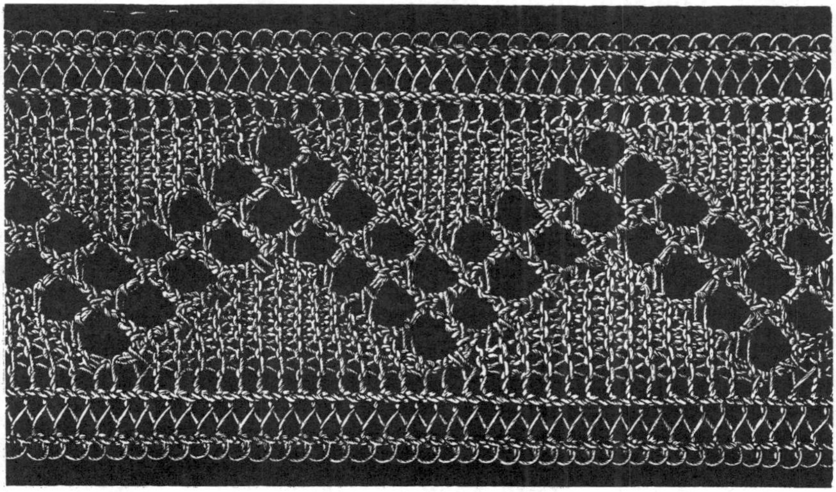

Fig. 477. Entre-deux au tricot.

Fournitures : Alsatia D·M·C Nos 15 à 40, Retors spécial pour mercerie D·M·C Nos 15 à 50, Fil à dentelles D·M·C Nos 30 à 70, Fil d'Alsace D·M·C Nos 30 à 60, Lin pour dentelles D·M·C Nos 16 à 50 ou Lin à tricoter et à crocheter D·M·C Nos 16 à 50, en blanc ou écru.

l'endroit, faire deux fois: 1 jeté et 1 diminution à l'envers.

6me aiguille — faire deux fois: 1 jeté et 1 diminution à l'envers; 6 m. à l'endroit, faire deux fois: 1 diminution à l'envers, 2 jetés et 1 diminution à l'envers; 1 m. à l'endroit, 1 m. à l'endroit prise par derrière, faire deux fois: 1 jeté et 1 diminution à l'envers.

7me et 31me aiguille — faire deux fois: 1 jeté et 1 diminution à l'envers; 2 m. à l'endroit, faire deux fois: 1 diminution à l'envers pour laquelle on introduit l'aiguille sous les 2 jetés inférieurs, 2 jetés et 1 diminution à l'envers; 6 m. à l'endroit, faire deux fois: 1 jeté et 1 diminution à l'envers.

8me et 32me aiguille — faire deux fois: 1 jeté et 1 diminution à l'envers; 6 m. à l'endroit, faire deux fois: 1 diminution à l'envers pour laquelle on introduit l'aiguille sous les 3 jetés inférieurs, 2 jetés et 1 diminution à l'envers; 2 m. à l'endroit, faire deux fois: 1 jeté et 1 diminution à l'envers.

9me aiguille — faire deux fois: 1 jeté et 1 diminution à l'envers; 2 m. à l'endroit, 1 jeté, faire deux fois: 1 diminution à l'envers pour laquelle on introduit l'aiguille sous les 4 jetés inférieurs, 1 diminution à l'envers et 2 jetés; 1 diminution à l'envers, 4 m. à l'endroit, faire deux fois: 1 jeté et 1 diminution à l'envers.

10me aiguille — faire deux fois: 1 jeté et 1 diminution à l'envers; 4 m. à l'endroit, faire deux fois: 1 diminution à l'envers, 2 jetés et 1 diminution à l'envers; 1 m. à l'endroit, 1 m. à l'endroit prise par derrière, 2 m. à l'endroit, faire deux fois: 1 jeté et 1 diminution à l'envers.

11me et 27me aiguille — faire deux fois: 1 jeté et 1 diminution à l'envers; 4 m. à l'endroit, faire deux fois: 1 diminution à l'envers pour laquelle on introduit l'aiguille sous les 2 jetés inférieurs, 2 jetés et 1 diminution à l'envers; 4 m. à l'endroit, faire deux fois: 1 jeté et 1 diminution à l'envers.

12me et 28me aiguille — faire deux fois: 1 jeté et 1 diminution à l'envers; 4 m. à l'endroit, faire deux fois: 1 diminution à l'envers pour laquelle on introduit l'aiguille sous les 3 jetés inférieurs, 2 jetés et 1 diminution à l'envers; 4 m. à l'endroit, faire deux fois: 1 jeté et 1 diminution à l'envers.

13me aiguille — faire deux fois: 1 jeté et 1 diminution à l'envers; 4 m. à l'endroit, 1 jeté, faire deux fois: 1 diminution à l'envers pour laquelle on introduit l'aiguille sous les 4 jetés inférieurs, 1 diminution à l'envers et 2 jetés; 1 diminution à l'envers, 2 m. à l'endroit, faire deux fois: 1 jeté et 1 diminution à l'envers.

14me aiguille — faire deux fois: 1 jeté et 1 diminution à l'envers; 2 m. à l'endroit, faire deux fois: 1 diminution à l'envers, 2 jetés et 1 diminution à l'envers; 1 m. à l'endroit, 1 m. à l'endroit prise par derrière, 4 m. à l'endroit, faire deux fois: 1 jeté et 1 diminution à l'envers.

15me et 23me aiguille — faire deux fois: 1 jeté et 1 diminution à l'envers; 6 m. à l'endroit, faire deux fois: 1 diminution à l'envers pour laquelle on introduit l'aiguille sous les 2 jetés inférieurs, 2 jetés et 1 diminution à l'envers; 2 m. à l'endroit, faire deux fois: 1 jeté et 1 diminution à l'envers.

16me et 24me aiguille — faire deux fois: 1 jeté et 1 diminution à l'envers; 2 m. à l'endroit, faire deux fois: 1 diminution à l'envers pour laquelle on introduit l'aiguille sous les 3 jetés inférieurs, 2 jetés et 1 diminution à l'envers; 6 m. à l'endroit, faire deux fois: 1 jeté et 1 diminution à l'envers.

17me aiguille — faire deux fois: 1 jeté et 1 diminution à l'envers, 6 m. à l'endroit, 1 jeté, faire deux fois: 1 diminution à l'envers pour laquelle on introduit l'aiguille sous les 4 jetés inférieurs, 1 diminution à l'envers et 2 jetés; 1 diminution à l'envers, faire deux fois: 1 jeté et 1 diminution à l'envers.

18me aiguille — faire deux fois: 1 jeté et 1 diminution à l'envers; faire deux fois: 1 diminution à l'envers, 2 jetés et 1 diminution à l'envers; 1 m. à l'endroit, 1 m. à l'endroit prise par derrière, 6 m. à l'endroit, faire deux fois: 1 jeté et 1 diminution à l'envers.

19me aiguille — faire deux fois: 1 jeté et 1 diminution à l'envers, 8 m. à l'endroit, faire deux fois: 1 diminution à l'envers pour laquelle on introduit l'aiguille sous les 2 jetés inférieurs, 2 jetés et 1 diminution à l'envers; faire deux fois: 1 jeté et 1 diminution à l'envers.

20me aiguille — faire deux fois: 1 jeté et 1 diminution à l'envers; faire deux fois: 1 diminution à l'envers pour laquelle on introduit l'aiguille sous les 3 jetés inférieurs, 2 jetés et 1 diminution à l'envers; 8 m. à l'endroit, faire deux fois: 1 jeté et 1 diminution à l'envers.

21me aiguille — faire deux fois: 1 jeté et 1 diminution à l'envers; 6 m. à l'endroit, faire deux fois: 1 diminution à l'envers, 2 jetés et 1 diminution à l'envers pour laquelle on introduit l'aiguille sous les 4 jetés inférieurs; 2 m. à l'endroit, faire deux fois: 1 jeté et 1 diminution à l'envers.

22me aiguille — faire deux fois: 1 jeté et 1 diminution à l'envers; 2 m. à l'endroit, faire deux fois: 1 diminution à l'envers, 2 jetés et 1 diminution à l'envers; 6 m. à l'endroit, faire deux fois: 1 jeté et 1 diminution à l'envers.

25me aiguille — faire deux fois: 1 jeté et 1 diminution à l'envers; 4 m. à l'endroit, faire deux fois: 1 diminution à l'envers, 2 jetés et 1 diminution à l'envers pour laquelle on introduit l'aiguille sous les 4 jetés inférieurs; 4 m. à l'endroit, faire deux fois: 1 jeté et 1 diminution à l'envers.

26me aiguille — faire deux fois: 1 jeté et 1 diminution à l'envers; 4 m. à l'endroit, faire deux fois: 1 diminution à l'envers, 2 jetés et 1 diminution à l'envers; 4 m. à l'endroit, faire deux fois: 1 jeté et 1 diminution à l'envers.

29me aiguille — faire deux fois: 1 jeté et 1 diminution à l'envers; 2 m. à l'endroit, faire deux fois: 1 diminution à l'envers, 2 jetés et 1 diminution à l'envers pour laquelle on introduit l'aiguille sous les 4 jetés inférieurs; 6 m. à l'endroit, faire deux fois: 1 jeté et 1 diminution à l'envers.

30me aiguille — faire deux fois: 1 jeté et 1 diminution à l'envers; 6 m. à l'endroit, faire deux fois: 1 diminution à l'envers, 2 jetés et 1 diminution à l'envers; 2 m. à l'endroit, faire deux fois: 1 jeté et 1 diminution à l'envers.

33me aiguille — faire deux fois: 1 jeté et 1 diminution à l'envers; faire deux fois: 1 diminution à l'envers, 2 jetés et

1 diminution à l'envers pour laquelle on introduit l'aiguille sous les 4 jetés inférieurs; 8 m. à l'endroit, faire deux fois: 1 jeté et 1 diminution à l'envers.

Reprendre à partir de la 2me aiguille.

Dentelle au tricot avec coin (fig. 478). — Monter 11 mailles.

La dentelle unie sans coin demande 16 aiguilles par dent.

1re aiguille — glisser 1 m., 1 m. à l'endroit prise par derrière, 1 jeté, 1 m. à l'endroit, 1 jeté, rabattre 1 m., 1 jeté, rabattre 1 m., 1 jeté, rabattre 1 m., 2 m. à l'endroit.

2me, 4me, 6me, 8me, 10me, 12me, 14me et 16me aiguille — à l'envers.

3me aiguille — glisser 1 m., 1 m. à l'endroit prise par derrière, 1 jeté, 3 m. à l'endroit, 1 jeté, rabattre 1 m., 1 jeté, rabattre 1 m., 1 jeté, rabattre 1 m., 1 m. à l'endroit.

5me aiguille — glisser 1 m., 1 m. à l'endroit prise par derrière, 1 jeté, 5 m. à l'endroit, 1 jeté, rabattre 1 m., 1 jeté, rabattre 1 m., 2 m. à l'endroit.

7me aiguille — glisser 1 m., 1 m. à l'endroit prise par derrière, 1 jeté, 7 m. à l'endroit, 1 jeté, rabattre 1 m., 1 jeté, rabattre 1 m., 1 m. à l'endroit.

9me aiguille — rabattre 1 m., 1 m. à l'endroit, 1 jeté, rabattre 1 m., 3 m. à l'endroit, 1 diminution à l'endroit, 1 jeté, 1 diminution à l'endroit, 1 jeté, 3 m. à l'endroit.

11me aiguille — rabattre 1 m., 1 m. à l'endroit, 1 jeté, rabattre 1 m., 1 m. à l'endroit, 1 diminution à l'endroit, 1 jeté, 1 diminution à l'endroit, 1 jeté, 1 diminution à l'endroit, 1 jeté, 2 m. à l'endroit.

13me aiguille — rabattre 1 m., 1 m. à l'endroit, 1 jeté, glisser 1 m., 1 diminution à l'endroit, rabattre la m. glissée, 1 jeté, 1 diminution à l'endroit, 1 jeté, 1 diminution à l'endroit, 1 jeté, 3 m. à l'endroit.

15me aiguille — rabattre 1 m., 2 m. à l'endroit, 1 diminution à l'endroit, 1 jeté, 1 diminution à l'endroit, 1 jeté, 1 diminution à l'endroit, 1 jeté, 2 m. à l'endroit.

Reprendre à partir de la 1re aiguille.

Lorsqu'on a tricoté la longueur voulue, on commence après la 14me aiguille la formation du coin, qui se fait en 36 aiguilles.

1re aiguille — rabattre 1 m., 2 m. à l'endroit, 1 diminution à l'endroit, 1 jeté, 1 diminution à l'endroit, 1 jeté, 1 diminution à l'endroit, 1 jeté, 1 m. à l'endroit, glisser la m. suivante sur un fil auxiliaire.

2me, 4me, 6me et 8me aiguille — glisser 1 m., 9 m. à l'envers.

3me aiguille — glisser 1 m., 1 m. à l'endroit prise par derrière, 1 jeté, 1 m. à l'endroit, 1 jeté, rabattre 1 m., 1 jeté, rabattre 1 m., 1 jeté, rabattre 1 m., glisser la m. suivante sur le fil auxiliaire.

5me aiguille — glisser 1 m., 1 m. à l'endroit prise par derrière,

1 jeté, 3 m. à l'endroit, 1 jeté, rabattre 1 m., 1 jeté, rabattre 1 m., glisser la m. suivante sur le fil auxiliaire.

7me aiguille — glisser 1 m., 1 m. à l'endroit prise par derrière, 1 jeté, 5 m. à l'endroit, 1 jeté, rabattre 1 m., glisser la m. suivante sur le fil auxiliaire.

9me aiguille — glisser 1 m., 1 m. à l'endroit prise par derrière, 1 jeté, 7 m. à l'endroit, glisser la m. suivante sur le fil auxiliaire.

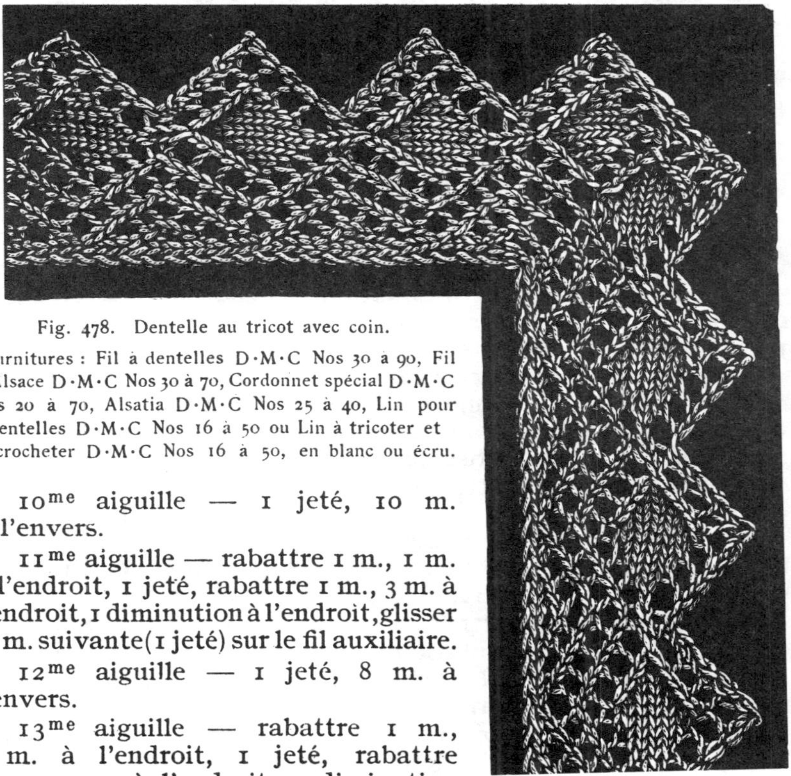

Fig. 478. Dentelle au tricot avec coin.

Fournitures : Fil à dentelles D·M·C Nos 30 à 90, Fil d'Alsace D·M·C Nos 30 à 70, Cordonnet spécial D·M·C Nos 20 à 70, Alsatia D·M·C Nos 25 à 40, Lin pour dentelles D·M·C Nos 16 à 50 ou Lin à tricoter et à crocheter D·M·C Nos 16 à 50, en blanc ou écru.

10me aiguille — 1 jeté, 10 m. à l'envers.

11me aiguille — rabattre 1 m., 1 m. à l'endroit, 1 jeté, rabattre 1 m., 3 m. à l'endroit, 1 diminution à l'endroit, glisser la m. suivante (1 jeté) sur le fil auxiliaire.

12me aiguille — 1 jeté, 8 m. à l'envers.

13me aiguille — rabattre 1 m., 1 m. à l'endroit, 1 jeté, rabattre 1 m., 1 m. à l'endroit, 1 diminution à l'endroit, glisser la m. suivante (1 jeté) sur le fil auxiliaire.

14me aiguille — 1 jeté, 6 m. à l'envers.

15me aiguille — rabattre 1 m., 1 m. à l'endroit, 1 jeté, glisser 1 m., 1 diminution à l'endroit, rabattre la m. glissée, glisser la m. suivante (1 jeté) sur le fil auxiliaire.

16me aiguille — 1 jeté, 4 m. à l'envers.

17me aiguille — rabattre 1 m., 2 m. à l'endroit, glisser la m. suivante (1 jeté) sur le fil auxiliaire.

18me aiguille — glisser 1 m., 2 m. à l'envers.

19me aiguille — glisser 1 m., 1 m. à l'endroit prise par derrière, 1 jeté, glisser 1 m., glisser la dernière m. montée sur le fil auxiliaire, la tricoter à l'endroit prise par derrière, rabattre la m. glissée.

20me aiguille — glisser 1 m., 3 m. à l'envers.

21me aiguille — glisser 1 m., 1 m. à l'endroit prise par derrière, 1 jeté, 2 m. à l'endroit, glisser la dernière m. montée sur le fil auxiliaire, la tricoter à l'endroit prise par derrière.

22me aiguille — glisser 1 m., 5 m. à l'envers.

23me aiguille — glisser 1 m., 1 m. à l'endroit prise par derrière, 1 jeté, 4 m. à l'endroit, glisser la dernière m. montée sur le fil auxiliaire, la tricoter à l'endroit prise par derrière.

24me aiguille — glisser 1 m., 7 m. à l'envers.

25me aiguille — glisser 1 m., 1 m. à l'endroit prise par derrière, 1 jeté, 6 m. à l'endroit, glisser la dernière m. montée sur le fil auxiliaire, la tricoter à l'endroit prise par derrière.

26me, 28me, 30me, 32me et 34me aiguille — glisser 1 m., 9 m. à l'envers.

27me aiguille — rabattre 1 m., 1 m. à l'endroit, 1 jeté, rabattre 1 m., 3 m. à l'endroit, 1 diminution à l'endroit, 1 jeté, glisser la dernière m. montée sur le fil auxiliaire, la tricoter à l'endroit prise par derrière.

29me aiguille — rabattre 1 m., 1 m. à l'endroit, 1 jeté, rabattre 1 m., 1 m. à l'endroit, 1 diminution à l'endroit, 1 jeté, 1 diminution à l'endroit, 1 jeté, glisser la dernière m. montée sur le fil auxiliaire, la tricoter à l'endroit prise par derrière.

31me aiguille — rabattre 1 m., 1 m. à l'endroit, 1 jeté, glisser 1 m., 1 diminution à l'endroit, rabattre la m. glissée, 1 jeté, 1 diminution à l'endroit, 1 jeté, 1 diminution à l'endroit, 1 jeté, glisser la dernière m. montée sur le fil auxiliaire, la tricoter à l'endroit prise par derrière.

33me aiguille — rabattre 1 m., 2 m. à l'endroit, 1 diminution à l'endroit, 1 jeté, 1 diminution à l'endroit, 1 jeté, 1 diminution à l'endroit, 1 jeté, glisser la dernière m. montée sur le fil auxiliaire, la tricoter à l'endroit prise par derrière.

35me aiguille — glisser 1 m., 1 m. à l'endroit prise par derrière, 1 jeté, 1 m. à l'endroit, 1 jeté, rabattre 1 m., 1 jeté, rabattre 1 m., 1 jeté, rabattre 1 m., 1 m. à l'endroit, glisser la dernière m. montée sur le fil auxiliaire, la tricoter à l'endroit prise par derrière.

36me aiguille — glisser 1 m., 11 m. à l'envers.

Continuer à la 3me aiguille de la description pour la dentelle sans coin.

Rosace au tricot (fig. 479). — Monter sur 4 aiguilles chaque fois 2 mailles.

Répéter sept fois toutes les indications terminées par *.

1er tour — 1 jeté, 1 m. à l'endroit *.

2me et 3me tour — 2 m. à l'endroit *.

4me tour — 1 jeté, 1 m. à l'endroit, 1 jeté, 1 m. à l'endroit *.
5me tour — 4 m. à l'endroit *.
6me tour — 1 jeté, 3 m. à l'endroit, 1 jeté, 1 m. à l'endroit *.
7me et 9me tour — 6 m. à l'endroit *.
8me tour — 1 jeté, 1 m. à l'endroit, 1 diminution à l'envers avec 3 m., 1 m. à l'endroit, 1 jeté, 1 m. à l'endroit *.

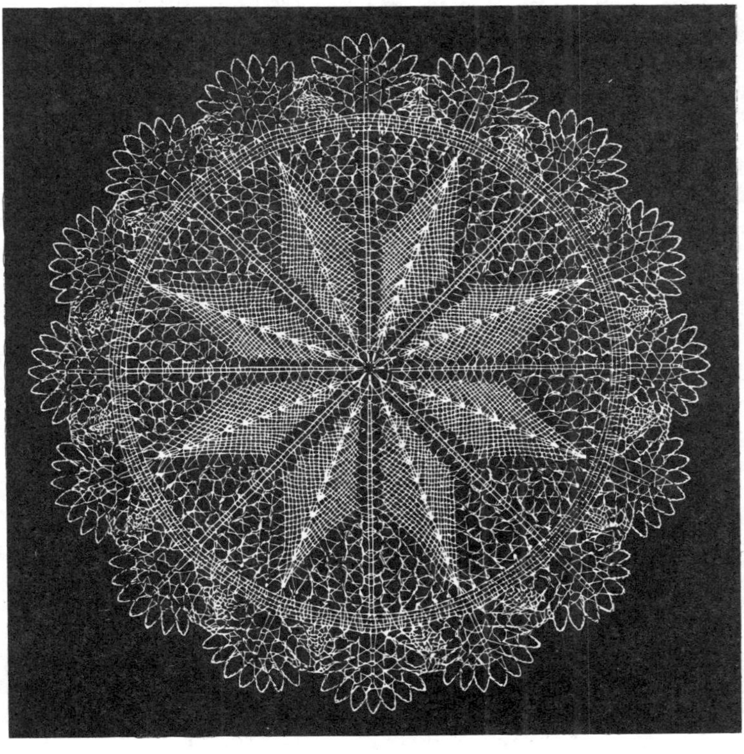

Fig. 479. Rosace au tricot.
Fournitures : Lin pour dentelles D·M·C Nos 25 à 70, Lin à tricoter et à crocheter D·M·C Nos 25 à 70, Fil d'Alsace D·M·C Nos 40 à 100, Fil à dentelles D·M·C Nos 50 à 150, Alsatia D·M·C Nos 25 à 40 ou Cordonnet spécial D·M·C Nos 50 à 150, en blanc.

10me tour — 1 jeté, 5 m. à l'endroit, 1 jeté, 1 m. à l'endroit *.
11me et 13me tour — 8 m. à l'endroit *.
12me tour — 1 jeté, 2 m. à l'endroit, 1 diminution à l'envers avec 3 m., 2 m. à l'endroit, 1 jeté, 1 m. à l'endroit *.
14me tour — 1 jeté, 7 m. à l'endroit, 1 jeté, 1 m. à l'endroit *.
15me et 17me tour — 10 m. à l'endroit *.
16me tour — 1 jeté, 3 m. à l'endroit, 1 diminution à l'envers avec 3 m., 3 m. à l'endroit, 1 jeté, 1 m. à l'endroit *.

18me tour — 1 jeté, 9 m. à l'endroit, 1 jeté, 1 m. à l'endroit *.

19me et 21me tour — 12 m. à l'endroit *.

20me tour — 1 jeté, 4 m. à l'endroit, 1 diminution à l'envers avec 3 m., 4 m. à l'endroit, 1 jeté, 1 m. à l'endroit *.

22me tour — 1 jeté, 11 m. à l'endroit, 1 jeté, 1 m. à l'endroit *.

23me et 25me tour — 14 m. à l'endroit *.

24me tour — 1 jeté, 5 m. à l'endroit, 1 diminution à l'envers avec 3 m., 5 m. à l'endroit, 1 jeté, 1 m. à l'endroit *.

26me tour — 1 m. à l'endroit, 1 jeté, 11 m. à l'endroit, 1 jeté, 2 m. à l'endroit *.

27me et 29me tour — 16 m. à l'endroit *.

28me tour — 1 jeté, rabattre 1 m., 1 jeté, 4 m. à l'endroit, 1 diminution à l'envers avec 3 m., 4 m. à l'endroit, 1 jeté, 1 diminution à l'endroit, 1 jeté, 1 m. à l'endroit *.

30me tour — 1 diminution à l'endroit, 1 jeté, 1 m. à l'endroit, 1 jeté, 9 m. à l'endroit, 1 jeté, 1 m. à l'endroit, 1 jeté, rabattre 1 m., 1 m. à l'endroit *.

31me et 33me tour — 18 m. à l'endroit *.

32me tour — faire deux fois : 1 jeté et rabattre 1 m. ; 1 jeté, 3 m. à l'endroit, 1 diminution à l'envers avec 3 m., 3 m. à l'endroit, faire deux fois : 1 jeté et 1 diminution à l'endroit ; 1 jeté, 1 m. à l'endroit *.

34me tour — faire deux fois : 1 diminution à l'endroit et 1 jeté ; 1 m. à l'endroit, 1 jeté, 7 m. à l'endroit, 1 jeté, 1 m. à l'endroit, faire deux fois : 1 jeté et rabattre 1 m. ; 1 m. à l'endroit *.

35me et 37me tour — 20 m. à l'endroit *.

36me tour — faire trois fois : 1 jeté et rabattre 1 m. ; 1 jeté, 2 m. à l'endroit, 1 diminution à l'envers avec 3 m., 2 m. à l'endroit, faire trois fois : 1 jeté et 1 diminution à l'endroit ; 1 jeté, 1 m. à l'endroit *.

38me tour — faire trois fois : 1 diminution à l'endroit et 1 jeté ; 1 m. à l'endroit, 1 jeté, 5 m. à l'endroit, 1 jeté, 1 m. à l'endroit, faire trois fois : 1 jeté et rabattre 1 m. ; 1 m. à l'endroit *.

39me et 41me tour — 22 m. à l'endroit *.

40me tour — faire quatre fois : 1 jeté et rabattre 1 m. ; 1 jeté, 1 m. à l'endroit, 1 diminution à l'envers avec 3 m., 1 m. à l'endroit, faire quatre fois : 1 jeté et 1 diminution à l'endroit ; 1 jeté, 1 m. à l'endroit *.

42me tour — faire quatre fois : 1 diminution à l'endroit et 1 jeté ; 1 m. à l'endroit, 1 jeté, 3 m. à l'endroit, 1 jeté, 1 m. à l'endroit, faire quatre fois : 1 jeté et rabattre 1 m. ; 1 m. à l'endroit *.

43me et 45me tour — 24 m. à l'endroit *.

44me tour — faire cinq fois : 1 jeté et rabattre 1 m. ; 1 jeté, 1 diminution à l'envers avec 3 m., faire cinq fois : 1 jeté et 1 diminution à l'endroit ; 1 jeté, 1 m. à l'endroit *.

46me, 47me, 48me et 49me tour — 24 m. à l'envers *.

Répéter quinze fois toutes les indications terminées par *.

50me tour — faire deux fois : 1 jeté et rabattre 1 m. ; 1 jeté, 3 m. à l'envers, faire deux fois : 1 jeté et 1 diminution à l'endroit ; 1 jeté, 1 m. à l'endroit *.

51me tour — 5 m. à l'endroit, 3 m. à l'envers, 6 m. à l'endroit *.

52me tour — 1 jeté, 1 m. à l'endroit, faire deux fois : 1 jeté et rabattre 1 m. ; 3 m. à l'envers, faire deux fois : 1 diminution à l'endroit et 1 jeté ; 1 m. à l'endroit, 1 jeté, 1 m. à l'endroit *.

53me tour — 6 m. à l'endroit, 3 m. à l'envers, 7 m. à l'endroit *.

54me tour — 1 jeté, 1 m. à l'endroit, faire deux fois : 1 jeté et rabattre 1 m. ; 1 m. à l'endroit, 3 m. à l'envers, 1 m. à l'endroit, faire deux fois : 1 diminution à l'endroit et 1 jeté ; 1 m. à l'endroit, 1 jeté, 1 m. à l'endroit *.

55me tour — 7 m. à l'endroit, 3 m. à l'envers, 8 m. à l'endroit *.

56me tour — faire trois fois : 1 jeté et 1 m. à l'endroit ; faire deux fois : 1 jeté et rabattre 1 m. ; 1 diminution à l'envers avec 3 m., faire deux fois : 1 diminution à l'endroit et 1 jeté ; faire trois fois : 1 m. à l'endroit et 1 jeté ; 1 m. à l'endroit *.

57me tour — 9 m. à l'endroit, glisser 1 m., 1 diminution à l'endroit, rabattre la m. glissée, 10 m. à l'endroit *.

58me tour — travail au crochet. Saisir la 1re m. avec un crochet (aux répétitions crocheter cette maille séparément) faire trois fois : 9 m. en l'air et réunir les 2 m. suivantes par 1 m. serrée ; exécuter séparément les 5 m. suivantes, faire quatre fois : réunir les 2 m. suivantes et 9 m. en l'air * ; raccorder à la 1re m. et arrêter le fil.

Modèle pour couverture avec rosaces et dentelle au tricot (fig. 480). — Les rosaces au tricot, qui forment le fond, sont raccordées par de petits carrés en toile garnis d'un ourlet à jour ; une large dentelle, froncée dans les coins, entoure ce fond. On commence par les rosaces.

Monter sur 4 aiguilles chaque fois 2 mailles, fermer le rond.

1er tour — huit fois : 1 jeté, 1 m. à l'endroit.

2me, 4me, 6me, 8me, 10me, 12me, 14me, 16me, 18me, 20me, 22me et 24me tour — à l'endroit.

Répéter trois fois toutes les indications terminées par *.

3me tour — 1 jeté, 3 m. à l'endroit, 1 jeté, 1 m. à l'endroit prise par derrière *.

5me tour — 1 jeté, 5 m. à l'endroit, 1 jeté, 1 m. à l'endroit prise par derrière *.

7me tour — 1 jeté, 7 m. à l'endroit, 1 jeté, 1 m. à l'endroit prise par derrière *.

Répéter sept fois toutes les indications terminées par *.

9me tour — 1 jeté, rabattre 1 m., 1 diminution à l'endroit, 1 jeté, 1 m. à l'endroit *.

11me tour — 1 m. à l'endroit, 1 jeté, 1 diminution à l'endroit, 1 jeté, 2 m. à l'endroit *.

13me tour — 2 m. à l'endroit, 1 jeté, 1 m. à l'endroit prise par derrière, 1 jeté, 3 m. à l'endroit *.

15me tour — 3 m. à l'endroit, 1 jeté, 1 m. à l'endroit prise par derrière, 1 jeté, 4 m. à l'endroit *.

Fig. 480. Modèle pour couverture avec rosaces et dentelle au tricot.

Fournitures : Lin pour dentelles D·M·C No 25, Lin à tricoter et à crocheter D·M·C No 25, Fil d'Alsace D·M·C No 40, Fil à dentelles D·M·C No 50, Alsatia D·M·C No 40 ou Cordonnet spécial D·M·C No 50, en blanc.

17me tour — 4 m. à l'endroit, 1 jeté, 1 m. à l'endroit prise par derrière, 1 jeté, 5 m. à l'endroit *.

19me tour — 5 m. à l'endroit, 1 jeté, 1 m. à l'endroit prise par derrière, 1 jeté, 6 m. à l'endroit *.

21me tour — 6 m. à l'endroit, 1 jeté, 1 m. à l'endroit prise par derrière, 1 jeté, 7 m. à l'endroit *.

23me tour — 7 m. à l'endroit, 1 jeté, 1 m. à l'endroit prise par derrière, 1 jeté, 8 m. à l'endroit *.

25me tour — rabattre 1 m., 5 m. à l'endroit, 1 jeté, 3 m. à l'endroit, 1 jeté, 5 m. à l'endroit, 1 diminution à l'endroit, 1 m. à l'envers *.

26me, 28me, 30me, 32me, 34me et 36me tour — 17 m. à l'endroit, 1 m. à l'envers *.

27me tour — rabattre 1 m., 4 m. à l'endroit, 1 jeté, 5 m. à l'endroit, 1 jeté, 4 m. à l'endroit, 1 diminution à l'endroit, 1 m. à l'envers *.

29me tour — rabattre 1 m., 3 m. à l'endroit, 1 jeté, 1 m. à l'endroit, 1 jeté, rabattre 1 m., 1 m. à l'endroit, 1 diminution à l'endroit, 1 jeté, 1 m. à l'endroit, 1 jeté, 3 m. à l'endroit, 1 diminution à l'endroit, 1 m. à l'envers *.

31me tour — rabattre 1 m., 2 m. à l'endroit, 1 jeté, 3 m. à l'endroit, 1 jeté, glisser 1 m., 1 diminution à l'endroit, rabattre la m. glissée, 1 jeté, 3 m. à l'endroit, 1 jeté, 2 m. à l'endroit, 1 diminution à l'endroit, 1 m. à l'envers *.

33me tour — rabattre 1 m., 1 m. à l'endroit, 1 jeté, 11 m. à l'endroit, 1 jeté, 1 m. à l'endroit, 1 diminution à l'endroit, 1 m. à l'envers *.

35me tour — rabattre 1 m., 1 jeté, 1 m. à l'endroit, 1 jeté, rabattre 1 m., 1 m. à l'endroit, 1 diminution à l'endroit, 1 jeté, 1 m. à l'endroit, 1 jeté, rabattre 1 m., 1 m. à l'endroit, 1 diminution à l'endroit, 1 jeté, 1 m. à l'endroit, 1 jeté, 1 diminution à l'endroit, 1 m. à l'envers *.

37me tour — glisser 1 m., * 1 jeté, 3 m. à l'endroit, 1 jeté, glisser 1 m., 1 diminution à l'endroit, rabattre la m. glissée, 1 jeté, 3 m. à l'endroit, 1 jeté, glisser 1 m., 1 diminution à l'endroit, rabattre la m. glissée, 1 jeté, 3 m. à l'endroit, 1 jeté, 1 diminution à l'endroit, rabattre la m. suivante sur la diminution à l'endroit **. Reprendre sept fois de * à **, après la septième fois rabattre sur la diminution à l'endroit la maille qui a été glisée au commencement de ce tour.

38me, 40me et 42me tour — entièrement à l'endroit.

39me tour — 1 jeté, rabattre 1 m., 1 m. à l'endroit, 1 diminution à l'endroit, 1 jeté, 1 m. à l'endroit, 1 jeté, rabattre 1 m., 1 m. à l'endroit, 1 diminution à l'endroit, 1 jeté, 1 m. à l'endroit, 1 jeté, rabattre 1 m., 1 m. à l'endroit, 1 diminution à l'endroit, 1 jeté, 1 m. à l'endroit *.

41me tour — 1 m. à l'endroit, 1 jeté, glisser 1 m., 1 diminution à l'endroit, rabattre la m. glissée, 1 jeté, 3 m. à l'endroit, 1 jeté, glisser 1 m., 1 diminution à l'endroit, rabattre la m. glissée, 1 jeté, 3 m. à l'endroit, 1 jeté, glisser 1 m., 1 diminution à l'endroit, rabattre la m. glissée, 1 jeté, 2 m. à l'endroit *.

Pour terminer, tricoter encore 3 tours de mailles à l'envers, puis rabattre en chaîne toutes les mailles.

Après avoir tricoté le nombre nécessaire de rosaces, on ourle les carrés en toile, que l'on joindra aux rosaces tricotées, par une couture à points de surjet.

Pour la dentelle monter 43 mailles.

1re aiguille — rabattre 2 m. en chaîne, 1 jeté, 1 m. à l'endroit prise par derrière, 1 jeté, 1 m. à l'endroit prise par derrière, 1 jeté, 1 m. à l'endroit, 1 jeté, rabattre 1 m., 1 m. à l'endroit, 1 diminution à l'endroit, 1 jeté, 1 m. à l'endroit, 1 jeté, rabattre 1 m., 1 m. à l'endroit, 1 diminution à l'endroit, 1 jeté, 1 m. à l'endroit, 1 m. à l'endroit prise par derrière, 1 m. à l'envers, 1 m. à l'endroit prise par derrière, 1 jeté, 1 m. à l'endroit, 1 diminution à l'endroit, 1 m. à l'envers, rabattre 1 m., 1 m. à l'endroit, 1 m. à l'envers, 1 m. à l'endroit, 1 diminution à l'endroit, 1 m. à l'envers, rabattre 1 m., 1 m. à l'endroit, 1 jeté, 1 m. à l'endroit prise par derrière, 1 m. à l'envers, 1 m. à l'endroit prise par derrière, 1 jeté, 1 diminution à l'endroit, 2 m. à l'endroit.

2me aiguille — glisser 1 m., 2 m. à l'endroit, 1 m. à l'envers, 1 m. à l'envers prise par derrière, 1 m. à l'endroit, 1 m. à l'envers prise par derrière, 3 m. à l'envers, 1 m. à l'endroit, 2 m. à l'envers, 1 m. à l'endroit, 2 m. à l'envers, 1 m. à l'endroit, 3 m. à l'envers, 1 m. à l'envers prise par derrière, 1 m. à l'endroit, 1 m. à l'envers prise par derrière, 14 m. à l'envers, 1 m. à l'envers prise par derrière, 4 m. à l'envers.

3me aiguille — rabattre 2 m. en chaîne, 1 jeté, 1 m. à l'endroit prise par derrière, 1 jeté, 1 m. à l'endroit prise par derrière, 1 jeté, 3 m. à l'endroit, 1 jeté, glisser 1 m., 1 diminution à l'endroit, rabattre la m. glissée, 1 jeté, 3 m. à l'endroit, 1 jeté, glisser 1 m., 1 diminution à l'endroit, rabattre la m. glissée, 1 jeté, 1 diminution à l'endroit, 1 jeté, 1 m. à l'endroit prise par derrière, 1 m. à l'envers, 1 m. à l'endroit prise par derrière, 1 jeté, 1 m. à l'endroit, 1 jeté, 1 diminution à l'endroit, 1 m. à l'envers, rabattre 1 m., 1 m. à l'envers, 1 diminution à l'endroit, 1 m. à l'envers, rabattre 1 m., 1 jeté, 1 m. à l'endroit, 1 jeté, 1 m. à l'endroit prise par derrière, 1 m. à l'envers, 1 m. à l'endroit prise par derrière, 1 jeté, 1 diminution à l'endroit, 2 m. à l'endroit.

4me et 20me aiguille — glisser 1 m., 2 m. à l'endroit, 1 m. à l'envers, 1 m. à l'envers prise par derrière, 1 m. à l'endroit, 1 m. à l'envers prise par derrière, 4 m. à l'envers, 1 m. à l'endroit, 1 m. à l'envers, 1 m. à l'endroit, 1 m. à l'envers, 1 m. à l'endroit, 4 m. à l'envers, 1 m. à l'envers prise par derrière, 1 m. à l'endroit, 1 m. à l'envers prise par derrière, 15 m. à l'envers, 1 m. à l'envers prise par derrière, 4 m. à l'envers.

5me aiguille — rabattre 2 m. en chaîne, 1 jeté, 1 m. à l'endroit prise par derrière, 1 jeté, 1 m. à l'endroit prise par derrière, 1 jeté, 2 m. à l'endroit, 1 jeté, rabattre 1 m., 1 diminution à l'endroit, 1 jeté, 2 m. à l'endroit, 1 jeté, rabattre 1 m., 1 diminution à l'endroit, 1 jeté, 1 diminution à l'endroit, 1 jeté, 1 m. à l'endroit, 1 m. à l'endroit prise par derrière, 1 m. à l'envers, 1 m. à l'endroit prise par derrière, 1 jeté, 3 m. à l'endroit, 1 jeté, glisser 1 m., 1 diminution à l'endroit, rabattre la m. glissée, 1 m. à l'envers, glisser 1 m., 1 diminution à l'endroit, rabattre la m. glissée, 1 jeté, 3 m. à l'endroit, 1 jeté, 1 m. à l'endroit prise par derrière, 1 m. à l'envers, 1 m. à l'endroit prise par derrière, 1 jeté, 1 diminution à l'endroit, 2 m. à l'endroit.

6me aiguille — glisser 1 m., 2 m. à l'endroit, 1 m. à l'envers, 1 m. à l'envers prise par derrière, 1 m. à l'endroit, 1 m. à l'envers prise par derrière, 6 m. à l'envers, 1 m. à l'endroit, 6 m. à l'envers, 1 m. à l'envers prise par derrière, 1 m. à l'endroit, 1 m. à l'envers prise par derrière, 16 m. à l'envers, 1 m. à l'envers prise par derrière, 4 m. à l'envers.

7me aiguille — rabattre 2 m. en chaîne, 1 jeté, 1 m. à l'endroit prise par derrière, 1 jeté, 1 m. à l'endroit prise par derrière, 1 jeté, 1 m. à l'endroit, 1 jeté, rabattre 1 m., 1 m. à l'endroit, 1 diminution à l'endroit, 1 jeté, 1 m. à l'endroit, 1 jeté, rabattre 1 m., 1 m. à l'endroit, 1 diminution à l'endroit, 1 jeté, 1 diminution à l'endroit, 1 jeté, 1 diminution à l'endroit, 1 jeté, 1 m. à l'endroit prise par derrière, 1 m. à l'envers, 1 m. à l'endroit prise par derrière, 1 jeté, 5 m. à l'endroit, 1 jeté, glisser 1 m., 1 diminution à l'endroit, rabattre la m. glissée, 1 jeté, 5 m. à l'endroit, 1 jeté, 1 m. à l'endroit prise par derrière, 1 m. à l'envers, 1 m. à l'endroit prise par derrière, 1 jeté, 1 diminution à l'endroit, 2 m. à l'endroit.

8me et 16me aiguille — glisser 1 m., 2 m. à l'endroit, 1 m. à l'envers, 1 m. à l'envers prise par derrière, 1 m. à l'endroit, 1 m. à l'envers prise par derrière, 15 m. à l'envers, 1 m. à l'envers prise par derrière, 1 m. à l'endroit, 1 m. à l'envers prise par derrière, 17 m. à l'envers, 1 m. à l'envers prise par derrière, 4 m. à l'envers.

9me aiguille — rabattre 2 m. en chaîne, 1 jeté, 1 m. à l'endroit prise par derrière, 1 jeté, 1 m. à l'endroit prise par derrière, 1 jeté, 3 m. à l'endroit, 1 jeté, glisser 1 m., 1 diminution à l'endroit, rabattre la m. glissée, 1 jeté, 3 m. à l'endroit, 1 jeté, glisser 1 m., 1 diminution à l'endroit, rabattre la m. glissée, 1 jeté, 1 diminution à l'endroit, 1 jeté, 1 diminution à l'endroit, 1 jeté, 1 m. à l'endroit, 1 m. à l'endroit prise par derrière, 1 m. à l'envers, 1 m. à l'endroit prise par derrière, 1 jeté, 1 m. à l'endroit, 1 diminution à l'endroit, 1 m. à l'envers, rabattre 1 m., 1 m. à l'endroit, 1 m. à l'envers, 1 m. à l'endroit, 1 diminution à l'endroit, 1 m. à l'envers, rabattre 1 m., 1 m. à l'endroit, 1 jeté, 1 m. à l'endroit prise par derrière, 1 m. à l'envers, 1 m. à l'endroit prise par derrière, 1 jeté, 1 diminution à l'endroit, 2 m. à l'endroit.

10me aiguille — glisser 1 m., 2 m. à l'endroit, 1 m. à l'envers, 1 m. à l'envers prise par derrière, 1 m. à l'endroit, 1 m. à l'envers prise par derrière, 3 m. à l'envers, 1 m. à l'endroit, 2 m. à l'envers 1 m. à l'endroit, 2 m. à l'envers, 1 m. à l'endroit, 3 m. à l'envers,

1 m. à l'envers prise par derrière, 1 m. à l'endroit, 1 m. à l'envers prise par derrière, 18 m. à l'envers, 1 m. à l'envers prise par derrière, 4 m. à l'envers.

11me aiguille — rabattre 2 m. en chaîne, 1 jeté, 1 m. à l'endroit prise par derrière, 1 jeté, 1 m. à l'endroit prise par derrière, 1 jeté, 2 m. à l'endroit, 1 jeté, rabattre 1 m., 1 diminution à l'endroit, 1 jeté, 2 m. à l'endroit, 1 jeté, rabattre 1 m., 1 diminution à l'endroit, 1 jeté, 1 diminution à l'endroit, 1 jeté, 1 diminution à l'endroit, 1 jeté, 1 diminution à l'endroit, 1 jeté, 1 m. à l'endroit prise par derrière, 1 m. à l'envers, 1 m. à l'endroit prise par derrière, 1 jeté, 1 m. à l'endroit, 1 jeté, 1 diminution à l'endroit, 1 m. à l'envers, rabattre 1 m., 1 m. à l'envers, 1 diminution à l'endroit, 1 m. à l'envers, rabattre 1 m., 1 jeté, 1 m. à l'endroit, 1 jeté, 1 m. à l'endroit prise par derrière, 1 m. à l'envers, 1 m. à l'endroit prise par derrière, 1 jeté, 1 diminution à l'endroit, 2 m. à l'endroit.

12me aiguille — glisser 1 m., 2 m. à l'endroit, 1 m. à l'envers, 1 m. à l'envers prise par derrière, 1 m. à l'endroit, 1 m. à l'envers prise par derrière, 4 m. à l'envers, 1 m. à l'endroit, 1 m. à l'envers, 1 m. à l'endroit, 1 m. à l'envers, 1 m. à l'endroit, 4 m. à l'envers, 1 m. à l'envers prise par derrière, 1 m. à l'endroit, 1 m. à l'envers prise par derrière, 19 m. à l'envers, 1 m. à l'envers prise par derrière, 4 m. à l'envers.

13me aiguille — rabattre 2 m. en chaîne, 1 jeté, 1 m. à l'endroit prise par derrière, 1 jeté, rabattre 1 m., 1 jeté, rabattre 1 m., 1 m. à l'endroit, 1 diminution à l'endroit, 1 jeté, 1 m. à l'endroit, 1 jeté, rabattre 1 m., 1 m. à l'endroit, 1 diminution à l'endroit, 1 jeté, 1 m. à l'endroit, 1 jeté, rabattre 1 m., 1 jeté, rabattre 1 m., 1 jeté, rabattre 1 m., 1 m. à l'endroit prise par derrière, 1 m. à l'envers, 1 m. à l'endroit prise par derrière, 1 jeté, 3 m. à l'endroit, 1 jeté, glisser 1 m., 1 diminution à l'endroit, rabattre la m. glissée, 1 m. à l'envers, glisser 1 m., 1 diminution à l'endroit, rabattre la m. glissée, 1 jeté, 3 m. à l'endroit, 1 jeté, 1 m. à l'endroit prise par derrière, 1 m. à l'envers, 1 m. à l'endroit prise par derrière, 1 jeté, 1 diminution à l'endroit, 2 m. à l'endroit.

14me aiguille — glisser 1 m., 2 m. à l'endroit, 1 m. à l'envers, 1 m. à l'envers prise par derrière, 1 m. à l'endroit, 1 m. à l'envers prise par derrière, 6 m. à l'envers, 1 m. à l'endroit, 6 m. à l'envers, 1 m. à l'envers prise par derrière, 1 m. à l'endroit, 1 m. à l'envers prise par derrière, 18 m. à l'envers, 1 m. à l'envers prise par derrière, 4 m. à l'envers.

15me aiguille — rabattre 2 m. en chaîne, 1 jeté, 1 m. à l'endroit prise par derrière, 1 jeté, rabattre 1 m., 1 jeté, glisser 1 m., 1 diminution à l'endroit, rabattre la m. glissée, 1 jeté, 3 m. à l'endroit, 1 jeté, glisser 1 m., 1 diminution à l'endroit, rabattre la m. glissée, 1 jeté, 3 m. à l'endroit, 1 jeté, rabattre 1 m., 1 jeté, rabattre 1 m., 1 jeté, 1 diminution à l'endroit, 1 m. à l'envers, 1 m. à l'endroit prise par derrière, 1 jeté, 5 m. à l'endroit, 1 jeté, glisser 1 m., 1 diminution à l'endroit, rabattre la m. glissée, 1 jeté, 5 m. à l'endroit, 1 jeté, 1 m. à l'endroit prise par derrière, 1 m. à l'envers, 1 m. à l'endroit prise par derrière, 1 jeté, 1 diminution à l'endroit, 2 m. à l'endroit.

17me aiguille — rabattre 2 m. en chaîne, 1 jeté, 1 m. à l'endroit prise par derrière, 1 jeté, rabattre 1 m., 1 jeté, rabattre 1 m., 1 diminution à l'endroit, 1 jeté, 2 m. à l'endroit, 1 jeté, rabattre 1 m., 1 diminution à l'endroit, 1 jeté, 2 m. à l'endroit, 1 jeté, rabattre 1 m., 1 jeté, rabattre 1 m., 1 m. à l'endroit prise par derrière, 1 m. à l'envers, 1 m. à l'endroit prise par derrière, 1 jeté, 1 m. à l'endroit, 1 diminution à l'endroit, 1 m. à l'envers, rabattre 1 m., 1 m. à l'endroit, 1 m. à l'envers, 1 m. à l'endroit, 1 diminution à l'endroit, 1 m. à l'envers, rabattre 1 m., 1 m. à l'endroit, 1 jeté, 1 m. à l'endroit prise par derrière, 1 m. à l'envers, 1 m. à l'endroit prise par derrière, 1 jeté, 1 diminution à l'endroit, 2 m. à l'endroit.

18me aiguille — glisser 1 m., 2 m. à l'endroit, 1 m. à l'envers, 1 m. à l'envers prise par derrière, 1 m. à l'endroit, 1 m. à l'envers prise par derrière, 3 m. à l'envers, 1 m. à l'endroit, 2 m. à l'envers, 1 m. à l'endroit, 2 m. à l'envers, 1 m. à l'endroit, 3 m. à l'envers, 1 m. à l'envers prise par derrière, 1 m. à l'endroit, 1 m. à l'envers prise par derrière, 16 m. à l'envers, 1 m. à l'envers prise par derrière, 4 m. à l'envers.

19me aiguille — rabattre 2 m. en chaîne, 1 jeté, 1 m. à l'endroit prise par derrière, 1 jeté, rabattre 1 m., 1 jeté, rabattre 1 m., 1 m. à l'endroit, 1 diminution à l'endroit, 1 jeté, 1 m. à l'endroit, 1 jeté, rabattre 1 m., 1 m. à l'endroit, 1 diminution à l'endroit, 1 jeté, 1 m. à l'endroit, 1 jeté, rabattre 1 m., 1 jeté, 1 diminution à l'endroit, 1 m. à l'envers, 1 m. à l'endroit prise par derrière, 1 jeté, 1 m. à l'endroit, 1 jeté, 1 diminution à l'endroit, 1 m. à l'envers, rabattre 1 m., 1 m. à l'envers, 1 diminution à l'endroit, 1 m. à l'envers, rabattre 1 m., 1 jeté, 1 m. à l'endroit, 1 jeté, 1 m. à l'endroit prise par derrière, 1 m. à l'envers, 1 m. à l'endroit prise par derrière, 1 jeté, 1 diminution à l'endroit, 2 m. à l'endroit.

21me aiguille — rabattre 2 m. en chaîne, 1 jeté, 1 m. à l'endroit prise par derrière, 1 jeté, rabattre 1 m., 1 jeté, glisser 1 m., 1 diminution à l'endroit, rabattre la m. glissée, 1 jeté, 3 m. à l'endroit, 1 jeté, glisser 1 m., 1 diminution à l'endroit, rabattre la m. glissée, 1 jeté, 3 m. à l'endroit, 1 jeté, rabattre 1 m., 1 m. à l'endroit prise par derrière, 1 m. à l'envers, 1 m. à l'endroit prise par derrière, 1 jeté, 3 m. à l'endroit, 1 jeté, glisser 1 m., 1 diminution à l'endroit, rabattre la m. glissée, 1 m. à l'envers, glisser 1 m., 1 diminution à l'endroit, rabattre la m. glissée, 1 jeté, 3 m. à l'endroit, 1 jeté, 1 m. à l'endroit prise par derrière,

1 m. à l'envers, 1 m. à l'endroit prise par derrière, 1 jeté, 1 diminution à l'endroit, 2 m. à l'endroit.

22me aiguille — glisser 1 m., 2 m. à l'endroit, 1 m. à l'envers, 1 m. à l'envers prise par derrière, 1 m. à l'endroit, 1 m. à l'envers prise par derrière, 6 m. à l'envers, 1 m. à l'endroit, 6 m. à l'envers, 1 m. à l'envers prise par derrière, 1 m. à l'endroit, 1 m. à l'envers prise par derrière, 14 m. à l'envers, 1 m. à l'envers prise par derrière, 4 m. à l'envers.

23me aiguille — rabattre 2 m. en chaîne, 1 jeté, 1 m. à l'endroit prise par derrière, 1 jeté, rabattre 1 m., 1 jeté, rabattre 1 m., 1 diminution à l'endroit, 1 jeté, 2 m. à l'endroit, 1 jeté, rabattre 1 m., 1 diminution à l'endroit, 1 jeté, 2 m. à l'endroit, 1 jeté, 1 diminution à l'endroit, 1 m. à l'envers, 1 m. à l'endroit prise par derrière, 1 jeté, 5 m. à l'endroit, 1 jeté, glisser 1 m., 1 diminution à l'endroit, rabattre la m. glissée, 1 jeté, 5 m. à l'endroit, 1 jeté, 1 m. à l'endroit prise par derrière, 1 m. à l'envers, 1 m. à l'endroit prise par derrière, 1 jeté, 1 diminution à l'endroit, 2 m. à l'endroit.

24me aiguille — glisser 1 m., 2 m. à l'endroit, 1 m. à l'envers, 1 m. à l'envers prise par derrière, 1 m. à l'endroit, 1 m. à l'envers prise par derrière, 15 m. à l'envers, 1 m. à l'envers prise par derrière, 1 m. à l'endroit, 1 m. à l'envers prise par derrière, 13 m. à l'envers, 1 m. à l'envers prise par derrière, 4 m. à l'envers.

Reprendre à partir de la 1re aiguille.

La dentelle terminée est cousue au fond composé de rosaces tricotées et de carrés en toile. Voir aussi au chapitre « La Garniture des Ouvrages », l'article « Garniture de dentelles ».

Modèles d'ouvrages. — En dehors des ouvrages décrits ci-dessus, on trouvera un grand choix de modèles pour le tricot dans les publications suivantes de la BIBLIOTHÈQUE D·M·C: *Le Tricot, 1re, 2me, 3me, 4me et 5me Séries.*

L'ABC du Tricot, petit traité destiné aux enfants, donne l'explication des principaux points et quelques modèles simples (*).

Dentelle au crochet avec brides à picots et palmettes.

Le Crochet

Ce genre d'ouvrage, qui tire son nom du «crochet» qui sert à l'exécuter, est non seulement un des plus faciles et des plus récréatifs, mais encore un de ceux par lesquels on arrive le plus vite à un résultat.

On peut l'utiliser aussi bien pour la toilette que pour la lingerie et pour la décoration du mobilier; aussi sommes-nous certaine que nos modèles seront favorablement accueillis. Nous avons groupé dans ce chapitre toutes les sortes de travaux au crochet: dentelles étroites et simples pour lingerie, larges dentelles et entre-deux pour rideaux et stores, modèles pour grandes couvertures, têtières et col.

De plus nous expliquons deux genres de crochet artistique: le Gros-Crochet et la Guipure d'Irlande. Nous ne présentons qu'un exemple de chacun d'eux, car ces travaux spéciaux demandent généralement des descriptions très importantes, accompagnées de figures explicatives qui augmenteraient trop ce volume.

Nous avons publié d'autre part un recueil de Gros-Crochet contenant 15 dentelles, entre-deux, fonds et carrés avec leurs descriptions détaillées et un autre consacré à la Guipure d'Irlande. Ce dernier comprend, outre le texte, 100 figures explicatives, 7 planches avec modèles divers et 16 patrons sur toile.

Crochets. — Les crochets diffèrent suivant l'usage auquel on les destine; les plus grands, généralement en écaille, en ivoire ou en buis, sont employés pour les gros ouvrages de coton ou de lin; les plus petits, pour les ouvrages fins, sont ordinairement en acier. Pour le travail connu sous le nom de « crochet tunisien » on se sert toujours de longs crochets, d'une seule pièce et d'un diamètre uniforme sur toute la longueur.

Il est essentiel que ces crochets soient d'une exécution très soignée à leur extrémité, bien polis à l'intérieur et pas trop pointus; le dos doit être légèrement arrondi, et le manche assez léger pour ne pas fatiguer la main, qu'il soit en ivoire, en acier ou en bois.

Fournitures. — L'emploi très varié des ouvrages au crochet demande aussi un choix de fournitures très complet.

Les petites dentelles et les entre-deux étroits, destinés à la garniture de la lingerie, sont travaillés avec un fil fin et rond, qui est à choisir dans les numéros fins du Cordonnet spécial D·M·C, du Fil d'Alsace D·M·C, du Fil à dentelles D·M·C, du Coton perlé D·M·C, de l'Alsatia D·M·C, du Lin à tricoter et à crocheter D·M·C et du Lin pour dentelles D·M·C, en blanc ou écru, auquel on ajoute assez souvent une nuance claire de bleu, rose, violet ou jaune, uni ou ombré.

Les garnitures de rideaux, de stores, de tapis et de couvre-lits sont travaillées avec un fil assez fort: le Cordonnet spécial D·M·C Nos 1 à 20, l'Alsatia D·M·C Nos 15 et 20 ou le Coton perlé D·M·C Nos 3 et 5, en blanc, crème ou écru, suivant l'étoffe dont a été confectionné l'objet même.

Pour les grandes couvertures de lit ou de berceau, qu'on confectionnait autrefois toujours en laine, nous recommandons tout particulièrement le Retors pour tricot D·M·C No 4, fil mat. Le Coton perlé D·M·C, article tout à fait soyeux et d'un beau brillant, dans les Nos 3, 5, 8 et 12, et l'Alsatia D·M·C, dans les Nos 15 à 25, sont employés avantageusement, en remplacement du cordonnet de soie, pour beaucoup d'ouvrages de fantaisie.

Pour des cache-cols, écharpes, brassières, etc., nous recommandons particulièrement le Crochet floche D·M·C et le Mouliné spécial D·M·C, fils très souples et soyeux, ou le Coton perlé D·M·C Nos 3, 5 et 8 et le Coton à tricoter D·M·C, qualité spéciale, No 4.

Explication des signes *. — Dans le crochet, de même que dans le tricot, on est obligé de répéter souvent la même série de points. Ces répétitions ou reprises seront indiquées suivant le cas par les signes *, **, ***, etc.

Abréviation. — Dans les explications qui suivent, nous nous servirons de l'abréviation m. pour le mot maille.

Des points. — En réalité, il n'existe qu'un seul point de crochet, parce que tout ouvrage est composé de boucles que l'on produit au moyen du petit crochet et que l'on rattache, sous forme de mailles, les unes aux autres.

On peut cependant le diviser en deux genres, le crochet ordinaire et le crochet tunisien. Ce dernier est parfois nommé crochet-tricot.

Dans le crochet ordinaire on distingue 7 différentes sortes de mailles :

1° la maille en l'air ou maille chaînette, 2° la petite maille serrée, 3° la maille serrée, 4° la bride, 5° la maille point de minute, 6° la maille faisceau, 7° la maille double.

Les rangs se font, suivant le genre de points, en allers et en retours ou seulement en allers.

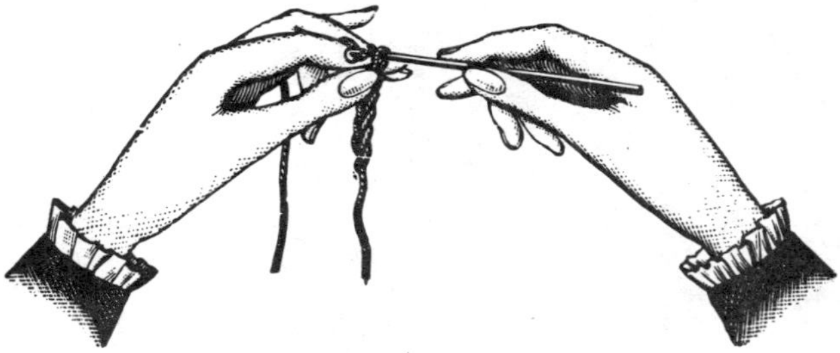
Fig. 481. Position des mains et mailles en l'air.

Lorsqu'on travaille en allers et en retours, on retourne l'ouvrage à la fin de chaque rang et on fait, au commencement du rang suivant, une ou plusieurs mailles en l'air, selon la hauteur du point, pour ne pas faire rentrer le bord extérieur de l'ouvrage.

Si au contraire, le crochet est exécuté seulement en allers, il faut recommencer chaque fois le rang dans la première maille du rang précédent. On passe le fil et on fait, comme à tout autre rang, le nombre nécessaire de mailles.

A la fin d'un rang on coupe le fil et on le passe par la dernière boucle ; on arrête de la même manière tout ouvrage au crochet. Souvent aussi on fait quelques mailles par-dessus les bouts de fil au commencement et à la fin de chaque rang, ou on les arrête sur l'envers de l'ouvrage par quelques points, ou bien encore on réunit un certain nombre de fils pour en former des glands ou des franges, selon la garniture que l'on veut faire pour compléter l'ouvrage.

1° **Position des mains et mailles en l'air** (fig. 481). — On monte le fil sur la main gauche comme on le monte sur la main droite pour le tricot, de sorte que le fil est maintenu par le pouce sur l'index.

Le crochet qui est placé dans la main droite, comme la plume lorsqu'on écrit (c'est-à-dire qu'il est tenu par le pouce et l'index et qu'il repose sur le troisième doigt), est introduit dans la boucle que retiennent l'index et le pouce de la main gauche. On saisit avec le crochet le fil sur l'index et l'on fait une première maille comme pour le tricot. On ne serre cette maille qu'autant qu'il est nécessaire pour laisser un passage facile au crochet. Le bout du fil est maintenu par le pouce et l'index. On produit les mailles suivantes en saisissant le fil au moyen du crochet et en le passant par la boucle.

Fig. 482. Petites mailles serrées.

Le mouvement par lequel on fait monter le fil sur le crochet se nomme un « jeté ».

2° **Petites mailles serrées** (fig. 482). — Introduisez le crochet à l'endroit de l'ouvrage, dans la boucle supérieure soit d'une maille en l'air, soit d'une boucle de maille du rang précédent, prenez le fil avec le crochet et faites-le revenir par la boucle du rang inférieur et par celle qui se trouve sur le crochet et qui provient de la dernière maille.

Fig. 483. Mailles serrées.

3° **Mailles serrées** (fig. 483). — Introduisez votre crochet comme à la fig. 482, de l'endroit vers l'envers sous la boucle supérieure d'un rang précédent, saisissez le fil avec le crochet, passez-le par la première boucle, jetez le fil sur le crochet et passez-le par les deux boucles.

Fig. 484. Point de rose.

Comme on le verra par les figures et les explications qui suivent, les différentes manières de faire suivre les rangs de mailles serrées produisent les points de crochet les plus variés.

Point de rose (fig. 484). — Ce point se compose de mailles serrées faites en allant et en revenant. On fait passer le crochet chaque fois sous les deux boucles horizontales du rang de mailles précédent.

Le point de rose et le point à côtes, fig. 486, sont généralement employés pour la confection de brassières, cache-cols, châles, etc.

Point russe (fig. 485). — Celui-ci se fait comme le point précédent, avec cette différence seulement, qu'on ne le travaille que d'un seul côté, de sorte qu'on est obligé de couper le fil après chaque rang.

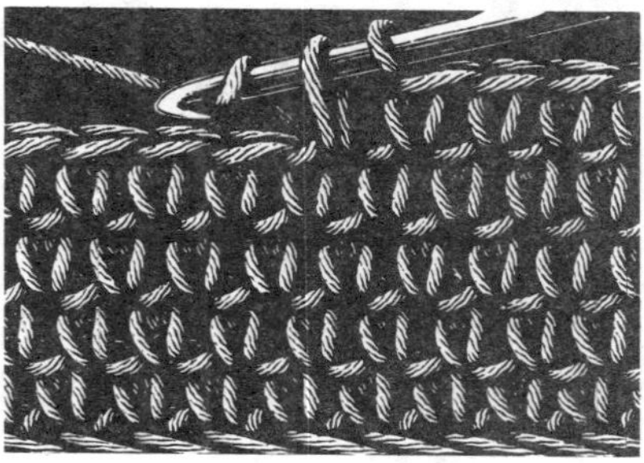
Fig. 485. Point russe.

Point à côtes (fig. 486). — Ici les rangs se font en allant et en revenant, et on ne fait passer le crochet que par les arrière-boucles des mailles du rang précédent.

Point de piqué. — Ce point se travaille aussi uniquement sur l'endroit. On introduit le crochet sous l'un des fils verticaux d'une maille et on termine la maille serrée.

Ce point présente un joli envers, les deux fils d'une maille se rapprochant entièrement. C'est un point des plus avantageux pour confectionner des objets chauds et ne devant pas avoir de doublure. Nous observerons seulement qu'il faut un crochet relativement gros pour bien faire ce point, surtout lorsqu'on se sert d'un brin un peu plus fort.

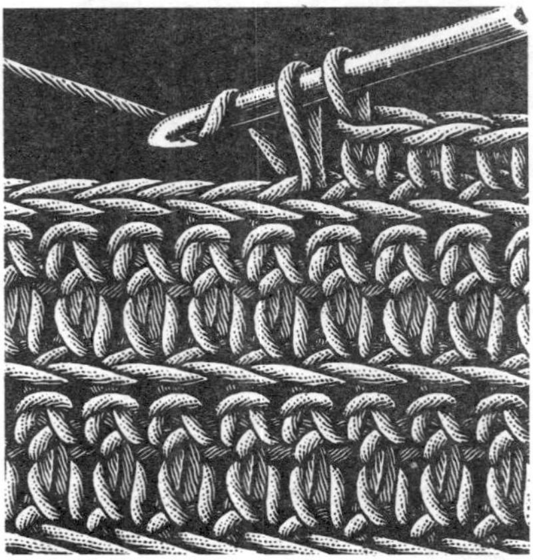
Fig. 486. Point à côtes.

Point biaisé (fig. 487). — Le point biaisé est entièrement travaillé sur l'endroit de l'ouvrage. On passe le crochet par l'arrière-boucle d'une maille du rang précédent, on saisit le fil du crochet, sans le jeter sur celui-ci, et on retire la boucle; puis on achève le point comme une maille serrée.

Fig. 487. Point biaisé.

Point croisé (fig. 488). — On appelle ainsi le point fait de la même manière que le point biaisé, lorsqu'on passe en outre le crochet par les deux boucles du rang précédent.

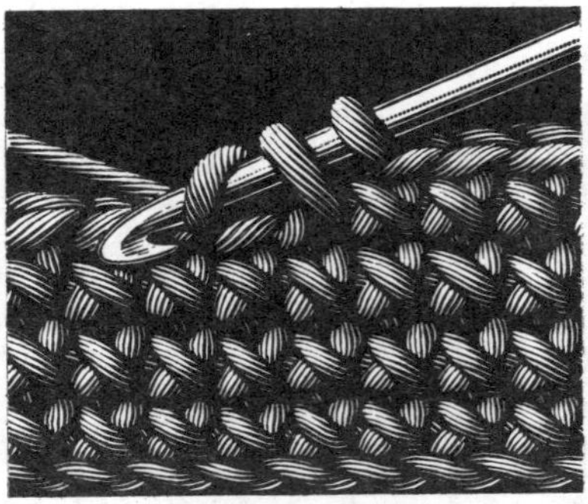

Fig. 488. Point croisé.

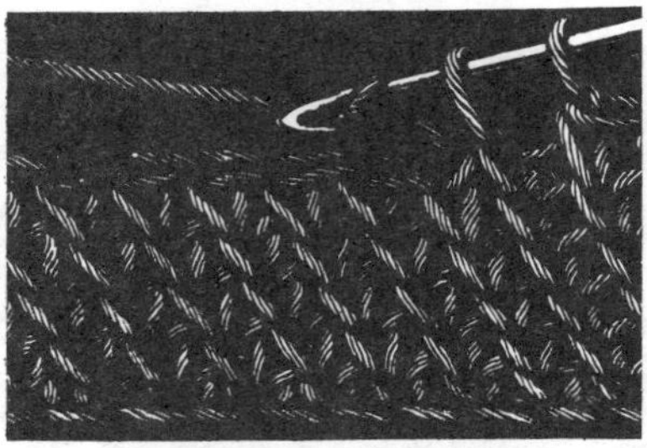

Fig. 489. Point russe croisé.

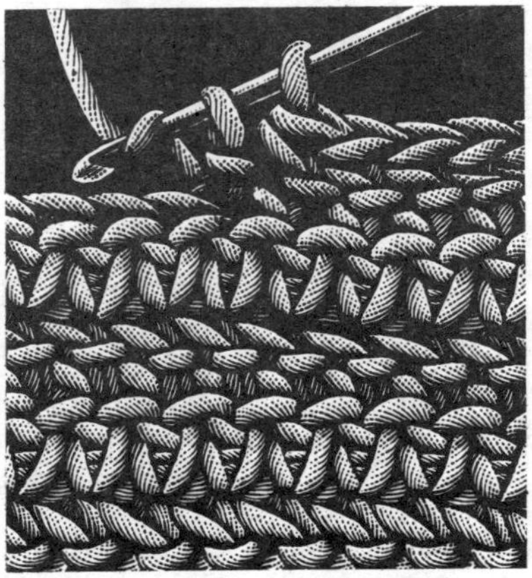

Fig. 490. Point de couverture.

Point russe croisé (fig. 489). Pour faire ce point, qui produit des lignes obliques, on fait passer le crochet entre les fils verticaux et sous les deux fils horizontaux des mailles.

Point de couverture (fig. 490). — On peut confectionner les couvertures avec des points moins serrés que les points précédemment décrits.

Pour donner plus de souplesse à l'ouvrage, on jette le fil sur le crochet, on le passe sous les deux boucles d'une maille et on saisit le fil, on ramène le crochet sous les deux boucles et sous le jeté, on fait un jeté et on passe par les deux boucles se trouvant sur le crochet.

Ce point se fait en allers et retours.

Point noué (fig. 491). — Ce point, qui est composé des mailles décrites pour le point de couverture, fig. 490, se travaille seulement sur l'endroit de l'ouvrage.

Point de fourrure (fig. 492). Le point de fourrure se fait comme suit : lorsque le crochet est introduit dans la boucle d'une maille inférieure, on fait passer le fil, de haut en bas, autour d'une bande de carton ou d'une règle plate en bois ; puis on achève la maille comme d'habitude par une petite m. serrée ou un point russe.

Lorsqu'on ne veut pas se servir de ces objets, on peut aussi faire les boucles allongées, par-dessus l'index et les retenir du pouce pendant le travail ; mais nous ne pouvons recommander ce procédé aux personnes non exercées, parce qu'il leur serait bien plus difficile de faire régulièrement les boucles.

On fait suivre d'un rang uni de mailles serrées chaque rang

de mailles allongées. Les mailles allongées se couchent sur l'envers, qui devient ensuite l'endroit de l'ouvrage.

Lorsque ce point doit devenir encore plus épais, plus garni, on peut passer le fil deux ou trois fois autour de la règle ou de l'index et l'arrêter par une maille serrée. Si la boucle allongée est triplée, on la fait suivre d'une maille serrée.

Le point que nous venons de décrire se fait d'ordinaire avec des fils très floches, comme le Crochet floche D·M·C et le Mouliné spécial D·M·C.

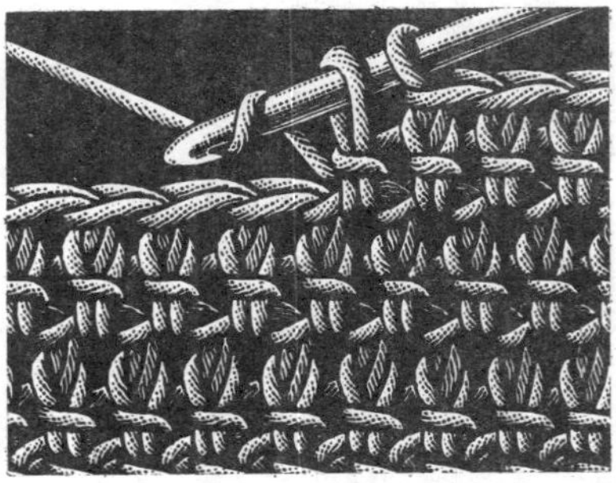

Fig. 491. Point noué.

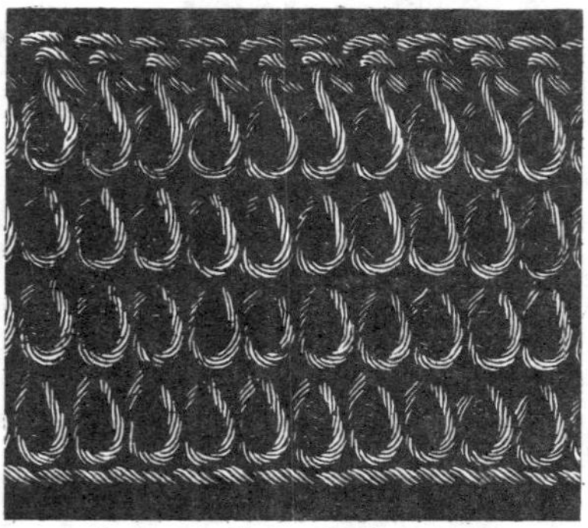

Fig. 492. Point de fourrure.

Point Marguerite (fig. 493). On ne travaille ce point que sur l'endroit de l'ouvrage. On le commence par une chaînette de m. en l'air en nombre impair.

1er rang — sauter la 1re m. en l'air, retirer 1 boucle des 4 m. en l'air suivantes, jeter le fil sur le crochet et le passer à travers les 5 boucles, 1 m. en l'air, retirer 1 boucle du centre du groupe précédent, 1 boucle de la m. verticale et 2 boucles des 2 m. en l'air suivantes; jeter le fil sur le crochet, le passer à travers les 5 boucles et ainsi de suite.

2me rang — commencer par 3 m. en l'air, sauter la 1re m., retirer 1 boucle des 2 m. en l'air suivantes et des 2 premières m. horizontales du rang inférieur, jeter le fil sur le crochet, le passer à travers les 5 boucles, 1 m. en l'air et continuer comme au premier rang.

Fig. 493. Point Marguerite.

Mailles serrées pour chaîne (fig. 494). — On commence ces mailles par 2 m. en l'air, on introduit le crochet entre les parties composant la 1re m. en l'air, on jette le fil sur le crochet, on le retire avec le fil, on jette

Fig. 494.
Mailles serrées pour chaine.

le fil encore une fois sur le crochet et on le passe par les 2 boucles; puis on introduit le crochet dans la bouclette gauche de la maille qu'on vient de former, on jette le fil sur le crochet, on le retire, puis on jette le fil encore une fois sur le crochet, et on le passe par les 2 boucles, et ainsi de suite.

Cette chaîne peut souvent remplacer la mignardise lorsqu'on ne peut trouver celle-ci de la grosseur ou de la couleur voulue pour le travail que l'on se propose d'exécuter.

4° **Brides.** — On appelle brides un genre de petites baguettes formées au moyen de mailles.

Ces brides peuvent être faites, comme tout autre travail au crochet, en allers et en retours ou seulement en allers.

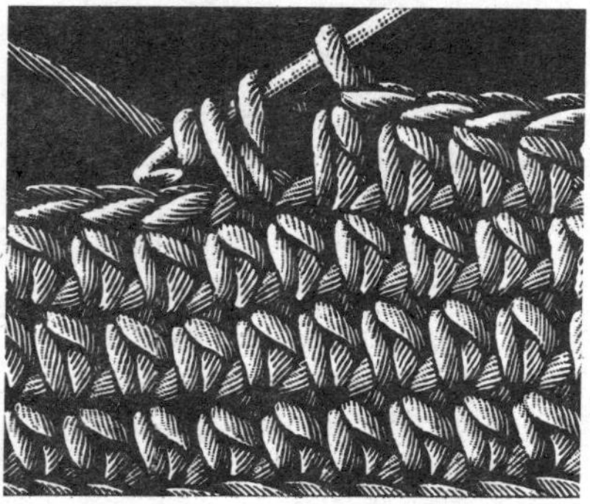

Fig. 495.
Demi-brides passées dans la maille entière.

On distingue différentes sortes de brides; ainsi il existe la demi-bride ou bride courte, la bride simple ou ordinaire, la bride double, la bride triple, quadruple ou quintuple, etc., la bride raccordée, la bride croisée.

Lorsqu'on travaille les brides en allers et retours, on fait quelques mailles en l'air au commencement de chaque rang et l'on saute la 1re bride inférieure, qui est remplacée par ces mailles en l'air.

Demi-brides (fig. 495). — Ramener le fil de derrière sur le devant du crochet, le passer entre les mailles du rang précédent, faire 1 jeté, ramener le crochet sur le devant avec le fil, jeter encore une fois le fil sur le crochet et le passer par toutes les 3 boucles.

Fig. 496.
Brides simples passées dans une demi-maille.

Brides simples (fig. 496). — De même que pour la demi-bride, on jette d'abord le fil sur le crochet pour faire 1 bride simple, puis on passe le crochet par 1 boucle du rang inférieur, on prend le fil, on le ramène sur l'endroit, on jette le fil sur le crochet, on passe par 2 boucles, on jette encore une fois le fil sur le crochet, puis on passe par les 2 dernières boucles.

Brides doubles (fig. 497). — Celles-ci se produisent en faisant 1 jeté double sur le crochet, puis en faisant la maille comme pour la bride précédente, en passant le crochet avec le jeté par 2 et 2 boucles jusqu'à ce que la bride soit achevée.

Brides triples et quadruples (fig. 498). — Jeter pour la bride triple, le fil trois fois sur le crochet, pour la bride quadruple, quatre fois, puis établir la baguette comme les autres, en réunissant toujours 2 et 2 boucles. Lorsqu'on veut faire une série de brides s'allongeant graduellement, on passe le crochet dans chaque 2me bride par les 3 dernières boucles, de sorte qu'on aura à faire des brides d'une longueur égale à 1, 1 ½, 2, 2 ½ brides, avant de faire 1 bride de triple longueur.

Cette différence dans la longueur des brides est souvent nécessaire lorsqu'on fait des fleurs, des feuilles, des bords dentelés et des festons.

Brides raccordées (fig. 499). — Les brides qui

Fig. 497. Brides doubles passées dans une demi-maille.

Fig. 498. Brides triples passées dans la maille entière.

Fig. 499. Brides raccordées.

sont raccordées les unes aux autres peuvent être exécutées en allers et en retours et remplacer les mailles serrées.

Après avoir établi une chaîne de m. en l'air, on fait encore quelques m. en l'air en direction verticale ou 1 bride de hauteur voulue, on relève autant de boucles que l'on a fait de m. en l'air verticales ou de jetés pour la bride ; de plus, on relève la maille voisine du rang inférieur, on jette le fil sur le crochet, on le ramène sur l'endroit, puis on passe le crochet par 2 et 2 boucles.

Fig. 500. Brides croisées superposées.

Brides croisées (fig. 500 et 501). — Ce genre de brides produit un point transparent que l'on utilise souvent pour le talon des dentelles, pour entre-deux de lingerie d'enfants et de dames.

Fig. 501. Brides croisées contrariées.

Sur une chaîne de m. en l'air, ou sur n'importe quel point dans un rang précédent, faire ce qui suit : 3 m. en l'air (ces mailles en l'air comptent comme 1 bride simple), sauter 1 m. du rang inférieur, faire 1 bride simple dans la 2me m., 4 m. en l'air, 1 jeté simple, introduire le crochet entre les boucles de la bride et des m. en l'air réunies et terminer par 1 bride simple et 1 m. en l'air.

Puis continuer, en faisant 1 jeté double, introduire le crochet dans la 2me m. suivante du rang précédent, faire 1 autre jeté, passer le crochet par la boucle, faire encore 1 jeté et réunir les

2 boucles suivantes. Il reste alors 3 boucles sur le crochet; faire 1 jeté, passer le crochet dans la 2me. m. du rang inférieur, faire 1 jeté et ramener le crochet sur l'endroit; réunir 2 par 2 les 5 boucles qui se trouvent sur le crochet, faire 1 m. en l'air, 1 jeté, passer le crochet dans les parties supérieures des brides réunies et terminer par 1 bride simple, 1 m. en l'air, et ainsi de suite.

On peut aussi allonger ces brides, mais, dans ce cas, la largeur de la bride croisée doit correspondre à sa hauteur; aussi on les fera toujours avec un nombre pair de jetés.

La fig. 500 représente des brides croisées superposées, la fig. 501 des brides croisées contrariées.

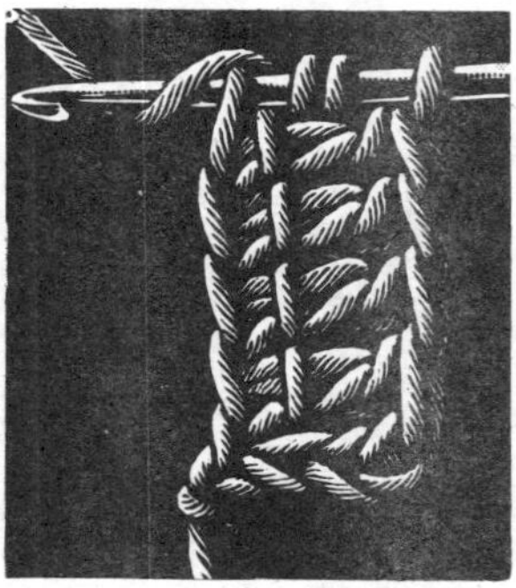

Fig. 502. Brides pour chaine.

Brides pour chaîne (fig. 502). — Pour faire plus rapidement le talon large d'un ouvrage, on peut faire des brides de la manière suivante:

4 m. en l'air, 2 jetés, passer le crochet par la 1re des 4 m. en l'air, 1 jeté, passer le fil par la m., * 1 jeté, passer le fil par les 2 boucles suivantes; reprendre deux fois à *, ** 2 jetés, passer le crochet par la partie inférieure gauche de la bride, fermer la bride comme précédemment et reprendre à **.

Fig. 503. Mailles au point de minute.

5° **Mailles et brides au point de minute** (fig. 503 et 504). — On choisit pour le point de minute un crochet qui devient un peu plus fort vers le manche et plus fin à l'extrémité qu'on ne le prendrait pour tout autre ouvrage de crochet.

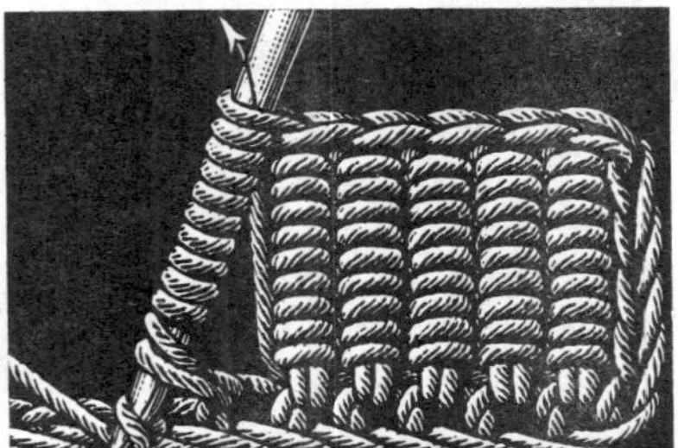

Fig. 504. Brides au point de minute.

Pour faire des mailles au point de minute on commence par faire une chaîne de m. en l'air très lâche, puis on jette le fil plusieurs fois et très également sur le crochet que l'on passe ensuite par 1 m. de la chaîne, on fait 1 jeté simple, on passe par la boucle, puis avec 1 nouveau jeté on passe le crochet par tous les autres jetés.

Les brides au point de minute, fig. 504, se font de la même

manière que le point simple, seulement on jette le fil au moins dix à douze fois sur le crochet, que l'on passe ensuite par tout l'enroulage à la fois, excepté les 2 dernières boucles, que l'on réunit par 1 nouveau jeté.

Pour faciliter le retour du crochet, on retient le fil enroulé entre le pouce et l'index de la main gauche.

Fig. 505. Mailles faisceau ou point ananas.

6° **Mailles faisceau ou point ananas** (fig. 505). Ce point sert généralement d'entre-deux entre des rangs de crochet à mailles serrées.

* Faire 1 jeté, passer le crochet sous 1 m. du rang précédent, faire 1 jeté, le ramener comme boucle, faire 1 autre jeté, passer le crochet une seconde fois sous la même m., ramener le crochet, faire un 3me jeté et passer une troisième fois sous la même maille, ramener le crochet, faire un 4me jeté, ramener le crochet, faire encore 1 jeté et passer le crochet par les 8 premières boucles qui se trouvent sur le crochet, faire encore 1 jeté et passer le crochet par les 2 dernières boucles, 1 m. en l'air, sauter 1 m. inférieure et reprendre à *.

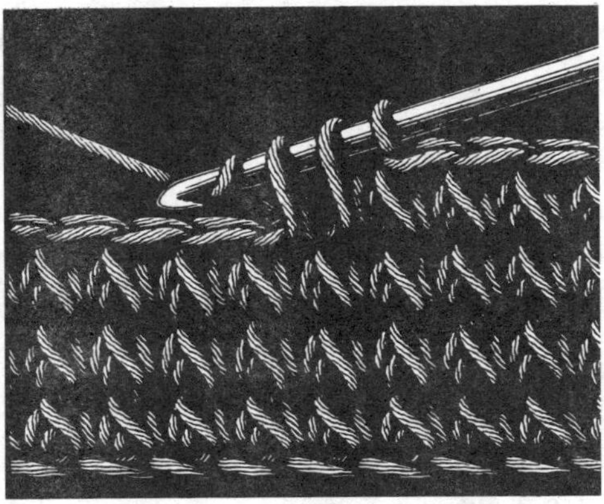

Fig. 506. Mailles doubles ou point double.

7° **Mailles doubles ou point double** (fig. 506). — Un fil d'une certaine grosseur, comme le Cordonnet spécial D·M·C Nos 1 à 10 ou le Lin à tricoter et à crocheter D·M·C Nos 3 à 12, fera mieux ressortir ce genre de point qu'un fil ouvert et floche. Ce point ne se travaille que sur l'endroit de l'ouvrage.

Lever 1 boucle de fil à droite et à gauche d'une maille d'un rang précédent, de manière à avoir 3 boucles sur le crochet, y compris celle de la dernière maille, faire 1 jeté et le passer par les 3 boucles, puis lever de nouveau 1 boucle à côté de celle que l'on a faite à gauche et qui figure maintenant comme boucle de droite, prendre 1 boucle dans la maille suivante, faire 1 jeté et le passer par toutes les boucles.

Point relief avec brides contrariées (fig. 507). — Tous les genres de points de cette catégorie exigent la présence de quelques rangs unis pour servir de base aux brides en relief. Dans notre modèle on remarquera dans le 4me rang de m. serrées, comme 4me m., 1 bride double se rattachant à une boucle de la même 4me m. du 1er rang. On saute la maille du rang précédent cachée sous la bride, on fait 3 m. serrées, 1 bride double et ainsi de suite. Ce rang achevé, on tourne l'ouvrage et on fait 1 rang uni.

Fig. 507. Point relief avec brides contrariées.

Dans le rang suivant, donc dans le 6me rang, on fait en premier lieu : 1 m. serrée, 1 bride double que l'on rattache au 3me rang à la 2me m. serrée qui précède la 1re bride, 3 m. serrées, 1 bride double et ainsi de suite.

Dans le 8me rang de m. serrées les brides sont posées dans le même ordre qu'au 4me rang.

Fig. 508. Point relief avec brides entre-croisées.

Point relief avec brides entre-croisées (fig. 508). — On prépare, comme à la fig. 507, 3 rangs unis de m. serrées. Le 4me rang est commencé par 2 m. serrées, auxquelles on fait suivre : * 1 bride double attachée à la partie supérieure de la 1re m. du 1er rang ; les 2 dernières boucles de cette bride restant sur le crochet : faire 1 jeté double pour la bride suivante, passer le crochet par la 4me m. suivante du 1er rang, jeter le fil sur le crochet, ramener le fil, finir la bride jusqu'aux 3 dernières boucles que l'on réunit en même temps. Sauter la m. derrière la bride, faire 3 autres m. serrées et reprendre à * en posant la

1re bride suivante dans la même boucle ou repose la bride précédente et en sautant dans le bas toujours 3 m.

Après ce rang tourner l'ouvrage, faire 1 rang de m. serrées et tourner de nouveau l'ouvrage à l'endroit.

Le 2me rang de brides commence par 1 bride double; le croisement des brides se fait tel qu'on peut le voir dans la gravure.

Point relief avec mouches au point ananas contrariées (fig. 509). — Après avoir fait 3 rangs unis, on commence le 4me rang par 3 m. serrées, on sort 1 bouclette de fil de la m. suivante, puis on continue par : * 6 brides dans la 4me m. serrée du 1er rang,

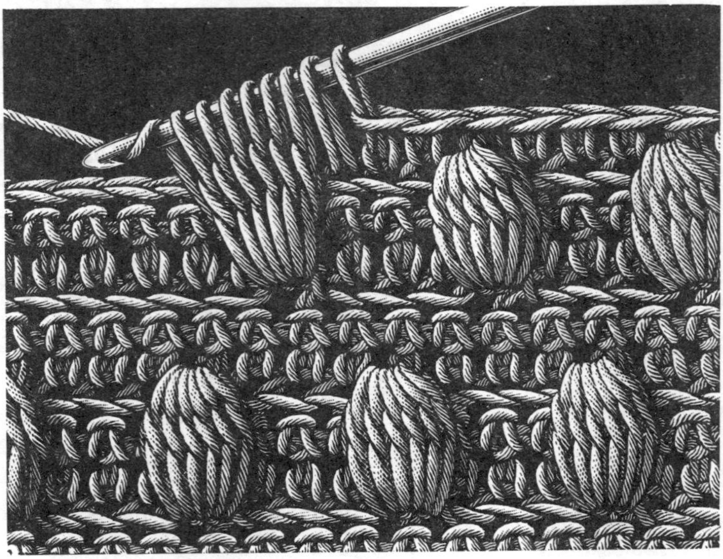

Fig. 509. Point relief avec mouches au point ananas contrariées.

laisser la dernière boucle de chaque bride sur le crochet, de manière à avoir en tout 8 boucles sur le crochet; jeter le fil sur le crochet et le passer par toutes les boucles; 1 m. en l'air, sauter la m. sous la mouche de laquelle on a sorti 1 boucle, faire 3 m. serrées et reprendre à *.

On fait suivre 3 rangs de m. serrées; dans le 4me rang les mouches seront interverties.

Point relief avec mouches à brides contrariées (fig. 510). Tourner l'ouvrage après avoir fait 3 rangs de m. serrées, faire encore 3 m. serrées au commencement du 4me rang, puis dans la 4me m. du 1er rang : * 1 m. en l'air, 6 brides, lâcher la dernière boucle de la 6me bride, introduire le crochet dans la m. en l'air entre la dernière m. serrée et la 1re bride, prendre la boucle libre de la dernière bride et la passer par celle qui se trouve sur le crochet, sauter la m. sous la mouche, faire 5 m. serrées et reprendre à *. Dans les rangs suivants les mouches sont placées entre les mouches des rangs inférieurs.

Point relief avec mouches au point ananas, posées en lignes obliques (fig. 511). — Sur les rangs de m. préparées préalablement, faire en commençant le 4me rang, et comme 4me m., un point ananas quadruple, fig. 505, puis 4 m. serrées, 1 point ananas, et ainsi de suite. Le rang suivant sera tout uni. Dans le 2me rang à mouches faire 1 m. serrée en plus et attacher

Fig. 510. Point relief avec mouches à brides contrariées.

les points ananas dans les boucles à gauche du second des 3 rangs recouverts par les premières mouches. Chaque point en relief que l'on fait dans la suite sera donc avancé d'une maille ; ces points forment ainsi une surface à rayures obliques.

Point d'écailles (fig. 512). — Ce point, que l'on ne peut travailler qu'en allers et avec du coton très floche, sert à confectionner de charmants objets de toilette d'enfants. Il est d'une grande facilité d'exécution ; il avance très vite et on peut l'arrêter à chaque rang.

On fait sur une base de m. en l'air ou sur d'autres points de crochet existants, un 1er rang avec : 1 m. en l'air, 7 brides dans la 1re m. du rang inférieur, * 1 m. en l'air, 7 brides dans la 5me m. et reprendre à *.

2me rang — * 7 brides dans la m. en l'air du rang précédent qui sépare 7 brides, 1 m. serrée dans la 4me des 7 brides du 1er rang et reprendre à *.

Dans les rangs suivants on placera les 7 brides dans la m. serrée du rang inférieur.

Picots. — Pour terminer la plupart des ouvrages au crochet, on garnit le dernier rang de picots.

C'est ainsi que l'on appelle différentes sortes de petites pointes qui sont : le picot serré, le picot à mailles en l'air, le picot de dentelle.

Les picots serrés peuvent être subdivisés en petits picots, en

Fig. 511. Point relief avec mouches au point ananas, posées en lignes obliques.

grands picots, en picots pointus, en picots à feuilles arrondies, en picots à feuilles pointues, etc.

Petits picots ronds. — On les fait ou détachés ou sur un bord crocheté.

Dans le permier cas on fait 3 m. en l'air ; puis en revenant : 1 m. serrée dans la 2me et dans la 1re m.

Dans le second cas, on fait : 1 petite m. serrée dans le bord, * 3 m. en l'air ; puis en revenant, 1 m. serrée dans la 2me et dans la 1re m. en l'air, sauter 1 ou 2 m. du rang inférieur, 1 petite m. serrée ; reprendre à *.

Grands picots ronds. — 5 m. en l'air, sauter 3 m., 1 bride dans la 2me et dans la 1re m. en l'air. Lorsqu'on veut raccorder immédiatement ces picots à un ouvrage existant, on les attache par 1 petite m. serrée en sautant 3 ou 4 m. au lieu de 1 ou 2, comme nous venons de l'indiquer pour les petits picots.

Picots pointus. — Monter 6 m. en l'air, puis en revenant, sauter la 1re m., 1 petite m. serrée, 1 m. serrée, 1 demi-bride, 1 bride simple, 1 bride double.

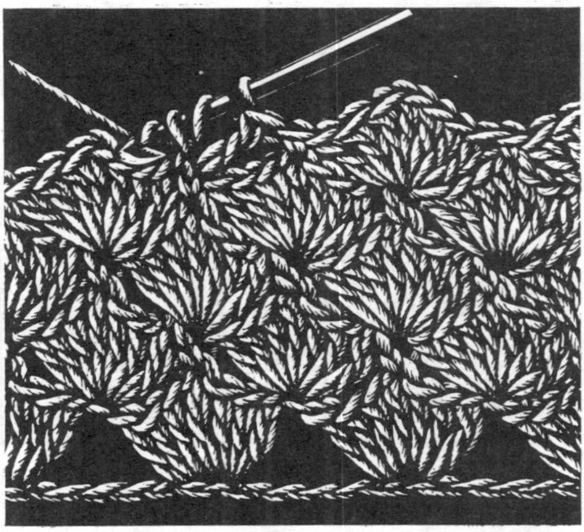

Fig. 512. Point d'écailles.

Picots à feuilles. — * 4 m. en l'air, 3 brides simples dans la 1re m. en l'air, 1 petite m. serrée dans la m. dans laquelle on a fait entrer les brides, 2 ou 3 m. en l'air et reprendre à *. Lorsque ces picots forment la fin d'un bord uni, on fait, au lieu de m. en l'air, des petites m. serrées dans le rang précédent.

Picots à mailles en l'air. — Pour les petits picots à mailles en l'air il faut : 5 m. en l'air, 1 m. serrée dans la 1re de ces 5 m. Pour les grands picots il faut 5 m. en l'air, 1 bride dans la 1re m.

Picots à points de minute ou picots à points de poste. 5 m. en l'air, 1 bride au point de minute fermée en rond et rattachée à la 1re m. en l'air, 5 m. en l'air, et ainsi de suite.

Fig. 513. Picots retombants.

Picots retombants (fig. 513). 5 m. en l'air, lâcher la boucle, introduire le crochet dans la 2me des 5 m., reprendre la boucle lâchée, la faire passer par la m.

Picots de dentelle (fig. 514 et 515). — Dans la fig. 514 on voit des picots établis avec des m. en l'air de la manière suivante : 2 m. en l'air, passer le crochet par la 1re m. en l'air, 1 jeté, ramener le fil, 2 m. en l'air ; * sortir le crochet des 2 boucles, introduire le crochet en même temps dans la seconde

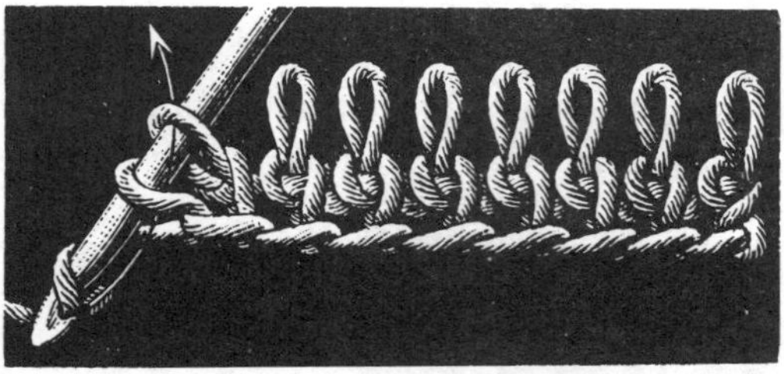

Fig. 515. Picots de dentelle.

boucle et dans la 1re m. en l'air, ramener le fil à l'état de boucle, 2 m. en l'air et reprendre à *.

Pour obtenir une plus grande régularité dans les picots et leur donner plus de fermeté, il est bon de les faire par-dessus une grosse aiguille à tricoter ou par-dessus un moule.

Dans la fig. 515 on voit des picots à m. serrées montés sur un ouvrage terminé, tel qu'un rang final ou une chaîne de m. en l'air, 1 m. serrée, allonger la boucle provenant de cette m. autant qu'il le faut pour lui donner la longueur d'un picot et monter cette boucle sur un moule, introduire le crochet dans les parties horizontales de la dernière m., jeter le fil sur le crochet, ramener le fil, 1 m. serrée dans la m. suivante, et ainsi de suite.

Fig. 516.
Picots avec bord de brides.

Picots avec bord de brides (fig. 516). — Commencer par 7 m. en l'air, 1 m. serrée dans la 4me m. en l'air, 1 bride triple dans la 1re des 7 m. en l'air, * 1 picot de 4 m. en l'air fermé par 1 m. serrée, 1 bride triple dans le 2me des 3 jetés de la bride triple et reprendre à *.

Manière de copier au crochet des dessins de tapisserie (fig. 517 et 518). Les modèles pour point de croix, pour tapisserie et pour filet brodé, composés et imprimés au moyen de types, peuvent aussi servir pour certains ouvrages au crochet, surtout lorsqu'ils ne présentent que deux tons, ou plutôt lorsqu'ils sont dessinés en une seule couleur sur un fond uni.

Pour traduire ces dessins au crochet, on ne fait que des mailles en l'air et des brides qui, en se superposant dans les rangs, forment de petits carrés. Pour chaque carré vide marqué sur le dessin, on compte 1 bride et 2 m. en l'air pour le fond en crochet; pour les pleins, 3 brides.

Les carrés formés par les mailles en l'air doivent toujours être commencés et terminés par 1 bride. On commence chaque rang par 3 m. en l'air — voir aussi les indications données pour les brides — et l'on finit par 1 bride.

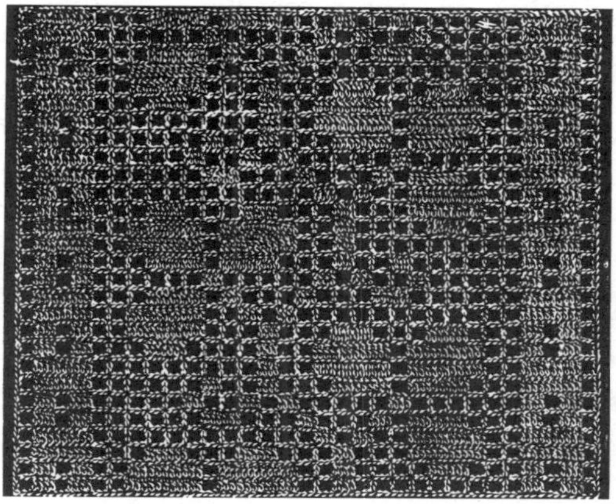

Fig. 517. Crochet ajouré exécuté d'après un dessin de tapisserie.

Lorsqu'un carré plein se trouve entre des carrés vides, on compte pour le carré plein 4 brides, parce que la dernière bride du dernier carré ajouré touche aux 3 brides du carré plein.

De cette manière on compte pour deux pleins réunis: 7 brides et pour trois pleins réunis: 10 brides.

Lorsqu'on veut traduire au crochet des dessins de tapisserie composés de plusieurs couleurs, on peut le faire avec des brides et en allers seulement ou avec des mailles serrées en allers et en retours.

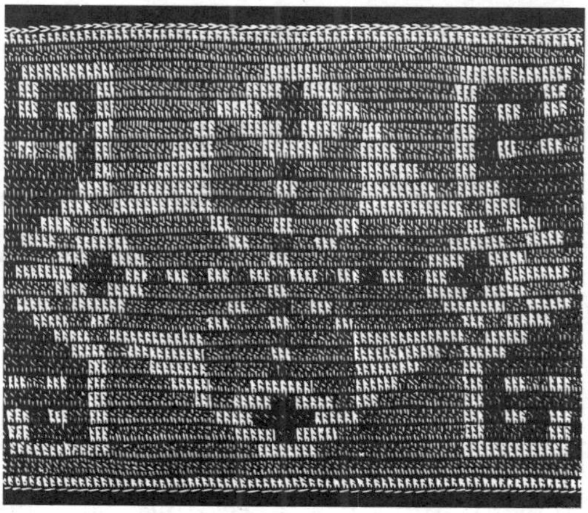

Fig. 518. Crochet serré exécuté d'après un dessin de tapisserie.

En copiant les dessins d'après la première méthode, on est forcé de couper le fil à chaque rang.

Si l'on ne se sert pas de plus de trois couleurs, on fera passer deux fils sous les mailles; si, au contraire, ce nombre de couleurs est dépassé, on reporte les fils non engagés pour le moment sur l'envers de l'ouvrage et on ne les reprend sur l'endroit que lorsque leur tour se présente. Le fil abandonné remplace alors sur l'envers celui qu'on a repris.

On ne peut reporter sur l'envers les fils non engagés que dans les objets que l'on peut confectionner avec un envers; dans tout autre cas, on les fera entrer sous les mailles.

Les couleurs doivent alterner dans l'ordre prescrit par le dessin; on observera de plus que la maille qui précède une autre maille de couleur différente ne peut être terminée avec le même fil, mais qu'on fait passer le nouveau fil de couleur par les dernières boucles et qu'on les serre avec ce nouveau fil.

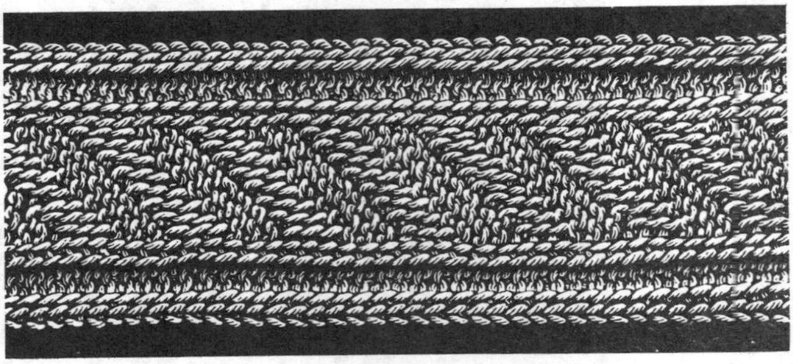

Fig. 519. Galon en crochet de Bosnie en une seule nuance.
Fournitures : Cordonnet spécial D·M·C Nos 3 à 20 ou Lin à tricoter et à crocheter D·M·C Nos 4 à 12, en blanc ou écru.

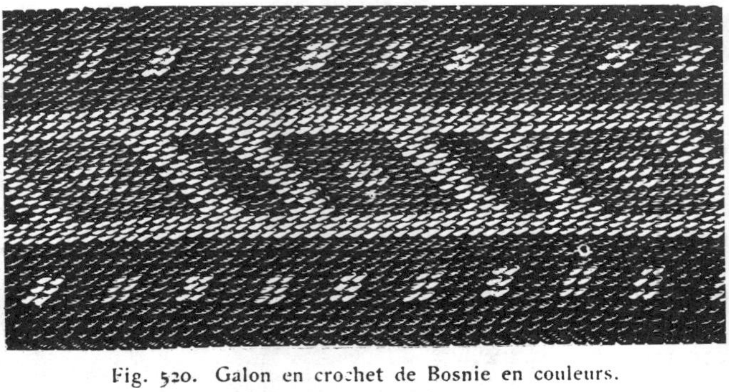

Fig. 520. Galon en crochet de Bosnie en couleurs.
Fournitures : Coton perlé D·M·C ou Alsatia D·M·C, en Noir grand-teint 310, Rouge-Turc 321, Bleu-Indigo 334, Jaune-Crème 579 et Brun-Cachou 435 (*).

Crochet de Bosnie. En Bosnie on fait un genre particulier de crochet qui rappelle les galons tissés et qui, vu son élasticité et sa solidité, se recommande tout particulièrement pour des ceintures, cols, manchettes, de même que pour des galons de passementerie. Les dessins travaillés avec une ou plusieurs nuances sont entièrement composés de petites mailles serrées. Parmi les différents articles de la marque D·M·C, nous recommandons spécialement pour le crochet en une couleur, le Cordonnet spécial D·M·C et le Lin à tricoter et à crocheter D·M·C; pour les ouvrages

(*) Ces numéros désignent des couleurs qui se trouvent sur les cartes de couleurs des articles portant la marque D·M·C. Ces cartes peuvent être consultées chez tous les merciers et marchands d'ouvrages de dames.

en plusieurs couleurs, le Coton perlé D·M·C et l'Alsatia D·M·C.

Galon en crochet de Bosnie en une seule nuance (fig. 519). On commence par une chaîne de m. en l'air; en posant alternativement les petites m. serrées dans la bouclette de devant ou dans la bouclette de derrière des m. inférieures, on arrive à former le dessin.

1er au 3me rang — petites m. serrées dans les bouclettes de derrière.

4me et 5me rangs — petites m. serrées dans les bouclettes de devant.

6me et 7me rangs — petites m. serrées dans les bouclettes de derrière.

8me au 15me rang — alterner 3 petites m. serrées dans les bouclettes de derrière avec 3 petites m. serrées dans les bouclettes de devant. Reculer dans chaque rang le dessin d'un point vers la gauche, afin de former des rayures obliques.

16me et 17me rangs — petites m. serrées dans les bouclettes de derrière.

18me et 19me rangs — petites m. serrées dans les bouclettes de devant.

20me rang — petites m. serrées dans les bouclettes de derrière.

Fig. 521. Carré au crochet.

Galon en crochet de Bosnie en couleurs (fig. 520). — Ici le dessin se produit par le changement des nuances. On travaille tout le modèle avec des petites m. serrées posées dans les arrière-boucles. Les losanges de la bordure du milieu sont en rouge et bleu, la partie centrale brune; les bandes foncées en biais sont exécutées en noir et le fond en crème. Les bordures extérieures sont faites en noir et brun. Le changement de couleurs s'opère d'après les indications du modèle; voir aussi la fig. 518.

Manière de faire un carré au crochet (fig. 521). — On commence par 4 m. en l'air, avec lesquelles on forme un rond en faisant 1 petite m. serrée dans la 1re m. en l'air.

1 m. en l'air, 2 m. serrées dans la m. en l'air suivante, 3 m. serrées dans chacune des 3 m. suivantes, 1 m. serrée dans la m. dans laquelle sont faites les 2 premières m.

Glisser la m. suivante, c'est-à-dire faire entrer le crochet entre les parties horizontales de la 1re m. serrée du tour précédent et retirer le fil sans faire de maille.

Puis continuer par : 1 m. en l'air, 2 m. serrées dans la m. glissée. A partir de là, on fait 3 m. serrées dans la 2me des 3 m. serrées qui forment le coin et 1 m. serrée sur toutes les autres m. du tour précédent.

La gravure représente un carré exécuté en tours suivis.

Lorsqu'on se sert d'un point à exécuter en allers et en retours, on tourne l'ouvrage chaque fois que l'on a terminé un tour et l'on revient sur les mailles que l'on vient de former.

Fig. 522. Octogone au crochet.

Manière de faire un octogone au crochet (fig. 522). — Monter 8 m. en l'air, travailler en rond et faire 16 m. serrées dans les 8 m. en l'air ; terminer le tour par 1 petite m. serrée dans la 1re m. serrée = tourner = * 1 m. serrée dans la 1re m., 2 m. dans la 2me m. serrée du tour précédent ; reprendre sept fois à * ; terminer le tour par 1 petite m. serrée = tourner = 2 m. serrées, 2 m. serrées dans la 2me des m. augmentées, 2 m. serrées et ainsi de suite. Faire les tours suivants en plaçant toujours 2 m. serrées dans la 2me des m. augmentées.

Ces octogones peuvent se faire dans n'importe quelle dimension ; on les réunit généralement au moyen de brides ou de bouclettes de m. en l'air.

Manière de faire une étoile sur fond uni (fig. 523). — Commencer avec le fil clair et par 4 m. en l'air, fermer le rond,

2 m. serrées dans chacune des 4 m. en l'air, puis 1 m. serrée avec le fil foncé et 1 m. avec le fil clair, destiné pour le fond dans chacune des 8 m. Pour le changement des couleurs, voir la fig. 518.

Continuer avec 2 m. serrées foncées dans chaque m. foncée et avec 2 m. serrées claires dans chaque m. claire; dans les tours suivants, faire toujours à gauche 1 m. foncée en plus et les

Fig. 523. Étoile sur fond uni.

augmentations régulières se font dans la m. de la couleur claire en plaçant 2 m. dans la dernière m. avant les m. en couleur foncée.

Continuer jusqu'à ce que les mailles en couleur foncée soient au nombre de 8, puis diminuer de nouveau d'une maille foncée dans chaque tour au côté droit des motifs, jusqu'à ce qu'il n'en reste plus qu'une seule en couleur tranchant sur le fond; au côté gauche des motifs faire 2 m. serrées claires dans la 1re m. claire inférieure.

Ces ronds s'emploient pour fond de bourses, de bonnets, de calottes, et comme petits napperons.

Crochet tunisien. — Le crochet tunisien est aussi appelé « crochet-tricot », parce que, comme dans le tricot, toutes les mailles d'un rang sont montées sur une aiguille. Comme nous l'avons dit au commencement de ce chapitre, on se sert, pour faire le crochet tunisien, de crochets très longs, dont le moule, de diamètre uniforme, est muni d'un bouton à l'extrémité.

Fig. 524. Point tunisien simple.

Les points du crochet tunisien se font tous sur l'endroit et donnent un ouvrage souple et élastique ; ces points sont tout particulièrement employés pour cache-cols, écharpes, brassières, souliers d'enfants, etc.

Fig. 525. Point tunisien natté droit.

On peut les faire pleins et ajourés; cependant, la variété des genres de points n'est pas aussi grande que dans le crochet ordinaire.

Une chaîne de m. en l'air forme la base du crochet tunisien; un rang de petites m. serrées le termine.

Point tunisien simple (fig. 524). — Après avoir monté un nombre de mailles en l'air correspondant à la largeur que l'on veut donner à l'ouvrage, on commence le 1er rang, « le rang des bouclettes ». On introduit le crochet dans la 2me m. en l'air, on ramène 1 bouclette et l'on continue jusqu'à ce que l'on ait relevé toutes les m. de la chaîne; toutes les bouclettes restent sur le crochet.

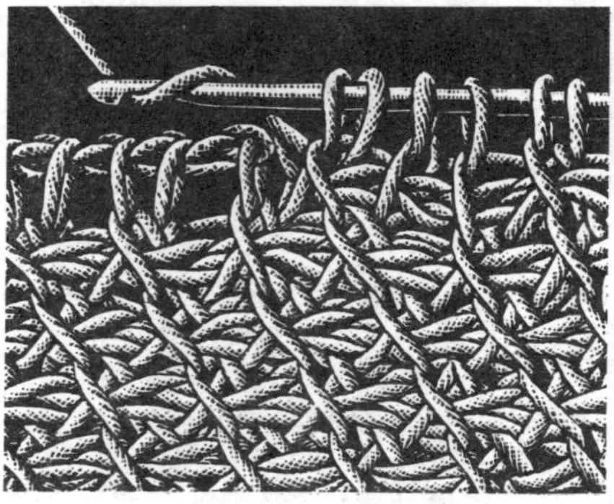

Fig. 526. Point tunisien natté oblique.

Après la dernière maille du rang de bouclettes, on commence le 2me rang terminant le point.

On jette le fil sur le crochet, on le passe la première fois par 1 bouclette, puis on jette le fil sur le crochet, on le passe par 2 bouclettes, on le jette encore une fois sur le crochet et on le passe de nouveau par 2 bouclettes, et ainsi de suite, jusqu'à ce que l'on soit arrivé à la dernière m. Dans le rang suivant on relève les bouclettes verticales formées par les m. du rang inférieur.

Point tunisien natté droit (fig. 525). — Pour faire ce point on commence par 1 rang de point tunisien simple, puis on saute dans le rang suivant la 1re boucle, on relève la 2me et on revient à la 1re, de sorte que les 2 boucles seront croisées. On termine le rang comme indiqué pour le modèle précédent.

Point tunisien natté oblique (fig. 526). — On commence ce point, comme le précédent, en faisant d'abord 1 rang simple, puis 1 rang natté, en relevant d'abord la 2me boucle, puis la 1re seulement, et on termine par le 2me rang comme à l'ordinaire.

Dans le 3me rang de bouclettes, on relève la 1re m. comme

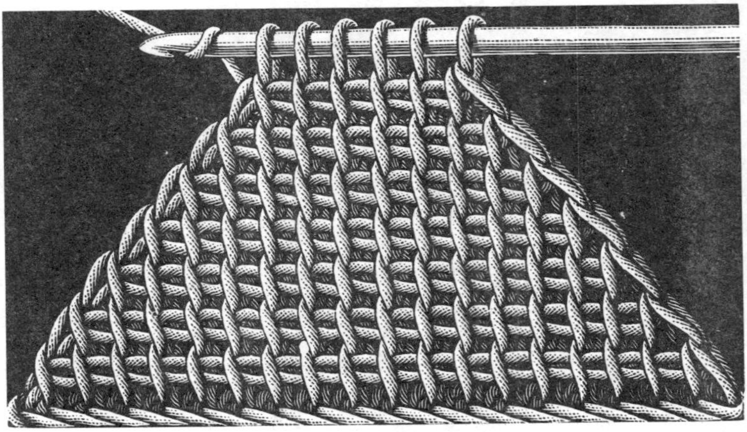

Fig. 527. Diminution et augmentation dans le crochet tunisien.

à l'ordinaire, puis on entre-croise la 2me et la 3me m., ce qui produit des lignes obliques sur la surface de ce point tunisien.

Point tunisien à jours. — Les points à jours dans le crochet tunisien sont très faciles à faire. Le 1er rang de bouclettes se fait comme celui du crochet tunisien simple. Dans le rang revenant, on réunit alternativement 2 et 3 ou 3 et 4 bouclettes du rang précédent, et on les remplace par autant de m. en l'air.

Dans les rangs suivants, pour faire le rang de bouclettes, on passe le crochet dans les m. en l'air.

Diminution et augmentation dans le crochet tunisien (fig. 527). — Notre gravure montre la manière de faire les diminutions sur les deux côtés du crochet, ce qui permet de former des dents.

On diminue dans chaque rang 1 m. à droite et 1 m. à gauche. A droite, on réunit la 1re bouclette à la 2me, on continue le rang, puis on travaille jusqu'aux 2 dernières boucles à gauche; on les réunit en revenant par 1 seule m. et on termine le rang final.

Les augmentations se font dans le même ordre, à droite et à gauche. Pour faire 1 augmentation, on relève 1 boucle horizontale de la m. en question.

Carré à mouchets en couleur tranchant sur le fond (fig. 528). — La gravure 528 représente un carré isolé avec un dessin à mouchets. Pour faire ces derniers on pourra soit utiliser une seule couleur par carré, soit faire alterner deux couleurs, ce qui rendra l'assemblage des carrés plus visible, sans nuire à l'harmonie des nuances.

Fig. 528.
Carré à mouchets en couleur tranchant sur le fond.
Fournitures : Coton perlé D·M·C Nos 3, 5 ou 8 ou Alsatia D·M·C No 20 ou 25, en Gris-Cendre 318 et Rouge-Turc 321 ou en Brun-Cachou 435 et Bleu de France 796.

Monter une chaîne de 13 m. en l'air, fermer le rond.

1er tour — 1 m. serrée dans la 1re des 13 m. en l'air, 5 m. en l'air, 1 m. serrée dans la 4me m. en l'air, 5 m. en l'air, 1 m. serrée dans la 7me m. en l'air, 5 m. en l'air, 1 m. serrée dans la 10me m. en l'air, 5 m. en l'air, 1 m. serrée dans la 13me m. en l'air.

2me tour — * 1 m. serrée dans la 1re m. serrée du 1er tour, 1 m. serrée dans la 1re des 5 m. en l'air, 5 m. en l'air, 1 m. serrée dans la 5me m. en l'air; reprendre trois fois à *. A la troisième répétition arrêter le tour avec les 5 m. en l'air.

3me tour — 5 m. serrées dans les 3 m. serrées inférieures et dans la m. en l'air qui précède et qui suit ces m. serrées, 5 m. en l'air, 5 m. serrées et ainsi de suite.

4me tour — continuer à augmenter comme au 3me et faire ici le 1er point de mouchet, voir la fig. 509, après la 3me m. serrée dans chaque triangle du carré. Dans les tours suivants on augmente successivement les mouchets, jusqu'à ce que le carré ait la grandeur voulue. Les points de mouchets se font dans chaque 2me tour avec 3 m. serrées d'intervalle. Pour la disposition des mouchets voir la fig. 528.

Le fil de couleur n'entre en jeu qu'au moment de la confection des mouchets et devra être coupé chaque fois qu'un groupe de mouchets sera terminé.

Le commencement et la fin de chaque fil de couleur devront être repliés et rentrés sous les points du tour suivant.

On peut faire le carré de n'importe quelle grandeur; il est terminé par de petites dents à picots qui peuvent aussi servir de raccord entre les différents carrés.

Modèle de couverture exécuté en bandes (*) (fig. 529). — C'est une couverture de berceau, en bleu pâle et en blanc. Les bandes, de même que la dentelle, sont exécutées avec du coton blanc; les tours de sertissage et de raccord sont en partie bleus et en partie blancs.

Comme fournitures on prendra du Coton perlé D·M·C N° 3, en Bleu de Ciel 747 et Blanc.

Pour la première bande monter une chaîne de 29 m. en l'air, en revenant, sauter 3 m. en l'air, passer le crochet par la 4me et par la 5me m., serrer en même temps les 3 boucles, 2 m. en l'air, passer le crochet par 2 autres m. en l'air, serrer les 3 boucles en même temps, 2 m. en l'air, et ainsi de suite. Commencer chaque rang avec 3 m. en l'air qui formeront des picots au bord de la bande. En revenant, faire la 1re boucle par-dessus les 3 m. en l'air, la 2me boucle par-dessus la m. en l'air qui suit les boucles réunies du rang inférieur, qui sont ensuite toujours à sauter, et continuer à relever les boucles des m. en l'air seulement.

Lorsque les bandes sont terminées, on fait, avec un fil de couleur tranchant sur le fond, dans chacun de ces picots: 1 m. serrée et 3 m. en l'air. Ce rang est suivi d'un autre au point ananas, fig. 505, exécuté avec du coton blanc, avec 2 m. en l'air entre les groupes de points; puis un autre rang de couleur consistant en 2 m. en l'air et 1 m. serrée sur chaque bouclette de m. en l'air du rang précédent. Ces rangs ne se font que sur les côtés longs des bandes que l'on raccorde plus tard; sur les côtés extérieurs, on ne fait ce travail que lorsque la couverture est achevée; les points se suivent alors tout autour sur les quatre côtés.

La seconde bande, de même largeur que la première, est faite au point tunisien; un rang de m. serrées de couleur, puis un rang de: 1 m. serrée et 3 m. en l'air la bordent, ainsi qu'un rang de point ananas avec du coton blanc, puis un rang de couleur avec 2 m. en l'air et 1 m. serrée.

Le dernier raccord des bandes se fait au moyen de petites

(*) Voir, à la fin du volume, la liste des publications de la Bibliothèque D·M·C. contenant une grande variété de modèles pour tous les genres d'ouvrages.

m. serrées exécutées sur l'envers avec du coton de couleur, en relevant 1 boucle de la m. à droite et 1 de la m. à gauche se trouvant vis-à-vis.

Fig. 529. Modèle de couverture exécuté en bandes.
Fournitures : Coton perlé D·M·C No 3, en blanc et Bleu de Ciel 747, en Rouge-Geranium 352 et Rouge-Écarlate 814, ou en Bleu-Indigo 311 et Rouge-Framboise 3687.

Lorsque les bandes sont réunies, on fait la bordure extérieure composée de 7 tours droits et d'une dentelle à demi-rosaces.

1er tour — coton de couleur: 1 m. serrée dans 1 picot, 3 m. en l'air, 1 m. serrée et ainsi de suite sur les côtés longs des bandes; sur le petit côté, côté des m. en l'air du montage ou du dernier tour: 1 m. serrée, 3 m. en l'air, sauter 2 m., 1 m. serrée; dans le coin faire 2 m. serrées séparées par 3 m. en l'air.

2me tour — coton blanc: 1 point ananas, fig. 505, dans chaque picot formé par les 3 m. en l'air du 1er tour avec 2 m. en l'air d'intervalle; dans les coins, on posera 3 points ananas dans le picot.

3me, 4me et 5me tour — coton de couleur: pareil au 1er.

Augmenter dans les coins, au 3me tour faire: 1 m. serrée, 3 m. en l'air, 1 m. serrée dans le 2me point ananas, 3 m. en l'air, 1 m. serrée; au 5me tour faire par-dessus la bouclette de m. en l'air du coin: 2 m. serrées séparées par 3 m. en l'air.

6me tour — coton blanc: pareil au 2me tour.

7me tour — coton blanc: 1 bride dans chaque m. du tour précédent, 3 brides dans la m. du coin.

Les rosaces s'étendent par-dessus 13 brides du tour précédent, avec 3 brides d'intervalle entre les rosaces; c'est pourquoi il est préférable de faire en premier les coins, de compter les m. en longueur et en largeur et de répartir entre les différentes rosaces celles qui seraient en plus.

Pour faire la rosace au coin, fixer le fil sur l'envers à la m. qui précède les 3 m. augmentées: 6 m. en l'air, 1 petite m. serrée dans la 4me bride vers la gauche, 1 petite m. serrée dans la bride suivante = tourner = faire huit fois: 1 m. en l'air et 1 bride par-dessus les 6 m. en l'air; 1 m. en l'air, sauter 1 bride inférieure 1 petite m. serrée dans les 2 brides suivantes = tourner = 2 m. en l'air, 1 point ananas entre chaque bride, en tout 9 points ananas, puis 2 m. en l'air, sauter 2 brides inférieures, 1 petite m. serrée dans les 2 brides suivantes = tourner = 2 m. en l'air, 1 point ananas par-dessus les premières, deuxièmes, troisièmes et quatrièmes 2 m. en l'air inférieures, avec 2 m. en l'air intermédiaires, 2 points ananas avec 2 m. en l'air par-dessus les cinquièmes, sixièmes et septièmes 2 m. en l'air inférieures; par-dessus les autres m. en l'air, de nouveau: 1 point ananas, puis 2 m. en l'air, sauter 1 bride, raccorder à la 2me bride; arrêter le fil.

Pour les rosaces sur le côté droit, on répartit en parties égales les m. qui se trouvent entre les rosaces des coins. Compter sur l'envers du coin gauche vers la droite 11 m., fixer le fil à la 11me m., * 5 m. en l'air, sauter 2 brides du tour inférieur, 1 petite m. serrée dans la 3me m., 1 petite m. serrée dans la m. suivante = tourner = faire six fois: 1 m. en l'air et 1 bride par-dessus les 5 m. en l'air; 1 m. en l'air, 1 petite m. serrée dans la 2me bride inférieure, 1 petite m. serrée dans la bride suivante tourner = 2 m. en l'air et 1 point ananas entre chaque bride du rang précédent; 2 points ananas entre la 3me et la 4me bride, après le 8me point: 2 m. en l'air, sauter 1 bride, 1 petite m. serrée dans chacune des 2 brides suivantes = tourner faire trois fois: 2 m. en l'air et 1 point ananas par-dessus 2 m. en l'air du rang précédent, par-dessus les quatrièmes, cinquièmes et sixièmes 2 m. en l'air: 2 points ananas et 2 m. en l'air; par-dessus les dernières m. en l'air les mêmes points que sur les premières, puis 2 m. en l'air, sauter 1 bride inférieure, 11 petites m. serrées par-dessus les 11 m. suivantes; reprendre à *.

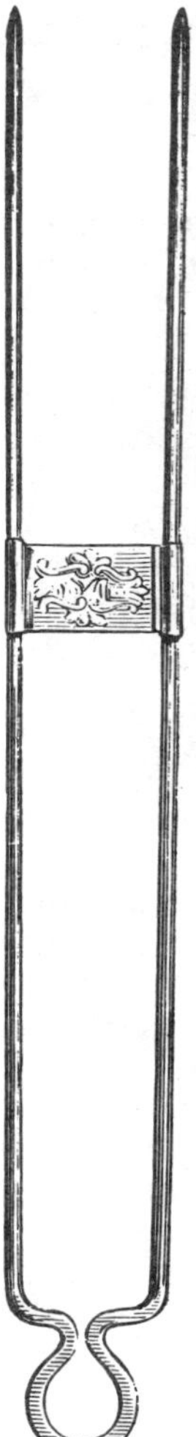

Fig. 530. Fourche en acier.

Le tour final consiste en picots ouverts, établis par 5 m. en l'air et 1 m. serrée entre chaque point ananas; après le dernier de ces points et dans la découpure des festons sur la ligne droite, on ne fait que 2 m. en l'air et 1 m. serrée dans la 2me m. sautée entre les rosaces, 2 m. en l'air; le premier et le deuxième feston de la rosace suivante sont raccordés au dernier et à l'avant-dernier feston de la rosace précédente par la 3me des 5 m. en l'air.

Crochet à la fourche et outils (fig. 530). — Pour faire le crochet à la fourche on se sert d'une sorte d'épingle à cheveux en acier très forte.

A l'aide de fourches on peut faire des dentelles, des franges, des passementeries, enfin une foule de jolis petits travaux qui diffèrent de ceux que nous avons décrits jusqu'à présent.

Il existe bien des genres de points de fourche et une multitude de dessins. Nous ne citerons que ceux qui pourront apprendre à nos lectrices la manière de faire le crochet et leur enseigner le moyen de faire elles-mêmes de jolies compositions dans cette catégorie d'ouvrages.

Fournitures. — Lorsque les ouvrages à la fourche sont destinés à garnir la lingerie, on emploiera de préférence le Cordonnet spécial D·M·C, le Fil à dentelles D·M·C et le Lin pour dentelles D·M·C; si l'on veut confectionner des franges pour meubles, on se servira de l'Alsatia D·M·C ou du Coton perlé D·M·C, et si enfin on veut donner au travail l'aspect de la soie floche, on choisira du Mouliné spécial D·M·C, du Crochet floche D·M·C ou du Lin floche D·M·C.

Des mailles. — On commence comme toujours avec 1 m. en l'air très lâche, puis on retire le crochet de la boucle, on y fait entrer la branche gauche de la fourche, on saisit la branche du pouce et du majeur de la main gauche.

Le fil avec lequel l'ouvrage se fait doit toujours être tourné du côté de la personne qui travaille.

Puis on lance le fil par devant autour de la branche droite, on introduit le crochet dans la boucle qui se trouve sur la branche gauche, on saisit le fil, on le fait passer par la boucle, on jette le fil sur le crochet, on le passe par la bouclette qui se trouve sur le crochet, puis on lance le fil de derrière autour de la branche gauche, on tourne la fourche à droite, le fil enlace alors la branche droite; on introduit le crochet de bas en haut dans la boucle qui se trouve sur la branche gauche; on jette le fil sur le crochet, on le ramène, on ferme les boucles, et ainsi de suite. La fourche une fois recouverte de bouclettes, on fait descendre celles-ci, on rentre les deux branches de la fourche dans les 4 à 5 dernières bouclettes, et on continue le travail.

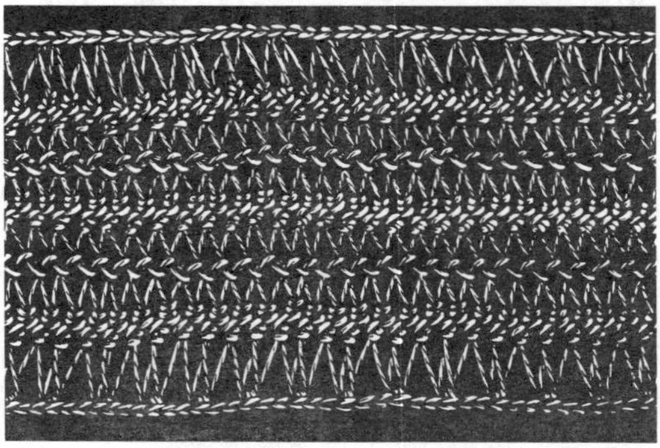

Fig. 531. Entre-deux au crochet à la fourche.
Fournitures : Cordonnet spécial D·M·C No 15, Coton perlé D·M·C No 8 ou Lin à tricoter et à crocheter D·M·C No 16, en blanc ou écru.

Ces points peuvent être doublés, ou bien l'on peut faire 1 m. serrée et 2 brides dans chaque boucle.

Entre-deux au crochet à la fourche (fig. 531). — On fait d'abord trois bandes à la fourche, en recouvrant chaque fil de 2 m. serrées. Puis on réunit les bandes par les boucles en faisant passer une boucle de gauche par-dessus une de droite, puis une de droite par-dessus la suivante de gauche.

Arrivé à la fin des bandes, on arrête les dernières boucles par quelques points.

Pour consolider les bords, on réunit 2 boucles par 1 m. serrée, 2 m. en l'air, 1 m. serrée, et ainsi de suite.

Dentelle au crochet à la fourche (fig. 532). — Après avoir établi deux bandes de longueur suffisante de crochet à la fourche avec 2 demi-brides dans chaque boucle, on réunit les boucles, 2 à 2, au moyen d'un fil d'une couleur tranchant bien sur celle du premier ouvrage.

1 m. serrée réunissant 2 boucles à droite, 2 m. en l'air, 1 m. serrée réunissant les 2 boucles à gauche, puis 2 m. en l'air, revenir à droite et ainsi de suite jusqu'à ce que toutes les boucles soient prises. Ceci forme la serpentine du milieu.

Le bord de la dentelle formant des festons se fait en 2 rangs.

1er rang — réunir 3 boucles par: 1 m. serrée, 5 m. en l'air.

2me rang — par-dessus les 5 m. en l'air: 1 m. serrée, 1 demi-bride, 3 brides, 1 picot avec 5 m. en l'air, 3 brides, 1 demi-bride et 1 m. serrée.

Le talon de la dentelle se fait comme celui de la fig. 531.

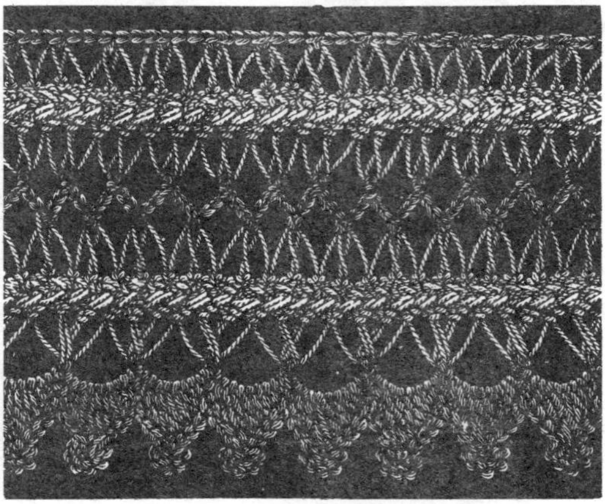

Fig. 532. Dentelle au crochet à la fourche.
Fournitures : Cordonnet spécial D·M·C No 20, Coton perlé D·M·C No 8 ou 12 ou Alsatia D·M·C No 20, en Brun-Cachou 434 et Vert doré 580, ou en Jaune-Crème 579 et Violet-Scabieuse 395.

Dentelle au crochet à la fourche (fig. 533). Ce modèle, travaillé avec du Coton perlé D·M·C, se prête à la garniture de petits tapis, couvertures et lambrequins. On commence par les deux bandes de crochet à la fourche qui sont confectionnées avec 1 m. serrée dans chaque bouclette. Les bouclettes de fil sont rassemblées par quelques rangs de crochet en un fil de couleur différente : rassembler 4 bouclettes par 1 m. serrée, * 3 m. en l'air, rassembler 2 bouclettes par 1 m. serrée, 3 m. en l'air, rassembler 2 bouclettes par 1 m. serrée, puis cinq fois : 3 m. en l'air et 1 m. serrée dans la bouclette suivante, 3 m. en l'air, rassembler 2 bouclettes, 3 m. en l'air, rassembler 2 bouclettes, 3 m. en l'air, rassembler 8 bouclettes et rependre à *.

Le même rang est répété sur le deuxième côté de la bande du crochet à la fourche; seulement on devra commencer par 3 bouclettes isolées, et il faudra placer les 5 bouclettes isolées juste sur le demi-rond formé par les 8 bouclettes assemblées par 1 m. serrée.

Les deux bandes seront jointes par la 2me des 3 m. en l'air des deux petits festons se trouvant dans le haut du grand feston.

Lorsqu'on a réuni les deux bandes, on remplit encore les losanges vides qui se produisent par des petites rosaces faites en 2 tours avec du fil clair.

1er tour — * 1 bride dans la deuxième bouclette de 3 m. en l'air qui suit les bouclettes raccordées, 3 m. en l'air, 1 bride par-dessus les m. en l'air suivantes, 3 m. en l'air, 2 brides raccordées par les derniers jetés dans les deux bouclettes suivantes, faire deux fois: 3 m. en l'air et 1 bride par-dessus les m. en l'air suivantes; 3 m. en l'air, 1 bride sur les dernières m. en l'air de la première bande et 1 bride sur les premières m. en l'air de la deuxième bande, serrer en même temps les derniers jetés, 3 m. en l'air et reprendre une fois à *, finir par 1 petite m. serrée dans la 1re bride et dans les 2 m. en l'air suivantes.

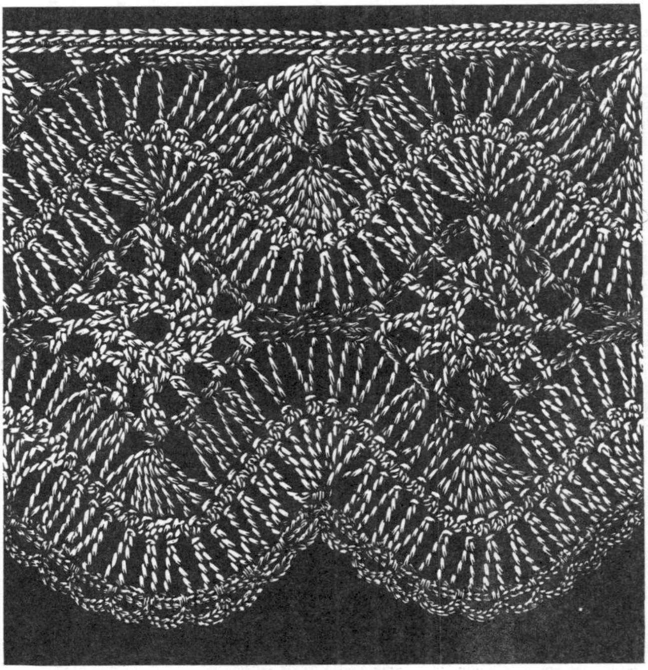

Fig. 533. Dentelle au crochet à la fourche.
Fournitures : Coton perlé D·M·C Nos 3 à 12, ou Alsatia D·M·C No 20 ou 25, en Gris-Cendre 414 et Rouge-Turc 321 ou en Bleu de France 797 et Gris-Fumée 642.

2me tour — 3 m. en l'air, 1 bride par-dessus chaque bouclette de m. en l'air du 1er tour, 1 petite m. serrée dans la 3me m. en l'air, arrêter le fil.

Talon de la dentelle — 1er rang, avec du fil clair — 1 bride quintuple par-dessus les premières 3 m. en l'air, 1 bride quadruple sur les m. en l'air suivantes, 1 bride triple sur les m. en l'air suivantes, serrer en même temps les derniers jetés de ces 3 brides, * 5 m. en l'air, 1 bride par-dessus les m. en l'air suivantes, faire deux fois: 3 m. en l'air et 1 m. serrée par-dessus les m. en l'air suivantes; 3 m. en l'air, 1 bride par-dessus les m. en l'air suivantes, 5 m. en l'air, dans les six bouclettes suivantes faire: 1 bride triple, 1 bride quadruple, 2 brides quintuples, 1 bride quadruple et

1 bride triple réunies par le dernier jeté, puis reprendre à *.

2me rang — 1 m. serrée dans chaque m. du rang précédent.

Le bord de la dentelle, travaillé avec du fil de couleur, est formé par un rang de bouclettes de 4 m. en l'air, 1 m. serrée dans chaque bouclette inférieure; dans la découpure entre deux grands festons, ne pas faire les 4 m. en l'air entre les m. serrées.

Dentelle sur lacet anglais (fig. 534). — On établit sur un lacet à bords ajourés d'abord 1 rang de brides, séparées les unes des autres par 1 m. en l'air. Puis on fait sur ce rang de brides 2 autres rangs pour la dentelle.

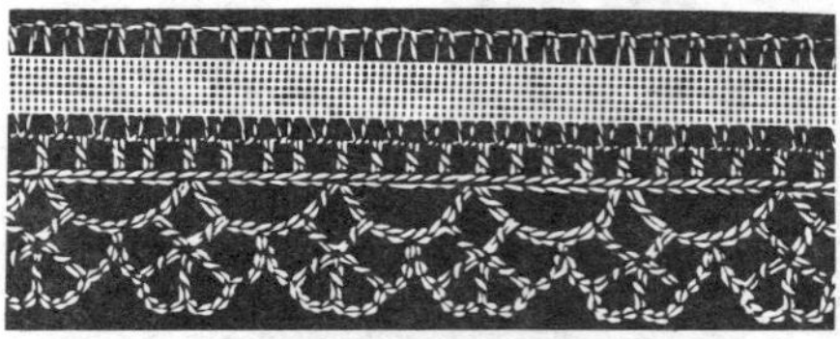

Fig. 534. Dentelle sur lacet anglais.
Fournitures : Lin pour dentelles D·M·C Nos 25 à 70. Fil d'Alsace D·M·C Nos 50 à 70 ou Cordonnet spécial D·M·C No 80 ou 100, en blanc.

1er rang — 1 bride dans la 1re bride du rang précédent, * 5 m. en l'air, 1 bride dans la m. où repose la 1re bride, 5 m. en l'air, sauter 3 brides du rang inférieur, 1 bride dans la 4me bride du rang inférieur; reprendre à *.

2me rang — * 1 bride dans la 3me des m. en l'air entre les 2 brides posées dans une maille du 1er rang, 3 m. en l'air, 1 bride dans la même m., 3 m. en l'air, 1 bride dans la même m., 3 m. en l'air, 1 m. serrée dans la 3me des 5 m. en l'air suivantes, 3 m. en l'air; reprendre à *.

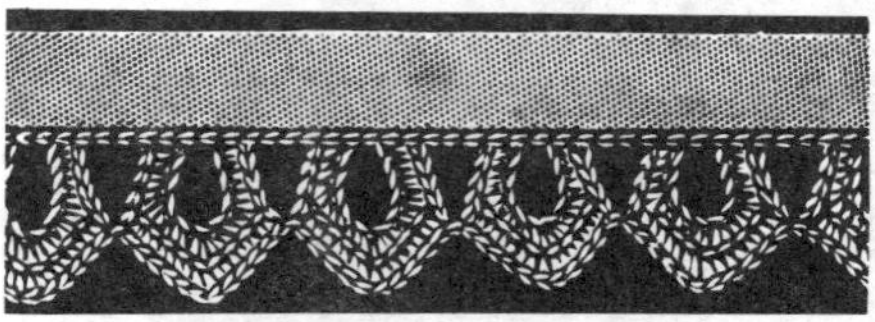

Fig. 535. Dentelle sur lacet uni.
Fournitures : Lacet superfin D·M·C et Fil d'Alsace D·M·C Nos 30 à 70 ou Fil à dentelles D·M·C Nos 30 à 90, en blanc.

Dentelle sur lacet uni (fig. 535). — 1er rang — 3 m. serrées très rapprochées dans le lacet, 14 m. en l'air, raccorder vers la droite à la 3me m. serrée, * sauter la 1re m. en l'air, 1 m. serrée dans chacune des 6 m. en l'air suivantes, dans la 8me m. en l'air faire : 3 m. serrées, puis dans les dernières 6 m. en l'air : 6 m. serrées, 7 m. serrées dans le lacet, 14 m. en l'air, raccorder vers la droite à la 3me m. serrée; reprendre à *.

2me rang — * sauter 2 m. serrées de la dent, 5 m. serrées dans les 5 m. suivantes, 3 m. serrées dans la 2me des 3 m. serrées à la pointe, 5 m. serrées dans les m. suivantes; reprendre à *.

Pour faire un entre-deux au moyen de cette dentelle, on exécute deux bandes qui sont raccordées par la m. à la pointe; on lâche le fil après la 2me des 3 m. à la pointe, puis on fait entrer le crochet dans la m. de la bande terminée, on reprend le fil, on le passe dans la 2me m. et on continue sur le second côté de la dent comme sur le premier.

Dentelle sur lacet anglais (fig. 536). — Pour exécuter les ronds faire : 1 m. serrée dans le lacet, 10 m. en l'air, raccorder vers la droite à la 7me m. en l'air, dans ce premier rond faire : 1 m. serrée, 1 demi-bride, 12 brides, 1 demi-bride et 1 m. serrée ; 1 petite m. serrée dans la 4me m. en l'air, 3 m. en l'air, 1 m. serrée dans le lacet à une distance suffisante de la 1re m. serrée pour ne pas faire chevaucher les ronds les uns sur les autres ; 10 m. en l'air, raccorder vers la droite à la 7me m. en l'air, dans le rond faire : 1 m. serrée, 1 demi-bride, 2 brides, lâcher la boucle, passer le crochet dans la 10me bride du premier rond, saisir la boucle lâchée, la ramener sur l'endroit, 10 brides et ainsi de suite.

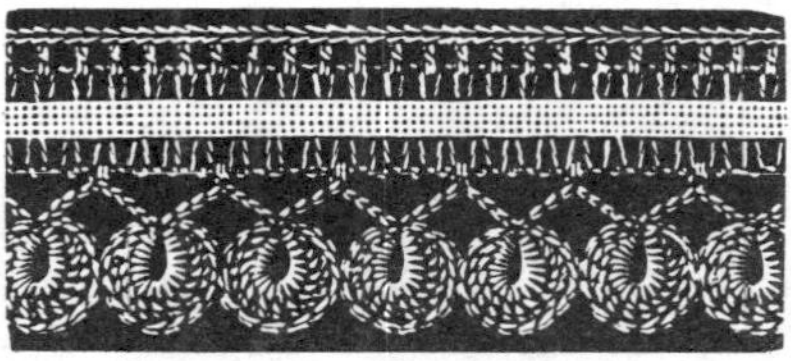

Fig. 536. Dentelle sur lacet anglais.
Fournitures : Fil d'Alsace D·M·C Nos 30 à 50. Fil à dentelles D·M·C Nos 30 à 50 ou Cordonnet spécial D·M·C No 80 ou 100, en blanc.

Pour le talon : 1 bride, 1 m. en l'air, sauter quelques fils de la lisière du lacet, 1 bride et ainsi de suite.

Dentelle au crochet-guipure sur lacet anglais (fig. 537). — Cette charmante petite dentelle peut remplacer les guipures sur tout objet de lingerie fine. Elle peut être travaillée sur un rang de brides aussi bien que sur du lacet anglais ou sur une mignardise dont les picots ont été relevés d'abord par des mailles serrées et des mailles en l'air.

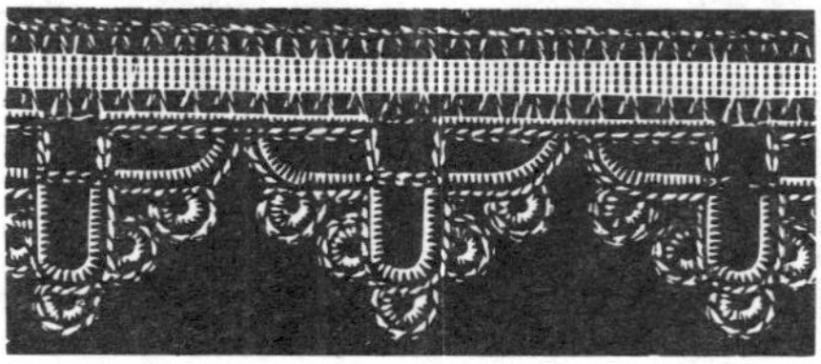

Fig. 537. Dentelle au crochet-guipure sur lacet anglais.
Fournitures : Fil d'Alsace D·M·C Nos 70 à 90. Fil à dentelles D·M·C Nos 70 à 120 ou Cordonnet spécial D·M·C Nos 80 à 150, en blanc.

* 8 m. serrées, 8 m. en l'air, sauter un espace correspondant à celui de 2 brides du lacet anglais employé dans notre modèle, dans le lacet faire : 7 m. serrées, 8 m. en l'air, raccorder vers la droite à la 3me des 8 m. en l'air, 11 m. en l'air, raccorder à la 6me des 8 m. en l'air, 8 m. en l'air, raccorder vers la droite à la 7me des 8 premières m. serrées.

Premier feston — par-dessus les premières 8 m. en l'air faire : 7 m. serrées, 5 m. en l'air, raccorder vers la droite à la 3me m. serrée ; par-dessus les 5 m. en l'air : 6 m. serrées, par-dessus les 8 m. en l'air inférieures encore : 3 m. serrées.

Deuxième feston — par-dessus les 11 m. en l'air faire trois fois: 5 m. serrées, 5 m. en l'air, raccorder vers la droite à la 3me m. serrée et par-dessus les 5 m. en l'air: 6 m. serrées; encore 2 m. serrées par-dessus les 11 m. en l'air inférieures.

Troisième feston — par-dessus les 8 m. en l'air faire: 6 m. serrées, 5 m. en l'air, raccorder vers la droite à la 3me m. serrée; par-dessus les 5 m. en l'air: 6 m. serrées, par-dessus les 8 m. en l'air inférieures encore: 4 m. serrées; reprendre à *.

Dentelle avec lacet médaillon (fig. 538). — Pour les feuilles verticales, il faut préparer des médaillons isolés. Commencer par 1 bride sur la baguette entre deux médaillons, 2 m. en l'air, 1 m. serrée dans le médaillon: * 2 m. en l'air, 1 picot (composé de 4 m. en l'air et de 1 petite m. serrée), 2 m. en l'air, 1 m. serrée dans le médaillon; reprendre une fois à *; 2 m. en l'air, prendre un médaillon isolé: ** 1 m. serrée, 2 m. en l'air, 1 picot, 2 m. en l'air; reprendre six fois à **, le 4me picot doit se trouver sur la pointe du médaillon, faire ensuite encore 1 m. serrée, puis continuer avec 2 m. en l'air, 1 m. serrée dans le médaillon suivant, *** 2 m. en l'air, 1 picot, 2 m. en l'air, 1 m. serrée; reprendre une fois à ***, 2 m. en l'air et reprendre depuis le commencement de la dentelle.

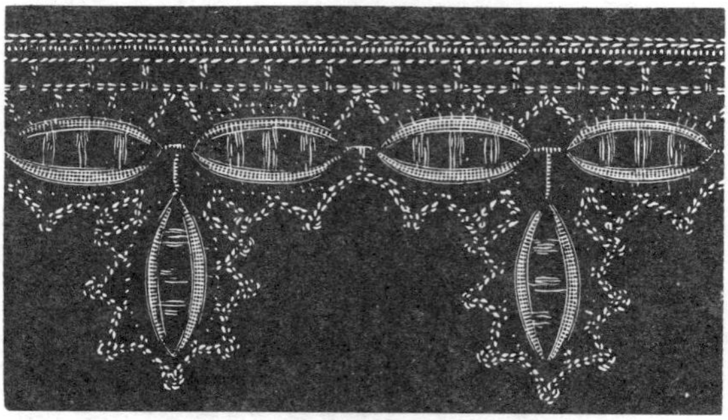

Fig. 538. Dentelle avec lacet médaillon.
Fournitures : Fil d'Alsace D·M·C Nos 50 à 100, Fil à dentelles D·M·C Nos 30 à 90, Cordonnet 6 fils D·M·C ou Cordonnet spécial D·M·C Nos 40 à 80, en blanc.

Talon de la dentelle — 1er rang — 1 bride double tout près de la tige du médaillon, * 4 m. en l'air, 1 bride placée à la distance d'environ un tiers de la longueur du médaillon, 4 m. en l'air, 1 bride, 4 m. en l'air, 2 brides doubles, l'une dans le médaillon à droite, l'autre dans le médaillon à gauche, serrer les dernières boucles des 2 brides en même temps; reprendre à *.

2me rang — dans chacune des bouclettes formées par les 4 m. en l'air du rang précédent faire 1 bride avec 4 m. en l'air intermédiaires.

3me rang — 1 m. serrée dans chaque m. du rang précédent.

Dentelle avec mignardise (fig. 539). — Cette dentelle est une garniture très utile et très pratique pour la lingerie de tout genre et pour tout âge.

On commence par relever des deux côtés tous les picots de trois bandes de mignardise, en faisant 1 m. serrée et 1 m. en l'air.

Les raccords au crochet se composent de: 1 bride par-dessus 1 m. en l'air, 3 m. en l'air, sauter 2 picots de la mignardise, 1 bride entre le 2me et le 3me picot, et ainsi de suite. Sur le second côté, on fait les mêmes points, en passant toutefois le fil, après la 2me m. en l'air, et de l'envers sur l'endroit dans la 2me m. en l'air de la première bande.

Le bord, qui forme des festons très solides, se fait en 2 rangs.

1er rang — 1 bride entre 2 picots, 3 m. en l'air, sauter 2 picots, 1 bride, 3 m. en l'air et ainsi de suite.

2me rang — 1 bride par-dessus 3 m. en l'air, * 3 m. en l'air, 1 bride par-dessus les 3 m. en l'air suivantes, 3 m. en l'air, 3 brides par-dessus les 3 m. en l'air suivantes, 7 m. en l'air, raccorder vers la droite à la 3me des 3 brides rapprochées, 2 m. en l'air, raccorder vers la droite à la bride suivante, 12 brides par-dessus les 7 m.

Fig. 539. Dentelle avec mignardise.
Fournitures : Suivant la mignardise employée :
Fil d'Alsace D·M·C Nos 30 à 70 ou Cordonnet spécial D·M·C Nos 30 à 80, en blanc.

Fig. 540. Fond au crochet.
Fournitures : Cordonnet spécial D·M·C Nos 20 à 60,
Fil d'Alsace D·M·C Nos 30 à 70,
Alsatia D·M·C Nos 20 à 40 ou Coton perlé D·M·C Nos 5 à 12,
en blanc ou écru.

en l'air, laisser les dernières boucles de la dernière bride sur le crochet et les réunir à celles de la bride inférieure suivante; reprendre à *.

Fond au crochet (fig. 540). — Ce petit fond, ainsi que le suivant, travaillés en rond, sont destinés à la confection de bourses, blagues à tabac, etc.

On le commence sur une chaîne de m. en l'air divisible par 8.

1er tour — * 4 m. serrées par-dessus les 4 premières m. en l'air, 1 picot, 4 m. serrées par-dessus les 4 m. en l'air suivantes, 9 m. en l'air, raccorder vers la droite à la 8me m. serrée, par-dessus les 9 m. en l'air: 7 m. serrées, 3 picots réunis par 1 petite m. serrée et 7 m. serrées; reprendre à *.

2me tour — 1 m. serrée dans chaque picot du milieu avec 8 m. en l'air entre les m. serrées. Dans les tours suivants, les festons sont intervertis et la maille serrée est sautée.

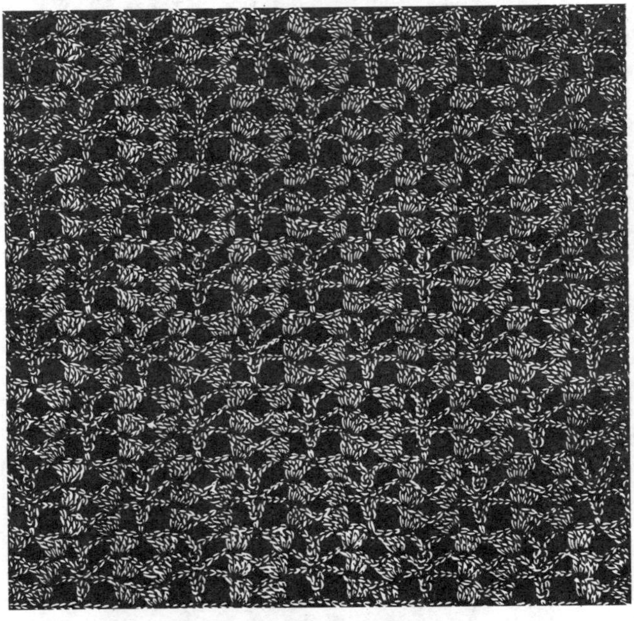

Fig. 541. Fond au crochet.

Fournitures : Cordonnet spécial D·M·C Nos 15 a 50, Fil d'Alsace D·M·C Nos 30 à 50, Alsatia D·M·C Nos 20 à 40 ou Coton perle D·M·C Nos 5 à 12, en blanc ou ecru.

Fond au crochet (fig. 541). — Ce fond demande comme base une chaîne de m. en l'air divisible par 13.

1er tour — 4 brides dans la 1re m. en l'air, * sauter 4 m. en l'air, 4 brides dans la 5me m. en l'air, 5 m. en l'air, sauter 3 m. en l'air, 1 m. serrée, 5 m. en l'air, sauter 3 m. en l'air, 4 brides dans la 4me m., reprendre à *.

2me tour — 4 brides dans la 1re bride du tour précédent, * 4 brides dans la 8me bride, 3 m. en l'air, 1 petite m. serrée dans la 3me m. en l'air des deux festons de 5 m. en l'air, 3 m. en l'air, 4 brides dans la 1re bride de la figure suivante; reprendre à *.

3me tour — 4 brides dans la 1re bride du 2me tour, * 4 brides dans la 8me bride, 5 m. en l'air, 1 petite m. serrée dans la 2me petite m. serrée du tour inférieur, 3 m. en l'air, raccorder vers la droite à la 3me des 5 m. en l'air, 3 m. en l'air, 4 brides dans la 1re bride suivante; reprendre à *.

Dans les 3 tours suivants les figures sont interverties, de sorte que les groupes de brides se trouvent placés par-dessus des groupes d'araignées.

Fig. 542. Fond composé de rosaces au crochet.
Fournitures : Fil d'Alsace D·M·C Nos 30 à 50, Alsatia D·M·C Nos 15 à 25 ou Coton perlé D·M·C Nos 5 à 12, en blanc ou écru.

Fond composé de rosaces au crochet (fig. 542). — Les fonds composés de petites rosaces sont employés le plus souvent pour des dessus de coussins, des têtières et des napperons.

Rosace. — 1er tour — 20 m. en l'air, 1 petite m. serrée dans la 1re m. en l'air, 3 m. en l'air, qui comptent comme 1re bride, 4 brides dans les 4 m. en l'air suivantes, 6 brides dans les 3 m. en l'air suivantes, 1 picot de 5 m. en l'air, 1 picot de 7 m. en l'air, 1 picot de 5 m. en l'air, 1 petite m. serrée dans la 1re m. en l'air du premier picot, 6 brides dans les 3 m. en l'air suivantes, 5 brides dans les 5 m. en l'air suivantes, 4 m. en l'air, 1 picot de 5 m. en l'air, 1 picot de 7 m. en l'air, 1 picot de 5 m. en l'air, 1 petite m. serrée dans la 1re m. en l'air du premier picot, * 27 m. en l'air, 1 petite m. serrée dans la 7me m. en l'air, 2 petites m. serrées dans les m. en l'air vers les picots, terminer le feston comme le précédent, 4 m. en l'air, 3 picots réunis par 1 petite m. serrée; reprendre deux fois à *, 4 m. en l'air, raccorder au premier feston.

2me tour — à travailler vers l'intérieur — * 5 m. en l'air, 1 m. serrée dans la m. en l'air qui précède le feston, 5 m. en l'air, 3 brides doubles réunies par les derniers jetés par-dessus les m. en l'air à l'intérieur du feston, 5 m. en l'air, 1 m. serrée dans la m. en l'air qui suit le feston; reprendre trois fois à *.

3me tour — 1 m. serrée dans chaque m. en l'air et dans les brides doubles, sauter les m. serrées; arrêter le fil.

4me tour — 1 bride avant et après les brides doubles réunies et par-dessus les m. serrées, 3 m. en l'air, 1 bride avant et après les brides doubles suivantes, 3 m. en l'air, 2 brides, 3 m. en l'air, 2 brides, 3 m. en l'air, 1 petite m. serrée dans la 1re bride.

5me tour — 2 petites m. serrées, 1 m. serrée dans la 2me des 3 m. en l'air, 1 m. en l'air, 1 m. serrée dans la 2me m. en l'air, 1 m. en l'air, 1 m. serrée dans la 2me m. en l'air, 1 m. en l'air, 1 m. serrée dans la 2me m. en l'air, 1 m. en l'air, la raccorder à la 1re m. serrée; arrêter le fil.

Les rosaces isolées sont à réunir par les picots du milieu et les picots du coin.

Dentelle à carreaux (fig. 543). — Le modèle que nous offrons ici à nos lectrices est un de ceux qui seront toujours des plus réussis, quel que soit le fil qu'elles emploieront pour le confectionner. Nous n'avons pas la prétention de faire passer le dessin lui-même pour une composition nouvelle; il est probablement connu comme dentelle aux fuseaux. Nous avons eu l'idée de traduire au crochet cette jolie garniture d'ameublement ou de toilette pour les personnes qui n'aiment pas faire la dentelle aux fuseaux.

Lorsqu'on destinera l'ouvrage à des décors d'intérieur, on choisira de préférence des fils écrus et très forts, tels qu'ils se trouvent indiqués sous la figure; s'il était, au contraire, destiné à garnir des blouses d'étoffes fines et des lingeries de luxe, on ne pourrait prendre que l'un ou l'autre des fils indiqués spécialement pour cet emploi.

Les carreaux qui sont commencés au centre se travaillent en tours continus; monter 5 m. en l'air et fermer le rond.

1er tour — * 5 m. en l'air, 1 m. serrée dans le rond; reprendre trois fois à *.

2me tour — 1 m. en l'air, * par-dessus les premières 5 m. en l'air faire: 1 m. serrée, 5 m. en l'air et 1 m. serrée; 2 m. en l'air; reprendre trois fois à *.

3me tour — * par-dessus les premières 5 m. en l'air faire : 1 m. serrée, 5 m. en l'air et 1 m. serrée ; 2 m. en l'air, 1 m. serrée par-dessus les 2 m. en l'air suivantes, 2 m. en l'air ; reprendre trois fois à *.

Du 4me au 11me tour — continuer à augmenter comme au

Fig. 543. Dentelle à carreaux.
Fournitures : Cordonnet spécial D·M·C Nos 15 à 100,
Fil à dentelles D·M·C Nos 30 et 50, Coton perlé D·M·C Nos 5 à 12
ou Lin à tricoter et à crocheter D·M·C Nos 20 à 45, en blanc ou écru.

3me tour jusqu'à ce qu'il y ait sur les quatre côtés 11 m. serrées entre les 5 m. en l'air dans les coins.

12me tour — 1 m. serrée, * 5 m. en l'air, 1 m. serrée ; ** 1 picot (composé de 4 m. en l'air et de 1 petite m. serrée), 1 m. serrée entre la 1re et la 2me m. serrée du tour précédent, 2 m. en l'air, 1 m. serrée entre les 2 m. serrées suivantes ; reprendre à ** jusqu'à ce qu'on ait 6 picots, puis reprendre trois fois à *, terminer le tour par 1 petite m. serrée et arrêter le fil.

Les carreaux suivants sont raccordés immédiatement au fur et à mesure qu'on les termine. Après la dernière 12me m. serrée on fait : 2 m. en l'air, lâcher la boucle, introduire le crochet dans la 3me m. en l'air des 5 m. en l'air formant un des coins d'un carreau terminé, ramener la boucle abandonnée, faire suivre 2 m. en l'air et terminer le carreau par 1 petite m. serrée.

Pour l'étoile à brides qui réunit les carreaux, commencer par 10 m. en l'air, fermer le rond.

Dans ce rond faire : * 4 m. en l'air, 1 picot, 4 m. en l'air, réunir par 1 bride les 2 picots à droite et à gauche des carreaux raccordés ; 4 m. en l'air, 1 picot, 3 m. en l'air, 1 petite m. serrée dans la 1re des premières 4 m. en l'air, 2 m. serrées dans le rond, 8 m. en l'air, 1 bride dans le 3me picot et 1 bride dans le 4me picot du carreau, 8 petites m. serrées dans les 8 m. en l'air, 2 m. serrées dans le rond ; reprendre trois fois à * et arrêter le fil.

Pour la demi-étoile qui remplit le vide sous le talon de la dentelle : 9 m. en l'air, fermer le rond, 9 m. en l'air, 1 bride dans le 1er picot du carreau, 4 m. en l'air, 1 picot, 3 m. en l'air, 1 petite m. serrée dans la 1re des 9 m. en l'air, 2 m. serrées dans le rond, 8 m. en l'air, réunir le 3me et le 4me picot du carreau par 1 bride dans chaque picot, 8 petites m. serrées dans les 8 m. en l'air, 2 m. serrées dans le rond, 4 m. en l'air, 1 picot, 4 m. en l'air, 1 bride dans le premier et le dernier picot des deux carreaux opposés, 4 m. en l'air, 1 picot, 3 m. en l'air, 1 petite m. serrée dans la 1re des 4 m. en l'air, 2 m. serrées dans le rond, 8 m. en l'air, réunir le 3me et le 4me picot par 2 brides, 8 petites m. serrées, 2 m. serrées dans le rond, 4 m. en l'air, 1 picot, 4 m. en l'air, 1 bride dans le dernier picot, 8 m. en l'air, 1 petite m. serrée dans la 1re des 4 m. en l'air ; arrêter le fil.

Le talon se fait de la manière suivante : * 1 m. serrée à la pointe du carreau ; 4 m. en l'air, 1 bride dans le 1er picot, 12 m. en l'air jusqu'au rond, 3 m. serrées dans le rond, 12 m. en l'air, 1 bride dans le dernier picot qui précède la pointe du deuxième carreau, 4 m. en l'air et reprendre à *. Un rang de m. serrées ou de brides achève le talon.

Le bord extérieur des festons est exécuté en deux rangs.

1er rang — 1 bride dans le 1er picot ; * 4 m. en l'air et 1 bride dans le picot suivant ; reprendre quatre fois à * ; par-dessus les 5 m. en l'air à la pointe : 4 m. en l'air, 1 bride double, 4 m. en l'air, 1 bride triple, 4 m. en l'air et 1 bride double ; puis terminer le second côté du carreau pareillement au premier, ne pas faire de m. en l'air dans la découpure entre deux dents.

2me rang — 2 m. serrées, 1 picot et 2 m. serrées par-dessus les 4 m. en l'air ; à la pointe ajouter 1 picot par-dessus la bride triple. Par-dessus les dernières et les premières 4 m. en l'air, au point de jonction de deux dents, seulement 4 m serrées.

Dentelle à étoiles (fig. 544). — Avant de passer à la description de cette dentelle, nous ferons remarquer à nos lectrices qu'il est nécessaire, pour la bonne réussite de l'ouvrage, que les mailles en l'air qui encerclent les étoiles et celles qui forment les brides, soient faites avec la plus grande régularité. Certaines mains faisant du crochet plus lâche, d'autres le serrant davantage, il sera prudent d'établir un tour d'essai, afin de s'assurer si le nombre de mailles que nous indiquons correspond au genre de crochet que l'on produit; on pourra ainsi se rendre compte s'il y a lieu d'augmenter ou de diminuer le nombre de mailles indiqué.

Fig. 544. Dentelle à étoiles.
Fournitures : Fil d'Alsace D·M·C Nos 30 à 70, Fil à dentelles D·M·C Nos 30 et 50, ou Lin à tricoter et à crocheter D·M·C Nos 20 à 45, en blanc ou écru.

On commence par faire les étoiles du milieu, pour lesquelles on monte 18 m. en l'air, on ferme le rond, on le monte sur un moule, on entoure le moule six à huit fois d'un fil floche, par exemple de Mouliné spécial D·M·C N° 25, et on recouvre ce rond de 30 m. serrées dont on raccorde la dernière à la première par 1 petite m. serrée.

1er tour — * 13 m. en l'air; revenir, sauter la 1re m. en l'air et faire dans les 12 m. en l'air suivantes: 1 petite m. serrée, 2 m. serrées, 2 demi-brides, 2 brides, 2 brides doubles, 3 brides triples, sauter 4 m. du tour précédent, 1 petite m. serrée dans la 5me m.; reprendre cinq fois à *.

2me tour — 5 petites m. serrées dans les m. de la première pyramide, * 3 m. en l'air, les passer sur l'envers de l'ouvrage, 1 petite m. serrée dans la 5me m. de la même pyramide sur le côté à gauche, 17 m. en l'air, 1 petite m. serrée dans la 5me m. de la pyramide suivante sur le côté à droite; reprendre cinq fois à *. Après la cinquième fois faire de petites m. serrées jusqu'à la pointe de la première pyramide.

3me tour — * 1 m. serrée dans la m. en l'air à la pointe de la pyramide, 9 m. en l'air, 1 m. serrée dans la 9me m. des 17 m. en l'air, 9 m. en l'air; reprendre cinq fois à *.

4me tour — 1 m. serrée dans chaque m. du tour précédent.

5me tour — * 7 m. serrées, 3 m. en l'air, sauter 2 m. du tour précédent; reprendre douze fois à *. A la troisième, sixième et neuvième répétition sauter 3 m. au lieu de 2 m.

6me tour — 1 m. serrée dans chacune des m. inférieures du tour précédent. Après chaque 7 m. serrées 1 picot. Il y aura sur toute la circonférence 19 picots distancés les uns des autres par 7 m. serrées; pour arriver juste tout autour placer la m. serrée qui suit le 4me, 9me et 14me picot dans la même m. inférieure où repose la dernière m. serrée qui précède ces picots. Fermer le tour par 1 petite m. serrée et arrêter le fil.

En réunissant les ronds, il faut avoir soin de les disposer de manière que 9 picots soient tournés vers le bord et 8 picots vers le talon. Le 10me et le 19me picot servent à raccorder les étoiles.

Bord extérieur. — 1er rang — 1 bride entre le 19me et le 1er picot, * 7 m. en l'air, 1 bride au milieu des 2 picots suivants; reprendre huit fois à *. Après la 10me bride ne plus faire de m. en l'air; la faire suivre d'une autre bride posée entre le 19me et le 1er picot de l'étoile suivante.

2me rang — dans les premières 7 m. du rang précédent: 2 petites m. serrées, 2 m. serrées et 3 demi-brides; dans les m. suivantes: 3 brides, 1 picot, 3 brides, 1 picot, et ainsi de suite, de sorte qu'il y aura à faire 18 picots et dix-neuf fois 3 brides dans le demi-cercle, dans les dernières 7 m. en l'air: 3 demi-brides, 2 m. serrées et 2 petites m. serrées.

Les grands festons sont reliés par des petits pour lesquels on fait d'abord, à partir de la découpure du feston: 4 m. serrées, 3 demi-brides, raccorder à la demi-bride en face du grand feston précédent; puis continuer avec 3 brides, 1 picot, 2 brides, 7 m. en l'air, raccorder vers la droite à la bride en face, par-dessus les 7 m. en l'air: 1 m. serrée, 1 demi-bride, 3 brides, 1 picot, 3 brides, 1 demi-bride et 1 m. serrée; continuer le grand feston comme il est expliqué plus haut.

Le fond et le talon se composent de ronds et de brides.

Commencer par établir un rond pareil à celui qui se trouve au milieu de l'étoile, et pour lequel on monte: 16 m. en l'air qui sont à recouvrir de 28 m. serrées, 3 m. serrées, 8 m. en l'air, sauter 1 m. serrée, 3 m. serrées, 8 m. en l'air, sauter 1 m. serrée, 3 m. serrées, 4 m. en l'air, raccorder au 12me picot de la première étoile, 4 m. en l'air, sauter 1 m., 3 m. serrées, 4 m. en l'air, raccorder au 11me picot de la première étoile, 4 m. en l'air, sauter 1 m., 3 m. serrées, 4 m. en l'air, raccorder au 18me picot de la deuxième étoile, 4 m. en l'air, sauter 1 m. serrée, 3 m. serrées, 4 m. en l'air, raccorder au 17me picot de la deuxième étoile, 4 m. en l'air, sauter 1 m., 3 m. serrées, 8 m. en l'air, 1 petite m. serrée dans la 1re m. serrée du rond, arrêter le fil.

1er rang — * 1 bride septuple entre le 12me et le 13me picot, 6 m. en l'air, 1 bride sextuple dans la m. dans laquelle se trouve la bride septuple, 1 bride quintuple à poser entre le 13me et le 14me picot, 6 m. en l'air, 1 bride quadruple à poser dans la m. dans laquelle se trouve la bride quintuple, 1 bride triple à poser entre le 14me et le 15me picot **, 6 m. en l'air; reprendre de ** à * entre les picots suivants. Les trois bouclettes longues du rond formées de mailles en l'air sont relevées par 1 bride, la bouclette du milieu, par 1 m. serrée suivie de 6 m. en l'air.

Fig. 545.
Dentelle au crochet avec coin.
Imitation de Reticella.

Fournitures :
Fil d'Alsace D·M·C No 30,
Fil à dentelles D·M·C No 30,
Cordonnet spécial D·M·C
Nos 15 à 30, en blanc ou écru.

2me rang — 1 m. serrée dans chaque m.

Dentelle au crochet avec coin. Imitation de Reticella (fig. 545). — 1er rang — sur une chaîne de m. en l'air alterner: 1 bride et 1 m. en l'air; dans le coin faire: 1 bride, 2 m. en l'air, 1 bride double, 2 m. en l'air et 1 bride, de sorte que 3 brides et deux fois 2 m. en l'air se trouveront réunies dans 1 m.

2me rang — 1 m. serrée dans chaque m. du 1er rang; 3 m. serrées dans la 2me des 3 brides au coin.

3me rang — compter, vers la droite, à partir de la 2me des 3 m. dans le coin, celle-ci non comptée, et faire 1 m. serrée dans la 56me, la 55me, la 54me, la 53me et la 52me m. serrée, 8 m. en l'air, sauter 1 m. en l'air, 1 m. serrée dans chacune des 7 m. en l'air, 1 m. serrée sur le second côté et dans chacune des 7 m. en l'air, 3 m. serrées dans la m. en l'air à la pointe, 1 m. serrée dans chacune des 7 premières m. serrées, 1 m. serrée dans chacune des 11 m. suivantes du 2me rang, 4 m. en l'air, sauter 5 m., 3 brides triples séparées par deux fois 4 m. en l'air dans la 6me m. du 2me rang, 4 m. en l'air, sauter 5 m., 1 m. serrée dans la 6me m. = tourner = par-dessus chaque bride de 4 m. en l'air: 7 m. serrées: 28 m. serrées en tout, 1 petite m. serrée dans la 2me des 11 m. serrées = tourner = sauter la 1re des 28 m. serrées et faire dans les 27 m. suivantes: 3 m. serrées, 1 picot, 3 m. serrées, 11 m. en l'air, sauter la 1re m., 10 m. serrées dans les m. suivantes, sur le second côté de la chaîne de m. en l'air: 4 m. serrées, 8 m. en l'air, raccorder vers la droite à la 6me des 11 premières m. serrées, par-dessus les 8 m. en l'air: 5 m. serrées, 3 m. en l'air, raccorder à la 5me m. serrée de la première feuille, par-dessus les 3 m. en l'air: 3 m. serrées, par-dessus les 8 m. en l'air inférieures: 6 m. serrées.

Le long de la feuille: 3 m. serrées, 1 picot, 3 m. serrées, dans la m. en l'air à la pointe: 3 m. serrées, puis en descendant sur le second côté: 3 m. serrées, 1 picot et 7 m. serrées; dans le reste des 28 m. serrées: 3 m. serrées, 1 picot, 4 m. serrées, * 11 m. en l'air, sauter la 1re m., 10 m. serrées, sur le second côté de la chaîne: 4 m. serrées, 6 m. en l'air, raccorder à la 4me des dernières 7 m. serrées de la feuille précédente, par-dessus les 6 m. en l'air: 9 m. serrées; continuer sur cette troisième feuille: 3 m. serrées, 1 picot, 3 m. serrées, 3 m. serrées dans la m. en l'air à la pointe, 1 m. serrée dans chacune des 3 m. suivantes, 1 picot et 7 m. serrées **; dans les 28 m. serrées: 4 m. serrées, 1 picot et 3 m. serrées; reprendre une fois de * à **, 3 m. serrées, 1 picot, 3 m. serrées, sauter la dernière des 28 m. serrées.

Sur le rang inférieur: 5 m. serrées, 8 m. en l'air, raccorder à la 4me des dernières 7 m. serrées de la dernière feuille; 11 m. serrées par-dessus les 8 m. en l'air, sur le rang inférieur: * 5 m. serrées, 8 m. en l'air, sauter la 1re m. en l'air, 7 m. serrées dans les 7 m. en l'air suivantes, par-dessus le second côté: 4 m. serrées, 3 m. en l'air, raccorder à la 6me des 11 dernières m. serrées, 3 m. serrées sur les 3 m. en l'air, 3 m. serrées dans la feuille, 3 m. serrées dans la m. de la pointe, 7 m. serrées dans la feuille; reprendre à * et attacher la petite baguette horizontale à la feuille à droite.

Continuer sur le 2me rang et pour faire le coin: 9 m. serrées, 4 m. en l'air, dans la 2me des 3 m. au coin faire 5 brides triples séparées par quatre fois 4 m. en l'air, 4 m. en l'air, sauter 4 m.

du 2me rang, 1 m. serrée dans la 5me m. = tourner = sur chaque bride de 4 m. en l'air: 6 m. serrées, 36 en tout; 1 petite m. serrée dans la 2me des 9 m. serrées = tourner = en revenant sur les 36 m.: 3 m. serrées, 1 picot, 3 m. serrées, 11 m. en l'air, sauter la 1re m., 1 m. serrée dans chacune des 10 m. en l'air suivantes, sur le second côté de la chaîne: 4 m. serrées, 8 m. en l'air, raccorder à la 4me des 9 m. serrées, par-dessus les 8 m. en l'air: 5 m. serrées, 3 m. en l'air, raccorder à la 4me m. serrée de la dernière petite feuille, 3 m. serrées par-dessus les 3 m. en l'air, par-dessus les 8 m. en l'air inférieures: 6 m. serrées, continuer sur la feuille: 3 m. serrées, 1 picot, 3 m. serrées, 3 m. serrées dans la m. de la pointe, 3 m. serrées, 1 picot, 7 m. serrées.

Continuer sur les 36 m. serrées: * 3 m. serrées, 1 picot, 3 m. serrées, 11 m. en l'air, sauter la 1re m., 10 m. serrées, sur le second côté de la chaîne: 4 m. serrées, 6 m. en l'air, raccorder à la 4me des dernières 7 m. serrées de la dernière feuille, 9 m. serrées par-dessus les m. en l'air, dans la feuille: 3 m. serrées, 1 picot, 3 m. serrées, 3 m. serrées dans la m. en l'air à la pointe, 3 m. serrées, 1 picot, 7 m. serrées **; reprendre trois fois de * à **, ajouter dans les dernières des 36 m. serrées: 3 m. serrées, 1 picot et 3 m. serrées.

Continuer sur le 2me rang: 4 m. serrées, 8 m. en l'air, raccorder à la 4me des dernières 7 m. serrées, par-dessus les 8 m. en l'air: 11 m. serrées, sur le 2me rang: 4 m. serrées, 8 m. en l'air, sauter la 1re m., 7 m. serrées dans les m. suivantes, sur le second côté de la chaîne: 4 m. serrées, 3 m. en l'air, raccorder à la 6me des 11 dernières m. serrées, par-dessus les 3 m. en l'air: 3 m. serrées, dans la feuille: 3 m. serrées, 3 m. serrées dans la m. en l'air à la pointe et 7 m. serrées; recommencer avec 5 m. serrées, raccorder la feuille suivante à la dernière feuille terminée par 3 m. en l'air et 3 m. serrées.

4me rang — 1 m. serrée dans la m. à la pointe de la première petite feuille, * 7 m. en l'air, 1 m. serrée dans la deuxième feuille, 7 m. en l'air, 1 bride triple dans la 5me des 9 m. serrées entre deux feuilles, 7 m. en l'air, 1 m. serrée dans la troisième feuille, 7 m. en l'air, 1 bride triple, 7 m. en l'air, 1 m. serrée dans la quatrième feuille, 7 m. en l'air, 1 m. serrée dans la cinquième feuille, 5 m. en l'air, 1 m. serrée dans la première feuille du feston au coin; reprendre à * avec cette différence qu'il y aura à faire 4 brides triples dans le feston du coin.

5me rang — par-dessus les premières 7 m. en l'air du 4me rang: 12 m. serrées, * par-dessus les m. en l'air suivantes: 12 m. serrées = tourner = faire en allant et en revenant et en diminuant dans chaque tour d'une m., le nombre de rangs de mailles serrées nécessaire pour qu'il ne reste plus qu'une m., sur le côté de la pyramide: 10 petites m. serrées; reprendre trois fois à *, 12 m. serrées par-dessus les 7 m. en l'air suivantes,

6 m. serrées par-dessus les 5 m. en l'air, 12 m. serrées par-dessus les premières 7 m. en l'air du coin.

Poser sept pyramides sur le feston du coin.

Voici comment on répartira les sept pyramides dans le coin: * première pyramide avec 12 m. serrées par-dessus les premières 7 m. en l'air, deuxième pyramide avec 10 m. serrées par-dessus les deuxièmes 7 m. en l'air et avec 2 m. serrées par-dessus les troisièmes 7 m. en l'air, troisième pyramide avec 7 m. serrées par-dessus les troisièmes 7 m. en l'air et avec 5 m. serrées par-dessus les quatrièmes 7 m. en l'air **, quatrième pyramide avec 6 m. serrées par-dessus les quatrièmes et les cinquièmes 7 m. en l'air, reprendre une fois de ** à * puis 12 m. serrées par-dessus les 7 m. en l'air suivantes et 6 m. serrées par-dessus les 5 m. en l'air.

6me rang — * 1 m. serrée dans la première pyramide, 5 m. en l'air, entre deux pyramides faire: 1 bride croisée quadruple, séparée dans le haut par 5 m. en l'air, 5 m. en l'air; reprendre deux fois à *, 1 m. serrée dans la quatrième pyramide, 4 m. en l'air, 1 m. serrée dans la première pyramide du feston du coin, 5 m. en l'air, 1 bride croisée quadruple séparée dans le haut par 5 m. en l'air, 5 m. en l'air, raccorder à la pyramide suivante, 5 m. en l'air, et ainsi de suite.

7me rang — 6 m. serrées par-dessus les premières 5 m. en l'air du 6me rang, 6 m. serrées par-dessus les m. en l'air suivantes, 10 m. en l'air, raccorder vers la droite à la 6me m. serrée, par-dessus les 10 m. en l'air: 5 m. serrées, 8 m. en l'air, raccorder vers la droite à la 6me m. serrée, par-dessus les 8 m. en l'air: 12 m. serrées, continuer dans le premier feston: 3 m. serrées, 1 picot et 8 m. serrées; par-dessus les 5 m. en l'air suivantes: 6 m. serrées, 8 m. en l'air, raccorder vers la droite à la 5me des 8 m. serrées du feston, par-dessus les 8 m. en l'air: 3 m. serrées, 1 picot et 8 m. serrées; deux fois: 6 m serrées par-dessus les 5 m. en l'air suivantes, 10 m. en l'air, raccorder vers la droite à la 6me des 12 dernières m. serrées, par-dessus les 10 m. en l'air: 5 m. serrées, 8 m. en l'air, raccorder vers la droite à la dernière des 12 m. serrées, par-dessus les 8 m. en l'air: 5 m. serrées, 3 m. en l'air, raccorder vers la droite à la 5me m. serrée du troisième feston, par-dessus les 3 m. en l'air: 2 m. serrées, 1 picot et 2 m. serrées, dans le feston suivant: 3 m. serrées, 1 picot et 3 m. serrées, 6 m. serrées dans le feston suivant, 10 m. en l'air, raccorder vers la droite à la 6me des dernières 6 m. serrées, par-dessus les 10 m. en l'air: 5 m. serrées, 1 picot, 3 m. serrées, 1 picot, 3 m. serrées, 1 picot et 5 m. serrées, dans le feston inférieur: 5 m. serrées, par-dessus les 5 m. en l'air inférieures: 6 m. serrées, 8 m. en l'air, raccorder vers la droite à la 5me des dernières 5 m. serrées du dernier feston, par-dessus les 8 m. en l'air: 3 m. serrées, 1 picot et 8 m. serrées; deux fois: 6 m. serrées par-dessus les 5 m.

en l'air suivantes; 10 m. en l'air, raccorder vers la droite à la 6me des 12 m. serrées, par-dessus les 10 m. en l'air: 5 m. serrées, 8 m. en l'air, raccorder vers la droite à la dernière des 12 m. serrées, par-dessus les 8 m. en l'air: 5 m. serrées, 3 m. en l'air, raccorder vers la droite à la 5me des 8 m. serrées du dernier feston terminé, par-dessus les 3 m. en l'air: 2 m. serrées, 1 picot et 2 m. serrées; par-dessus les m. en l'air suivantes: 3 m. serrées, 1 picot et 3 m. serrées; par-dessus les m. en l'air suivantes: 3 m. serrées, 1 picot et 8 m. serrées; par-dessus les 5 m. en l'air du rang inférieur: 6 m. serrées, 8 m. en l'air, raccorder vers la droite à la 5me des 8 m. serrées, par-dessus les 8 m. en l'air: 12 m. serrées; 6 m. serrées par-dessus les m. en l'air qui réunissent deux dents.

Continuer les petits festons tout autour, le feston du milieu se répète quatre fois dans le coin; pour réunir deux dents faire à partir du deuxième feston à droite, après les 12 m. serrées du premier feston, 8 m. en l'air, raccorder vers la droite à la dernière m. serrée du dernier feston de la dent précédente, par-dessus les 8 m. en l'air: 3 m. serrées, 1 picot, 3 m. serrées, 1 picot, 3 m. serrées, 1 picot et 3 m. serrées.

Dentelle au crochet. Imitation de filet-guipure (fig. 546). Ce genre de dentelles et d'entre-deux est généralement employé pour des rideaux et des stores. Le dessin est fait d'après le système du quadrillage et rappelle les broderies sur fond de filet connues sous le nom de « filet-guipure ».

Commencer par une chaîne de 40 m. en l'air.

1er rang — en revenant sauter 4 m., 6 brides, faire deux fois: 3 m. en l'air, sauter 2 m. en l'air, 1 m. serrée, 3 m. en l'air, sauter 2 m. et 1 bride; 12 brides, 3 m. en l'air, sauter 2 m., 1 m. serrée, 3 m. en l'air, sauter 2 m., 1 bride.

2me rang — tourner = 8 m. en l'air, 13 brides dans les 13 brides inférieures, 5 m. en l'air, 1 bride dans la bride suivante, 5 m. en l'air, 7 brides dans les dernières 7 m.

3me rang — tourner = 9 m. en l'air, sauter 4 m. en l'air, 6 brides, 3 m. en l'air, sauter 2 brides, 1 m. serrée, 3 m. en l'air, sauter 2 brides, 7 brides, faire quatre fois: 3 m. en l'air, sauter 2 m., 1 m. serrée, 3 m. en l'air, sauter 2 m. et 1 bride.

4me rang — tourner = 8 m. en l'air, 1 bride dans la bride suivante, faire trois fois: 5 m. en l'air et 1 bride dans la bride suivante; 6 brides dans les 6 brides inférieures, 5 m. en l'air, 7 brides dans les dernières 7 m.

5me rang — tourner = 9 m. en l'air, sauter 4 m., 6 brides, faire trois fois: 3 m. en l'air, sauter 2 m., 1 m. serrée, 3 m. en l'air, sauter 2 m. et 1 bride; 6 brides, faire trois fois: 3 m. en l'air, sauter 2 m., 1 m. serrée, 3 m. en l'air, sauter 2 m. et 1 bride.

6me rang — tourner = 8 m. en l'air, 1 bride dans la bride

inférieure suivante, faire deux fois: 5 m. en l'air et 1 bride dans la bride suivante; 6 brides dans les 6 brides, faire trois fois: 5 m. en l'air et 1 bride dans la bride suivante; 6 brides dans les dernières 6 m.

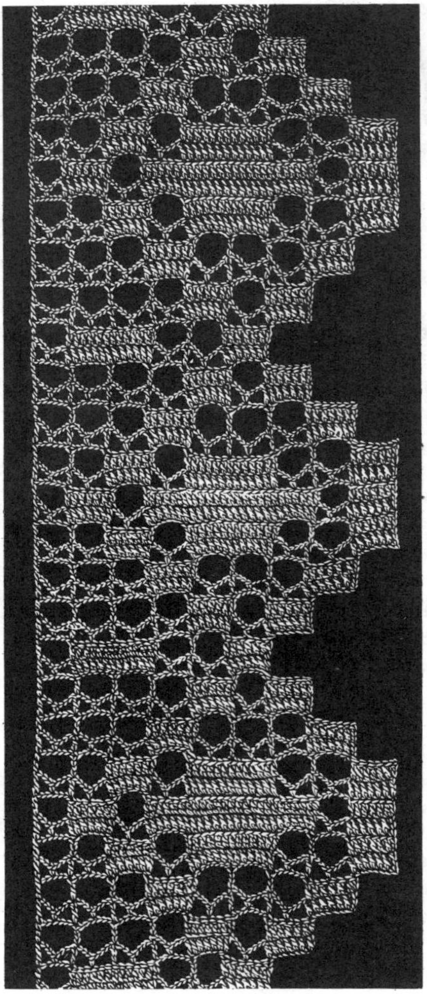

Fig. 546.
Dentelle au crochet. Imitation de filet-guipure.
Fournitures: Cordonnet spécial D·M·C Nos 5 à 30, Lin à tricoter et à crocheter D·M·C Nos 16 à 40 ou Alsatia D·M·C Nos 15 à 40, en blanc ou écru.

7me rang — tourner = 9 m. en l'air, sauter 4 m., 6 brides, faire deux fois: 3 m. en l'air, sauter 2 m., 1 m. serrée, 3 m. en l'air, sauter 2 m. et 1 bride; 12 brides, 3 m. en l'air, sauter 2 brides, 1 m. serrée, 3 m. en l'air, sauter 2 brides, 7 brides, faire deux fois: 3 m. en l'air, sauter 2 m., 1 m. serrée, 3 m. en l'air, sauter 2 m. et 1 bride.

8me rang — tourner = 8 m. en l'air, 1 bride dans la bride inférieure suivante, 5 m. en l'air, 7 brides dans les 7 brides inférieures, 5 m. en l'air, 13 brides dans les 13 brides inférieures, 5 m. en l'air, 1 bride dans la bride inférieure, 5 m. en l'air, 7 brides dans les dernières 7 m.

9me rang — tourner = 3 m. en l'air, sauter 1 bride, 6 brides, 3 m. en l'air, sauter 2 m. en l'air, 1 m. serrée, 3 m. en l'air, sauter 2 m. en l'air, 25 brides, 3 m. en l'air, sauter 2 brides, 1 m. serrée, 3 m. en l'air, sauter 2 brides, 7 brides, 3 m. en l'air, sauter 2 m. en l'air, 1 m. serrée, 3 m. en l'air, sauter 2 m. en l'air, 1 bride.

10me rang — tourner = 8 m. en l'air, 7 brides dans les 7 brides inférieures, 5 m. en l'air, 25 brides dans les 25 brides inférieures, 5 m. en l'air, 7 brides dans les dernières 7 m.

11me rang — tourner = 3 m. en l'air, sauter 1 bride, 6 brides, faire deux fois: 3 m. en l'air, sauter 2 m., 1 m.

serrée, 3 m. en l'air, sauter 2 m. et 1 bride; 12 brides, 3 m. en l'air, sauter 2 brides, 1 m. serrée, 3 m. en l'air, sauter 2 brides, 7 brides, faire deux fois: 3 m. en l'air, sauter 2 m., 1 m. serrée, 3 m. en l'air, sauter 2 m. et 1 bride.

12me rang — tourner = 8 m. en l'air, 1 bride dans la bride inférieure suivante, 5 m. en l'air, 7 brides dans les 7 brides inférieures, 5 m. en l'air, 13 brides dans les 13 brides inférieures, faire deux fois: 5 m. en l'air et 1 bride dans la bride suivante; 6 brides dans les dernières 6 m.

13me rang — tourner = 7 petites m. serrées dans les premières 7 brides, 3 m. en l'air, 6 brides dans les 6 m. suivantes, faire trois fois: 3 m. en l'air, sauter 2 m., 1 m. serrée, 3 m. en l'air, sauter 2 m. et 1 bride; 6 brides, faire trois fois: 3 m. en l'air, sauter 2 m., 1 m. serrée, 3 m. en l'air, sauter 2 m. et 1 bride.

14me rang — tourner = 8 m. en l'air, 1 bride dans la bride suivante, faire deux fois: 5 m. en l'air et 1 bride dans la bride suivante; 6 brides dans les 6 brides inférieures, faire trois fois: 5 m. en l'air et 1 bride dans la bride suivante; 6 brides dans les dernières 6 m.

15me rang — tourner = 7 petites m. serrées dans les premières 7 brides, 3 m. en l'air, 6 brides dans les 6 m. suivantes, 3 m. en l'air, sauter 2 m. en l'air, 1 m. serrée, 3 m. en l'air, sauter 2 m. en l'air, 7 brides, faire quatre fois: 3 m. en l'air, sauter 2 m., 1 m. serrée, 3 m. en l'air, sauter 2 m. et 1 bride.

16me rang — tourner = 8 m. en l'air, 1 bride dans la bride suivante, faire trois fois: 5 m. en l'air et 1 bride dans la bride suivante; 6 brides sur les 6 brides inférieures, 5 m. en l'air, 7 brides dans les dernières 7 m.

17me rang — tourner = 7 petites m. serrées dans les 7 premières brides, 3 m. en l'air, 6 brides dans les 6 m. suivantes, faire deux fois: 3 m. en l'air, sauter 2 m., 1 m. serrée, 3 m. en l'air, sauter 2 m. et 1 bride; 12 brides, 3 m. en l'air, sauter 2 m. en l'air, 1 m. serrée, 3 m. en l'air, sauter 2 m. en l'air, 1 bride.

Reprendre à partir du 2me rang.

Entre-deux au crochet. Imitation de filet-guipure (fig. 547). — Commencer par une chaîne de 70 m. en l'air.

1er rang — en revenant sauter 4 m. en l'air, faire 12 brides dans les m. en l'air suivantes, * 11 m. en l'air, sauter 5 m. en l'air, 1 bride, faire deux fois: 2 m. en l'air, sauter 2 m. en l'air et 1 bride; reprendre deux fois à *, 11 m. en l'air, sauter 5 m. en l'air, 13 brides.

2me rang — tourner = 3 m. en l'air, sauter la 1re bride, 11 brides dans la 2me à la 12me bride inférieure, sauter la 13me bride et les 2 premières m. en l'air suivantes, ** 7 petites m. serrées dans la 3me à la 9me m. en l'air, 2 m. en l'air, 1 bride dans la 2me des 3 brides du rang inférieur, 2 m. en l'air ***;

reprendre deux fois de ** à ***, 7 petites m. serrées dans la 3me à la 9me des 11 m. en l'air suivantes, sauter la 1re bride, 12 brides dans les dernières m. du rang précédent.

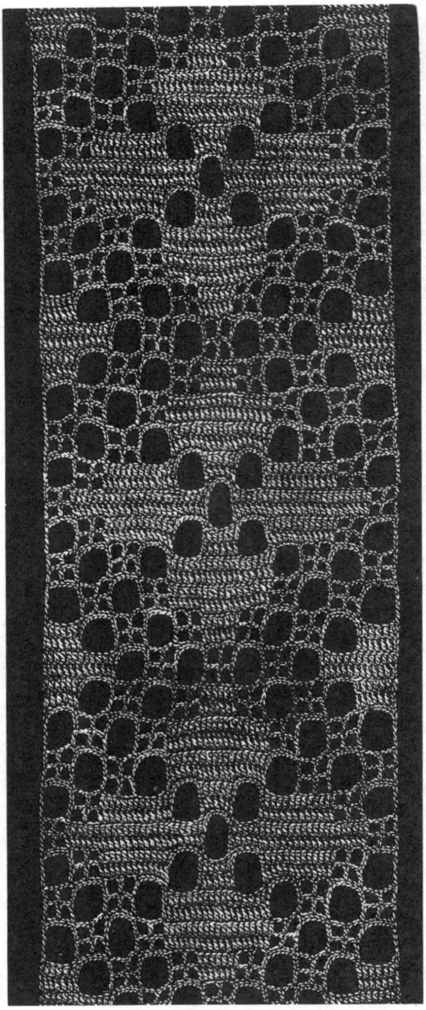

Fig. 547. Entre-deux au crochet. Imitation de filet-guipure.

Fournitures: Cordonnet special D·M·C Nos 10 à 50, Alsatia D·M·C Nos 15 à 40 ou Lin à tricoter et à crocheter D·M·C Nos 20 à 45, en blanc ou écru.

3me rang — tourner = 3 m. en l'air, sauter la 1re bride, 6 brides, **** 11 m. en l'air, 1 bride dans la 1re petite m. serrée, faire deux fois: 2 m. en l'air et 1 bride dans la 3me petite m. serrée *****; reprendre une fois de **** à *****, 6 brides dans les m. suivantes, faire deux fois: 2 m. en l'air, sauter 2 m. et 1 bride; reprendre une fois de **** à *****, 11 m. en l'air, sauter 5 brides, 7 brides dans les 7 dernières m.

4me rang — tourner = 3 m. en l'air, sauter la 1re bride, 5 brides; reprendre deux fois de ** à ***, 7 brides dans les 7 brides inférieures, 2 m. en l'air, 1 bride dans la bride inférieure, 2 m. en l'air; reprendre une fois de ** à ***, 7 petites m. serrées dans la 3me à la 9me des 11 m. en l'air, sauter 1 bride, 6 brides.

5me rang — tourner = 3 m. en l'air; reprendre deux fois de **** à *****, 18 brides dans les 18 m. suivantes, faire deux fois: 2 m. en l'air, sauter 2 m. et 1 bride; reprendre une fois de **** à *****, 8 m. en l'air, 1 bride triple dans la dernière m.

6me rang — tourner = 1 petite m. serrée dans la bride triple, 6 petites m. serrées dans les m. en l'air suivantes, 2 m. en l'air, 1 bride dans la bride inférieure, 2 m. en l'air; reprendre une fois de ** à ***, 19 brides dans les 19 brides inférieures, 2 m. en l'air, 1 bride dans la bride inférieure, 2 m. en l'air; reprendre une fois de ** à ***, 7 petites m. serrées dans la 3me à la 9me des m. en l'air.

7me rang — tourner = 5 m. en l'air, 1 bride dans la 4me petite m. serrée, 2 m. en l'air, 1 bride dans la 7me petite m. serrée; reprendre une fois de **** à *****; 11 m. en l'air, 19 brides dans les 19 brides inférieures; reprendre deux fois de **** à *****.

8me rang — tourner = 5 m. en l'air, 1 bride dans la 2me bride inférieure, 2 m. en l'air; reprendre une fois de ** à ***, 7 petites m. serrées dans la 3me à la 9me m. en l'air, sauter 1 bride, 17 brides; reprendre deux fois de ** à ***, 1 bride dans la 3me des 5 m. en l'air.

9me rang — tourner = 3 m. en l'air; reprendre une fois de **** à *****, 12 brides dans les 12 m. suivantes, 11 m. en l'air, sauter 5 brides, 7 brides, 11 m. en l'air, sauter 5 brides, 13 brides, faire deux fois: 2 m. en l'air, sauter 2 m. et 1 bride; 8 m. en l'air, 1 bride triple dans la 3me des 5 m. en l'air.

10me rang — tourner = 1 petite m. serrée dans la bride triple, 6 petites m. serrées dans les m. en l'air suivantes, 2 m. en l'air, 1 bride dans la bride inférieure, 2 m. en l'air, 12 brides, 7 petites m. serrées dans la 3me à la 9me m. en l'air, sauter 1 bride, 5 brides, 7 petites m. serrées dans la 3me à la 9me m. en l'air, sauter 1 bride, 12 brides, 2 m. en l'air, 1 bride dans la bride suivante, 2 m. en l'air, 7 petites m. serrées dans la 3me à la 9me m. en l'air.

11me rang — tourner = 5 m. en l'air, 1 bride dans la 4me petite m. serrée, 2 m. en l'air, 1 bride dans la 7me petite m. serrée, 24 brides dans les m. suivantes, 11 m. en l'air, sauter 5 brides, 25 brides, faire deux fois: 2 m. en l'air, sauter 2 petites m. serrées et 1 bride.

12me rang — tourner = 5 m. en l'air, 1 bride dans la 2me bride inférieure, 2 m. en l'air, 24 brides, 7 petites m. serrées dans la 3me à la 9me m. en l'air, sauter 1 bride, 24 brides, 2 m. en l'air, 1 bride dans la bride inférieure, 2 m. en l'air, 1 bride dans la 3me des 5 m. en l'air.

13me rang — tourner = 3 m. en l'air, ****** 11 m. en l'air, 1 bride dans la 2me bride inférieure, faire deux fois: 2 m. en l'air, sauter 2 brides et 1 bride *******; 12 brides, 11 m. en l'air, 7 brides dans les 7 petites m. serrées, 11 m. en l'air, sauter 5 brides, 13 brides, faire deux fois: 2 m. en l'air, sauter 2 brides et 1 bride; 8 m. en l'air, 1 bride triple dans la 3me des 5 m. en l'air.

14me rang — tourner = 1 petite m. serrée dans la bride triple, 6 petites m. serrées dans les m. en l'air, 2 m. en l'air, 1 bride dans la bride inférieure, 2 m. en l'air, 12 brides dans les 12 brides inférieures, 7 petites m. serrées dans la 3me à la 9me m. en l'air, sauter 1 bride, 5 brides, 7 petites m. serrées dans la 3me à la 9me m. en l'air, sauter 1 bride, 12 brides, 2 m. en l'air, 1 bride dans la bride inférieure, 2 m. en l'air, 7 petites m. serrées dans la 3me à la 9me m en l'air.

15me rang — tourner = 5 m. en l'air, 1 bride dans la 4me petite m. serrée, 2 m. en l'air, 1 bride dans la 7me petite m. serrée; reprendre une fois de ****** à *******, 11 m. en l'air, sauter 5 brides, 19 brides, 11 m. en l'air, 1 bride dans la 6me bride, faire deux fois: 2 m. en l'air, sauter 2 m. et 1 bride; reprendre une fois de **** à *****.

16me rang — tourner = 5 m. en l'air, 1 bride dans la 2me bride inférieure, 2 m. en l'air; reprendre une fois de ** à ***, 7 petites m. serrées dans la 3me à la 9me m. en l'air, sauter 1 bride, 17 brides; reprendre deux fois de ** à ***, 1 bride dans la 3me des 5 m. en l'air.

17me rang — tourner = 3 m. en l'air; reprendre deux fois de **** à *****, 18 brides dans les m. suivantes, faire deux fois: 2 m. en l'air et 1 bride dans la 3me petite m. serrée; reprendre une fois de **** à *****, 8 m. en l'air, 1 bride triple dans la 3me des 5 m. en l'air.

18me rang — tourner = 1 petite m. serrée dans la bride triple, 6 petites m. serrées dans les m. en l'air, 2 m. en l'air, 1 bride dans la 2me bride inférieure, 2 m. en l'air; reprendre une fois de ** à ***, 19 brides dans les 19 brides, 2 m. en l'air, 1 bride dans la bride inférieure, 2 m. en l'air; reprendre une fois de ** à ***, 7 petites m. serrées dans la 3me à la 9me m. en l'air.

19me rang — tourner = 3 m. en l'air, sauter la 1re petite m. serrée, 6 brides; reprendre une fois de **** à ***** et une fois de ****** à *******, 6 brides dans les brides inférieures, faire deux fois: 2 m. en l'air, sauter 2 brides et 1 bride; reprendre une fois de **** à *****, 11 m. en l'air, 7 brides dans les 7 petites m. serrées.

20me rang — tourner = 3 m. en l'air, sauter la 1re bride, 5 brides; reprendre deux fois de ** à ***, 7 brides dans les brides inférieures, 2 m. en l'air, 1 bride dans la bride inférieure, 2 m. en l'air; reprendre une fois de ** à ***, 7 petites m. serrées dans la 3me à la 9me m. en l'air, sauter 1 bride, 6 brides.

21me rang — tourner = 3 m. en l'air, sauter la 1re bride, 12 brides; reprendre une fois de **** à *****, une fois de ****** à ******* et une fois de **** à *****, 11 m. en l'air, 13 brides dans les dernières mailles.

Reprendre à partir du 2me rang.

Entre-deux en Gros-Crochet (fig. 548). — Ce genre de crochet est de création récente. Il ressemble plus à la passementerie qu'à la dentelle et on l'emploie surtout pour la décoration mobiliaire: coussins, couvertures, rideaux, lambrequins, etc.

Son exécution présente une certaine analogie avec celle de la guipure d'Irlande. Les différents motifs faits en gros fil sont travaillés isolément et appliqués ensuite sur un fond de réseau au crochet en fil de grosseur moyenne.

Avant de rassembler les différentes parties d'un ouvrage, il est indispensable de les tremper dans l'eau chaude et de les tendre soigneusement sur une planche recouverte de molleton, en fixant tous les contours afin d'obtenir une forme correcte.

Bâtir le fond réseau à angle droit sur de la lustrine ou du papier d'une nuance foncée, puis fixer les motifs au crochet sur le réseau par des points de piqûre invisibles placés dans les mailles des contours et, au besoin, au centre des motifs.

Tremper encore une fois dans l'eau chaude l'ouvrage entièrement terminé et démonté, l'épingler sur une planche, l'envers tourné vers le haut. Amidonner légèrement et ne l'enlever de la planche que lorsqu'il sera totalement sec.

Les modèles à grands motifs ne sont confectionnés qu'avec des fils d'une certaine grosseur ; employer de préférence du Cordonnet spécial D·M·C Nos 1 à 5 ou du Lin à tricoter et à crocheter D·M·C Nos 4 à 12.

Pour le fond de réseau. — Monter 73 m. en l'air, en revenant sauter la 1re m. en l'air, 72 m. serrées, * 25 m. en l'air, raccorder vers la droite à la 9me m. serrée, sauter la 1re m. en l'air, 8 m. serrées dans les 8 m. en l'air suivantes, faire sept fois : 17 m. en

Fig. 548. Entre-deux en Gros-Crochet.

Fournitures : Pour le fond de réseau : Cordonnet spécial D·M·C No 3 ou Lin à tricoter et a crocheter D·M·C No 10.
Pour la branche : Cordonnet spécial D·M·C No 3 ou Lin à tricoter et à crocheter D·M·C No 6, en blanc ou écru.

l'air, raccorder vers la droite à la 9me m. serrée, sauter la 1re m. en l'air et 8 m. serrées; 1 m. en l'air, faire huit fois: 1 m. serrée dans la dernière m. serrée inférieure et 8 m. serrées dans les 8 m. en l'air suivantes; reprendre à * jusqu'à la longueur voulue. En descendant sur le côté gauche faire: 1 m. en l'air, ** 1 m. serrée dans la dernière m. serrée inférieure et 8 m. serrées dans les 8 m. en l'air suivantes; reprendre de **, 1 m. serrée dans la dernière m. serrée du 1er rang.

Bords extérieurs sur les côtés longs. — 1er rang — 1 m. serrée dans chaque m. du réseau.

2me rang — 1 bride dans la 1re m. serrée, 1 m. en l'air, sauter 1 m., 1 bride, 1 m. en l'air, sauter 1 m., 1 bride et ainsi de suite.

Le motif décoratif consiste en une branche à petites feuilles avec une grande fleur.

Fleur. — Commencer au centre avec 26 m. en l'air, en revenant sauter la 1re m. en l'air, 1 m. serrée dans la 2me m. en l'air, 1 demi-bride dans la 3me m. en l'air, 2 brides dans la 4me m. en l'air, 2 brides doubles dans la 5me m. en l'air, 1 bride longue de 2 ½ dans la 6me, 7me et 8me m. en l'air, 1 bride triple dans la 9me, 10me, 12me, 14me, 16me, 18me et 19me m. en l'air, 1 bride longue de 2 ½ dans la 20me, 21me et 22me m. en l'air, 2 brides doubles dans la 23me m. en l'air, 2 brides dans la 24me m. en l'air, 1 demi-bride dans la 25me m. en l'air, 1 m. serrée dans la 26me m. en l'air, 1 m. en l'air.

Continuer sur le second côté des 26 m. en l'air avec 3 m. serrées, sauter 1 m., 17 m. serrées, sauter 1 m., 3 m. serrées, 3 m. serrées dans la m. en l'air à la pointe; vers le haut faire 12 m. serrées, 6 m. en l'air = tourner = 1 bride longue de 1 ½ dans la 5me m. serrée de sertissage = tourner = 13 m. en l'air, raccorder vers la droite à la 7me m. en l'air, 12 m. serrées dans le rond, 13 petites m. serrées dans la tige, 7 m. en l'air = tourner = 1 bride longue de 1 ½ dans la 6me petite m. serrée de la tige = tourner = 12 m. en l'air, raccorder vers la droite à la 7me m. en l'air, 12 m. serrées dans le rond, 13 petites m. serrées dans la tige, 6 m. en l'air = tourner = 1 bride longue de 1 ½ dans la 7me petite m. serrée de la tige = tourner = 13 m. en l'air, raccorder vers la droite à la 7me m. en l'air, 12 m. serrées dans le rond, 13 petites m. serrées dans la tige, encore 1 petite m. serrée dans la m. en l'air où repose la dernière petite m. serrée de la première tige, sauter 1 m. de la fleur, 5 m. serrées = tourner = 1 bride longue de 1 ½ dans la 6me petite m. serrée de la tige = tourner = continuer sur le bord avec 7 m. serrées et 3 m. serrées dans la m. en l'air à la pointe; arrêter le fil.

Branche à feuilles. — Commencer avec 61 m. en l'air, en revenant sauter la 1re m. en l'air, 7 m. serrées, 7 m. en l'air, sauter la 1re m. en l'air, 5 m. serrées, réunir par 1 m. serrée la 7me m. en l'air et la m. suivante des 61 m. en l'air, 8 m. serrées, 13 m. en l'air, raccorder à la fleur à la 9me des 17 m. serrées, sauter la 1re m. en l'air, 11 m. serrées, réunir par 1 m. serrée la 13me m. en l'air et la m. suivante des 61 m. en l'air, 14 m. serrées, 8 m. en l'air, sauter la 1re m. en l'air 6 m. serrées, réunir par 1 m. serrée la 8me m. en l'air et la m. suivante des 61 m. en l'air, 28 m. serrées, 6 m. en l'air, * 18 m. en l'air, raccorder vers la droite à la 1re des 18 m. en l'air, sauter la 1re m., dans les 7 m. en l'air suivantes faire: 1 m. serrée, 1 demi-bride et 5 brides; dans la 8me m. en l'air: 1 bride et 1 demi-bride; dans la 9me m. en l'air: 3 m. serrées; dans la 10me m. en l'air: 1 demi-bride et 1 bride; dans les 7 dernières m. en l'air: 5 brides, 1 demi-bride et 1 m. serrée; 1 m. en l'air, sur le côté droit de la feuille faire: 10 m. serrées; dans la m. à la pointe: 1 m. serrée, 1 picot (composé de 3 m. en l'air et de 1 petite m. serrée) et 1 m. serrée; sur le côté gauche de la feuille faire: 10 m. serrées; terminer par 1 petite m. serrée dans la 1re m. en l'air **; sauter la 1re des 6 m. en l'air, 5 m. serrées, 1 petite m. serrée dans la 1re des 61 m. en l'air, 7 m. en l'air; reprendre une fois de * à **, sauter la 1re des 7 m. en l'air, 6 m. serrées, encore 1 petite m. serrée dans la 1re des 61 m. en l'air, 7 petites m. serrées dans la tige, 8 m. en l'air; reprendre une fois de * à **, sauter la 1re des 8 m. en l'air, 7 m. serrées, 11 petites m. serrées dans la tige, 6 m. en l'air; reprendre une fois de * à **, sauter la 1re des 6 m. en l'air, 5 m. serrées, 10 petites m. serrées dans la tige, 6 m. en l'air; reprendre une fois de * à **, sauter la 1re des 6 m. en l'air, 5 m. serrées, 8 petites m. serrées dans la tige, 6 m. en l'air; reprendre une fois de * à **, sauter la 1re des 6 m. en l'air, 5 m. serrées, 7 petites m. serrées dans la tige, 7 m. en l'air, sauter la 1re m. en l'air, 6 m. serrées, 8 petites m. serrées dans la tige, 7 m. en l'air; reprendre une fois de * à **, sauter la 1re des 7 m. en l'air, 5 m. serrées, réunir par 1 m. serrée la 7me m. en l'air et la m. en l'air suivante de la tige, continuer dans la tige avec: 2 m. serrées, 2 demi-brides et 3 brides; arrêter le fil.

Dentelle en Guipure d'Irlande (fig. 549, 550, 551). — Lors d'une grande famine en Irlande vers le milieu du XIXe siècle on a essayé de traduire au crochet les dentelles du Point de Venise afin de créer une industrie domestique pour la population appauvrie. Les premiers essais de ce travail ont donné un excellent résultat et cette industrie domestique s'est maintenue avec plus ou moins de succès suivant les caprices de la mode.

Ces guipures montrent de riches motifs floraux, soit plats, soit en relief, reliés par un réseau au crochet et terminés à l'extérieur tantôt par un bord uni, tantôt par des dents ou des festons. Ce qui caractérise l'exécution des motifs c'est qu'au début les mailles au crochet sont exécutées par-dessus un gros bourdon au lieu d'être piquées dans une chaînette de mailles en l'air comme dans le crochet ordinaire. De plus, les motifs au crochet terminés doivent être bâtis sur un calque en lustrine; celui-ci en plus des contours des motifs comprend des lignes auxiliaires, indiquant la direction à suivre pour exécuter le réseau et les bords extérieurs.

Tout étant préparé, on exécute le réseau qui doit être attaché à l'intérieur dans tous les sens aux motifs au crochet. Lorsque le réseau est terminé sur toute la longueur du calque on fait un

Fig. 549. Dentelle en Guipure d'Irlande.

Fournitures : Pour le travail au crochet — Cordonnet spécial D·M·C Nos 60 et 120 ; Fil à dentelles D·M·C Nos 70 et 120 ; Lin à tricoter et à crocheter D·M·C ou Lin pour dentelles D·M·C Nos 35 et 50. — Pour le bourdon — Cordonnet spécial D·M·C No 10 ou Lin à tricoter et à crocheter D·M·C No 4.

rang de mailles en l'air dans le sens de la longueur, afin d'obtenir un bord droit par-dessus lequel on exécute plus tard un talon ou des dents. La chaînette de mailles en l'air est raccordée par des brides avec le réseau pour égaliser les bords. La dentelle terminée est détachée de la lustrine et tous les fils du faufilage sont enlevés.

La fig. 549 représente une dentelle à grands festons et est accompagnée de détails explicatifs.

Comme fournitures nous avons employé, pour les motifs et les bords extérieurs, le Cordonnet spécial D·M·C N° 60, avec le N° 1 comme bourdon; le réseau est fait avec du Cordonnet spécial D·M·C N° 120, en écru.

Commencer par la confection des fleurs à cinq pétales.

Rond. — 7 m. en l'air, faire cinq fois dans la première des 7 m. en l'air : 1 bride et 3 m. en l'air ; 1 petite m. serrée dans la 3me des 6 m. en l'air, 6 m. en l'air, faire cinq fois : 1 bride par-dessus les 3 m. en l'air inférieures, 3 m. en l'air, 1 bride dans la bride inférieure et 3 m. en l'air ; 1 bride par-dessus les dernières 3 m. en l'air, 3 m. en l'air, 1 petite m. serrée dans la 3me des 6 premières m. en l'air.

Pétales. — * 1 m. en l'air = tourner = faire 20 m. serrées par-dessus un bourdon, 1 m. en l'air = tourner = faire en revenant 15 m. serrées par-dessus le bourdon et dans les m. serrées inférieures, les 5 dernières m. serrées restant libres, 1 m. en l'air = tourner = faire en revenant 15 m. serrées par-dessus le bourdon et dans les m. serrées inférieures, faire 5 m. serrées par-dessus le bourdon seul, 1 m. en l'air = tourner = faire en revenant 15 m. serrées par-dessus le bourdon et dans les m. serrées inférieures, les dernières 5 m. restant libres, 1 m. en l'air = tourner = faire en revenant 10 m. serrées par-dessus les m. serrées inférieures, les 5 dernières m. restant libres, 1 m. en l'air = tourner = faire en revenant 20 m. serrées par-dessus le bourdon et dans les m. serrées inférieures, jusqu'au commencement du pétale ; reprendre quatre fois à *, faire après le premier et le troisième pétale : 4 m. serrées par-dessus le bourdon et les premières 3 m. en l'air du rond, 2 m. serrées par-dessus les 3 m. en l'air suivantes ; faire encore après le deuxième et le quatrième pétale : 2 m. serrées par-dessus le bourdon et les 3 m. en l'air inférieures et 4 m. serrées par-dessus les 3 m. en l'air suivantes ; faire six fois après le cinquième pétale : 4 m. serrées par-dessus le bourdon et les 3 m. en l'air suivantes.

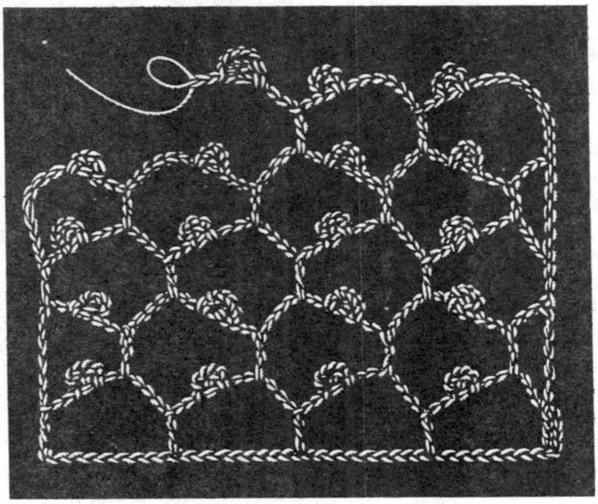

Fig. 550.
Fond guipure pour la dentelle, fig. 549.

Sertissage des pétales. — Par-dessus le bourdon le long du pétale : 5 m. serrées, 1 picot (composé de 5 m. en l'air et de 1 petite m. serrée), 5 m. serrées, 1 picot, 5 m. serrées, 1 picot, 5 m. serrées et 1 picot ; ** faire 1 m. serrée par-dessus le bourdon dans la première pointe du pétale, faire 8 m. serrées par-dessus le bourdon seul ; dans la deuxième pointe du pétale et par-dessus le bourdon :

2 m. serrées, 1 picot et 2 m. serrées; faire 8 m. serrées par-dessus le bourdon seul, 1 m. serrée dans la troisième pointe du pétale et par-dessus le bourdon; dans les m. inférieures et par-dessus le bourdon: 5 m. serrées, 1 picot et 14 m. serrées; sauter la dernière m. serrée du pétale et les 2 premières m. dans la découpure, faire 2 m. serrées par-dessus le bourdon et dans les 2 m. serrées suivantes, sauter les 2 dernières m. dans la découpure et la 1re m. du pétale suivant, faire 14 m. serrées par-dessus le

Fig. 551. Manière d'exécuter le réseau entre les motifs au crochet pour la dentelle, fig. 549.

bourdon et le long du deuxième pétale, 3 m. en l'air, raccorder vers la droite au picot du pétale terminé, 2 m. en l'air, 1 petite m. serrée dans la 1re des 3 m. en l'air, faire encore 5 m. serrées par-dessus le bourdon et dans les m. serrées inférieures, 10 m. en l'air, raccorder vers la droite à la m. serrée à la troisième pointe du pétale terminé, faire par-dessus les 10 m. en l'air: 5 m. serrées, 1 picot, 5 m. serrées, 1 picot et 5 m. serrées; reprendre trois fois à **, faire 1 m. serrée par-dessus le bourdon et dans la m. à la première pointe du cinquième pétale, faire 8 m. serrées par-dessus le bourdon seul, faire par-dessus le bourdon et dans la m. à la deuxième pointe: 2 m. serrées, 1 picot et 2 m. serrées; faire 8 m. serrées par-dessus le bourdon seul, faire 1 m.

serrée par-dessus le bourdon dans la troisième pointe du pétale, 1 picot, faire par-dessus le bourdon et dans les m. serrées suivantes : 5 m. serrées, 1 picot, 5 m. serrées, 1 picot, 5 m. serrées, 1 picot et 5 m. serrées.

Rangée de ronds. — Faire 22 m. serrées par-dessus le bourdon seul, les plier en rond, faire 1 m. serrée dans la 3me des 22 m. serrées et par-dessus le bourdon, faire six fois : 22 m. serrées par-dessus le bourdon seul, les plier en rond et faire 1 m. serrée dans la 4me des 22 m. serrées et par-dessus le bourdon ; raccorder les sept ronds au premier pétale par 1 m. serrée et arrêter les fils.

Exécuter un nombre suffisant de ces fleurs.

Pour les feuilles. — Faire 18 m. serrées par-dessus un bourdon, * 1 m. en l'air = tourner = faire en revenant 12 m. serrées par-dessus le bourdon et dans les m. serrées inférieures, les 6 dernières m. restant libres, 1 m. en l'air = tourner = faire en revenant 8 m. serrées par-dessus le bourdon et dans les m. serrées inférieures, les 4 dernières restant libres, faire 10 m. serrées par-dessus le bourdon seul ; reprendre une fois à *, 1 m. en l'air = tourner = faire en revenant 18 m. serrées par-dessus le bourdon et dans les m. serrées inférieures, ** 1 m. en l'air = tourner = faire en revenant 8 m. serrées par-dessus le bourdon et dans les m. serrées inférieures, les 10 dernières m. restant libres, faire 4 m. serrées par-dessus le bourdon seul, 1 m. en l'air = tourner = faire en revenant 12 m. serrées par-dessus le bourdon et dans les m. serrées inférieures, faire 5 m. serrées par-dessus le bourdon seul, faire 1 m. serrée par-dessus le bourdon et dans la 6me m. libre inférieure ; reprendre une fois à **, faire 16 m. serrées par-dessus le bourdon seul, 1 m. en l'air = tourner = raccorder à la m. serrée dans la découpure, faire en revenant 15 m. serrées par-dessus le bourdon et dans les m. serrées inférieures, la dernière m. restant libre, faire 3 m. serrées pour finir la feuille par-dessus les deux bouts du bourdon et arrêter les fils.

Tige. — Faire 42 m. serrées par-dessus un bourdon, 1 m. en l'air = tourner = faire en revenant 42 m. serrées par-dessus le bourdon et dans les m. serrées inférieures, puis arrêter les fils.

Rond isolé. — 1er tour — 5 m. en l'air, faire neuf fois dans la 1re des 5 m. en l'air : 1 bride et 1 m. en l'air ; 1 petite m. serrée dans la 4me des 5 m. en l'air, 1 m. en l'air.

2me tour — faire neuf fois par-dessus un bourdon : 2 m. serrées par-dessus la m. en l'air inférieure et 1 m. serrée dans la bride ; 1 m. serrée par-dessus la dernière m. en l'air, 1 petite m. serrée dans la 1re m. serrée, 1 m. en l'air.

3me tour — faire sept fois par-dessus le bourdon et dans les m. serrées inférieures : 4 m. serrées, 1 picot (composé de 5 m. en l'air et de 1 petite m. serrée) et 1 m. serrée dans la même

m. serrée où repose la m. serrée qui précède le picot ; 1 petite m. serrée dans la 1re m. serrée; arrêter les fils.

Avant d'exécuter le réseau dans la dentelle même nous recommandons de faire un petit essai d'après la fig. 550.

Monter 40 m. en l'air.

1er rang — 1 bride dans la 4me m. de la chaînette, * 9 m. en l'air, faire en revenant: 1 m. serrée par-dessus les 9 m. en l'air, 4 m. en l'air, tourner la bouclette vers la gauche, 1 m. serrée dans la bouclette inférieure, terminer le picot en serrant fortement une bouclette contre l'autre, 2 m. en l'air, 1 bride dans la 9me m. de la chaînette; reprendre à * = tourner.

2me rang — 12 m. en l'air, faire en revenant 1 m. serrée par-dessus les 12 m. en l'air, 4 m. en l'air, 1 m. serrée dans la bouclette inférieure, serrer le picot, 2 m. en l'air, 1 bride par-dessus les m. en l'air qui suivent le 1er picot, * 9 m. en l'air, faire en revenant : 1 m. serrée par-dessus les 9 m. en l'air, 4 m. en l'air, 1 m. serrée dans la bouclette inférieure, serrer le picot, 2 m. en l'air, 1 bride par-dessus les m. en l'air qui suivent le prochain picot ; reprendre deux fois à *, 3 m. en l'air, 1 bride quadruple dans la bride inférieure (ensuite, poser la bride quadruple dans la 3me m. en l'air comptée de bas en haut) = tourner.

3me rang — à travailler comme le 2me rang, mais terminer par 1 bride simple par-dessus les dernières m. en l'air inférieures = tourner.

Reprendre à partir du 2me rang.

Lorsqu'on aura suffisamment travaillé ce fond de guipure on pourra entreprendre le remplissage de la dentelle elle-même.

Bord à festons. — 1er rang — faire des m. serrées par-dessus un bourdon et par-dessus les m. en l'air, ainsi que dans les brides du 1er rang.

2me rang — 1 bride, 2 m. en l'air, sauter 2 m., 1 bride, 2 m. en l'air, sauter 2 m., 1 bride et ainsi de suite.

3me rang — exécuter d'après le calque cinq petites dents sur les festons.

Il faut faire pour chaque petite dent 10 m. serrées, faire 7 m. en l'air après la 8me m. serrée, raccorder vers la droite à la 6me m. serrée, faire 12 m. serrées par-dessus les 7 m. en l'air, 1 petite m. serrée dans la m. serrée inférieure, faire encore 2 m. serrées par-dessus les m. inférieures, 14 m. en l'air, les raccorder à la 2me m. serrée à la droite du petit feston, faire par-dessus les 14 m. en l'air : 4 m. serrées, 1 picot, 4 m. serrées, 1 picot, 4 m. serrées, 1 picot, 4 m. serrées, 1 picot, 4 m. serrées, 1 picot et 4 m. serrées ; 1 petite m. serrée dans la m. serrée inférieure ; continuer avec des m. serrées jusqu'à la petite dent suivante.

Ajouter 4 picots dans la rangée de m. serrées de la découpure.

Talon de la dentelle. — Comme le 1er et le 2me rang du bord à festons.

Têtière au crochet (fig. 552). — Ce modèle, pour être employé comme têtière, devra être exécuté en Cordonnet spécial D·M·C Nos 5 à 20. Travaillé dans les numéros fins de Cordonnet spécial, il deviendra beaucoup plus petit, de sorte qu'il faudra

Fig. 552. Têtière au crochet.

Fournitures : Cordonnet spécial D·M·C Nos 5 à 20 ou Lin pour dentelles D·M·C Nos 16 à 30, en blanc ou écru.

en réunir quatre pour faire une têtière. Les huit côtés, se rencontrant au centre du carré que l'on aura ainsi formé, devront être raccordés par des brides.

On pourra composer de la même manière des couvertures de lit, de berceau, des bandes pour tapis de table, des rideaux, etc.

Ce modèle, ainsi que celui de la fig. 553 peuvent également être employés comme napperons grands et petits.

Commencer par 5 m. en l'air, fermer le rond par 1 petite m. serrée.

1er tour — 5 m. en l'air, faire sept fois: 1 bride dans le rond et 2 m. en l'air; 1 petite m. serrée dans la 3me des 5 premières m. en l'air.

2me tour — faire huit fois: 4 m. serrées par-dessus les 2 m. en l'air.

3me et 4me tour — 1 m. serrée dans chaque m. du tour précédent.

5me tour — 9 m. en l'air, faire quinze fois: sauter 1 m. du tour précédent, 1 bride double dans la m. suivante et 4 m. en l'air; 1 petite m. serrée dans la 5me des 9 m. en l'air.

6me tour — faire seize fois: 4 m. serrées par-dessus les 4 m. en l'air et 1 m. serrée dans la bride.

7me tour — 2 m. serrées, faire quinze fois: 1 picot et 5 m. serrées; 1 picot, 2 m. serrées, 1 petite m. serrée; la 3me des 5 m. serrées doit se trouver au-dessus de la bride double.

8me tour – 12 m. en l'air, 1 bride dans la 3me des m. serrées après le 1er picot, faire quatorze fois: 9 m. en l'air et 1 bride dans la 3me des 5 m. serrées suivantes; 9 m. en l'air, 1 petite m. serrée dans la 3me des 12 m. en l'air.

9me tour — * par-dessus les premières 9 m. en l'air 13 m. serrées, par-dessus les 9 m. en l'air suivantes 6 m. serrées, 9 m. en l'air, raccorder vers la droite à la 7me des 13 m. serrées précédentes, par-dessus les 9 m. en l'air 15 m. serrées, par-dessus les m. en l'air inférieures 7 m. serrées; reprendre sept fois à *.

10me tour — 12 petites m. serrées le long du premier feston, 1 m. serrée dans la 7me, 8me et 9me des 15 m. serrées du tour précédent, * 5 m. en l'air, 1 picot retombant, 5 m. en l'air, 1 picot retombant, 5 m. en l'air, 1 m. serrée dans la 7me, 8me et 9me des 15 m. serrées suivantes; reprendre six fois à *, 5 m. en l'air, 1 picot retombant, 5 m. en l'air, 1 picot retombant, 5 m. en l'air.

11me tour — 1 m. serrée dans chaque m. et chaque picot du tour précédent, 160 m. en tout.

12me tour — 4 m. en l'air, sauter 1 m. serrée du tour précédent, 1 bride dans la m. suivante, faire soixante-dix-huit fois: 1 m. en l'air, sauter 1 m. et 1 bride; 1 m. en l'air, 1 petite m. serrée dans la 3me des 4 m. en l'air.

13me tour — 1 petite m. serrée dans la m. en l'air suivante, faire quarante fois: 5 m. en l'air, sauter la 1re m. en l'air, 1 m. serrée, 1 bride, 2 brides doubles, sauter 3 m. du tour précédent et 1 petite m. serrée dans la 4me m.

14me tour — 4 petites m. serrées le long de la première pyramide, 1 m. serrée dans la m. en l'air à la pointe, faire trente-neuf fois: 5 m. en l'air et 1 m. serrée dans la pointe de la pyramide suivante; 5 m. en l'air, 1 petite m. serrée dans la pointe de la première pyramide.

15me tour — 4 m. en l'air, sauter 1 m. du tour précédent,

1 bride dans la 2me m., faire cent dix-huit fois: 1 m. en l'air et 1 bride dans la 2me m.; 1 m. en l'air, 1 petite m. serrée dans la 3me des 4 m. en l'air.

16me tour — 15 m. serrées dans les 15 m. du tour précédent, * 15 m. en l'air, raccorder vers la droite à la 9me m. en l'air, 2 m. serrées dans le rond, 10 m. en l'air, raccorder vers la droite à la 4me m. serrée, sauter la 1re m. en l'air, 1 petite m. serrée dans la 2me, 3me et 4me m. en l'air, 6 m. en l'air, sauter la 1re m. en l'air, 1 petite m. serrée, 1 m. serrée, 1 bride, 3 m. en l'air, sauter 2 m. en l'air, 1 bride dans la 3me des m. en l'air qui précèdent les 3 petites m. serrées, 1 m. serrée, 1 petite m. serrée, 1 m. en l'air, 2 m. serrées dans le rond, ** 6 m. en l'air, raccorder vers la droite à la 2me des dernières 3 m. en l'air, 7 m. en l'air, sauter la 1re m. en l'air, 1 petite m. serrée, 1 m. serrée, 2 brides, 3 m. en l'air, sauter la 6me et 5me des premières 6 m. en l'air, 1 bride, 1 m. serrée, 1 petite m. serrée, 1 m. en l'air, 2 m. serrées dans le rond ***; reprendre quatre fois de ** à ***, 6 m. en l'air, raccorder à la 2me des dernières 3 m. en l'air, 6 m. en l'air, sauter la 1re m. en l'air, 1 petite m. serrée, 1 m. serrée, 1 bride, 3 m. en l'air, sauter la 6me et la 5me des dernières 6 m. en l'air, 1 bride, 1 m. serrée, 1 petite m. serrée, 1 m. en l'air, 2 m. serrées dans le rond, 6 petites m. serrées dans les 6 m. en l'air restantes, 4 m. serrées dans les m. du tour inférieur, 4 m. en l'air, raccorder vers la droite à la 2me des dernières 3 m. en l'air, sauter la 1re m. en l'air, 3 petites m. serrées, 11 m. serrées dans les m. du tour inférieur; reprendre quinze fois à *; raccorder la première et la deuxième dent à la dernière et l'avant-dernière dent de la feuille précédente; arrivé à la sixième dent de la seizième feuille, raccorder cette dernière à la deuxième dent de la première feuille, et la septième dent de la seizième à la première de la première feuille, arrêter le fil.

17me tour — raccorder le fil à la pointe de la deuxième dent à droite de la feuille qui forme le coin; 13 petites m. serrées, 1 picot de 3 m. en l'air sur la pointe de la troisième dent, 14 petites m. serrées, * 1 picot sur la pointe de la quatrième dent, 14 petites m. serrées, 1 picot sur la pointe de la cinquième dent, 27 petites m. serrées, 1 m. en l'air sur la pointe de la troisième dent de la deuxième feuille = tourner = 1 bride triple posée dans le picot de la cinquième dent de la première feuille, 1 m. en l'air = tourner = 14 petites m. serrées, 1 m. en l'air = tourner = 1 bride quadruple posée dans le picot de la troisième dent de la deuxième feuille, 1 m. en l'air = tourner = 14 petites m. serrées, 1 picot sur la pointe de la cinquième dent, 27 petites m. serrées, 1 m. en l'air sur la pointe de la troisième dent de la troisième feuille = tourner = 1 bride triple posée dans le picot de la cinquième dent de la deuxième feuille, 1 m. en l'air = tourner = 14 petites m. serrées, 1 picot sur la pointe de la quatrième dent, 14 petites m. serrées, 1 picot sur la pointe de la cinquième dent, 27 petites m. serrées, 1 m. en l'air sur la pointe de la troisième dent de la quatrième feuille = tourner = 1 bride triple posée dans le picot de la cinquième dent de la troisième feuille, 1 m. en l'air = tourner = 14 petites m. serrées, 1 picot sur la pointe de la quatrième dent de la quatrième feuille, 14 petites m. serrées, 1 m. en l'air = tourner = 1 bride quadruple posée dans le picot de la quatrième dent de la quatrième feuille **, 1 m. en l'air = tourner = 27 petites m. serrées, 1 m. en l'air = tourner = 1 bride triple posée dans le picot de la cinquième dent de la quatrième feuille, 1 m. en l'air = tourner = 14 petites m. serrées ***; reprendre deux fois de * à *** et une fois de * à **, raccorder la cinquième dent de la seizième feuille à la troisième dent de la première feuille par 1 bride triple et terminer par 13 petites m. serrées, arrêter le fil.

Pour faire les petites feuilles dans les coins, attacher le fil à la quatrième dent d'une feuille posée vers le coin: 10 m. en l'air, raccorder vers la droite à la 9me m. en l'air, 2 m. serrées dans le rond, 10 m. en l'air, raccorder vers la droite à la troisième dent de la feuille inférieure, sauter la 1re m. en l'air, 3 petites m. serrées, 7 m. en l'air, sauter la 1re m. en l'air, 1 petite m. serrée, 1 m. serrée, 2 brides, 3 m. en l'air, sauter la 6me et la 5me des 10 m. en l'air, 1 bride, 1 m. serrée, 1 petite m. serrée, 1 m. en l'air, 2 m. serrées dans le rond, * 6 m. en l'air, raccorder vers la droite à la 2me des 3 dernières m. en l'air, 7 m. en l'air, sauter la 1re m. en l'air, 1 petite m. serrée, 1 m. serrée, 2 brides, 3 m. en l'air, sauter la 6me et la 5me des 6 dernières m. en l'air, 1 bride, 1 m. serrée, 1 petite m. serrée, 1 m. en l'air, 2 m. serrées dans le rond; reprendre quatre fois à *, 6 m. en l'air, raccorder vers la droite à la 2me des 3 dernières m. en l'air, 7 m. en l'air, sauter la 1re m. en l'air, 1 petite m. serrée, 1 m. serrée, 2 brides, 5 m. en l'air, raccorder à la cinquième dent de la feuille inférieure, sauter la 1re m. en l'air, 3 petites m. serrées, 1 m. en l'air, sauter la 6me et la 5me des 6 dernières m. en l'air, 1 bride, 1 m. serrée, 1 petite m. serrée, 1 m. en l'air, 2 m. serrées dans le rond = dans le restant des 10 premières m. en l'air: 2 petites m. serrées, arrêter le fil.

Attacher le fil à la troisième dent, dans la même m. où se trouve la petite m. serrée qui précède les 10 premières m. en l'air, 10 petites m. serrées, 1 m. en l'air = tourner = 1 bride triple posée dans le picot de la cinquième dent de la seizième feuille, 1 m. en l'air = tourner = 14 petites m. serrées, 1 picot sur la pointe de la deuxième dent, 14 petites m. serrées, 1 picot à la pointe de la troisième dent, 14 petites m. serrées, 1 picot à la pointe de la quatrième dent, 14 petites m. serrées, 1 picot à la pointe de la cinquième dent, 14 petites m. serrées, 1 picot à la pointe de la sixième dent, 14 petites m. serrées, 1 m. en l'air, 1 bride triple posée dans le picot de la troisième dent de la deuxième feuille, 1 m. en l'air, 10 petites m. serrées, arrêter le fil.

Répéter la même figure dans les trois autres coins.

18 me tour — * 1 m. serrée dans le picot de la quatrième dent de la troisième feuille, 4 m. en l'air, 1 bride triple posée dans le picot de la cinquième dent de la troisième feuille, 5 m. en l'air, 1 bride double posée dans le même picot, 3 m. en l'air, 1 bride triple posée dans le picot de la troisième dent de la quatrième feuille, 5 m. en l'air, 1 bride triple posée dans le picot de la quatrième dent de la quatrième feuille, 8 m. en l'air, 1 bride double posée dans le même picot, 3 m. en l'air, 1 bride quadruple dans le picot de la première dent de la feuille isolée du coin, 6 m. en l'air, 1 bride triple posée dans le même picot, 1 m. en l'air, 1 bride double posée dans le picot de la deuxième dent de la feuille du coin, 6 m. en l'air, 1 bride double dans le même picot, 5 m. en l'air, 1 m. serrée dans le picot de la troisième dent de la feuille du coin, 3 m. en l'air, 1 bride triple dans le picot de la quatrième dent de la feuille du coin, 7 m. en l'air, 1 bride triple dans le même picot, 7 m. en l'air, 1 bride triple posée dans le même picot, 3 m. en l'air, 1 m. serrée dans le picot de la cinquième dent de la feuille du coin, 5 m. en l'air, 1 bride double dans le picot de la sixième dent de la feuille du coin, 6 m. en l'air, 1 bride double dans le même picot, 1 m. en l'air, 1 bride triple dans le picot de la septième dent de la feuille du coin, 6 m. en l'air, 1 bride quadruple dans le même picot, 3 m. en l'air, 1 bride double dans le picot de la quatrième dent de la sixième feuille, 8 m. en l'air, 1 bride triple dans le même picot, 5 m. en l'air, 1 bride triple dans le picot de la cinquième dent de la sixième feuille, 3 m. en l'air, 1 bride double dans le picot de la troisième dent de la septième feuille, 5 m. en l'air, 1 bride triple dans le même picot, 4 m. en l'air; reprendre trois fois à *.

19me tour — 1 m. serrée dans chaque m. du tour inférieur, 3 m. serrées dans la m. du coin.

20me tour — 2 petites m. serrées dans les 2 premières m. serrées du tour inférieur, 4 m. en l'air, sauter 1 m. du tour précédent, 1 bride, 1 m. en l'air, sauter 1 m., 1 bride et ainsi de suite; faire 68 brides sur chaque côté; dans la m. du coin 1 bride, 2 m. en l'air, 1 bride double, 2 m. en l'air et 1 bride; arrêter le fil.

21me tour — 1 m. serrée par-dessus les m. en l'air qui précèdent la bride double, * 6 m. en l'air, sauter la 1re m. en l'air, 1 m. serrée, 2 brides, 2 brides doubles, 1 m. serrée par-dessus les 2 m. en l'air qui suivent la bride double, 6 m. en l'air, sauter 1 m., 1 m. serrée, 2 brides, 2 brides doubles, sauter 2 brides inférieures, 1 m. serrée par-dessus la m. en l'air suivante, faire vingt-deux fois: 6 m. en l'air, sauter la 1re m. en l'air, 1 m. serrée, 2 brides, 2 brides doubles, sauter 3 brides inférieures et 1 m. serrée; 6 m. en l'air, sauter la 1re m. en l'air, 1 m. serrée, 2 brides, 2 brides doubles, sauter 2 brides inférieures, 1 m. serrée; reprendre trois fois à *,

22me tour — 6 petites m. serrées le long de la pyramide, 1 picot de 3 m. en l'air sur la pointe, 6 petites m. serrées sur le second côté; entourer de la même manière toutes les autres petites pyramides.

Têtière au crochet composée de carreaux (fig. 553). Ici on trouve appliqué au crochet l'un des plus jolis dessins pour point coupé, extrait d'un ancien recueil de dentelles à l'aiguille.

Nous pouvons affirmer à nos lectrices, et nous en parlons par expérience, qu'elles peuvent choisir l'une ou l'autre des sortes de fil et l'un ou l'autre des numéros indiqués sous la figure; elles pourront être sûres que ce dessin sera toujours d'un effet des plus riches, car nous avons exécuté nous-mêmes cet ouvrage aussi bien en Cordonnet spécial D·M·C N° 15 qu'en Fil d'Alsace D·M·C N° 100.

1er tour — 4 m. en l'air, fermer le rond par 1 petite m. serrée.

2me tour — 2 m. serrées dans chaque m. en l'air, en tout 8 m.; 1 petite m. serrée dans la 1re m. serrée.

3me tour — 6 m. en l'air, faire sept fois: 1 bride et 3 m. en l'air; 1 petite m. serrée dans la 3me des 6 m. en l'air. En tout avec les 3 m. en l'air: 8 brides.

4me tour — 5 m. serrées dans chaque bouclette de 3 m. en l'air, 1 m. serrée dans la bride.

5me tour — 6 m. en l'air, 1 m. serrée dans la 3me des m. serrées inférieures, faire sept fois: 3 m. en l'air, 1 bride dans la m. au-dessus de la bride inférieure, 3 m. en l'air et 1 m. serrée dans la 3me m. du tour inférieur; 3 m. en l'air, 1 petite m. serrée dans la 3me des 6 m. en l'air.

6me tour — 8 m. en l'air, faire sept fois: 1 m. serrée dans la bride du tour précédent et 7 m. en l'air; 1 petite m. serrée dans la 1re des 8 m. en l'air.

7me tour — 3 m. en l'air, 1 bride dans la même m. inférieure; 1 bride dans chaque m. en l'air, 2 brides dans chaque m. serrée du tour inférieur; en tout, y compris les 3 m. en l'air, 72 brides, 1 petite m. serrée dans la 3me m. en l'air.

8me tour — * 8 m. en l'air, 1 m. serrée entre les 2 brides d'augmentation, donc entre la 9me et la 10me bride = tourner = 12 m. serrées par-dessus les 8 m. en l'air = tourner = relever 1 boucle dans chacune des 12 m. pour le point tunisien que l'on fait en 10 rangs et en diminuant dans chaque rang tantôt à droite, tantôt à gauche d'une m., serrer en même temps les 3 dernières boucles, 1 m. en l'air et faire en descendant sur le côté gauche: 1 petite m. serrée dans chaque rang de la pyramide que l'on vient de former, terminer par 1 petite m. serrée dans la m. serrée qui suit les 8 m. en l'air; reprendre sept fois à *.

9me tour — le long de la pyramide: 3 m. serrées, 1 picot, 3 m. serrées, 1 picot, 3 m. serrées, 1 picot, 1 m. serrée, 3 m. serrées dans la m. à la pointe. Répéter le même nombre de m. sur le 2me côté et sur toutes les pyramides; après le 9me tour arrêter le fil.

Fig. 553. Têtière au crochet composée de carreaux.
Fournitures : Fil d'Alsace D·M·C Nos 30 à 100, Fil à dentelles D·M·C Nos 30 à 90 Cordonnet spécial D·M·C Nos 20 à 50 ou Lin pour dentelles D·M·C Nos 25 à 50, en blanc ou écru.

10me tour — fixer le fil à la 2me des 3 m. serrées à la pointe d'une pyramide, * 7 m. en l'air, 5 jetés, passer la boucle par le 2me picot sur le côté gauche de la pyramide, serrer successivement deux fois 2 boucles, faire 2 autres jetés, passer le crochet par le picot en face et au même niveau, serrer successivement deux fois 2 boucles, la troisième fois 3 boucles les dernières fois 2 et 2 boucles, 6 m. en l'air, 1 bride double, la raccorder au 3me des 5 premiers jetés, 7 m. en l'air, 1 m. serrée dans la pointe de la pyramide suivante, 7 m. en l'air, 7 jetés, passer par la boucle du 2me picot suivant, serrer trois fois 2 boucles, 1 bride triple dans le picot en face et au même niveau, serrer les boucles 2 par 2, et par 3 en arrivant au 4me jeté, et par 2 et 2 les boucles restantes, 7 m. en l'air, 1 bride quadruple dans le 4me des 7 premiers jetés, 7 m. en l'air, 1 bride triple également dans le 4me des 7 premiers jetés, 7 m. en l'air, 1 m. serrée dans la pyramide suivante; reprendre trois fois à *.

11me tour — 1 m. serrée dans chacune des m. du tour précédent et 3 m. serrées dans les m. du coin.

12me tour — 1 petite m. serrée dans la 1re m. serrée, 5 m. en l'air, 1 bride dans la 3me m. serrée, faire onze fois: 2 m. en l'air et 1 bride dans la 3me m. serrée; 2 m. en l'air, dans la m. du coin faire: 3 brides séparées par deux fois 2 m. en l'air; 2 m. en l'air, puis continuer comme sur le premier côté.

Il faut compter entre les brides d'un coin à l'autre 20 brides et vingt et une fois 2 m. en l'air; 1 petite m. serrée dans la 3me des 5 m. en l'air.

13me tour — 1 m. serrée dans chaque m. du tour précédent, 62 m. sur chaque côté, non compris les 3 m. que l'on fait dans la m. du coin.

14me tour — 13 petites m. serrées dans les 13 m. serrées inférieures, 1 m. en l'air, 24 m. serrées, 4 m. serrées du tour précédent, sans compter les 3 m. augmentées devant rester libres = tourner = 1 m. en l'air, sauter 2 m., 22 m. serrées en passant le crochet sous les 2 boucles de la m. inférieure = tourner = 1 m. en l'air, 21 m. serrées = tourner = 1 m. en l'air, 20 m. serrées = continuer les diminutions dans les mêmes proportions jusqu'à 3 m. et arrêter le fil. Dans toutes les diminutions, sauter l'avant-dernière m. dans le retour et la 1re m. dans l'aller et commencer invariablement par 1 m. en l'air.

Pour la deuxième moitié de ces parties triangulaires à commencer à l'envers, on fixe le fil à la 28me m. après les 3 m. d'augmentation, et l'on fait 23 m. serrées, 7 m. serrées devront rester comme intervalle entre les deux parties triangulaires à m. serrées = tourner = 1 m. en l'air, sauter 1 m., 22 m. serrées, 3 jetés, passer le crochet par la 4me des 7 m. d'intervalle, le ramener deux fois par 2 boucles, faire 1 autre jeté, passer le crochet par la dernière m. du 3me rang en face, le ramener quatre fois par 2 boucles = tourner = 21 m. serrées, 1 m. en l'air = tourner = 20 m. serrées, 2 jetés, passer le crochet dans la bride du milieu, le ramener une fois par 2 boucles, 1 jeté, passer le crochet par le triangle en face, le ramener quatre fois par 2 boucles et ainsi de suite jusqu'à ce qu'on ait formé 10 brides transversales; arrêter le fil et répéter la même série de rangs sur les autres côtés.

15me tour — * 1 bride dans la m. du coin du triangle à droite, 2 m. en l'air, 1 bride dans la même m., 2 m. en l'air, 1 bride dans la dernière m. serrée de la première moitié des parties triangulaires,

2 m. en l'air, 1 bride au milieu de la 10me bride transversale, 2 m. en l'air, 1 bride dans la 1re m. serrée de la deuxième partie triangulaire, 2 m. en l'air, 1 bride dans la 3me et dernière m. supérieure de la partie triangulaire, 2 m. en l'air, 1 bride dans la même m. où se trouve la dernière bride.

Puis le long du bord : 10 brides avec 2 m. en l'air intermédiaires, après la 10me bride : 5 m. en l'air, 1 m. serrée dans la m. du coin du 13me tour, 5 m. en l'air, de nouveau 10 brides avec 2 m. en l'air intermédiaires, 2 m. en l'air; reprendre trois fois à *.

16me tour — 3 m. serrées par-dessus les 2 m. en l'air et 6 m. serrées par-dessus les 5 m. en l'air.

17me tour — 7 m. en l'air, 1 m. serrée dans la 7me m. serrée du tour précédent; faire sur chaque côté treize festons, le septième feston doit se trouver exactement au-dessus des m. du coin du 13me tour, sauter dans le coin 4 m. du tour inférieur et aux deux festons à droite et à gauche du coin seulement 3 m.

18me tour — faire 7 m. serrées par-dessus 7 m. en l'air, 5 m. en l'air, raccorder vers la droite à la 4me m. serrée, par-dessus les 5 m. en l'air : 3 m. serrées, 1 picot et 3 m. serrées; par-dessus les 7 m. en l'air inférieures encore 3 m. serrées et ainsi de suite.

Si ces carreaux sont employés en certaines quantités et qu'on soit obligé de les joindre, on raccorde 13 picots, le 14me, celui du coin, reste libre.

Les 4 picots libres sont réunis par une petite rosace.

Les modèles de têtière que nous donnons, fig. 553, peuvent fort bien servir de napperons.

Col au crochet (fig. 554). — Nous avons évité autant que possible de décrire dans ce livre des objets dont la forme est trop soumise à la mode, et, si exceptionnellement nous donnons la description d'un col fait avec les carrés, les rosaces, les losanges et les dentelles qui se trouvent réunis dans notre modèle, c'est parce qu'il est de forme classique. Cet ouvrage si fin, si délicat, ne peut être exécuté qu'avec des cotons très fins, et l'on obtiendra un meilleur effet en employant des fils écrus. La teinte douce, le brillant de ces fils, impriment au nouvel ouvrage un caractère ancien qu'il n'est pas possible d'obtenir avec des fils blanchis.

On prendra de préférence pour faire ce col du Cordonnet spécial D·M·C, du Fil à dentelles D·M·C ou du Fil d'Alsace D·M·C, en écru, ou du Lin pour dentelles D·M·C, en blanc, et on confectionnera d'abord les rosaces encadrées, puis les rosaces contournées.

Les quatre carrés à demi-étoiles qui se trouvent sur les extrémités du col et à droite et à gauche du carré du milieu, sont égaux sur tous les côtés, tandis que les trois figures dans le bord à festons sont un peu moins larges au dehors que sur le côté rattaché au fond.

Carrés intérieurs: 1er tour — 5 m. en l'air, fermer le rond; 5 m. en l'air, faire sept fois: 1 bride dans le rond et 2 m. en l'air; 1 petite m. serrée dans la 3me des 5 m. en l'air.

2me tour — 3 m. serrées par-dessus 2 m. en l'air; 1 m. serrée dans chaque bride.

Fig. 554. Col au crochet.

Fournitures : Cordonnet spécial D·M·C No 100, Fil à dentelles D·M·C No 90 ou Fil d'Alsace D·M·C No 100, en écru ; Lin pour dentelles D·M·C No 50, en blanc.

3me tour — 9 m. en l'air, faire sept fois: 1 bride dans la m. serrée au-dessus de la bride du 1er tour et 6 m. en l'air; 1 petite m. serrée dans la 3me des 9 m. en l'air.

4me tour — petite feuille: * 10 m. en l'air, en revenant sauter la 1re m. en l'air, 1 m. serrée, 1 demi-bride, 4 brides,

1 demi-bride, 1 m. serrée et 1 petite m. serrée; par-dessus les 6 m. en l'air du 3me tour: ** 1 m. serrée, 1 demi-bride, 1 bride, 3 brides doubles, 1 bride, 1 demi-bride et 1 m. serrée ***; reprendre une fois de ** à *** et trois fois toute la série; le long de la première feuille: 9 petites m. serrées.

5me tour — * 1 m. serrée dans la m. à la pointe, 7 m. en l'air, 1 bride triple dans la 5me m. du petit feston du 4me tour, 7 m. en l'air, 1 bride triple dans le feston suivant, 7 m. en l'air; reprendre trois fois à *.

6me tour — * 3 m. serrées dans la m. qui forme la pointe, 1 m. serrée dans chaque m. en l'air et dans chaque bride du tour précédent, 15 m. en tout jusqu'à la 2me bride = tourner = 1 m. en l'air, faire dans la 4me m. serrée: 5 brides doubles séparées par quatre fois 1 m. en l'air; 1 m. en l'air, 1 petite m. serrée dans la 4me m. serrée = tourner = faire 2 m. serrées par-dessus chaque m. en l'air et 1 m. serrée dans chaque bride avec 1 picot par-dessus les 1re, 2me, 4me et 5me brides doubles, 8 m. serrées; reprendre trois fois à *.

7me tour — 2 petites m. serrées, * 9 m. en l'air, 1 bride double entre les 2 premiers picots du demi-cercle formé au tour précédent, 8 m. en l'air, 1 bride triple au-dessus de la 3me bride du demi-cercle, 8 m. en l'air, 1 bride double entre le 3me et le 4me picot du demi-cercle, 9 m. en l'air, 1 m. serrée dans la m. du coin; reprendre trois fois à *.

8me tour — 18 m. serrées dans les m. du 7me tour, 3 m. serrées dans la m. du coin, 23 m. serrées dans les m. suivantes = tourner = 2 m. en l'air, faire dans la 5me m. serrée: 3 brides doubles séparées par deux fois 2 m. en l'air; 2 m. en l'air, 1 petite m. serrée dans la 5me m. serrée = tourner = faire trois fois: 1 m. serrée, 1 picot et 1 m. serrée par-dessus les m. en l'air inférieures et 1 m. serrée dans la bride; par-dessus les dernières 2 m. en l'air: 1 m. serrée, 1 picot et 1 m. serrée; 4 m. serrées dans les 4 m. en l'air du 7me tour = tourner = faire trois fois: 5 m. en l'air et 1 bride double au-dessus de la bride suivante du petit demi-cercle; 5 m. en l'air, 1 petite m. serrée dans la 4me m. serrée = tourner = 1 m. serrée par-dessus les 5 m. en l'air inférieures, dans ce tour les pointes se font avec: 8 m. en l'air, sauter la 1re m. en l'air, 1 petite m. serrée, 1 m. serrée, 1 demi-bride, 1 bride, 1 bride longue de 1 ½ et 2 brides doubles; 1 m. serrée par-dessus les 5 m. en l'air inférieures. Placer la deuxième pointe moitié devant moitié derrière la bride; on fait en tout sept pointes, après la septième pointe: 8 m. serrées dans les m. en l'air du 7me tour = tourner = faire sept fois: 7 m. en l'air et 1 m. serrée dans la m. en l'air à la pointe; 7 m. en l'air, 1 m serrée dans la 9me m. serrée = tourner = passer la boucle dans. la 1re m. serrée, 8 brides dans les 8 m. suivantes, 1 picot au-dessus de la pointe, 4 brides, 12 m. en l'air, raccorder vers la droite à la 4me bride qui précède le 1er picot, par-dessus les 12 m. en l'air: 5 m. serrées, 1 picot, 4 m. serrées, 1 picot, 4 m. serrées, 1 picot, et 5 m. serrées; 4 brides jusqu'à la pointe suivante, 1 picot, 4 brides, 12 m. en l'air, raccorder vers la droite à la 4me bride et ainsi de suite; faire en tout sept festons; après le septième ajouter 4 brides dans les dernières m. en l'air, à la 4me bride raccorder 2 m. serrées que suivent les 3 m. serrées du coin; réunir les festons dans la découpure par leur dernier et premier picots.

Lorsque la figure décrite ci-dessus est terminée, sur les quatre côtés, arrêter le fil.

L'encadrement des carrés supérieurs sera commencé sur le côté intérieur qui sera un peu plus étroit et au troisième petit feston: * 1 m. serrée dans le picot du milieu du troisième feston, 5 m. en l'air, 1 bride double dans le 1er picot du quatrième feston, 5 m. en l'air, 1 bride triple dans le 2me picot du même feston, 5 m. en l'air, 1 bride double dans le 3me picot encore du même feston, 5 m. en l'air, 1 m. serrée dans le picot du milieu du cinquième feston, 10 m. en l'air, 1 m. serrée dans le picot au milieu du sixième feston, 9 m. en l'air **, 1 bride double dans le picot au milieu du septième et 1 bride double dans le picot au milieu du premier feston suivant et serrer en même temps les derniers jetés des 2 brides; reprendre une fois de ** à *, donc en sens inverse; continuer avec: *** 10 m. en l'air, 1 bride dans le sixième feston, 11 m. en l'air, 2 brides quadruples réunies par les derniers jetés dans les picots du septième et du premier feston, 11 m. en l'air, 1 bride dans le deuxième feston, 10 m. en l'air, 1 bride dans le troisième feston, 8 m. en l'air, 1 bride longue de 2 ½, 8 m. en l'air, 1 bride longue de 3 ½, 8 m. en l'air, 1 bride double, 8 m. en l'air, 1 m. serrée, 12 m. en l'air, 1 bride, 14 m. en l'air ****, 2 brides triples réunies par les derniers jetés; reprendre une fois de **** à ***, donc en sens inverse. On finit par 1 tour de m. serrées, faire 1 m. dans chaque m. du tour précédent, 3 m. serrées dans les m. qui forment les coins. On comptera sur le bord étroit 65 m., sur le bord large 91 m. et sur les deux côtés 75 m., non comptées les 3 m. du coin.

Pour faire la même figure faisant partie des grands festons extérieurs, répéter les mêmes tours qu'au carré intérieur jusqu'au 7me tour et faire celui-ci encore sur la moitié du tour exactement d'après la première description. Dans la seconde moitié, cependant, on fera, dans les intervalles, 1 m. en l'air de moins que dans la première moitié.

8me tour — faire la première moitié de ce tour comme le 8me tour du carré intérieur; sur la deuxième moitié, dont un quart est plus étroit de 4 m. en l'air, les petites roues comptent également 4 picots. Le nombre des m. en l'air et des brides de sertissage est aussi le même, seulement au lieu de sept pointes on n'en fait que cinq.

Le contour se fait vers le haut absolument de la même manière que dans la partie large du carré supérieur, c'est-à-dire comme on l'a fait à partir du troisième feston du premier demi-cercle jusqu'au cinquième feston du deuxième demi-cercle. A partir de là, la série des mailles change, afin que le bord s'arrondisse: * 10 m. en l'air, 1 bride dans le sixième feston, 17 m. en l'air, deux brides triples réunies par les derniers jetés dans les septième et premier festons, 17 m. en l'air, 1 bride dans le deuxième des cinq festons, 17 m. en l'air, 1 bride dans le troisième feston, 17 m. en l'air, 1 bride dans le quatrième feston, 18 m. en l'air **, 2 brides triples réunies par les derniers jetés dans les cinquième et premier festons; reprendre une fois de ** à *. Ajouter 1 tour de m. serrées, faire 1 m. dans chaque m. du tour précédent; 3 m. serrées dans les m. des coins du haut. Il y aura trois figures avec contours arrondis d'un côté.

La deuxième sorte de carrés est formée de huit feuilles à l'intérieur; commencer par monter 5 m. en l'air pour former un rond.

1er tour — 5 m. en l'air, faire sept fois: 1 bride dans le rond et 2 m. en l'air; 1 petite m. serrée dans la 3me des 5 m. en l'air.

2me tour — 3 m. serrées par-dessus 2 m. en l'air, 1 m. serrée dans chaque bride.

3me tour — 3 m. en l'air, faire huit fois: 7 m. en l'air, sauter la 1re m. en l'air, en revenant: 1 petite m. serrée, 1 m. serrée, 1 demi-bride, 1 bride, 1 bride double, 1 bride triple et 1 bride sur celle du 1er tour; à la dernière répétition, ne plus faire la bride, mais, après avoir terminé la huitième pointe faire 1 petite m. serrée dans la 3me des 3 m. en l'air, 7 petites m. serrées le long de la première pointe.

4me tour — faire huit fois: 5 m. en l'air, 1 bride triple dans la bride du 3me tour, 5 m. en l'air et 1 m. serrée dans la m. en l'air que l'on a sautée à la pointe.

5me tour — 3 m. en l'air, 1 bride dans chaque m. du 4me tour, 1 petite m. serrée dans la 3me des 3 m. en l'air; 96 brides en tout, y compris les 3 m. en l'air.

6me tour — faire huit fois: 10 m. en l'air, 1 m. serrée dans la bride au-dessus de la bride triple du 4me tour, 10 m. en l'air et 1 m. serrée dans la bride au-dessus de la pointe.

7me tour — faire huit fois: 15 m. serrées par-dessus les premières 10 m. en l'air, 7 m. serrées par-dessus les 10 m. en l'air suivantes, 10 m. en l'air, raccorder vers la droite à la 8me m. serrée du premier feston, 15 m. serrées par-dessus les 10 m. en l'air et 8 m. serrées dans le feston inférieur; arrêter le fil.

Rattacher le fil au milieu d'un des huit festons.

8me tour — faire huit fois: 19 m. en l'air, sauter la 1re m. en l'air, 1 m. serrée, 1 demi-bride, 1 bride, 1 bride longue de 1 ½, 1 bride double, 1 bride longue de 2 ½, 1 bride triple, 1 bride longue de 3 ½, 1 bride quadruple, 1 bride quintuple, 1 bride sextuple, après avoir passé par le 3me jeté, faire 1 bride quadruple entre les deux festons simples, terminer la bride sextuple, 7 m. en l'air et 1 m. serrée dans le feston suivant.

9me tour — * 7 m. serrées dans les 7 m. en l'air, 1 m. serrée dans chaque m. de la pyramide, 3 m. serrées dans la m. à la pointe, 1 m. serrée dans chaque m. de la pyramide, 4 m. serrées dans les premières des 7 m. en l'air suivantes = tourner = 1 m. en l'air, sauter 3 m. serrées, 1 bride, 1 m. en l'air, sauter 1 m. serrée, 1 bride, après la 6me bride, ne plus sauter de m. entre les brides, placer la 8me, la 9me et la 10me bride dans la 2me des m. augmentées; répéter sur le côté opposé en sens inverse, faire en tout 17 brides, 1 petite m. serrée dans la 4me des m. serrées = tourner = 1 m. serrée par-dessus chaque m. en l'air, 1 m. serrée dans chaque bride et 1 picot après chaque 3me m. serrée; dans la m. à la pointe faire 2 m. serrées séparées par 1 picot, 11 picots en tout; encore 3 m. serrées dans les 7 m. en l'air; reprendre sept fois de * et arrêter le fil.

La petite rosace, à droite, dans le haut du carré commence par: 9 m. en l'air, fermer le rond; 16 m. serrées dans le rond, 1 petite m. serrée dans la 1re m. serrée, 4 m. en l'air, faire quinze fois: 1 bride et 1 m. en l'air; 1 petite m. serrée dans la 3me des 4 m. en l'air, en tout 16 brides, y compris les m. en l'air; 1 m. serrée dans chaque bride et chaque m. en l'air, 1 picot après 3 m. serrées; rattacher le 1er picot de la petite rosace à une des dents de la grande rosace dans le 3me picot compté d'en bas, faire deux fois: 3 m. serrées et 1 picot; 3 m. serrées, rattacher le 4me picot au 3me picot de la deuxième dent, faire sept fois: 3 m. serrées et 1 picot; faire 11 picots en tout. La rosace à gauche se fait et se rattache de la même manière que celle de droite.

Les rosaces dans le fond bas du carré exigent un rond de 13 m. en l'air, sur lesquelles on fait 21 m. serrées, 1 petite m. serrée dans la 1re m. serrée, 4 m. en l'air, faire vingt fois: 1 bride et 1 m. en l'air; 1 petite m. serrée dans la 3me des 4 m. en l'air, 21 brides en tout, y compris les m. en l'air; faire trois fois: 3 m. serrées et 1 picot; 3 m. serrées, raccorder le 4me picot au 4me picot de la huitième dent, 3 m. serrées, 1 picot, 3 m. serrées, raccorder le 6me picot au 2me picot de la huitième dent, 3 m. serrées, 1 picot, 3 m. serrées, raccorder le 8me picot au 10me picot de la septième dent, 3 m. serrées, 1 picot, 3 m. serrées, raccorder le 10me picot au 8me picot de la septième dent, faire quatre fois: 3 m. serrées et 1 picot; en tout, 14 picots autour de la rosace.

Répéter la même roue sur le second côté.

L'encadrement de cette seconde sorte de carré subit aussi de légers changements; pour les figures du fond, rattacher le fil au 6me picot de la première dent qui précède la petite rosace, * 12 m. en l'air, 1 m. serrée dans le 2me picot libre de la rosace, 9 m. en l'air, 1 bride double dans le 4me picot de la rosace, 9 m. en l'air, 1 bride double dans le 6me picot de la rosace, 9 m. en l'air, 1 m. serrée dans le 6me picot de la deuxième dent, 12 m. en l'air **, 1 bride quadruple dans le 9me picot de la deuxième dent, terminer 2 jetés, faire 2 autres jetés, rattacher au 3me picot de la troisième dent, terminer la bride, reprendre une fois de ** à *, donc en sens inverse; 1 m. serrée dans le 6me picot de la quatrième dent, *** 14 m. en l'air, 1 bride sextuple dans le 9me picot de la quatrième dent, terminer 4 jetés, faire 4 autres jetés, rattacher au 3me picot de la cinquième dent, terminer la bride, 14 m. en l'air, 1 m. serrée dans le 6me picot de la cinquième dent, 12 m. en l'air, 1 bride double dans le 2me picot de la grande rosace, 9 m. en l'air, 1 bride triple dans le 4me picot de la rosace, 13 m. en l'air, 1 bride double dans le 6me picot de la rosace, 14 m. en l'air, 1 m. serrée dans le 6me picot de la sixième dent, 16 m. en l'air ****, 1 bride septuple dans le 9me picot de la sixième dent, terminer 4 jetés, faire 4 autres jetés, rattacher au 3me picot de la septième dent, terminer la bride; reprendre une fois de **** à ***, donc en sens inverse, et terminer par 1 petite m. serrée.

Un tour de m. serrées achève le carré; dans chaque coin 3 m. serrées dans la même maille, faire sur le bord court dans le haut 65 m., sur les deux côtés 75 m. et sur le bord extérieur 91 m., non comptées les 3 m. dans les coins. Faire trois de ces carrés pour le col.

La même rosace avec bords arrondis. — Après avoir terminé la rosace d'après la description donnée on ajoute deux grandes roues à 14 picots dans le bord du haut.

Le contour est commencé entre les deux rosaces, 1 m. serrée dans le 6me picot de la première dent, 16 m. en l'air, 2 brides quintuples, dont les derniers jetés sont seulement réunis dans le 9me et le 3me picot de la première et de la deuxième dent, 16 m. en l'air, 1 m. serrée dans le 6me picot de la deuxième dent, * 16 m. en l'air, 1 bride dans le 2me picot de la rosace, 11 m. en l'air, 1 bride quadruple dans le 4me picot, 10 m. en l'air, 1 bride dans le 6me picot, 16 m. en l'air, 1 m. serrée dans le 6me picot de la troisième dent; 17 m. en l'air, 2 brides sextuples réunies dans le 10me et le 2me picot de la troisième et de la quatrième dent, 17 m. en l'air, 1 m. serrée dans le 6me picot de la quatrième dent, 17 m. en l'air, 2 brides sextuples réunies dans le 10me et le 2me picot de la quatrième et de la cinquième dent, 17 m. en l'air, 1 m. serrée dans le 6me picot de la cinquième dent, 19 m.

en l'air **, 2 brides septuples réunies dans le 10ᵐᵉ et le 2ᵐᵉ picot de la cinquième et de la sixième dent; reprendre une fois de ** à * et faire quatre motifs avec bord arrondi.

Un tour de m. serrées achève le carré.

Lorsque les motifs pour le fond sont terminés, on les rattache les uns aux autres par des brides plus ou moins longues. Introduire le fil dans la maille formant la pointe du carré à huit dents et sur le côté élargi: 1 m. serrée, 5 m. en l'air, sauter 1 m., 3 m. serrées dans les 3 m. suivantes, 4 m. en l'air, sauter 2 m., 3 m. serrées dans les 3 m. serrées suivantes, faire ainsi encore onze boucles de 4 m. en l'air et de 3 m. serrées, puis deux boucles avec 3 m. en l'air et 2 m. serrées; sauter ensuite sur le carré suivant au bord du col autant de m. qu'il en est resté libres sur le premier carré, 2 m. serrées et passer chaque fois la boucle par les 2 dernières m. du carré opposé, 1 m. en l'air, raccorder aux m. en l'air du côté opposé, 1 m. en l'air, sauter 2 m., 2 m. serrées dans le bord du deuxième carré, 1 m. en l'air, raccorder aux m. en l'air du carré opposé, 1 m. en l'air, sauter 2 m. du deuxième carré, 3 m. serrées, 1 m. en l'air, raccorder aux m. en l'air opposées 1 m. en l'air, sauter 2 m., 3 m. serrées. A partir de là, on rattache toutes les brides aux boucles produites par les mêmes mailles sur le deuxième carré. Faire la première bride de raccord avec 5 m. en l'air, par-dessus lesquelles on fait 4 m. serrées, 1 m. en l'air, sauter 2 m., 3 m. serrées; pour la deuxième bride 7 m. en l'air, par-dessus lesquelles on fait 6 m. serrées, puis ajouter 1 m. en l'air, sauter 2 m. serrées, 3 m. serrées; la troisième bride exige 9 m. en l'air, 8 m. serrées, 1 m. en l'air, sauter 2 m., 3 m. serrées; la quatrième bride: 11 m. en l'air, 5 m. serrées, 1 picot, 5 m. serrées, 1 m. en l'air, sauter 2 m., 3 m. serrées; la cinquième bride: 13 m. en l'air, 4 m. serrées, 1 picot, 4 m. serrées, 1 picot, 4 m. serrées, 1 m. en l'air, sauter 2 m., 3 m. serrées; la sixième bride: 16 m. en l'air, 5 m. serrées, 1 picot, 5 m. serrées, 1 picot, 5 m. serrées, 1 m. en l'air, sauter 2 m., 3 m. serrées; la septième bride: 19 m. en l'air, 5 m. serrées, 1 picot, 4 m. serrées, 1 picot, 4 m. serrées, 1 picot, 5 m. serrées, 1 m. en l'air, sauter 2 m., 3 m. serrées; la huitième bride: 21 m. en l'air, 5 m. serrées, 1 picot, 5 m. serrées, 1 picot, 5 m. serrées, 1 picot, 5 m. serrées, 1 m. en l'air, sauter 2 m., 3 m. serrées; la neuvième bride: 24 m. en l'air, 5 m. serrées, 1 picot, 5 m. serrées, 1 picot, 5 m. serrées, 1 picot, 5 m. serrées, 1 picot, 5 m. serrées, 1 m. en l'air, sauter 2 m., 3 m. serrées; la dixième bride: 26 m. en l'air, 6 m. serrées, 1 picot, 5 m. serrées, 1 picot, 5 m. serrées, 1 picot, 5 m. serrées, 1 picot, 6 m. serrées, 1 m. en l'air, sauter 2 m., 3 m. serrées; la onzième bride: 28 m. en l'air, 6 m. serrées, 1 picot, 6 m. serrées, 1 picot, 6 m. serrées, 1 picot, 6 m. serrées, 1 picot, 6 m. serrées, 1 m. en l'air, sauter 2 m., 3 m. serrées; la douzième bride : 30 m. en l'air, 32 m. serrées, 2 m. en l'air, sauter 1 m., 1 m. serrée, arrêter le fil.

Une fois les sept motifs supérieurs raccordés, on ajoute les sept motifs inférieurs et chacun séparément au moyen d'un rang de petites mailles serrées, exécuté sur l'envers de l'ouvrage.

Sous le premier carré à demi-cercles, on ajoute celui à huit dents, sous le carré suivant on ajoute celui à demi-cercles.

Une petite dentelle forme le bord extérieur des grands motifs. Attacher le fil dans la m. du coin du premier carré, puis : * 5 m. serrées, 1 picot, 5 m. serrées, 14 m. en l'air, raccorder vers la droite à la 1re des premières 5 m. serrées, par-dessus les 14 m. en l'air : 5 m. serrées, 1 picot, 11 m. serrées, 1 picot, 5 m. serrées ; dans les m. du bord : 5 m. serrées, 1 picot et 5 m. serrées ; puis 14 m. en l'air, raccorder vers la droite à la 1re des premières 5 m. serrées, 5 m. serrées, 1 picot, 5 m. serrées, 14 m. en l'air, raccorder vers la droite à la 6me des 11 m. serrées du premier feston, par-dessus les 14 m. en l'air : quatre fois 5 m. serrées et trois fois 1 picot ; dans le feston inférieur : 5 m. serrées, 1 picot, 5 m. serrées ** ; dans les m. serrées du bord : 4 m. serrées, 1 picot, 4 m. serrées, 12 m. en l'air, raccorder vers la droite à la 1re des premières quatre m. serrées, par-dessus les 12 m. en l'air : 4 m. serrées, 1 picot, 4 m. serrées, 1 picot, 4 m. serrées, 1 picot et 4 m. serrées *** ; reprendre une fois de * à *** et faire ici le petit feston sur 10 m. serrées, puis reprendre de * à **.

Les festons varient un peu sur les côtés arrondis.

Là, les m. doivent exister au nombre de 122, comptées à partir du coin jusqu'à la bride qui marque le milieu dans le bas. Les festons simples de la bordure se feront tous par-dessus 8 m. ; les festons triples se feront par-dessus 20 m., ne pas faire de petit feston entre le quatrième, cinquième et sixième feston triple ; sur tout le tour de la première figure, il y a neuf festons triples et huit festons simples. Après le huitième feston simple, on fait 3 m. serrées par-dessus les 2 m. en l'air de raccordement. Dans les 32 m. serrées de la dernière bride : 8 m. serrées, 1 picot, 4 m. serrées, 12 m. en l'air, ramener et rattacher à la 5me des 8 m. serrées ; par-dessus les 12 m. en l'air : 5 m. serrées, 2 m. en l'air, passer le jeté par le picot au milieu du dernier feston simple, 2 m. en l'air, fermer le picot, 9 m. serrées, 1 picot, 5 m. serrées, dans la bride : 4 m. serrées, 1 picot, 4 m. serrées, 12 m. en l'air, raccorder à la 1re m. serrée, 5 m. serrées, 1 picot, 4 m. serrées, 12 m. en l'air, raccorder à la 5me m. serrée du premier feston ; 5 m. serrées, 1 picot, 9 m. serrées, 1 picot, 5 m. serrées ; dans le feston inférieur : 5 m. serrées, 1 picot, 5 m. serrées ; dans la bride : 4 m. serrées, 1 picot, 4 m. serrées, 12 m. en l'air, raccorder à la 1re m. serrée, 5 m. serrées, 1 picot, 4 m. serrées, 12 m. en l'air, raccorder tout près du feston superposé, 5 m.

serrées, 1 picot, 4 m. serrées, 12 m. en l'air, raccorder à la 5me m. serrée du feston superposé, 5 m. serrées, 1 picot, 5 m. serrées, 1 picot, 5 m. serrées, 1 picot, 5 m. serrées, dans chacun des deux festons terminés à moitié: 5 m. serrées, 1 picot, 5 m. serrées; finir avec 4 m. serrées, 3 m. serrées par-dessus les 2 m. en l'air et répéter la même série de festons autour de toutes les parties arrondies.

Les losanges qui remplissent les vides produits par l'assemblage des grands motifs se font en 7 tours sur un petit rond formé de 5 m. en l'air.

1er tour — 5 m. en l'air, 1 bride dans le rond, 2 m. en l'air, 1 bride et ainsi de suite; 8 brides en tout, y compris la bride de m. en l'air.

2me tour — 3 m. serrées par-dessus 2 m. en l'air, 1 m. serrée dans chaque bride.

3me tour — 8 m. en l'air, 1 bride dans la m. serrée au-dessus de la bride inférieure, 5 m. en l'air, 1 bride, en tout 8 brides.

4me tour — * par-dessus les 5 m. en l'air: 1 m. serrée, 1 demi-bride, 1 bride, 3 brides doubles, 1 bride, 1 demi-bride et 1 m. serrée **; 7 m. en l'air, sauter la 1re m. en l'air, 1 m. serrée, 1 bride, 2 brides doubles, 1 bride et 1 m. serrée; reprendre une fois de * à ** et trois fois toute la série, 5 petites m. serrées le long du feston.

5me tour — 9 m. en l'air, * 1 m. serrée dans la pointe d'une feuille, 6 m. en l'air, 1 bride dans la m. au milieu du feston, 7 m. en l'air, 1 bride dans le feston suivant, 8 m. en l'air, 1 m. serrée dans la feuille suivante, 8 m. en l'air, 1 bride dans le feston, 7 m. en l'air **, 1 bride dans le feston, 6 m. en l'air; reprendre une fois de * à **, 1 petite m. serrée dans la 3me m. en l'air.

6me tour — 1 m. serrée dans chaque m. du tour précédent, 3 m. serrées sur les pointes; arrêter le fil.

7me tour — commencer dans la 3me des 3 m. du coin: * 4 m. serrées, 1 picot, 4 m. serrées, 10 m. en l'air, raccorder vers la droite à la 1re des premières 4 m. serrées, par-dessus les 10 m. en l'air: 4 m. serrées, 1 picot, 3 m. serrées, 1 picot, 3 m. serrées, 1 picot et 4 m. serrées **; reprendre deux fois de * à **, 1 m. serrée, 3 m. serrées à la pointe, 8 m. en l'air, raccorder vers la droite à la 1re des 4 m. serrées, par-dessus les 8 m. en l'air: 4 m. serrées, 1 picot, 3 m. serrées, 1 picot, 3 m. serrées, 1 picot et 4 m. serrées; reprendre trois fois de * à **, 4 m. serrées, 8 m. en l'air, raccorder à la 1re des 4 m. serrées, par-dessus les 8 m. en l'air: 4 m. serrées, 1 picot, 3 m. serrées, raccorder au picot au milieu du deuxième feston triple du deuxième carré; 3 m. serrées, 1 picot et 4 m. serrées; reprendre trois fois de * à **; puis faire à partir du 2me picot du troisième feston du losange

7 m. en l'air, raccorder au picot du milieu du premier feston triple, par-dessus les 7 m. en l'air : 5 m. serrées, 1 picot et 5 m. serrées, terminer le feston du losange, 4 m. serrées, 8 m. en l'air, raccorder vers la droite à la 1re des 4 m. serrées, par-dessus les 8 m. en l'air : 4 m. serrées, 1 picot, 3 m. serrées, 2 m. en l'air, raccorder au picot du milieu du feston sous la bride de raccordement, terminer le picot, 3 m. serrées, 1 picot et 4 m. serrées ; reprendre trois fois de * à **, raccorder le losange par le premier petit feston au neuvième feston triple par 1 bride de 7 m. en l'air comme du côté opposé, 4 m. serrées, 8 m. en l'air, raccorder vers la droite à la 1re des 4 m. serrées, par-dessus les 8 m. en l'air faire : 4 m. serrées, 1 picot, 3 m. serrées, 2 m. en l'air, raccorder au picot au milieu du huitième feston triple du premier carré, 3 m. serrées, 1 picot et 4 m. serrées ; arrêter le fil.

La dentelle qui achève le col vers le haut doit monter tout droit ; pour lui donner cette position, on fera 1 rang de brides doubles par-dessus les m. serrées. On rétrécit sur chaque carré de 4 m. ; ce rang de brides terminé, arrêter le fil.

Fixer de nouveau le fil, à droite et au pied de la 1re bride que l'on longe de 4 m. serrées, puis suivent : * 24 m. serrées dans le rang de brides, en passant le crochet sous les deux boucles horizontales de brides = tourner = 2 m. en l'air, sauter 4 m. serrées, dans la 5me m. : 3 brides doubles séparées par deux fois 2 m. en l'air, 2 m. en l'air, sauter 4 m. serrées, 1 petite m. serrée dans la 5me m. = tourner = faire trois fois : 1 m. serrée, 1 picot et 1 m. serrée par-dessus les m. en l'air inferieures et 1 m. serrée dans la bride ; par-dessus les dernières 2 m. en l'air : 1 m. serrée, 1 picot et 1 m. serrée ; 4 m. serrées dans les 4 brides inférieures = tourner = faire trois fois : 6 m. en l'air et 1 bride double au-dessus de la bride inférieure ; 6 m. en l'air, 1 petite m. serrée dans la 4me m. serrée = tourner = 1 m. serrée par-dessus les 6 m. en l'air, 8 m. en l'air, sauter la 1re m. en l'air, 1 m. serrée, 1 demi-bride, 2 brides, 1 bride longue de 1 ½, 2 brides doubles et 1 m. serrée par-dessus les 6 m. en l'air. La pointe suivante se pose au-dessus d'une bride ; on fait en tout sept pointes. Après la septième pointe : 8 m. serrées dans les brides inférieures = tourner = puis 7 m. en l'air comme intervalle, 1 m. serrée dans chaque pointe. Les huitièmes 7 m. en l'air se raccordent à la 8me m. serrée de la bordure = tourner = puis ajouter : 2 m. en l'air, faire passer la boucle de l'envers sur l'endroit par la 2me m. serrée ; 8 brides, 1 picot, 4 brides, 12 m. en l'air, les ramener par-dessus le picot, raccorder à la 4me bride, 5 m. serrées, 1 picot, 4 m. serrées, 1 picot, 4 m. serrées, 1 picot, 5 m. serrées ; 4 brides dans les m. suivantes, par-dessus chaque pointe : 1 picot et par-dessus le picot un feston comme il a été fait dans le carré. Sur la septième pointe seulement 1 picot, après le dernier picot, 7 brides dans les dernières mailles en l'air : sauter

2 brides inférieures; puis continuer les m. serrées jusqu'à ce que l'on en ait formé 24 et reprendre à *.

Dans les demi-cercles qui suivent on ne fait que cinq petits festons; le premier et le dernier de ces festons devront être raccordés par le premier et le dernier picot; au dernier demi-cercle, on fait, comme au premier, six petits festons.

Modèles d'ouvrages. — En dehors des ouvrages décrits ci-dessus on trouvera un grand choix de modèles pour le crochet dans les publications suivantes de la BIBLIOTHÈQUE D·M·C: *Le Crochet, 1re, 2me, 3me, 4me, 5me (gros crochet), 6me et 7me Séries*, et *La Guipure d'Irlande.*

L'ABC du Crochet, petit traité destiné aux enfants, donne l'explication des principaux points et quelques modèles simples (*).

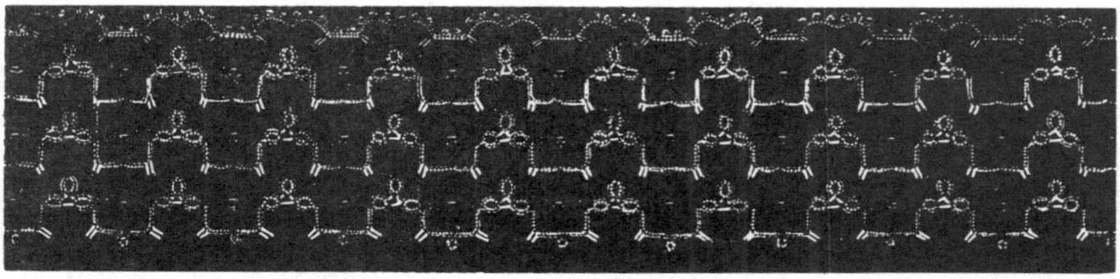

Galon en frivolité. — Nœuds doubles, picots simples et picots Joséphine.

La Frivolité

Par sa nature, ce genre d'ouvrage fait suite au crochet et sert en même temps d'exercice préparatoire pour le Macramé, travail que nous décrirons au chapitre suivant.

La frivolité se compose de nœuds et de picots qui forment tantôt des ronds, tantôt des demi-cercles; le placement varié de ces figures produit les différents genres de dessins.

La dénomination de «frivolité» est essentiellement française, elle est adoptée dans presque tous les pays de l'Europe; cependant, les italiens appellent la frivolité «occhi», et les Orientaux lui ont conservé l'ancienne dénomination de «makouk», terme emprunté aux navettes qui servent à l'exécuter.

Les ouvrages en frivolité doivent être classés plutôt parmi les travaux de passementerie que parmi les ouvrages de dentelles.

Exécuté en une seule couleur, avec un fil brillant d'une certaine finesse, on emploie ce genre de passementerie comme garniture d'objets d'habillement; travaillés en plusieurs couleurs, avec un fil plus gros, les galons en frivolité servent à border les housses de meubles, les rideaux, les portières, les coussins, etc. Pour les vêtements d'enfants, les tabliers, cols et manchettes de tout genre, on emploie de préférence des couleurs claires et un fil de grosseur moyenne.

Lorsqu'on emploiera la frivolité comme dentelle pour la garniture de linge de corps ou de literie, on choisira toujours un fil blanc d'une certaine finesse.

Navettes. — La navette à frivolité est composée de deux lames en forme d'olive allongée, pointues aux extrémités et réunies par le milieu. La forme de ce petit objet n'est pas indifférente, car une bonne navette contribue beaucoup à la prompte et parfaite exécution du travail.

Au XVIIIe siècle, époque à laquelle la frivolité était très en vogue, les navettes que l'on employait étaient plus longues que celles dont on se sert aujourd'hui, parce que la frivolité se faisait alors avec des matières plus volumineuses et très souvent avec de la ganse de soie.

La navette ne doit pas avoir plus de 8 centimètres de longueur et plus de 2 centimètres de largeur. Les deux extrémités des feuilles doivent être assez rapprochées pour empêcher que le fil ne s'échappe librement; on aura surtout soin de tenir compte de cette recommandation lorsque l'exécution d'un dessin exigera l'emploi simultané de deux navettes.

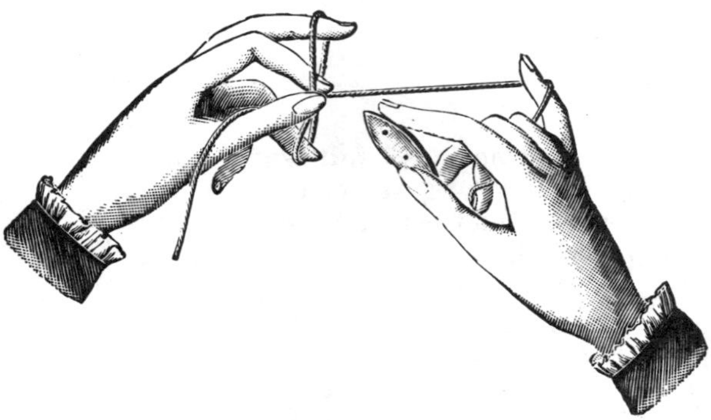
Fig. 555. Première position des mains.

Il faut encore que la partie pleine qui réunit les deux lames soit percée d'un trou assez gros pour qu'on puisse y fixer le fil qui doit être monté sur la navette; celui-ci ne devra pas dépasser le bord des lames, car, dans ce cas, il perdrait de sa fraîcheur par le passage continuel dans la main de l'ouvrière.

Fournitures. — Vu le grand nombre d'objets divers qui peuvent être garnis de frivolité, on pourra utiliser pour sa confection les fournitures les plus variées, en choisissant, cependant, toujours un fil suffisamment tordu.

En première ligne ce genre d'ouvrage est destiné à orner la lingerie et les robes d'enfants; pour cet emploi nous recommandons tout spécialement le Fil d'Alsace D·M·C, en pelotes, le Fil à dentelles D·M·C et le Cordonnet spécial D·M·C; pour la literie, on emploie de préférence le Lin à tricoter et à crocheter D·M·C et le Lin pour dentelles D·M·C.

Employée comme passementerie, soit pour robes ou manteaux, soit pour objets d'ameublement, la frivolité sera exécutée en Coton perlé D·M·C ou en Alsatia D·M·C.

(*) Voir à la fin du dernier chapitre, la liste des fils de coton, de lin, de rayonne et de soie, portant la marque D·M·C.

Il arrive souvent que les ouvrages de frivolité sont terminés ou raccordés par quelques rangs au crochet; dans ce cas, on utilisera pour l'ouvrage au crochet les mêmes fournitures que pour la frivolité; pour le crochet le fil devra toutefois être de quelques numéros plus fin.

Nœuds ou mailles doubles. Première position des mains (fig. 555). — La confection des nœuds ou mailles paraît présenter au premier abord beaucoup de difficultés; cependant nos lectrices les surmonteront facilement en se laissant guider dans leurs premiers essais par nos indications. Ainsi elles ne devront jamais perdre de vue, lorsqu'elles commenceront à étudier la frivolité, que la main droite, sitôt qu'elle a fait passer la navette par la boucle, arrête et tend le fil, en restant immobile, jusqu'à ce que la main gauche ait fermé le nœud.

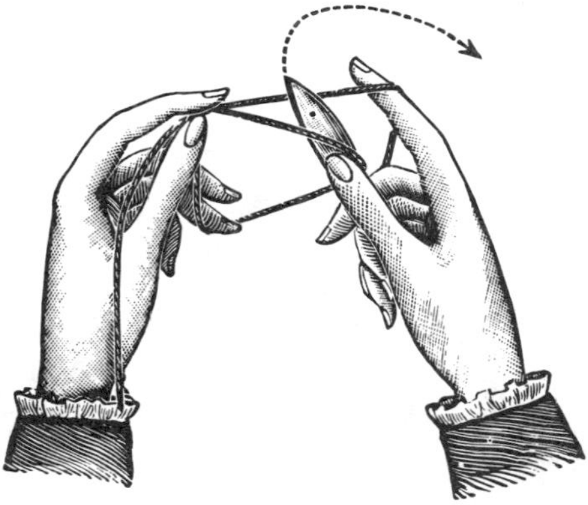

Fig. 556. Deuxième position des mains.

Après avoir rempli la navette de la quantité nécessaire de fil, on saisit le bout du fil entre l'index et le pouce de la main gauche, on prend la navette dans la main droite, on fait passer le fil par-dessus le troisième et le quatrième doigt de la main gauche puis on le ramène vers le pouce et on croise les deux fils sous les doigts, tel que le montre la fig. 555.

On passe le fil sortant de la navette autour du petit doigt de la main droite, puis on donne à la navette la position indiquée par la gravure.

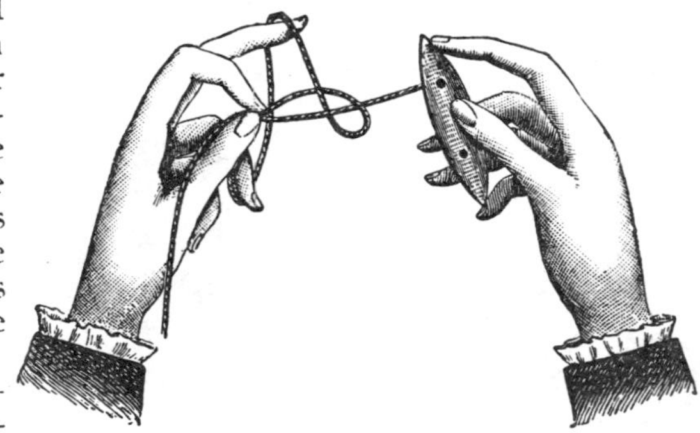

Fig. 557. Troisième position des mains.

Deuxième et troisième position des mains (fig. 556 et 557). — La partie libre du fil de la navette passant sans tirer par-dessus la main gauche, on fait glisser la navette entre l'index et le troisième doigt sous le fil supérieur de la boucle dans la direction indiquée par la fig. 556

et on la sort derrière la boucle pour la ramener par-dessus.

C'est ici que se présentent les premières difficultés pour les commençantes, et voici ce que nous conseillons de faire jusqu'à ce que l'on ait acquis assez de sûreté dans les mouvements pour ne plus confondre ceux de la main gauche avec ceux de la main droite.

D'abord, le bout du fil qui se trouvera entre la navette et la main gauche ne doit pas être plus long que 20 à 25 centimètres. Aussitôt que la navette aura passé par la boucle, on posera la main droite sur la table et on tiendra fortement le fil, en s'abstenant pendant ce temps de faire le moindre mouvement avec la main gauche.

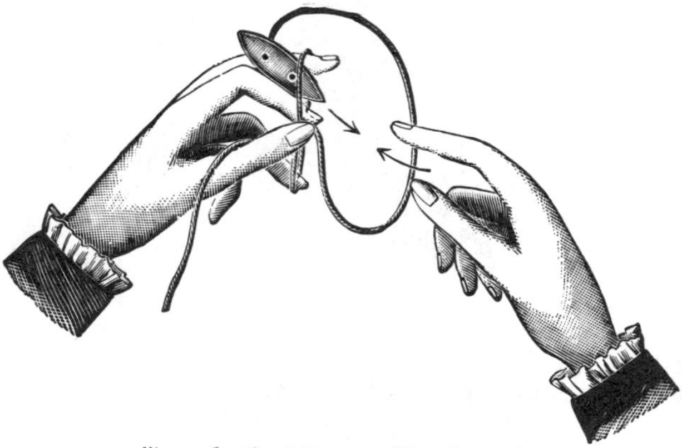

Fig. 558. Quatrième position des mains.

Lorsque la main droite a bien adopté sa position passive, le troisième et le quatrième doigt de la main gauche s'élèvent avec la boucle et la ferment, en même temps qu'ils s'écartent assez pour donner de la tension au fil; voir la fig. 557. Par ce mouvement on forme un nœud, première partie du « nœud double », qui forme généralement la maille de la frivolité.

Fig. 559. Nœuds simples. Petit picot Joséphine.

Fig. 560. Nœuds simples. Grand picot Joséphine.

On aura donc soin de ne pas oublier que le fil de la main droite ne doit jamais se mouvoir pendant que la main gauche est encore active; que ce n'est que la partie du brin passée sur la main gauche qui doit former le nœud.

Le fil de la main droite doit toujours pouvoir glisser à travers les nœuds; il serait impossible de continuer à le mouvoir s'il venait à former lui-même un nœud, car il n'aurait plus le jeu nécessaire pour permettre l'allongement ou le rétrécissement de la boucle sur la main gauche.

Quatrième position des mains (fig. 558). — La seconde partie d'un nœud ou maille se fait par les mouvements suivants : le fil de la navette pendant devant la main gauche, on passe la navette de droite à gauche sur la boucle tendue, puis comme cela est représenté dans la fig. 558, de gauche à droite entre l'index et le troisième doigt, sous la boucle tendue ; la main droite tend le fil ; la main gauche ferme ce second nœud comme le premier.

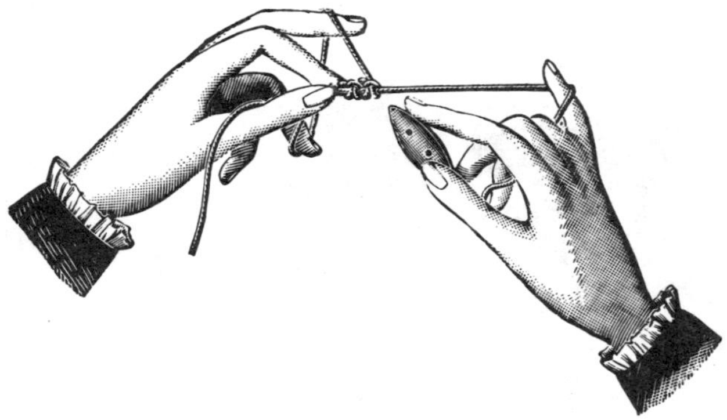

Fig. 561. Cinquième position des mains.

Deux nœuds réunis forment alors un nœud double.

Nœuds simples ou picot Joséphine (fig. 559 et 560). — On fait aussi quelquefois une série de nœuds simples composés uniquement du premier nœud ; cette série s'appelle picot Joséphine.

On peut faire ces picots avec 4 ou 5 nœuds seulement, comme on le voit dans la fig. 559, ou avec 10 à 12 nœuds, comme dans la fig. 560.

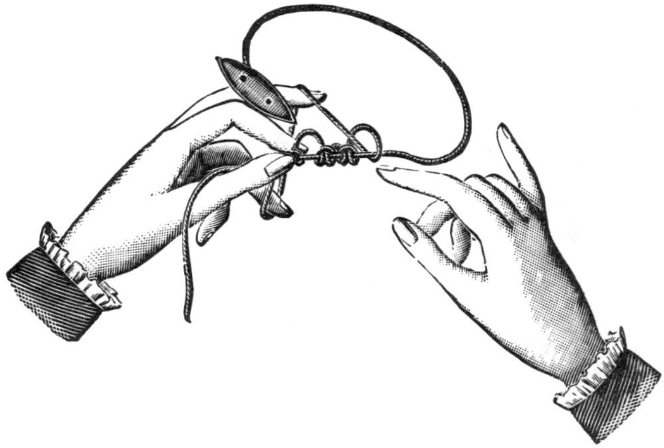

Fig. 562. Position des mains pour former un picot.

Cinquième position des mains (fig. 561). — Lorsque le second nœud, formant le nœud double, est achevé, les mains reprennent la position indiquée par la fig. 555. La fig. 561 répète cette position et montre en même temps quelques nœuds doubles terminés.

Position des mains pour former un picot (fig. 562). De même que dans le crochet et le macramé, on peut intercaler des picots dans les modèles de frivolité.

Ces picots servent aussi de liaison entre les différentes parties de l'ouvrage et, avec leur aide, il est possible de faire les combinaisons les plus heureuses et les plus variées.

La fig. 562 indique la manière de former les picots.

Fig. 563. Picot ouvert

Fig. 564. Picot fermé.

Picot ouvert et picot fermé (fig. 563 et 564). — On forme ces picots par le demi-nœud en laissant une boucle sur le fil tendu, telle qu'elle est indiquée dans la fig. 563, et on ménage une petite distance entre le dernier nœud et le nœud suivant; on termine le second demi-nœud et, après l'avoir serré, on le joint aux nœuds précédents.

Le picot représenté dans la fig. 564 se forme alors tout naturellement.

Dans toutes les descriptions de frivolité, le nœud qui suit le picot est indépendant de la boucle.

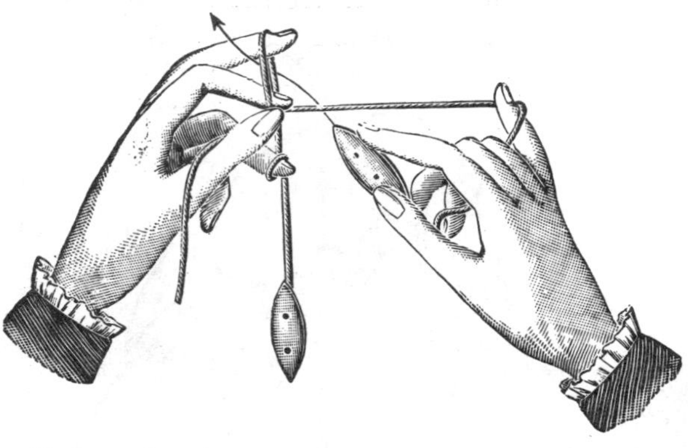

Fig. 565. Enroulage des fils de deux navettes sur la main.

Ainsi, si la description prescrit : 2 nœuds ou mailles, 1 picot, 3 nœuds, 1 picot, 2 nœuds, etc., on comptera toujours le nœud ayant servi pour faire la boucle, et l'on ne fera pas : 2 nœuds, 1 picot, 4 nœuds, etc.

Manière de rattacher par les picots. — Pour rattacher les différents ronds, festons, etc., au moyen des picots, on saisit le fil courant sur la main gauche avec un crochet que l'on fait entrer dans le picot de haut en bas, et avec lequel on ramène le brin : on fait passer la navette par cette boucle sortant du picot et on la serre comme tout autre nœud.

Enroulage des fils de deux navettes sur la main. (fig. 565). — On se sert de deux navettes pour faire la frivolité lorsque les petits ronds ne doivent pas être reliés à leur base par un fil, ou lorsqu'on a besoin de masquer le passage du fil à un autre groupe de nœuds, ou bien encore lorsqu'on emploie des fils de couleurs différentes.

Lorsqu'on travaille avec deux navettes, on lie les bouts des deux fils. L'un des fils passe sur le troisième doigt de la main gauche, s'enroule deux fois autour du quatrième doigt, et la navette retombe librement.

La seconde navette passe alors dans la main droite, qui exécute les mêmes mouvements que lorsqu'on ne travaille qu'avec une seule navette.

Remarque. — Nous nous servirons ici de l'abréviation n. pour le mot nœud.

Dents détachées (fig. 566). Faire avec une navette : 12 n. doubles, puis serrer le fil de manière à donner aux n. la forme d'un demi-cercle ; le premier n. de la dent suivante doit être rapproché du dernier n. de la dent précédente de façon à la toucher.

Dents raccordées (fig. 567). — Faire avec une navette : 4 n. doubles, 1 picot, * 8 n. doubles, 1 picot, 4 n. doubles, fermer le demi-cercle, 4 n. doubles, passer le fil par le 2me picot de la dent précédente et reprendre à *.

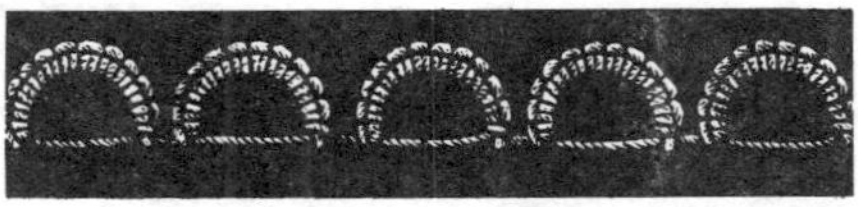

Fig. 566. Dents détachées.
Fournitures : Fil d'Alsace D·M·C Nos 30 à 70, Fil à dentelles D·M·C Nos 30 à 70 ou Lin pour dentelles D·M·C Nos 16 à 70, en blanc ou ecru.

Fig. 567. Dents raccordées.
Fournitures : Fil d'Alsace D·M·C Nos 30 à 70, Fil à dentelles D·M·C Nos 30 à 70, Cordonnet spécial D·M·C Nos 20 à 60 ou Lin pour dentelles D·M·C Nos 16 à 70, en blanc ou écru.

Fig. 568. Dents à picots.
Fournitures : Fil d'Alsace D·M·C Nos 30 à 70, Fil à dentelles D·M·C Nos 30 à 70, Cordonnet spécial D·M·C Nos 20 à 60 ou Lin pour dentelles D·M·C Nos 16 à 70, en blanc ou écru.

Dents à picots (fig. 568). — Faire avec une navette : 4 n. doubles, 1 picot, * 3 n. doubles, 1 picot, 2 n. doubles, 1 picot, 2 n. doubles, 1 picot, 3 n. doubles, 1 picot, 4 n. doubles ; fermer le rond.

Laisser, avant de commencer le rond suivant, le fil assez long pour ne pas faire chevaucher les ronds = faire 4 n. doubles, passer le fil de la main gauche par le 5me picot du rond précédent et reprendre à *.

Galon en frivolité (fig. 569). — Faire avec une navette un rond pareil à ceux de la fig. 568 = tourner = puis après avoir laissé un fil libre long de 5 à 10 millimètres, faire un second rond = tourner = laisser de nouveau un fil libre, commencer un 3me rond que l'on attache après le 4me n. double au 5me picot du 1er rond = tourner l'ouvrage après chaque rond terminé, de manière que tous les ronds supérieurs présentent l'endroit et tous les ronds inférieurs l'envers de l'ouvrage.

Fig. 569. Galon en frivolité.
Fournitures : Fil d'Alsace D·M·C Nos 30 à 70, Fil à dentelles D·M·C Nos 30 à 70 ou Lin à tricoter et à crocheter D·M·C Nos 12 à 45, en blanc ou écru.

Lorsqu'on emploie ce galon comme entre-deux pour la lingerie on consolide les picots par une petite tête au crochet, comme on en verra plusieurs dans les figures suivantes.

Galon en frivolité (fig. 570). — A faire avec deux navettes. Nouer les deux bouts de fil, commencer avec un seul fil et avec une navette faire un premier rond d'après les fig. 568 et 569 = tourner = faire avec la seconde navette un second rond pareil au premier et tout à fait rapproché de celui-ci ; puis ce deuxième rond terminé, faire passer le fil, avec lequel on a travaillé jusqu'à ce moment, par-dessus la main gauche, prendre la navette qui restait libre dans la main droite et exécuter 6 n. doubles sur le deuxième fil = tourner = après quoi on fait de nouveau avec une seule navette un rond vers le haut et un vers le bas, en ayant soin de raccorder les ronds par les picots, comme c'est indiqué pour les fig. 568 et 569.

Fig. 570. Galon en frivolité.
Fournitures : Fil d'Alsace D·M·C Nos 30 a 70, Fil à dentelles D·M·C Nos 30 à 70 ou Cordonnet spécial D·M·C Nos 30 à 80, en blanc ou écru.

Dentelle en frivolité et au crochet (fig. 571). — Faire avec une navette : 1 n. double, 1 picot, 2 n. doubles, 1 picot, 2 n. doubles, 1 picot, 2 n. doubles, 1 picot deux fois plus long que les autres, 2 n. doubles, 1 picot, 2 n. doubles, 1 picot, 2 n. doubles, 1 picot, 2 n. doubles, 1 picot long, 1 n. double, fermer le rond ; arrêter les deux bouts de fil sur l'envers par quelques points.

Continuer comme nous l'avons expliqué plus haut, mais avant de former le dernier n. double, rattacher le rond commencé au précédent par le picot long, puis faire le dernier n. double et arrêter les fils.

Lorsqu'on aura terminé une série suffisante de ronds, relever les picots par des brides au crochet distancées les unes des autres par 3 m. en l'air. Sur ce 1er rang, faire un 2me rang composé de : 1 m. serrée dans la bride du 1er rang, 2 m. en l'air, 1 picot et 2 m. en l'air.

Fig. 571. Dentelle en frivolité et au crochet.
Fournitures — Pour la frivolité : Fil d'Alsace D·M·C No 30, Fil à dentelles D·M·C No 30 ou Cordonnet spécial D·M·C No 50.
Pour le crochet : Fil d'Alsace D·M·C No 70, Fil à dentelles D·M·C No 70 ou Cordonnet spécial D·M·C No 80, en blanc ou écru.

Pour achever la partie supérieure de l'ouvrage, faire 1 m. serrée dans le 1er picot, 3 m. en l'air, 1 m. serrée dans le 2me picot, 3 m. en l'air, 1 m. serrée dans le 3me picot, 3 m. en l'air, 1 m. serrée dans le 1er picot du rond suivant. Un rang de m. serrées sert de talon à la dentelle.

Dentelle en frivolité (fig. 572). — A faire avec deux navettes.

Le 1er rang se fait d'après la fig. 567 avec une seule navette.

Le 2me et le 3me rang se font avec deux navettes.

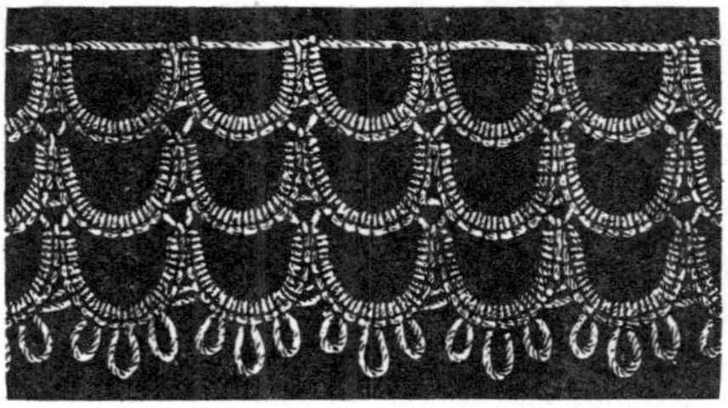

Fig. 572. Dentelle en frivolité.
Fournitures : Fil d'Alsace D·M·C Nos 30 à 70 ou Fil à dentelles D·M·C Nos 30 à 70, en blanc ou écru.

On enlace le fil de la navette de la main droite dans le 1er picot et on l'y attache ; puis on forme par-dessus ce fil avec le fil de la main gauche le même nombre de n. doubles et de picots qu'au 1er rang, et on attache chaque demi-rond au picot du rang précédent. Au 3me rang on intercale 3 picots entre les 8 n. doubles du haut.

Dentelle en frivolité et au crochet (fig. 573). — A faire avec deux navettes et avec deux couleurs. — Après avoir terminé avec le fil clair une file de ronds, tels que les montre la fig. 571, on attache au 1er picot qui suit le picot long les bouts de fil de la navette montée de fil foncé et de la navette montée de fil clair. Le fil clair passe dans la main droite, le fil foncé passe par-dessus la main gauche et l'on fait : * 3 n.

doubles, 1 picot, 3 n. doubles = passer le fil de la main droite par le picot suivant = 3 n. doubles, 1 picot, 3 n. doubles = passer le fil de la main droite séparément par les deux picots des ronds et reprendre à *.

Le rang suivant se fait encore avec deux navettes. Attacher le fil foncé qui passe sur la main gauche au 1er picot foncé, le fil clair se trouvera dans la main droite, puis on fait: * 4 n. doubles, 1 picot, 2 n. doubles, 1 picot, 2 n. doubles = tourner = avec la navette de la main droite faire: 6 n. doubles, passer le fil par le petit picot qui s'est formé au-dessus du picot central des ronds, 6 n. doubles, fermer le rond = tourner = faire avec deux navettes: 2 n. doubles, 1 picot, 2 n. doubles, 1 picot, 4 n. doubles, passer le fil clair par les 2 picots foncés et reprendre à *.

Fig. 573. Dentelle en frivolité et au crochet.

Fournitures — Pour la frivolité : Alsatia D·M·C No 20 ou Coton perlé D·M·C No 5, en écru et Bleu-Indigo 334 ou en Gris-Cendre 414 et Violet-Scabieuse 395.

Pour le crochet : Alsatia D·M·C No 30 ou Coton perlé D·M·C No 8, en écru ou en Gris-Cendre 414 (*).

Le talon se compose de 2 rangs.

1er rang — * 1 bride dans le 1er picot, 3 m. en l'air, 1 m. serrée dans le 2me picot, 3 m. en l'air, 1 bride dans le dernier picot du rond, 1 m. en l'air, reprendre à *.

2me rang — 1 bride, 1 m. en l'air, sauter 1 m., 1 bride, 1 m. en l'air et ainsi de suite.

Dentelle en frivolité et au crochet (fig. 574). — A faire avec deux navettes et en deux couleurs. — Avec une navette montée de fil clair = 2 n. doubles, 1 picot court, 2 n. doubles, 1 picot long, * 2 n. doubles, 1 picot de grandeur ordinaire, 2 n. doubles, 1 picot, 2 n. doubles, 1 picot, 2 n. doubles, 1 picot, 2 n. doubles, 1 picot, 2 n. doubles, 1 picot long, 2 n. doubles, 1 picot court, 2 n. doubles, fermer le rond = tourner = avec deux navettes, le fil foncé par-dessus la main gauche, le fil clair dans la main droite: 3 n. doubles, 1 picot court, 3 n. doubles, 1 picot long, 2 n. doubles = tourner = avec la navette montée de fil clair: 4 n. doubles, passer le fil par le 9me picot du premier rond, faire 4 n. doubles, 1 picot court, 4 n. doubles, fermer le rond = tourner =

(*) Ces numéros désignent des couleurs qui se trouvent sur les cartes de couleurs des articles portant la marque D·M·C. Ces cartes peuvent être consultées chez tous les merciers et marchands d'ouvrages de dames.

avec deux navettes, le fil foncé par-dessus la main gauche, le fil clair dans la main droite: 2 n. doubles, 1 picot long, 3 n. doubles, 1 picot court, 3 n. doubles = tourner = avec une navette montée de fil clair: 2 n. doubles, passer le fil par le picot libre du petit rond, faire 2 n. doubles, passer le fil par le picot long du grand rond, puis reprendre à *. Les demi-cercles foncés sont raccordés par le petit picot.

Le bord de la dentelle, fait au crochet, demande 2 rangs.

1er rang — * 1 m. serrée dans le 1er des 5 picots du grand rond, 4 m. en l'air, 1 m. serrée dans le 2me picot, 4 m. en l'air, 1 m. serrée dans le 3me picot, 4 m. en l'air, 1 m. serrée dans le 4me picot, 4 m. en l'air; 1 m. serrée dans le 5me picot et reprendre à *.

Fig. 574. Dentelle en frivolité et au crochet.

Fournitures — Pour la frivolité : Alsatia D·M·C No 20 ou Coton perlé D·M·C No 5, en Vert doré 580 et Violet-Scabieuse 395 ou en Brun-Cachou 435 et Rouge-Turc 321
Pour le crochet : Alsatia D·M·C No 30 ou Coton perlé D·M·C No 8, en Vert doré 580 ou en Brun-Cachou 435.

2me rang — 2 m. serrées par-dessus les premières 4 m. en l'air = par-dessus les 2mes et les 3mes 4 m. en l'air: 1 m. serrée, 1 demi-bride, 2 brides, 1 demi-bride et 1 m. serrée; 2 m. serrées par-dessus les dernières 4 m. en l'air.

Pour exécuter le talon faire: 1er rang — 1 m. serrée dans le picot long, 5 m. en l'air, 1 m. serrée dans le picot suivant, 3 m. en l'air, 1 bride double dans le petit picot, laisser les 2 derniers jetés de la bride sur le crochet = 2 brides dans le premier enlacement du fil de la bride double, garder aussi les derniers jetés de ces 2 brides sur le crochet, passer le crochet après la 3me bride par toutes les boucles, 3 m. en l'air et ainsi de suite.

Le 2me rang se compose de: * 1 bride par-dessus les 5 m. en l'air, 3 m. en l'air, 1 bride, 1 m. en l'air, 1 bride, 3 m. en l'air; reprendre à *.

Dentelle en frivolité et au crochet (fig. 575). — 1er rang — avec une navette: * 4 n. doubles, 1 picot, 3 n. doubles, 1 picot,

3 n. doubles, 1 picot, 4 n. doubles, fermer le rond = tourner = avec deux navettes: 3 n. doubles, 1 picot, 2 n. doubles, 1 picot, 3 n. doubles = tourner = avec une navette: 4 n. doubles, raccorder au dernier picot du rond précédent, 2 n. doubles, 1 picot, 2 n. doubles, 1 picot, 4 n. doubles, fermer le rond = tourner = avec deux navettes: 4 n. doubles = avec la navette de la main gauche: 4 n. doubles, fermer le rond = avec deux navettes: 2 n. doubles = avec la navette de la main gauche: 4 n. doubles, fermer le rond = avec deux navettes: 2 n. doubles = avec la navette de la main gauche: 4 n. doubles, fermer le rond = avec deux navettes: 4 n. doubles, raccorder le fil de la main droite au rond inférieur, 3 n. doubles, 1 picot, 2 n. doubles, 1 picot, 3 n. doubles = tourner = avec une navette: 4 n. doubles, raccorder au dernier picot du rond précédent, 3 n. doubles, 1 picot, 3 n. doubles, 1 picot, 4 n. doubles, fermer le rond; reprendre à *.

Fig. 575. Dentelle en frivolité et au crochet.
Fournitures — Pour la frivolité :
Cordonnet spécial D·M·C No 40, Fil à dentelles D·M·C No 30, Alsatia D·M·C No 20, Lin à tricoter et à crocheter D·M·C No 12 ou Coton perlé D·M·C No 5, en blanc ou écru.
Pour le crochet : Cordonnet spécial D·M·C No 60, Fil à dentelles D·M·C No 50, Alsatia D·M·C No 30, Lin à tricoter et à crocheter D·M·C No 25 ou Coton perlé D·M·C No 8, en blanc ou écru.

2me rang — avec une navette: * 2 n. doubles, raccorder au picot du milieu du premier rond, 2 n. doubles, raccorder au picot du milieu du deuxième rond, 2 n. doubles, raccorder au picot du milieu du troisième rond, 2 n. doubles, fermer le rond; laisser libre un bout de fil de la longueur correspondant à un rapport du modèle et reprendre à *.

Le talon au crochet se fait en 2 rangs. 1er rang — 1 m. serrée dans le picot libre du premier rond et par-dessus le fil libre provenant du petit rond, * 4 m. serrées par-dessus le fil libre, 1 bride dans le rond et par-dessus le fil libre, 4 m. serrées par-dessus le fil libre, 1 m. serrée dans le picot suivant et par-dessus le fil libre, 5 m. serrées par-dessus le fil libre, 1 m. serrée dans le picot suivant et par-dessus le fil libre; reprendre à *.

2me rang — 1 bride dans la 2me m., 1 m. en l'air, sauter 1 m., 1 bride, 1 m. en l'air, sauter 1 m., 1 bride et ainsi de suite.

Dentelle en frivolité et au crochet (fig. 576). — 1er rang — avec une navette: * 2 n. doubles, 1 picot, 2 n. doubles, fermer le demi-cercle; 4 n. doubles, 1 picot, 4 n. doubles, 1 picot, 4 n. doubles, fermer le demi-cercle; 4 n. doubles, raccorder au dernier picot du feston précédent, faire huit fois: 2 n. doubles et 1 picot; 4 n. doubles, fermer le rond; 4 n. doubles, raccorder au dernier picot du rond précédent, 4 n. doubles, 1 picot, 4 n. doubles, fermer le demi-cercle; reprendre à *.

2me rang — avec deux navettes: raccorder les fils au picot du premier petit demi-cercle, * 2 n. doubles, 1 picot, 2 n. doubles, 1 picot, 2 n. doubles, raccorder le fil de la main droite au picot libre du premier grand demi-cercle, 3 n. doubles, raccorder au 1er picot libre du rond, ** 2 n. doubles, 1 picot, 2 n. doubles, 1 picot, 2 n. doubles, 1 picot, 2 n. doubles, raccorder au 2me picot libre du rond; reprendre deux fois à **, 3 n. doubles, raccorder au picot libre du deuxième demi-cercle, 2 n. doubles, 1 picot, 2 n. doubles, 1 picot, 2 n. doubles, raccorder au picot du petit demi-cercle suivant et reprendre à *.

Fig. 576. Dentelle en frivolité et au crochet.

Fournitures — Pour la frivolité : Cordonnet spécial D·M·C No 40, Fil à dentelles D·M·C No 30, Alsatia D·M·C No 20, Lin à tricoter et à crocheter D·M·C No 12 ou Coton perlé D·M·C No 5, en blanc ou écru.

Pour le crochet : Cordonnet spécial D·M·C No 60, Fil à dentelles D·M·C No 50, Alsatia D·M·C No 30, Lin à tricoter et à crocheter D·M·C No 25 ou Coton perlé D·M·C No 8, en blanc ou écru.

Le talon au crochet se fait en 2 rangs. 1er rang — 3 m. serrées par-dessus le fil libre du premier petit demi-cercle, * 9 m. serrées par-dessus le fil libre du premier grand demi-cercle, 1 m. en l'air, 1 bride dans le rond, 1 m. en l'air, 9 m. serrées par-dessus le fil libre du deuxième grand demi-cercle, 3 m. serrées par-dessus le fil libre du petit demi-cercle suivant; reprendre à *.

2me rang — 1 bride dans la 2me m., 1 m. en l'air, sauter 1 m., 1 bride, 1 m. en l'air, sauter 1 m., 1 bride et ainsi de suite.

Dentelle en frivolité et au crochet (fig. 577). — A faire avec deux navettes et avec deux couleurs. Commencer avec la navette montée de fil clair: 6 n. doubles, 1 picot, 6 n. doubles, fermer le rond = tourner = faire un second rond pareil au premier, = tourner. Avec deux navettes, le fil foncé sur la main gauche, le fil clair dans la main droite: 6 n. doubles, 1 picot, 6 n. doubles = tourner = avec la navette montée de fil clair: 6 n. doubles, attacher le fil au picot du rond opposé, 6 n. doubles, fermer le rond = tourner = faire un second rond pareil au premier

= tourner = avec deux navettes: 6 n. doubles, 1 picot, 6 n. doubles et ainsi de suite.

On fait 3 rangs de demi-cercles raccordés par des ronds. Dans le 2me et 3me rang, on fait passer le fil du rond par le picot auquel a été attaché le deuxième rond dans le 1er rang, et les demi-cercles sont également raccordés par les picots.

Pour les festons extérieurs, faire avec une navette, montée de fil clair: * 5 n. doubles, passer le fil par le picot qui réunit 2 ronds, 5 n. doubles, fermer le rond = tourner = avec deux navettes, le fil foncé par-dessus la main gauche, le fil clair dans la main droite: 4 n. doubles = tourner = avec la navette montée de fil clair: 2 n. doubles, 1 picot, 2 n. doubles, 1 picot, 2 n. doubles, passer le fil par le picot du demi-cercle du 3me rang, 2 n. doubles; puis encore 8 picots avec 2 n. doubles après chaque picot, fermer le rond = tourner = avec deux navettes et le fil foncé par-dessus la main gauche, le fil clair dans la main droite: 4 n. doubles, 1 picot long, 2 n. doubles, 1 picot, 2 n. doubles, 1 picot, 2 n. doubles = tourner = avec la navette montée de fil clair: 4 n. doubles, passer le fil par le 3me picot du grand rond, 4 n. doubles, fermer le rond = tourner = avec deux navettes et le fil foncé par-dessus la main gauche, le fil clair dans la main droite: 2 n. doubles, 6 picots avec 2 n. doubles après chaque picot = tourner = avec la navette montée de fil clair: 4 n. doubles, passer le fil par le 3me picot du grand rond, faire 4 n. doubles, fermer

Fig. 577. Dentelle en frivolité et au crochet.

Fournitures — Pour la frivolité : Alsatia D·M·C No 20 ou Coton perlé D·M·C No 8, en Brun-Cachou 435 et Bleu-Indigo 336 ou en Gris-Cendre 318 et Rouge-Turc 321.

Pour le crochet : Alsatia D·M·C No 30 ou Coton perlé D·M·C No 12, en Brun-Cachou 435 ou en Gris-Cendre 318.

le rond = tourner = avec deux navettes, le fil foncé pardessus la main gauche, le fil clair dans la main droite: 2 n. doubles, 1 picot, 2 n. doubles, 1 picot, 2 n. doubles, 1 picot long, 4 n. doubles, passer le fil par le 6me picot du grand rond, 4 n. doubles = tourner = puis reprendre à *.

Les dents isolées sont raccordées en travaillant par les picots longs.

Le bas de la dentelle est terminé au crochet.

1er rang — 1 bride dans le picot qui raccorde deux petits ronds, 9 m. en l'air, 1 m. serrée dans le picot du demi-cercle, 9 m. en l'air et ainsi de suite.

2me rang — 1 bride dans chaque m.

Lorsqu'on voudra confectionner un entre-deux allant avec cette dentelle, on exécutera deux rangs de demi-cercles que l'on terminera dans le haut et dans le bas par le talon au crochet.

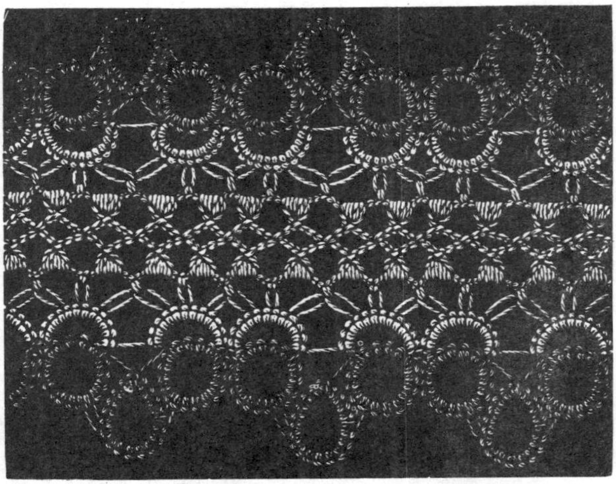

Fig. 578. Galon en frivolité et au crochet.

Fournitures — Pour la frivolité : Alsatia D·M·C No 20 ou Coton perlé D·M·C No 5, en Jaune-Crème 579 et Violet-Scabieuse 395 ou en Bleu-Indigo 334 et Brun-Cachou 434.

Pour le crochet : Alsatia D·M·C No 30 ou Coton perlé D·M·C. No 8, en Jaune-Crème 579 ou en Bleu-Indigo 334.

Galon en frivolité et au crochet (fig. 578). — Monter deux navettes; sur l'une du fil clair et sur l'autre du fil foncé. Commencer avec la navette de fil foncé et faire: * 4 n. doubles, 1 picot, 8 n. doubles, 1 picot, 4 n. doubles, fermer le rond = tourner = avec les deux navettes, le fil clair sur la main gauche, le fil foncé dans la main droite: 4 n. doubles, 1 picot, 2 n. doubles, 1 picot, 2 n. doubles, 1 picot, 4 n. doubles, passer le fil de la main droite par le picot du premier rond; puis ajouter: 4 n. doubles, 1 picot, 2 n. doubles, 1 picot, 2 n. doubles, 1 picot, 4 n. doubles = tourner = avec la navette, montée de fil foncé: 4 n. doubles, passer le fil par le picot du premier rond, faire 8 n. doubles, 1 picot, 4 n. doubles, fermer le rond. Puis après avoir laissé une petite longueur de fil, faire: 6 n. doubles, passer le fil par le picot du rond précédent, 8 n. doubles,

1 picot, 6 n. doubles, fermer le rond, puis reprendre toujours à * et raccorder en travaillant le premier rond au rond du milieu.

Lorsqu'on a terminé deux longueurs pareilles, on les réunit au crochet en employant le fil plus fin, comme c'est indiqué et faire : 1er rang — 1 m. serrée dans le 1er picot, 5 m. en l'air, 1 m. serrée dans le picot du milieu, 5 m. en l'air, 1 m. serrée dans le 3me et le 1er picot et ainsi de suite ; 2me rang — par-dessus les 5 m. en l'air : 1 point ananas sextuple, fig. 505, 5 m. en l'air.

Lorsqu'on travaille le 2me rang sur la seconde bande en frivolité on retire le crochet à la 3me m. en l'air, pour le faire passer de dessous en dessus par la 3me m. du rang

Fig. 579. Galon en frivolité et au crochet.

Fournitures — Pour la frivolité : Cordonnet spécial D·M·C No 40, Fil à dentelles D·M·C No 30, Alsatia D·M·C No 20, Lin à tricoter et à crocheter D·M·C No 12 ou Coton perlé D·M·C No 5, en blanc ou écru.

Pour le crochet : Cordonnet spécial D·M·C No 60, Fil à dentelles D·M·C No 50, Alsatia D·M·C No 30, Lin à tricoter et à crocheter D·M·C No 25 ou Coton perlé D·M·C No 8, en blanc ou écru.

opposé et rattacher ainsi les entre-deux et terminer le dessin.

Galon en frivolité et au crochet (fig. 579 et 580). — A faire avec une navette. — Faire d'abord deux files de demi-cercles composés de : 16 n. doubles interrompus par 4 picots courts et 3 picots longs. Laisser une longueur de fil libre, égale au diamètre du cercle. Lorsque les deux files de festons seront terminées, faire au crochet avec le fil fin : 1er rang — 6 m. serrées par-dessus chaque longueur de fil comprise entre et sous les festons.

Dans le 2me rang : 1 m. serrée dans la 1re m. serrée du 1er rang, 5 m. en l'air, 1 m. serrée dans la 3me m. serrée et ainsi de suite. Dans le rang qui réunit les deux files de frivolité, faire passer la 3me m. en l'air par la même m. du côté opposé.

Pour le bord extérieur il faut : 1er rang — 1 m. serrée dans le 1er picot court, 8 m. en l'air, * 1 bride dans le 2me picot court, 7 m. en l'air, 1 bride dans le 3me picot court, 8 m. en l'air, 1 m. serrée dans le 4me picot court, 1 m. serrée dans le picot court opposé. 3 m. en l'air, faire passer le fil par la 4me des 8 m. en l'air, 4 m. en l'air, puis reprendre à *.

Pour le 2me rang faire : 1 m. serrée dans chacune des 3 dernières des 8 m. en l'air, * 1 picot de 5 m. en l'air au-dessus de la bride, 4 m. serrées dans les 4 m. en l'air suivantes, 1 picot, 1 m. serrée dans la m. dans laquelle se trouve la 4me m. serrée devant le picot, 3 m. serrées, 1 picot, 3 m. serrées, sauter la 1re et la dernière m., puis faire les 3 m. serrées sur la dent suivante et reprendre à *.

Rosace en frivolité (fig. 581). — Prendre du fil de deux couleurs et monter deux navettes avec du fil clair et deux avec du fil foncé.

Faire avec une navette montée de fil clair : 24 n. doubles et 12 picots, dont 6 très petits et 6 longs ; fermer le rond et arrêter le fil sur l'envers par quelques points.

Fig. 580. Détail de la fig. 579.

Pour les 4 tours suivants, prendre deux navettes.

1er tour — avec les navettes montées de fil clair, attacher un bout à un petit picot et faire : * 3 n. doubles, 1 picot court, 2 n. doubles, 1 picot long, 2 n. doubles, 1 picot long, 2 n. doubles, 1 picot long, 2 n. doubles, 1 picot court, 3 n. doubles ; passer le fil de la main droite par un petit picot du premier rond, reprendre cinq fois à * et raccorder les demi-cercles par le picot court. Arrivé au sixième demi-cercle, au lieu de faire le 2me picot court, passer le fil de la main gauche par le petit picot du premier demi-cercle, puis terminer les 3 derniers n. doubles, couper les fils, les passer par le picot du rond et les arrêter à l'envers.

2me tour — avec les navettes montées de fil clair fixer un bout à un grand picot, puis faire : * 4 n. doubles, 1 picot court, 4 n. doubles, passer le fil de la main droite par le picot du 1er tour et reprendre dix-sept fois à *.

3me tour — avec les navettes montées de fil foncé fixer un bout à l'un des picots du tour précédent et faire : 4 n. doubles, passer le fil de la main droite par le picot du 2me tour, faire 1 grand picot, 4. n. doubles et ainsi de suite sur tout le tour de la rosace, de sorte qu'il y aura 18 festons.

4me. tour — avec les navettes montées de fil foncé attacher un fil à un picot du 2me tour, * 2 n. doubles, 1 picot,

2 n. doubles, 1 picot, 2 n. doubles, 1 picot, 2 n. doubles, passer le fil de la main droite à l'envers par le picot de fil clair du 2me tour et reprendre à *.

Ces petites rosaces servent à composer des fonds pour têtières, dessus de pelotes, etc.; voir aussi le fond, fig. 583. Les vides qui se produisent parfois entre les rosaces seront remplis par des motifs au crochet.

Rosace en frivolité (fig. 582). — Cette charmante rosace trouvera son emploi comme dessous de lampe, dessus de pelotes ou encore comme garniture de sachets. A faire avec deux navettes et avec deux couleurs.

1er tour — avec une navette montée de fil clair: 12 n. doubles et 6 picots, fermer le rond.

Fig. 581. Rosace en frivolité.

Fournitures: Alsatia D·M·C No 30 ou Coton perlé D·M·C No 8, en blanc et Violet-Scabieuse 395 ou Bleu-Indigo 334 et Brun-Cachou 433.

2me tour — avec deux navettes, le fil foncé par-dessus la main gauche et le fil clair dans la main droite: nouer un fil à l'un des picots du 1er tour, 2 n. doubles, 1 picot long, 2 n. doubles, passer le fil de la main droite par un picot du rond, 1 picot long, 2 n. doubles, 1 picot long et ainsi de suite, en tout 12 picots longs, puis arrêter les fils.

3me tour — avec une navette montée de fil clair: * 3 n. doubles, passer le fil par un picot du 2me tour, faire 3 n. doubles, fermer le rond = tourner = laisser une longueur de fil de 5 millimètres = 4 n. doubles, 1 picot, 4 n. doubles, fermer le rond = tourner = laisser de nouveau une longueur de fil de 5 millimètres et reprendre onze fois à *.

4me tour — avec deux navettes, le fil foncé par-dessus la main gauche, le fil clair dans la main droite, attacher un bout de fil à l'un des picots de l'un des douze ronds du 3me tour: * 3 n. doubles, 1 picot, 3 n. doubles = avec la navette montée de fil foncé: 2 n. doubles, passer le fil par le picot foncé, 2 n. doubles, 1 picot, 2 n. doubles, 1 picot, 2 n. doubles, fermer le rond = 3 n. doubles, rattacher le fil au 2me picot du premier rond, 3 n. doubles, 1 picot, 3 n. doubles, fermer le rond = 2 n. doubles, rattacher le fil au picot du

PLANCHE I

BRODERIE AU POINT PLAT SUR VELOURS
exécutée en Mouliné DMC

PLANCHE II

BRODERIE AU PLUMETIS SUR BATISTE
exécutée en Coton floche à broder DMC, qualité spéciale

PLANCHE III

BRODERIE SUR TOILE AU POINT DE CROIX
ET A POINTS LANCES
exécutée en Coton perlé DMC

PLANCHE IV

BRODERIE D'OR GENRE CHINOIS
exécutée avec des fils d'or et du Mouliné DMC

PLANCHE V

BRODERIE D'OR, COL CHINOIS
exécutée avec des fils d'or et du Mouliné DMC

PLANCHE VI

BRODERIES AU PASSE SUR TOILE,
exécutées en Mouliné DMC

PLANCHE VII

TAPISSERIE AU DEMI-POINT,
exécutée en Mouliné spécial DMC

PLANCHE VIII

TAPISSERIE AU PETIT POINT
exécutée en laine Colbert DMC

PLANCHE IX

BRODERIE SUR TOILE A POINTS LANCES
ET AU POINT DE TRAITS,
exécutée en Coton perlé DMC

PLANCHE X

DENTELLE AU CROCHET
exécutée en Fil à dentelles DMC

FRANGE AU MACRAME
exécutée en Cordonnet spécial DMC

PLANCHE XII

BRODERIE SUR FILET AU POINT DE REPRISE
exécutée en Retors mat DMC

PLANCHE XIII

BRODERIE COLBERT SUR ETAMINE
exécutée au Moùliné spécial DMC
et Coton perlé DMC

PLANCHE XIV

DENTELLE A L'AIGUILLE
exécutée en Fil à dentelles DMC

PLANCHE XV

DENTELLE AUX FUSEAUX
exécutée en fil à dentelles DMC

PLANCHE XVI

BRODERIE AU POINT DE HONGRIE
exécutée en Mouliné spécial DMC

deuxième rond, 2 n. doubles, 1 picot, 2 n. doubles, 1 picot, 2 n. doubles, fermer le rond = continuer avec deux navettes: 3 n. doubles, passer le fil par le 2me picot du troisième rond, 3 n. doubles, fixer le fil de la main droite au picot du rond du 3me tour, reprendre onze fois à * et rattacher les ronds par les picots libres.

5me tour — avec deux navettes et la couleur claire par-dessus

Fig. 582. Rosace en frivolité.
Fournitures : Fil à dentelles D·M·C No 70
ou Coton perlé D·M·C No 8, en Jaune-Mandarine 744 et Violet de Parme 209
ou en Brun-Cachou 739 et Rouge-Grenat 309 (*).

la main gauche, le fil foncé dans la main droite: attacher un fil à un picot entre deux figures, 6 n. doubles et 2 picots au-dessus des ronds inférieurs et 10 n. doubles et 4 picots au-dessus des ronds supérieurs.

(*) Ces numéros désignent des couleurs qui se trouvent sur les cartes de couleurs des articles portant la marque D·M·C. Ces cartes peuvent être consultées chez tous les merciers et marchands d'ouvrages de dames.

Fond en frivolité (fig. 583). — Ce fond est composé de rosaces à six festons qui sont raccordées par les picots du milieu, tel que l'indique la gravure.

1er tour — commencer avec une navette : 3 n. doubles, 1 picot, 2 n. doubles, 1 picot, 2 n. doubles, 1 picot, 3 n. doubles, fermer le rond = tourner l'ouvrage afin que le rond se trouve dans le bas = continuer avec deux navettes : 8 n. doubles = tourner = * avec une navette : 3 n. doubles, raccorder au dernier picot du rond terminé, 2 n. doubles, 1 picot, 2 n. doubles, 1 picot, 3 n. doubles, fermer le rond = tourner = avec deux navettes : 8 n. doubles = tourner = reprendre quatre fois à * et raccorder le sixième rond au 1er picot du premier rond; arrêter les fils.

Fig. 583. Fond en frivolité.
Fournitures : Cordonnet spécial D·M·C Nos 20 à 80, Fil d'Alsace D·M·C Nos 30 à 70 ou Fil à dentelles D·M·C Nos 30 à 70, en blanc ou écru.

2me tour — avec deux navettes : attacher les fils dans la découpure entre deux festons, * 3 n. doubles, 1 picot, 2 n. doubles, 1 picot, 2 n. doubles, 1 picot long, 2 n. doubles, 1 picot, 2 n. doubles, 1 picot, 3 n. doubles, attacher le fil de la main droite dans la découpure entre les festons suivants et reprendre cinq fois à * ; arrêter les fils.

Modèle pour couverture en frivolité et au crochet (fig. 584). — Ce beau modèle pour couverture, qui rappelle les dentelles anciennes, se compose de grandes rosaces en frivolité avec centre en relief, reliées par de petites étoiles au crochet.

La dentelle du bord est raccordée au fond par un galon au crochet, garni de deux rangs de petits ronds en frivolité formant des bords à relief.

Rosace étoilée. — Petits ronds en frivolité à faire avec une navette et avec le gros fil : 1 n. double, 1 picot, 2 n. doubles, 1 picot, 2 n. doubles, 1 picot, 2 n. doubles, 1 picot, 2 n. doubles, 1 picot, 2 n. doubles, 1 picot, 2 n. doubles, 1 picot, 2 n. doubles, 1 picot, 1 n. double, fermer le rond et arrêter les fils.

On exécute d'abord les seize petits ronds dont est composé le bord intérieur, puis on ajoute extérieurement huit fois trois ronds pour former les dents. Pour l'ordre dans lequel ces ronds devront être raccordés, voir la gravure.

Pour le centre de la rosace qui est travaillé en relief, on fait onze petits ronds comme suit. Avec une navette : * 3 n. doubles, 1 picot, 3 n. doubles, 1 picot, 3 n. doubles, 1 picot, 3 n. doubles, fermer le rond ; reprendre dix fois de * et laisser un fil de 2 millimètres entre les ronds.

Brides au crochet avec le gros fil. — Faire par-dessus le fil libre qui précède le premier rond : 1 m. serrée, 1 m. serrée par-dessus le fil entre le premier et le deuxième rond, 1 m. serrée entre le deuxième et le troisième rond, 1 m. serrée entre le troisième et le quatrième rond, 1 m. serrée entre le quatrième et le cinquième et 1 m. serrée entre le cinquième et le sixième rond, ces deux m. serrées sont posées dans la m. serrée qui précède le premier rond ; 1 m. serrée entre le sixième et le septième et 1 m. serrée entre le septième et le huitième rond, ces deux m. serrées sont posées dans la m. serrée entre le premier et le deuxième rond ; 1 m. serrée entre le huitième et le neuvième et 1 m. serrée entre le neuvième et le dixième rond, ces deux m. serrées sont posées dans la m. serrée entre le deuxième et le troisième rond ; 1 m. serrée entre le dixième et le onzième rond et 1 m. serrée par-dessus le fil qui suit le onzième rond, ces deux m. serrées sont posées dans la m. serrée entre le troisième et le quatrième rond, 1 petite m. serrée dans la m. suivante, 10 m. en l'air, les rattacher au picot libre d'un petit rond entre deux dents, sauter la 1re m. en l'air, 9 petites m. serrées, 1 m. serrée dans la m. serrée suivante, * 10 m. en l'air, les rattacher au picot libre du deuxième rond suivant, sauter la 1re m. en l'air, 9 petites m. serrées, 1 m. serrée dans la m. serrée suivante ; reprendre six fois à *, terminer par 1 petite m. serrée. Arrêter le fil. Les rosaces isolées seront raccordées par les picots comme le montre la gravure.

Petites rosaces au crochet avec le fil fin. — 5 m. en l'air, fermer le rond.

1er tour — 5 m. en l'air, * 1 bride dans le rond, 2 m. en l'air ; reprendre six fois à *, 1 petite m. serrée dans la 3me des 5 m. en l'air.

2me tour — 1 m. en l'air, 2 m. serrées dans la m. dans laquelle on a posé la petite m. serrée, 3 m. serrées par-dessus les 2 m. en

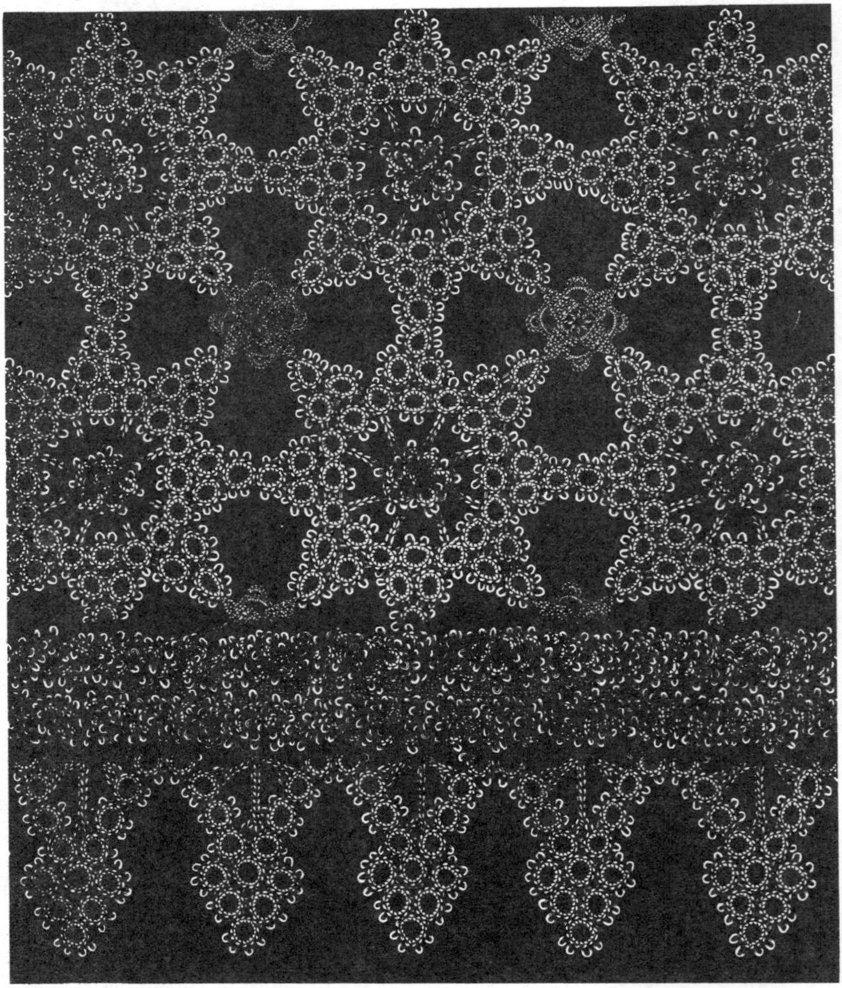

Fig. 584. Modèle pour couverture en frivolité et au crochet.

Fournitures — Pour la frivolité : Fil à dentelles D·M·C No 30, Cordonnet spécial D·M·C No 20 ou Coton perlé D·M·C No 5.

Pour le crochet : Fil à dentelles D·M·C Nos 30 et 70, Cordonnet spécial D·M·C Nos 20 et 40 ou Coton perlé D·M·C Nos 5 et 8, en blanc ou écru.

l'air, 1 m. serrée dans la bride, 3 m. serrées par-dessus les 2 m. en l'air, ✻ 3 m. serrées dans la bride, 3 m. serrées par-dessus les

2 m. en l'air, 1 m. serrée dans la bride, 3 m. serrées par-dessus les 2 m. en l'air; reprendre deux fois à *, 1 petite m. serrée dans la m. en l'air et 1 petite m. serrée dans la 1re m. serrée.

3me tour — 9 m. serrées = tourner = sauter 1 m., 8 m. serrées = tourner = sauter 1 m., 7 m. serrées = tourner = sauter 1 m., 6 m. serrées = tourner = sauter 1 m., 5 m. serrées = tourner = sauter 1 m., 4 m. serrées = tourner = sauter 1 m., 3 m. serrées = tourner = sauter 1 m., 2 m. serrées = tourner = sauter 1 m., 1 m. serrée, raccorder cette petite pyramide à une dent libre de la grande rosace entre 2 picots et arrêter le fil.

Travailler de même les autres trois petites pyramides; commencer les brides qui les relient après le 2me rang de m. serrées, donc après les 8 m. serrées, faire 7 m. en l'air, les raccorder à la pyramide terminée, par-dessus les 7 m. en l'air: 8 m. serrées, 6 m. en l'air, les raccorder vers la droite à la 4me m. serrée, par-dessus les 6 m. en l'air faire 8 m. serrées et 4 m. serrées par-dessus les 7 m. en l'air, puis terminer la pyramide comme la première.

La dentelle du bord est également composée de petits ronds en frivolité; chaque dent en demande quatorze qui sont raccordés par des picots dans l'ordre indiqué par la gravure.

Les brides au crochet, travaillées avec le gros fil, sont commencées sur l'envers de l'ouvrage: * 1 m. serrée dans le 3me picot libre du premier rond de la dent comptée de gauche à droite, 3 m. en l'air, 1 m. serrée dans le picot suivant, 20 m. en l'air = tourner = les raccorder au 1er picot du rond suivant, 1 petite m. serrée dans la 2me m. en l'air, 2 m. en l'air, les raccorder au picot suivant, 1 petite m. serrée dans la 2me m. en l'air, 5 petites m. serrées, 13 m. en l'air, les raccorder au picot libre du deuxième rond suivant, 1 petite m. serrée dans la 2me m. en l'air, 2 m. en l'air, les raccorder au picot libre du rond suivant, 1 petite m. serrée dans la 2me m. en l'air, 11 petites m. serrées, 7 m. en l'air, les raccorder au 1er picot libre du deuxième rond suivant, 1 petite m. serrée dans la 2me m. en l'air, 2 m. en l'air, les raccorder au picot suivant, 1 petite m. serrée dans la 2me m. en l'air, 5 petites m. serrées, puis encore 4 petites m. serrées, 9 m. en l'air = tourner = 1 m. serrée dans le 2me picot libre du rond suivant, 3 m. en l'air, 1 m. serrée dans le picot suivant, 2 m. en l'air; reprendre à *.

Le galon qui réunit la dentelle avec le fond est travaillé séparément avec du gros fil.

On commence par 8 rangs de m. serrées auxquels on ajoute ensuite les bords en relief. Ces bords sont composés de petits ronds en frivolité, tels que nous les avons décrits pour l'intérieur des grandes rosaces; on les ajoute aux 8 rangs de m.

serrées par un 9me et 10me rang dans lesquels on prend un rond de frivolité dans chaque m. serrée. Un rang de brides, séparées par 2 m. en l'air, termine le galon des deux côtés. Le fond et la dentelle sont joints au galon au moyen d'une couture à points de surjet.

Aux personnes qui voudront simplifier le travail, nous conseillons de se reporter à la fig. 480, qui représente un modèle pour couverture où les rosaces sont raccordées par des carrés de toile, lesquels pourront, dans notre modèle, remplacer les étoiles au crochet.

Modèles d'ouvrages. — En dehors des ouvrages décrits ci-dessus, on trouvera des modèles pour la frivolité dans la publication *La Frivolité* de la BIBLIOTHÈQUE D·M·C (*).

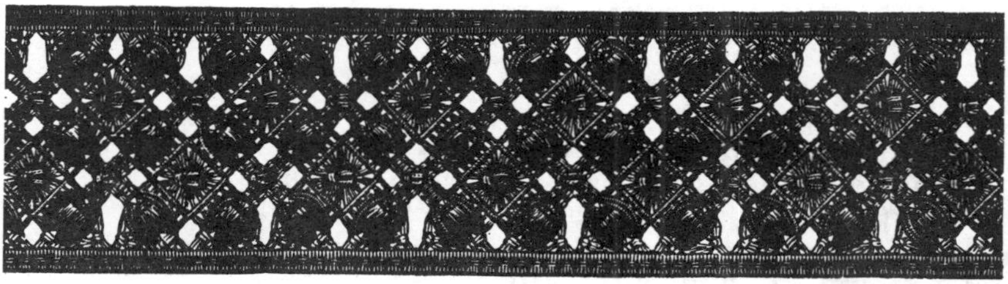

Bande au macramé. — Modèle composé de baguettes, de nœuds plats et de pois.

Le Macramé

« Macramé » est un mot arabe qui sert à désigner des franges et des objets de passementerie; par extension, ce terme a été appliqué à certains ouvrages que l'on confectionne au moyen de nœuds et par le tressage des fils; on les appelle aussi quelquefois franges nouées.

Si nous donnons la préférence au terme arabe, c'est que celui-ci a une signification plus générale et que l'on exécute au macramé des bandes, des galons, des grillages, des carrés et des rosaces aussi bien que des franges et des dents.

Le macramé était tombé dans l'oubli et c'est à peine si la tradition a été conservée dans quelques couvents et chez quelques peuples slaves; c'est cette circonstance qui explique pourquoi il a été considéré comme une invention nouvelle, lors de sa réapparition, au siècle dernier. Le macramé est un travail des plus intéressants et des plus variés, car il trouve son application pour l'ornementation et la garniture d'une foule d'objets; de plus, les ouvrages sont d'une solidité à toute épreuve, ce qui contribue beaucoup à en diffuser l'emploi.

De tout ce qui précède, il résulte que l'étude du macramé est très recommandable; ce travail n'est difficile qu'en apparence et, pour peu que l'on veuille bien suivre attentivement nos explications, on arrivera vite, une fois les premières difficultés surmontées, à produire ces charmants ouvrages dont quelques-uns rappellent les grillages en bois tourné qui ornent les fenêtres des habitations orientales et que nos lectrices connaissent sous le nom de « moucharabieh ».

Coussin et accessoires pour le macramé (fig. 585). — Le macramé n'exige, pour ainsi dire, qu'un seul accessoire, un simple coussin capitonné et monté sur bois.

Il est bon que la base de ce coussin puisse être vissée à une table, comme le tambour à broder.

Il existe d'autres genres de métiers à macramé, mais nous ne les avons pas trouvés très pratiques; les uns rendent inévitable un frottement permanent des doigts contre la planchette qui remplace le coussin, frottement qui énerve et fatigue la personne qui travaille; les autres ne sont pas assez lourds pour résister aux mouvements rapides que l'on fait nécessairement, sitôt que l'on a acquis une certaine habileté.

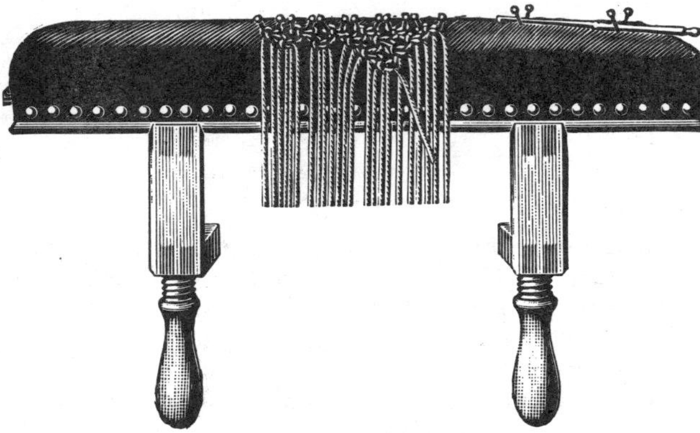

Fig. 585. Coussin pour macramé.

Le coussin représenté par la fig. 585 peut servir pour tous les ouvrages au macramé; il est toutefois indispensable pour les ouvrages commençant par un montage à picots, ainsi que pour ceux qui sont bordés de picots.

Les clous à têtes arrondies que l'on voit sur les côtés étroits du coussin servent à fixer les fils du montage et les « fils porte-nœuds ».

Outre le coussin, on se procurera des épingles très fortes et à têtes rondes, fabriquées spécialement pour fixer les boucles et les picots, un crochet, pour monter et passer les mèches des fils à travers l'étoffe, des ciseaux et finalement un mètre pour mesurer la longueur des brins.

A tous ces accessoires nous ajouterons encore un peigne métallique pour égaliser les franges et une règle en fer avec laquelle on les presse, lorsqu'elles sont peignées, et le long de laquelle on découpe à l'aide de ciseaux tous les effilés qui dépassent.

La longueur à donner aux mèches dépend de la matière employée; ainsi, si le fil est gros et raide, on en emploiera davantage pour un nœud et on prendra par conséquent une mèche plus longue que si le fil est fin et souple.

Voilà pourquoi nous donnons à la suite de chaque dessin la longueur totale, le genre et le numéro de grosseur des fils à employer.

Lorsque les grosseurs des fils ne seront pas prises suivant les indications faites pour chaque dessin, on aura soin d'augmenter ou de diminuer la longueur des mèches, suivant que l'on portera son choix sur des numéros plus gros ou plus fins.

Ceci permettra de commencer définitivement l'ouvrage sans avoir à recourir à un travail d'essai qui est presque toujours perdu.

Fournitures. — Les ouvrages au macramé étant uniquement composés de nœuds, demandent des fils très forts et résistants, qui ne cassent pas au travail. Ces fils seront naturellement d'une très forte torsion et par conséquent bien ronds ; ils permettront de faire des nœuds bien accentués, produisant l'effet d'une enfilure de perles, ce qui contribuera beaucoup à la beauté et à la clarté des modèles.

Un fil de torsion faible, étant plus floche, s'éraillerait pendant le travail et l'ouvrage terminé présenterait un aspect peu soigné et pelucheux.

Pour la confection de franges ou de galons en plusieurs nuances, pour la garniture de meubles et autres objets d'intérieur, on prend comme fil de coton le Cordonnet spécial D·M·C N°s 1 à 15. En remplacement de fils de soie on pourra se servir du Coton perlé D·M·C, fabriqué dans plus de 300 nuances dans les N°s 3, 5, 8 et 12, de l'Alsatia D·M·C ou du Retors spécial pour mercerie D·M·C. La garniture du linge de table et de maison se fait toujours dans la couleur de l'étoffe employée pour la confection de l'objet même ; si ce dernier est garni de broderie de couleurs, on peut aussi prendre quelques fils de couleur pour le macramé ; nous conseillons toutefois de le faire avec le moins de nuances possible. Comme genre de fil, nous recommandons le Lin à tricoter et à crocheter D·M·C et le Cordonnet spécial D·M·C.

Formation des nœuds. — Les personnes qui feront leurs premiers essais de macramé devront, de même que pour la frivolité, avoir soin de laisser immobile le fil qui, d'après nos descriptions, doit servir de porte-nœuds et que nous appellerons dorénavant « fil porte-nœuds », tandis que celui avec lequel on exécute les nœuds mêmes figurera dans les descriptions sous la dénomination de « fil à nouer ».

Ces deux fils changent souvent de position ; tantôt c'est celui qu'on nouait qui devient « fil porte-nœuds » tantôt c'est le fil porte-nœuds qui devient « fil à nouer ».

L'enlacement du fil qui forme le nœud est une espèce de bouclette, sorte de lacs, que l'on serre fortement sur un fil.

Explication des dessins. — Comme le macramé est composé d'une suite plus ou moins régulière de nœuds, il a été assez difficile de faire la description des dessins.

Nous espérons cependant avoir trouvé le moyen de faire comprendre la marche à suivre pour les entre-croisements des fils et les changements des couleurs en procédant par « séries de nœuds », au lieu de tours ou de rangs, comme nous l'avons fait pour le tricot et le crochet.

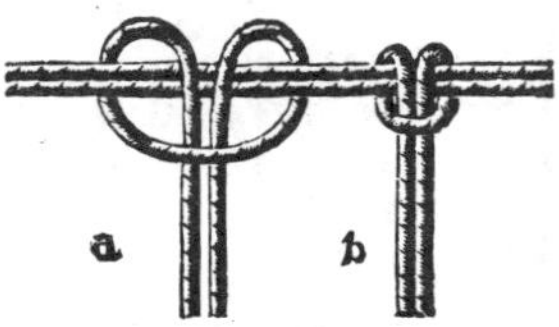

Fig. 586. Montage des fils sur un fil porte-nœuds.

Montage des fils sur un fil porte-nœuds (fig. 586). — Lorsqu'on ne travaillera pas avec les effilés d'une étoffe, on montera les bouts de fil sur un fil porte-nœuds. On prépare ces bouts d'une longueur double de celle qu'on veut leur donner et on les replie au milieu; la boucle qui se produit sert à attacher les fils au fil porte-nœuds qui sert de base à la frange.

On fait aller la boucle du haut vers le bas, de derrière le fil porte-nœuds sur le devant, on passe les bouts par la boucle et on serre le nœud comme cela se voit dans la gravure où le premier détail, lettre *a*, montre la boucle ouverte, le second détail, lettre *b*, la boucle fermée.

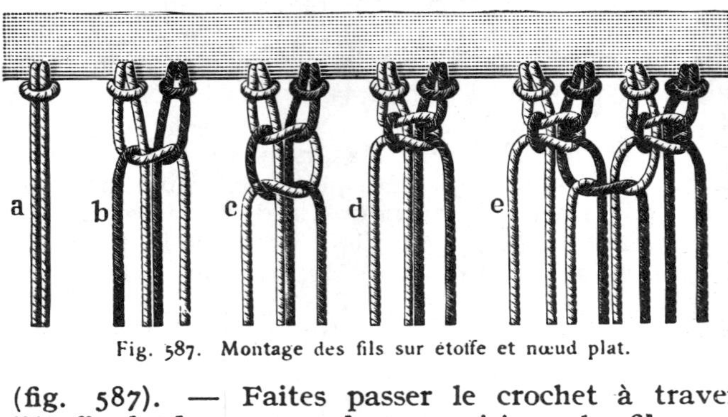

Fig. 587. Montage des fils sur étoffe et nœud plat.

Montage des fils sur étoffe et nœud plat (fig. 587). — Faites passer le crochet à travers le bord de l'étoffe de dessous en dessus, saisissez le fil par la boucle qui s'est produite par le repliage, ramenez-le sur l'envers et passez les bouts par la boucle, lettre *a*, posez ainsi deux fils repliés assez près l'un de l'autre et faites le premier enlacement des fils pour le nœud plat. Prenez à cet effet les deux fils extérieurs de quatre fils et faites passer le fil de droite par-dessous et le fil de gauche par-dessus les fils du milieu. Pendant le mouvement que l'on fait pour croiser les fils extérieurs, on tend les fils intérieurs avec le troisième et le quatrième doigt de la main gauche, lettre *b*. Le retour des deux fils intervertis s'opère suivant le troisième détail, lettre *c*; puis on serre le fil, et le nœud plat est formé comme il est montré dans le quatrième détail, lettre *d*.

Dans le cinquième détail, lettre *e*, on voit deux nœuds plats terminés; ce détail montre aussi comment on passe à un troisième nœud pour lequel on réunit deux fils de droite et deux fils de gauche.

Montage à picots simples (fig. 588). — Alignez les boucles distantes d'un demi, tout au plus d'un centimètre, au moyen d'épingles sur le coussin; fixez le fil porte-nœuds, à gauche, à l'un des clous et tendez-le fortement de la main droite en ligne strictement horizontale.

Faites les nœuds de la main gauche, prenez isolément chaque

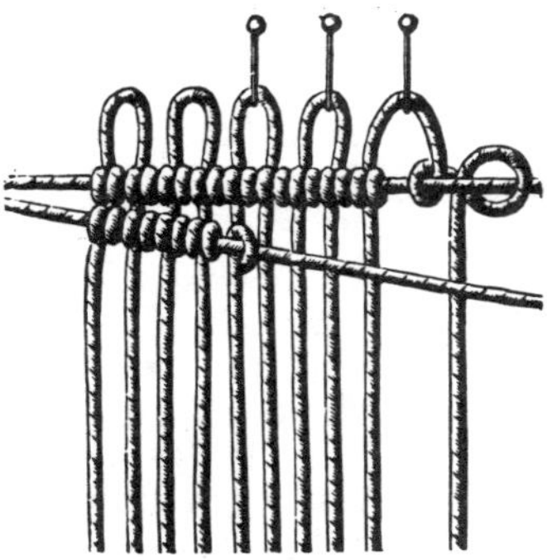

Fig. 588.
Montage à picots simples.

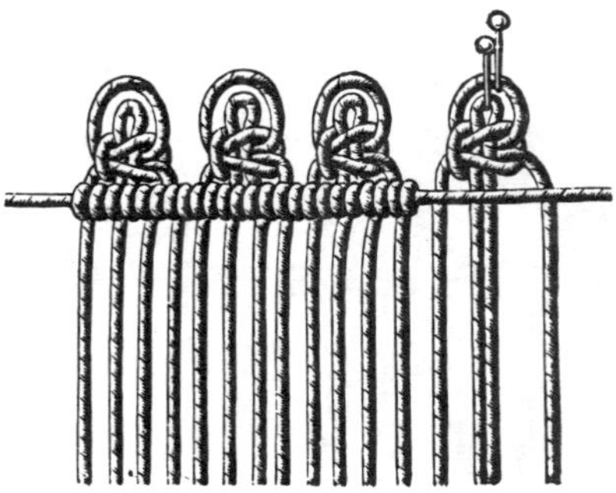

Fig. 589.
Montage à picots avec un nœud plat.

bout des fils retenus par les épingles et passez-le deux fois, de bas en haut, par-dessus le fil porte-nœuds.

La première fois le fil s'arrête à gauche, la seconde fois il passe également de droite à gauche, de sorte que lorsque le deuxième passage est opéré, le fil est pris entre deux boucles ou nœuds qui forment de nouveau le « nœud double »; voyez dans la fig. 588 ce double enlacement.

Une série de nœuds forme une baguette. La seconde baguette est pareille à la première. Tenez le fil porte-nœuds le plus près possible de la baguette nouée en premier, afin que le passage des fils de l'une à l'autre ne soit pas visible.

On fait des baguettes horizontales, des baguettes verticales et des baguettes obliquées, comme on le verra dans les gravures et descriptions suivantes.

Montage à picots avec un nœud plat (fig. 589). — Prenez deux bouts de fil, montez-les avec des épingles très près l'un de l'autre, faites un nœud plat, fig. 587, avec les fils extérieurs par-dessus les fils intérieurs et lancez les bouts par-dessus un fil porte-nœuds pour faire une baguette de nœuds.

Montage à picots avec deux nœuds plats (fig. 590 et 591). — Fixez les deux bouts de fil comme pour la figure précédente, faites d'abord un premier, puis un second nœud plat. Consulter la fig. 590 ; le détail lettre *a* montre le commencement du nœud, le détail lettre *b* le picot terminé par deux nœuds. La fig. 591 fait voir les picots fixés par une baguette de nœuds horizontale.

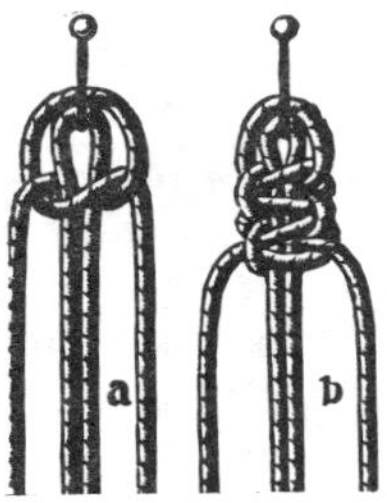

Fig. 590.

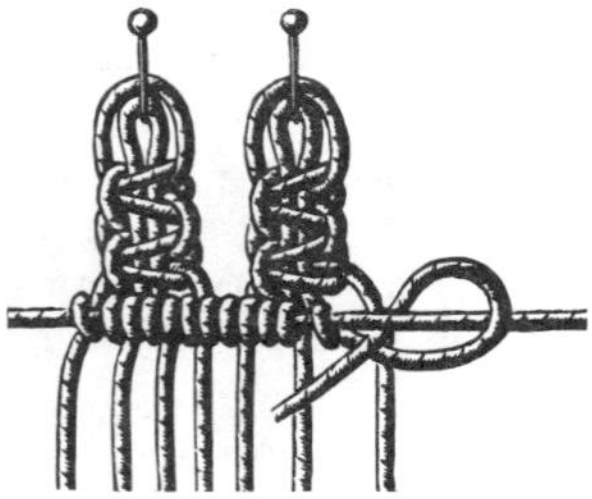

Fig. 591.

Montage à picots avec deux nœuds plats.

Montage à dents arrondies avec nœuds de feston simples (fig. 592). Les fils destinés aux festons devront être coupés plus longs que ceux qui seront placés au milieu des festons. Les nœuds sont tournés en dehors du feston, et 10 nœuds sont faits avec le fil de gauche par-dessus le fil de droite, lettre *a*, puis on monte deux fils doubles sous le feston, et finalement on exécute encore les nœuds avec les fils provenant des festons, détail lettre *b*.

Fig. 592.

Montage à dents arrondies avec nœuds de feston simples.

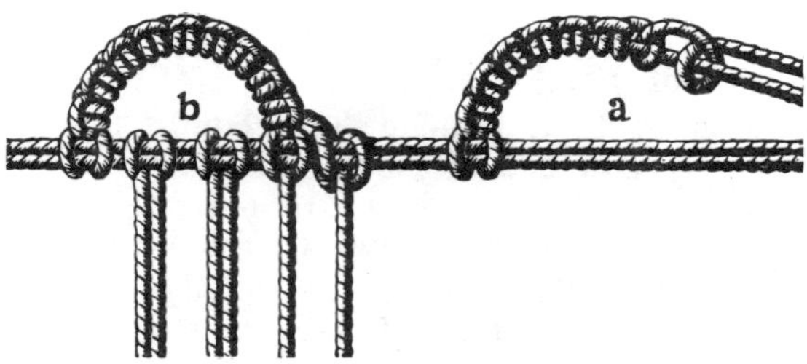

Fig. 593.

Montage à dents arrondies avec nœuds de feston doubles.

Montage à dents arrondies avec nœuds de feston doubles (fig. 593). — Avec la fig. 593 nous enseignons un montage à dents avec nœuds de feston doubles.

Lancer avec le 1er fil de gauche et par-dessus le 2me fil alternativement un nœud vers le bas et un nœud vers le haut, ce qui produit des nœuds doubles pareils à ceux de la frivolité.

Montage à boucles (fig. 594). — Fixez par des épingles deux bouts de fil repliés à une petite distance l'un de l'autre, lettre *a*, et rassemblez-les par un nœud plat.

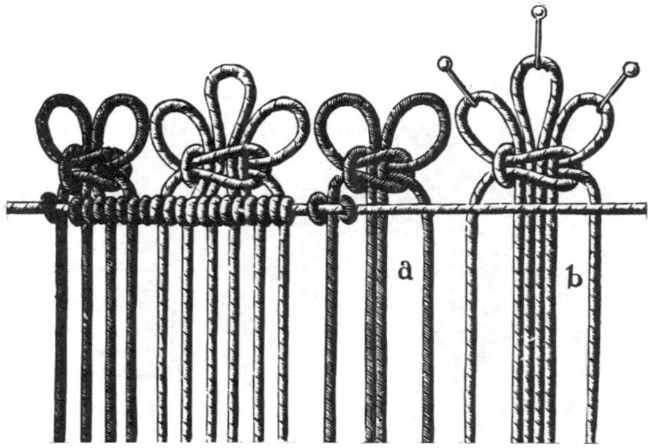

Fig. 594. Montage à boucles.

Fixez tout près encore trois autres bouts de fil, lettre *b*, et réunissez-les par un « grand nœud d'assemblage », fig. 601, exécuté par-dessus quatre fils. On appelle « grand nœud d'assemblage » le nœud plat qui se fait par-dessus plus de deux fils.

Le reste du montage s'opère comme à l'ordinaire.

Fig. 595. Montage à triples festons.

Montage à triples festons (fig. 595). — Les fils isolés sont montés successivement; celui du milieu d'abord, puis le second avec le nœud à droite et à gauche et la boucle fixée à la distance nécessaire pour former le feston, puis le troisième dans les mêmes conditions.

Montage à picots et à chaîne double (fig. 596). — Prenez un fil double et faites deux baguettes de nœuds d'après le détail *a* de la figure, puis terminez et arrêtez les picots par une baguette horizontale, comme l'indiquent les détails *b* et *c*.

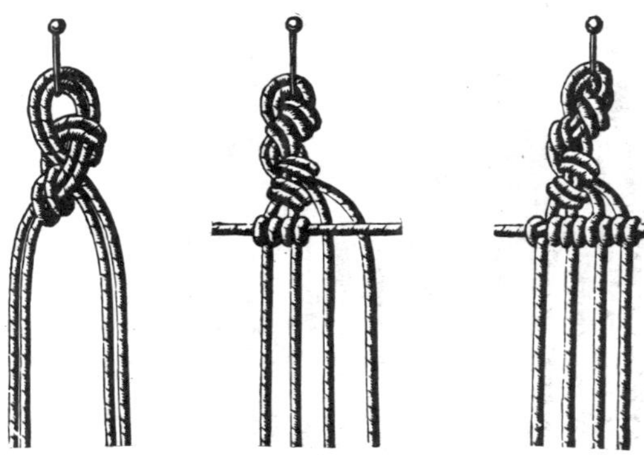

a b c

Fig. 596. Montage à picots et à chaîne double.

Montage formant galon (fig. 597). — Ce montage formant un large galon est entièrement composé de baguettes verticales exécutées par-dessus un seul fil porte-nœuds.

A l'un des bords du galon ce fil forme des picots que

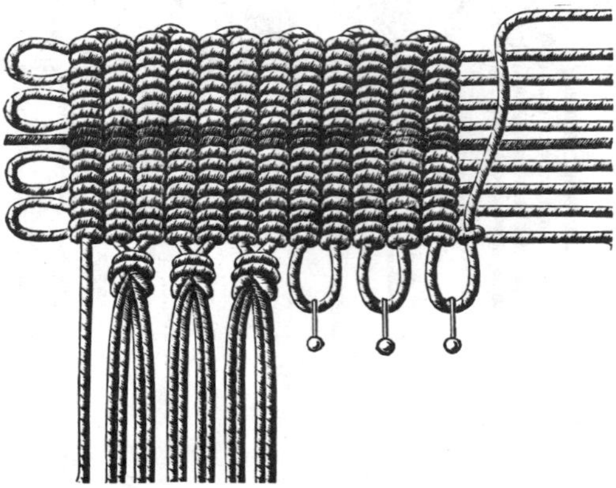

Fig. 597. Montage formant galon.

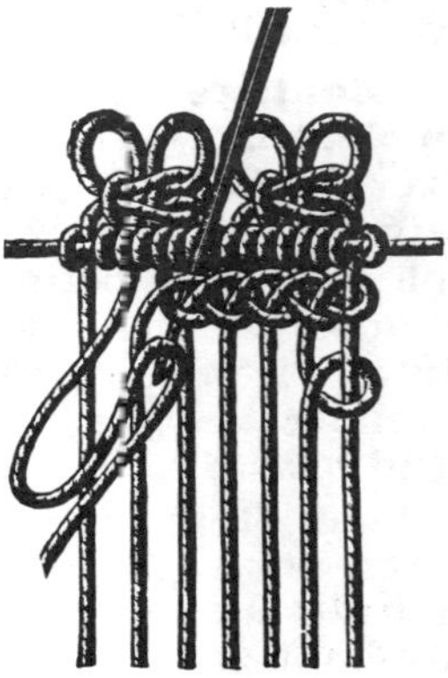

Fig. 598. Nœud natté.

l'on fixe avec des épingles. Le galon terminé, on suspend dans les picots des mèches de fil qui servent à faire soit un fond de macramé, soit simplement des franges.

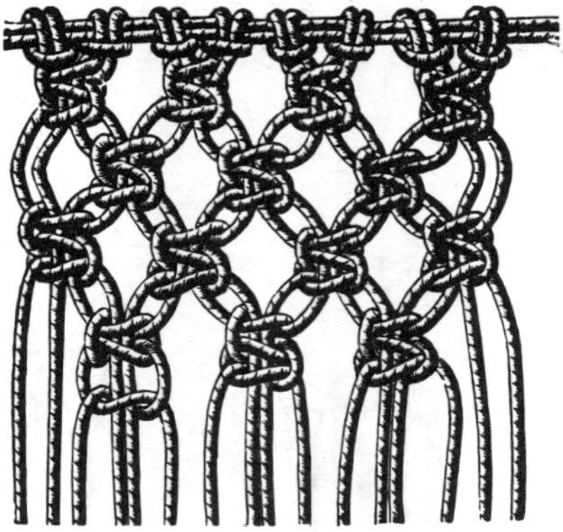

Fig. 599. Nœud triple.

Fig. 600. Petit nœud d'assemblage.

Nœud natté (fig. 598). — On rencontre ce nœud le plus souvent dans les ouvrages de provenance italienne et slave, où il remplace les baguettes de nœuds horizontales.

Comme on le voit dans la fig. 598, on commence la rangée de nœuds par le deuxième fil de droite, au moyen duquel on forme une boucle sur le premier fil.

Faisant passer le troisième fil devant le deuxième, on le fait ressortir au moyen d'un crochet derrière la première boucle que l'on a serrée.

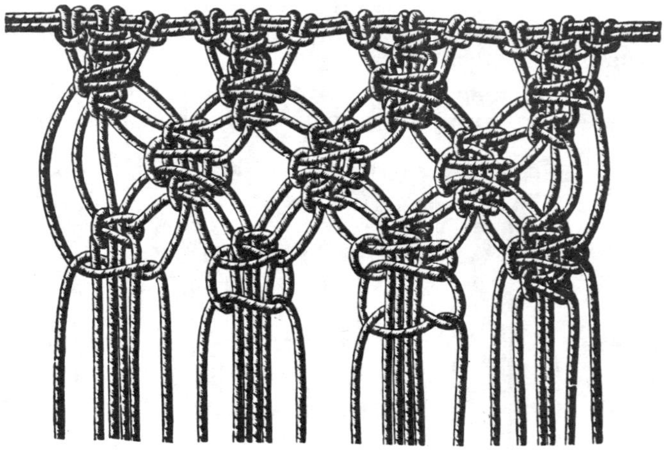

Fig. 601. Grand nœud d'assemblage.

Nœud triple (fig. 599). — On appelle ainsi les nœuds plats suivis d'un troisième demi-nœud, donc de la première moitié d'un nœud plat.

Petit nœud d'assemblage (fig. 600). — On nomme nœud d'assemblage un nœud qui réunit plusieurs fils. Pour le petit nœud d'assemblage, fig. 600, on fait, après avoir terminé la baguette double qui forme la tête de l'ouvrage, au moyen du premier fil de droite, un nœud par-dessus les deux fils suivants.

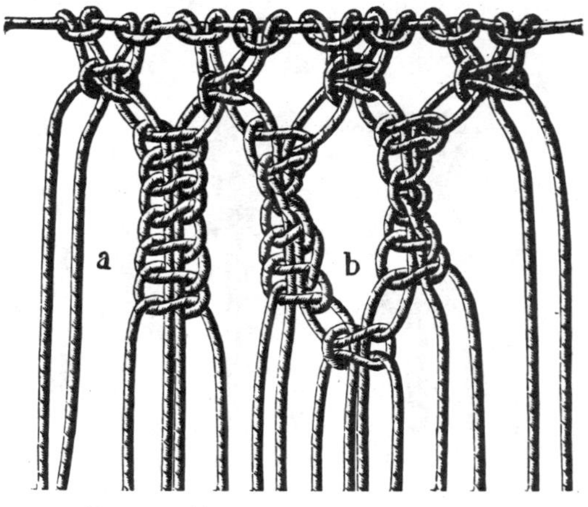

Fig. 602. Nœud tressé et nœud ondulé.

Dans ce but on forme une boucle avec le fil de droite, on le passe par-dessus deux fils, puis par-dessous ces mêmes fils dans la boucle et on la serre en reportant le nœud par derrière, de façon à n'avoir qu'un fil simple sur le devant.

Grand nœud d'assemblage (fig. 601). — Comme il a été dit dans la description de la fig. 594, ce sont les nœuds plats qui réunissent plus de deux fils qui portent cette dénomination. Dans la gravure on voit d'abord le nœud plat par-dessus deux fils, terminé, et le premier croisement des fils pour le nœud d'assemblage; le détail suivant nous montre le second croisement des fils, le troisième détail indique comment on peut continuer à volonté les nœuds d'assemblage par-dessus 4 fils, et le quatrième détail comment on termine généralement le grand nœud d'assemblage par un nœud plat.

Nœud tressé et nœud ondulé (fig. 602). — Les nœuds tressés sont produits par une suite non interrompue du premier

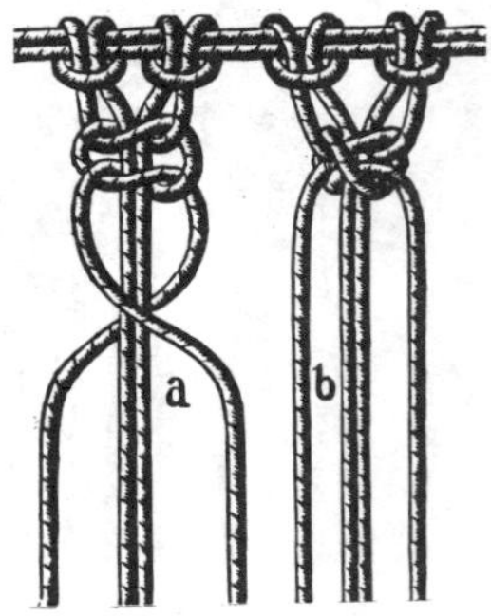

Fig. 603. Nœud croisé simple.

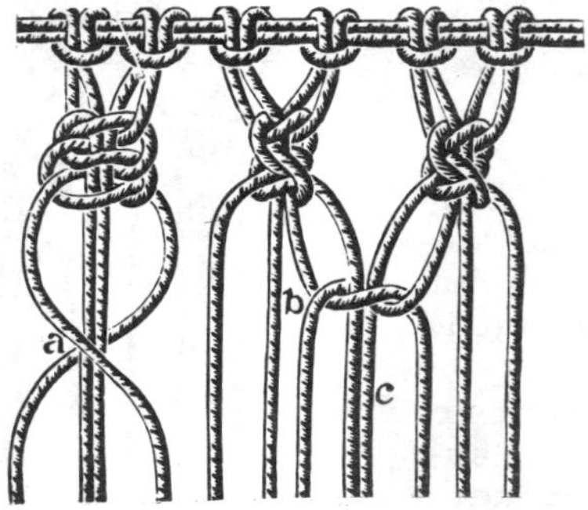

Fig. 604. Nœud croisé double.

entre-croisement des fils du nœud plat, détail lettre *a*, les nœuds ondulés par une légère torsion des nœuds de gauche à droite, détail lettre *b*.

On fixe les nattes des nœuds ondulés en réunissant deux

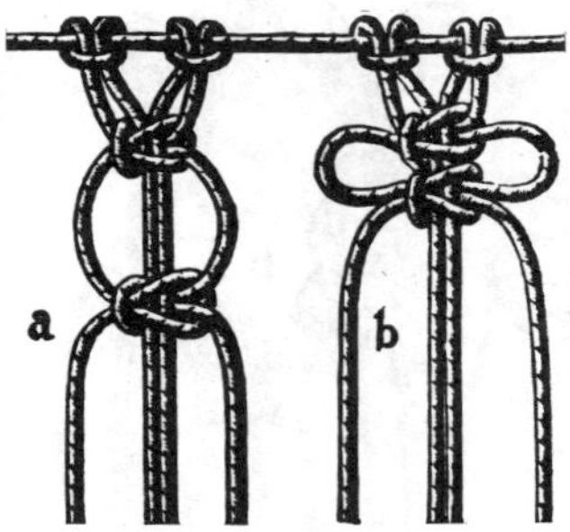

Fig. 605. Picot boucle.

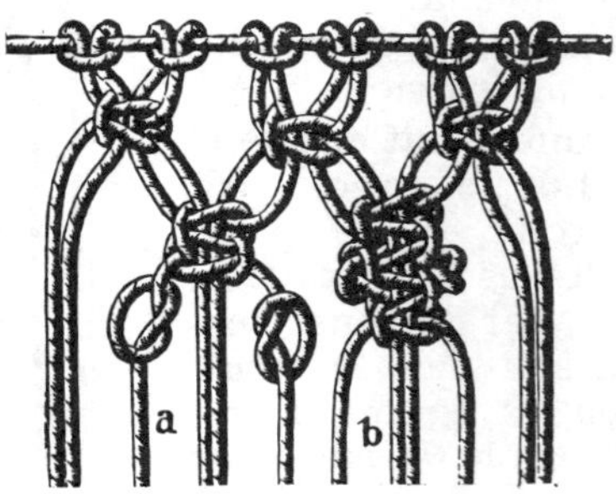

Fig. 606. Picot noué.

et deux fils des faisceaux opposés au moyen d'un nœud plat.

Nœud croisé simple et nœud croisé double (fig. 603 et 604). — Deux simples croisements des fils, lettre *a*, après lesquels on retourne rapidement le nœud sur l'envers, tout en le serrant fortement, forment le premier nœud qu'on voit terminé dans le détail, lettre *b*.

Le second nœud, fig. 604, est formé de trois croisements

simples, lettre *a*, après lesquels on change rapidement les fils pour former les nœuds, lettre *b*. Pour faire une série de ces nœuds on intervertira toujours l'ordre des fils, pour les contrarier après chaque nœud terminé, comme le montre le troisième détail, lettre *c*.

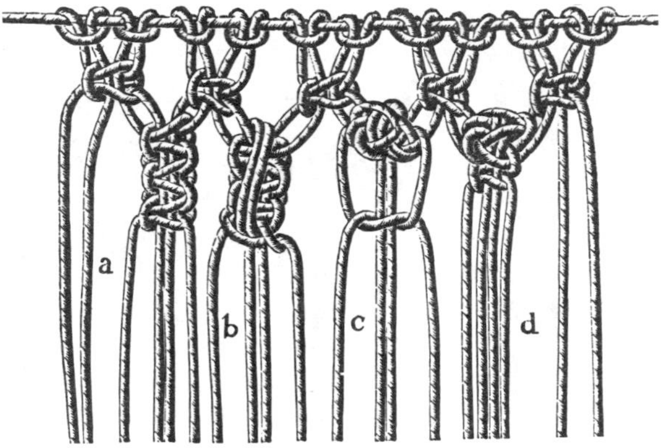

Fig. 607. Nœud à pois ou petite coquille de nœuds composée de nœuds plats.

Picot bouclé (fig. 605). — Les picots bouclés se produisent le long d'une natte de nœuds plats, en espaçant assez le nœud suivant du précédent, pour que le fil qui reste entre les nœuds forme un picot lorsqu'on les serre l'un contre l'autre. Dans la fig. 605, la lettre *a* montre le picot commencé, la lettre *b* le picot terminé.

Picot noué (fig. 606). — Les picots noués se font après un seul ou après plusieurs nœuds plats. Le picot est produit par un nœud que l'on fait avec le fil extérieur ; ce nœud est placé à proximité immédiate du nœud plat. Pour arriver à le pousser le plus près possible de ce dernier, on introduira une grosse épingle dans la boucle ; avec cette épingle on mènera la boucle à la place qu'elle doit occuper, et on n'enlèvera l'épingle que lorsque le nœud sera formé.

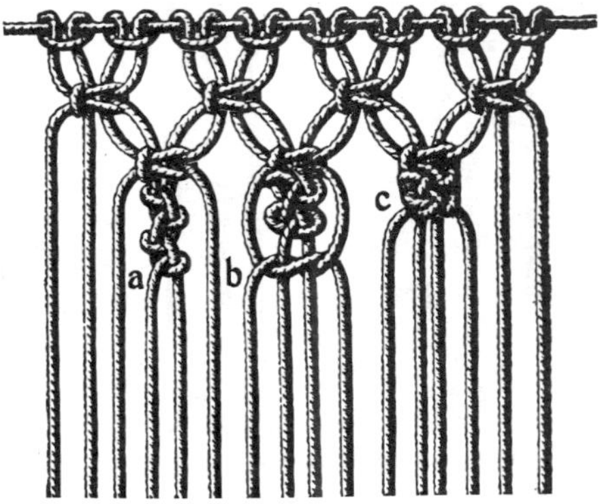

Fig. 608. Nœud à pois ou petite coquille composée d'une petite chaine de nœuds.

Ces picots se font toujours sur les deux côtés et peuvent se répéter plusieurs fois le long d'une file de nœuds.

La lettre *a* montre l'enlacement du fil pour établir les picots, la lettre *b*, les picots terminés et suivis d'un nœud plat.

Nœud à pois ou petite coquille de nœuds composée de nœuds plats (fig. 607). — Ce nœud à pois ou petite coquille de nœuds s'obtient en rabattant les fils sur une série de nœuds plats déjà établie. Le détail *a* fait voir 3 nœuds plats terminés, le détail *b* montre comment on rabat les fils intérieurs au-dessus des nœuds et entre les fils ; par le détail *c* on voit que les fils qui ont servi à faire les nœuds sont passés entre les deux fils venant de gauche et de droite et forment le premier enlacement

Fig. 609.
Nœud-feston simple vers la droite.

Fig. 610.
Arrêt des fils au fil porte-nœuds.

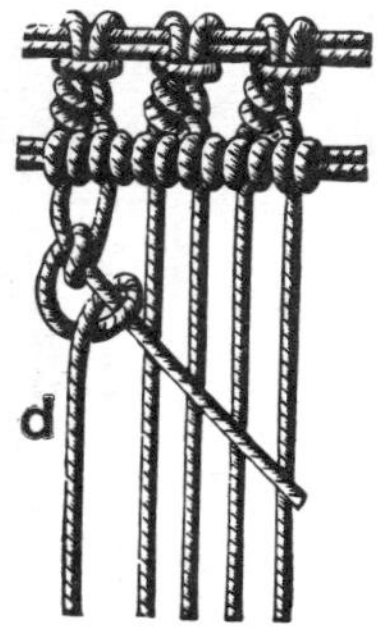

Fig. 611.
Baguette oblique vers la droite.
Premier nœud ouvert.

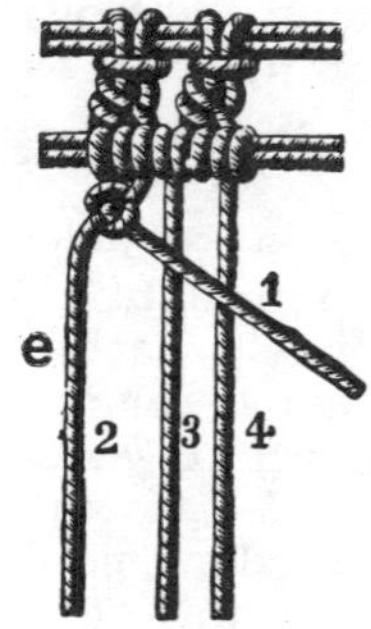

Fig. 612.
Baguette oblique vers la droite.
Fil 2 serré sur le fil 1.

Fig. 613.
Baguette oblique vers la droite.
Fils 3, 4 et 1 à nouer sur le fil 2.

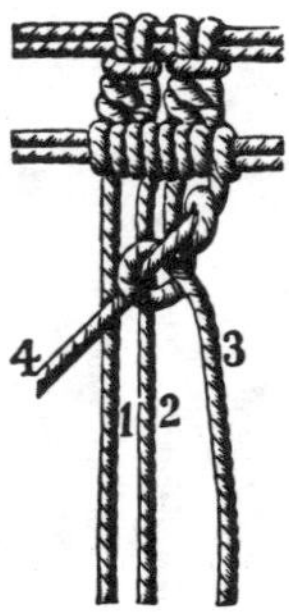

Fig. 614.
Baguette vers la gauche.
Premier nœud ouvert.

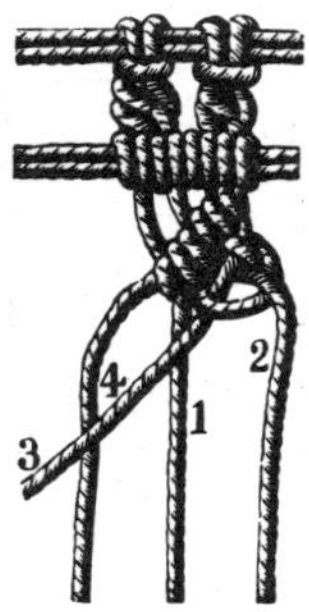

Fig. 615.
Baguette vers la gauche.
Fils 2, 1 et 4 à nouer sur le fil 3.

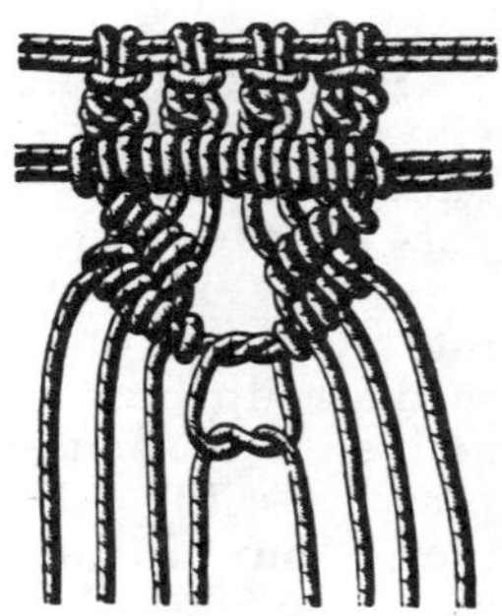

Fig. 616.
Baguettes raccordées par un nœud plat.

d'un nœud plat ; le détail *d* montre le nœud à pois terminé et suivi d'un nœud plat.

Nœud à pois ou petite coquille composée d'une petite chaîne de nœuds (fig. 608). — Ici le pois est formé d'une petite chaîne de quatre nœuds de feston simples, voir la fig. 617, précédée et suivie d'un nœud plat. Le détail *a*, montre le nœud plat supérieur suivi des quatre nœuds de feston simples, le détail *b*, le pois arrondi avec le premier entrelacement pour le nœud plat inférieur, et le détail *c*, le pois terminé.

Baguettes de nœuds vers la droite et vers la gauche (fig. 609, 610, 611, 612, 613, 614, 615, 616). — Après avoir monté un nombre suffisant de fils sur un fil porte-nœuds pris double, on fait deux nœuds de feston simples avec le fil de droite sur le fil de gauche, fig. 609. Il est recommandé de terminer sur toute la longueur de l'ouvrage un genre ou une série de nœuds avant de passer à un autre ; le travail devient plus régulier parce que la main s'habitue au mouvement qu'exige le nœud, et le mouvement lui-même peut s'accélérer naturellement de beaucoup par un exercice continu.

Fig. 617. Petite chaine.

Fig. 618. Chaine double.

On établit ensuite une baguette horizontale en nouant deux fois chaque fil par-dessus le fil porte-nœuds, fig. 610; ces nœuds seront serrés le plus possible.

Cette baguette terminée, on commence les baguettes obliques allant de gauche à droite avec 4 fils, fig. 611.

Le premier fil à gauche, marqué dans la fig. 612 par 1, sert de porte-nœuds aux fils 2, 3, 4, qu'on lance successivement pardessus le fil 1.

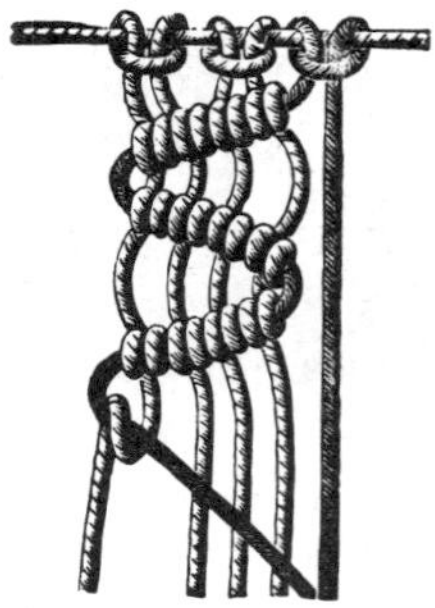

Fig. 619. Petit galon a baguettes.

La fig. 613 représente les fils 2, 3, 4, noués par-dessus le fil 1 et montre en plus comment, dans le second rang de la baguette, le fil 2 passe à l'état de fil porte-nœuds et remplace le fil 1, et comment les fils 3, 4, 1 sont lancés et noués deux fois pardessus le fil 2, qui doit être tenu raide par la main droite. Les nœuds se font avec la main gauche.

Dans la fig. 614, représentant une baguette dirigée de droite à gauche, c'est sur le fil 4 que l'on monte les nœuds avec les fils 3, 2, 1 ; puis dans le second rang, fig. 615, c'est sur le fil 3 que l'on monte les nœuds avec les fils 2, 1, 4.

Ici c'est la main gauche qui tend le fil de droite à gauche, tandis que la main droite exécute les nœuds.

La fig. 616 explique comment on raccorde, par un nœud plat, les baguettes doubles.

Petite chaîne (fig. 617). — La petite chaine dans le macrame, faite avec des fils simples, est produite par l'interversion constante des fils et par la direction qu'on leur donne pendant que l'on fait les nœuds.

Ainsi, on fait un nœud de feston simple d'abord sur le fil de gauche, puis on tend le fil de droite pour exécuter les mêmes mouvements sur ce dernier avec le fil de gauche.

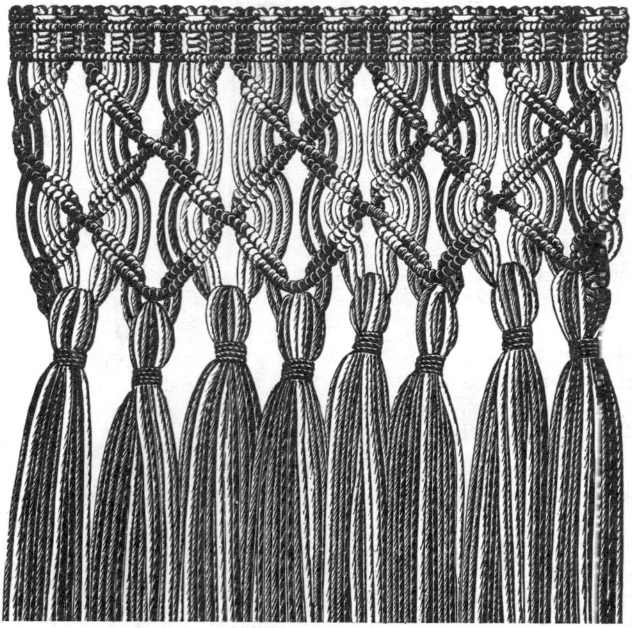

Fig. 620. Frange au macramé.

Fournitures : Cordonnet spécial D·M·C Nos 1 à 30, Alsatia D·M·C Nos 20 et 25 ou Coton perlé D·M·C Nos 3 à 8, en Bleu-Indigo 334, Rouge-Turc 321 et blanc.

Chaîne double (fig. 618). — La chaîne double se fait de la même manière que la petite chaîne, avec cette seule différence qu'on emploie un fil double, souvent même triple.

Ces deux sortes de chaînes s'emploient généralement le long de galons à macramé et sont un moyen de passer d'une couleur à l'autre, ou de changer les fils que l'on ne pourrait amener d'une autre manière à la place voulue pour continuer un dessin donné.

Petit galon à baguettes (fig. 619). — Contrairement à ce qui se fait pour les baguettes de nœuds décrites dans les fig. 611 à 616, dans ce galon le même fil porte-nœuds va et revient sous les quatre fils à nouer.

Afin que l'on distingue facilement les fils à nouer du fil porte-nœuds, ce dernier figure dans un ton plus foncé que les premiers.

Frange au macramé (fig. 620, 621, 622). — Longueur entière des fils pour le N° 3 du Coton perlé D·M·C : 80 centimètres.

1re série — monter les fils d'après la fig. 586 en faisant suivre: 1 fil bleu, 1 fil blanc, 1 fil rouge, et ainsi de suite.

2me série — faire une baguette à nœuds horizontale, fig. 588 et 589, par-dessus un second fil porte-nœuds.

3me série — 3 nœuds de feston, fig. 609, exécutés avec 2 et 2 fils.

4me série — pareille à la 2me.

5me série — faire des baguettes à deux rangs avec nœuds doubles, vers la droite et vers la gauche, en comptant 6 fils pour chaque baguette, donc 12 fils pour deux baguettes. Le 1er et le 12me fil sont couverts de nœuds avec les 10 fils qui les séparent. Dans la 2me série de nœuds qui forme la baguette double, on fait encore un nœud double par-dessus le fil porte-nœuds avec celui qui jouait ce rôle dans la série précédente.

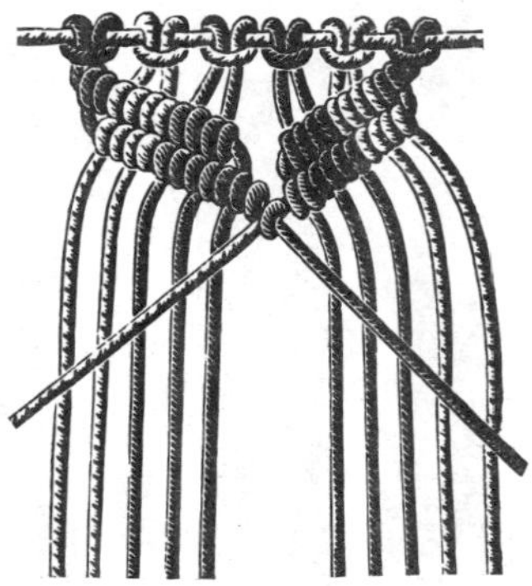

Fig. 621.
Manière de raccorder les baguettes
Détail de la fig. 620.

Les baguettes terminées, on les rapproche autant que possible, on raidit le dernier fil de gauche et l'on fait encore un nœud double avec le fil de droite, fig. 621. Puis on continue les baguettes en sens opposé, de sorte que le fil porte-nœuds de gauche est tendu par-dessus le groupe des fils de droite et le fil porte-nœuds de droite par-dessus le groupe de gauche.

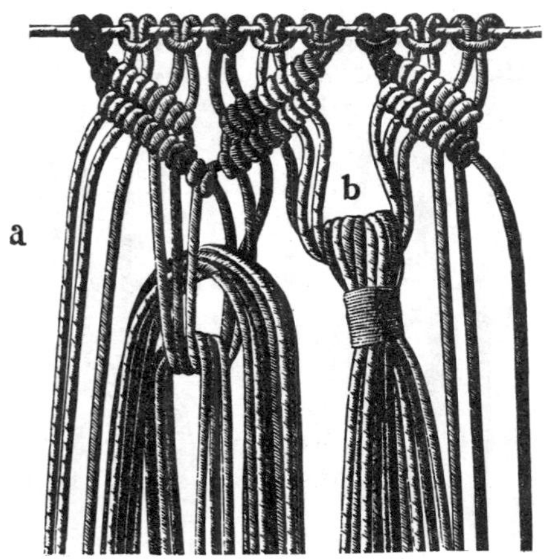

Fig. 622. Manière d'exécuter les houppes.
Détail de la fig. 620.

On fait trois rangs de baguettes doubles, après quoi on prend toujours 3 fils d'un groupe à gauche et 3 fils d'un groupe à droite; on les noue légèrement, au moyen d'un nœud simple; puis on fait entrer, au-dessus du nœud, une mèche de 9 fils, longue de 15 centimètres, fig. 622, lettre *a*, on remonte le nœud jusque dans le voisinage immédiat des baguettes et on tourne plusieurs fois un fil autour de la houppe, fig. 622, lettre *b*.

Les houppes intermédiaires sont accrochées à la même hauteur, dans la découpure entre deux baguettes.

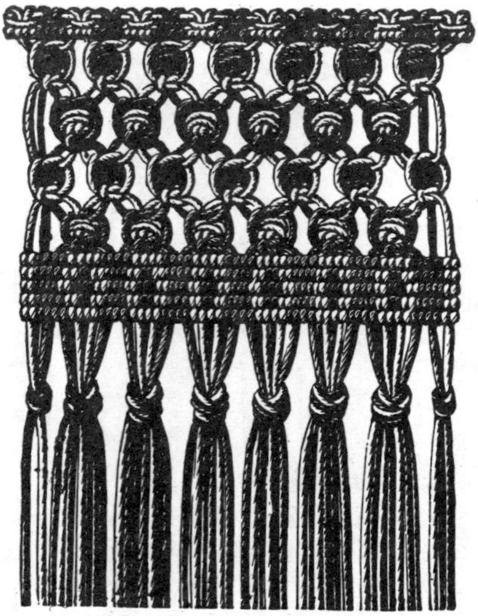

Fig. 623.
Frange à mouchets avec bande mosaïque.
Fournitures : Coton perlé D·M·C Nos 3 à 8, Cordonnet spécial D·M·C Nos 1 à 20 ou Alsatia D·M·C No 20, en Gris-Fumée 640, Rouge-Turc 321 et écru.

Fig. 624.
Mouchet ouvert.
Détail de la fig. 623.

Fig. 625.
Mouchet fermé.
Détail de la fig. 623.

Frange à mouchets avec bande mosaïque (fig. 623, 624, 625). — Longueur entière des fils pour le No 3 du Coton perlé D·M·C: 100 centimètres.

1re série — montage d'après la fig. 586 avec 1 fil écru et 1 fil gris foncé, commencer et terminer avec 1 fil simple écru, et faire suivre une simple baguette à nœuds doubles pour laquelle les nœuds ne doivent pas être posés d'une façon trop serrée.

2me jusqu'à 5me série — 4 rangs de mouchets, dont on voit le détail agrandi dans la fig. 624, où le nœud est en voie d'exécution, et dans la fig. 625, où le nœud fermé est précédé d'un demi-nœud plat et suivi d'un nœud plat entier.

Les couleurs alternent dans les nœuds; dans la 2me et la 4me série, c'est le fil clair qui encadre le mouchet, dans la 3me et la 5me série, c'est le fil foncé qui encadre le mouchet.

6me série — une baguette horizontale de nœuds doubles sur un fil porte-nœuds nouvellement ajouté.

7me série — ajouter un 2me fil porte-nœuds, encore une baguette horizontale sur laquelle on monte, entre 2 nœuds doubles clairs, 1 fil rouge; la boucle, au moyen de laquelle on attache le fil, remplace le nœud.

8me série — ajouter un 3me fil porte-nœuds, faire avec les fils rouges 2 nœuds doubles entre les nœuds de fil écru.

9me série — ajouter un 4me fil porte-nœuds, faire un demi-nœud avec chaque fil rouge.

10me série — ajouter un 5me fil porte-nœuds; puis faire une baguette horizontale comme à la 6me série; reporter les fils rouges sans les nouer.

Les bouts des fils sont réunis 6 par 6 et noués par un simple nœud à une distance de 15 millimètres de la dernière baguette.

Le même motif peut aussi servir comme fond; dans ce cas, le fil rouge devra être arrêté sur l'envers de l'ouvrage, et on répétera la série de mouchets après la bande mosaïque.

Frange au macramé (fig. 626). — Longueur entière des fils pour le N° 3 du Cordonnet spécial D·M·C: 120 centimètres.

1re série — montage d'après la fig. 596, suivi d'une baguette double horizontale.

2me série — nœuds ondulés avec 4 nœuds, fig. 602.

3me série — une baguette double horizontale.

4me série — avec 6 fils: une baguette double oblique de gauche à droite, une baguette de droite à gauche et les relier par les derniers fils.

5me série — avec les 4 fils provenant des groupes à baguettes: une petite chaîne, fig. 617, avec 4 croisements des fils, tout près du point de jonction des groupes, et une petite chaîne avec 7 croisements, exécutés avec les 2 fils extérieurs.

Fig. 626. Frange au macramé.
Fournitures: Cordonnet spécial D·M·C Nos 3 à 15 ou Alsatia D·M·C No 20, en blanc ou écru.

6me série — les mêmes groupes de baguettes qu'à la 4me série, mais en sens inverse, et terminés par une baguette simple horizontale.

Pour faire les houppes, ajouter à chaque groupe de 6 fils, provenant de l'ouvrage, une forte mèche de coton.

Frange avec fond exécuté sur l'envers (*) (fig. 627, 628, 629, 630). — Longueur entière des fils pour le N° 3 du Coton perlé D·M·C: 110 centimètres.

(*) Voir à la fin du volume, la liste des publications de la Bibliothèque D·M·C, contenant une grande variété de modèles pour tous les genres d'ouvrages.

Commencer par le montage ordinaire avec 5 fils jaunes et 5 fils bleus et faire après la baguette horizontale et de gauche à droite : sur le 1er fil, 1 nœud double avec le 2me et 1 nœud double avec le 3me fil.

Ensuite, sur le 2me fil qui est alors le 1er, des nœuds doubles avec les 4 fils suivants ; puis laisser 2 fils de gauche et par-dessus le 3me fil 2 nœuds doubles avec les 2 fils suivants

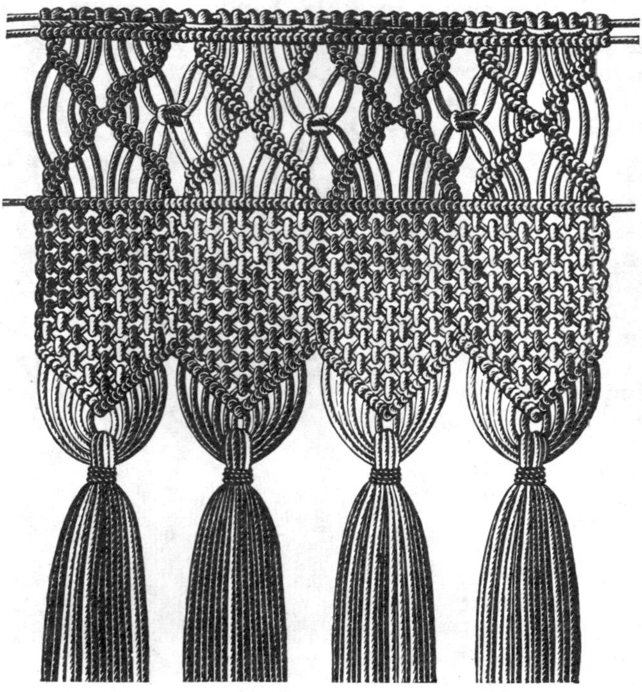

Fig. 627. Frange avec fond exécuté sur l'envers.

Fournitures : Cordonnet spécial D·M·C Nos 5 à 20 ou Coton perlé D·M·C Nos 3 à 8, en Bleu-Indigo 322 et Jaune-Safran 725 (*).

Faire le même groupe de droite à gauche et vers le bas, avec cette différence que l'on fera au centre de la figure, au troisième changement du fil, 5 nœuds doubles au lieu de 2 nœuds, et que les derniers nœuds comptent pour le nouveau groupe de baguettes contrariées du bas ; voir la fig. 628.

Entre deux groupes de baguettes contrariées, faire 1 nœud plat avec 2 fils de gauche et 2 fils de droite.

La deuxième baguette horizontale terminée, tourner l'ouvrage et continuer à travailler sur l'envers en ne faisant alors que des nœuds doubles ordinaires inclinés alternativement, dans un rang de droite à gauche et dans l'autre de gauche à droite.

Lorsque dix rangs sont terminés, répartir les nœuds par

(*) Ces numéros désignent des couleurs qui se trouvent sur les cartes de couleurs des articles portant la marque D·M·C. Ces cartes peuvent être consultées chez tous les merciers et marchands d'ouvrages de dames.

groupes et diminuer d'un nœud sur chaque côté d'un groupe, pour former des dents pointues; puis on retourne l'ouvrage sur l'endroit où les nœuds exécutés sur l'envers, fig. 629, présentent l'aspect qu'ils ont dans la fig. 630; finalement on entoure ce fond dentelé d'une baguette simple et l'on forme des glands avec les bouts de fil provenant de chaque dent.

Frange au macramé (fig. 631 et 632). — Longueur des fils doubles pour le Coton perlé D·M·C N° 3: 140 centimètres; longueur des fils simples: 80 centimètres.

1re série — montage d'après la fig. 588, en faisant suivre: 2 fils doubles bleus, 3 fils simples jaune foncé, 1 fil double jaune clair, 3 fils simples jaune foncé, puis 4 fils doubles bleus, et ainsi

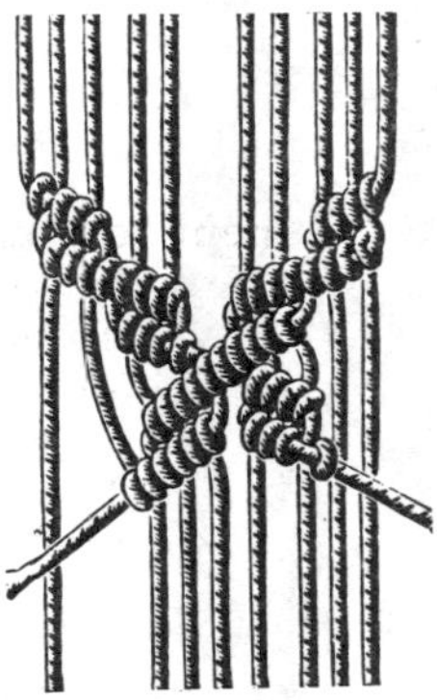

Fig. 628.
Baguettes contrariées.
Détail de la fig. 627.

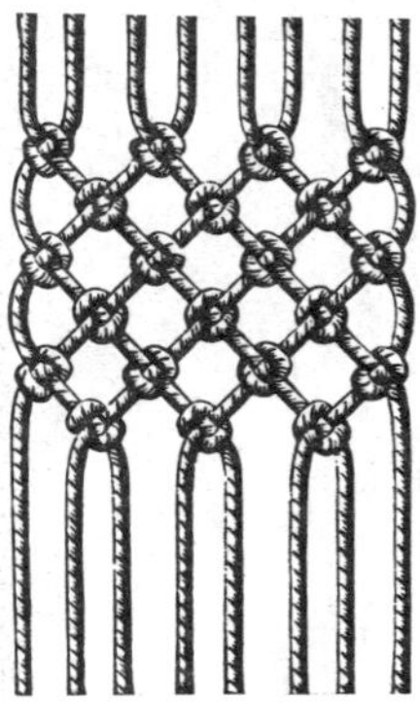

Fig. 629. Formation
des nœuds sur l'envers.
Détail de la fig. 627.

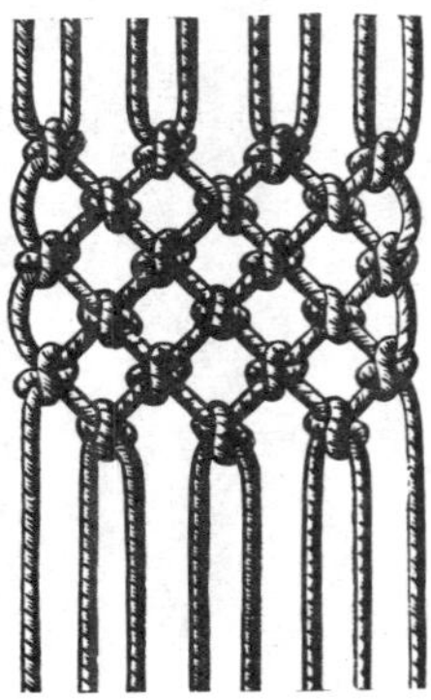

Fig. 630. Aspect
des nœuds à l'endroit.
Détail de la fig. 627.

de suite; finir avec 2 fils doubles bleus. L'ouvrage terminé, couper les bouclettes et égaliser les fils.

2me série — diviser les fils en groupes, laisser les fils jaunes au milieu et 4 fils bleus sur chaque côté. Commencer à gauche = couvrir le 4me fil bleu, qui est aussi le plus voisin du premier fil jaune, de nœuds doubles exécutés avec le 1er, le 2me et le 3me fil jaune foncé et avec le 1er fil jaune clair = couvrir le 3me fil bleu des 4 fils jaunes et du 4me fil bleu qui était « fil porte-nœuds » dans le 1er rang de nœuds = couvrir le 2me fil bleu des 4 fils jaunes et du 4me et 3me fil bleu = couvrir le 1er fil bleu des 4 fils jaunes et du 4me, 3me et 2me fil bleu.

Dans le détail fig. 632, les fils bleus ressortent en foncé, les fils jaunes en moyen et en clair.

Après avoir terminé la baguette quadruple, obliquée de gauche à droite, faire la même baguette de droite à gauche, puis les raccorder par un nœud double et faire passer le 1er fil bleu de gauche sous le groupe de droite, et le premier fil bleu de droite sous le groupe de gauche.

2me série — faire les mêmes groupes en sens inverse, de sorte que les nœuds jaunes longeront les derniers nœuds bleus et que les nœuds

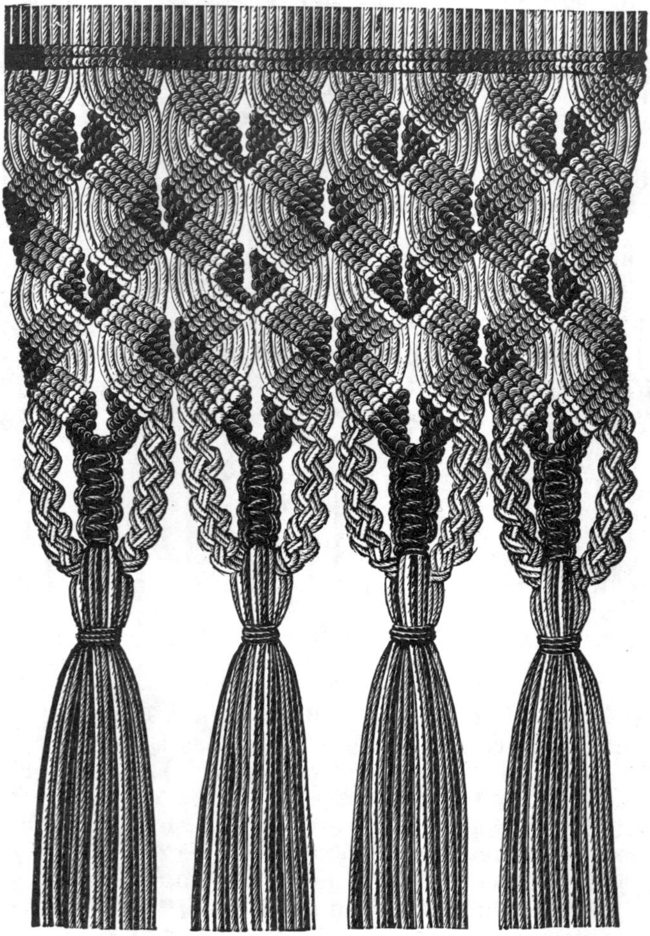

Fig. 631. Frange au macramé.

Fournitures : Cordonnet spécial D·M·C Nos 3 à 30 ou Coton perlé D·M·C Nos 3 et 5, en Jaune d'Or 779, Jaune-Safran 725 et Bleu-Indigo 322.

bleus termineront de nouveau les groupes de baguettes; les fils jaunes seront tendus entre le groupe précédent et le groupe suivant.

3me et 5me série — comme la 1re.

4me série — comme la 2me.

Après la 5me série de groupes, réunir les 4 fils jaunes des deux côtés des nœuds bleus, en former une chaîne double, fig. 618, composée de 12 nœuds, et faire avec les fils bleus 4 nœuds plats. Réunir finalement tous les fils d'un groupe de baguettes et en faire une houppe assez fournie en y ajoutant des fils auxiliaires.

Frange au macramé (fig. 633 et 634). — Longueur entière des fils pour le No 1 du Cordonnet spécial D·M·C : 225 centimètres.

1re série — montage d'après la fig. 586, alterner 8 fils clairs et 6 fils foncés, commencer et terminer avec 3 fils foncés ; faire suivre une double baguette horizontale.

2me série — faire avec 4 fils des petites croix avec une simple baguette allant de la gauche vers la droite ; commencer et terminer cette rangée par 2 nœuds doubles superposés.

3me série — une double baguette horizontale.

4me série — avec les premiers 4 et les derniers 4 des 12 fils foncés faire des petites croix, puis en commençant avec les 4 fils du centre faire une double baguette oblique vers la gauche et une vers la droite, complétées au milieu par une petite croix. Aux bords ne faire que des demi-motifs.

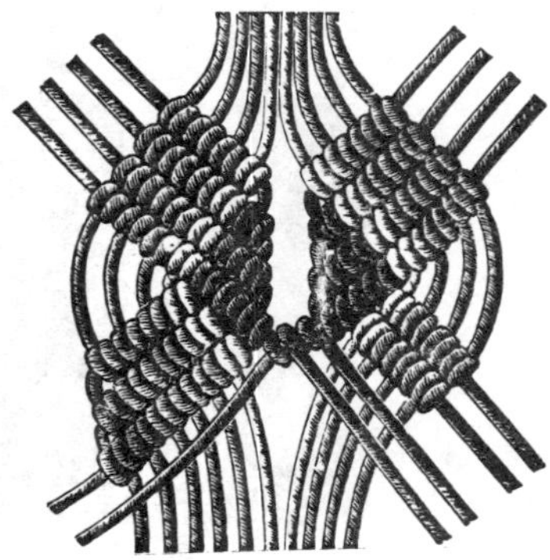

Fig. 632. Détail de la fig. 631.

5me série — avec les 16 fils clairs faire un grillage d'après la fig. 634, cependant terminer dans le bas par 2 nœuds doubles superposés.

6me, 9me et 12me série — prendre 6 fils foncés et 8 fils clairs : par-dessus le 6me et le 5me fil foncé faire avec les 8 fils clairs deux baguettes obliques vers la droite, faire avec le 4me et le 3me fil foncé 2 nœuds doubles par-dessus les 8 fils clairs, faire par-dessus le 2me et le 1er fil foncé avec les 8 fils clairs deux baguettes obliques vers la droite.

Travailler le groupe suivant de 8 fils clairs et 6 fils foncés en sens inverse.

7me, 10me et 13me série — avec les 12 fils foncés faire des motifs composés de quatre feuilles et de petites croix.

8me et 11me série — avec les 16 fils clairs faire des grillages qui commencent et terminent avec 2 nœuds doubles superposés ; voir la fig. 634.

14me série — houppes : avec les 8 fils clairs de gauche faire des baguettes de 6, 5, 4 et 3 nœuds doubles superposés ; avec le 1er fil par-dessus les 7 fils restants, faire : 3 simples nœuds de feston, 1 picot, 3 nœuds de feston, 1 picot, ajouter 2 fils foncés,

3 nœuds de feston, 1 picot, ajouter 2 fils foncés, 3 nœuds de feston, 1 picot, ajouter 2 fils foncés, 3 nœuds de feston, 1 picot,

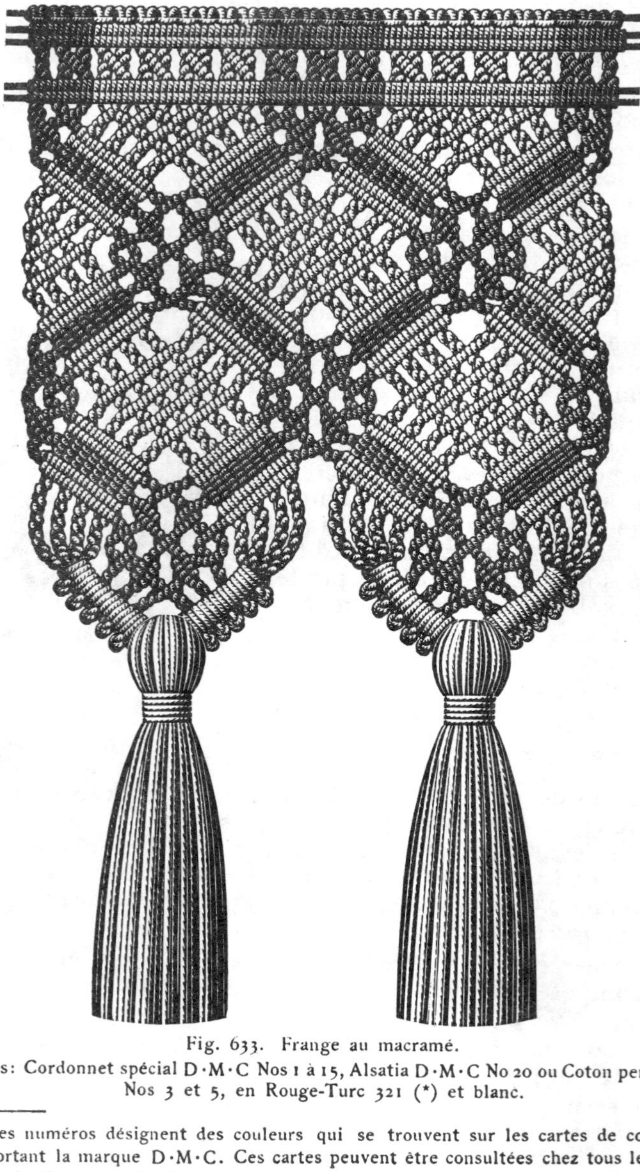

Fig. 633. Frange au macramé.
Fournitures: Cordonnet spécial D·M·C Nos 1 à 15, Alsatia D·M·C No 20 ou Coton perlé D·M·C Nos 3 et 5, en Rouge-Turc 321 (*) et blanc.

(*) Ces numéros désignent des couleurs qui se trouvent sur les cartes de couleurs des articles portant la marque D·M·C. Ces cartes peuvent être consultées chez tous les merciers et marchands d'ouvrages de dames.

3 nœuds de feston; répéter le même groupe à droite et en sens inverse. Réunir finalement tous les fils et en faire une houppe assez fournie en y ajoutant une mèche de 16 fils clairs et 12 fils foncés.

Frange au macramé (fig. 635 et 636). — Longueur entière des fils pour le N° 3 du Coton perlé D·M·C: 130 centimètres.

Quoique ce dessin paraisse assez compliqué, on reconnaîtra bientôt qu'il est des plus faciles à copier; nous n'entrerons donc point dans les détails de description; le montage d'après la fig. 594, les baguettes simples, d'après les fig. 611 à 616, et les nœuds d'assemblage, d'après la fig. 601, doivent être suffisamment connus des personnes qui ont suivi les explications que nous avons données dans ce chapitre.

Le seul point qui puisse présenter quelque difficulté est celui où les fils forment un quadrillé à l'intérieur des baguettes; en suivant attentivement la marche des nœuds, expliquée dans la fig. 636, on arrivera aisément à résoudre le problème.

Des houppes avec les fils des deux nuances terminent la frange dans le bas.

Frange au macramé (fig. 637). — Longueur entière des fils pour le N° 3 du Cordonnet spécial D·M·C: 175 centimètres.

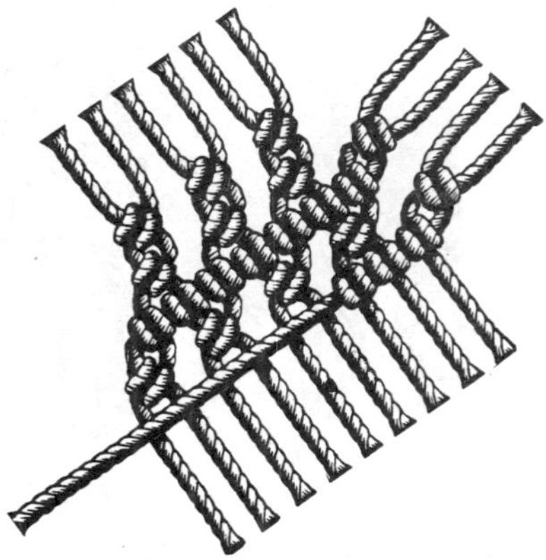

Fig. 634. Détail de la fig. 633.

1re série — montage d'après la fig. 586, suivi d'une baguette double horizontale.

2me série — chaînes doubles avec 4 nœuds, voir la fig. 618.

3me série — une baguette double horizontale.

4me série — faire avec le 1er fil 4 nœuds de feston doubles par-dessus le 2me et le 3me fil; avec le 4me fil 2 nœuds de feston doubles par-dessus le 5me et le 6me fil; exécuter les mêmes motifs en sens inverse avec le 11me au 16me fil. Faire 1 nœud plat avec le 7me au 10me fil. Sauter 4 fils entre les motifs qui seront arrêtés plus tard sur l'envers; voir la fig. 634.

5me série — commencer par-dessus le 8me fil et faire une baguette triple oblique vers la gauche et par-dessus le 9me fil une baguette triple vers la droite.

6me série — comme remplissage entre les baguettes obliques faire 9 nœuds plats intervertis et comme raccord entre les motifs ajouter aux baguettes encore 2 nœuds doubles tournés vers l'extérieur, 1 nœud plat pour réunir, puis encore 2 nœuds doubles tournés vers l'intérieur.

7me série — des baguettes triples obliques tournées vers l'intérieur.

8me série — faire les festons avec 12 et 9 nœuds de feston doubles, et une baguette verticale avec 4 nœuds plats.

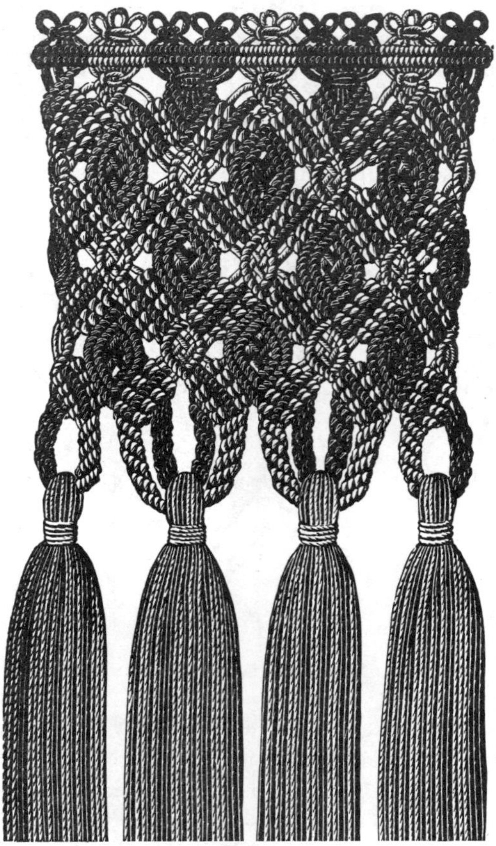

Fig. 635. Frange au macramé.

Fournitures : Alsatia D·M·C No 20 ou Coton perlé D·M·C No 3, en Jaune-Crème 579 et Violet-Scabieuse 395.

Répéter encore une fois les séries 5, 6, 7 et 8, mais n'exécuter la baguette verticale qu'avec 1 seul nœud plat.

Pour faire les houppes ajouter encore une mèche de 16 fils de 20 centimètres de longueur et couper les houppes à 12 centimètres de longueur.

Frange au macramé (fig. 638). — Longueur entière des fils pour le N° 3 du Coton perlé D·M·C: 80 centimètres.

1re série — montage d'après la fig. 586, mais en sens inverse, avec des fils pris doubles, qui compteront dans la description pour un seul fil = * 1 fil bleu foncé, 3 fils écrus, 1 fil bleu foncé, 1 fil bleu clair, 3 fils écrus, 1 fil bleu clair et reprendre à *, puis faire une baguette simple horizontale.

2me série — faire une chaîne double avec 5 interversions du fil.

3me série — une baguette simple horizontale.

4me série — faire des grands nœuds d'assemblage, fig. 601, avec les fils écrus par-dessus les 4 fils bleu clair et bleu foncé et des nœuds plats par-dessus les fils écrus.

5me série — faire des nœuds plats par-dessus les fils

écrus avec 2 fils bleu clair ou bleu foncé et avec 1 fil écru.

6me série — faire des nœuds plats avec et sur les fils écrus se trouvant au milieu du groupe des nœuds.

7me série — comme la 5me. Puis reprendre les fils bleu foncé et bleu clair de droite et de gauche, les rouler entre le pouce et l'index et de gauche à droite, en prenant chaque mèche séparément, comme on le fait pour une corde. Lorsqu'on a fait plusieurs torsions, faire couler ensemble les mèches, en les tordant alors de droite à gauche. Les deux torsions se font simultanément, et on arrête la corde produite de cette manière par un nœud sous lequel les bouts des fils forment une petite houppe.

Les fils écrus sont réunis par 1 nœud plat et garnis de fils supplémentaires pour former une houppe bien fournie.

Frange nouée (fig. 639). — Longueur entière des fils pour le N° 12 du Retors d'Alsace D·M·C : 100 centimètres. Préparer des mèches de 6 fils, les enfiler dans une grosse aiguille à tapisserie et les passer dans le bord du tissu trois fois avec un intervalle de 6 millimètres et une fois avec un intervalle de 15 millimètres.

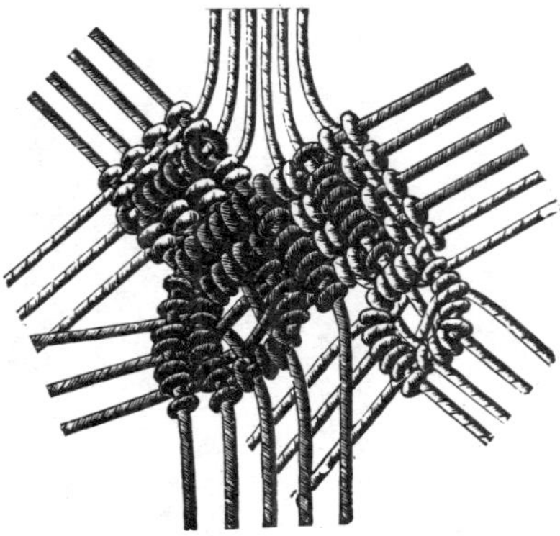

Fig. 636. Détail de la fig. 635.

Chaque rapport du modèle demande 4 mèches qui doivent être passées dans le tissu jusqu'à la moitié de leur longueur, de façon qu'elles se présentent en 8 mèches égales prêtes pour le travail.

1re série — faire tout près du tissu 1 nœud plat avec la 1re et la 4me mèche par-dessus la 2me et la 3me mèche et 1 nœud plat avec la 5me et la 8me mèche par-dessus la 6me et la 7me mèche, continuer vers le bas avec 4 nœuds plats intervertis, tel que le montre la gravure.

2me, 4me et 6me série — faire 1 nœud simple avec la 1re et la 2me, avec la 3me et la 4me, avec la 5me et la 6me et avec la 7me et la 8me mèche, espacé de 7 millimètres des motifs de la série précédente.

3me et 5me série — faire des motifs de 7 nœuds plats intervertis, espacés de 7 millimètres des nœuds simples.

Les demi-motifs sur les côtés se composent de 2 nœuds plats et 1 nœud de feston.

Pour renforcer les houppes ajouter une mèche supplémentaire de 24 fils de 20 centimètres de longueur et couper les houppes à 10 centimètres de longueur.

Frange avec trois rangs de houppes (fig. 640). — Ce genre de frange sera employé de préférence pour l'ornementation des tapis, des rideaux, etc.; on choisira donc les numéros les

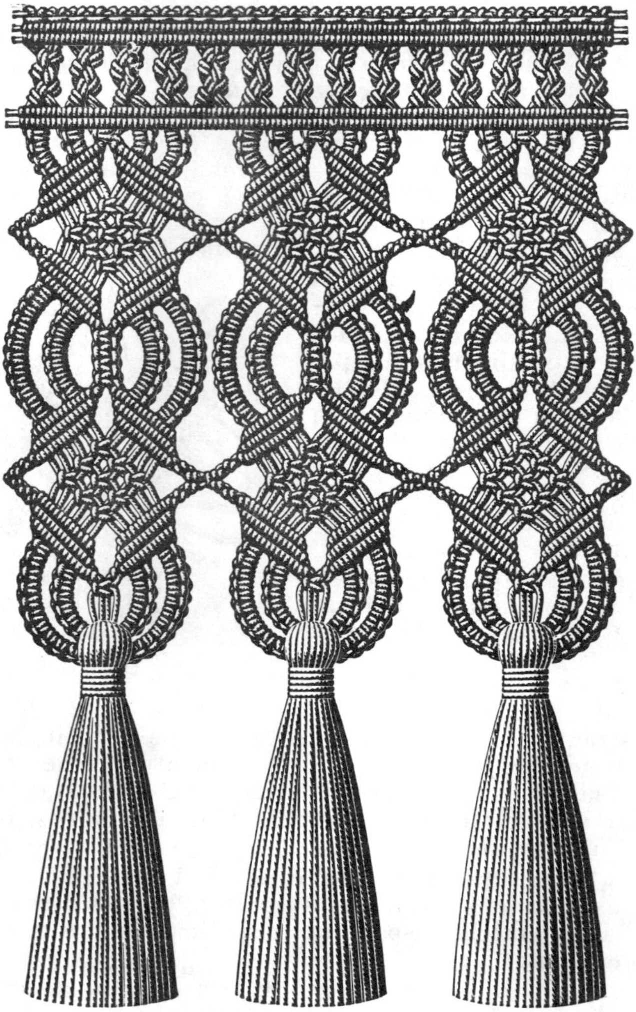

Fig. 637. Frange au macramé.
Fournitures : Cordonnet spécial D·M·C Nos 3 à 15 ou Alsatia D·M·C No 20, en blanc ou écru.

plus gros des cotons indiqués au bas de la gravure. Longueur des fils foncés pour le Nº 3 du Coton perlé D·M·C : 140 centimètres ; longueur des fils clairs : 140 centimètres.

Pour le galon du montage compter pour 15 centimètres du galon: 70 centimètres de Coton perlé D·M·C N° 3.

Les enlacements et interversions des fils sont des plus simples de sorte que nous nous bornons à renvoyer à la fig. 597 pour le montage du galon et à la fig. 602 pour la natte ondulée.

Les petites houppes, entre les nœuds, se font indépendamment

Fig. 638. Frange au macramé.
Fournitures : Alsatia D·M·C No 25 ou Coton perlé D·M·C Nos 3 et 5, en Bleu-Indigo 334 et 336 et écru.

de l'ouvrage, avec du Mouliné spécial D·M·C N° 25 et sont rattachées aux nœuds au moyen du tenon de la houppe.

Frange au macramé avec coin (fig. 641, 642, 643). — Longueur des fils pour le N° 1 du Cordonnet spécial D·M·C: 100 centimètres.

Les franges au macramé ne peuvent, vu leur composition, être froncées lorsqu'on veut les mener autour d'un coin, comme on peut le faire avec des dentelles en tulle, au crochet ou en filet. Les nœuds serrés du montage empêchent de tendre suffisamment le fil intérieur pour donner aux franges l'étendue nécessaire à l'arc extérieur.

On est donc forcé, suivant le dessin, d'augmenter le nombre de fils d'une quantité donnée pour arriver à faire un coin s'aplatissant bien au bord de l'objet que garnit la frange.

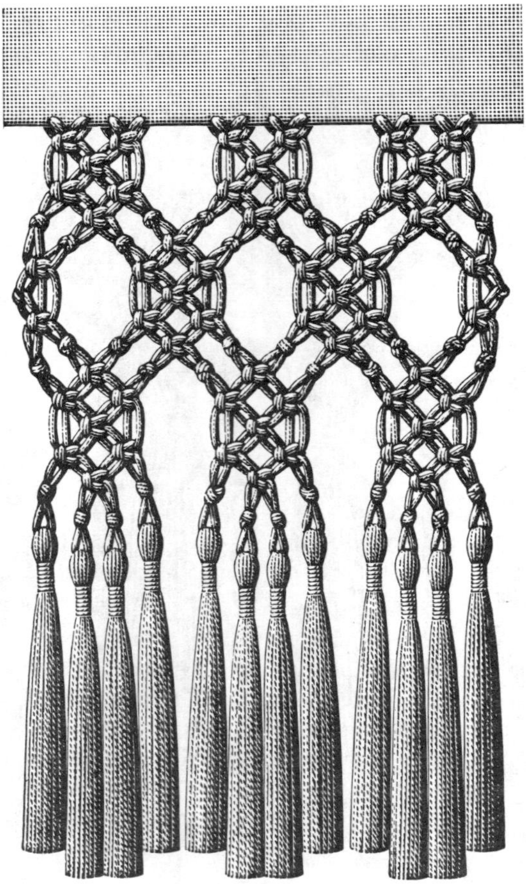

Fig. 639. Frange nouée.
Fournitures : Retors d'Alsace D·M·C No 12, Coton perlé D·M·C No 12, Alsatia D·M·C No 30 ou Retors spécial pour mercerie D·M·C No 35, en blanc ou écru.

Dans le détail de la fig. 642 on ajoute 5 fils supplémentaires à la 4me série de nœuds.

Un groupe de baguettes entre-croisées exige 16 fils, répondant à 4 groupes de petits carrés placés entre les losanges.

Puis les baguettes étant préparées préalablement, comme on le voit dans la fig. 643, on place un fil supplémentaire, fil 6, au milieu et juste en dessous des baguettes entre-croisées. (Les fils supplémentaires apparaissent dans la gravure dans un ton plus foncé.) C'est sur le fil 6 que l'on exécute la baguette se dirigeant à droite et à gauche.

On monte ensuite encore 7 autres fils sur les fils entre lesquels passe le fil supplémentaire. Le fil 7 est monté simple, les fils 8 et 9 sont montés doubles, le fil 10, le fil 11, le fil 12 et le fil 13 sont montés simples de sorte que les fils 7, 10, 11, 12 et 13 relient les fils porte-nœuds, tandis que les fils 8 et 9 seuls sont montés séparément sur chaque côté.

Les baguettes que forment les nœuds des fils supplémentaires seront serrées de près comme toute autre baguette double. Nous avons écarté à dessein les fils porte-nœuds, afin de bien faire distinguer les fils ajoutés des fils existants.

Dans le point de jonction des baguettes, on attache un fil de couleur rouge, très long, avec lequel on fait des nœuds par-dessus les 14 fils qui se trouvent à l'intérieur du losange.

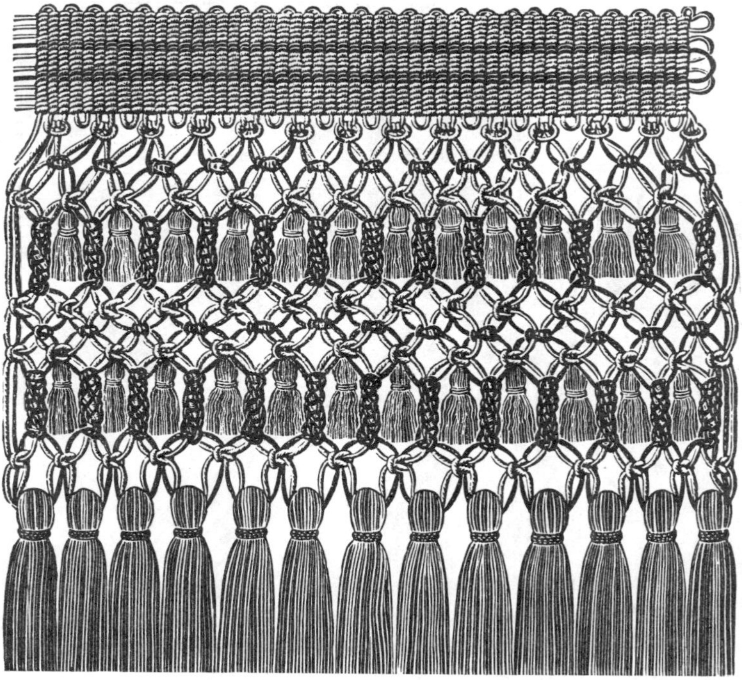

Fig. 640. Frange avec trois rangs de houppes.

Fournitures : Coton perlé D·M·C Nos 3 et 5, Cordonnet spécial D·M·C Nos 3 à 30 ou Alsatia D·M·C No 20 et Mouliné spécial D·M·C No 25, en Bleu-Indigo 334 et écru (*).

On replie le 7me fil à droite et le 1er fil à gauche, et l'on fait avec le fil de couleur 1 nœud double sur chacun des deux fils.

Le milieu du losange est garni de 9 nœuds plats; ceux-ci une fois établis, on continue à nouer le fil rouge sur les côtés; une baguette simple en fil crème sert de bord extérieur au losange.

Des houppes nouées et des houppes garnies de nœuds de

(*) Ces numéros désignent des couleurs qui se trouvent sur les cartes de couleurs des articles portant la marque D·M·C. Ces cartes peuvent être consultées chez tous les merciers et marchands d'ouvrages de dames.

fantaisie, qui demandent toujours 10 fils, complètent cette frange.

Fond au macramé (fig. 644, 645, 646). — Longueur des fils, suivant la grandeur du fond, à monter sur des navettes pour macramé, voir la fig. 653. Pour le N° 3 du Coton perlé D·M·C compter: 35 centimètres pour chaque rapport du modèle.

1re série — montage d'après la fig. 586, commencer avec

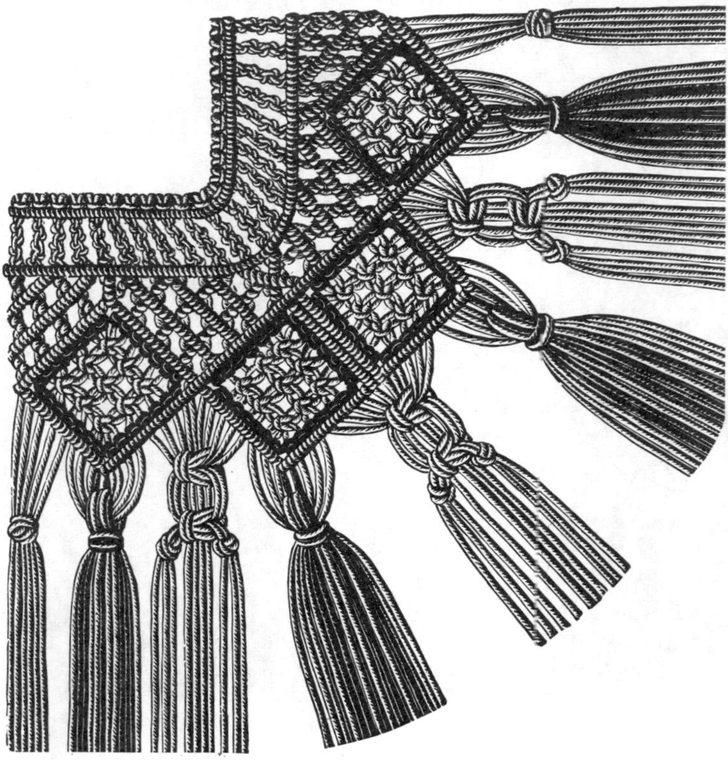

Fig. 641. Frange au macramé avec coin.

Fournitures: Cordonnet spécial D·M·C Nos 1 à 15, Alsatia D·M·C No 20 ou Coton perlé D·M·C Nos 3 et 5, en Jaune-Crème 579 et Rouge-Turc 321.

2 fils bleus, puis alterner 4 fils crème et 4 fils bleus, terminer par 2 fils bleus et faire suivre une double baguette horizontale.

2me série — commencer par le milieu et par 2 nœuds plats avec les 8 fils bleus; faire avec les 4 fils bleus de gauche une baguette quadruple par-dessus les 4 fils bleus de droite. Le détail de ces baguettes quadruples appelées « coquilles de nœuds », est aussi représenté dans la fig. 645.

Réunir les fils bleus dans le bas par 2 nœuds plats.

Le commencement et la continuation des motifs ajourés sont expliqués dans la fig. 646.

Les fils dérivant du dernier groupe de nœuds servent à faire les baguettes de nœuds dont les deux rangs intérieurs sont clairs et les deux rangs extérieurs foncés.

Les baguettes à deux couleurs terminées, tous les fils crème sont réunis de nouveau pour faire les motifs ajourés suivants de sorte que toutes les coquilles sont bleues et tous les motifs ajourés crème.

Fond avec rivière au macramé (fig. 647). — Longueur des fils, suivant l'importance du fond, à monter sur des navettes pour macramé; voir la fig. 653. Pour le N° 1 du Cordonnet spécial D·M·C compter 25 centimètres pour la rivière et 100 centimètres pour chaque rapport du fond.

Montage d'après la fig. 586. Commencer avec 3 fils doubles rouges, puis alterner 6 fils doubles crème et 6 fils doubles rouges, terminer avec 3 fils doubles rouges.

1re série — rivière : faire une double baguette horizontale.

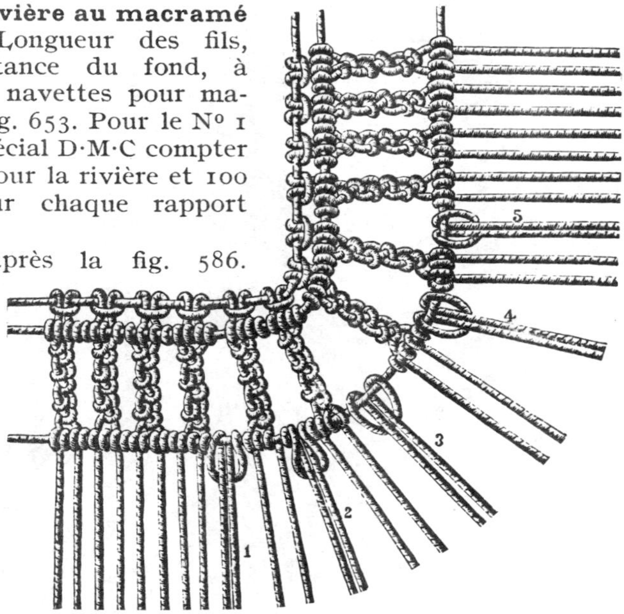

Fig. 642. Addition des premiers fils supplémentaires. Détail de la fig. 641.

2me série — des baguettes verticales composées de 3 nœuds doubles superposés.

3me série — faire une double baguette horizontale.

4me série — fond : commencer la partie de la feuille de gauche par 1 nœud double avec le 1er fil par-dessus le 2me fil et 1 nœud double avec le 2me fil par-dessus le 1er fil, 1 nœud double avec le 4me fil par-dessus le 3me fil, puis par-dessus le 6me fil faire une baguette oblique quadruple vers la gauche. Avec les 12 fils rouges suivants faire une baguette quadruple vers la droite et une vers la gauche et ainsi de suite.

5me série — avec les 12 fils clairs faire un grillage d'après la fig. 634 ; terminer dans le bas avec 2 nœuds doubles superposés.

6me série — raccord : par-dessus les 6 premiers fils foncés

faire 2 nœuds doubles avec le 1er et le 2me fil crème, par-dessus le 3me et le 4me fil crème faire deux baguettes obliques avec les 6 fils rouges, par-dessus les 6 fils rouges faire 2 nœuds doubles avec le 5me et le 6me fil crème. Exécuter le même motif, mais en sens inverse avec les 6 fils crèmes et les 6 fils rouges suivants.

7me série — faire avec les premiers 6 fils rouges une baguette

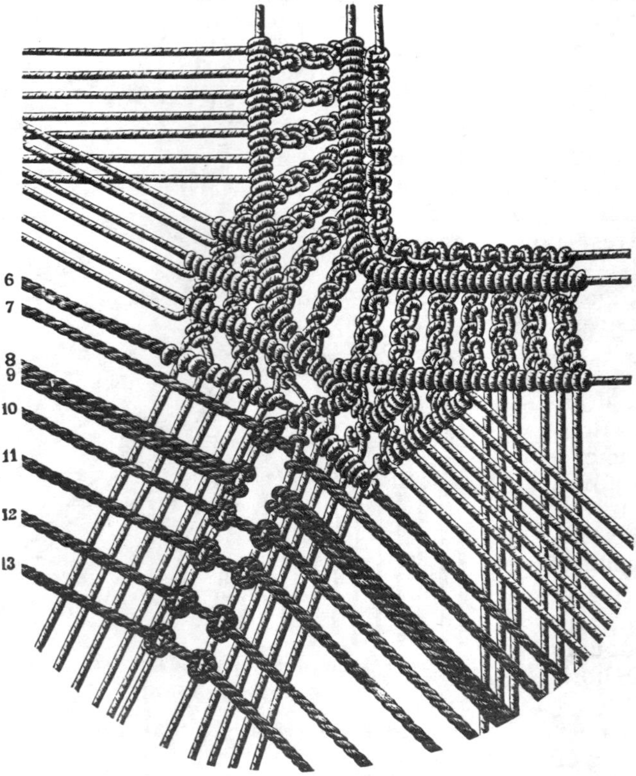

Fig. 643. Addition des seconds fils supplémentaires. Détail de la fig. 641.

quadruple vers la gauche et avec les 6 fils rouges suivants une baguette quadruple vers la droite; avec le 4me fil rouge 1 nœud double par-dessus le 3me fil et avec le 3me fil 1 nœud double par-dessus le 4me fil; faire le même motif à droite en sens inverse.

Au milieu avec le 5me, 6me, 7me et 8me fil faire deux petites croix superposées, puis ajouter encore à gauche une baguette quadruple vers la droite et à droite une baguette quadruple vers la gauche.

8me série — avec les 12 fils crème : commencer par 2 nœuds doubles superposés, puis faire le fond à grillage et terminer par 2 nœuds doubles superposés.

Continuer à partir de la 6me série jusqu'à la longueur voulue et terminer au besoin par la rivière.

Bordures au macramé (fig. 648, 649, 650, 651). — Ces deux bordures se travaillent dans le sens de la largeur; 75 centimètres suffiront donc pour le Coton perlé D·M·C N° 3.

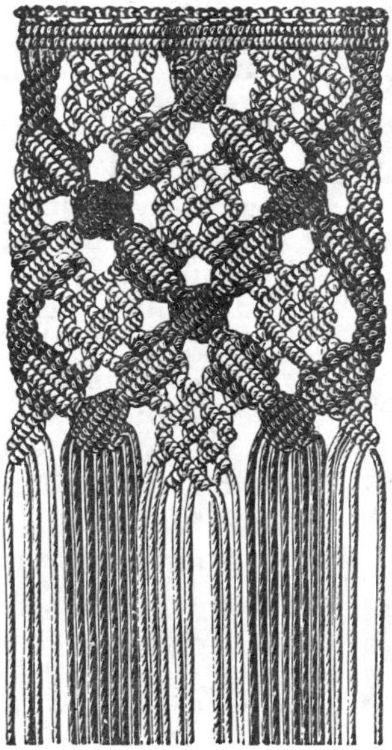

Fig. 644. Fond au macramé.
Fournitures : Cordonnet spécial D·M·C Nos 1 à 3 ou Coton perlé D·M·C Nos 3 et 5, en Jaune-Blé 712 et Bleu-Indigo 322.

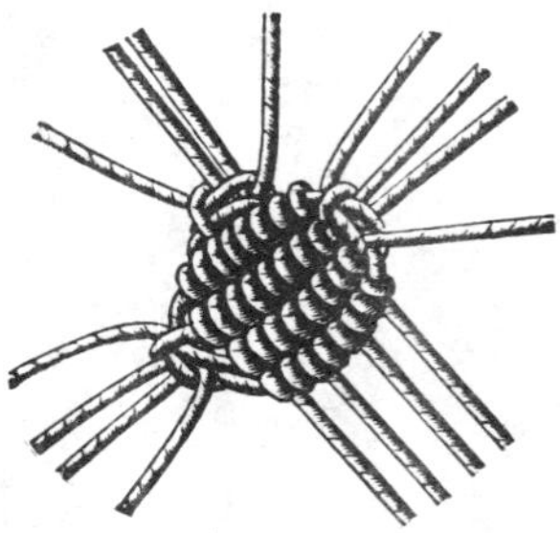

Fig. 645. Coquille de nœuds. Détail de la fig. 644.

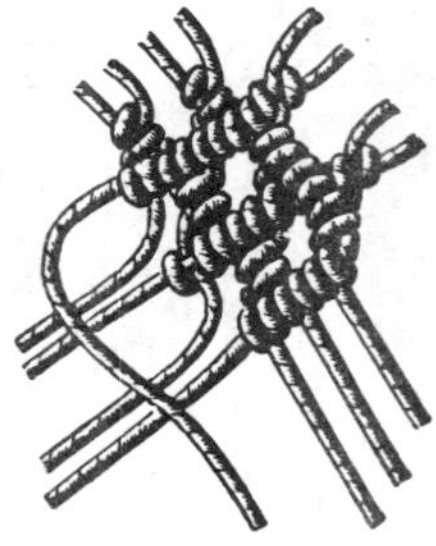

Fig. 646. Motif ajouré. Détail de la fig. 644.

Commencer pour les deux dessins par un montage, fig. 586, suivi d'une simple baguette horizontale. Pour la fig. 648 faire des triples baguettes obliques de nœuds, avec 4 fils, dont l'une est inclinée de droite à gauche, l'autre de gauche à droite; puis faire une simple baguette horizontale et ajouter encore une série de baguettes triples mais inclinées en sens opposé; terminer le dessin par une baguette horizontale, tourner l'ouvrage, fixer encore 1 fil porte-nœuds sur lequel on fait une seconde baguette horizontale, mais sur l'envers de l'ouvrage, et terminer en liant 2 et 2 fils, d'après la fig. 650, lettre *a*, les couper, lettre *b*, et presser le nœud fortement sur l'envers de l'ouvrage, lettre *c*.

Pour la fig. 649 il faut compter 8 fils simples pour un rapport du modèle.

Faire d'abord toutes les baguettes doubles obliques inclinées de droite à gauche, fig. 651, puis en comptant de gauche à droite, prendre le 5me fil pour 1er fil porte-nœuds, encore fig. 651, et commencer la deuxième série de baguettes de nœuds, inclinées de gauche à droite. Arrêter les fils après cette série de nœuds, comme au détail fig. 650.

Galon confectionné à l'aide de navettes pour macramé (fig. 652, 653, 654). — Pour ne pas être forcé de rallonger le fil au milieu d'un ouvrage, et pour ne pas faire pendre de longs bouts de fil, ce qui gêne le travail, nous recommandons l'emploi d'une navette pour macramé, genre de fuseau ressemblant à celui qui sert pour la dentelle.

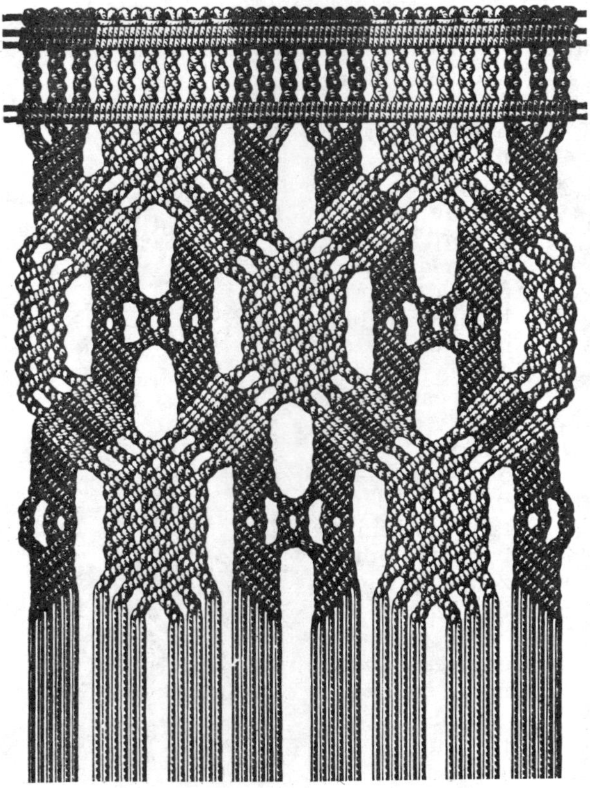

Fig. 647. Fond avec rivière au macramé.
Fournitures : Cordonnet spécial D·M·C No 1 ou Coton perlé D·M·C Nos 3 et 5, en Gris-Fumée 644 et Rouge-Grenat 309.

Les fils doivent être enroulés sur ces navettes et arrêtés au moyen d'un nœud.

Pour l'arrêt du fil voir le chapitre « Les Dentelles aux fuseaux », fig. 1036.

Préparer 8 fils doubles et d'une longueur correspondant à celle que l'on voudra donner au galon.

Pour le Coton perlé D·M·C N° 3 compter 25 centimètres pour chaque rapport du modèle.

Le montage s'opère d'après la fig. 586 avec 3 fils bleus, 2 bruns et 3 bleus; faire suivre une simple baguette à nœuds; puis laisser 2 fils à droite et 2 à gauche; et avec 4 et 4 fils du milieu faire 3 nœuds plats.

Faire des nœuds doubles par-dessus le 16me fil à droite, avec le 15me, 14me, 13me, 12me, 11me, 10me et 9me fil; puis faire des nœuds avec les mêmes fils par-dessus le 15me fil.

Faire à gauche la même baguette par-dessus le 1er fil avec le 2me, 3me, 4me, 5me, 6me, 7me et 8me fil et par-dessus le 2me fil avec les mêmes fils. Pour réunir les deux baguettes faire des

Fig. 648. Bordure au macramé.

Fournitures : Coton perlé D·M·C Nos 3 à 8 ou Alsatia D·M·C No 20, en Brun-Beige 840, Vert doré 580, Gris-Cendre 414 ou Bleu de France 796.

Fig. 649. Bordure au macramé.

Fournitures : Coton perlé D·M·C Nos 3 à 8 ou Alsatia D·M·C No 20, en Rouge-Turc 321, Gris-Fumée 642, Bleu-Indigo 334 ou Brun-Cachou 435.

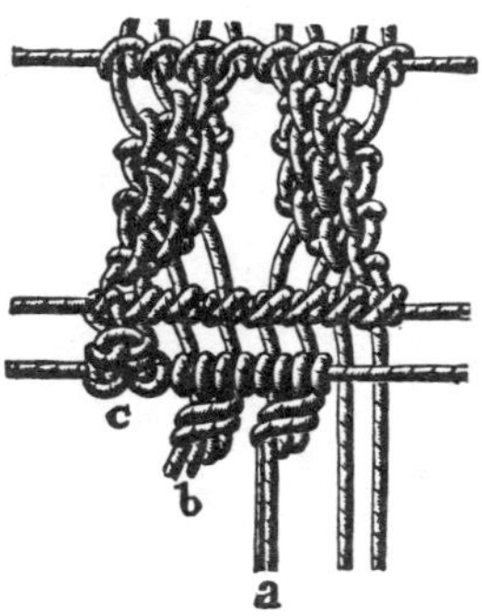

Fig. 650.
Manière d'arrêter les fils.
Détail des fig. 648 et 649.

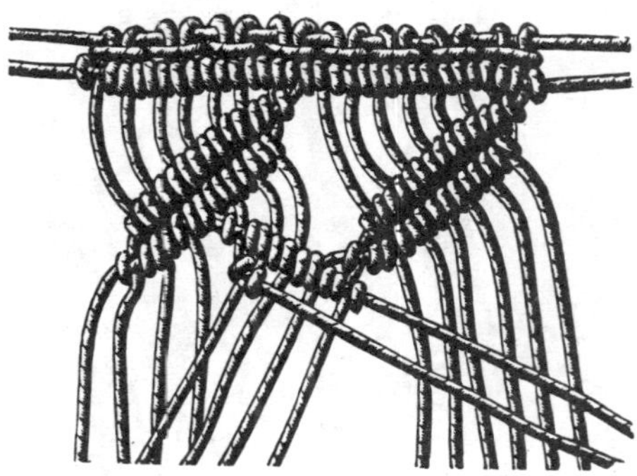

Fig. 651.
Manière d'intervertir les baguettes.
Détail de la fig. 649.

nœuds doubles avec les fils porte-nœuds de la baguette de gauche sur les fils porte-nœuds de la baguette de droite.

Sur les deux côtés et avec les 4 fils bleus extérieurs : 4 nœuds plats, fig. 587, *d* ; encore deux baguettes à droite et à gauche

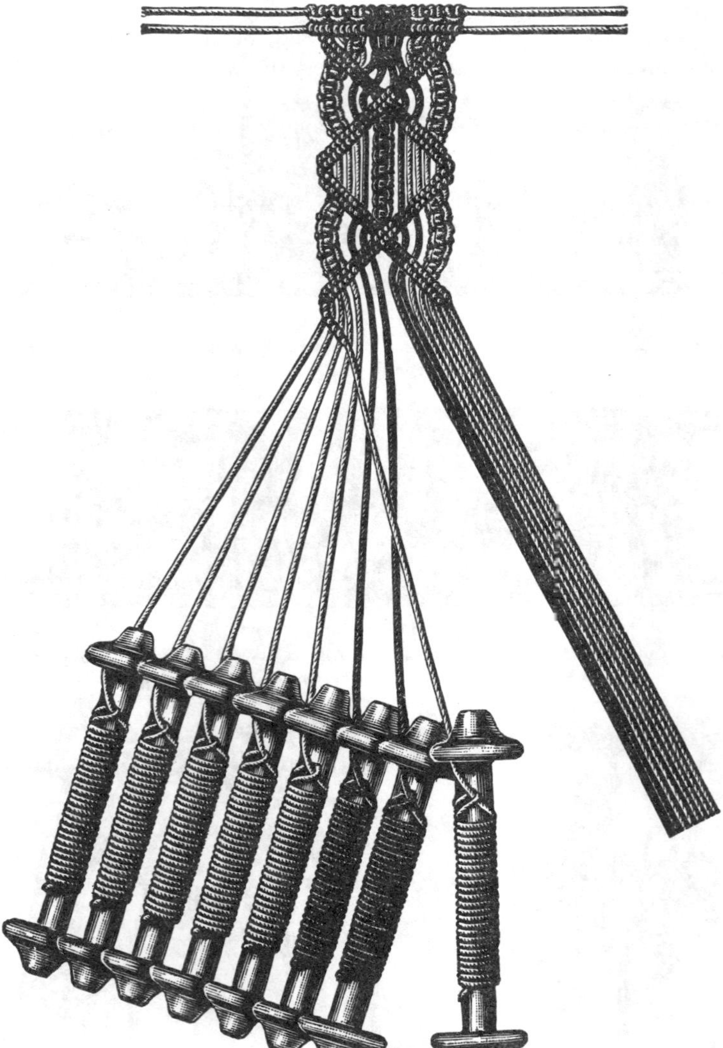

Fig. 652. Galon confectionné à l'aide de navettes pour macramé.
Fournitures : Coton perlé D·M·C Nos 3 à 8, Cordonnet spécial D·M·C Nos 1 à 10 ou Alsatia D·M·C Nos 20 et 25, en Bleu-Indigo 334 et Brun-Cachou 435.

mais dans la direction opposee, et en nouant jusqu'au dernier fil, fig. 654. Prendre les fils bruns du milieu, au nombre de 4, et faire 6 nœuds plats, après quoi ramener vers l'interieur les baguettes à nœuds. Le retour du fil est encore indiqué dans la fig. 654.

Galon à grands pois (fig. 655, 656, 657, 658). — La longueur des fils dépend de la longueur du galon à nouer. Pour le Coton perlé D·M·C N° 3 compter 40 centimètres pour chaque rapport du modèle. Enrouler les brins sur des navettes pour macramé.

1re série — montage d'après la fig. 588 avec bouclettes coupées;

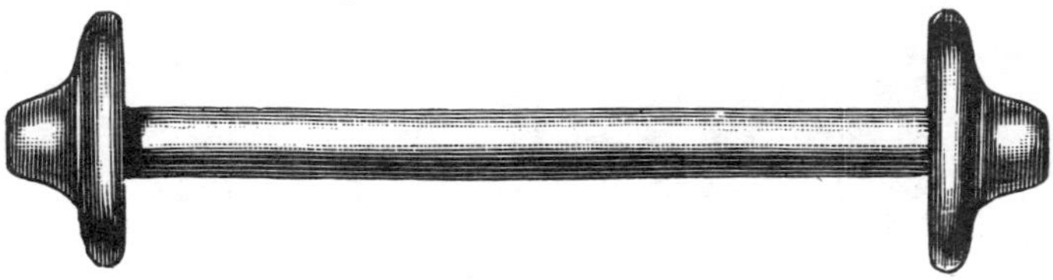

Fig. 653. Navette pour macramé. Grandeur naturelle.

1 fil rouge, 6 fils verts, 2 fils rouges, 6 fils verts, 1 fil rouge suivi d'une baguette simple.

2me série — de gauche à droite et par-dessus le 1er fil rouge: 1 nœud double avec le 2me fil; par-dessus le 1er fil vert: 1 nœud double avec le 2me; de droite à gauche des nœuds doubles avec le 3me, 2me et 1er fil vert par-dessus le 4me fil vert = de gauche à droite: 1 nœud double avec le 6me fil vert par-dessus le 5me et avec le 4me fil par-dessus le 3me = de droite à gauche: 5 nœuds doubles par-dessus le 8me fil vert = de gauche à droite: 1 nœud double par-dessus le 9me fil, 1 nœud double par-dessus le 7me fil, 1 nœud double par-dessus le 5me fil = de droite à gauche: 7 nœuds doubles par-dessus le 12me fil = de gauche à droite: 3 nœuds doubles isolés.

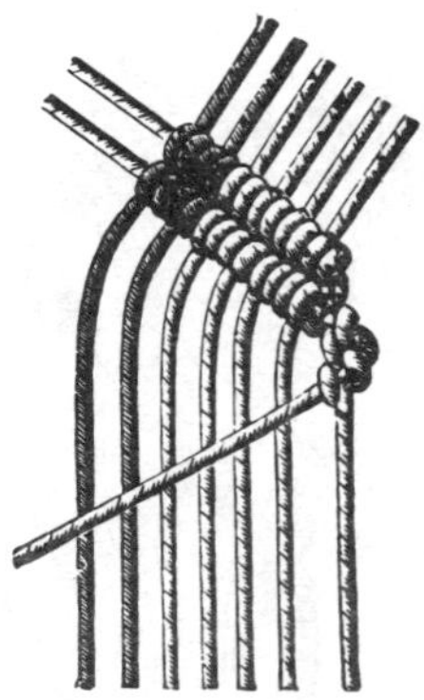

Fig. 654.
Baguette oblique et retour du fil porte-nœuds.
Détail de la fig. 652.

Puis de gauche à droite et ensuite de droite à gauche = avec 6 fils verts: deux baguettes doubles obliques par-dessus les 2 fils rouges (voir aussi le haut de la fig. 658); réunir au milieu les 4 fils rouges et faire un grand pois, fig. 657, qui consiste en 6 nœuds plats, fig. 656, prendre 2 fils à droite et 2 fils à gauche, rabattre ces fils à gauche et à droite et ensuite de l'envers sur l'endroit, sur les fils sortant des baguettes et serrer par 1 nœud plat.

Sur les côtés, faire une dent de trois baguettes doubles et, entre deux baguettes, une petite chaîne en intervertissant deux fois les fils.

Sous les grands pois extérieurs remplir le vide par 9 nœuds plats; sous le pois du milieu faire les baguettes de nœuds entre-croisés comme elles sont clairement expliquées par la fig. 658.

Galon au macramé avec baguettes croisées (fig. 659, 660, 661). — Enrouler les fils sur les navettes pour macramé et pour le Coton perlé D·M·C N° 3, compter 50 centimètres pour les fils bleus et les fils verts et 60 centimètres pour les fils bruns et les fils noirs pour chaque rapport du modèle. Faire le montage d'après la fig. 586, en faisant suivre : 2 fils doubles bleu clair, 2 fils doubles vert clair, 2 fils doubles vert foncé, 1 fil double brun foncé, 1 fil simple noir, 2 fils doubles brun clair, 1 fil simple noir, 1 fil double brun foncé, 2 fils doubles vert foncé, 2 fils doubles vert clair, 2 fils doubles bleu clair.

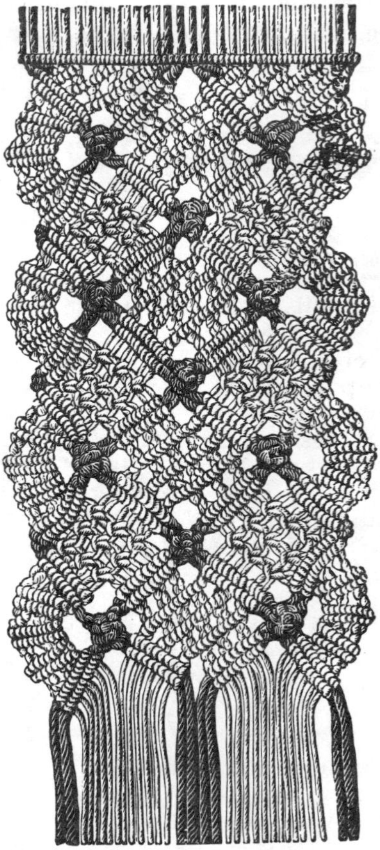

Fig. 655. Galon à grands pois.
Fournitures : Cordonnet spécial D·M·C Nos 3 à 20 ou Coton perlé D·M·C Nos 3 et 5, en Vert-Scarabée 3348 et Rouge-Grenat 309 (*).

Commencer sur les deux côtés par les groupes à jours de baguettes croisées, fig. 660 et 661, avec 4 fils bleus et par 4 interversions au dehors et 3 interversions en dedans = des baguettes avec 4 fils vert clair et avec 3 interversions au dehors et 2 interversions en dedans = des baguettes croisées avec 4 fils vert foncé avec 2 interversions au dehors et 3 interversions en dedans. Par-dessus le 1er fil vert foncé, 1 nœud double avec les 4 fils vert clair et les 4 fils bleus.

Les deux autres fils vert foncé sont noués, de droite à gauche, puis de gauche à droite par-dessus les 4 fils vert clair et les 4 fils bleus qui forment ensemble 8 baguettes en travers de la première baguette = nouer encore ces 8 fils par-dessus le dernier fil vert foncé = ajouter une baguette croisée avec 14 interversions des fils au dehors et 12 interversions en dedans.

(*) Ces numéros désignent des couleurs qui se trouvent sur les cartes de couleurs des articles portant la marque D·M·C. Ces cartes peuvent être consultées chez tous les merciers et marchands d'ouvrages de dames.

Groupe du milieu, côté gauche : 1 nœud double avec le 1er fil brun foncé par-dessus le 2me fil ; pour la 1re baguette 3 nœuds doubles avec le fil noir et avec les 2 fils brun foncé par-dessus le 1er fil brun clair = pour la 2me baguette faire 4 nœuds doubles avec 1 fil noir, avec les 2 fils brun foncé et avec le 1er fil brun clair par-dessus le 2me fil brun clair = pour la 3me baguette faire 4 nœuds doubles avec les 2 fils brun foncé et les 2 fils brun clair par-dessus le fil noir.

A droite le même groupe se dirigeant de gauche à droite.

A gauche — par-dessus le 1er fil brun foncé de droite, 1 nœud double avec 2 fils brun foncé, 2 fils brun clair et 1 fil noir, tous venant de gauche.

A droite — par-dessus le 1er fil brun foncé venant de gauche, 1 nœud double avec 1 fil brun foncé, 2 fils brun clair et 1 fil noir.

A gauche — par-dessus le fil brun foncé venant de droite, 1 nœud double avec 1 fil brun foncé, 2 fils brun clair et 1 fil noir.

A droite — par-dessus le fil brun foncé, 1 nœud double avec 2 fils brun clair et 1 fil noir.

A gauche — le même groupe comme à droite.

A droite — par-dessus le 1er fil brun clair, 1 nœud double avec 1 fil brun clair et 1 fil noir.

A gauche — le même groupe comme à droite.

A droite — par-dessus le dernier fil brun clair, 1 nœud double avec le fil noir.

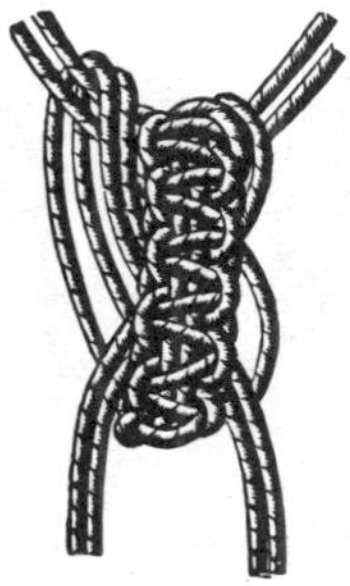

Fig. 656. Grand pois commencé. Détail de la fig. 655.

Fig. 657. Grand pois terminé. Détail de la fig. 655.

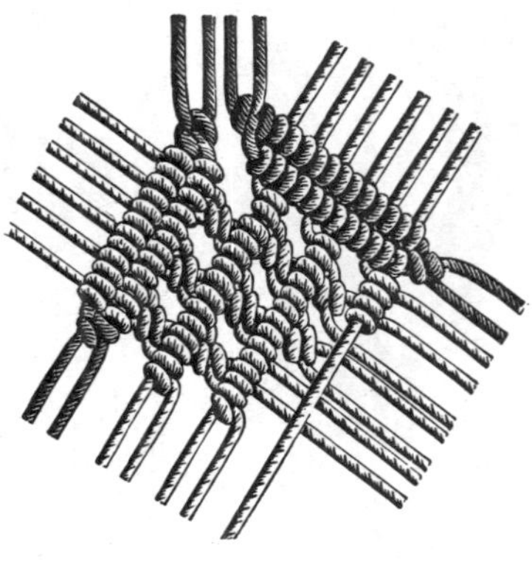

Fig. 658. Interversion des fils. Détail de la fig. 655.

A gauche — 1 nœud double avec les 2 fils noirs.

A gauche — par-dessus les 4 fils vert clair, puis par-dessus les 4 fils bleus : 1 nœud double avec chacun des 2 fils brun foncé et des 2 fils brun clair et avec le fil noir, donc 8 baguettes en travers = 1 nœud double avec le 1er fil brun foncé par-dessus le 2me de la même couleur = 2 nœuds doubles avec les 2 fils brun foncé par-dessus le 1er fil brun clair = 3 nœuds doubles avec 2 fils brun foncé et 1 fil brun clair par-dessus le 2me fil brun clair = 4 nœuds doubles avec 2 fils brun foncé et 2 fils brun clair par-dessus le fil noir = faire suivre 5 autres baguettes, dans lesquelles le fil tourné vers l'intérieur devient toujours fil porte-nœuds.

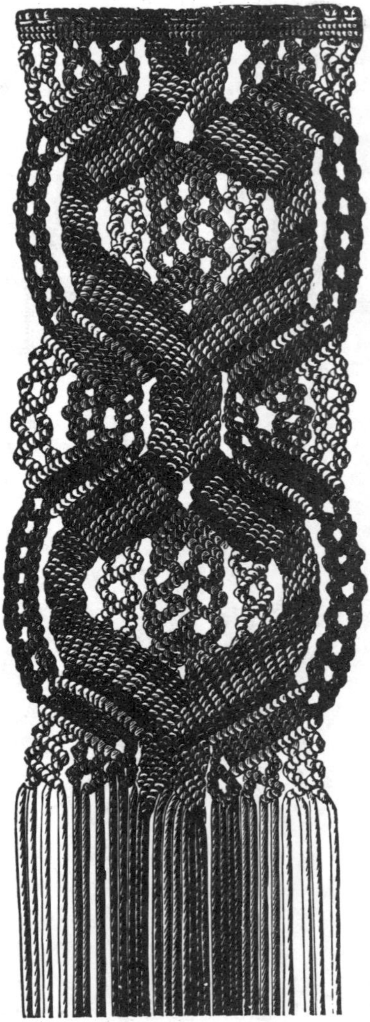

Fig. 659. Galon au macramé avec baguettes croisées.

Fournitures : Cordonnet spécial D·M·C Nos 1 à 30 ou Coton perlé D·M·C Nos 3 à 8, en Noir grand-teint 310, Vert-Scarabée 3346 et 3348, Brun-Cachou 435 et 437 et Bleu-Indigo 334.

Faire les mêmes groupes de droite à gauche, puis recommençant au milieu à gauche, faire les nœuds doubles avec les 4 fils vert clair par-dessus le 1er fil de la même couleur allant de droite à gauche.

A droite — nouer 3 fils vert clair par-dessus le 1er fil venant de gauche et répéter encore deux fois le même groupe.

La troisième baguette forme en même temps le premier feston d'une triple baguette croisée, que l'on fera aussi à droite.

Les deux baguettes croisées se terminent par un triple groupe de baguettes; la dernière baguette à droite ne compte plus qu'un seul nœud double.

Il reste à faire, sur les deux côtés, des baguettes croisées en bleu clair, qui comptent à l'intérieur 3 festons entiers et à l'extérieur un feston entier, et vers le haut et vers le bas un demi-feston.

Nouer tous les autres fils par-dessus les 4 fils bleus et par-dessus les 4 fils vert clair = au milieu, nouer alternativement les fils de droite et les fils de gauche, jusqu'à ce que les fils noirs se rencontrent dans le bas.

Le groupe de baguettes vert et bleu est de nouveau dirigé de l'extérieur vers l'intérieur et terminé par une baguette croisée ayant à l'intérieur trois festons.

Galon au macramé avec coin (fig. 662 et 663). — Pour des galons formant cadre, on fixe les fils dans la moitié de leur longueur sur le coussin pour macramé et on les enroule ensuite de chaque côté sur les navettes pour macramé. On travaille le galon dans les deux sens, et à l'endroit où les deux bouts se rencontrent, on fixe les fils invisiblement sur l'envers de l'ouvrage. Pour le Coton perlé D·M·C N° 3 compter 28 centimètres pour chaque rapport du modèle. Le galon fig. 662 demande 8 fils verts et 8 fils violets; on les fixe de manière à avoir les 8 fils verts au milieu avec 4 fils violets de chaque côté, et l'on commence le travail par les baguettes obliques travaillées avec les fils clairs par-dessus les fils foncés. On fait les deux baguettes tournées vers l'extérieur du coin et une baguette tournée vers l'intérieur; ces figures terminées, on compte au milieu du galon 6 fils de couleur foncée qui servent à faire la baguette quadruple foncée tournée vers le coin. Avec les 4 fils clairs extérieurs, on noue les petites chaînes qui garnissent le coin en forme de feston, après quoi on continue avec trois baguettes claires obliques et le coin est terminé. On obtiendra maintenant 8 fils clairs au milieu et 4 fils foncés de chaque côté; les fils foncés servent à faire les petites feuilles foncées extérieures; les fils clairs sont réunis au milieu par 1 nœud ondulé (fig. 602), avec deux interversions des fils. On continue le dessin avec les baguettes claires obliques; l'exécution de la figure foncée à quatre petites feuilles est clairement indiquée par la fig. 663.

Fig. 660.
Baguette croisée de gauche à droite.
Détail de la fig. 659.

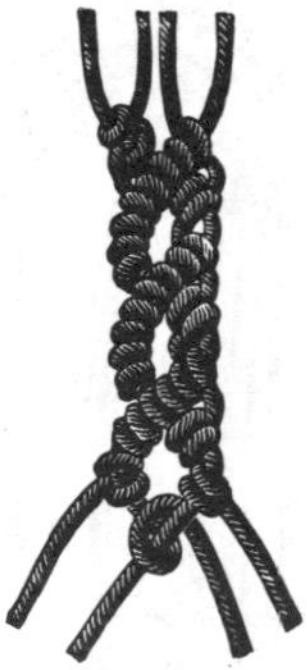

Fig. 661.
Baguette croisée de droite à gauche.
Détail de la fig. 659.

Rosace au macramé (fig. 664 et 665). — Longueur entière pour le N° 3 du Coton perlé D·M·C des fils crème: 140 centimètres et aussi 75 centimètres; longueur des fils de couleur: 150 centimètres et 300 centimètres.

Commençant au centre, on prend 8 fils crème longs de 140 centimètres, au moyen desquels on noue le carré à baguettes contrariées, tel que l'indique la fig. 665; de chaque coin pendront 4 fils de longueur égale.

Ces fils servent de porte-nœuds aux baguettes doubles, terminées par 1 nœud double, pour lesquelles on ajoute encore chaque fois quatre fils de couleur crème.

Les quatre fils pendant de chaque côté des baguettes sont rassemblés par 1 nœud plat.

Puis on prend les 6 fils de couleur, de 150 centimètres de longueur, pour faire les baguettes sextuples qui entourent la figure du centre. Les fils crème servent de fils porte-nœuds. Les fils brun foncé tournés vers le milieu sont noués en premier, puis viennent les brun clair et finalement les bleu clair. Les trois petites chaînes, qui doivent être faites entre les groupes de baguettes, comptent 5, 6 et 7 nœuds. Après avoir terminé les huit baguettes avec les petites chaînes intermédiaires, on noue les bouts de fil de couleur sur l'envers de l'ouvrage, on les fixe au moyen de quelques points de surjet et on les coupe tout près.

Fig. 662.
Galon au macramé avec coin.
Fournitures : Alsatia D·M·C No 25 ou Coton perlé D·M·C No 3, en Gris-Fumée 642 et Rouge-Turc 321, ou en Vert doré 580 et Violet-Scabieuse 395.

Pour le rang de baguettes doubles claires, on ajoute encore 32 fils crème de 140 centimètres de longueur, en les prenant toujours quatre et quatre, que l'on noue à leur demi-longueur par 1 nœud plat. Placer le nœud plat sur le coussin pour macramé tout près de la bande de couleurs et faire des baguettes doubles vers la droite et vers la gauche, en ajoutant aussi de chaque côté les 3 fils crème existants. Laisser 6 millimètres d'intervalle et faire une seconde série de baguettes, qui sera terminée vers l'extérieur chaque-fois par 1 nœud plat. La seconde bande de couleurs est faite comme la première, seulement les baguettes sont ici septuples et non sextuples, et la longueur des fils de couleur est de 300 centimètres.

Fig. 663.
Groupe de feuilles.
Détail du galon fig. 662.

Pour former les dents qui terminent la rosace, on ajoute encore 48 fils crème de 75 centimètres de longueur. On en réunit trois et trois à la demi-longueur par 1 nœud plat, qu'on fixe tout près de la bande de couleurs sur le coussin, et on continue à faire les baguettes doubles. Dans chaque deuxième groupe, il faut encore ajouter 1 fil crème, pour arriver à en avoir 8 pour chaque groupe de nœuds. Laisser 6 millimètres d'intervalle et faire le deuxième rang de baguettes; dans le troisième rang, les baguettes sont placées de manière à former des dents; dans l'intérieur des losanges on assemble les fils par 1 nœud plat.

Le travail terminé, on arrête tous les fils

en en faisant 6 picots simples autour de chaque dent.

Ce genre de rosace, d'un travail très durable, s'emploie comme dessous de lampe, dessus de pelote, etc.

Bordure au macramé avec dents (fig. 666). — Longueur entière des fils pour le N° 1 du Cordonnet spécial D·M·C: 220 centimètres.

Montage à picots ronds simples, d'après la fig. 588, avec une baguette double horizontale suivie d'un rang de petits

Fig 664. Rosace au macramé.

Fournitures : Coton perlé D·M·C No 3 ou Alsatia D·M·C No 20, en Jaune Crème 579, Brun-Cachou 433 et 435 et Bleu de France 796.

nœuds d'assemblage, fig. 600, et d'une seconde baguette double horizontale.

Dans la bordure proprement dite, le dessin est formé par deux figures différentes, dont la plus petite demande 12 fils en largeur : les grandes figures comptent 22 fils ; 10 fils de chaque côté sont destinés à être noués, les 2 fils du milieu sont arrêtés sur l'envers de l'ouvrage. Chaque fois entre deux figures on saute 2 fils, qui sont à fixer sur l'envers de l'ouvrage, et une fois toute la bordure terminée, on arrête le dessin dans le bas par deux baguettes doubles et un rang de petits nœuds d'assemblage, dans lesquelles on ajoute de nouveau les fils que l'on a enlevés dans le haut, de façon que leur nombre reste toujours le même.

Commencer par la petite figure, faire 1 nœud plat avec le 3me, 4me, 5me et 6me fil et 1 nœud plat avec le 7me, 8me, 9me et 10me fil, puis on noue les baguettes triples par-dessus le 1er fil de gauche et le 12me fil de droite, en prenant 6 fils pour chacune.

Les festons qui bordent les figures se font avec 12 nœuds de feston et 2 picots noués, fig. 606, par-dessus 2 fils porte-nœuds; la baguette verticale, travaillée avec 6 fils, demande 4 nœuds plats et 1 picot au milieu vers la droite et vers la gauche. Dans le bas, on répète en sens inverse les baguettes triples, qui seront terminées par 2 nœuds plats.

La grande figure de la bordure est commencée par le premier feston à gauche avec le 1er fil et faire par-dessus le 2me et le 3me fil 3 nœuds de feston, 1 picot noué, 4 nœuds de feston = avec le 4me fil faire par-dessus les 3 fils suivants 6 nœuds de feston garnis d'un picot = avec le 10me fil faire par-dessus le 8me et le 9me fil: 3 nœuds de feston, 1 picot, 3 nœuds de feston, puis continuer vers la gauche avec les fils provenant du deuxième feston avec 4 nœuds doubles par-dessus les 2 fils porte-nœuds, auxquels on ajoute encore 1 picot et 2 nœuds de feston, après quoi on réunit ces fils avec les fils provenant du premier feston par 1 nœud plat. Partager les 6 fils réunis 3 par 3 et faire vers la gauche un feston avec 12 nœuds de feston et 2 picots et vers la droite un feston avec 9 nœuds et 2 picots, qui seront rassemblés dans le bas de nouveau par un nœud plat.

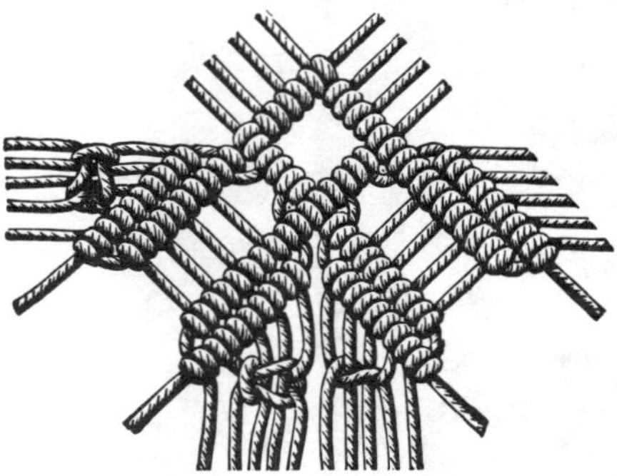

Fig. 665. Détail de la rosace fig. 664.

Répéter les mêmes séries de nœuds du côté droit de la figure, mais en sens inverse.

On obtiendra au milieu 8 fils qui serviront à faire la figure centrale, composée de quatre baguettes triples, qui sont terminées dans le bas, vers la droite et vers la gauche, par des festons comme dans le haut.

Dents. — Chaque dent demande 39 fils. Faire entre les dents 1 petit picot avec 2 fils et 2 nœuds doubles, et arrêter les fils sur l'envers de l'ouvrage. Les 39 fils que l'on compte par dent sont divisés en 9 parties; la 1re, la 5me et la 9me comptent 5 fils, les autres seulement 4 fils.

On commence le travail par la 1re partie à gauche avec 2 nœuds plats par-dessus 3 fils, auxquels suivent 2 petites chaînes à droite et à gauche, donc avec le 1er et le 2me et avec le 4me et le 5me fil qui comptent 8 nœuds simples et qui sont réunis dans le bas par 2 nœuds plats. Faire avec les 2 parties de fils suivants 2 nœuds plats suivis d'une coquille de nœuds, fig. 645 ; avec les fils qui pendent vers la gauche, faire 4 nœuds plats, prendre les 5 fils de la 1re partie à gauche et faire 1 nœud plat

Fig. 666. Bordure au macramé avec dents.

Fournitures : Cordonnet spécial D·M·C Nos 1 à 20, Alsatia D·M·C No 15, Fil à dentelles D·M·C No 30, Coton perlé D·M·C Nos 3 à 8 ou Lin à tricoter et à crocheter D·M·C Nos 3 à 12, en blanc ou écru.

par-dessus 7 fils, sortir 2 fils sur l'envers de l'ouvrage, faire 1 nœud plat par-dessus 5 fils, sortir 2 fils, faire 1 nœud plat par-dessus 3 fils, suivi d'une figure avec petites chaînes, comme nous l'avons décrite plus haut. Avec les 4 fils sortant à droite du nœud de coquille, faire un feston, et avec le premier fil de gauche serrer par-dessus les 3 fils suivants 9 nœuds de feston, 1 picot, 9 nœuds de feston. Avec la 4me partie de fils, faire également un feston composé de 7 nœuds, 1 picot et 7 nœuds, et avec la 5me partie de fil, faire la même figure comme avec la 1re, mais faire toutefois, à la fin, 1 seul nœud plat.

La partie droite de la dent est faite de la même manière, seulement en sens inverse, puis faire 3 nœuds plats par-dessus les trois parties de fils du milieu, donc par-dessus 11 fils, sortir

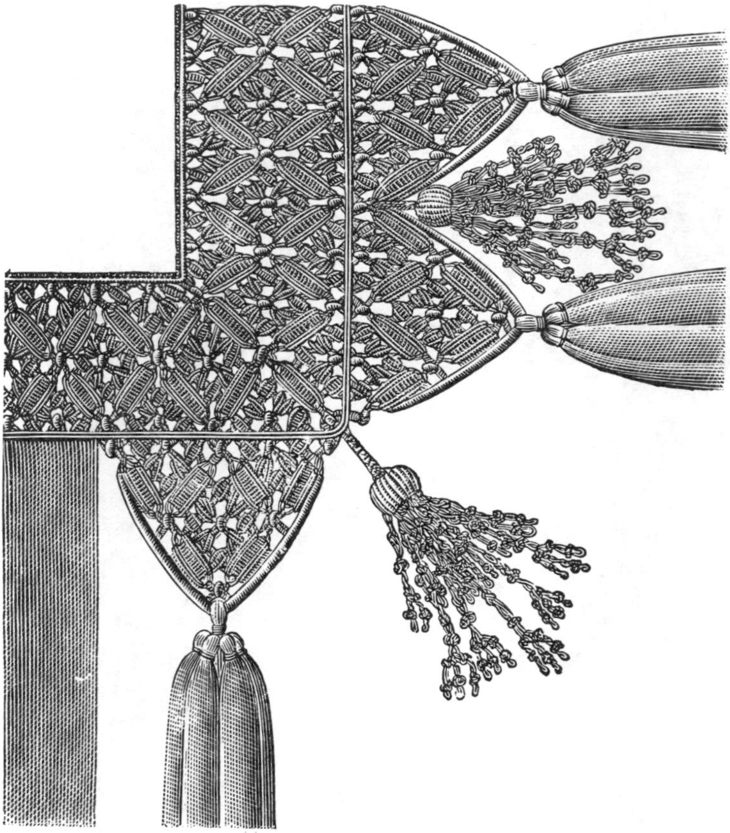

Fig. 667. Frange à dents pointues avec grands glands.
Fournitures : Cordonnet spécial D·M·C Nos 1 à 50, Alsatia D·M·C Nos 15 à 25, Fil à dentelles D·M·C Nos 30 à 50 ou Coton perlé D·M·C Nos 3 à 8, en blanc ou écru.

3 fils, prendre les grands festons de droite et de gauche, 3 nœuds plats par-dessus 16 fils; diviser les fils de manière à avoir 5 fils à droite et à gauche et 8 fils au milieu.

Faire à droite et à gauche la figure avec les petites chaînes, les réunir aux figures extérieures par 3 nœuds plats, sortir 5 fils et répéter encore une fois la même figure.

Avec les 8 fils du milieu, on fait une baguette avec 14 nœuds ondulés, puis on divise les 8 fils en 4 et 4 pour faire les baguettes à 4 nœuds plats garnies de picots vers la droite et vers la gauche, on réunit ces baguettes aux figures extérieures par 1 nœud plat, on sort 4 fils, puis on fait un feston avec 5 nœuds, 1 picot et 5 nœuds.

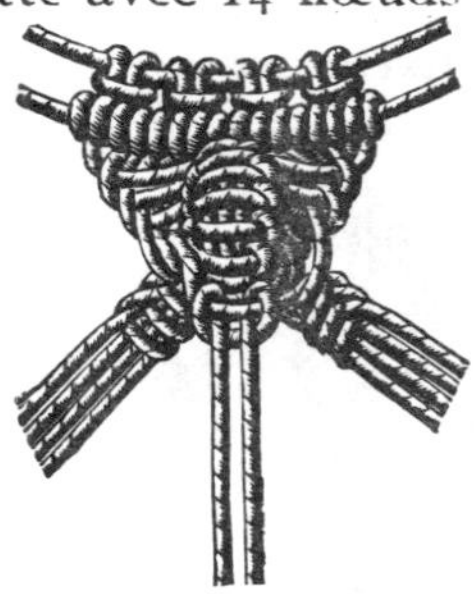

Fig. 668. Addition du premier fil supplémentaire. Détail de la fig. 667.

Les 5 fils sortant du feston de gauche sont noués par-dessus les 5 fils provenant du feston de droite, puis on fait de chaque côté un picot noué avec 5 fils, que l'on fixe ensuite invisiblement sur l'envers de l'ouvrage.

Frange à dents pointues avec grands glands (fig. 667, 668, 669, 670, 671, 672, 673, 674). — Longueur entière des fils pour le N° 1 du Cordonnet spécial D·M·C: 350 centimètres.

Le motif de macramé avec lequel nous terminons ce chapitre est non seulement l'un des plus jolis, mais aussi l'un de ceux qui demandent le plus de précision et la plus grande attention quant à la bonne direction des fils porte-nœuds. Les groupes de nœuds doubles et les baguettes devront être serrés le plus possible afin que le dessin ressorte distinctement sur l'ouvrage entier et que les différents motifs soient bien nettement formés. Pour chaque rapport on comptera 16 fils doubles.

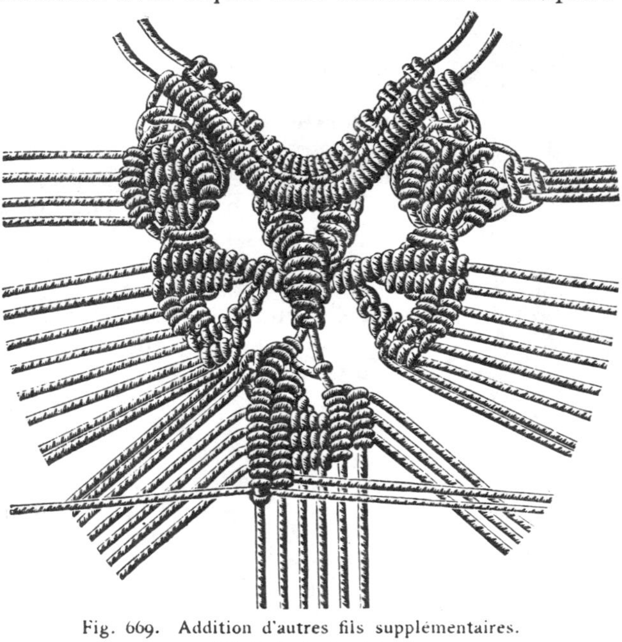

Fig. 669. Addition d'autres fils supplémentaires. Détail de la fig. 667.

On commence les demi-étoiles de chaque côté d'un losange

avec le 15me et le 16me fil double du premier rapport, et l'on fait avec le 4me fil 3 nœuds de feston par-dessus les 3 fils, fig. 668.

Par-dessus 2 fils porte-nœuds de gauche et par-dessus 1 fil porte-nœuds de droite, donc par-dessus 3 fils 5 nœuds de feston avec le 4me fil, et avec les fils libres 1 nœud plat par-dessus les 4 fils.

Ceci forme un petit pois. Des deux côtés du pois: 3 nœuds de feston par-dessus 3 fils.

Prendre pour les groupes à baguettes: le 11me, 12me, 13me et 14me fil double à gauche, le 3me, 4me, 5me et 6me fil double à droite. Ces groupes sont liés par des nœuds de feston.

Nouer, par-dessus le 1er fil porte-nœuds de droite, les 4 fils du groupe à gauche; nouer par-dessus ces derniers fils les 2 fils suivants de droite; nouer par-dessus le 4me fil de droite les 4 fils de gauche; faire par-dessus les 3 fils dans le bas et sur le côté 2 nœuds de feston avec le 4me fil.

Par-dessus les 4 fils découlant de gauche et de droite: deux baguettes quadruples; croiser les fils supérieurs après le second rang de baguettes, faire avec le fil suivant 2 nœuds de feston par-dessus le 4me fil, puis terminer la 3me et la 4me baguette de nœuds.

Dans le bas faire encore un motif avec les 4 fils de gauche par-dessus les 4 fils de droite.

Pour former sur les deux côtés le groupe de nœuds en forme d'olives, on prend pour fils porte-nœuds les fils découlant du grand pois.

Fig. 671.
Grelot formé par une petite chaine.

Dans la fig. 668 se trouve représentée l'addition du premier fil supplémentaire, dans la fig. 669 l'addition de 13 autres fils qui, montés sur le premier, forment avec celui-ci le groupe de baguettes qui se trouve sur la ligne diagonale du coin.

Pour le grand pois suivant on montera de nouveau 2 doubles fils supplémentaires, auxquels on ajoute encore 1 fil du motif qui précède.

On ajoute encore 2 fils supplémentaires aux fils libres à gauche et à droite. Ces 4 fils serviront de nouveau de fils porte-nœuds pour les groupes à baguettes de gauche et de droite.

Le 4me groupe à baguettes, qui est aussi celui qui fait le coin de la frange, est monté sur les 4 fils découlant du grand pois, par-dessus lesquels on monte les quatrièmes 12 fils supplémentaires; le pois du bas demande encore 4 fils supplémentaires. Une demi-étoile achève le fond et une baguette double sépare le fond des grandes dents qui commencent également par 2 demi-étoiles et par 5 grands pois. Sous les demi-étoiles suivent 4 groupes à baguettes, puis une étoile complète, 2 grands pois à droite et à gauche, et finalement 2 nouveaux groupes à baguettes, que l'on rejoint par un grand pois, qui se trouve à la pointe de la dent.

Fig. 672. Fraise au macramé.

Les fils sortant des groupes sont réunis dès le haut de la dent et recouverts successivement de points de surjet très serrés de façon à former une espèce de ganse ronde autour de la dent; cette ganse, mince au haut, grossira au fur et à mesure que l'on s'approchera du bout où les fils seront disposés de manière à former un gland très volumineux. On le garnira, de plus, de 6 à 8 glands faits isolément et que l'on attache par leur tenon à la partie enroulée.

Fig. 673. Petit pendillon du gland de la fig. 667.

Entre les dents on voit encore de riches pendillons, pour lesquels on fait d'abord un grand grelot, nommé aussi « fraise », avec 21 fils porte-nœuds d'après la fig. 672.

Fig. 674. Grand pendillon du gland de la fig. 667.

Les 21 fils seront assemblés dès le commencement et les bouts portés sur l'intérieur du grelot; puis on fait 2 tours de nœuds par-dessus 12 fils, 1 tour de nœuds par-dessus 15 fils, 3 tours de nœuds par-dessus 21 fils, 1 tour de nœuds par-dessus 15 fils et 2 tours de nœuds par-dessus 12 fils. On reporte encore les bouts à l'intérieur du grelot, que l'on bourre d'ouate pour le rendre plus résistant et qu'on ferme ensuite par quelques points.

Au bas de ce grelot on attache 5 grands pendillons et 6 petits. Les petits pendillons, fig. 673, sont commencés par le nœud chinois, fig. 670, dont la suite consiste en une chaîne avec laquelle on forme un grelot.

On coupe 3 fils de la chaîne lorsqu'on a une chaîne double, 1 fil lorsqu'on a une chaîne simple, on cache les bouts à l'intérieur du grelot et on les y arrête par quelques points; voir le haut de la fig. 673.

Le fil restant est disposé en tenon dans lequel on suspend 3 grelots faits au moyen d'une petite chaîne, fig. 671, et dont les deux fils sont arrêtés à l'intérieur après avoir formé une bouclette dans le haut et dans le bas.

Le grand pendillon, fig. 674, commence par une chaîne simple, transformée en grelot, au tenon duquel on attache successivement : 2 nœuds chinois, terminés par un grelot et par un tenon, puis 3 petits pendillons composés de grelots et de tenons formés par une chaîne simple, tels qu'ils sont représentés dans la fig. 671.

La fraise est garnie dans le haut d'une ganse crochetée ou nouée, pour laquelle on trouvera l'explication au chapitre « La Garniture des ouvrages », fig. 1112 à 1116, 1118 et 1119, et qui servira à attacher le gland entre les dents de la frange.

Modèles d'ouvrages. — En dehors des ouvrages décrits ci-dessus, on trouvera un grand choix de modèles pour le macramé dans les publications suivantes de la BIBLIOTHÈQUE D·M·C : *Le Macramé* et *Franges nouées* (*).

Bande en filet artistique avec points de remplissage et contours au point de reprise.

Le Filet

Le filet est un des ouvrages les plus anciens, et il serait bien difficile de dire quel en est le pays d'origine, car nous le retrouvons chez tous les peuples primitifs, employé comme engin de pêche et de chasse.

Composé d'abord de mailles simples, reliées par des nœuds, le filet a été l'objet de transformations successives, qui en ont fait une occupation des plus attrayantes. Les perfectionnements réalisés ont été tels qu'on est arrivé à obtenir de véritables ouvrages d'art, grâce aux effets produits par l'ornementation du réseau au moyen de broderies exécutées avec les matières les plus variées.

Nous rencontrons, par exemple, en Perse, le filet de soie brodé d'or et d'argent; en Italie, le filet découpé; en France, le filet Richelieu (*); mais le filet brodé de l'Allemagne du XVIIIe siècle, avec ses grands motifs de fleurs stylisées est certainement plus riche. Le filet moderne, brodé avec des points simples, est caractérisé par l'emploi de différentes sortes et grosseurs de fil qui donnent des effets de lumière très intéressants.

Les ouvrages au filet peuvent se diviser en deux catégories

(*) Voir, à la fin du volume, la liste des publications de la Bibliothèque D·M·C contenant une grande variété de modèles pour tous les genres d'ouvrages.

bien distinctes : le filet proprement dit, ou filet simple, et le filet brodé, appelé également filet artistique.

En remplacement du filet fait à la main ou à la machine, on emploie souvent un tissu imitant ce dernier et qui s'appelle lacis ou canevas-filet.

La broderie sur filet peut être exécutée à la machine à coudre comme tous les genres de broderie à la main. Les grands motifs au point de toile et au point de reprise s'y prêtent très bien. Ce travail étant alors rapide on peut confectionner en peu de temps des objets de grandes dimensions. On peut également broder les remplissages au point d'esprit ou avec des points façonnés. Pour de petites surfaces, le fond de filet lui-même peut être confectionné dans un cadre de tissu.

Outils pour le filet simple (fig. 675, 676, 677). — Le filet se compose de bouclettes de fil, appelées « mailles », qui sont

Fig. 675. Navette pour filet en acier. Grandeur réduite.

Fig. 676. Navette pour filet en ivoire. Grandeur réduite.

Fig. 677. Moule pour filet. Grandeur réduite.

arrêtées par des nœuds. Pour former les mailles, il faut des navettes et des moules.

Les navettes sont fabriquées en acier, en bois ou en os ; les premières servent pour les ouvrages fins ; elles sont terminées aux deux extrémités par des pinces, au-dessous desquelles se trouve un chas pour fixer le fil, fig. 675 ; le milieu de la navette est pareil à une aiguille à tricoter.

Les navettes en bois et en os ne s'emploient que pour les gros ouvrages ; les pinces sont plus grandes, fig. 676, et la tige n'est pas percée.

Afin que la navette puisse être glissée facilement à travers les mailles, le fil doit y être enroulé dans une quantité correspondant à la grosseur du moule employé.

Les moules, fig. 677, sont en bois, acier ou os ; ils doivent être bien arrondis et de grosseur uniforme sur toute la longueur, d'abord pour obtenir des mailles bien égales et ensuite pour faciliter leur passage dans les mailles. Pour faire des franges, on remplace le moule par une règle plate.

Navette et moule devront toujours être en rapport avec la grandeur des mailles à faire et avec le fil employé.

En dehors de ces outils, on se procurera encore une lourde pelote, à laquelle on fixera la boucle de gros fil qui maintiendra le filet pendant sa confection.

Fournitures. — Le choix du fil dépend absolument de l'emploi auquel est destiné l'ouvrage. On peut faire le filet avec du coton, du lin ou de la soie; les ouvrages en une seule couleur se font généralement en coton ou en lin; les ouvrages en plusieurs couleurs, en soie ou avec un fil imitant la soie.

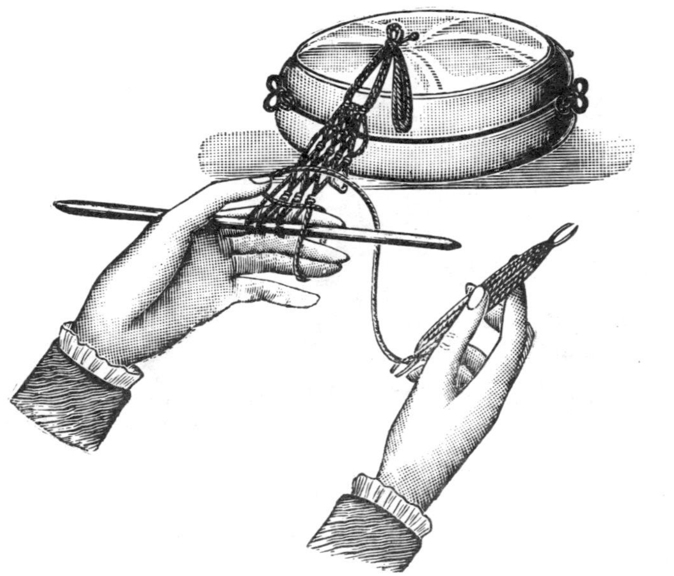

Fig. 678. Mailles simples. Première position des mains.

Parmi les articles de la marque D·M·C, nous recommandons, pour faire le filet, le Lin à tricoter et à crocheter D·M·C, le Lin pour dentelles D·M·C, ainsi que l'Alsatia D·M·C, le Cordonnet spécial D·M·C, le Fil à dentelles D·M·C, le Fil d'Alsace D·M·C et le Coton perlé D·M·C.

Tous ces fils sont d'une grande égalité de torsion et ils ne se nouent pas pendant le travail.

Mailles du filet. — En réalité, la forme qu'affectent les mailles du filet est toujours la même, celle d'un carré ou celle d'un losange.

Les dessins qui se forment dans le filet simple sont dus à

l'emploi de moules de grosseurs différentes ou à la manière plus ou moins compliquée d'entrelacer les mailles.

Dans le filet on distingue plusieurs sortes de mailles; les plus importantes sont : 1° les mailles simples, 2° les mailles doubles, 3° les mailles allongées, 4° les mailles glissées.

1° **Mailles simples. Première position des mains** (fig. 678). — Pour faire un filet on commence par former une boucle longue de 10 à 20 centimètres, pour laquelle on prend un fil très fort; on la fixe à une pelote ou plomb avec une épingle. On attache le fil sortant de la navette à la

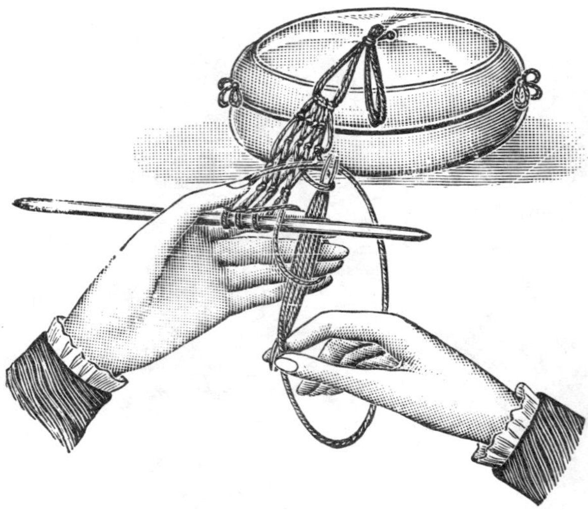

Fig. 679. Deuxième position des mains.

boucle fixée au plomb. Puis on prend le moule dans la main gauche, entre le pouce et l'index, et on raidit les doigts. On passe le fil par-dessus le moule et par-dessus les deuxième, troisième et quatrième doigts, on le ramène vers le haut, derrière ces trois doigts, et on le place à gauche, où il est retenu par le pouce.

Deuxième et troisième position des mains (fig. 679 et 680). — On fait redescendre le fil derrière les quatre doigts et l'on fait passer la navette de bas en haut par la boucle qui se trouve sur les doigts et par la boucle derrière le moule, soit par celle à laquelle le brin est attaché; une seconde boucle se forme ainsi sur la main gauche, le petit doigt retient cette boucle.

On serre peu à peu le fil, on dégage les doigts de la boucle retenue par le pouce, puis on serre la boucle passant par-dessus les deuxième, troisième et quatrième doigts. La dernière boucle sera maintenue sur le petit doigt jusqu'à ce que la première soit entièrement fermée. Alors seulement on dégage le petit doigt de la boucle, on serre le nœud et l'on termine en même temps une maille.

Les mailles suivantes sont faites de la même manière, qu'elles servent à monter l'ouvrage ou à faire un fond de filet.

Lorsqu'un nombre suffisant de boucles est monté, on retire

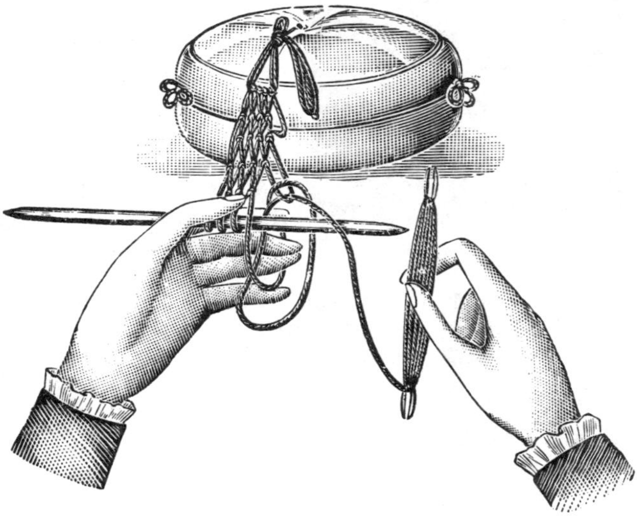

Fig. 680. Troisième position des mains.

le moule, on tourne l'ouvrage, et pour commencer un nouveau rang on pose le moule contre le rang de mailles terminé.

La navette passe alors par la dernière maille du rang précédent et l'on fait autant de nœuds qu'il y a de boucles.

Ces boucles forment le filet simple ou biaisé pour lequel on retourne l'ouvrage après chaque rang, puisqu'on le fait en allers et en retours.

2° **Mailles doubles.** — Pour faire une maille double, tourner deux ou trois fois le fil autour du moule. Cette maille sera donc plus longue que la maille simple.

3° **Mailles allongées.** — Pour les mailles allongées, ne pas arrêter le nœud tout près du moule.

4° **Mailles glissées.** — Conduire le fil par-dessus le moule et les doigts comme pour la maille simple, passer la navette comme pour toute autre maille, mais retirer le moule avant de serrer le nœud.

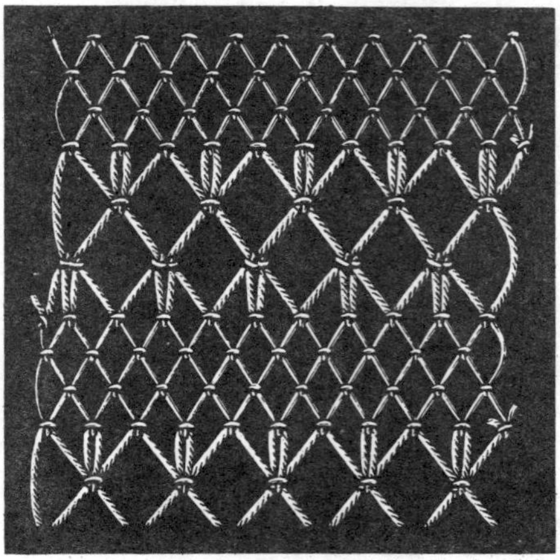

Fig. 681. Filet façonné produit par des augmentations et des diminutions.

Filet façonné par l'emploi de moules de grosseurs différentes. — On peut varier le filet simple en utilisant des moules de grosseurs différentes. Dans ce cas, on fait un ou deux rangs par-dessus un moule fin et autant de rangs par-dessus un moule plus fort. On alterne régulièrement les deux moules.

Filet façonné produit par des augmentations et des diminutions (fig. 681). Les dessins les plus jolis et les plus variés se produisent en réunissant plusieurs mailles par 1 nœud, dans un premier rang, et en refaisant dans un second rang autant de boucles qu'on en avait diminué.

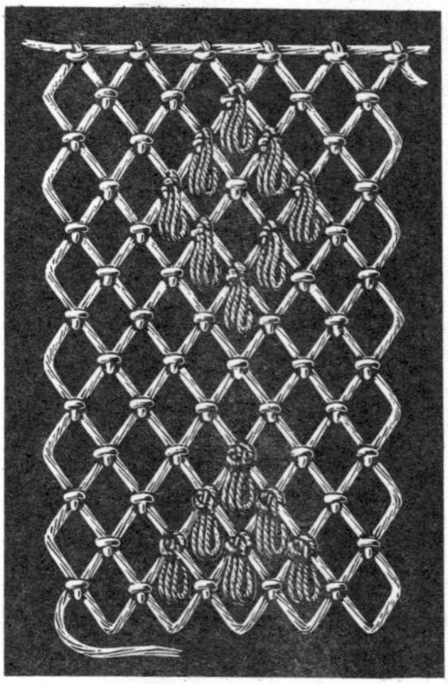

Fig. 682. Filet façonné avec mouches bouclées.

Les augmentations et les diminutions des mailles peuvent se reproduire dans un même rang de mailles ou après un nombre déterminé de rangs. Dans la fig. 681 on remarquera l'emploi de deux grosseurs de fils. Trois rangs de mailles simples sont faits avec le fil fin, un rang de mailles simples avec du fil plus gros et un moule proportionné, un rang dans lequel on fait des diminutions en réunissant 2 mailles par 1 nœud, avec le gros fil et le gros moule, un rang avec le gros fil et le gros moule, dans lequel on fait des augmentations en plaçant 2 nœuds dans 1 boucle. Puis on continue avec trois rangs de mailles simples avec le fil fin.

Filet façonné avec mouches bouclées (fig. 682 et 683). — Les boucles pour mouches se font, dans le filet de la manière suivante :

1er rang — commencer par 1 maille dont le nœud ne touchera pas le moule ; passer le fil par-dessus le moule et la navette par la maille dans laquelle se trouve le nœud, répéter le même procédé trois à quatre fois et veiller à ce que toutes les boucles soient de longueur pareille. Puis faire 1 nœud par-dessus toutes les boucles en passant la navette, de droite à gauche, autour des boucles, au lieu de la passer par la maille du rang précédent.

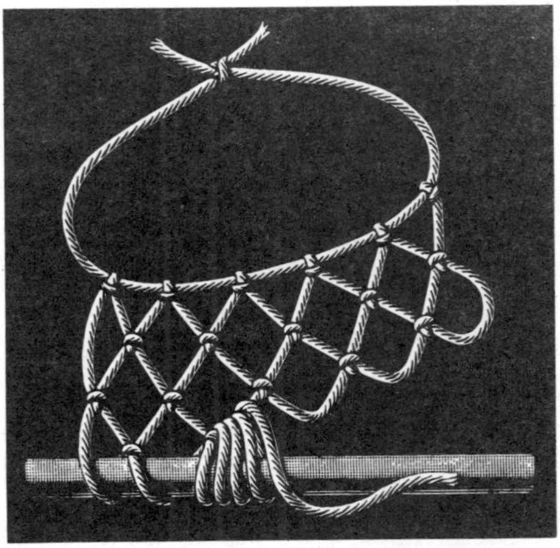

Fig. 683. Formation des mouches bouclées.

2me rang — faire 1 maille dans chacune des mailles du 1er rang, mais non dans les boucles formant la mouche.

De cette façon on peut produire les dessins les plus variés dans un fond de filet simple.

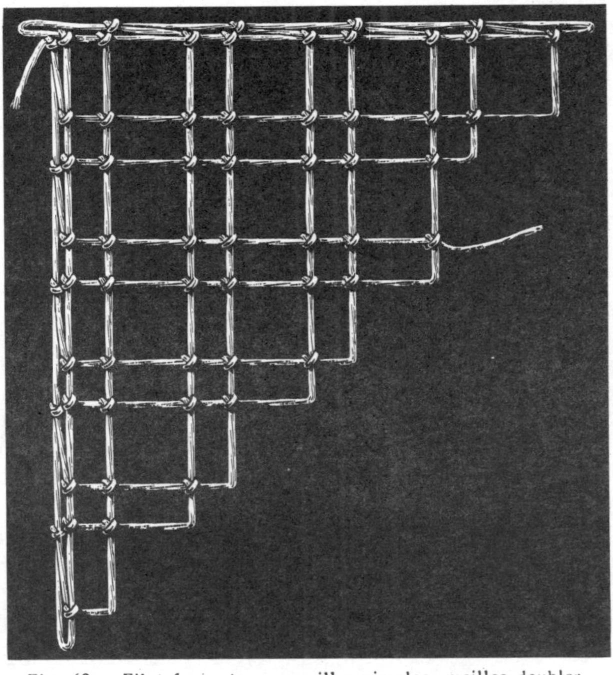

Fig. 684. Filet façonné avec mailles simples, mailles doubles et mailles allongées.

Filet façonné avec mailles simples, mailles doubles et mailles allongées (fig. 684). — Le filet composé à la fois de grandes et de petites mailles s'emploie généralement pour faire le filet brodé. Nous donnons plus loin deux jolis fonds brodés sur filet façonné ; voir les fig. 742 et 743. Dans la fig. 684 ce filet est fait à carreaux droits, mais on peut aussi le faire pour un fond en biais.

Fig. 685. Rosace en filet avec mailles longues et mailles courtes.

1er rang — faire 1 maille double et 1 maille simple.

2me rang — entièrement en mailles allongées, pour lesquelles on ne tournera qu'une seule fois le fil autour du moule.

Le nœud qui serre la maille double doit être rapproché autant que possible du moule, celui qui serre la maille simple doit être fait en tête de cette maille, de telle sorte que, le rang terminé, toutes les boucles soient alignées.

Dans le 3me rang, pareil au 1er, on aura soin de faire en sorte que les mailles simples soient placées entre les petites ouvertures, et les mailles doubles entre les grandes.

De la même manière on arrivera à confectionner des filets en alternant 4, 9 ou 16 petites mailles avec 1 grande maille et le nombre correspondant de mailles allongées.

Fig. 686. Rosace en filet produite par des augmentations.

Rosace en filet avec mailles longues et mailles courtes (fig. 685). — Monter par-dessus un moule assez gros 30 ou 31 boucles avec un fil double très gros, puis serrer le fil sur lequel les mailles sont montées ; réduire autant que possible les dimensions de l'ouverture formée par la boucle centrale et y arrêter le fil.

Pour le tour suivant, qui se fait encore avec le fil gros double, attacher le fil à une boucle longue et faire des mailles dans chacune des précédentes, en se servant d'un

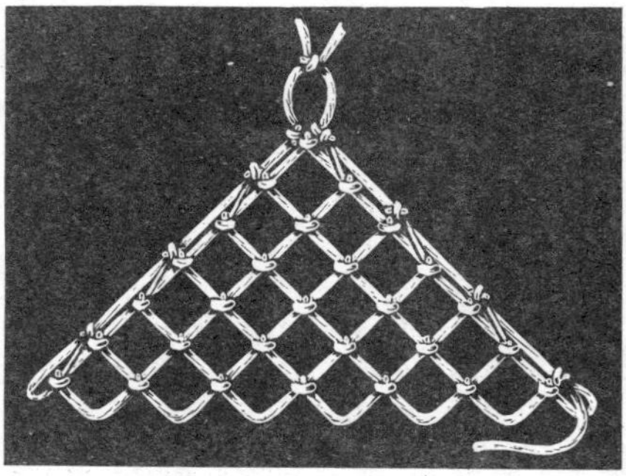

Fig. 687. Filet carré. Commencé.

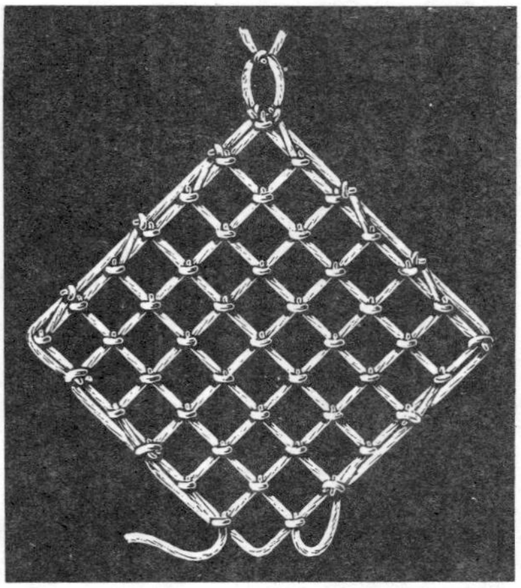

Fig. 688. Filet carré. Terminé.

moule fin. Garder le même moule pour les tours suivants exécutés en fil simple plus fin. Si on ne veut pas renouer le fil au commencement de chaque tour, il faut faire une maille glissée.

Rosace en filet produite par des augmentations (fig. 686). — Monter 12 mailles dans la boucle, fermer la

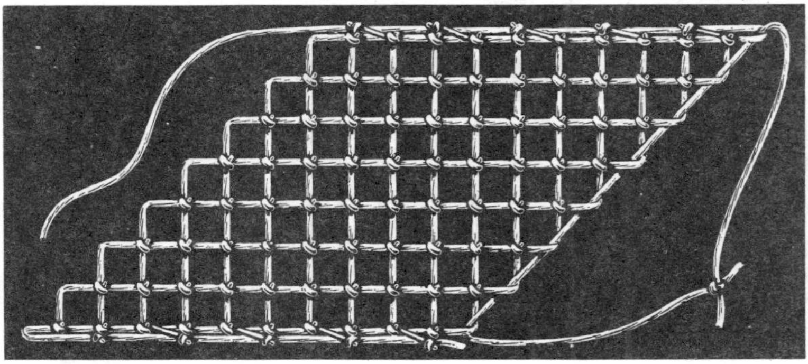

Fig. 689. Filet droit en bande.

boucle; puis faire, jusqu'à ce que le filet ait la circonférence nécessaire, un tour avec 1 nœud dans la 1re maille et 2 nœuds dans la 2me maille. Dans les tours suivants, augmenter d'une maille, c'est-à-dire placer 2 nœuds dans l'augmentation précédente.

Filet carré (fig. 687 et 688). — Pour faire des carrés en filet et pour obtenir des carrés réguliers, commencer par monter 2 mailles et 3 nœuds. Faire dans chacun des rangs suivants 2 nœuds dans la dernière boucle, de façon que chaque rang soit augmenté d'une maille. Continuer à augmenter jusqu'à ce qu'il y ait 1 maille de plus que ne doit en compter le carré. Faire, après ce rang, avec la maille excédante, un rang sans augmentation ni diminution, commencer les diminutions dans le rang suivant en réunissant par 1 nœud les 2 dernières boucles de chaque rang.

Glisser les 2 dernières mailles.

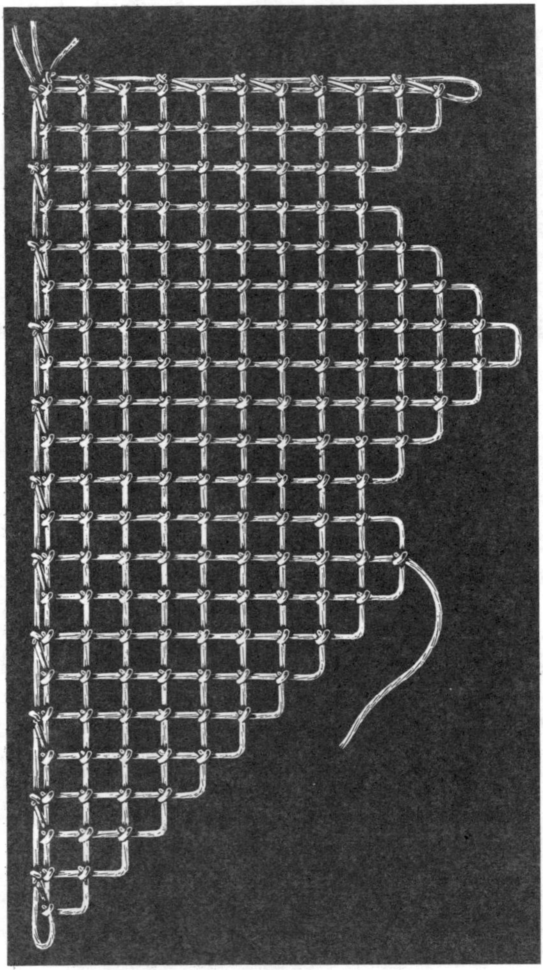

Fig. 690.
Filet droit avec talon fermé et bord à dents à mailles dégagées.

Filet droit en bande (fig. 689). — Pour faire le filet en bande monter le nombre de mailles nécessaires, puis en travaillant, augmenter d'un côté, en plaçant 2 nœuds dans 1 maille et diminuer de l'autre côté en réunissant 2 mailles par 1 nœud.

Il faudra avoir soin de ne pas intervertir les diminutions et les augmentations. Toute erreur interromprait les lignes de carrés; la broderie sur ce filet deviendrait donc impossible, à moins que la bande ne compte plus de mailles que le dessin ne compte de points. On pourra dans ce cas, couper les mailles superflues du bord et aligner tous les carrés, une fois la broderie terminée. Il faut bien faire attention à ce que les mailles ne deviennent pas trop courtes du côté où l'on augmente; c'est un défaut qui se produit assez fréquemment parce que les 2 nœuds provenant de l'augmentation, prennent plus de place que la diminution, où l'on rassemble 2 mailles par 1 nœud.

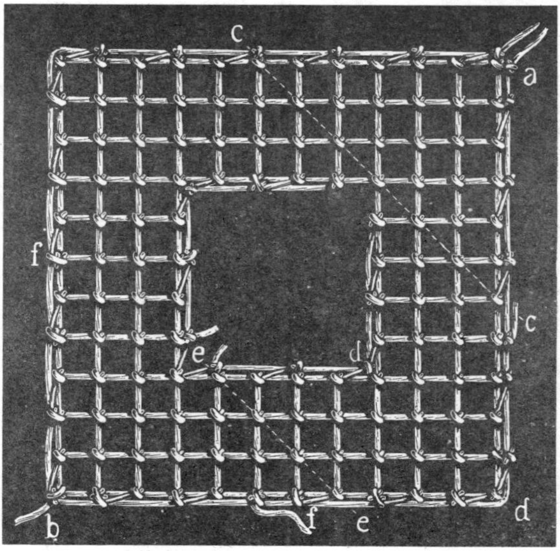

Fig. 691. Cadre en filet.

Filet droit avec talon fermé et bord à dents à mailles dégagées (fig. 690). Pour faire le filet droit en bande, on commence comme pour un carré en filet droit. Après avoir monté 2 mailles, on fait des rangs avec augmentations jusqu'à ce que l'on ait atteint le nombre de 12. Puis on fait régulièrement à gauche 1 augmentation, tandis que dans les rangs à droite, on dégage les 3 mailles extérieures. En continuant les augmentations toujours à gauche, on fait 4 rangs, sans augmenter ni diminuer à droite, dans le 5me rang on saute les dernières 4 mailles, puis, dans les rangs suivants, on dégage de nouveau la maille extérieure.

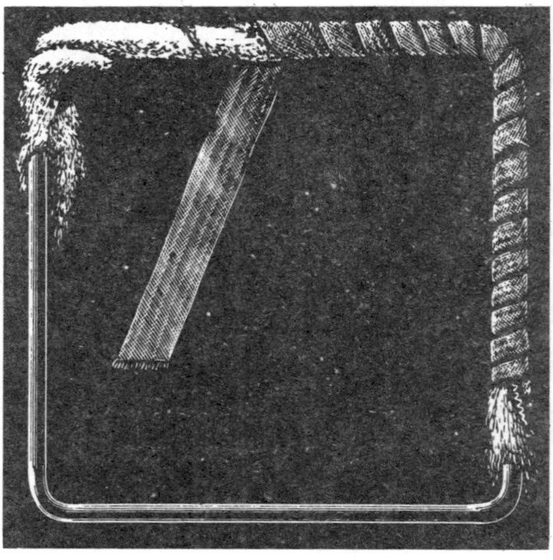

Fig. 692.
Cadre métallique pour le filet brodé.

Cadre en filet (fig. 691). — On peut faire au filet des encadrements de mouchoirs, de couvertures et de têtières, en une seule pièce et en laissant l'intérieur vide.

Après avoir monté les mailles comme pour un filet ordinaire, lettre *a*, on les augmente jusqu'à ce que l'on ait obtenu 8 mailles, lettre *c*, puis faire 4 mailles, sauter les dernières 4 mailles du rang précédent = tourner = faire 5 mailles, augmenter à la dernière maille = tourner = faire 4 mailles et diminuer à la dernière maille = tourner = faire 5 mailles, augmenter à la dernière maille = tourner = faire 4 mailles, diminuer à la dernière maille, puis augmenter encore dans cette maille = tourner = faire 4 mailles et diminuer à la dernière maille = tourner = faire 5 mailles, augmenter à la dernière maille = tourner = faire 4 mailles, diminuer à la dernière maille = tourner = faire 5 mailles, augmenter à la dernière maille, couper le fil.

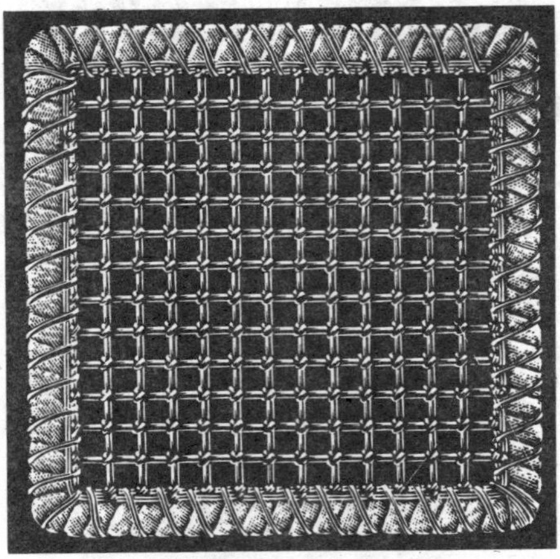

Fig. 693. Montage du filet sur le cadre métallique sans galon.

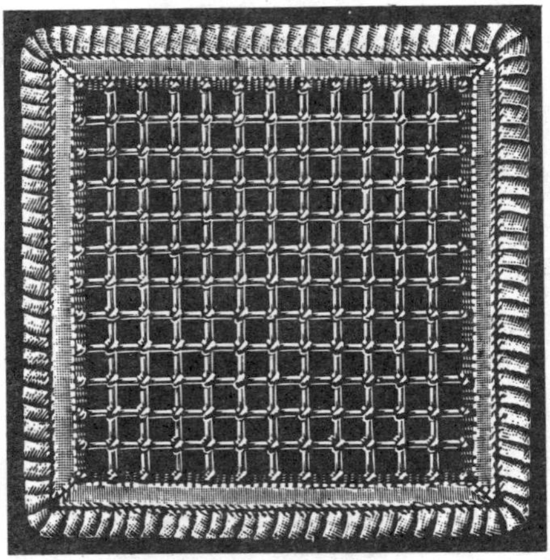

Fig. 694. Montage du filet sur le cadre métallique avec un galon.

Attacher le fil au bord extérieur aux 4 mailles laissées libres au point *c*, faire 4 mailles = tourner = faire 5 mailles, augmenter à la dernière maille = tourner = faire 4 mailles, diminuer à la dernière maille = tourner = faire 5 mailles, augmenter à la dernière maille = tourner = faire 4 mailles, diminuer à la dernière maille et augmenter dans la même maille encore = tourner = faire 4 mailles, diminuer à la dernière maille = tourner = faire 5 mailles, augmenter à la dernière maille = tourner = faire 4 mailles, diminuer à la dernière maille = tourner = faire 5 mailles, augmenter à la dernière maille, puis couper le fil, et le fixer ensuite au bord extérieur.

Glisser la 1re maille, faire 6 mailles et réunir les deux bandes isolées avec 1 nœud entre la 3me et la 4me maille, la dernière maille de la bande à gauche avec la 1re maille de la bande à droite, diminuer à la dernière des 6 mailles = tourner = faire 6 mailles = tourner = faire 5 mailles et diminuer maintenant toujours à la dernière maille = tourner = faire 4 mailles = tourner = faire 3 mailles = tourner = faire 2 mailles = tourner = glisser les 2 dernières mailles.

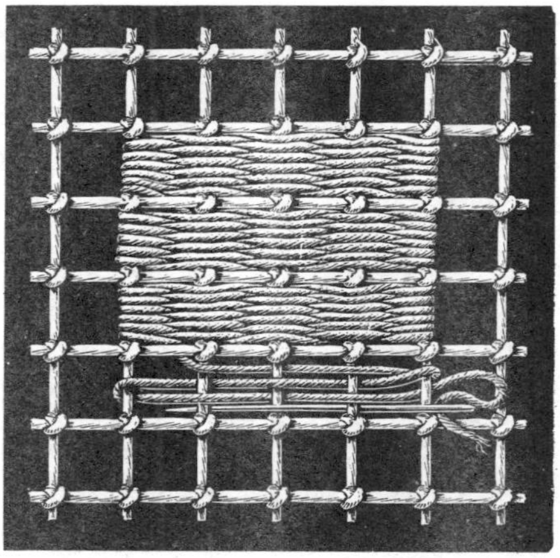
Fig. 695. Point de reprise.

Le filet brodé. — Le filet brodé ou filet artistique est encore connu sous les noms de filet-guipure, filet-Richelieu, guipure de Cluny, etc. C'est le filet proprement dit, sur lequel on reproduit, à l'aide de points variés, des dessins très jolis et du plus bel effet.

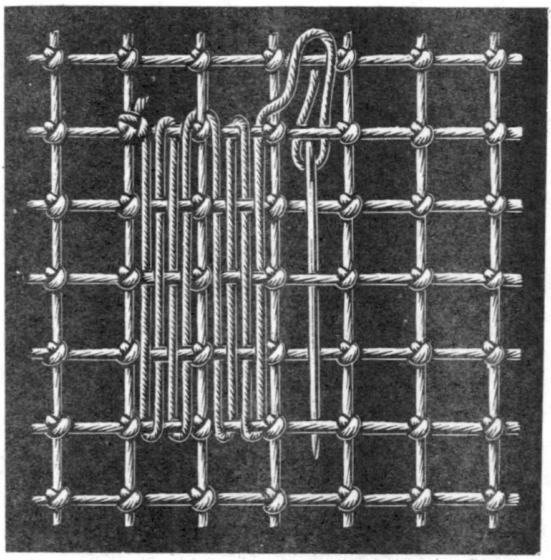
Fig. 696. Point de toile.
Pose des premiers points.

Outils. — La confection du filet brodé, n'exigeant qu'un léger métier ou cadre en acier, des ciseaux et des aiguilles, est généralement très appréciée des dames.

Cadre métallique pour le filet brodé (fig. 692). — Le cadre métallique, sur lequel on monte le filet, doit être fait d'un fil de fer assez solide pour ne pas céder lorsqu'on tend le filet. Le cadre peut être un carré ou un rectangle, selon la forme que l'ouvrage devra avoir.

On couvre le fil de fer d'ouate, fig. 692, puis on recouvre cette première couche d'un étroit ruban. On serrera très fortement ce ruban, principalement autour des coins du cadre, afin qu'il reste immobile sur le fil de fer lorsqu'on y attachera le filet, puis on arrêtera le bout du ruban par quelques points.

Montage du filet sur le cadre métallique sans galon (fig. 693). — Lorsque le filet a exactement la dimension intérieure du cadre, il suffit de l'attacher avec des points que l'on serrera plus fortement dans les coins.

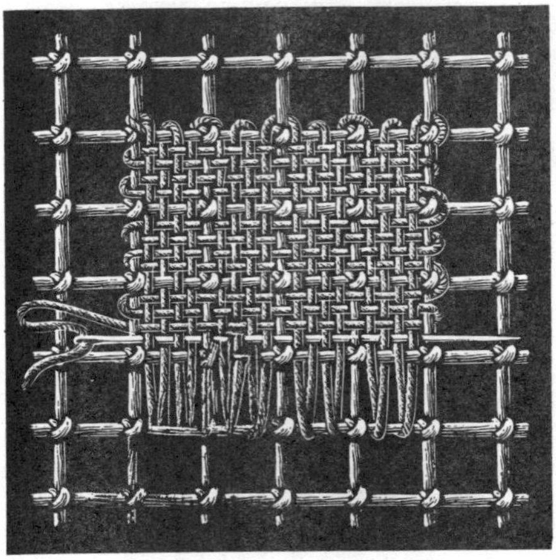

Fig. 697. Point de toile.
Pose des seconds points.

Montage du filet sur le cadre métallique avec un galon (fig. 694). — Si, au contraire, le filet est plus petit que le cadre, on le complète en le bordant sur tous les côtés d'un galon que l'on soutient assez pour le faire froncer tout autour du filet.

De cette façon il y a moyen de donner une forte tension au filet sans déchirer les fils des mailles extérieures. La fig. 694 montre la manière de coudre le galon, de le plier aux coins et de fixer le filet dans le cadre.

Aiguilles. — On emploie pour cet ouvrage des aiguilles spéciales, longues et sans pointes, connues sous le nom d'aiguilles pour filet-guipure.

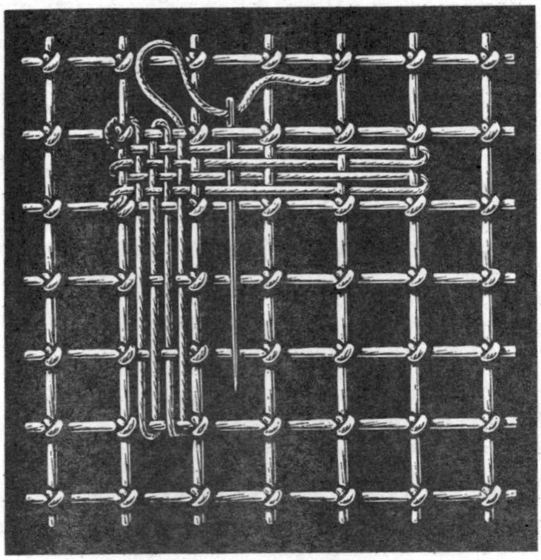

Fig. 698. Point de toile.
Formation des coins.

Fournitures. — Pour faire la broderie sur filet, on doit se servir de fournitures de la même matière que celles employées pour le fond; des fils tordus serviront à faire les points de dentelles divers et le point de toile, des fils floches pour le point de reprise et pour les contours.

On prendra comme fil tordu du Lin pour dentelles D·M·C, du Lin à tricoter et à crocheter D·M·C, du Fil à dentelles D·M·C, de l'Alsatia D·M·C ou du Coton perlé D·M·C; comme fil floche on choisira du Mouliné spécial D·M·C, du Lin floche D·M·C, de la Rayonne à broder D·M·C ou de la Soie de Perse D·M·C.

Des points. — Les petits carrés de filet servent de base à une quantité de différents points, et ces points se prêtent à de si nombreuses combinaisons, que nous sommes persuadée que parmi ceux que nous décrirons, il y en aura plusieurs qui jusqu'à présent étaient inconnus de nos lectrices.

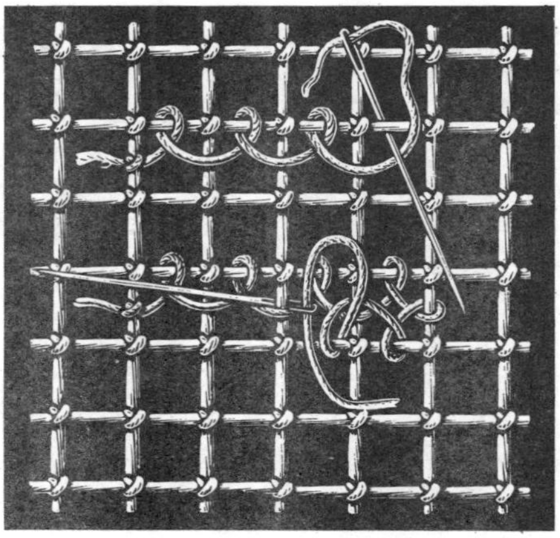

Fig. 699. Point d'esprit.
Premier et deuxième rang.

Point de reprise (fig. 695). Le point le plus simple pour broder le filet est le point de reprise. Il se fait par-dessus un nombre déterminé de carrés, par lesquels on fait aller et revenir le fil aussi souvent qu'il le faut pour les remplir.

Ce point s'emploie ordinairement lorsqu'on veut appliquer sur un fond de filet un dessin à points comptés, par exemple un dessin au point de croix.

C'est surtout pour les grands ouvrages, tels que rideaux et couvertures, que nous recommandons ce point qui fait bien ressortir les dessins et qui est d'une exécution très rapide.

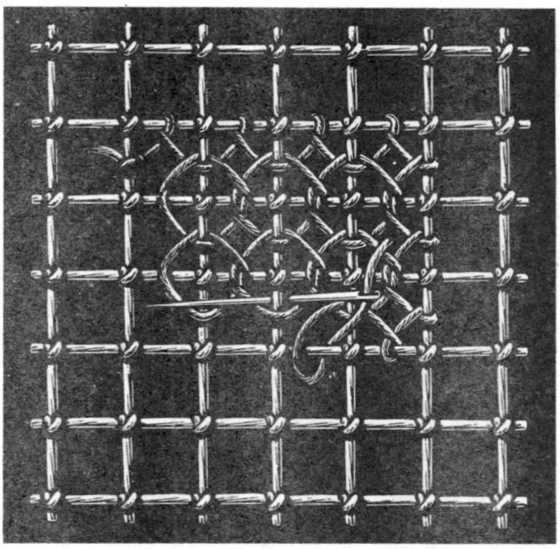

Fig. 700. Point d'esprit.
File de rangs achevés.

Point de toile (fig. 696, 697, 698). — C'est le point de toile que l'on retrouve le plus souvent dans les anciennes broderies; le fond des fleurs, des feuilles, les bords sont généralement exécutés avec ce point.

Après avoir fixé le brin à un nœud du filet, on le fait aller et revenir deux fois par-dessus et par-dessous les fils du filet, de manière que chaque deuxième fil passe à la fin du rang sous le fil du filet et par-dessus le fil lorsqu'on le ramène vers le haut. Ceci forme la carcasse du point de toile.

Le point de toile est complété par la seconde série de

points. On procède comme dans la reprise de toile, fig. 59, c'est-à-dire qu'on soulève un fil et qu'on abaisse le suivant.

Lorsque le point de toile doit former un coin, on lance d'abord les fils par-dessus un nombre déterminé de carrés. Dans ce premier rang, les fils devront être laissés très lâches et, pour réussir à donner à tous la même longueur, on mettra un moule fin ou une grosse aiguille à tricoter sur le dernier carré par-dessus lequel on tendra les fils. Après avoir terminé quelques carrés au point de toile, on enlèvera le moule auxiliaire. Les fils de la première pose se raccourcissent peu à peu, attendu qu'ils sont constamment relevés et abaissés par le passage des seconds fils, et ils arrivent finalement à n'avoir que la longueur voulue pour empêcher une trop forte tension des derniers carrés brodés.

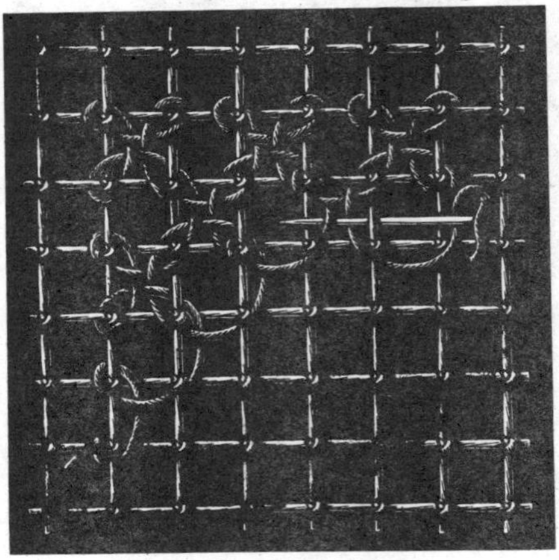

Fig. 701. Point d'esprit oblique.

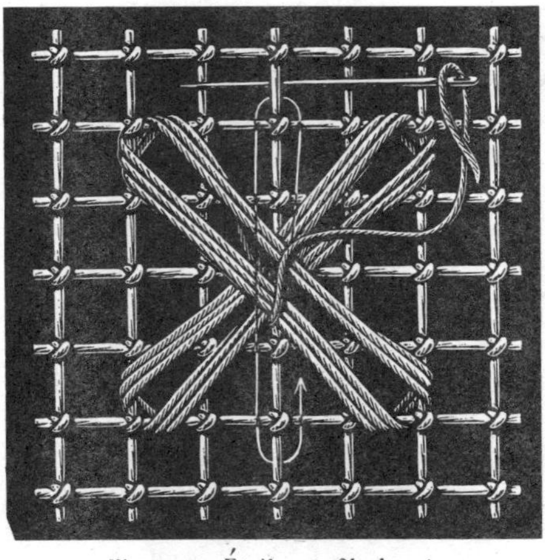

Fig. 702. Étoile en fils lancés. Pose des fils inférieurs.

Arrivé au coin, on croise les fils du rang suivant, comme le représente la fig. 698. Les premiers fils du deuxième côté forment le fond de toile dans le carré d'angle ; du deuxième carré d'angle on passe au troisième, du troisième on passe au quatrième, en relevant et en abaissant les fils qui avaient été tendus pour le premier angle.

Point d'esprit (fig. 699 et 700). — Le point d'esprit s'emploie généralement pour établir un fond moins transparent que ne l'offre le filet simple.

On fixe le fil au milieu d'une bride verticale du filet, puis on fait une boucle allant jusqu'à la moitié de la bride horizontale suivante, fig. 699. Ces boucles se font toujours de gauche à droite ; le fil est placé à droite, l'aiguille passe de haut en bas sous la bride et devant le fil. La grandeur de la boucle devra correspondre à la moitié de la hauteur d'une bride du filet.

Dans le second rang, on tourne l'ouvrage, on fait un point par-dessus la bride verticale du filet, on passe le fil sous la bride du filet comme au premier rang, puis par-dessus la boucle et sous la bride qui se trouve sous la boucle.

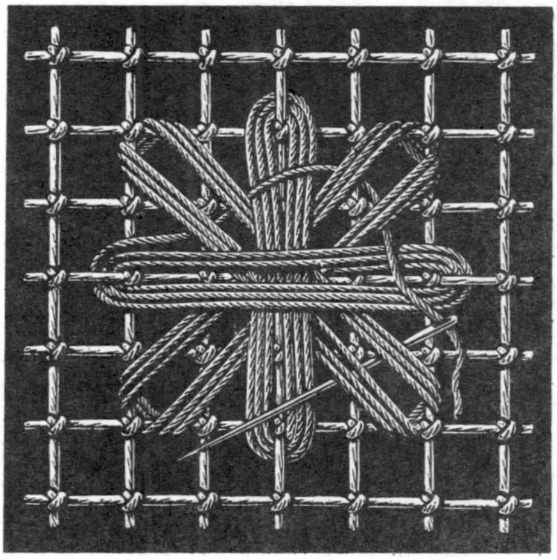

Fig. 703. Étoile en fils lancés. Pose des fils supérieurs.

Dans la fig. 700, nous indiquons la manière de raccorder les rangs du point d'esprit et de passer l'aiguille par les points existants.

Point d'esprit oblique ou point natté (fig. 701). — Pour le point d'esprit oblique, fig. 701, on enlace les boucles autour des nœuds et non autour des brides du filet, de manière que les points se placent obliquement d'eux-mêmes. Le fil doit être conduit autour des nœuds, et non par-dessus, et il doit être natté régulièrement ; c'est pourquoi l'on nomme aussi ce point « point natté ».

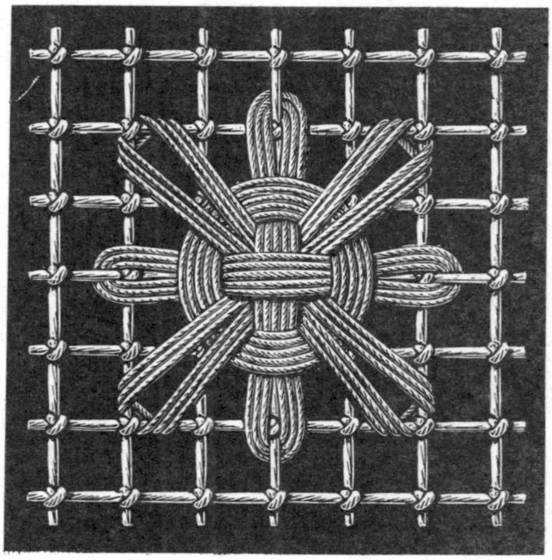

Fig. 704. Étoile en fils lancés. Terminée.

Comme le montre la gravure, fig. 701, on ne peut remplir que chaque deuxième maille du filet ; il en résulte que ce fond paraît beaucoup plus transparent que le précédent.

Ce point a beaucoup d'analogie avec la broderie nattée orientale ; voir les fig. 311 et 312.

Étoile en fils lancés (fig. 702, 703, 704). — Pour faire cette étoile, il faut toujours compter 16 carrés de filet. On attache le fil au nœud central des 16 carrés, on le fait aller en ligne diagonale, de gauche à droite, sous un nœud de filet, puis, le ramenant vers l'autre extrémité du carreau formé par les 16 carrés du filet, on conduit l'aiguille sous le nœud et l'on pose trois fois les fils dans le même sens. De cette façon on forme les rayons inférieurs de l'étoile; voir la fig. 702.

Pour faire les points qui doivent compléter la figure, on prend pour point de départ le milieu et, suivant la direction indiquée par la flèche, on couvre le filet de trois fils en ligne verticale et de trois autres fils en ligne horizontale, fig. 703.

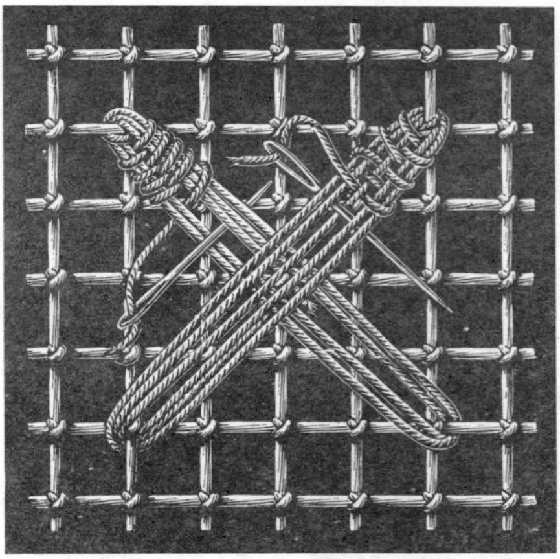

Fig. 705. Feuilles au point de reprise. Commencées.

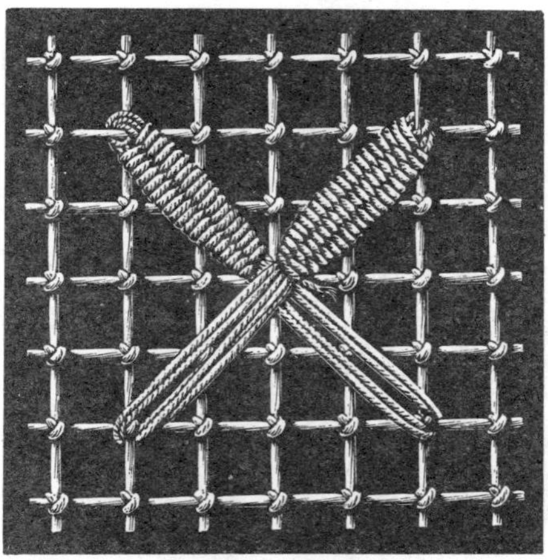

Fig. 706. Feuilles au point de reprise. Terminées.

Une fois ces fils tendus, on glisse l'aiguille quatre ou cinq fois sous les fils tendus — jamais sous les fils du filet — puis on arrête le fil sur l'envers de l'ouvrage.

La fig. 704 représente une étoile achevée.

Feuilles au point de reprise (fig. 705 et 706). — C'est un genre de point qui s'emploie surtout pour établir les feuilles fines et délicates qui ornent souvent le filet brodé.

L'aiguille est conduite à partir du milieu tantôt à droite, tantôt à gauche sous les fils du bâti, et l'on serre, au moyen de l'aiguille, le dernier point contre l'avant-dernier. On arrivera à faire ces points à la perfection, si l'on n'oublie pas de tourner l'ouvrage de façon à avoir les points terminés dirigés vers soi. On tend d'abord les fils, comme on peut le voir dans la gravure, au nombre de deux ou de trois, puis on fait la feuille avec une, souvent même avec plusieurs nervures.

Lorsque la feuille ne présente qu'une seule nervure, tel qu'on le remarquera dans la partie gauche de la fig. 706, l'aiguille divise en deux parties les fils préparés, tandis que lorsque les feuilles sont d'une certaine largeur et que, pour la beauté de l'ouvrage, il est jugé nécessaire de les faire avec deux ou trois nervures, on partage les fils en trois ou quatre faisceaux, selon le besoin.

En brodant les feuilles au point de reprise, il faut encore prêter assez d'attention pour serrer un peu plus fortement les points au commencement et à la fin, pour leur laisser plus de jeu au milieu. La fig. 706 montre deux feuilles terminées; l'une à une nervure, l'autre à deux nervures.

Dents au point de reprise (fig. 707). — Outre les points qui remplissent les vides du filet et les feuilles qui les recouvrent, on peut encore faire des triangles un peu allongés. Les plus simples sont ceux où le fil est lancé depuis le coin du nœud jusqu'au milieu de la bride, pour redescendre ensuite vers le nœud opposé, autour duquel on mène le fil pour le faire remonter de nouveau jusqu'au milieu. On prépare ainsi un bâti pour le point de reprise, que l'on commencera toujours par le haut de la dent.

Dents au point de feston (fig. 708). — Un autre mode d'exécution non

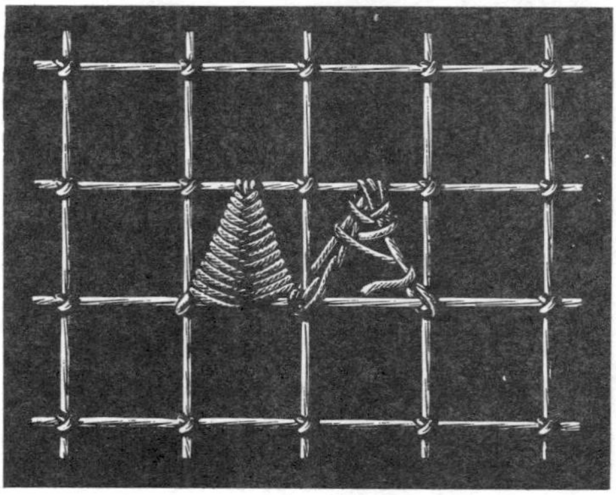

Fig. 707. Dents au point de reprise.

Fig. 708. Dents au point de feston.

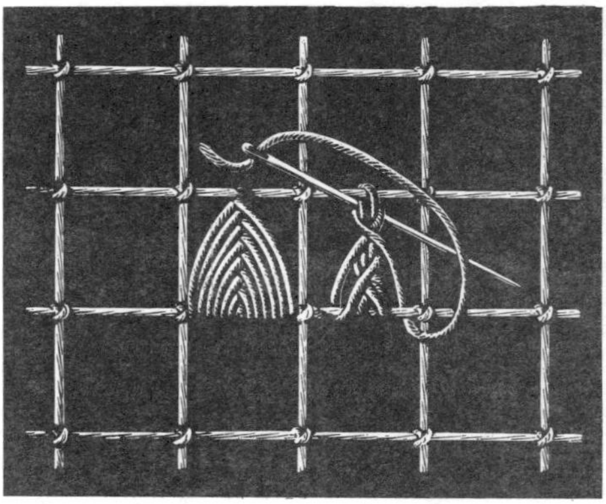

Fig. 709. Dents à nervures.

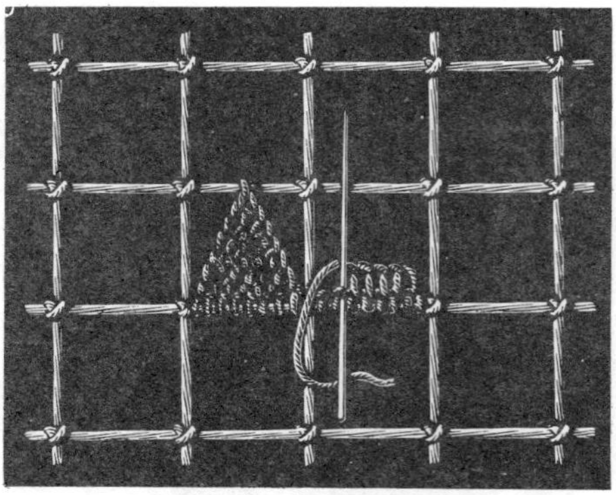

Fig. 710.
Dents au point de Venise.

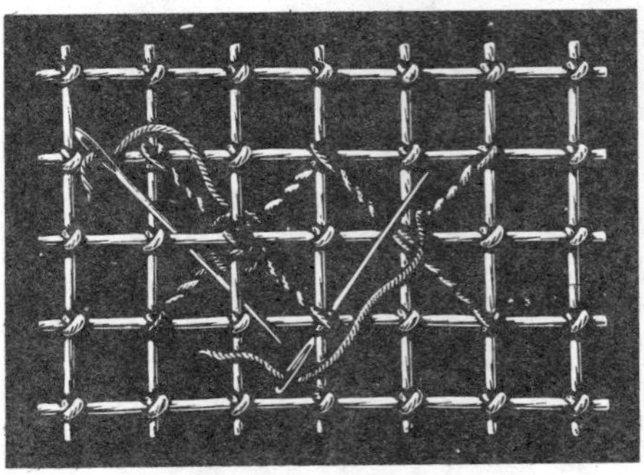

Fig. 711. Pose des premiers fils pour faire une roue et commencement d'une roue.

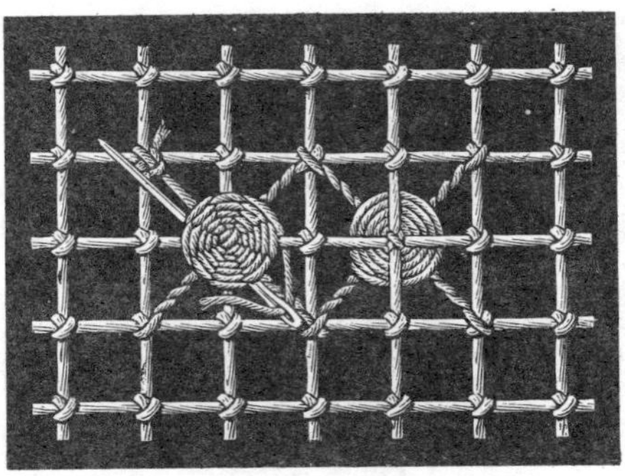

Fig. 712.
Roues exécutées aux points de reprise simple et contrarié.

moins joli et non moins facile que le précédent, est celui dans lequel on fait deux points de feston, avant de passer au côté opposé.

Dents à nervures (fig. 709). — Une troisième manière de faire les dents consiste à tendre un fil en allant et en revenant au milieu du carré, après quoi on fait passer l'aiguille de gauche à droite sous le fil du milieu, et de dessus en dessous sous la bride à gauche. Puis on conduit l'aiguille de droite à gauche par-dessus le fil tendu et sous la bride à droite, et ainsi de suite.

Serrer le fil assez fortement sur celui qu'on enlace, afin que les points produisent une nervure ronde et très égale sur l'envers de la dent. On fera autant de points qu'il en faudra pour bien couvrir le fil et remplir le bas du carré.

Dents au point de Venise (fig. 710). — Les dents les plus jolies et celles qui répondent le mieux au caractère du filet brodé sont celles qui se font avec le point de Venise. On commence par faire de sept à huit points de feston sur la bride du filet, puis on continue le même point, en allers et retours, en diminuant chaque rang d'un point, jusqu'à ce qu'il n'en reste plus à faire qu'un seul, par lequel on fixe la

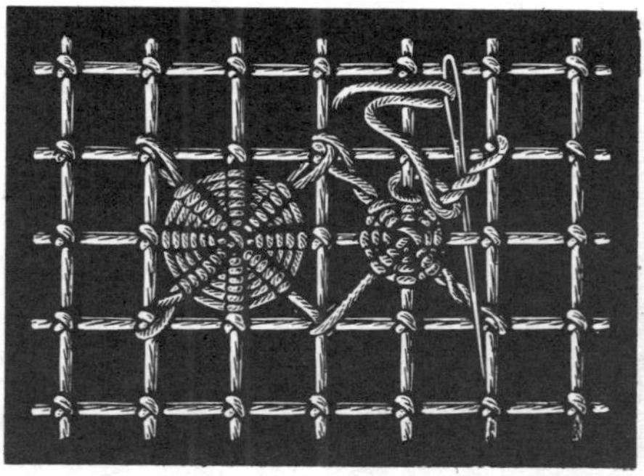
Fig. 713. Roues à côtes.

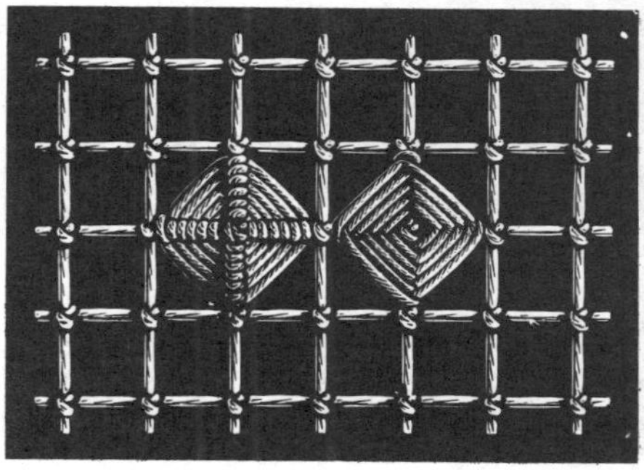
Fig. 714. Losanges à côtes.

dent à la bride. Le fil est ramené sur l'envers à la figure suivante.

Roues aux points de reprise simple et contrarié (fig. 711 et 712). — Pour faire les roues, appelées parfois araignées, on attache le fil au point de jonction de 4 carrés; on le fait passer en diagonale à droite et à gauche (fig. 711, détail de droite), par-dessus le vide, et on fait revenir le fil en enlaçant le premier vers le milieu. On fera autant de points de surjet qu'il en faudra pour donner à ces fils lancés l'aspect d'un cordonnet serré.

Revenu au centre, on passe le fil (dessin de gauche) autant de fois par-dessus les fils en diagonale et par-dessous les brides du filet qu'il est nécessaire pour que la roue couvre la moitié d'une bride du filet.

Fig. 715. Roues serties de points d'esprit.

Dans la fig. 712 on remarque à droite la roue terminée, telle que nous venons d'en donner la description, tandis que le dessin de gauche nous donne la manière de faire une roue avec les fils abaissés et relevés comme dans une reprise. Le dernier dessin fait voir en plus que, quand le fil qui forme le bâti de la roue part d'un coin, il reste simple dans le premier carré jusqu'à ce que la roue soit terminée. Lorsqu'elle a acquis la circonférence nécessaire, on arrête le fil en passant devant celui qui est la continuation du fil simple et on fait passer l'aiguille à travers la roue pour doubler aussi le premier fil tendu.

Fig. 716. Étoile avec points de feston.

Roues à côtes (fig. 713). — On prépare un bâti comme pour les roues précédentes, puis on fait un arrière-point par-dessus une bride de filet, on passe l'aiguille de suite sous la bride suivante et on continue ces arrière-points jusqu'à ce que les fils du filet en soient couverts.

Losanges à côtes (fig. 714). — Pour faire les losanges, on n'établit point de bâti; les arrière-points se font directement sur le filet. Les deux faces des roues et des losanges peuvent être employées dans un ouvrage; on le remarque dans la gravure, où l'envers et l'endroit se trouvent réunis.

Fig. 717. Coins avec points de reprise.

Roues serties de points d'esprit (fig. 715). — Souvent une roue se trouve dans un grand carré de filet qu'elle ne peut remplir suffisamment; alors on la sertit de boucles ou demi-points d'esprit qui comblent le vide qu'elle laisse.

La partie de gauche de notre gravure montre très distinctement comment le fil, passant sous la roue et enlaçant une fois le fil du filet, est conduit autour du carreau en formant huit boucles.

La flèche indique comment on relève les boucles et comment on achève le premier cercle autour de la roue. Le second détail dans la même figure explique comment on pose un second fil dans les boucles et comment on y fait passer le fil pour former un second cercle. Le trait blanc sert de guide pour les points. Le troisième détail représente une roue entièrement achevée.

Étoile avec points de feston (fig. 716). — Il y a peu de motifs dans le filet brodé qui soient aussi rapidement établis que celui que représente la fig. 716. Deux points de feston sur le côté extérieur et un simple croisement de fil dans le bas servent à faire la jolie rosace ou étoile. Le carré du milieu est enrichi d'une petite roue.

Coins avec points de reprise (fig. 717). Cette figure nous montre un joli motif établi au moyen de points de reprise que l'on fait aller par-dessus une bride tendue et par-dessus quatre brides du filet. La partie gauche de la figure représente le motif commencé.

Point de toile serti de points de reprise (fig. 718). Il serait presque impossible de reporter certains dessins sur le filet, si l'on ne pouvait en arrondir et en adoucir les contours par des points de reprise, tels

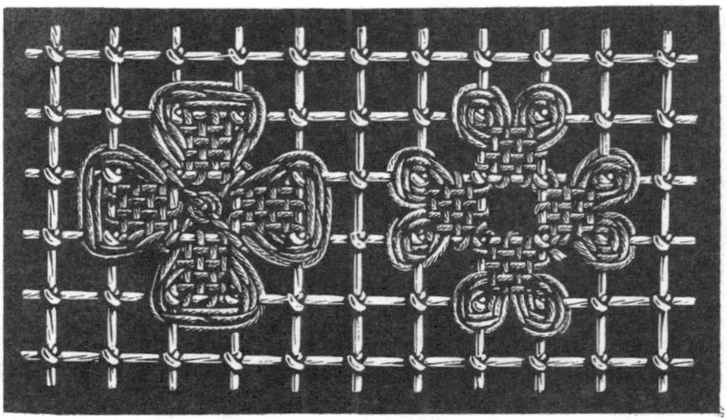

Fig. 718.
Point de toile serti de points de reprise.

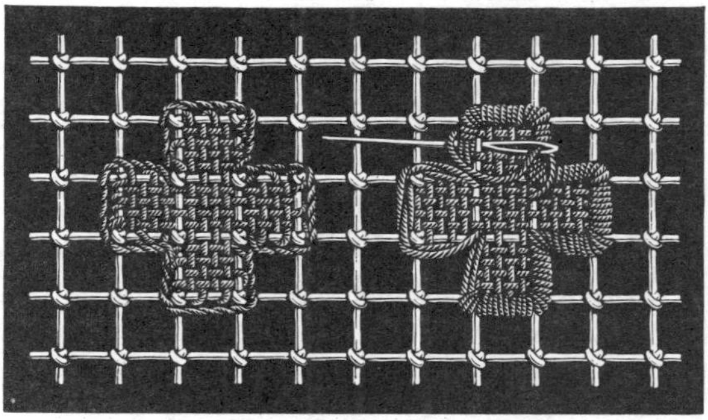

Fig. 719. Point de toile serti de brides et de points de cordonnet.

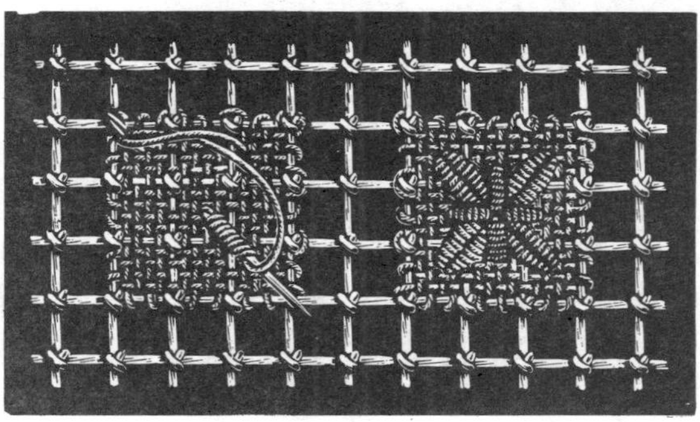

Fig. 720.
Fleurette au point de poste sur fond de toile.

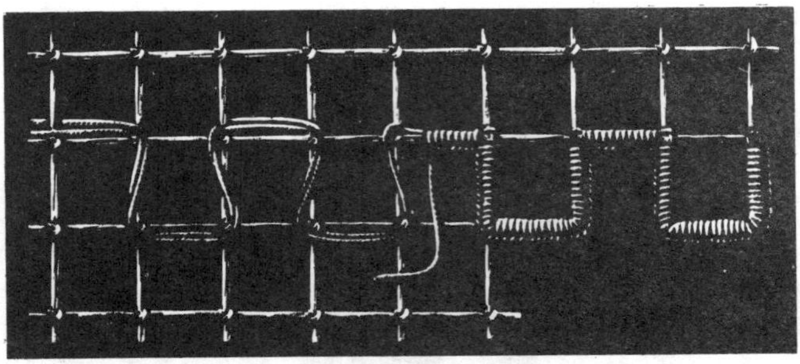

Fig. 721. Bord au point de feston.

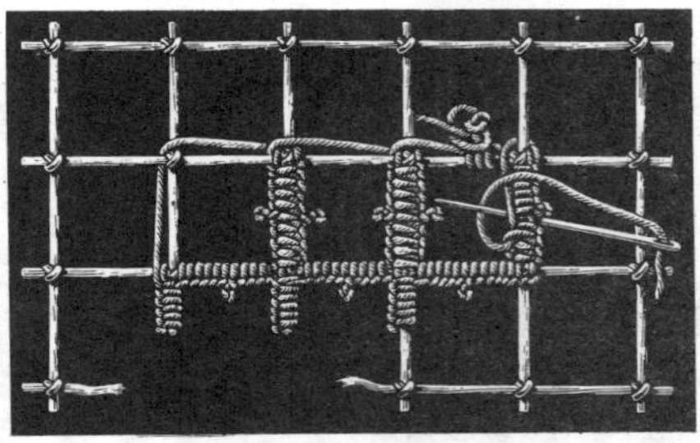

Fig. 722. Point coupé dans le filet brodé.

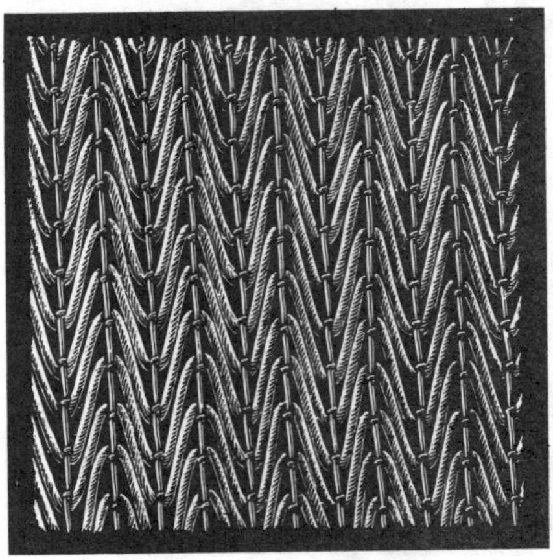

Fig. 723. Fond au point ondulé.

qu'ils sont décrits dans la figure précédente.

Lorsqu'on bordera le point de toile de points de reprise, on les fera moins nombreux qu'ils ne sont représentés dans la fig. 717; on peut aussi, au lieu d'arrêter les points à chaque coin, les mener autour d'un carré, ainsi que le montre le détail gauche de la figure.

Point de toile serti de brides et de points de cordonnet (fig. 719). — On applique souvent le point de bride ou le point de cordonnet sur les bords du point de toile. On peut, dans ce cas, faire le sertissage avec le fil qui a servi à remplir les carrés, ou bien encore on utilisera un fil bien plus fort, ce qui rehaussera même l'effet du sertissage.

Fleurette au point de poste sur fond de toile (fig. 720). — Le point de poste, décrit au chapitre « La Broderie sur Blanc » et représenté par la fig. 90, permet de confectionner des détails et des ornements supplémentaires des plus variés, sur du fond de toile.

Bord au point de feston (fig. 721). — Les broderies sur filet qui finissent en dents sont contournées de points de feston, exécutés tous de droite à gauche. On prépare un tracé de plusieurs fils, par-dessus lequel on festonne, et on ne coupe les brides du filet que lorsque tout le bord est terminé.

Point coupé dans le filet brodé (fig. 722). — On appelle ainsi des brides recouvertes à moitié de points de feston et dont l'autre moitié est enlevée avec les ciseaux. Les brides intérieures sont souvent garnies d'un feston à double bord, fig. 722, et de picots noués. On écarte légèrement les points du premier rang de feston, afin de pouvoir loger le fil du second rang entre ceux du premier; voir au chapitre « Les Dentelles à l'aiguille » les fig. 921 et 924.

Fonds travaillés avec une grosseur de fil. — Dans les filets antiques où les motifs sont remplis de fonds divers, ces derniers sont travaillés tantôt avec deux grosseurs de fil, tantôt avec une seule. Nous commençons par des fonds simples travaillés avec une seule grosseur de fil.

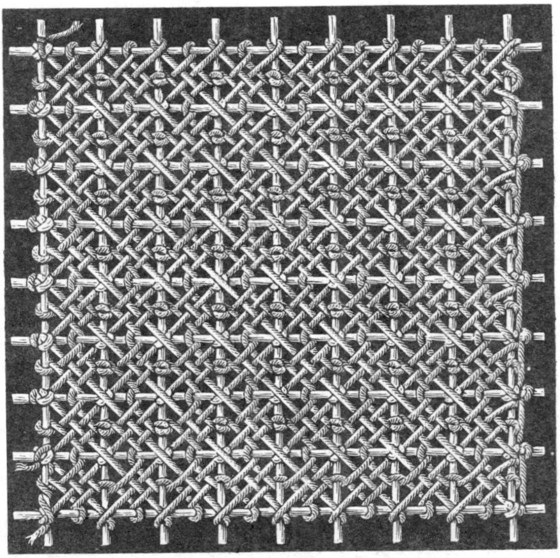

Fig. 724.
Fond au point d'esprit entre-croisé.

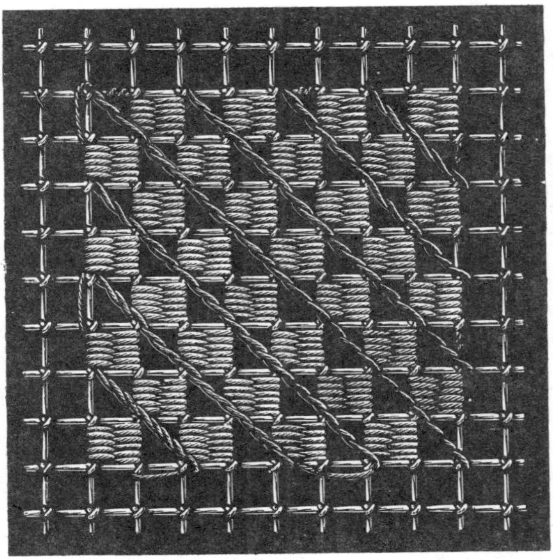

Fig. 725.
Fond à carrés au point de reprise et à points de surjet.

Fond au point ondulé (fig. 723). — Passer le fil dans chaque rang de filet par-dessus deux carrés et derrière un nœud et vous obtiendrez le point en question.

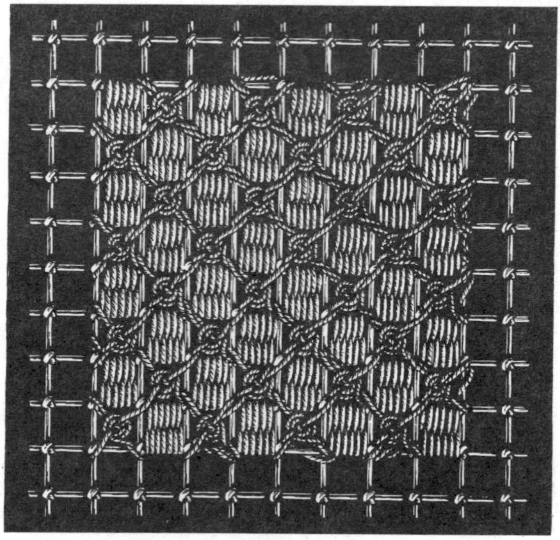

Fig. 726.
Fond à carrés au point de reprise et à petites roues.

Fond au point d'esprit entre-croisé (fig. 724). — Recouvrir d'abord toute la superficie destinée à la broderie du simple point d'esprit, fig. 700; puis tendre, en diagonale, des fils dont les uns passeront par-dessus le point d'esprit et sous le nœud du filet et les autres sous le point d'esprit et par-dessus le nœud du filet et le fil tendu.

Ces entre-croisements doivent être faits très régulièrement et avec méthode.

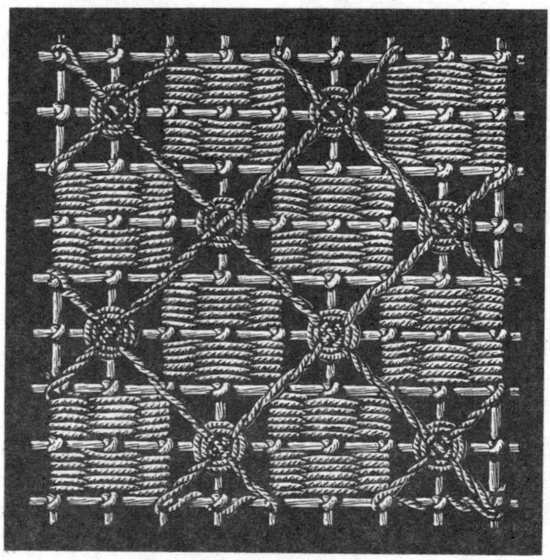

Fig. 727. Fond à carres au point de reprise et à grandes roues.

Fond à carrés au point de reprise et à points de surjet (fig. 725). — Les fonds dans lesquels les points de reprise sont plus nombreux ou au moins en nombre égal aux autres ont toujours une apparence moins légère que ceux que nous venons de décrire; on ne s'en servira donc que pour des parties devant être ombrées ou très couvertes.

Remplir les carrés en rangs obliques avec le point de reprise; fig. 695. Rapprocher les points le plus possible, mais cependant les faire en nombre égal dans chacun des carrés, puis lancer un fil entre les carrés et le doubler, en revenant, par des points de **surjet.**

Fond à carrés au point de reprise et à petites roues (fig. 726). — Dans la fig. 726 on remplit les carrés des mêmes points de reprise que dans la fig. 725 et, au lieu de faire de longues brides, on intercale une roue dans chacun des vides.

Fond à carrés au point de reprise et à grandes roues (fig. 727). — Dans la fig. 727 les points de reprise, ainsi que les roues, recouvrent quatre mailles du filet.

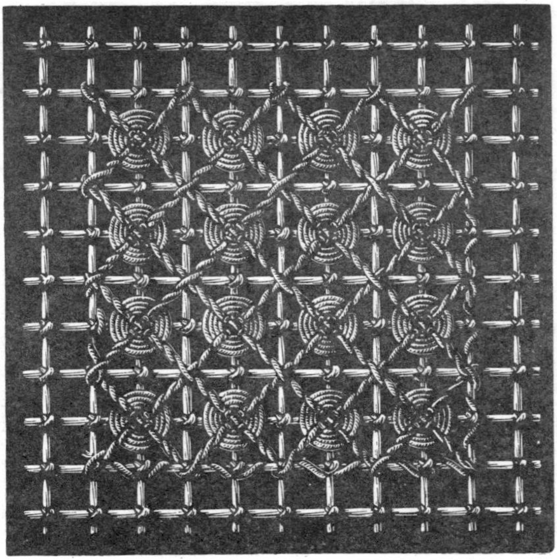

Fig. 728. Fond à grandes roues.

Fond à grandes roues (fig. 728). — Les fonds d'une certaine étendue peuvent être ornés de grandes roues que l'on exécutera comme l'expliquent les fig. 711 à 713.

Fond au point de reprise et au point de croix (fig. 729). — Après avoir établi, comme toujours, en premier lieu le point de reprise, on passe aux points de croix. Pour leur donner une forme correcte on achève d'abord tous les rangs de points dans un sens; dans les rangs suivants qui croisent les premiers, on introduit le fil entre les points qui ont été croisés d'abord.

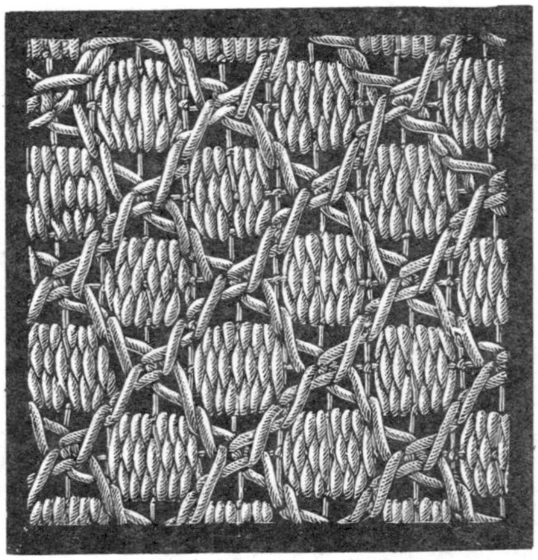

Fig. 729. Fond au point de reprise et au point de croix.

Fond à figures géométriques (fig. 730). — Ce point, qui ne ressemble en rien aux points précédents, est établi au moyen de simples lignes géométriques.

Fixer le fil à un nœud du filet, puis le passer, toujours en diagonale, sous trois autres brides de filet et répéter le même tour trois fois ; après cela enlacer une fois la quatrième bride du filet pour arrêter le fil et revenir au nœud déjà serti, pour recommencer les quatre tours comme en premier lieu. En ramenant toujours le fil au point d'arrêt du premier carré, on aura sur deux côtés cinq fils tendus, sur les deux autres côtés, quatre fils.

Fig. 730. Fond à figures géométriques.

Fonds travaillés avec deux grosseurs de fil. — C'est ici que commence la série de points que nous avons mentionnés au commencement du chapitre et que nous avons copiés sur une des pièces les plus curieuses et les plus anciennes qui existent dans le genre filet antique. Nous l'avons d'ailleurs utilisée pour l'en-tête du présent chapitre. Une seconde broderie du même genre a servi pour l'entre-deux, fig. 751. Dans tous les fonds établis au moyen de deux sortes de fil, on terminera d'abord tous les points qui doivent être exécutés avec le fil fort.

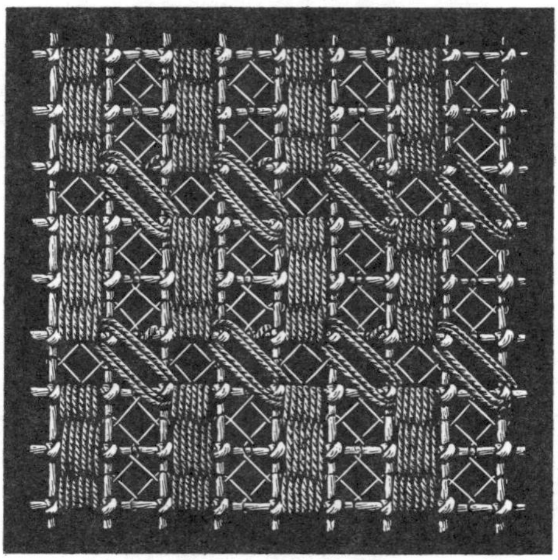

Fig. 731. Fond au point de reprise et au point d'esprit.

Fond au point de reprise et au point d'esprit (fig. 731). — Le gros fil a servi à faire les points de reprise par lesquels on commence le fond et les points en forme d'amandes, qui les raccordent; le fil fin est employé pour les points d'esprit.

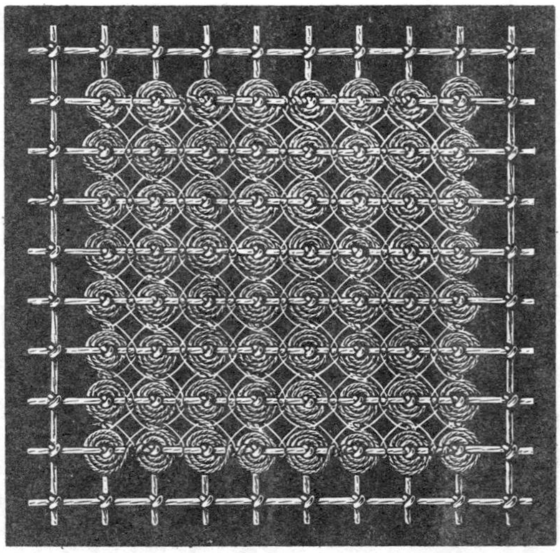

Fig. 732.
Fond à petites roues et au point d'esprit.

Fond à petites roues et au point d'esprit (fig. 732). — On prend du fil fort et l'on termine les roues, seulement par-dessus les brides, sur toute la surface du filet. Puis, en se servant d'un fil plus fin, on les sertit de points d'esprit que l'on exécutera par rangs, comme on les voit dans la fig. 700.

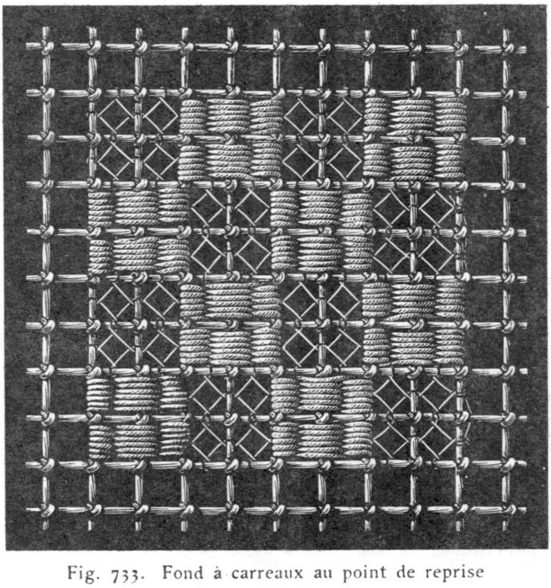

Fig. 733. Fond à carreaux au point de reprise et au point d'esprit.

Fond à carreaux au point de reprise et au point d'esprit (fig. 733). — Des points de reprise, exécutés avec le gros fil horizontalement et par-dessus quatre carrés de filet, alternent avec des points d'esprit en fil fin, couvrant le même nombre de carrés.

Fond en biais à mailles serties (fig. 734). — Conduire l'aiguille avec le fil fort sous le premier nœud, de droite à gauche, puis sous le nœud suivant, de gauche à droite. Répéter les mêmes points deux fois, en allant et en revenant, de manière que les carrés de filet soient garnis d'un sertissage double.

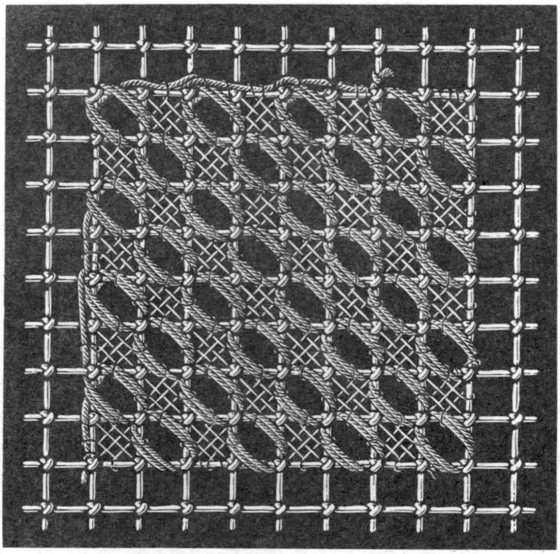

Fig. 734. Fond en biais à mailles serties.

Lorsque tout le fond est recouvert avec ces premiers points, prendre le fil fin et faire des points d'esprit dans les carrés qui se trouvent entre les rangs de points, en passant l'aiguille régulièrement par-dessus le point double. Finalement, entre-croiser les points d'esprit de fils obliques et passer l'aiguille chaque fois à travers le nœud de filet.

Fond en biais avec points de croix (fig. 735). — Pour faire ce dessin, qui a beaucoup d'analogie avec le point de la figure précédente, vous sertissez les carrés de filet en trois allers et retours, puis dans un quatrième et un cinquième rang, vous faites, avec un fil fin, des points de croix par-dessus les premiers.

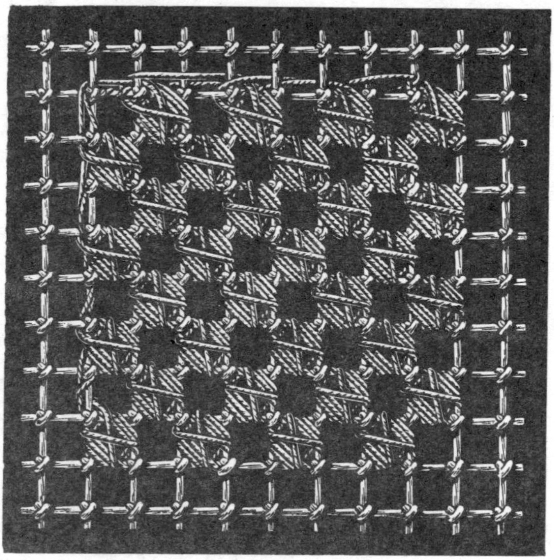

Fig. 735. Fond en biais avec points de croix.

Entre-deux en filet, brodé au point de reprise (fig. 736). — L'entre-deux représenté ici fournira à celles de nos lectrices qui n'ont point la patience nécessaire pour faire des ouvrages minutieux et de longue haleine, le moyen de confectionner un ouvrage des plus charmants qui leur permettra de garnir n'importe quel objet : lingerie, rideaux ou nappage.

Fig. 736. Entre-deux en filet, brodé au point de reprise.
Fournitures — Pour le filet : Lin à tricoter et à crocheter D·M·C ou Alsatia D·M·C. Pour la broderie : Lin floche D·M·C ou Mouliné spécial D·M·C, en blanc ou écru.

Le filet à mailles droites se trouve décrit dans les fig. 687 à 689, le point de reprise est représenté par la fig. 695.

Pour les personnes qui ne voudront pas se donner la peine de faire le fond de filet nous recommandons l'emploi d'un filet mécanique, tissu joli, très solide et imitant exactement l'ouvrage à la main.

Le dessin de la bordure large est travaillé dans un sens, les petits motifs des bords, par contre, dans le sens opposé.

Fig. 737. Carré en filet Richelieu.

Fournitures : Lin pour dentelles D·M·C, en blanc, ou Alsatia D·M·C et Coton perlé D·M·C, en blanc ou écru.

Carré en filet Richelieu (fig. 737 et 738). — Les ouvrages de filet Richelieu se distinguent des autres genres de filet brodé par la simplicité d'exécution et par l'originalité des dessins.

Ce sont, exécutés sur un fond de filet très fin, des motifs de fleurs et de feuilles, formant de petites branches, groupées quelquefois autour d'un vase de forme très élégante. Les figures principales sont travaillées au point de toile; leurs contours, sertis d'un gros fil, ressortent nettement sur le fond de filet. Ce même fil fort est également employé pour former les petites branches, tiges et ramages.

Pour faire le filet et pour le point de toile, on se sert du Lin pour dentelles D·M·C ou de l'Alsatia D·M·C dans les numéros fins. Pour les contours on prend les gros numéros du Lin pour dentelles D·M·C ou du Coton perlé D·M·C.

Le point de toile se fait ici en deux rangs et non en quatre comme nous l'avons expliqué par les fig. 696 à 698.

Après avoir attaché le fil à un nœud du filet, on conduit l'aiguille en allant et en revenant sous et par-dessus les mailles du filet, de manière à relever chaque deuxième fil; dans le rang revenant, on relève les fils qui ont été sautés en allant.

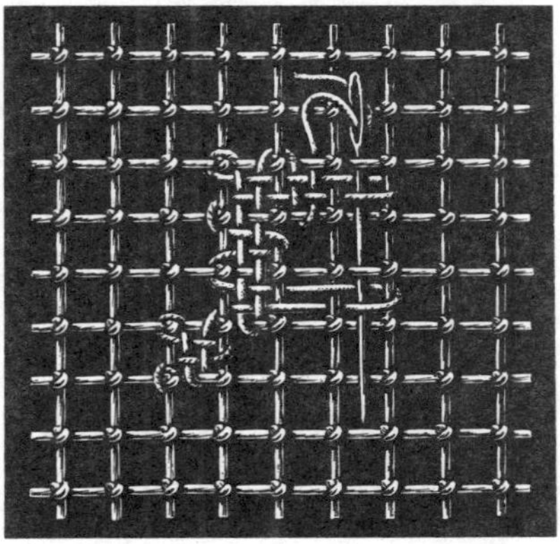

Fig. 738.
Exécution d'une fleurette au point de toile.
Détail de la fig. 737.

Dans le deuxième rang de points, qui complète le point de toile, on répète le même point, en le travaillant tout à fait comme la reprise de toile, c'est-à-dire en relevant un fil et en sautant le suivant.

Le sertissage avec le gros fil, ainsi que l'exécution des petits ramages et des tiges, sont clairement indiqués par la gravure et ne demandent pas d'autres explications.

Carré en filet brodé avec points divers (fig. 739). — Nous avons déjà eu l'occasion, dans les explications précédentes, de signaler le grand avantage qu'il y a à broder le filet avec des fils de grosseur et de genre différents, mais ce n'est que dans un motif d'une certaine importance que l'on peut réellement juger de l'heureux effet produit en mariant plusieurs fils qui diffèrent sensiblement les uns des autres par leur grosseur et leur torsion.

Le fond de filet est fait en Lin pour dentelles D·M·C No 30, en écru. Les parties au point de toile sont établies avec du Lin pour dentelles D·M·C No 45, en écru, celles au point de reprise avec du Lin floche D·M·C No 16, en Jaune-Blé 711, tandis que le point d'esprit est fait avec du Lin pour dentelles D·M·C No 30, en écru.

Fond en filet avec broderie polychrome (fig. 740). — Ce dessin sans prétention a un charme tout particulier, dû principalement à la diversité des fournitures et des couleurs qui y figurent.

Le filet confectionné avec du Coton perlé D·M·C N° 8, Brun-Cachou 434, est recouvert d'abord de points d'esprit, semés à distance; ces points, d'un gris pâle, Gris-Cendre 415, sont

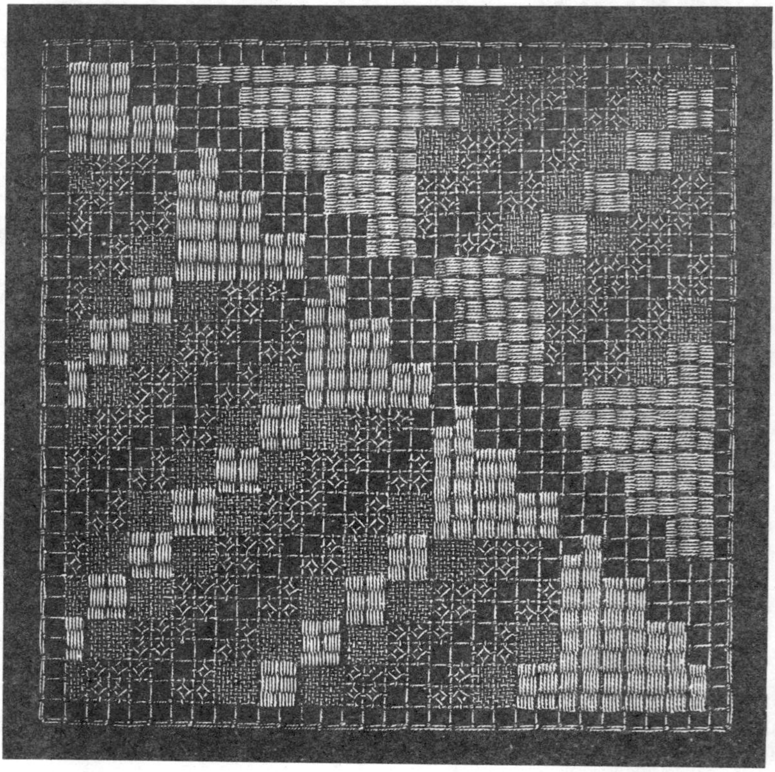

Fig. 739. Carré en filet brodé avec points divers.

Fournitures : Lin pour dentelles D·M·C ou Lin à tricoter et à crocheter D·M·C, en écru et Lin floche D·M·C, en Jaune-Blé 711.

reliés par des points de reprise, pour lesquels on prend du Coton perlé D·M·C N° 8, Vert-Mousse 936.

Le Mouliné spécial D·M·C N° 25, Rouge-Géranium 350, est employé pour établir les petits carrés du centre, ainsi que pour les points Jaune d'Or 782 qui sertissent les points rouges.

Bordure avec fond en filet brodé, genre persan (fig. 741). Le filet à mailles unies est exécuté avec de l'Alsatia D·M·C N° 30, en Rouge-Turc 321 la broderie en Rayonne à broder

D·M·C N° 60, en Jaune-Safran 725 et Gris-Cendre 415, pris triple, ce qui fait avancer le travail plus vite et ressortir davantage les points.

Les lignes dentelées qui terminent la petite bordure sont faites à l'extérieur avec la soie jaune et à l'intérieur avec la soie grise et demandent chacune deux rangs en allant et en revenant.

Fig. 740. Fond en filet avec broderie polychrome.
Fournitures — Pour le filet : Coton perlé D·M·C, en Brun-Cachou 434.
Pour la broderie : Coton perlé D·M·C, en Gris-Cendre 415 et Vert-Mousse 936 et Mouliné spécial D·M·C ou Rayonne à broder D·M·C, en Rouge-Géranium 350 et Jaune d'Or 782 (*).

Dans le premier rang, on conduit le fil, en rang horizontal, sous deux mailles verticales, puis, en montant obliquement par un nœud du filet, on relève de nouveau deux mailles verticales, on descend obliquement par-dessus un nœud du filet, on passe sous les deux mailles verticales suivantes, et ainsi de suite, jusqu'à ce que tout le rang soit terminé.

(*) Ces numéros désignent des couleurs qui se trouvent sur les cartes de couleurs des articles portant la marque D·M·C. Ces cartes peuvent être consultées chez tous les merciers et marchands d'ouvrages de dames.

Le second rang, qui termine la ligne dentelée, est fait en sens inverse. Le fil passe sur toutes les mailles qui

Fig. 741. Bordure avec fond en filet brodé, genre persan.
Fournitures : Alsatia D·M·C, en Rouge-Turc 321 et Rayonne à broder D·M·C, en Jaune-Safran 725 et Gris-Cendre 415.

ont été relevées dans le premier rang et relève les nœuds qui ont été sautés.

La bordure même, travaillée en jaune, se fait également en deux rangs; dans le premier on exécute les figures au point de reprise et l'on pose le premier fil pour les baguettes intermédiaires, qui sont complétées en revenant dans le deuxième rang, dans lequel on exécute en même temps le sertissage inférieur des figures au point de reprise.

Les figures isolées, posées dans le haut de la bordure, sont brodées en jaune et gris. La soie jaune est prise pour les parties

Fig. 742. Fond brodé sur filet à mailles différentes.
Fournitures : Lin à tricoter et à crocheter D·M·C, Fil à dentelles D·M·C ou Fil d'Alsace D·M·C, en blanc ou écru.

au point de reprise, la soie grise pour le point d'esprit oblique; voir la fig. 701.

La boucle qui termine dans le bas la nervure de la feuille se fait en même temps que le point d'esprit: après avoir entouré la maille du filet d'un tour de points devant qui servent de rembourrage, on la recouvre de points de surjet, de manière à obtenir un œillet cordonné, auquel on ajoute encore un tour de points devant.

Le petit fond quadrillé, qui termine le modèle dans le haut, est fait en jaune, en conduisant le fil avec des points devant en lignes brisées par-dessus quatre mailles du filet, toujours en rangs horizontaux.

Fond brodé sur filet à mailles différentes (fig. 742). — Le filet à mailles simples, à mailles allongées et à mailles doubles, décrit et représenté dans la fig. 684, reparaît ici richement brodé.

Pour faire les points d'esprit isolés, il est nécessaire que l'on conduise le fil jusqu'au milieu de la bride, qu'on achève les boucles formant le point et que l'on ramène le fil au point de départ. Là on bâtit la première bride de la roue centrale,

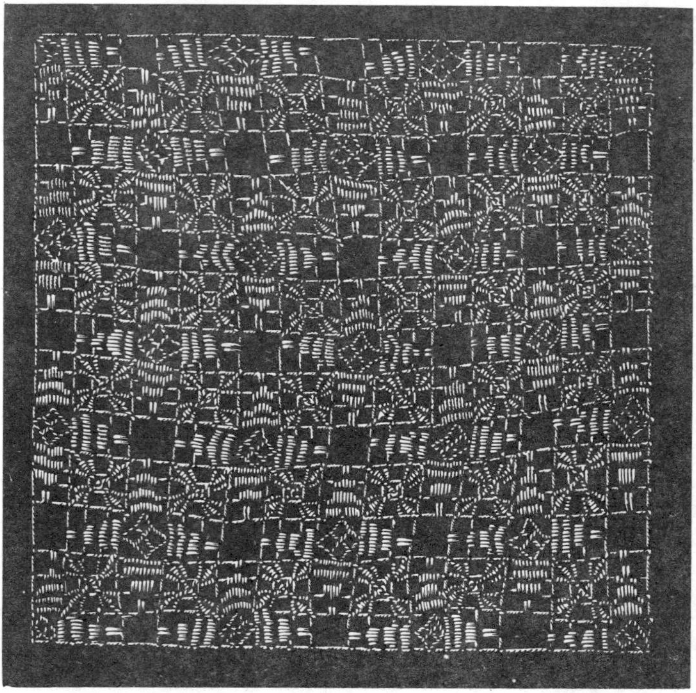

Fig. 743. Fond brodé sur filet à mailles différentes.
Fournitures : Lin pour dentelles D·M·C, Fil à dentelles D·M·C ou Fil d'Alsace D·M·C, en blanc ou écru.

puis on place les points de reprise, dont trois se croisent entre deux brides du filet seulement, tandis que les suivants se prolongent par-dessus quatre brides du filet ; on recouvre ensuite le fil tendu obliquement de points de surjet jusqu'à sa demi-longueur, puis on tend le fil à l'angle suivant, pour faire le demi-cercle au point de reprise, et ainsi de suite.

Fond brodé sur filet à mailles différentes (fig. 743). — Ici le fond se compose d'une grande maille et d'un carré formé de 9 petites mailles, reliés par des mailles allongées ; sur ce fond on brode les deux genres d'étoiles d'après la gravure. Les grandes figures sont faites au point de reprise, en forme de pyramides entourant une petite étoile à fils tendus surjetés.

Les petites figures sont composées de triangles au point de

Fig. 744. Carré en filet brodé.

Fournitures : Lin pour dentelles D·M·C. Lin à tricoter et à crocheter D·M·C. Fil à dentelles D·M·C ou Fil d'Alsace D·M·C, en blanc ou écru.

reprise, exécutés autour d'un fil tendu en biais formant une petite roue au centre.

Deux carrés en filet brodé (fig. 744 et 745). — Ces deux carrés, travaillés sur un fond de filet uni, se prêtent à la composition de petites têtières ou napperons, dans lesquels on fera alterner les carrés de filet avec des carrés en toile unie. On peut aussi en composer un entre-deux en plaçant les carrés directement l'un à côté de l'autre.

Comme garniture extérieure, on choisira pour ces carrés l'une des dentelles qui vont suivre. On emploiera pour tous ces modèles le Lin pour dentelles D·M·C, dans un seul numéro de grosseur, pour le filet et pour la broderie.

Fig. 745. Carré en filet brodé.

Fournitures : Lin pour dentelles D·M·C, Lin à tricoter et à crocheter D·M·C, Fil à dentelles D·M·C ou Fil d'Alsace D·M·C, en blanc ou écru.

Une fois le filet monté dans le cadre, on commence la broderie par les parties au point de toile, fig. 696 à 698, après quoi on exécute les parties extérieures au point d'esprit, fig. 699 et 700. Ensuite seulement on fait les petites feuilles en relief au point de reprise avec deux nervures, fig. 705 et 706, puis les tiges et la roue du centre et le cercle au point de toile et au point de reprise, qui passe sur les tiges des feuilles, et enfin le point d'esprit à l'intérieur du cercle.

Dans le second carré on procède de la même manière. Après

avoir fait les parties au point de toile et au point d'esprit, on brode les contours des feuilles qui demandent six tours de points de reprise, puis on exécute les tiges, et en dernier lieu seulement le cercle intérieur avec six tours de points de reprise.

Deux dentelles en filet brodé (fig. 746 et 747). — Pour ces deux dentelles, on peut faire le filet ou bien en bande droite

Fig. 746. Dentelle en filet brodé.
Fournitures : Lin à tricoter et à crocheter D·M·C ou Fil à dentelles D·M·C, en blanc ou écru.

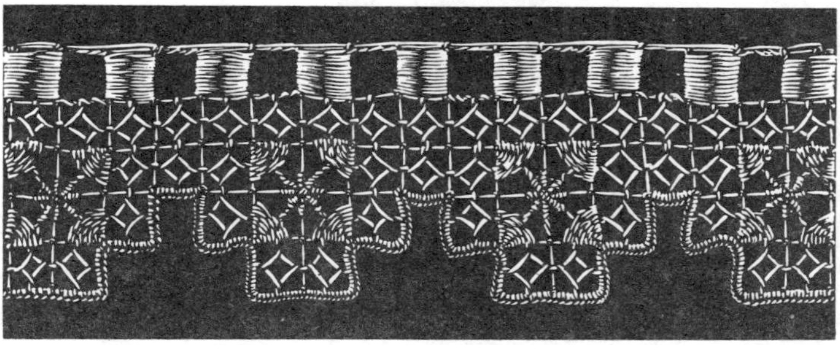

Fig. 747. Dentelle en filet brodé.
Fournitures : Lin à tricoter et à crocheter D·M·C ou Fil à dentelles D·M·C, en blanc ou écru.

ou bien à dents avec mailles dégagées, suivant les explications données au commencement de ce chapitre.

Après avoir terminé la broderie, on festonnera le bord, et si la broderie est faite sur une bande droite, on découpera les mailles superflues.

Dans la dentelle, fig. 746, le fond est rempli de points d'esprit, les étoiles, au point de feston, sont faites d'après la fig. 716; elles sont ornées à l'intérieur d'une petite roue et entourées d'un cercle fait avec quatre tours de points de reprise, qui fait ressortir davantage la figure.

Dans la dentelle, fig. 747, le fond est également rempli de points d'esprit; le talon est formé par des carrés isolés au point de reprise, tandis que la figure principale représente un carré ayant au centre une petite roue à côtes et dans les quatre coins des triangles au point de feston.

Fig. 748. Entre-deux en filet brodé.

Fournitures : Lin à tricoter et à crocheter D·M·C, Fil à dentelles D·M·C ou Fil d'Alsace D·M·C, en blanc ou écru.

Entre-deux en filet brodé (fig. 748). — Cet entre-deux est composé de deux motifs différents, séparés par des baguettes au point de toile. Chaque motif est entouré de points d'esprit et de triangles au point de feston. Les motifs eux-mêmes sont composés de triangles au point de feston, différemment placés et entourés de quatre tours de points de reprise; un losange au point de reprise entoure la roue placée au centre.

Carré en filet coupé (fig. 749). — Il y a peu de dessins qui permettent d'utiliser aussi bien tous les points qui ont été décrits jusqu'à présent, que le carré dont il s'agit ici. Sur un fond de filet très fin on fait avec un numéro de fil plus gros le point de toile d'abord, puis le fond de dentelle, ainsi que les roues à côtes, fig. 713, les brides découpées, fig. 722, au milieu des roues très rapprochées, fig. 728, et des brides au point de reprise, fig. 706.

Dentelle en filet coupé (fig. 750). — Dans cette dentelle on remarquera de nouveau différents tons; ainsi, le filet est fait en Blanc-Neige et les points de dentelle sont en Jaune-Crème 579, les roues du bord, remplissant presque entièrement les carrés, sont également brodées dans la même couleur ; pour les roues en relief et pour l'étoile, nous avons employé le Violet-Scabieuse 396 ; pour les longues brides au point de reprise, le Vert doré 580 ; pour les croix au point de toile alternativement du lilas et du vert.

Motif pour entre-deux. Filet allemand (fig. 751 et 752). L'entre-deux est un exemple de filet brodé allemand du

Fig. 749. Carré en filet coupé.

Fournitures : Lin pour dentelles D·M·C, Fil à dentelles D·M·C ou Fil d'Alsace D·M·C, en blanc ou écru.

XVIIIe siècle. Un riche ornement floral se détache sur un fond de filet fin dont les mailles mesurent 3 millimètres. Les fleurs et les feuilles sont remplies de points variés choisis parmi les fig. 723 à 735, sauf dans les petites feuilles que l'on remplit de point d'esprit simple. Les contours sont faits de plusieurs rangs de point de reprise, se touchant l'un l'autre. Pour les nervures, ces rangs de point de reprise se répandent en rayonnant.

Ce genre de broderie sur filet demande un calque sur

lustrine, que l'on fixe sous le filet monte dans son cadre. On trace tous les contours avec un fil fin, à petits points devant en suivant les lignes du dessin, puis on détache le calque.

La broderie proprement dite commence par le remplissage des motifs; nous recommandons de broder alors en premier lieu les points qui donnent le plus de travail, puis les points simples, plus rapides. Certains points de remplissage ne demandent qu'une seule grosseur de fil, pour d'autres il en faut deux. Il est bien entendu que les fils employés pour la broderie doivent être assortis au fil employé pour le fond de filet. Les points de remplissage terminés, on brode les contours. On exécute plusieurs

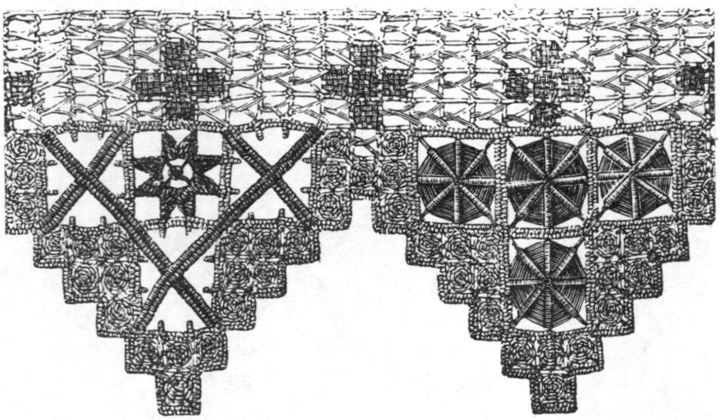

Fig. 750. Dentelle en filet coupé.

Fournitures : Coton perlé D·M·C ou Alsatia D·M·C, en Blanc-Neige, Jaune-Crème 579, Violet-Scabieuse 396 et Vert doré 580 (*).

rangs de points de reprise tout à côté de la ligne du tracé. Tous les contours sont de largeur égale et se composent de quatre rangs de points tandis que les tiges en comptent dix.

Finalement, on ajoute les nervures dans les feuilles en consultant la gravure; voir aussi le détail explicatif, fig. 752.

Nous avons employé comme fournitures le Lin pour dentelles D·M·C N° 40 pour le fond de filet, pour les contours, les tiges et les nervures; les N°s 16, 40, 50 et 70 pour les points de remplissage.

Ce modèle peut être également exécuté sur un fond de filet

(*) Ces numéros désignent des couleurs qui se trouvent sur les cartes de couleurs des articles portant la marque D·M·C. Ces cartes peuvent être consultées chez tous les merciers et marchands d'ouvrages de dames.

à mailles plus grandes, dans ce cas on choisira des fils plus gros.

Cet entre-deux servira à garnir des coussins ou de petits panneaux; il faudra changer légèrement le dessin en une bordure si on veut l'utiliser pour des rideaux ou des stores.

Fig. 751. Motif pour entre-deux. Filet allemand.
Fourniture : Lin pour dentelles D·M·C.

Broderies sur lacis. — Le travail du filet étant long et minutieux, on a songé, il y a bien longtemps déjà, à remplacer le filet proprement dit, et principalement celui à mailles fines, par un tissu qui imite l'ouvrage fait à la main. Ce tissu, appelé « lacis » ou « canevas-filet », est fabriqué aujourd'hui dans différentes grosseurs de mailles, en écru, en blanc et en couleurs, et les ouvrages qu'on fait en l'employant, ne le cèdent en rien aux plus beaux travaux sur filet noué.

Les broderies sur lacis intéressantes entre toutes sont celles exécutées à points lancés, travaillés en soie de couleur sur lacis de couleur à mailles fines. Les premières broderies de ce genre, connues sous le nom de « broderies siciliennes », nous sont parvenues de l'Italie et de l'Espagne, où l'on a, de tout temps, particulièrement cultivé ce genre d'ouvrage. Les dessins de grandes dimensions sont faits avec remplissage au point de reprise et contours brodés.

Tissus. — Les tissus modernes sont fabriqués dans différentes grosseurs de mailles, en blanc, en crème et en couleurs.

Fournitures. — Le lacis étant un tissu très souple, il convient d'employer pour la broderie un fil floche comme le Mouliné spécial D·M·C, le Lin floche D·M·C, la Rayonne à broder D·M·C ou la Soie de Perse D·M·C.

Exceptionnellement, on prendra pour faire des contours, un fil plus tordu, tel que le Lin pour dentelles D·M·C, le Cordonnet spécial D·M·C, le Coton perlé D·M·C ou même encore un fil de métal.

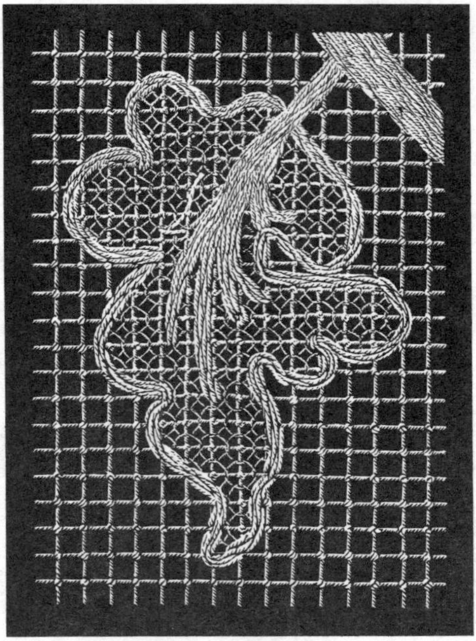

Fig. 752.
Détail de l'entre-deux, fig. 751.

Entre-deux en broderie sur lacis. Imitation de filet Richelieu (fig. 753). — Comme fond on emploie ici un canevas-filet crème à grandes mailles, tissé avec un fil fin; l'exécution de la broderie est la même que pour le carré, fig. 737.

On prendra comme fournitures pour le point de toile du Coton perlé D·M·C N° 8, en écru et du Coton perlé D·M·C N° 3, en Jaune d'Or 783 pour le sertissage.

Bordure en broderie sur lacis, genre sicilien (fig. 754). — Exécutée sur un fond de canevas de couleur bronze, cette bordure d'une grande richesse de nuances, représente un des plus charmants modèles de notre livre, non seulement à cause de son exécution fort simple à points lancés et au point de traits, mais aussi à cause de la facilité que l'on a d'augmenter le nombre des couleurs employées.

Beaucoup de dessins au point de croix peuvent être brodés de la même manière et presque tous les modèles de fleurs stylisées peuvent, avec peu de changements, être exécutés à points lancés sur canevas-filet.

La broderie même sera faite à points comptés, sans tracé.

Ce mode d'exécution présente encore l'avantage de faciliter

le changement des nuances, pour lequel il suffit de réunir par un nœud de tisserand l'extrémité des deux fils de couleur.

La plupart des broderies sur lacis étant employées sans doublure, il est indispensable de nouer les fils les uns aux autres en changeant les nuances, afin de ne pas avoir à l'envers de longs points irréguliers dans toutes les directions, qui, par transparence, feraient fort mauvais effet.

On fait le nœud de tisserand de façon que, une fois tiré, il se trouve à peu près à la hauteur de la moitié du point. Pour travailler avec plusieurs couleurs il faudra naturellement enfiler autant d'aiguilles que l'on aura de nuances.

Notre bordure est entièrement brodée avec de la Soie de Perse D·M·C. Au centre des grandes figures sont placés deux petits losanges jaunes et deux losanges verts dans un cadre rouge, entouré lui-même de quatre motifs détachés brodés en bleu foncé. Les œillets sont exécutés en violet ou en rose clair avec tige et calice en vert-lierre ; les petites figures posées dans les angles des motifs bleus sont en brun-rouille à l'extérieur, avec du blanc-crème à l'intérieur

Fig. 753. Entre-deux en broderie sur lacis.
Imitation de filet Richelieu.
Fournitures : Coton perlé D·M·C, en écru et en Jaune d'Or 783.

Le dessin central est arrêté aux quatre extrémités par des motifs de forme rectangulaire, travaillés en jaune-giroflée et rose ancien ; l'encadrement, en forme de losange, est brodé en vert foncé, rose foncé, violet foncé et bleu foncé.

Les répétitions du motif principal sont faites dans les mêmes nuances, seulement on fera en sorte que quatre œillets

Fig. 754. Bordure en broderie sur lacis, genre sicilien.

Fournitures : Soie de Perse D·M·C, en Blanc-Crème 1220, Brun-Rouille 1156, Jaune-Giroflée 1361, Violet-Scabieuse 1248 et 1249, Bleu-Indigo 1011, Vert-Lierre 1184 et Rose ancien 1003 et 1006 : Mouliné spécial D·M·C ou Rayonne à broder D·M·C, en Jaune-Crème 579, Brun-Rouge 921, Jaune d'Or 783, Violet-Scabieuse 397 et 395, Bleu-Indigo 311, Vert-Scarabée 3345, Rouge-Maroquin 3329 et Rouge-Écarlate 498 (*).

violet clair soient tournés vers l'intérieur de la bordure, et un œillet entier et deux demi-œillets roses vers le bord extérieur.

(*) Ces numéros désignent des couleurs qui se trouvent sur les cartes de couleurs des articles portant la marque D·M·C. Ces cartes peuvent être consultées chez tous les merciers et marchands d'ouvrages de dames.

La ligne brisée au point de traits est en rose foncé et en jaune-giroflée; dans les fleurettes qui terminent la bordure

Fig. 755. Bordure en broderie sur lacis au point de reprise avec contours cordonnés.
Fournitures : Soie de Perse D·M·C, en Brun-Beige 1447 ou Rayonne à broder D·M·C, en Brun-Beige 842 et Coton perlé D·M·C ou Lin floche D·M·C, en Rouge-Géranium 349.

vers l'extérieur, on emploie alternativement toutes les nuances citées pour la bordure même.

Bordure en broderie sur lacis au point de reprise avec contours cordonnés (fig. 755 et 756). — De même que les

Fig. 756. Détail de la bordure fig. 755.

broderies sur toile, les broderies sur canevas-filet peuvent être exécutées suivant tracé. Dans ce cas, les motifs des dessins sont couverts d'un point de reprise, pour être ensuite contournés. Notre fig. 755 représente un de ces dessins dont une partie est donnée en grandeur naturelle par la fig. 756.

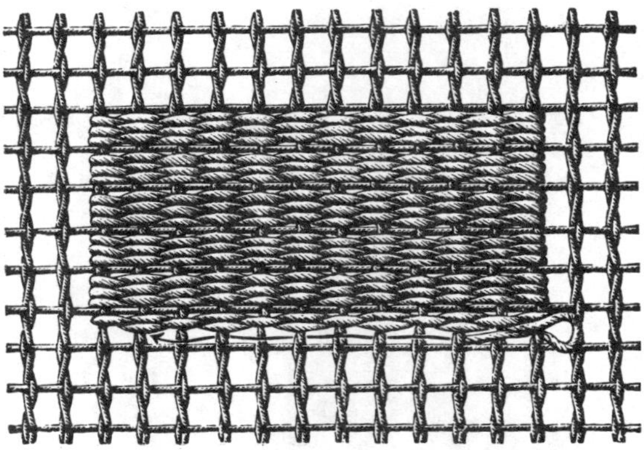

Fig. 757.
Point de reprise exécuté avec du fil fin.

Comme on peut le voir, le point de reprise est fait en un rang, allant et revenant une fois par la série des mailles et en relevant chaque deuxième fil du tissu.

Le sertissage se fait en deux rangs de points devant qui doivent se compléter et qui, travaillés tout près du point de reprise, bordent toutes les parties du dessin à l'instar d'une ganse. Comme fond on a employé du canevas bleu foncé; le point de reprise demande un fil floche tel que la Soie de Perse D·M·C, en Brun-Beige 1447; pour les contours on se sert du Coton perlé D·M·C N° 5 ou du Lin floche D·M·C N° 8, en Rouge-Géranium 349. La Soie de Perse D·M·C pourra au besoin être remplacée par la Rayonne à broder D·M·C ou le Mouliné spécial D·M·C en Brun-Beige 842.

Différents genres de points de reprise (fig. 757, 758, 759, 760). — Nous ajouterons encore quelques genres de points de reprise qui peuvent également être employés comme remplissage pour la bande, fig. 755. Dans la fig. 757 nous expliquons le point de reprise travaillé avec un fil fin, ce qui oblige à passer cinq à six fois dans chaque série de mailles du tissu. En employant par contre un gros fil, on ne devra passer que deux fois dans les mailles du lacis; voir la fig. 758. Au lieu de relever régulièrement chaque deuxième fil, on pourra aussi faire les points par-dessus plusieurs mailles et sauter

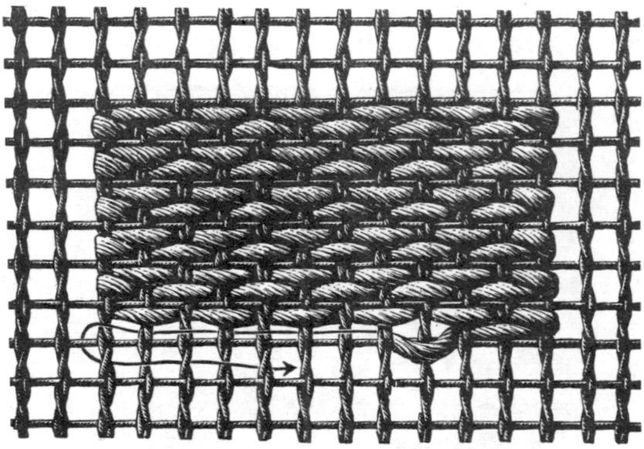

Fig. 758. Point de reprise exécuté avec du gros fil.

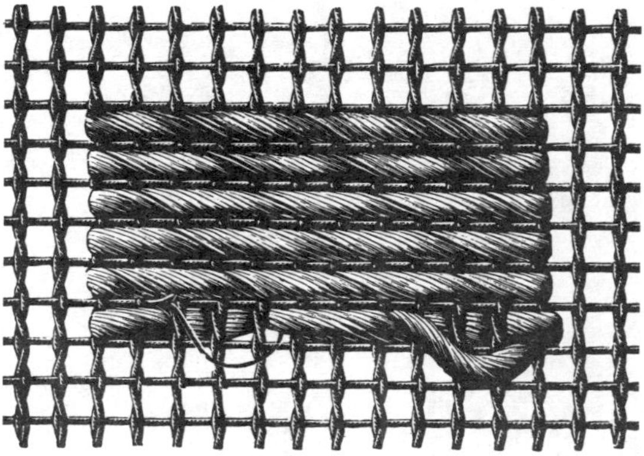

Fig. 759. Point de reprise interverti.

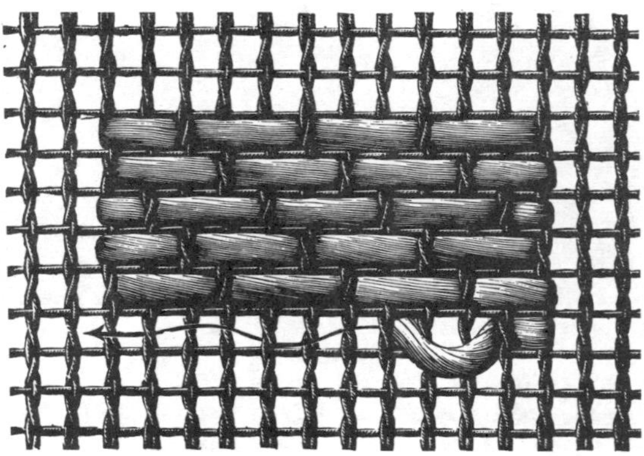

Fig. 760. Point de reprise simple à rayures obliques.

le même nombre de mailles entre les points; en revenant on recouvre les mailles sautées en intervertissant les points en même temps, fig. 759.

Notre fig. 760 montre finalement un point travaillé en un seul rang. Les points sont lancés pardessus deux mailles, la troisième étant relevée. En reculant régulièrement les points d'un fil du canevas, on obtient un fond à rayures obliques.

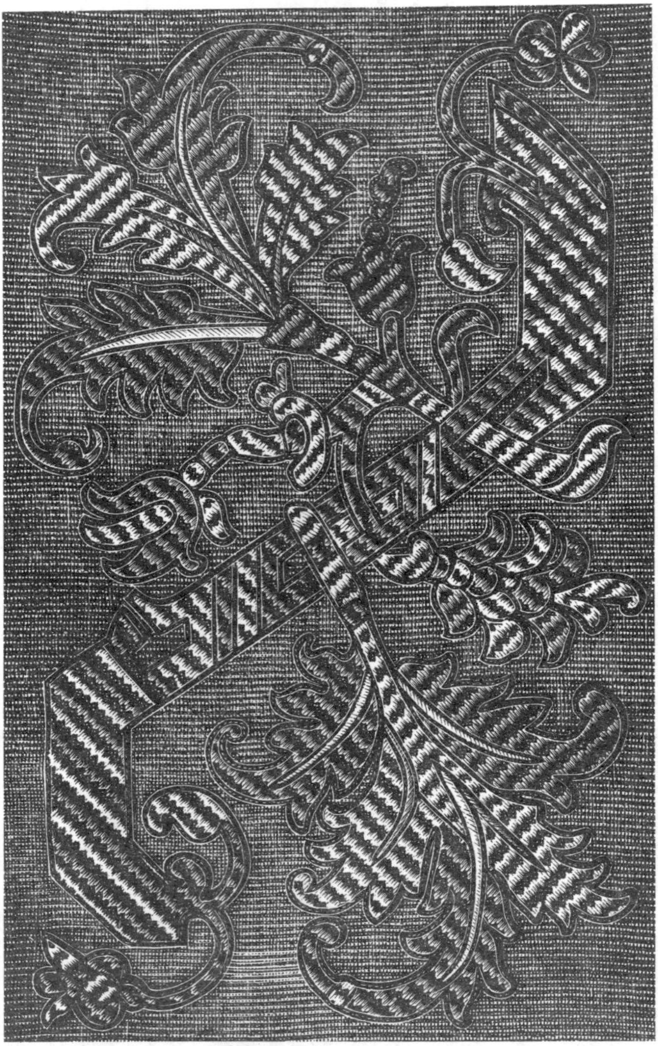

Fig. 761. Coussin en broderie sur lacis avec points de remplissage et contours cordonnés.

Fournitures : Soie de Perse D·M·C, en Jaune-Paille 1263 et Brun-Rouille 1155 ; Rayonne à broder D·M·C ou Mouliné spécial D·M·C, en Jaune-Crème 579 et Jaune d'Or 782, et Coton perlé D·M·C ou Lin floche D·M·C, en Bleu-Myosotis 825.

Coussin en broderie sur lacis avec points de remplissage et contours cordonnés (fig. 761 et 762). — Cette broderie montre plus de variété dans l'exécution que la précédente. Les points de remplissage sont différents et sont travaillés en deux couleurs. Le contour se compose ici également de deux rangs de points devant se complétant et formant une petite ganse; voir la fig. 762.

Les nervures des feuilles et les tiges sont travaillées au point

Fig. 762. Détail du coussin fig. 761.

plat oblique, dont la direction change suivant le motif à broder.

Comme fond on emploie du canevas-filet rouge foncé; pour les points de remplissage, deux tons de jaune, et du bleu vif pour les contours. On fera bien d'employer, pour doubler la broderie terminée, une étoffe du même bleu. Cette dernière, étant visible entre les mailles du canevas, donnera à l'ouvrage un aspect tranquille.

Modèles d'ouvrages. — En dehors des ouvrages décrits ci-dessus, on trouvera un grand choix de modèles pour le filet dans les publications suivantes de la BIBLIOTHÈQUE D·M·C: *Le Filet brodé, 1re et 2me Séries, Le Filet-Richelieu, Le Filet-Guipure* et *Les Jours sur Toile, 2me Série* (*).

Entre-deux avec rivières à jours et etoiles brodées.

Les Jours sur Toile

Les vides que l'on produit dans la toile en en retirant des fils sur une largeur plus ou moins grande, puis en groupant par des points les fils qui restent en travers de la bande ainsi éclaircie, portent le nom de jours; les pièces ornées de cette manière sont des ouvrages à jours.

Des différentes manières de grouper les fils et de les recouvrir de points divers naissent les combinaisons les plus variées, les dessins les plus riches; on peut les employer comme unique ornement d'un ouvrage ou les associer à des broderies au point de croix ou d'un autre genre.

Dans les ouvrages sur toile, on distingue deux sortes de jours; l'un est produit par l'enlèvement de fils soit de chaîne, soit de trame; on l'appelle généralement rivière (le punto tirato italien). Le second exige l'absence simultanée de fils de chaîne et de trame et est appelé point coupé (le punto tagliato italien).

Les jours à fils tirés, ainsi que les jours au point coupé, peuvent être exécutés avec la machine à coudre. On préfère souvent pour les grands objets de lingerie le travail à la machine, plus rapide, au travail à la main. Les rivières étroites et simples sont brodées sans être montées dans un métier; le montage du tissu dans le métier est indispensable pour les rivières riches avec motifs au point de reprise et pour les ouvrages au point coupé.

Fournitures. — Les tissus à gros brins, fabriqués en vue de l'imitation des broderies du moyen âge, exigent, pour les points à jour, un fil dont la grosseur soit en rapport avec la composition du tissu employé. On fera son choix parmi le Lin pour dentelles D·M·C Nos 6 et 12 ou le Lin à tricoter et à crocheter D·M·C Nos 3, 4, 6, 8, 10 et 12, le Cordonnet spécial D·M·C Nos 5, 10, 15 et 20 et l'Alsatia D·M·C Nos 15, 20, 25, 30 et 40.

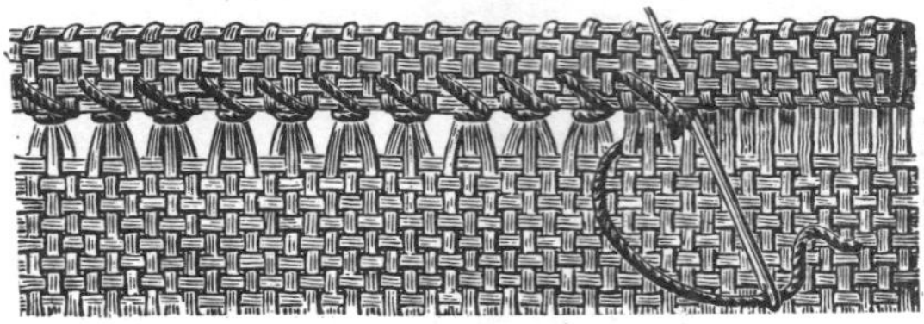

Fig. 763. Ourlet à jour simple.

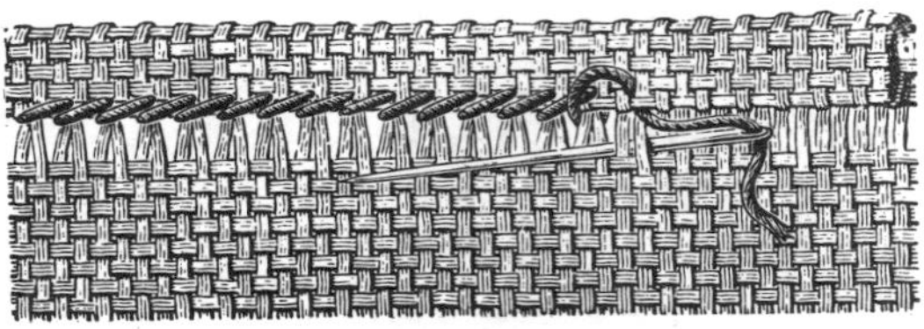

Fig. 764. Autre ourlet à jour.

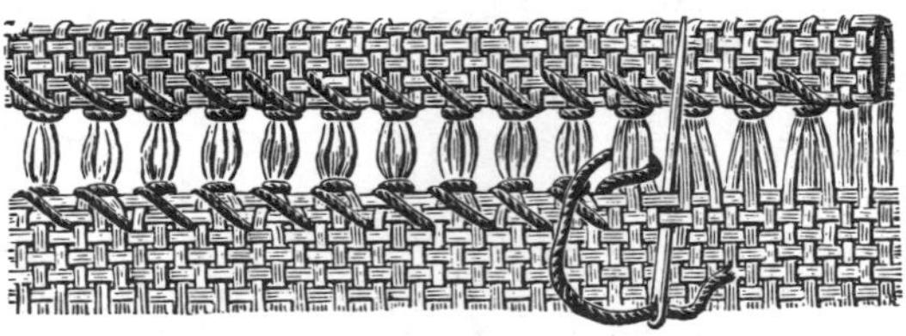

Fig. 765. Ourlet-rivière d'échelle.

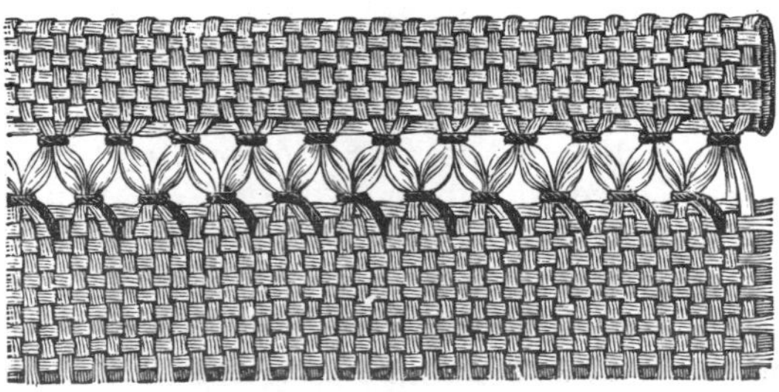

Fig. 766. Ourlet-rivière serpentine.

Le Lin pour dentelles D·M·C ou le Lin à tricoter et à crocheter D·M·C dans les Nos 12, 16, 20 et 25, le Lin floche D·M·C Nos 16 à 100, le Fil à dentelles D·M·C Nos 30 à 90 et le Cordonnet spécial D·M·C dans les Nos 30 à 100 ainsi que le Fil d'Alsace D·M·C Nos 30 à 100, seront employés pour les tissus plus fins.

Si la broderie est exécutée en couleurs, on peut aussi se servir de fils de couleur pour les jours ; dans ces cas, on prendra le Fil à dentelles D·M·C, le Coton à broder D·M·C, qualité spéciale, le Coton perlé D·M·C, l'Alsatia D·M·C, le Mouliné spécial D·M·C, le Lin floche D·M·C et la Rayonne à broder D·M·C.

Rivières (punto tirato). — Les rivières se produisent, comme il a été dit tout à l'heure, par le retrait de fils du tissu, dans l'un ou l'autre sens seulement. Les ourlets à jour sont le point de départ de ce genre d'ouvrage.

Ces ourlets remplacent souvent l'ourlet ordinaire, fig. 8,

quand on ne le considère pas comme assez riche pour l'objet que l'on confectionne. Pour simplifier la copie des modèles, nous indiquons pour chacun le nombre de fils à enlever.

Ourlet à jour simple (fig. 763). — On enlève, suivant le tissu employé 2 à 4 fils sous le rempli, puis on bâtit l'ourlet 2 fils au-dessus des fils isolés. On fixe le brin à gauche, puis on fait passer l'aiguille de droite à gauche sous 3 à 4 fils isolés, on la retire et on la fait passer de bas en haut sous 1 ou 2 fils du rempli.

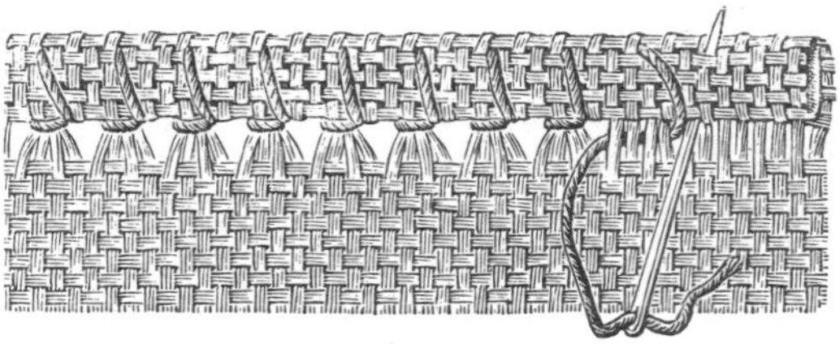

Fig. 767. Ourlet antique.
Envers.

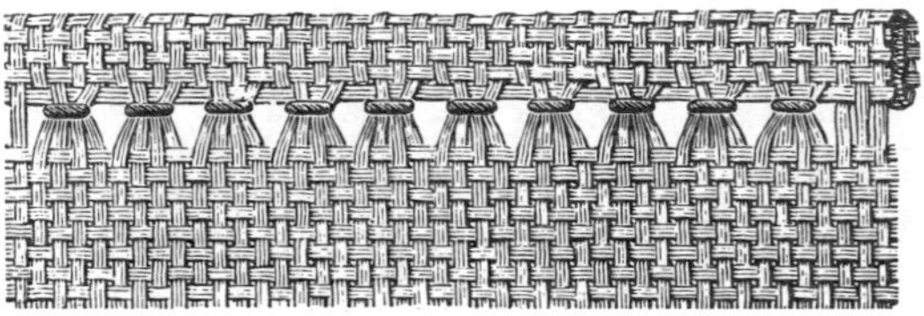

Fig. 768. Ourlet antique.
Endroit.

Le même point sert aussi pour consolider les franges des nappes et des serviettes; voir le chapitre « La Garniture des Ouvrages », fig. 1121 à 1124.

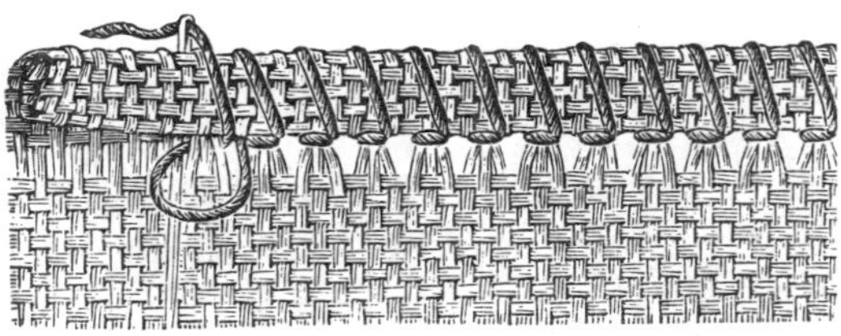

Fig. 769. Autre ourlet antique.
Envers.

Autre ourlet à jour (fig. 764). — On le prépare comme l'ourlet précédent et on l'exécute également de gauche à droite, avec la seule différence qu'après avoir fait passer l'aiguille sous les 3 fils en largeur, on la fait entrer dans l'ourlet du haut en bas, au-dessus de 2 fils, de manière qu'elle ressorte exactement à l'arête vive du pli.

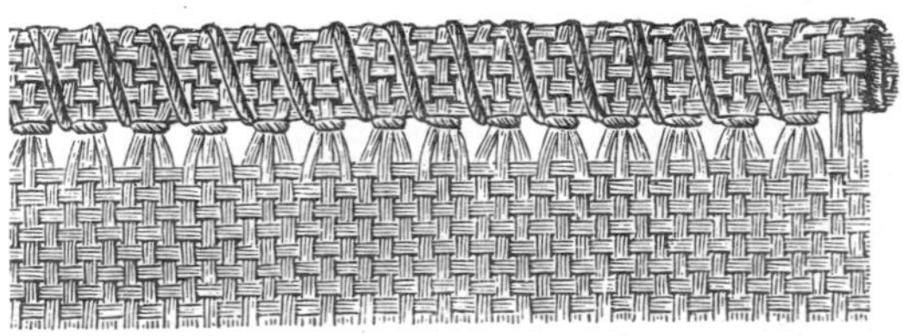

Fig. 770. Autre ourlet antique.
Endroit.

Ces points, qui peuvent aussi être faits à l'endroit d'un ouvrage, forment au bas de l'ourlet une espèce de cordonnet.

Ourlet-rivière d'échelle (fig. 765). — La première couture achevée comme le montre la fig. 763, on extrait encore quelques fils du tissu, 5 à 7 fils en tout. Puis on retourne l'ouvrage et on

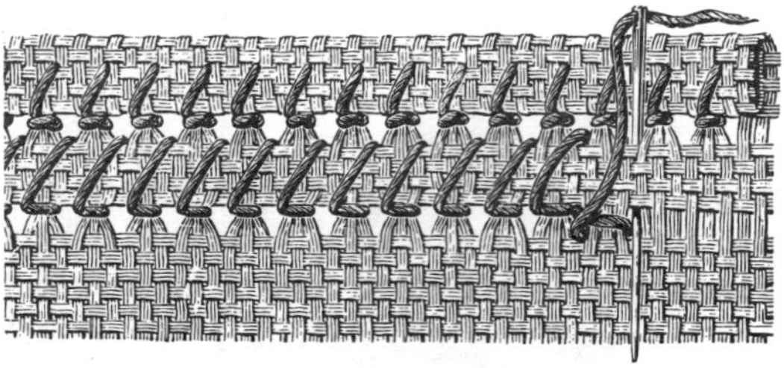

Fig. 771. Ourlet-rivière à double rang. Envers.

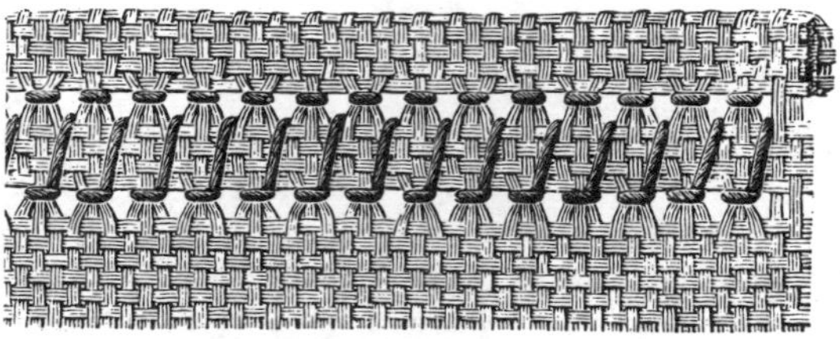

Fig. 772. Ourlet-rivière à double rang. Endroit.

Fig. 773. Point quadrillé ajouré exécuté en rang horizontal. Endroit.

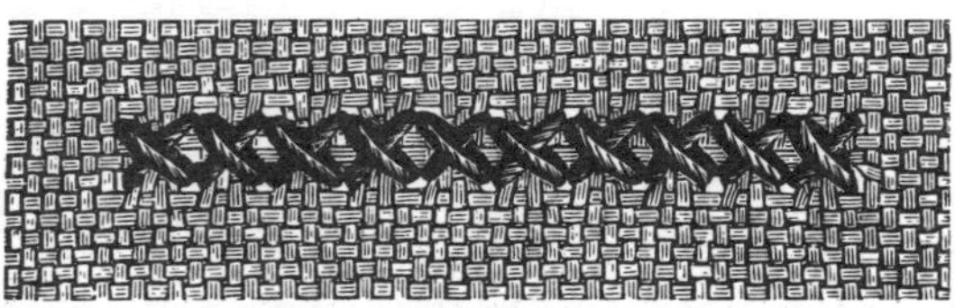

Fig. 774. Point quadrillé ajouré exécuté en rang horizontal. Envers.

fait un second rang de points, semblable au premier. On assemble toujours les mêmes fils qu'au premier rang et on forme ainsi des échelons verticaux.

Ourlet-rivière serpentine (fig. 766). Ici encore la première couture se fait comme à la fig. 763 en prenant toujours un nombre pair de fils. Au second rang on assemble la moitié de deux faisceaux de fils, de façon à partager les échelons, qui formeront alors une ligne serpentine.

Ourlet antique (fig. 767 et 768). — On remarque souvent dans les belles broderies de lin datant de l'époque de la Renaissance, deux manières de faire un ourlet, que l'on trouve rarement expliquées dans les manuels modernes.

Les fig. 767 à 770 montrent ces deux ourlets-rivières sur une échelle plus grande que nature.

On retire 1 fil à une distance suffisante du bord pour ménager la place d'un ourlet étroit (dans les tissus transparents ou très fins on ne retire pas de fils), puis on roule ce bord (on ne le plie pas), on fixe l'aiguillée à gauche et on exécute les points de gauche à droite, comme suit : on passe l'aiguille, de droite à gauche, sous 4 fils verticaux de l'ourlet roulé, on la retire et on la fait passer sous l'ourlet pour la faire ressortir au milieu des fils destinés au faisceau suivant. Il en résulte que lorsqu'un faisceau se compose de 4 fils, on fait sortir le brin au milieu du faisceau de 4 fils, et à 1 fil au-dessous de l'arête supérieure de l'ourlet roulé. La fig. 768 montre l'endroit de cette rivière.

Autre ourlet antique (fig. 769 et 770). — On fait le rouleau comme aux fig. 767 et 768 ; les points, cependant, se font de droite à gauche. Au lieu de faire entrer le brin dans l'étoffe, on le fait tourner autour du rouleau, ce qui rend le point visible à l'envers et à l'endroit de l'ourlet.

Ourlet-rivière à double rang (fig. 771 et 772). — Après avoir terminé un des ourlets précédents, on enlève encore 1 fil du tissu, laissant entre le 1er et le 2me fils enlevés 1 fil de plus que n'en compte le faisceau du premier rang. Puis on assemble les mêmes fils verticaux qui avaient été assemblés au premier rang. L'exécution de ces points est indiquée dans la fig. 771 ; l'endroit avec les points verticaux se voit dans la fig. 772.

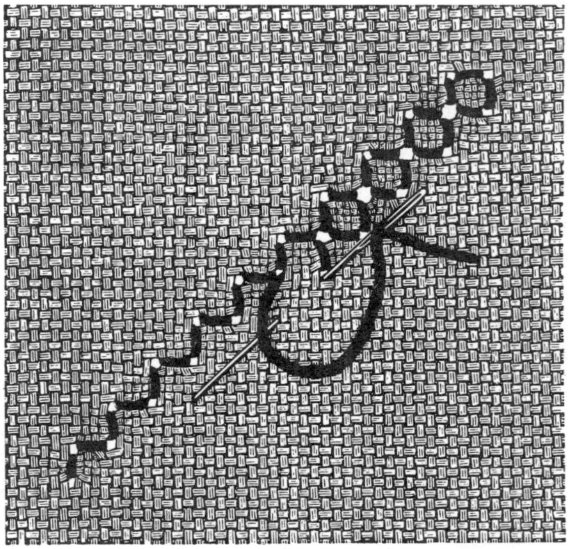

Fig. 775. Point quadrillé ajouré exécuté en rangs obliques.

Point quadrillé ajouré. — Avant de passer aux rivières à jour, nous montrerons la manière de faire le point quadrillé ajouré, que l'on rencontre dans les différents genres de broderies sur toile. Quoique ce genre de point se fasse habituellement sans qu'on enlève les fils du tissu, on peut néanmoins le classer dans la catégorie des jours sur toile, vu son aspect ajouré et son emploi dans le même genre d'ouvrages et pour le même but que les jours proprement dits.

On ne fait jamais un dessin entier avec ce point ; on s'en

sert soit pour broder des entre-deux ou rivières, soit pour faire la division en losanges ou carrés dans un dessin à points lancés de grandes dimensions. On rencontre le point quadrillé ajouré dans les anciennes broderies sur toile d'origine italienne et allemande, ainsi que dans les broderies hongroises et slaves. Il se fait tantôt en rangs droits, tantôt en rangs obliques; dans le premier cas il est exécuté en un rang, dans le deuxième cas en deux rangs. Les points se font par-dessus 3 ou 4 fils du tissu; en tirant fortement sur le fil, on rapproche certains fils du tissu, ce qui produit un dessin ajouré.

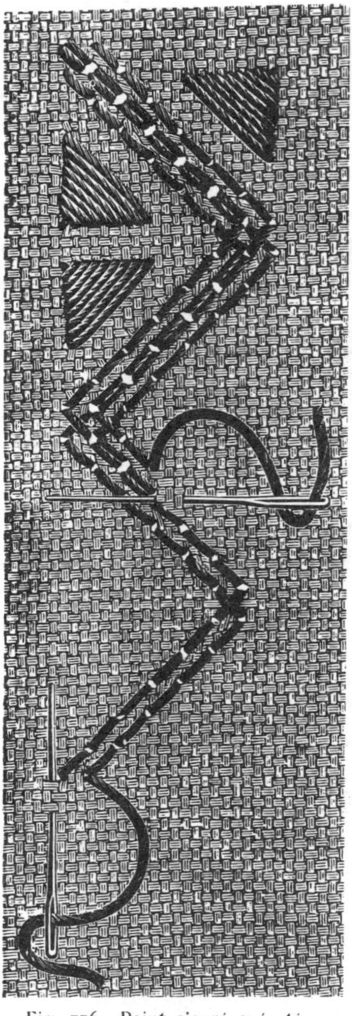

Fig. 776. Point ajouré exécuté en lignes serpentines.

Point quadrillé ajouré exécuté en rang horizontal (fig. 773 et 774). Le point se fait en rangée de droite à gauche. On commence avec un point vertical montant sur 4 fils, puis on conduit l'aiguille sur l'envers de l'ouvrage en descendant 4 fils vers la gauche, on fait un point horizontal vers la droite qui touchera dans le bas au point vertical, on remonte sur l'envers 4 fils vers la gauche, puis on fait un second point horizontal vers la droite, qui touchera au point vertical dans le haut, pour sortir l'aiguille finalement dans le bas à gauche du point horizontal. Continuer avec un point vertical, et ainsi de suite.

Point quadrillé ajouré exécuté en rangs obliques et point ajouré en lignes serpentines (fig. 775 et 776). — On commence du côté droit avec un point horizontal par-dessus 4 fils, puis on descend obliquement sous 4 fils vers la gauche, on fait sur l'endroit un point vertical vers le haut où il touchera au point horizontal, on fait de nouveau, sur l'envers, un point oblique descendant vers la gauche pour faire un point horizontal vers la droite, et ainsi de suite. Terminer par un point vertical.

Le second rang, qui termine le point est fait de la même manière, seulement on le commence par un point vertical, de façon à bien former les carrés. Sur l'envers de l'ouvrage, on obtient

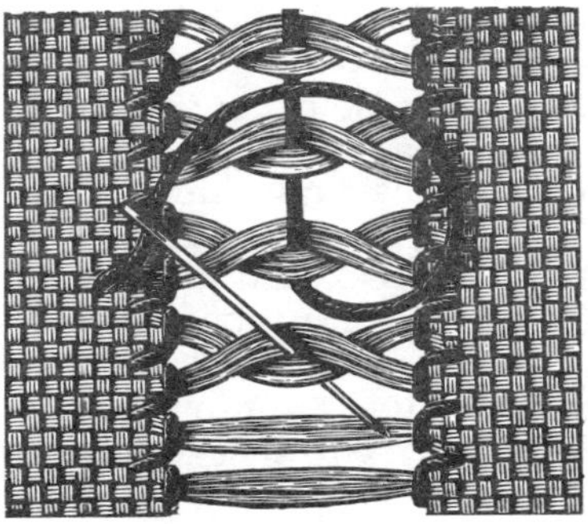

Fig. 777.
Faisceaux entiers contrariés une fois.

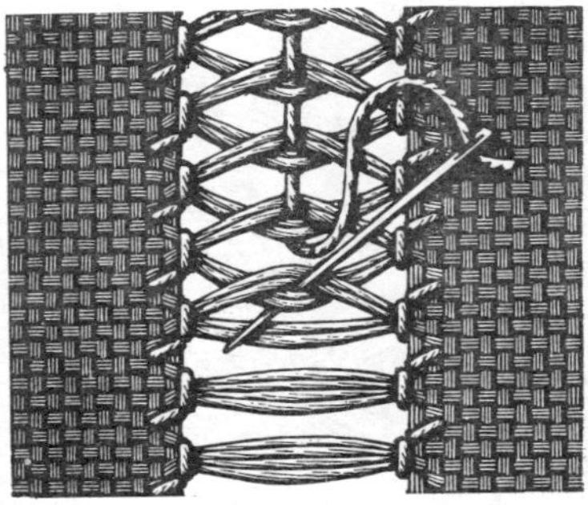

Fig. 778.
Faisceaux divisés contrariés une fois.

deux lignes simples et une ligne double à points de traits obliques.

Souvent on rencontre l'envers du point quadrillé employé comme endroit. Dans ce cas, on exécute les points obliques sur l'endroit de l'ouvrage et les points quadrillés sur l'envers.

Dans la gravure, fig. 776, nous montrons l'emploi de ce point en lignes serpentines pour un petit entre-deux. A l'endroit où les lignes changent de direction les points obliques forment des points de croix.

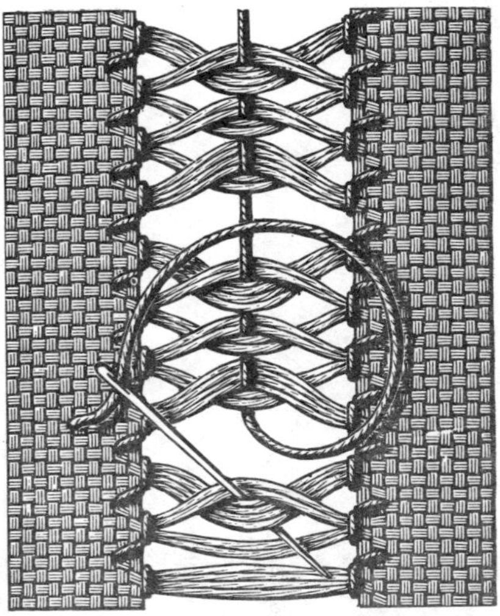

Fig. 779.
Deux faisceaux entiers contrariés une fois avec quatre demi-faisceaux.

Différentes manières d'ajourer les rivières du point tiré. — Les jours peuvent être obtenus de différentes façons:

1° en contrariant les faisceaux de fils;

2° en nouant les faisceaux;

3° en surbrodant les faisceaux;

4° en reliant les faisceaux par de petits motifs décoratifs.

Différentes manières de contrarier les faisceaux (fig. 777, 778, 779, 780, 781, 782). — On contrarie les faisceaux de fils en passant avec une aiguille garnie d'un gros fil sous un faisceau que l'on glisse en même temps par-dessus un faisceau précédent.

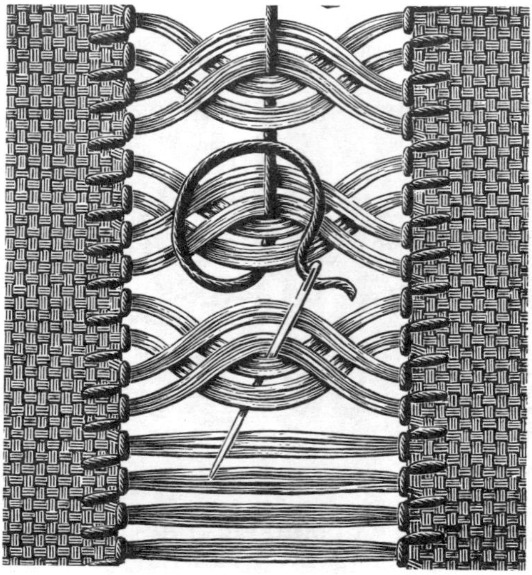

Fig. 780. Quatre faisceaux contrariés une fois et croisés une fois.

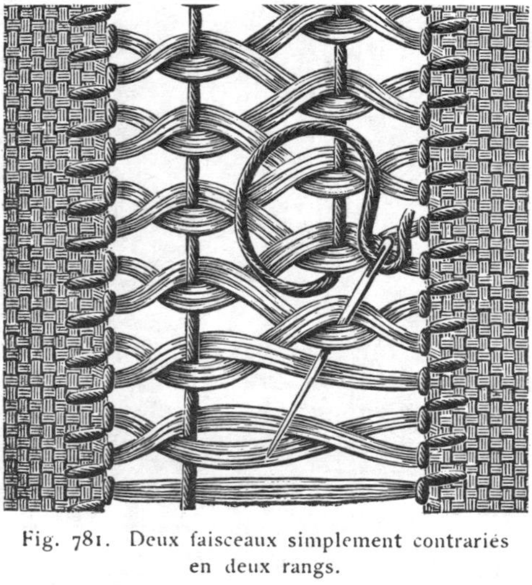

Fig. 781. Deux faisceaux simplement contrariés en deux rangs.

Pour maintenir les faisceaux dans leur nouvelle position on fait passer le gros fil entre les faisceaux contrariés.

On peut contrarier les faisceaux en un seul ou en plusieurs rangs parallèles; on peut prendre ou des faisceaux entiers ou des faisceaux partagés, ou plusieurs faisceaux en une fois, comme on le verra par les exemples suivants.

Nous commençons par les petites rivières qui se font en un seul rang; la fig. 777 nous montre la manière la plus simple; deux faisceaux entiers contrariés une fois.

Pour l'exécuter on glisse, comme nous venons de le dire, le second faisceau par-dessus le premier et le gros fil passe par-dessus le deuxième et sous le premier faisceau. Pour la rivière fig. 778, les faisceaux sont divisés avant d'être contrariés ce qui donne un aspect moins ajouré. Dans la rivière fig. 779, le modèle est composé de deux faisceaux entiers et de quatre demi-faisceaux.

Le modèle de la fig. 780 est composé de quatre faisceaux contrariés en une fois. On glisse le troisième et le quatrième faisceau par-dessus le premier et le deuxième, ce qui donne un motif croisé une fois.

Nous ajoutons encore deux modèles où les faisceaux sont

contrariés en deux rangs parallèles. La fig. 781 montre un rang double des motifs de la fig. 777, et la fig. 782 un rang double contrarié deux fois où le premier faisceau est entrelacé avec le troisième et le deuxième avec le quatrième. La position de l'aiguille indique l'exécution du second rang.

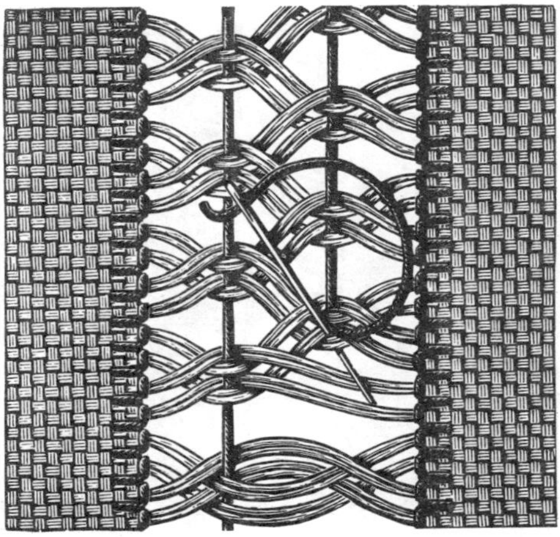

Fig. 782. Quatre faisceaux doublement contrariés en deux rangs.

Différentes manières de nouer les faisceaux (fig. 783, 784, 785, 786, 787). — Les rivières à faisceaux noués constituent une deuxième variante des jours sur toile. Les faisceaux noués peuvent être exécutés en un rang ou en plusieurs rangs parallèles et le fil auxiliaire, qui sert à faire les nœuds, peut être visible et former en même temps une partie du dessin, ou n'être employé que pour les nœuds seuls et passer plus ou moins invisiblement d'un faisceau à l'autre.

On assemble les faisceaux de fils pour les jours simples avec un nœud formé par un point de chaînette contrarié; dans des dessins plus riches on emploie en plus le point de cordonnet et le point de feston.

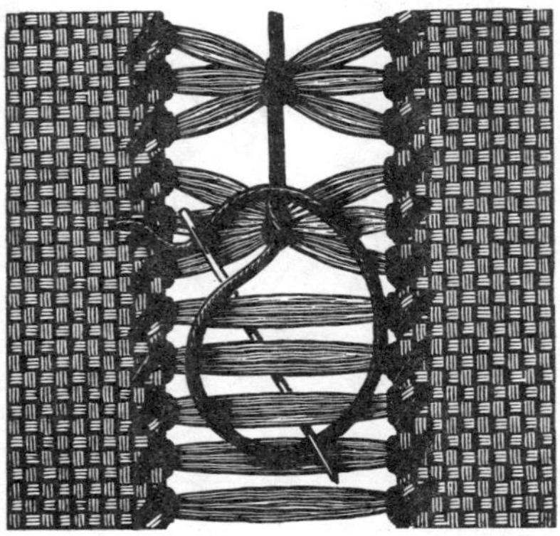

Fig. 783. Faisceaux triples une fois noués avec un fil vertical.

Nous commençons notre série de modèles par les jours noués travaillés en un seul rang et dans lesquels le fil auxiliaire reste visible; la fig. 783 indique l'exécution du nœud au point de chaînette contrarié dans une rivière formée par des faisceaux triples, noués une fois. Le fil avec lequel on fait les nœuds d'assemblage descend verticalement et relie les faisceaux entre eux.

Pour la fig. 784 on assemble toujours quatre faisceaux, qui sont ensuite partagés dans le second rang de manière à former au milieu un dessin serpentin.

Dans les figures suivantes, le fil qui a servi à faire les

nœuds est conduit par-dessus les faisceaux, sans paraître dans les vides du dessin.

Pour la rivière de la fig. 785 on noue chaque fois quatre faisceaux; les baguettes serpentines au milieu de la bande sont légèrement cordonnées.

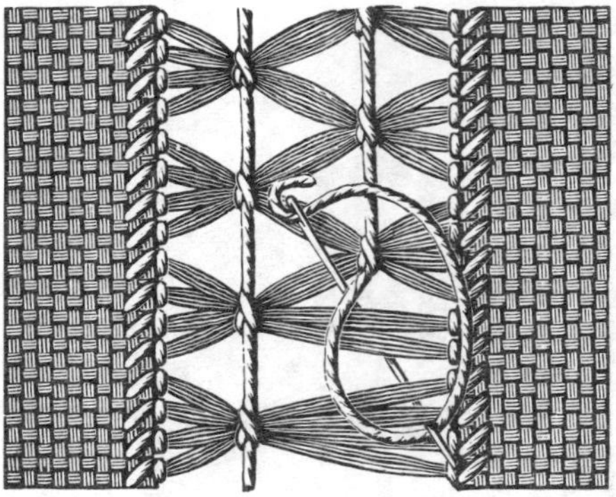

Fig. 784. Faisceaux quadruples partagés, noués deux fois avec deux fils verticaux.

La rivière fig. 786 est travaillée en deux rangs de faisceaux sextuples, les barrettes du milieu, placées en forme de losanges, sont entourées de points de feston.

La gravure fig. 787 indique l'emploi du nœud turc pour rassembler deux faisceaux dans une rivière plus large. On forme de cette façon des petites croix isolées, contrairement à celles de la fig. 783, où les motifs sont reliés visiblement par le fil qui a servi à faire le nœud d'assemblage.

Différentes manières de surbroder les faisceaux (fig. 788, 789, 790, 791). — Le troisième groupe de jours comprend les rivières avec faisceaux surbrodés. Le point employé le plus fréquemment pour ce genre de jours est le point de reprise, parfois accompagné de point de cordonnet et de point de feston.

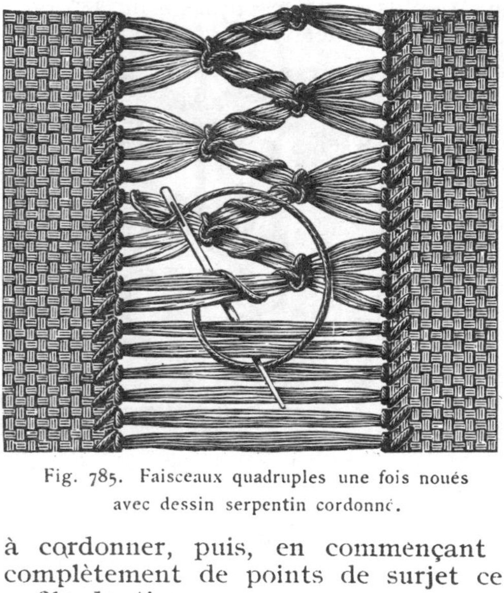

Fig. 785. Faisceaux quadruples une fois noués avec dessin serpentin cordonné.

La gravure fig. 788 explique la confection des brides cordonnées que l'on emploie soit pour garnir un ourlet étroit, soit pour exécuter des fonds grillagés dans des ouvrages de grandes dimensions. Comme l'indique la fig. 788, le fil est conduit de haut en bas au milieu du faisceau à cordonner, puis, en commençant dans le bas, on entoure complètement de points de surjet ce faisceau, composé ici de 4 fils du tissu.

La fig. 789 montre des brides cordonnées placées en serpentin. Ici on exécute les brides alternativement vers le haut et vers le bas, et par-dessus des faisceaux de 3 fils seulement. On réunit les deux brides à leur point de jonction au moyen de deux points de surjet par-dessus leurs 6 fils; de cette façon on obtient une rivière à brides serpentines.

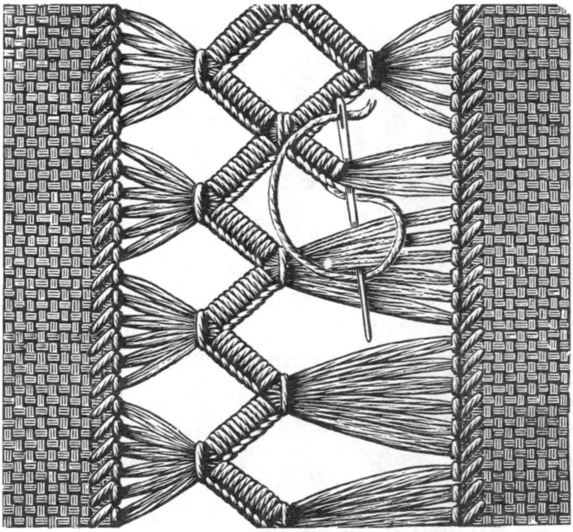

Fig. 786. Faisceaux sextuples deux fois noués avec dessin à carreaux festonnés.

Les brides au point de reprise, fig. 790, demandent toujours des faisceaux avec un nombre pair de fils. Les brides se font de droite à gauche en allant et en revenant et en piquant l'aiguille toujours au milieu des fils du faisceau.

La bride terminée, on tourne l'ouvrage afin de pouvoir toujours travailler dans le même sens, c'est-à-dire la partie terminée à droite de l'aiguille.

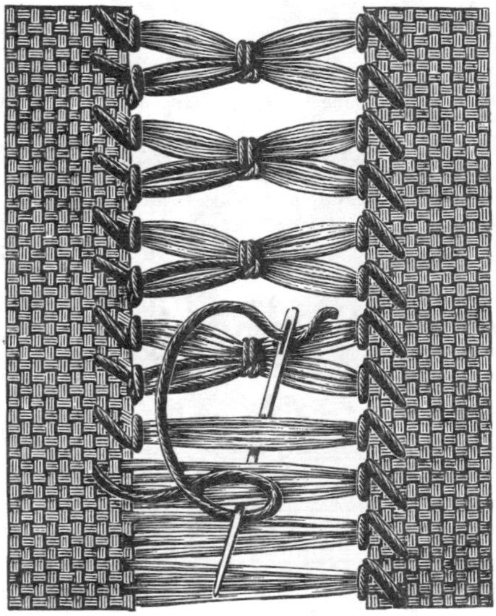

Fig. 787. Faisceaux doubles noués avec le nœud turc.

Pour montrer la manière d'exécuter de grands motifs au point de reprise, nous donnons avec la fig. 791 une rivière composée de pyramides en voie d'exécution et permettant de suivre la marche du travail. L'aiguille va en allant et en revenant par-dessus un nombre déterminé de faisceaux jusqu'à ce que tous les fils du tissu soient entièrement recouverts.

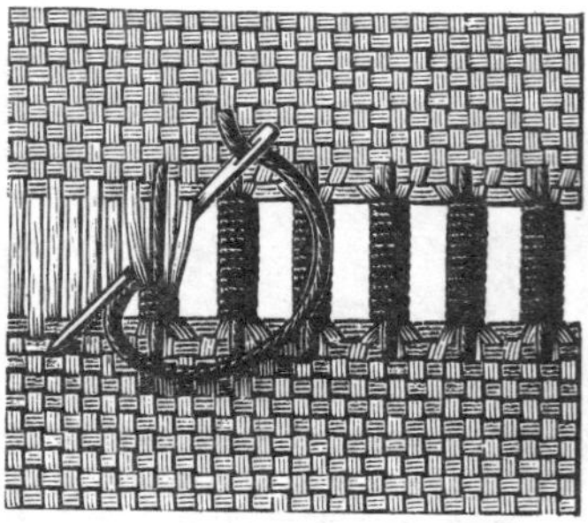

Fig. 788.
Brides cordonnées, isolées.

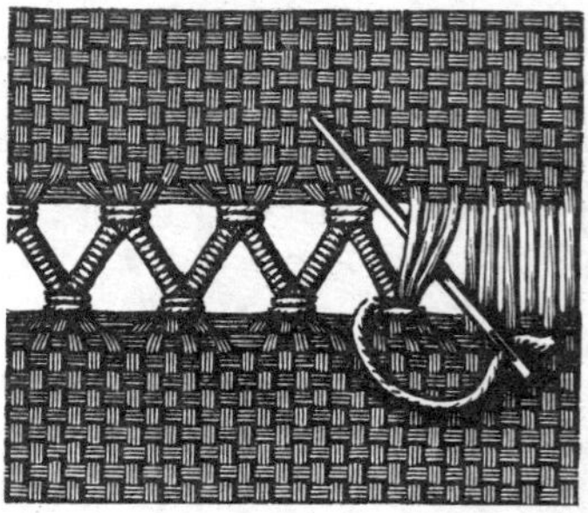

Fig. 789.
Brides cordonnées en rang serpentin.

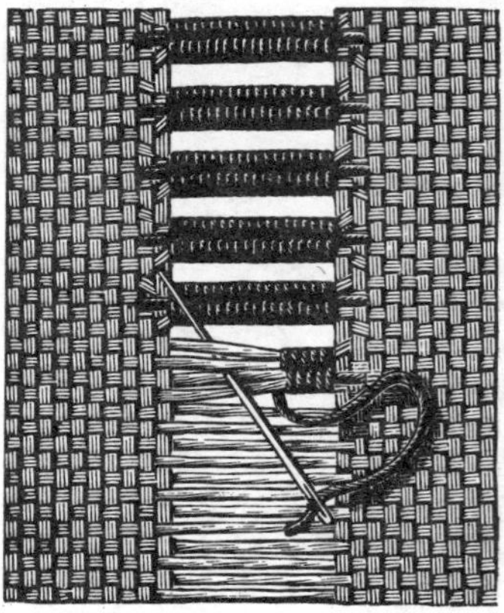

Fig. 790.
Brides au point de reprise.

Rivière simple à trois rangs (fig. 792). — Les modèles de rivière qui vont suivre peuvent aussi bien faire suite à un ourlet qu'être utilisés en guise d'entre-deux ou être intercalés entre des bandes brodées ou tissées; ces rivières peuvent même remplacer la dentelle en maintes occasions.

La rivière simple à trois rangs, fig. 792, est d'une exécution si facile qu'on s'en servira toujours avec avantage lorsqu'on ne voudra consacrer qu'un temps limité à la confection d'objets devant paraître richement ornés. On répète six fois le point de la fig. 763; la première et la sixième fois pour commencer et terminer la rivière, la deuxième et la cinquième fois après avoir enlevé 6 fils du tissu, la troisième et la quatrième fois après avoir enlevé 8 fils. Tous les faisceaux doivent être composés d'un nombre de fils pair. La première et la troisième rivières doivent être exécutées d'après la fig. 766, la rivière du milieu d'après la fig. 765. On partage également les fils des faisceaux verticaux de la rivière du milieu, puis on introduit l'aiguille de droite à gauche, sous la moitié des fils du second faisceau et en faisant revenir par un autre mouvement le chas de l'aiguille de droite à gauche, on relève la seconde partie du premier faisceau, qui passe alors sous et devant les fils du deuxième faisceau. On aura soin de ne pas trop tendre le fil.

Rivière avec fils triplement croisés (fig. 793). — Enlever 25 fils du tissu; des points de surjet obliques par-dessus 6 fils arrêtent de chaque côté les fils isolés. On assemble les faisceaux, puis on les croise au milieu de leur hauteur au moyen du point représenté par la fig. 792, après quoi on introduit encore un fil de chaque côté du premier, en suivant les faisceaux provenant du premier assemblage. Les premiers fils passés, on enlace les faisceaux au moyen d'un second fil et de points de surjet et on les enserre ainsi entre deux fils.

Rivière à deux rangs de faisceaux (fig. 794). — Enlever deux fois 12 fils du tissu avec 4 fils d'intervalle et faire les bords d'après la fig. 763 sur 2 fils. Après avoir fixé le fil, on le lance trois fois autour de trois faisceaux. Au troisième point l'aiguille passe sous les deux premiers pour arrêter le fil. Le brin lancé d'un faisceau à l'autre doit toujours avoir un peu de jeu.

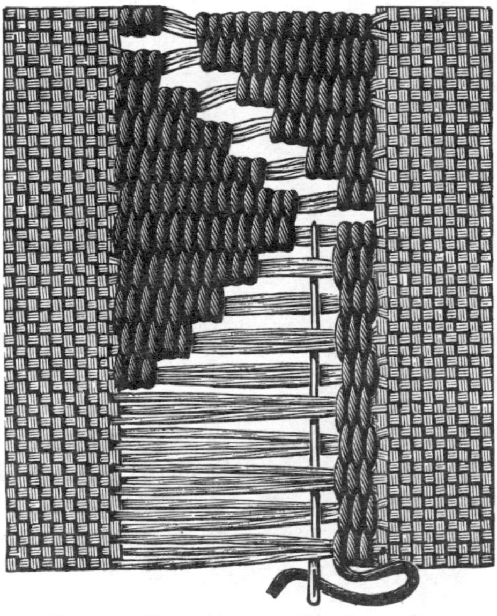

Fig. 791. Pyramides au point de reprise.

Rivière au point de reprise (fig. 795). — Enlever 14 fils. On fait passer le brin de manière à le faire disparaître sous les points de reprise qui se font par-dessus 10 fils, en allant et en revenant, en nombre suffisant pour couvrir les fils isolés jusqu'à mi-hauteur. On fait toujours passer le chas de l'aiguille en premier, la pointe étant tournée contre le dé.

Pour arriver au second faisceau de points, on repique l'aiguille sous les derniers points de reprise, on fait passer le brin sous les fils isolés et on commence le second faisceau en partageant les fils comme l'indique la figure. L'exécution du point de reprise est aussi expliquée au chapitre « Le Filet »; voir les fig. 695 et 705.

Rivière au point de reprise en trois couleurs (fig. 796). — Après avoir enlevé 18 fils du tissu, on fait le même assemblage et le même point qu'à la fig. 795. Les faisceaux ou brides travaillés également par-dessus 10 fils peuvent se faire en différentes couleurs. Notre modèle est exécuté en trois couleurs. Une même nuance sert toujours pour trois faisceaux disposés en ligne diagonale.

Rivière à faisceaux isolés (fig. 797). — On compte 20 fils pour la rivière. Les points qui la bordent se font par-dessus

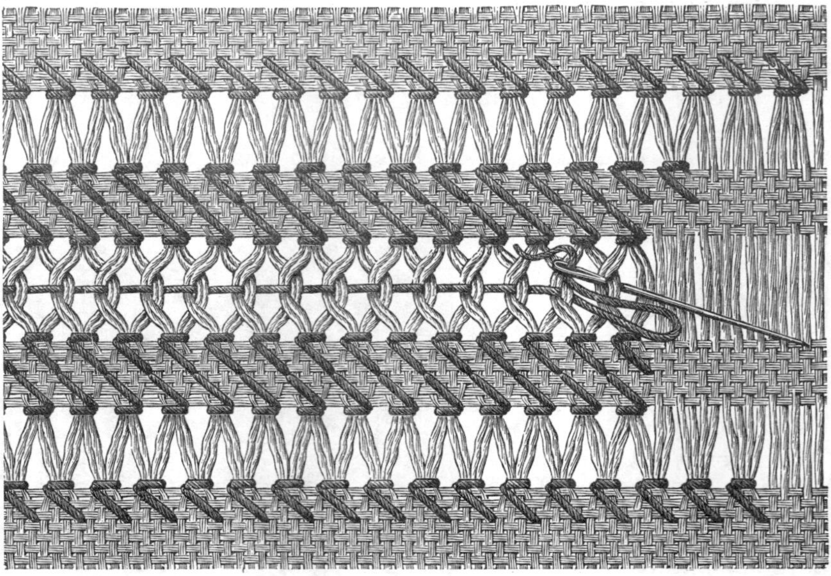

Fig. 792. Rivière simple à trois rangs.

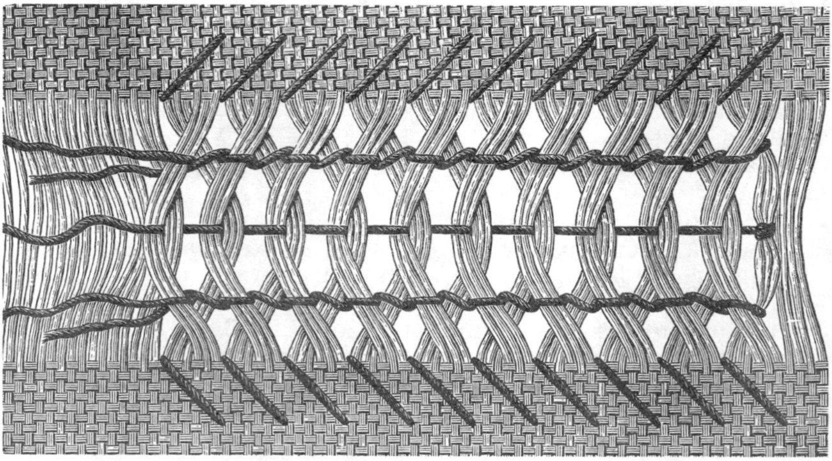

Fig. 793. Rivière avec fils triplement croisés.

4 fils, d'après la fig. 773. Les faisceaux arrêtés et assemblés des deux côtés sont recouverts, au milieu, de dix à douze points de reprise. On arrête le fil à chaque bride terminée.

Rivière à faisceaux contrariés (fig. 798). — Avant d'enlever les 15 fils, on fait d'abord, des deux côtés, le point à double face. On fait passer le fil verticalement sur 4 fils en hauteur, on sort l'aiguille à droite à 3 fils du point vertical, pour faire

Fig. 794. Rivière à deux rangs de faisceaux.

un arrière-point vers la gauche, puis on revient obliquement sur l'envers et l'on sort l'aiguille à droite, à 3 fils du point de sortie du point vertical, pour faire un second arrière-point vers la gauche, on continue ensuite avec le premier point vertical.

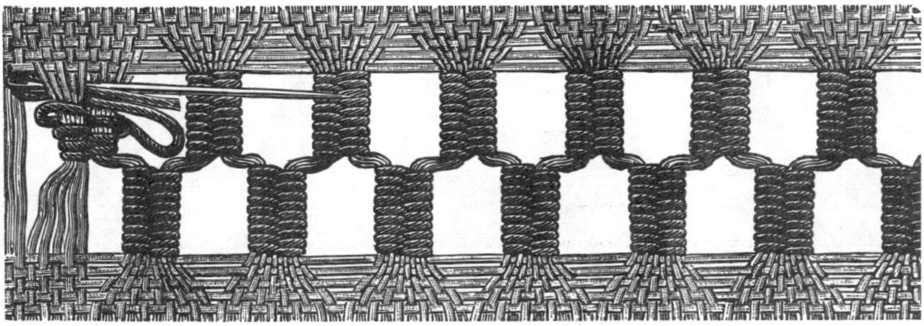

Fig. 795. Rivière au point de reprise.

La marche des points est indiquée à l'envers par un pointillé, celle des points à l'endroit par des traits noirs.

La reprise se fait ensuite sur 9 fils ou trois faisceaux jusqu'à mi-largeur de la rivière, où l'on abandonne tantôt un des faisceaux de droite, tantôt un des faisceaux de gauche, pour prendre, sur le suivant, ce qui est nécessaire. Il en résulte que deux brides de fils et deux brides de points de reprise se font face alternativement. Des points de surjet obliques, lancés sur les fils restés entre la bordure à

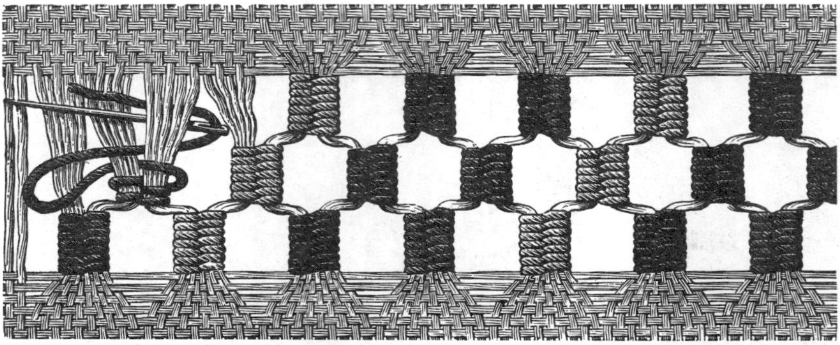

Fig. 796. Rivière au point de reprise en trois couleurs.

carreaux et les brides au point de reprise, finissent la rivière.

Rivière au point de reprise et au point de surjet (fig. 799). — On enlève 20 fils. Des points de surjet sur 3 fils en hauteur et 3 fils en largeur bordent la rivière. Un second

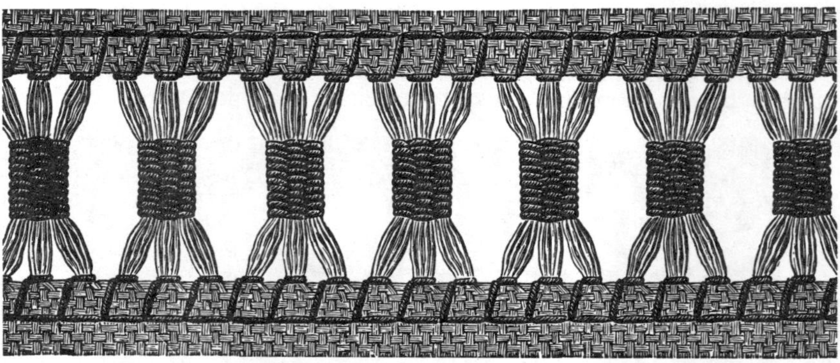

Fig. 797. Rivière à faisceaux isolés.

rang de points de surjet fait suite au premier; ces points, lancés dans la même direction, se font par-dessus 3, 6 et 9 fils.

Le premier faisceau de 3 fils de tissu doit être enlacé six fois par le fil, puis on remonte le fil vers le bord. On passe au second et au troisième faisceau, que l'on recouvre de six points de reprise, continués avec douze points sur le premier et le second faisceau, jusqu'à ce qu'il ne reste de découvert que l'espace nécessaire aux six points de surjet. La seconde partie s'achève en sens inverse du commencement.

Rivière au point de reprise en quatre couleurs (fig. 800). On enlève 28 fils. Les pyramides sont faites sur six faisceaux de

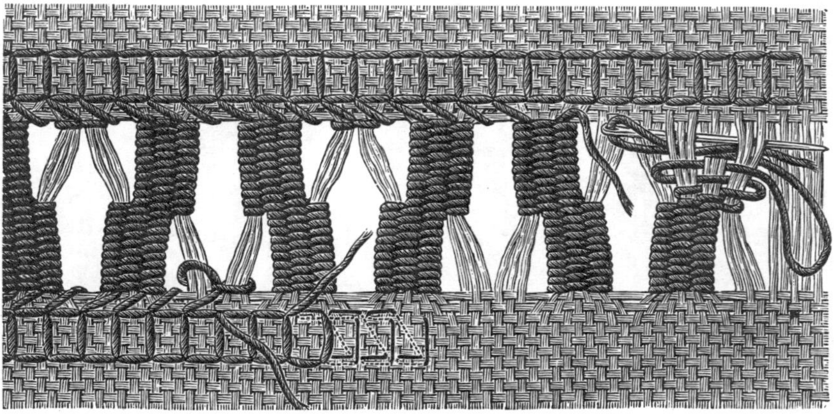

Fig. 798. Rivière à faisceaux contrariés.

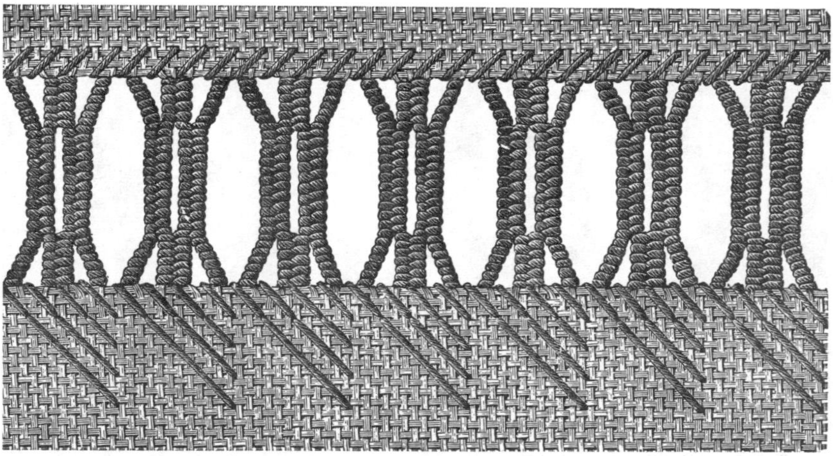

Fig. 799. Rivière au point de reprise et au point de surjet.

3 fils chacun, dans une nuance moyenne et une nuance foncée d'une même couleur. La figure du centre, exécutée dans une troisième nuance, plus claire que les deux premières, rassemble trois faisceaux de gauche et trois de droite. Le petit noyau se fait en une couleur tranchant sur les premières, en rouge foncé ou noir.

Rivière persane à colonnes simples et doubles (fig. 801). Le dessin exige le retrait de 30 fils. Un rapport de cette rivière

Fig. 800. Rivière au point de reprise en quatre couleurs.

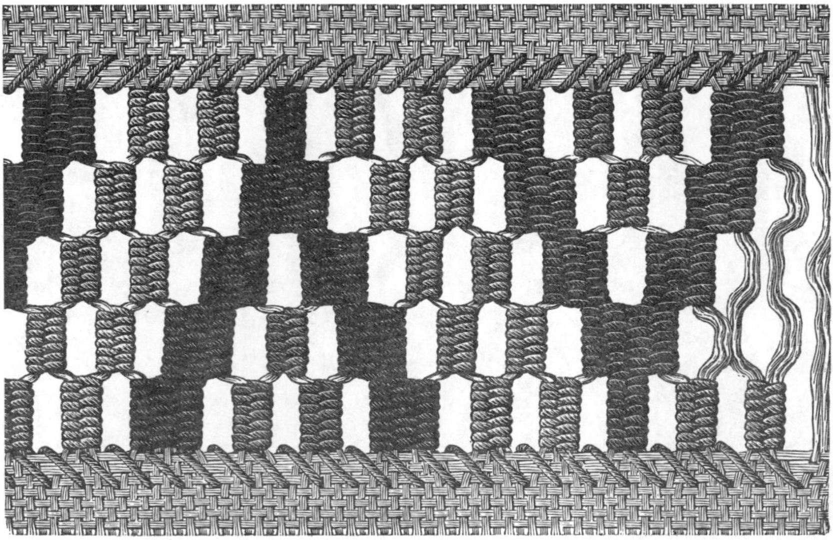

Fig. 801. Rivière persane à colonnes simples et doubles.

demande vingt faisceaux de 3 fils. Le dessin est entièrement travaillé au point de reprise en deux couleurs.

Rivière persane à carreaux (fig. 802). — Le dessin fig. 802, pour lequel on enlève 32 fils, est aussi susceptible d'être exécuté en trois couleurs différentes ou en trois nuances différentes.

Un rapport de cette rivière exige vingt-deux faisceaux de 3 fils.

Rivière à roues (fig. 803). — On enlève 16 fils. Les fils du bord sont arrêtés par le point croisé, fig. 83. On réunit quatre

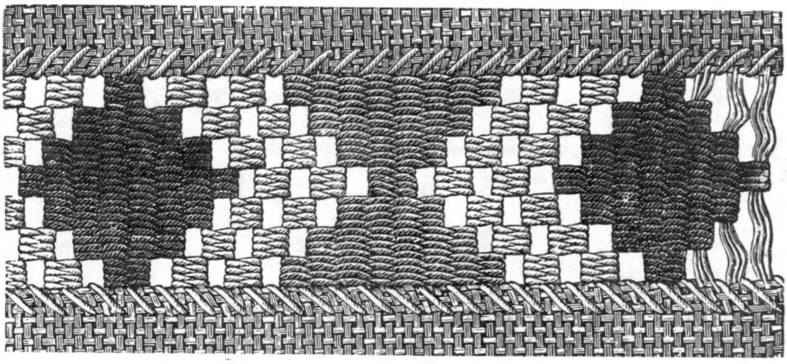

Fig. 802. Rivière persane à carreaux.

faisceaux pour une roue. Le fil fixé au milieu de la rivière passe alternativement par-dessus et par-dessous un faisceau. On fait plusieurs tours comme à la reprise, on s'arrête là où le fil est entré pour former la roue et on passe sous la roue pour arriver

Fig. 803 Rivière à roues.

aux quatre faisceaux suivants. Pour l'exécution des roues, voir aussi le chapitre « Le Filet », fig. 711 et 712.

Rivière à trois rangs de jours avec roues (fig. 804). — Enlever 5 fils pour les rivières étroites et 22 pour la rivière large et assembler 4 fils de tissu. Les entre-deux sont bordés de points croisés que l'on peut exécuter à l'envers ou à l'endroit; voir les fig. 82 et 83. Les faisceaux du milieu sont unis des deux côtés par un point-arrière noué, représenté dans la figure, puis on les rassemble à mi-longueur par trois points de surjet, après lesquels on fait passer le fil à l'entre-croisement des fils des deux premières lignes de points, pour y former une roue sur cinq fils, avant de passer aux brides suivantes.

Rivière à œillets (fig. 805). — On enlève 28 fils. Les bords sont garnis de points à double face sur une hauteur de 2 jusqu'à 5 fils. Le dessin même est commencé au milieu sur 9 fils de tissu avec huit à neuf points de

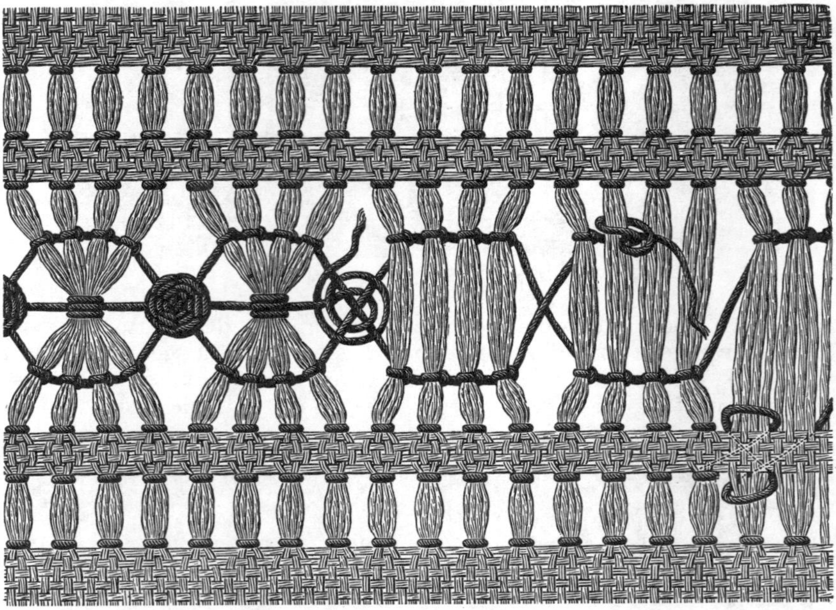

Fig. 804. Rivière à trois rangs de jours avec roues.

surjet, puis on sépare les fils en trois parties égales et on ajoute, de chaque côté des premiers points, douze à quatorze points de reprise, ne laissant ainsi à découvert que 5 millimètres, au plus, des fils isolés. Lorsque deux brides au point de reprise sont terminées, on les unit par quatre points de feston, puis on enlace encore plusieurs fois le fil simple et on recouvre le rond de points de cordonnet serrés.

Rivière avec rosaces et picots au point de poste (fig. 806). On enlève 24 fils. Les bords sont ornés de points à double face par-dessus 2, 3, 4 et 5 fils. On compte 4 fils isolés pour une bride à points serrés, 8 fils pour la bride au point de reprise ornée de picots au point de poste (voir le chapitre « La Broderie sur Blanc », fig. 90) et 16 fils pour établir le fond de la rosace. On assemble les fils du tissu par une roue qu'on recouvre ensuite entièrement de points de poste. La maille rattachant une bride à l'autre

Fig. 805. Rivière à œillets.

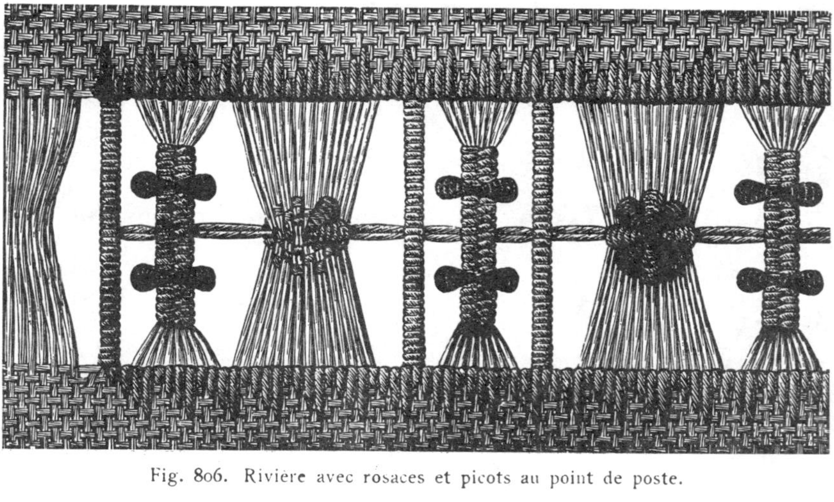

Fig. 806. Rivière avec rosaces et picots au point de poste.

se fait pendant le travail même. Arrivé au point voulu, on lance le fil vers la première bride et on revient ensuite pour la terminer. Comme le montre la fig. 806, le modèle est travaillé en deux nuances.

Arrangement des rivières dans les coins (fig. 807, 808, 809, 810). — Lorsque les rivières bordent un ouvrage carré, on coupe les fils à 1 centimètre du bord de l'ourlet ou de la rivière même, puis on les isole, comme on peut le voir à la fig. 807. On fait rentrer les fils isolés dans le rempli de l'ourlet et on les y fixe par des points de boutonnière, fig. 808, ou bien, si le point d'ourlet ne doit pas souffrir d'interruption, on les rabat sur l'envers et on les y arrête par quelques points, fig. 809. La fig. 810 représente une rivière où le coin vide obtenu par la découpure est comblé par une roue.

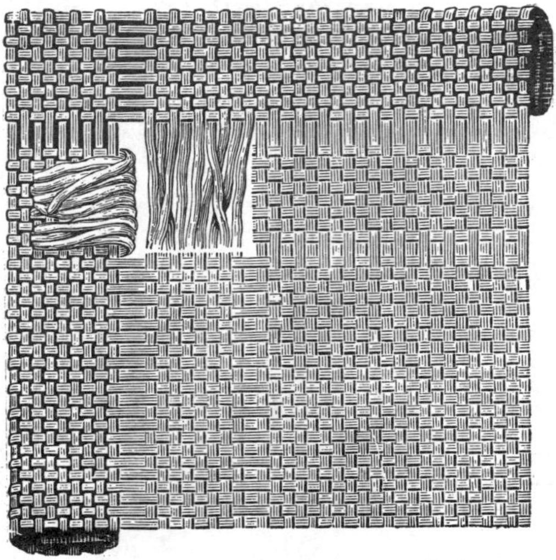

Fig. 807. Manière de couper et d'isoler les fils dans les coins.

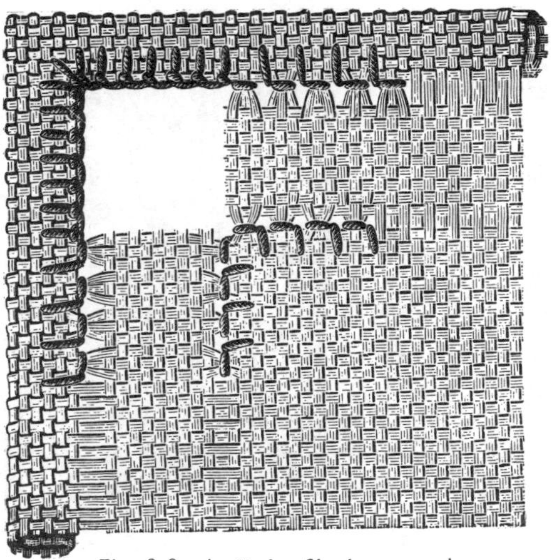

Fig. 808. Arrêt des fils dans un coin par des points de boutonnière.

On mène le fil de la rivière jusqu'au bord opposé, on le fait entrer dans l'ourlet, puis on le ramène jusqu'au centre de la roue que l'on doit former; on trace les autres rayons, on fait la roue sur sept rayons, on arrête le brin du côté opposé à la seconde rivière, on le fait passer dans la roue et on fait le huitième rayon en lançant le fil jusqu'à la seconde rivière.

Formation des coins de rivières à plusieurs rangs (fig. 811 et 812). Dans les rivières à jour à plusieurs rangs on peut faire les coins de deux manières différentes; ou bien on les coupe directement à chaque bande d'étoffe ou bien on enlève tous les fils jusqu'à l'ourlet. Nous donnons ici un exemple pour chaque genre.

La fig. 811 nous montre le coin de la rivière fig. 804, pour lequel on a coupé les fils juste à même à chaque bande d'étoffe. Les petits coins sont remplis par une roue simple à quatre branches, le grand coin par une roue double à douze branches. Pour l'exécution des roues, voir le chapitre « Le Filet », fig. 711 et 712.

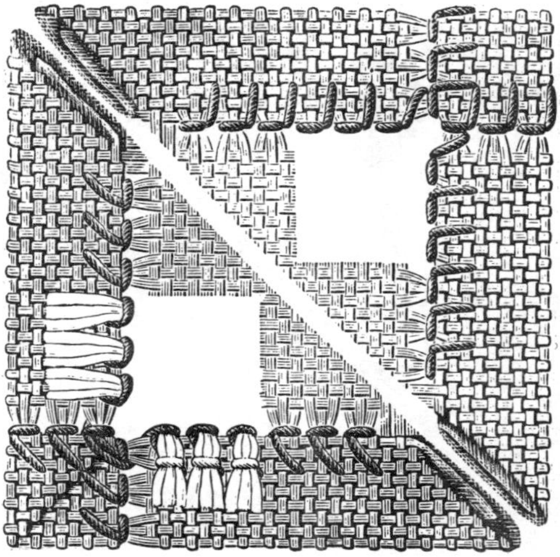

Fig. 809. Report et arrêt des fils d'un ouvrage. Endroit et envers.

Le coin fig. 812, de la rivière fig. 794, demande plus de peine. Ici on a coupé tous les fils près de l'ourlet; les fils libres provenant des bandes d'étoffe du milieu sont transformés en brides au point de reprise (consulter les fig. 705 et 790), et les quatre coins vides sont garnis de roues à huit rayons.

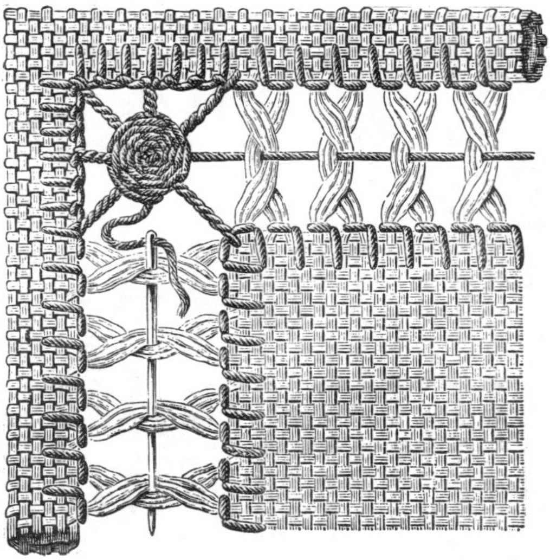

Fig. 810. Remplissage d'un coin de rivière par une roue.

Jour yougoslave (fig. 813). — Pour exécuter des rivières ajourées d'une certaine largeur les Yougoslaves ont trouvé une méthode très pratique. Le motif assez grand est travaillé en plusieurs étapes, c'est-à-dire qu'on le divise en plusieurs rivières séparées par des bandes étroites de tissu. Dans notre modèle il y a trois fois 9 fils à enlever et les intervalles restant sont de deux fois 3 fils. Il est recommandé de sortir d'abord le premier et le dernier des fils à enlever de chacune des rivières, puis de broder en premier lieu les bords du tissu et les bords intermédiaires. Enlever ensuite les autres fils de la première rivière et broder les motifs. La majeure partie des motifs est exécutée au point de reprise, le reste comprend des brides cordonnées.

Fig. 811. Formation du coin de la rivière fig. 804.

La première rivière terminée, passer à la deuxième et finalement faire la troisième.

Jours ukrainiens, « Myreschka » et « Prutik ». — Depuis fort longtemps on brode dans l'Ukraine un genre de jour sur toile qui se distingue par une exécution particulière. On ne coupe les fils qu'en sens horizontal, et les fils libres verticaux sont surjetés en même temps que les bandes d'étoffe horizontales.

Fig. 812. Formation du coin de la rivière fig. 794.

Les jours ukrainiens se divisent en deux groupes différents appelés « Myreschka » et « Prutik ». Dans le premier, le dessin est uniquement formé par un point de reprise; dans le deuxième, le point de reprise alterne avec des brides surjetées. Nous conseillons de couper les fils du tissu au fur et à mesure qu'on avance avec le travail, c'est-à-dire un rang après l'autre et non pour toute la bordure en même temps.

Jour ukrainien, « Myreschka ». (fig. 814). — Le point qui termine la bordure dans le haut et dans le bas, et pour lequel on enlève 2 fils du tissu, est identique avec le point

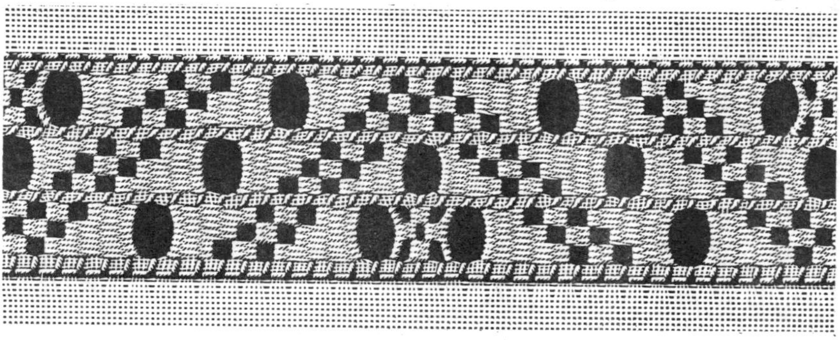

Fig. 813. Jour yougoslave.
Fournitures : Lin pour dentelles D·M·C, Alsatia D·M·C, Coton perlé D·M·C ou Cordonnet spécial D·M·C, en blanc et écru.

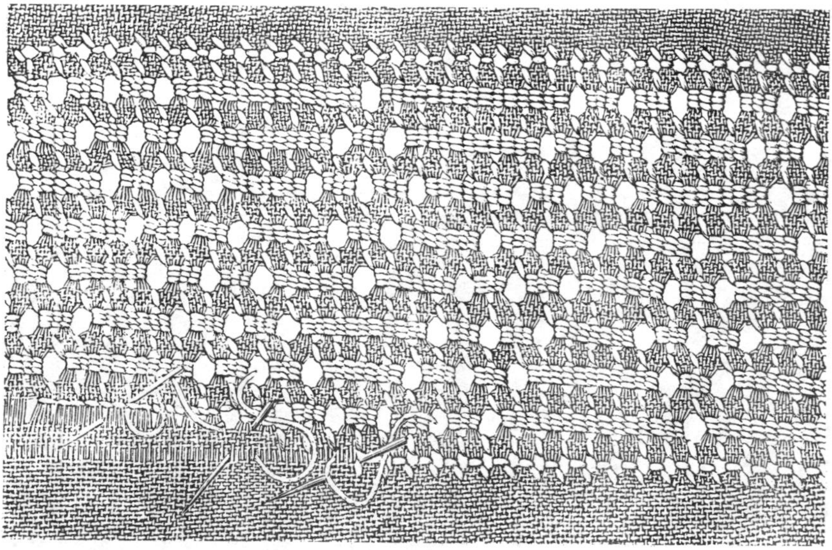

Fig. 814. Jour ukrainien, « Myreschka ».
Fournitures : Lin à tricoter et à crocheter D·M·C, Alsatia D·M·C, Fil d'Alsace D·M·C ou Cordonnet spécial D·M·C, en blanc ou écru.

fig. 763 et est travaillé par-dessus 5 fils de largeur. Pour le dessin même, on enlève 5 fils et on laisse 4 fils d'intervalle.

Tous les rangs sont exécutés de droite à gauche, à l'exception du bord du haut, qui est fait de gauche à droite.

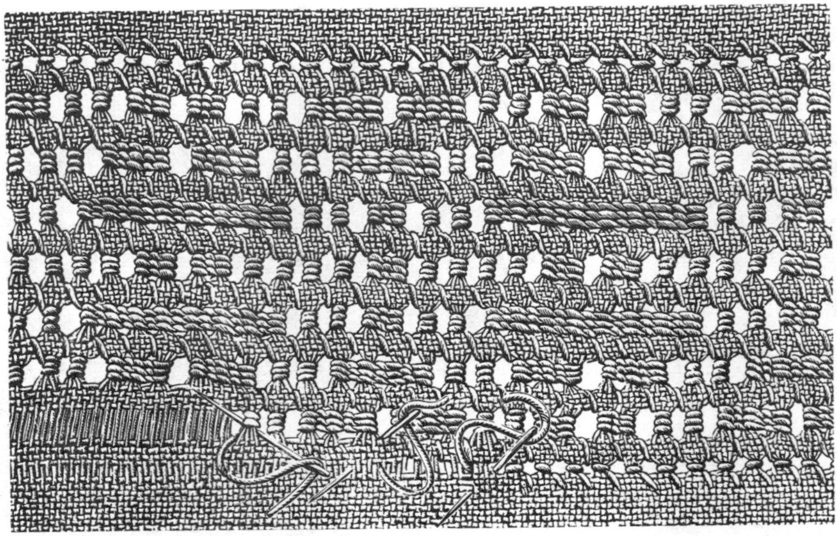

Fig. 815. Jour ukrainien, « Prutik ».
Fournitures : Lin à tricoter et à crocheter D·M·C, Alsatia D·M·C, Fil à dentelles D·M·C ou Cordonnet spécial D·M·C, en blanc ou écru.

Fig. 816. Jour espagnol.
Fournitures : Lin pour dentelles D·M·C, Fil à dentelles D·M·C, Fil d'Alsace D·M·C ou Cordonnet spécial D·M·C, en blanc ou écru.

La bande d'étoffe, comptant 4 fils de hauteur, est recouverte de points verticaux — espacés en largeur de 5 fils, comme les points du premier rang du bord — qui conduisent en même temps d'un groupe de points de reprise à l'autre. En commençant à droite, on fait autant de points verticaux qu'en demande le dessin pour arriver à gauche de la figure au point de reprise; ici on tend de gauche à droite un fil par-dessus tous les faisceaux à couvrir au point de reprise, puis, en revenant, on passe le fil sous chaque faisceau et l'on fait entre deux faisceaux toujours un point de surjet vertical par-dessus le fil tendu. La manière de tendre le fil et de le surjeter est indiquée par la gravure.

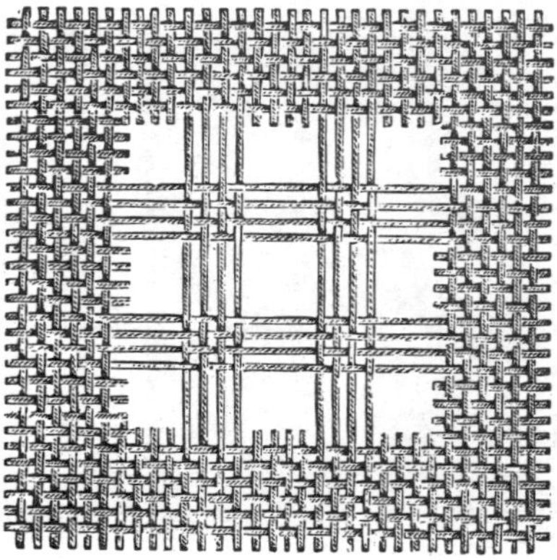

Fig. 817. Découpage des fils dans l'intérieur du tissu.

Dans chaque rang de tissu on répète ce procédé de tendre et de surjeter trois fois, après quoi on continue avec des points verticaux par-dessus la bande d'étoffe, pour arriver à la figure suivante. Les rangs suivants se font de la même manière, d'après un croquis dessiné ou d'après un modèle brodé. Le rang final, composé du même point que le premier rang, est fait de droite à gauche, comme les autres rangs de la bordure.

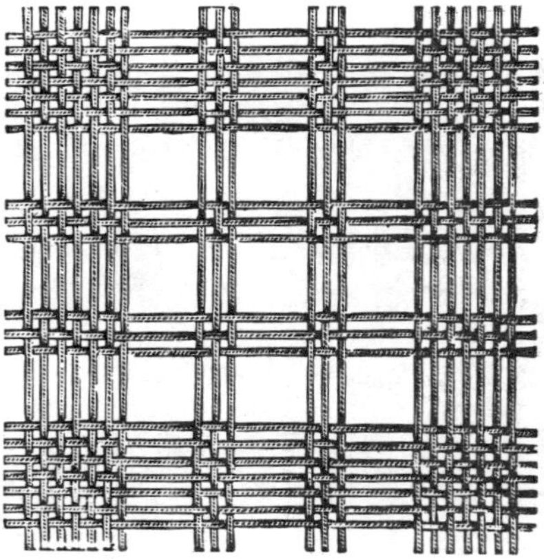

Fig. 818. Enlèvement des fils sur toute la surface du tissu.

Jour ukrainien, « Prutik ». (fig. 815). — Ce genre de jour a beaucoup de ressemblance avec le jour « Myreschka ». Le modèle paraît cependant plus ajouré, ce qui provient des brides surjetées qui forment ici le fond, duquel se détachent clairement les figures au point de reprise. Ces brides, par lesquelles ce genre de point diffère du point « Myreschka », sont composées de trois points de surjet par-dessus un faisceau de fils; voir la gravure.

Jour espagnol (fig. 816). — Pour faire cette rivière espagnole, il faut garnir les bords avec un rang de points quadrillés lancés par-dessus 4 fils du tissu, en laissant un intervalle de 50 fils pour les jours. Répéter ces mêmes points dans le haut puis dans le bas en laissant 8 fils d'intervalle. Le fil qui traverse les faisceaux les réunit en groupes de huit et de six. A droite et à gauche de ce fil central on pose de chaque côté en lignes ondulées trois fils qui s'entre-croisent au centre des grandes rosaces et réunissent dans les motifs intermédiaires les faisceaux en les contrariant; voir la gravure, où ces fils sont encore à nu.

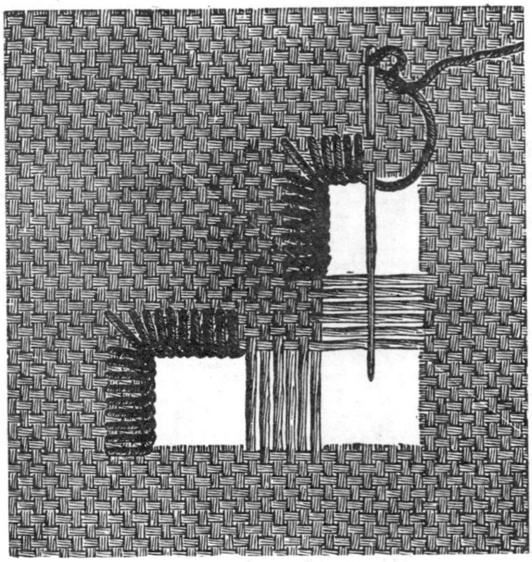

Fig. 819.
Bord festonné pour broderie au point coupé.

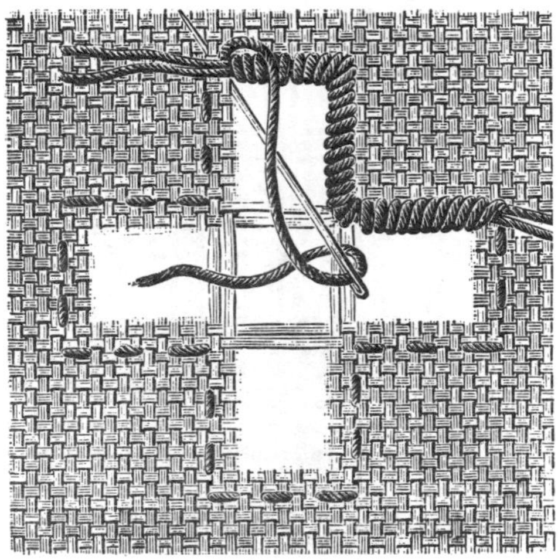

Fig. 820. Bord surfilé pour broderie au point coupé.

Quand on a fixé la disposition des faisceaux, on les surbrode. Commencer par la rosace à dix rayons; faire les petites pyramides au point de reprise en partant du centre. Sertir le tout d'un rang de points noués.

Le deuxième rang de points noués se fait en demi-cercle en même temps que le petit ovale qui relie les rosaces. Il faut donc en faire deux rangs. Au deuxième rang, ajouter encore des petites roues aux points de jonction.

Finalement, faire les dernières parties au point de reprise et ajouter deux points de feston doubles aux deux faisceaux du milieu des grandes rosaces.

Point coupé (Punto tagliato). — Pour exécuter des broderies au point coupé, on enlève les fils du tissu dans le sens de la longueur et dans celui de la largeur.

La quantité de fils à enlever dépend non seulement du dessin choisi, mais aussi de l'étoffe sur laquelle on veut broder.

Les fils restant entre les vides servent alors de canevas pour les différents genres de points.

On choisira de préférence des étoffes ayant la chaîne et la trame de grosseur égale, afin que les vides provenant de l'enlevage des fils forment toujours exactement un carré.

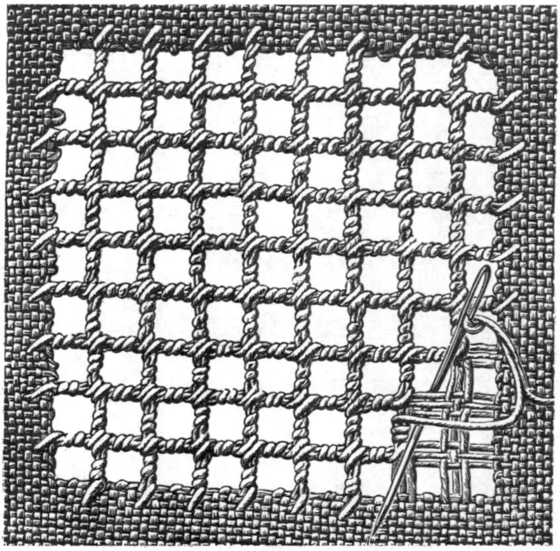

Fig. 821. Premier fond à jour.
Avec baguettes horizontales et verticales.

Découpage des fils dans l'intérieur du tissu (fig. 817). — Bien des broderies au point coupé se trouvent encadrées dans un autre genre de broderie. Dans ces cas on coupe les fils à quelques millimètres à l'intérieur de l'ouvrage, puis alors seulement on les isole, pour se ménager un bord intact dans le tissu. Les fils doivent être extraits en nombre égal dans les deux sens de l'étoffe. Pour la plupart des dessins il est nécessaire de laisser subsister autant de fils qu'on en a enlevé. La fig. 817 montre 4 fils enlevés et 4 fils maintenus.

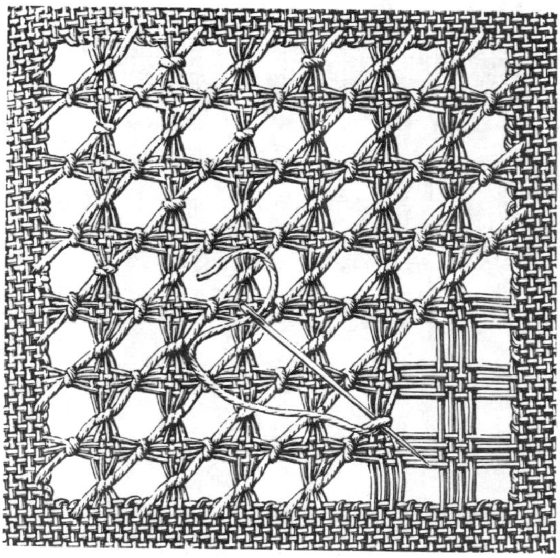

Fig. 822. Deuxième fond à jour.
Avec faisceaux liés en rangs obliques.

Enlèvement des fils sur toute la surface du tissu (fig. 818). Dans la fig. 818, où les fils sont sortis jusqu'au bord, on remarquera

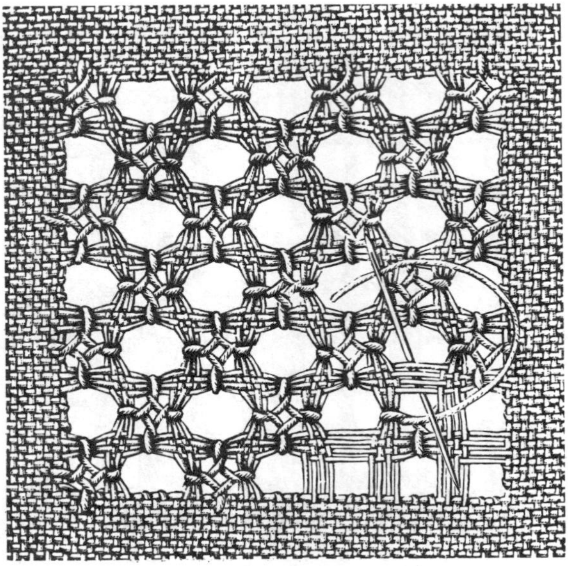

Fig. 823. Troisième fond à jour.
Avec points d'esprit contrariés.

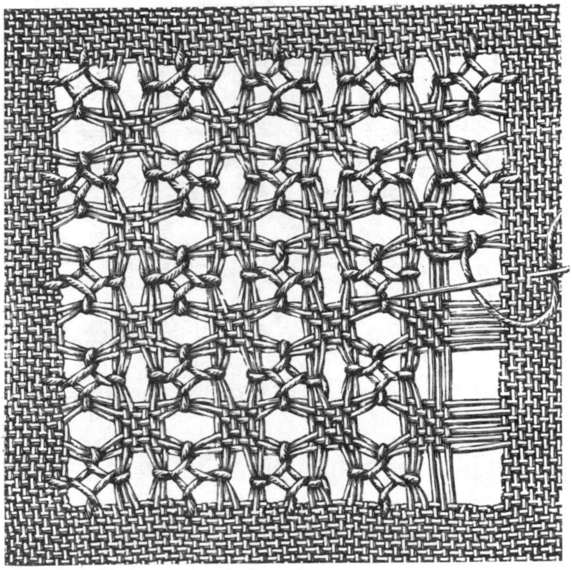

Fig. 824. Quatrième fond à jour.
Avec points d'esprit alignés.

4 fils enlevés sur 3 de maintenus. Il est permis de faire cette différence lorsqu'on veut rendre l'ouvrage plus transparent qu'il ne le serait en enlevant et en recouvrant le même nombre de fils.

Bord festonné pour broderie au point coupé (fig. 819). — Certaines toiles très épaisses permettent de couper les fils sans que l'ouvrage en souffre sous le rapport du fini. Si cependant le tissu est un peu plus grossier et que les jours se terminent en échelons, on borde la coupure de points de feston, fig. 77, ou de points de boutonnière, fig. 40 et 41.

Bord surfilé pour broderie au point coupé (fig. 820). — Un surfilé ou petit cordonnet est tout aussi avantageux que le feston pour consolider les bords des dessins finement contournés. On calcule avant de couper dans l'étoffe, le nombre de fils qu'il faut enlever ou découper, puis on trace par un faufil le dessin que l'on veut faire ; ce tracé exécuté, on coupe, à une distance de 2 fils à l'intérieur de la ligne indiquée par le faufil, l'étoffe qui doit être enlevée, puis on surfile immédiatement le bord coupé pardessus un ou deux fils de rembourrage.

Fonds à jour. Les huit figures suivantes représentent une série de fonds pouvant trouver un emploi indépendant comme dessins d'ornement pour divers petits objets ; on pourra aussi les grouper en bandes ou les employer comme points de remplissage dans des dessins de grandes dimensions.

Premier fond à jour. Avec baguettes horizontales et verticales (fig. 821). — En hauteur et en largeur : couper 3 fils avec 3 fils d'intervalle.

En enlevant les fils coupés, on obtient un fond ajouré rappelant le filet. Les fils isolés sont surfilés en rangs obliques, de

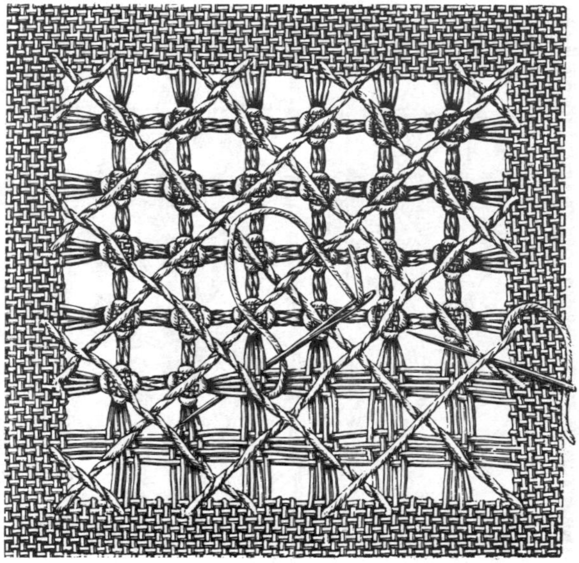

Fig. 825. Cinquième fond à jour. Avec réseau oblique.

Fig. 826. Sixième fond à jour. Avec faisceaux liés et remplissage de roues simples.

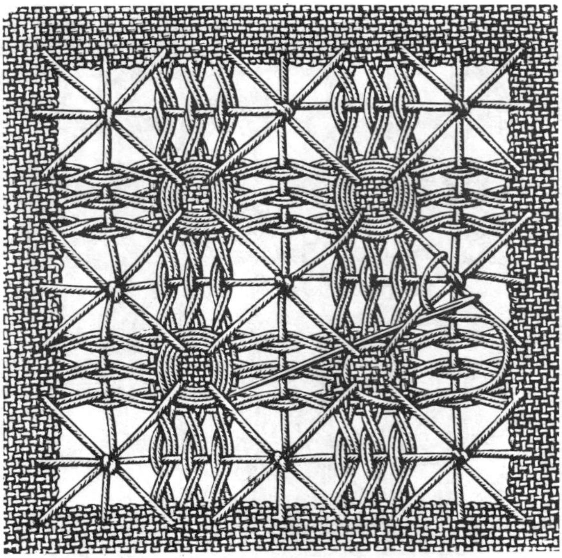

Fig. 827. Septième fond à jour. Avec faisceaux contrariés, remplissage de roues simples et ronds au point de reprise.

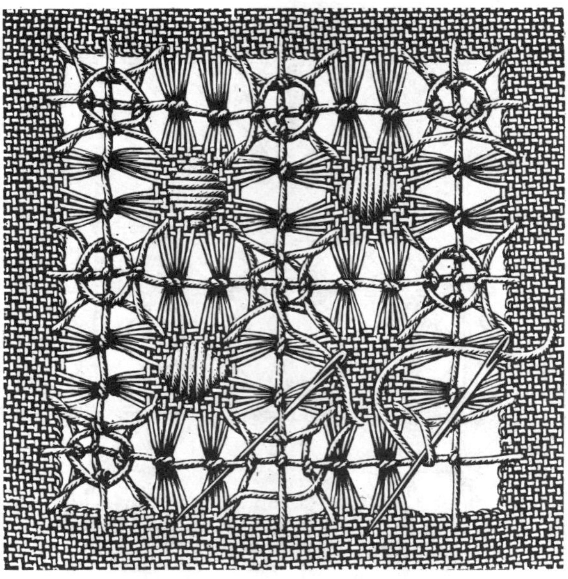

Fig. 828. Huitième fond a jour. Avec faisceaux liés, roues au point d'esprit et losanges à points lancés.

manière à faire des baguettes rondes. Les points de croisement des fils sont couverts à chaque passage avec un point oblique, les baguettes, suivant leur direction, avec 2 à 3 points verticaux ou horizontaux, comme l'indique la gravure.

Deuxième fond à jour. Avec faisceaux liés en rangs obliques (fig. 822). — En hauteur et en largeur : couper 4 fils avec 4 fils d'intervalle.

Le fond est également travaillé en rangs obliques ; le dessin est formé par un gros fil qui lie les faisceaux au moyen d'un simple nœud dont la formation est expliquée par la gravure.

Troisième fond à jour. Avec points d'esprit contrariés (fig. 823). — En hauteur et en largeur : couper 4 fils avec 4 fils d'intervalle.

Ici le dessin se produit par des points d'esprit isolés (voir la fig. 699 du chapitre « Le Filet ») posés dans chaque deuxième vide et qui embrassent dans tous les sens les 4 fils libres du réseau.

Comme on peut le voir dans la gravure, ces points sont travaillés en rangs obliques et le fil de passage d'un point à l'autre est caché sous le petit carré d'étoffe.

Quatrième fond à jour. Avec points d'esprit alignés (fig. 824). — En hauteur et en largeur: couper 6 fils avec 6 fils d'intervalle.

Ce fond paraît plus couvert que le précédent. chaque vide

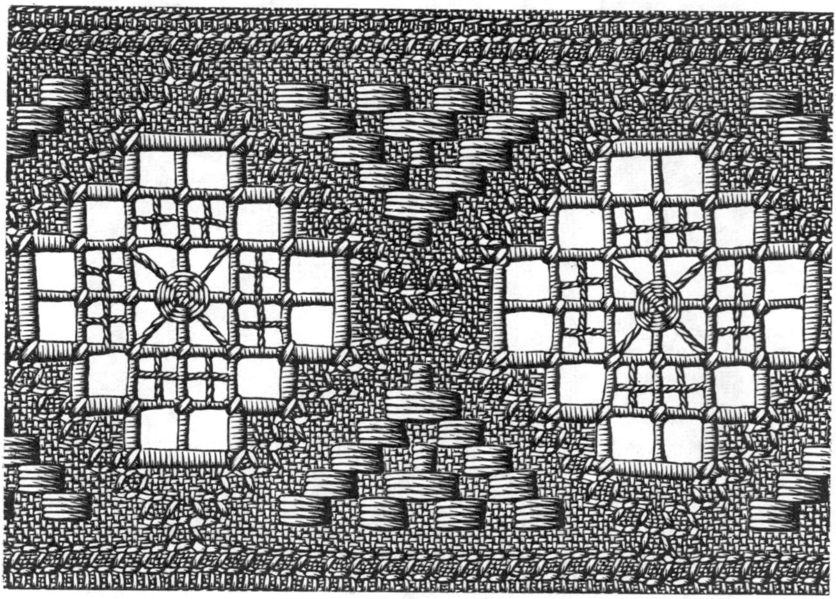

Fig. 829. Bordure au point coupé et à points lancés.
Fournitures : Lin pour dentelles D·M·C et Mouliné spécial D·M·C ou Rayonne à broder D·M·C, en blanc.

est rempli par un point d'esprit, qui n'est entrelacé que par-dessus 3 fils libres du réseau et travaillé en rangs verticaux. De cette manière on obtient par les faisceaux divisés des œillets ovales entre les carrés d'étoffe.

Cinquième fond à jour. Avec réseau oblique (fig. 825). — En hauteur et en largeur: couper 4 fils avec 4 fils d'intervalle.

On commence par faire le réseau oblique, pour lequel on tend un fil qui est recouvert ensuite par des points de surjet bien espacés.

Dans la gravure tous les fils allant de droite à gauche

sont tendus et surjetés, de même qu'une partie des fils allant de gauche à droite et se croisant avec les premiers; on voit

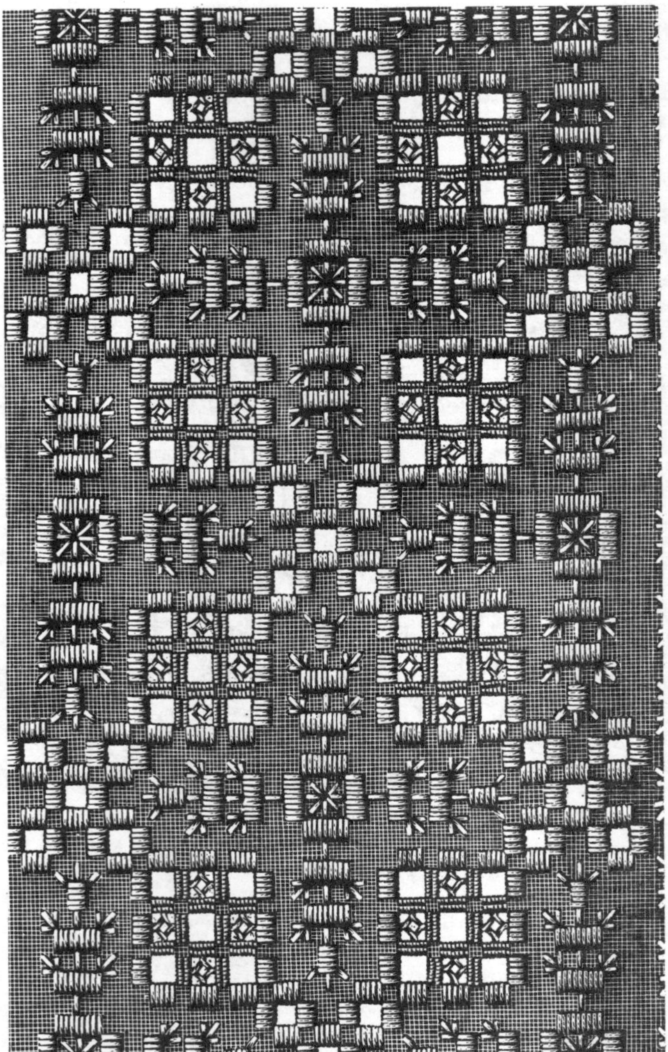

Fig. 830. Bordure. Ouvrage norvégien « Hardanger ».
Fournitures : Coton perlé D·M·C No 5 et Lin pour dentelles D·M·C No 25, en blanc.

aussi la manière de tendre et de surjeter le fil. Le réseau entièrement terminé, on encadre chaque petit carré d'étoffe —

qui paraît couvert d'un fil tendu obliquement — d'un point quadrillé, qui est travaillé en rangs horizontaux.

Sixième fond à jour. Avec faisceaux liés et remplissage de roues simples (fig. 826). — En hauteur et en largeur: couper 9 fils avec 9 fils d'intervalle.

Avec les fils libres on forme des faisceaux liés une fois en sens horizontal et une fois en sens vertical, au moyen du nœud qui est expliqué pour le fond fig. 822.

Lorsque tous les faisceaux sont terminés, on tend les fils obliques qui complètent les roues. Ici le fil passe — toujours en sens oblique — par-dessus le 1er, 2me et 3me, sous le 4me, 5me et 6me et par-dessus le 7me, 8me et 9me des 9 fils des carrés

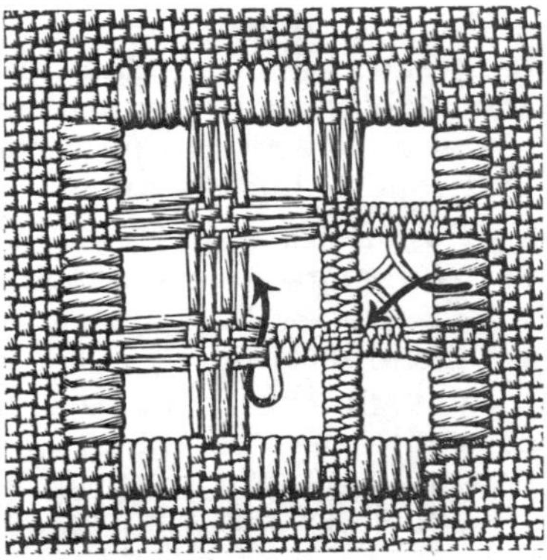

Fig. 831. Surfilage des bords et exécution des brides au point de reprise et du point d'esprit isolé. Détail de la bordure fig. 830.

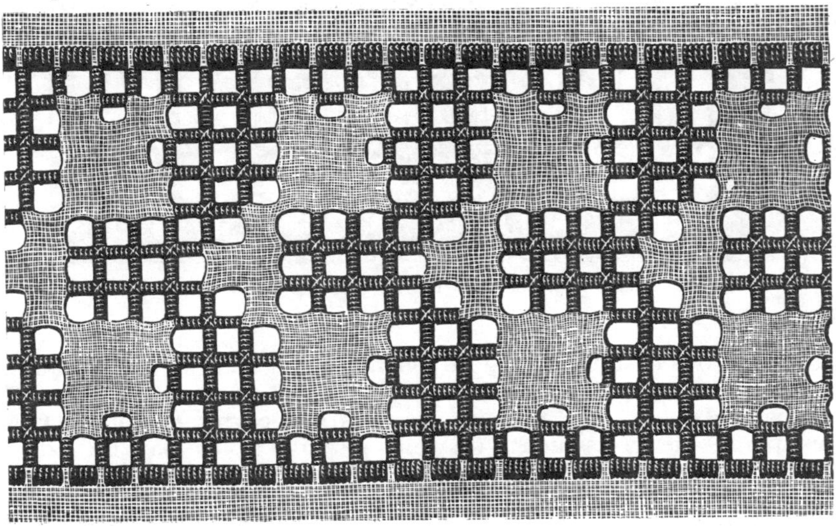

Fig. 832. Bordure au point coupé avec dessin réservé au point de toile.
Fournitures : Lin floche D·M·C, en Bleu-Indigo 334 et blanc ;
Coton perlé D·M·C, en Bleu-Bluet 793, Vert-Pistache 369 ou Brun-Cachou 435 (*)
et blanc ou écru suivant la nuance du tissu employé.

(*) Ces numéros désignent des couleurs qui se trouvent sur les cartes de couleurs des articles portant la marque D·M·C. Ces cartes peuvent être consultées chez tous les merciers et marchands d'ouvrages de dames.

d'étoffe, ce qui donne plus de résistance à ce jour. On commence par tendre les fils allant de gauche à droite, puis, cette couche achevée, on tend les fils dans l'autre sens, en ayant soin de les réunir au centre, par un nœud, et de mettre ainsi dans chaque vide une roue à huit rayons.

Septième fond à jour. Avec faisceaux contrariés, remplissage de roues simples et ronds au point de reprise (fig. 827). — En hauteur et en largeur : couper 12 fils avec 12 fils d'intervalle.

Les fils libres divisés en 3 faisceaux égaux sont partagés et contrariés en rangs horizontaux et en rangs verticaux.

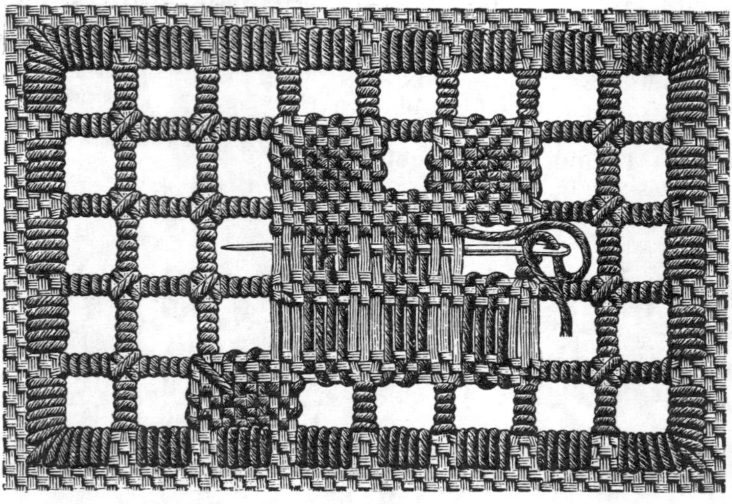

Fig. 833. Exécution du point de toile pour réserver un dessin dans le point coupé. (Détail de la fig. 832).

Lorsque tous les faisceaux sont contrariés, on tend les fils obliques, qui devront passer par-dessus le 1er au 4me, sous le 5me au 8me et par-dessus le 9me au 12me des fils des carrés d'étoffe. Dans les points de croisement, on relie les fils isolés par un nœud simple, formant ainsi des roues.

Les carrés d'étoffe sont finalement garnis d'un petit rond au point de reprise, pour lequel on passe le fil quatre fois sous les fils tendus en biais.

Huitième fond à jour. Avec faisceaux liés, roues au point d'esprit et losanges à points lancés (fig. 828). En hauteur et en largeur : couper 12 fils avec 12 fils d'intervalle.

Les fils libres sont divisés en deux groupes égaux et liés au milieu par un nœud simple en sens horizontal et en sens vertical. Les vides sont remplis par un point d'esprit placé dans les coins des carrés d'étoffe et lié chaque fois par un nœud simple aux fils tendus. Finalement on garnit les carrés d'étoffe

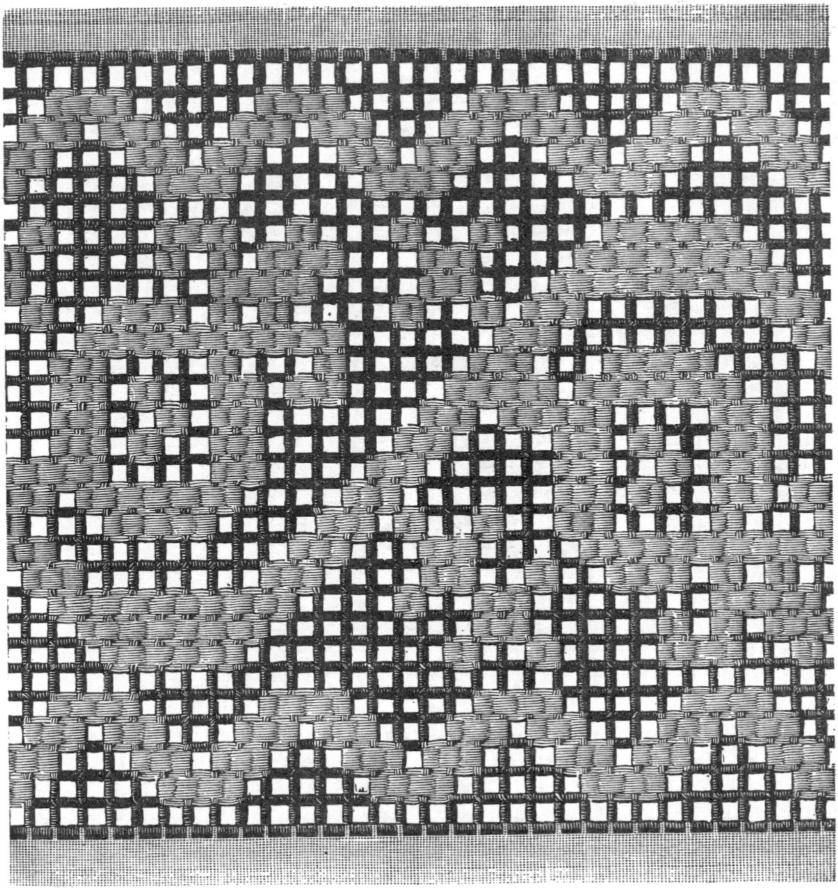

Fig. 834. Bordure au point coupé avec dessin réservé au point de reprise.
Fournitures : Coton perlé D·M·C No 5, en Brun-Rouge 923 et Mouliné spécial D·M·C No 25, en Bleu-Gris 593 (*).

d'un losange à points lancés alternativement en sens vertical et en sens horizontal.

(*) Ces numéros désignent des couleurs qui se trouvent sur les cartes de couleurs des articles portant la marque D·M·C. Ces cartes peuvent être consultées chez tous les merciers et marchands d'ouvrages de dames.

Bordure au point coupé et à points lancés (fig. 829). — Pour réunir des dentelles, des entre-deux aux fuseaux ou des bandes brodées en couleurs, on se sert souvent d'une petite bordure simple avec des motifs au point coupé et à points lancés, dans le genre de celle que représente notre fig. 829. Le dessin est terminé dans le haut et dans le bas par un rang de points quadrillés ajourés, fig. 773 et 774, travaillés sur 3 fils du tissu; au moyen du même point, travaillé en ligne diagonale, fig. 775, l'intérieur de la bande est divisé en carrés et en triangles. On commence par remplir les triangles d'un dessin à points lancés

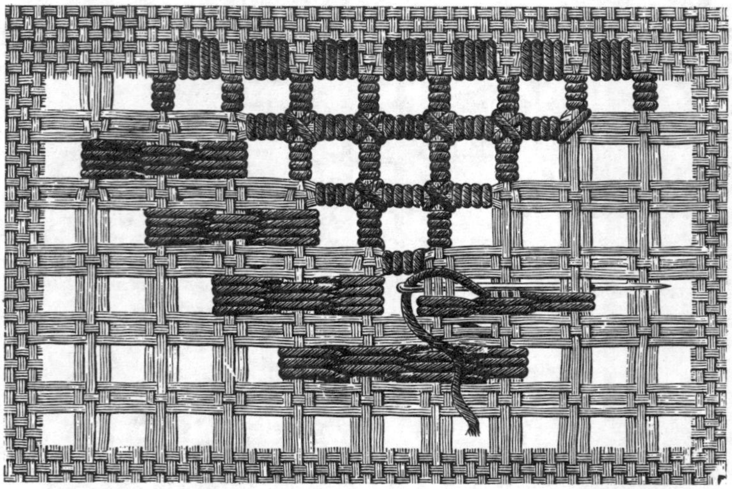

Fig. 835. Exécution du point de reprise pour réserver un dessin dans le point coupé. (Détail de la fig. 834.)

horizontaux, puis on découpe les fils à l'intérieur du carré pour le motif ajouré et l'on surfile les bords; voir la fig. 820.

Les faisceaux de fils sont surjetés de manière à former des brides, puis on garnit les carrés intérieurs d'une roue au point de reprise, qu'entourent huit petites croix composées de deux brides surfilées, entre-croisées.

Comme fournitures on emploiera un fil de torsion moyenne, le Lin pour dentelles D·M·C, pour le travail au point coupé; un fil floche, le Mouliné spécial D·M·C ou la Rayonne à broder D·M·C, pour les points lancés. Pour ce modèle nous recommandons tout spécialement d'employer du fil blanc et de la toile écrue ou crème.

Bordure. Ouvrage norvégien « Hardanger » (fig. 830 et 831). — Cette bordure représente le genre de jour norvégien connu sous le nom de « Hardanger ». Comme fond on emploie de la toile à gros fil, couleur écrue, sur laquelle on brode les parties à points lancés avec du Coton perlé D·M·C N° 5, en blanc; pour les brides au point de reprise et pour le point d'esprit on se sert du Lin pour dentelles D·M·C N° 25.

On commence la broderie par les contours à points lancés avec points d'ornement par-dessus 4 fils du tissu; puis, une fois tous les contours brodés, on enlève soigneusement, avec une bonne paire de ciseaux, les fils pour les parties ajourées.

La fig. 831 montre la manière de faire les brides au point de reprise et de poser les points d'esprit isolés.

Employée comme garniture d'essuie-mains, dessus de buffet,

Fig. 836. Bordure au point coupé, genre italien.

Fournitures : Lin pour dentelles D·M·C, Alsatia D·M·C, Fil à dentelles D·M·C ou Fil d'Alsace D·M·C, en blanc ou écru.

etc., cette bordure sera terminée par un ourlet à jour, par une petite frange ou une petite dentelle aux fuseaux; en tout cas par un ornement peu important qui ne nuise pas à l'effet de la bordure même.

Bordure au point coupé avec dessin réservé au point de toile (fig. 832 et 833). — Il existe un grand nombre de broderies au point coupé dans lesquelles le dessin est réservé. On appelle dessin réservé celui où le fond de l'étoffe est caché ou couvert par les points, tandis que l'étoffe elle-même reste à découvert sur les parties occupées par le dessin. Or il est très difficile, surtout lorsque le dessin se compose de petits détails, de découper les fils de la toile sans nuire à l'uniformité du fond. On retire donc les fils sur toute la surface indiquée par le dessin, on termine toutes les brides, puis on remplace avec l'aiguille les fils qui manquent dans le tissu. La manière de refaire le fond de toile est indiquée dans la fig. 833, où, pour mieux faire comprendre l'entre-croisement des brins, les fils du tissu ressortent en clair, tandis que les brins introduits pour la formation du point de toile sont foncés.

Cette bordure peut être reproduite dans la plupart des tissus à fils comptés et convient pour l'ornementation de nappes, de serviettes, d'essuie-mains, de tabliers et de bien d'autres objets encore que nous ne pouvons tous énumérer ici.

Fig. 837. Détail pour l'exécution de la bordure fig. 836.

Si on l'ajoute à des broderies au point de croix, il convient de faire les barrettes dans la couleur de la broderie. Le dessin proprement dit, travaillé au point de toile, peut se faire en blanc ou en écru, suivant le fond sur lequel on brode.

Bordure au point coupé avec dessin réservé au point de reprise (fig. 834 et 835). — Le point représenté par la fig. 835 est plus facile et plus agréable à exécuter que le point précédent. Il se fait comme le point de reprise du filet-guipure, fig. 695, c'est-à-dire en relevant autant de fois les brides de l'étoffe qu'on les a abaissées.

On prendra pour ce remplissage un fil floche et pour les brides un fil de torsion plus forte.

La manière de faire les points est clairement indiquée dans la gravure. Ici on fait également les brides en premier lieu et ensuite seulement on remplit le dessin.

Les détails de la fig. 835 rendent superflues de plus amples explications.

Cette bordure pouvant servir à l'ornement de rideaux, de nappes, de serviettes et d'objets décoratifs, on choisira le tissu qui conviendra le mieux.

Si l'ouvrage est exécuté sur un fond blanc et s'il doit être ajouté à une broderie ou à un tissu blanc, on obtiendra un effet des plus distingués en prenant du fil crème pour les brides et du fil blanc-neige pour le remplissage du dessin, qui doit se détacher d'une façon très apparente sur le fond.

Bordure au point coupé, genre italien (fig. 836 et 837). — Par la variété des points employés, cet ouvrage rappelle un peu la dentelle Reticella.

La bordure peut être exécutée à volonté en différentes largeurs et constituera un ornement des plus riches et parfaitement approprié pour la lingerie d'église.

Fig. 838. Bordure au point coupé, genre grec.
Fournitures : Lin pour dentelles D·M·C, Alsatia D·M·C, Fil à dentelles D·M·C ou Fil d'Alsace D·M·C, en blanc ou écru.

La marche de l'ouvrage est expliquée dans la fig. 837. On enlève 10 fils du tissu dans les deux sens, 6 fils restant pour servir de base aux brides.

Les fils des bords coupés sont recouverts d'un épais surfilé; l'ourlet qui arrête le dessin se fait d'après les fig. 769 et 770.

Les ronds au point de feston s'exécutent sur trois fils, que l'on tend d'une bride à l'autre, lorsqu'elles sont achevées jusqu'à mi-hauteur. On commence les roues dans l'angle d'un carreau et on les termine, comme l'indique la flèche, au même endroit.

Bordure au point coupé, genre grec (fig. 838). — Après toutes les explications qui précèdent, la copie de ce dessin classique, originaire de la Grèce, ne peut offrir de difficultés.

Dans l'original, en toile très fine, nous avons compté 48 fils enlevés pour les grands carreaux et 6 fils restants pour les brides. Pour la bordure étroite, nous avons enlevé 21 fils dans les deux sens. Les bords coupés sont bordés du point représenté dans les fig. 769 et 770. Entre les deux lisières de points restent 4 fils

Fig. 839. Petite serviette. Jour mexicain.
Fournitures : Lin floche D·M·C, Alsatia D·M·C, Fil à dentelles D·M·C ou Fil d'Alsace D·M·C, en blanc.

de toile formant un entre-deux étroit. Les longues brides qui se croisent dans le second carreau sont faites avec un feston double, orné de picots, dont on trouvera les explications au chapitre « Les Dentelles à l'aiguille », fig. 921 et 924.

Petite serviette. Jour mexicain (fig. 839 et 840). — Notre fig. 839 représente un genre particulier de jour sur toile qui est très répandu dans l'Amérique méridionale et principalement dans les pays d'origine espagnole. On l'appelle communément

« Jour mexicain ». Nous donnons ci-après les explications nécessaires pour l'exécution de notre modèle.

Après avoir fixé les bords intérieurs au moyen de points de feston, voir fig. 819, on sort en hauteur et en largeur sept fois 20 fils du tissu en laissant six intervalles de 12 fils, de manière à obtenir un réseau à grands vides.

Fig. 840. Exécution du fond ajouré de la petite serviette fig. 839.

On commence ensuite la broderie au bas dans le coin gauche, en faisant un long point oblique allant jusqu'au centre du premier carré d'étoffe, pour revenir au point de départ avec un deuxième point oblique; au troisième point oblique on réunit dans le bas et dans le haut les deux fils tendus par un point de feston. Tous les vides sont successivement remplis de cette façon par trois longs points obliques allant de gauche à droite.

Le deuxième rang est commencé au bas dans le coin à droite.

L'exécution est presque la même que pour le rang précédent; la seule différence est qu'on raccorde les points partout où les fils s'entre-croisent; voir le détail explicatif, fig. 840.

Lorsque le fond entier est recouvert de fils tendus obliquement, on exécute les petites feuilles au point de reprise (voir aussi les fig. 705 et 706) en cachant le fil sur l'envers, derrière les carrés d'étoffe. Finalement on ajoute encore les cercles à fils tendus

Fig. 841. Petite nappe. Jour danois « Hedebo ».
Fournitures : Lin à tricoter et à crocheter D·M·C No 30, Fil à dentelles D·M·C No 30 ou Alsatia D·M·C No 40, en blanc.

et à nœuds simples. Ceux qui touchent aux petites feuilles au point de reprise se font en un seul tour; les autres, qui entourent les carrés d'étoffe sans ornement, demandent deux tours.

Comme garniture extérieure, on laisse une bande d'étoffe de 5 centimètres de largeur environ, garnie d'une rivière à jour, puis, après avoir serti le bord extérieur de la bande en toile avec le point fig. 763, on effile les fils horizontaux sur 4 centimètres de hauteur, pour former les franges.

Petite nappe. Jour danois « Hedebo » (fig. 841 et 842). — La dénomination de « Hedebo » est déjà connue de nos lectrices; nous avons donné un exemple de ce travail danois avec l'entre-deux brodé au chapitre « La Broderie sur Blanc », fig. 164. Nous donnons ici un spécimen de jours sur toile du même genre, une petite nappe garnie de triangles richement ajourés, terminée au bord par une dentelle à l'aiguille.

Pour produire l'ajouré triangulaire, on coupe 12 fois 28 fils du tissu en laissant onze intervalles de 12 fils, puis on festonne les bords.

Fig. 842. Quart de la petite nappe fig. 841. Réduit à un tiers.

Le réseau de fils est transformé en brides au point de reprise et le dessin est exécuté au fur et à mesure qu'on termine les brides. Le modèle indique trois grandes étoiles; les deux étoiles de côté sont formées de huit triangles au point de reprise, exécutés par-dessus un fil tendu obliquement autour d'un centre de quatre roues; l'étoile du coin se compose de quatre petites pyramides et de demi-cercles au point de boutonnière garnis de picots. Les autres vides sont garnis de petites rosaces, de pyramides et de cercles au point de boutonnière, ainsi que de différentes roues formées par des brides surjetées.

Pour la petite rivière on enlève 15 fils du tissu; les fils libres sont reliés avec des points de surjet, comme l'indique la fig. 842.

La confection de la dentelle est clairement expliquée au chapitre « Les Dentelles à l'aiguille »; voir les fig. 1005 et 1006. Nous y renvoyons aussi pour l'explication des différents points qui sont employés dans les triangles ajourés.

Modèles d'ouvrages. — En dehors des ouvrages décrits ci-dessus, on trouvera un grand choix de modèles pour les jours sur toile dans les publications suivantes de la BIBLIOTHÈQUE D·M·C: *Les Jours sur Toile, 1re et 2me Séries, Broderies ajourées sur Toile, Broderies norvégiennes, 1re et 2me Séries,* et *Broderies tchéco-slovaques* (*).

Bande en broderie sur tulle. — Imitation de dentelle de Bruges.

Les Dentelles brodées

Comme suite aux jours sur toile nous avons réuni dans le présent chapitre, sous le titre de Dentelles brodées, différents genres de broderies qui, quoique souvent exécutées sur un fond de tissu, rappellent, par leur effet ajouré et transparent, les dentelles proprement dites.

Nous commencerons par présenter à nos lectrices des modèles exécutés dans la manière des dentelles de Dresde qui, primitivement, étaient travaillées exclusivement sur un fond de batiste. Adapté au goût moderne et exécuté sur un fond de toile peu serrée ou d'étamine, ce genre de broderie s'appelle « Broderies Colbert ».

Dans la seconde partie de ce chapitre nous parlerons des broderies sur tulle dont nous donnerons quelques dessins simples au point de reprise, suivis de dessins plus riches avec différents points de remplissage et de modèles d'application sur tulle.

La dernière partie du chapitre traitera des dentelles dites dentelles espagnoles, exécutées en fils de couleur avec des fils d'or et d'argent, avec ou sans fond de toile.

On peut exécuter à l'aide de la machine à coudre toutes les dentelles brodées faites sur un fond de tissu. Ce travail à la machine est tout spécialement recommandé pour les objets de grandes dimensions: couvertures, rideaux, stores, etc., où les points ajourés, les jours sur tulle occupent de grandes surfaces. L'exécution à la machine est rapide autant qu'agréable.

Il va de soi qu'on peut également broder à la machine les dentelles espagnoles sur fond de batiste.

Les dentelles de Dresde. — Au XVIIIe siècle on confectionnait en Allemagne des châles, des cols et même des coiffures en batiste fine, garnis d'un genre de broderie ajourée très riche, qu'on appelait « Dentelle de Dresde ». Le dessin de ces broderies se composait toujours de fleurs stylisées, accompagnées d'ornements dans le style rococo.

Selon le mode d'exécution, on distingue différents genres de dentelles de Dresde. Dans le premier, les motifs du dessin sont sertis d'un point coulé ou d'un point de cordonnet; le fond est complètement ajouré et quelques parties isolées des figures sont remplies de points damassés.

Dans le second genre, les contours des grandes figures, lesquelles doivent être passablement espacées, et les petits motifs à surface étroite, sont brodés à l'envers d'un point croisé bien serré, qui leur donne un certain relief; le fond reste libre et l'intérieur des figures est recouvert de points variés. Lorsqu'on ne veut pas entreprendre le travail pénible du point croisé, on peut le remplacer par un point de feston ou un point d'arêtes.

Dans les dentelles tout à fait riches, le fond est ajouré et les motifs du dessin sont brodés de points divers. On choisit des points damassés d'une certaine dimension pour les parties extérieures, pour les parties intérieures des points moins importants et pour le fond ajouré un petit dessin simple.

Tissus. — L'exécution de ce genre d'ouvrages est singulièrement facilitée par l'emploi de tissus qui imitent un fond ajouré. Lorsqu'on se servira d'un tissu un peu gros, on pourra augmenter l'échelle du dessin, en ayant soin toutefois de garder les proportions, afin de ne pas nuire à la beauté de l'ouvrage.

Exécutées sur des tissus de grosseur moyenne, ces dentelles sont employées pour garnir des rideaux et des stores; on en fait également des têtières de tout genre, des dessus de pelotes, etc. Brodées sur des étoffes plus fines, elles serviront comme garniture de vêtements, lingerie, etc. On les emploiera également pour orner des objets d'église, tels que aubes, rochets et nappes d'autel. Pour ces dernières, la broderie sera exécutée dans le tissu même de la nappe.

Dans la broderie Colbert, où l'on prend une grosse étamine ou de la toile raide comme fond, le caractère de la broderie est également un peu modifié. Pour les contours le point coulé est remplacé par une ganse; quant à la broderie, au lieu d'être blanche ou crème, elle sera exécutée en plusieurs couleurs auxquelles on ajoutera encore, selon le cas, des fils d'or ou d'argent. Les motifs du dessin seront recouverts de points damassés et le fond sera ajouré.

On emploie ces broderies pour des objets de décoration, pour des coussins, panneaux, têtières, etc.

Fournitures. — Pour les broderies sur un fond de batiste on prendra les numéros fins du Lin pour dentelles D·M·C, du Lin floche D·M·C, du Fil à dentelles D·M·C, du Retors d'Alsace D·M·C et du Cordonnet d'Alsace D·M·C, en blanc; pour les broderies sur étamine, le Coton perlé D·M·C et le Cordonnet spécial D·M·C, et pour certains points lancés, le Mouliné spécial D·M·C, en blanc ou écru.

Pour la broderie Colbert nous recommandons comme fil tordu le Coton perlé D·M·C, le Retors à broder D·M·C et comme fil floche le Mouliné spécial D·M·C, la Rayonne à broder D·M·C ou la Soie de Perse D·M·C; pour les contours employer des ganses, du Coton perlé D·M·C, du Lin floche D·M·C ou des fils de métal d'une certaine épaisseur; pour rehausser l'effet de certains points damassés travaillés en fil floche, on prendra des fils de métal fin.

Point de remplissage. — L'effet et la beauté des broderies dépendent beaucoup du choix des points de remplissage. Nous classerons ces derniers en trois groupes principaux:

1° Points de remplissage composés de points lancés, appelés « points damassés »;

2° Points de remplissage ajourés produits par le resserrement des fils du tissu, appelés « fonds ajourés » et

3° Points de remplissage composés de fonds ajourés et de motifs brodés.

Pour faciliter la reproduction par nos lectrices des divers points qui vont suivre, nous indiquons pour chacun le nombre de fils que demande un rapport.

1° **Points de remplissage composés de points lancés, appelés « points damassés ».** — Les dessins de ces fonds se composent de points lancés verticaux, horizontaux ou obliques; ils imitent parfois les tissus damassés. Dans ce cas, ils recouvrent presque entièrement le fond, où ils forment des petites figures entre lesquelles le tissu du fond n'est que peu visible. L'emploi de ces points pour les différentes parties des fleurs et des feuilles ou des ornements a déjà été mentionné à la broderie « Piqué », fig. 165, du chapitre « La Broderie sur Blanc ».

Premier point damassé (fig. 843). — Chaque rapport demande 4 fils en hauteur et en largeur.

Le dessin serré est composé de points lancés obliques empiétants, travaillés en rangs obliques. Après avoir sorti le fil sur l'endroit de l'ouvrage, on conduit l'aiguille vers le haut et de droite à gauche sur 4 fils du tissu, pour la faire revenir sur l'endroit sous 6 fils de hauteur et 2 fils de largeur. Puis on

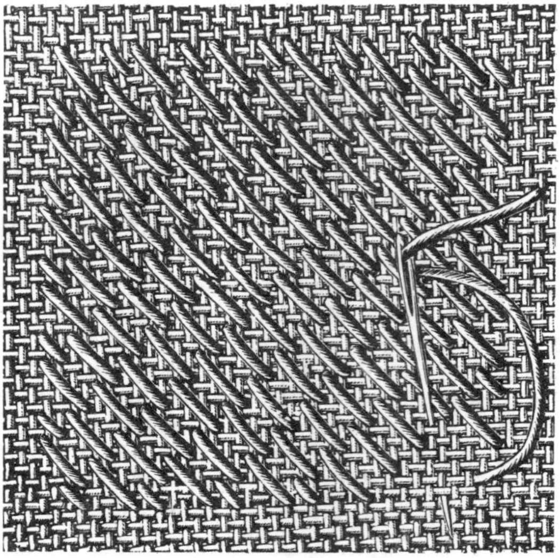

Fig. 843. Premier point damassé.

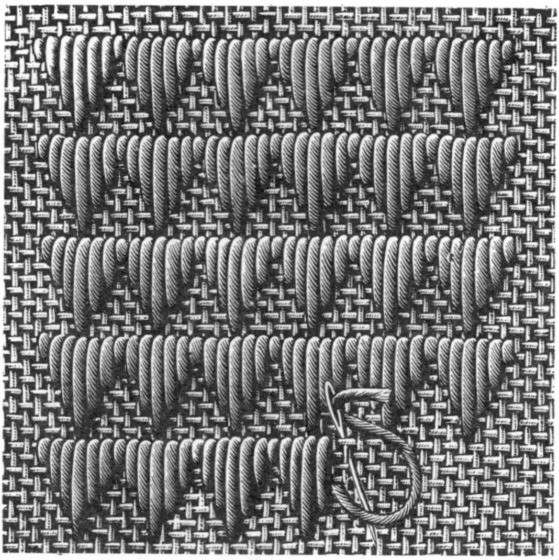

Fig. 844. Deuxième point damassé.

exécute un nouveau point oblique de droite à gauche sur 4 fils, et ainsi de suite. Le second rang de points est travaillé de la même façon; les points sont placés entre ceux du rang précédent, dans lequel ils empiètent sur 2 fils du tissu.

Deuxième point damassé (fig. 844). Chaque rapport demande 8 fils en hauteur et 6 fils en largeur.

Notre dessin se compose de rangées superposées de petites dents retombantes, exécutées à points lancés verticaux.

On commence par un point droit vers le haut sur 2 fils du tissu, puis on fait sortir l'aiguille à droite sous 4 fils de hauteur et 1 fil de largeur, pour faire le second point vertical sur 4 fils de hauteur; de la même manière, on fera encore un troisième point sur 6 fils et un quatrième point sur 8 fils de hauteur après quoi on diminuera de nouveau graduellement la hauteur des points; le dernier point — qui peut être considéré comme le premier point de la petite dent suivante — compte 2 fils de hauteur. De cette manière on brode toute la rangée de dents. Les rangées suivantes touchent par le bord droit aux points de la rangée précédente.

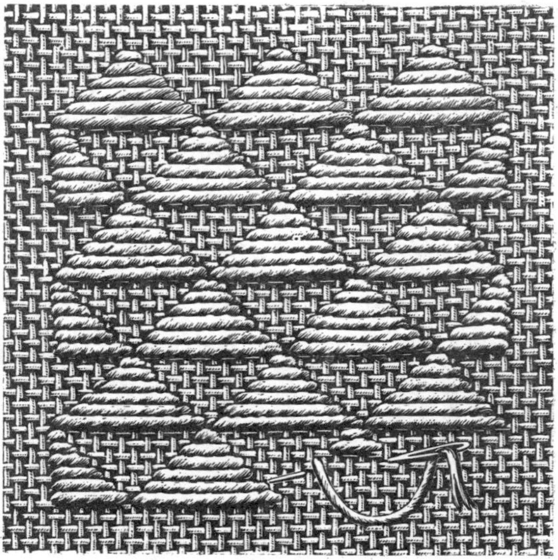

Fig. 845. Troisième point damassé.

Troisième point damassé (fig. 845). Chaque rapport demande 6 fils en hauteur et 12 fils en largeur.

Le dessin est formé par des triangles intervertis, en points lancés horizontaux, exécutés en rangs obliques.

On commence la broderie dans le haut par le point le plus court, qui est lancé de gauche à droite sur 2 fils du tissu; ce point est suivi de cinq points horizontaux s'élargissant graduellement, à gauche et à droite, d'un fil du tissu, de sorte que le point le plus long sera lancé par-dessus 12 fils. On passe ensuite au triangle suivant, vers la gauche, et en travaillant ainsi, l'interversion des triangles se fait d'elle-même.

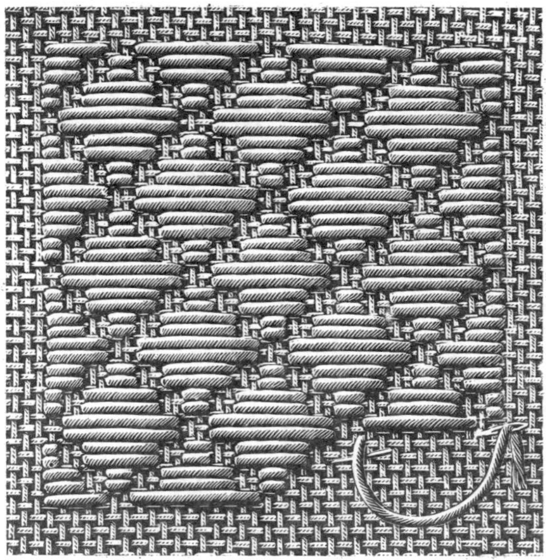

Fig. 846. Quatrième point damassé.

Quatrième point damassé (fig. 846). Chaque rapport demande 12 fils en hauteur et en largeur.

Dans ce dessin le tissu du fond est presque entièrement recouvert par les losanges composés chacun de dix points lancés horizontaux. Ces losanges sont exécutés en rangées obliques comme suit: après avoir sorti le fil à la place voulue, on fait un point horizontal de gauche à droite par-dessus 2 fils du tissu ; on répète ce point vers le bas avec 1 fil d'intervalle, puis toujours en descendant d'un fil, on exécute deux points sur 6 fils de largeur, en augmentant à droite et à gauche de 2 fils ; deux points horizontaux sur 10 fils forment le milieu du losange. Pour les points suivants, on diminue de nouveau de 2 fils de la même manière que pour l'augmentation, de sorte que les derniers points seront lancés par-dessus 2 fils, comme les deux premiers.

Cinquième point damassé (fig. 847). — Chaque rapport demande 8 fils en hauteur et en largeur.

On commence par faire quatre points verticaux sur 8 fils en hauteur ; puis on conduit l'aiguille de haut en bas sous 2 fils de hauteur et 1 fil de largeur, voir la fig. 847, et l'on exécute les trois points horizontaux de gauche à droite, en laissant 2 fils d'intervalle entre les points. Le troisième point horizontal terminé, on descend encore vers la droite de 2 fils de hauteur et d'un fil de largeur, pour continuer par les quatre points verticaux. Le second rang du dessin sera travaillé tout comme le premier, mais on aura soin d'intervertir les figures, de manière que les points horizontaux soient placés sous les points verticaux et les points verticaux sous les points horizontaux.

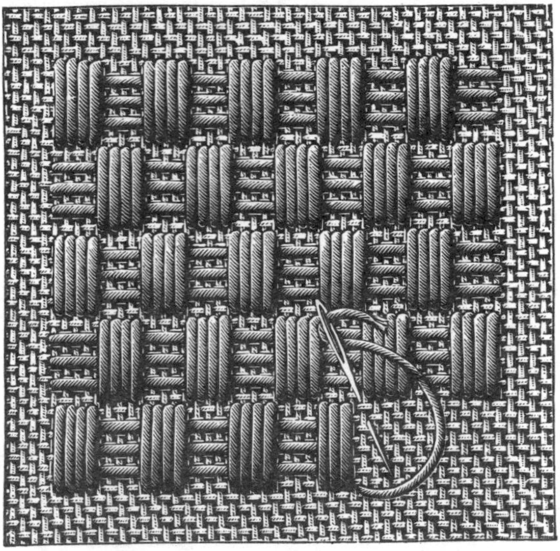

Fig. 847. Cinquième point damassé.

Sixième point damassé (fig. 848). — Chaque rapport demande 2 fils en hauteur et 10 fils en largeur.

Des rayures verticales de points horizontaux alternent avec des rayures au point de piqûre croisé. On commence par les rayures à points lancés, qui ont 4 fils de largeur. Les intervalles entre ces rayures sont de 6 fils ; par-dessus ces fils on exécute le point de piqûre croisé, fig. 83. Après avoir sorti l'aiguille entre le 4me et le 5me fil de l'intervalle, on fait un point oblique descendant de droite à gauche sur 4 fils de largeur et 2 fils de hauteur ;

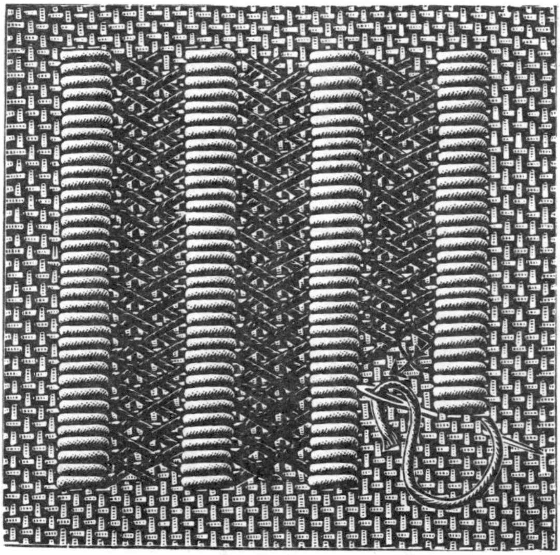

Fig. 848. Sixième point damassé.

on sort l'aiguille 2 fils plus haut, pour faire un second point oblique descendant vers la droite sur 6 fils de largeur et 3 fils de hauteur, qui croisera le premier point ; on fait passer l'aiguille verticalement sous 2 fils de hauteur, on fait un point oblique vers la gauche et ainsi de suite.

Ce fond gagnera beaucoup s'il est travaillé avec deux sortes de fil ; on choisira un fil gros pour les points lancés et un fil fin pour le point de piqûre croisé.

Septième point damassé (fig. 849). Chaque rapport demande 12 fils en hauteur et en largeur.

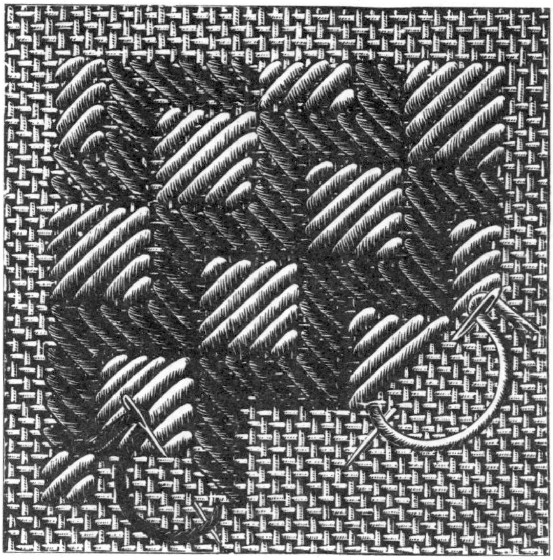

Fig. 849. Septième point damassé.

Des carrés à points lancés obliques, séparés par des rayures en zigzag, forment un fond qui recouvre entièrement le tissu. On exécute d'abord les rayures en zigzag, qui demandent cinq points obliques dans chaque direction, sur 4 fils du tissu avec 2 fils d'intervalle. Ces rayures sont placées de manière à obtenir à l'intérieur des carrés d'étoffe de 8 fils du tissu. Ces carrés seront recouverts ensuite de points lancés placés dans le sens opposé aux points des rayures.

Le premier et le septième point des carrés sont lancés par-dessus 2 fils du tissu, le deuxième et le sixième par-dessus 4 fils, le troisième et le cinquième par-dessus 6 fils et le quatrième par-dessus 8 fils.

Huitième point damassé (fig. 850). — Chaque rapport demande 8 fils en hauteur et 6 fils en largeur.

Les lignes verticales du dessin se font comme suit : après avoir sorti l'aiguille, on fait un point horizontal de droite à gauche par-dessus 2 fils, puis en descendant vers la droite, sous 2 fils en largeur et en hauteur, on fait un deuxième point horizontal et ainsi de suite. L'intervalle entre les rayures est de 4 fils ; on y brode les petits carrés composés de trois points lancés verticaux sur 4 fils de hauteur, on saute 4 fils du tissu et on fait le carré suivant.

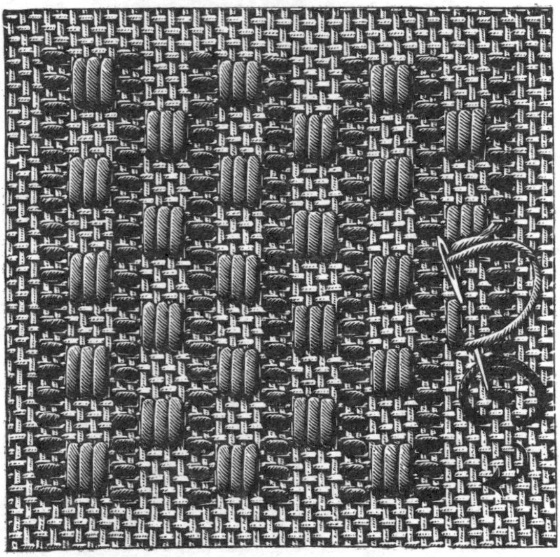
Fig. 850. Huitième point damassé.

Dans l'intervalle suivant, les petits carrés sont intervertis, c'est-à-dire placés entre les carrés du rang précédent.

2° **Fonds ajourés.** — Au moyen de points qui resserrent fortement certains groupes de fils du tissu, on arrive à produire des fonds ajourés qui ont beaucoup de ressemblance avec les fonds des jours sur toile du chapitre précédent.

Ces fonds ajourés sont faits sans qu'on ait besoin d'enlever les fils du tissu et ne peuvent être exécutés que sur des tissus peu serrés, contrairement aux jours sur toile qui demandent toujours un tissu serré. On emploie ces fonds comme points de remplissage ; on en distingue deux groupes différents :

a) Les points ajourés qui sont travaillés avec un fil très fin et où le dessin est uniquement formé par les fils du tissu différemment groupés ; voir les fig. 851 à 855.

b) Les points pour lesquels on prend un gros fil formant relief sur le fond du tissu. Dans ces derniers le dessin n'est plus formé uniquement par les fils du tissu, mais aussi par le fil de la broderie qui produit les points à relief; voir les fig. 856 à 860.

Premier fond ajouré (fig. 851). — Chaque rapport demande 5 fils en hauteur et en largeur.

Ce fond est exécuté en rangs obliques.

On commence par un point vertical par-dessus 4 fils vers le haut, puis on conduit l'aiguille vers le bas de droite à gauche sous 4 fils du tissu, on fait un point horizontal par-dessus 4 fils de gauche à droite, on revient sur l'envers vers le bas de droite à gauche sous 4 fils du tissu, pour recommencer avec le point vertical remontant qui touche alors au point horizontal précédent. On continue la rangée d'après la description donnée ci-dessus. Lorsqu'on ajoutera le deuxième rang de points, on sautera un fil du tissu en sens oblique et on continuera l'ouvrage comme avant. De cette façon on obtiendra, par le resserrement du tissu, une croix formée par les fils d'étoffe sautés entre les deux rangs de points.

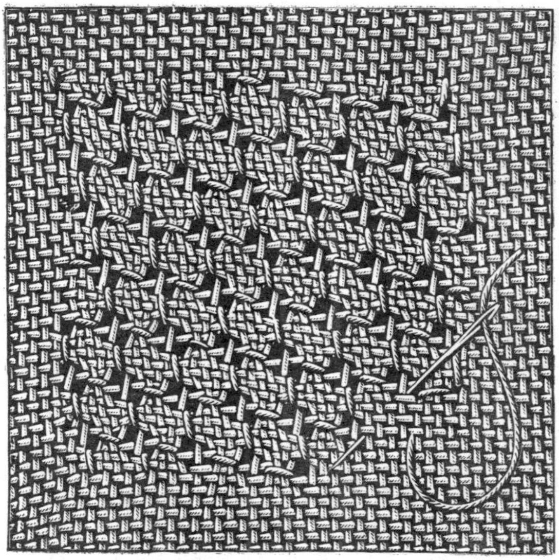

Fig. 851. Premier fond ajouré.

Il est nécessaire, pour produire le dessin ajouré, de serrer fortement le fil qui réunit les brins du tissu.

Deuxième fond ajouré (fig. 852). — Chaque rapport demande 6 fils en hauteur et en largeur.

Ce fond se travaille en deux sens, en rangs horizontaux et en rangs verticaux; ce n'est qu'après avoir terminé entièrement les rangs dans un sens qu'on passe aux rangs en sens opposé, lesquels croiseront les premiers.

On commence par les rangs horizontaux, en conduisant l'aiguille de bas en haut verticalement sur 4 fils du tissu, pour revenir en sens oblique sous 4 fils en hauteur et en largeur et faire un deuxième point vertical vers le haut. Entre le deuxième et le troisième point on ne saute sur l'envers que 2 fils de largeur, puis on continue avec le point vertical. De cette manière l'intervalle

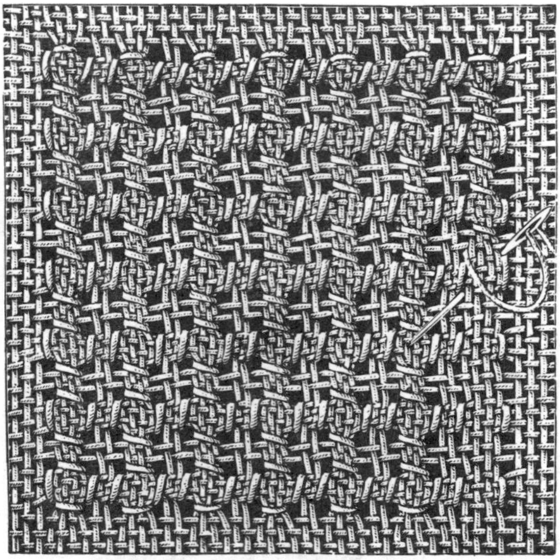

Fig. 852. Deuxième fond ajouré.

entre les points verticaux compte alternativement 4 et 2 fils de tissu. Les rangs verticaux, qui croisent les rangs horizontaux, demandent des points horizontaux, qui sont exécutés de la même façon.

Le point terminé montre des petits carrés sertis de points quadrillés entre lesquels paraissent des petites croix ajourées, formées par les 2 fils du tissu sautés entre les carrés.

Troisième fond ajouré (fig. 853). — Chaque rapport demande 6 fils en hauteur et en largeur.

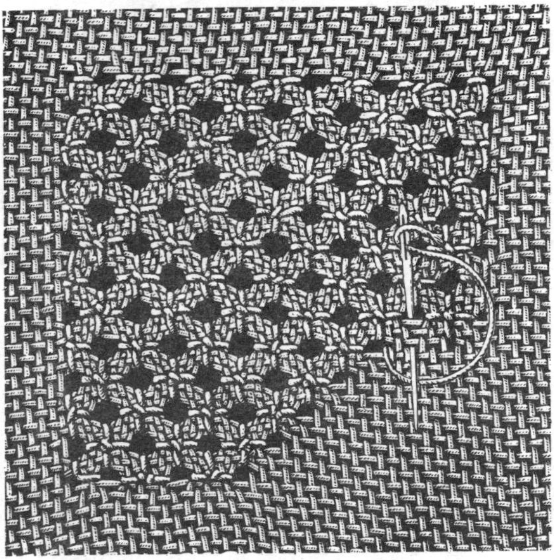

Fig. 853. Troisième fond ajoure.

Ici on s'est servi du point d'esprit pour serrer les fils du tissu; voir au chapitre « Le Filet » les fig. 699 et 700. Comme la gravure l'indique, le point d'esprit est travaillé en rangs obliques.

Après avoir sorti l'aiguille on saute de bas en haut, vers la droite, 3 fils du tissu pour exécuter un point de feston sur 3 fils en hauteur, puis on fait le même point sur 3 fils vers la droite et un troisième point sur 3 fils vers le bas; pour terminer le quatrième point on passe l'aiguille par-dessus le premier point et, en sautant sur l'envers vers la gauche de haut en bas 3 fils en hauteur et 6 fils en largeur, on recommence le deuxième point d'esprit.

Quatrième fond ajouré (fig. 854 et 855). — Chaque rapport demande 8 fils en hauteur et en largeur.

Plus compliqué que les précédents, ce fond se travaille en trois rangs. On fait d'abord les rangs travaillés en zigzag qui forment le quadrillage du fond. Ces rangs demandent cinq points horizontaux travaillés de gauche à droite par-dessus 4 fils du tissu avec 1 fil d'intervalle, puis on conduit l'aiguille sur l'envers de l'ouvrage en descendant de droite à gauche sous 4 fils pour exécuter cinq points verticaux allant de bas en haut, après quoi on saute sur l'envers, obliquement vers le bas, 4 fils du tissu, pour continuer avec les cinq points horizontaux.

Fig. 854. Quatrième fond ajouré. Exécution du 1er et du 2me rang.

Fig. 855. Quatrième fond ajouré. Exécution du 3me rang.

En ajoutant immédiatement ces rangées en zigzag, on obtient des petits carrés d'étoffe composés de 4 fils du tissu, qui seront couverts ensuite d'un point de croix, serti d'un point quadrillé, qui se fait en deux rangs. On commence dans le coin à droite, dans le haut du carré, on conduit le fil obliquement sous les 4 fils libres, on fait un point vertical vers le haut, on conduit l'aiguille horizontalement de gauche à droite sous 4 fils, on fait en revenant un point horizontal sur ces 4 fils, on reconduit l'aiguille verticalement sous le premier point vertical, pour faire un point oblique montant de gauche à droite par-dessus 4 fils. Pour passer au point suivant, on fait sur l'envers de l'ouvrage un long point oblique, en faisant sortir l'aiguille dans le bas du coin à gauche du petit carré suivant.

Ici on remplit le carré de la même manière, en commençant par le point vertical de bas en haut. Après avoir terminé ces rangs sur toute la surface de la broderie, on passe au troisième rang, qui termine le fond. Ces rangs doivent être travaillés en sens opposé aux rangs précédents, mais l'exécution du point reste la même.

Le fond terminé montre dans le quadrillage des petites croix encadrées et, si on le place contre le jour, on aperçoit aussi les longs points obliques de l'envers, qui, avec les croix encadrées, forment des petites étoiles.

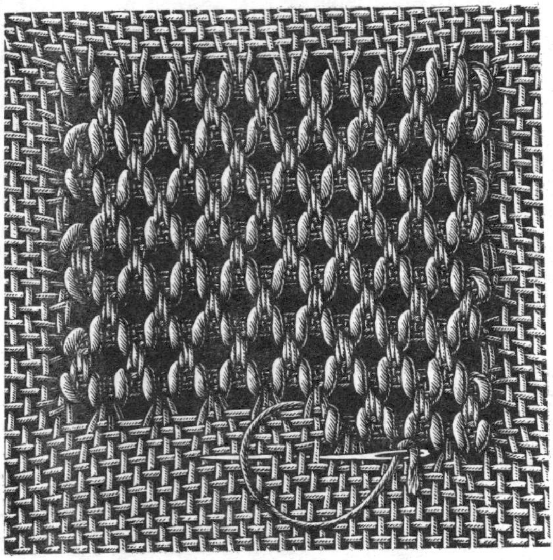

Fig. 856. Cinquième fond ajouré.

Cinquième fond ajouré (fig. 856). — Chaque rapport demande 4 fils en hauteur et en largeur.

Ce fond, qui rappelle un peu le gros tulle, se fait en rangs horizontaux et demande un fort resserrement des fils du tissu.

On commence par un point oblique montant de gauche à droite sur 2 fils de largeur et 4 fils de hauteur, puis on conduit l'aiguille horizontalement sous 4 fils vers la gauche, pour faire un point oblique descendant vers la droite, par-dessus 2 fils de largeur et 4 fils de hauteur, on saute vers la gauche et sur l'envers 4 fils de largeur pour recommencer par le premier point oblique et ainsi de suite.

Les rangs suivants sont intervertis de telle manière qu'on aura toujours quatre points obliques dans le même jour de l'étoffe.

Sixième fond ajouré (fig. 857). — Chaque rapport demande 6 fils en hauteur et en largeur.

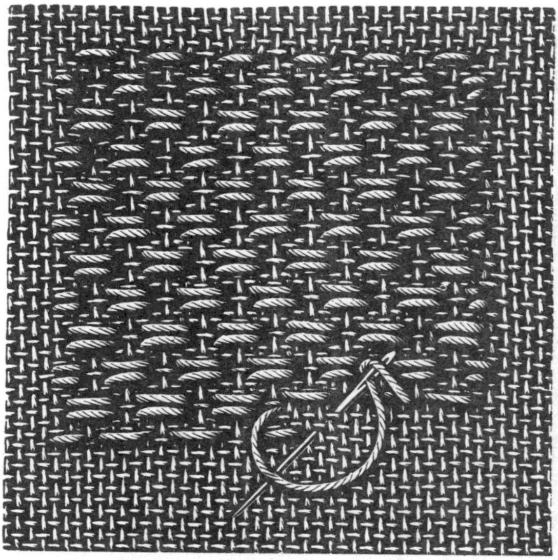

Fig. 857. Sixième fond ajouré.

L'exécution de ce fond très simple se fait en deux rangs horizontaux. Le premier point horizontal est fait de gauche à droite par-dessus 5 fils, puis on conduit l'aiguille obliquement de droite à gauche et vers le bas, sous 2 fils du tissu, pour faire vers la droite un deuxième point horizontal sur 5 fils, on saute sur l'envers et en montant obliquement vers la gauche 2 fils du tissu, pour continuer avec le premier point horizontal. Les rangs suivants sont exécutés de la même façon, en laissant entre eux 1 fil et en intervertissant les points, afin d'avoir toujours deux points horizontaux parallèles. De cette manière on obtiendra entre les points brodés une petite croix ajourée, composée des fils d'étoffe sautés entre les points horizontaux.

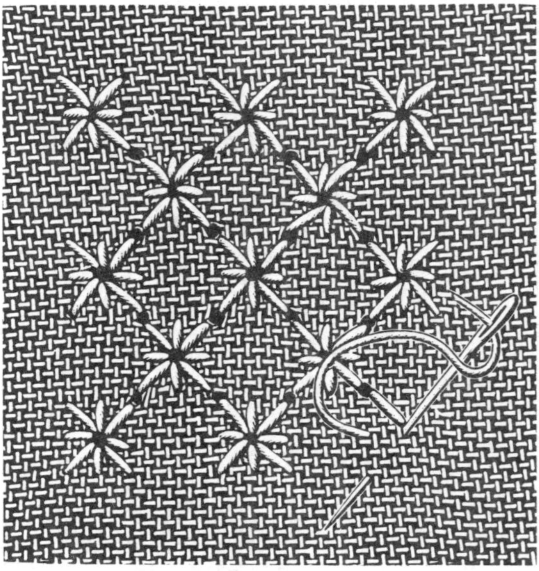

Fig. 858. Septième fond ajouré.

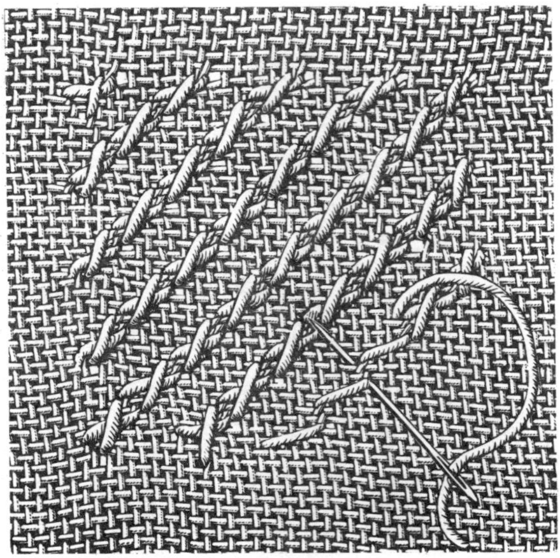

Fig. 859. Huitième fond ajouré. Premiers rangs de points de croix.

Fig. 860. Huitième fond ajouré. Deuxièmes rangs de points de croix.

Septième fond ajouré (fig. 858). — Chaque rapport demande 8 fils en hauteur et en largeur.

Le présent fond est composé de points d'étoiles intervertis qui divisent le tissu en losanges. L'explication du point d'étoiles est donnée au chapitre « La Tapisserie » par la fig. 376. En serrant fortement le fil avec lequel on travaille, on arrivera à produire de petits jours au centre du point. Nous rencontrons encore plusieurs fois ce point comme petite figure détachée pour garnir des carrés ou des losanges dans les fonds qui vont suivre.

Huitième fond ajouré (fig. 859 et 860). — Chaque rapport demande 8 fils en hauteur et en largeur.

Composé de deux rangées de points de croix allongés, passant obliquement l'une par-dessus l'autre, ce fond produit un charmant effet lorsqu'il est exécuté avec un fil un peu gros.

La fig. 859 nous montre les premiers

rangs de points de croix qui se font en montant de gauche à droite. On commence par un point oblique par-dessus 6 fils de largeur et 2 fils de hauteur, puis on saute sur l'envers de l'ouvrage, vers le haut à gauche et en sens oblique, 2 fils du tissu, pour continuer sur l'endroit avec un long point oblique; en revenant, on termine la rangée de points de croix. Dans la fig. 860 on voit la manière de faire les deuxièmes rangs de points de croix par-dessus et en croisant les premiers rangs. Entre les croix à relief, le resserrement des fils du tissu produit des petites croix ajourées.

3° **Fonds ajourés avec motifs brodés.** Ces fonds, composés de points ajourés et de petits motifs à points lancés ou à points de fantaisie, représentent le genre le plus riche de ces points de remplissage. Nous en donnons huit dans ce chapitre, mais nos lectrices arriveront elles-mêmes à en augmenter le nombre sans grande difficulté, les combinaisons pouvant varier à l'infini.

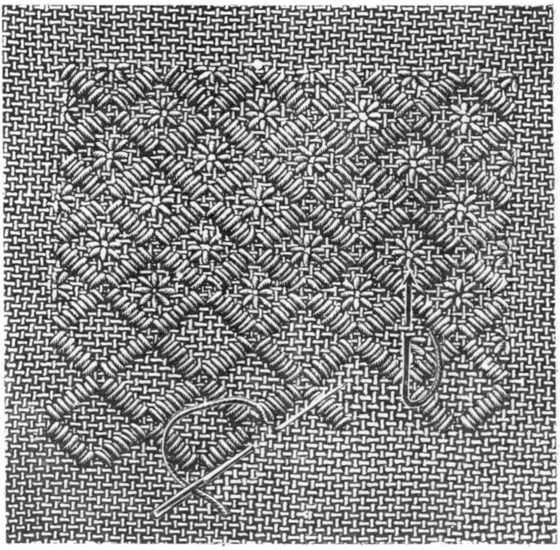

Fig. 861. Premier fond ajouré avec baguettes à points lancés.

En fait de fournitures on prendra un fil tordu pour les points ajourés et un fil floche pour les petits motifs à points lancés. Voir notre article sur les fournitures au commencement du chapitre.

Premier fond ajouré avec baguettes à points lancés (fig. 861). — Chaque rapport demande 12 fils en hauteur et en largeur.

Des baguettes obliques, exécutées en rangs horizontaux, divisent le fond en losanges.

On commence les baguettes par un point oblique en descendant de 2 fils de droite à gauche, on remonte sur l'envers sous 2 fils de largeur et 1 fil de hauteur pour faire vers le bas un point oblique par-dessus 1 fil, on remonte de nouveau sous 2 fils de largeur et 1 fil de hauteur pour faire un deuxième point oblique descendant sur 2 fils du tissu, et ainsi de suite. Chaque baguette compte neuf points obliques, cinq points longs et quatre points courts. Après le cinquième point long, on fait sortir l'aiguille par le même orifice d'où elle est sortie au dernier point et l'on exécute en sens opposé une seconde baguette pareille à la première. Les rangs suivants de baguettes doivent être intervertis pour former les losanges de tissu qui seront garnis d'un point d'étoile.

Pour broder ce point, on fait sortir l'aiguille au centre de la baguette inférieure à droite, puis on fait 1 point oblique de droite à gauche, montant par-dessus 2 fils du tissu, suivent ensuite un point horizontal à double face vers la droite, puis un point oblique de haut en bas vers la gauche, un point vertical vers le haut, et ainsi de suite on brode huit points qui doivent se rencontrer au centre du losange et y former un œillet à jour.

Fig. 862. Deuxième fond ajouré avec losanges à points lancés.

Deuxième fond ajouré avec losanges à points lancés (fig. 862). — Chaque rapport demande 16 fils en hauteur et en largeur.

Le dessin nous montre des petites figures composées de quatre losanges à points lancés obliques qui alternent avec des points d'étoiles. Les petits losanges comptent chacun sept points, le premier et le septième point sont lancés en sens oblique par-dessus 1 fil du tissu, le deuxième et le sixième par-dessus 2 fils, le troisième et le cinquième par-dessus 3 fils et le quatrième par-dessus 4 fils. Comme le montre la gravure, ces petits losanges se font en deux rangs obliques qui se croisent. Pour les points d'étoiles qui remplissent les carrés vides, on compte huit points qui se rencontrent au centre; les points obliques sont lancés par-dessus 3 fils du tissu, les points horizontaux et verticaux par-dessus 4 fils.

Troisième fond ajouré avec rayures à points lancés (fig. 863). — Chaque rapport demande 13 fils en hauteur et 4 fils en largeur.

Deux rangs de points quadrillés intervertis forment le jour en ligne serpentine qui figure aussi au chapitre « Les Jours sur Toile »; voir les fig. 773 et 774. Entre ces rangs doubles de points quadrillés travaillés sur 4 fils du tissu, 5 fils d'étoffe restent libres et sont garnis ensuite de points lancés verticaux placés juste au-dessous des points verticaux du point quadrillé.

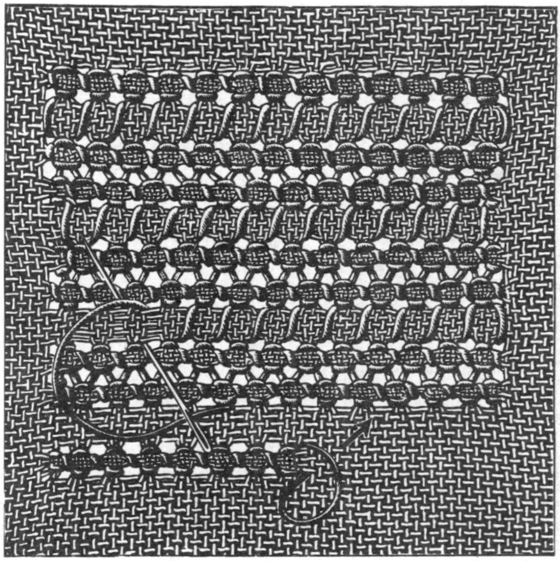

Fig. 863. Troisième fond ajouré avec rayures à points lancés.

Quatrième fond ajouré avec rayures au point de croix (fig. 864). — Chaque rapport demande 15 fils en hauteur et 3 fils en largeur.

Ce fond à rayures obliques est composé de rangs doubles de points de croix et de rangs du point ajouré expliqué au chapitre « Les Jours sur Toile » par la fig. 776.

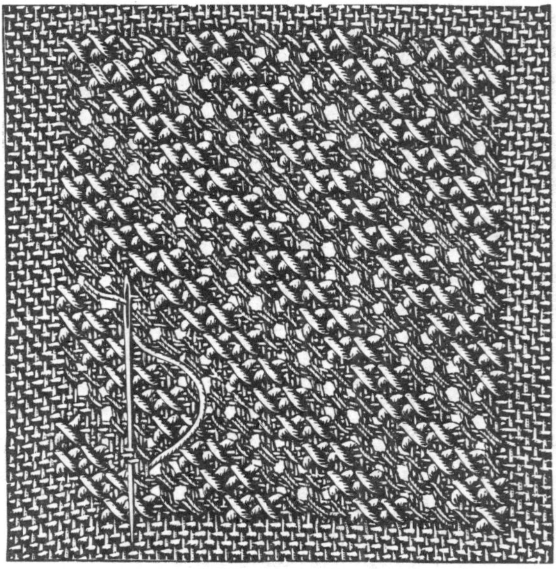

Fig. 864. Quatrième fond ajouré avec rayures au point de croix.

On commence par les rangs de points de croix; les points

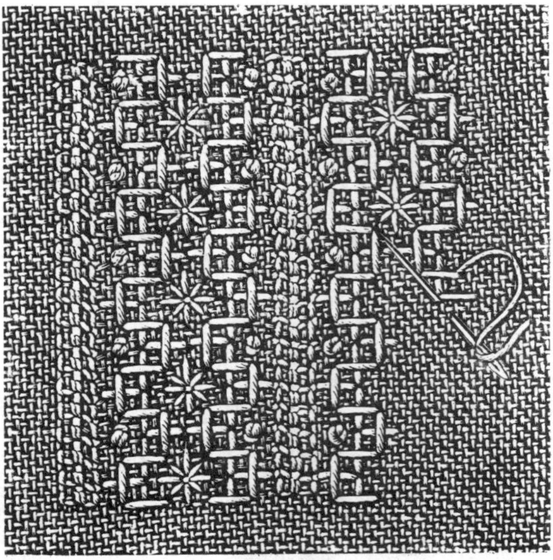

Fig. 865.
Cinquième fond ajouré avec motifs au point de croix et au point d'étoiles.

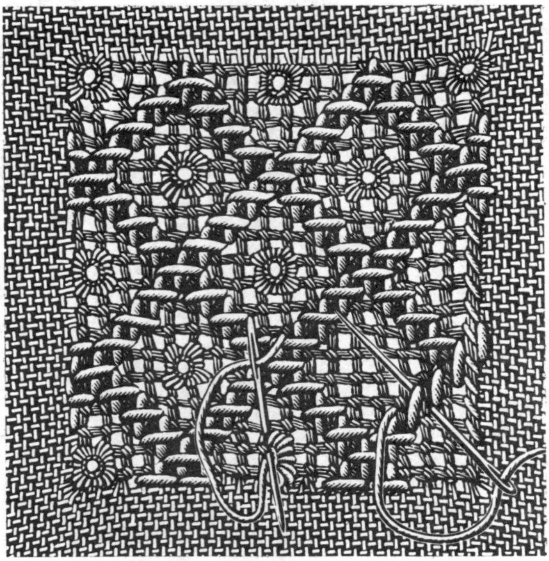

Fig. 866. Sixième fond ajouré avec motifs au point de feston et carrés au point de croix.

sont travaillés en allant et en revenant en rangs horizontaux.

Entre les rangs doubles de points de croix restent 9 fils d'intervalle qui seront remplis de points ajourés une fois le point de croix terminé. Le premier point doit être fait de bas en haut en montant vers la gauche, par-dessus 3 fils du tissu, puis on revient verticalement sous 3 fils pour faire un second point oblique vers le haut à gauche, après quoi on saute sur l'envers et vers la droite 3 fils en sens horizontal pour continuer avec un point oblique montant vers la gauche, et ainsi de suite. Le second rang qui termine le point ajouré sera fait de la même manière, mais de haut en bas. Les vides où se rencontrent deux points obliques forment des jours.

Cinquième fond ajouré avec motifs au point de croix et au point d'étoiles (fig. 865). — Chaque rapport demande 12 fils en hauteur et 30 fils en largeur.

Ce fond, de dimension plus grande, est employé pour couvrir

des surfaces assez importantes. La division du fond est formée par deux rangs de points quadrillés travaillés pardessus 3 fils du tissu. Deux lignes serpentines garnissent les bandes de tissu entre les rangs de points quadrillés ajourés. Ces lignes serpentines sont formées par des points de croix droits exécutés pardessus 6 fils en hauteur et en largeur; les parties libres entre les deux lignes de points de croix sont garnies d'un point d'étoile et dans les intervalles extérieurs des lignes serpentines sont placés des points d'armes isolés.

Sixième fond ajouré avec motifs au point de feston et carrés au point de croix (fig. 866). — Chaque rapport demande 24 fils en hauteur et en largeur.

De même que le dessin précédent, celui-ci est surtout employé dans des ouvrages de grandes dimensions. Avant de faire le dessin proprement dit, on recouvre tout le tissu du fond ajouré fig. 776. Ce fond s'exécute en rangs obliques, comme suit: on fait un point oblique vers la gauche par-dessus 3 fils, on

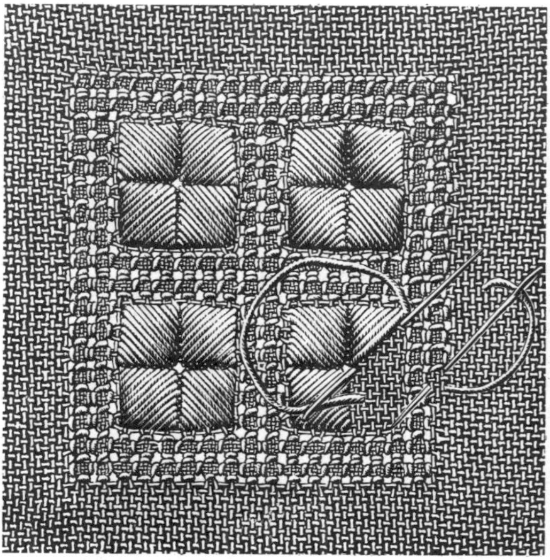

Fig. 867.
Septième fond ajouré avec carrés à points lancés.

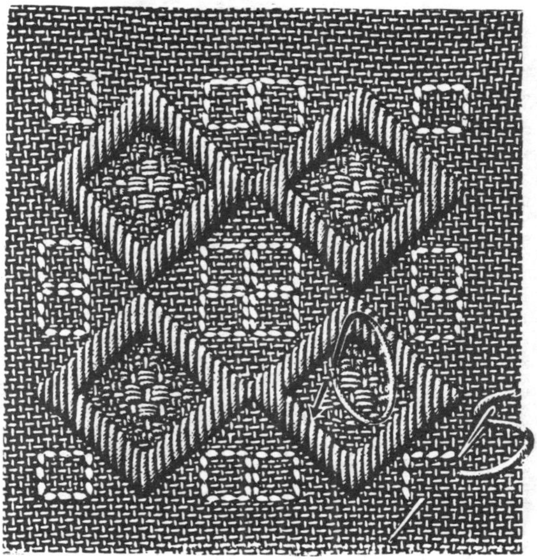

Fig. 868.
Huitième fond ajouré avec losanges à points lancés et a couture croisée.

saute sur l'envers 3 fils vers le bas, on fait un second point oblique montant vers la gauche, après quoi on conduit l'aiguille horizontalement sous 3 fils vers la droite pour continuer avec un troisième point oblique vers la gauche. Le rang suivant est travaillé en sens contraire, donc de haut en bas. En tirant fortement sur le fil avec lequel on travaille, on produira un fond très ajouré, sur lequel on brodera le dessin. Les lignes obliques, qui divisent tout le fond en losanges, sont composées de points de croix droits, dont chacun est lancé par-dessus deux groupes de fils du tissu. En commençant dans le haut, on lance le fil vers le bas, verticalement, par-dessus deux groupes de fils, on saute sur l'envers de droite à gauche, obliquement, un groupe vers le haut, puis on continue avec le point vertical descendant. Dans le second rang, en revenant, on termine les croix par des points horizontaux. Lorsque tous les rangs de points de croix sont terminés, on entoure le jour au centre des losanges de points de feston qui forment un œillet avec bord à relief.

Fig. 869.
Dentelle de Dresde sur fond de batiste.
Fournitures : Lin floche D·M·C ou Coton à broder D·M·C, qualité spéciale, en blanc.

Septième fond ajouré avec carrés à points lancés (fig. 867). — Chaque rapport demande 24 fils en hauteur et en largeur.

Le quadrillage du fond est composé de rangées doubles au point quadrillé, fig. 773; les carrés d'étoffe libres sont remplis par des petits carrés brodés à points lancés obliques. Le point quadrillé, qui doit être fait en premier lieu, se travaille sur 3 fils en hauteur et 3 fils en largeur. Pour les parties libres du tissu, on laisse 18 fils d'intervalle, on y brode les grands carrés à points lancés, formés par quatre petits carrés composés chacun de 15 points obliques, dont le plus court est lancé par-dessus 1 fil et le plus long par-dessus 8 fils; ces points longs doivent se rencontrer au centre.

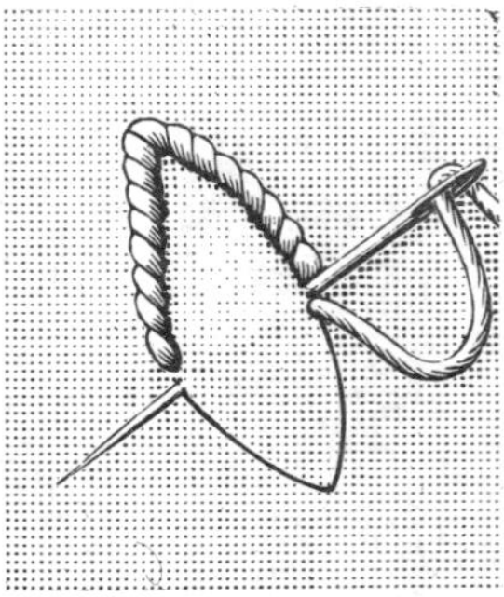

Fig. 870. Manière de faire une feuille avec le point de piqûre croisé. Endroit.

Huitième fond ajouré avec losanges à points lancés et à couture croisée (fig. 868). — Chaque rapport demande 28 fils en hauteur et 26 fils en largeur.

Des losanges avec contours larges à points lancés et centre ajouré alternent avec des carrés quadruples au point de piqûre croisé.

L'encadrement des losanges est commencé à la pointe gauche par un point vertical descendant sur 2 fils du tissu, on remonte vers la droite sur l'envers de l'ouvrage par un point oblique sur 3 fils de hauteur et 1 fil de largeur, on fait sur l'endroit un second point sur 4 fils de hauteur. En continuant ainsi, faire un point vertical sur 6, sur 8 et sur 10 fils du tissu et faire sortir l'aiguille encore une fois dans le haut, après quoi on exécute encore neuf points lancés verticaux par-dessus 6 fils, en montant d'un fil à chaque point. Le neuvième point forme la pointe du losange; faire ensuite huit points descendant vers la droite, puis recommencer avec le point long par-dessus 10 fils, auquel on ajoute encore quatre points en diminuant toujours d'un fil dans le haut et dans le bas, de façon que le dernier point — le coin à droite du losange — ne compte plus que 2 fils. Dans le bas, on termine le losange par dix-sept points verticaux lancés par-dessus 6 fils de hauteur. Au centre, on brode une petite figure composée de quatre fois trois points lancés horizontaux par-dessus 4 fils du tissu; cette figure est entourée d'une ligne serpentine formée par des points de surjet doubles par-dessus 2 fils du tissu. La confection des carrés au point de piqûre croisé se fait en rangs obliques.

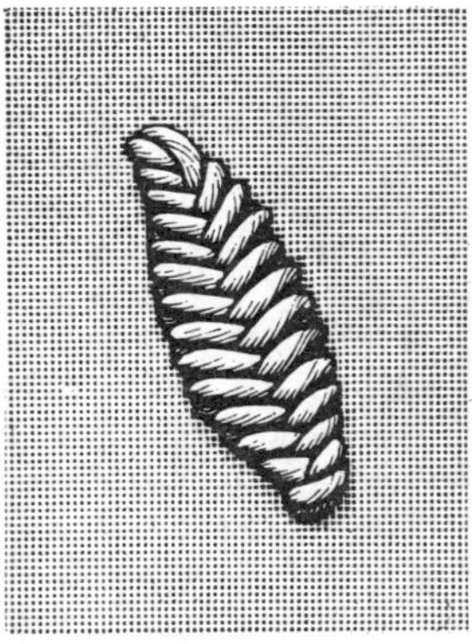

Fig. 871. Manière de faire une feuille avec le point de piqûre croisé. Envers.

Dentelle de Dresde sur fond de batiste (fig. 869, 870, 871). — Ce dessin fin et délicat est d'une exécution relativement facile; cependant, brodé sur un fond de batiste fine, il demande beaucoup de patience.

Fig. 872. Imitation des dentelles de Dresde sur étamine avec fond ajouré.

Fournitures: Lin floche D·M·C ou Coton perlé D·M·C, en blanc.

Après avoir calqué le dessin et monté l'étoffe dans un métier, on commence par remplir l'intérieur des figures avec les points fig. 854, 855, 863 et 868, puis on brode les contours et les petits motifs fins du dessin avec le point de piqûre croisé, qui donnera un certain relief et plus de corps à ces parties, lesquelles ressortiront alors davantage sur le fond transparent. Nous avons donné l'explication du point de piqûre croisé au chapitre «La Broderie sur Blanc», fig. 82 et 83, nous la répétons néanmoins encore une fois par les fig. 870 et 871. La fig. 870 donne l'endroit de l'ouvrage; elle montre comment l'aiguille fait alternativement un point de piqûre à droite et un à gauche de la feuille; la fig. 871 fait voir l'envers de l'ouvrage qui forme une couture

Fig. 873. Coussin en broderie Colbert.

Fournitures : Soie de Perse D·M·C, en Jaune-Paille 1262 et 1267 ou Rayonne à broder D·M·C, en Jaune-Crème 579, Jaune-Mandarine 745.

Cordonnet spécial D·M·C, en Jaune-Crème 579 et Coton perlé D·M·C ou Rayonne à broder D·M·C, en Brun-Rouge 919 et Coton perlé D·M·C, en écru (*).

(*) Ces numéros désignent des couleurs qui se trouvent sur les cartes de couleurs des articles portant la marque D·M·C. Ces cartes peuvent être consultées chez tous les merciers et marchands d'ouvrages de dames.

croisée très régulière. Les fonds et les contours terminés, on démonte la broderie pour faire le bord au point de feston,

Fig. 874. Partie du coussin fig. 873. Demi-grandeur naturelle.

après chaque quatrième point on ajoute vers l'extérieur un picot festonné; voir le chapitre « Les Dentelles à l'aiguille », fig. 921.

Comme fournitures nous recommandons le Lin floche D·M·C

N° 30 pour toutes les parties au point de piqûre croisé et les N°s 60 et 100 pour les points de remplissage et le feston.

Imitation des dentelles de Dresde sur étamine avec fond ajouré (fig. 872). — Pour les personnes préférant un travail moins minutieux, nous donnons ici une dentelle brodée sur étamine, qui imite en plus gros le genre des dentelles de Dresde. Après avoir calqué le dessin, on commence par ajourer le fond avec le point fig. 851 ; ce point peut à volonté être remplacé par le point fig. 852, ou celui de la fig. 853. L'intérieur des fleurs est rempli avec le point fig. 861, les feuilles avec le point fig. 862 ; ces points peuvent également être remplacés par un des autres points expliqués dans ce chapitre.

Fig. 875. Premier jour sur tulle.

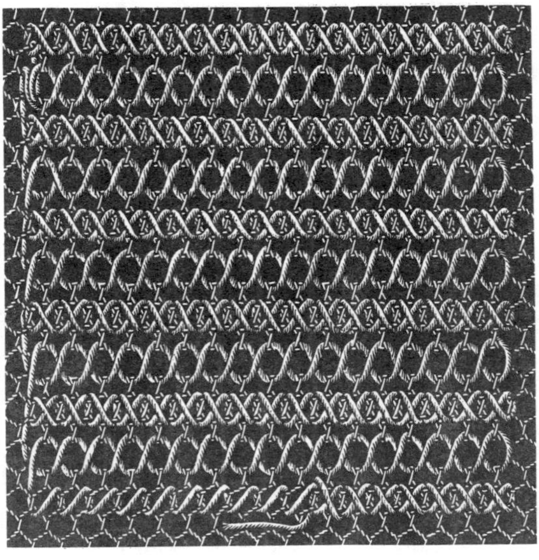
Fig. 876. Deuxième jour sur tulle.

Après avoir terminé tous les points de fond et de remplissage, on brode les contours au point coulé, de manière à les faire ressortir en relief sur le fond et pour bien détacher les parties non brodées dans lesquelles l'étamine reste libre.

La dentelle est terminée dans le bas par un rang de points de feston simples, exécuté par-dessus deux rangs de points devant. Comme fournitures on prendra du Lin floche D·M·C N° 25 pour les points de remplissage et N° 16 pour les contours au point coulé.

Coussin en broderie Colbert (fig. 873 et 874). — Les dessins de grandes dimensions exécutés sur un gros tissu transparent avec des points de remplissage divers et avec des contours de ganses, sont connus sous le nom de Broderies Colbert. Nous en donnons un spécimen avec le coussin fig. 873.

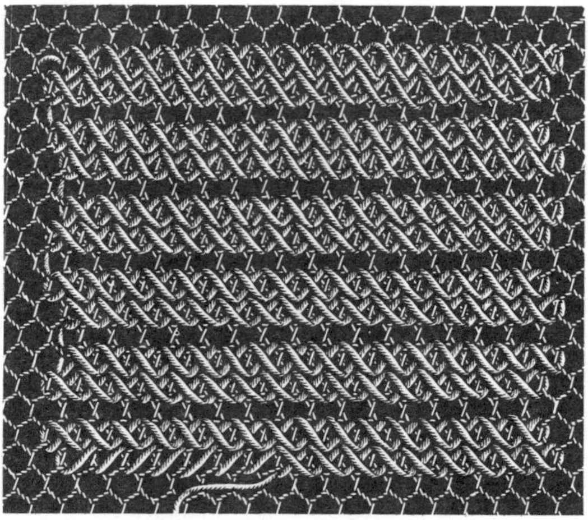

Fig. 877. Troisième jour sur tulle.

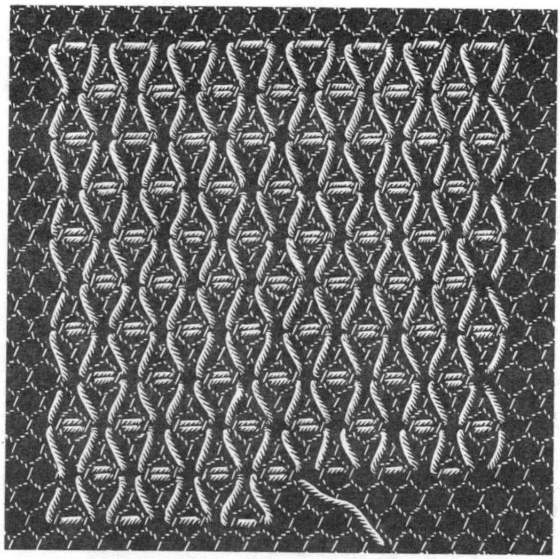

Fig. 878. Quatrième jour sur tulle.

La gravure explicative, fig. 874, est assez grande pour permettre de copier les points de remplissage, qui sont du reste déjà expliqués dans ce chapitre ; nous ferons seulement remarquer que le point hongrois (voir au chapitre « La Tapisserie », fig. 372) a été employé pour remplir en partie les volutes.

Le tissu ayant servi de fond est une étamine ; les points de remplissage sont faits en Soie de Perse D·M·C, Jaune-Paille 1262 et 1267, ou en Rayonne à broder D·M·C N° 30, en Jaune-Crème 579 et Jaune-Mandarine 745, à laquelle on ajoute de temps en temps du Coton perlé D·M·C N° 8 ou de la Rayonne à broder D·M·C N° 60, en Brun-Rouge 919.

Les petites feuilles, les calices et les tiges sont exécutés au point plat empiétant et en deux nuances. Lorsque toutes les parties du dessin sont remplies, on ajoure le fond au moyen du point fig. 857. Comme fournitures on emploiera du Cordonnet spécial D·M·C N° 20, en Jaune-Crème 579 (*).

Ce fond terminé, on exécute le sertissage des motifs en fixant du Coton perlé D·M·C N° 3, en écru, autour des parties larges et importantes et du Coton perlé D·M·C N° 5, en écru, autour des motifs plus petits. Un rang de points coulés en soie brun foncé, placé à l'extérieur du Coton perlé écru, termine la broderie.

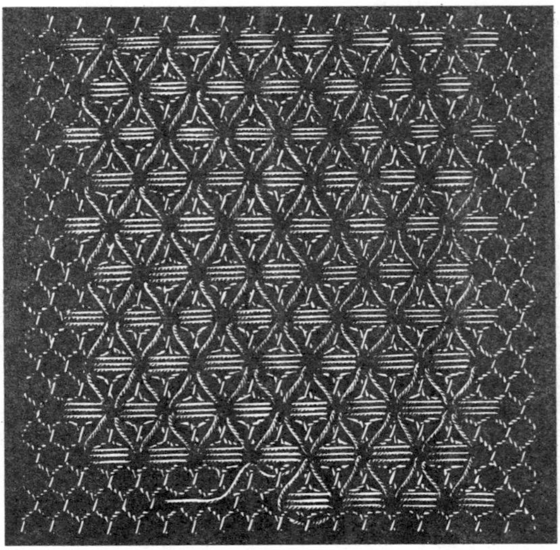

Fig. 879. Cinquième jour sur tulle.

Dentelles sur tulle. — Dans les dentelles sur tulle, le dessin est généralement exécuté au moyen du point de reprise, soit qu'on en brode les motifs en entier ou seulement les contours. Dans ce dernier cas, les motifs du dessin doivent être remplis avec d'autres points. On fait aussi des applications sur tulle ; le motif, ordinairement en batiste, est alors serti de points de feston, et le tulle tient lieu de fond ajouré. Les dessins les plus simples sont faits avec un seul contour au point de reprise, soit à points comptés, soit d'après tracé. Dans les dessins avec points de remplissage,

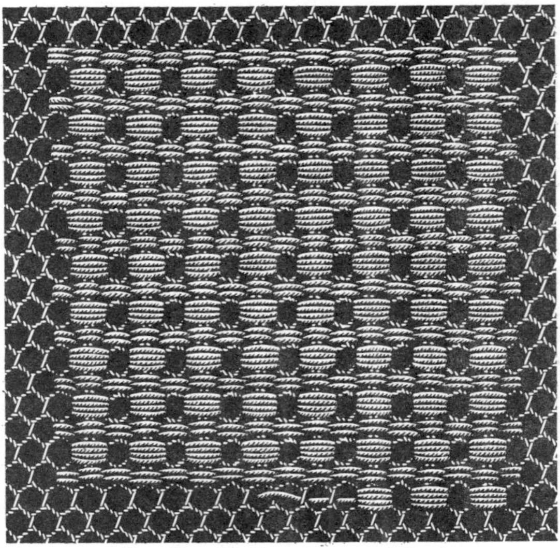

Fig. 880. Sixième jour sur tulle.

(*) Ce numéro désigne une couleur qui se trouve sur les cartes de couleurs des articles portant la marque D·M·C. Ces cartes peuvent être consultées chez tous les merciers et marchands d'ouvrages de dames.

ces derniers sont faits à points comptés; les contours sont toujours exécutés d'après calque; ils sont d'abord tracés avec un fil simple, puis recouverts d'un point quelconque ou d'une ganse. Ce dernier genre constitue une imitation des dentelles belges de Bruxelles et du Brabant; le fond de tulle remplace le fond réseau; les points de remplissage, de leur côté, tiennent lieu des différents fonds façonnés faits aux fuseaux, lesquels sont ensuite terminés par un gros contour, comme pour la vraie dentelle.

Fig. 881. Septième jour sur tulle.

Fig. 882. Huitième jour sur tulle.

Fournitures. — Pour broder le fond de tulle on emploie un ou plusieurs brins d'un fil floche et soyeux; pour un fond de tulle fin en blanc ou crème on se servira de Coton perlé D·M·C N°s 8 et 12, de Mouliné spécial D·M·C N° 25, dédoublé au besoin, de Rayonne à broder D·M·C N° 60 ou de Soie de Perse D·M·C; pour le tulle noir on n'emploie que de la soie. Le gros tulle, souvent employé pour les ouvrages modernes, demande un fil plus gros, le Coton perlé D·M·C et le Coton perlé ombré D·M·C N°s 3 et 5, le Mouliné spécial D·M·C N° 25, le Retors à broder D·M·C N° 4, le Lin floche D·M·C N°s 8 et 16 ou la Rayonne à broder D·M·C N° 30. Les applications sur tulle exigent deux sortes de fil: un fil souple, de torsion moyenne, le Coton à broder D·M·C, qualité spéciale, pour les points de feston; un fil très rond, de forte torsion, le Fil d'Alsace D·M·C ou le Fil à dentelles D·M·C pour les brides et pour les roues dans les parties découpées.

Travail préparatoire. — Pour exécuter des broderies sur tulle on commence par calquer le dessin sur du papier-toile ou sur de la toile d'architecte, puis on tend le tulle bien régulièrement sur ce calque afin d'éviter de l'étirer ou de le froncer en travaillant, ce qui nuirait à l'aspect de l'ouvrage terminé. Dans les dessins avec points de remplissage on trace d'abord les contours avec des points devant d'après le calque placé dessous, en se servant d'un fil fin, puis on passe à la broderie proprement dite.

Fig. 883. Neuvième jour sur tulle.

Jours sur tulle. Nous commençons par donner une série de petits fonds, semis et entre-deux, très faciles à exécuter, dont on aura l'emploi plus tard pour les dessins de dentelles qui vont suivre.

Fig. 884. Dixième jour sur tulle.

Premier jour sur tulle (fig. 875). — Ce point sera exécuté en un aller et en un retour. Pour l'aller on fait de simples points de surjet allant de gauche à droite; pour le retour on fait trois points dans 1 maille, inclinés en sens contraire des premiers points.

Deuxième jour sur tulle (fig. 876). — Après avoir terminé un double rang de points formant œillets, on fait suivre un rang de points croisés, pour lesquels on passe le fil sous 1 bride et par-dessus 1 maille de tulle à l'aller, et on recouvre les premiers points de la même manière au retour.

Troisième jour sur tulle (fig. 877). — Après avoir terminé un rang de points croisés pareils à ceux de la figure précédente, on en ajoute un second en faisant passer le fil sous la bride qui se trouve entre les premiers points, de sorte que les deux rangs de points ne recouvrent que 3 fils de tulle.

Fig. 885. Onzième jour sur tulle.

Quatrième jour sur tulle (fig. 878). — Le fil passe horizontalement dans ce point sous 2 brides et sous 1 maille de tulle; puis, descendant obliquement par-dessus 2 brides et 1 maille, on passe le fil de nouveau horizontalement sous 2 brides, pour monter obliquement, et ainsi de suite. Dans le second rang on fait les mêmes points, de sorte que quatre points se rencontrent dans 1 maille de tulle et que deux fils passent sous 1 maille.

Cinquième jour sur tulle (fig. 879). — On procède de la même manière que pour le jour de la fig. 878, avec la seule différence que l'on fait d'un côté trois points horizontaux par-dessus les mailles du tulle et un seul point oblique sous les mailles.

Sixième jour sur tulle (fig. 880). — On fait aller et revenir deux fois le brin dans un rang de mailles, comme pour une reprise. Dans le rang suivant on fait des pois en recouvrant de quatre points 2 brides et 1 maille. Après le dernier point, on passe sous le tulle au pois suivant.

Septième jour sur tulle (fig. 881). — On recouvre obliquement de trois points 3 brides et 2 mailles de tulle, puis, revenant dans la maille de laquelle sorten' les premiers points, on en fait trois autres dans le sens opposé. Dans le second rang, les points se réunissent dans la maille de tulle qui a servi de passage à ceux du premier rang.

Huitième jour sur tulle (fig. 882). — Les rayons des petites étoiles, formés de trois points sur 1 maille de tulle, sont faits de manière à produire un semis tantôt serré, tantôt

Fig. 886. Douzième jour sur tulle.

espacé. Si on veut les rendre plus visibles, il suffit d'augmenter le nombre des points dans 1 maille de tulle.

Neuvième jour sur tulle (fig. 883). — Les petites rosaces, de même que celles du dessin précédent, peuvent être plus ou moins rapprochées. Pour le pois intérieur, il faut tâcher de conduire et de ramener le brin d'une manière aussi peu apparente que possible. Ces rosaces sont d'un effet des plus heureux lorsqu'on les fait en deux ou trois rangs superposés. En outre, elles servent de remplissage dans d'autres dessins et, habilement distribuées, elles relèvent les fonds les plus simples.

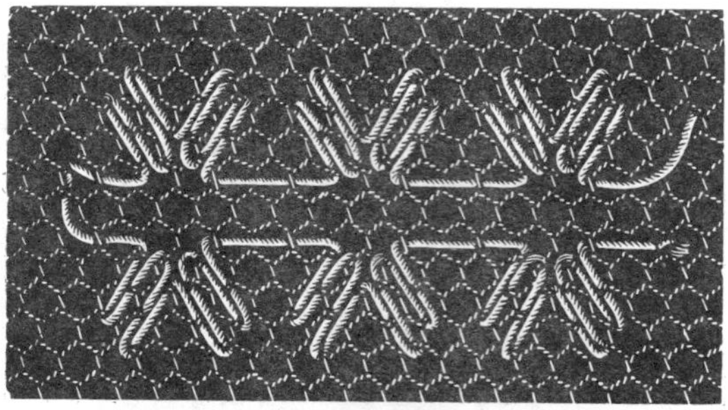

Fig. 887. Treizième jour sur tulle.

Fig. 888. Quatorzième jour sur tulle.

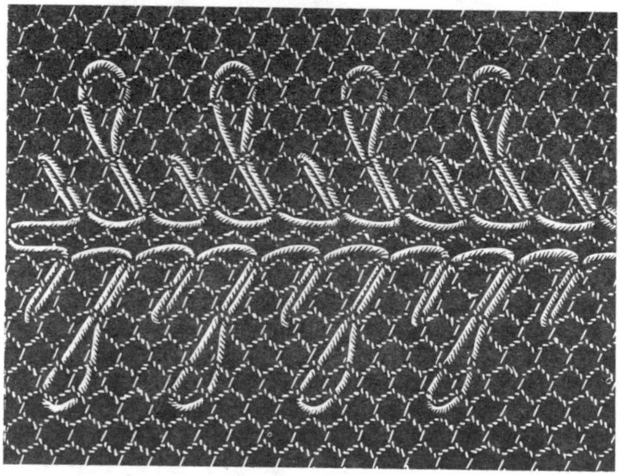

Fig. 889. Quinzième jour sur tulle.

Dixième jour sur tulle (fig. 884). — Les points longs et droits sont lancés par-dessus 3 brides et 2 mailles; les autres descendent et remontent dans la ligne des mailles.

Onzième jour sur tulle (fig. 885). — C'est encore le point de reprise qu'on emploie pour exécuter ce jour. Les fils passent par chaque second rang oblique de mailles, sur toute la surface à couvrir, et ils sont croisés de la même manière dans les seconds rangs.

On peut aussi, en espaçant les lignes, arriver à combiner un autre dessin, et les vides restés entre les lignes peuvent être ornés de petites fleurettes.

Douzième jour sur tulle (fig. 886). — Ces losanges, faits en rangs suivis ou isolés, produisent beaucoup d'effet, quoique simples et d'une exécution facile. Un fil plat sera plus avantageux qu'un fil tordu. L'étoile à l'intérieur du losange peut être brodée avec de la Rayonne à broder D·M·C, en Jaune d'Or 783.

Treizième, quatorzième et quinzième jours sur tulle (fig. 887, 888, 889). — Ces trois motifs, exécutés au point de reprise, ainsi que les dessins suivants, peuvent tenir lieu d'entre-deux au crochet ou en dentelle aux fuseaux et même d'entre-deux brodés pour garnir toute espèce d'objets de lingerie.

Les dessins, très faciles à copier, ne nécessitent pas d'autres explications. Il est cependant recommandé de prendre un fil assez visible : du Coton perlé D·M·C, du Mouliné spécial D·M·C, du Retors à broder D·M·C ou du Lin floche D·M·C par exemple ; le Lacet superfin D·M·C peut également être employé.

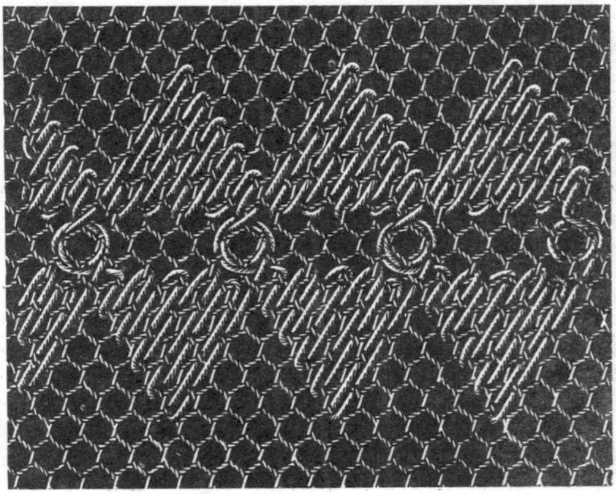

Fig. 890. Seizième jour sur tulle.

Seizième jour sur tulle (fig. 890). — Le fil enlace chaque fois 1 maille de tulle avant de passer au triangle, qui sera exécuté au point de reprise pardessus 5, 4, 3, 2 et 1 maille de tulle. Au second rang, opposé au premier, on fait passer encore une fois le fil autour de la maille enlacée au premier rang, avant de passer au second triangle.

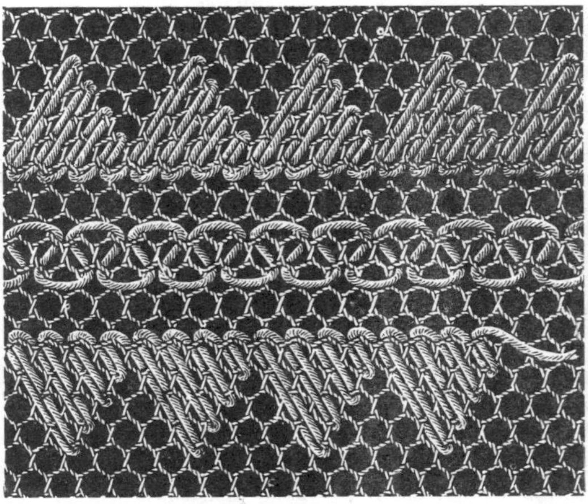

Fig. 891. Dix-septième jour sur tulle.

Dix-septième jour sur tulle (fig. 891). — Ce dessin sera exécuté à l'aide du point de reprise et du point lancé. Le fil passe en allant et en revenant par 4, 3, 2 et 1 maille de tulle ; le point de la fig. 878 a été choisi pour le petit entre-deux. Lorqu'on répète ce dessin, les pointes opposées à celles du premier rang doivent être inclinées en sens contraire. On peut aussi substituer à l'entre-deux reproduit ici des petites étoiles, telles que les indique la fig. 882.

Entre-deux en lacet sur tulle (fig. 892). — Lorsqu'on veut mieux marquer les dessins et les couleurs dans du gros tulle, on remplace le fil de coton par du Lacet superfin D·M·C.

Fig. 892. Entre-deux en lacet sur tulle.
Fournitures : Lacet superfin D·M·C.

Le travail exécuté avec un lacet demande plus d'attention que s'il est exécuté avec un fil, parce qu'on doit avoir soin d'éviter les vrilles du lacet ; pour détordre celles qui pourraient se former, il suffit de passer une grosse aiguille sous le dernier point.

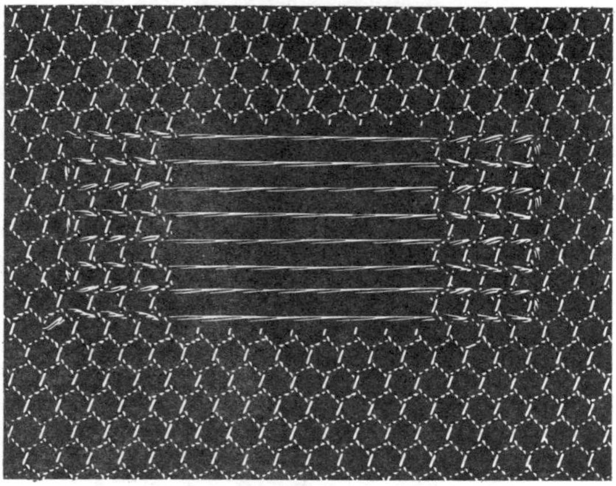

Fig. 893. La reprise dans le tulle. Pose des premiers fils.

La reprise dans le tulle (fig. 893, 894, 895). — Savoir refaire adroitement à l'aiguille les mailles de tulle est un art qui peut aider à conserver bien des objets précieux ou intéressants.

La manière d'exécuter la reprise est la même pour le gros tulle que pour le tulle fin. Il n'y a qu'à proportionner la grosseur du fil employé à celle du tissu endommagé. On faufile la pièce déchirée un peu en dehors de la déchirure, sur un morceau de papier coloré ou de toile cirée; puis on coupe les bords à fil droit. La reprise de tulle se fait en deux allers et en un retour. Le premier aller consiste en fils lancés horizontalement d'un bord à l'autre et passant, comme les fils de toute autre reprise, des deux côtés de la coupure dans plusieurs mailles. On commence par faire les deuxièmes points dans l'angle gauche du vide, puis on enlace en ligne oblique, l'un après l'autre, les premiers fils posés. Ces points de surjet doivent être menés un peu au-delà de la déchirure, afin de bien relier au tissu original les mailles nouvellement formées.

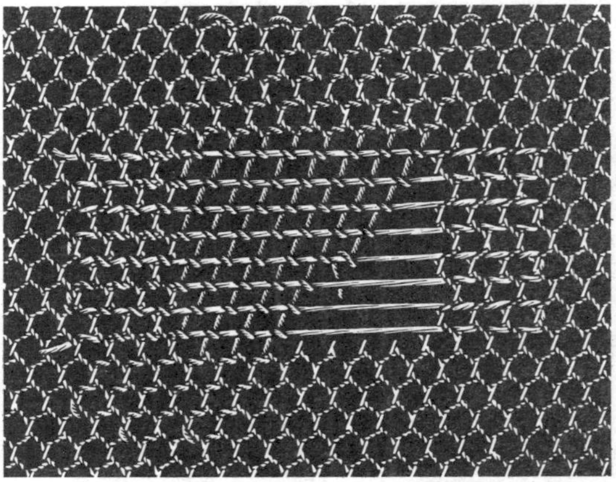

Fig 894. La reprise dans le tulle. Pose des deuxièmes fils.

Au troisième rang les fils sont contrariés par rapport à ceux du deuxième et du premier rang. On fait avancer les points dans le tulle aussi loin que ceux du deuxième rang, et on surfile les points posés en premier et restés lâches jusqu'à ce moment.

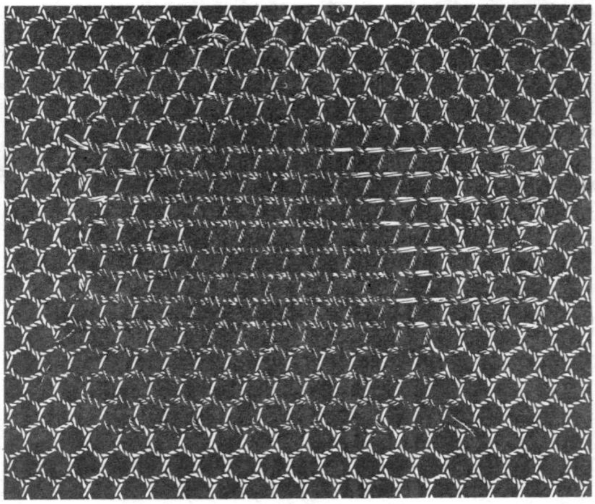

Fig. 895. La reprise dans le tulle. Pose des troisièmes fils.

Pour bien consolider les bords coupés, on enlace chaque bride droite d'un point dirigé du bas vers le haut. Ensuite, pour former la bride croisée du tissu, on amène le fil par un second point sous le fil simple horizontal, puis à la surface, et on passe au fil suivant.

On renforce de la même manière, en suivant toujours la direction des fils, les parties simplement affaiblies du tulle.

Dentelle sur tulle au point de reprise avec bord festonné (fig. 896). — Le dessin étant calqué sur du papier-toile, on fixe sur ce dernier le tulle et on suit toutes les lignes du dessin au point de reprise avec du Lin floche D·M·C N° 25.

Les petites fleurs et feuilles sont entièrement remplies par un second rang de points de reprise, exécuté à l'intérieur des contours. Le bord dentelé est fait au moyen de points de feston exécutés par-dessus un tracé double de points devant.

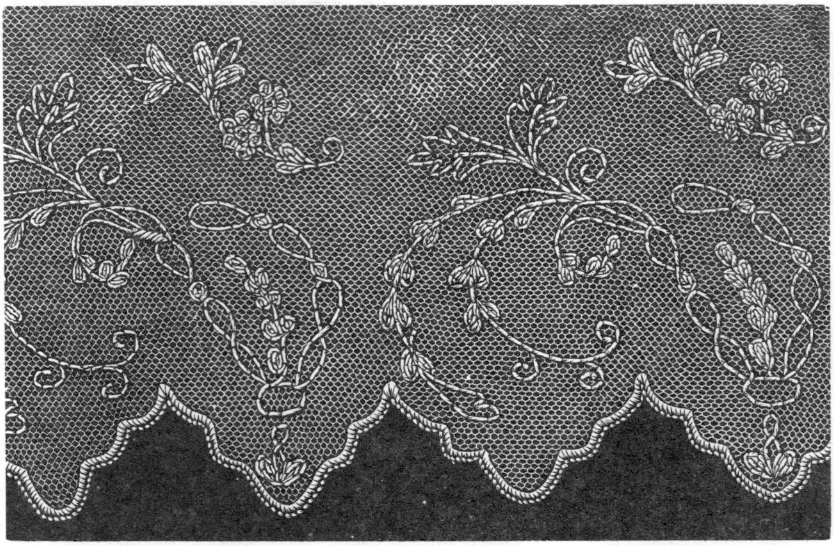

Fig. 896. Dentelle sur tulle au point de reprise avec bord festonné.
Fournitures : Lin floche D·M·C ou Mouliné spécial D·M·C, en blanc ou en Jaune-Crème 579.

Coin de mouchoir. Dentelle sur tulle au point de reprise avec entourage et bord festonné (fig. 897). — Les dessins de fleurs, rappelant ceux des vraies dentelles, se prêtent tout particulièrement à l'exécution de ce genre d'ouvrage.

On commence par fixer du tulle sur un papier-toile, sur lequel on a préalablement calqué le dessin à reproduire, on trace ensuite les contours avec un fil très fin, du Lin floche D·M·C N° 70, puis on remplit tous les motifs avec du point de reprise, pour lequel on relève chaque deuxième bride de tulle. Comme fournitures, on emploie du Lin floche D·M·C N° 50, pour le remplissage ; le N° 25 du même fil sert à faire les gros contours avec des points devant.

Le bord extérieur à festons de roses est terminé par des points de feston exécutés par-dessus un tracé double.

Dentelle irlandaise « Limerick lace » (fig. 898). — Les dentelles brodées sur tulle appelées « Limerick lace » d'après leur lieu d'origine sont une imitation des dentelles aux fuseaux de

Fig. 897. Coin de mouchoir. Dentelle sur tulle au point de reprise avec entourage et bord festonné.

Fournitures : Lin floche D·M·C ou Coton à broder D·M·C, qualité spéciale, en blanc.

Bruxelles. Ce sont de riches broderies sur tulle avec des dessins floraux. Les petites parties compactes sont faites au point de reprise ou au point de chaînette et les grandes parties façonnées sont remplies de jours sur tulle.

Le bord extérieur est renforcé par un lacet tissé avec picots, fixé par un rang de points de feston.

Ce travail demande un calque sur lequel on fixe soigneusement le tulle. Etablir les contours en gros fil — du Coton à broder D·M·C, qualité spéciale, N° 20 pour notre modèle — avec un rang de points devant garnis parfois de petits œillets. Les parties compactes sont brodées au point de reprise avec

Fig. 898. Dentelle irlandaise « Limerick lace ».

Fournitures : Coton à broder D·M·C, qualité spéciale, en blanc.

du Coton à broder D·M·C, qualité spéciale, N° 30; prendre le N° 50 du même coton pour les œillets ajourés et cordonnés ainsi que pour les jours sur tulle dont les modèles sont empruntés aux fig. 878, 882, 885, sauf les grandes feuilles qui sont garnies de rayures obliques au point de reprise.

Dentelle large sur tulle avec points de remplissage et contours avec lacets au crochet (fig. 899 et 900). — Cette large dentelle, exécutée sur du tulle à grandes mailles, est destinée à la garniture de rideaux, stores et nappes d'autel.

A cause du manque d'espace ce modèle est en deux parties; voir les points de raccord aux lettes A et B.

A B

Fig. 899. Dentelle large sur tulle avec points de remplissage et contours avec lacets au crochet. Première partie.

On commence le travail en traçant les contours avec deux brins de Mouliné spécial D·M·C N° 25, puis on fait les points de remplissage avec 9 brins du même coton. Comme points de

A B

Fig. 900. Dentelle large sur tulle avec points de remplissage et contours avec lacets au crochet. Deuxième partie.

Fournitures : Mouliné spécial D·M·C, en Jaune-Blé 711 (*) et Fil d'Alsace D·M·C ou Fil à dentelles D·M·C, en écru.

(*) Ce numéro désigne une couleur qui se trouve sur les cartes de couleurs des articles portant la marque D·M·C. Ces cartes peuvent être consultées chez tous les merciers et marchands d'ouvrages de dames.

remplissage on prendra les points avec petit dessin, fig. 875 à 881, pour les tiges et les feuilles, les points avec grand dessin, fig. 883, 884 ou 886, pour remplir les grands vides à l'intérieur des autres motifs. Tous les points terminés, on sertit les feuilles et les fleurs d'une chaînette de mailles en l'air, les ronds d'un rang de brides au crochet avec du Mouliné spécial D·M·C N° 25; à l'intérieur des fleurs et des feuilles, on place une roue au point de reprise. Dans le talon, la dentelle se termine par un rang de points russes serti de chaînettes de mailles en l'air et suivi d'un rang de brides ajourées et d'un rang de brides serrées.

Fig. 901. Dentelle sur tulle. Imitation du point à l'aiguille.
Fournitures : Lin floche D·M·C, en blanc.

Le bord de la dentelle est garni d'un rang de picots au crochet. Les lacets au crochet sont travaillés séparément et cousus ensuite sur le tulle avec du Fil d'Alsace D·M·C N° 50.

Dentelle sur tulle. Imitation du point à l'aiguille (fig. 901 et 902). — Notre gravure représente une imitation du point à l'aiguille sur fond de tulle avec contours festonnés. Après avoir tracé tous les contours, on remplit les motifs serrés avec le point de dentelle que nous expliquerons au chapitre « Les Dentelles à l'aiguille » par la fig. 960. On saisit chaque fois, en même temps que les bouclettes de fil, une maille du tulle; voir la gravure explicative, fig. 902. Les parties plus transparentes sont remplies avec des jours plus simples, que l'on choisira parmi les fig. 875 à 885. Les jours terminés, on festonne les contours par-dessus un fil bourdon quadruple, puis on découpe le tulle à l'intérieur des ronds et des fleurs, et on les orne d'une petite roue. On exécute ensuite à l'intérieur des grandes dents une petite rosace au point de poste. Si l'on veut attacher la dentelle à un bord en batiste ou en toile, on fixe ce dernier au dernier rang de points de feston; les bords d'étoffe dépassants seront coupés soigneusement avec des ciseaux.

Comme fournitures on emploiera du Lin floche D·M·C N° 60

Fig. 902. Détail de la dentelle fig. 901.

pour les contours au point de feston, et le N° 100 du même article pour les points de dentelle.

Coin de mouchoir en broderie-application sur tulle (fig. 903). — Le coin de mouchoir représenté par notre gravure diffère complètement des modèles de dentelles sur tulle que nous avons donnés jusqu'à présent. Ici les motifs du dessin sont formés par de la batiste appliquée sur le tulle. Le dessin est calqué sur de la batiste même; celle-ci est posée à fils droits sur du tulle à mailles fines et fixée le long des bords au moyen de points devant. Cette couche d'étoffe double est montée sur de la toile cirée, puis on suit soigneusement tous les contours au moyen de points courts, qui sont couverts ensuite de points de feston. Il faut avoir soin de saisir chaque fois les deux étoffes, batiste et tulle. Tous les contours festonnés, on découpe la batiste à l'extérieur des ornements, de manière que le tulle seul forme le fond. Les parties entièrement ajourées, pour lesquelles on

Fig. 903. Coin de mouchoir en broderie-application sur tulle.
Fournitures : Coton à broder D·M·C, qualité spéciale ou Coton floche à broder D·M·C, qualité spéciale et Fil à dentelles D·M·C, en blanc.

enlève les deux étoffes, sont garnies de brides surjetées et de roues.

Comme fournitures on emploiera un fil souple, le Coton à broder D·M·C, qualité spéciale, N° 50 pour le point de feston, et un fil tordu, le Fil à dentelles D·M·C N° 50 pour les brides et les roues.

Dentelle irlandaise. « Carrickmakecross lace » (fig. 904 et 905). — Comme la « Limerick lace », la « Carrickmakecross lace » est faite en Irlande, mais elle est de création plus récente. C'est une broderie-application où tous les motifs sont en batiste appliquée sur du tulle fin. Ils reposent en partie sur le tulle et sont raccordés ailleurs au tulle ou entre eux par des brides festonnées. On ajoute parfois des points à l'aiguille ou des jours sur tulle dans l'intérieur des motifs, là où les dimensions le permettent.

Calquer le dessin sur la batiste montée dans un métier; fixer dessous une couche de tulle de Bruxelles; suivre les contours avec une rangée de points devant très petits qui réuniront les deux tissus.

Fig. 904. Dentelle irlandaise « Carrickmakecross lace ».
Fournitures : Fil à dentelles D·M·C, en blanc.

Broder les contours et faire en même temps les brides de raccord festonnées. Les bords de ces dentelles sont très caractéristiques, car ils ne sont pas festonnés suivant la coutume; on coud simplement un bourdon le long des contours avec des points de surjet moyennement serrés en fil fin, du Fil à dentelles D·M·C N° 50, par exemple. A l'extérieur de la dentelle ce bourdon forme des œillets, voir la fig. 905. L'exécution des brides festonnées avec picots est expliquée dans le chapitre « Les Dentelles à l'aiguille », fig. 921. Les contours et les brides de raccord terminés, découper la batiste et le tulle à l'intérieur

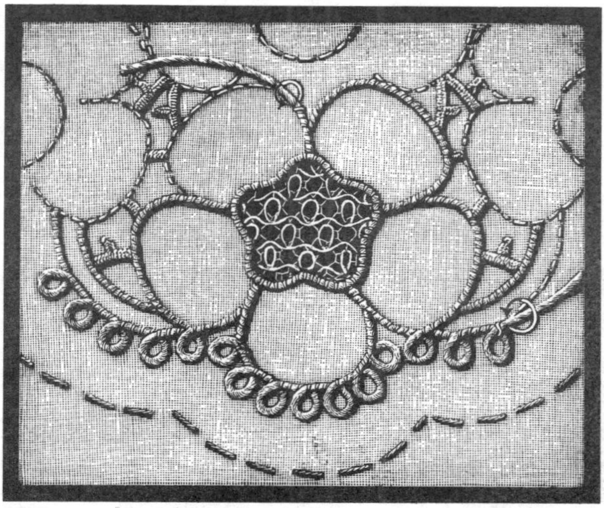
Fig. 905. Manière d'exécuter les contours de la dentelle fig. 904.

du motif en consultant le modèle, fig. 904.

Le jour sur tulle est composé d'œillets. Au centre des feuilles, les jours entourés au point de feston sont travaillés avec un point russe ou avec de simples brides cordonnées. Une partie des fleurs est remplie par une roue reposant sur un rang de points de feston ; prendre du Fil à dentelles D·M·C N° 70 pour tous ces points.

Lorsque l'ouvrage est entièrement brodé on enlève aussi la batiste à l'extérieur du motif.

Fig. 906. Entre-deux en broderie espagnole.
Fournitures : Fil d'or fin et Alsa D·M·C, en Vert doré 582 et Jaune d'Or 783.

Dentelles espagnoles. Broderies avec fils de métal et fils brillants de couleur. — Les plus riches dentelles brodées sont celles de provenance espagnole ou italienne, exécutées avec des fils de métal et des fils brillants de couleur, avec ou sans fond de toile. Nous donnons successivement trois exemples caractéristiques de ce genre d'ouvrages: le premier est un entre-deux d'une exécution facile, brodé sur batiste écrue avec de l'or et du fil vert; le second est un carré mauresque, broderie riche en couleurs, avec sertissage et points d'ornement en or; enfin nous donnons un spécimen de dentelle filigrane en fils d'or et d'argent surbrodés de fils de couleurs.

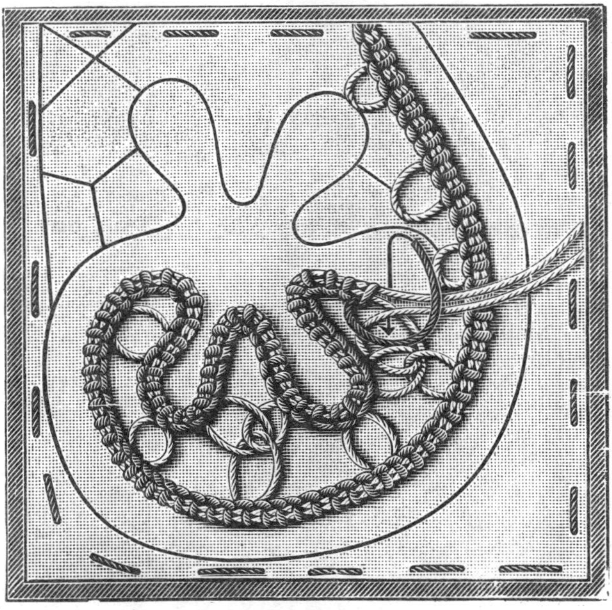

Fig. 907. Manière d'exécuter les contours picotés de l'entre-deux fig. 906.

Fournitures. — Nous recommandons d'employer, pour l'exécution de nos modèles, des fils de métal bien tordus. Pour les contours on se servira de fils d'or et d'argent par-dessus lesquels on exécutera les points de feston avec un fil brillant de torsion moyenne comme l'Alsa D·M·C. Pour le remplissage des motifs au point plat empiétant, dans la broderie mauresque, nous conseillons de se servir de la Soie de Perse D·M·C. Lorsqu'il s'agira de fixer invisiblement les fils d'or et d'argent ou des paillettes, on emploiera l'Alsa D·M·C, en Jaune d'Or 783 ou en Gris-Cendre 762.

Entre-deux en broderie espagnole (fig. 906 et 907). — La broderie espagnole consiste à sertir toutes les parties d'un modèle dessiné sur un fond de toile ou de batiste d'un fil double de métal retenu par des points de feston, exécutés avec du fil de couleur. L'intérieur des motifs est rempli de points d'ornement en fils d'or ou d'argent. L'étoffe comprise entre les ornements est découpée une fois la broderie terminée; des picots formés par le fil métallique extérieur relient les différentes parties du dessin. On commence par l'exécution des contours en plaçant deux fils d'or l'un à côté de l'autre et

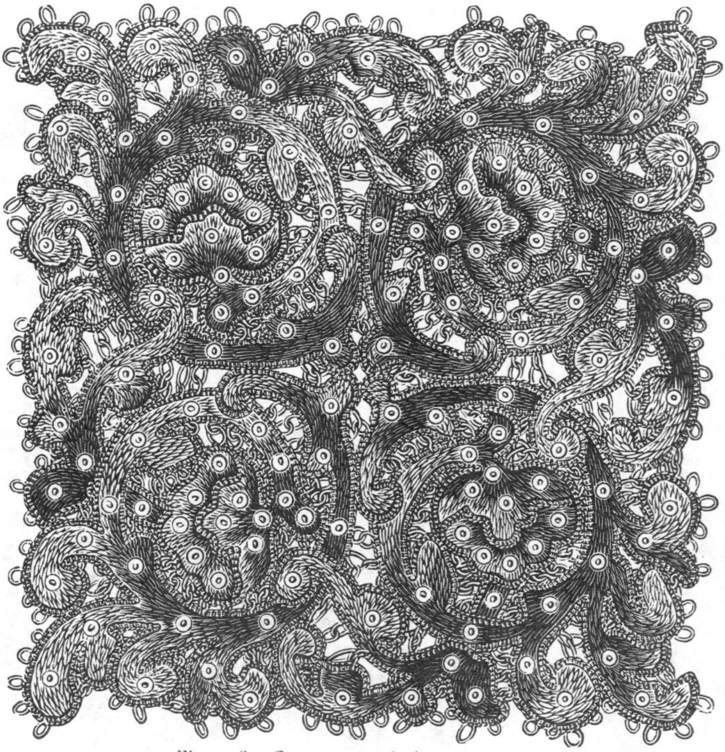

Fig. 908. Carré en broderie mauresque.
Fournitures : Fil d'or fin et Alsa D·M·C, en Jaune d'Or 783 ;
Soie de Perse D·M·C, en Bleu-Indigo 1009, 1010, 1011, 1012 et 1013, Vert-Jaune 1403, 1276, 1404, 1277, 1278 et 1279, Vert doré 1385, 1143, 1144, 1145, 1146 et 1301 et Rose ancien 1002, 1003, 1004, 1005, 1006 et 1007 (*).

en les fixant par des points de feston. Là où le dessin le demande, on forme une bouclette — un picot — que l'on retient aussi par un point de feston. La fig. 907 indique la manière d'entrelacer les picots pour réunir les motifs du dessin dans les vides. Pour garnir l'intérieur des figures, on brodera des roues à six rayons, au point de reprise, dans l'intérieur des feuilles ; deux fils d'or formant un rang de petits œillets remplissent toutes les autres parties du modèle.

Comme fond on prendra de la batiste écrue ; pour les points de feston, de l'Alsa D·M·C, en Vert doré 582 ; pour fixer les fils d'or dans le rang d'œillets, de l'Alsa D·M·C, en Jaune d'Or 783.

Après avoir entièrement terminé la broderie, on découpe

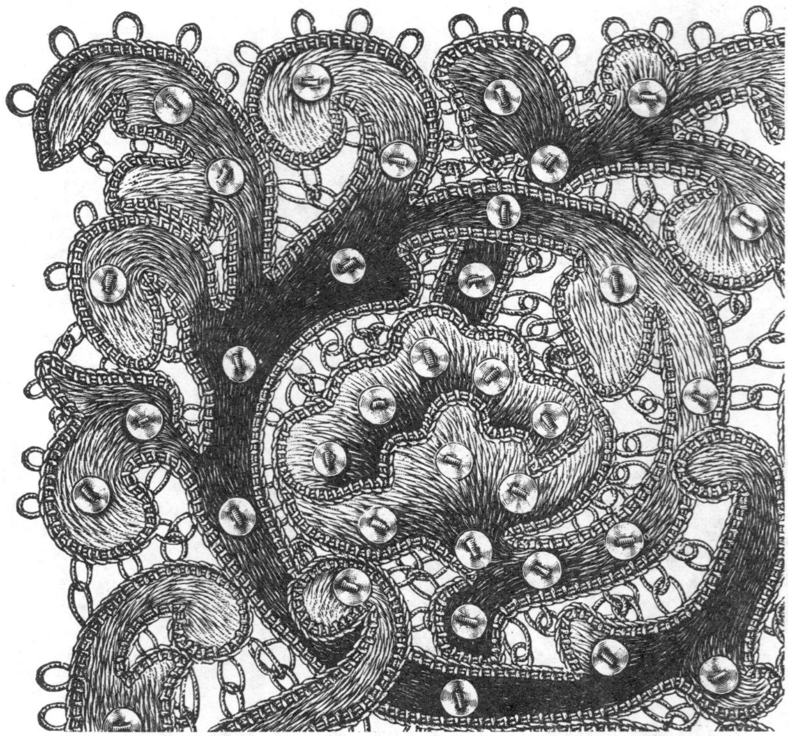

Fig. 909. Quart du carré fig. 908. Grandeur naturelle.

le fond de batiste se trouvant sous les picots, tout près des contours au point de feston.

Carré en broderie mauresque (fig. 908 et 909). — Ce genre de dentelles brodées demande le même travail préparatoire que la broderie espagnole, c'est-à-dire le sertissage des contours avec un fil double de métal. Dans l'intérieur des figures les points d'ornement en or et argent sont remplacés par un remplissage au point plat empiétant, travaillé avec de la soie de couleur, par-dessus lequel on fixe encore des paillettes en or ou argent.

Nous donnons ici, fig. 909, en grandeur naturelle, un quart

du carré fig. 908. Ce bel ouvrage pourra être employé comme garniture de pelote ou de sachet.

Comme fournitures on emploiera un fil d'or fin et l'Alsa D·M·C, en Jaune d'Or 783 pour les contours; pour le point plat, la Soie de Perse D·M·C, en Bleu-Indigo et Rose ancien, pour les grandes fleurs et les ramages sortant de ces fleurs; le Vert-Jaune et le Vert doré servent pour les autres ornements de ce carré.

Dentelle filigrane (fig. 910, 911, 912, 913). — La dentelle filigrane est de toutes les dentelles espagnoles celle qui a le plus de finesse; nous en donnons un modèle par notre fig. 910.

Fig. 910. Dentelle filigrane.
Fournitures : Fil d'or et d'argent moyen, Alsa D·M·C, en Bleu de Sèvres 799, Gris-Fumée 642, Rouge-Écarlate 815, Vert doré 582 et Jaune-Blé 712.

L'original de notre dessin garnit un tapis de table en soie du XVIIe siècle, de provenance espagnole.

L'exécution de cette broderie est plus difficile que les précédentes et demande une main très habile. Les différentes parties du dessin sont formées par des fils de métal reliés entre eux par des points de feston en coton brillant et exécutés d'après un tracé sur papier-toile sans fond d'étoffe.

Après avoir calqué le dessin sur le côté mat du papier-toile, on fixe ce dernier sur de la toile cirée foncée, le côté glacé du papier tourné vers le haut. Le travail préparatoire consiste à broder une ligne au point coulé, fig. 80, dans le haut de toutes les parties du dessin modèle, parties sur lesquelles on exécutera plus tard la première ligne de points de feston. Ce point coulé doit traverser le papier-toile et la toile cirée. Cette préparation terminée, on peut commencer l'exécution de la dentelle même.

Comme nous l'avons déjà dit précédemment, ces dentelles sont composées de fils de métal, reliés entre eux par des points de feston exécutés avec un fil de couleur. Le premier rang de ces points de feston par-dessus un fil métallique est travaillé dans le rang de points coulés; arrivé à la fin de la figure, on replie le fil de métal et l'on fait un second rang de points de feston en sens opposé, en plaçant les points dans les bouclettes formées par le rang précédent. De cette façon on ajoute un rang de points à l'autre jusqu'à ce que tout le motif soit rempli. Dans le dernier rang de points de feston on forme, avec le fil de métal, des picots qui servent soit de lien entre les figures, soit de garniture pour le bord extérieur.

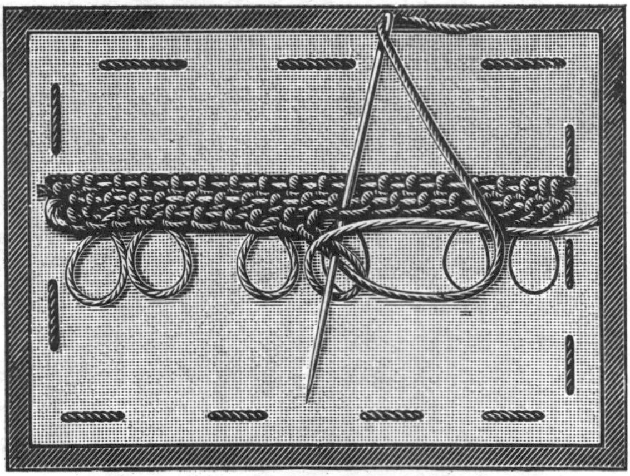

Fig. 911. Manière de faire les petits picots simples.

Lorsque les picots doivent relier les parties du dessin, il faut les réunir par un point de feston avec le premier rang de la partie suivante à broder. Quand on est obligé de renouveler le fil, on exécute les points de feston par-dessus le commencement du nouveau fil et la fin de l'ancien, puis on coupe les bouts de fil dépassants.

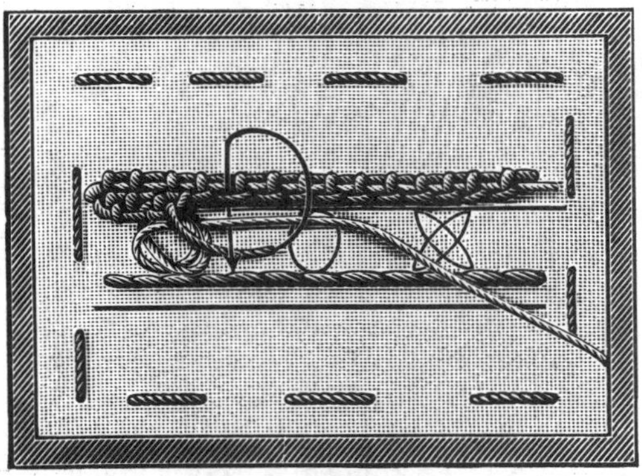

Fig. 912. Manière de faire les picots entrelacés.

Pour exécuter notre modèle, fig. 910, nous conseillons de commencer le travail par le haut du talon de la dentelle qui borde la ligne serpentine. Le premier rang festonné vers le haut sera fait avec un fil d'or et avec de l'Alsa vert. Faire ici les picots simples. Le second rang de points, festonné vers le bas, est exécuté en rouge, le troisième en bleu; ici on exécutera les grands picots reliant les formes de la ligne serpentine. Cette dernière est également faite en bleu ; elle relie les grands picots retombants du haut et produit les grands picots inférieurs dans le deuxième rang de points.

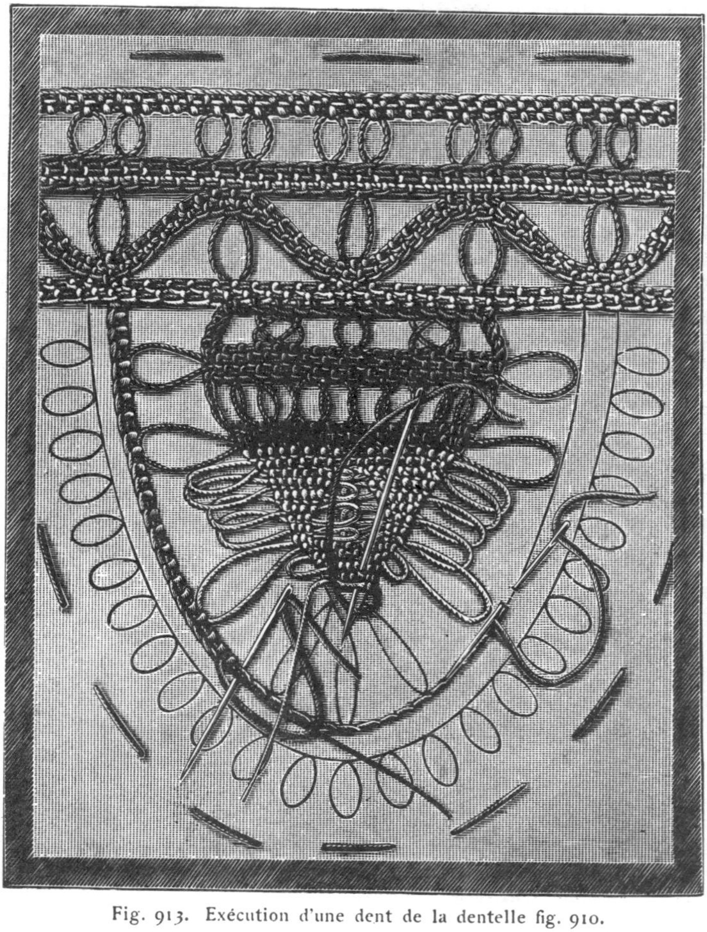

Fig. 913. Exécution d'une dent de la dentelle fig. 910.

Faire suivre encore une ligne droite en bleu et une ligne en rouge, dans laquelle on fait entrer les grands picots inférieurs de la ligne serpentine. Dans le haut du talon, on ajoutera deux rangs de points en rouge qui relieront la rangée de picots simples.

Pour exécuter les dents, on commencera par les baguettes horizontales intérieures avec picots entrelacés d'après le détail fig. 912 ; la marche du travail est indiquée par la fig. 913.

La disposition des couleurs varie chaque fois pour trois dents; bleu, vert et jaune-crème servent pour les points de feston par-dessus les fils d'or, gris et rouge par-dessus le fil d'argent. La première dent commence dans le haut avec du bleu; on fait suivre deux petites pyramides en gris et une pyramide en rouge; le demi-cercle extérieur reste en vert.

La deuxième dent commence avec du jaune-crème, puis viennent deux petites pyramides en vert et une pyramide en bleu pour terminer avec un demi-cercle en rouge. A la troisième dent on fait suivre les baguettes vertes de deux pyramides rouges et d'une pyramide jaune-crème avec le demi-cercle en bleu. Après avoir terminé la dentelle, on coupe sur l'envers de l'ouvrage les rangs de points coulés, point par point, et la dentelle se détachera d'elle-même du fond. On aura soin d'arracher tous les petits bouts de fil qui pourraient être restés dans la dentelle.

Modèles d'ouvrages. — En dehors des ouvrages décrits ci-dessus on trouvera un grand choix de modèles pour les dentelles brodées dans les publications suivantes de la BIBLIOTHÈQUE D·M·C: *La Broderie sur Tulle, 1re Série,* et *Broderies Colbert* (*).

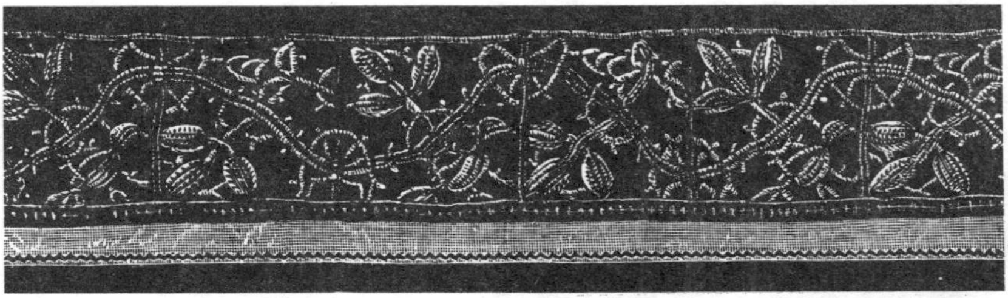

Dentelle à l'aiguille. Point de Venise du XVIe siècle.

Les Dentelles à l'aiguille

Le genre d'ouvrage connu sous le nom de dentelles à l'aiguille peut être considéré comme un dérivé des jours sur toile.

Comme leur nom l'indique, les dentelles à l'aiguille sont exécutées sans l'aide d'aucun autre accessoire qu'une aiguille; elles se composent de points de feston ou de points noués différemment placés et sont travaillées avec un seul fil.

Les dentelles les plus anciennes sont les dentelles «Reticella» dont les dessins se rapprochent beaucoup des dessins de jours sur toile.

Le XVIIe siècle a vu naître la dentelle à relief avec brides irrégulières, connue sous les noms de point de Venise et point de France.

Au XVIIIe siècle on préféra les dentelles avec fond de mailles et de réseau, comme le point d'Alençon, le point d'Argentan, etc. De nos jours on apprécie beaucoup les dentelles à l'aiguille très fines qui sont faites en Belgique, en Saxe et en Bohême, et quoique leur confection soit très longue et très pénible, on ne les trouve pas seulement dans le commerce, mais elles peuvent être comptées au nombre des ouvrages de dames pratiqués en famille.

Le genre de dentelles à l'aiguille que l'on rencontre souvent entre les mains des dames est la dentelle Renaissance.

Cette dentelle est un assemblage de galons ou de lacets que l'on ajuste suivant les lignes d'un dessin donné et que l'on raccorde, soit par des brides seules, soit par des points de dentelle seuls, soit par des brides et des points de dentelle.

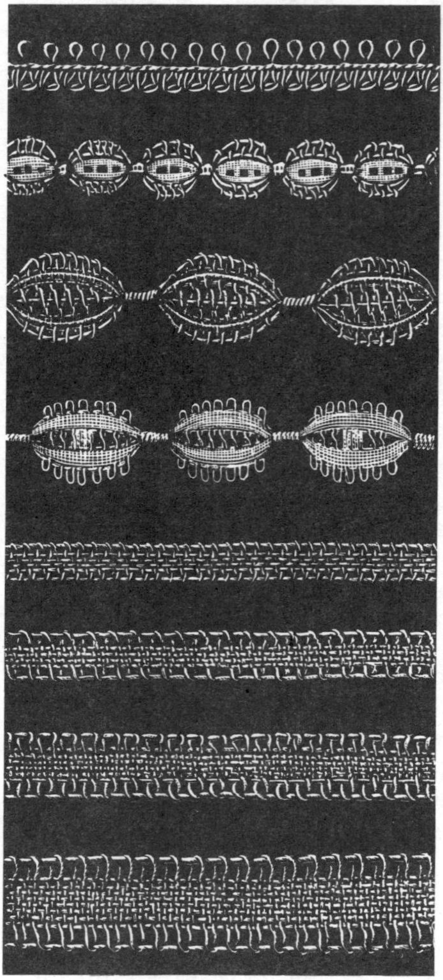

Fig. 914. Différents lacets pour la dentelle Renaissance.

A côté de la dentelle Renaissance, la dentelle Reticella, exécutée avec des fils d'une certaine grosseur, est très appréciée. Un traité explicatif de la dentelle Renaissance, accompagné de modèles, est contenu dans la publication *La Dentelle Renaissance* et celui de la dentelle Reticella, dans la publication *Les Dentelles à l'Aiguille, 1re Série*, de la BIBLIOTHÈQUE D·M·C. En dehors des dentelles classiques, d'origine italienne, nous présenterons à nos lectrices quelques genres de dentelles orientales à points noués, exécutées le plus souvent en soie ; puis les grosses dentelles en lin « Hedebo » qui nous sont venues du Danemark et de la Suède, et finalement les fines dentelles espagnoles et brésiliennes connues sous les noms de « Sols » et de « Dentelles Ténériffe », dont nous avons également réuni une série de modèles dans la publication *La Dentelle Ténériffe* (*).

Nous commençons nos explications par le traité de la dentelle Renaissance. Par ce moyen, nous enseignons l'exécution des différentes brides et des points de dentelle que nous retrouverons dans la plupart des autres dentelles à l'aiguille. La dentelle Renaissance

(*) Voir, à la fin du dernier chapitre, la liste des publications de la Bibliothèque D·M·C, contenant une grande variété de modèles pour tous les genres d'ouvrages.

peut ainsi être considérée comme une étude pratique formant la main pour les travaux plus compliqués.

Lacets. — Les lacets employés pour la dentelle Renaissance sont généralement livrés en blanc, en écru, en jaune-paille et en noir; leurs formes et leurs dimensions sont des plus variées; ainsi il en existe de larges et d'étroits, de gros et de fins, avec

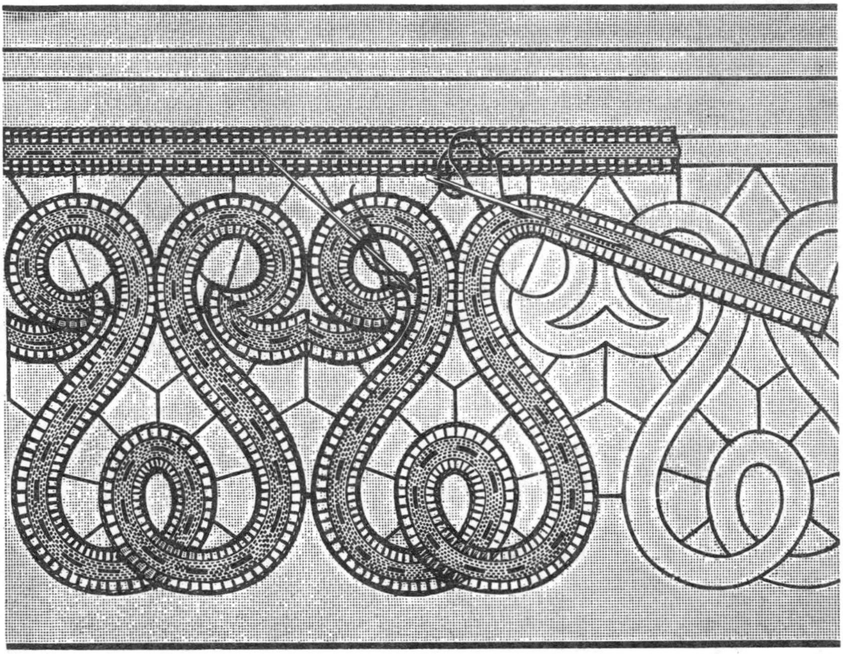

Fig. 915. Manière de bâtir et de froncer les lacets.

ou sans lisières à jour, avec ou sans lisières à picots, ou bien encore en forme de médaillons de différentes grandeurs.

La fig. 914 représente les lacets les plus employés ainsi qu'un spécimen de picots qu'on peut se procurer également tout achevés, à moins, toutefois, qu'on ne préfère les confectionner soi-même à l'aiguille.

Fournitures. — Pour faire les brides et les points de dentelle, on emploiera de préférence pour tous les genres de dentelles, le Fil à dentelles D·M·C, le Fil d'Alsace D·M·C, le Cordonnet spécial D·M·C, le Lin pour dentelles D·M·C, le Lin à tricoter et à crocheter D·M·C ou l'Alsatia D·M·C, qui ont les qualités nécessaires — brillant et souplesse — pour ce genre d'ouvrage; ils sont en outre très agréables à travailler et on peut se les procurer dans les nuances du lacet.

Pour les dentelles orientales à points noués, qui sont parfois faites en plusieurs nuances, on prendra le Coton perlé D·M·C ou l'Alsatia D·M·C.

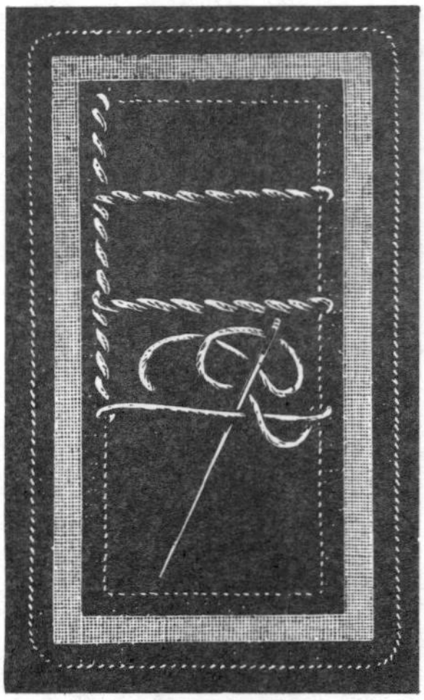

Fig. 916. Brides à points de surjet.

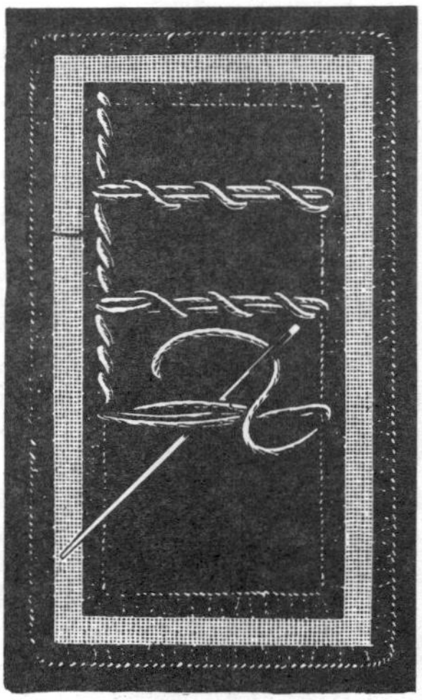

Fig. 917. Brides doubles à points de surjet.

Copie des dessins pour dentelles Renaissance. — On reporte généralement les dessins que l'on veut copier sur de la toile d'architecte transparente, appelée aussi toile à calquer, et on trace les lignes au moyen d'une encre spéciale, en ayant soin de poser la toile de façon que le côté verni se trouve sur l'original et que l'on puisse calquer sur le côté mat, l'encre y prenant plus facilement que sur la surface glacée.

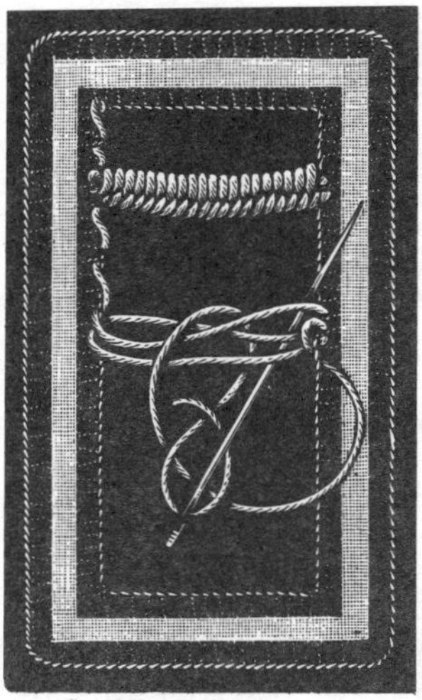

Fig. 918. Brides à points de feston unis.

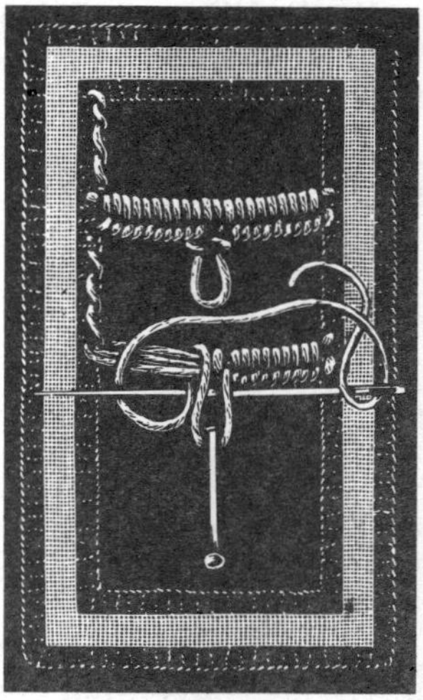

Fig. 919. Brides à picots épinglés.

Cette toile permet de copier les dessins directement sans avoir recours à aucun des procédés de décalque.

Avant de commencer le travail, on peut doubler la toile d'un transparent de papier ou d'étoffe de couleur, afin de ne pas fatiguer la vue.

Les dessins pour dentelles Renaissance sont formés de deux lignes parallèles, entre lesquelles on bâtit les lacets au moyen de petits points devant.

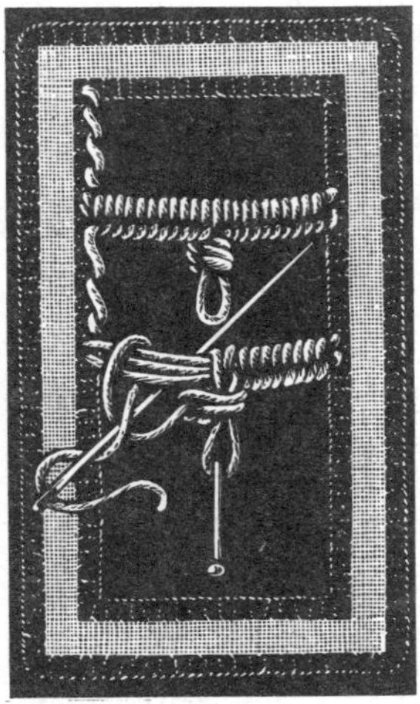

Fig. 920. Brides à picots épinglés.

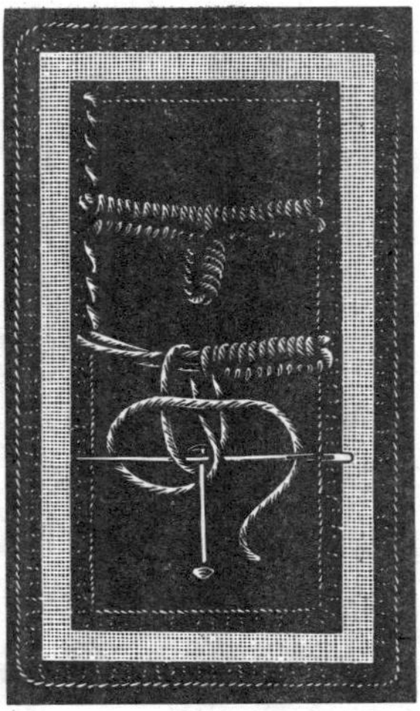

Fig. 921. Brides à picots vénitiens.

Manière de bâtir et de froncer les lacets (fig. 915). — Les points devant doivent être faits très régulièrement et un peu plus longs sur la surface de l'ouvrage que sur l'envers. Lorsque les lignes du dessin décrivent des courbes, on coudra le lacet sur la ligne extérieure, de manière qu'il soit légèrement plissé vers l'intérieur.

Lorsque le lacet est bâti sur tout le dessin, on prend un fil très fin et l'on fronce tous les petits plis, en faisant des points de surjet par-dessus la lisière du lacet, de manière que l'excédent de longueur du lacet disparaisse et qu'il ne reste que l'ampleur nécessaire au dessin.

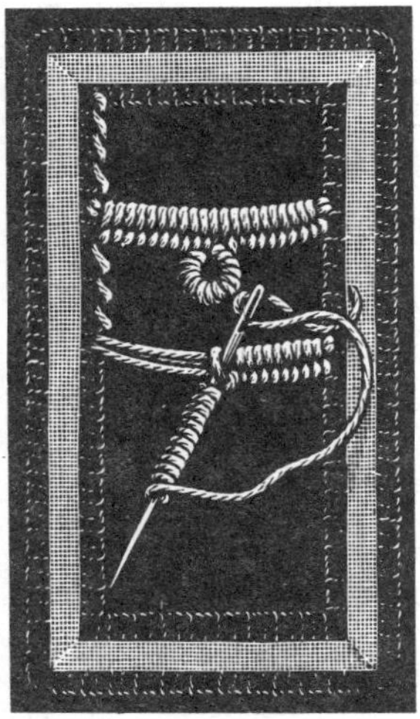

Fig. 922. Brides à picots au point de poste.

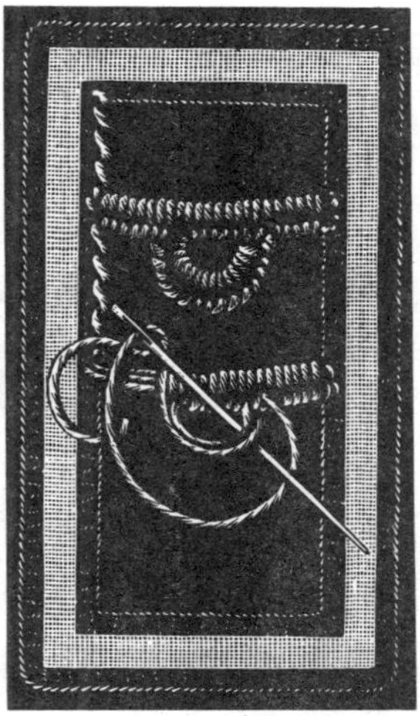

Fig. 923. Brides à picots festonnés.

Les points que l'on fait pour les brides de raccord et pour les jours qui remplissent les pleins ne devront avoir que juste la tension nécessaire, afin de ne pas déformer les lisières des lacets et ne pas nuire à la netteté du dessin.

De plus, les points ne doivent jamais pénétrer dans la toile d'architecte, ils y reposeront seulement.

L'ouvrage terminé, on le retourne sur l'envers et l'on coupe chaque deuxième ou troisième point de faufil, puis on retire soigneusement tous les petits bouts de fil, après quoi la dentelle se détache naturellement du fond.

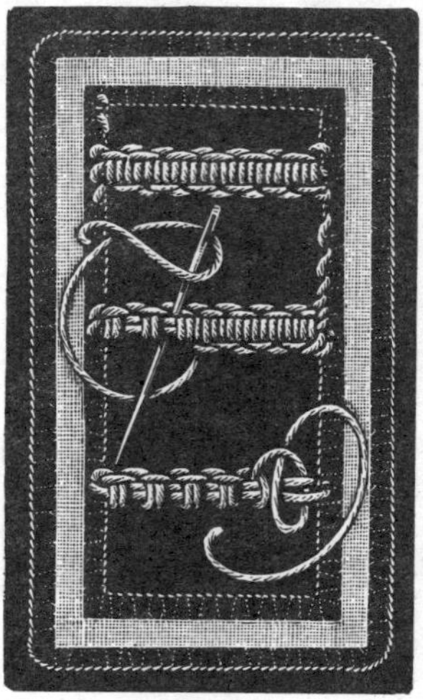

Fig. 924. Brides à doubles points de feston.

Il est indifférent de terminer en premier lieu les brides ou les jours; nous conseillons toutefois de terminer d'abord les premières, surtout lorsqu'on fait des brides à points de feston, car, celles-ci une fois établies sur l'ouvrage, on risquera moins de le faire rentrer lorsqu'on ajoutera les points à jour. Lorsque l'ouvrage est terminé, on le repasse et on l'apprête. Voir à ce sujet le chapitre «Recommandations diverses ».

Aiguilles. — On ne fabrique pas d'aiguilles spéciales pour faire les dentelles; nous conseillons de prendre des aiguilles à coudre longues, de grosseur proportionnée aux fils employés.

Les points. — Nous allons donner successivement une série de jolis points de différents genres qui serviront en même temps d'exercice pour les dentelles fines, la dentelle vénitienne et le point de gaze, que nous expliquerons plus loin. Nous ne pouvons dire que nous avons épuisé tout ce qui existe en fait de jours de dentelles, mais nous avons cependant réuni un assez grand nombre d'exemples pour que chacun puisse y trouver des motifs selon son goût et ses aptitudes.

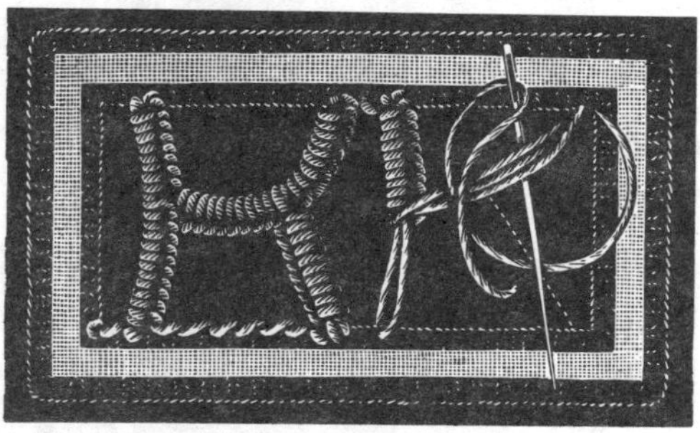

Fig. 925. Brides ramifiées.

Un même jour est si souvent appelé de différentes manières que nous avons renoncé à dénommer les points, à part ceux qui sont connus sous un seul nom, adopté universellement. Nous ne désignerons les autres que par des numéros d'ordre.

Brides à points de surjet (fig. 916). — On fixe le fil, on le lance par-dessus le vide et d'une lisière à l'autre, on passe l'aiguille de haut en bas, et on surjette le premier fil aussi souvent qu'il le faudra pour donner aux deux fils l'apparence d'un cordonnet.

Si les points de surjet ne sont pas assez nombreux, les brides ont un aspect lâche et négligé, ce qui déprécie l'ouvrage.

Lorsque la bride est terminée, on continue les points de surjet par-dessus la lisière du lacet, jusqu'à l'endroit marqué pour la bride suivante.

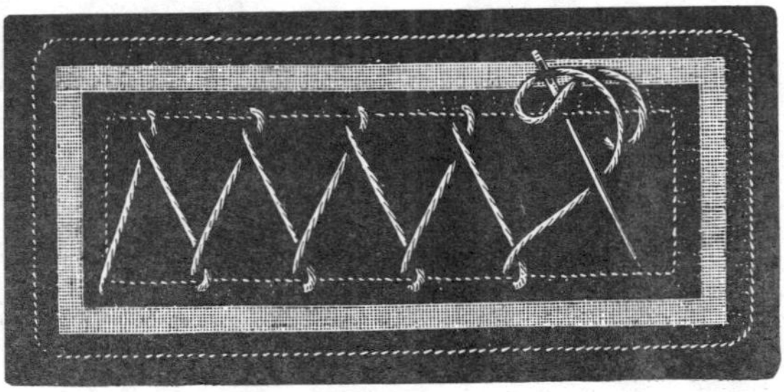

Fig. 926. Point russe simple.

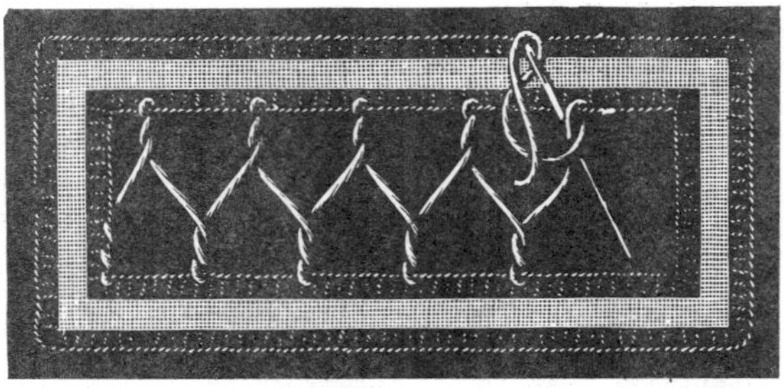

Fig. 927. Point russe tourné.

Brides doubles à points de surjet (fig. 917). — Pour celles-ci on lance trois fils par-dessus le vide et on les enlace de points de surjet plus espacés que ne le sont ceux des brides de la fig. 916.

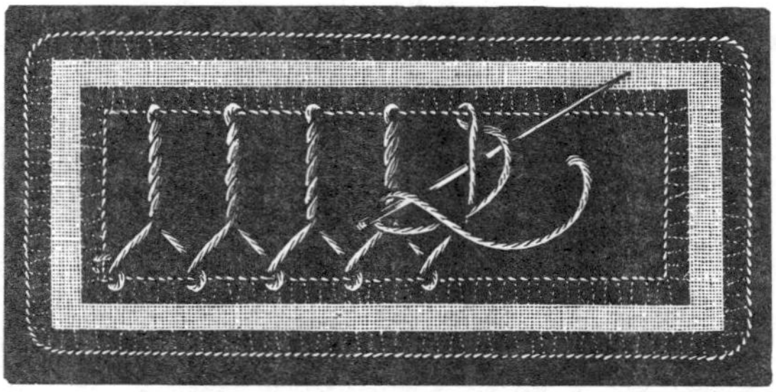

Fig. 928. Point à colonnes.

Brides à points de feston unis (fig. 918). — On tend d'abord trois fils, puis on les recouvre, de droite à gauche, de points de feston. On remarquera dans la gravure que l'aiguille est prise de façon que le chas passe en premier sous les fils; cela peut paraître étrange, mais on aura plus de facilité à travailler de cette manière.

Le fil qui sert à exécuter les points de feston devra sortir du lacet à la distance d'un ou de deux fils des fils tendus pour la bride, ce qui empêchera les brides de devenir de largeur inégale ou de se vriller au commencement.

Brides à picots épinglés (fig. 919 et 920). — Après avoir terminé les points de feston jusqu'au tiers ou jusqu'à la moitié de la longueur d'une bride, on passe le fil, sans faire de boucles, sous les fils tendus, on arrête la bouclette de fil par une épingle que l'on passe sous l'ouvrage, on passe l'aiguille de droite à gauche, sous les trois fils, fig. 919, et on serre le point de manière à le rapprocher autant que possible du point de feston de la bride

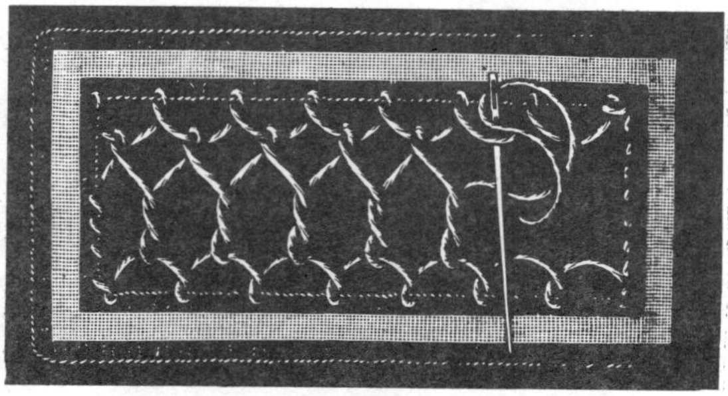

Fig. 929. Entre-deux à boucles simples.

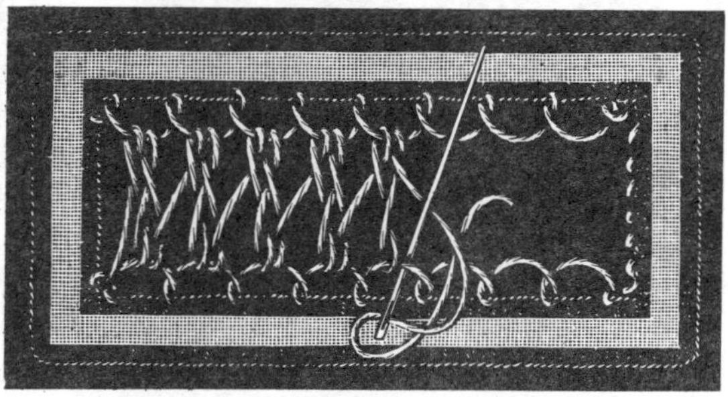

Fig. 930. Entre-deux à boucles doubles.

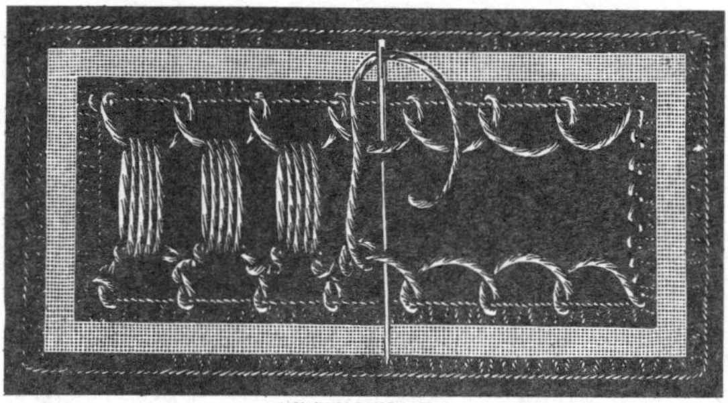

Fig. 931. Entre-deux à points perlés.

Dans la fig. 920 nous représentons la même manière de faire le picot, mais avec deux points de feston entre la boucle et la bride festonnée.

Brides à picots vénitiens (fig. 921). Le feston une fois préparé, on fait une boucle comme pour le picot des fig. 919 et 920, on ramène ensuite le fil au milieu de la boucle, on pose l'épingle, on serre les fils, on passe l'aiguille derrière l'épingle et on commence les points de feston tout près et au-dessous de l'épingle, en couvrant ainsi les fils derrière lesquels elle est plantée. L'épingle devra être placée à une distance du feston égale à la largeur de six points, sous lesquels les fils de remplissage doivent disparaître entièrement.

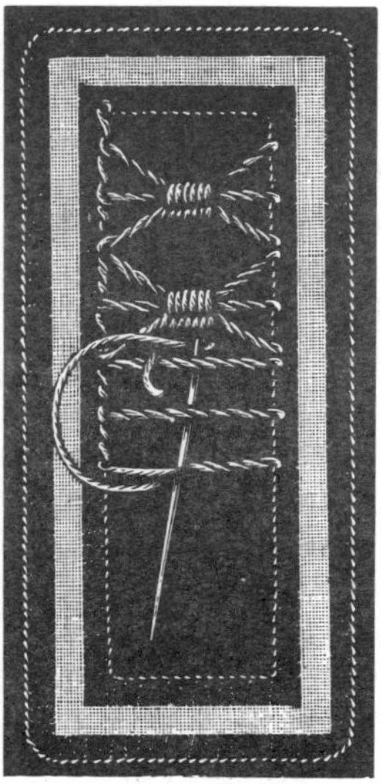

Fig. 932. Entre-deux à faisceaux.

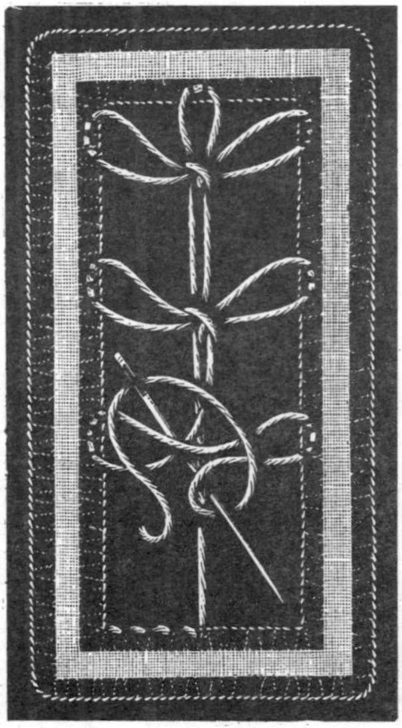

Fig. 933. Entre-deux à branches simples.

Brides à picots au point de poste (fig. 922). — On fait entrer l'aiguille dans le dernier point de feston et on la pousse jusqu'à mi-longueur; on l'enlace dix à douze fois autour du fil, en faisant le mouvement de gauche à droite, on pousse l'aiguille à travers la spirale, on serre le fil de manière que cette dernière forme un demi-cercle, puis on continue la bride; voir aussi les fig. 991 et 993.

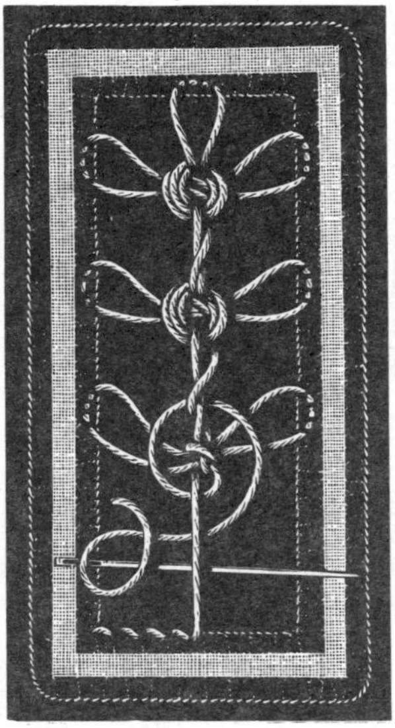

Fig. 934. Entre-deux à branches entourées de roues.

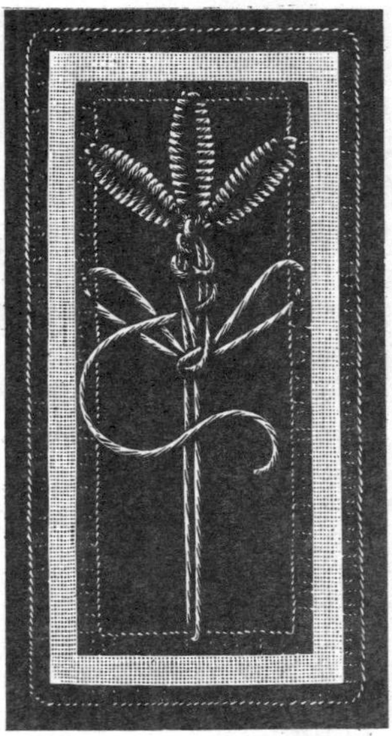

Fig. 935. Entre-deux à feuilles au point de reprise.

Brides à picotsfestonnés (fig. 923). — On mène les points de feston un peu au-delà du milieu de la bride, puis on ramène trois fois le fil, en le fixant environ au septième ou huitième point de feston; on festonne par-dessus les trois fils tendus au-dessous de la bride et on termine la bride comme toute autre. On fait ces picots pour border les dentelles.

Brides à doubles points de feston (fig. 924). — On fait par-dessus deux fils tendus des points doubles de feston et on les espace suffisamment pour pouvoir placer dans les intervalles les points que l'on fera sur le second côté de la bride.

Ces doubles points de feston sont faits d'un premier point de feston ordinaire et d'un point de feston contrarié comme second point, c'est-à-dire qu'il faut passer l'aiguille en-dessous des fils tendus, puis la faire entrer de bas en haut sous la boucle; il en résulte que le brin sera placé derrière le point et non devant, comme c'est le cas dans le feston ordinaire.

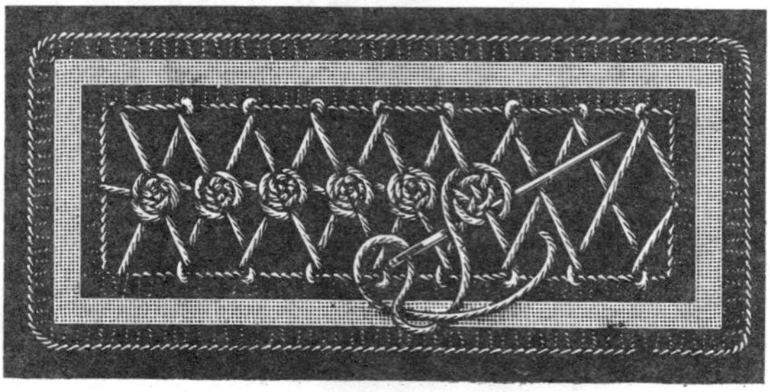

Fig. 936. Entre-deux à petites roues.

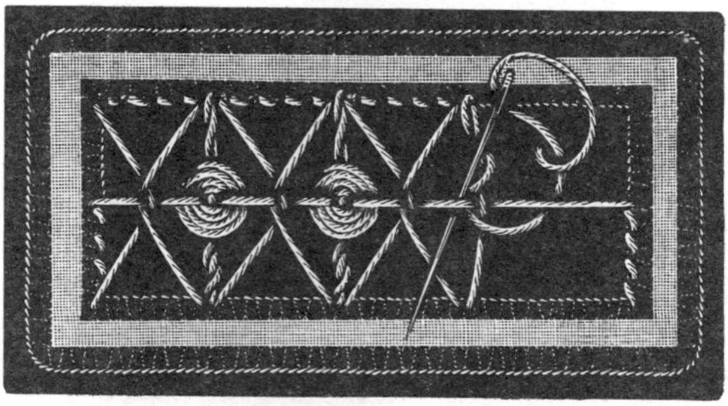

Fig. 937. Entre-deux à grandes roues.

Brides ramifiées (fig. 925). — Si l'on veut couvrir de brides des surfaces d'une certaine étendue, on est généralement obligé de ramifier les brides. Pour le modèle représenté par notre gravure, on prépare les fils comme pour toute autre bride, on les recouvre de points de feston jusqu'à mi-longueur; de là on tend d'autres fils qui formeront une bride faisant suite à la première, on recouvre ces fils de points de feston jusqu'à ce que l'on soit arrivé au pointillé, on tend de nouveau des fils, on festonne ensuite les fils tendus en dernier, puis l'espace non recouvert des fils tendus en second lieu et enfin la seconde moitié de la première bride.

Point russe simple (fig. 926). — Outre les brides, on se sert de points de tout genre pour relier des galons et remplir les vides que laisse souvent le dessin entre deux lisières. Ces points faisant l'office d'entre-deux, sont tantôt très élémentaires, tantôt d'une exécution exigeant beaucoup d'habileté et de patience.

Le plus simple de tous ces points est le point russe, qui a

une analogie marquée avec le point croisé, fig. 49, et le point de piqûre croisé, fig. 83.

On passe l'aiguille de haut en bas sous la lisière du lacet, puis de nouveau de bas en haut sous la lisière opposée, en ayant soin de laisser le fil constamment devant l'aiguille. Il faut toujours sauter le même nombre de picots du lacet entre les points et placer les points du bas juste au milieu entre les points du lacet du haut.

Fig. 938. Entre-deux à cônes.

Point russe tourné (fig. 927). — Au lieu de passer l'aiguille derrière le fil, on la passe par devant et autour du fil, de sorte que l'aiguille ressortira toujours sous le fil qui est alors enlacé deux fois.

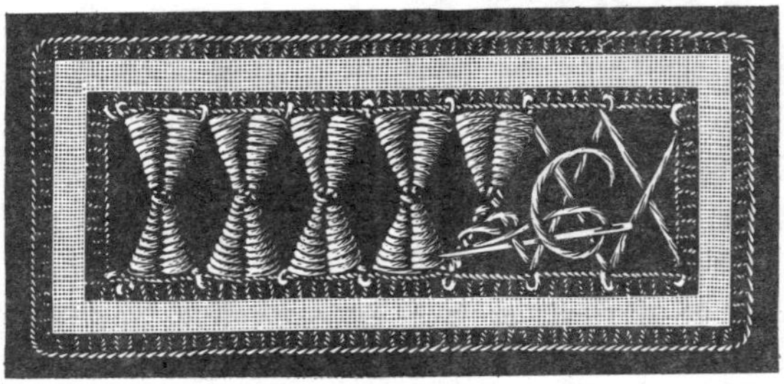
Fig. 939. Entre-deux à cônes.

Point à colonnes (fig. 928). — Vers le bas on fait le point russe simple et vers le haut le point de la fig. 927, en passant cependant trois fois le second fil autour du premier.

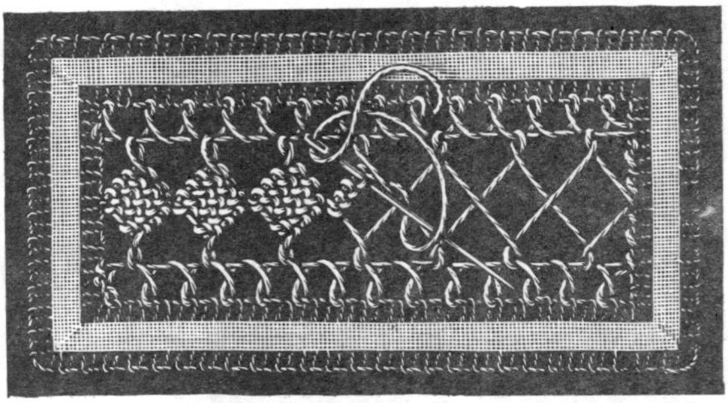
Fig. 940. Entre-deux à carrés.

Entre-deux à boucles (fig. 929 et 930). — Le long de deux lisières de lacet on fera des points de feston très lâches, tous de même largeur, à distance égale. Ces deux rangs établis, on relève chaque boucle au moyen des points des fig. 926 et 927.

Dans la fig. 930 on voit le point russe doublé dans chaque boucle; on peut aussi le tripler et le quadrupler selon le degré de transparence que l'on veut laisser à l'entre-deux.

Entre-deux à points perlés (fig. 931). — On raccorde les rangs opposés de boucles par quatre points. Dans ces points les fils doivent reposer à plat l'un à côté de l'autre, ils ne devront point chevaucher l'un sur l'autre. Après le quatrième point on enlace avec du fil la boucle inférieure, puis on le mène à la suivante de la même manière et on reprend les quatre points.

Fig. 941. Entre-deux à demi-brides.

Entre-deux à faisceaux (fig. 932). — On pose d'abord deux brides d'après la fig. 916 à peu de distance l'une de l'autre, puis on pose une troisième bride que l'on ne recouvre qu'à moitié du second fil. Arrivé au milieu des brides, on les réunit par cinq ou six points de feston, puis on continue à surfiler le reste de la troisième bride. Pour le faisceau suivant on sort l'aiguille tout près de la troisième bride du faisceau précédent.

Entre-deux à branches (fig. 933 et 934). — On tend le fil au milieu de l'espace compris entre deux lisières de lacet et d'une lisière à l'autre dans le sens de la longueur, on passe l'aiguille au milieu du lacet posé en travers de l'entre-deux, sous deux à trois fils de la lisière, suivant l'épaisseur du lacet; puis, en revenant, on passe le fil dans les lisières des côtés longs, d'abord à gauche de bas en haut, puis à droite de haut en bas, et l'on forme les trois boucles que l'on serre au moyen d'un nœud, comme le représente clairement la fig. 933. Dans la suite on ne fait naturellement plus le point tourné vers le haut.

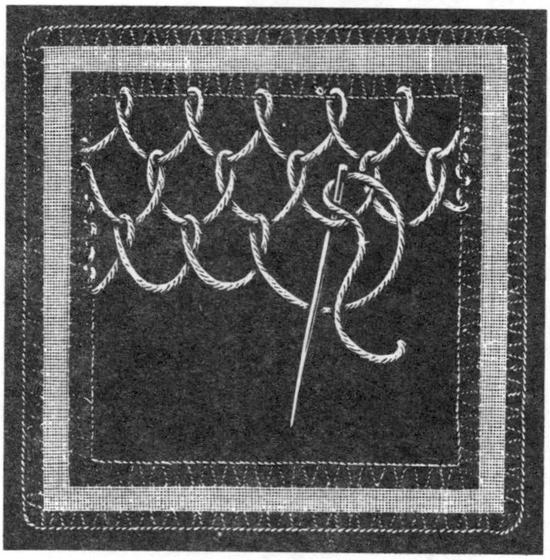

Fig. 942. Premier point de dentelle. Point de tulle simple.

La fig. 934 représente le même commencement et le même enlacement des fils, mais enrichi d'une grande roue que l'on ajoute après avoir fait le nœud par-dessus les boucles.

Entre-deux à feuilles au point de reprise (fig. 935). — On fixe le fil à la place que devra occuper, d'après le dessin, la première feuille dans l'entre-deux, on le passe au côté opposé par la lisière du lacet et on le ramène au point de départ, on pose des fils sur les deux côtés comme aux fig. 933 et 934, on les consolide par le nœud indiqué dans la fig. 933, on remonte le fil le long de la feuille du milieu, on le passe de dessous le lacet par-dessus et on fait une petite feuille au point de reprise comme nous l'avons déjà expliqué au chapitre « Le Filet », fig. 705 et 706.

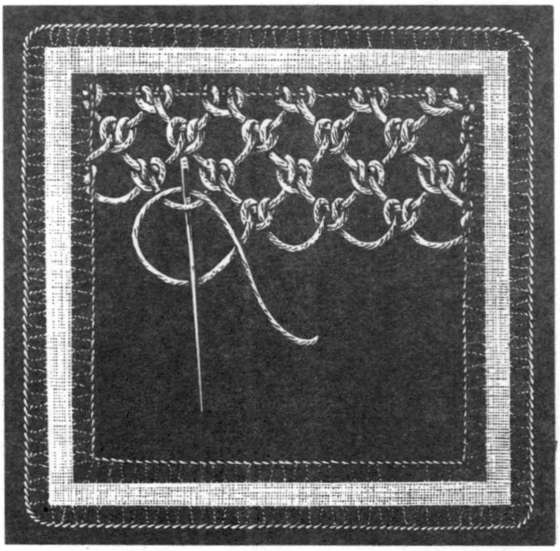

Fig. 943. Deuxième point de dentelle. Point de tulle double.

Entre-deux à petites roues (fig. 936). — Pour ce point on contrarie deux rangs de points russes, puis on mène le fil jusqu'au niveau du point de jonction de ces points; on fait une roue par-dessus cinq fils et on passe l'aiguille sous la roue terminée pour arriver à l'entre-croisement voisin.

Écarter davantage les points russes pour faire les roues plus grandes.

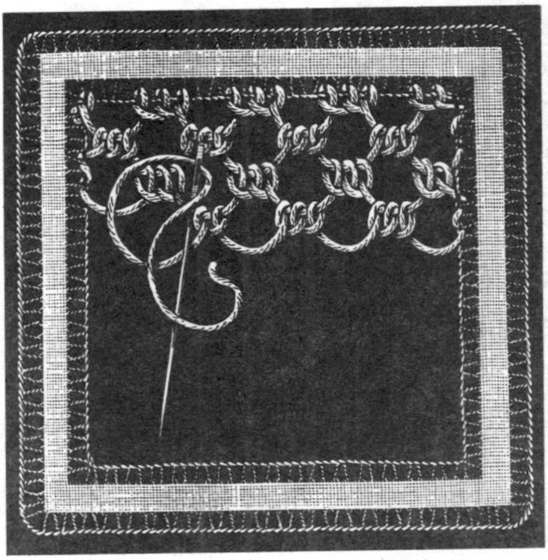

Fig. 944. Troisième point de dentelle.

Entre-deux à grandes roues (fig. 937). — On fixe le fil au milieu de l'un des petits côtés de l'entre-deux et on le lance par-dessus le vide, on l'arrête au côté opposé, puis on le conduit au moyen de points de surjet dans le coin de l'entre-deux. De là, on dirige une boucle lâche vers le coin opposé, on passe l'aiguille sous six à huit fils de la lisière du lacet, puis on la mène sous le fil tendu en premier lieu et derrière la boucle, et on arrête le point à la lisière opposée du lacet.

On lance le fil de nouveau au travers du vide et par-dessus

le premier fil, on ramène l'aiguille vers le milieu, on fait une grande roue sur quatre fils, en passant toujours sous les mêmes fils, puis on surfile le fil simple, on revient à la lisière et on fait la seconde boucle en faisant sortir le fil par le point de sortie des deux autres points.

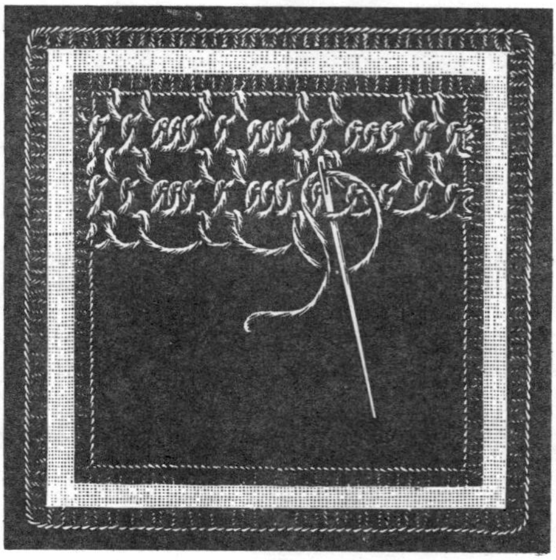

Fig. 945. Quatrième point de dentelle.

Entre-deux à cônes (fig. 938 et 939). — On fait des points russes très écartés entre deux lisières de lacet, puis on mène le fil vers la pointe d'un de ces points, donc au bord du lacet ; on fait des points de reprise jusqu'à la moitié de la hauteur du point russe, ce qui produit des dents coniques ; voir aussi la fig. 707. Pour passer à une pointe suivante, on surfile plusieurs fois le fil du point russe.

On peut aussi, comme dans la fig. 939, doubler le point russe et faire les points de reprise de manière que les cônes se touchent par les pointes, leur base s'appuyant sur le lacet.

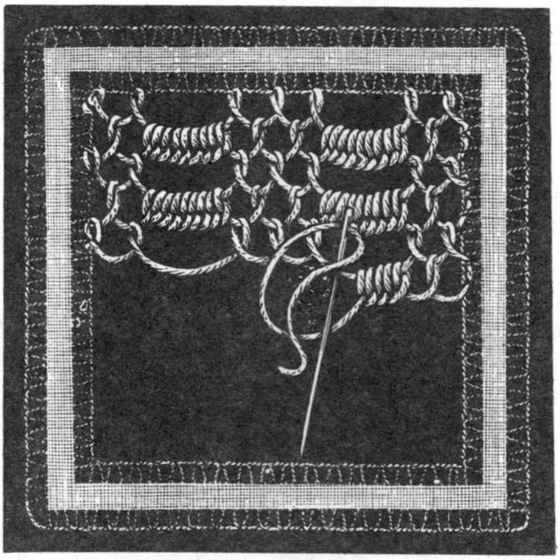

Fig. 946. Cinquième point de dentelle.

Entre-deux à carrés (fig. 940). — Après avoir établi des rangs de boucles sur le bord de deux lacets, comme dans les fig. 929, 930, 931, on passe un fil par les boucles ; ce fil sert de base aux points russes par lesquels on raccorde les deux bords. Les carrés vides qui se produisent entre les points russes sont remplis de points de feston, exécutés d'après la fig. 710 du chapitre « Le Filet ».

Entre-deux à demi-brides (fig. 941). — On fixe le fil à un des coins du lacet, puis on le mène jusqu'au milieu de la largeur de l'entre-deux, on le passe par la lisière à droite et on le couvre de points de feston jusqu'à la moitié du vide. Puis on mène le fil à gauche, on le passe par la lisière opposée, un peu plus bas qu'à la demi-bride de droite et on recouvre le fil du même nombre de points qu'au premier côté.

On peut aussi faire plus de points d'un côté que de l'autre, ce qui produit une jolie variante de cet entre-deux.

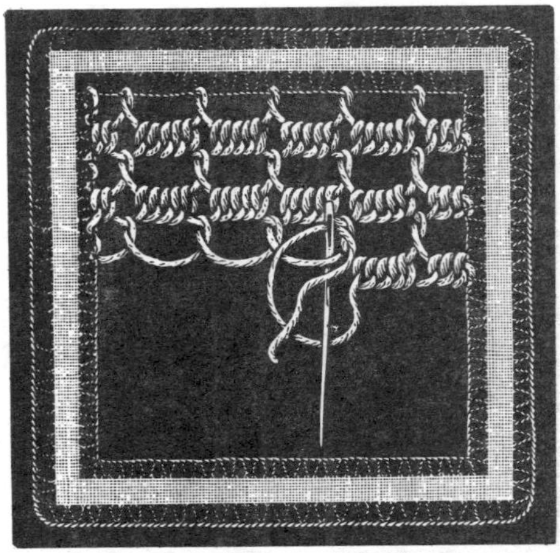

Fig. 947. Sixième point de dentelle.

Points de dentelle. — Lorsque l'on exécutera des points de dentelle, il faudra avoir soin que le nombre de boucles reste toujours le même dans les vides réguliers; en outre, on observera que lorsque dans l'aller on a fait une boucle entière, on aura à faire une demi-boucle dans le retour, et dans le second aller de nouveau une boucle entière.

Lorsque le dessin diminue en largeur ou s'il s'élargit au contraire, on diminuera ou on augmentera les boucles en proportion des changements que subira le dessin.

On comptera pour la hauteur de chaque boucle autant de fils de la lisière du lacet qu'il en a été sauté dans le premier aller.

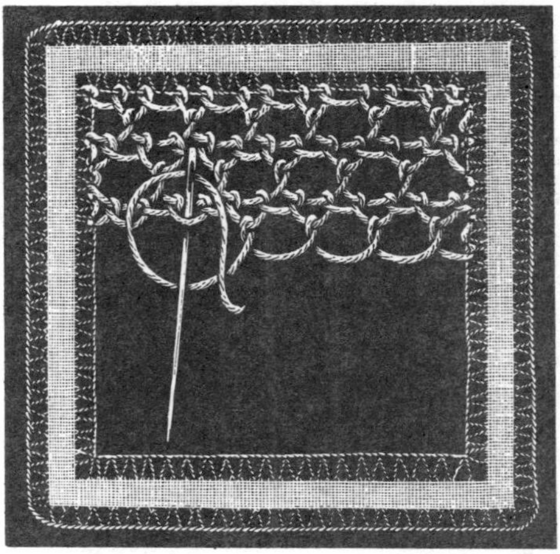

Fig. 948. Septième point de dentelle.

Premier point de dentelle. Point de tulle simple (fig. 942). — On fait en allant et en revenant des points de feston assez lâches pour qu'ils forment des boucles, dans lesquelles sont posés les points d'un rang suivant.

Deuxième point de dentelle. Point de tulle double (fig. 943). On compte pour ces points les mêmes distances qu'à la fig. 942, seulement on fait deux points de feston très rapprochés l'un de l'autre. On fera bien d'arrondir un peu moins la boucle qu'on ne le fait d'ordinaire dans le point de tulle simple.

Troisième point de dentelle (fig. 944). — Ici on fait suivre trois points de feston qui sont raccordés par une boucle du fil.

Cette boucle ne devra avoir que juste la longueur nécessaire pour recevoir les trois points de feston du rang suivant.

Quatrième point de dentelle (fig. 945). — En commençant de gauche à droite, on fait deux points de feston assez rapprochés, puis un point d'une longueur double.

Dans le retour, qui s'opère de droite à gauche, on posera un point dans la boucle qui se trouve entre les points resserrés et trois points dans la boucle longue ; la fig. 945 explique l'exécution du rang suivant.

Fig. 949. Huitième point de dentelle.

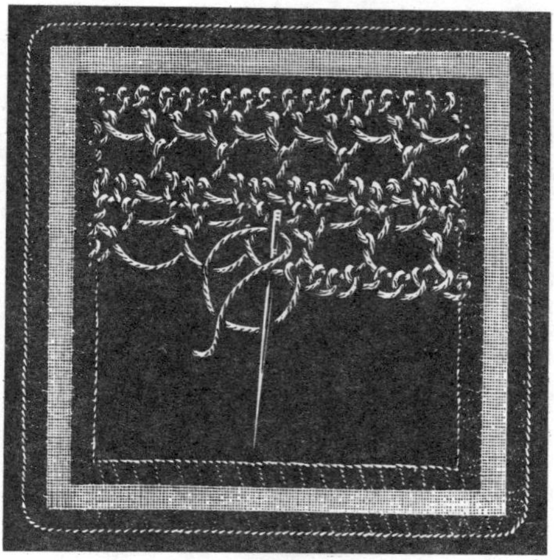

Fig. 950. Neuvième point de dentelle.

Cinquième point de dentelle (fig. 946). — De même que dans la fig. 945, on commence ce point de dentelle de gauche à droite, mais en faisant trois points très rapprochés, puis une boucle intermédiaire aussi longue que les trois premiers points réunis.

Dans le retour on fait un point de feston sur chacune des boucles entre les trois points et neuf points sur l'entre-boucle longue.

Sixième point de dentelle (fig. 947). — Des points de tulle espacés au moins de six à huit brides du lacet et un peu tendus, exécutés dans l'aller de gauche à droite, sont recouverts dans le retour d'autant de points de feston qu'il en faut pour cacher entièrement le fil.

Dans le troisième rang de points on fait entrer l'aiguille dans la petite bouclette se trouvant entre deux parties de points de feston, de sorte que les points serrés seront disposés en lignes verticales sur la surface qu'ils couvrent.

Septième point de dentelle (fig. 948). — On commence de gauche à droite et on fait des groupes de deux points de feston un peu plus rapprochés que n'est l'espace qui les séparera. Dans le retour on saute la boucle plus longue et on ne fait qu'un seul point de feston entre les points rapprochés de l'aller.

Au troisième rang on posera deux points de feston dans chaque bouclette.

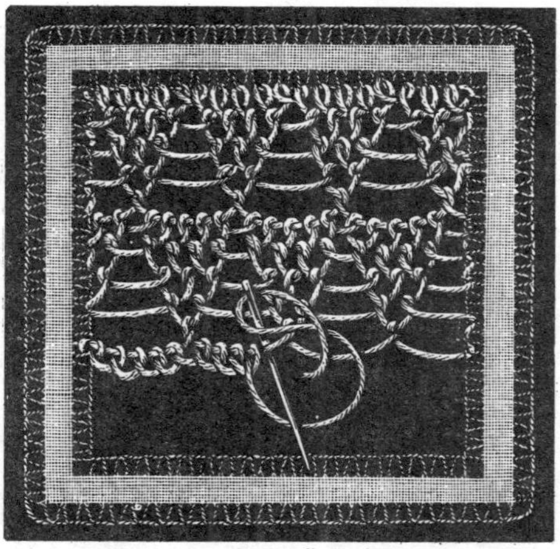

Fig. 951. Dixième point de dentelle.

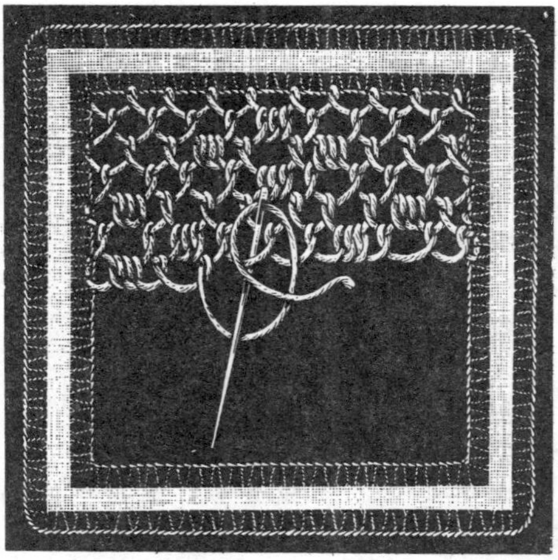

Fig. 952. Onzième point de dentelle.

Huitième point de dentelle (fig. 949). — Ce point est communément appelé jour à pois, en raison des ouvertures rondes qui sont produites par la répartition des points.

Le premier rang se compose de points assez serrés et placés à distance égale les uns des autres. Au deuxième rang on fait un point de feston dans le dernier point du premier rang, puis, sautant deux boucles et trois points de feston, on fait de nouveau deux points dans les boucles suivantes, et ainsi de suite.

Au troisième rang, on monte de nouveau trois points dans la grande boucle et un point dans celle qui se trouve entre les points du deuxième rang.

Au quatrième rang, les pois sont contrariés.

Neuvième et dixième points de dentelle (fig. 950 et 951.) — Les points que représentent les deux figures sont connus sous le nom de points de pyramides ou de points de Venise.

Tous les deux sont commencés par un rang de points de feston très serrés. Dans le point de la fig. 950, qui se fait en trois rangs, on saute deux points dans le second rang et l'on fait deux points dans les boucles suivantes; au troisième rang, on saute aussi les boucles placées en dessous des points sautés et l'on ne fait plus qu'un seul point. Au rang suivant on établira de nouveau le même nombre de points qu'au premier rang.

Dans la fig. 951 on fait cinq rangs de points; le premier très serré, le second en faisant quatre points et en sautant deux du rang inférieur, le troisième avec trois points, le quatrième avec deux points, le cinquième avec un seul point.

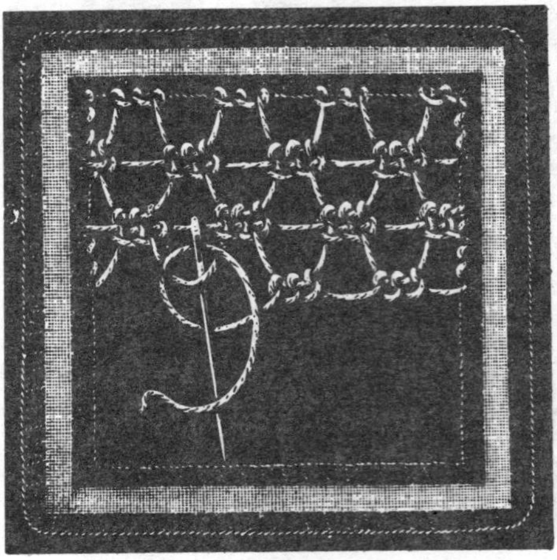

Fig. 953. Douzième point de dentelle.

Il faudra tendre régulièrement et assez fortement les fils qui séparent les groupes de points et principalement celui qui se trouvera entre les points du cinquième rang, afin que la boucle longue qui se produit nécessairement soit bien couverte par les points du premier rang de la pyramide suivante.

Onzième point de dentelle (fig. 952). — Le premier rang se compose uniquement de points de tulle simples; le deuxième rang encore de points de tulle, plus trois points de feston dans la boucle qui se trouve au milieu; dans le troisième rang il y a trois points de feston dans les boucles entières à droite et à gauche des trois points du deuxième rang, et un point dans les demi-boucles qui les précèdent et les suivent immédiatement; le quatrième rang est de nouveau pareil au deuxième.

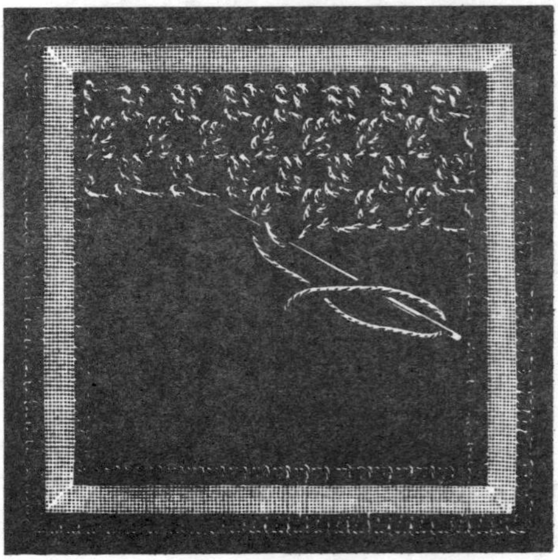

Fig. 954. Treizième point de dentelle.

Dans le cinquième rang on contrarie les points serrés; on les fait entrer dans la quatrième boucle, y compris la demi-bride avant et après les trois points du quatrième rang, de sorte que l'on comptera, entre deux groupes de trois points, six points de feston isolés et sept boucles.

Douzième point de dentelle (fig. 953). — Le fil est fixé à la hauteur d'un demi-centimètre sur le côté gauche de la lisière puis on remonte vers la lisière du haut et l'on fait trois points de feston très serrés; on laisse une boucle du fil assez longue pour qu'elle arrive à la hauteur du premier point, et l'on fait trois autres points.

Dans le second rang on recouvre les boucles de trois points de feston, mais on tend l'entre-fil.

Le troisième rang est de nouveau pareil au premier, avec cette différence, cependant, que l'on passe l'aiguille entre les fils du point de feston et non par les boucles.

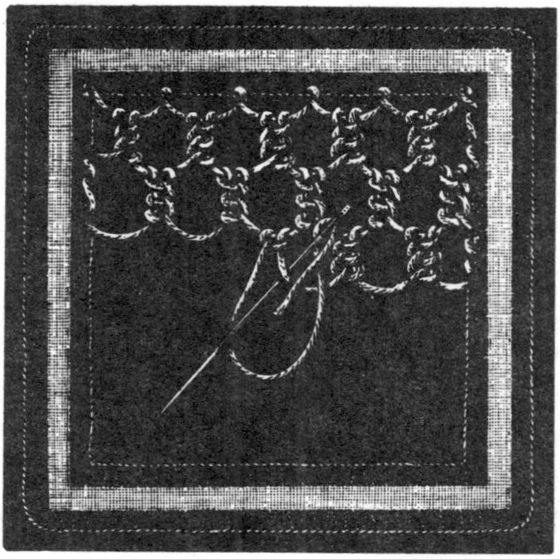

Fig. 955. Quatorzième point de dentelle.

Fig. 956. Quinzième point de dentelle.

Treizième point de dentelle (fig. 954). — Pour le point fig. 954 on fait dans la lisière du galon deux points de feston très rapprochés, puis un troisième point qui termine vers le bas les deux premiers points, que l'on serre autant que possible contre ces derniers; le fil qui relie les points doit être très tendu, afin que les rangs de points forment des lignes et non des festons.

Quatorzième point de dentelle (fig. 955). — On commence par un rang de points de feston espacés, puis on fait dans chaque bouclette deux points de feston au-dessous desquels on fait, au lieu d'un seul point comme dans la fig. 954, deux points de feston, ce qui produit un fond de jours à brides verticales.

Quinzième point de dentelle (fig. 956). — C'est encore un point analogue aux deux précédents; on fait d'abord trois points par-dessus la lisière ou les entre-brides; on réunit ensuite ces points par un point transversal.

Seizième point de dentelle (fig. 957). — Le premier rang allant de nouveau de gauche à droite, consiste en brides courtes et obliques, de la forme d'un grain, qui sont faites dans le genre du picot fig. 921. Le premier point passe par la boucle du rang supérieur, le second point se fait par-dessus les deux fils et à une distance de la boucle correspondant à l'espace qu'occuperont les trois points que l'on monte sur le second point.

Fig. 957. Seizième point de dentelle.

Le premier des quatre points de feston du groupe suivant doit toujours toucher de près le dernier des quatre points du groupe qui précède.

Dix-septième point de dentelle (fig. 958). — Cette gravure représente le point de grains exécuté en allers et en retours, sans point de tulle intermédiaire et en même temps elle indique comment on doit diriger l'aiguille pour les points allant de droite à gauche.

Fig. 958. Dix-septième point de dentelle.

Dix-huitième point de dentelle (fig. 959). — Cette figure et celles qui vont suivre représentent une série de points de dentelle que l'on trouve souvent dans les vieilles dentelles vénitiennes; on peut donc les nommer à juste titre: points de Venise.

L'assemblage et la superposition des rangs de points produisent des jours moins transparents que ne le sont ceux que nous avons décrits jusqu'à présent.

Dans ces fonds on fait d'abord le rang de point de tulle, puis on tend un fil au niveau de celui-ci, et en revenant on passe l'aiguille dans chaque boucle et par-dessus le fil tendu. La fig. 959 montre la manière de tendre le fil.

Dix-neuvième point de dentelle (fig. 960). — Dans les anciens modèles nous trouvons fréquemment les points exécutés d'après la fig. 959 très serrés, ce qui donne au fond l'apparence d'un tissu natté, comme le représente la fig. 960.

Vingtième point de dentelle (fig. 961). — On peut aussi faire des ouvertures dans les rangs de points serrés en sautant quelques boucles dans le retour. Dans l'aller qui suit on replace sur la bride, composée de trois fils, autant de points qu'on en a sauté dans l'avant-dernier rang. Ces ouvertures peuvent être disposées régulièrement d'après un plan tracé ou selon la fantaisie de chacun.

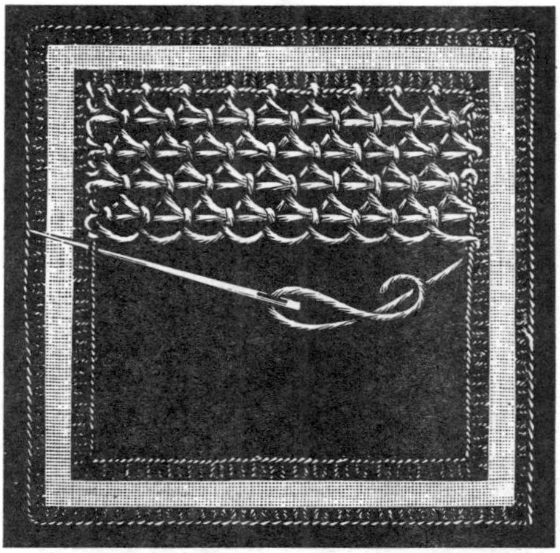

Fig. 959. Dix-huitième point de dentelle.

Vingt et unième point de dentelle (fig. 962). — Il existe encore d'autres moyens de varier les jours vénitiens; on les trouvera dans les différentes manières de surbroder les fonds faits à l'aiguille.

Dans la fig. 962 on voit sur le fond à points serrés des points mouchets, pour lesquels on emploie un fil moins tordu que ne l'était celui qu'on a utilisé pour faire le fond. En dehors des mouchets, on peut encore garnir les fonds de dentelle de petits cercles festonnés, d'étoiles au point de poste ou d'autres points de fantaisie.

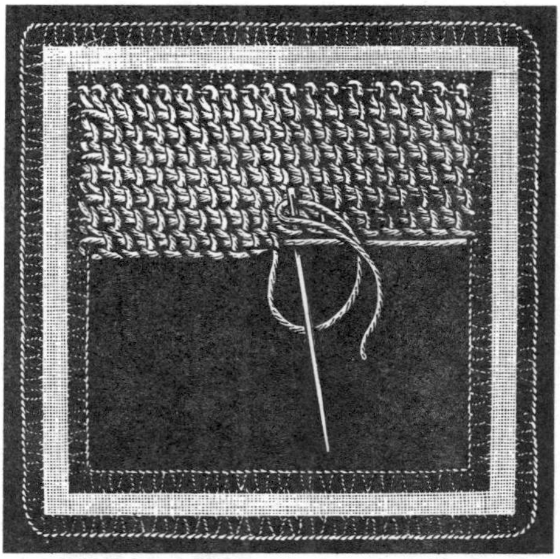

Fig. 960. Dix-neuvième point de dentelle.

Vingt-deuxième point de dentelle (fig. 963). — Après avoir fixé le fil dans la lisière à gauche, on le retient avec le pouce de la main gauche, on fait entrer l'aiguille dans le lacet du haut et en même temps dans la bouclette de fil, comme l'indique la figure.

Lorsque le fil est monté sur l'aiguille, on fait passer cette dernière par la boucle et on tire le fil à la distance voulue pour former des brides verticales de longueur uniforme.

Dans le rang suivant ces brides sont faites en sens inverse, c'est-à-dire que l'aiguille passe de bas en haut dans les bouclettes du rang supérieur et en bas vers la droite dans la bouclette nouvellement formée.

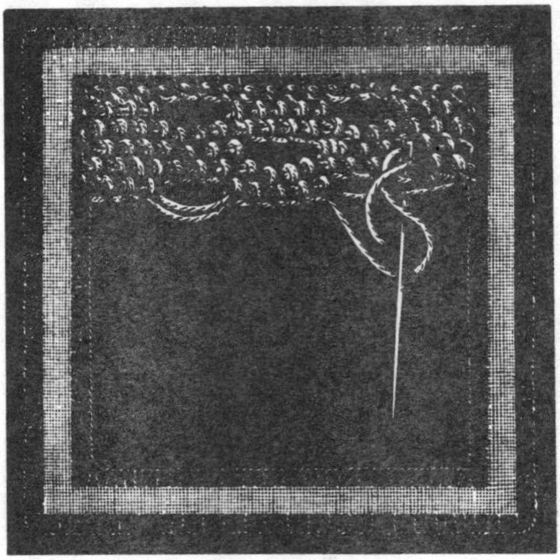

Fig. 961. Vingtième point de dentelle.

Fig. 962. Vingt et unième point de dentelle.

Vingt-troisième point de dentelle (fig. 964). — Pour faire ce point on commence par les mêmes points que pour la fig. 963, en allant de gauche à droite. Ensuite on relève par un point de surjet chaque boucle se trouvant entre les brides verticales. On serre immédiatement chaque point au degré voulu, car on ne peut relever à la fois plusieurs boucles; la tension donnée au fil après coup dérange la direction des brides qui doivent toujours rester verticales.

Vingt-quatrième point de dentelle (fig. 965). — Ce jour est souvent appelé point de Sorrente. Il se compose de trois brides assez rapprochées qui sont séparées des suivantes par une boucle aussi longue que les deux boucles courtes qui se trouvent entre les brides. Le fil, que l'on ramène sur toutes les brides, passe une fois par-dessus les petites boucles et deux fois par-dessus les boucles longues.

Dans chacun des rangs qui suivent on fait entrer la première bride entre la première et la deuxième bride du rang précédent et la troisième dans la boucle longue, de sorte que le dessin se prolonge obliquement en forme de gradins.

Vingt-cinquième et vingt-sixième points de dentelle (fig. 966 et 967). — Ces deux figures montrent comment on peut contrarier, superposer et intervertir les brides dans les jours.

Les brides sont faites comme dans la fig. 964. Le fil qui relie les groupes de brides doit être bien tendu, afin que les rangs soient tous bien alignés.

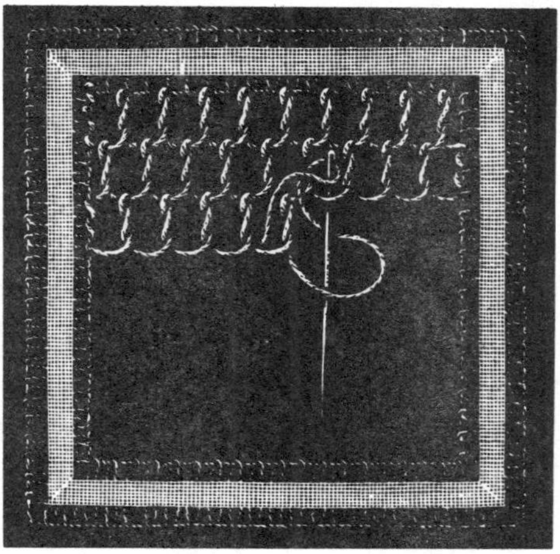
Fig. 963. Vingt-deuxième point de dentelle.

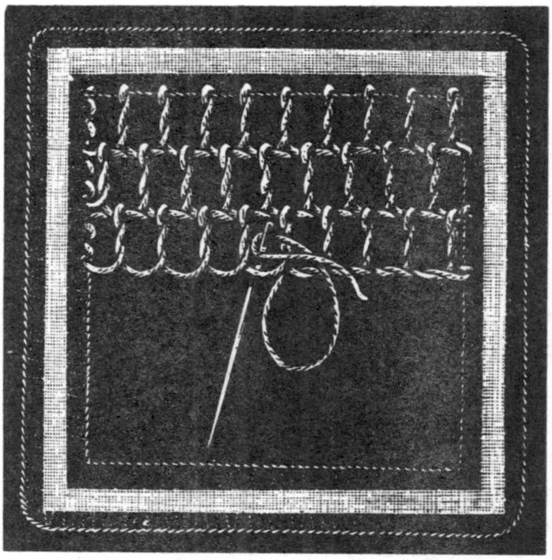
Fig. 964. Vingt-troisième point de dentelle.

Vingt-septième point de dentelle (fig. 968). — On laisse entre trois brides tout à fait rapprochées un espace égal à celui qu'elles occupent, puis on revient en tendant le fil au-dessous des brides; dans le second rang on fait entrer trois brides dans le vide, deux brides entre les trois brides du premier rang et trois brides de nouveau dans le vide, en tout huit brides. Le troisième rang de points se fait comme le premier.

Vingt-huitième point de dentelle (fig. 969). — On commence par faire deux rangs de points de tulle, fig. 942, puis deux rangs serrés d'après la fig. 960 et un rang d'après la fig. 964.

Dans le cas où l'on voudra allonger les brides, on enlacera le fil une ou deux fois de plus autour de l'aiguille.

Vingt-neuvième point de dentelle (fig. 970). — Ce point, imitant le tulle grec à grandes mailles, est aussi appelé point grec. Il se recommande plutôt pour le remplissage des fonds de dentelle que pour les pleins; on l'emploie aussi en remplacement du fond à brides, fig. 980 et 981.

On fait, de gauche à droite, d'après la fig. 963, des brides un peu écartées et pas trop serrées, afin que la boucle surfilée deux fois au retour, forme toujours une suite de festons légèrement arrondis.

Dans le rang suivant on fait entrer la bride au milieu de la boucle et on la relève suffisamment avec l'aiguille pour que les fils forment un hexagone comme les mailles du tulle.

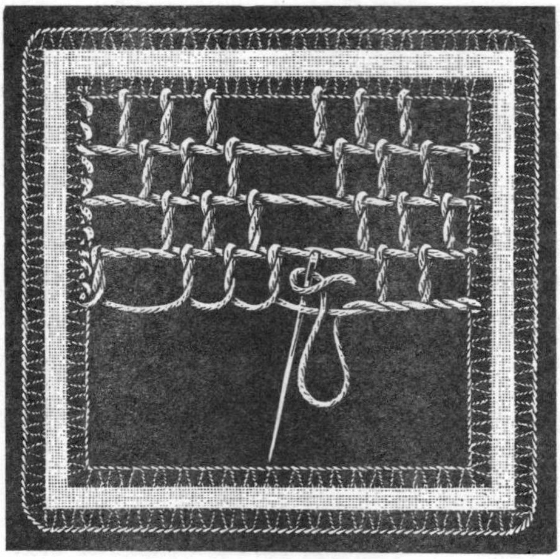

Fig. 965. Vingt-quatrième point de dentelle.

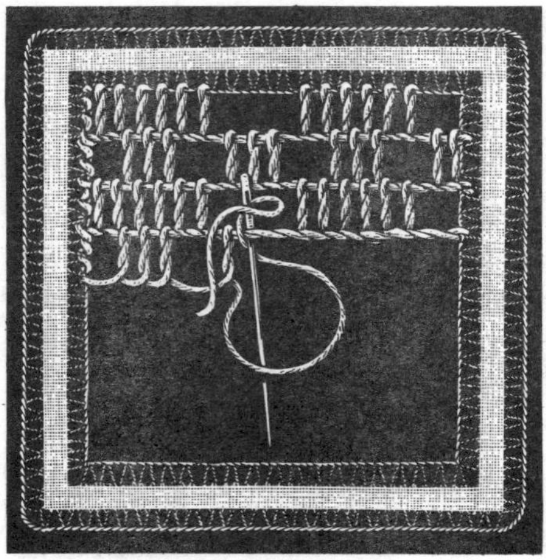

Fig. 966. Vingt-cinquième point de dentelle.

Trentième point de dentelle (fig. 971). — Après avoir préparé un rang de points de feston doubles, entre lesquels on a laissé une boucle aussi longue que l'espace qui sépare les paires de points, on revient avec le fil à la hauteur des boucles, on le lance à travers le vide, on l'attache au lacet et on fait les points de feston dans les mêmes conditions qu'au premier rang.

Les boucles devront être faites très régulièrement; pour y arriver avec plus de facilité, on peut tracer des lignes sur le dessin pour diviser la surface dont on dispose, on pose sur cette ligne une épingle autour de laquelle on lance le fil, comme on peut le voir dans la figure.

Trente et unième point de dentelle (fig. 972). — A première vue le point que représente cette figure semble pareil à celui de la figure précédente, cependant il en diffère complètement quant à la manière de nouer les fils.

On passe l'aiguille sous la boucle et sous le fil tendu, puis on pique l'épingle à la hauteur nécessaire, on ramène le fil derrière l'épingle et on fait une maille autour de la pointe de l'aiguille, comme le montre la figure, puis on serre le nœud.

Trente-deuxième point de dentelle (fig. 973). — Pour apporter de la variété dans les points de dentelle, on peut aussi imiter le filet. On commence dans l'angle d'un carré et on travaille en lignes diagonales. Les boucles sont fixées au moyen du même nœud que celui de la fig. 972, et l'on plante une épingle comme au point indiqué, pour arriver à faire régulièrement les boucles.

On apportera le plus grand soin à l'exécution des petits carrés; s'ils sont bien faits, on pourra utiliser pour les recouvrir la majeure partie des points expliqués dans le chapitre « Le Filet », et l'on trouvera ainsi moyen de remplir les plus petits espaces de jolis jours qu'on ne fait guère maintenant que dans le filet-guipure.

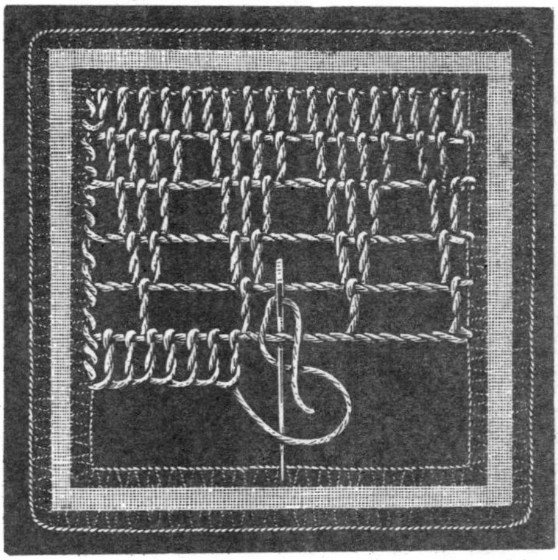

Fig. 967. Vingt-sixième point de dentelle.

Trente-troisième point de dentelle (fig. 974). — Nous avons souvent remarqué ce point sur des dentelles Renaissance très anciennes, dont quelques-unes seulement ont été conservées jusqu'à nos jours. Ce fond, qui rappelle un point de tulle serré, présentait à première vue un aspect presque uniforme, tellement les points étaient rapprochés les uns des autres. En l'examinant cependant de plus près, nous avons remarqué que c'était un point tout à fait nouveau. La boucle, formée par un point de tulle simple, est liée à une petite distance du repli au moyen d'un point de feston.

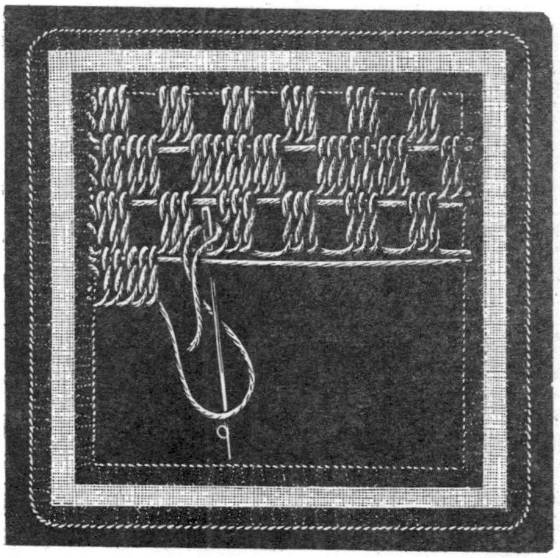

Fig. 968. Vingt-septième point de dentelle.

Serrer les points autant que possible, afin qu'il ne reste presque pas d'intervalle entre eux.

Trente-quatrième point de dentelle (fig. 975). — Pour faire le fond à roues, on couvre d'abord le fond de fils tendus en allant et en revenant, en diagonale, à une distance égale les uns des autres. Ces fils reposent à plat, de façon que le second ne chevauche pas sur le premier. Lorsque toute la surface est recouverte de ces fils doubles, on les croise par une seconde série de fils. En menant le fil du retour deux ou trois fois sous les fils doubles et par-dessus le fil simple de l'aller, on produit de jolies petites roues, comme celles que nous avons décrites au chapitre « Le Filet », fig. 711 et 712.

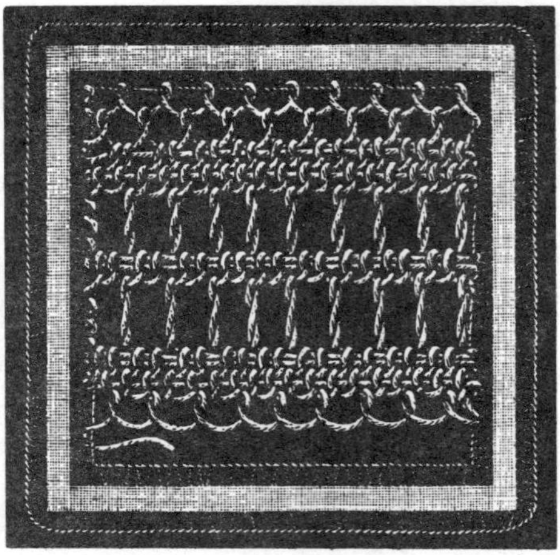

Fig. 969. Vingt-huitième point de dentelle.

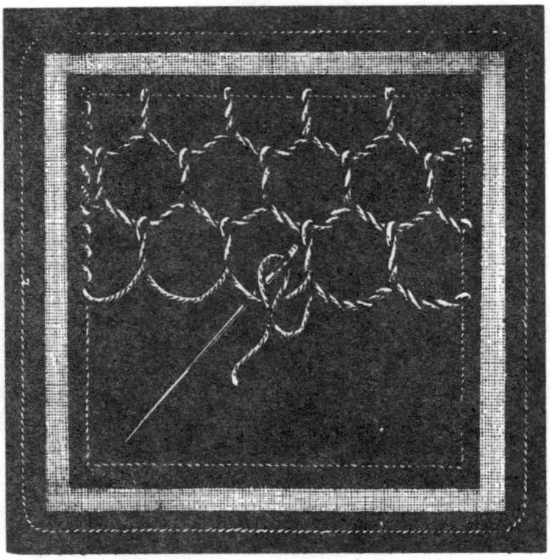

Fig. 970. Vingt-neuvième point de dentelle.

Trente-cinquième point de dentelle (fig. 976). — On établit d'abord un fond de filet très régulier, mais sans faire de nœuds aux points de jonction des fils.

On pose un troisième fil en diagonale par-dessus les deux premiers, de manière qu'il les rencontre à leur point d'intersection. Il se produit ainsi six rayons se rencontrant au centre.

Avec le fil que l'on pose en quatrième et dernier lieu et qui établit le septième et le huitième rayon, on fait la roue par-dessus sept fils, puis on passe avec l'aiguille sous la roue que l'on vient de faire et on conduit l'aiguille au point que doit occuper la roue suivante.

Trente-sixième point de dentelle (fig. 977). — Après avoir recouvert toute la surface à broder de fils tendus en ligne horizontale, on les recouvre de boucles allant d'un fil à l'autre et se raccordant dans le rang suivant aux boucles qui précèdent. L'aiguille devra donc passer sous deux fils.

Ce réseau une fois préparé, on le recouvre de cônes à points de reprise très serrés, qui sont commencés par la pointe, comme on l'a fait dans les fig. 938 et 939.

Trente-septième point de dentelle (fig. 978). — Pour faire ce point on imite d'abord, au moyen des premiers fils que l'on pose, le canevas façonné employé pour faire la tapisserie. Dans ce but, on recouvre le vide dans les deux sens par deux fils assez rapprochés qui se croisent aux points d'intersection, comme les fils du canevas.

Les entre-croisements des fils sont entourés plusieurs fois de fil; on le fera autant de fois que l'on pourra, car plus il y aura de parties remplies, plus les points de feston auront de relief et plus la broderie aura d'apparence.

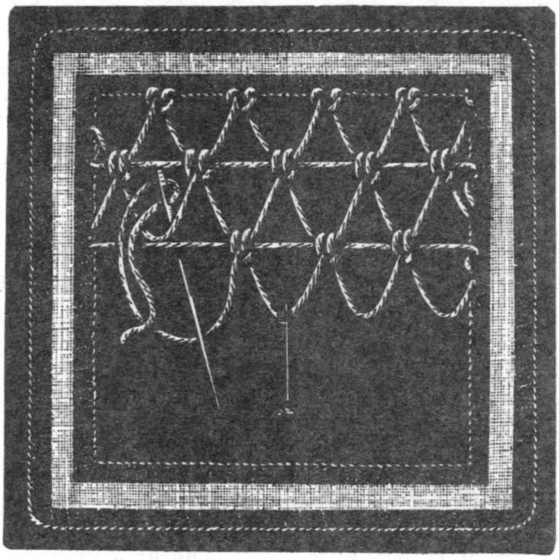
Fig. 971. Trentième point de dentelle.

Chacun des petits œillets festonnés doit être commencé et terminé indépendamment des autres.

Trente-huitième point de dentelle (fig. 979). — Le point de tulle simple étant plus vite terminé que tout autre, on est aussi tenté de s'en servir plus fréquemment.

Mais comme il est d'un aspect un peu monotone, on fera bien d'y ajouter des motifs supplémentaires. Des œillets festonnés et répartis méthodiquement sur le fond, comme on les voit dans la gravure, rehausseront l'effet de ce fond de dentelle.

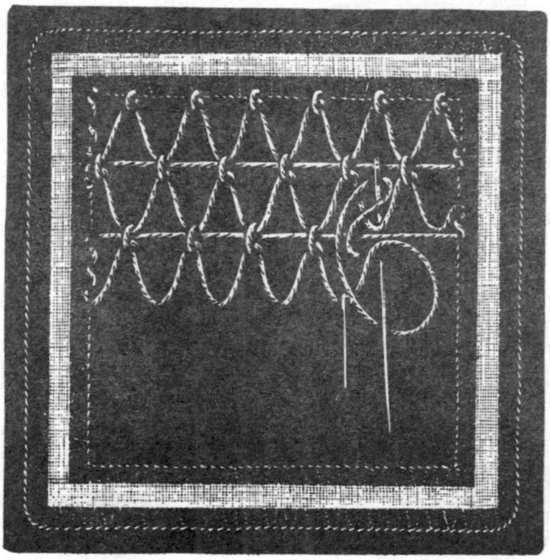
Fig. 972. Trente et unième point de dentelle.

Ici comme dans la figure précédente, chaque œillet se fait indépendamment des autres.

Trente-neuvième point de dentelle (fig. 980). — On peut encore remplir un fond de dentelle avec des brides ramifiées, faites au point de surjet. On prépare cinq ou six fils, suivant que l'exige la marche des brides, on surjette les ramifications jusqu'au point où elles rejoignent la ligne principale; de là on prépare un nouveau rempli pour une autre branche, de sorte que, arrivé à un point donné et revenant pour terminer le surfilage des fils restés vides dans l'aller, on aura à surjeter de six à huit parties de rempli.

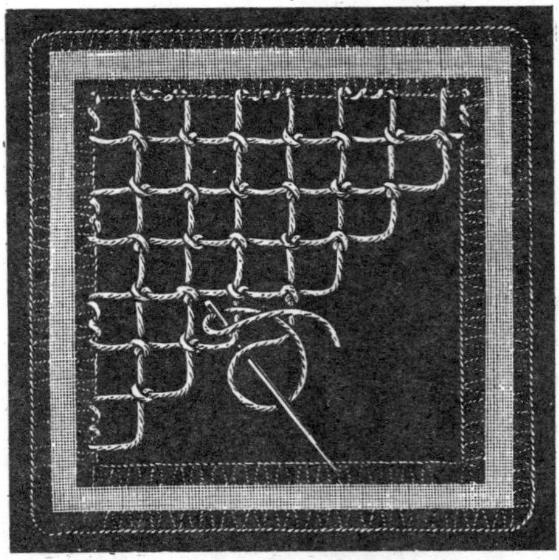

Fig. 973. Trente-deuxième point de dentelle.

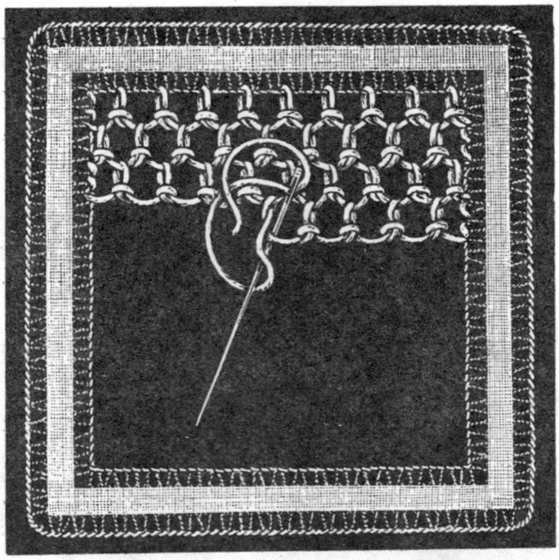

Fig. 974. Trente-troisième point de dentelle.

Les points de surjet se font toujours de droite à gauche; il faudra donc souvent tourner l'ouvrage.

Quarantième point de dentelle (fig. 981). — Parmi tous les points que nous venons de décrire, nous considérons celui qui termine cette série comme étant celui qui exige le plus de patience. Nous l'avons copié sur une dentelle de Brabant fort ancienne dont les parties ajourées étaient remplies avec ce point.

Dans le premier rang de points, les trois fils du rempli posés, on fait les points de feston en descendant de droite à gauche, au nombre de huit à dix, jusqu'au point où se détache la branche suivante, pour laquelle on tendra de nouveau trois fils de rempli.

Ensuite arrivé à la fin du rang, on fixe le fil dans le galon à droite, et en revenant on festonne la seconde partie de la bride en travaillant de droite à gauche. Puis on tend de nouveau les fils du rempli, on les festonne ainsi que les fils du rempli précédent, couverts en partie et ainsi de suite. Un picot, exécuté d'après la fig. 921, marque le point de jonction de brides.

Roues à brides festonnées (fig. 982, 983, 984, 985). — Comme nous avons déjà eu plusieurs fois l'occasion de donner des détails sur la manière de faire les roues, non seulement dans ce chapitre, mais encore dans celui du filet, nous ne nous étendrons plus sur le genre de points à employer, nous nous bornerons à donner les explications nécessaires sur la marche à suivre pour faire dans une ouverture carrée une roue à brides festonnées.

Fig. 975. Trente-quatrième point de dentelle

La fig. 982 explique comment on pose les huit premières boucles qui servent de carcasse aux brides.

Dans la fig. 983 on voit qu'on a passé par les boucles un fil au moyen duquel on les serre pour former un cercle; de plus, que deux fils ajoutés à la boucle servent de rempli aux points de feston. Ces derniers seront commencés invariablement sur le côté du lacet.

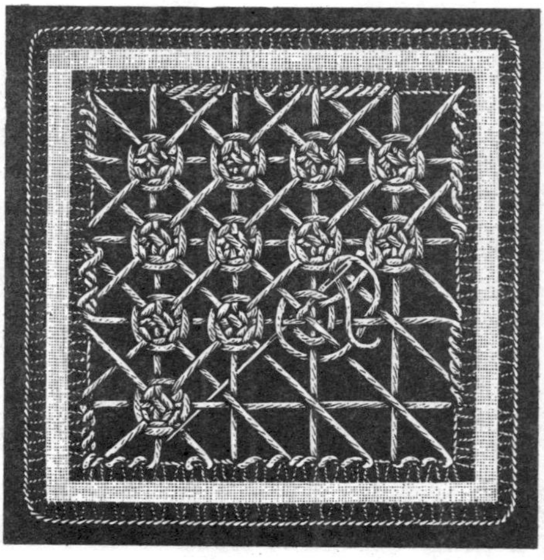
Fig. 976. Trente-cinquième point de dentelle.

La fig. 984 représente, à l'état terminé, la bride commencée dans la fig. 983, ainsi que le passage du fil à la bride suivante, et la fig. 985, le cercle festonné après l'achèvement complet de toutes les brides.

Manière de remplir des ouvertures rondes (fig. 986, 987, 988). — Les jours qui, par leur configuration, permettent de superposer plusieurs rangs de points se resserrant au fur et à mesure que la circonférence intérieure du cercle diminue, et les jours qui, par leur distribution, permettent de sauter régulièrement dans les circonférences intérieures quelques points des rangs extérieurs, sont ceux qui conviennent le mieux pour remplir les ouvertures rondes qui se trouvent quelquefois dans les dessins de dentelles.

Les lacets que l'on bâtira sur un dessin rond devront, comme nous l'avons fait remarquer au commencement de ce chapitre, être froncés à l'intérieur avant que l'on commence les jours.

Fig. 977. Trente-sixième point de dentelle.

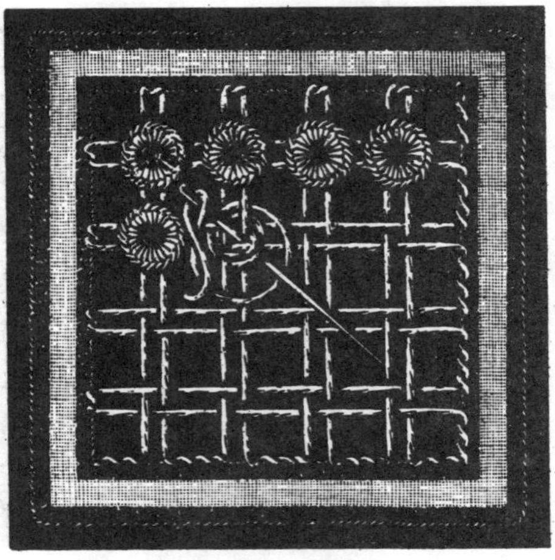

Fig. 978. Trente-septième point de dentelle.

Dans la fig. 986 nous donnons l'explication de la manière dont on peut remplir une ouverture ronde au moyen de trois rangs de point de tulle.

On remarquera que la boucle qui commence le rang est enlacée avec le fil de la boucle qui le termine et que ce fil passe alors à la seconde série de points.

On passe de la même manière au troisième tour, après lequel on relève toutes les boucles, puis on arrête le fil en redescendant le long des rangs de boucles et en suivant la marche indiquée par le pointillé.

La fig. 987 montre comment on termine un tour de boucles par des roues que l'on monte seulement sur trois fils. Dans le premier tour on fait une roue par-dessus chaque bride ; dans le second tour les roues ne sont faites que sur chaque seconde bride ; un troisième tour de brides, qu'on relève par un fil, achève l'intérieur du cercle, puis on surjette le fil le long des brides, fig. 988, pour le ramener au bord du galon, où on l'arrête.

Picots cousus (fig. 989, 990, 991). — On borde et on termine généralement les contours extérieurs des dentelles Renaissance par des picots que l'on trouve dans le commerce ; voir la fig. 914. Cependant ces picots ne sont pas très solides et nous ne pouvons les recommander pour des ouvrages que l'on a eu la patience de faire soi-même.

La fig. 989, indique la manière d'exécuter des picots raccordés.

On commence par faire, d'après la fig. 973, un nœud par-dessus lequel on enlace le fil en suivant les indications données par la gravure.

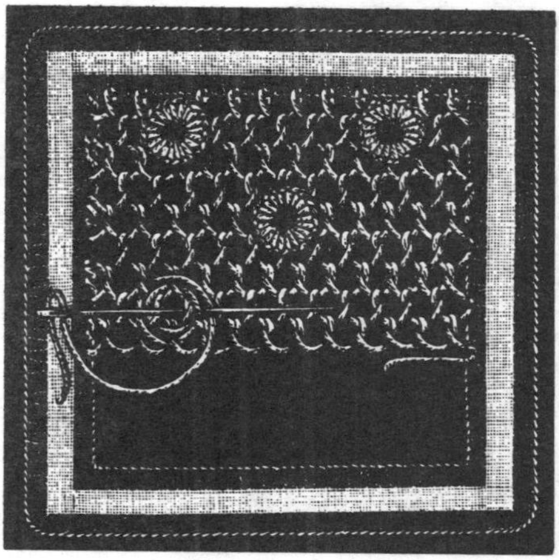

Fig. 979. Trente-huitième point de dentelle.

Inutile de répéter que toutes les boucles devront être liées au même niveau, qu'elles seront toutes de longueur pareille et espacées régulièrement.

Dans la fig. 990 on trouvera le genre de picots cousus ayant le plus de ressemblance avec ceux qui sont faits à la machine, tandis que la fig. 991 apprend à se servir de petits festons surmontés de picots au point de poste.

On peut, en outre, employer en guise de picots un ou même deux rangs du point de dentelle, fig. 958, les festons, fig. 923 ou les premiers rangs des fig. 971, 972, 973.

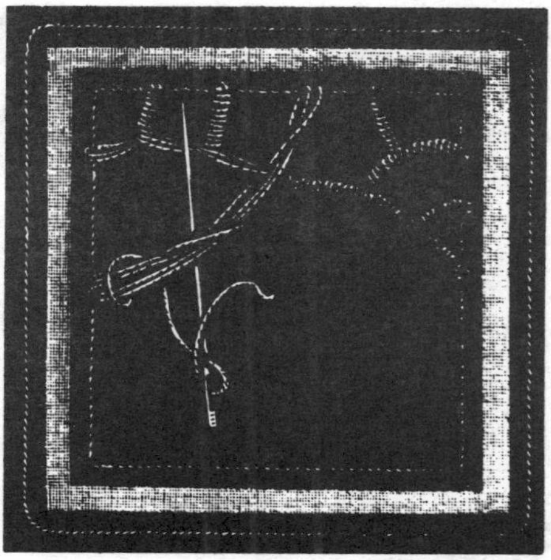

Fig. 980. Trente-neuvième point de dentelle.

Dentelle Renaissance avec fond de brides (fig. 992). — Les dentelles Renaissance les plus simples sont celles où les figures, formées par différentes sortes de lacets, sont reliées par des brides surjetées et par des roues avec remplissage au point russe. Nous donnons comme exemple la dentelle, fig. 992, pour laquelle on a employé un lacet uni et un lacet à médaillons.

Les brides surjetées sont exécutées d'après les explications données pour la fig. 916, le point russe d'après la fig. 926 et pour les roues au point de reprise nous renvoyons au chapitre « Le Filet », fig. 711 et 712.

Le bord inférieur de la dentelle est terminé par un lacet à picots cousu avec des points de surjet.

Dentelle Renaissance avec fond à mailles (fig. 993). — L'exécution de cette dentelle demande plus de temps et plus de soins que la précédente. Après avoir bâti et froncé les lacets, on remplit le fond avec le point fig. 970. Pour arriver à faire ce remplissage bien régulièrement, nous conseillons de tracer quelques lignes auxiliaires sur le calque en papier-toile, on suivra ensuite ces lignes pour exécuter les différents rangs de points.

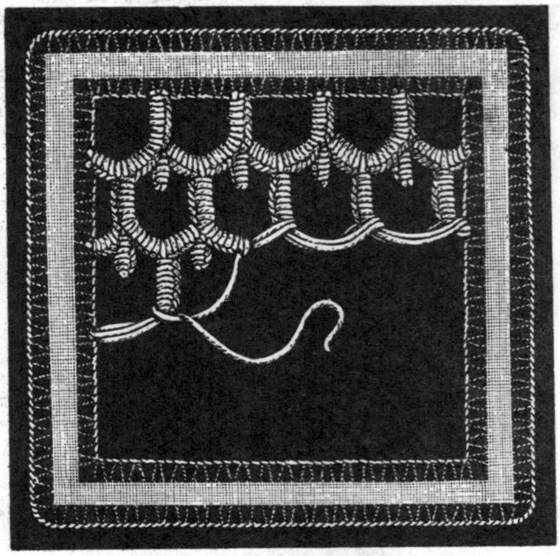

Fig. 981. Quarantième point de dentelle.

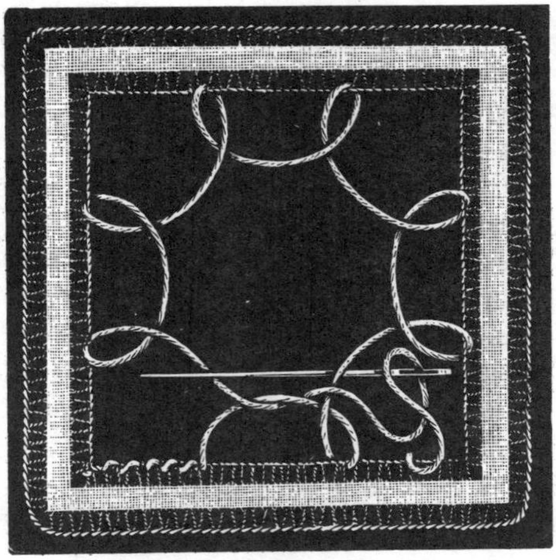

Fig. 982. Roue à brides festonnées.
Pose des boucles et manière de les relever.

Lorsque tout le fond sera terminé, on passera au remplissage des figures pour lequel on chòisira les points, fig. 944, 957 et 959. Le bord de la dentelle est garni de festons ornés de picots au point de poste, fig. 991. Ici on emploiera un fil de lin fin pour froncer les lacets et un fil plus fort pour les points de dentelle.

Motif vénitien (fig. 994, 995, 996, 997, 998, 999, 1000). — On comprend généralement sous la dénomination de « Point de Venise » des dentelles faites à l'aiguille, dont les contours sont bordés de riches festons, à haut relief. La dentellière appelle ces reliefs des « brodes ».

Il s'agit ici, comme pour la plupart des ouvrages, de préparer d'abord le dessin: on commence par doubler de papier noir mat le dessin calqué sur papier (il existe un papier spécial pour cela), on pratique ensuite sur le calque des trous à distances égales les uns des autres, puis on enlève le calque et on bâtit le papier noir sur une toile assez grossière, prise double. Ceci terminé, on prend trois à cinq brins du fil qui servira à faire la dentelle, on pose cette mèche sur les lignes que marquent les trous percés et on arrête cette mèche à chaque trou par un point que l'on fait par-dessus les fils.

La fig. 994 fait voir en grandeur naturelle les distances qu'il faut maintenir entre les piqûres ainsi que le commencement du tracé, tandis que la fig. 995 montre le tracé terminé, même pour les œillets que l'on fera entrer plus tard dans les jours.

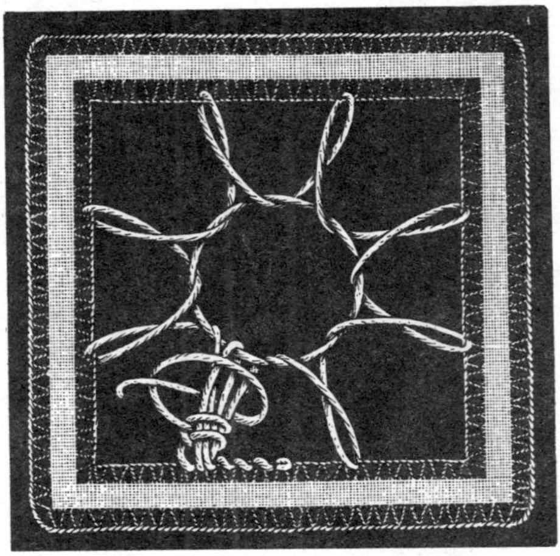

Fig. 983. Roue à brides festonnées.
Boucles relevées et bride commencée.

Ce n'est que lorsque le tracé est terminé que l'on peut faire les jours ou points proprement dits. Cette partie de l'ouvrage devra être exécutée avec beaucoup de soin, afin que le fil garde toute sa blancheur. Pour y arriver on prend du papier bleu et on en recouvre toutes les parties du tracé que l'on ne veut pas travailler immédiatement; celles que l'on se propose d'entreprendre de suite resteront découvertes. En outre on prendra un morceau de papier un peu plus grand que la partie non recouverte, on y coupera une petite ouverture d'un centimètre de diamètre environ et on placera cette ouverture sur l'endroit où l'on veut commencer son ouvrage. Ce n'est que dans l'espace ainsi découvert que l'on exécutera les jours. Le papier étant mobile, on pourra toujours faire suivre l'ouverture au fur et à mesure

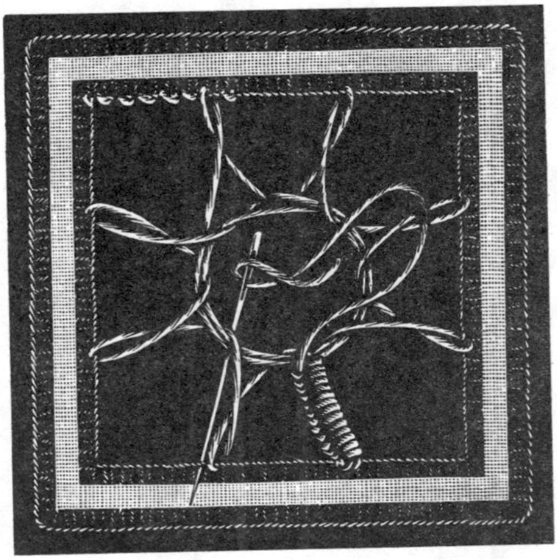

Fig. 984. Roue à brides festonnées.
Première bride terminée et passage à la bride suivante.

que l'on avancera ou que l'on reviendra sur les rangs, fig. 996.

On remplit donc successivement toutes les parties de jours que l'on distribuera selon le dessin en jours serrés ou en jours plus transparents, jusqu'à ce que tous les vides du tracé soient comblés; voir les fig. 997 et 998.

Fig. 985. Roue à brides festonnées. Terminée.

Les jours terminés sont immédiatement protégés par un papier fixé avec un bâti de points. On ne l'ôte qu'au moment de faire les brides et les contours.

Les points de n'importe quel genre doivent tous être arrêtés au tracé sans cependant trop charger celui-ci.

Nous rappelons encore une fois à nos lectrices que les points de dentelles fines se font toujours en tenant le chas de l'aiguille tourné vers l'ouvrière, la pointe vers l'extérieur. On arrive de cette manière à un travail plus régulier et plus exact.

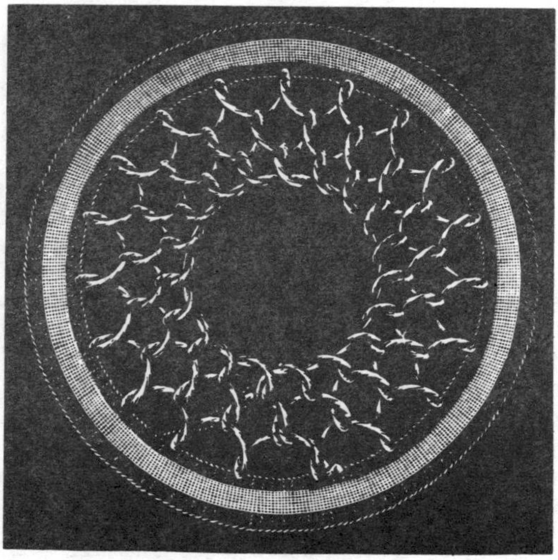

Fig. 986. Ouverture ronde, remplie par trois rangs de point de tulle.

Lorsque tous les jours sont faits, on festonne les contours au moyen de points très serrés.

Ces contours sont quelquefois en relief, de largeur variable et très forts, voir la fig. 1000; ils sont bourrés fortement de fils, comme nous l'avons expliqué à la fig. 162 pour la broderie vénitienne et, quelquefois, ils sont plats et de largeur uniforme, fig. 999. Dans ce dernier cas on prend un fil rond comme bourdon.

Dentelle à l'aiguille. Point de gaze (fig. 1001). — Dans des motifs détachés, comme celui des fig. 999 et 1000, on festonne les contours dès que les pleins sont terminés, mais dans des dentelles dont les parties sont jointes par des brides ou par un réseau, on ne fait les contours festonnés qu'en dernier lieu. Ainsi dans la dentelle, fig. 1001, on achève d'abord tous les jours à l'intérieur des fleurs et des rinceaux, puis on ajoute le réseau, que l'on peut aussi remplacer par des brides picotées, et en dernier lieu seulement on fait les brodes et les festons extérieurs.

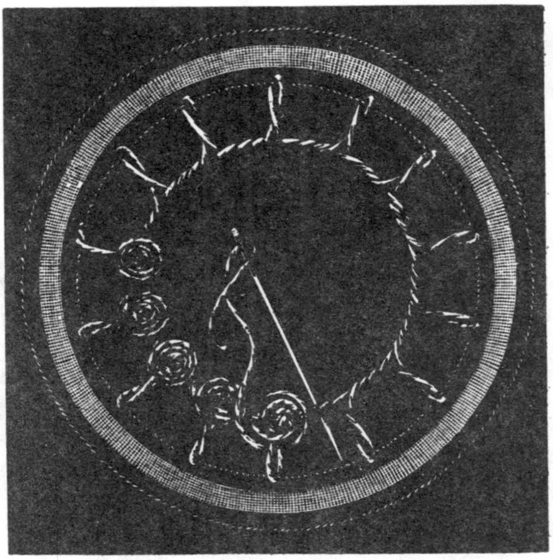

Fig. 987.
Ouverture ronde, remplie par des brides et des roues.
Premier tour de roues.

Ce genre de dentelle demande le même travail préparatoire que la dentelle vénitienne, seulement les points de dentelle employés offrent moins de variété. Ce sont les points fig. 942 et 960 que l'on y rencontre le plus souvent.

Carré. Dentelle Reticella (fig. 1002 et 1003). — Pour l'exécution des dentelles Reticella, il faut comme pour les dentelles de Venise, un patron sur papier noir spécial. Il doit reproduire les contours, les nervures de motifs et les brides de raccord.

Fig. 988.
Ouverture ronde, remplie par des brides et des roues.
Deux tours de roues terminées.

Perforer d'abord le calque, le doubler d'une double couche de solide étoffe blanche et exécuter le traçage complet du motif. Nous avons employé pour le traçage du carré, fig. 1002, du Cordonnet spécial D·M·C N° 60, retenu par des points de surjet en Fil d'Alsace D·M·C N° 300.

Le traçage des lignes principales se fait avec un fil double et celui des petits motifs secondaires avec un fil simple. Dans ce dernier cas, on conduit ce fil en aller et retour d'un bout à l'autre de l'embranchement, on le réunit au point de départ avec le second fil de façon à pouvoir continuer avec un fil double le traçage des lignes principales. Quand on arrive avec le fil vers une partie déjà tracée, on passe l'aiguille entre les deux fils déjà fixés afin que le réseau soit bien continu.

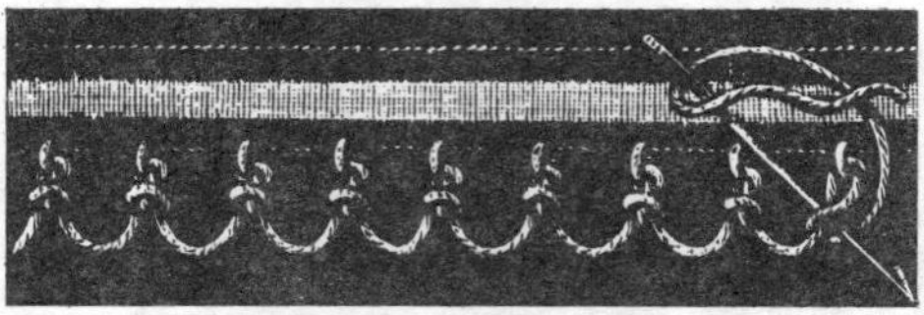

Fig. 989. Picots cousus raccordés.

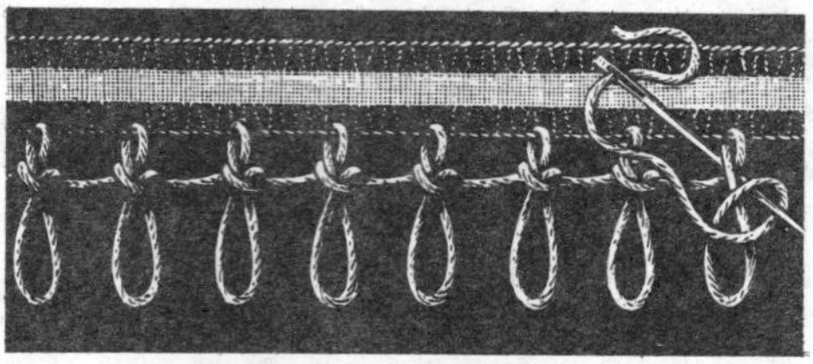

Fig. 990. Picots cousus isolés.

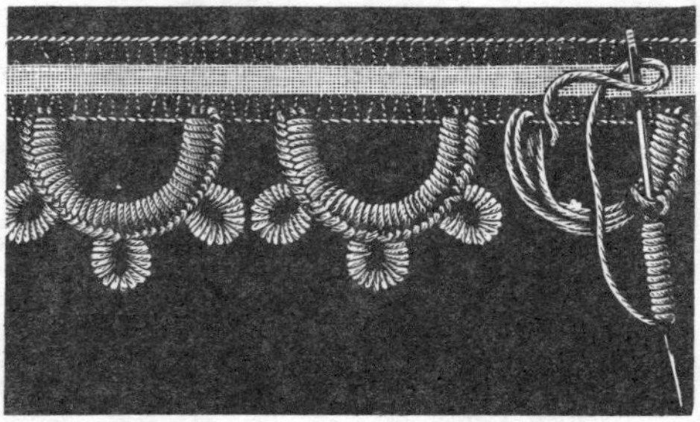

Fig. 991.
Picots festonnés avec petits picots au point de poste.

Le travail lui-même commence par les petits ovales en Cordonnet spécial D·M·C N° 50. On fait deux rangs de points de feston par-dessus le tracé du milieu, puis on exécute chaque moitié séparément. Lorsqu'on a fini, on les raccorde au tracé extérieur par des points de surjet et, en même temps, on brode les picots.

Les petites pyramides se composent de neuf rangs de points de feston ; chaque rang se rattache au tracé ; après les troisième et quatrième rangs on fait un picot. L'exécution de ces motifs pleins est expliquée à droite, au bas de la fig. 1003. On brode en même temps que ces motifs les brides cordonnées qui servent de raccord.

Les rangées de brides ajourées dans le grand cercle et dans les ogives sont travaillées avec du Cordonnet spécial D·M·C N° 100. Faire un point de surjet par-dessus le fil extérieur du tracé, puis passer l'aiguille sous le fil du tracé intérieur et en revenant faire un point par-dessus le fil tendu de la bride, pour passer encore une fois par-dessus le fil extérieur.

Finalement on brode les contours. Le petit cercle intérieur est fait en même temps que les brides cordonnées, puis on festonne les petits festons entourant le grand cercle et en dernier lieu on exécute les contours des ogives et du grand cercle, en observant que les points de feston doivent être tournés vers l'extérieur de la rangée de brides ajourées.

Les motifs Reticella, qu'on emploie rarement seuls, sont généralement incrustés dans un tissu. Dans ce cas, les fils extérieurs du traçage ne sont brodés qu'avec des points de surjet espacés.

Entre-deux. Dentelle Reticella (fig. 1004). — On exécute l'entre-deux en dentelle Reticella, fig. 1004, de la même

Fig. 992. Dentelle Renaissance avec fond de brides.
Fournitures : Lin pour dentelles D·M·C No 40, Lin floche D·M·C No 40, Fil a dentelles D·M·C No 50 ou Alsatia D·M·C No 40, en blanc (*).

manière et avec les mêmes fournitures que le carré, fig. 1002.

Après avoir terminé le tracé, on part du centre et on fait les petits ovales avec brides cordonnées. Il ne faut qu'un seul rang de points de feston par-dessus les fils du traçage et un contour festonné. On revient au centre pour faire les brides verticales et horizontales doublement festonnées et garnies de picots.

Lorsqu'on a fini le grand cercle, on cordonne les brides de raccord et les brides verticales qui séparent les carrés, puis on brode les festons ornés de picots.

Dentelle danoise « Hedebo » (fig. 1005 et 1006). — Cette dentelle — déjà connue de nos lectrices par la fig. 841 où elle termine la petite nappe ajourée — est fixée ici à un bord en toile, mais elle peut aussi être travaillée librement et

(*) Voir à la fin du dernier chapitre, la liste des fils de coton, de lin, de rayonne et de soie, portant la marque D·M·C.

Fig. 993. Dentelle Renaissance avec fond à mailles.
Fournitures — Pour le fronçage des galons :
Lin pour dentelles D·M·C No 70, en blanc ; pour les points de dentelle : Lin pour dentelles D·M·C No 45, en blanc.

terminée par un rang de points de boutonnière exécuté par-dessus quelques fils tracés. L'exécution des rosaces est clairement indiquée par la fig. 1006.

Après avoir calqué le dessin sur du papier-toile, on le fixe sur de la toile cirée ; puis on trace les ronds, sur lesquels on coud deux fils retenus par des points de surjet. Revenu au point de départ, on recouvre ce rond de points de boutonnière, sous lesquels on conduit encore une fois les deux fils provenant du tracé. Avant de terminer entièrement le rond, on exécute les petites pyramides au point de boutonnière par-dessus les points de boutonnière du rond, en lançant chaque fois le fil, en revenant, sur le rang de points terminés, de manière à commencer chaque rang du même côté. Le fil tendu est surjeté par les points de boutonnière du rang suivant. En diminuant d'un point à chaque rang, on arrive finalement à former une pointe, et de là on reconduit le fil au rond par des petits points de surjet placés le long de la pyramide. Puis on fait une seconde pyramide opposée à la première, on termine le rond et on arrête les fils. Là où les rangs se touchent, ils sont raccordés entre eux par quelques points. La roue de l'intérieur, qui raccorde les huit pyramides, est garnie au centre d'un rang de brides

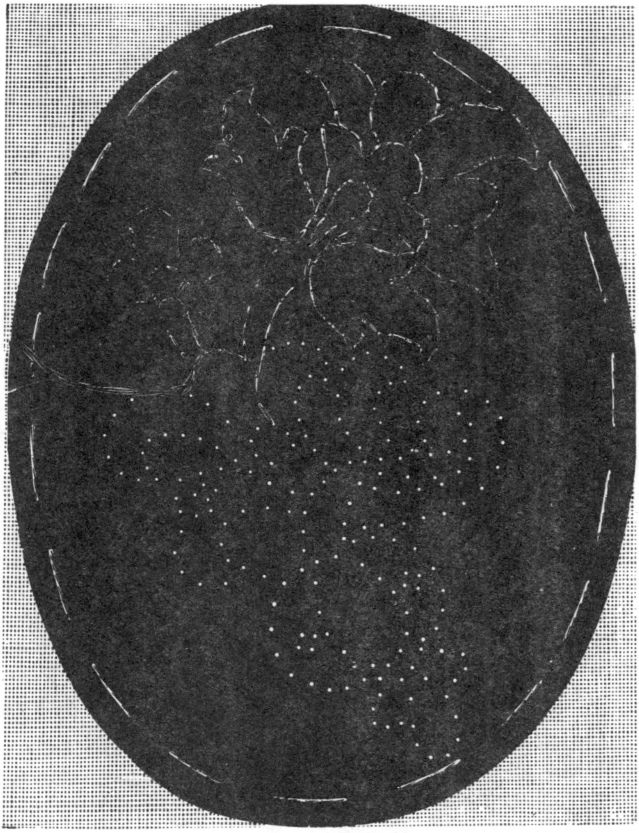

Fig. 994. Manière d'exécuter le tracé.

surjetées, qui sont assez espacées pour former un rang ajouré.

Les rosaces sont raccordées dans le haut à une bande de toile garnie d'une rivière à jour; les vides entre les rosaces et le bord sont garnis d'une petite pyramide.

Entre-deux. Dentelle brésilienne « Sols » (fig. 1007, 1008, 1009). — Nous donnons ici un exemple des dentelles du Brésil, connues sous le nom de « Sols »; elles se distinguent particulièrement par la finesse du travail et par les dessins composés de rosaces à fils tendus. Malgré la simplicité des dessins, il faut avoir acquis un certain degré d'habileté si l'on veut entreprendre un ouvrage de ce genre, attendu que ces dentelles sont exécutées à fil libre et qu'il est très difficile de défaire une partie terminée.

Comme travail préparatoire, on calque le dessin — composé

Fig. 995. Tracé terminé.

de cercles et d'arcs — sur de la toile d'architecte ; chaque cercle est divisé en autant de parties que la rosace compte de rayons — dans notre cas en quarante-huit parties égales — qui sont marquées par les lignes se rencontrant au centre. Pour les arcs entre les rosaces on dessine neuf intervalles et huit rayons de la même grandeur. Le calque terminé, on le fixe sur de la toile forte, puis on trace les contours avec des points devant, en laissant un point par intervalle ; chaque deuxième intervalle est sauté. C'est sur ces points devant que l'on construit toute la dentelle. Après avoir monté du fil sur une petite navette à filet, on le fixe à un point devant au moyen d'un nœud, et en traversant le rond, on passe la navette à travers le point opposé du tracé, on revient

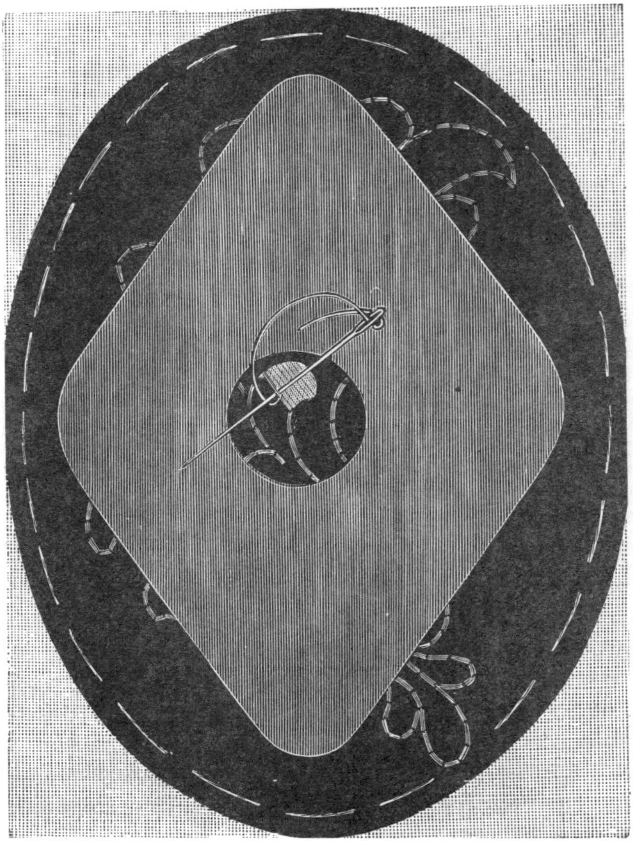

Fig. 996. Manière de protéger l'ouvrage.

par le point le plus proche, on traverse le rond pour saisir le point opposé du tracé et ainsi de suite ; voir la gravure explicative, fig. 1008. Le fil est passé deux fois par chaque point devant ; de cette manière on continue à remplir le rond de rayons, au dernier rayon on réunit au centre par un nœud tous les fils tendus et l'on ne revient plus à l'extérieur du cercle. Nous recommandons de ne pas trop serrer les fils. On a obtenu ainsi quarante-sept rayons ; le quarante-huitième rayon est terminé au fur et à mesure que le travail avance du centre vers l'extérieur, et ce fil sert alors de passage d'un rang de points à l'autre.

Le motif même se travaille en deux points différents : un point noué, comme celui que l'on emploie dans les jours

Fig. 997. Manière d'exécuter le remplissage.

sur toile pour réunir des faisceaux de fils, voir fig. 783, et le point de reprise, que nous avons expliqué au chapitre « Le Filet » pour faire les feuilles, voir fig. 705 et 706, et dans le présent chapitre par les fig. 935, 938 et 939.

Au centre de la rosace on fait une roue avec quelques tours de points de reprise, puis dans le tour suivant on réunit six fils tendus par un nœud ; au deuxième tour on partage les six fils et l'on réunit trois et trois fils de chaque faisceau.

Jusqu'ici l'exécution est la même pour les deux genres de rosaces.

Pour une rosace on fait suivre huit petites pyramides au point de reprise, dont la pointe est placée vers le centre et qui devront toujours être commencées par cette pointe; voir la fig. 1009.

Fig. 998. Points de remplissage terminés.

Au commencement de chaque tour le fil doit rester libre; il est ensuite noué au rayon le plus proche. A la fin du tour, on noue le fil à la première bouclette du même fil, de façon que le dessin ne présente point d'interruption, et on forme ainsi le quarante-huitième rayon.

A l'extérieur les pyramides sont reliées par des fils tendus en forme de festons et de deux cercles de fils tendus qui terminent la rosace; on conduit le fil vers le bord, où on l'arrête, après quoi on passe à la rosace suivante, pour laquelle on fait au centre la roue au point de reprise et les deux tours de faisceaux contrariés, puis on termine le quarante-huitième rayon.

Le motif est également fait au point de reprise et avec fils tendus, en commençant toujours au centre.

Fig. 999. Motif vénitien avec contours unis.

Les rosaces terminées, on remplit les figures intermédiaires d'après la fig. 1007 et avec les points que nous venons d'indiquer.

Tout ce travail achevé, on prend une mèche de trois à quatre fils, on la place près des contours, et l'on exécute par-dessus les points du tracé et du rembourrage des points de feston le long des contours, puis on détache la dentelle terminée de la toile, en coupant sur l'envers tous les points du tracé.

Rosace. Dentelle espagnole « Sols » (fig. 1010). — La rosace, fig. 1010, est un modèle à la fois riche et délicat des anciennes dentelles « Sols ». Le diamètre de cette rosace est de 106 millimètres. Elle est divisée en huit couronnes de motifs brodés à l'aide de dix circonférences concentriques semées régulièrement de nœuds.

Fig. 1000. Motif vénitien avec contours à relief.

Fournitures — Pour le trace et pour les jours : Fil à dentelles D·M·C No 200 ou Lin pour dentelles D·M·C No 70.

Pour bourrer : Lin floche D·M·C No 70, en blanc.

Monter un solide morceau de toile serrée dans un métier; y reporter le calque des onze cercles. Ces onze lignes ont des diamètres respectifs de 8, 17, 25, 29, 34, 42, 58, 64, 72, 98 et 106 millimètres passant naturellement tous par un même centre.

Reporter sur le cercle extérieur quatre-vingts points à égale distance pour les quatre-vingts rayons nécessaires à la confection de la rosace. La pose de ces fils est expliquée par la fig. 1008. Le dernier est tendu seulement jusqu'au centre pour le travail de la roue centrale. Au cours du travail, ce fil continue son chemin vers l'extérieur et est alors lancé d'un bord à l'autre du cercle extérieur.

Fig. 1001.
Dentelle à l'aiguille. Point de gaze.
Fournitures : Lin pour dentelles D·M·C No 70 ou Fil à dentelles D·M·C No 120, en blanc.

La roue centrale est faite au point de reprise, par-dessus des faisceaux de quatre fils. Elle doit toucher le premier cercle dont les nœuds sont également serrés sur quatre fils. Faire les deuxième et troisième cercles avec des nœuds prenant sur deux fils, rebroder le fil du troisième cercle avec des points de surjet et faire en même temps les points d'esprit isolés. Pour le quatrième, les nœuds sont faits sur chacun des fils pris à part. On brode ensuite une sorte de rivière au point de reprise et on exécute le cinquième cercle où les nœuds sont faits sur deux fils.

Le sixième cercle est à nouveau fait de nœuds sur fil simple. On le surjette pour pouvoir broder à mesure les volutes — celles-ci sont composées de deux rangs de points de reprise contournés par deux rangs de nœuds. On conduit le fil jusqu'au septième cercle et on fait trois points de cordonnet par-dessus chaque fil simple, par la tension du fil intermédiaire, ces colonnes de points se placent en zigzag. Puis on travaille les huitième et neuvième cercles et le remplissage de leur intervalle par des points d'esprit isolés exactement comme au centre.

On fait le dixième cercle de nœuds avant de broder la bordure large. Puis on traite les motifs carrés au point de reprise.

Quelquefois on est obligé de revenir avec le fil sous les carrés, jusqu'au milieu de la bordure et de l'y fixer par un nœud.

Pour faire les roues disposées dans un ovale, on exécute un nœud par-dessus chacun des cinq rayons suivants et, en revenant, on garnit les croisements avec des roues au point de reprise. On sertit le tout d'un rang de nœuds, de deux rangs de points de reprise et d'un dernier rang de nœuds. On revient avec le fil à travers les roues et on fait les carrés suivants au point de reprise.

Fig. 1002. Carre. Dentelle Reticella.

Fournitures — Pour le trace : Cordonnet spécial D·M·C No 60 et Fil d'Alsace D·M·C No 300.

Pour les points de dentelles : Cordonnet special D·M·C Nos 50 et 100, en blanc.

Le onzième cercle achève la rosace. Il est réuni au dixième par des bouclettes entrelacées.

Carré. Dentelle Ténériffe (fig. 1011, 1012, 1013). — On exécute les motifs des dentelles Ténériffe sur des moules en métal, en bois ou en caoutchouc. On évite ainsi la confection des calques sur toile d'architecte, indispensables pour les dentelles « Sols ». Il est, de plus, agréable et facile de travailler sur un objet maniable que l'on peut tourner et tenir à sa guise. Il existe dans le commerce différents appareils de toutes les grandeurs désirées, ronds, carrés, rectangulaires ou ondulés, avec des pointes métalliques ou des entailles pour la pose des fils.

Notre modèle est fait avec du Cordonnet spécial D·M·C N° 15, sur une forme métallique pliable, carrée, de 85 millimètres de côté. Le montage des fils qui forment les rayons se commence et se termine au centre. Il faut éviter de tendre trop fortement ces fils. La fig. 1012 enseigne la manière de tendre les fils et on peut voir la forme métallique dans les parties où elle est découverte. Le travail de broderie commence par le centre de la roue. On prend et on laisse alternativement huit fils, en avançant de deux fils à chaque rang pour courber la spirale. On conduit ensuite l'aiguille à travers le moule et on la fait sortir au côté opposé. On fait le premier rang de nœuds en commençant dans la découpure des ogives, chaque

Fig. 1003. Manière d'exécuter le carré, dentelle Reticella fig. 1002.

nœud serrant deux fils. Le remplissage des découpures est fait au point de reprise, avec un rang de nœuds en bordure dans le haut et dans le bas. Puis on exécute le dernier rang de nœuds, vers l'extérieur du carré, faits comme ceux du premier rang. Enfin on noue les festons allongés, en divisant et intervertissant les fils des faisceaux. Ils sont complétés dans les coins par des points de reprise limités dans le haut par un court rang de nœuds. Six dents au point de reprise reposent sur les nœuds de ce dernier petit rang. Pour les broder, il faut conduire le fil vers le haut du carré, l'attacher au fil extérieur et revenir vers le bas avec des points de reprise qui vont en s'élargissant.

La fig. 1013 détaille l'exécution des différents rangs de nœuds

Fig. 1004. Entre-deux. Dentelle Reticella.

Fournitures — pour le tracé : Cordonnet spécial D·M·C No 60 et Fil d'Alsace D·M·C No 300. Pour les points de dentelles : Cordonnet spécial D·M·C Nos 50 et 100, en blanc (*).

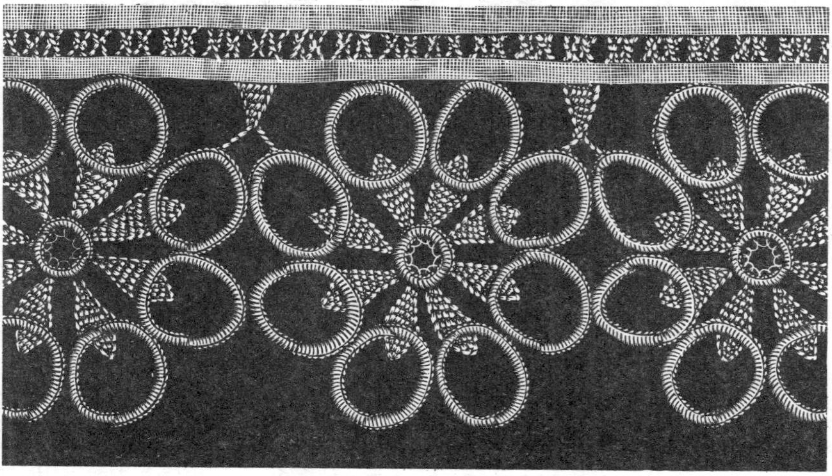

Fig. 1005. Dentelle danoise « Hedebo ».

Fournitures : Lin pour dentelles D·M·C No 40, Fil à dentelles D·M·C No 30, Alsatia D·M·C No 40 ou Fil d'Alsace D·M·C No 30, en blanc (*).

et des remplissages au point de reprise. Pour ôter la dentelle de son moule, pousser les deux charnières vers l'intérieur et plier le carré. La dentelle se détache alors tout naturellement des dents métalliques.

(*) Voir à la fin du dernier chapitre, la liste des fils de coton, de lin, de rayonne et de soie, portant la marque D·M·C.

Dentelles à points noués. — On ne rencontre les dentelles à points noués que sur les côtes de la Méditerranée. On les classe, suivant leur exécution, en dentelles à nœuds simples et dentelles à nœuds doubles. Les dentelles à nœuds simples sont connues en Italie sous le nom de « punto avorio »; la population rustique les confectionne depuis des siècles pour son usage personnel; mais elles sont devenues depuis un certain temps des articles de commerce très recherchés. On se sert en Albanie d'entre-deux étroits à nœuds simples pour le raccord des tissus de largeur insuffisante. Enfin les charmantes dentelles arabes

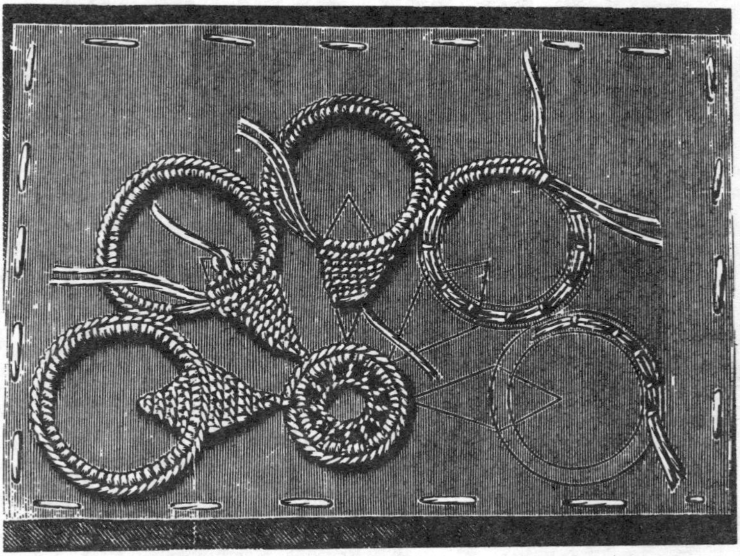

Fig. 1006. Détail de la dentelle danoise « Hebedo » fig. 1005.

d'Algérie et de Tunisie sont également exécutées avec des nœuds simples. Toutes ces dentelles sont faites sans picots.

Les dentelles de provenance turque, directement travaillées sur un bord de tissu, les dentelles albanaises à formes géométriques sont confectionnées avec des nœuds doubles. Ces dernières sont richement garnies de picots.

Les dentelles larges du « punto avorio » sont faites sur un calque primitif qui indique les lignes principales des motifs. On prépare les bords extérieurs des dentelles arabes par une piqûre à la machine sur de la lustrine foncée ou sur du papier noir mat. Les dentelles albanaises et les dentelles turques sont faites librement dans la main sans aucun calque.

Nous donnons ci-après les explications concernant les différentes sortes de nœuds.

Nœud simple (fig. 1014 et 1015). — Pour le nœud simple travaillé de droite à gauche, introduire l'aiguille de bas en haut sous le fil ou dans le bord de tissu qui sert de base à la dentelle et auquel on a tout d'abord fixé le fil. Jeter le fil de la droite vers la gauche par-dessus l'aiguille, le faire revenir vers la droite sous l'aiguille. Sortir celle-ci vers le haut et serrer la boucle pour former le nœud; voir la fig. 1014.

La fig. 1015 enseigne la manière de faire une rangée de nœuds allant de la gauche vers la droite. Introduire l'aiguille sous un

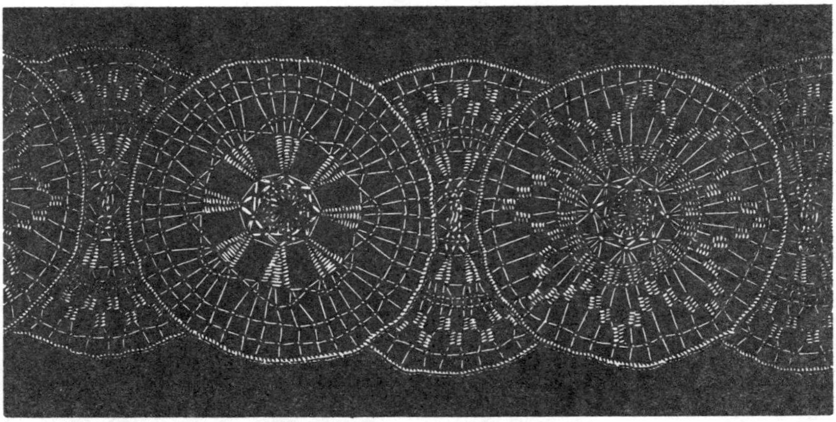

Fig. 1007. Entre-deux. Dentelle brésilienne « Sols ».
Fournitures: Lin pour dentelles D·M·C No 50, Fil à dentelles D·M·C No 50, Fil d'Alsace D·M·C No 40 ou Alsatia D·M·C No 40, en blanc.

des fils horizontaux qui relient les nœuds du rang inférieur, lancer le fil de la gauche vers la droite par-dessus l'aiguille, puis le ramener vers la gauche sous l'aiguille, sortir celle-ci et serrer la boucle.

Nœud double (fig. 1016 et 1017). — On commence par ajouter un bourdon simple au fil servant de base. Après avoir introduit l'aiguille de bas en haut, le fil restant à gauche au-dessus de l'aiguille, saisir ce fil et le tourner une fois de droite à gauche autour de l'aiguille, puis sortir celle-ci à travers la bouclette double et serrer le nœud. Ce nœud double se fait toujours en rangs de droite à gauche. Si plusieurs rangs courts doivent se superposer, on tend le fil au retour de gauche à droite pour s'en servir comme bourdon. Voir la fig. 1017 qui montre en même temps comment on exécute des pyramides avec des nœuds doubles en diminuant d'un nœud à chaque rang.

Point colonne (fig. 1018). — Les dentelles albanaises ont très souvent comme talon de petites barettes à points simples que nous appelons « points colonne ». Prendre un fil double comme base et exécuter par-dessus un nœud simple accompagné vers le haut de deux nœuds simples placés horizontalement. Ce doint se fait dans les deux sens et les espaces entre les points sont plus importants que d'habitude. On rencontre aussi ce point colonne dans les dentelles italiennes « punto avorio » où il forme parfois des motifs entiers.

Picots longs au point de poste (fig. 1019). — L'emploi fréquent des picots longs au point de poste est la caractéristique des dentelles albanaises. L'exécution de ces picots diffère beaucoup de celle des picots ronds, fig. 922. On commence par un nœud simple dans les points du rang inférieur. On passe l'aiguille dans la bouclette suivante comme pour faire un nœud simple, on la tire en formant une boucle large avec le fil, on la prend de la main droite et avec la main gauche on enroule le fil plusieurs fois autour de l'aiguille, fig. 1019. Ensuite on passe l'aiguille et le fil lentement et régulièrement à travers les bouclettes, on les serre et le picot se forme tout seul.

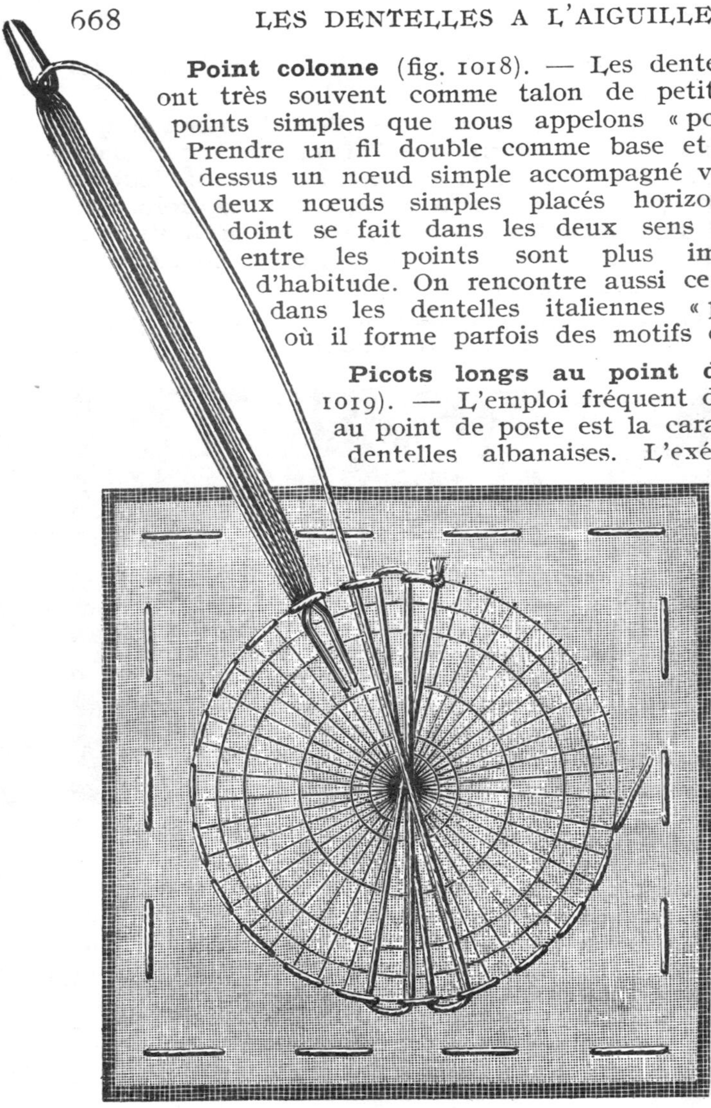

Fig. 1008.
Manière de tendre les fils pour la dentelle fig. 1007.

On conduit vers le bas, à gauche, le fil sortant de la pointe du picot, et on le fixe à la boucle du rang inférieur par un nœud simple.

Entre-deux. Dentelle italienne « punto avorio » (fig. 1020 et 1021). — Autrefois les entre-deux étroits servaient à réunir des lés de toile trop peu larges et étaient presque exclusivement exécutés avec des nœuds simples. Notre modèle, fig. 1020, exécuté avec du Cordonnet spécial D·M·C N° 20, est commencé par le bas et on le travaille en montant. Attacher le fil à la lisière de gauche, l'introduire en face dans la lisière de droite, puis le couvrir en revenant avec douze nœuds simples, voir la fig. 1021 ; reprendre un peu plus haut dans la lisière de gauche, laisser le fil intermédiaire un peu court ; faire un nœud par-dessus le fil entre les troisième et quatrième et entre les quatrième et cinquième nœuds inférieurs de la baguette horizontale, laisser un fil intermédiaire assez long, en forme de boucle, faire un nœud par-dessus le fil entre les huitième et neuvième et entre les neuvième et dixième nœuds de la baguette horizontale, laisser un fil intermédiaire court et l'attacher à la lisière de droite. Les nœuds du deuxième rang qui sont placés entre les douze nœuds du premier rang divisent légèrement ces derniers, de sorte qu'on comptera vers les bords trois nœuds, puis de chaque côté un nœud isolé et quatre nœuds au milieu de la baguette. En revenant, faire quatre nœuds par-dessus le premier fil, faire un nœud entre les deux premiers nœuds inférieurs, faire cinq nœuds par-dessus la grande bouclette de fil, faire un nœud entre les deux nœuds inférieurs suivants et quatre nœuds par-dessus le dernier fil libre.

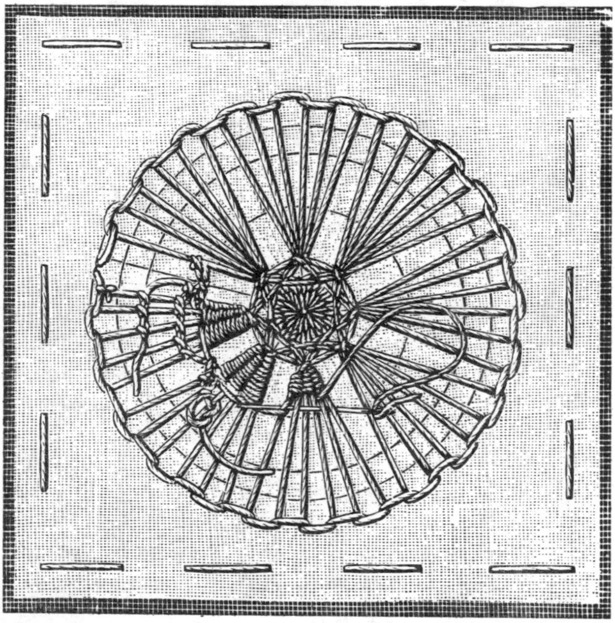
Fig. 1009. Manière de remplir les ronds pour la dentelle fig. 1007.

Attacher le fil à la lisière de gauche, un nœud entre les premier et deuxième nœuds du premier petit feston, faire une petite bouclette intermédiaire, faire un nœud entre les deuxième et troisième et entre les troisième et quatrième nœuds du feston du milieu, une bouclette de fil, un nœud entre les troisième et quatrième nœuds du feston suivant, attacher le fil à la lisière de droite, un nœud tout près de la lisière, quatre nœuds par-

Fig. 1010. Rosace. Dentelle espagnole « Sols ».
Fournitures : Fil a dentelles D·M·C No 120, Cordonnet spécial D·M·C No 150 ou Lin pour dentelles D·M·C No 60, en blanc.

dessus la bouclette de fil, un nœud entre les deux nœuds du milieu, quatre nœuds par-dessus la bouclette de fil, un nœud tout près de la lisière de gauche, attacher le fil dans la lisière de gauche, un nœud entre les premier et deuxième et entre les deuxième et troisième nœuds de la petite bouclette, laisser une bouclette intermédiaire, faire un nœud entre les troisième et quatrième et entre les quatrième et cinquième nœuds de la petite bouclette, attacher le fil à la lisière de droite, un nœud tout près de la lisière, un nœud entre les premier et deuxième nœuds, six nœuds par-dessus la bouclette de fil, un nœud entre les deux derniers nœuds et un nœud près de la lisière; attacher le fil à la lisière de gauche et ainsi de suite.

La marche du travail peut être aisément suivie dans la figure.

Dentelle italienne « punto avorio » (fig. 1022 et 1023). — On travaille les dentelles à points noués simples, appelées « punto avorio », en suivant un tracé fait sur du papier à dentelles. Le traçage de ces dentelles se fait moins minutieusement que le traçage du point de Venise et des dentelles Reticella; on se contente de tracer les lignes principales des motifs.

Fig. 1011. Carré. Dentelle Ténériffe.
Fournitures: Cordonnet spécial D·M·C No 15, Alsatia D·M·C No 25 ou Lin pour dentelles D·M·C No 16, en blanc.

On couvre le calque de points transversaux correspondants au dessin qui maintiendront plus tard les fils du traçage. Pour notre modèle, commencer par la ligne horizontale du haut de l'entre-deux à carrés, puis faire la ligne horizontale inférieure. Exécuter en même temps les barrettes verticales: tendre le fil verticalement vers le haut, revenir par-dessus ce fil avec une rangée de nœuds simples, faire une rangée de points colonne vers le haut et une rangée de nœuds simples vers le bas; suivre le dessin avec le fil jusqu'à la barrette suivante. L'exécution du point colonne avec deux nœuds transversaux est donnée par la fig. 1018 et nous faisons remarquer que dans la dentelle, fig. 1022, il est parfois exécuté avec trois nœuds transversaux.

Commencer l'exécution de la dentelle elle-même par les petits losanges au centre des étoiles. Tracer d'abord le cercle, puis attacher à l'intérieur de ce tracé un carré travaillé comme les points d'esprit; voir la fig. 699. Couvrir l'un des côtés avec des nœuds simples, puis remplir le carré en aller et en retour. Terminer le losange, puis faire le cercle serré intérieur, la rangée ajourée au point colonne et, par-dessus cette dernière, le cercle

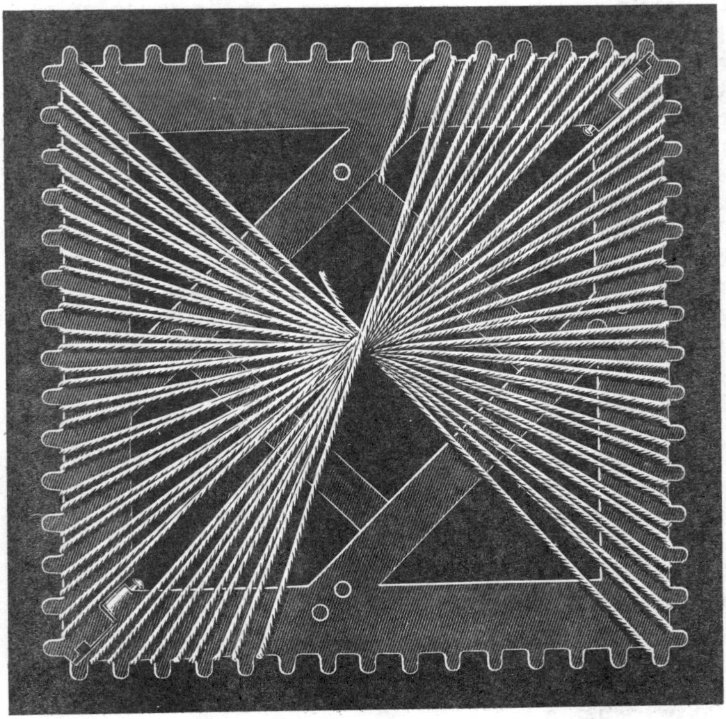

Fig. 1012. Carré. Dentelle Téneriffe.
Manière de tendre les fils.

serré extérieur. Faire ensuite les huit dents composées de points colonne. Les dents du milieu touchent directement à la ligne extérieure des carrés; les dents du coin sont allongées par une bride posée dans le coin. On exécute en même temps les petits festons à points colonne qui garnissent les vides.

L'exécution des petites rivières commence par deux rangs de nœuds serrés dans le bord des carrés de l'entre-deux; viennent ensuite les baguettes ajourées obliques: attacher le fil au tracé extérieur, tendre le premier fil obliquement et l'introduire dans la deuxième rangée serrée de nœuds; en revenant par-dessus le fil tendu, faire six nœuds. Continuer le tracé, revenir et faire deux points colonne, attacher le fil dans la deuxième rangée serrée; en revenant faire six nœuds. Continuer le tracé, tendre le fil pour la deuxième baguette oblique et ainsi de suite. Finalement, faire par-dessus le fil du tracé deux rangs de nœuds serrés. Répéter la même rivière sur le côté opposé.

Fig 1013. Carré. Dentelle Ténériffe.
Manière d'exécuter les motifs brodés.

Tracer d'abord le bord arrondi intérieur de la première dent, exécuter par-dessus ce tracé le rang serré de nœuds et le rang de points colonne, puis faire le remplissage de la première dent. Faire les petits festons garnis de picots ronds au point de poste, d'après la fig. 922, en même temps que le rang extérieur de nœuds serrés.

On peut aisément travailler en suivant les différents détails de la gravure explicative, fig. 1023.

On choisira comme fournitures un fil de forte torsion et

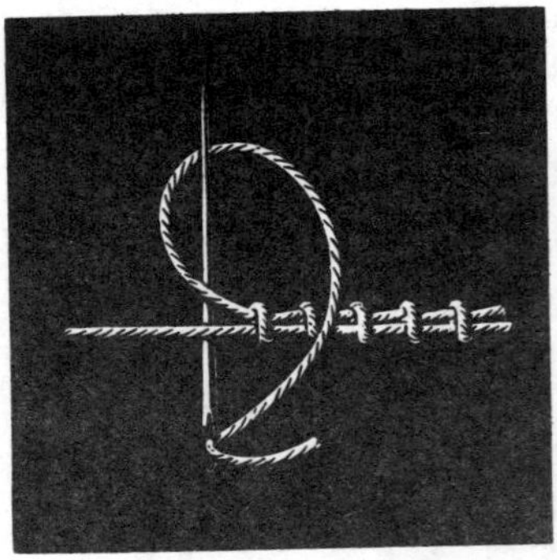

Fig. 1014. Nœud simple travaillé de droite à gauche.

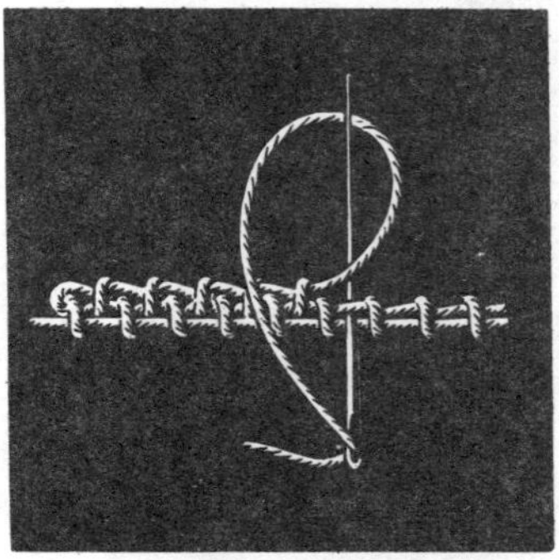

Fig. 1015. Nœud simple travaillé de gauche à droite.

Fig. 1016. Nœud double.

de grosseur moyenne; notre modèle est exécuté en Cordonnet spécial D·M·C (*) N° 15.

Dentelles arabes. « Chebka ». — Tandis que les motifs des dentelles italiennes, turques, albanaises et arméniennes sont formés de nœuds plus ou moins espacés, les dentelles arabes, dont les modèles se rapprochent des filets façonnés, se composent de bouclettes de fils plus ou moins longues, consolidées par des nœuds simples.

Les dentelles arabes en réseau très élastique demandent des lisières très solides. Ces lisières sont faites de deux coutures au point de piqûre à la machine renforcées à la main sur papier foncé, ou de lacet anglais bâti sur un fond de papier. Nous recommandons le premier genre qui donne un peu plus de travail mais qui garantit par contre une plus grande solidité aux dentelles terminées.

Avant de commencer le travail proprement dit, doubler le papier d'un morceau de toile.

Le travail même se fait en allers et retours entre les deux lisières préparées de l'une ou de l'autre façon. Commencer dans le haut à gauche et travailler en descendant. L'exécution des nœuds simples travaillés en rangs de gauche à droite et de droite à gauche est expliquée par les fig. 1014 et 1015, mais là, la formation des nœuds est donnée pour un travail dirigé vers le haut; aussi enseignons nous la formation des nœuds tournés vers le bas à la figure explicative de l'entre-deux, fig. 1024 (voir la fig. 1026).

On enlève la toile formant

(*) Voir à la fin du dernier chapitre la liste des fils de coton, de lin, de rayonne et de soie, portant la marque D·M·C.

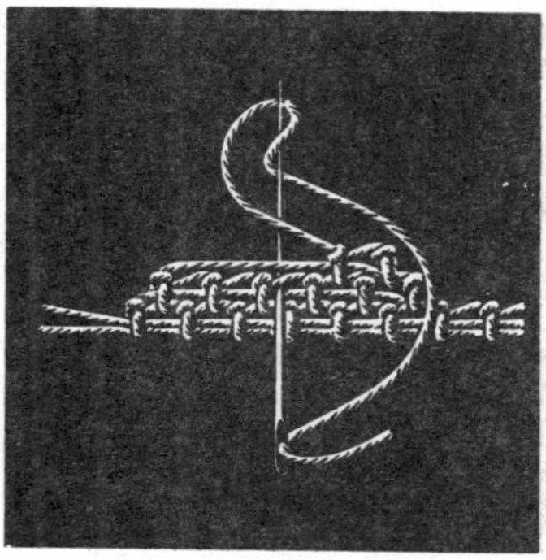

Fig. 1017. Nœud double.

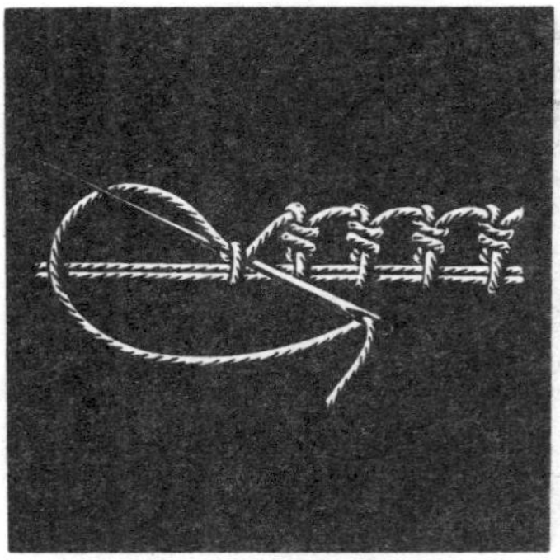

Fig. 1018. Point colonne.

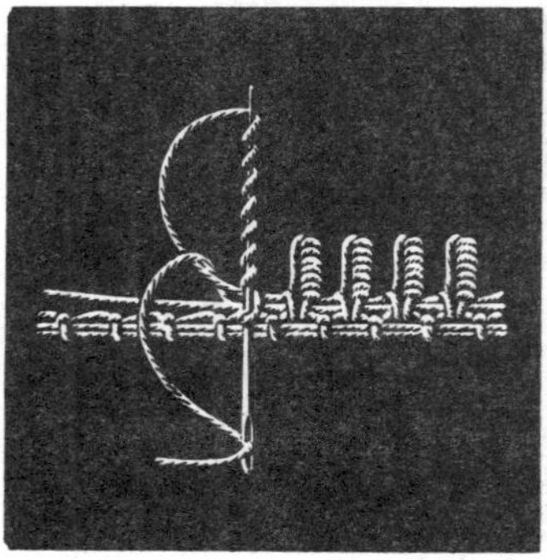

Fig. 1019. Picots longs au point de poste.

doublure lorsque la dentelle est terminée. Quand les lisières sont faites à la machine à coudre, il suffit d'arracher le papier le long des coutures et la dentelle se détache d'elle-même. Si les lisières sont formées de lacets anglais bâtis sur le papier, enlever les points du faufilage.

Entre-deux étroit. Dentelle arabe (fig. 1024, 1025, 1026). — Pour exécuter l'entre-deux, fig. 1024, il faut préparer sur du papier noir pour dentelles deux lignes parallèles de points de piqûre longs de 3 millimètres avec un intervalle de 20 millimètres. Entrelacer avec l'aiguille dans ces points de piqûre des bouclettes de fil qui doivent être tournées vers l'intérieur de la bande tandis que les petits points sont vers l'extérieur, comme on peut le voir par la fig. 1026, détail de l'entre-deux et aussi sur la fig. 1025 qui reproduit l'exécution d'un de ces rangs de bouclettes.

Pour obtenir des motifs pareils aux deux lisières, garnir l'une de ces rangées de bouclettes d'un rang vertical de nœuds, indispensables pour pouvoir travailler sans interruption. Pour l'entre-deux, fig. 1024, ce rang de nœuds est exécuté sur la lisière droite. Commencer le motif ajouré proprement dit à gauche. Attacher le fil à la première bouclette par un nœud simple, le tendre vers la droite et l'y attacher par un nœud dans la première bouclette du rang vertical. En revenant sur le fil tendu, faire une bouclette de 4 millimètres, une de 8 millimètres et encore une de 4 millimètres toujours arrêtées par un nœud simple, faire une bouclette courte et attacher le fil dans la deuxième bouclette de la lisière à gauche.

Vers la droite faire une bouclette de 4 millimètres et une de 12 millimètres attachées dans les bouclettes supérieures, puis une bouclette courte et attachée dans la deuxième bouclette à droite. Tourner vers la gauche, faire une bouclette de

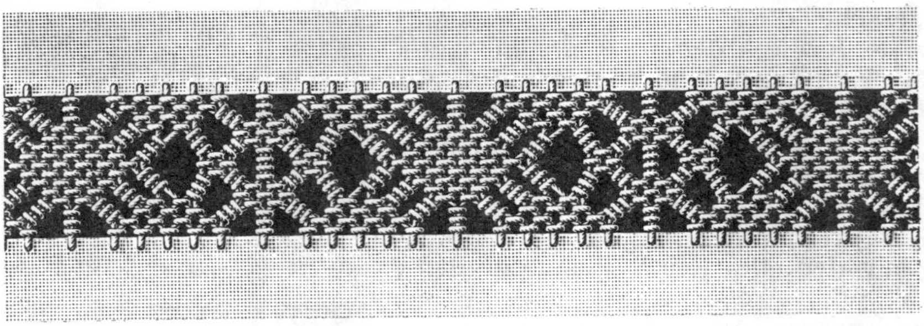

Fig. 1020. Entre-deux. Dentelle italienne «punto avorio».
Fournitures: Cordonnet spécial D·M·C ou
Lin pour dentelles D·M·C, en blanc.

4 millimètres et placer le nœud dans la bouclette supérieure longue de 12 millimètres, puis réunir les trois fils supérieurs au milieu par un nœud, placer avec le même intervalle encore un nœud dans la bouclette longue de 12 millimètres, faire une bouclette de 4 millimètres, une bouclette courte et attacher le fil à la troisième bouclette de la lisière à gauche. Vers la droite une bouclette de 4 millimètres et une bouclette de 12 millimètres, une bouclette courte, attacher à la troisième bouclette de la lisière à droite et ainsi de suite.

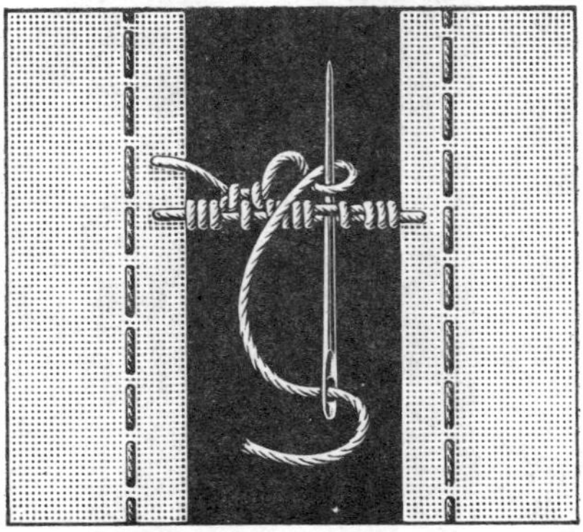

Fig. 1021. Manière d'exécuter l'entre-deux «punto avorio» fig. 1020.

Nous avons utilisé comme fournitures du Cordonnet spécial D·M·C N° 40, en blanc, mais, suivant le goût de l'ouvrière, on pourra aussi employer les autres sortes de fil de la marque D·M·C, ainsi que des numéros de grosseurs plus fins ou plus gros. On aura soin alors de modifier aussi la longueur des points et la largeur des intervalles.

Bordure avec dents. Dentelle arabe (fig. 1027 et 1028). — Faire le même travail préparatoire pour cette dentelle que pour l'entre-deux, fig. 1024. Les points de piqûre mesurent également 3 millimètres, mais l'intervalle est de 42 millimètres. Exécuter la rangée verticale sur la lisière gauche.

Fig. 1022. Dentelle italienne « punto avorio ».
Fournitures : Cordonnet spécial D·M·C, Alsatia D·M·C ou Lin pour dentelles D·M·C, en blanc.

Les motifs des dentelles arabes sont faits de bouclettes plus ou moins longues, toujours exécutées dans le rang de gauche à droite : « le rang façonné ».

En revenant de droite à gauche on n'exécute que des

bouclettes courtes, ayant toutes la même longueur. Au rang suivant, de la gauche vers la droite, on saute une ou plusieurs bouclettes courtes, correspondantes à la longueur des jours ; au rang suivant, de la droite vers la gauche, on doit placer autant de nœuds dans les bouclettes longues que l'on en a sauté au rang précédent.

Fig. 1023.

Manière d'exécuter la dentelle italienne « punto avorio » fig. 1022.

Pour la dentelle, fig. 1027, fixer le fil à gauche dans la première bouclette du rang vertical, le tendre vers la droite, l'attacher à la lisière droite = faire une bouclette de 3 millimètres et l'attacher par un nœud au fil tendu, faire une bouclette longue de 6 millimètres, sept bouclettes de 3 millimètres et encore une bouclette de 6 millimètres; attacher à la deuxième bouclette de la rangée de nœuds à gauche = faire vers la droite une bouclette longue de 8 millimètres, l'attacher dans la première petite bouclette supérieure, faire six bouclettes de 3 millimètres, attachées dans les bouclettes supérieures suivantes, une bouclette longue de 8 millimètres, attachée dans la dernière bouclette supérieure et attacher avec une petite bouclette dans la deuxième bouclette de la lisière droite = revenir vers la gauche, faire une bouclette de 3 millimètres, une bouclette de 6 millimètres, sept bouclettes de 3 millimètres et une bouclette de 6 millimètres, attacher avec une petite bouclette à la bouclette suivante du bord à gauche = une bouclette longue de 8 millimètres, deux bouclettes de 3 millimètres, une bouclette longue de 6 millimètres pour laquelle on saute une bouclette supérieure, deux bouclettes de 3 millimètres, une bouclette longue de 8 millimètres attachée dans la dernière bouclette supérieure, une bouclette courte attachée à la lisière à droite, et ainsi de suite.

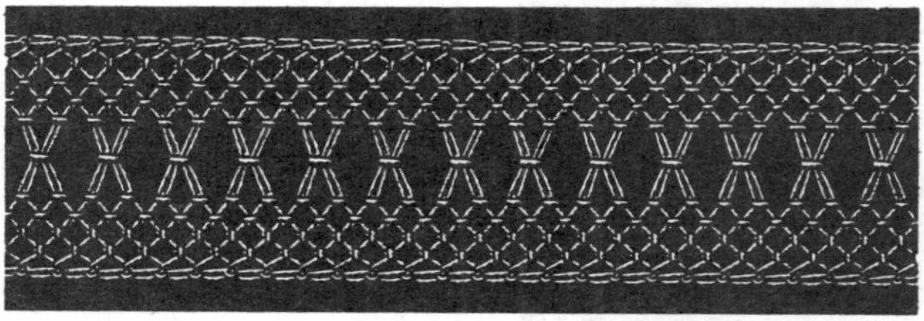

Fig. 1024. Entre-deux étroit. Dentelle arabe.
Fournitures : Cordonnet spécial D·M·C, Fil à dentelle D·M·C, Alsatia D·M·C ou Lin pour dentelles D·M·C, en blanc (*).

La marche du travail est facile à suivre sur la gravure explicative, fig. 1028. Les grands jours au milieu sont confectionnés avec une bouclette de 12 millimètres. La bande du milieu terminée, on complète le côté gauche par un rang de brides ajourées qui servent de base pour les petites dents.

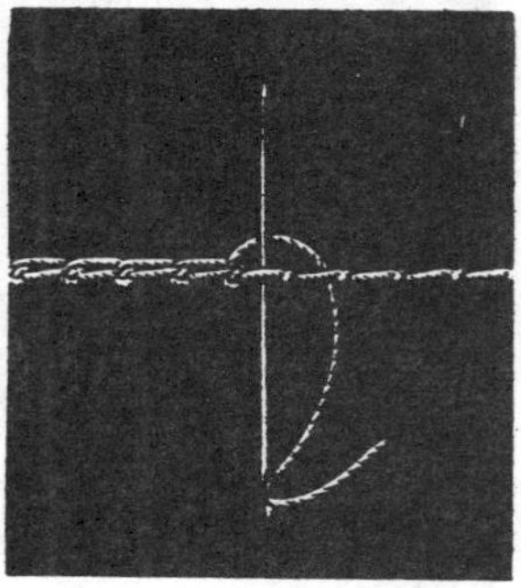

Fig. 1025.
Manière d'entourer les lisières au point de piqûre.

Les petites dents comptent dans le bas quatre nœuds et trois bouclettes longues de 3 millimètres, en revenant faire deux bouclettes, en allant une bouclette et finalement seulement un nœud dans la bouclette à la pointe, conduire

(*) Voir à la fin du dernier chapitre la liste des fils de coton, de lin, de rayonne et de soie, portant la marque D·M·C.

le fil au bas de la dent, l'attacher par un nœud et exécuter les trois bouclettes pour la dent suivante.

Fig. 1026. Manière d'exécuter l'entre-deux fig. 1024.

Dentelle turque (fig. 1029 et 1030). — Les dentelles turques, faites de nœuds doubles, sont travaillées dans le bord même du tissu qu'elles garnissent. Les nœuds doubles sont toujours exécutés de droite à gauche ; il faut donc toujours tendre le fil de gauche à droite au retour, comme nous l'avons expliqué par la fig. 1017.

Notre modèle, fig. 1029, représente une dentelle étroite exécutée en Fil à dentelles D·M·C N° 50, en blanc.

Commencer à droite. Enrouler le bord de la batiste et faire huit nœuds doubles par-dessus ce rouleauté ; revenir à droite avec le fil, l'attacher entre les premier et deuxième nœuds, faire sept nœuds doubles entre les huit nœuds inférieurs et par-dessus le fil tendu. Continuer de la même façon, mais en diminuant, jusqu'à ce que le dernier rang ne compte plus que deux nœuds doubles. Tendre le fil à gauche, l'introduire tout près de la pyramide, conduire le fil vers le haut entre les deux derniers nœuds doubles ; en descendant, par-dessus le fil double, faire sept nœuds doubles séparés par un fil intermédiaire plus long afin de former de petites bouclettes donnant un effet de picots.

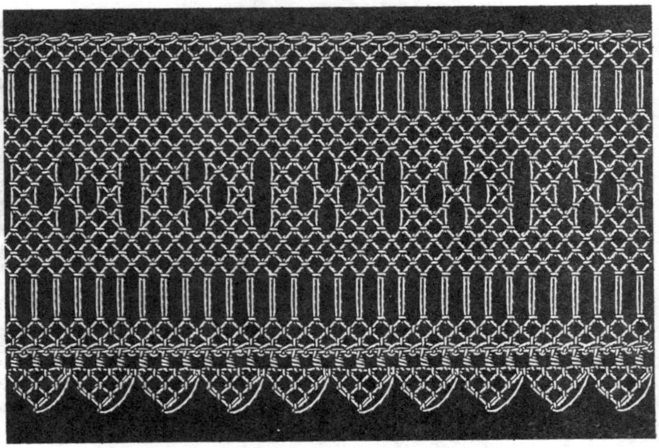

Fig. 1027. Bordure avec dents. Dentelle arabe.
Fournitures : Cordonnet spécial D·M·C, Fil à dentelles D·M·C, Alsatia D·M·C ou Lin pour dentelles D·M·C, en blanc.

Exécuter les motifs suivants de la dentelle en suivant chaque fois la description ci-dessus. Ils débutent tous par huit nœuds doubles.

Dentelle albanaise étroite (fig. 1031). — Les dentelles albanaises sont faites de nœuds simples, de nœuds doubles et de brides ajourées garnies de picots longs au point de poste. Les femmes albanaises et les femmes turques assises à l'orientale sur un coussin posé à terre, attachent sur leur genou droit le fil double qui sert de base à leur dentelle. Ce genre d'exécution ne serait guère au goût de nos lectrices, aussi leur recommandons-nous de fixer ce fil double sur du papier à dentelles ou sur de la toile d'architecte.

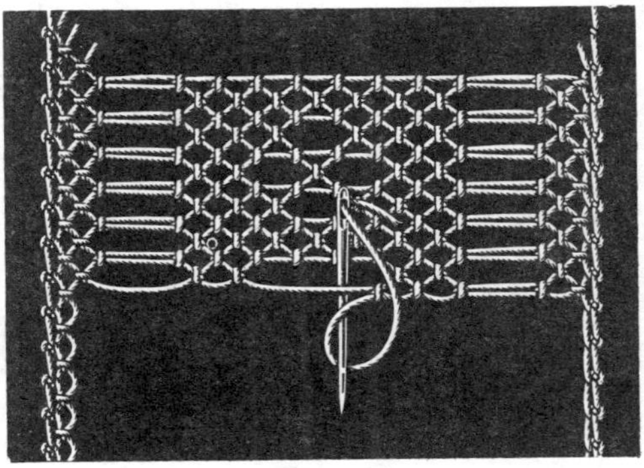

Fig. 1028. Manière d'exécuter la bordure avec dents fig. 1027.

Employer comme fournitures du Cordonnet spécial D·M·C N° 15, en blanc.

La dentelle, fig. 1031, commence par un rang de brides au point colonne, fig. 1018. Le motif dentelé lui-même est fait en un seul rang.

Attacher le fil entre les première et deuxième brides, sauter deux brides, tendre le fil vers la gauche et revenir au point de départ. Faire neuf nœuds simples par-dessus ce fil double, passer le fil entre les deux brides suivantes, un picot long au point de poste avec huit enroulements de fil (voir la fig. 1019), passer le fil entre les deux brides suivantes, sauter deux brides, sortir le fil et le ramener vers la droite. Faire quatre nœuds simples par-dessus le fil double, passer vers la droite, saisir le picot avec un nœud simple, tendre le fil vers la droite, un nœud double entre les cinquième et sixième nœuds du premier feston, faire

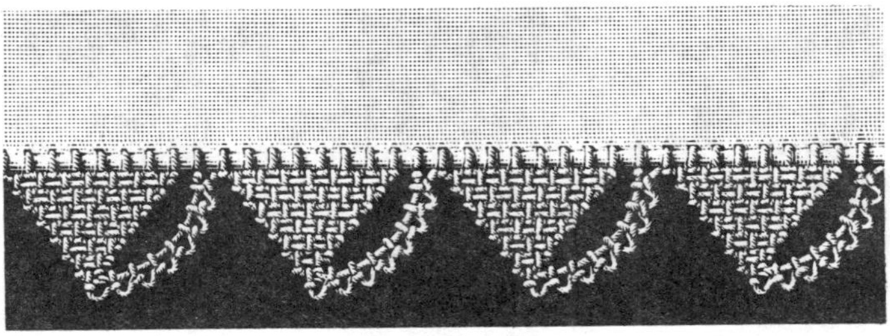

Fig. 1029. Dentelle turque.
Fournitures : Fil à dentelles D·M·C, Cordonnet spécial D·M·C, Alsatia D·M·C ou Lin pour dentelles D·M·C, en blanc (*).

(*) Voir à la fin du dernier chapitre la liste des fils de coton, de lin, de rayonne et de soie, portant la marque D·M·C.

quatre nœuds doubles en revenant, tendre le fil vers la droite, un nœud double par-dessus le fil avant le premier nœud double du rang inférieur, trois nœuds doubles entre les nœuds inférieurs, tendre le fil vers la droite, un nœud double avant le premier des trois nœuds doubles inférieurs, deux nœuds doubles vers la gauche, tendre le fil vers la droite, un nœud double avant le premier des deux nœuds doubles, un picot au point de poste, revenir au bas du motif avec des points de surjet, terminer le feston inférieur avec cinq nœuds simples, sortir le fil entre les deux brides suivantes, un picot, et ainsi de suite.

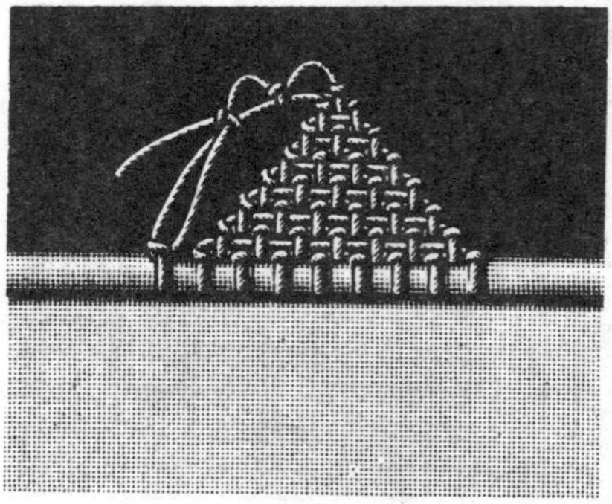

Fig. 1030. Manière d'exécuter la dentelle turque fig. 1029.

Dentelle albanaise large (fig. 1032). — Deux rangs de brides ajourées servent de talon. Le motif même commence par dix-huit nœuds doubles placés entre les brides ajourées. Tendre le fil vers la droite, l'introduire entre les neuvième et dixième nœuds, le fixer là par un nœud double; faire, en revenant, huit nœuds doubles placés entre les nœuds inférieurs par-dessus le fil tendu. Tendre le fil vers la droite et continuer ainsi en diminuant de un nœud à chaque rang. Au sixième rang, tendre le fil vers la droite, l'attacher par un nœud double entre les cinquième et sixième nœuds, faire un nœud double, un picot long au point de poste avec huit enroulements de fil (voir la fig. 1019) et deux nœuds doubles; tendre le fil vers la droite, un nœud simple dans le picot, tendre le fil vers la droite et l'attacher à la fin du dernier rang de la pyramide, tendre le fil vers la gauche, puis vers la droite; faire dix nœuds dans la triple bouclette de fil obtenue, attacher le fil à la

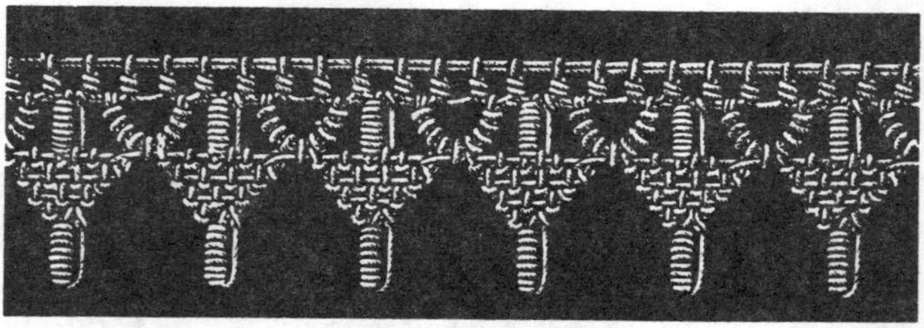

Fig. 1031. Dentelle albanaise étroite.
Fournitures: Cordonnet spécial D·M·C, Fil à dentelles D·M·C, Alsatia D·M·C ou Lin pour dentelles D·M·C, en blanc.

pyramide, le tendre vers la droite, l'attacher à la pyramide, faire quatre fois par-dessus le feston : un picot et un nœud double ; encore un picot ; descendre jusqu'au pied de la pyramide avec des points de surjet, attacher le fil dans la rangée de brides, tendre le fil vers la droite, relever les cinq picots par un nœud simple et attacher le fil à droite de la pyramide, tendre le fil vers la gauche et revenir vers la droite, faire : cinq nœuds doubles dans chaque intervalle, par-dessus le triple fil. Attacher le fil, le tendre vers la droite, l'attacher à droite de la pyramide, faire dans le demi-cercle deux nœuds doubles, un picot et douze fois : un nœud double et un picot ; deux nœuds doubles, trois nœuds doubles, dans la rangée de brides, revenir vers la droite et relever les treize picots par un nœud

Fig. 1032. Dentelle albanaise large.
Fournitures : Cordonnet spécial D·M·C, Fil à dentelles D·M·C, Alsatia D·M·C ou Lin pour dentelles D·M·C, en blanc.

simple, attacher le fil entre les deuxième et troisième nœuds doubles de la rangée horizontale, tendre le fil vers la gauche et revenir vers la droite ; trois nœuds doubles dans chaque intervalle, attacher le fil, le tendre vers la droite et l'attacher, faire quatre nœuds doubles vers la gauche, tendre le fil vers la droite, l'attacher entre les troisième et quatrième nœuds doubles et faire quatre nœuds simples par-dessus ce fil, tendre le fil vers la droite, l'attacher entre les troisième et quatrième nœuds doubles de la rangée horizontale, faire quatre nœuds simples et continuer dans le feston commencé par quatre nœuds simples ; quatre nœuds doubles dans le demi-cercle ; tendre le fil vers la droite, l'attacher au bas du petit feston précédent, faire quatre nœuds simples, tendre le fil vers la droite, l'attacher au milieu du feston terminé, faire neuf nœuds simples, terminer par quatre nœuds simples le feston commencé, quatre nœuds doubles dans le demi-cercle et ainsi de suite. Terminer la rangée de petits festons d'après la figure.

Réunir les deux festons triples dans la découpure et exécuter en plus une barrette de raccord avec dix nœuds simples. Ajouter ensuite à cette barrette une petite houppe de vingt fils, en Mouliné spécial D·M·C N° 25.

Modèles d'ouvrages. — En dehors des ouvrages décrits ci-dessus, on trouvera un grand choix de modèles pour les dentelles à l'aiguille dans les publications suivantes de la BIBLIOTHÈQUE D·M·C: *Les Dentelles à l'Aiguille, Ire Série, La Dentelle Renaissance* et *La Dentelle Ténériffe* (*).

Dentelle aux fuseaux, genre flamand du XVIIe siècle.

Les Dentelles aux fuseaux

Les dentelles aux fuseaux peuvent être considérées comme une invention du XVIe siècle. Fabriquées en premier lieu à Gênes, elles se sont répandues rapidement dans toute l'Italie, en Espagne, aux Pays-Bas, en Allemagne et en Suède. Plus tard seulement ce travail a été introduit chez les peuples slaves et dans l'Amérique du Sud et, depuis un certain temps, il est également enseigné en Orient.

Contrairement aux dentelles à l'aiguille, dans lesquelles les parties du dessin se composent de points de feston exécutés avec un seul fil, à l'aide d'une aiguille, les dentelles aux fuseaux sont confectionnées à l'aide d'un nombre illimité de fils montés sur des fuseaux.

Comme il est impossible, dans un ouvrage tel que le nôtre, de décrire tous les genres de dentelles aux fuseaux, nous avons dû nous borner à l'exposé de ceux qui nous semblaient susceptibles d'être exécutés sans trop de difficultés. Nous avons aussi fait paraître deux publications spéciales consacrées aux dentelles aux fuseaux ; la première contient un traité explicatif des dentelles appelées dentelles Torchon, 62 figures et 8 planches avec 23 modèles de dentelles, entre-deux et galons ainsi que 55 patrons pour exécuter les modèles ; la seconde contient 18 planches avec 25 modèles à dessins presque exclusivement formés par des lacets, dans le genre des dentelles fig. 1091 et 1093.

Outils. — Pour faire de la dentelle aux fuseaux, il faut plusieurs outils et accessoires : un coussin, des fuseaux, un bobinoir, des patrons, des épingles et une aiguille à piqueter.

Coussin pour dentelles (fig. 1033). — Le coussin servant à la confection de la dentelle aux fuseaux s'appelle carreau, oreiller ou métier. Sa forme et sa disposition varient selon les pays et le genre de dentelle que l'on veut faire.

La fig. 1033 représente un coussin du modèle employé en Saxe, où la dentelle aux fuseaux a toujours été une des principales occupations des habitants de certaines provinces. C'est un rouleau de la forme d'un manchon, que chacun peut préparer avec un morceau d'étoffe de 50 centimètres de largeur sur 60 centimètres de longueur.

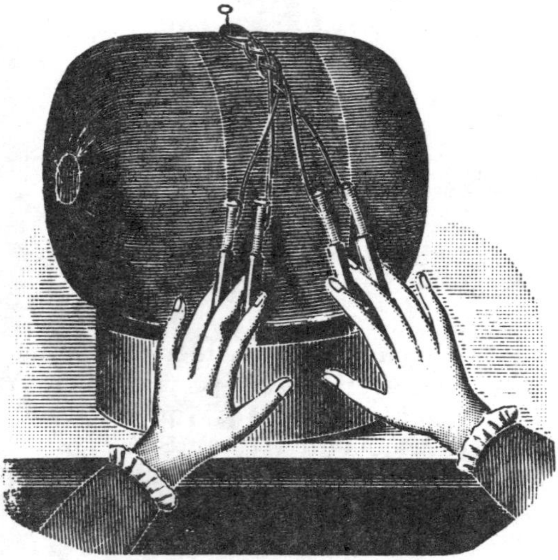
Fig. 1033. Coussin pour dentelles.

On réunit les côtés longs de l'étoffe par une couture bien solide ; on fait un ourlet sur les côtés courts, on y passe un lacet et on les fronce après en avoir fermé un, au préalable, au moyen d'un disque en carton très résistant. Puis on bourre fortement le sac, soit avec de la sciure de bois, soit avec du son ou du crin ; lorsqu'il est suffisamment rempli, on applique un second disque, et l'on serre le lacet comme sur le premier côté. Finalement on recouvre le coussin d'une étoffe foncée, drap ou flanelle.

On met ces coussins dans une sorte de corbeille ou de boîte en carton, dont le bord assez élevé les empêche de se mouvoir, et on place dans le fond de la corbeille des plaques de plomb. Ces coussins, de forme primitive, ont le grand avantage de pouvoir être faits sans aucune aide.

Il en existe aussi d'une construction plus compliquée, que l'on peut poser sur une table ou monter sur des pieds. Dans ce cas, le cylindre ou manchon est mobile ; on peut donc travailler sans arrêt.

Le métier consiste en une planche longue de 50 centimètres sur 40 centimètres de largeur qui repose sur deux traverses hautes de 3 ½ centimètres à l'arrière et de 1 centimètre vers le devant. La planchette est recouverte d'un molleton très épais, ou capitonnée légèrement pour être recouverte ensuite d'un drap de couleur foncée, de couleur verte par exemple. Au bord extérieur de la planchette sont fixées deux colonnettes sur lesquelles on monte le cylindre composé de deux disques pivotant sur une tringle longue de 22 centimètres environ. On recouvre cette tringle d'une épaisse couche d'étoupe et ensuite de flanelle ou de drap. Sur le côté gauche du cylindre se trouve montée une roue à rochet et un ressort d'encliquetage fixé sur la planche qui engrène dans les dents de la roue et force le cylindre à tourner dans un sens seulement.

Le métier employé dans les Vosges et en Normandie est construit en forme de boîte à peu près carrée, capitonnée et garnie extérieurement. La planchette du haut est surélevée d'environ 3 centimètres, elle a une profonde encoche dans laquelle tourne sur son axe un cylindre fortement rembourré. Ce cylindre, au lieu d'être au-dessus de la planchette, ne dépasse que légèrement l'ouverture de celle-ci. Une seconde ouverture, pratiquée à l'arrière du métier, sert d'entrée à la partie de la boîte destinée à recueillir l'ouvrage qui se détache du cylindre.

Pour la dentelle Valenciennes, le coussin est d'une construction un peu différente.

Fuseau pour dentelles (fig. 1034). — Le fuseau est un petit outil en bois, une sorte de bobine munie d'un manche; il en existe de différents modèles mais nous n'en donnons ici qu'un seul, celui qui nous a semblé être le plus recommandable pour les commençantes.

Il convient de faire remarquer qu'on devra toujours choisir des fuseaux de dimensions en rapport avec le fil que l'on a choisi et avec le genre de dentelle que l'on se propose de faire.

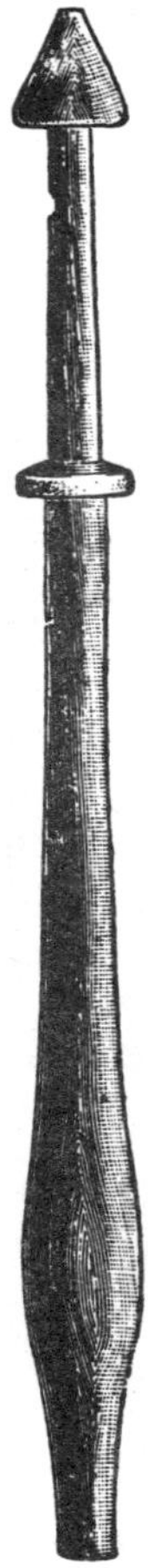

Fig. 1034. Fuseau pour dentelles.

Le bobinoir (fig. 1035). — Nous recommandons aux personnes qui voudront travailler sérieusement, de se pourvoir d'un bobinoir tel que le représente la fig. 1035. Pour se servir de ce bobinoir, on le fixe solidement à une table, puis on passe la lanière de cuir autour du fuseau, entre la bobine et la partie épaisse du manche, et l'on pose le fuseau dans l'encoche pratiquée dans le support. On place l'échevette de fil ouverte sur le dévidoir, puis on enroule le fil de gauche à droite sur le fuseau, en tournant de droite à gauche la manivelle qui se trouve sur le bord du disque en bois.

Arrêt du fil à la bobine du fuseau (fig. 1036). — Après avoir coupé le fil, on l'arrête au haut de la bobine par la boucle qui est expliquée dans la fig. 1036 et qui, tout en empêchant le fil de se dérouler, est assez lâche

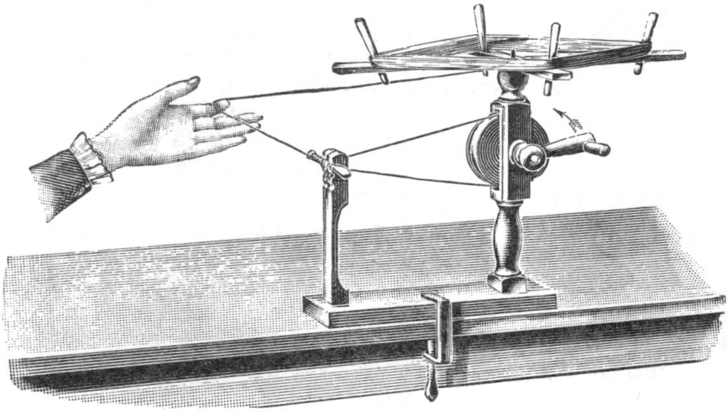

Fig. 1035. Bobinoir.

pour qu'on puisse allonger ou raccourcir celui-ci à volonté.

Le patron. — Le patron, qui est l'un des accessoires les plus importants pour la fabrication de la dentelle, consiste en un dessin reporté sur un carton et dont certaines parties sont piquetées. Les lignes et la distribution du dessin doivent être

Fig. 1036. Arrêt du fil à la bobine du fuseau.

des plus correctes; ce n'est que dans ces conditions qu'il est possible de faire une dentelle parfaite. Pour faciliter la confection du patron, nous en donnons quelques rapports pour chaque modèle, et d'après la gravure on calquera le dessin entier. On transportera ce dessin sur du papier fort ou sur du carton, que l'on doublera d'une étoffe très mince, par exemple de mousseline.

Le rapport du dessin devra être fait de façon à correspondre à la circonférence du cylindre, le rapport des lignes ne devra pas avoir d'interruption au point où les deux parties du dessin se rejoignent. Si la circonférence du cylindre se trouve être inférieure au rapport du dessin, on l'augmentera en ajoutant encore autant de couches de drap qu'il en faudra.

Une fois le dessin établi sur la longueur nécessaire, on passe au piquetage qui s'opère comme suit : on pose le dessin sur une couche de drap et l'on perfore chaque point imprimé sur le patron et marqué d'un chiffre.

Pour faire les dentelles en forme de coin, on commence par fixer un morceau de feutre sur le patron ordinaire ; puis, sur ce feutre, on place le patron du coin lui-même en tenant compte de la largeur exacte d'un motif du dessin. Après l'exécution du coin, on soulève le morceau de feutre avec le patron et la dentelle, sans enlever les épingles, on tourne et on replace le tout sur le patron ordinaire de manière à pouvoir continuer le travail.

Pour un encadrement de dentelle ininterrompu, nous recommandons de monter les fuseaux par paires aux deux extrémités d'un même fil de façon à pouvoir les attacher sur les lignes du montage au moyen de bouclettes de fil et non par des nœuds. Pour arrêter l'ouvrage, on passe dans ces bouclettes les fils provenant du dernier motif de dentelle ; ces fils seront ensuite noués solidement et surjetés.

Aiguille à piquer (fig. 1037). — Le petit manche nécessaire pour le piquage se trouve dans chaque papeterie ; il suffira, pour le compléter, d'y visser une grosse aiguille à coudre.

Les petits trous que l'on a pratiqués dans le carton désignent la place où l'on plantera les épingles qui arrêtent les fils au fur et à mesure qu'on avance et autour desquelles on les lance pour former les picots et pour maintenir les points.

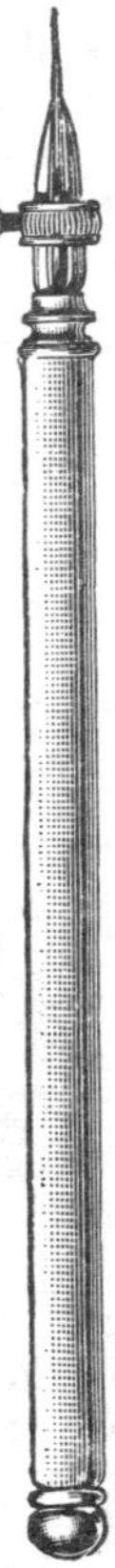

Fig. 1037. Aiguille à piquer.

Épingles. — Les épingles pour ce genre d'ouvrage devront être en métal blanc et non en acier, pour éviter la rouille ; elles devront avoir des têtes rondes et être d'une certaine longueur ; ells seront grosses pour les dentelles exécutées avec de gros fils, et fines pour les ouvrages fins.

Fournitures. — Pour faire des dentelles aux fuseaux destinées à de fréquentes lessives on se sert d'un fil de torsion moyenne en lin ou coton, comme le Lin pour dentelles D·M·C, le Lin à tricoter et à crocheter D·M·C, le Fil à dentelles D·M·C, l'Alsatia D·M·C et le Coton perlé D·M·C, en blanc ou écru. Les dentelles polychromes se font généralement en soie. En remplacement de la soie on pourra aussi prendre le Lin floche D·M·C, le Retors d'Alsace D·M·C, le Coton perlé D·M·C ou bien encore la Rayonne à broder D·M·C, que l'on peut se procurer dans un grand nombre de nuances. Avec le Coton perlé ombré D·M·C on arrive à faire des dentelles d'un très bel effet. Pour les dentelles en métal, on emploie des fils d'or et d'argent fins de grosseurs variées.

Pose et mouvements des mains (fig. 1038). — Le travail aux fuseaux se fait presque toujours, à quelques rares exceptions près, avec quatre fuseaux en même temps: deux fuseaux sont placés dans la main droite, et deux fuseaux dans la main gauche, et c'est par la manière de tourner et de croiser les fils que l'on arrive à faire les différents « points ».

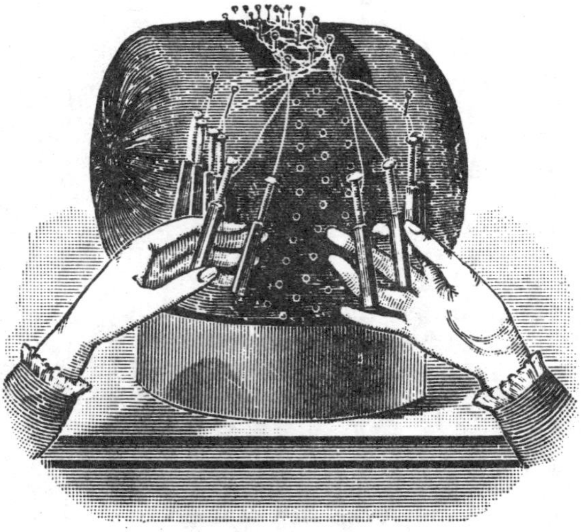

Fig. 1038. Pose et mouvements des mains.

Selon le genre de dentelle que l'on confectionne, on emploie plus ou moins de paires de fuseaux. Mais comme il arrive qu'on travaille souvent une partie avant l'autre ou que l'on a des fuseaux momentanément inoccupés, on lâche ceux qui ne sont pas employés et on les arrête par des épingles sur le côté du coussin, de la manière indiquée par la fig. 1038. Le fil dévidé des fuseaux arrêtés ne devra jamais dépasser la longueur de 12 centimètres; cela empêchera les fuseaux de s'embrouiller.

Tourner (fig. 1039). — On appelle tourner le procédé par lequel on passe chaque fuseau de droite par-dessus le fuseau de gauche de la même paire. Ce mouvement se fait toujours avec une seule main.

Croiser (fig. 1040). — Pour croiser, on passe le fuseau intérieur de la paire de gauche par-dessus le fuseau intérieur de la paire de droite; les fuseaux extérieurs restent immobiles; il faut donc toujours les deux mains et les deux paires de fuseaux pour ce mouvement.

Passées. — Lorsqu'on a tourné et croisé deux paires de fuseaux, on a formé une « demi-passée », et deux demi-passées

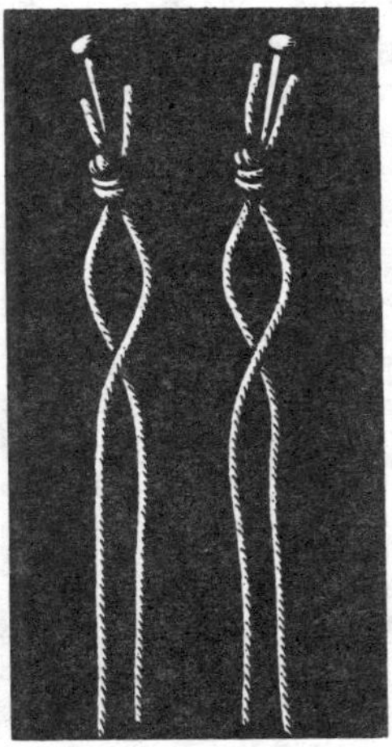

Fig. 1039.
Deux paires de fuseaux une fois tournées.

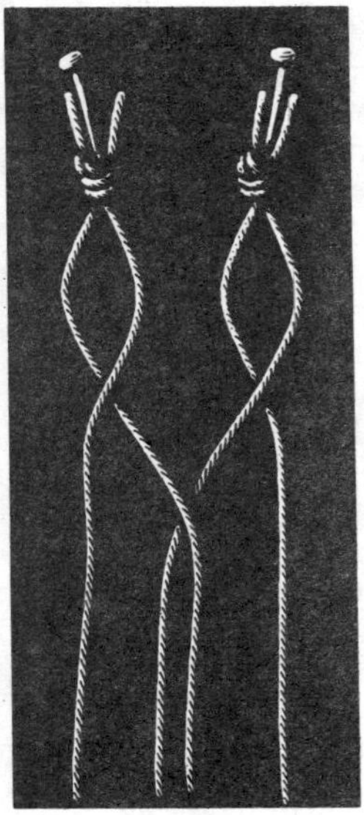

Fig. 1040. Deux paires de fuseaux une fois tournées et croisées.

Fig. 1041.
Tresse simple.

forment la « passée double ».

La première demi-passée varie dans la forme, la seconde demi-passée au contraire reste toujours identique; on la fait en tournant une fois les deux paires et en croisant les fuseaux intérieurs. Aussi, pour abréger, nommons-nous cette seconde demi-passée simplement « une passée » dans les descriptions qui vont suivre.

Les fils de l'ouvrage sont retenus pendant le travail, au moyen d'épingles, à certains points du patron. Ces épingles sont généralement plantées juste au milieu des paires travaillantes. Dans les cas où les épingles sont posées à droite ou à gauche des paires de fuseaux, on trouvera une remarque correspondante dans la description de l'ouvrage.

Points ou fonds. — Dans la dentelle aux fuseaux, les parties principales du dessin sont travaillées avec des points serrés, tels que le point filet, fig. 1042, ou le point de toile, fig. 1044, que l'on garnit de temps à autre de petits motifs au point d'esprit, fig. 1059 et 1061. Comme fond et pour relier les figures on préfère des points ajourés; voir fig. 1046, 1048, 1049, 1050, 1051, 1053, ou des pois, fig. 1057.

Nous donnons ici une petite série de tresses et de fonds que l'on rencontre dans les dentelles les plus connues et qui serviront d'exercice aux personnes encore novices. A côté de chaque modèle on trouvera le patron avec la description détaillée.

Le numérotage des paires de fuseaux est fait de gauche à droite; la première paire fixée à gauche sur le patron compte donc aussi comme première dans la description, la première paire à droite correspond au numéro d'ordre le plus élevé et compte comme dernière dans la description.

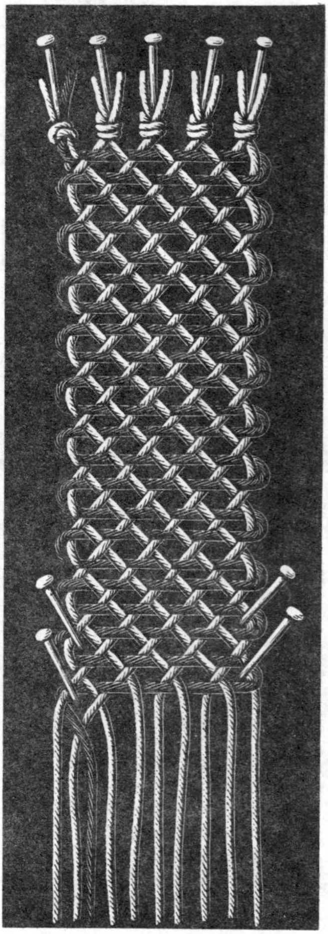

Fig. 1042.
Point filet ou point grillé.

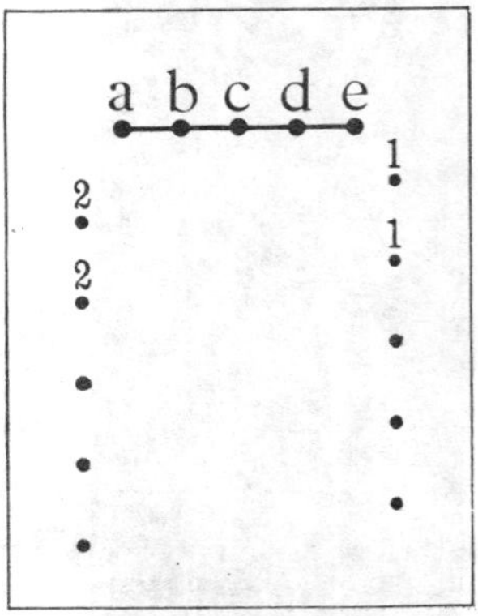

Fig. 1043.
Patron du point filet ou point grillé fig. 1042.

Tresse simple (fig. 1041). — Cette tresse se fait avec deux paires de fuseaux; on tourne une fois chaque paire, puis on croise les fils intérieurs. En répétant ce procédé on arrive à confectionner la petite tresse représentée par la fig. 1041.

Point filet ou point grillé (fig. 1042 et 1043). — On attache dans le patron, fig. 1043, une paire de fuseaux aux points *a*, *b*, *c*, *d*, *e*.

Tourner une fois la 1re et la 2me paire, croiser = * tourner une fois la 2me et la 3me paire, croiser = tourner une fois la 3me et la 4me paire, croiser = tourner une fois la 4me et la 5me paire, croiser, planter une épingle au point **1**, tourner une fois la 4me paire, tourner deux fois la 5me paire, croiser = tourner une fois la 3me et la 4me paire, croiser = tourner une fois la 2me et la 3me paire, croiser = tourner une fois la 1re et la 2me paire, croiser, planter une épingle au point **2**, tourner deux fois la 1re paire, tourner une fois la 2me paire, croiser; reprendre à *.

Point de toile (fig. 1044 et 1045). — On attache dans le patron, fig. 1045, deux paires de fuseaux aux points *a*, *b*, *c*.

Croiser la 1re et la 2me paire, une passée = * croiser la 2me et la 3me paire, une passée = croiser la 3me et la 4me paire, une passée = croiser la 4me et la 5me paire, une passée =

croiser la 5me et la 6me paire, une passée, planter une épingle au point **1**, ne pas tourner la 5me paire, tourner une fois la 6me paire,

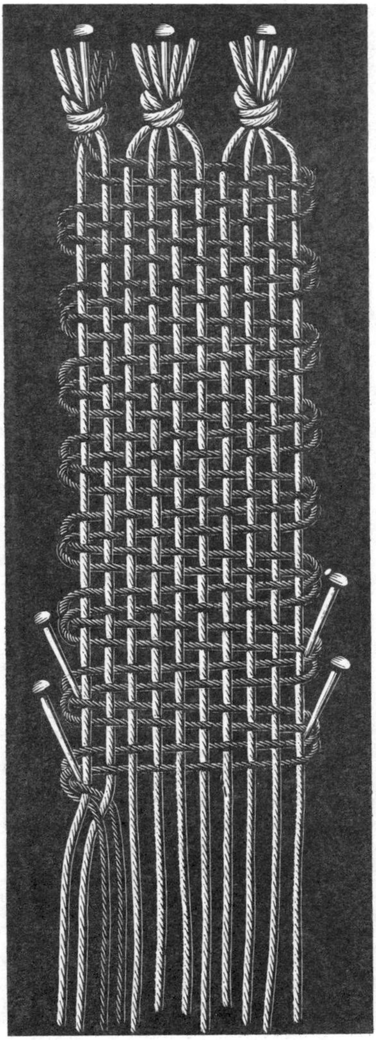

Fig. 1044. Point de toile.

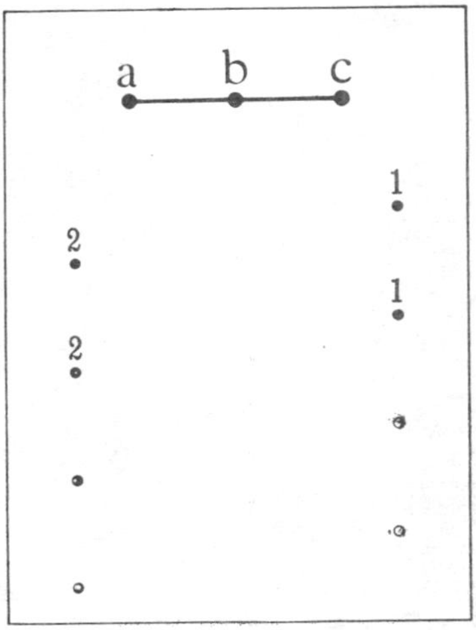

Fig. 1045.
Patron du point de toile fig. 1044.

croiser, une passée = croiser la 4me et la 5me paire, une passée = croiser la 3me et la 4me paire, une passée = croiser la 2me et la 3me paire, une passée = croiser la 1re et la 2me paire, une passée, planter une épingle au point **2**, tourner une fois la 1re paire, ne pas tourner la 2me paire, croiser, une passée; reprendre à *.

Point réseau ou Torchon (fig. 1046 et 1047). — On attache dans le patron, fig. 1047, deux paires de fuseaux aux points *a*, *b*, *c*, *d*, *e*.

Tourner une fois la 2me et la 3me paire, croiser, planter une épingle au point **1**, une passée = tourner une fois la 1re et la 2me paire, croiser, planter une épingle au point **2**, une passée = tourner une fois la 4me et la 5me paire, croiser, planter une épingle au point **3**, une passée = tourner une fois la 3me et la 4me paire, croiser, planter une épingle au point **4**, une passée = tourner une fois la 2me et la 3me paire, croiser, planter une épingle au point **5**, une passée = tourner une fois la 1re et la 2me paire, croiser, planter une épingle au point **6**, une passée = tourner une fois la 6me et la 7me paire, croiser, planter une épingle au point **7**, une passée = tourner une fois la 5me et la 6me paire, croiser, planter une épingle au point **8**, une passée = tourner une fois la 4me et la 5me paire, croiser, planter une épingle au point **9**, une passée = tourner une fois la 3me et la 4me paire, croiser, planter une épingle au point **10**, une passée = tourner une fois la 2me et la 3me paire, croiser, planter une épingle au point **11**, une passée = tourner une fois la 1re et la 2me paire, croiser, planter une épingle au point **12**, une passée = tourner une fois la 8me et la 9me paire, croiser, planter une épingle au point **13**, une passée = tourner une fois la 7me et la 8me paire, croiser, planter une épingle au point **14**, une passée = tourner une fois la 6me et la 7me paire, croiser, planter une épingle au point **15**, une passée = tourner une fois la 5me et la 6me paire, croiser, planter une épingle au point **16**, une passée = tourner une fois la 4me et la 5me paire, croiser, planter une épingle au point **17**, une passée = tourner une fois la 3me et la 4me paire, croiser,

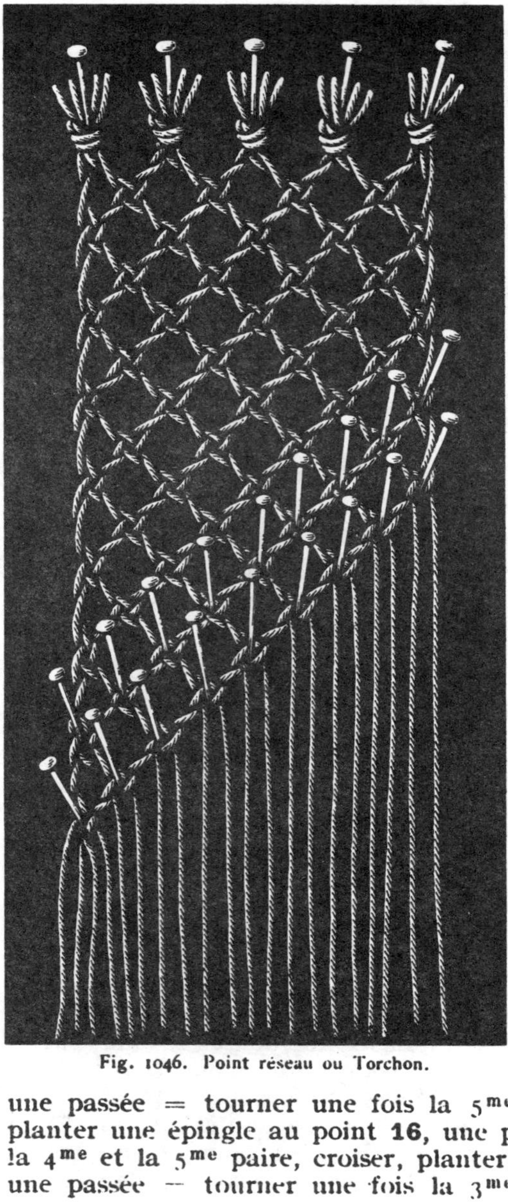

Fig. 1046. Point réseau ou Torchon.

planter une épingle au point **18**, une passée = tourner une fois la 2me et la 3me paire, croiser, planter une épingle au point **19**, une passée = tourner une fois la 1re et la 2me paire, croiser, planter une épingle au point **20**, une passée = * tourner une fois la 9me et la 10me paire, croiser, planter une épingle au point **21**, une passée = tourner une fois la 8me et la 9me paire, croiser, planter une épingle au point **22**, une passée = tourner une fois la 7me et la 8me paire, croiser, planter une épingle au point **23**, une passée = tourner une fois la 6me et la 7me paire, croiser, planter une épingle au point **24**, une passée = tourner une fois la 5me et la 6me paire, croiser, planter une épingle au point **25**, une passée = tourner une fois la 4me et la 5me paire, croiser, planter une épingle au point **26**, une passée = tourner une fois la 3me et la 4me paire, croiser, planter une épingle au point **27**, une passée = tourner une fois la 2me et la 3me paire, croiser, planter une épingle au point **28**, une passée = tourner une fois la 1re et la 2me paire, croiser, planter une épingle au point **29**, une passée; reprendre à *.

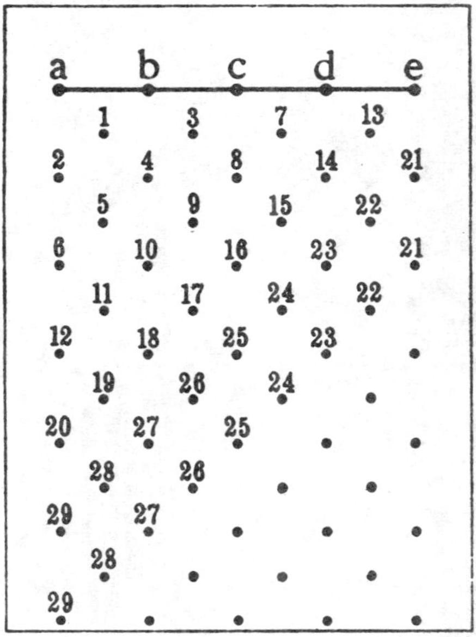

Fig. 1047.
Patron du point réseau ou Torchon fig. 1046, du point de Dieppe fig. 1048, du point de tulle fig. 1049, et du point de Bruxelles fig. 1050.

Point de Dieppe (fig. 1048 et 1047). — On attache dans le patron, fig. 1047, deux paires de fuseaux aux points *a*, *b*, *c*, *d*, *e*.

Tourner deux fois la 2me et la 3me paire, croiser, planter une épingle au point **1**, une passée = tourner deux fois la 1re et la 2me paire, croiser, planter une épingle au point **2**, une passée = tourner deux fois la 4me et la 5me paire, croiser, planter une épingle au point **3**, une passée = tourner deux fois la 3me et la 4me paire, croiser, planter une épingle au point **4**, une passée = tourner deux fois la 2me et la 3me paire, croiser, planter une épingle au point **5**, une passée = tourner deux fois la 1re et la 2me paire, croiser, planter une épingle au point **6**, une passée = tourner deux fois la 6me et la 7me paire, croiser, planter une épingle au point **7**, une passée = tourner deux fois la 5me et la 6me paire, croiser, planter une épingle au point **8**, une passée = tourner deux fois la 4me et la 5me paire, croiser, planter une épingle au point **9**, une passée = tourner deux fois la 3me et la 4me paire, croiser, planter une épingle au point **10**, une passée = tourner deux fois la 2me et la 3me paire, croiser, planter une épingle au point **11**, une passée = tourner deux fois la 1re et la 2me paire, croiser, planter une épingle au point **12**, une passée = tourner deux fois la 8me et la 9me paire, croiser, planter une épingle au point **13**, une passée = tourner deux fois la 7me et la 8me paire, croiser, planter une épingle au point **14**, une passée = tourner deux fois la 6me et la 7me paire, croiser, planter une épingle au point **15**, une passée = tourner deux fois la 5me et la 6me paire, croiser, planter une épingle au point **16**, une passée = tourner deux fois la 4me et la 5me paire, croiser, planter une épingle au point **17**, une passée = tourner deux fois la 3me et la 4me paire, croiser, planter une épingle au point **18**, une passée = tourner deux fois la 2me et la 3me paire, croiser, planter une épingle au point **19**, une passée = tourner deux fois la 1re et la 2me paire, croiser, planter une épingle

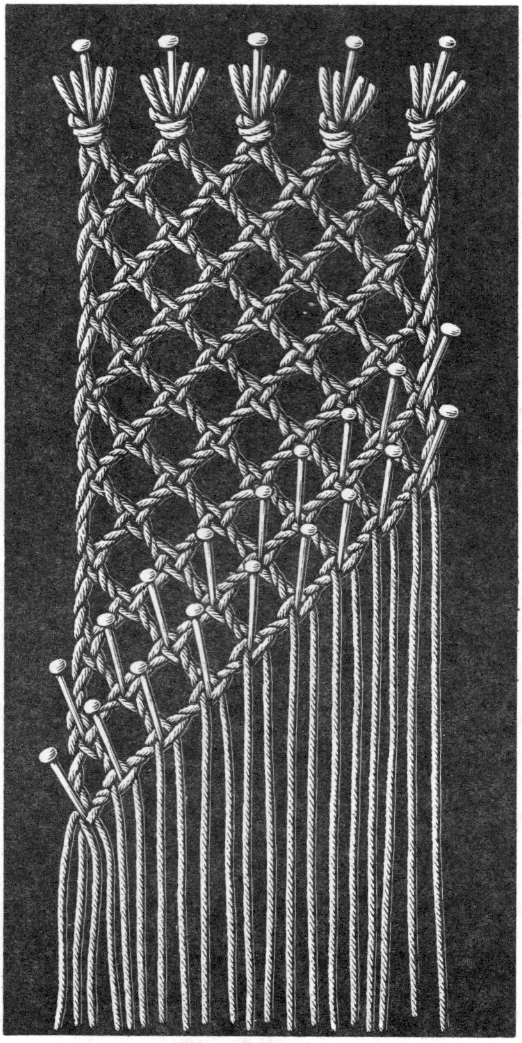

Fig. 1048. Point de Dieppe.

au point **20**, une passée = * tourner deux fois la 9me et la 10me paire, croiser, planter une épingle au point **21**, une passée = tourner deux fois la 8me et la 9me paire, croiser, planter une épingle au point **22**, une passée = tourner deux fois la 7me et la 8me paire, croiser, planter une épingle au point **23**, une passée = tourner deux fois la 6me et la 7me paire, croiser, planter une épingle au point **24**, une passée = tourner deux fois la 5me et la 6me paire, croiser, planter une épingle au point **25**, une passée = tourner deux fois la 4me et la 5me paire, croiser, planter une épingle au point **26**, une passée = tourner deux fois la 3me et la 4me paire, croiser, planter une épingle au point **27**, une passée = tourner deux fois la 2me et la 3me paire, croiser, planter une épingle au point **28**, une passée = tourner deux fois la 1re et la 2me paire, croiser, planter une épingle au point **29**, une passée; reprendre à *.

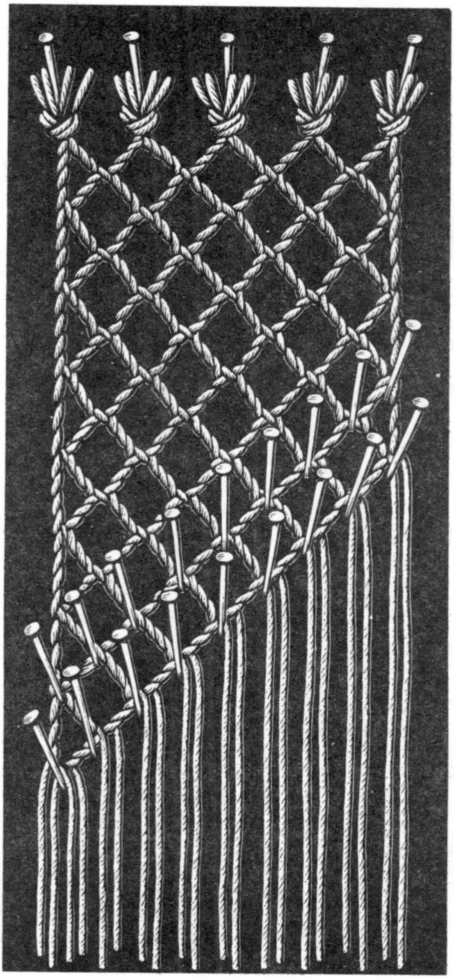

Fig. 1049. Point de tulle.

Point de tulle (fig. 1049 et 1047). — On attache dans le patron, fig. 1047, deux paires de fuseaux aux points *a*, *b*, *c*, *d*, *e*.

Tourner trois fois la 2me et la 3me paire, croiser, planter une épingle au point **1** = tourner trois fois la 1re et la 2me paire, croiser, planter une épingle au point **2** = tourner trois fois la 4me et la 5me paire, croiser, planter une épingle au point **3** = tourner trois fois la 3me et la 4me paire, croiser, planter une épingle au point **4** = tourner trois fois la 2me et la 3me paire, croiser, planter une épingle au point **5** = tourner trois fois la 1re et la 2me paire, croiser, planter une épingle au point **6** = tourner trois fois la 6me et la 7me paire, croiser, planter une épingle au point **7** = tourner trois fois la 5me et la 6me paire, croiser, planter une épingle au point **8** = tourner trois fois la 4me et la 5me paire, croiser, planter une épingle au point **9** = tourner trois fois la 3me et la 4me paire, croiser, planter une épingle au point **10** = tourner trois fois la 2me et la 3me paire, croiser, planter une épingle au point **11** = tourner trois fois la 1re et la 2me paire, croiser, planter une épingle au point **12** = tourner trois fois la 8me et la 9me paire, croiser, planter une épingle au point **13** = tourner trois fois la 7me et la 8me paire, croiser, planter une épingle au point **14** = tourner trois fois la 6me et la 7me paire, croiser, planter une épingle au point **15** = tourner trois fois la 5me et la 6me paire, croiser, planter une épingle au point **16** = tourner trois fois la 4me et la 5me paire, croiser, planter une épingle au point **17** = tourner trois fois la 3me et la 4me paire, croiser, planter une épingle au point **18** = tourner trois fois la 2me et la 3me paire, croiser, planter une épingle au point **19** = tourner trois fois la 1re et la 2me paire, croiser, planter une épingle au point **20** = * tourner trois fois la 9me et la 10me paire, croiser, planter une épingle au point **21** = tourner trois fois la 8me et la 9me paire, croiser, planter une épingle au point **22** = tourner trois fois la 7me et la 8me paire, croiser, planter une épingle au point **23** = tourner trois fois la 6me et la 7me paire, croiser, planter une épingle au point **24** = tourner trois fois la 5me et la 6me paire, croiser, planter une épingle au point **25** = tourner trois fois la 4me et la 5me paire, croiser, planter une épingle au point **26** = tourner trois fois la 3me et la 4me paire, croiser, planter une épingle au point **27** = tourner trois fois la 2me et la 3me paire, croiser, planter une épingle au point **28** = tourner trois fois la 1re et la 2me paire, croiser, planter une épingle au point **29** ; reprendre à *.

Point de Bruxelles (fig. 1050 et 1047). — On attache dans le patron, fig. 1047, deux paires de fuseaux aux points *a*, *b*, *c*, *d*, *e*.

Tourner deux fois la 2me et la 3me paire, croiser, une passée, planter une épingle au point **1**, deux passées = tourner deux fois la 1re et la 2me paire, croiser, une passée, planter une épingle au point **2**, deux passées = tourner deux fois la 4me et la 5me paire, croiser, une passée, planter une épingle au point **3**, deux passées = tourner deux fois la 3me et la 4me paire, croiser, une passée, planter une épingle au point **4**, deux passées = tourner deux fois la 2me et la 3me paire, croiser, une passée, planter une épingle au point **5**, deux passées = tourner deux fois la 1re et la 2me paire, croiser, une passée, planter une épingle au point **6**, deux passées = tourner deux fois la 6me et la 7me paire, croiser, une passée, planter une épingle au point **7**, deux passées = tourner deux fois la 5me et la 6me paire, croiser, une passée, planter une épingle au point **8**, deux passées = tourner deux fois la 4me et la 5me paire, croiser, une passée, planter une épingle au point **9**, deux passées = tourner deux fois la 3me et la 4me paire, croiser, une passée, planter une épingle au point **10**, deux passées = tourner deux fois la 2me et la 3me paire, croiser, une passée, planter une épingle au point **11**, deux passées = tourner deux fois la 1re et la 2me paire, croiser, une passée, planter une épingle au point **12**, deux passées = tourner deux fois la 8me et la 9me paire, croiser, une passée, planter une épingle au point **13**, deux passées = tourner deux fois la 7me et la 8me paire, croiser, une passée, planter une épingle au point **14**, deux passées = tourner deux fois la 6me et la 7me paire, croiser, une passée, planter une épingle au point **15**, deux passées = tourner deux fois la 5me et la 6me paire, croiser, une passée, planter une épingle au point **16**, deux passées = tourner deux fois la 4me et la 5me paire, croiser, une passée, planter une épingle au point **17**, deux passées = tourner deux fois la 3me et la 4me paire, croiser, une passée, planter une épingle au point **18**, deux passées = tourner deux fois la 2me et la 3me paire, croiser, une passée, planter une épingle au point **19**, deux passées = tourner deux fois la 1re et la 2me paire, croiser, une passée, planter une épingle au point **20**, deux passées =

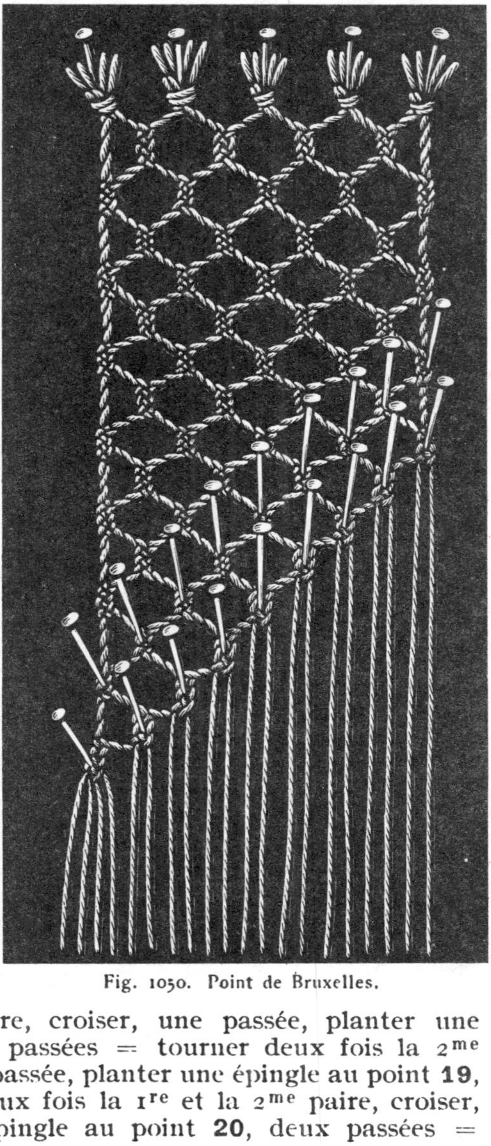
Fig. 1050. Point de Bruxelles.

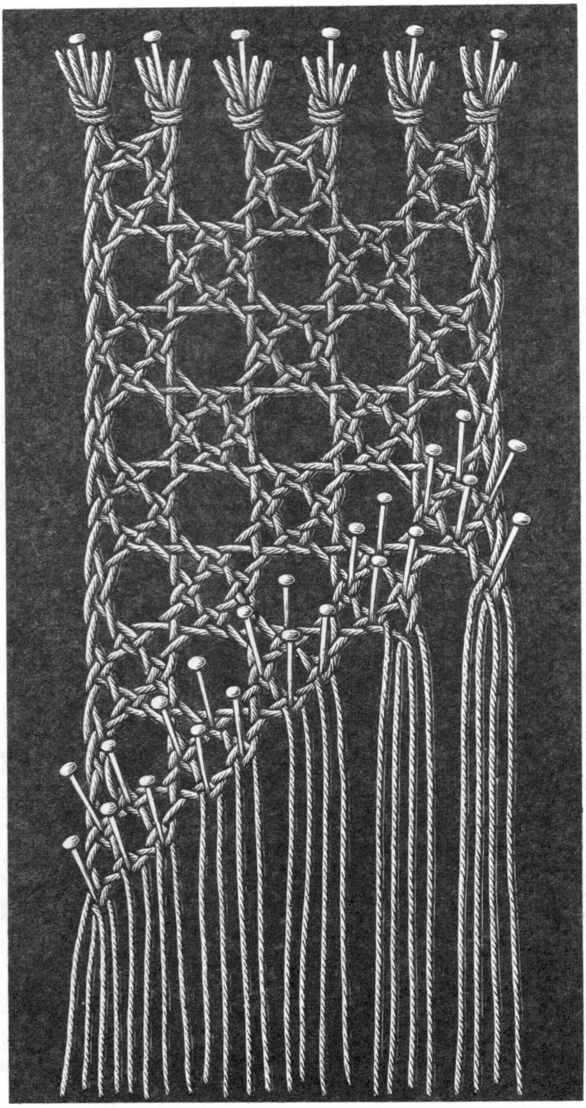

Fig. 1051. Fond à la vierge.

* tourner deux fois la 9me et la 10me paire, croiser, une passée, planter une épingle au point **21**, deux passées = tourner deux fois la 8me et la 9me paire, croiser, une passée, planter une épingle au point **22**, deux passées = tourner deux fois la 7me et la 8me paire, croiser, une passée, planter une épingle au point **23**, deux passées = tourner deux fois la 6me et la 7me paire, croiser, une passée, planter une épingle au point **24**, deux passées = tourner deux fois la 5me et la 6me paire, croiser, une passée, planter une épingle au point **25**, deux passées = tourner deux fois la 4me et la 5me paire, croiser, une passée, planter une épingle au point **26**, deux passées = tourner deux fois la 3me et la 4me paire, croiser, une passée, planter une épingle au point **27**, deux passées = tourner deux fois la 2me et la 3me paire, croiser, une passée, planter une épingle au point **28**, deux passées = tourner deux fois la 1re et la 2me paire, croiser,

une passée, planter une épingle au point **29**, deux passées; reprendre à *.

Fond à la vierge (fig. 1051 et 1052). — On attache dans le patron, fig. 1052, deux paires de fuseaux aux points *a*, *b*, *c*, *d*, *e*, *f*.

Tourner une fois la 2me et la 3me paire, croiser, planter une épingle au point **1**, une passée = tourner une fois la 1re et la 2me paire, croiser, planter une épingle au point **2**, une passée = tourner une fois la 3me et la 4me paire, croiser, planter une épingle au point **3**, une passée = tourner une fois la 2me et la 3me paire, croiser, planter une épingle au point **4**, une passée = tourner une fois la 1re et la 2me paire, croiser, planter une épingle au point **5**, une passée = tourner une fois la 6me et la 7me paire, croiser, planter une épingle au point **6**, une passée = tourner une fois la 5me et la 6me paire, croiser, planter une épingle au point **7**, une passée = tourner une fois la 7me et la 8me paire, croiser, planter une épingle au point **8**, une passée = tourner une fois la 6me et la 7me paire, croiser, planter une épingle au point **9**, une passée = tourner une fois la 5me et la 6me paire, croiser = tourner une fois la 3me et la 4me paire, croiser = tourner une fois la 4me et la 5me paire, croiser, planter une épingle au point **10**, une passée = tourner une fois la 3me et la 4me paire, croiser, planter une épingle au point **11**, une passée = tourner une fois la 5me et la 6me paire, croiser, planter une épingle au point **12**, une passée = tourner une fois la 4me et la 5me paire, croiser, planter une épingle au point **13**, une passée = tourner une fois la 3me et la 4me paire,

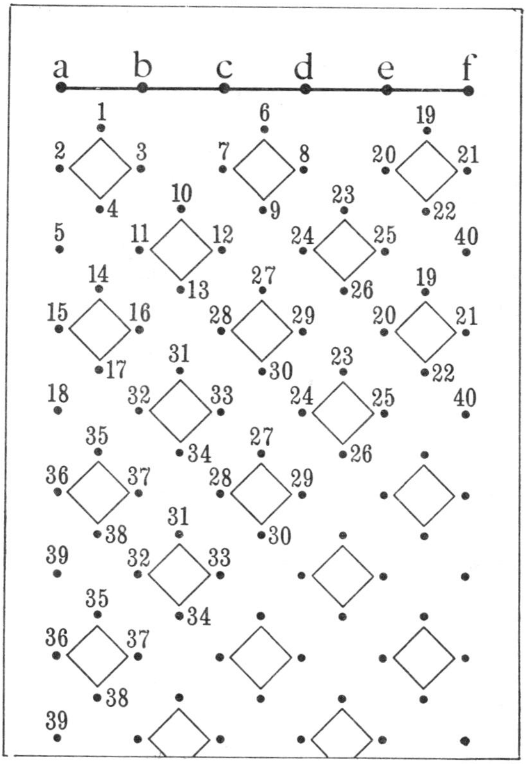

Fig. 1052. Patron du fond à la vierge fig. 1051.

croiser = tourner une fois la 2me et la 3me paire, croiser, planter une épingle au point **14**, une passée = tourner une fois la 1re et la 2me paire, croiser, planter une épingle au point **15**, une passée = tourner une fois la 3me et la 4me paire, croiser, planter une épingle au point **16**, une passée = tourner une fois la 2me et la 3me paire, croiser, planter une épingle au point **17**, une passée = tourner une fois la 1re et la 2me paire, croiser, planter une épingle au point **18**, une passée = * tourner une fois la 10me et la 11me paire, croiser, planter une épingle au point **19**, une passée = tourner une fois la 9me et la 10me paire, croiser, planter une épingle au point **20**, une passée = tourner une fois la 11me et la 12me paire, croiser, planter une épingle au point **21**, une passée = tourner une fois la 10me et la 11me paire, croiser, planter une épingle au point **22**, une passée = tourner une fois la 9me et la 10me paire, croiser = tourner une fois la 7me et la 8me paire, croiser = tourner une fois la 8me et la 9me paire, croiser, planter une épingle au point **23**, une passée = tourner une fois la 7me et la 8me paire, croiser, planter une épingle au point **24**, une passée = tourner une fois la 9me et la 10me paire, croiser, planter une épingle au point **25**, une passée = tourner une fois la 8me et la 9me paire, croiser, planter une épingle au point **26**, une passée = tourner une fois la 7me et la 8me paire, croiser = tourner une fois la 5me et la 6me paire, croiser = tourner une fois la 6me et la 7me paire, croiser, planter une épingle au point **27**, une passée = tourner une fois la 5me et la 6me paire, croiser, planter une épingle au point **28**, une passée = tourner une fois la 7me et la 8me paire, croiser, planter une épingle au point **29**, une passée = tourner une fois la 6me et la 7me paire, croiser, planter une épingle au point **30**, une passée = tourner une fois la 5me et la 6me paire, croiser = tourner une fois la 3me et la 4me paire, croiser = tourner une fois la 4me et la 5me paire, croiser, planter une épingle au point **31**, une passée = tourner une fois la 3me et la 4me paire, croiser, planter une épingle au point **32**, une passée = tourner une fois la 5me et la 6me paire, croiser, planter une épingle au point **33**, une passée = tourner une fois la 4me et la 5me paire, croiser, planter une épingle au point **34**, une passée = tourner une fois la 3me et la 4me paire, croiser = tourner une fois la 2me et la 3me paire, croiser, planter une épingle au point **35**, une passée = tourner une fois la 1re et la 2me paire, croiser, planter une épingle au point **36**, une passée = tourner une fois la 3me et la 4me paire, croiser, planter une épingle au point **37**, une passée = tourner une fois la 2me et la 3me paire, croiser, planter une épingle au point **38**, une passée = tourner une fois la 1re et la 2me paire, croiser, planter une épingle au point **39**, une passée = tourner une fois la 11me et la 12me paire, croiser, planter une épingle au point **40**, une passée = tourner une fois la 9me et la 10me paire, croiser; reprendre à *.

Fond de mariage ou point de rose (fig. 1053 et 1054). — On attache dans le patron, fig. 1054, deux paires de fuseaux aux points *a*, *c*, *d*, *f* et une paire de fuseaux aux points *b*, *e*.

Tourner deux fois la 2me et la 3me paire, croiser, planter une épingle au point **1**, tourner deux fois, croiser = tourner deux fois la 5me et la 6me paire, croiser, planter une épingle au point **2**, tourner deux fois, croiser = tourner deux fois la 4me et la 5me paire, croiser, planter une épingle au point **3**, tourner deux fois, croiser = tourner deux fois la 3me et la 4me paire, croiser, planter une épingle au point **4**, tourner deux fois, croiser = tourner deux fois la 2me et la 3me paire, croiser, planter une épingle au point **5**, tourner deux fois, croiser = tourner deux fois la 1re et la 2me paire, croiser, planter une épingle au point **6**, tourner deux fois, croiser = tourner deux fois la 2me et la 3me paire, croiser, planter une épingle au point **7**, tourner deux fois, croiser = tourner deux fois la 4me et la 5me paire, croiser, planter une épingle au point **8**, tourner deux fois, croiser = tourner deux fois la 6me et la 7me paire, croiser, planter une épingle au point **9**, tourner deux fois, croiser = * tourner deux fois la 8me et la 9me paire, croiser, planter une épingle au point **10**, tourner

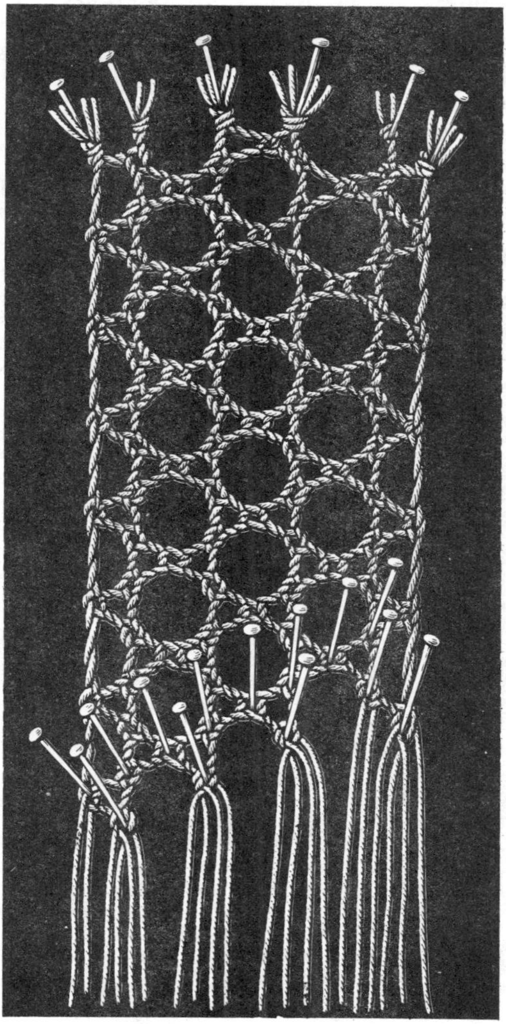

Fig. 1053. Fond de mariage ou point de rose.

deux fois, croiser = tourner deux fois la 7me et la 8me paire, croiser, planter une épingle au point **11**, tourner deux fois, croiser = tourner deux fois la 6me et la 7me paire, croiser, planter une épingle au point **12**, tourner deux fois, croiser = tourner deux fois la 5me et la 6me paire, croiser, planter une épingle au point **13**, tourner deux fois, croiser = tourner deux fois la 4me et la 5me paire, croiser, planter une épingle au point **14**, tourner deux fois, croiser = tourner deux fois la 3me et la 4me paire, croiser, planter une épingle au point **15**, tourner deux fois, croiser = tourner deux fois la 2me et la 3me paire, croiser, planter une épingle au point **16**, tourner deux fois, croiser = tourner deux fois la 1re et la 2me paire, croiser, planter une épingle au point **17**, tourner deux fois, croiser = tourner deux fois la 2me et la 3me paire, croiser, planter une épingle au point **18**, tourner deux fois, croiser = tourner deux fois la 4me et la 5me paire, croiser, planter une épingle au point **19**, tourner deux fois, croiser = tourner deux fois la 6me et la 7me paire, croiser, planter une épingle au point **20**, tourner deux fois, croiser = tourner deux fois la 8me et la 9me paire, croiser, planter une épingle au point **21**, tourner deux fois, croiser = tourner deux fois la 9me et la 10me paire, croiser, planter une épingle au point **22**, tourner deux fois, croiser; reprendre à *.

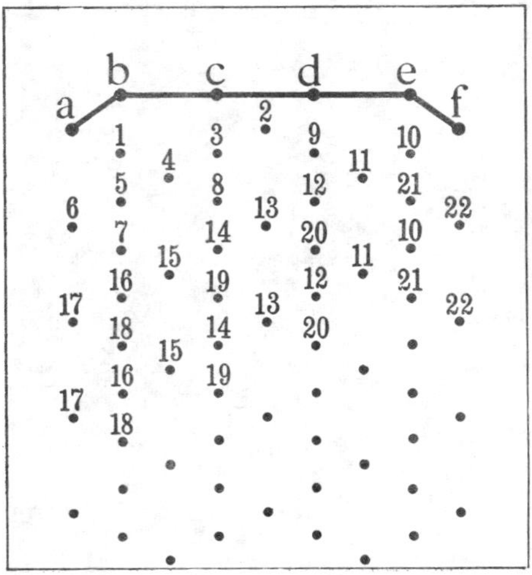

Fig. 1054. Patron du fond de mariage ou point de rose fig. 1053.

Fond de Valenciennes (fig. 1055 et 1056). — Le fond de Valenciennes se compose de petites nattes qui demandent l'emploi de deux paires de fuseaux.

On attache dans le patron, fig. 1056, deux paires de fuseaux au point *a* et quatre paires de fuseaux aux points *b*, *c*.

Tourner une fois la 1re et la 2me paire, croiser, cinq passées = tourner une fois la 3me et la 4me paire, croiser, cinq passées = tourner une fois la 2me et la 3me paire, croiser, planter une épingle au point **1**, une passée = tourner une fois la 1re et la 2me paire, croiser, cinq passées, planter une épingle au point **2**, tourner une fois, croiser, cinq passées = tourner une fois la 3me et la 4me paire, croiser, cinq passées = tourner une fois la

5me et la 6me paire, croiser, cinq passées = tourner une fois la 7me et la 8me paire, croiser, cinq passées = tourner une fois la 6me et la 7me paire, croiser, planter une épingle au point **3**,

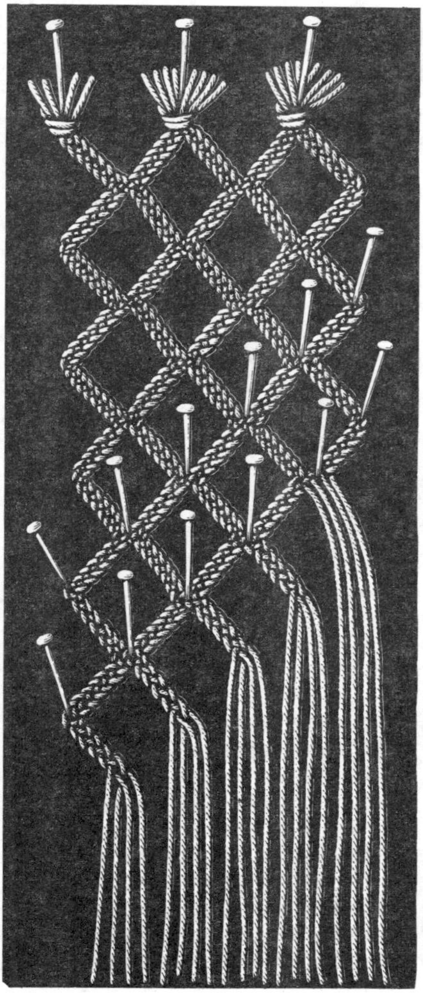

Fig. 1055. Fond de Valenciennes.

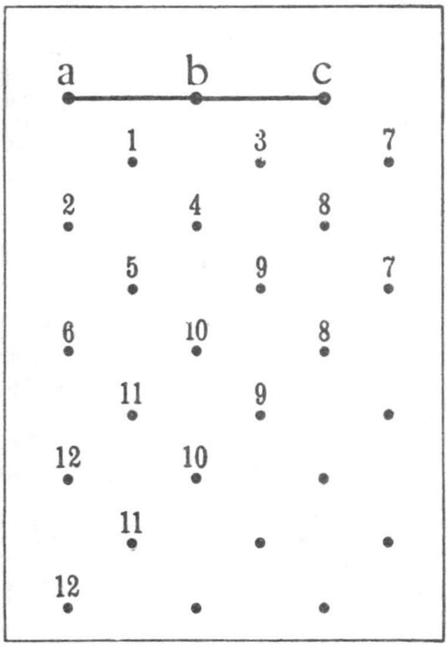

Fig 1056.
Patron du fond de Valenciennes, fig. 1055.

une passée = tourner une fois la 5me et la 6me paire, croiser, cinq passées = tourner une fois la 4me et la 5me pairc, croiser, planter une épingle au point **4**, une passée = tourner une fois la 3me et la 4me paire, croiser, cinq passées = tourner une fois la 2me et la 3me paire, croiser, planter une épingle au point **5**, une passée = tourner une fois la 1re et la 2me paire, croiser, cinq passées, planter une épingle au point **6**, tourner une fois, croiser, cinq passées = tourner une fois la 3me et la 4me paire, croiser, cinq passées = tourner une fois la 5me et la 6me paire, croiser, cinq passées = tourner une fois la 7me et la 8me paire, croiser, cinq passées = * tourner une fois la

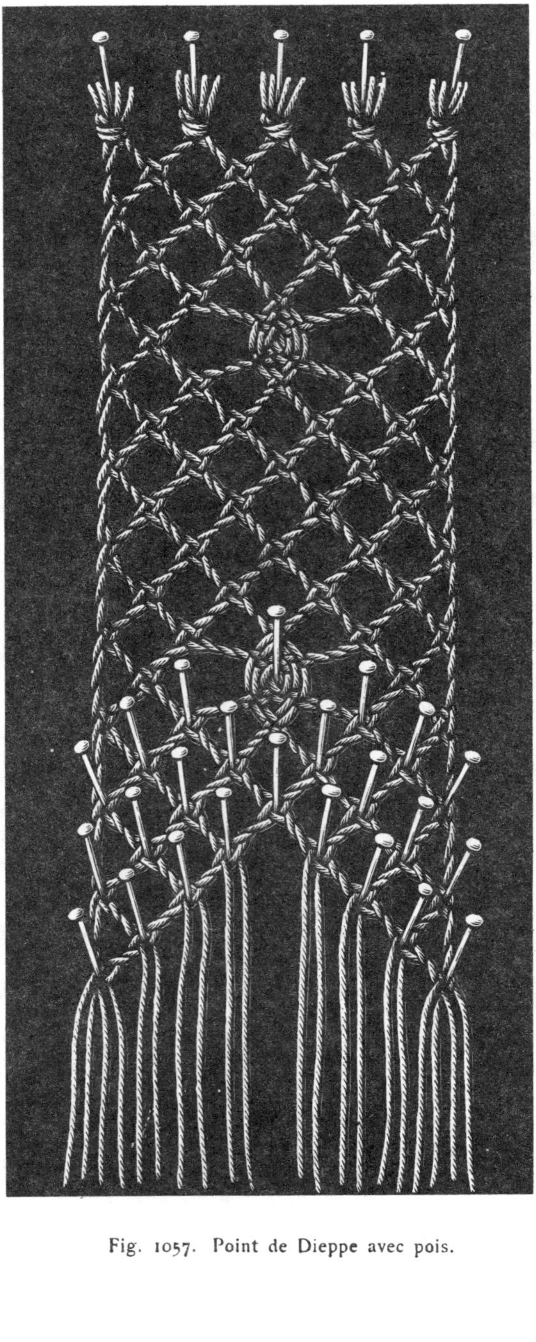

Fig. 1057. Point de Dieppe avec pois.

9me et la 10me paire, croiser, cinq passées, planter une épingle au point **7**, tourner une fois, croiser, cinq passées = tourner une fois la 8me et la 9me paire, croiser, planter une épingle au point **8**, une passée = tourner une fois la 7me et la 8me paire, croiser, cinq passées = tourner une fois la 6me et la 7me paire, croiser, planter une épingle au point **9**, une passée = tourner une fois la 5me et la 6me paire, croiser, cinq passées = tourner une fois la 4me et la 5me paire, croiser, planter une épingle au point **10**, une passée = tourner une fois la 3me et la 4me paire, croiser, cinq passées = tourner une fois la 2me et la 3me paire, croiser, planter une épingle au point **11**, une passée = tourner une fois la 1re et la 2me paire, croiser, cinq passées, planter une épingle au point **12**, tourner une fois, croiser, cinq passées = tourner une fois la 3me et la 4me paire, croiser, cinq passées = tourner une fois la 5me et la 6me paire, croiser, cinq passées

= tourner une fois la 7me et la 8me paire, croiser, cinq passées; reprendre à *.

Point de Dieppe avec pois (fig. 1057 et 1058). — On attache dans le patron, fig. 1058, deux paires de fuseaux aux points *a*, *b*, *c*, *d*, *e*.

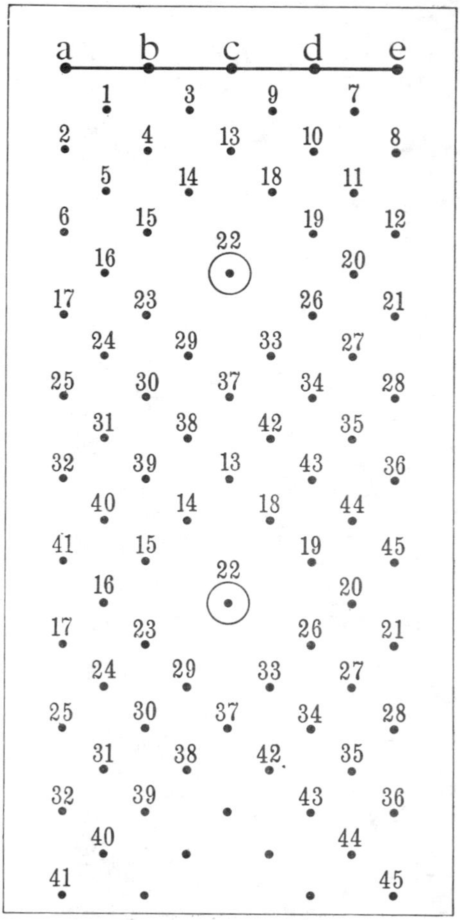

Fig. 1058. Patron du point de Dieppe avec pois fig. 1057.

Tourner deux fois la 2me et la 3me paire, croiser, planter une épingle au point **1**, une passée = tourner deux fois la 1re et la 2me paire, croiser, planter une épingle au point **2**, une passée = tourner deux fois la 4me et la 5me paire, croiser, planter une épingle au point **3**, une passée = tourner deux fois la 3me et la 4me paire, croiser, planter une épingle au point **4**, une passée = tourner deux fois la 2me et la 3me paire, croiser, planter une épingle au point **5**, une passée = tourner deux fois la 1re et la 2me paire, croiser, planter une épingle au point **6**, une passée = tourner deux fois la 8me et la 9me paire, croiser, planter une épingle au point **7**, une passée = tourner deux fois la 9me et la 10me paire, croiser, planter une épingle au point **8**, une passée = tourner deux fois la 6me et la 7me paire, croiser, planter une épingle au point **9**, une passée = tourner deux fois la 7me et la 8me paire, croiser, planter une épingle au point **10**, une passée = tourner deux fois la 8me et la 9me paire, croiser, planter une épingle au point **11**, une passée = tourner deux fois la 9me et la 10me paire, croiser, planter une épingle au point **12**, une passée = * tourner deux fois la 5me et la 6me paire, croiser, planter une épingle au point **13**, une passée = tourner deux fois la 4me et la 5me paire, croiser, planter une épingle au point **14**, une passée = tourner deux fois la 3me et la 4me paire, croiser, planter une épingle au point **15**, une passée = tourner deux fois la 2me et la 3me paire, croiser, planter une épingle au point **16**, une passée = tourner deux fois la 1re et la 2me paire, croiser, planter une épingle au point **17**, une passée = tourner deux fois la 6me et la 7me paire, croiser, planter une épingle au point **18**, une passée = tourner deux fois la 7me et la 8me paire, croiser, planter une épingle au point **19**, une passée = tourner deux fois la 8me et la 9me paire, croiser, planter une épingle au point **20**, une passée = tourner deux fois la 9me et la 10me paire, croiser, planter une épingle au point **21**, une passée = tourner trois fois la 5me et la 6me paire, croiser, une passée = tourner trois fois la 4me paire, ne pas tourner la 5me paire, croiser, une passée = ne pas tourner la 6me paire, tourner trois fois la 7me paire, croiser, une passée = croiser la 5me et la 6me paire, une passée, planter une épingle au point **22**, croiser, une passée = croiser la 4me et la 5me paire, une passée = tourner deux fois la 3me paire, tourner trois fois la 4me paire, croiser, planter une épingle au point **23**, une passée = tourner deux fois la 2me et la 3me paire, croiser, planter une épingle au point **24**, une passée = tourner deux fois la 1re et la 2me paire, croiser, planter une épingle au point **25**, une passée = croiser la 6me et la 7me paire, une passée = tourner trois fois la 7me paire, tourner deux fois la 8me paire, croiser, planter une épingle au point **26**, une passée = tourner deux fois la 8me et la 9me paire, croiser, planter une épingle au point **27**, une passée = tourner deux fois la 9me et la 10me paire, croiser, planter une épingle

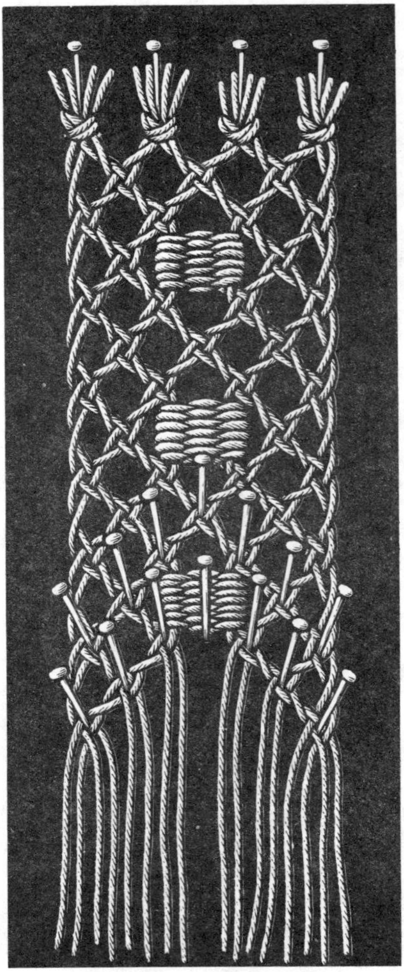

Fig. 1059. Point réseau avec carrés au point d'esprit.

au point **28**, une passée = croiser la 5me et la 6me paire, une passée = tourner deux fois la 4me paire, tourner trois fois la 5me paire, croiser, planter une épingle au point **29**, une passée = tourner deux fois la 3me et la 4me paire, croiser, planter une épingle au point **30**, une passée = tourner deux fois la 2me et la 3me paire, croiser, planter une épingle au point **31**, une passée = tourner deux fois la 1re et la 2me paire, croiser, planter une épingle au point **32**, une passée = tourner trois fois la 6me paire, tourner deux fois la 7me paire, croiser, planter une épingle au point **33**, une passée = tourner deux fois la 7me et la 8me paire, croiser, planter une épingle au point **34**, une passée = tourner deux fois la 8me et la 9me paire, croiser, planter une épingle au point **35**, une passée = tourner deux fois la 9me et la 10me paire, croiser, planter une épingle au point **36**, une passée = tourner deux fois la 5me et la 6me paire, croiser, planter une épingle au point **37**, une passée = tourner deux fois la 4me et la 5me paire, croiser, planter une épingle au point **38**, une passée = tourner deux fois la 3me et la 4me paire, croiser, planter une épingle au point **39**, une passée = tourner deux fois la 2me et la 3me paire, croiser, planter une épingle au point **40**, une passée = tourner deux fois la 1re et la 2me paire, croiser, planter une épingle au point **41**, une passée = tourner deux fois la 6me et la 7me paire, croiser, planter une épingle au point **42**, une passée = tourner deux fois la 7me et la 8me paire, croiser, planter une épingle au point **43**, une passée = tourner deux fois la 8me et la 9me paire, croiser, planter une épingle au point **44**, une passée = tourner deux fois la 9me et la 10me paire, croiser, planter une épingle au point **45**, une passée ; reprendre à *.

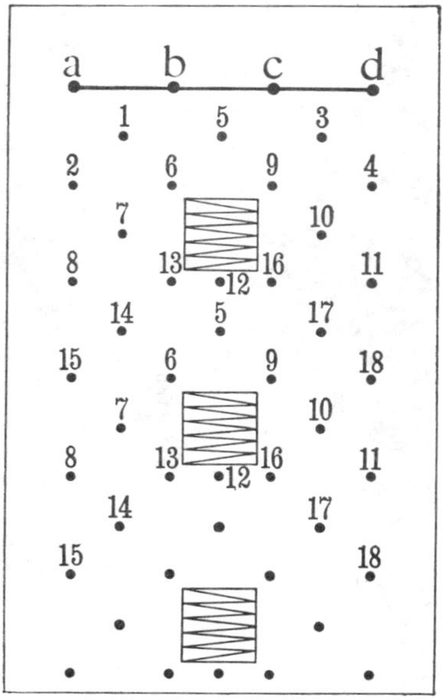

Fig. 1060. Patron du point réseau avec carrés au point d'esprit fig. 1059.

Point réseau avec carrés au point d'esprit (fig. 1059 et 1060). — On attache dans le patron, fig. 1060, deux paires de fuseaux aux points *a*, *b*, *c*, *d*.

Tourner une fois la 2me et la 3me paire, croiser, planter une épingle au point **1**, une passée = tourner une fois la 1re et la 2me paire, croiser, planter une épingle au point **2**, une passée

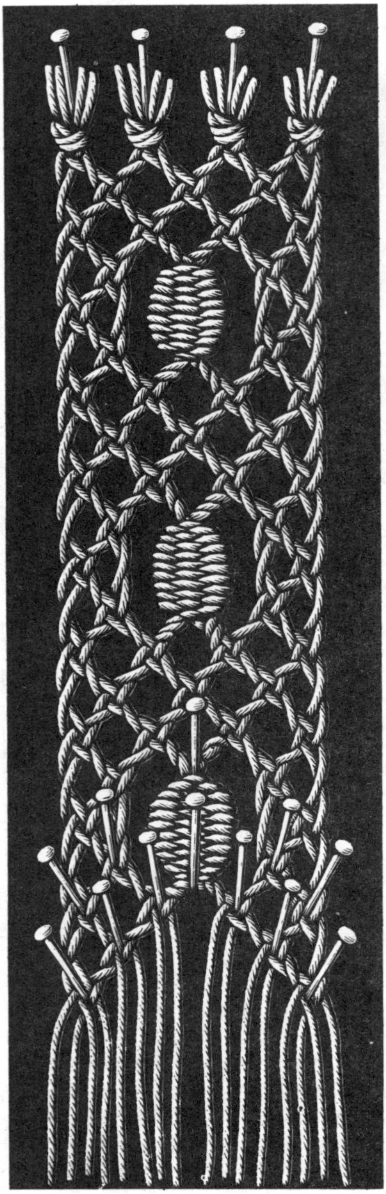

Fig. 1061. Point réseau avec feuilles au point d'esprit.

= tourner une fois la 6me et la 7me paire, croiser, planter une épingle au point **3**, une passée = tourner une fois la 7me et la 8me paire, croiser, planter une épingle au point **4**, une passée = * tourner une fois la 4me et la 5me paire, croiser, planter une épingle au point **5**, une passée = tourner une fois la 3me et la 4me paire, croiser, planter une épingle au point **6**, une passée = tourner une fois la 2me et la 3me paire, croiser, planter une épingle au point **7**, une passée = tourner une fois la 1re et la 2me paire, croiser, planter une épingle au point **8**, une passée = tourner une fois la 5me et la 6me paire, croiser, planter une épingle au point **9**, une passée = tourner une fois la 6me et la 7me paire, croiser, planter une épingle au point **10** une passée = tourner une fois la 7me et la 8me paire, croiser, planter une épingle au point **11**, une passée = tourner deux fois la 4me et la 5me paire, croiser pour faire le carré au point d'esprit répéter six fois : tourner deux fois la 4me paire, ne pas tourner la 5me paire, croiser et ne pas tourner la 4me paire, tourner deux fois la 5me paire, croiser (serrer également toutes les passées pour donner une bonne forme au carré), planter une épingle au point **12** = tourner une fois la 3me paire, tourner deux fois la 4me paire, croiser, planter une épingle au point **13**, une passée = tourner une fois la 2me et la 3me paire, croiser, planter une épingle au point **14**, une passée = tourner une fois la 1re et la 2me paire, croiser, planter une épingle au point **15**, une passée = tourner deux fois la 5me paire, tourner une fois la 6me paire, croiser, planter une épingle au point **16**, une passée = tourner une fois la 6me et la 7me paire, croiser, planter une épingle au point **17**, une passée = tourner une fois la 7me et la 8me paire, croiser, planter une épingle au point **18**, une passée; reprendre à *.

Point réseau avec feuilles au point d'esprit (fig. 1061 et 1062). — On attache dans le patron, fig. 1062, deux paires de fuseaux aux points *a*, *b*, *c*, *d*.

Tourner une fois la 2me et la 3me paire, croiser, planter une épingle au point **1**, une passée = tourner une fois la 1re et la 2me paire, croiser, planter une épingle au point **2**, une passée = tourner une fois la 6me et la 7me paire, croiser, planter une épingle au point **3**, une passée = tourner une fois la 7me et la 8me paire, croiser, planter une épingle au point **4**, une passée = * tourner une fois la 4me et la 5me paire, croiser, planter une épingle au point **5**, une passée = tourner une fois la 3me et la 4me paire, croiser, planter une épingle au point **6**, une passée = tourner une fcis la 2me et la 3me paire, point **7**, une passée = tourner croiser, planter une épingle au une fois la 1re et la 2me paire, croiser, planter une épingle au point **8**, une passée = tourner une fois la 2me et la 3me paire, croiser, planter une épingle au point **9**, une passée = tourner une fois la 1re et la

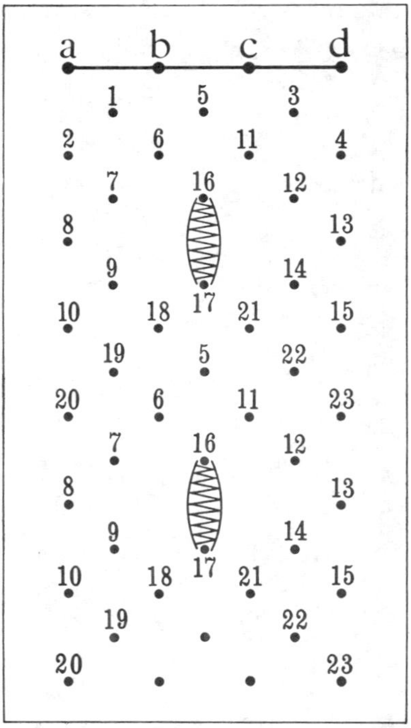

Fig. 1062.
Patron du point réseau avec feuilles au point d'esprit fig. 1061.

2me paire, croiser, planter une épingle au point **10**, une passée = tourner une fois la 5me et la 6me paire, croiser, planter une épingle au point **11**, une passée = tourner une fois la 6me et la 7me paire, croiser, planter une épingle au point **12**, une passée = tourner une fois la 7me et la 8me paire, croiser, planter une épingle au point **13**, une passée = tourner une fois la 6me et la 7me paire, croiser, planter une épingle au point **14**, une passée = tourner une fois la 7me et la 8me paire, croiser, planter une épingle au point **15**, une passée = tourner deux fois la 4me et la 5me paire, croiser, planter une épingle au point **16**, pour la feuille au point d'esprit répéter dix fois: tourner deux fois la 4me paire, ne pas tourner la 5me paire, croiser et ne pas tourner la 4me paire, tourner deux fois la 5me paire, croiser (serrer fortement la 1re et la 10me passée et laisser plus lâches les passées intermédiaires pour donner une bonne forme à la feuille), planter une épingle au point **17** = tourner une fois la 3me paire, tourner deux fois la 4me paire, croiser, planter une épingle au point **18**, une passée = tourner une fois la 2me et la 3me paire, croiser, planter une épingle au point **19**, une passée = tourner une fois la 1re et la 2me paire, croiser, planter une épingle au point **20**, une passée = tourner deux fois la 5me paire, tourner une fois la 6me paire, croiser, planter une épingle au point **21**, une passée = tourner une fois la 6me et la 7me paire, croiser, planter une épingle au point **22**, une passée = tourner une fois la 7me et la 8me paire, croiser, planter une épingle au point **23**, une passée; reprendre à *.

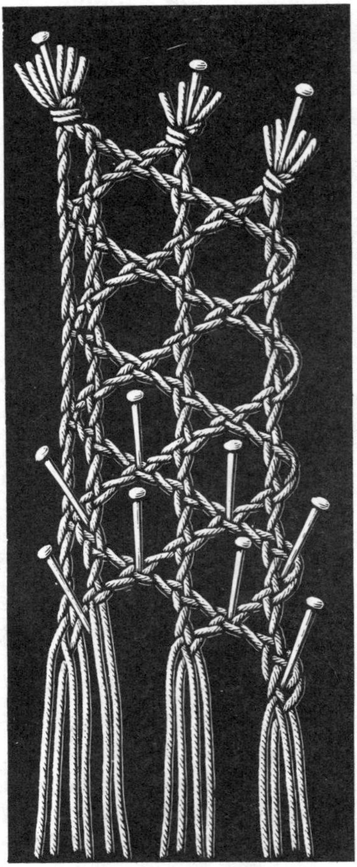

Fig. 1063. Éternelle à deux rangs.
Fournitures: Lin pour dentelles D·M·C No 12, Alsatia D·M·C No 20 ou Lin floche D·M·C No 8, en blanc ou écru.

Éternelle à deux rangs (fig. 1063 et 1064). — Les éternelles sont des dentelles sans dessin marqué; on peut en faire des entre-deux ou des dentelles à festons dont la largeur est déterminée par le nombre de rangs.

Pour une dentelle à un seul rang de trous, il faut cinq paires de fuseaux; pour deux rangs de trous, sept paires de fuseaux; pour trois rangs de trous, neuf paires de fuseaux. On augmente donc toujours de deux paires de fuseaux pour chaque rang que l'on veut faire en plus. Les entre-deux demandent une paire de fuseaux de plus pour exécuter le second bord vertical.

On attache dans le patron, fig. 1064, trois paires de fuseaux au point *a* et deux paires de fuseaux aux points *b*, *c*.

* Tourner une fois la 2me et la 3me paire, croiser, une passée = tourner une fois la 3me et la 4me paire, croiser, planter une épingle au point **1**, une passée = tourner une fois la 4me et la 5me paire, croiser, une passée = tourner une fois la 5me et la 6me paire, croiser, planter une épingle au point **2**, une passée = tourner une fois la 6me et la 7me paire, croiser, une passée, planter une épingle au point **3**, tourner une fois la 6me et la 7me paire, croiser, une passée = tourner une fois la 4me et la 5me paire, croiser, une passée = tourner une fois la 2me et la 3me paire, croiser, une passée = tourner trois fois la 1re paire, tourner une fois la 2me paire, croiser, une passée, planter une épingle au point **4** à droite de la 2me paire; reprendre à *.

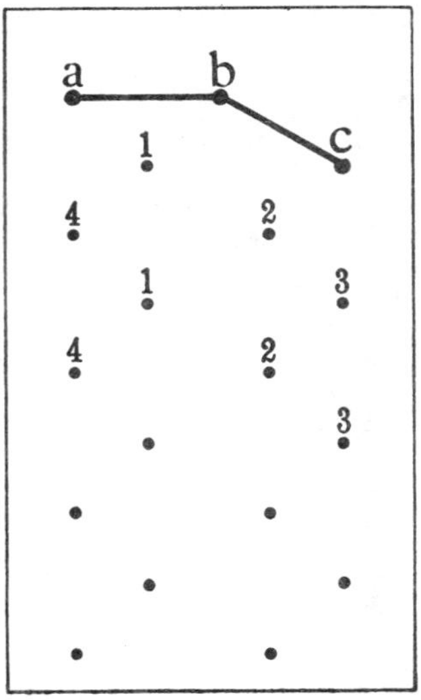

Fig. 1064. Patron de l'éternelle à deux rangs fig. 1063.

Dentelle Torchon (fig. 1065 et 1066). — On attache dans le patron, fig. 1066, trois paires de fuseaux aux points *a*, *b* et deux paires de fuseaux aux points *c*, *d*.

Tourner une fois la 3me et la 4me paire, croiser, planter une épingle au point **1**, une passée = tourner une fois la 4me et la 5me paire, croiser = tourner une fois la 5me et la 6me paire, croiser = tourner une fois la 6me et la 7me paire, croiser = tourner une fois la 7me et la 8me paire, croiser = tourner une fois la 8me et la 9me paire, croiser = tourner une fois la 9me et la 10me paire, croiser, planter une épingle au point **2**, une passée = tourner une fois la 8me et la 9me paire, croiser = tourner une fois la 7me et la 8me paire, croiser = tourner une fois la 6me et la 7me paire, croiser = tourner une fois la 5me et la 6me paire, croiser = tourner une fois la 4me et la 5me paire, croiser, planter une épingle au point **3**, une passée = tourner une fois la 5me et la 6me paire, croiser = tourner une fois la 6me et la 7me paire, croiser = tourner une fois la 7me et la 8me paire, croiser = tourner une fois la 8me et la 9me paire, croiser = tourner une fois la 9me et la 10me paire, croiser, planter une épingle au point **4**, une passée = tourner une fois la 8me et la 9me paire, croiser = tourner une fois la 7me et la 8me paire, croiser = tourner une fois la 6me et la 7me paire, croiser = tourner une fois la 5me et la 6me paire, croiser, planter une épingle au point **5**, une passée =

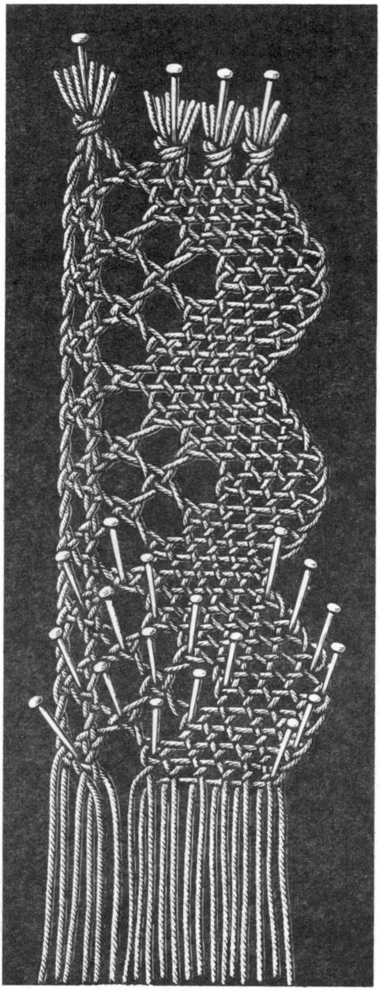

Fig. 1065. Dentelle Torchon.
Fournitures : Lin pour dentelles D·M·C No 16, Alsatia D·M·C No 25 ou Coton perlé D·M·C No 8, en blanc ou en Jaune-Crème 579.

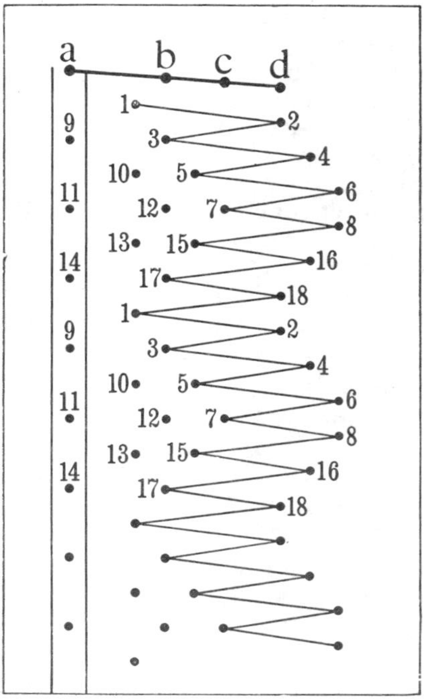

Fig. 1066.
Patron de la dentelle Torchon fig. 1065.

tourner une fois la 6me et la 7me paire, croiser = tourner une fois la 7me et la 8me paire, croiser = tourner une fois la 8me et la 9me paire, croiser = tourner une fois la 9me et la 10me paire, croiser, planter une épingle au point **6**, une passée = tourner une fois la 8me et la 9me paire, croiser = tourner une fois la 7me et la 8me paire, croiser = tourner une fois la 6me et la 7me paire, croiser, planter une épingle au point **7**, une passée = tourner une fois la 7me et la 8me paire, croiser = tourner une fois la 8me et la 9me paire, croiser = tourner une fois la 9me et la 10me paire, croiser, planter une épingle au point **8**, une passée = tourner une fois la 8me et la 9me paire, croiser = tourner une fois la 7me et la 8me paire, croiser =

tourner une fois la 6me et la 7me paire, croiser = tourner une fois la 2me et la 3me paire, croiser, une passée = tourner deux fois la 1re paire, tourner une fois la 2me paire, croiser, une passée, planter une épingle au point **9** à droite de la 2me paire = tourner une fois la 2me et la 3me paire, croiser, une passée = tourner une fois la 3me et la 4me paire, croiser, planter une épingle au point **10**, une passée = tourner une fois la 2me et la 3me paire, croiser, une passée = tourner deux fois la 1re paire, tourner une fois la 2me paire, croiser, une passée, planter une épingle au point **11** à droite de la 2me paire = tourner une fois la 2me et la 3me paire, croiser, une passée = tourner une fois la 4me et la 5me paire, croiser, planter une épingle au point **12**, une passée = tourner une fois la 3me et la 4me paire, croiser, planter une épingle au point **13**, une passée = tourner une fois la 2me et la 3me paire, croiser, une passée = tourner deux fois la 1re paire, tourner une fois la 2me paire, croiser, une passée, planter une épingle au point **14** à droite de la 2me paire = tourner une fois la 2me et la 3me paire, croiser, une passée = tourner une fois la 5me et la 6me paire, croiser, planter une épingle au point **15**, une passée = tourner une fois la 6me et la 7me paire, croiser = tourner une fois la 7me et la 8me paire, croiser = tourner une fois la 8me et la 9me paire, croiser = tourner une fois la 9me et la 10me paire, croiser, planter une épingle au point **16**, une passée = tourner une fois la 8me et la 9me paire, croiser = tourner une fois la 7me et la 8me paire, croiser = tourner une fois la 6me et la 7me paire, croiser = tourner une fois la 5me et la 6me paire, croiser = tourner une fois la 4me et la 5me paire, croiser, planter une épingle au point **17**, une passée = tourner une fois la 5me et la 6me paire, croiser = tourner une fois la 6me et la 7me paire, croiser = tourner une fois la 7me et la 8me paire, croiser = tourner une fois la 8me et la 9me paire, croiser = tourner une fois la 9me et la 10me paire, croiser, planter une épingle au point **18**, une passée = tourner une fois la 8me et la 9me paire, croiser = tourner une fois la 7me et la 8me paire, croiser = tourner une fois la 6me et la 7me paire, croiser = tourner une fois la 5me et la 6me paire, croiser = tourner une fois la 4me et la 5me paire, croiser. Reprendre à partir du commencement.

Fig 1067.
Tresse avec picots.

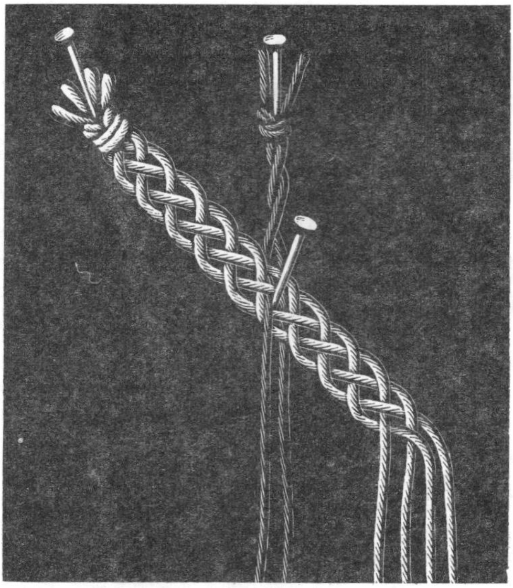

Fig. 1068.
Croisement avec trois paires de fuseaux.

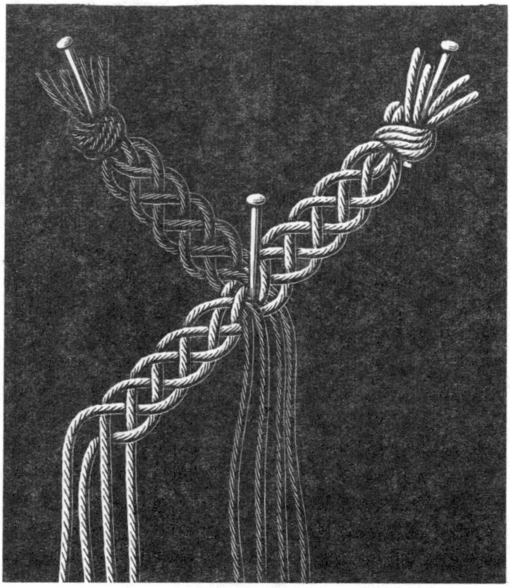

Fig. 1069.
Croisement avec quatre paires de fuseaux.

Tresse avec picots (fig. 1067). — Pour orner les bords unis d'une dentelle on confectionne, avec l'un des fils extérieurs, des picots que l'on forme avec l'aide d'une épingle fixée dans le patron à une place déterminée. On rencontre souvent ces picots dans les brides tressées, comme nous l'indiquons dans la fig. 1067; voir aussi les dentelles fig. 1070, 1076, 1078.

Croisements avec trois et quatre paires de fuseaux (fig. 1068 et 1069). — Il existe un genre de dentelle où le dessin est formé principalement par des brides tressées et tournées. L'exécution de ces dentelles a ceci de particulier qu'aux endroits où les brides s'entre-croisent, les passées se font avec trois ou quatre paires de fuseaux. Les paires comptent alors comme si elles étaient des fils simples, on les tourne et croise aussi de la même manière. Les épingles qui retiennent ces croisements sont plantées juste au centre des fils entre-croisés, comme l'indiquent les gravures.

La fig. 1068 montre un croisement avec trois paires de fuseaux, tandis que dans la fig. 1069 le croisement est exécuté avec quatre paires.

Ces croisements sont employés dans la confection des dentelles fig. 1070, 1076, 1078.

Dentelle nattée (fig. 1070 et 1071). — On attache dans le patron, fig. 1071, quatre paires de fuseaux au point *a* et une paire de fuseaux au point *b*.

Tourner une fois la 1re et la 2me paire, croiser, six passées =

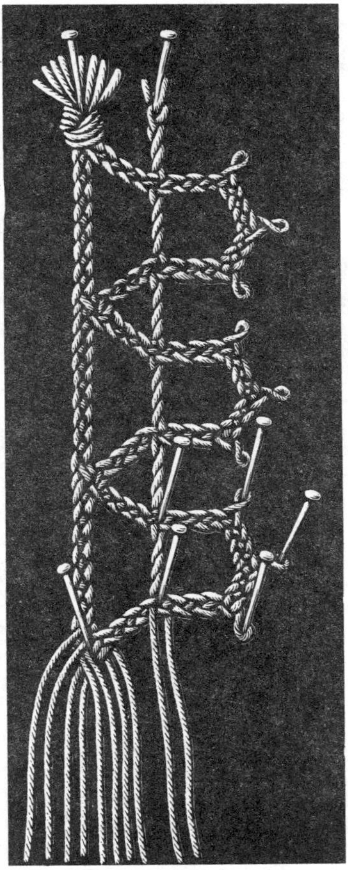

Fig. 1070. Dentelle nattée.
Fournitures : Lin pour dentelles D·M·C No. 12, en blanc.

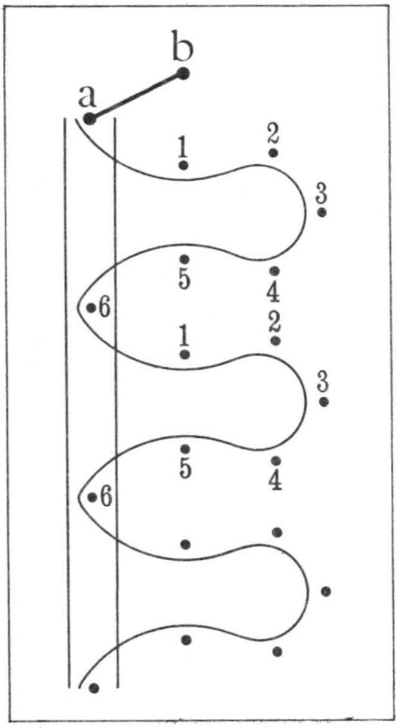

Fig. 1071. Patron de la dentelle nattée fig. 1070.

tourner une fois la 3me et la 4me paire, croiser, trois passées = ne pas tourner la 3me et la 4me paire, tourner trois fois la 5me paire, croisement d'après la fig. 1068, planter une épingle au point **1** = tourner une fois la 4me et la 5me paire, croiser, trois passées, un picot vers la droite au point **2**, trois passées, un picot vers la droite au point **3**, trois passées, un picot vers la droite au point **4**, trois passées = tourner trois fois la 3me paire, ne pas tourner la 4me et la 5me paire, croisement d'après la fig. 1068, planter une épingle au point **5** = tourner une fois la 3me et la 4me paire, croiser, trois passées = croisement d'après la fig. 1069 avec la 1re, la 2me, la 3me et la 4me paire, planter une épingle au point **6**. Reprendre à partir du commencement.

Entre-deux Torchon (fig. 1072 et 1073). — On attache dans le patron, fig. 1073, une paire de fuseaux aux points *a*, *c*, *d*, *e*, *f*, *g*, *h*, *j* et trois paires de fuseaux aux points *b*, *i*.

Tourner deux fois la 9me et la 10me paire, croiser, planter une épingle au point **1**, une passée = tourner deux fois la 8me paire, tourner une fois la 9me paire, croiser, planter une épingle au point **2**, une passée = tourner une fois la 9me et la 10me paire, croiser = tourner une fois la 10me et la 11me paire, croiser, planter une épingle au point **3**, une passée = tourner une fois la 9me et la 10me paire, croiser = tourner une fois la 8me et la 9me paire, croiser = tourner deux fois la 7me paire, tourner une fois la 8me paire, croiser, planter une

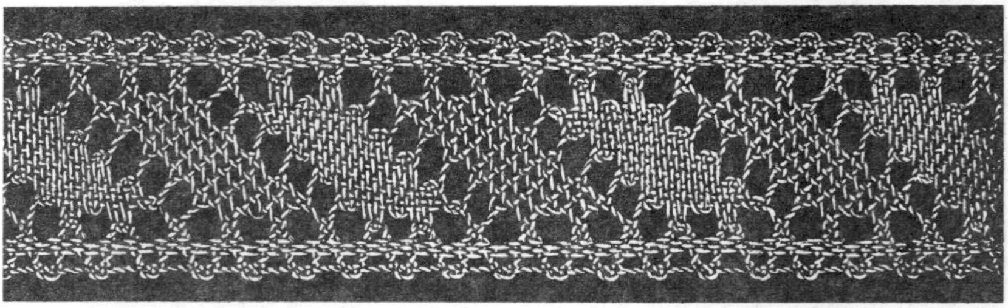

Fig. 1072. Entre-deux Torchon.

Fournitures : Lin pour dentelles D·M·C No. 40, Lin à tricoter et à crocheter D·M·C No. 40, Fil à dentelles D·M·C No. 150 ou Retors d'Alsace D·M·C No. 30, en blanc ou écru.

épingle au point **4**, une passée = tourner une fois la 8me et la 9me paire, croiser = tourner une fois la 9me et la 10me paire, croiser, planter une épingle au point **5**, une passée = tourner une fois la 8me et la 9me paire, croiser = tourner une fois la 7me et la 8me paire, croiser = tourner deux fois la 6me paire, tourner une fois la 7me paire, croiser, planter une épingle au point **6**, une passée = tourner une fois la 7me et la 8me paire, croiser = tourner une fois la 8me et la 9me paire, croiser = tourner une fois la 9me et la 10me paire, croiser = tourner une fois la 11me paire, ne pas tourner la 12me paire, croiser, une passée = croiser la 12me et la 13me paire, une passée = tourner une fois la 13me paire, tourner deux fois la 14me paire, croiser, une passée, planter une épingle au point **7**, deux passées = ne pas tourner la 12me paire, tourner une fois la 13me paire, croiser, une passée = croiser la 11me et la 12me paire, une passée = tourner une fois la 10me et la

11me paire, croiser, planter une épingle au point **8**, une passée = tourner une fois la 9me et la 10me paire, croiser = tourner une fois la 8me et la 9me paire, croiser = tourner une fois la 7me et la 8me paire, croiser = tourner une fois la 6me et la 7me paire, croiser = tourner deux fois la 5me paire, tourner une fois la 6me paire, croiser, planter une épingle au point **9**, une passée = tourner une fois la 6me et la 7me paire, croiser = tourner une fois la 7me et la 8me paire, croiser = tourner une fois la 8me et la 9me paire, croiser = tourner une fois la 9me et la 10me paire, croiser, planter une épingle au point **10**, une passée = tourner une fois la 8me et la 9me paire, croiser = tourner une fois la 7me et la 8me paire, croiser = tourner une fois la 6me et la 7me paire, croiser = tourner une fois la 5me et la 6me paire, croiser = tourner une fois la 4me et la 5me paire, croiser, planter une épingle au point **11**, une passée = ne pas tourner la 3me paire, tourner une fois la 4me paire, croiser, une passée = croiser la 2me et la 3me paire, une passée = tourner deux fois la 1re paire, tourner une fois la 2me paire, croiser, une passée, planter une épingle au point **12**, deux passées = tourner une fois la 2me paire, ne pas tourner la 3me paire, croiser, une passée = croiser la 3me et la 4me paire, une passée = tourner une fois la 5me et la 6me paire, croiser = tourner une fois la 6me et la 7me paire, croiser = tourner une fois la 7me et la 8me paire, croiser = tourner une fois la 8me et la 9me paire, croiser, planter une épingle au point **13**, une passée = tourner une fois la 7me et la 8me paire, croiser = tourner une fois la 6me et la 7me paire, croiser = tourner une fois la 5me et la 6me paire, croiser, planter une épingle au point **14**, une passée = tourner une fois la 6me et la 7me paire, croiser = tourner une fois la 7me et la 8me paire, croiser, planter une épingle au point **15**,

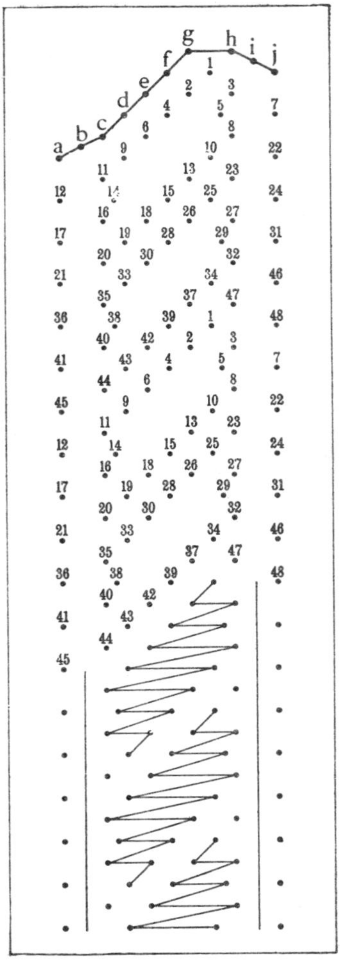

Fig. 1073. Patron de l'entre-deux Torchon fig. 1072.

une passée = tourner une fois la 6me et la 7me paire, croiser = tourner une fois la 5me et la 6me paire, croiser = tourner une fois la 4me et la 5me paire, croiser, planter une épingle au point **16**, une passée = ne pas tourner la 3me paire, tourner une fois la 4me paire, croiser, une passée = croiser la 2me et la 3me paire, une passée = tourner deux fois la 1re paire, tourner une fois la 2me paire, croiser, une passée, planter une épingle au point **17**, deux passées = tourner une fois la 2me paire, ne pas tourner la 3me paire, croiser, une passée = croiser la 3me et la 4me paire, une passée = tourner une fois la 5me et la 6me paire, croiser = tourner une fois la 6me et la 7me paire, croiser, planter une épingle au point **18**, une passée = tourner une fois la 5me et la 6me paire, croiser, planter une épingle au point **19**, une passée = tourner une fois la 4me paire, tourner deux fois la 5me paire, croiser, planter une épingle au point **20**, une passée = ne pas tourner la 3me paire, tourner une fois la 4me paire, croiser, une passée = croiser la 2me et la 3me paire, une passée = tourner deux fois la 1re paire, tourner une fois la 2me paire, croiser, une passée, planter une épingle au point **21**, deux passées = tourner une fois la 2me paire, ne pas tourner la 3me paire, croiser, une passée = croiser la 3me et la 4me paire, une passée = tourner une fois la 11me paire, ne pas tourner la 12me paire, croiser, une passée = croiser la 12me et la 13me paire, une passée = tourner une fois la 13me paire, tourner deux fois la 14me paire, croiser, une passée, planter une épingle au point **22**, deux passées = ne pas tourner la 12me paire, tourner une fois la 13me paire, croiser, une passée = croiser la 11me et la 12me paire, une passée = tourner deux fois la 10me paire, tourner une fois la 11me paire, croiser, planter une épingle au point **23**, une passée = tourner une fois la 11me paire, ne pas tourner la 12me paire, croiser, une passée = croiser la 12me et la 13me paire, une passée = tourner une fois la 13me paire, tourner deux fois la 14me paire, croiser, une passée, planter une épingle au point **24**, deux passées = ne pas tourner la 12me paire, tourner une fois la 13me paire, croiser, une passée = croiser la 11me et la 12me paire, une passée = tourner deux fois la 9me et la 10me paire, croiser, une passée, planter une épingle au point **25**, ne pas tourner la 9me paire, tourner une fois la 10me paire, croiser, une passée = tourner deux fois la 8me paire, ne pas tourner la 9me paire, croiser, une passée, planter une épingle au point **26**, tourner une fois la 8me paire, ne pas tourner la 9me paire, croiser, une passée = croiser la 9me et la 10me paire, une passée = ne pas tourner la 10me paire, tourner une fois la 11me paire, croiser, une passée, planter une épingle au point **27**, ne pas tourner la 10me paire, tourner une fois la 11me paire, croiser, une passée = croiser la 9me et la 10me paire, une passée = croiser la 8me et la 9me paire, une passée = tourner deux fois la 7me paire, ne pas tourner la 8me paire, croiser, une passée, planter une épingle au point **28**, tourner une fois la 7me paire, ne pas tourner la 8me paire, croiser, une passée = croiser la 8me et la 9me paire, une passée = croiser la 9me et la 10me paire, une passée, planter une épingle au point **29**, ne pas tourner la 9me paire, tourner une fois la 10me paire, croiser, une passée = croiser la 8me et la 9me paire, une passée = croiser la 7me et la 8me paire, une passée = tourner deux fois la 6me paire, ne pas tourner la 7me paire, croiser, une passée, planter une épingle au point **30**, tourner une fois la 6me paire, ne pas tourner la 7me paire, croiser, une passée = croiser la 7me et la 8me paire, une passée = croiser la 8me et la 9me paire, une passée = croiser la 9me et la 10me paire, une passée = tourner une fois la 11me paire, ne pas tourner la 12me paire, croiser, une passée = croiser la 12me et la 13me paire, une passée = tourner une fois la 13me paire, tourner deux fois la 14me paire, croiser, une passée, planter une épingle au point **31**, deux passées = ne pas tourner la 12me paire, tourner une fois la 13me paire, croiser, une passée = croiser la 11me et la 12me paire, une passée = ne pas tourner la 10me paire, tourner une fois la 11me paire, croiser, une passée, planter une épingle au point **32**, ne pas tourner la 10me paire, tourner une fois la 11me paire, croiser, une passée = croiser la 9me et la 10me paire, une passée = croiser la 8me et la 9me paire, une passée = croiser la 7me et la 8me paire, une passée = croiser la 6me et la 7me paire, une passée = tourner deux fois la 5me paire, ne pas tourner la 6me paire, croiser, une passée, planter une épingle au point **33**, tourner une fois la 5me paire, ne pas tourner la 6me paire, croiser, une passée = croiser la 6me et la 7me paire, une passée = croiser la 7me et la 8me paire, une passée = croiser la 8me et la 9me paire, une passée = croiser la 9me et la 10me paire, une passée, planter une épingle au point **34**, ne pas tourner la 9me paire, tourner une fois la 10me paire, croiser, une passée = croiser la 8me et la 9me paire, une passée = croiser la 7me et la 8me paire, une passée = croiser la 6me et la 7me paire, une passée = croiser la 5me et la 6me paire, une passée = tourner une fois la 4me paire, ne pas tourner la 5me paire, croiser, une passée, planter une épingle au point **35**, tourner une fois la 4me paire, ne pas tourner la 5me paire, croiser, une passée = ne pas tourner la 3me paire, tourner une fois la 4me paire, croiser, une passée

= croiser la 2me et la 3me paire, une passée = tourner deux fois la 1re paire, tourner une fois la 2me paire, croiser, une passée, planter une épingle au point **36**, deux passées = tourner une fois la 2me paire, ne pas tourner la 3me paire, croiser, une passée = croiser la 3me et la 4me paire, une passée = croiser la 5me et la 6me paire, une passée = croiser la 6me et la 7me paire, une passée = croiser la 7me et la 8me paire, une passée = croiser la 8me et la 9me paire, une passée, planter une épingle au point **37**, ne pas tourner la 8me paire, tourner une fois la 9me paire, croiser, une passée = croiser la 7me et la 8me paire, une passée = croiser la 6me et la 7me paire, une passée = croiser la 5me et la 6me paire, une passée, planter une épingle au point **38**, tourner une fois la 5me paire, ne pas tourner la 6me paire, croiser, une passée = croiser la 6me et la 7me paire, une passée = croiser la 7me et la 8me paire, une passée, planter une épingle au point **39**, ne pas tourner la 7me paire, tourner une fois la 8me paire, croiser, une passée = croiser la 6me et la 7me paire, une passée = croiser la 5me et la 6me paire, une passée = tourner une fois la 4me paire, ne pas tourner la 5me paire, croiser, une passée, planter une épingle au point **40**, tourner une fois la 4me paire, ne pas tourner la 5me paire, croiser, une passée = ne pas tourner la 3me paire, tourner une fois la 4me paire, croiser, une passée = croiser la 2me et la 3me paire, une passée = tourner deux fois la 1re paire, tourner une fois la 2me paire, croiser, une passée, planter une épingle au point **41**, deux passées = tourner une fois la 2me paire, ne pas tourner la 3me paire, croiser, une passée = croiser la 3me et la 4me paire, une passée = croiser la 5me et la 6me paire, une passée = croiser la 6me et la 7me paire, une passée, planter une épingle au point **42**, ne pas tourner la 6me paire, tourner une fois la 7me paire, croiser, une passée = croiser la 5me et la 6me paire, une passée, planter une épingle au point **43**, tourner une fois la 5me paire, ne pas tourner la 6me paire, croiser, une passée = tourner une fois la 4me paire, tourner deux fois la 5me paire, croiser, planter une épingle au point **44**, une passée = ne pas tourner la 3me paire, tourner une fois la 4me paire, croiser, une passée = croiser la 2me et la 3me paire, une passée = tourner deux fois la 1re paire, tourner une fois la 2me paire, croiser, une passée, planter une épingle au point **45**, deux passées = tourner une fois la 2me paire, ne pas tourner la 3me paire, croiser, une passée = croiser la 3me et la 4me paire, une passée = tourner une fois la 11me paire, ne pas tourner la 12me paire, croiser, une passée = croiser la 12me et la 13me paire, une passée = tourner une fois la 13me paire, tourner deux fois la 14me paire, croiser, une passée, planter une épingle au point **46**, deux passées = ne pas tourner la 12me paire, tourner une fois la 13me paire, croiser, une passée = croiser la 11me et la 12me paire, une passée = tourner deux fois la 10me paire, tourner une fois la 11me paire, croiser, planter une épingle au point **47**, une passée = tourner une fois la 11me paire, ne pas tourner la 12me paire, croiser, une passée = croiser la 12me et la 13me paire, une passée = tourner une fois la 13me paire, tourner deux fois la 14me paire, croiser, une passée, planter une épingle au point **48**, deux passées = ne pas tourner la 12me paire, tourner une fois la 13me paire, croiser, une passée = croiser la 11me et la 12me paire, une passée.

Reprendre à partir du commencement.

Dentelle Torchon (fig. 1074 et 1075). — On attache dans le patron, fig. 1075, une paire de fuseaux aux points *a*, *c*, *d*, *e*, *f*, *g*, *h*, deux paires de fuseaux au point *b* et trois paires de fuseaux au point *i*.

Tourner deux fois la 6me et la 7me paire, croiser, planter une épingle au point **1**, une passée = tourner deux fois la 5me et la 6me paire, croiser, planter une épingle au point **2**, une passée = tourner deux fois la 4me et la 5me paire, croiser, planter une épingle au point **3**, une passée = tourner une fois la 3me paire, tourner deux fois la 4me paire, croiser, planter une épingle au point **4**, une passée = tourner une fois la 2me et la 3me paire, croiser, une passée = tourner deux fois la 1re paire, tourner une fois la 2me paire, croiser, une passée, planter une épingle au point **5**, deux passées = tourner une fois la 2me et la 3me paire, croiser, une passée = tourner deux fois la 7me et la 8me paire, croiser, planter une épingle au point **6**, une passée = tourner deux fois la 8me et la 9me paire, croiser, planter une épingle au point **7**, une passée = tourner une fois la 6me et la 7me paire, croiser, pour faire le carré au point d'esprit répéter neuf fois: tourner deux fois la 6me paire, ne pas tourner la 7me paire, croiser et ne pas tourner la 6me paire, tourner deux fois la 7me paire, croiser (serrer également toutes les passées pour donner une bonne forme au carré), planter une épingle au point **8** = tourner deux fois la 5me paire, tourner une fois la 6me paire, croiser, planter une épingle au point **9**, une passée = tourner deux fois la 4me et la 5me paire, croiser, planter une épingle au point **10**, une passée = tourner une fois la 3me paire, tourner deux fois la 4me paire, croiser, planter une épingle au point **11**, une passée = tourner une fois la 2me et la 3me paire, croiser, une passée = tourner deux fois la 1re paire, tourner une fois la 2me paire, croiser, une passée, planter une épingle au point **12**, deux passées = tourner une fois la 2me et la 3me paire, croiser, une passée = tourner une fois la 7me paire, tourner deux fois la 8me paire, croiser, planter une épingle au point **13**, une passée = tourner deux fois la 6me et la 7me paire, croiser, planter une épingle au point **14**, une passée = tourner deux fois la 5me et la 6me paire, croiser, planter une épingle au point **15**, une passée = tourner deux fois la 4me et la 5me paire, croiser, planter une épingle au point **16**, une passée = tourner une fois la 3me paire, tourner deux fois la 4me paire, croiser, planter une épingle au point **17**, une passée = tourner une fois la 2me et la 3me paire, croiser, une passée = tourner

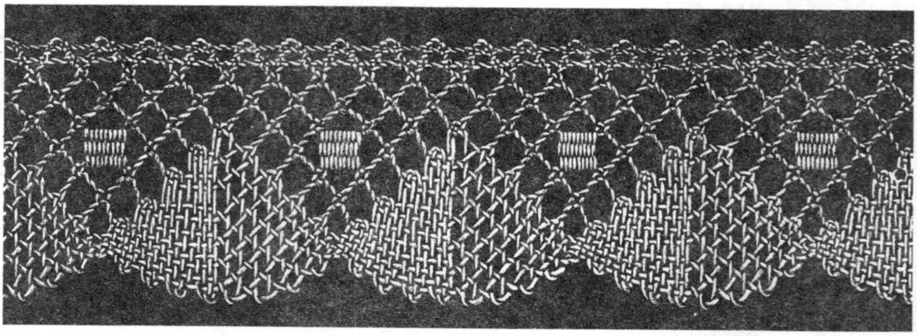

Fig. 1074. Dentelle Torchon.
Fournitures: Lin pour dentelles D·M·C No 40,
Lin à tricoter et à crocheter D·M·C No 40, Fil à dentelles D·M·C No 150
ou Retors d'Alsace D·M·C No 30, en blanc ou écru.

deux fois la 1re paire, tourner une fois la 2me paire, croiser, une passée, planter une épingle au point **18**, deux passées = tourner une fois la 2me et la 3me paire, croiser, une passée = tourner une fois la 11me et la 12me paire, croiser = tourner une fois la 10me et la 11me paire, croiser = tourner deux fois la 9me paire, tourner une fois la 10me paire, croiser, planter une épingle au point **19**, tourner deux fois la 9me paire, tourner une fois la 10me paire, croiser = tourner une fois la 10me et la 11me paire, croiser = tourner une fois la 11me et la 12me paire, croiser, planter une épingle au point **20**, tourner une fois la 11me paire, tourner deux fois la 12me paire, croiser = tourner une fois la 10me et la 11me paire, croiser = tourner une fois la 9me et la 10me paire, croiser = tourner deux fois la 8me paire, tourner une fois la 9me paire, croiser, planter une épingle au point **21**, tourner deux fois la 8me paire, tourner une fois la 9me paire, croiser = tourner une fois la 9me et la 10me paire = croiser = tourner une fois la 10me et la 11me paire, croiser = tourner une fois la 11me et la 12me paire, croiser, planter une épingle au point **22**, tourner une fois la 11me paire, tourner deux fois la 12me paire, croiser = tourner une fois la 10me et la 11me paire, croiser = tourner une fois la 9me et la 10me paire, croiser = tourner une fois la 8me et la 9me paire, croiser = tourner deux fois la 7me paire, tourner une fois la 8me paire, croiser, planter une épingle au point **23**, tourner deux fois la 7me paire, tourner une fois la 8me paire, croiser = tourner une fois la 8me et la 9me paire, croiser = tourner une fois la 9me et la 10me paire, croiser = tourner une fois la 10me et la 11me paire, croiser = tourner une fois la 11me et la 12me paire, croiser, planter une épingle au point **24**, tourner une fois la 11me paire, tourner deux fois la 12me paire, croiser = tourner une fois la 10me et la 11me paire, croiser = tourner une fois la 9me et la 10me paire, croiser = tourner une fois la 8me et la 9me paire, croiser = tourner une fois la 7me et la 8me paire, croiser = tourner deux fois la 6me paire, tourner une fois la 7me paire, croiser, planter une épingle au point **25**, tourner deux fois la 6me paire, tourner une fois la 7me paire, croiser = tourner une fois la 7me et la 8me paire, croiser = tourner une fois la 8me et la 9me paire,

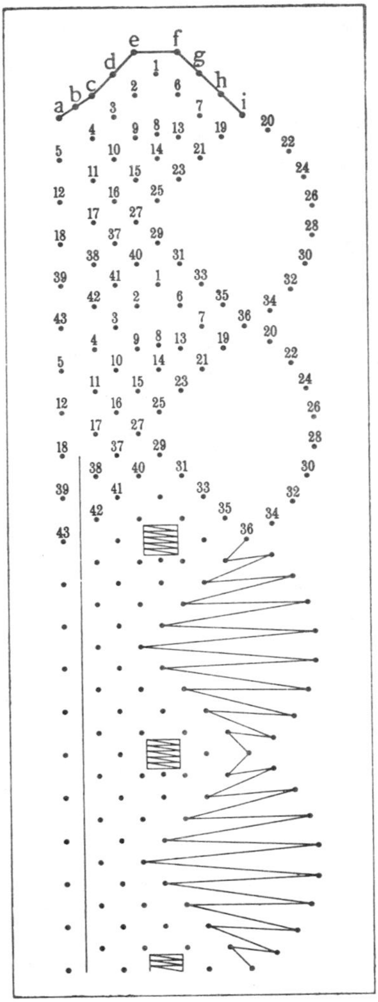

Fig. 1075. Patron de la dentelle Torchon fig. 1074.

croiser = tourner une fois la 9me et la 10me paire, croiser = tourner une fois la 10me et la 11me paire, croiser = tourner une fois la 11me et la 12me paire, croiser, planter une épingle au point **26**, tourner une fois la 11me paire, tourner deux fois la 12me paire, croiser = tourner une fois la 10me et la 11me paire, croiser = tourner une fois la 9me et la 10me paire, croiser = tourner une fois la 8me et la 9me paire, croiser = tourner une fois la 7me et la 8me paire, croiser = tourner une fois la 6me et la 7me paire, croiser = tourner deux fois la 5me paire, tourner une fois la 6me paire, croiser, planter une épingle au point **27**, deux passées = ne pas tourner la 6me paire, tourner une fois la 7me paire, croiser, une passée = ne pas tourner la 7me paire, tourner une fois la 8me paire, croiser, une passée = ne pas tourner la 8me paire, tourner une fois la 9me paire, croiser, une passée = ne pas tourner la 9me paire, tourner une fois la 10me paire, croiser, une passée = ne pas tourner la 10me paire, tourner une fois la 11me paire, croiser, une passée = ne pas tourner la 11me paire, tourner une fois la 12me paire, croiser, une passée, planter une épingle au point **28**, ne pas tourner la 11me paire, tourner deux fois la 12me paire, croiser, une passée = croiser la 10me et la 11me paire, une passée = croiser la 9me et la 10me paire, une passée = croiser la 8me et la 9me paire, une passée = croiser la 7me et la 8me paire, une passée = croiser la 6me et la 7me paire, une passée, planter une épingle au point **29**, tourner une fois la 6me paire, ne pas tourner la 7me paire, croiser, une passée = croiser la 7me et la 8me paire, une passée = croiser la 8me et la 9me paire, une passée = croiser la 9me et la 10me paire, une passée = croiser la 10me et la 11me paire, une passée = croiser la 11me et la 12me paire, une passée, planter une épingle au point **30**, ne pas tourner la 11me paire, tourner deux fois la 12me paire, croiser, une passée = croiser la 10me et la 11me paire, une passée = croiser la 9me et la 10me paire, une passée = croiser la 8me et la 9me paire, une passée = croiser la 7me et la 8me paire, une passée, planter une épingle au point **31**, tourner une fois la 7me paire, ne pas tourner la 8me paire, croiser, une passée = croiser la 8me et la 9me paire, une passée = croiser la 9me et la 10me paire, une passée = croiser la 10me et la 11me paire, une passée = croiser la 11me et la 12me paire, une passée, planter une épingle au point **32**, ne pas tourner la 11me paire, tourner deux fois la 12me paire, croiser, une passée = croiser la 10me et la 11me paire, une passée = croiser la 9me et la 10me paire, une passée = croiser la 8me et la 9me paire, une passée, planter une épingle au point **33**, tourner une fois la 8me paire, ne pas tourner la 9me paire, croiser, une passée = croiser la 9me et la 10me paire, une passée = croiser la 10me et la 11me paire, une passée = croiser la 11me et la 12me paire, une passée, planter une épingle au point **34**, ne pas tourner la 11me paire, tourner deux fois la 12me paire, croiser, une passée = croiser la 10me et la 11me paire, une passée = croiser la 9me et la 10me paire, une passée, planter une épingle au point **35**, tourner une fois la 9me paire, ne pas tourner la 10me paire, croiser, une passée = croiser la 10me et la 11me paire, une passée = croiser la 11me et la 12me paire, une passée, planter une épingle au point **36** = tourner deux fois la 4me et la 5me paire, croiser, planter une épingle au point **37**, une passée = tourner une fois la 3me paire, tourner deux fois la 4me paire, croiser, planter une épingle au point **38**, une passée = tourner une fois la 2me et la 3me paire, croiser, une passée = tourner deux fois la 1re paire, tourner une fois la 2me paire, croiser, une passée, planter une épingle au point **39**, deux passées = tourner une fois la 2me et la 3me paire, croiser, une passée = tourner deux fois la 5me et la 6me paire, croiser, planter une épingle au point **40**, une passée = tourner deux fois la 4me et la 5me paire, croiser, planter une épingle au point **41**, une passée = tourner une fois la 3me paire, tourner deux fois la 4me paire, croiser, planter une épingle au point **42**, une passée = tourner une fois la 2me et la 3me paire, croiser, une passée = tourner deux fois la 1re paire, tourner une fois la 2me paire, croiser, une passée, planter une épingle au point **43**, deux passées = tourner une fois la 2me et la 3me paire, croiser, une passée.

Reprendre à partir du commencement.

Dentelle nattée (fig. 1076 et 1077). — On attache dans le patron, fig. 1077, quatre paires de fuseaux aux points *a*, *b* et deux paires de fuseaux au point *c*.

Croisement avec la 1re, 2me, 3me et 4me paire, voir la fig. 1069, planter une épingle au point **1** = avec la 1re et la 2me paire quatre passées, planter une épingle au point **2**, quatre passées = avec la 3me et la 4me paire quatre passées = croisement avec la 5me, 6me, 7me et 8me paire, planter une épingle au point **3** = avec la 5me et la 6me paire quatre passées = croisement avec la 3me, 4me, 5me et 6me paire, planter une épingle au point **4** = avec la 3me et la 4me paire quatre passées = croisement avec la 1re, 2me, 3me et 4me paire, planter une épingle au point **5** = avec la 1re et la 2me paire cinq passées = avec la 3me et la 4me paire quatre passées = avec la 5me et la 6me paire quatre passées = avec la 7me et la 8me paire, quatre passées = croisement avec la 7me, 8me, 9me et 10me paire, planter une épingle au point **6** = avec la 7me et la 8me paire, quatre passées = croisement avec la 5me, 6me, 7me et 8me paire, planter une épingle au point **7**

= avec la 7me et la 8me paire quatre passées = avec la 9me et la 10me paire cinq passées = croisement avec la 7me, 8me, 9me et 10me paire, planter une épingle au point **8** = avec la 5me et la 6me paire quatre passées = croisement avec la 3me, 4me, 5me et 6me paire, planter une épingle au point **9** = avec la 3me et la 4me paire quatre passées = croisement avec la 1re, 2me, 3me et 4me paire, planter une épingle au point **10** = avec la 1re et la 2me paire quatre passées, planter une épingle au point **11**, quatre passées = avec la 3me et la 4me paire cinq passées = croisement avec la 1re, 2me, 3me et 4me paire, planter une épingle au point **12** = avec la 1re et la 2me paire cinq passées = avec la 3me et la 4me paire cinq passées = avec la 5me et la 6me paire quatre passées = avec la

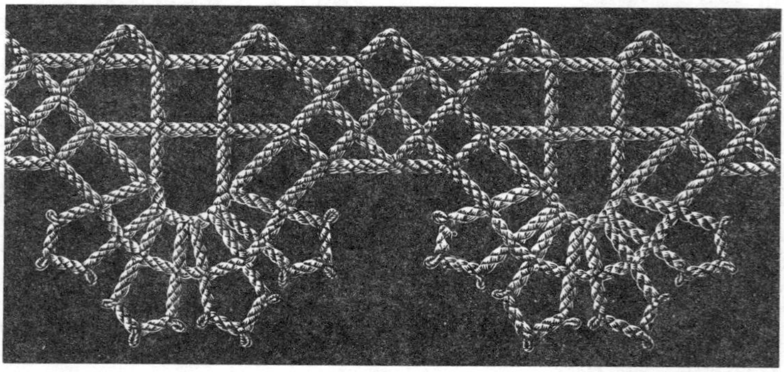

Fig. 1076. Dentelle nattée.

Fournitures : Lin pour dentelles D·M·C No 25, Lin à tricoter et à crocheter D·M·C No 25 ou Fil à dentelles D·M·C No 30, en blanc ou écru.

7me et la 8me paire quatre passées = croisement avec la 5me, 6me, 7me et 8me paire, planter une épingle au point **13** = avec la 5me et la 6me paire cinq passées = croisement avec la 3me, 4me, 5me et 6me paire, planter une épingle au point **14** = avec la 5me et la 6me paire cinq passées = avec la 7me et la 8me paire sept passées = croisement avec la 5me, 6me, 7me et 8me paire, planter une épingle au point **15** = avec la 7me et la 8me paire quatre passées = avec la 9me et la 10me paire cinq passées = croisement avec la 7me, 8me, 9me et 10me paire, planter une épingle au point **16** = avec la 9me et la 10me paire quatre passées, picot vers la droite au point **17**, quatre passées, picot vers la droite au point **18**, quatre passées, picot vers la droite au point **19**, quatre passées = avec la 7me et la 8me paire trois passées = croisement avec la 7me, 8me, 9me et 10me paire, planter une épingle au point **20** = avec la 7me et la 8me paire quatre passées = avec la 5me et la 6me paire deux passées = croisement avec la 5me, 6me, 7me et 8me paire, planter une épingle au point **21** = avec la 7me et la 8me paire quatre passées = avec la 9me et la 10me paire deux passées = croisement avec la 7me, 8me, 9me et 10me paire, planter une épingle au point **22** = avec la 9me et la 10me paire quatre passées, picot vers la droite au point **23**, quatre passées, picot vers la droite au point **24**, quatre passées, picot vers la droite au point **25**, quatre passées = avec la 7me et la 8me paire trois passées = croisement avec la 7me, 8me, 9me et 10me paire, planter une épingle au point **26** = avec la 7me et la 8me paire quatre passées = avec la 5me et la 6me paire deux passées = croisement avec la 5me, 6me, 7me et 8me paire, planter une épingle au point **27** = avec la 7me et la 8me paire quatre passées = avec la 9me et la 10me paire deux passées = croisement avec la 7me, 8me, 9me et 10me paire, planter une épingle au point **28** = avec la 9me et la 10me paire quatre passées, picot vers la droite au point **29**, quatre passées, picot vers la droite au point **30**, quatre passées, picot vers la droite au point **31**, quatre passées = avec la 7me et la 8me paire trois passées

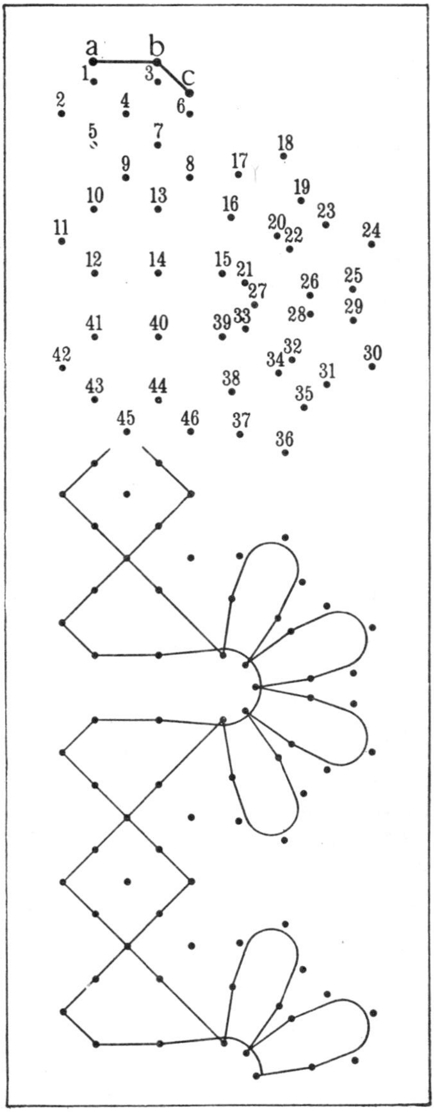

Fig. 1077.
Patron de la dentelle nattée fig. 1076.

= croisement avec la 7me, 8me, 9me et 10me paire, planter une épingle au point **32** = avec la 7me et la 8me paire quatre passées = avec la 5me et la 6me paire deux passées = croisement avec la 5me, 6me, 7me et 8me paire, planter une épingle au point **33** = avec la 7me et la 8me paire quatre passées = avec la 9me et la 10me paire deux passées = croisement avec la 7me, 8me, 9me et 10me paire, planter une épingle au point **34** = avec la 9me et la 10me paire quatre passées, picot vers la droite au point **35**, quatre passées, picot vers la droite au point **36**, quatre passées, picot vers la droite au point **37**, quatre passées = avec la 7me et la 8me paire trois passées = croisement avec la 7me, 8me, 9me et 10me paire, planter une épingle au point **38** = avec la 7me et la 8me paire quatre passées = avec la 5me et la 6me paire deux passées = croisement avec la 5me, 6me, 7me et 8me paire, planter une épingle au point **39** = avec la 5me et la 6me paire cinq passées = avec la 3me et la 4me paire cinq passées = croisement avec la 3me, 4me, 5me et 6me paire, planter une épingle au point **40** = avec la 3me et la 4me paire cinq passées = croisement avec la 1re, 2me, 3me et 4me paire, planter une épingle au point **41** = avec la 1re et la 2me paire quatre passées, planter une épingle au point **42**, quatre passées = avec la 3me et la 4me paire cinq passées = croisement avec la 1re, 2me, 3me et 4me paire, planter une épingle au point **43** = avec la 1re et la 2me paire cinq passées = avec la 3me et la 4me paire quatre passées = avec la 5me et la 6me paire cinq passées = avec la 7me et la 8me paire sept passées = croisement avec la 5me, 6me, 7me et 8me paire, planter une épingle au point **44** = avec la 5me et la 6me paire quatre passées = croisement avec la 3me, 4me, 5me et 6me paire, planter une épingle au point **45** = avec la 3me et la 4me paire quatre passées = avec la 5me et la 6me paire quatre passées = avec la 7me et la 8me paire quatre passées = avec la 9me et la 10me paire cinq passées = croisement avec la 7me, 8me, 9me et 10me paire, planter une épingle au point **46** = avec la 7me et la 8me paire quatre passées = avec la 9me et la 10me paire cinq passées.

Reprendre à partir du commencement.

Dentelle avec feuilles au point d'esprit (fig. 1078 et 1079). On attache dans le patron, fig. 1079, deux paires de fuseaux aux points *a*, *c*, *d*, *e*, *f* et trois paires de fuseaux au point *b*.

Tourner une fois la 2me paire, ne pas tourner la 3me paire, croiser, une passée = croiser la 3me et la 4me paire, une passée = croiser la 4me et la 5me paire, une passée, planter une épingle au point **1**, ne pas tourner la 4me paire, tourner une fois la

5me paire, croiser, une passée = croiser la 3me et la 4me paire, une passée = croiser la 2me et la 3me paire, une passée = tourner deux fois la 1re paire, tourner une fois la 2me paire, croiser, une passée, planter une épingle au point **2** à droite de deux paires = tourner une fois la 2me paire, ne pas tourner la 3me paire, croiser, une passée = croiser la 3me et la 4me paire, une passée = croiser la 4me et la 5me paire, une passée, planter une épingle au point **3**, ne pas tourner la 4me paire, tourner une fois la 5me paire, croiser, une passée = croiser la 3me et la 4me paire, une passée = croiser la 2me et la 3me paire, une passée = tourner deux fois la 1re paire, tourner une fois la 2me paire, croiser, une passée, planter une épingle au point **4** à droite de deux paires = tourner une fois la 2me paire, ne pas tourner la 3me paire, croiser, une passée = croiser la 3me et la 4me paire, une passée = croiser la 4me et la 5me paire, une passée, planter une épingle au point **5**, ne pas tourner la 4me paire, tourner une fois la 5me paire, croiser, une passée = croiser la 3me et la 4me paire, une passée = croiser la 2me et la 3me paire, une passée = tourner deux fois la 1re paire, tourner une fois la 2me paire, croiser, une passée, planter une épingle au point **6** à droite des deux paires = tourner une fois la 2me paire, ne pas tourner la 3me paire, croiser, une passée = croiser la 3me et la 4me paire, une passée = croiser la 4me et la 5me paire, une passée = croiser la 2me et la 3me paire, une passée = croiser la 3me et la 4me paire, une passée = croiser la 4me et la 5me paire, une passée, planter une épingle au point **7**, cinq passées, picot à droite au point **8**, trois passées = croiser la 6me et la 7me paire, quatre passées = avec la 4me, 5me, 6me et 7me paire croisement au point **9**, voir la fig. 1069 = tourner une fois la la 6me et la 7me paire, croiser, deux passées, picot à droite au point **10**, trois passées, picot à droite au point **11**, trois passées = tourner une fois la 8me et la 9me paire, croiser, deux passées = avec la 6me, 7me, 8me et 9me paire croisement au point **12** = tourner une fois la 8me et la 9me paire, croiser, deux passées, picot à droite au point **13**, trois passées, picot à droite au point **14**, trois passées = tourner une fois la 10me et la 11me paire, croiser, trois passées = avec la 8me, 9me, 10me et 11me paire croisement au point **15** = tourner une fois la 10me et la 11me paire, croiser, trois passées = tourner une fois la 12me et la 13me paire, croiser, trois passées = avec la 10me, 11me, 12me et 13me paire croisement au point **16** = croiser la 12me et la 13me paire, une passée = croiser la 11me et la 12me paire, une passée = croiser la 10me et la 11me paire, une passée = croiser la 11me et la 12me paire, une passée = croiser la 12me et la 13me paire, une passée = croiser la 11me et la 12me paire, une passée = croiser la 10me et la 11me paire, une passée = tourner une fois la 4me et la 5me paire, croiser,

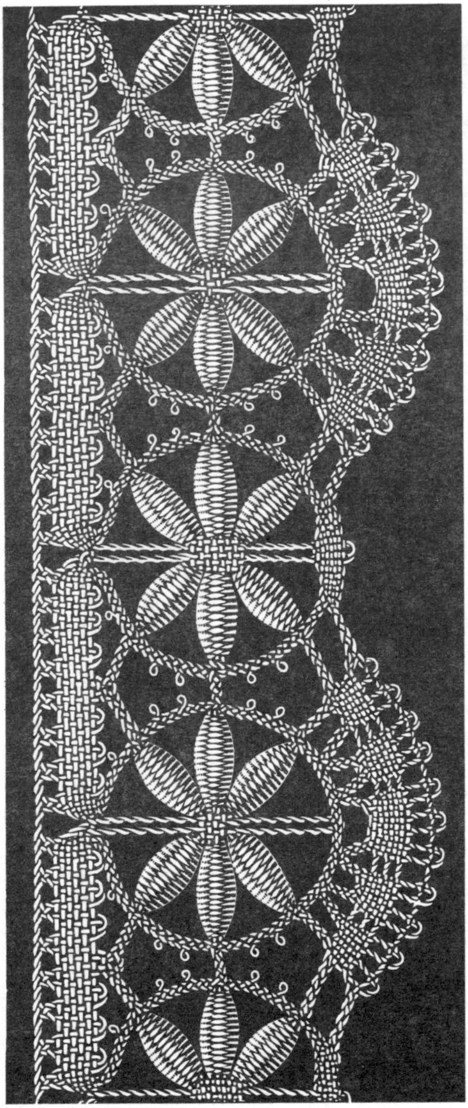

Fig. 1078.
Dentelle avec feuilles au point d'esprit.
Fournitures: Lin pour dentelles D·M·C No 35, Lin à tricoter et à crocheter D·M·C No 35 ou Fil à dentelles D·M·C No 50, en blanc ou écru.

pour la feuille au point d'esprit répéter seize fois: tourner deux fois la 4me paire, ne pas tourner la 5me paire, croiser et ne pas tourner la 4me paire, tourner deux fois la 5me paire, croiser, (serrer fortement les premières et les dernières passées pour donner une bonne forme à la feuille) = tourner une fois la 6me et la 7me paire, croiser, faire une feuille au point d'esprit = tourner une fois la 8me et la 9me paire, croiser, faire une feuille au point d'esprit = tourner six fois la 3me paire, avec la 3me, 4me et 5me paire croisement (voir la fig. 1068) au point **17** = avec la 5me, 6me et 7me paire croisement au point **18** = avec la 7me, 8me et 9me paire croisement au point **19** = tourner six fois la 9me paire, ne pas tourner la 10me paire, croiser, une passée = croiser la 10me et la 11me paire, une passée = croiser la 11me et la 12me paire, une passée = croiser la 12me et la 13me paire, une passée, planter une épingle au point **20**, ne pas tourner la 12me paire, tourner deux fois la 13me paire, croiser, une passée = croiser la 11me et la 12me paire, une passée = croiser la 10me et la 11me paire, une passée = croiser la 9me et la 10me paire, une passée = tourner six fois la 9me paire, avec la 7me, 8me et 9me paire croisement au point **21** = avec la 5me, 6me et 7me paire croisement au point **22** = avec la 3me, 4me et 5me paire croisement au point **23** = tourner une fois la 4me et la 5me paire, croiser, faire une feuille au point d'esprit = tourner une fois la 6me et la 7me paire, croiser, faire une feuille au point d'esprit = tourner une fois la 8me et la 9me paire, croiser, faire une feuille au point d'esprit = croiser la 10me et la 11me paire, une passée = croiser la 11me et la 12me paire, une passée = croiser la 12me et la 13me paire, une passée = croiser la 11me et la 12me paire, une passée = croiser la 10me et la 11me paire, une passée = croiser la 11me et la 12me paire, une passée = croiser la 12me et la 13me paire, une passée, planter une épingle au point **24**, quatre passées = tourner une fois la 10me et la 11me paire, croiser, trois passées = avec la 8me, 9me, 10me et 11me paire croisement au point **25** = tourner une fois la 10me et la 11me paire, croiser, trois passées = tourner une fois la 8me et la 9me paire, croiser, deux passées, picot à droite au point **26**, trois passées, picot

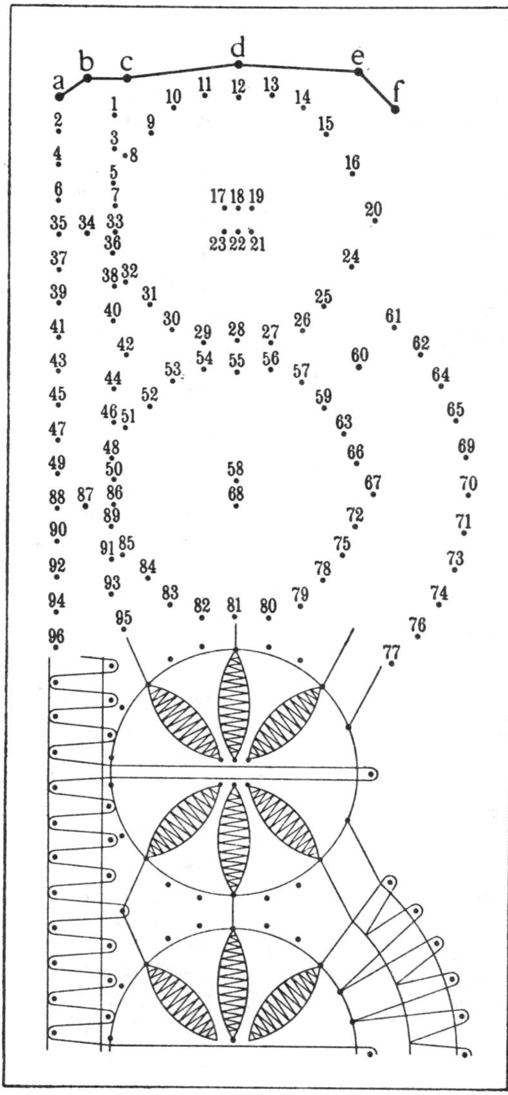

Fig. 1079. Patron de la dentelle avec feuilles au point d'esprit fig. 1078.

à droite au point **27**, trois passées = avec la 6me, 7me, 8me et 9me paire croisement au point **28** = tourner une fois la 8me et la 9me paire, croiser, deux passées = tourner une fois la 6me et la 7me paire, croiser, deux passées, picot à droite au point **29**, trois passées, picot à droite au point **30**, trois passées = avec la 4me, 5me, 6me et 7me paire croisement au point **31** = tourner une fois la 4me et la 5me paire, croiser, deux passées, picot à droite au point **32**, quatre passées, planter une épingle au point **33**, une passée = tourner six fois la 3me paire, ne pas tourner la 4me paire, croiser, une passée = croiser la 2me et la 3me paire, une passée, planter une épingle au point **34** = croiser la 4me et la 5me paire, une passée = croiser la 3me et la 4me paire, une passée = croiser la 2me et la 3me paire, une passée = tourner deux fois la 1re paire, tourner une fois la 2me paire, croiser, une passée, planter une épingle au point **35** à droite de deux paires = continuer le bord à gauche jusqu'au point **41** = tourner une fois la 2me paire, ne pas tourner la 3me paire, croiser, une passée = croiser la 3me et la 4me paire, une passée = croiser la 4me et la 5me paire, une passée = tourner une fois la 6me et la 7me paire, croiser, trois passées = croiser la 5me et la 6me paire, une passée = croiser la 6me et la 7me paire, une passée, planter une épingle au point **42** à gauche de deux paires = croiser la 5me et la 6me paire, une passée = croiser la 4me et la 5me paire, une passée = croiser la 3me et la 4me paire, une passée = croiser la 2me et la 3me paire, une passée = tourner deux fois la 1re paire, tourner une fois la 2me paire, croiser, une passée, planter une épingle au point **43** à droite de deux paires = continuer le bord à gauche par-dessus les points **44** à **49** = tourner une fois la 2me paire, ne pas tourner la 3me paire, croiser, une passée = croiser la 3me et la 4me paire, une passée = croiser la 4me et la 5me paire, une passée = croiser la 2me et la 3me paire, une passée = croiser la 3me et la 4me paire, une passée = croiser la 4me et la 5me paire, une passée, planter une épingle au point **50**, cinq passées, picot à droite au point **51**, trois passées = croiser la 6me et la 7me paire, quatre passées = avec la 4me, 5me, 6me et 7me paire croisement au point **52** = tourner une fois la 6me et la 7me paire, croiser, deux passées, picot à droite au point **53**, trois passées, picot à droite au point **54**, trois passées = avec la 6me, 7me, 8me et 9me paire, croisement au point **55** = tourner une fois la 8me et la 9me paire, croiser, deux passées, picot à droite au point **56**, trois passées, picot à droite au point **57**, trois passées = tourner une fois la 4me et la 5me paire, croiser, faire une feuille au point d'esprit = tourner une fois la 6me et la 7me paire, croiser, faire une feuille au point d'esprit = avec la 4me, 5me, 6me et 7me paire croisement au point **58** = tourner une fois la 6me et la 7me paire, croiser, faire une feuille au point d'esprit = avec la 6me, 7me, 8me et 9me paire croisement au point **59** = tourner une fois la 8me et la 9me paire, croiser, trois passées = avec la 8me, 9me, 10me et 11me paire croisement au point **60** = croiser la 9me et la 10me paire, une passée = croiser la 10me et la 11me paire, une passée = ne pas tourner la 11me paire, tourner une fois la 12me paire, croiser, une passée = tourner deux fois la 12me paire, tourner une fois la 13me paire, croiser, une passée, planter une épingle au point **61**, tourner une fois la 12me paire, tourner deux fois la 13me paire, croiser, une passée = ne pas tourner la 11me paire, tourner deux fois la 12me paire, croiser, une passée = croiser la 10me et la 11me paire, une passée = croiser la 9me et la 10me paire, une passée = croiser la 8me et la 9me paire, une passée = croiser la 9me et la 10me paire, une passée = croiser la 10me et la 11me paire, une passée = croiser la 11me et la 12me paire, une passée = tourner deux fois la 12me et la 13me paire, croiser, une passée, planter une épingle au point **62**, tourner une fois la 12me paire, tourner deux fois la 13me paire, croiser, une passée = ne pas tourner la 11me paire, tourner deux fois la 12me paire, croiser, une passée = croiser la 10me et la 11me paire, une passée = croiser la 9me et la 10me paire, une passée = croiser la 8me et la 9me paire, quatre passées = tourner une fois la 6me et la 7me paire, croiser, deux passées = avec la 6me, 7me, 8me et 9me paire croisement au point **63** = tourner une fois la 6me et la 7me paire, croiser, deux passées = croiser la 8me et la 9me paire, quatre passées = ne pas tourner la 9me paire, tourner deux fois la 10me paire, croiser, une passée = ne pas tourner la 10me paire, tourner deux fois la 11me paire, croiser, une passée = ne pas tourner la 11me paire, tourner deux fois la 12me paire, croiser, une passée = tourner deux fois la 12me et la 13me paire, croiser, une passée, planter une épingle au point **64**, tourner une fois la 12me paire, tourner deux fois la 13me paire, croiser, une passée = ne pas tourner la 11me paire, tourner deux fois la 12me paire, croiser, une passée = croiser la 10me et la 11me paire, une passée = croiser la 9me et la 10me paire, une passée = croiser la 8me et la 9me paire, une passée = croiser la 9me et la 10me paire, une passée = croiser la 10me et la 11me paire, une passée = croiser la 11me et la 12me paire, une passée = tourner deux fois la 12me et la 13me paire, croiser, une passée, planter une épingle au point **65**, tourner une fois la 12me paire, tourner deux fois la 13me paire, croiser, une passée = ne pas tourner la 11me paire, tourner deux fois la 12me paire, croiser, une passée = croiser la 10me et la 11me paire, une passée = croiser la 9me et la 10me paire, une passée = croiser la 8me et la 9me paire, quatre passées = avec la 6me, 7me, 8me et 9me paire croisement au point **66** = tourner une fois la 6me et la 7me paire, croiser, une passée = tourner une fois la 8me et la 9me paire, croiser, trois passées = tourner six fois la 3me paire, avec la 3me, 4me et 5me paire croisement = tourner six fois la 5me paire, ne pas tourner la 6me paire, croiser, une passée = croiser la 6me et la 7me paire, une passée, planter une épingle au point **67**, deux passées = croiser la 5me et la 6me paire, une passée = tourner six fois la 5me paire, avec la 3me, 4me et 5me paire croisement au point **68** = ne pas tourner la 9me paire, tourner deux fois la 10me paire, croiser, une passée = ne pas tourner la 10me paire, tourner deux fois la 11me paire, croiser, une passée = ne pas tourner la 11me paire, tourner deux fois la 12me paire, croiser, une passée = tourner deux fois la 12me et la 13me paire, croiser, une passée, planter une épingle au point **69**, tourner une fois la 12me paire, tourner deux fois la 13me paire, croiser, une passée = ne pas tourner la 11me paire, tourner deux fois la 12me paire, croiser, une passée = croiser la 10me et la 11me paire, une passée = croiser la 9me et la 10me paire, une passée = croiser la 8me et la 9me paire, une passée = croiser la 9me et la 10me paire, une passée = croiser la 10me et la 11me paire, une passée = croiser la 11me et la 12me paire, une passée = tourner deux fois la 12me et la 13me paire, croiser, une passée, planter une épingle au point **70**, tourner une fois la 12me paire, tourner deux fois la 13me paire, croiser, une passée = ne pas tourner la 11me paire, tourner deux fois la 12me paire, croiser, une passée = croiser la 10me et la 11me paire, une passée = croiser la 9me et la 10me paire, une passée = croiser la 8me et la 9me paire, une passée = croiser la 9me et la 10me paire, une passée = croiser la 10me et la 11me paire, une passée, croiser la 11me et la 12me paire, une passée = tourner deux fois la 12me et la 13me paire, croiser, une passée, planter une épingle au point **71**, tourner une fois la 12me paire, tourner deux fois la 13me paire, croiser, une passée = ne pas tourner la 11me paire, tourner deux fois la 12me paire, croiser, une passée = croiser la 10me et la 11me paire, une passée = croiser la 9me et la 10me paire, une passée = croiser la 8me et la 9me paire, quatre passées = tourner une fois la 6me et la 7me paire, croiser, une passée = avec la 6me, 7me, 8me et 9me paire croisement au point **72** = commencer avec la 8me et la 9me paire et exécuter encore deux petites dents au bord à droite par-dessus les points **73** à **78** = avec la 6me, 7me, 8me et 9me paire croisement au point **78** = tourner une fois la 6me et la 7me paire, croiser, faire une feuille au point d'esprit = avec la 4me, 5me, 6me et 7me paire croisement, sortir l'épingle du point **68** et la replanter au-dessous des fils entre-croisés = tourner une fois la 8me et la 9me paire, deux passées, picot à droite au point **79**, trois passées, picot à droite au point **80**, trois passées = tourner une fois la 6me et la 7me paire, croiser, faire une feuille au point d'esprit =

avec la 6me, 7me, 8me et 9me paire croisement au point **81** = tourner une fois la 6me et la 7me paire, croiser, deux passées, picot à droite au point **82**, trois passées, picot à droite au point **83**, trois passées = tourner une fois la 4me et la 5me paire, croiser, faire une feuille au point d'esprit = avec la 4me, 5me, 6me et 7me paire croisement au point **84** = tourner une fois la 4me et la 5me paire, croiser, deux passées, picot à droite au point **85**, quatre passées, planter une épingle au point **86**, une passée = tourner six fois la 3me paire, ne pas tourner la 4me paire, croiser, une passée = croiser la 2me et la 3me paire, une passée, planter une épingle au point **87** = croiser la 4me et la 5me paire, une passée = croiser la 3me et la 4me paire, une passée = croiser la 2me et la 3me paire, une passée = tourner deux fois la 1re paire, tourner une fois la 2me paire, croiser, une passée, planter une épingle au point **88** à droite des deux paires = continuer le bord à gauche par-dessus les points **89** à **94** = tourner une fois la 2me paire, ne pas tourner la 3me paire, croiser, une passée = croiser la 3me et la 4me paire, une passée = croiser la 4me et la 5me paire, une passée = tourner une fois la 6me et la 7me paire, croiser, trois passées = croiser la 5me et la 6me paire, une passée = croiser la 6me et la 7me paire, une passée, planter une épingle au point **95** à gauche des deux paires = croiser la 5me et la 6me paire, une passée = croiser la 4me et la 5me paire, une passée = croiser la 3me et la 4me paire, une passée = croiser la 2me et la 3me paire, une passée = tourner deux fois la 1re paire, tourner une fois la 2me paire, croiser, une passée, planter une épingle au point **96**, à droite des deux paires.

Reprendre à partir du commencement.

Galon d'or avec motifs au point d'esprit et sertissage (fig. 1080 et 1081). — On attache dans le patron, fig. 1081, une paire de fuseaux aux points *a*, *g*, deux paires de fuseaux aux points *b*, *c*, *e*, *f* et quatre fils de sertissage au point *d*.

Tourner une fois la 3me paire, tourner deux fois la 4me paire, croiser, une passée, planter une épingle au point **1**, deux passées = tourner une fois la 2me et la 3me paire, croiser, planter une épingle au point **2**, une passée = tourner une fois la 1re et la 2me paire, croiser, une passée, planter une épingle au point **3**, deux passées = tourner une fois la 2me et la 3me paire, croiser, planter une épingle au point **4**, une passée = glisser les fils de sertissage I et II à travers la 5me, 4me et 3me paire une fois tournée = tourner deux fois la 7me paire, tourner une fois la 8me paire, croiser, une passée, planter une épingle au point **5**, deux passées = tourner une fois la 8me et la 9me paire, croiser, planter une épingle au point **6**, une passée = tourner une fois la 9me et la 10me paire, croiser, une passée, planter une épingle au point **7**, deux passées = tourner une fois la 8me et la 9me paire, croiser, planter une épingle au point **8**, une passée = glisser les fils de sertissage IV et III à travers la 6me, 7me et 8me paire une fois tournée = tourner une fois la 5me et la 6me paire, croiser, une passée, planter une épingle au point **9**, une passée = tourner une fois la 4me paire, tourner deux fois la 5me paire, croiser, une passée, planter une épingle au point **10**, une passée = tourner deux fois la 6me paire, tourner une fois la 7me paire, croiser, une passée, planter une épingle au point **11**, une passée = tourner deux fois la 5me et la 6me paire, croiser, une passée, planter une épingle au point **12**, une passée = huit fois point d'esprit, voir la fig. 1059, avec la 4me et la 5me paire = tourner une fois la 3me et la 4me paire, croiser, une passée, planter une épingle au point **13**, deux passées = tourner une fois la 4me paire, tourner deux fois la 5me paire, croiser, huit fois point d'esprit = huit fois point d'esprit avec la 6me et la 7me paire = tourner une fois la 7me et la 8me paire, croiser, une passée, planter une épingle au point **14**, deux passées = tourner deux fois la 6me paire, tourner une fois la 7me

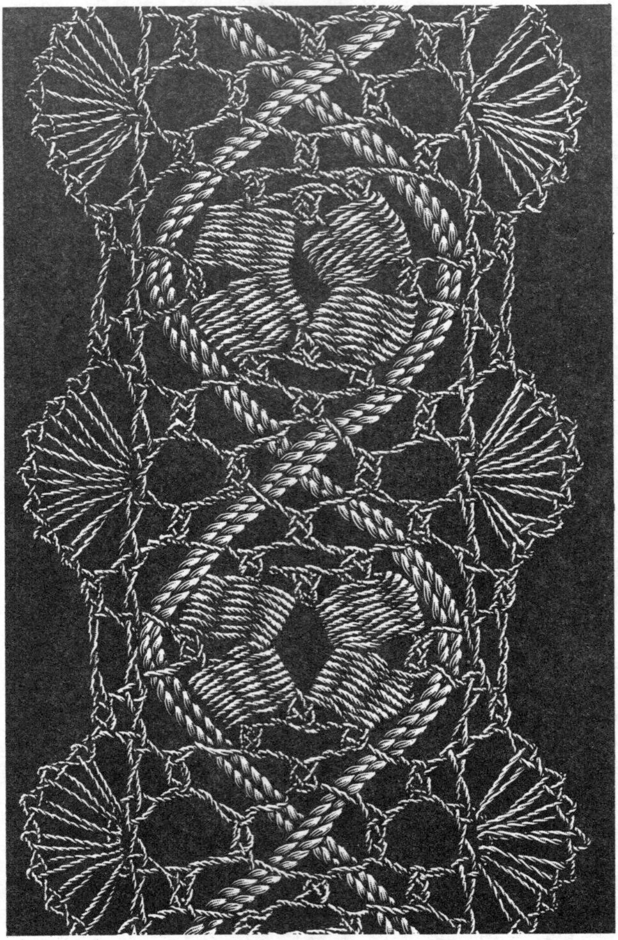

Fig. 1080. Galon d'or avec motifs au point d'esprit et sertissage.
Fournitures : Fil et cordonnet d'or ou d'argent.

paire, croiser, huit fois point d'esprit = tourner une fois la 5me et la 6me paire, croiser, une passée, planter une épingle au

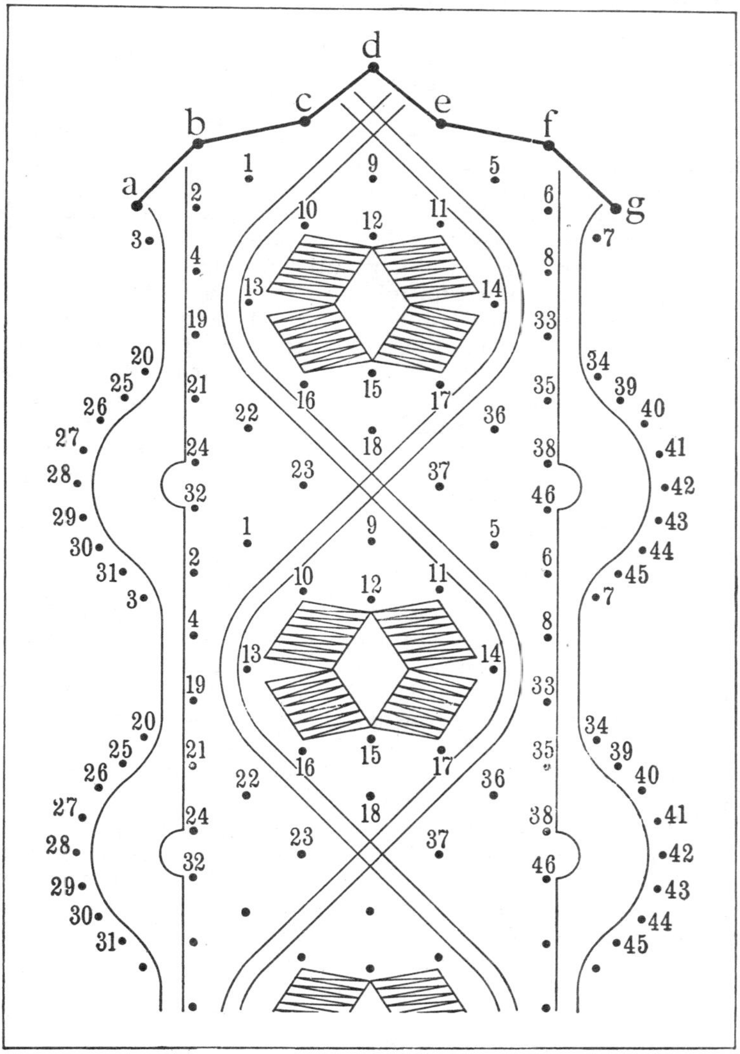

Fig. 1081. Patron du galon avec motifs au point d'esprit et sertissage fig. 1080.

point **15**, une passée = tourner une fois la 4me paire, tourner deux fois la 5me paire, croiser, planter une épingle au point **16**, deux passées = tourner deux fois la 6me paire, tourner une fois la 7me

paire, croiser, planter une épingle au point **17**, deux passées = tourner deux fois la 5me et la 6me paire, croiser, planter une épingle au point **18**, deux passées = glisser les fils de sertissage II et I à travers la 3me, 4me et 5me paire une fois tournée = tourner une fois la 2me et la 3me paire, croiser, planter une épingle au point **19**, une passée = tourner deux fois la 1re paire, tourner une fois la 2me paire, croiser, une passée, planter une épingle au point **20**, deux passées = tourner une fois la 2me et la 3me paire, croiser, planter une épingle au point **21**, une passée = tourner deux fois la 3me paire, tourner une fois la 4me paire, croiser, une passée, planter une épingle au point **22**, deux passées = tourner deux fois la 4me paire, tourner une fois la 5me paire, croiser, une passée, planter une épingle au point **23**, deux passées = tourner une fois la 2me et la 3me paire, croiser, planter une épingle au point **24**, une passée = tourner une fois la 1re et la 2me paire, croiser, planter une épingle au point **25**, tourner deux fois la 1re paire, ne pas tourner la 2me paire, croiser, tourner une fois la 1re paire, tourner deux fois la 2me paire, croiser, planter une épingle au point **26**, tourner deux fois la 1re paire, ne pas tourner la 2me paire, croiser, tourner une fois la 1re paire, tourner deux fois la 2me paire, croiser, planter une épingle au point **27**, tourner deux fois la 1re paire, ne pas tourner la 2me paire, croiser, tourner une fois la 1re paire, tourner deux fois la 2me paire, croiser, planter une épingle au point **28**, tourner deux fois la 1re paire, ne pas tourner la 2me paire, croiser, tourner une fois la 1re paire, tourner deux fois la 2me paire, croiser, planter une épingle au point **29**, tourner deux fois la 1re paire, ne pas tourner la 2me paire, croiser, tourner une fois la 1re paire, tourner deux fois la 2me paire, croiser, planter une épingle au point **30**, tourner deux fois la 1re paire, ne pas tourner la 2me paire, croiser, tourner une fois la 1re paire, tourner deux fois la 2me paire, croiser, planter une épingle au point **31**, tourner deux fois la 1re paire, ne pas tourner la 2me paire, croiser = tourner une fois la 2me et la 3me paire, croiser, planter une épingle au point **32**, une passée = glisser les fils de sertissage III et IV à travers la 8me, 7me et 6me paire une fois tournée = tourner une fois la 8me et la 9me paire, croiser, planter une épingle au point **33**, une passée = tourner une fois la 9me paire, tourner deux fois la 10me paire, croiser, une passée, planter une épingle au point **34**, deux passées = tourner une fois la 8me et la 9me paire, croiser, planter une épingle au point **35**, une passée = tourner une fois la 7me paire, tourner deux fois la 8me paire, croiser une passée, planter une épingle au point **36**, deux passées = tourner une fois la 6me paire, tourner deux fois la 7me paire, croiser, une passée, planter une épingle au point **37**, deux passées = tourner une fois la 8me et la 9me paire, croiser, planter une épingle au point **38**, une passée = tourner une fois la 9me et la 10me paire, croiser, planter une épingle au point **39**, ne pas tourner la 9me paire, tourner deux fois la 10me paire, croiser, tourner deux fois la 9me paire, tourner une fois la 10me paire, croiser, planter une épingle au point **40**, ne pas tourner la 9me paire, tourner deux fois la 10me paire, croiser, tourner deux fois la 9me paire, tourner une fois la 10me paire, croiser, planter une épingle au point **41**, ne pas tourner la 9me paire, tourner deux fois la 10me paire, croiser, tourner deux fois la 9me paire, tourner une fois la 10me paire, croiser, planter une épingle au point **42**, ne pas tourner la 9me paire, tourner deux fois la 10me paire, croiser, tourner deux fois la 9me paire, tourner une fois la 10me paire, croiser, planter une épingle au point **43**, ne pas tourner la 9me paire, tourner deux fois la 10me paire, croiser, tourner deux fois la 9me paire, tourner une fois la 10me paire, croiser, planter une épingle au point **44**, ne pas tourner la 9me paire, tourner deux fois la 10me paire, croiser, tourner deux fois la 9me paire, tourner une fois la 10me paire, croiser, planter une épingle au point **45**, ne pas tourner la 9me paire, tourner deux fois la 10me paire, croiser = tourner une fois la 8me et la 9me paire, croiser, planter une épingle au point **46**, une passée = croiser les fils de sertissage I et II avec les fils III et IV et reprendre à partir du commencement.

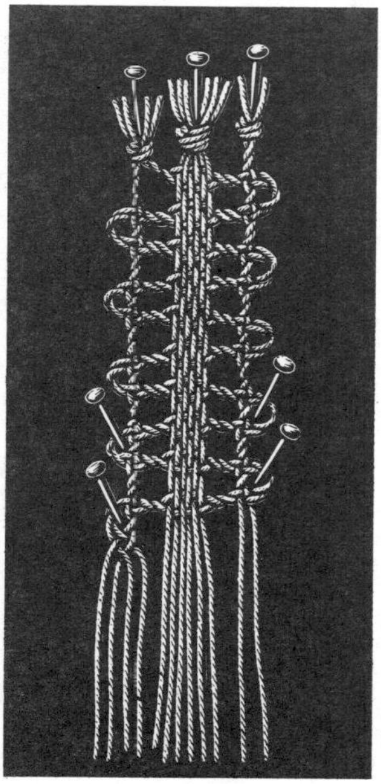

Fig. 1082.
Lacet droit au point de toile.

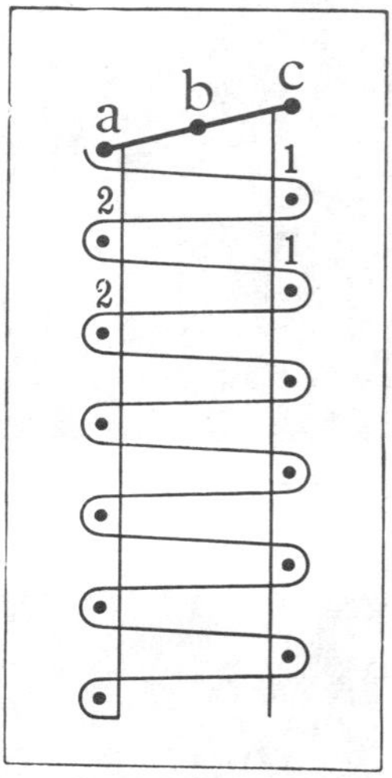

Fig. 1083. Patron des lacets droits fig. 1082 et fig. 1086.

Dentelles aux fuseaux avec dessins à lacets. — Comme le nom l'indique, ces dentelles sont faites de lacets exécutés aux fuseaux disposés en ligne droite ou serpentine. Ces lacets ne sont confectionnés qu'avec quelques paires de fuseaux, au point de toile uni, avec point ajouré ou point d'ornement. Nous donnons ci-après accompagnées de tous les détails explicatifs

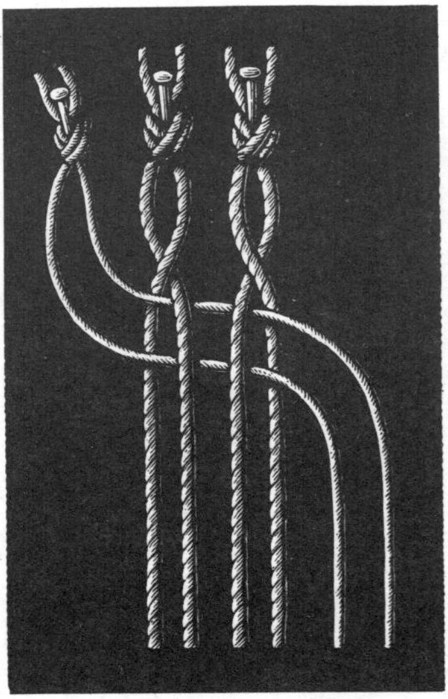

Fig. 1084. Manière de glisser une paire de fuseaux de gauche à droite à travers quatre gros fils.

Fig. 1085. Manière de glisser une paire de fuseaux de droite à gauche à travers quatre gros fils.

nécessaires, une dentelle formée d'un lacet au point de toile uni et une dentelle en lacet au point de toile avec point de chaînette.

Avant d'entreprendre l'exécution d'une dentelle, il est absolument nécessaire de connaître la confection des lacets allant en ligne droite et en ligne serpentine.

Nous conseillons donc à nos lectrices, pour se faire la main, de travailler tout d'abord les modèles explicatifs donnés précédemment.

Lacet droit au point de toile (fig. 1082 et 1083). — On attache dans le patron, fig. 1083, deux paires de fuseaux au point *a*, trois paires de fuseaux au point *b* et une paire de fuseaux au point *c*.

* Tourner deux fois la 2me paire, ne pas tourner la 3me paire, croiser, une passée = croiser la 3me et la 4me paire, une passée = croiser la 4me et la 5me paire, une passée = tourner deux fois la 5me et la 6me paire, croiser, une passée, planter une épingle au point **1**, tourner une fois la 5me paire, tourner deux fois la 6me paire, croiser, une passée = ne pas tourner la 4me paire, tourner deux fois la 5me paire, croiser, une passée = croiser la 3me et la 4me paire, une passée = croiser la 2me et la 3me paire, une passée = tourner deux fois la 1re et la 2me paire, croiser, une passée, planter une épingle au point **2**, tourner deux fois la 1re paire, tourner une fois la 2me paire, croiser, une passée; reprendre à *.

Le point de chaînette (fig. 1084 et 1085). — Pour faire le point de chaînette, employer deux paires de fuseaux enroulés de gros fil. La première paire est tournée une fois de droite à gauche, la deuxième paire de gauche à droite. En travaillant de gauche à droite, on glisse la paire de fuseaux de la main gauche par-dessus le premier et le quatrième gros fil et par-dessous le deuxième et le troisième gros fil, voir la fig. 1084; en revenant de droite à gauche, glisser la paire de la main droite également par-dessus le quatrième et le premier gros fil et par-dessous le troisième et le deuxième gros fil, comme l'indique la fig. 1085.

Lacet droit au point de toile avec point de chaînette (fig. 1086 et 1083). — On attache dans le patron, fig. 1083, deux paires de fuseaux avec fil fin au point *a*, deux paires de fuseaux avec fil fin et deux paires de fuseaux avec gros fil au point *b* (les deux paires de fuseaux avec gros fil doivent se trouver au milieu de deux paires avec fil fin) et une paire de fuseaux avec fil fin au point *c*.

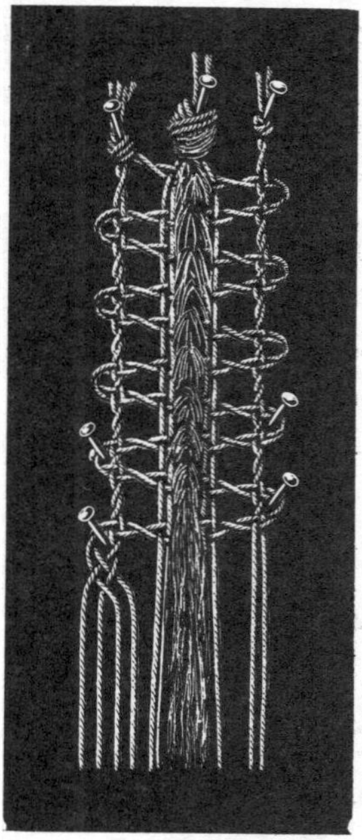

Fig. 1086.
Lacet droit au point de toile avec point de chaînette.

* Tourner une fois la 2me paire, ne pas tourner la 3me paire, croiser, une passée = tourner une fois de droite à gauche le 1er et le 2me gros fil et glisser la 3me paire, = tourner une fois de gauche à droite le 3me et le 4me gros fil et glisser la 3me paire, voir la fig. 1084 = croiser la 3me et la 4me paire, une passée = tourner une fois la 4me paire, tourner deux fois la 5me paire, croiser, une passée, planter une épingle au point **1**, deux passées = ne pas tourner la 3me paire, tourner une fois la 4me paire, croiser, une passée = tourner une fois de gauche à droite le 3me et le 4me gros fil et glisser la 3me paire = tourner une fois de droite à gauche le 1er et le 2me gros fil et glisser la 3me paire, voir la fig. 1085 = croiser la 2me et la 3me paire, une passée = tourner deux fois la 1re paire, tourner une fois la 2me paire, croiser, une passée, planter une épingle au point **2**, deux passées; reprendre à *.

Lacet serpentine au point de toile (fig. 1087 et 1088). On attache dans le patron, fig. 1088, une paire de fuseaux au point *a*, trois paires de fuseaux au point *b* et deux paires de fuseaux au point *c*.

Ne pas tourner la 4me paire, tourner deux fois la 5me paire, croiser, une passée = croiser la 3me et la 4me paire, une passée = croiser la 2me et la 3me paire, une passée = tourner deux fois la 1re et la 2me paire, croiser, une passée, planter une épingle au point **1**, tourner deux fois la 1re

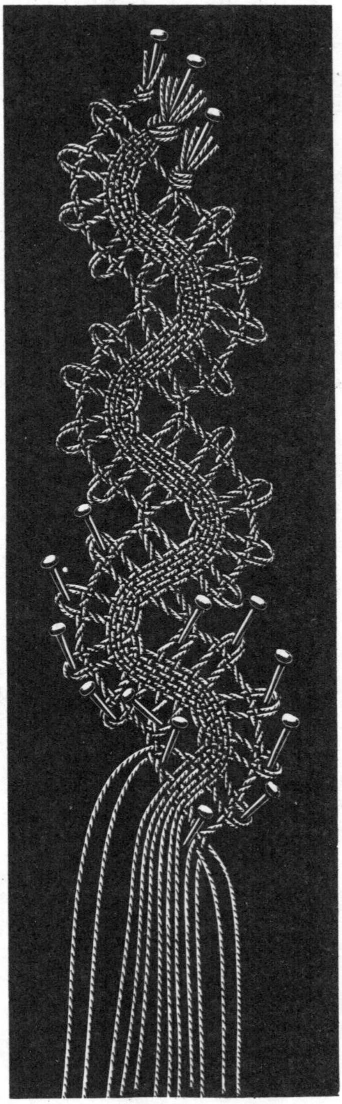

Fig. 1087.
Lacet serpentine au point de toile.

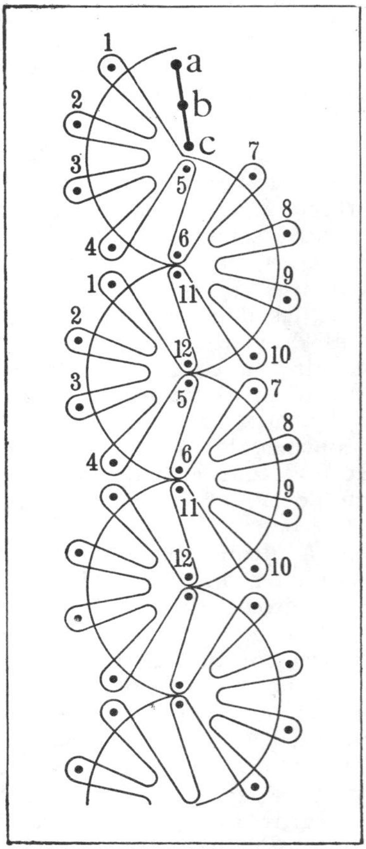

Fig. 1088.
Patron du lacet serpentine fig. 1087.

paire, tourner une fois la 2me paire, croiser, une passée = tourner deux fois la 2me paire, ne pas tourner la 3me paire, croiser, une passée = croiser la 3me et la 4me paire, une passée = croiser la 4me et la 5me paire, une passée = croiser la 3me et la 4me paire, une passée =

croiser la 2me et la 3me paire, une passée = tourner deux fois la 1re et la 2me paire, croiser, une passée, planter une épingle au point **2**, tourner deux fois la 1re paire, tourner une fois la 2me paire, croiser, une passée = tourner deux fois la 2me paire, ne pas tourner la 3me paire, croiser, une passée = croiser la 3me et la 4me paire, une passée = croiser la 4me et la 5me paire, une passée = croiser la 3me et la 4me paire, une passée = croiser la 2me et la 3me paire, une passée = tourner deux fois la 1re et la 2me paire, croiser, une passée, planter une épingle au point **3**, tourner deux fois la 1re paire, tourner une fois la 2me paire, croiser, une passée = tourner deux fois la 2me paire, ne pas tourner la 3me paire, croiser, une passée = croiser la 3me et la 4me paire, une passée = croiser la 4me et la 5me paire, une passée = croiser la 3me et la 4me paire, une passée = croiser la 2me et la 3me paire, une passée = tourner deux fois la 1re et la 2me paire, croiser, une passée, planter une épingle au point **4**, tourner deux fois la 1re paire, tourner une fois la 2me paire, croiser, une passée = tourner deux fois la 2me paire, ne pas tourner la 3me paire, croiser, une passée = croiser la 3me et la 4me paire, une passée = croiser la 4me et la 5me paire, une passée = tourner deux fois la 5me paire, ne pas tourner la 6me paire, croiser, une passée, planter une épingle au point **5** à gauche de la 5me paire = ne pas tourner la 4me paire, tourner deux fois la 5me paire, croiser, une passée = croiser la 3me et la 4me paire, une passée = croiser la 2me et la 3me paire, une passée = tourner deux fois la 1re et la 2me paire, croiser, une passée, planter une épingle au point **6** à droite de la 2me paire = tourner deux fois la 2me paire, ne pas tourner la 3me paire, croiser, une passée = croiser la 3me et la 4me paire, une passée = croiser la 4me et la 5me paire, une passée = tourner deux fois la 5me et la 6me paire, croiser, une passée, planter une épingle au point **7**, tourner une fois la 5me paire, tourner deux fois la

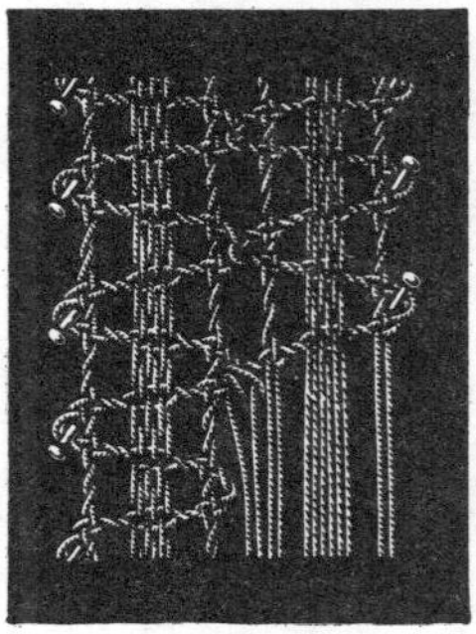

Fig. 1089. Manière de raccorder les lacets par des petites dents.

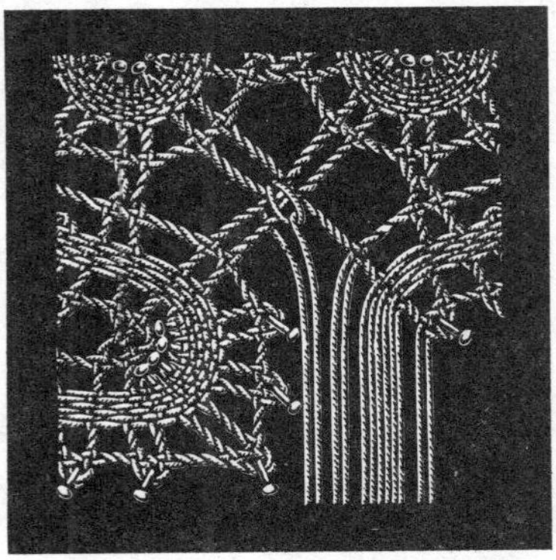

Fig. 1090. Manière de raccorder les lacets par des dents allongées.

Fig. 1091. Dentelle avec dessin à lacet uni au point de toile.
Fournitures: Lin pour dentelles D·M·C No 45,
Lin à tricoter et à crocheter D·M·C No 45
ou Fil à dentelles D·M·C No 150, en blanc ou écru.

6me paire, croiser, une passée = ne pas tourner la 4me paire, tourner deux fois la 5me paire, croiser, une passée = croiser la 3me et la 4me paire, une passée = croiser la 2me et la 3me paire, une passée = croiser la 3me et la 4me paire, une passée = croiser la 4me et la 5me paire, une passée = tourner deux fois la 5me et la 6me paire, croiser, une passée, planter une épingle au point **8**, tourner une fois la 5me paire, tourner deux fois la 6me paire, croiser, une passée = ne pas tourner la 4me paire, tourner deux fois la 5me paire, croiser, une passée = croiser la 3me et la 4me paire, une passée = croiser la 2me et la 3me paire, une passée = croiser la 3me et la 4me paire, une passée = croiser la 4me et la 5me paire, une passée = tourner deux fois la 5me et la 6me paire, croiser, une passée, planter une épingle au point **9**; tourner une fois la 5me paire, tourner deux fois la 6me paire, croiser, une passée =

ne pas tourner la 4me paire, tourner deux fois la 5me paire, croiser, une passée = croiser la 3me et la 4me paire, une passée = croiser la 2me et la 3me paire, une passée = croiser la 3me et la 4me paire, une passée = croiser la 4me et la 5me paire, une passée = tourner deux fois la 5me et la 6me paire, croiser, une passée, planter une épingle au point **10**, tourner une fois la 5me paire, tourner deux fois la 6me paire, croiser, une passée = ne pas tourner la 4me paire, tourner deux fois la 5me paire, croiser, une passée = croiser la 3me et la 4me paire, une passée = croiser la 2me et la 3me paire, une passée = ne pas tourner la 1re paire, tourner deux fois la 2me paire, croiser, une passée, planter une épingle au point **11** à droite de la 2me paire = tourner deux fois la 2me paire, ne pas tourner la 3me paire, croiser, une passée = croiser la 3me et la 4me paire, une passée = croiser la 4me et la 5me paire,

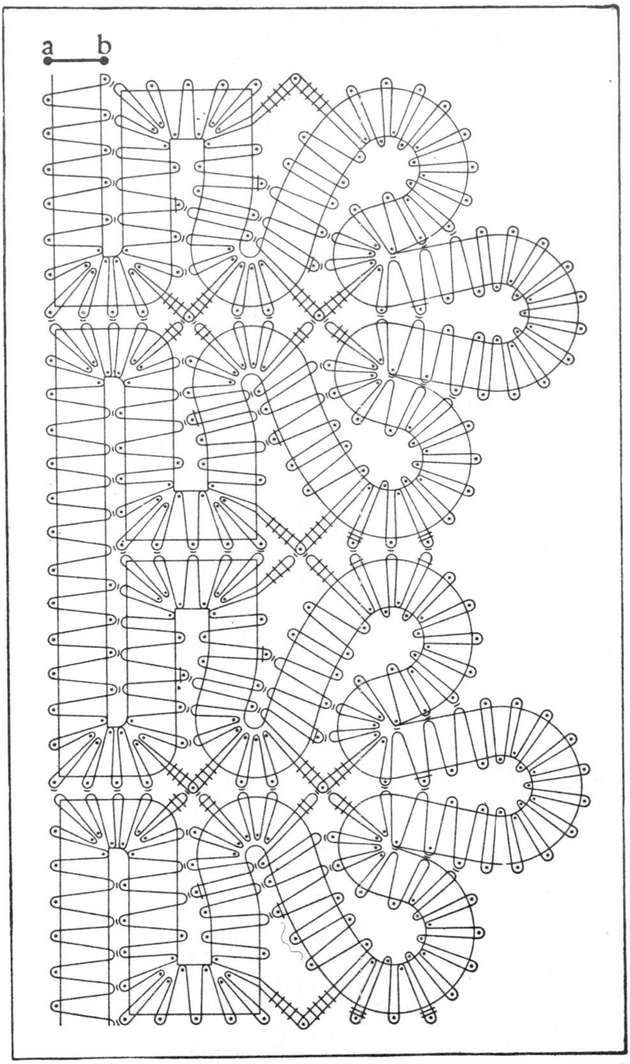

Fig. 1092. Patron de la dentelle fig. 1091.

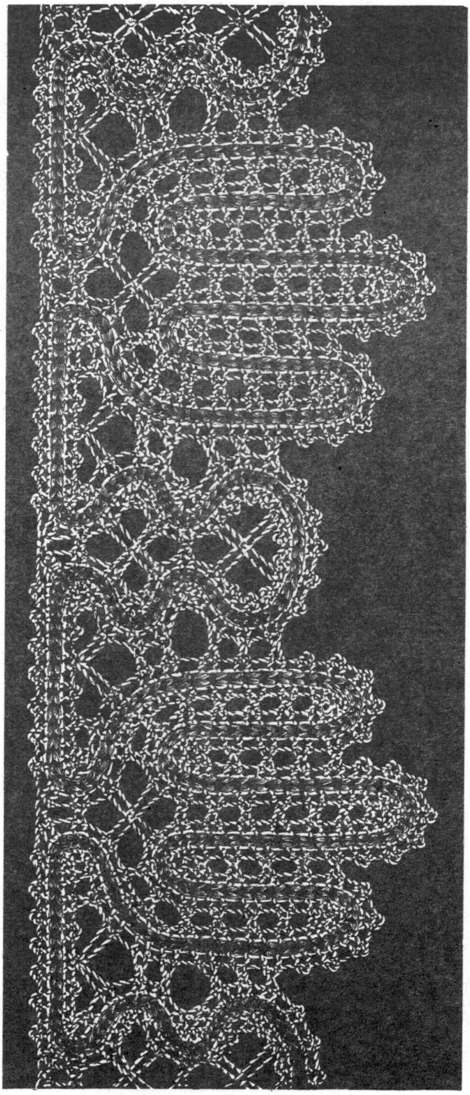

Fig. 1093. Dentelle avec dessin à lacet au point de toile avec point de chainette.
Fournitures : Lin pour dentelles D·M·C No 45, Lin à tricoter et à crocheter D·M·C No 45 ou Fil à dentelles D·M·C No 150, en blanc ou écru et Rayonne à broder D·M·C No 60, en Jaune-Mandarine 742.

une passée = tourner deux fois la 5me et la 6me paire, croiser, une passée, planter une épingle au point **12** à gauche de la 5me paire.

Reprendre à partir du commencement.

Manière de raccorder les lacets par des petites dents et par des dents allongées (fig. 1089 et 1090). — Quand deux lacets se rencontrent, les dents des bords sont raccordées par une bouclette de fil.

Les endroits où l'ouvrage doit être attaché à un lacet terminé sont marqués sur le patron par un petit arc de cercle ; la partie à gauche de l'arc indique la petite dent du lacet terminée, et la partie à droite de l'arc signifie que le lacet en voie d'exécution doit être attaché au lacet terminé.

Pour cela on prend le fuseau de la paire la plus proche de l'ouvrage terminé, on saisit le fil avec un crochet, on retire une bouclette à travers le picot du lacet terminé, à travers cette boucle on glisse le second fuseau de la paire, puis on serre les fils.

Notre fig. 1089 indique clairement la manière de procéder. Les cas où les petites dents se touchent sont cependant assez rares, mais, par contre, il est souvent nécessaire de combler un espace plus ou moins important en allongeant ces dents qui sont correctement indiquées sur le patron. Pour les exécuter selon leurs dimensions diverses, on est obligé de tourner plusieurs fois la paire de fuseaux du bord. On remarque dans les dessins des patrons des petits traits qui sont placés dans les endroits où l'on doit former des picots. Ces traits indiquent combien de fois il faut tourner la paire formant le picot; dans les cas où le picot s'exécute comme nous l'avons décrit dans les lacets droits et serpentines, nous n'avons pas fait de signe spécial.

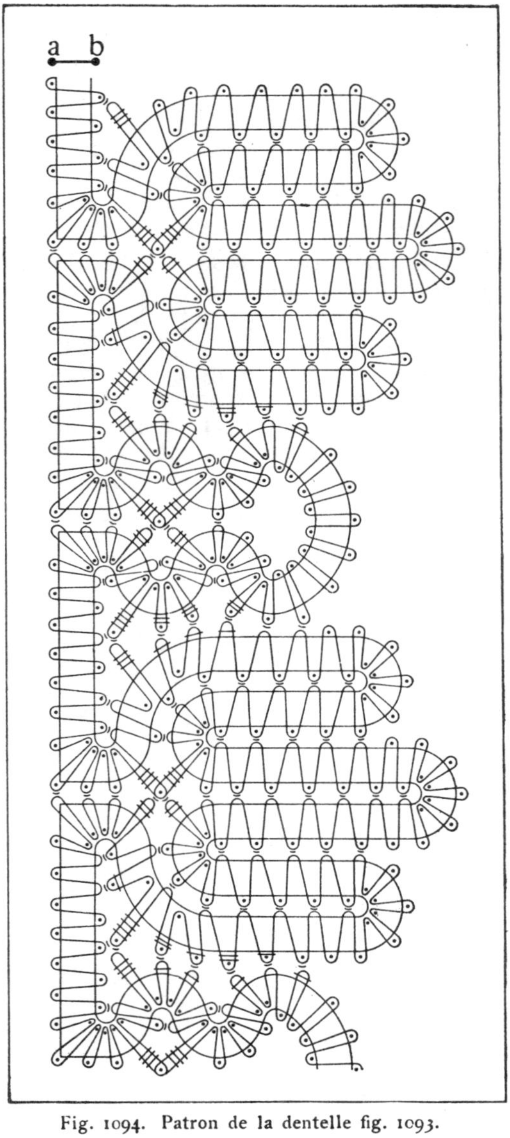

Fig. 1094. Patron de la dentelle fig. 1093.

Ces dents allongées peuvent être raccordées deux par deux, trois par trois ou quatre par quatre. Quand trois dents viennent à se toucher, on termine la première dent en y réunissant la deuxième et la troisième au cours du travail.

Si les quatre dents convergent vers un même centre, on exécute la première et la deuxième dent par-dessus une même épingle, puis on raccorde la troisième à la première et la quatrième à la deuxième dent.

La fig. 1090 montre un motif de quatre dents à raccorder, en voie d'exécution.

Dentelle avec dessin à lacet au point de toile uni (fig. 1091 et 1092). — Lorsqu'on saura travailler le lacet droit, fig. 1082 et le lacet serpentine, fig. 1087, on pourra entreprendre la dentelle fig. 1091.

On peut suivre sur les lignes serpentines du patron le passage du lacet droit au lacet serpentine. Comme notre dentelle n'est composée que d'un seul lacet et que celui-ci ne se fait qu'avec six paires de fuseaux, son exécution est très simple et spécialement indiquée pour les commençantes.

Dentelle avec dessin à lacet au point de toile avec point de chaînette (fig. 1093 et 1094). — Cette dentelle est également composée d'un seul lacet, mais le point de toile est enrichi d'un point de chaînette en couleur.

La fig. 1086 enseigne la confection du lacet droit au point de toile avec point de chaînette; les courbes du lacet serpentine sont travaillées de la même façon qu'à la fig. 1087 et ne demandent pas d'explication particulière.

Modèles d'ouvrages. — En dehors des modèles décrits ci-dessus, on en trouvera un grand choix dans les publications suivantes de la BIBLIOTHÈQUE D·M·C: *Les Dentelles aux Fuseaux, 1re et 2me Séries* (*).

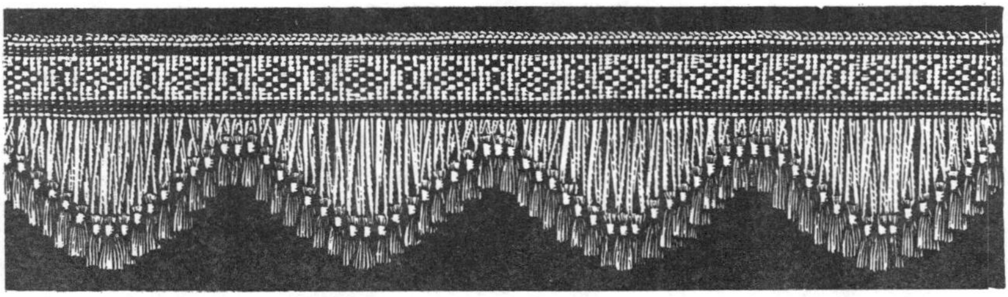

Franges à houppes avec talon au crochet.

La Garniture des Ouvrages

Dans les chapitres précédents nous avons enseigné la manière d'exécuter les différents genres de broderies et de dentelles. Pour compléter cette Encyclopédie nous donnerons à nos lectrices quelques renseignements sur la manière de terminer, c'est-à-dire de garnir les ouvrages.

Les broderies qui n'exigent pas de doublure sont bordées au moyen d'un ourlet ou d'une petite frange; les broderies avec doublure, par contre, sont ornées d'une ganse ou d'un galon étroit. Pour les broderies plus riches, on choisit habituellement, comme garniture, des franges lourdes, auxquelles on peut ajouter des glands pour les coins; quant aux broderies fines, on les termine plus avantageusement par une dentelle.

Dans tous les cas il faudra avoir soin que la garniture soit en harmonie avec la broderie principale. Elle ne devra jamais être trop importante ou trop riche, afin de ne pas nuire à cette dernière; elle devra s'y adapter et la faire valoir par une simplicité de bon goût.

Ourlets. — Les objets soumis à de fréquents lavages ou blanchissages sont terminés simplement par un ourlet.

Ces ourlets peuvent être tout à fait simples ou garnis de différentes manières; on peut les diviser en:

1° ourlets à jour; 2° ourlets avec points d'ornement et 3° ourlets avec picots, dents ou festons.

Pour les ourlets à jour on enlève quelques fils du tissu dans le sens de la largeur; voir le chapitre « Les Jours sur Toile ».

On obtient des effets très heureux en enrichissant les ourlets de points de broderie dans la nuance du tissu ou dans une nuance quelconque; ces points peuvent être variés à l'infini, selon le goût et la patience de la brodeuse. Nous rappelons ici les lisières au point plat et au point de feston, ainsi que le point natté et le point de piqûre croisé. En outre on pourra employer presque tous les points que nous avons décrits aux chapitres « La Broderie sur Blanc » et « La Broderie sur Toile ».

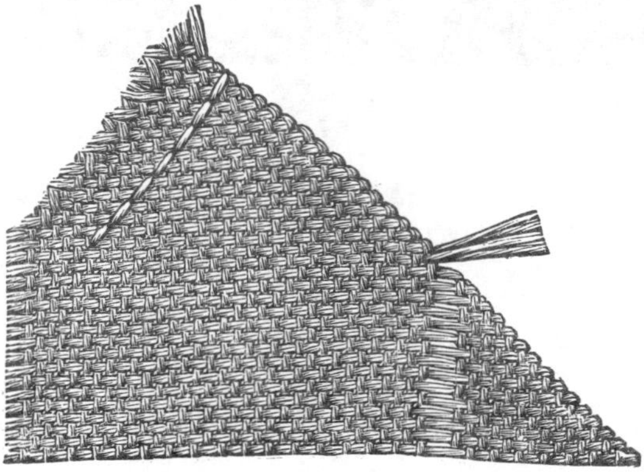

Fig. 1095. Couture au point de piqûre pour la formation d'un coin d'ourlet. Intérieur.

Quant aux ourlets étroits, nous conseillons de les garnir de picots au crochet, en frivolité, aux fuseaux ou à l'aiguille. On trouvera aux chapitres respectifs toutes les explications nécessaires pour l'exécution des différents genres de picots.

Manière de former les coins d'ourlet (fig. 1095 et 1096). — Une exécution exacte des coins est d'une grande importance pour la beauté de l'ourlet. Après avoir enlevé les fils du tissu — ou marqué la place de l'ourlet par un faufilé en couleur —, on plie en diagonale le coin de l'étoffe, l'endroit tourné vers l'intérieur, puis, en laissant libre un espace d'étoffe correspondant à la largeur de l'ourlet, on fait — en descendant obliquement — une couture au point de piqûre de la même largeur, de façon à obtenir un angle droit avec le bord replié; voir la fig. 1095.

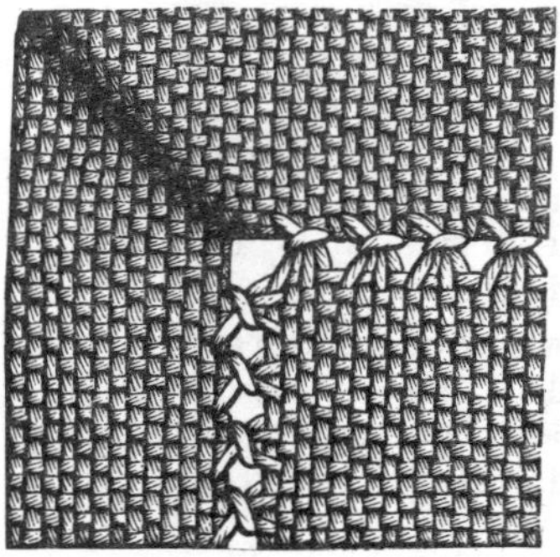

Fig. 1096.
Coin d'ourlet terminé. Extérieur.

Comme on peut s'en rendre compte par la figure, on laisse encore environ ½ centimètre d'étoffe, qui sera ensuite rempli, puis on retourne le coin, on fait le rempli, on faufile le bord et on commence la couture. La fig. 1096 représente un coin d'ourlet terminé.

Ourlet avec picots (fig. 1097, 1098, 1099, 1100, 1101). — Le bord de l'ourlet doit être garni d'un surjet très épais, tel qu'il est représenté dans la fig. 1097.

La fig. 1098 montre le fil mené de gauche à droite et formant une petite boucle, que l'on peut au besoin fixer par une épingle, puis le fil revient vers le milieu, où il enlace la première boucle et forme un petit picot, que l'on peut aussi fixer par une seconde épingle; on serre ensuite le fil et on remplit l'espace compris entre les fils retenus par les épingles de trois à cinq points russes, fig. 1099, avec cette différence que, au lieu de croiser simplement les fils, on relève le fil avant de passer au point suivant.

Ces picots peuvent être distancés les uns des autres de quelques points, comme ils le sont dans les fig. 1100 et 1101, ou entièrement rapprochés, suivant le goût de chacun.

Comme fournitures, on prend un fil de torsion moyenne, par exemple le Coton perlé D·M·C ou le Coton à broder D·M·C, qualité spéciale, en Rouge-Écarlate 304.

Ourlet avec festons superposés (fig. 1102). — Toute personne sachant festonner réussira facilement à copier ce joli genre de picots superposés.

Nous conseillons de faire le travail de droite à gauche, comme nous l'avons du reste déjà dit au chapitre « Les Dentelles à l'aiguille ». Ces picots peuvent être travaillés en plusieurs nuances, c'est-à-dire qu'on pourra changer les couleurs pour chaque feston triple. Pour exécuter les festons, on prendra un fil de torsion moyenne, du Coton à broder D·M·C, qualité spéciale, du Coton perlé D·M·C ou de l'Alsatia D·M·C.

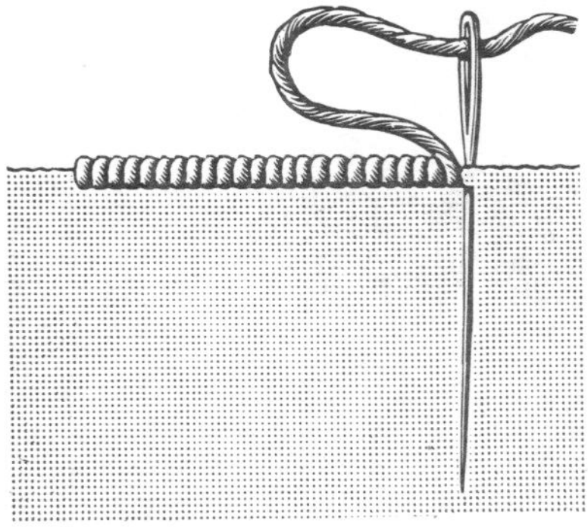

Fig. 1097. Ourlet avec picots.
Surfilage d'une lisière ou d'un ourlet.

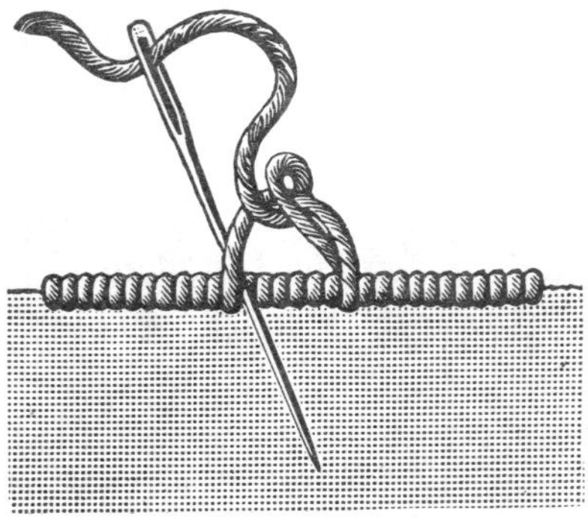

Fig. 1098. Ourlet avec picots.
Formation du petit picot supérieur.

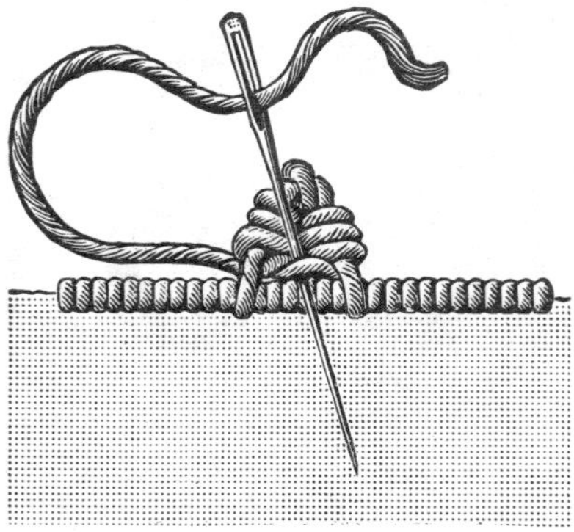

Fig. 1099. Ourlet avec picots.
Exécution du point croisé pour remplir le picot.

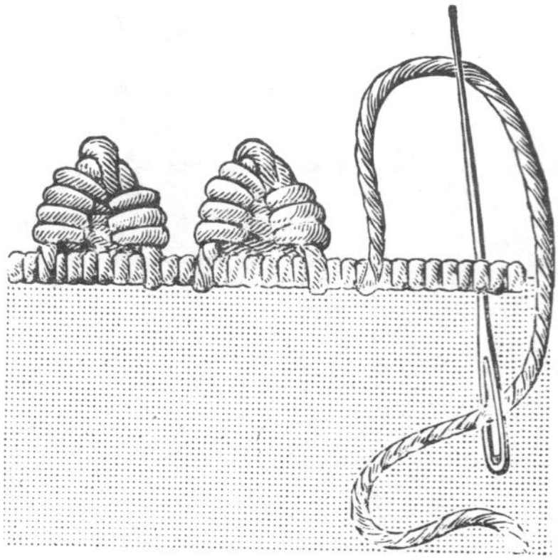

Fig. 1100. Ourlet avec picots.
Deux picots terminés et passage de l'aiguille au picot suivant.

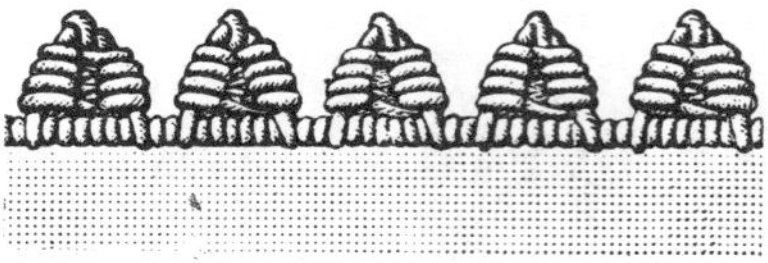

Fig. 1101. Ourlet avec picots.
Série de picots terminés.
Grandeur naturelle.
Fournitures : Coton perlé D·M·C No 5, en Rouge-Écarlate 304.

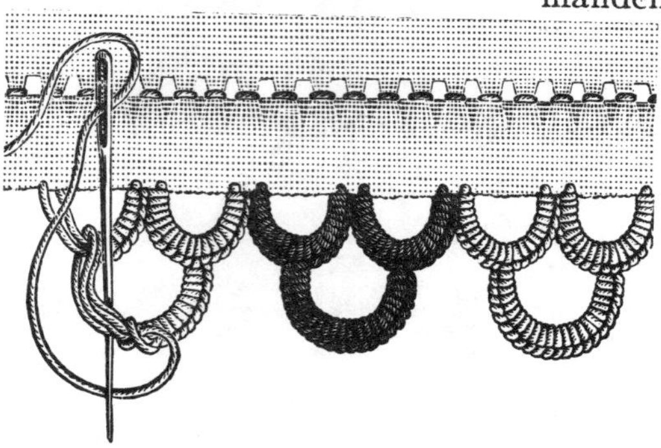

Fig. 1102. Ourlet avec festons superposés.
Fournitures : Coton à broder D·M·C, qualité spéciale, No 12, Coton perlé D·M·C No 8 ou Alsatia D·M·C No 25, en Bleu-Indigo 334 et Jaune-Crème 579.

Ourlet avec picots au crochet et points de croix (fig. 1103). — Avant de faire le rempli, on exécute le rang de points de croix isolés, puis on coud l'ourlet avec des points de surjet.

Le bord de picots au crochet se fait comme suit : 1 m. serrée à poser dans le bord de l'ourlet, 5 m. en l'air, 1 bride dans la 1re m. en l'air ; reprendre depuis le commencement.

Pour le point de croix et le travail au crochet on se servira de Coton perlé D·M·C No 5, en Rouge-Grenat 326.

Ourlet avec picots au crochet et rivière à jour (fig. 1104). — La rivière à jour est exécutée avec du Coton perlé D·M·C No 8, en Jaune-Safran 725, les baguettes contrariées sont faites au point de reprise ; voir la fig. 795.

Les picots au crochet, travaillés avec le même fil, demandent : 1 bride dans le bord de l'ourlet, 3 m. en l'air et 3 brides pardessus la bride inférieure ; 1 bride dans l'ourlet et ainsi de suite.

Ourlet à jour garni d'une petite dentelle au crochet (fig. 1105). Après avoir terminé un ourlet à jour simple, suivant les renseignements donnés pour les fig. 763 et 764, on exécute la petite dentelle au crochet qui se fait en 4 rangs.

1er rang — 1 m. serrée dans le bord, 2 m. en l'air, 1 m. serrée dans le bord, 2 m. en l'air et ainsi de suite.

2me rang — 1 m. serrée avec 3 m. en l'air sur les 2 m. en l'air du rang inférieur.

3me rang — 1 m. serrée avec 4 m. en l'air sur les 3 m. en l'air du rang inférieur.

4me rang — 1 m. serrée sur les 4 m. en l'air du rang inférieur avec 1 m. en l'air, 1 picot et 1 m. en l'air.

Comme fournitures on choisira, suivant le tissu employé, du Fil d'Alsace D·M·C Nos 30 à 50, du Fil à dentelles D·M·C Nos 30 à 50 ou du Lin pour dentelles D·M·C Nos 20 à 40, en blanc ou en écru.

Fig. 1103. Ourlet avec picots au crochet et points de croix.

Fournitures: Coton perlé D·M·C No 5, en Rouge-Grenat 326 ou en Violet-Mauve 316.

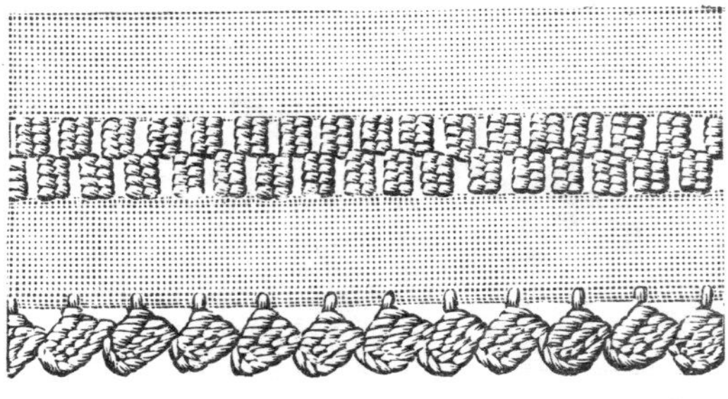

Fig. 1104. Ourlet avec picots au crochet et rivière à jour.

Fournitures: Coton perlé D·M·C No 8 ou Lin floche D·M·C No 16, en Jaune-Safran 725 ou Brun-Cachou 436.

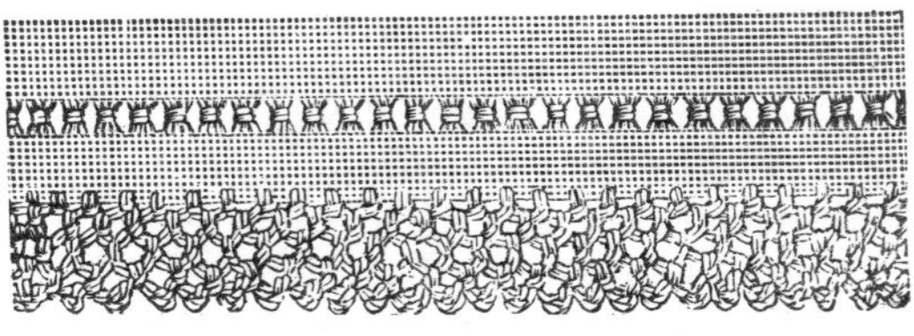

Fig. 1105. Ourlet à jour garni d'une petite dentelle au crochet.

Fournitures: Fil d'Alsace D·M·C Nos 30 à 50, Fil à dentelles D·M·C Nos 30 à 50 ou Lin pour dentelles D·M·C Nos 20 à 40, en blanc ou en écru.

Le montage des broderies. — Le montage des broderies sur une forme en bois ou en métal demande beaucoup d'adresse et de pratique; nous recommandons donc à nos lectrices de confier ce travail à un tapissier ou de le faire faire dans un magasin où l'on s'occupe de ce genre de travaux, parce qu'un montage mal soigné nuirait à l'aspect de la broderie.

Le doublage des broderies. — Lorsqu'il s'agit de ne donner à une broderie qu'une simple doublure en étoffe, on peut faire soi-même ce travail sans grande difficulté. La pose de la doublure doit être faite avec beaucoup de soin; le tissu devra toujours être très souple, si possible de la couleur de l'étoffe de l'objet ou bien d'une couleur assortie. Elle sera coupée à fils droits et rempliée aux bords. Ainsi préparée on la faufile sur la broderie, également rempliée aux bords. Les deux couches d'étoffe seront réunies par une couture au point d'ourlet, qui sera cachée ensuite sous une grosse ganse, une frange ou un galon, qui terminera l'objet vers l'extérieur.

Ganses. — Il est très utile de savoir faire soi-même les ganses de tout genre dont on peut avoir besoin ; on pourra ainsi se servir des fournitures que l'on a employées pour l'ouvrage principal et obtenir par cela même de l'uniformité dans les nuances. Les ganses les plus faciles à faire sont celles qui se font avec le rouet dont nous allons parler, puis viennent les ganses au crochet et au macramé et les ganses nouées à la main.

Rouet pour faire les ganses. — Ce petit instrument peut être recommandé à toutes les personnes s'occupant d'ouvrages ;

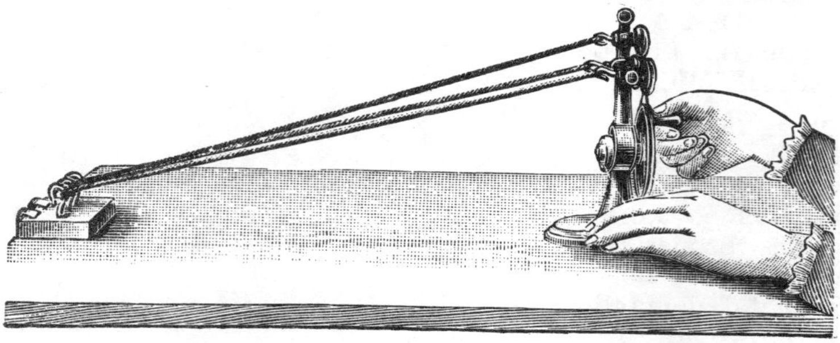

Fig. 1106. Rouet à ganses en mouvement.

il leur permet de confectionner toutes les ganses dont elles peuvent avoir besoin.

Le rouet se compose d'une grande roue montée sur une colonnette à pied et qui met en mouvement, au moyen d'un cordon, trois petites roues, montées sur la même colonnette. La grande roue possède une manivelle et porte un dessin indiquant la manière de monter le cordon sur les roues.

Pour obtenir un mouvement régulier du rouet il faut serrer fortement le fil qui passe autour des roues.

A chaque petite roue se trouve un crochet en métal jaune, servant à attacher les fils qui doivent former la ganse.

Lorsqu'une personne seule voudra confectionner une ganse, elle aura encore besoin d'une petite planchette en bois également garnie de crochets en métal ; cette planchette sera vissée à une table et retiendra les fils à l'autre bout.

La fig. 1106 montre la manière de mettre le rouet en mouvement quand les fils sont tendus.

Manière de faire les ganses (fig. 1106). — La ganse la plus simple que l'on puisse confectionner avec le rouet se compose de deux fils. A l'extrémité de chaque fil, on forme une boucle que l'on accroche aux petites roues de l'instrument, les bouts opposés sont attachés aux crochets de la planchette vissée à la table et on recule le rouet jusqu'à ce que les fils soient tendus. On tourne la manivelle de gauche à droite, ou de droite à gauche, selon la torsion du fil employé, jusqu'à ce que les fils vrillent légèrement. On décroche alors un fil de la petite roue, on l'attache sur celle où se trouve le deuxième fil, puis on tourne en sens inverse jusqu'à ce que la ganse soit terminée.

On fait de la même façon les ganses composées de trois fils, pour lesquelles on se servira des trois petites roues.

A l'aide de deux rouets à ganses on pourra faire des ganses quadruples, quintuples et sextuples.

Pour obtenir des ganses plus fortes on accrochera plusieurs fils à la fois à chaque petite roue.

Fig. 1107. Ganses en fils de coton à deux brins.
Fournitures: Coton perlé D·M·C No 3,
en Jaune-Safran 725 et Rouge-Framboise 3687.

Ganses pour passementerie en fils de coton (fig. 1107 et 1108). Pour terminer les broderies lourdes destinées à la garniture de meubles et de coussins, on emploiera de grosses ganses en fils de coton, dont nous donnons une série dans les fig. 1107 et 1108.

Fig. 1108. Ganses en fils de coton à trois brins.
Fournitures: Coton perlé D·M·C No 3,
en Vert-Pistache 319,
Brun-Rouge 918 et Bleu-Indigo 311.

La fig. 1107 montre trois ganses à deux brins faites avec du Coton perlé D·M·C Nº 3 en deux nuances. On les tord d'abord de gauche à droite, puis de droite à gauche.

Pour la ganse mince les fils ont été pris simples, pour la ganse moyenne doubles et pour la grosse ganse quadruples.

Les ganses à trois brins représentées par la fig. 1108 sont faites de la même manière avec trois fils et en trois nuances.

Avec le Coton perlé D·M·C Nº 3 on obtient des ganses brillantes et fermes. Les ganses mates et souples seront faites avec le Retors à broder D·M·C Nº 4 ou le Retors pour tricot D·M·C Nº 4.

Ganses pour broderie en fils de coton, de lin ou de rayonne et en fils de métal (fig. 1109, 1110, 1111). — Différents genres de broderies de couleur et surtout la broderie-application demandent des ganses fines en fils brillants et en fils de métal, que l'on peut facilement faire soi-même d'après les renseignements que nous venons de donner.

La fig. 1109 représente deux ganses doubles et la fig. 1110 deux ganses triples formées par un et par deux fils de Coton perlé D·M·C N° 8, qui sont faites comme les ganses précédentes, c'est-à-dire tordues d'abord de gauche à droite, puis de droite à gauche.

La fig. 1111 montre deux ganses formées par un fil simple et par un fil double en or et en argent de grosseur moyenne, qui sont tordues d'abord de droite à gauche, puis de gauche à droite ou inversement.

Fig. 1109. Ganses en fils de coton, de lin ou de rayonne, à deux brins.

Fournitures : Coton perlé D·M·C No 8, Lin floche D·M·C No 16 ou Rayonne à broder D·M·C No 60.

Fig. 1110. Ganses en fils de coton, de lin ou de rayonne, à trois brins.

Fournitures : Coton perlé D·M·C No 8, Lin floche D·M·C No 16 ou Rayonne à broder D·M·C No 60.

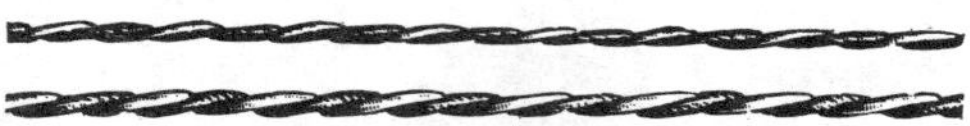

Fig. 1111. Ganses en fils de métal à deux brins.

Fournitures : Fils d'or et d'argent moyens.

Ganse nouée à la main (fig. 1112, 1113, 1114, 1115, 1116). — Cette ganse nouée est un ouvrage de pure fantaisie dans lequel les doigts jouent le rôle de crochet. La confection de cette ganse entièrement composée de mailles enlacées les unes dans les autres et fortement serrées, est des plus simples et des plus faciles.

On réunit deux bouts de fil; on prend l'un des bouts dans la main gauche, fig. 1112 on forme une boucle en passant le fil sur la main droite et en élevant l'index, et on tend le fil de la main gauche.

Puis, tenant de la main gauche le fil toujours tendu, on fait entrer l'index de gauche dans la boucle se trouvant sur l'index de droite, et on ramène vers soi le fil découlant de la main gauche et se trouvant derrière la boucle, fig. 1113.

A l'instant où l'index de gauche revient avec la nouvelle boucle, on laisse glisser celle de l'index de droite, et le bout avec les nœuds passe entre le pouce et le troisième doigt de la main gauche, tandis que la main droite serre le nœud, fig. 1114.

Dans la fig. 1115, représentant la quatrième position des mains, on voit comment l'index de la main droite relève le fil et passe par la boucle sur la main gauche; le bout passera donc aussi immédiatement dans la main droite, et la main gauche serrera le nœud.

C'est, par conséquent, en serrant tantôt le nœud de droite et tantôt celui de gauche que l'on produit ce joli cordon, dont l'exécution est plutôt un délassement qu'un travail.

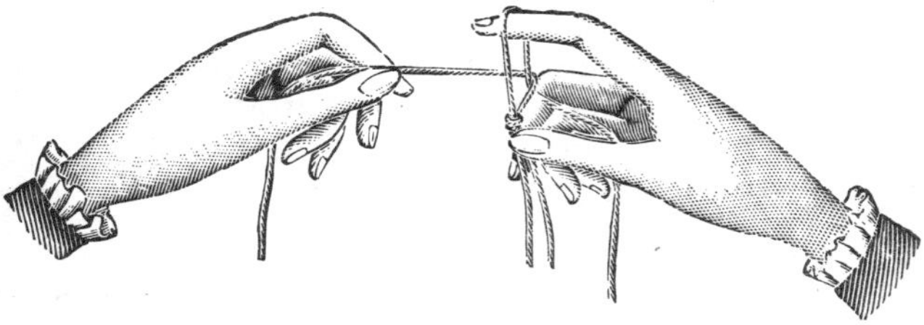

Fig. 1112. Ganse nouée à la main. Première position des mains.

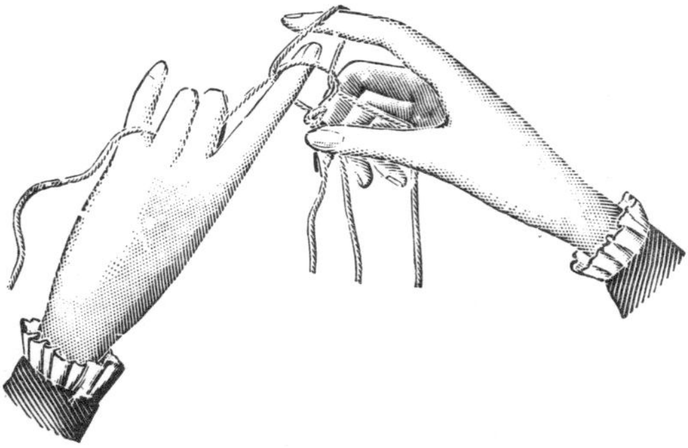

Fig. 1113. Ganse nouée à la main. Deuxième position des mains.

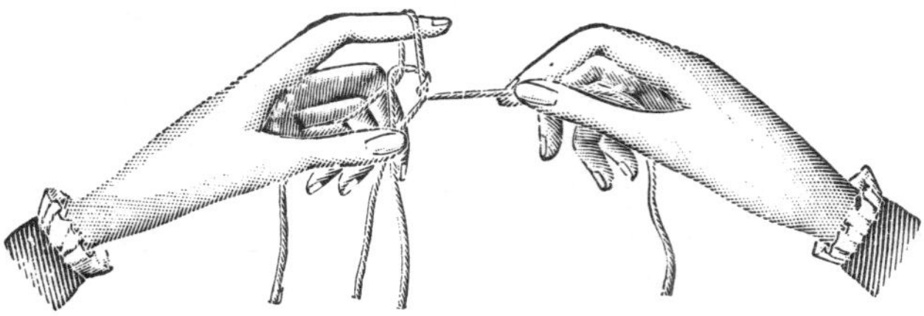

Fig. 1114. Ganse nouée à la main. Troisième position des mains.

La fig. 1116 représente cette ganse un peu agrandie. On pourra aussi, si l'on veut, la confectionner en deux nuances.

Ganse au macramé (fig. 1117). — Notre modèle est exécuté avec du Cordonnet spécial D·M·C Nº 1 (*), la longueur

(*) Voir à la fin du dernier chapitre, la liste des fils de coton, de lin, de rayonne et de soie, portant la marque D·M·C.

des fils dépend de la longueur de la ganse à nouer; en tout cas, on enroulera les fils sur des navettes pour macramé; voir la fig. 653.

Dans le haut on laisse des bouts de fils de 10 centimètres de longueur, qui sont réunis plus tard par un nœud et fixés sur le coussin pour macramé. Sur le fil porte-nœuds *a*, nouer de gauche à droite 3 fils clairs, puis nouer 3 fils foncés sur le fil porte-nœuds *b* et les mêmes fils aussi sur le fil porte-nœuds *a*, à droite des nœuds clairs. Prendre un 3me fil porte-nœuds *c*, ajouter encore 3 fils clairs et 3 fils foncés,

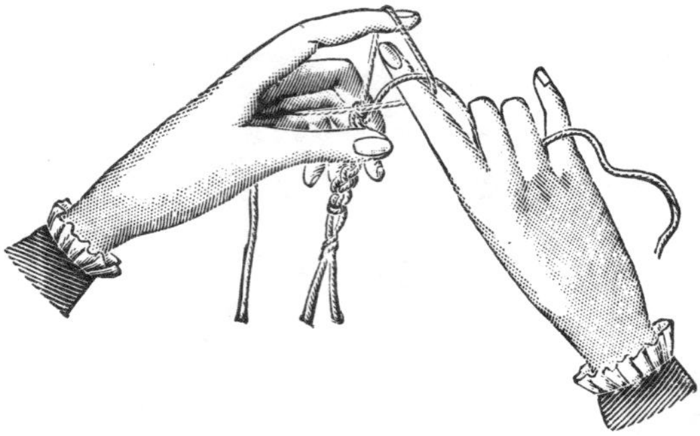

Fig. 1115. Ganse nouée à la main. Quatrième position des mains.

et nouer ces nouveaux fils également par-dessus les fils *b* et *a*.

On ferme le rond en nouant ces 12 fils par-dessus le fil *c*, puis on continue le travail en nouant les fils par-dessus les fils *b* et *a* et ainsi de suite.

De cette façon on obtient une ganse creuse à l'intérieur, avec un dessin à rayures tournant en biais de droite à gauche.

Fig. 1116. Ganse nouée à la main.

Fournitures: Cordonnet spécial D·M·C Nos 1 à 15, Lin à tricoter et à crocheter D·M·C Nos 4 à 10 ou Coton perlé D·M·C No 3.

Ganse au crochet (fig. 1118 et 1119). — Cette ganse au crochet se recommande tout particulièrement à cause de son exécution simple et facile, qui est clairement indiquée par la gravure explicative, fig. 1119.

Commencer avec 4 m. en l'air, fermer le rond et faire 1 petite m. serrée dans chaque m. en l'air, puis dans chaque petite m. serrée, en les posant dans les arrière-boucles des mailles inférieures.

Il nous reste encore à faire observer que le travail ne se

fait pas de l'extérieur vers l'intérieur, mais, contrairement aux ouvrages au crochet, de l'intérieur vers l'extérieur.

Galons. — Les broderies destinées à être montées sur des meubles, écrans, etc., demandent une garniture très simple.

Pour ces broderies, on se sert de grosses ganses ou mieux encore de galons plats. Ces galons ne devront pas être trop importants, ni comme dessin, ni comme richesse de couleurs; on choisira donc de préférence, pour leur confection, des dessins simples et des couleurs peu voyantes.

L'exécution de ces galons est très variée; on distingue:

1° Les galons brodés;
2° Les galons au crochet;
3° Les galons en frivolité;
4° Les galons au macramé;
5° Les galons aux fuseaux; etc.

1° **Galons brodés.** — Pour terminer des objets destinés à être lavés, on emploie le plus souvent des galons tissés, soit en toile, soit en étamine, que l'on garnit d'un petit dessin au point de croix ou à points lancés, dans les couleurs de la broderie principale. Ces galons sont très solides et se recommandent pour la garniture d'objets sujets à un fréquent usage. On trouvera de jolis dessins pour ces galons au chapitre « La Broderie sur Toile ».

Fig. 1117.
Ganse au macramé.

2° **Galons au crochet.** — Pour imiter la passementerie, on fait des galons avec des petites m. serrées, des m. serrées et des brides en forme de ronds et de festons crochetés sur un lacet serré. Pour rehausser l'effet du travail, on choisira un fil fortement tordu, de grosseur moyenne; voir aussi le talon des franges, fig. 1127, 1129 et 1130, ainsi que les galons en crochet de Bosnie, fig. 519 et 520.

Fig. 1118. Ganse au crochet.

3° **Galons en frivolité.** — On emploie aussi la frivolité pour faire des galons. Les galons en frivolité sont très délicats, tout en étant solides. On les enrichit encore par des araignées ou des points de dentelle en fils d'or ou d'argent. Les motifs les plus simples, des petits ronds raccordés par exemple, donnent déjà un charmant petit galon, que l'on peut encore varier de différentes manières.

4° **Galons au macramé.** — C'est surtout le macramé qui se prête à la confection des galons et qui permet de former des coins sans aucune difficulté. Nous avons donné quelques modèles de galons au chapitre « Le Macramé ». Les personnes un peu exercées dans ce travail arriveront aussi avec peu de peine à transformer en galons la plus grande partie des fonds et des franges.

Fig. 1119. Exécution de la ganse au crochet, fig. 1118.

5° **Galons aux fuseaux.** — Déjà avec 4 et 6 paires de fuseaux on peut faire des petits galons; c'est surtout le dessin « Eternelle » qui s'y prête le mieux. Au chapitre « Les Dentelles aux fuseaux », on trouvera une série de fonds que l'on pourra utiliser comme galons en ne prenant en largeur qu'un seul rapport du modèle et en choisissant comme fournitures un fil très fort.

Galon picoté aux fuseaux (fig. 1120). — Pour les broderies fines et délicates sur fond de soie ou de velours, on se servira du petit galon fig. 1120, travaillé avec un fil d'or. Il consiste en une natte à laquelle on fait, après chaque passée, 1 picot alternativement vers la droite et vers la gauche.

Fig. 1120. Galon picoté aux fuseaux.

Manière de raccorder les galons. — Lorsqu'on est obligé de raccorder des galons, il faut faire les raccords aussi peu visibles que possible. Si le dessin contient des grandes figures d'ornement, on les raccordera juste à la fin d'une figure, de façon que le dessin se continue sans interruption.

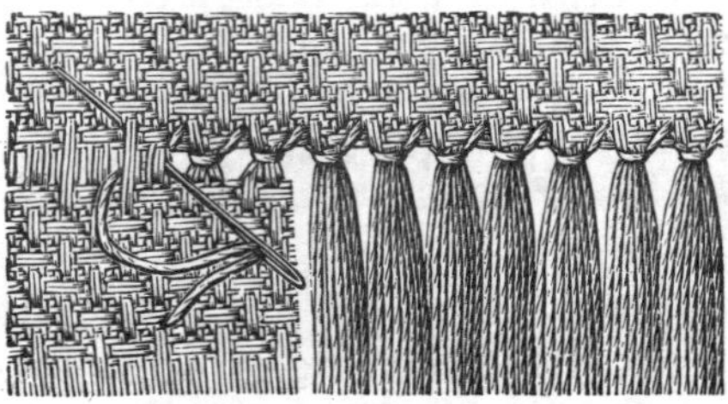

Fig. 1121. Petite frange formée par les fils effilés du tissu.

Formation des coins. — Suivant l'angle à former, le galon devra être plié et cousu avec des points de piqûre en diagonale. La couture terminée, on l'égalise sur l'endroit avec le dé, puis on coupe le superflu du galon sur l'envers.

Franges. — La garniture la plus naturelle d'un objet confectionné en étoffe sera toujours la frange, que l'on peut préparer de différentes manières.

Les franges les plus simples sont produites par l'enlèvement des fils d'étoffe horizontaux après avoir assuré le bord du tissu. Avec des moyens tout à fait simples on peut garnir ces effilés de tissu et les rendre plus intéressants, en y fixant des fils de couleurs, ou des houppes, ou bien en nouant des dessins avec les fils libres. A côté de ces franges d'étoffe, nous rappellerons les franges nouées (voir au chapitre « Le Macramé »), les franges avec talon au crochet et les franges faites aux fuseaux.

Fig. 1122. Petite frange avec fils en couleur.

Nous donnons ici une série de franges diverses et nous commençons par le genre le plus simple, c'est-à-dire par les franges formées par les effilés d'étoffe.

Fig. 1123. Petite frange nouée à deux rangs.

Petites franges avec garnitures diverses (fig. 1121, 1122, 1123, 1124). — Notre fig. 1121 représente une frange étroite qui est uniquement formée par les effilés du tissu. Après avoir arrêté le bord au moyen du point de la fig. 763, on éloigne les fils horizontaux. La même frange, avec un fil de couleur rouge entre les faisceaux, est représentée par la fig. 1122. Les fils rouges sont noués alternativement par-dessus 1 et 2 groupes de fils du tissu.

Fig. 1124. Petite frange avec houppes.

Une frange nouée en deux rangs est représentée par la fig. 1123. Les nœuds se font toujours avec 2 faisceaux de fils. Dans le deuxième rang on divise les mèches de fil qui pendent des nœuds formés au premier rang, puis on prend 1 demi-mèche de droite et de gauche pour les réunir en de nouveaux nœuds, de manière à les intervertir avec les nœuds du rang supérieur.

La fig. 1124 représente enfin une frange avec houppes. Dans

le bord arrêté par le point de la fig. 1121, on attache des petites houppes à la distance de 4 faisceaux ou 8 groupes de fils du tissu. Comme on peut s'en rendre compte par la figure, on prend une grosse mèche de fil floche que l'on attache au bord au moyen d'un nœud formé par un fil auxiliaire, puis on replie les deux parties de la mèche, on les serre à 1 centimètre au-dessous du bord avec un fil d'une couleur différente.

Il est inutile de rappeler que, par le travail, les effilés ne gardent pas tous la même longueur qu'ils ont eue au commencement; ces inégalités, qui seraient disgracieuses, devront être

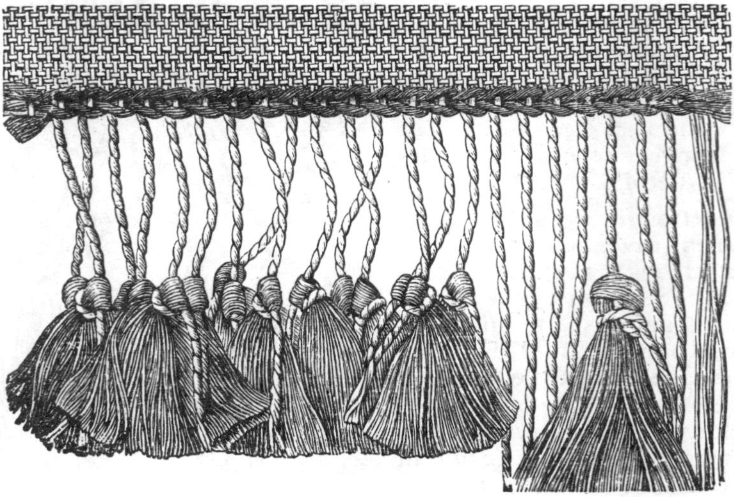

Fig. 1125. Frange albanaise.
Fournitures: Mouliné spécial D·M·C ou Lin floche D·M·C, en Rouge-Turc 321, Rouge-Géranium 352 ou Rouge-Grenat 326.

coupées, et nous renvoyons à ce sujet aux renseignements que nous avons donnés au début du chapitre « Le Macramé ».

Frange albanaise (fig. 1125). — Le bord de la toile est garanti par un rang de points de chaînette à double face, qui servent en même temps de points d'ornement.

Ce rang de points de chaînette terminé, on effile le tissu d'environ 15 centimètres, puis on réunit chaque fois deux brins pour en faire de petites cordes, sur lesquelles on monte des houppes que l'on fixe au moyen d'un simple nœud, fig. 1125. Nous recommandons pour ces houppes l'emploi d'un fil très soyeux, doux et floche, par exemple le Mouliné spécial D·M·C ou le Lin floche D·M·C; on obtient avec ces deux sortes de fils des houppes très belles et très riches.

Franges à houppes sur canevas-filet (fig. 1126). — Notre fig. 1126 représente une frange très intéressante, exécutée sur canevas-filet, garnie de houppes suspendues à un grillage à baguettes surjetées qui forment la suite du dessin à points lancés de la bordure.

Pour préparer les houppes on enlève le nombre nécessaire de fils, en prenant la précaution, si la longueur du tissu le permet, de conserver une lisière pleine de 2 à 3 centimètres de hauteur, qui facilitera beaucoup le travail quand il s'agira de tendre et de surjeter les fils de chaîne. Une fois le tissu préparé, on sur-

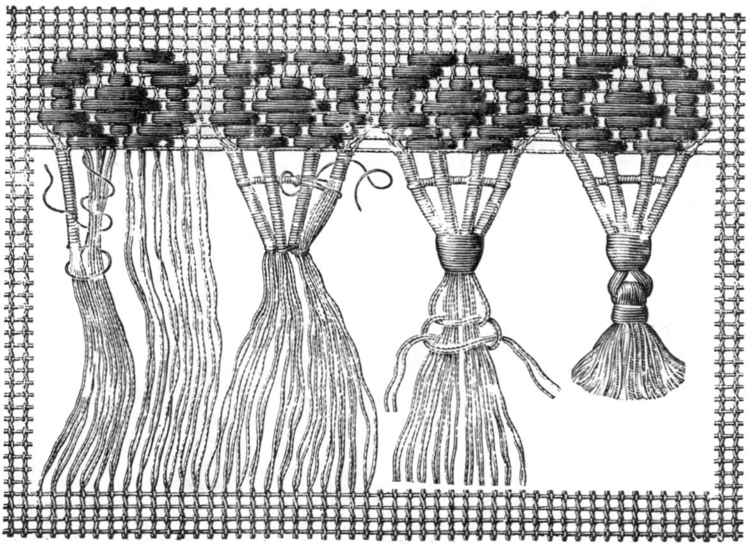

Fig. 1126. Frange à houppes sur canevas-filet.
Fournitures : Mouliné spécial D·M·C et Coton perlé D·M·C.

jettera bien serrés 3 fils doubles de la chaîne sur une longueur de 2 centimètres (1er détail à gauche). Ceci fait, on passe à la mèche suivante, que l'on commencera par nouer solidement à la première avant de la surjeter à son tour de haut en bas.

Le 2me détail de la fig. 1126 nous montre trois brides terminées et la quatrième commencée, ainsi que les brides transversales qui partent de cette dernière.

Dans le 3me détail les quatre brides sont réunies par quelques points de surjet qui forment un nœud d'assemblage au-dessous duquel on fait, au moyen de 2 fils doubles, 1 double nœud au travers duquel on passe une mèche que l'on repliera et que l'on fixera au moyen de quelques tours de fil. Cette houppe devra être coupée assez court (détail 4 à droite).

Comme fournitures on emploiera, pour les petites houppes et la broderie à points lancés, du Mouliné spécial D·M·C, pour les baguettes au point de surjet, du Coton perlé D·M·C.

Formation des angles aux franges d'étoffe. — Lorsqu'on enlève les fils du tissu autour d'un ouvrage carré, on obtient des vides aux angles; ces vides seront comblés par une ou plusieurs mèches des fils du tissu que l'on a sortis, puis les coins sont garnis de la même façon que la frange; à la fin on arrondit légèrement les coins.

Fig. 1127. Frange à deux rangs de houppes avec talon au crochet.
Fournitures: Coton perlé D·M·C Nos 3 et 5 et Mouliné spécial D·M·C No 25, en Rouge-Maroquin 761, Brun-Cachou 738 ou Bleu-Paon 808.

Frange à deux rangs de houppes avec talon au crochet (fig. 1127 et 1128). — Du Coton perlé D·M·C N° 3, pris double, sert de bourdon pour le talon de notre frange au crochet, qui est travaillé avec du Coton perlé D·M·C N° 5, au moyen de mailles serrées. Les fils doubles forment des boucles courtes et longues, qui servent plus tard à attacher les petites houppes, pour lesquelles on emploie du Mouliné spécial D·M·C N° 25.

La fig. 1128 explique le travail qui se fait de droite à gauche. Sur le fil double de Coton perlé D·M·C N° 3 on fait d'abord 8 m.

serrées = tourner = 3 m. serrées dans les dernières 3 m. serrées (on pique toujours dans les deux bouclettes des mailles inférieures et l'on travaille par-dessus le fil double), 5 m. serrées par-dessus le fil double = * tourner = 3 m. serrées dans les 3 m. inférieures, faire une bouclette courte avec le fil double par-dessus un carton de 3 centimètres de hauteur, 1 m. en l'air = tourner = 3 m. serrées dans les 3 m. inférieures, 5 m. serrées par-dessus le fil double = tourner = 3 m. serrées dans les 3 m. serrées, 5 m. serrées par-dessus le fil double = tourner = 3 m. serrées dans les 3 m. serrées, 5 m. serrées par-dessus le fil double = tourner = 3 m. serrées dans les 3 m. serrées, faire une bouclette longue avec le fil double par-dessus un carton de 6 centimètres de hauteur, 1 m. en l'air = tourner = 3 m. serrées dans les 3 m. serrées, 5 m. serrées par-dessus le fil double = tourner = 3 m. serrées dans les 3 m. serrées, 5 m. serrées par-dessus le fil double = tourner = 3 m. serrées dans les 3 m. serrées, 5 m. serrées par-dessus le fil double; reprendre de * et continuer à faire une bouclette courte et une bouclette longue sur un côté du galon serré.

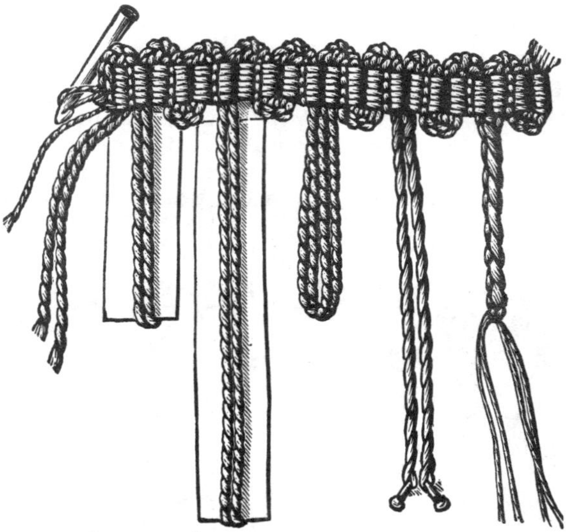

Fig. 1128. Exécution de la frange fig. 1127.

Fig. 1129. Frange a un rang de houppes avec talon au crochet.
Fournitures: Coton perlé D·M·C Nos 3 et 5, en Vert-Mousse 470, Mouliné spécial D·M·C No 25 et Coton perlé D·M·C No 5, en Rouge-Grenat 3367.

Chacune de ces bouclettes est composée de 2 fils doubles; ces fils seront retordus isolément de droite à gauche, puis on réunit les deux bouts et on les tourne de gauche à droite en formant ainsi un cordon; voir la fig. 1128. A ces bouts de cordon on attache par un fil auxiliaire, au moyen d'un nœud, une mèche d'environ 32 fils de Mouliné spécial D·M·C, de 7 centimètres de longueur, juste dans le milieu; on replie les deux bouts et, en les serrant dans le haut, on termine les petites houppes.

Frange à un rang de houppes avec talon au crochet (fig. 1129). — Ce modèle est confectionné en deux nuances. Comme bourdon pour le talon on emploie du Coton perlé D·M·C N° 3, pris double, pour le crochet du Coton perlé D·M·C N° 5, en Vert-Mousse 470; les houppes et les points d'ornement demandent un fil floche, du Mouliné spécial D·M·C N° 25, en Rouge-Grenat 3367.

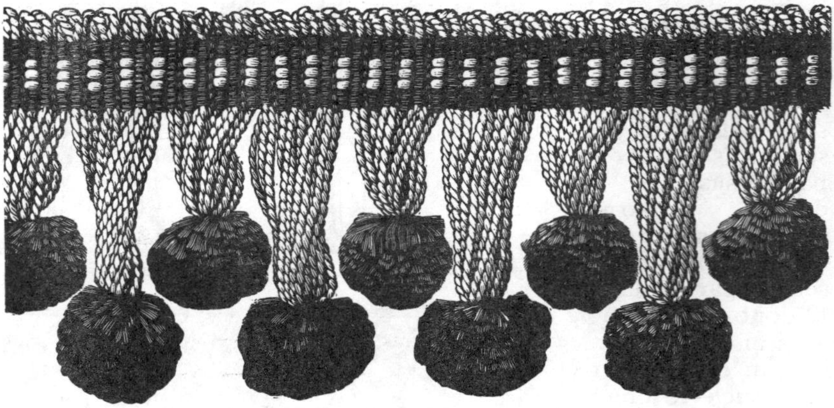

Fig. 1130. Frange avec boules et talon au crochet.
Fournitures: Coton perlé D·M·C No 5 et Mouliné special D·M·C No 25, en Brun-Caroubier 303 et Coton perlé D·M·C No 3, en Jaune-Safran 725.

Le galon serré se fait avec des rangs allant et revenant de 6 m. serrées et 1 m. en l'air pour tourner; on place les mailles dans les deux bouclettes des mailles inférieures.

D'un côté de ce galon on fait — par-dessus un carton — des bouclettes de 1 centimètre de longueur, de l'autre côté des bouclettes de 3 centimètres de longueur.

Les petites bouclettes sont retenues dans le haut par un rang au crochet de mailles en l'air, fait avec du Coton perlé D·M·C N° 5, en Rouge-Grenat 3367. En prenant deux bouclettes doubles sur le crochet, on les réunit par 1 m. serrée, 4 m. en l'air, 1 m. serrée dans les deux bouclettes suivantes, 4 m. en l'air et ainsi de suite. Les longues bouclettes doubles dans le bas sont également partagées deux par deux, puis on y attache des houppes de 25 à 30 fils rouges, qui seront noués avec du fil vert.

Dans le galon à mailles serrées on brode finalement avec du fil rouge 4 rangs de points devant intervertis.

Franges avec boules et talon au crochet (fig. 1130). — Pour cette frange le bourdon, du Coton perlé D·M·C N° 3, en Jaune-Safran 725, est pris triple. Le galon demande 7 m. serrées, qui sont faites avec du Coton perlé D·M·C N° 5, en Brun-Caroubier 303, et travaillées en allant et en revenant avec 1 m. en l'air pour retourner. Les mailles sont posées dans les deux bouclettes des mailles inférieures.

Dans le haut les petites bouclettes triples formées par le bourdon jaune mesurent 8 millimètres, les bouclettes retombantes, dont on fait toujours trois de la même longueur, mesurent

Fig. 1131. Frange nouée à boules.
Fournitures: Coton à broder D·M·C. qualité spéciale, No 8 ou 12 ou Coton perlé D·M·C No 3, en Rouge-Turc 321 et en Noir grand-teint 310, ou en Bleu-Indigo 334 et Rouge-Écarlate 814 (*).

3 et 4 ½ centimètres. Les bouclettes de la même longueur sont réunies par trois et trois dans le bas par une boule faite avec du Mouliné spécial D·M·C N° 25, en Brun-Caroubier 303; voir la fig. 1149.

Les petites bouclettes dans le haut restent libres.

Le galon de mailles serrées est garni de trois rangs de points devant superposés.

Frange nouée à boules (fig. 1131, 1132, 1133, 1134, 1135). — Un genre tout à part de frange nouée, en ce qui concerne l'exécution et l'effet, est représenté par la fig. 1131.

(*) Ces numéros désignent des couleurs qui se trouvent sur les cartes de couleurs des articles portant la marque D·M·C. Ces cartes peuvent être consultées chez tous les merciers et marchands d'ouvrages de dames.

Les motifs du modèle sont composés de fils noués qui sont coupés et ensuite enfilés comme des perles pour former les détails du dessin.

Dans le présent modèle on distingue deux sortes de nœuds: des petits nœuds doubles et des grands nœuds doubles. Pour faire les petits nœuds doubles on forme, avec un fil, des nœuds simples d'après la fig. 1132.

Fig. 1132. Exécution des petits nœuds doubles.

Fig. 1133. Exécution des grands nœuds doubles.

Ces nœuds sont coupés 2 par 2 et comptent alors comme petits nœuds doubles; l'espace de fil entre les nœuds ne devra pas être plus grand que celui occupé par 1 nœud. Les grands nœuds doubles commencent avec 1 nœud simple, puis on ajoute encore 3 nœuds simples, qui sont entrelacés par un 4me nœud, de manière à former 1 seul grand nœud, fig. 1133, puis on termine par 1 nœud simple. On ajoute tout près un 2me nœud double, puis on coupe le fil et le grand nœud double est terminé.

Fig. 1134. Exécution du grand gland.

Le talon de la frange consiste en un galon de nœuds plats noués par-dessus un fil porte-nœuds quadruple, et c'est dans ce galon que l'on attache les motifs noués.

Nous conseillons de commencer par le grand gland isolé. Après avoir préparé, avec du fil rouge et du fil noir, un nombre suffisant de petits et de grands nœuds doublés, on prend du fil rouge pour faire 1 petit nœud simple, puis on le passe dans une grosse aiguille à tapisserie pour enfiler 14 petits nœuds doubles en fil noir, auxquels on ajoute encore 8 grands nœuds doubles en fil rouge; puis on serre tous les nœuds fortement vers le bas et l'on termine le motif par 1 petit nœud simple. Après avoir laissé un espace de 1 centimètre, on fait encore 1 petit nœud simple, on enfile 6 petits nœuds doubles de fil rouge, on les serre, on les termine par 1 petit nœud simple, puis on attache le gland terminé dans le galon en laissant encore 1 centimètre de fil libre. Le gland suivant est distancé de 16 nœuds doubles dans le galon.

Fig. 1135. Exécution. des petits grelots doubles.

Les petits motifs à deux glands qui garnissent les intervalles, sont faits également avec du fil rouge. Après avoir fait 1 grand nœud simple, on enfile 2 grands nœuds doubles de fil rouge et 5 petits nœuds doubles de fil noir, on les serre et on les termine par 1 petit nœud simple. Après un espace de 1 centimètre, on fait 2 petits nœuds simples très rapprochés et 1 troisième nœud à 1 centimètre de distance. On enfile ensuite 5 petits nœuds doubles de fil noir et 2 grands nœuds doubles de fil rouge, on serre les nœuds et on termine la boule par 1 grand nœud simple, puis on coupe le fil. Pour attacher cette boule au galon on prend de nouveau du fil rouge, on fait 1 petit nœud simple et l'on enfile 5 petits nœuds doubles de fil rouge, puis on passe le fil entre les 2 petits nœuds rapprochés au milieu du grelot et on termine par 1 petit nœud simple.

Fig. 1136. Frange aux fuseaux à talons.
Fournitures — Pour les franges: Mouliné spécial D·M·C No 25, en Vert-Pistache 368: pour le galon aux fuseaux: Coton perlé D·M·C No 5, en Jaune d'Or 782 et Rouge-Framboise 3687.

Finalement on attache ce gland double au galon, juste au milieu des deux grands glands, en laissant encore 1 centimètre de fil libre dans le haut. Entre ces motifs on attache les petites boules composées de 8 petits nœuds doubles de fil noir, qui doivent être fixées au galon.

Comme fil on choisira un article moyennement tordu, tel que le Coton perlé D·M·C N° 3 et le Coton à broder D·M·C, qualité spéciale, Nos 8 et 12.

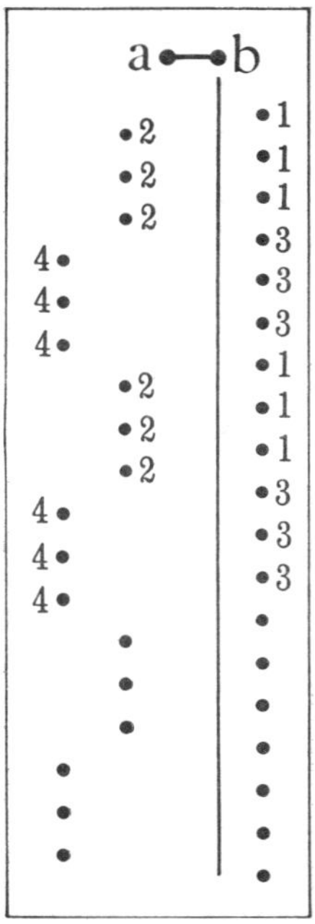

Fig. 1137.
Patron de la frange aux fuseaux à talons fig. 1136.

Frange aux fuseaux à talons (fig. 1136 et 1137). — On attache dans le patron, fig. 1137, trois fils floches de couleur verte au point *a* et trois paires de fuseaux dont chaque paire contient un fil jaune et un fil rose au point *b*.

* Tourner la 1re paire de droite à gauche, glisser les fils verts = tourner la 2me paire de droite à gauche, glisser les fils verts = tourner la 3me paire de droite à gauche, glisser les fils verts, planter une épingle au point **1** = tourner la 3me

paire de droite à gauche, glisser les fils verts = tourner la 2me paire de droite à gauche, glisser les fils verts = tourner la 1re paire de droite à gauche, glisser les fils verts, planter une épingle au point **2** **; répéter deux fois de * à ** = *** tourner la 1re paire de droite à gauche, glisser les fils verts = tourner la 2me paire de droite à gauche, glisser les fils verts = tourner la 3me paire de droite à gauche, glisser les fils verts, planter une épingle au point **3** = tourner la 3me paire de droite à gauche, glisser les fils verts = tourner la 2me paire de droite à gauche, glisser les fils verts = tourner la 1re paire de droite à gauche, glisser les fils verts, planter une épingle au point **4** ****; répéter deux fois de *** à **** et reprendre depuis le commencement.

Fig. 1138. Frange dentelée aux fuseaux.
Fournitures — Pour la frange: Mouliné spécial D·M·C No 25, en Jaune-Safran 726 et Vert doré 581; pour le galon aux fuseaux: Coton perlé D·M·C No 5, en Jaune-Safran 726 et Violet-Scabieuse 394.

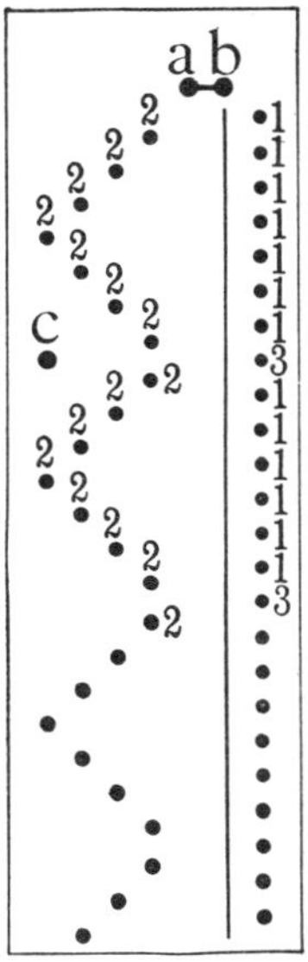

Fig. 1139. Patron de la frange dentelée aux fuseaux fig. 1138.

Frange dentelée aux fuseaux (fig. 1138 et 1139). — On attache dans le patron, fig. 1139, deux fils floches de couleur jaune au point *a* et deux paires de fuseaux (dont 1 fil jaune et 1 fil violet) au point *b*.

* Tourner la 1re paire de gauche à droite, glisser les 2 fils jaunes = tourner la 2me paire de droite à gauche, glisser les 2 fils jaunes, planter une épingle au point **1** = tourner la 2me paire de droite à gauche, glisser les 2 fils jaunes = tourner la 1re paire de gauche à droite, glisser les 2 fils jaunes, planter une épingle au point **2** **; reprendre six fois de * à ** = attacher 2 fils floches de couleur verte au point *c* = tourner la 1re paire de gauche à droite, glisser les 2 fils jaunes et les 2 fils verts = tourner la 2me paire de droite à gauche, glisser les 2 fils jaunes et les 2 fils verts, planter une épingle au point **3** = tourner la 2me paire de droite à gauche, glisser les 2 fils jaunes et les 2 fils verts = tourner la 1re paire de gauche à droite, glisser les 2 fils jaunes et les 2 fils verts, planter une épingle au point **2** et écarter les 2 fils jaunes; reprendre six fois de * à ** = ajouter les fils jaunes = tourner la 1re paire de gauche à droite, glisser les 2 fils verts et les 2 fils jaunes = tourner la 2me paire

de droite à gauche, glisser les 2 fils verts et les 2 fils jaunes, planter une épingle au point **3** = tourner la 2me paire de droite à gauche, glisser les 2 fils verts et les 2 fils jaunes = tourner la 1re paire de gauche à droite, glisser les 2 fils verts et les 2 fils jaunes, planter une épingle au point **2** = écarter les fils verts et continuer la frange avec les fils jaunes.

Lorsque toute la frange est terminée, on coupe tout près des dents les fils de communication.

Frange aux fuseaux, dentelée, à deux rangs (fig. 1140 et 1141). — On attache

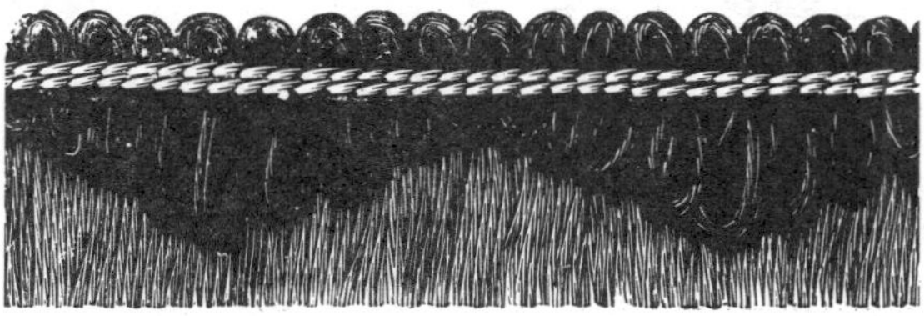

Fig. 1140. Frange aux fuseaux, dentelée, à deux rangs.

Fournitures — Pour les franges : Mouliné spécial D·M·C No 25, en Jaune d'Or 781 et Rouge-Cardinal 347 ; pour le galon aux fuseaux : Coton perlé D·M·C No 5, en Jaune d'Or 782.

dans le patron, fig. 1141, un fil floche de couleur jaune foncé au point *a*, deux fils floches de couleur rouge au point *b* et 2 paires de fuseaux avec du fil jaune clair au point *c*.

∗ Tourner la 1re paire de gauche à droite, glisser le fil jaune et les fils rouges = tourner la 2me paire de gauche à droite, glisser le fil jaune et les fils rouges, planter une épingle au point **1** = tourner la 2me paire de gauche à droite, glisser le fil jaune et les fils rouges = tourner la 1re paire de gauche à droite, glisser le fil jaune et les fils rouges, planter une épingle au point **2** pour retenir le fil jaune et une épingle au point **3** pour retenir les fils rouges ; répéter huit fois de ∗ et continuer ainsi le travail.

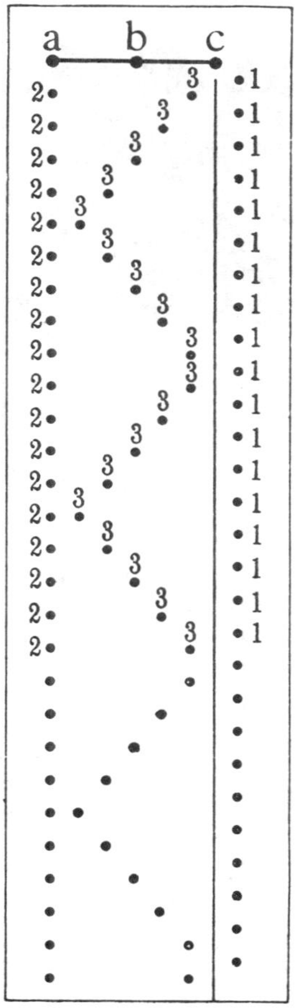

Fig. 1141. Patron de la frange aux fuseaux, dentelée, à deux rangs fig. 1140.

Lorsque la frange est détachée du coussin à dentelles, on coupe les boucles longues de fil jaune.

Frange aux fuseaux à deux rangs horizontaux (fig. 1142 et 1143). — On attache dans le patron, fig. 1143, quatre fils floches en couleur bleue au point *a* et six paires de fuseaux (la 1re, la 2me, la 5me et la 6me paire en jaune clair, la 3me et la 4me paire en jaune foncé) au point *b*.

Fig. 1142. Frange aux fuseaux à deux rangs horizontaux.
Fournitures — Pour les franges : Mouliné spécial D·M·C No 25, en Bleu ancien 930 ;
pour le galon aux fuseaux : Coton perlé D·M·C No 5, en Jaune-Creme 746 et Jaune-Mandarine 741.

Tourner la 1re paire de droite à gauche, glisser les fils bleus = tourner la 2me paire de droite à gauche, glisser les fils bleus = tourner la 3me paire de droite à gauche, glisser les fils bleus = tourner la 4me paire de gauche à droite, glisser les fils bleus = tourner la 5me paire de gauche à droite, glisser les fils bleus = tourner la 6me paire de gauche à droite, glisser les fils bleus, planter une épingle au point **1** = tourner la 6me paire de gauche à droite, glisser les fils bleus = tourner la 5me paire de gauche à droite, glisser les fils bleus = tourner la 4me paire de gauche à droite, glisser les fils bleus = tourner la 3me paire de droite à gauche, glisser les fils bleus = tourner la 2me paire de droite à gauche, glisser les fils bleus = tourner la 1re paire de droite à gauche, glisser les fils bleus, planter une épingle au point **2** pour retenir les deux premiers fils bleus et planter aussi une épingle au point **3** pour retenir les deux derniers fils bleus.

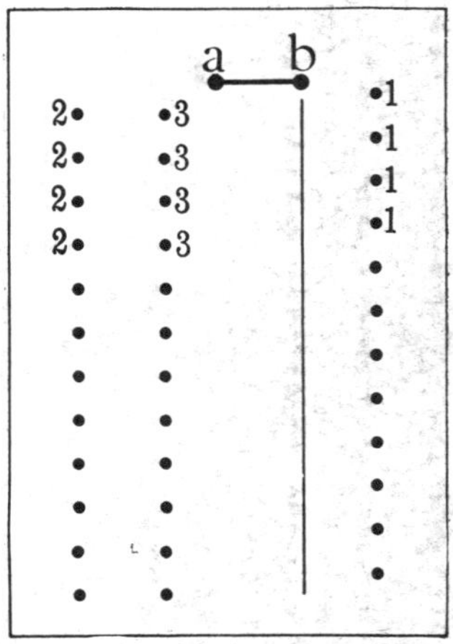

Fig. 1143. Patron de la frange aux fuseaux à deux rangs horizontaux fig. 1142.

Reprendre à partir du commencement.

Boules. — On emploie aussi des boules pour la garniture de certains ouvrages, par exemple pour les plafonniers et les abat-jour où, en pendant librement, elles gardent toute leur valeur.

On confectionne des boules souples avec des fils floches serrés au milieu ou des boules souples nattées avec un gros fil tordu.

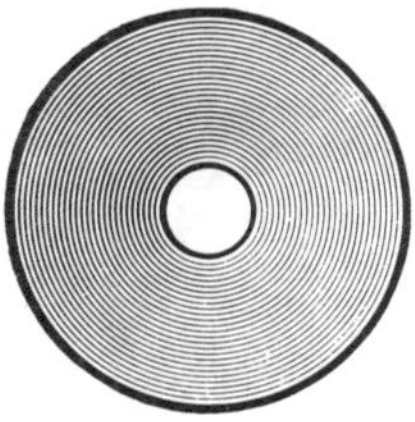

Fig. 1144.
Boule pour passementerie.
Cartons préparés.

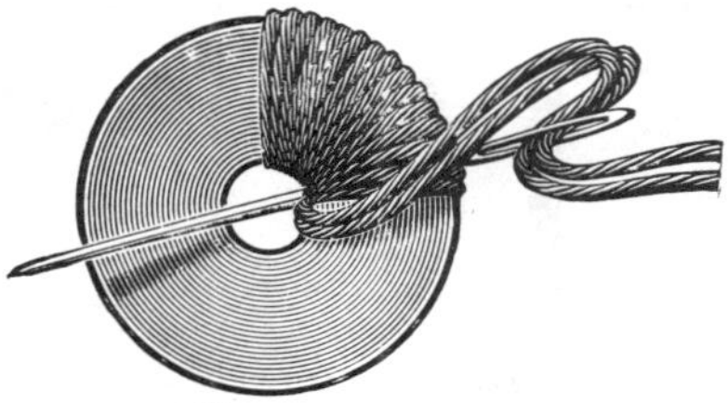

Fig. 1145.
Boule pour passementerie.
Cartons surfilés en partie.

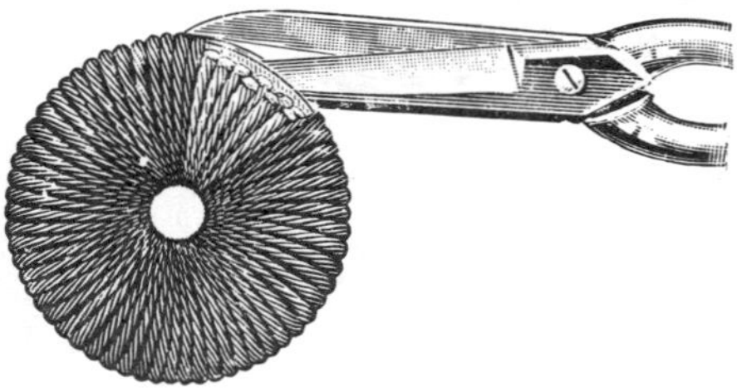

Fig. 1146.
Boule pour passementerie.
Manière de couper les fils.

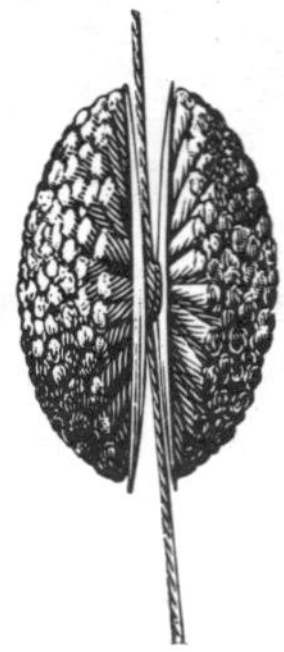

Fig. 1147.
Boule pour passementerie.
Préparation de l'attache.

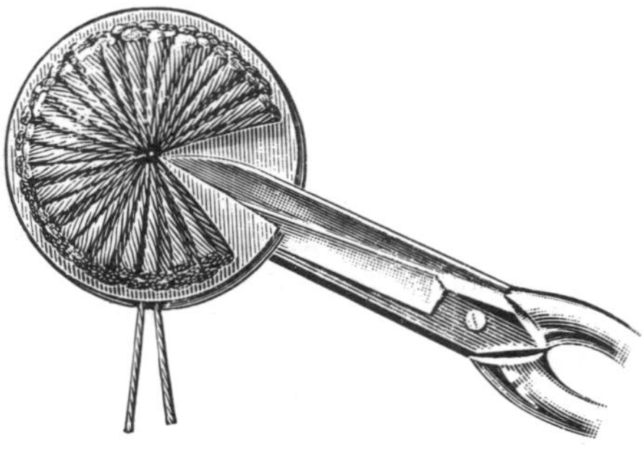

Fig. 1148.
Boule pour passementerie.
Découpage des cartons.

Fig. 1149.
Boule terminée
avec attache.

Les boules dures se composent d'une housse au crochet ou nattée, exécutée autour d'une forme en bois qui leur sert de noyau. Nous donnons plus loin quelques exemples des différents genres de boules.

Boules en fils floches (fig. 1144, 1145, 1146, 1147, 1148, 1149). Pour faire ces boules on commence par préparer un certain nombre de cartons ronds percés d'un trou au centre, fig. 1144,

Fig. 1150. Boule avec housse au crochet.

Fig. 1151. Boule nattée unie. Entrelacement des premières boucles.

on en réunit deux et on les recouvre de points très serrés, fig. 1145, pour lesquels on prend du Mouliné spécial D·M·C, du Coton perlé D·M·C N° 3 ou du Lin floche D·M·C. Toute la surface des cartons une fois recouverte, on fait entrer les ciseaux entre les deux cartons et on coupe tous les fils au bord extérieur, fig. 1146, après quoi on passe un fil entre les deux cartons; on enlace plusieurs fois les fils, en les serrant très fortement, fig. 1147, on arrête par un nœud et on laisse les bouts assez longs pour en former une attache, par laquelle on fixera plus tard la boule. Une fois les fils bien liés, on fait une entaille dans les cartons, fig. 1148, on les retire et la boule telle qu'elle est représentée dans la fig. 1149 est terminée.

Fig. 1152. Boule nattée unie. Entrelacement du deuxième fil.

Boule avec housse au crochet (fig. 1150). — Commencer par 4 m. en l'air, fermer le rond par 1 petite m. serrée dans la 1re m. en l'air; 8 m. serrées dans le rond, faire vingt fois: 2 m. serrées dans la 1re m. inférieure et 1 m. serrée dans la 2me m.; puis 6 tours avec 1 m. serrée dans chaque m., introduire une petite boule en bois d'environ 15 millimètres de diamètre dans la petite poche crochetée et continuer à travailler en diminuant peu à peu pour finir avec 8 m. serrées dont on serre, dans le haut, les bouclettes horizontales.

Une chaînette de m. en l'air sert à suspendre la boule. On peut confectionner de la même façon des housses pour des olives en bois.

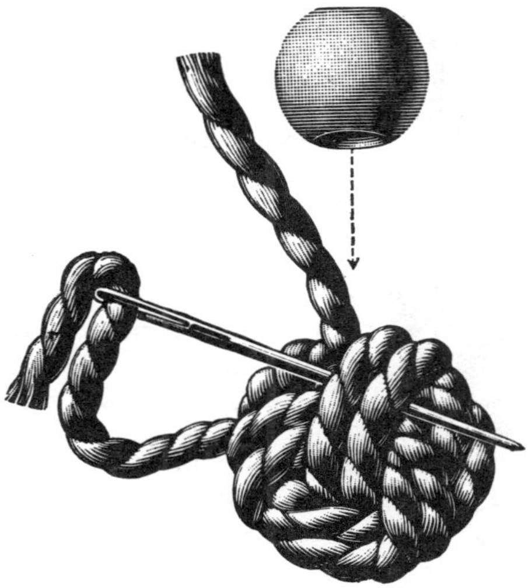

Fig. 1153. Boule nattée unie. Manière d'arrondir la forme.

Comme fournitures on se sert de Coton perlé D·M·C, de Coton perlé ombré D·M·C, de Mouliné spécial D·M·C, de Mouliné spécial ombré D·M·C et de Rayonne à broder D·M·C correspondant aux fournitures employées pour l'objet que l'on se propose de garnir.

Boule nattée unie (fig. 1151, 1152, 1153, 1154). — Les boules avec housse nattée sont faciles à confectionner malgré leur apparence compliquée.

Fig. 1154. Boule nattée unie.

On emploie comme fournitures des fils très forts assortis à la matière du tissu de l'objet à garnir. Il s'agira ici de Coton perlé D·M·C N° 3, de Cordonnet spécial D·M·C Nos 1 à 15 et de Lin à tricoter et à crocheter D·M·C Nos 3 à 10.

Il faut à l'intérieur des boules une forme de bois ou d'ouate autour de laquelle on termine le travail natté.

Le nattage de la boule commence par un nœud chinois, une figure formée de quatre boucles entrelacées; le détail fig. 1151 fait voir les deux boucles inférieures terminées, la position de l'aiguille pour l'entrelacement de la troisième boucle et une flèche indique la voie que l'aiguille doit prendre pour former la quatrième boucle.

Le détail fig. 1152 enseigne la manière de faire le deuxième rang de points qui doit se faire dans le même sens et de la même façon que le premier. Avant de commencer le troisième rang, on doit arrondir la forme entre ses doigts et introduire la boule en bois au centre de la housse préparée; voir la fig. 1153, puis on ajoute un quatrième et un cinquième rang de points.

Fig. 1155. Boule nattée avec picots.

La fig. 1154 représente une boule nattée en Coton perlé D·M·C N° 3 qui peut servir à garnir des coins de coussins, de lambrequins et de couvertures ainsi qu'à terminer tous les genres de cordelières employées avec ou sans coulisse.

Boule nattée avec picots (fig. 1155). — La fig. 1155 représente une boule nattée en trois rangs et garnie de picots noués. Comme fournitures nous recommandons le Cordonnet spécial D·M·C N° 1 qui peut être remplacé à volonté par du Lin à tricoter et à crocheter D·M·C N°s 3 et 4.

Fig. 1156. Grelot avec boules nattees.

On l'exécute comme la boule de la fig. 1154, mais sans introduire de forme au milieu; après le troisième rang, on ajoute des picots noués là où les fils se croisent, en tout neuf picots.

Pour faire ces picots: sortir le fil avec l'aiguille à un endroit où les fils se croisent, enrouler une fois le fil autour de l'aiguille pour former un picot noué, voir la fig. 606, et rentrer l'aiguille au point de sortie pour la faire ressortir obliquement sous trois fils de la boule, faire un nouveau picot, et ainsi de suite. On peut au besoin exécuter les picots avec un fil d'une autre couleur, ce qui donne un aspect plus riche à la boule.

Grelot avec boules nattées (fig. 1156). — Ce gracieux grelot se compose de onze grandes boules nattées et de cinq petites.

Commencer par une grande boule avec picots d'après la fig. 1155, puis laisser un fil intermédiaire de 8 centimètres et exécuter une seconde boule identique à la première; arrêter les bouts de fil du commencement et de la fin à l'intérieur des boules.

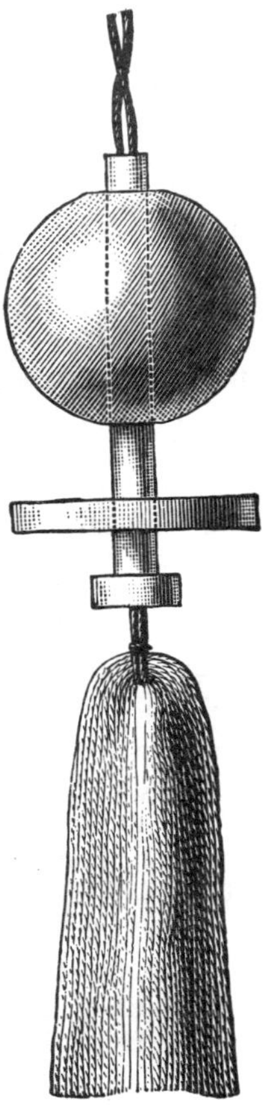

Fig. 1157. Forme en bois pour gland.

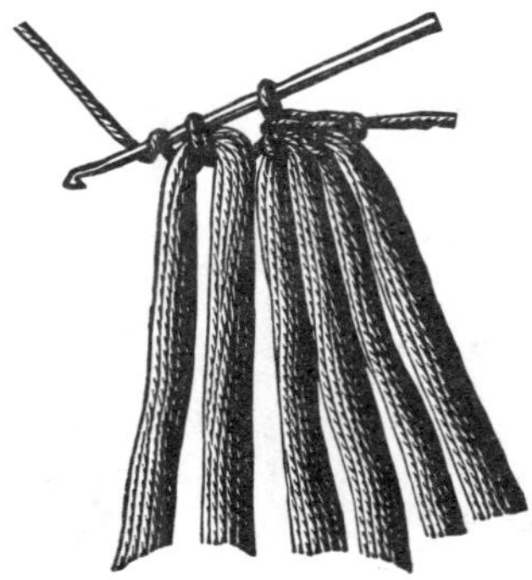

Fig. 1158. Manière de réunir les mèches de fil.

Plier le fil intermédiaire au milieu, glisser par-dessus et fixer à mi-hauteur une petite boule nattée sans picot faite de deux entrelacements de fils.

Confectionner ainsi cinq pendentifs de trois boules chacun, puis une onzième grande boule avec huit picots tout autour; piquer l'aiguille enfilée de haut en bas à travers cette dernière boule, rassembler les cinq pendentifs et reconduire le fil de bas en haut à travers la grande boule.

Comme fourniture, employer le Cordonnet spécial D·M·C N° 1, en écru.

Glands. — Les coins de certains ouvrages sont souvent garnis de glands. Ces glands, qu'ils soient simples ou agrémentés d'ornements, doivent toujours être assortis à l'ouvrage principal et à sa garniture. Les petits glands se font avec du fil sans accessoires, tandis que les glands d'une certaine dimension sont exécutés sur une forme en bois. Nous donnons ci-après quelques spécimens de glands plus ou moins riches, exécutés de différentes manières.

Gland simple (fig. 1157, 1158, 1159, 1160). — Pour faire le gland simple représenté par notre fig. 1160, on se sert d'une forme en bois, sur laquelle on noue des mèches de fil floche. Cette forme en bois est composée d'une boule et d'un disque, réunis par une baguette ronde, le tout perforé. Au bas de la baguette, on attache une grosse mèche de fil qui servira de corps au gland.

La boule en bois est recouverte de mèches de fil dont les deux bouts retombent le long de la baguette; on les réunit au moyen de mailles serrées, fig. 1158, et on les fixe à la tête de la boule; voir la fig. 1159. Après avoir réparti également ces mèches tout autour, on les noue entre la boucle et le disque, on les égalise dans le bas et le gland est terminé; voir la fig. 1160.

Fig. 1159. Manière de faire la cravate du gland.

Afin de pouvoir mieux fixer le gland à un ouvrage, on attachera à la tête de la boule une ganse quelconque.

Comme fournitures on emploiera, pour les mèches, un fil floche, le Mouliné spécial D·M·C ou le Lin floche D·M·C; pour l'ouvrage au crochet, la ganse et la cravate, un fil de torsion moyenne, le Coton perlé D·M·C ou l'Alsatia D·M·C dans une autre couleur.

Gland avec ornements au crochet (fig. 1161, 1162, 1163, 1164). — Le corps du gland est fait avec du Mouliné spécial D·M·C N° 25, en gris moyen, sur une forme en bois.

La cravate ainsi que la garniture de la tête du gland et des grelots sont faites au crochet avec un fil d'argent de grosseur moyenne.

Le travail au crochet doit être commencé par la cravate et consiste en mailles serrées. On commence par 9 m. en l'air, puis: faire en allant 18 rangs et en revenant 17 rangs de m. serrées, pour lesquelles on ne prend que les arrière-boucles des mailles inférieures. Cette cravate est fixée au moyen de petits points autour des mèches au-dessous de la boule.

Le réseau recouvrant la boule est formé par 10 tours

de m. en l'air bouclées, dont l'explication est donnée par les fig. 1162 à 1164.

Ces mailles en l'air bouclées se font comme suit : on fait 1 m. en l'air très lâche, puis on pose 1 m. serrée dans le fil isolé dans le bas de la m. en l'air ; 2 de ces m. en l'air bouclées forment un petit feston qui est raccordé dans le premier tour à la bande de m. serrées par 2 m. serrées ; voir la fig. 1163.

Chaque tour de neuf festons est commencé par 2 m. serrées et terminé par 1 petite m. serrée dans la 1re m. serrée. Du 2me au 10me tour les 2 m. serrées sont posées dans les m. en l'air bouclées du tour inférieur ; voir la fig. 1164.

Après le 10me tour de festons on fait un tour de m. serrées, en faisant 1 m. serrée dans chaque m. en l'air, donc 18 en tout.

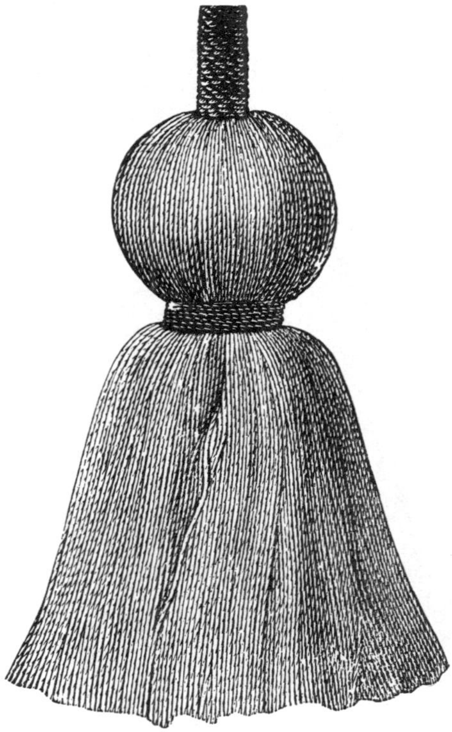

Fig. 1160. Gland terminé.

Vers le bas de la bande de m. serrées on ajoute 3 tours de festons à m. en l'air bouclées ; chaque tour doit compter 10 festons. Dans le 3me tour, après la m. serrée de la 1re m. en l'air bouclée, on fait une sorte de grelot avec : 1 m. en l'air, 1 picot, 3 m. en l'air, 1 picot, 3 m. en l'air, 1 picot, 3 m. en l'air, 1 picot, 3 m. en l'air, 1 picot, 3 m. en l'air, 1 picot, 3 m. en l'air, 3 picots, 1 m. en l'air, 1 bride double dans la 2me des 3 m. en l'air précédentes, 1 m. en l'air, 1 picot, 1 m. en l'air, 1 bride dans la 2me des 3 m. en l'air suivantes, puis 5 fois : 1 m. en l'air, 1 picot, 1 m. en l'air et 1 m. serrée dans la 2me des 3 m. en l'air suivantes ; à la dernière fois faire 1 petite m. serrée dans la m. serrée qui termine la 1re m. en l'air bouclée, puis continuer les festons.

Gland au macramé (fig. 1165 et 1166). — Les ornements de ce gland, travaillés en fils d'or de grosseur moyenne, sont commencés par les grelots. Il en faut cinq courts et cinq longs pour faire un gland; ces grelots sont raccordés dans le haut par un réseau de nœuds plats. Longueur des fils pour les fils d'or de grosseur moyenne: 150 et 125 centimètres.

Fig. 1161.
Gland avec ornements au crochet.
Fournitures — Pour le corps du gland: Mouliné spécial D·M·C No 25, en Gris-Cendre 762; pour le crochet: Fil d'argent de grosseur moyenne.

Fig. 1162. Exécution des mailles en l'air bouclées. Détail du gland fig. 1161.

Fig. 1163. Exécution du premier tour de mailles en l'air bouclées. Détail du gland fig. 1161.

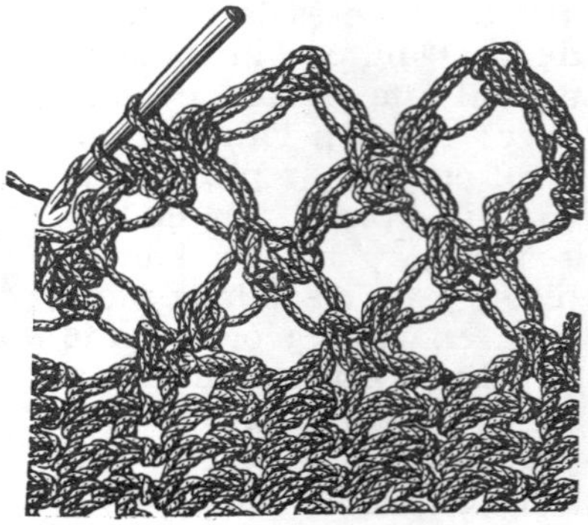

Fig. 1164. Exécution des tours suivants de mailles en l'air bouclées. Détail du gland fig. 1161.

On commence par la figure ronde dans le bas, on fixe un fil porte-nœuds sur le coussin, puis on fait une baguette double en y nouant encore 5 fils. Cette baguette double est à considérer comme milieu; on y ajoute deux baguettes pareilles à droite et à gauche, puis on prend tous les fils et avec les 6 fils intérieurs on noue 2 nœuds plats par-dessus 4 fils, ensuite on ajoute encore les 6 fils extérieurs et l'on fait 4 nœuds plats par-dessus les 10 fils; après le 2me nœud on ajoute un picot bouclé vers la droite et vers la gauche; voir la gravure explicative fig. 1166. Les fils sont divisés et serrés de chaque côté par 1 nœud

Fig. 1165. Gland au macramé.
Fournitures — Pour le corps du gland: Mouliné spécial D·M·C No 25, en Jaune d'Or 783; pour le macramé: Fil d'Or de grosseur moyenne.

Fig. 1166. Exécution d'un grelot pour le gland fig. 1165.

plat, puis on noue avec chaque partie de fils deux baguettes doubles, que l'on termine de nouveau par 1 nœud plat.

Ceci fait on rassemble tous les fils par des nœuds plats. Après le 2me, 5me, 8me et 11me nœud plat on ajoute de chaque côté 1 picot bouclé. En travaillant, on diminue le nombre des fils intérieurs en en coupant au fur et à mesure, jusqu'à ce qu'on n'en compte plus que 6 en tout.

Les cinq grelots courts se font seulement avec la figure de cinq baguettes dans le bas, laquelle est suivie de 10 nœuds plats interrompus par 2 picots. Lorsque tous les grelots sont terminés, on les fixe sur le coussin pour macramé, un grelot long alternant avec un court, distancés chaque fois de 1 ½ centimètres, puis on fait le réseau de 10 tours de nœuds plats contrariés par-dessus le gland.

Ce dernier est exécuté par-dessus une forme en bois, sans cravate, avec du Mouliné spécial D·M·C N° 25, en Jaune d'Or 783. Après le 10me tour on en fait encore 2 non contrariés, puis on fixe

Fig. 1167. Gland à deux rangs de houppes.
Fournitures : Coton perlé D·M·C No 5, en Bleu-Gris 591 ou en Rouge-Cardinal 347 et Mouliné spécial D·M·C No 25, en Brun-Noisette 422 et Bleu-Gris 591 ou en Jaune d'Or 783 et Rouge-Cardinal 347.

tous les fils à la tête du gland. Finalement on fait avec 4 fils une ganse ronde de nœuds ondulés, fig. 602 ; les autres fils sont arrêtés à l'intérieur par des points invisibles.

Glands à deux rangs de houppes (fig. 1167 et 1168). — Ce gland étant destiné à terminer des objets garnis avec les franges fig. 1127 ou 1129, demande un corps de bois en forme de poire couvert d'une housse au crochet confectionnée avec du Coton perlé D·M·C N° 5, en Bleu-Gris 591.

On commence cette housse à la partie inférieure de la forme en bois par un rond de 5 m. en l'air dans lesquelles on place 10 m. serrées, puis on continue à travailler en augmentant ou en diminuant dans les rangs suivants, selon que le demande la forme. Les m. serrées sont toujours placées dans les deux bouclettes supérieures des m. du tour précédent. Le gland s'amincissant vers le haut, la housse au crochet se termine finalement par une ganse ronde, composée de 6 m. serrées. Pour attacher les petites houppes autour de la forme, on fait deux rangs de bouclettes au crochet composées de m. en l'air et de petites m. serrées. Après avoir fixé le fil à la housse, à la place indiquée pour le rang supérieur de houppes, on fait 12 m. en l'air, puis on prend une mèche d'environ 20 fils de Mouliné spécial D·M·C

Fig. 1168. Manière d'accrocher les houppes pour le gland fig. 1167.

N° 25, en Brun-Noisette 422, que l'on pose sur les 5 dernières m. en l'air, on saute ces 5 m. en l'air et on fait 6 petites m. serrées sur la 2me à la 7me des 12 m. en l'air, de manière que la mèche jaune, reposant sur la bouclette de 5 m. en l'air, semble suspendue à une ganse; voir la fig. 1168. Finalement on fait encore 1 m. en l'air et 1 m. serrée dans la 2me m. de la housse. Continuer ainsi tout autour de la forme.

Dans l'original qui a servi pour notre gravure nous avons seize petites houppes dans le rang supérieur et vingt-cinq houppes dans le rang inférieur. Les bouclettes du rang inférieur sont plus longues; elles ont été faites avec 18 m. en l'air et 12 petites m. serrées; les mèches sont bleues.

Ces rangs terminés, les mèches accrochées sont repliées des deux côtés et nouées: les mèches jaunes avec du fil bleu et les mèches bleues avec du fil jaune.

Finalement on confectionne avec du Mouliné spécial D·M·C N° 25, en Brun-Noisette 422, une grosse boule, fig. 1149, que l'on fixe au bas de la forme du gland au petit rond de m. en l'air. Cette boule doit soutenir les deux rangs de houppes et rendre le gland plus large dans le bas.

Garniture de dentelles. — Comme garniture pour les broderies fines sur toile ou sur batiste on emploie généralement des dentelles de tout genre, qui, selon leur dessin ou leur caractère, sont cousues à plat ou froncées autour des objets à garnir.

Les dentelles brodées et les dentelles avec lacets sont fixées à l'étoffe au moyen de points de surjet; les dentelles au crochet et au tricot sont cousues soigneusement maille par maille.

Formation des coins. — Les dentelles au crochet, les dentelles au tricot, de même que les dentelles à l'aiguille et aux fuseaux, peuvent être préparées d'avance avec des coins; dans les cas où elles sont travaillées en bande, on les froncera autour des coins de la broderie autant qu'il sera nécessaire pour arriver à faire un encadrement bien régulier.

Tête de chapitre d'après Holbein.

Recommandations diverses

Les matières qui font l'objet de la présente publication étant épuisées, il nous reste à ajouter quelques mots sur la manière de copier, de disposer et de transformer les dessins, ainsi que sur différents procédés que l'on a intérêt à connaître et dont l'application correcte est souvent une condition essentielle pour la réussite complète des ouvrages.

De même qu'il convient de savoir adapter les dessins à l'espace dont on dispose, il est souvent utile de savoir donner aux dentelles ce soupçon de raideur qui est le cachet du neuf, et, pour les broderies qui demandent un collage, de connaître les ingrédients à employer et le moyen de les préparer.

Calque ordinaire. — Pour reproduire un dessin, on applique sur celui-ci une feuille de papier végétal ou de toile d'architecte, les deux feuilles étant réunies aux quatre coins par des épingles fines, pour éviter qu'elles ne soient dérangées au cours du travail; il serait difficile de les remettre en place. Ces préparatifs faits, on suit sur le papier calque avec un crayon ou avec un pinceau ou une plume trempée dans de l'encre tous les contours du dessin vus par transparence.

Dans le cas où l'on n'aurait pas à sa disposition du papier ou de la toile, on prendrait une feuille de papier ordinaire et on calquerait le dessin contre un carreau de fenêtre.

Lorsqu'il s'agit de calquer une broderie ou une dentelle, on fixe l'objet sur une planche et on le recouvre d'un morceau de vitre ou de papier gélatine, sur lequel on fixe, en la collant aux quatre coins, la feuille de papier végétal ou de toile à calquer. On pourra de cette façon suivre les contours du modèle sans risquer de l'endommager.

Calque direct par frottement. — Pour obtenir sur papier une reproduction directe d'une broderie, on la pose sur une table et on y applique du papier blanc un peu mou. Ce papier ne doit être ni trop ferme, parce que les traits ne marqueraient pas, ni trop fin, parce que le frottement le déchirerait. Cela fait, on maintient fortement le tout au moyen de punaises, puis on passe et on repasse sur le papier une cuiller d'étain ou une pièce d'argent.

Le dessin transporté sur le papier blanc en traits noirâtres étant un peu confus, on aura soin de le corriger d'après le modèle. Ce procédé est très rapide, mais il a l'inconvénient d'aplatir beaucoup le relief de la broderie que l'on copie.

Décalque d'un dessin sur l'étoffe même. — Le moyen le plus simple de transporter un dessin sur une étoffe transparente est le suivant : on commence par passer à l'encre le dessin primitivement calqué, on bâtit le calque à grands points sur l'envers de l'étoffe, puis on étend le tout sur une planche à dessin. On délaye ensuite dans un godet de l'indigo très foncé en poudre, auquel on ajoute une pincée de sucre et la même quantité de gomme arabique en poudre.

Cette préparation servira d'encre, et à l'aide soit d'une plume fine et peu fendue, soit d'un pinceau, on marque sur l'étoffe les contours du dessin que l'on distingue à travers le tissu.

Les traits doivent être tracés très légèrement, car si on n'exécutait le travail de la broderie que quelque temps après, le dessin se fixerait sur l'étoffe et il ne disparaîtrait plus au premier blanchissage ; de plus, il empâterait désagréablement les contours de la broderie.

Décalque au moyen de papier teinté gras. — Il existe encore une manière assez expéditive de reproduire les dessins sur des étoffes claires et surtout lisses, au moyen d'un papier teinté spécial, fortement imprégné d'une substance grasse et colorée. On l'interpose entre le dessin et l'étoffe, que l'on a eu soin de fixer sur une planche. Les deux papiers également assujettis, on suit soigneusement avec un crayon pas trop pointu ou, mieux encore, avec la pointe d'un crochet en os ou l'arête d'un coupe-papier, tous les traits du dessin. On appuie modérément sur l'outil, afin de ne pas déchirer le papier du dessin.

Par la pression que l'on exerce sur les deux feuilles de papier, la substance grasse du papier teinté se décharge sur l'étoffe et, lorsqu'on détache le papier, tous les traits que l'on a suivis se retrouvent imprimés sur le tissu.

Ce procédé n'est utilisable que sur des étoffes claires qui peuvent être lavées, le décalque y laissant souvent des taches de couleur, malgré les soins apportés au travail; de plus, le papier gras ternirait le velours, le satin, la moire et tout autre tissu de soie.

Décalque des dessins par repassage. — Il existe dans le commerce des crayons à mine grasse ainsi que des encres spéciales, permettant d'établir des dessins décalcables au moyen d'un repassage au fer chaud.

A l'aide du crayon ou de l'encre à décalquer on établit sur papier le modèle entier que l'on se propose de reproduire, puis on le place sur le tissu, le côté du dessin tourné vers celui-ci et l'on passe lentement par-dessus le calque avec un fer modérément chaud; la matière colorante fond et se fixe sur le tissu. Les petits dessins sont simplement posés sur le tissu tandis que, pour les pièces de grandes dimensions, on aura soin de bâtir le dessin sur le tissu avec quelques grands points pour le maintenir fixe pendant le repassage.

Ce procédé de reproduction très simple peut être recommandé de préférence à tous les autres; il faut toutefois remarquer que le modèle est reproduit sur l'étoffe en sens inverse. Cela ne présente d'inconvénient que si le motif n'est pas symétrique. Dans ce cas, on établit un calque avec une plume ou un crayon ordinaire puis, ayant retourné la feuille de papier transparent, on double sur l'envers tous les traits à l'aide de l'encre à décalquer ou d'un crayon à mine grasse. Reporté sur le tissu, le dessin s'y présente dans sa position normale.

Ponçage ou décalque des dessins sur étoffe. — Les méthodes précédentes ne sont pas applicables en grand; elles ne peuvent pas servir pour les étoffes épaisses, telles que le drap, le velours, etc.; on sera obligé d'employer pour celles-ci la méthode du ponçage que nous allons décrire.

Une fois le dessin calqué sur papier végétal, on le place sur une couche de drap épais bien foulé et on le pique avec une aiguille spéciale (voir la fig. 1037) en suivant tous les contours du tracé. S'il convient d'obtenir simultanément plusieurs exemplaires du travail piqué, il suffit de poser, les unes sur les autres, plusieurs feuilles de papier que l'on pique toutes à la fois. On prendra, pour cette opération, du papier assez fin, afin que les épreuves soient bien nettes.

Lorsqu'il s'agira de reproduire des dessins à lignes très fines, on aura soin de les piquer avec des aiguilles très fines.

Nous recommandons d'opérer le piquage très régulièrement, de ne jamais trop écarter les trous les uns des autres et de ne pas dépasser les lignes du dessin. On aurait trop de peine à broder d'après des formes altérées.

Le piquage opéré sur tout le dessin, on frotte l'envers du papier végétal avec du papier émeri, afin d'enlever les bavures formées autour des petits trous par le piquage.

Puis on fixe les deux parties, étoffe et papier, avec des punaises, pour les empêcher de se mouvoir pendant l'action du ponçage. Sans cette précaution, il arrive assez facilement que le dessin se reproduise en double sur l'étoffe et qu'on soit obligé d'enlever, par toute espèce de moyens les traits inutiles.

Le dessin bien maintenu, on prend un tampon à poncer, dont la base est recouverte de drap, on le trempe dans de la poudre foncée si l'étoffe est de couleur claire, ou dans de la poudre claire si le tissu est de couleur foncée, puis on passe ce tampon sur toute la surface du papier piqué, en frottant légèrement. Par ce frottement, la poudre, prise dans le drap, passera par les petits trous et arrivera jusqu'à l'étoffe; les traces de cette poudre rendront visibles les traits du dessin. Lorsqu'un motif est suffisamment poncé, on enlève le papier troué, et si le dessin doit se répéter, on le replace soigneusement au point où cesse le ponçage et où les lignes doivent se rencontrer.

Il est essentiel d'opérer minutieusement ce rapport, car on ne doit pouvoir reconnaître nulle part les points de jonction.

Quand le ponçage est terminé, on trace le dessin. Pour ce travail on emploiera de préférence de bonnes couleurs d'aquarelle que l'on peut se procurer dans toutes les teintes. Quatre couleurs cependant suffiront pour les décalques sur étoffe: du noir, du bleu, du blanc et du jaune.

Pour tracer les traits sur des étoffes lisses, on peut prendre une plume; nous préférons cependant nous servir indistinctement, pour tous les tissus, d'un petit pinceau de martre. Plus l'étoffe sera velue ou rude, plus le pinceau devra être fin, afin que la couleur pénètre bien entre les poils.

Avant de commencer à suivre au pinceau les traits du ponçage, on souffle doucement sur l'objet pour faire disparaître l'excédent de poudre qui aurait pu passer par les piqûres.

Préparation des étoffes et répartition des dessins. — Nous connaissons bien des dessinateurs habiles dans leur art, tant qu'il s'agit de l'exercer sur papier, mais qui se trouvent en face de véritables difficultés, dès qu'ils ont à transporter leurs compositions sur étoffes. Nous allons, autant que possible, signaler à nos lectrices certaines précautions à prendre pour calquer les dessins, et nous devons revenir à cet effet sur l'une des premières opérations, sur le piquage. Il est essentiel d'abord que le papier que l'on pique ait sur tous les côtés une marge de 4 à 5 centimètres en dehors du dessin proprement dit, afin que le tampon avec lequel on passe la poudre ne vienne jamais à toucher l'étoffe que recouvre le papier.

Si le dessin est carré et symétrique, on le pliera en quarts et l'on pourra piquer d'un coup les quatres parties ; si, au contraire, le dessin est détaché on sera forcé de piquer séparément soit un rapport, soit même tout le dessin.

Pour le transport des calques sur étoffe, on évitera de faire un jalonnement au moyen de crayon sur le tissu même ; on ne parvient presque jamais à faire disparaître ces traits, qui déparent souvent un ouvrage pour toujours.

Avant de commencer à calquer, on divisera son étoffe en quarts, puis on déterminera la largeur de la marge qui restera en dehors du dessin ; ce n'est qu'exceptionnellement que ce dernier s'avancera jusqu'aux lisières.

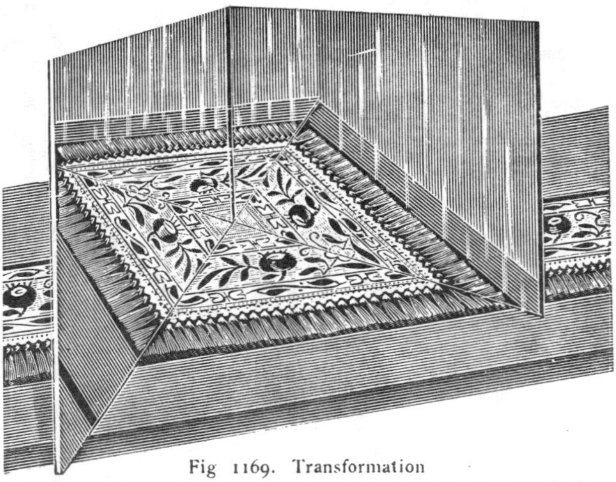

Fig 1169. Transformation d'un dessin de bande en un dessin carré à l'aide de deux miroirs.

Lorsqu'on veut reporter le dessin sur de la toile ou sur des étoffes de coton susceptibles de prendre un pli, on les pliera, comme on l'a fait pour le papier, en quatre parties, et on pressera le pli, afin qu'il se maintienne jusqu'à ce que l'on ait terminé le tracé du dessin. La répartition en quatre faite, on replie encore une fois l'étoffe dans les coins, pour que les motifs pour coin, s'il y a lieu d'en faire, puissent être exactement posés.

Nous parlons de la manière de partager le tissu en parties égales ; dans les carrés, cette ligne médiane est la diagonale que bon nombre de nos lectrices sauront déterminer avec une règle et sur papier, mais, peut-être pas sur étoffe. Cette ligne est cependant bien simple à trouver. Il suffit de replier l'étoffe et de faire coïncider le fil extérieur de la chaîne de la lisière naturelle ou coupée, avec le fil de la trame qui marque l'angle du repli.

Par le double pliage le fond se trouve divisé en huit parties. La marge à laisser au bord est facile à régler, si la toile, disons par exemple, une serviette, est à border d'un ourlet à jours. La rivière, produite par le retrait des fils, servira de guide pour tracer le dessin à fil droit. Mais souvent aussi il est préférable de ne retirer les fils que lorsque le dessin est calqué. Si l'on ne peut retirer des fils pour jalonner le dessin et que l'on travaille un tissu qui permet de compter les fils, on préparera le jalonnement expliqué par la fig. 166.

Le pliage n'est pas applicable au drap, aux soieries, au velours et à la peluche; le drap et certains tissus de soie ne prennent

Fig. 1170. Dessin préparé pour être copié ou modifié.

pas de pli, d'autres seraient abîmés et ne pourraient plus servir.

Il est rationnel de monter toutes ces étoffes sur métier avant de dessiner. Pour fixer les lignes préparatoires sur ces tissus, prendre un fil assez fort, faire un nœud à l'un des bouts, y passer une épingle et serrer le nœud; partager l'un des côtés en deux parties égales, planter l'épingle montée de fil sur le point indiquant le milieu et renouveler la même opération sur le côté opposé, où l'on plantera une seconde épingle au moyen de laquelle on tend le fil; passer encore des fils en largeur et dans les angles, et on aura obtenu un jalonnement correct de l'étoffe, jalonnement que l'on enlèvera sitôt que le calque sera poncé, et qui ne laissera jamais de traces altérant l'ouvrage.

Avant de terminer le ponçage d'un dessin, on verra s'il est dans les conditions nécessaires pour la pièce qu'il doit orner.

En supposant que l'on calque une bande avec coin, on mesurera la longueur qu'elle occupera et l'on pourra marquer en ponçant légèrement les points où les rapports devront être répétés. Il se peut qu'il se produise au milieu un léger écartement des lignes; s'il n'est pas notable, on pourra le faire disparaître, sans changer le dessin, en le rentrant en proportion

Fig. 1171. Dessin diminué.

vers l'intérieur. Si, par contre, on ne peut combler par un léger déplacement l'espace entre deux rapports, on sera obligé de faire un dessin supplémentaire et en rapport avec la place disponible. Le même travail deviendrait inévitable s'il s'agissait de raccourcir les dessins.

Manière de transformer les dessins à l'aide de deux miroirs (fig. 1169). — Nous venons d'appuyer sur la nécessité d'adapter les dessins aux espaces disponibles; ces changements, qui engendrent quelquefois des difficultés ne pouvant se résoudre qu'avec l'aide d'un dessinateur, sont singulièrement facilités, surtout pour les broderies au point de croix, par l'emploi de miroirs sans cadre, qui, habilement disposés d'après les indications qui suivent, donnent souvent des résultats vraiment surprenants.

Si on ne peut utiliser qu'une partie du dessin, si on veut en augmenter les proportions, ou bien encore si le dessin doit former un milieu ou un coin, on placera dans les deux premiers cas le miroir en ligne droite, dans le dernier, en ligne diagonale, sur le point où le dessin doit être arrêté, soit doublé, soit renversé, et le dessin s'y reflétera dans les conditions voulues.

Pour composer un carreau, on emploie deux miroirs, on les raccorde à l'endroit où les lignes diagonales se rencontrent, et le carreau apparaît comme on peut le voir par la fig. 1169.

On ne peut pas prendre arbitrairement telle ou telle partie d'un dessin pour la reproduire. Ce n'est qu'après quelques tâtonnements préliminaires que l'on peut découvrir le point le plus convenable pour la formation d'un milieu ou de coins, les dessins ne se prêtant pas dans toutes leurs parties à des changements favorables. Quelques essais faits à l'aide d'un miroir, avant d'entreprendre l'ouvrage, feront mieux comprendre qu'un long exposé l'importance de ces explications.

Manière de reproduire les dessins au moyen de carrés et d'en modifier à volonté les dimensions et les proportions (fig. 1170 et 1171). — Il se présente des cas dans lesquels on est forcé de faire subir des modifications plus sérieuses au dessin dont on dispose. On veut broder, par exemple, un fond courant sur une pièce d'étoffe de dimension insuffisante pour le motif que l'on a en vue, ou bien le dessin établi se trouve trop petit pour une pièce d'étoffe donnée. Faute de savoir dessiner soi-même, on croira devoir recourir à un dessinateur ou à un photographe, ou on sera tenté de renoncer à l'ouvrage projeté. Ni l'un ni l'autre ne sera nécessaire si l'on suit les conseils que nous donnons ici.

Prenez du papier quadrillé, au besoin préparez-le vous-même; reproduisez le dessin sur le papier quadrillé, ou bien établissez les carrés directement sur le modèle, comme on le voit dans la fig. 1170. Prenez une seconde feuille de papier, préparez de nouveau des carrés, mais diminués d'un quart, d'un tiers ou de la moitié de ceux de la première feuille. Ainsi, si le côté d'un carré est long de 18 millimètres et qu'il vous faudrait un motif diminué, rétréci d'un tiers, vous ne donnerez que 12 millimètres aux côtés de votre nouveau carré, voir fig. 1171. De même, si vous voulez agrandir les proportions du dessin d'un tiers, vous aurez à faire des carrés mesurant 24 millimètres sur les côtés. Puis vous suivez carré par carré les lignes du dessin, les élargissant si le dessin doit être agrandi, les resserrant s'il doit être diminué.

Pour copier un dessin directement sur un modèle brodé et lui faire subir en même temps des modifications du genre que nous venons d'expliquer, on procédera de la manière suivante:

Fixez d'abord la broderie sur une planche en lui donnant dans tous les sens la même tension; puis mesurez avec le mètre la longueur du dessin; divisez les centimètres par le nombre d'unités correspondant aux proportions que vous voulez donner à la copie, et, s'il vous reste des fractions de centimètres, répartissez-les en millimètres, au besoin en demi-

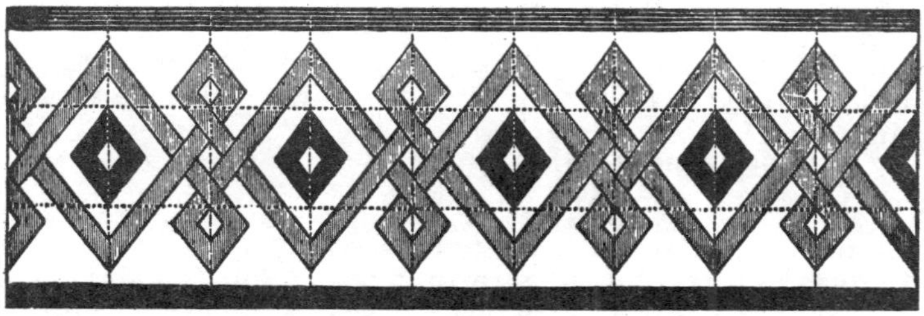

Fig 1172. Dessin pour lacet. Grandeur naturelle.

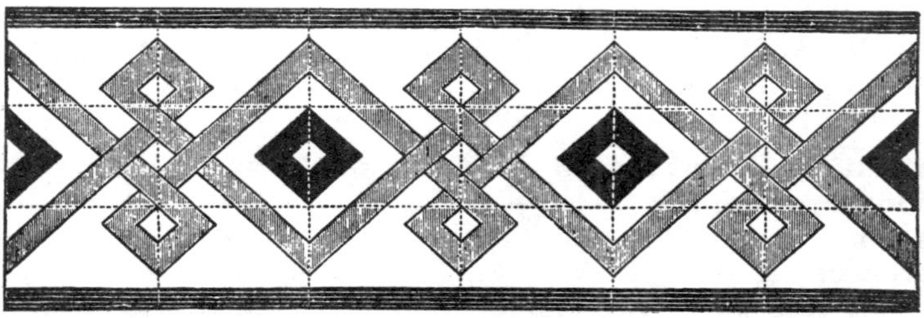

Fig. 1173. Dessin maintenu dans la hauteur, mais modifié dans le sens de la longueur.

Fig. 1174. Dessin maintenu dans la hauteur, mais modifié dans le sens de la longueur.

millimètres, et faites votre division par la mesure que vous aurez adoptée; prenez un compas, écartez-en les pointes d'autant qu'il le faudra pour que l'ouverture réponde à la distance obtenue par la division; plantez une épingle montée d'un fil au point qu'indiquera la pointe du compas, et renouvelez la dernière opération sur tout un côté de la broderie et, si possible, un peu au dehors, afin que les épingles ne la détériorent pas. On n'aura plus qu'à tirer les fils en lignes très droites jusqu'au côté opposé et à procéder de la même manière pour planter les épingles et les fils dans le second sens et établir le quadrillage sur toute la surface.

Il va sans dire que s'il s'agissait de relever un dessin sur un ouvrage monté, on ne pourrait le tendre sur une planche; avec un peu d'habileté on trouvera toujours moyen de planter les épingles sans détériorer l'objet monté.

Manière de modifier un dessin dans le sens de la longueur (fig. 1172, 1173, 1174). — Souvent on est obligé d'agrandir un dessin dans une direction seulement; dans ce cas, on modifie la disposition du carré et l'on fait des rectangles suivant la forme générale du dessin que l'on veut reproduire.

La fig. 1172 représente un dessin pour Lacet superfin D·M·C dans ses proportions primitives; dans la fig. 1173 les carrés sont allongés de la moitié de la première dimension et le dessin s'étend; dans la fig. 1174 les carrés sont resserrés d'un tiers dans le sens de la longueur. Ces procédés simplifient toutes les difficultés de copie: ils permettent aux personnes les moins exercées dans l'art du dessin d'entreprendre ces changements.

Manière de préparer la colle pour fixer les broderies et pour les applications. — Il paraîtra peut-être étrange de nous voir vouer un article spécial à une chose aussi simple en apparence. Elle ne l'est cependant nullement, car une colle mal préparée peut détériorer complètement un ouvrage commencé dans les meilleures conditions, ainsi que beaucoup de fournitures coûteuses.

Pour préparer la colle, prenez de l'amidon de froment, non de riz, mettez-en dans un pot à fond concave la quantité que vous présumerez vous falloir pour l'ouvrage à confectionner; n'ajoutez à l'amidon que la quantité nécessaire d'eau pour arriver à le dissoudre et remuez avec une cuiller de bois jusqu'à ce que tous les petits grains aient disparu.

Faites bouillir pendant ce temps de l'eau pure, jetez-y de la résine pulvérisée ou de la colle forte (pour $^1/_8$ de litre d'eau à peu près l'équivalent d'un pois sec); puis faites-y couler peu à peu, et en tournant toujours, l'amidon délayé. Laissez encore bouillir quelques secondes, retirez le pot du feu et continuez à remuer jusqu'à ce que la colle soit tiède. Il est indispensable de remuer pour empêcher la formation de grumeaux. Ce genre de colle ne tache pas et ne ternit aucune couleur, fût-elle la plus délicate, à cause de l'absence complète de toute acidité. En hiver elle peut servir pendant plusieurs jours de suite et elle se conservera plus longtemps qu'en été, pendant les chaleurs. Sitôt que l'on observera la moindre altération, on ne s'en servira plus.

N'employez jamais de gomme arabique pour faire le collage des broderies ou pour fixer les applications; les substances entrant dans la composition de la gomme tachent presque toujours les étoffes.

Manière de donner de l'empois aux ouvrages neufs. Nous avons dit au chapitre « Les Dentelles à l'aiguille », qu'il fallait repasser les ouvrages neufs de ce genre de travail. La manière d'opérer ce repassage n'est pas indifférente. La dentelle détachée de son dessous, on en applique l'endroit contre une flanelle blanche très fine, puis on trempe un morceau d'organdi neuf et fortement empesé dans de l'eau, pour l'en retirer immédiatement lorsqu'il en est imbibé; on fait sortir l'excédent d'eau en pressant légèrement, car il ne doit pas tomber de gouttes de cette espèce de tampon, qui doit seulement être bien humecté.

On tamponne tout l'envers de l'ouvrage, puis on repasse avec un fer médiocrement chauffé, et l'on avance lentement le fer pour que l'humidité transmise par le tampon puisse s'évaporer.

On ne soulèvera la dentelle de la planche que lorsqu'on aura la certitude qu'elle est complètement sèche.

Nous ne pouvons recommander un meilleur procédé pour arriver à donner à la dentelle neuve l'apprêt presque imperceptible qui souvent seul peut faire distinguer le neuf du vieux.

L'eau, employée pure, ne raidit pas suffisamment les fils, et l'amidon délayé a généralement trop de consistance; ce n'est que très rarement qu'on réussit à le préparer juste au degré voulu, tandis qu'avec l'organdi, il n'y a aucun danger de se tromper sur la quantité d'empois à employer.

La même opération peut être employée pour les ouvrages de filet brodé; on les humecte pendant qu'ils sont encore montés sur le métier et on ne les en détache que lorsqu'ils sont complètement secs. Les ouvrages ajourés au tricot et au crochet sont épinglés sur la planche à repasser, tamponnés avec de l'organdi imbibé d'eau et repassés ensuite.

Nous recommandons aussi de préparer de la même manière les objets brodés sur toile. Mais si la toile est fortement froissée, qu'elle présente des plis durs, on y étendra un linge humide, de préférence une serviette trempée dans l'eau et bien tordue après, et on repassera par-dessus cette couche.

Manière de laver les dentelles ordinaires. — On prend une bouteille cylindrique, on enroule les dentelles sur la partie cylindrique, puis, lorsqu'elles sont toutes montées, on les recouvre d'un morceau de mousseline blanche que l'on fixe par quelques points. Puis on prépare dans un pot autant d'eau qu'il en faut pour que la bouteille y plonge complètement et on y ajoute un petit morceau de bon savon de ménage. On met l'eau encore froide sur le feu avec la bouteille recouverte des dentelles et l'on fait bouillir le tout pendant une heure. Pour empêcher la bouteille de se mouvoir pendant que l'eau est en ébullition, on peut la remplir à moitié de sable.

Lorsque l'eau est devenue sale, on la renouvelle et l'on répète cette opération aussi souvent qu'il le faut pour obtenir finalement une eau restant pure.

Alors la dentelle sera propre, et après l'avoir fait passer plusieurs fois, toujours sur la bouteille, à l'eau froide, pour en faire sortir le savon, on la démonte et on la fait sécher.

Manière de laver les dentelles fines. — On procède de la même manière, seulement comme on ne fait pas subir de fréquents blanchissages aux dentelles précieuses, elles sont souvent plus jaunes que d'autres et souvent aussi, ayant été mal soignées, elles sont plus fragiles.

Si donc elles sont tachées ou grasses, on les mettra d'abord, suivant qu'elles ont plus ou moins besoin de nettoyage, pour quelques heures ou même pour quelques jours, dans un bain d'huile d'olives fine. Ce bain n'a d'autre but que de rendre aux fils de la dentelle la souplesse qu'ils auraient perdue par l'usage ou par les blanchissages. Après ce traitement à l'huile, on procède comme pour les autres dentelles.

Manière d'empeser les dentelles. — Lorsque la dentelle lavée est complètement sèche, on prépare un empois d'amidon léger pour lui donner un peu d'apprêt.

On prend à cet effet de l'amidon de froment pur, on le divise en deux parties; on délaie toutes les deux avec de l'eau froide, puis on fait cuire une partie dans de l'eau bouillante. Après peu de temps de cuisson, on retire l'amidon du feu et on continue de tourner jusqu'à ce qu'il ne s'échappe plus de vapeur. Une fois cette préparation refroidie, on mêle les deux parties d'amidon et on y ajoute encore autant d'eau qu'il en faut pour donner à l'amidon à peu près la densité d'un bon lait.

Si les dentelles doivent être teintées, on mêlera à l'eau quelques gouttes de café, ou bien encore on remplacera l'eau que l'on ajoute en dernier lieu par une légère décoction de thé de Chine ou de tisane de guimauve. Le café donne aux dentelles une teinte de ton crème foncé; le thé, une teinte légèrement verdâtre.

L'amidon ainsi préparé, on y trempe les dentelles et on en exprime doucement (sans tordre toutefois) l'excès de liquide, puis on frappe avec une main sur la dentelle que l'on couche dans l'autre, pour y faire pénétrer l'empois; on retrempe encore deux fois la dentelle, on renouvelle la même opération, puis on la roule dans un linge fin, dans lequel on la laisse reposer pour la repasser ou l'épingler ensuite, suivant la qualité et le genre de dentelle que l'on veut remettre à neuf.

Repassage des dentelles. — Après avoir laissé reposer la dentelle une ou deux heures environ dans le linge sec, on la repasse si c'est une dentelle simple, et on l'épingle si c'est une riche dentelle à l'aiguille ou aux fuseaux ou une dentelle de filet-guipure.

Avant de repasser une dentelle, on la prend dans la main gauche, on tient le talon de la dentelle, tandis que la main droite étend successivement les picots tout le long de la pièce que l'on veut repasser. Après l'avoir tirée dans toute sa longueur, on pose la dentelle sur une flanelle blanche et on repasse avec un fer chauffé médiocrement. On l'appuie sur la dentelle aussi longtemps que celle-ci sera humide; lorsque le fer est conduit plus loin, la partie sur laquelle on vient de passer doit être entièrement sèche. Lorsque par hasard on aura fait des faux plis, on trempera une éponge fine dans une eau contenant quelques gouttes de l'amidon qui a servi à empeser la dentelle, on humectera légèrement le pli que l'on veut faire disparaître et l'on passera encore une fois avec le fer.

La dentelle repassée une première fois, on la tire obliquement et successivement dans toute sa longueur, d'abord de gauche à droite, puis une seconde fois de droite à gauche, et on passe encore une fois le fer dessus. En tirant la dentelle dans les deux sens contraires, on en fait disparaître la raideur artificielle que lui imprime le premier repassage.

Manière d'épingler les dentelles. — Pour bien épingler les dentelles, il faut avant tout avoir soin de se procurer un tambour de bois, haut d'environ 30 centimètres et de 50 à 60 centimètres de diamètre, parce que ce tambour doit être supporté par les genoux. La circonférence extérieure du bois est capitonnée et couverte de coutil gris ou blanc.

Les épingles qui serviront à épingler les picots seront d'une grosseur correspondant exactement à la grandeur de ces derniers. On prendra donc des épingles très fines pour la Valenciennes et pour le point à l'aiguille, de plus grosses pour d'autres genres de dentelles, mais toujours des épingles en métal blanc, jamais des épingles en acier qui se rouilleraient et abîmeraient la dentelle. Recouvrir le tambour de papier bleu bon teint (il fatigue moins la vue que tout autre), puis ne sortir du linge qu'autant de dentelle que l'on pense pouvoir en épingler sans qu'elle sèche; le reste restera caché dans le linge.

On pose le talon en ligne droite et on le fixe par des épingles plantées à distance égale les unes des autres; puis on épingle un à un chaque picot du bord, en ayant soin de ne pas les ouvrir s'ils sont encore dans leur forme primitive, et de les retourner s'ils avaient été ouverts. Si l'on ne peut opérer assez rapidement pour planter toutes les épingles avant que la dentelle ne sèche, on prendra également une éponge, on en humectera légèrement les picots et les parties sèches et on plantera immédiatement les épingles. On ne posera jamais d'épingles dans les parties complètement desséchées, on risquerait de déchirer les picots et d'abîmer par là des dentelles souvent précieuses.

Certaines dentelles qui présentent du relief devront encore être refoulées à l'envers avec un alésoir, sorte de crochet en os, fabriqué spécialement pour cet usage. Il y a des dentellières qui refoulent aussi les Valenciennes ; nous sommes d'avis qu'il ne faut pas le faire, ce genre de dentelle ne présentant aucun relief en sortant de la main de l'ouvrière.

On laisse les parties épinglées sur le cylindre jusqu'à ce que l'on en ait fait le tour, si c'est du métrage que l'on remet à neuf, ou jusqu'à ce que la pièce soit entièrement sèche.

On aura soin de recouvrir la dentelle au fur et à mesure que l'on plante les épingles et de faire entrer les parties terminées dans un sac de papier bleu, afin que le dernier morceau soit aussi propre que le premier.

Nous recommandons enfin de n'entreprendre le blanchissage des dentelles que dans un moment où l'on est sûr de pouvoir le faire sans interruption, car il est bon de faire suivre immédiatement une opération à l'autre, et surtout de ne pas interrompre l'épinglage d'une dentelle.

Procédés de nettoyage des broderies exécutées avec les fils de couleur en Coton, Lin et Rayonne.

I. Procédé de savonnage courant. — *Savonnage.* — Dissoudre dans de l'eau bouillante une quantité suffisante de savon de bonne qualité, pour rendre l'eau bien mousseuse ; ne pas employer de soude ni de poudre à lessiver. Ajouter de l'eau froide jusqu'à température moyenne et laver la broderie sans trop la frotter. Rincer à l'eau tiède d'abord, puis à l'eau froide jusqu'à ce que le savon ait complètement disparu.

Acidage. — Si, comme cela peut se produire par l'emploi d'eau de mauvaise qualité, le brillant du fil paraissait plus ou moins voilé, il faudrait, pour lui restituer son apparence primitive, faire suivre le rinçage d'un acidage dans de l'eau contenant une cuillerée à soupe d'acide acétique (ou ½ verre de vinaigre blanc) par litre d'eau. Agiter la broderie quelques minutes dans cette solution et bien rincer à l'eau.

Séchage. — Exprimer à la main et sécher rapidement, soit en suspendant la broderie, soit en la repassant à l'envers.

II. Procédé pour enlever les taches de fruit, vin, rouille, encre noire. — Verser dans un récipient en bois, tôle émaillée, faïence (éviter le fer) une quantité suffisante de solution froide de détachage, et ajouter le même volume d'eau bouillante.

Immerger dans cette solution la broderie préalablement lavée à fond avec de l'eau chaude. Laisser dans ce liquide durant une demi-heure, en agitant de temps en temps.

Bien rincer à l'eau, puis appliquer le procédé de savonnage courant (**I.**).

Préparation de la solution de détachage (ne se conservant pas).

Dissoudre par litre d'eau 10 g de sel d'oseille, et après dissolution ajouter 30 g de métasulfite (ou un verre de bisulfite de soude liquide); remuer. — On peut se procurer ces produits chez tous les droguistes.

III. Procédé de lessivage. — Dans le cas où les procédés ci-dessus n'auraient pas suffi pour enlever toutes les taches, l'excellente solidité des couleurs D·M·C permet de soumettre les broderies à un lessivage donné comme suit:

Dissoudre dans une lessiveuse du savon de bonne qualité, exempt de soude (savon de Marseille), à raison de 10 g par litre. Introduire la broderie, faire bouillir pendant dix minutes à une heure, suivant l'importance des taches à enlever. Bien rincer de suite à grande eau, et acider, le cas échéant (**I.**).

Eviter l'emploi de soude ou de poudre à lessiver qui ne pourraient du reste améliorer le nettoyage.

IV. Procédé de chlorage. — Les trois procédés ci-dessus permettent de nettoyer les broderies dans tous les cas avec certitude de succès, et sans les inconvénients que présente le nettoyage au chlore qui risque toujours de détériorer les tissus et les fils. Nous signalons cependant le fait que les ouvrages exécutés avec les fils de couleur D·M·C résistent au traitement suivant:

Préparer une solution contenant une cuillerée à soupe d'Eau de Javel par litre d'eau froide. Y introduire complètement la broderie préalablement bien mouillée et exprimée. Sortir après 5 minutes, rincer à fond à l'eau froide et acider comme indiqué sous **I.** Ne jamais laisser les broderies mouillées repliées sur elles-mêmes ou entassées.

Procédé de nettoyage des broderies exécutées avec les fils de couleur en Soie naturelle. — N'employer qu'un savon parfaitement neutre, de préférence du savon blanc de Marseille de première qualité; éviter surtout la soude, les poudres à lessiver et le chlore.

Dissoudre dans de l'eau bouillante une quantité de savon suffisante pour rendre l'eau bien mousseuse, ajouter de l'eau froide jusqu'à une température moyenne et laver rapidement la broderie sans trop la frotter. Rincer bien, une première fois dans l'eau tiède, puis dans de l'eau froide plusieurs fois renouvelée jusqu'à ce que le savon ait complètement disparu.

Exprimer à la main sans tordre, ou en roulant la pièce dans une serviette souple, et sécher rapidement à l'air ou en repassant l'étoffe à l'envers au moyen d'un fer pas trop chaud; dans ce cas, l'étendre entre deux toiles, l'envers en dessus.

Il sera toujours préférable d'employer la calandre dans ce but.

Ne jamais laisser les broderies mouillées repliées sur elles-mêmes ou entassées; ne jamais se servir d'un fer trop chaud, ce qui aurait pour résultat de ternir certaines couleurs.

Les fournitures. — Nous disons dans la préface que nous avons tenu à faciliter à nos lectrices le choix des couleurs et des matériaux à employer, en leur indiquant les genres et les numéros des fils les plus appropriés.

Nous croyons devoir rappeler que, si nous avons recommandé la marque D·M·C de préférence à toute autre, c'est qu'une longue expérience nous a prouvé que les produits qui sont revêtus de cette marque sont de qualité tout à fait supérieure et offrent une variété exceptionnelle de grosseurs et de couleurs sans laquelle il est impossible d'exécuter des ouvrages vraiment artistiques.

Nous terminons ce chapitre par une recommandation très importante: avant de se lancer dans la confection d'un ouvrage de longue haleine, on fera bien de s'assurer à l'avance la quantité de fournitures nécessaire pour la terminer, car il est souvent difficile, sinon impossible, de réassortir très exactement les couleurs, leur nuance pouvant varier légèrement d'une teinture à l'autre.

TABLE DES MATIÈRES

TABLE DES MATIÈRES

TABLE DES MATIÈRES

TABLE DES MATIÈRES

TABLE DES MATIÈRES

PLANCHES HORS TEXTE

* Cette édition étant la réimpression d'une édition ancienne, certaines mentions relatives à la Bibliothèque DMC ou aux fils employés, et renvoyant à la fin du volume, ne correspondent plus aux normes actuelles. Nous avons donc supprimé cette liste en fin d'ouvrage.

ALPHABET AU POINT DE CROIX

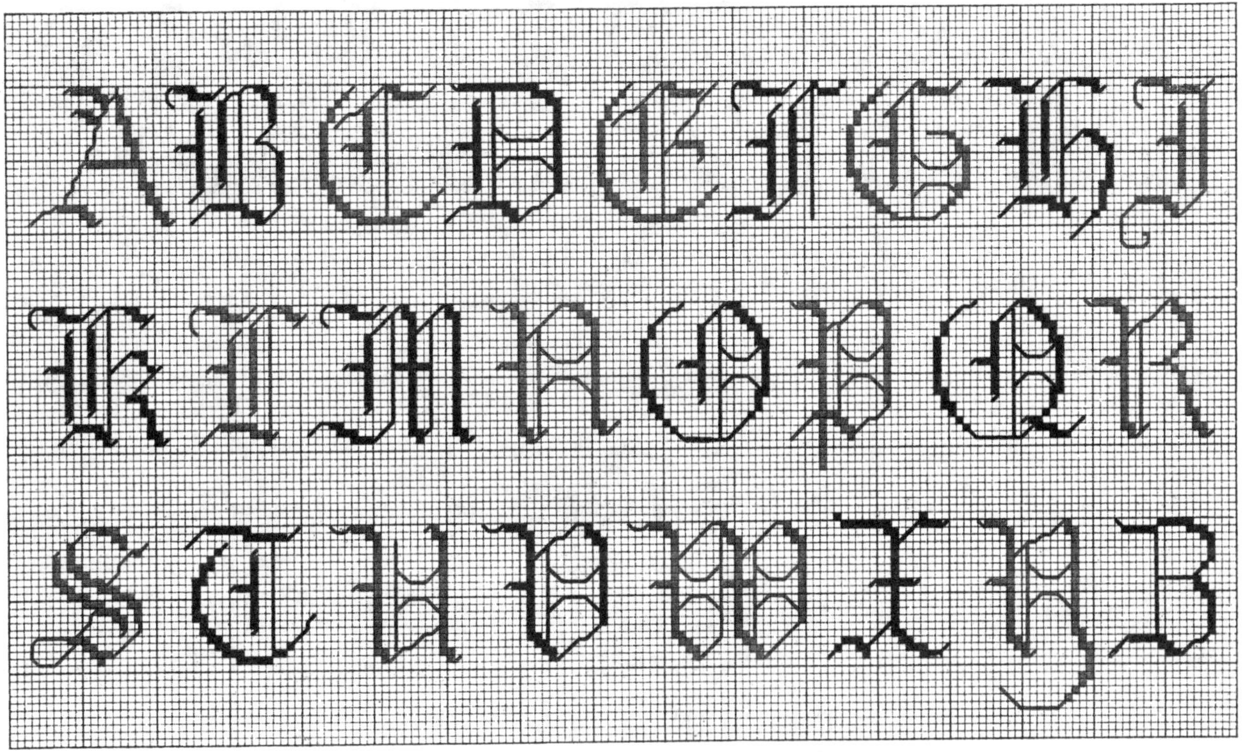

ALPHABET AU POINT DE CROIX

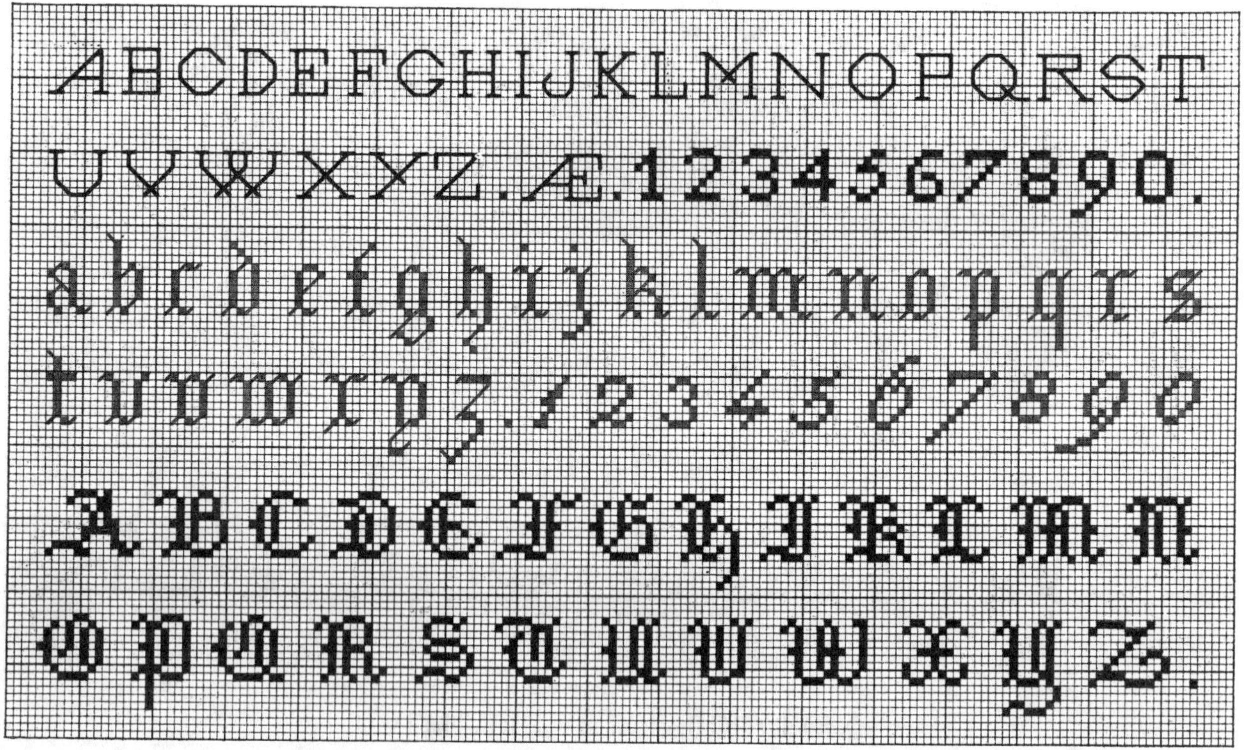

ALPHABET AU POINT DE CROIX

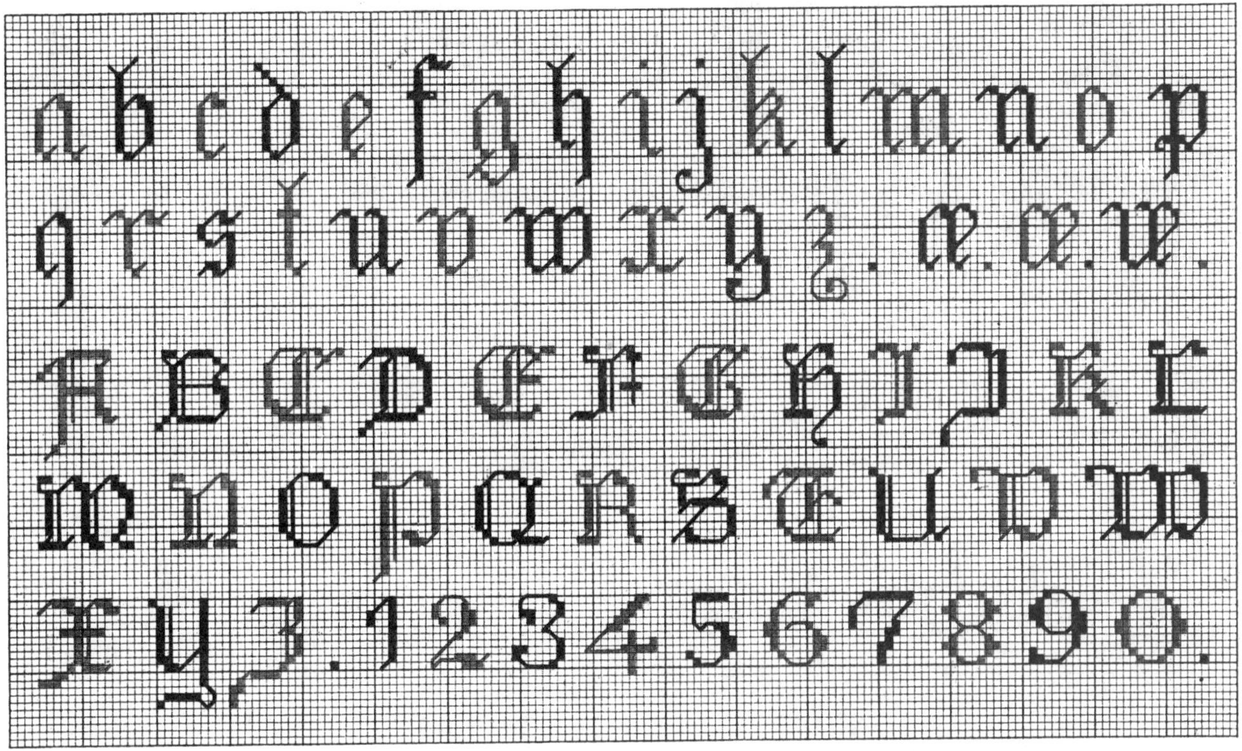

ALPHABET AU POINT DE CROIX

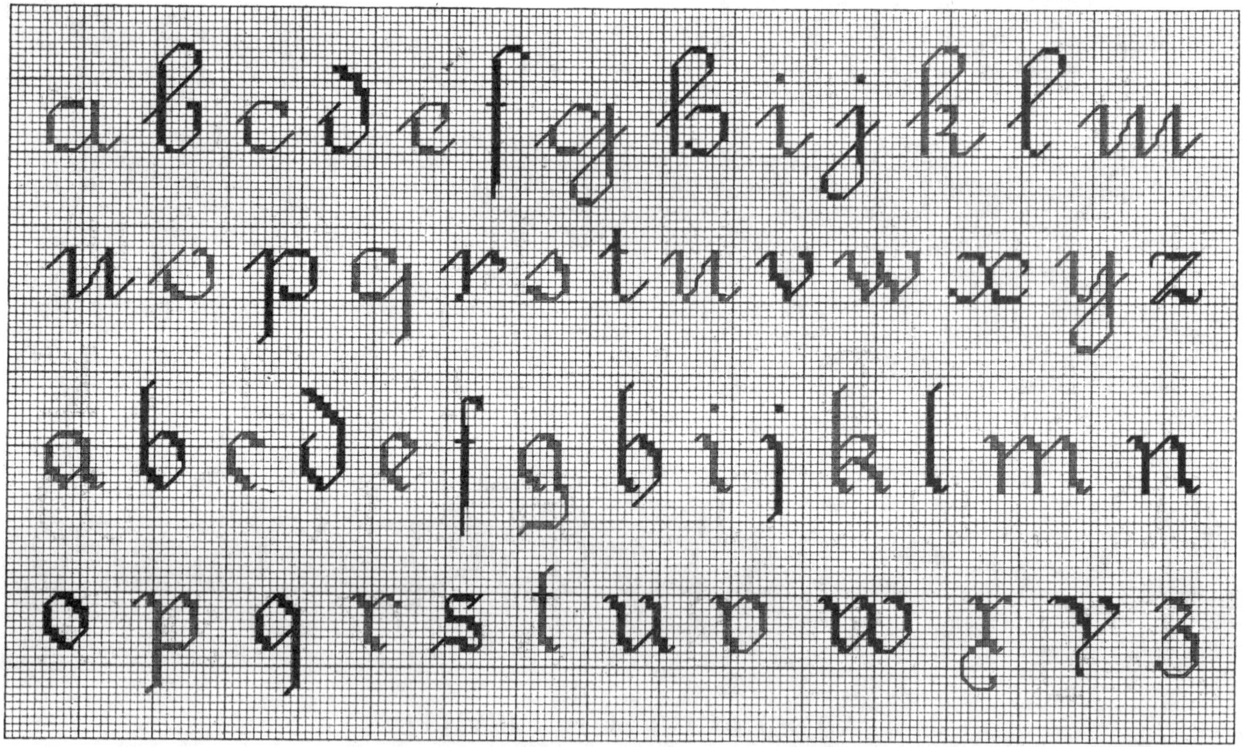

ALPHABET AU POINT DE CROIX

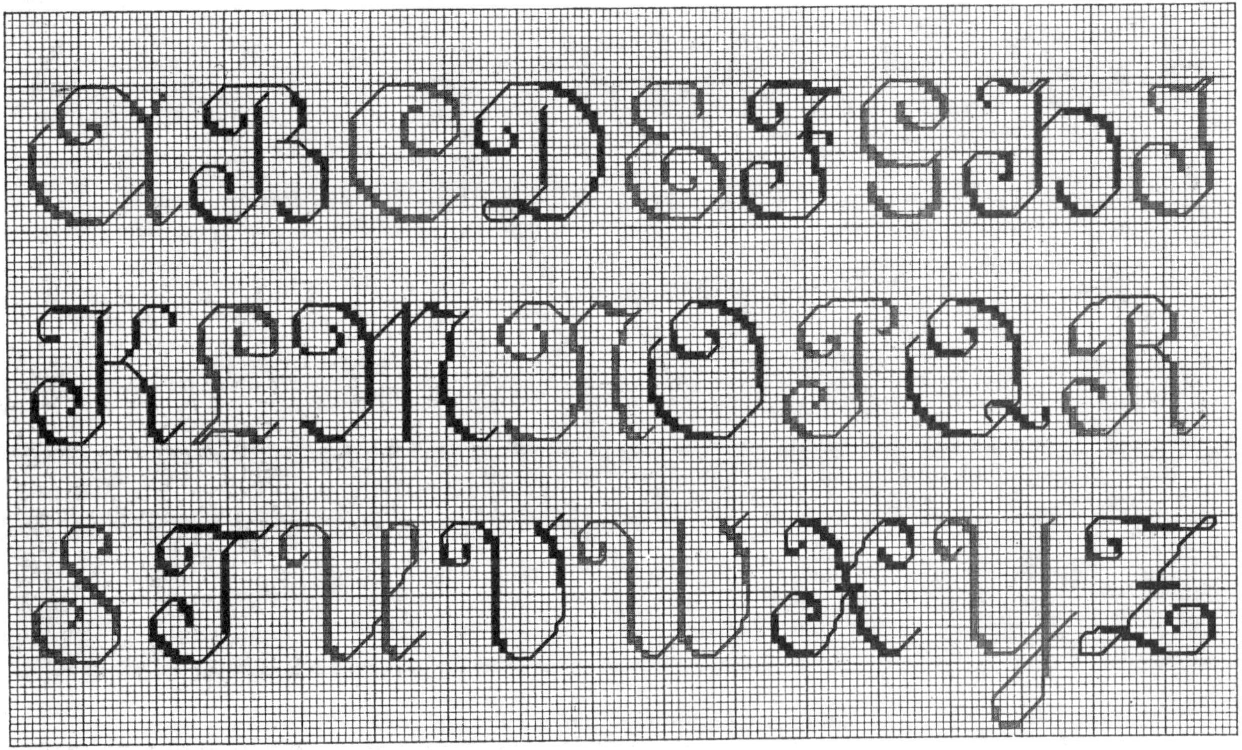

ALPHABET AU POINT DE CROIX

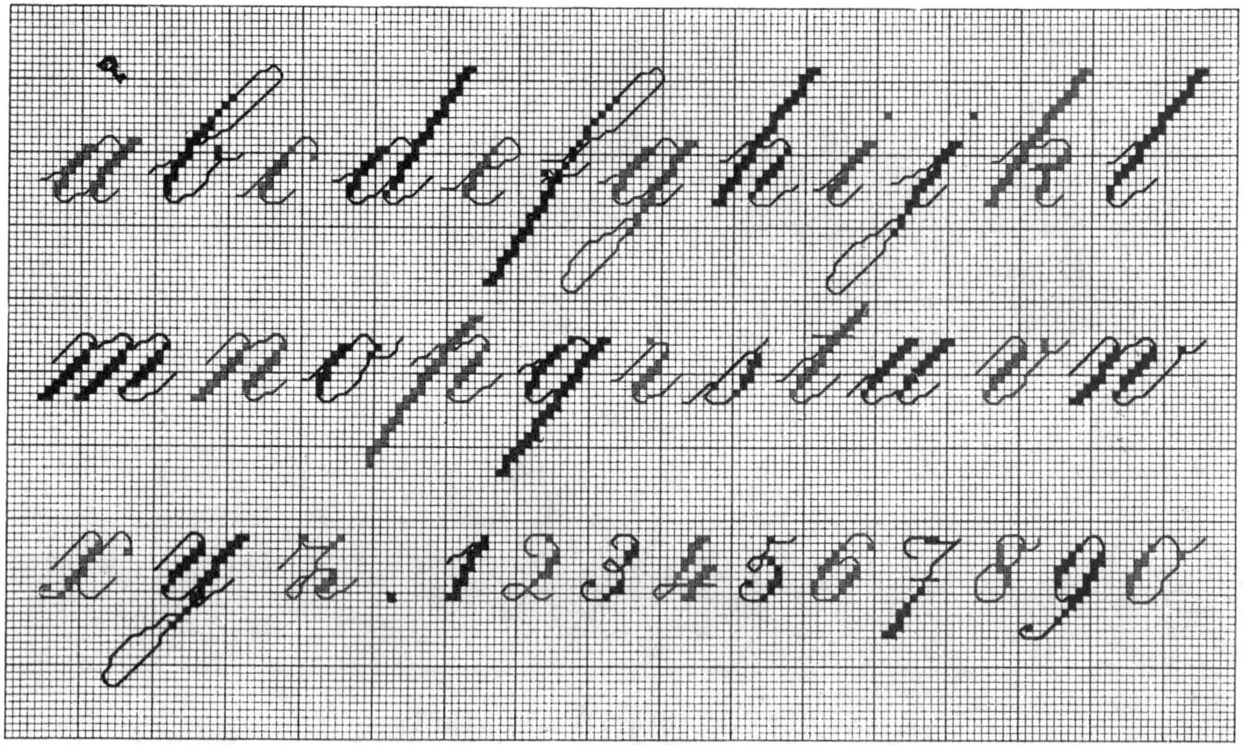

ALPHABET AU POINT DE CROIX

ALPHABET AU POINT DE CROIX

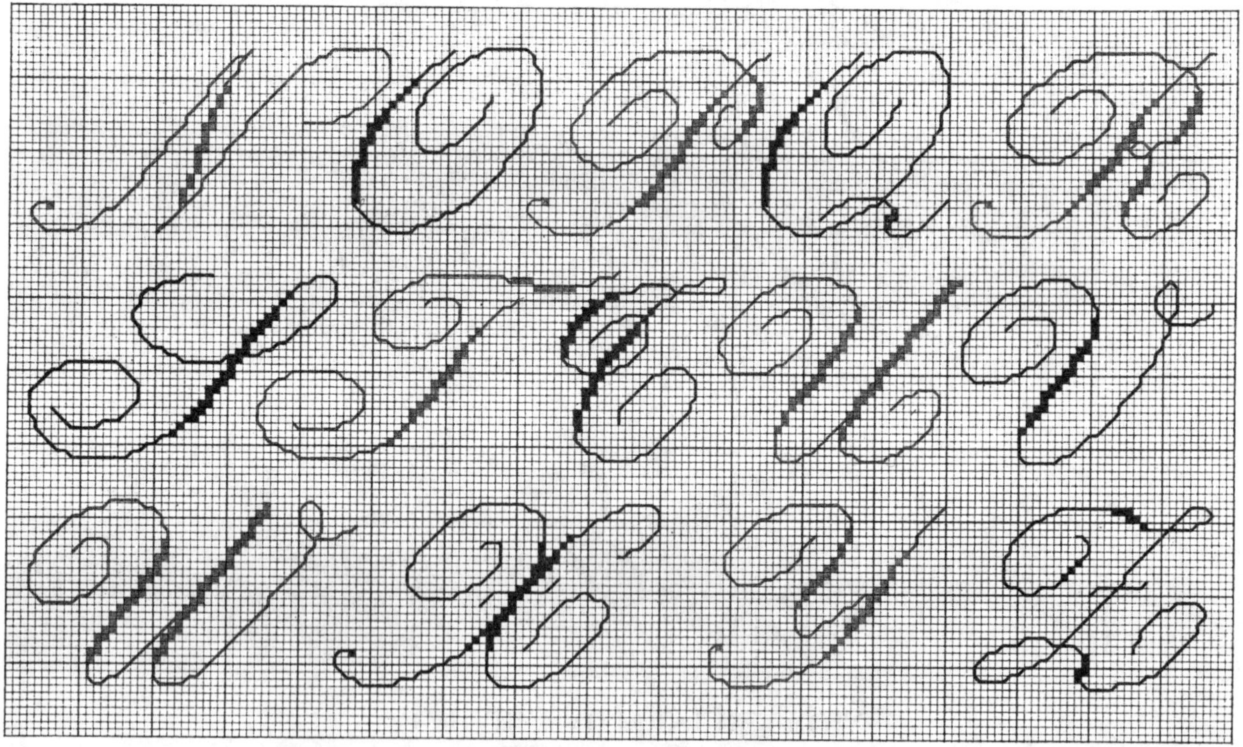

ALPHABET AU POINT DE CROIX

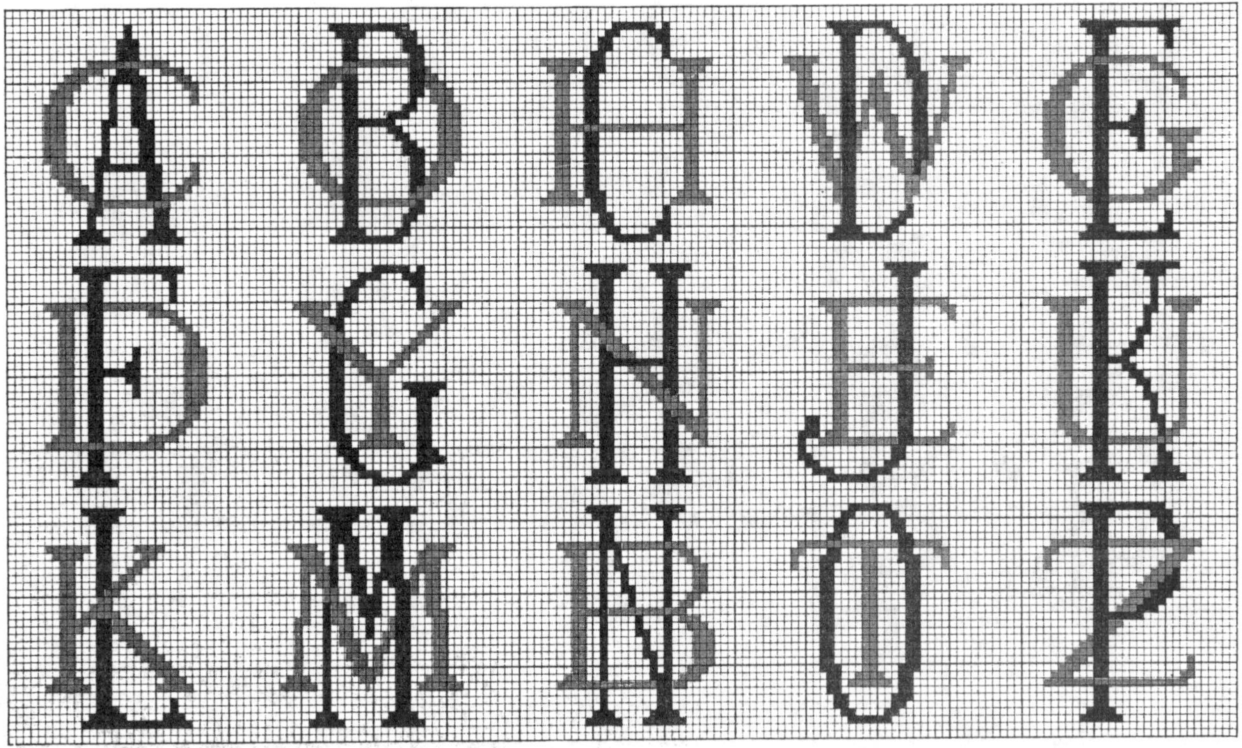

ALPHABET AU POINT DE CROIX

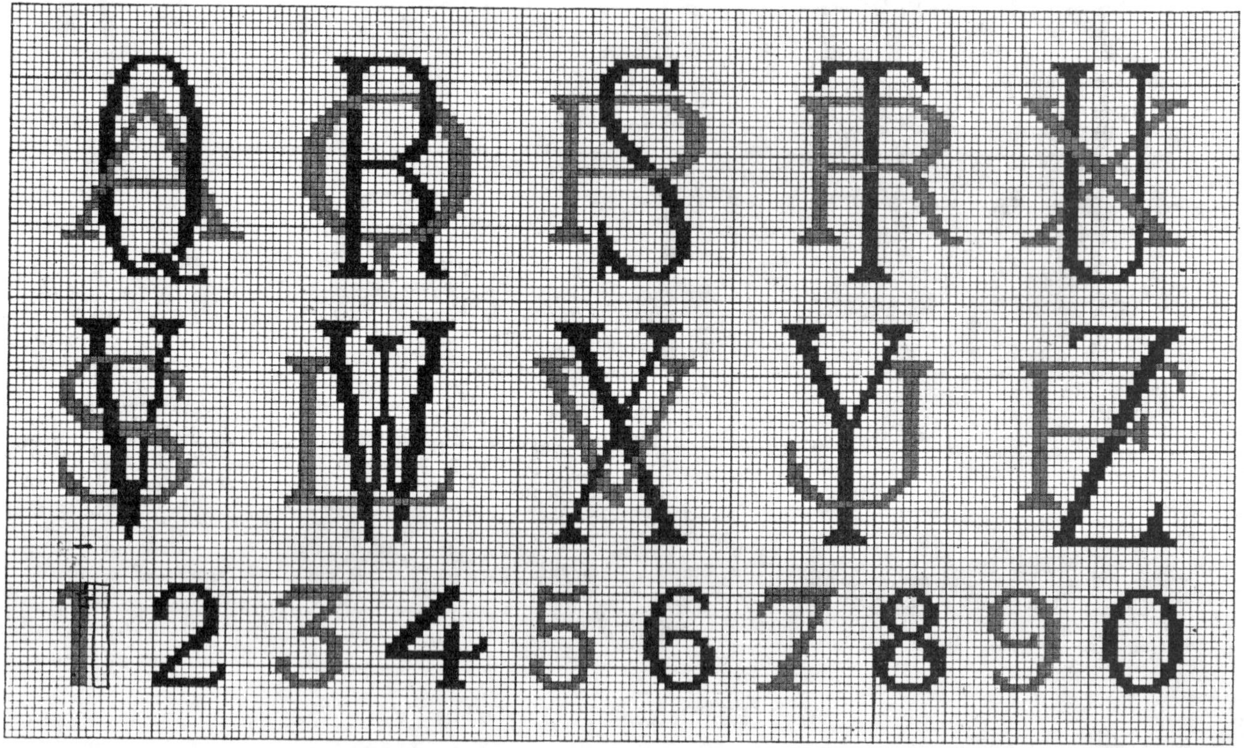

Reproduit et achevé d'imprimer en juin 1993
dans les ateliers de Normandie Roto Impression s.a., Lonrai (Orne)
N° d'éditeur : 10368
N° d'imprimeur : I3-1250
Dépôt légal : janvier 1993